内蒙古自治区统计局·编
Compiled by Inner Mongolia Autonomous Regional Bureau of Statistics

内蒙古2015统计年鉴

INNER MONGOLIA STATISTICAL YEARBOOK

（总第28期 NO. 28）

中国统计出版社
China Statistics Press

图书在版编目（CIP）数据

内蒙古统计年鉴. 2015 : 汉英对照 / 内蒙古自治区统计局编. -- 北京 : 中国统计出版社, 2015.10
ISBN 978-7-5037-7653-3
Ⅰ. ①内… Ⅱ. ①内… Ⅲ. ①统计资料—内蒙古—2015—年鉴—汉、英 Ⅳ. ①C832.26-54
中国版本图书馆CIP数据核字(2015)第224052号

内蒙古统计年鉴-2015

作　　者/ 内蒙古自治区统计局
责任编辑/ 佘竞雄　熊　威
责任校对/ 王艳伟　李　亮
装帧设计/ 赵贵新　李占玲
出版发行/ 中国统计出版社
地　　址/ 北京市丰台区西三环南路甲6号　邮政编码/100073
电　　话/ 邮购（010）63376909　书店（010）68783171
网　　址/ http://www.zgtjcbs.com
印　　刷/ 内蒙古宏业包装印务有限公司
经　　销/ 新华书店
开　　本/ 890mm × 1240mm　1/16
字　　数/ 1800千字
印　　张/ 59
版　　别/ 2015年11月第1版
版　　次/ 2015年11月第1次印刷
定　　价/ 400.00元

本书附同版本CD-ROM一张，光盘内容以书面文字为准。
如有印装差错，由本社发行部调换。

《内蒙古统计年鉴》编辑委员会

Editorial Board and Staff

编 辑 说 明

一、《内蒙古统计年鉴》是一部按年度连续出版的大型统计资料书。本《年鉴》通过大量的统计数据，全面反映了2014年内蒙古经济社会和科技发展变化情况，是国内外各界人士了解内蒙古、认识内蒙古的重要统计资料工具书。

二、年鉴全书分为两部分。第一部分为特载，载入了自治区党政部门重要文件和2014年国民经济和社会发展统计公报。第二部分为统计资料，分为24个细目。即:1.行政区划和自然资源；2.综合；3.国民经济核算；4.人口；5.就业人员和职工工资；6.固定资产投资；7.能源和环境；8.财政；9.物价指数；10.人民生活；11.城市概况；12.农业；13.工业；14.建筑业；15.运输和邮电；16.国内贸易；17.对外经济贸易；18.旅游；19.金融和保险；20.教育、科技和文化；21.体育、卫生、社会福利和其他；22.盟市资料；23.旗县区资料；24.附录。为了便于读者查阅，每个细目编排了主要统计指标解释。

三、本年鉴的统计数据大部分来自政府统计部门和业务部门年度统计报表，一部分来自抽样调查。

四、与《内蒙古统计年鉴-2014》相比较，本年鉴做了如下调整:

1.根据全国第三次经济普查资料，本年鉴对国民经济核算2013年指标的历史数据重新进行了调整和修订。由于投资统计制度改革，本年鉴对固定资产投资部分2002年以后的历史数据进行了调整和修订。读者在使用历史数据时，如数据有出入，请以本年鉴为准。

2.由于行业统计方法制度的改革，人民生活部分的版面和数据也做了相应的改动与调整。

五、资料中所使用的数量单位均采用国际统一标准计量单位。

六、本年鉴部分数据合计数或相对数由于单位取舍不同而产生的计算误差均未作机械调整。

七、本年鉴各表式中，有关对全表的注解均在该表上方，对表中部分指标的注解则在该表下方。

八、本年鉴表中的符号使用说明:空格表示该项统计指标数据不足本表最小单位数、不详或无该项数据；“#”表示其中的主要项。

PREFACE

Ⅰ.Inner Mongolia Statistical Yearbook is a regular large scale statistical reference book published yearly. With a vast amount of statistical data, the yearbook reflects various aspects of Inner Mongolia's economic society, science and technology development. It is really an important and efficient statistical reference book for people of various circles in and outside China to know and understand Inner Mongolia.

Ⅱ. The yearbook has two parts: Special articles and Statistics. The first part consists of important documents of the Party and the government and Statistical Bulletin of the National Economic and Social Development in Inner Mongolia for 2014. The second part consists of all the 24 chapters as follow: 1.Division of Administrative Areas and Natural Resources; 2.General Survey; 3.National Accounts; 4. Population; 5.Employment and Wages; 6.Investment in Fixed Assets; 7. Energy and Environmental; 8. Government Finance; 9. Prices Indices; 10. People's Livelihood; 11. General Survey of Cities; 12. Agriculture; 13. Industry;14. Construction; 15. Transport, Postal and Tele-communications Services;16. Domestic Trade; 17. Foreign Trade and Economic Cooperation; 18. Tourism;19. Banking and Insurance; 20. Education, Science and Culture; 21. Sports, Public Health, Social Welfare and Other; 22. Information of Leagues and Cities; 23.Information of Banners and Counties (Districts and Cities); 24. Appendix. In order to make it convenient for readers to consult, we edit exploratory notes on main statistical indicators of every chapter.

Ⅲ. Most of the data in this yearbook sources are from annual statistical reports of government agencies, another part sources from sample survey.

Ⅳ.Comparing with the content of Inner Mongolia Statistical Yearbook-2014, we changed the content as follow:

1.National Accounts data of 2013 are changed in this yearbook according to the third national economic census. Since the reform of the investment System, this yearbook of Investment in Fixed Assets is adjusted and revised in 2002. Therefore, data in this yearbook are reliable whenever you find different data in other publications.

2. According to the reform of statistical method in other industries, some data and tables of People' s Livelihood are adjusted.

Ⅴ. The units of measurement used in this yearbook are internationally standard measurement units.

Ⅵ. Statistical discrepancies due to rounding are not adjusted in this yearbook

Ⅶ. The notes concerning the whole table are placed at the upper part of table, while the notes concerning individual indicators are placed at the lower part.

Ⅷ. Notations used in this yearbook: blank space indicates that the figure is not large enough to be measured with the smallest unit in the table, or data are unknown or are not available; "#" indicates a major breakdown of the total.

内蒙古自治区统计局

内蒙古自治区统计局党组书记、局长 胡敏谦

“十二五”时期，全区统计工作按照“十二五”统计改革和发展纲要要求，力争使内蒙古统计改革和建设发展水平进入全国先进行列的战略构想，坚持思想要有新观念、工作要有新思路、服务要有新举措、发展要有新局面的“四新理念”，进一步解放思想，更新观念，创新统计制度方法，全力推进统计基层基础建设，加强部门和企业规范化建设，努力建立与社会主义现代化进程相适应，组织完善、制度科学、保障有力、服务优质的现代统计体系。初步实现了统计理念、统计基层基础建设和统计信息化建设的巨大变化，统计发展步入快车道，各项统计事业实现了新发展新跨越，取得了辉煌成就。

面对复杂多变的国内外经济形势，全区统计系统牢牢把握统计工作服务于经济建设这个宗旨，围绕自治区党委、政府的中心工作，及时、敏锐地捕捉经济社会发展中出现的新情况、新问题，主动适应经济发展新常态，保持定力、顶住压力、精准发力，在保证数据质量的前提下，不断加强经济运行动态监测，准确把握经济“脉搏”，充分发挥了统计决策咨询作用和“晴雨表”作用。统计基层基础建设成绩卓著。2015 年 7 月底，全区 102 个旗县（市、区）统计局，已经全部达到了“五星级”建设标准，全区统计基层基础建设工作已经实现了预期目标，统计基层基础标准化建设已全面完成。

当前，统计工作任务艰巨，责任重大。全区统计系统广大统计人员将会进一步解放思想，开拓创新，迎难而上，为进一步提高统计能力、提高统计数据质量、提高政府统计公信力不懈努力，为全区经济社会又好又快发展作出新的更大的贡献！

2015 年 8 月 18 日召开全区统计局长座谈会

自治区统计局局长胡敏谦、呼和浩特副市长狄瑞明陪同国家统计局副局长谢鸿光听取呼市企业发展汇报

自治区统计局局长胡敏谦、呼和浩特副市长狄瑞明陪同国家统计局副局长谢鸿光深入呼市某企业做调研

国家统计局副局长谢鸿光在自治区统计局组织召开工作会

自治区统计系统五·四演讲比赛

五·四演讲比赛颁奖仪式

自治区统计局职工运动会各支部参赛代表队

第三次经济普查表彰会

职工运动会跳绳比赛

职工运动会接力棒比赛

内蒙古自治区总工会

自治区总工会党组书记、副主席　崔明龙

内蒙古自治区总工会成立于1949年，是全区各级工会组织的领导机关。根据地方和产业相结合的组织原则，目前，全区现有地级市总工会9个，盟工会3个，旗县（市区）总工会101个，设有铁路、林业、电力等15个产业（系统）工会和自治区直属机关工会工委。自治区总工会机关设有14个部室，5个驻会产业工会，6个事业单位，在职干部职工187人。截至2012年底，全区基层工会委员会已达69735个，基层工会涵盖法人单位103575个；建会单位职工（包括农牧民工）641.6万人，工会会员达到615.8万人，建会单位职工入会率95.9%。

在自治区党委和全国总工会的正确领导下，自治区总工会和全区各级工会坚持以邓小平理论、“三个代表”重要思想、科学发展观为指导，围绕中心、服务大局，全面履行工会各项职能，坚定不移地走中国特色社会主义工会发展道路，围绕推动科学发展，围绕保障和改善民生，围绕加强社会管理创新，围绕夯实基层基础，围绕密切联系职工群众，充分发挥党联系职工群众的桥梁纽带作用和国家政权的重要社会支柱作用，团结动员各族职工为落实“8337”发展思想，推动全面建成小康社会历史进程、实现中华民族伟大复兴的“中国梦”作出了积极贡献。

中国梦·劳动美全区“安康杯”竞赛活动30年现场经验交流会

内蒙古工会学习习总书记重要批示精神研讨班在北京市工会干部学院举行开班式

中华全国总工会副主席、书记处书记焦开河率全总慰问团来我区走访慰问，观看包头市北梁新区沙盘

新一届自治区总工会领导班子

深入贯彻落实党的十八届四中全会精神
以司法改革为统领推进
全区法院工作不断开创新局面

自治区高院党组书记、院长 胡毅峰

党的十八届四中全会通过的《中共中央关于全面推进依法治国若干重大问题的决定》，通篇贯穿了党的十八大和十八届三中全会提出的全面推进依法治国和全面深化改革的精神，具有里程碑和划时代的重大意义。《决定》首次提出了"严格司法"的要求，并用专条加以具体规定。这是我们党继此前提出"有法必依""执法必严""违法必究"，以及"严格执法"和"公正司法"之后，在党的重要文献中对法律实施和司法工作提出的又一重大观点和重要部署，充分体现了党中央和习近平总书记对严格实施法律特别是对司法工作的高度重视，对于有效解决当前司法机关办案中遇到的各种司法难题，具有十分重要的意义。作为国家审判机关，人民法院贯彻落实好《决定》要求是当前首要的政治任务，也是推进人民法院工作科学发展的不竭动力，全区各级法院要以司法改革为统领，扎扎实实做好执法办案各项工作，努力推动全区法院工作不断开创新局面。

一要在党的统一领导下，坚持和完善中国特色社会主义司法制度。我国司法制度是党领导人民在长期实践中建立和发展起来的。司法制度是上层建筑的重要组成部分，推进司法体制改革，是社会主义司法制度自我完善和发展，走的是中国特色社会主义法治道路。党的领导是社会主义法治的根本保证，坚持党的领导是我国社会主义司法制度的根本特征和政治优势，深化司法体制改革，完善司法管理体制和司法权力运行机制，必须在党的统一领导下进行。一是始终坚持正确政治方向。必须以建设公正高效权威的社会主义司法制度为目标，立足我国国情，尊重司法规律，既要吸收人类法治文明成果，又决不能照搬外国司法制度；既要坚持依法独立行使审判权，又绝不能搞西方的"司法独立"，坚持一切从实际出发，不受任何错误思潮干扰，积极推动司法制度的自我完善和发展。二是始终坚持自上而下推进改革。司法体制改革是中央事权，必须始终坚持在中央领导下自上而下推进改革，必须在吃透中央精神的前提下推进改革，坚决防止各行其是。要在党的统一领导下，统筹处理好促进司法文明进步与维护社会大局稳定的关系，统筹处理好整体推进和重点突破的关系，坚持先易后难的原则，稳步推进改革。三是始终坚持推进改革的勇气和信心。要切实增强政治责任感和历史使命感，始终保持改革的勇气和信心，敢于担当、勇于进取、攻坚克难，坚持从党和国家事业全局出发，以自我革命的胆魄，最大限度凝聚改革共识，既要从实际出发推进改革，又要充分考虑审判事业的长远发展，在解决深层次问题上取得实质性进展。

二要以人民群众满意度为标准，深化司法体制和工作机制改革。习近平总书记指出，司法体制改革必须为了人民、依靠人民、造福人民。司法体制改革成效如何，说一千道一万，要由人民来评判，归根结底要看司法公信力是不是提高了。司法是维护社会公平正义的最后一道防线，公正是司法的灵魂和生命。深化司法体制改革，要广泛听取人民群众意见，了解司法实际情况、了解人民群众的需求，真正把人民群众对问题解决的满意度作为评判改革成效的标准。一是强化司法公开，构建阳光司法机制。长期以来，自治区高院一直把审判公开作为"一把手"工程，以观念转变为先导，以信息化建设为突破口，以制度建设为保障，落实审判公开、完善公开机制、创新公开方式、畅通公开渠道，积极推进立案、庭审、听证、文书、执行、审务"六公开"效果明显。特别是在裁判文书公开方面，全区 120 家法院全部实现在中国裁判文书网上公布裁判文书工作，公开裁判文书 61654 篇，比最高法院要求中西部法院在 3 年以内实现裁判文书上网提前了两年。下一步全区法院要充分利用现代信息技术，通过信息数据中心和司法公开、业绩档案、信访管理、执行管理、庭审网络直播等信息化平台不断拓宽司法公开渠道，不断提升人民群众参与司法度，努力通过公开倒逼法官提高审判、执行工作的质效，健全严格公正司法的制度机制，让人民群众在每一个司法案件中感受到公平正义。二是强化司法民主，完善民意沟通机制。进一步完善人民陪审员制度，规范选取机制，扩大参审范围，确保人民陪审员依法履职，发挥陪审员作为审判员、监督员、联络员、宣传员的作用。要健全完善特约监督员制度，及时将合理的意见建议转化为制定司法意见、推进司法改革的重要依据。三是强化问题导向，健全为民司法机制。问题是工作的导向，也是改革的突破口。要紧紧抓住影响司法公正、制约司法能力的重大问题和关键问题，以及人民群众普遍关心的热点难点问题，增强改革的针对性和实效性。坚持从最广大人民群众的根本利益出发，通过推进司法体制改革，进一步健全司法为民工作机制，不断推出一批群众认可的硬招实招，着力解决"告状难"、"信访难"、"执行难"等事关群众切身利益的实际问题，确保让人民群众实实在在体会到司法改革的实惠。

三要落实责任，强化监督，努力提升司法公信力。推进司法责任制改革，既要保障法官审案判案的权力，也要加强对他们的监督制约，把对司法权的法律监督、社会监督、舆论监督等落实到位，保证法官做到"以至公无私之心、行正大光明之事"，不断提升司法公信力，切实让人民群众感受到司法的公平正义。一是落实责任。要贯彻落实党的十八届三中全会和中央有关文件关于司法人员分类管理的要求，在建立符合职业特点的司法人员管理制度的基础上，明确工作职责，对每一类司法人员行使的司法权力和承担的司法责任，作出科学、具体的规定，把每一项司法权力都关进制度的笼子里，做到有权必有责，用权受监督，违法必追究。二是强化内部监督。要以建立中国特色社会主义司法权力运行机制为依托，以案件信息化系统为平台，构建确保严格、公正、高效办案的审判工作流程，依法管控好关键节点，特别对重大疑难复杂案件要加强质量把关，把合议庭、独任审判员的主体责任与院长、庭长的监督指导责任有机结合起来，让各个办案流程依法公开运行有机衔接，使违法办案无处藏身。要大力推进司法规范化建设，科学设立符合司法规律的评价标准和考核标准，以明确、统一的工作标准激励先进、带动后进，确保司法人员严格司法。三是自觉接受外部监督。要自觉接受人大政协监督，积极主动开展沟通联络工作，听取意见建议，并立行立改，及时反馈，确保不断加强和改进工作。自觉接受检察机关法律监督，加强与检察机关的沟通配合，主动接受法律监督，共同维护司法公正和法律权威。自觉接受社会各界和新闻媒体的监督，畅通民意沟通渠道，切实保障人民群众对司法工作的知情权、参与权、表达权、监督权。

四要强化审判管理，全力维护社会公平正义。人民法院行使国家审判权，肩负着定分止争、守护社会公平正义的重要职责，审判管理事关审判质效、公平正义和司法公信力，审判权的公正、高效、廉洁行使必须以科学的审判管理为保障。一是进一步深化管理改革。坚持以推进司法体制机制改革为契机，大胆创新，勇于实践，尊重审判工作客观规律，努力破解影响和制约审判权规范、高效运行的各种难题，切实解决人民群众反映强烈的突出问题，着力构建科学、规范、高效的审判权运行机制，实行权责统一，既确保审判权依法独立公正行使，又做到有权必有责、用权受监督、失职要问责、违法必追究。二是进一步发挥审判委员会、院长、庭长、审判长、审判人员以及专门审判管理机构等各审判管理主体的作用，处理好审判与管理、管理与服务、他律与自律、管案与管人、局部与整体的关系，既要尊重法官的主体地位，尊重审判组织的裁判权力，保障法官依法履行审判职责，又要保障审判管理到位而不越位、审判权独立而不恣意，切实建立起统一管理、统一协调、统一监督、统一指导的审判管理体系，形成审判管理的良性运行机制。三是进一步突出管理效果。要牢牢把握案件质量第一的理念，重点抓好审判质效管理，围绕推进精细化管理，强化流程管理、审限管理和工作实绩考核工作，最大限度地提升管理效果。要敢抓敢管，善抓善管，该管的一定要管到位，不能隔靴搔痒，做表面文章，搞形式主义。同时，要坚持依法管理，尊重审判规律，善于分析运用审判统计数据，找准影响制约审判执行工作的突出问题，并有针对性地提出解决措施，切实让审判管理抓准要害、“药到病除”。

五要从严管理队伍，确保公正廉洁司法。推进依法治国，落实司法体制机制改革的各项任务，保障社会公平正义，队伍是关键，是根本。要认真落实中央关于党要管党、从严治党的各项要求，从严管理队伍，努力建设一支信念坚定、执法为民、敢于担当、清正廉洁的法院队伍。一是切实坚定理想信念。从司法实践看，司法难，难就难在严格司法上，难就难在处理具体案件时各种干扰和诱惑纷至沓来上。因此，司法人员必须坚定信念，发扬刚正不阿、秉公司法、勇于担当的精神，端稳天平，握正法槌，不为任何压力所迫，不为任何利诱所动，敢于对各种非法干扰亮剑，坚定不移地严格实施法律，义无反顾地维护捍卫法律，始终不渝地忠诚法律，做到始终忠于法律，牢牢守住法律底线，把好社会公平正义最后一道防线。二是着力提升司法能力。要提高法官正确理解和解释法律的能力，深刻把握法律精神和价值的能力，准确运用法律惩罚犯罪、保障人权、解决纠纷与化解矛盾的能力，依据法律立足本职服务大局、促进发展、维护稳定及构建和谐的能力。要通过教育培训、岗位练兵、座谈研讨和比学赶帮等多种形式提高司法能力，为严格司法提供坚实保障。三是筑牢廉洁司法底线。要加强党风廉政建设责任制，严明政治纪律、组织纪律、保密纪律和政治规矩，严格落实各级法院党组党风廉政建设主体责任、纪检监察监督责任和领导干部“一岗双责”，坚决执行违法差错案件责任追究办法以及领导问责规定，坚持以零容忍的态度坚决惩治司法腐败行为，坚决清除法院队伍中的害群之马。要着力强化惩防腐败制度建设，紧紧扎住制度围栏，严格落实领导干部干预司法活动、插手具体案件处理的记录、通报和责任追究规定，进一步完善监督制约机制，努力铲除腐败土壤，切实做到有权不能滥用。要大力强化案件查办力度，多渠道拓展发现案件的线索，健全办案机制，探索推行上级法院组织指挥下级法院集中办案、交叉办案的一体化办案模式，切实形成“手莫伸，伸手必被捉”的强大威慑力。

党的十八届四中全会为当前和今后一个时期人民法院法院工作指明了方向，提出了要求。各级法院关键是认真抓好落实，在最高人民法院的指导下，在自治区党委的领导下，坚持以改革为统领，锐意进取，扎实工作，全面抓好各项工作的落实，全面提升人民法院工作水平，为自治区推进落实“8837”发展思路，全面建成小康社会、全面深化改革、全面依法治国、全面从严治党作出新贡献！

自治区高院召开党风廉政建设和反腐败工作电视电话会议部署相关工作

自治区高院召开党的群众路线教育实践活动总结会议

内蒙古法院概况

全区共有120个法院，包括自治区高级人民法院、12个盟市中级人民法院、1个铁路运输中级法院和106个基层法院（含4个铁路基层法院），下辖人民法庭351个。全区法院现有政法专项编制10461个，实有在编人数9970人，其中蒙古族2891人，占29%；具有审判职称的人员5600人，占56%。全区法院法官本科学历达到100%，研究生以上学历达到10%。自治区高院内设刑事审判、民事审判、行政审判、立案、信访、国家赔偿、审判管理、审判监督、执行等业务部门14个，行政综合部门9个，直属事业单位2个（机关事务中心和法官学院）。现有政法专项编制357个，实有在编人员329人，其中法官196人，占60%。近年来，全区法院受理案件数逐年上升，2014年达到419550件，同比上升25.7%。

2011年以来，全区法院在各级党委的领导、人大的监督、政府的支持和上级法院的指导下，紧紧围绕服务“十二五”发展这条主线，紧密结合法院工作实际，重点强化能动司法、为民司法、公正司法、廉洁司法，各项工作呈现出全面推进、重点突破的良好态势。全区法院审判质量评估指标从2011年在全国法院排名第18位上升到第11位，2012年进入前10位，首次跨入全国法院上游水平。特别是开展清理进京重复访的化解率在全国法院排名第一，诉讼案件“清积”的结案数量和结案率在全国法院均排名第一。自治区党委李佳副书记来高院调研时用“班子强、队伍硬、工作实、贡献大”12个字对我们的工作给予高度评价，最高法院沈德泳常务副院长等多位领导也都给予了充分肯定。

自治区高院举行门户网站开通仪式

自治区高院召开新闻发布会

民事调解

自治区高院召开服务保障“8337”发展思路征求意见座谈会

自治区高院召开座谈会就知识产权司法保护工作进行交流

自治区高院举行庆“七一”重温入党誓词活动

自治区高院邀请人大代表、政协委员参与执法活动

自治区高院向社会各界聘请廉政监督员

内蒙古自治区司法厅

内蒙古司法厅党委书记、厅长　周黎明

内蒙古司法厅党委书记、厅长　周黎明

2014 年，全区各级司法行政机关按照司法厅党委确定的七项重点工作，一项一项推进，一个一个攻关，特别是社区矫正、信息化建设、法律顾问制度建设等单项工作抓得很紧、落得很实、做得很好，有力地保障和促进了自治区经济健康发展和社会和谐稳定。

（一）坚持围绕中心、服务大局，保障了经济社会发展。我们始终把法律服务和法治宣传教育抓在手上，努力为经济发展和民生保障提供法律服务。圆满完成 2014 年国家司法考试组织实施工作，7 个盟市实现了“零差错”。扩大法律援助案件范围，在全区 97 个看守所建立了法律援助工作站。举办全区大学生法律知识竞赛，扩大法治宣传教育影响力。

（二）坚持重点突破、整体拉动，维护了北疆安全稳定。我们深入实施平安创建工程，严格落实维稳责任，有效管控危机风险，不断提升新常态下维护稳定的能力。以自治区党委、政府名义召开全区社区矫正工作电视电话会议，“七措并举”推进社区矫正工作。乌兰察布、通辽在部分旗县建立了社区矫正教育管理中心。大力加强监所管理体系建设，监狱实现了“四无”工作目标。全年共调处矛盾纠纷 17.4 万件，成功率 97.9%。积极推动行业性、专业性人民调解组织建设，道路交通事故调委会达到了盟市、旗县级全覆盖；医疗纠纷调委会 142 个，覆盖旗县达 80%。

（三）坚持问题导向、改革创新，实现了司法行政体制改革良好开局。我们深入落实中央和自治区各项改革部署，精心研究谋划，认真组织推进，狠抓施工落实，取得了阶段性成果。司法厅成立全区司法行政体制改革领导小组，有序推进由司法厅牵头的改革工作。

（四）坚持建强班子、带好队伍，提升了整体战斗力。我们始终高度重视加强队伍建设，认真落实总书记“五个过硬”、“三严三实”的要求，全面提升队伍的思想政治素质、业务工作能力和执业水平。抓好教育实践活动整改落实和建章立制工作，健全完善改进作风建设的长效机制。盟市、旗县（市区）司法行政机关按照要求、步骤参加了第二批活动，集中整治“四风”，党风政风警风明显好转，党群干群警民关系不断密切。

赤峰市司法局组织开展法律援助进那达慕活动

周黎明厅长深入包头市监狱检查指导工作

2014 年 10 月 8 日，全区社区矫正工作会议在呼和浩特召开。自治区党委副书记、政法委书记李佳（左三），自治区政府副主席马明（左四）参加。

2014 年 10 月 15 日，周黎明厅长深入通辽市基层司法所调研指导工作。

适应新常态　把握新形势
不断推动我区民政事业创新发展

内蒙古自治区民政厅厅长 兰恩华

内蒙古自治区召开 2014 年全区民政工作电视电话会议

2014 年，自治区民政厅深入贯彻党的十八届三中、四中全会和习近平总书记视察内蒙古时重要讲话精神，努力克服经济下行、任务拓展带来的压力，按照自治区“8337”发展思路，以深化改革为动力，以创新发展为抓手，实现了民政工作的重点突破和整体推进，在保障和改善民生、加强和创新社会治理方面取得了新成效。

一、民政救助对象托底保障作用得到充分发挥

在全区财政减收增支的困难情况下，民政厅按照自治区党委、政府加大关注困难群体保障的要求，采取有力举措，不断完善社会保障体系。2014 年共下拨民政专项保障资金 83.3 亿元，在全区城乡低保、五保供养城镇“三无”、“三民”、孤儿等困难群众基本生活得到有效保障的基础上，将 11.2 万名城乡 80 岁以上低保老人纳入高龄津贴发放范围，累计实施医疗救助 133.7 万人次，临时救助 5.15 万户，105.3 万户农牧区低保、五保对象家庭享受冬季取暖一吨煤救助。在救助面不断拓展的同时，各项救助水平也得到了进一步的提升。其中城乡低保保障标准分别比上年提高了 6.3% 和 9%；农村牧区五保集中和分散供养标准增幅达 8.7% 和 9.1%；城镇“三无”人员和孤儿的供养标准分别比上年提高 12%；患重特大疾病困难群众人均住院救助水平达到 2466 元，低保边缘群体临时救助水平达到户均 1087 元，困难对象和特殊群体的基本生活得到了有效保障。

二、政策创制和改革创新取得新突破

民政厅认真贯彻落实中央和自治区全面深化改革的部署，紧紧围绕社会救助、养老服务、社会组织管理、社区治理和体制改革等重点工作，先后出台民政制度文件 36 件，《内蒙古自治区人民政府关于加快发展养老服务业的实施意见》等规范性文件受到民政部高度重视，并批转全国参考借鉴。大力推动工作创新，在社会救助方面，建立了社会救助部门联席会议制度和“一门受理、协同办理”、“救急难”主动发现等 6 项工作机制；在社会养老方面，在四个盟市开展了城市养老、农村养老、牧区养老、社会化养老工作试点，探索工作经验；在规范和培育社会组织方面，深入推进社会组织登记管理体制改革，全面清理规范了党政机关兼任社会组织行为；在社区治理和体制改革方面，在全国率先明确社区居委会依法自治履职事项清单，深入推进社区管理体制机制创新，包头市青山区和二连浩特市被评选为全国社区治理和服务创新实验区。

三、民政基础设施建设稳步推进

主动加强与发改委、财政等部门的沟通联系，不断加大资金投入力度，民政基础设施建设水平得到进一步提升。在养老设施建设上，盟市级和旗县级一批示范性老年养护院相继建成并投入使用，新建农村牧区互助幸福院养老床位 8.5 万张，全区养老床位总数达到 20.5 万张，平均每千名老人拥有养老床位达到 47 张，位列全国第一。在社区办公和活动场所建设上，下拨社区建设资金 5000 多万元，全区社区办公和活动场所达标率达到 86.4%，高于全国的平均水平。在救灾物资储备库建设上，投入福彩公益金 3500 万元，新建、续建自治区代储库 2 个、盟市级储备库 8 个、旗县级储备库 26 个。在殡葬和流浪乞讨救助设施上，投入资金 3190 万元，支持盟市新建殡仪馆 8 所，新建公益性公墓 6 处，更新殡葬设施 10 套，新建县级流浪未成年人救助保护中心 5 所，改善了全区殡葬和流浪乞讨救助服务设施水平。

四、民政社会公共服务能力明显增强

一是不断强化专项社会事务服务，全年共为 1.4 万名困难群众减免了基本殡葬费用 1166 万元，积极组织开展了“寒冬送温暖”专项救助行动，全区共救助流浪乞讨人员 1.6 万人次。二是稳妥推进区划地名管理服务，大力开展了平安边界创建活动，积极排查行政区域界线隐患矛盾，推动省界和盟市界线联检，有效维护了边界地区和谐稳定。三是不断提升城乡社区服务，积极探索社区服务新模式，推行社区为老服务、自治区示范慈善超市、政府购买社区服务和社区足球试点，推进社区公共服务综合信息平台建设和智慧社区建设，呼和浩特市新城区等 5 个城区、6 个街道办事处、31 个社区

兰恩华厅长在科右中旗扶贫点幼儿园检查工作

兰恩华厅长了解满洲里市 12349 服务平台运行情况

被民政部命名为全国“和谐社区”建设示范单位。

2015 年是全面完成“十二五”规划的收官之年，是全面深化改革的关键一年，也是全面推进依法治国的开局之年，自治区民政厅将认真学习、深入贯彻中央和自治区经济工作会议精神，积极适应新常态，把握新形势，以法治思维研究探讨推进民政改革的新举措，突破重点难点工作的新思路，提升常规工作水平的新抓手，努力把民政工作提高到新水平，为服务自治区经济社会发展大局做出应有贡献。

一、进一步加强社会救助体系建设

按照中央“守住底线、突出重点、完善制度、引导舆论”的要求，进一步编密织牢民生保障安全网，帮助困难群众求助有门、受助及时，解除后顾之忧。一是筑牢城乡低保、五保供养、“三无”人员、“孤儿”、重点优抚对象等特殊困难群体基本生活保障线，稳提保障指标，解决好特殊困难群体基本生活问题。二是筑牢重特大疾病救助线，使重特大疾病医疗救助真正起到托底保障、救急解难的作用。三是筑牢突发性、临时性、紧迫性困难群众救急线，让困难群众真正感受到党和政府关怀和温暖，切实防止冲击社会心理底线的事件发生。四是筑牢城乡社会救助的公平线，确保社会救助公开公平公正。

二、加快推进养老服务业发展

抓住新常态下扩大养老服务消费需求的大好机遇，加快我区养老服务业发展步伐，实现社会养老服务体系建设创新发展。一是推进国家和自治区养老服务政策落实到位，努力在养老服务政策的落实和健全完善上取得新成效。二是推进养老服务机构建设，努力在构建盟市、旗县（市、区）、苏木乡镇（街道办事处）、嘎查村（社区）四级养老服务机构网络上取得新进展。三是推进养老服务信息化建设，努力在打造没有围墙的养老院上迈出新步伐。四是推进养老服务模式多样化建设，努力在养老服务改革探索上取得新突破。五是推进养老服务专业化建设，努力在培养专业化养老服务队伍上取得新成果。

三、积极培育发展社会组织

抓住新常态下激活社会组织活力、促进经济发展的有利机遇，进一步突出发展重点，改革管理体制，改进服务方式，加强行为引导，集聚社会组织的组织优势、智力优势、人才优势，激发社会组织的内在活力。一是推进社会组织登记管理体制改革，真正打破社会组织生成发展的“瓶颈”。二是建立健全规章制度，保证社会组织依法有序开展活动。三是加强社会组织培育孵化基地或服务中心建设，为社会组织发展创造条件，优化社会组织发展环境。四是探索推进政府购买服务，建立完善各级政府向社会组织购买服务的措施办法，增强社会组织“造血”功能，激发市场主体活力。五是推进政社分开，继续做好规范党政机关干部在社会组织兼职任职工作，逐步解决社会组织行政化倾向问题。

四、加强社会治理和社会公共事务管理服务

把握新常态下社会需要和谐稳定、人民群众期待更高水平公共服务的大局，切实发挥民政部门的职能作用。一是推进社区治理体制机制创新，指导各地根据实际情况开展不同类型的社区治理体制机制创新实践。以第九届嘎查村委会换届选举为契机，健全村民会议和村民协商议事会议制度，推进基层群众自治建设。二是推进城乡社区服务，进一步拓展社区服务的内容、领域、方法、途径，全面提升社区建设水平。三是推进双拥优抚安置工作，认真落实优抚安置政策，深化退役士兵安置改革，创新双拥共建模式，保障优抚安置对象基本权益。四是推进婚姻收养登记、殡葬改革、流浪救助、区划地名等专项社会事务管理，进一步提升民政公共服务水平。

兰恩华厅长慰问看望呼市儿童福利院孤残儿童

兰恩华厅长在呼和浩特市回民区玉泉区调研社区建设工作

兰恩华厅长国庆期间走访慰问军烈属、优抚对象

主动适应新常态　积极应对新挑战
不断开创全区环境保护工作新局面

自治区环境保护厅厅长　王军朴

自治区环保厅厅长　王军朴

副主席常军政调研环保工作

过去的一年，是全区环境保护工作极不平凡的一年。面对严峻的环境形势和艰巨的环保任务，在自治区党委、政府的正确领导下，在环保部的关心指导下，经过全系统广大干部职工的共同努力，圆满完成国家下达的各项目标任务，环保重点工作取得积极进展。

总量减排考核指标。经环保部初步核定，2014 年我区四项减排指标与上年相比，化学需氧量下降 1.8%，氨氮下降 3.44%，二氧化硫下降 3.41%，氮氧化物下降 8.66%，超额完成年度减排任务，分别完成“十二五”目标的 119%、98%、160%、73.3%；列入国家减排责任书的 47 个重点项目全部建成投运；污染源自动监控数据传输有效率、自行监测结果公布率和监督性监测结果公布率分别为 88.05%、98.26% 和 100%，达到国家考核要求。

大气考核指标。全年共完成 337 个除尘改造项目，淘汰改造燃煤锅炉 2009 台，淘汰黄标车和老旧车 18.7 万辆，分别占年度计划的 205.5%、167.4%、111.3%。

重点流域考核指标。我区实际监测的 20 个考核断面，18 个断面达到国家考核目标要求；列入“十二五”规划的 183 个项目，已完成 58 个，在建 79 个，项目完成率为 31.7%。

重金属考核指标。列入年度计划的 7 个国家考核项目全部完成，10 个自治区规划项目完成 9 个；五种重金属污染物排放量增幅趋缓。

加快生态文明制度建设。认真贯彻落实习近平总书记考察我区时提出积极探索加快生态文明制度建设、大胆先行先试的要求，代自治区党委、政府起草了加快生态文明制度建设和改革的意见及其分工落实方案，在深入调研、充分论证的基础上，广泛征求自治区有关部门和国家 11 个部委的意见，确定了我区生态文明制度建设和改革的目标、原则、重点任务及工作措施，为推进全区生态文明建设指明了方向。

启动实施四项改革工作。一是加快推进环境保护管理体制改革。与自治区公安、交通、商务、气象等部门建立了会商联动机制，在乌海市及周边地区开展了大气污染联防联控试点，污染防治区域、部门联动机制进一步健全完善；组织起草排污许可证管理实施方案，探索建立污染物排放许可制度。二是积极开展生态保护红线划定工作。在环保部南京环科所生态保护红线划定方案的基础上，先后 2 次组织相关部门和专家进行论证，逐一征求了各盟市政府、有关部门和旗县的意见，编制完成《内蒙古自治区国家生态保护红线划定初步方案》，为全国生态保护红线划定工作起到了示范作用。三是健全完善排污权有偿使用和交易机制。出台 7 个政策性文件，开发完成 6 个软件系统，基本构建排污权有偿使用和交易体系。四是探索实施生态环境损害赔偿与责任追究制度。成立生态环境损害鉴定评估工作机构，初步确定首批环境损害评估试点单位。

深入开展大气污染防治。认真贯彻落实《大气污染防治行动计划》和自治区实施意见，制定下发《2014 年度大气污染防治实施计划》和《重污染天气应急预案》等 6 个配套文件。加快工业点源、城市面源和机动车等污染防治。全年共完成大气减排项目 450 个，新建 110 台火电机组和 25 条水泥熟料生产线脱硝设施，建成 31 台钢铁烧结机脱硫设施。城市燃煤和扬尘污染防控力度加大，挥发性有机物污染治理积极开展，机动车污染物防治监控平台基本建立，提前一年完成“十二五”落后产能淘汰任务。将保障 APEC 会议空气质量作为大气污染防治的重中之重，自治区制定了保障方案，3 位副主席分盟市进行督查督办，会议期间组成 5 个专项执法检查组和 1 个明察暗访组持续开展监督检查。全区累计出动执法人员 4 万人次，检查企业和工地 1.4 万家次，885 家企业和工段实施停产、194 家限产，1134 家工地停工。通过政府组织、部门合力、全员参与的协同联动方式，圆满完成 APEC 会议空气质量保障任务，受到环保部的通报表扬。

全面加强水污染防治。完成水减排项目 395 项，其中生活和工业类 111 项，新建城镇污水处理厂 9 家、提标改造 16 家。强化饮用水水源地保护，开展了城镇集中式饮用水水源地专项执法检查，160 处城镇、335 处乡镇、18 处农村集中式饮用水水源保护区获自治区政府批复。重点监测的 40 条河流 78 个断面，三类以上水质断面占 63.9%，西辽河干流、额尔古纳河干流水质同比明显好转。

持续推进重金属污染综合防治。积极开展涉重行业达标专项整治和隐患排查，加大重点防控企业监测监管力度，完成 15 家涉重企业强制性清洁生产审核工作。全区国控断面、集中式地表饮用水水源地和 3 个重点防控区空气与水环境重点重金属污染物达标率为 100%。

严格核与辐射及固废安全监管。在包头市成功开展了全区辐射事故应急演练，加强放射源安全监管和废弃源收贮工作。对 186 家危废产生、经营企业开展规范化管理检查，东部危废处置中心投入试运行。

推进环境立法和配套制度建设。《大气污染防治条例》和《饮用水水源环境保护条例》已起草完成，正在履行立法程序。《发酵类制药企业和氨基酸生产企业污染防治指导意见》和《高盐水污染防治指导规范》发布实施。与自治区公安厅联合出台《关于全区建立完善环保与公安环境执法联动协作机制的意见》，制定《大气污染防治专项资金绩效考核办法（试行）》和大气、重金属污染防治及农村环保专项资金项目管理实施细则等一系列规章制度。

加大环境监管和行政处罚力度。坚决贯彻落实中央领导重要批示精神，按照中办、国办通报和自治区党委、政府部署要求，妥善处置腾格里园区企业污染问题。阿拉善盟投入9000万元资金用于园区污染治理和环保基础设施建设，整改工作得到环保部认可。组织开展环境隐患和重大问题集中排查整治百日专项行动等3次全区性环保执法大检查，自治区李佳副书记、常军政副主席及我厅分别约谈各盟市盟市长和环保局长，限期整改15类184项问题，全部纳入台账动态管理，已完成整改126项。全区共立案1522件，挂牌督办99件，移送6件，关停取缔企业469家，罚款6043万元。首例污染环境罪案件在巴彦淖尔市开庭审理并公开宣判，被评为内蒙古年度“十大法治事件”。

强化环境信访和应急管理。认真落实信访责任制，制定《环境信访工作办法》。全区“12369”受理投诉举报4224件，办结率为99%。深入开展环境风险防控，及时妥善处置7起一般性突发环境事件，有效保障了全区环境安全。

加大生态保护力度。生态环境十年变化遥感调查与评估工作顺利通过国家验收，在深入分析生态环境变化情况的基础上，提出了全区生态环境保护对策建议。进一步加强自然保护区管理，完成自然保护区基础信息调查工作，毕拉河、乌兰坝自然保护区晋升为国家级自然保护区，沙日温都、双合尔湿地保护区晋升为自治区级自然保护区。

推动生态文明示范建设。呼伦贝尔市将生态市建设纳入旗市区领导班子和领导干部考核指标体系，兴安盟组织编制《生态文明先行示范区建设规划》，赤峰市克什克腾旗通过生态旗创建国家级技术评估。年内12个乡镇获得国家级生态乡镇荣誉称号，29个乡镇、29个行政村被命名为自治区级生态村镇。

强化农村牧区环境保护。大力推进农村牧区面源污染防治，全年共完成农业源污染减排项目284个。稳步推进农村环境综合整治，投入专项整治资金4000万元。

持续加大环保资金投入。全年共争取中央环保专项资金5.9亿元，其中大气污染防治专项资金4亿元；自治区安排环保专项资金4.3亿元，其中能力建设资金1.6亿元。乌海市投入67亿元、包头市投入63亿元用于大气污染防治，呼和浩特市投入13.5亿元用于水污染治理。

进一步加强和改进党的建设。严格落实党建责任制，全面加强党的思想、组织和作风建设，修订完善《厅党组工作规则》和《中心组学习制度》，积极推进领导班子决策民主化进程。组织召开了党员领导干部专题民主生活会，对照检查出贯彻执行民主集中制、遵守党的纪律、坚决反对“四风”、履职尽责四个方面16个问题，正在逐项整改落实。积极开展“四型机关”创建活动，深化基层组织“晋位升级”工作。进一步加大对口帮扶力度，共落实帮扶资金1714万元。

突出抓好教育实践活动整改落实。对教育实践活动整改落实情况进行了回头看，14项整改任务和14项制度建设全部完成，7个方面28项专项整治任务基本完成。严格执行中央八项规定和自治区28项配套规定，公务接待费用同比下降57%，公务用车经费下降64%，会议、文件、简报数量分别减少5.6%、13%、16.7%，机关作风明显改进。

总体上看，当前环境保护工作正处于形势更加严峻、任务更加艰巨、责任更加重大的历史转型时期，呈现出机遇与挑战并存、动力与压力同在的新特征、新阶段。这就要求我们既要把握机遇迎接挑战，又要不惧压力攻坚克难，更要负重前行尽责履职。

从面临的机遇和动力来看：一是经济发展的新常态为改善资源环境承载力和环境质量提供了更广阔的空间。当前经济发展速度换挡减缓、二三产业比重转换和结构优化、资源要素投入拉动转为依靠创新驱动的新常态三大特征，尤其是煤炭等矿产资源消耗的减少，有利于污染减排和生态恢复，也为消化和解决历史累积的环境问题腾出了时间和空间；不以GDP论英雄的新政绩观和保护优先的发展观，使发展理念由“在发展中保护”转变为“在保护中发展”，成为生态环境休养生息的根本之策和关键所在。二是新《环保法》的全面实施为强化环境监管和依法惩处环境违法行为提供了法律保障。新《环保法》突出强化了地方政府负总责的责任、企业治污的主体责任和各有关部门的监管责任，三大责任的清晰明确，更加丰富和完善了依法保护环境的责任体系，落实责任正在成为全力推进环境保护的重要之举；完善的惩罚措施和严厉的高压态势，成为加强环境监管、提高违法成本、打击违法行为的尚方宝剑。三是环保新标准的严格限定和考核成为转变发展方式、促进产业结构调整的助推器。新的环境质量标准，使地方政府对环境质量负总责的责任更加具体化，成为衡量地区经济社会与环境保护协调发展的重要指标，促使地方政府更加重视环境保护、加快发展理念转变；严格的污染物排放标准，成为有效遏制“两高一资”项目建设、加快淘汰落后产能、推动产业结构调整的“闸门”，通过提高污染物排放的增量门槛，为解决污染存量、缓解环境压力发挥了重要的调节效能。四是全区各级党委政府对环境保护的高度重视成为治理环境污染、改善生态环境的重要组织保障。尤其是腾格里园区污染问题发生后，无论是自治区还是各盟市、旗县党政领导对环保工作的重视程度前所未有，层层落实环保责任的力度前所未有，着力解决突出环境问题的速度前所未有。环境保护齐抓共管的格局正在形成，环保机构队伍建设不断加强，治理资金投入逐年增加，全社会环保意识得到普遍提高，企业治污压力也在持续加大，生态环境保护红线已经成为各行各业的共识，开创环境保护新局面的势头良好。

新常态、新阶段、新任务要求我们要有新状态，只有抓住机遇，迎接挑战，锐意进取，奋力拼搏，才能全面完成“十二五”环境保护各项目标任务；只有把压力转化为动力，用重典，出重拳，打好治理污染的攻坚战，才能向人民群众交上一份满意的答卷。

新《环境保护法》专题培训班开班仪式

空气质量保障工作会商调度视频总结会议

深化改革 创新发展
筑牢我国北方重要生态安全屏障

内蒙古自治区林业厅 呼 群

内蒙古自治区林业厅厅长 呼 群

“努力把内蒙古建设成为祖国北方重要的生态安全防线”。内蒙古自治区林业系统努力负担起自治区党委和政府赋予林业的这一神圣使命。在《构筑北方重要生态安全屏障规划纲要（2013-2020年）》的引领下，全区坚持以生态建设为主的林业发展战略，围绕生态林业、民生林业，把加快转变发展方式作为重要途径，把改革创新作为驱动发展的动力，经过多年坚持不懈的努力，内蒙古生态环境实现了“整体遏制、局部好转”的重大转变，为维护祖国北方生态安全做出 了突出贡献。

绿肥黄瘦 生态建设写精彩

坚持不懈的生态建设，是内蒙古呈现出四大可喜变化。

森林面积、蓄积持续“双增长”。据2013年全国第八次森林资源清查结果显示，全区林地面积6.6亿亩，森林面积3.73亿亩，均居全国第一位，森林覆盖率21.03%，活立木总蓄积量14.84亿立方米，森林蓄积13.45亿立方米，均居全国第5位。与2008年第七次森林资源清查结果比较，森林面积净增1822万亩，占全国增加的9.93%；森林蓄积净增1.68亿立方米，占全国增加的9.47%；森林覆盖率提高1.03个百分点。

荒漠化和沙化土地面积持续“双减少”。据国家连续几次的荒漠化和沙化土地监测结果显示，内蒙古荒漠化和沙化土地面积已由上个世纪年均扩展1000万亩实现了现在的逐步缩减，防沙治沙成效显著。四大沙漠周边重点治理区域沙漠扩展现象得到遏制，重点治理的四大沙地等区域林草植被盖度增幅较大，生态环境明显改善。科尔沁沙地、毛乌素沙地生态状况呈现整体逆转态势。浑善达克沙地南缘长400公里、宽10公里的锁边防护林体系和阴山北麓农牧交错带长300公里、宽50公里的绿色生态屏障基本形成，乌兰布和沙漠东缘的锁边林带，在原有的基础上逐步向腹地推进1-10公里。全区2.6亿亩风沙危害面积、1.7亿亩水土流失面积得到初步治理。

森林生态服务功能进一步增强。全区森林植被总生物量16.09亿吨，总碳储量8.05亿吨。全区四大沙漠、四大沙地及阴山北麓风蚀沙化区森林植被总碳储量达2923.78万吨，年防风固沙量15.94亿吨，年滞尘量709.53万吨。每年减少入黄泥沙1.1亿吨。

促进了经济社会发展。坚持优先保护、积极治理、合理开发、集约利用的原则，把林业生态建设与农牧业结构调整、围封转移、扶贫开发、生态移民等结合起来，大力营造农田防护林、草牧场防护林，调整林业产业结构，发展林沙草产业，使农村牧区由二元经济结构向多元结构转变，农牧业生产条件得到改善，综合生产能力得到增强，有力地保障了农牧业高产稳产。农牧区牲畜头数大幅度增加，粮食产量达到并稳定在550亿斤左右。同时，为工业化、城镇化和新农村建设提供了良好的生态条件，促进了民族团结、社会和谐、边疆稳定。

深化改革 生态保护惠民生

一系列深化改革措施的推进，是内蒙古林业建设发展取得突出成绩的重要原因。

全面深化林业改革。紧紧围绕“生态受保护、农牧得实惠”的目标，大力推进集体林权制度改革。截止2014年底，全区集体林地确权率和发证率达到99.7%，广大农牧民获得了林地经营自主权，真正成为生态建设的主体，造林育林护林的积极性空前高涨。同时，在坚持“谁造谁有，谁经营、谁受益”政策的基础上，推行了招投标制、报账制、合同制等管理制度，各种经济成分积极参与，非公有制林业迅速崛起，形成了家庭承包、联户承包、股份合作、国有林场和各类企业造林等多种形式并存的造林绿化新格局。内蒙古大兴安岭重点国有林区走在了全国前列，高效平稳地剥离了企业办社会职能，全面理顺了林区社会保障体系，减轻了国有林区的负担。国有林场改革进行了积极有益的探索，全区有80多个国有林场重新核定了事业编制，并纳入当地财政预算，进一步理顺了管理体制，放活经营机制。为了进一步方便群众、保障权益，2014年再次修订了“集体人工商品林、农田防护林、公益林”采伐更新三个管理办法，对采伐政策进行调整，放宽了采伐条件，简化了审批手续，实行采伐事项公示。确定3个国有林场开展森林资源资产负债表编制试点，1个国有林场开展湿地资源资产负债表编制试点，各项工作正在顺利开展。

狠抓林业生态建设。全力组织实施京津风沙源治理、天然林保护、退耕还林、“三北”防护林体系建设等国家重大生态修复工程，积极开展义务植树和社会造林。2000-2014年，全区累计完成林业生态建设面积1.72亿亩，年均1147余万亩，约占全国的1/9。在开展大范围治理的同时，为使身边增绿、改善人居环境，2013年启动了公路、城镇、村屯、矿区园区、黄河两岸、大青山前坡六大重点区域绿化工作，两年间全区共投入资金348亿元，完成重点区域绿化405万亩。

内蒙古林业厅党组书记、厅长呼群在山西调研重点区域绿化情况

2014 年在多伦浑善达克沙地接受央视网《中国林业》专访

呼群厅长参与内蒙古人民广播电台《行风热线》节目

突出生态保护管理。严格执行林地保护利用规划和征占用林地定额管理制度，2008-2014 年，全区共办理征占用林地 98.35 万亩，优先保证了重点项目、基础设施和民生项目用地。2014 年，在国家林业局部署“开展非法侵占林地清理排查专项行动”的基础上，部署开展了为期一年的“清理整治破坏和非法占用林地专项行动”，目前专项行动进展顺利，已取得阶段性成果。加强森林草原火灾的预防、扑救、保障三大体系建设，加强督查和隐患排查，未发生大的人为火灾和人员伤亡事故，95% 以上的火灾在初发状态被扑灭，森林火灾受害率和草原火灾受灾率均在国家控制指标范围以内。积极应对突发林业有害生物灾害，防范重大外来林业有害生物入侵，构建与现代林业发展相适应的监测预警体系、检疫御灾体系、防治减灾体系和服务保障体系，林业有害生物成灾率控制在 3‰以下，无公害防治率达到 85%。加大了湿地保护与恢复力度，阿拉善盟居延海、巴彦淖尔市乌梁素海、乌兰察布市岱海、包头市南海子等重要湿地得到了有效保护和恢复，特别是呼伦湖水域治理面积已达到 2100 平方公里，恢复到了 2002 年水平。2014 年，全区森林公安系统查处各类涉林案件 3 万余起，有效维护了林区社会治安和森林资源安全。2013 年全面启动实施了森林保险工作，实现协议投保森林面积 3.77 亿亩（包括未成林造林地），国家、自治区和盟市旗县三级财政保费投入达到 6.4 亿元，实现了应保尽保，森林保险规模与财政保费补贴总量居全国首位。2014 年共有 472 起森林灾害报案，保险赔付总额 2 亿元，直接赔付率达到 31.3%。林业行业和林农总体收益率超过 50%。

发挥林业惠民作用。积极发展林沙产业，林业经济实力增强。自治区财政已连续多年每年投入林业产业化扶持资金 1000 多万元，并积极落实林业贴息贷款，扶持林业产业项目。从 2015 年开始，重点加强经济林建设，力争用几年时间，使全区经济林产业达到一定规模，创建名牌产品。从 2014 年扶持资金 1000 万元推进名优特新经济林基地建设，新造改造经济林 50 万亩、木本药材 5 万亩，全区经济林面积已达到 1500 万亩。积极培育林业产业化重点龙头企业，2014 年新认定 31 家，全区总数达到 82 家。2014 年全区林业产业总产值达到 383 亿元，农牧民人均林业收入达到 652 元。认真落实森林生态效益补偿、退耕还林等国家和自治区各项惠民政策，及时将各种补贴发放到农牧民手中，让农牧民得到实惠。如退耕还林工程累计涉及退耕户 151 万户、597 万人，人均已获得退耕政策补助近 4000 元；通过实施森林生态效益补偿，共安排 1.2 万国有林场下岗职工再就业，解决农村牧区剩余劳动力 3.3 万人就业问题，330 万农牧民从中受益。

总结经验 生态建设再立新功

回顾内蒙古林业生态建设实践，主要有以下几点启示：

高位推动。全区自上而下高度重视生态建设，各级党委政府建立和严格落实责任制，将林业建设的主要指标列入领导班子政绩和林业主管部门领导业绩考核内容，实行目标管理，一级抓一级，层层抓落实，一任接着一任干，一张蓝图绘到底。

社会支持。坚持全区动员、全民动手、全社会办林业，动员社会力量支持和参与生态建设，组织开展规模宏大的生态建设大会战和群众性治理，有力推动了生态建设事业的发展。

科技支撑。大力推广应用抗旱造林等先进适用技术，采取封山禁牧等多种措施，实行大面积封禁和小面积治理、生物措施与工程措施、防护与经济兼用等多种综合治理模式，增强了生态建设的合力，提高了成效。

无私奉献。长期以来，林业战线的广大干部群众发扬自力更生、艰苦奋斗的精神，坚持开展林业生态保护与建设，为内蒙古生态建设做出了不懈的努力。

目前，内蒙古生态建设任务仍然任重道远，全区中度以上生态脆弱区域仍占全区土地面积的 62.5%，其中重度和极重度占 36.7%。森林资源总量不足、分布不均，森林质量不高、生态功能不完备，生态环境仍很脆弱、很不稳定，生态建设与保护具有艰巨性、复杂性和长期性。按照国家和自治区总体要求，要继续全面深化林业改革，完善林业治理体系，提高林业治理能力，为加快林业发展注入强大的动力；继续实施好重大生态修复工程，搞好重点区域绿化和社会造林，加强科技创新和实用技术推广，增加森林资源总量；扎实推进科学经营，加强森林抚育和低质低效林改造，提升森林质量和效益，增强森林生态功能。同时推进依法治林进程，严守森林、湿地、沙区植被、物种保护 4 条生态红线，严格森林资源管理，为建设美丽内蒙古、保障国家生态安全做出新的更大贡献。

自治区林业厅呼群厅长到乌尔旗汉森林公安局五九派出所慰问一线民警

开拓创新 求真务实 努力推进内蒙古体育事业新发展

自治区体育局局长　谭景峰

2014 年 8 月 14 日，自治区党委书记看望备战全区十三运的足球运动员，并与他们亲切交谈

2014 年是体育事业倍受关注的一年。习近平总书记关于体育事业的系列重要讲话和批示精神为体育事业的改革发展确定了根本遵循。国务院出台了《关于加快发展体育产业促进体育消费的若干意见》，将全民健身上升为国家战略，为体育产业的发展指明了方向。刘延东副总理来我区考察时，对足球、马术、冰雪等项目发展提出了殷切希望。王君书记高度重视和关心我区体育事业发展，并对足球改革与发展工作提出了具体要求、做出了重要批示。自治区政府和各相关部门对体育工作的重视支持力度空前。这些都为我们各项工作取得新发展提供了有力保障。

一是抓创新、促突破，体育事业改革展现新面貌。

按照“优化流程、缩短时限、提高效率、权责一致”的原则，修订了《自治区体育局行政执法责任制及相关配套制度》。适应体育事业发展的新形势，积极推进《内蒙古全民健身条例》的修订工作列入自治区人大常委会 2015 年立法计划，积极推动公共体育场馆设施向公众免费或低收费开放。

全面启动了足球运动改革与发展工作。2014 年 9 月，国务院第七次足球工作座谈会在北京召开，会议确定内蒙古为足球改革唯一试点省区。按照自治区党委、政府的总体部署、目标任务，成立了自治区推进足球运动改革与发展工作领导小组，召开了内蒙古足球协会第五次代表大会，申请自治区编委批准成立了内蒙古足球运动管理中心，研究制定了《自治区推进足球改革发展三年行动计划（2015-2017）》、着手研制《自治区青少年足球训练纲要》，加强对足球改革与发展工作的宏观指导。与此同时，各盟市也积极成立了相应领导组织机构、制定了行动计划，我区足球改革与发展工作组织机构体系、政策保障体系初步建立。通过一个时期的努力，初步确立了我区足球改革与发展的工作目标，即以培养优秀足球专业人才为主线，以实现人才强足为目标，积极行动、群策群力，不断推进足球管理体制和运行机制改革创新，提高我区足球改革与发展工作科学管理水平、竞赛组织水平和综合发展实力。

二是抓基础、促普及，群众体育工作取得新进展。

2014 年，自治区体育局以加快构建全民健身服务体系为目标，从满足群众日益个性化、多样化的全民健身需求的新常态要求出发，全民健身基础设施进一步加强、特色品牌活动丰富多彩、社团网络不断扩大、科学健身意识逐步增强。

积极争取各方支持，投资近 7200 万元用于“农牧民体育健身工程”、“雪炭工程”、全民健身路径工程和社区多功能运动场建设。为全区 250 个全民健身活动站点配发了健身器材，新增全民健身路径 126 套，完成了在苏木乡镇建设 100 个小型体育健身中心的目标任务，资助 5 个草原全民健身示范基地建设工程单位。

继续开展“一地一品牌、一地一特色”全民健身特色品牌创建活动。通过完善筛选标准、创新资助办法、鼓励社团参与，共筛选全民健身特色品牌项目 230 项，资助资金 500 万元。组织开展了丰富多彩的马术、羽毛球、足球、自行车、全民健身大会等群众体育活动，让全民健身活动走到群众身边，融入群众生活。

在体育社团组织建设上，修订完成了《全区性单项体育协会管理办法》。培训社会体育指导员 4769 人，新增 107 名国家级社会体育指导员。成功举办了自治区社会体育指导员健身技能大赛。开展了国民体质健康检测进机关活动，指导干部职工科学健身。圆满完成 6-69 岁人群体育健身和体质状况抽测工作及全国第四次国民体质监测任务。

以承办第十届全国少数民族传统体育运动会为契机，大力发展少数民族传统体育。成立了筹备委员会竞赛表演部、制定了工作方案、组织开展了各项目裁判员培训班，认真做好组队参赛备战工作，举办了摔跤、押加等项目选拔赛，各项竞赛组织工作有序进行。组织开展了我区民族体育工作专

谭景峰局长在基层调研

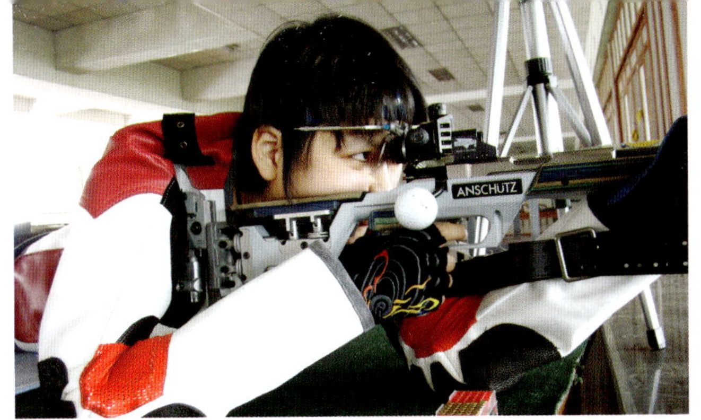

2014 年仁川亚运会上内蒙古运动员陈东琦获得射击女子三姿项目团体金牌

中蒙青少年足球邀请赛现场

题调研，提出了加快发展民族体育工作的意见建议，为科学发展民族传统体育奠定了基础。

三是抓管理、促提高，竞技体育实现新突破。

竞技体育是体育事业发展综合竞争力的展现。2014年，我区优秀运动员参加国际、国内重大比赛共获得金牌 74 枚、银牌 87 枚，铜牌 126 枚。在第八届世界女子拳击锦标赛上，杨晓丽、李倩为中国代表队夺得 1 金、1 银，创造了中国女子拳击的最好成绩。在仁川亚运会上，陈东琦与队友配合夺得 50 米步枪三种姿势团体金牌，这是我区运动员时隔 32 年后再夺亚运会步枪冠军。在第 51 届世界射击锦标赛上陈东琦获得 3 个第二名，并为国家队获得 1 个里约奥运会参赛席位。

积极备战里约奥运会和第十三届全国运动会。根据国家竞技体育发展趋势，结合自治区经济社会和体育事业发展实际，完善了项目布局，新增了内蒙古女子足球队、青少年网球队、自行车队，与包头市合作共建了青年女子排球队。进一步扩大了高水平后备人才基地建设，青少年体育组织建设得到加强。目前，我区国家级高水平后备人才单项基地 37 所，其中，2014 年新增 12 所曲棍球基地和 5 所田径基地。新命名了 1 所国家级青少年体育户外活动营地、7 所国家级青少年体育俱乐部、3 所国家级体育传统项目学校。建立了 8 所曲棍球项目推广学校。组织开展了全区第二届青少年冰雪冬令营暨百万青少年上冰雪等丰富多彩的青少年体育活动。为全区盟市教练员进行系统培训，组建了体能训练室和生理生化监控点。

四是抓重点、促创新，体育产业取得新发展。

随着经济水平不断提高，体育日益成为人民群众日常生活的重要组成部分。体育产业伴随体育事业发展逐渐成为新兴健康产业，日渐成为当前经济社会发展中不可缺少的重要内容。围绕国家关于发展体育产业的总体要求，2014 年，加强了对体育产业工作的组织领导，召开了全区体育产业发展研讨会，举办了全区体育产业培训讲座，推动体育系统解放思想、转变观念，抓住机遇，促进体育产业取得新突破。

围绕“车”、“马”两大主题，广泛开展竞赛表演活动，探索汽车摩托车和马术运动产业化新路。2014 举办了“北京－阿拉善－敦煌”中国越野拉力赛、内蒙古汽车运动会、中国民用汽车耐力公开赛、中国玉龙沙湖汽车越野挑战赛等比赛，积极申请 2 处汽车露营营地验收，初步形成了“车”产业氛围，取得了较好的经济和社会效益。注册成立了内蒙古蒙马体育文化交流有限责任公司，为运动项目和赛事活动走向市场，发展体育产业，提供了运营平台。同时，与相关单位合作，在锡林浩特市成功运营了中国首创大型马文化全景式综艺驻场演出剧目《千古马颂》，成为自治区体育文化产业发展的有益尝试。

2014 年，内蒙古体育彩票累计销售 29.36 亿元，较上年增加了 7.49 亿元，增幅达 34%。其中，电脑型体育彩票销售 22.65 亿元，即开型体育彩票销售 6.71 亿元。共筹集公益金 8.23 亿元，返奖 17.52 亿元，上缴个人偶然所得税 2655 万元。积极参加 2014 中国体育旅游博览会，以民族体育、草原健身、冰雪项目等特色板块，全面展示了我区民族体育的魅力和丰富多彩的体育旅游资源。

五是抓比赛、促交流，大型赛事活动圆满完成。

成功举办了第十三届世界大学生跆拳道锦标赛和第五届中蒙俄国际青少年运动会，促进了我区体育工作的对外交流与合作。6 月举行的第十三届世界大学生跆拳道锦标赛共有来自 30 个国家和地区的代表团参加，我区被认为是“高水平、高质量地完成了各项工作任务”。9 月，第五届中俄蒙国际青少年运动会在呼和浩特市举办。比赛期间，我局与蒙古国、俄罗斯布里亚特共和国体育部门在体育科研、技术等方面进行了深度交流，进一步密切了三方的合作。

成功举办第十三届全区运动会，发现了大批优秀竞技体育后备人才。8 月 17 日至 25 日，第十三届全区运动会在赤峰市举行。本届运动会首次将雪上项目、橄榄球、女子足球等项目纳入正式比赛，共设 24 个大项 510 个小项，8000 多名运动员参赛。1 人超全国少年纪录，8 人 19 次打破 13 项自治区最高纪录，31 人 41 次打破 31 项自治区青少年最高纪录。

2014 年，我们还圆满完成了第六次全国体育场地普查任务。根据普查数据显示，截止到 2013 年 12 月 31 日，全区共有体育场地 25367 个，人均体育场地面积达到 1.66 平方米。通过本次体育场地普查，对我区体育设施现有状况和分布情况有了新的认识，并为今后开展各项工作提供了科学依据。

2014 年，在对外交流上，继续深化我区与蒙古国的体育交流与合作。7 月，内蒙古体育代表团赴蒙古国进行友好访问，进一步达成了广泛开展中蒙沿边体育赛事活动等 5 项体育交流合作共识。2014 年，自治区体育总会还邀请台湾、香港、澳门体育代表团、体育社团来我区访问，商洽体育合作事宜，增进了了解和友谊。在宣传工作中，进一步完善了与各级新闻媒体的交流合作机制，改版了内蒙古体育局官方网站，创编了内部刊物《内蒙古体育》，宣传工作呈现出新气象。在体育文化上，组织了“魅力体育 美好生活”摄影展，着手编辑《体育箴言》、《体育名人录》，内蒙古体育博物馆筹建工作进展顺利。

今后一个时期，自治区体育工作将认真贯彻习近平总书记系列重要讲话和有关体育工作重要指示、批示精神，全面学习贯彻党的十八大和十八届三中、四中全会精神，深入落实全国体育局长会议和自治区党委九届十三次全委会议暨全区经济工作会议精神，紧紧围绕“8337”发展思路，切实增强“三种意识”，即危机意识、担当意识、圆梦意识；大力推进“三化进程”，即群众体育生活化、竞技体育集约化、体育产业市场化；积极实施“五大工程”，即体育文化工程、人才梯队工程、品牌创建工程、信息服务工程、设施建设工程；努力抓好“三类赛事”，即办好专业性赛事、放开群众性赛事、搞活商业性赛事；着力构建“三个体系”，即政策法规体系、战略规划体系、组织管理体系，为打造祖国北疆内蒙古体育亮丽风景线而努力奋斗。

牢记使命 攻坚克难 努力开创社科联工作新局面

内蒙古自治区社科联主席 党组书记 杭栓柱

内蒙古自治区社科联主席、党组书记 杭栓柱

作为自治区党委领导下的学术性社会团体，自治区社科联在自治区党委、政府的正确领导下和自治区党委宣传部的直接指导下，坚持正确工作导向，以繁荣发展自治区哲学社会科学为己任，团结组织广大社会科学工作者，紧密结合内蒙古区情，锐意进取，开拓创新，加强理论政策的学习宣传，营造了良好的理论氛围，组织开展社科研究工作，提升了辅助决策的水平，加大社科普及力度，提高了公众的社科素养，改进社团管理与服务，社科类社团工作得到全面加强，强化社科联内部建设，增强了自身发展能力，较好地完成了各项工作任务。

面向未来，内蒙古社科联将大胆开拓，积极进取，牢固树立开放理念、创新理念和担当理念，围绕服务决策的一流智库、理论宣传的得力助手、社科普及的重要窗口、社科工作者的温馨家园四个目标定位，科学把握在联合上做文章、在服务上下功夫、在学术上求突破、在贴近上找位置四个工作导向，组织抓好社科理论政策惠民工程、社科研究创新工程、社科"北疆"系列品牌创建工程、社科人才强区工程、社科平台建设工程五个社科重点工程，努力把全区社科联工作提高到新水平。

一、大力开展党的理论政策的学习宣传和解读

推动社科界加强党的理论和政策的学习。组织协调学会、协会、研究会及民办社科类社团的专家学者，把学习习近平总书记系列重要讲话，学习中央和自治区党委政府的重大理论观点和决策部署作为首要任务，把握真谛、掌握精髓，深刻领会思想内涵，全面理解内容特点，进一步统一广大社科工作者的思想和行动。围绕重点创新学习宣传形式。在学好学深学透的基础上，把国家和自治区的重大理论创新和决策部署宣传好，特别是把贯彻"8337"发展思路落实到社科联的各项工作中。围绕培育和践行社会主义核心价值观，加大宣传力度，把握正确的舆论导向。围绕推进依法治国、建设法治内蒙古的重大决策，开展广泛的宣传，推动法治成为全民信仰。开展宣讲会、报告会、座谈会、研讨会等活动，充分运用微博、微信、即时通信等新媒体手段，采取生动活泼、喜闻乐见的形式，切实增强学习宣传的实效性和影响力。编辑出版解读性社科普及读物。主动组织编写解读读本和学习辅导读物，注重接地气、重实效，做到深入浅出，多讲老百姓听得懂、听得进的话，努力把专业术语转化为群众话语。通过学习宣传和解读，有效指导社科联开展各项工作，有针对性地回答社会关切和解决干部群众的深层次思想问题，更好地析事明理、解疑释惑。针对错误思潮、错误观点，要勇于亮剑、守住阵地，在大是大非问题上体现引领和规范作用，牢牢把握议题设置和话语提出的主导权，做到守土有责、守土尽责。

二、推动社会科学研究上水平

科学合理确定研究方向。按照自治区党委和政府对社科联工作的总体要求，围绕党委、政府的中心工作，以全面落实"8337"发展思路和全面建成小康社会为主攻方向，以问题导向和需求导向为重点，科学确定研究方向和重大研究课题，增强社科研究工作的战略谋划和综合研判能力。资助出版社科理论研究成果和学术著作，推出内蒙古社科界名家名著出版计划。鼓励广大社科工作者联合攻关。紧密联系广大社科工作者，深入农村牧区、企业、社区进行实地调研，组织整合跨部门、跨学科的力量联合攻关，努力推出一批选题准确、调研翔实、具有可操作性和针对性的高质量研究成果，进一步提升社科联的影响力和话语权。规范社会科学优秀研究成果的评选。按照公开、公平、公正、科学的原则，推动"政府奖"由每两年评选改为每年度评选，实现社科优秀成果评奖工作的常态化，并进一步加大奖励力度。加快推动社科研究成果转化应用。建立健全研究成果的有效转化机制，加快推进研究成果进报刊网络、进教材课堂、进决策程序。编辑出版好《北疆智库》内刊，搭建社会各界人士建言献策的新媒体平台，鼓励科研人员建言献策，建立和拓展报送优秀决策咨询成果的便捷通道，为自治区科学决策提供智力支持。努力营造良好的学术氛围。充分发挥社科联学术委员会的作用，更好地协调和指导社科类社团开展学术研究活动。力争把"北疆论坛"培育成国内一流学术交流平台，吸引国内外专家学者，为自治区的改革发展"把脉问诊"。借鉴国内成功做法，定期举办"北疆学术沙龙"，把每年的九月份作为"北疆学术沙龙"的学术活动月，组织相关研究机构、高等院校积极参与，并探讨可持续发展的机制。

三、加强社科知识的宣传普及

深入开展社科普及周活动。科学慎重确定活动周主题，坚持重心下移、联通互动，全区统一组织，各级社科联、有关单位和学术团体共同建设、共同推进，提升社科普及周的影响力，扩大社科普及效果。在原有活动的基础上，拓展社科普及方式和渠道。合理使用科普经费，建立社科普及激励机制。稳步推进社科普及基地建设。以扩容提质为主基调，有计划、分层次、分类别建设一批具有较强辐射带动力的社科普及基地，力争自治区级基地达到百家，并进一步完善自治区、盟市、旗县三级社科普及基地网络。完善社科普及基地管理制度，确立评审标准，规范申报程序，强化专家责任，严格把关筛选。建立考核办法，加强基地后期管理。着力打造社科普及品牌。围绕把"北疆讲坛"打造成具有鲜明地域特

色和民族特色的社科普及讲坛品牌的目标，优选讲题和主讲人，加快推进“北疆讲坛”走基层、到边疆，进机关、到农村牧区、入学校企业。推进“北疆讲坛”在盟市、旗县设立分讲坛，指导基层社科联、学术团体、研究机构举办社科普及讲坛，力争每年推出百场讲坛。面向全社会征集社科普及读物，提高科普读物的针对性、实用性、时效性和趣味性，每年资助一批优秀社科普及读物出版发行，推出一批内蒙古社科普及精品力作，满足不同类型和层次的公民文化需求。积极完善社科普及工作管理和运行机制。在做好年度优秀社科普及专家、优秀社科普及工作者、优秀社科普及作品推荐评选工作的基础上，探索社科普及成果与研究成果同等待遇办法。进一步发挥社科普及专家委员会指导开展社科普及活动及社科普及品牌创建工作的作用。鼓励社会各界人士积极参与社科普及工作，实现社科普及工作全覆盖。增加社科普及经费。努力推动社会科学普及立法。争取将《内蒙古社科普及条例》列入内蒙古地方立法规划，积极推动出台，使全区社科普及工作纳入法制化轨道。

四、促进社会科学学术团体持续健康发展

加强工作导向。依据社科联章程，引导社科类社团坚持正确的政治方向，明确工作重点，形成各自特色。发挥社科联的桥梁纽带作用，推动政府部门主动购买社团提供的公共产品，支持社团成为主动承接政府职能转移的重要社会载体。规范有序发展。按照国家和自治区关于创新社会管理工作的要求，创新社科团体管理模式，力争使有效开展活动的社团比例达到三分之二，并建立支持社团发展的基金。制定实施社科类社团的分类考评机制，开展社科类社团的达标活动。建立与民政部门联动的社团管理和退出机制。主动提供高效服务。定期召开社团负责人工作会议，共商社科类社团发展大计。主动参与指导社团组建和换届工作，鼓励支持社科类社团开展学术年会、学者论坛等活动，从经费上支持社科类社团有效开展工作。整合社科类社团资源，构建社团公共管理服务平台，做好社团工作人员的学习培训工作，提升社科学术团体的自身组织、研究和管理水平。加强对社科类社团的领导。积极推进社科类社团党组织建设，成立社科类社团党建委员会，推动社团成立基层党组织，强化社科团体发展的理想政治信念，贯彻落实党的路线方针政策。

五、加强社会科学人才队伍建设

加强思想政治工作。积极开展社科工作者的理想信念教育，围绕培育和践行社会主义核心价值观，强化理论武装，不断坚定理想信念。培养选拔和引进一批社会科学优秀人才。培养选拔一批彰显内蒙古社会科学实力的学术名家，引进一批代表国内一流水平的社科领军人物，大力培育中青年后备力量。积极争取将社科人才强区工程纳入自治区人才工程之中。开展社科人才和专家现状调查工作，补充调整完善社科人才专家库和社科普及专家库。为广大社科工作者提供良好的服务和政策环境。依法维护所属社团和广大社科工作者的合法权益，广开门路，积极听取社科工作者的意见、建议和要求。开展社科人才诚信教育，开展社科诚信体系建设。加强人才和学术成果的国内外交流与合作。建立与国内社科部门、机构和团体常态化的成果交流机制，搭建与周边国家智库沟通渠道，加强联系协调，定期举办中俄蒙三国学术交流活动。支持社科工作者积极参与国内外多种形式的人才交流活动，提高我区社科人才和社科成果的影响力、知名度。

六、加强社科联自身能力建设

编制出台社科联发展规划和工作意见。科学编制社科联“十三五”时期发展规划。充分学习区外先进经验，找准社科联的奋斗目标和有效途径，提出切实可行的举措。推动出台新时期加强全区社科联工作的意见。在广泛征求社科工作者的建议和意见的基础上，推动自治区出台新时期加强全区社科联工作的意见，促进社科联更好地服务于自治区经济社会持续健康发展。加强组织体系建设。根据自治区党委《关于加强宣传思想工作的意见》的总体要求，按照横向到边、纵向到底的原则，积极推动指导盟市、旗县、高校和企业建设社科联组织机构。继续完善基层社科联的内设机构，加强经费保障，努力扩大社会影响力。指导和支持基层社科联开展各项活动。探索上下联动、发挥社科联整体优势的新举措，鼓励基层社科联开展课题研究、学术交流和社科普及活动，带动基层社科联组织不断发展壮大。强化机关干部队伍建设。根据社科联面临的新形势，结合工作需要，围绕社科联自身发展思路和目标，充分调动现有人员的积极性和工作主动性，培养和引进高素质人才，改善人员学历和年龄结构，尤其要高度重视年轻干部的培养选拔，提高干部队伍综合素质，建设一支政治坚定、业务精通、团结协作、廉洁奉公的干部队伍。建立健全干部培养、激励和考核机制。加强与党委组织部、党校等部门的合作，有计划有步骤地对社科联机关干部进行集中培训，分层次选派社科联机关干部到基层和实际工作岗位挂职锻炼，扩大机关干部队伍的对外交流，建立符合社科联实际的干部考核机制。提高干部素质。加强学习，提升自身素质，增强干部与社会科学工作者对话的能力。教育干部职工不断树立开放理念，强化服务意识，勇于担当，勤于奉献，积极投身于自治区社科事业发展之中。四是加强学术载体品牌建设。着力打造“北疆”系列品牌。“北疆讲坛”突出社科知识的普及性，“北疆论坛”突出学术活动的高层次和大型化，“北疆学术沙龙”突出学术活动的灵活性，《北疆智库》内部刊物突出参谋建议作用，《北疆研究文库》和《北疆科普丛书》突出社科书籍出版的系列性。通过创新性工作，使“北疆”品牌影响日益深入人心。利用“内蒙古社会科学网”，积极宣传国家和自治区社科领域的方针政策，加强与广大社科工作者的互动交流，发布推介社科工作动态、学术信息、研究成果和工作经验。依托“内蒙古社会科学网”加快发展新媒体平台，推出微官网、微信公众平台等客户端，实现传统媒体和新媒体融合发展，把“内蒙古社会科学网”建成全区最大的具有强大传播力、公信力、影响力的社科信息传播平台，推进社科信息化建设。努力办好《前沿》和《内蒙古社会科学动态》。《前沿》要采取创新性举措，设立栏目主编负责制，进一步提升刊物质量和学术水平，实现争名升位，力争重回核心期刊行列。《内蒙古社会科学动态》要突出刊物特点，及时准确反映社科动态。适时启动《内蒙古社会科学年鉴》编纂工作。加强基础建设。建好内蒙古社会科学馆。内蒙古社会科学馆建成后，将成为展示社会科学知识和研究成果，提供社会科学宣传和学术交流的重要场所。加强社科成果特别是书籍的征集工作，使分散的成果得到集中展示。完善基层社科普及设施。建立完善社科普及活动站、宣传栏等基层普及设施，不断扩大社科普及工作的覆盖面。把党的建设贯穿于社科联工作的全过程。进一步改进工作作风，认真开展“三严三实”活动。加强社科联党风廉政建设。深入开展反腐倡廉宣传教育，积极组织政治学习，认真履行党风廉政建设的岗位职责，自觉落实“一岗双责”责任制，完善内设纪检组的工作职责，严格执行各项廉政建设纪律，使党风廉政建设和个人考核相挂钩。加强基层党组织建设。加强社科联学习型、服务型和创新型基层党组织建设，加大新党员发展力度，增强党员队伍力量，组织开展好各项活动。

内蒙古自治区社会科学界联合会简介

内蒙古自治区社会科学界联合会第六次代表大会现场

内蒙古自治区社会科学界联合会，简称内蒙古社科联，是内蒙古自治区党委领导下的以推动、协调全区社会科学研究和普及为主要任务的学术性群众团体，是内蒙古社会科学界的联合组织。内蒙古社科联成立于 1959 年，历任主席为王铎、乌恩、刘贵谦、张国民、牛森。现任主席为杭栓柱，专职副主席为李风、胡益华，副巡视员为乌兰。还有内蒙古政府研究室、党校、社科院和内蒙古大学、内蒙古师范大学、内蒙古财经大学、赤峰学院的负责同志兼任副主席。内蒙古社科联是党和政府联系全区各族社会科学工作者的桥梁和纽带。

内蒙古社科联共有八个部室，其中行政管理类部室有六个：办公室、机关党委、社团管理与社科评奖部、社会科学普及部、研究部和社会科学信息部，内设两个处级事业单位：机关事务服务中心、杂志社。主要职能是履行社科学术团体、民办社科研究机构业务主管单位的职责，对内蒙古社会科学的学术社团和民间研究机构进行业务指导和管理，指导盟市、高校、企业的社科联工作；组织协调社会科学界开展学术研究活动和决策咨询工作，促进社会科学理论研究成果转化，为自治区党委、政府科学决策及社会各界现实需求提供决策咨询服务，着力打造“北疆智库”；促进社会科学学术团体之间、理论工作部门与实际工作部门之间、社会科学界与自然科学界之间的联系与协作，加强与兄弟省、自治区、直辖市社会科学界的联系，开展各类国内外学术交流；编辑出版社科类综合性学术月刊《前沿》和社科界工作指导性刊物《内蒙古社会科学动态》；组织开展全区哲学社会科学优秀成果政府奖的评选工作，评选、表彰社会科学的优秀成果；宣传普及社会科学知识和科研成果；促进社会科学学科建设和人才队伍建设，反映社会科学工作者的愿望与要求，维护社会科学工作者的正当权益；收集、编辑、出版北疆系列社会科学类图书、刊物，管理内蒙古自治区社会科学馆。

内蒙古社科联现有所属区直社科类学会、协会、研究会、民办社科机构 127 个，会员 10 万余人。基本形成了覆盖马克思主义、哲学、政治学、文学、语言学、新闻学与传播学、艺术学、历史学、考古学、法学、社会学、民族学、经济学、统计学、管理学、图书馆、情报与文献学、教育学、蒙古学、民族理论、草原文化等学科的社科类社团网络。内蒙古社科联联系着自治区高等院校、党校、社科院、党政部门研究机构和盟市旗县社科联等社科界各路大军，具有学科齐全、人才荟萃、联系面广的综合优势。内蒙古社科联将努力成为社会科学普及的重要窗口、理论宣传工作的得力助手、社会科学工作者的温馨家园和服务决策的一流智库。

内蒙古自治区社科联志愿者服务队参加社科普及周活动

内蒙古自治区社科联编辑出版的系列书刊

内蒙古自治区社科理论界学习贯彻党的十八届四中全会精神座谈会

内蒙古自治区社科联领导班子成员合影

北疆学术沙龙专家学者合影

内蒙古自治区第四届社会科学优秀成果政府奖推介会获奖代表合影

发挥国际贸易促进优势
积极参与丝绸之路经济带建设

自治区贸促会会长 刘廷山

内蒙古贸促会会长 刘廷山

当前，经济全球化深入发展，区域经济一体化加快推进，全球增长和贸易投资格局正在酝酿深刻调整，亚欧国家都处于经济转型升级的关键阶段。2013年9月，习近平总书记出访中亚四国时提到"为了使欧亚各国经济联系更加紧密、相互合作更加深入、发展空间更加广阔，我们可以用创新的合作模式，共同建设"丝绸之路经济带"，以点带面，从线到片，逐步形成区域大合作"。作为我国经济、社会发展与改革重要指导政策的《中共中央关于全面深化改革若干重大理由的决定》明确"加快沿边开放步伐，允许沿边重点口岸、边境城市、经济合作区在人员往来、加工物流、旅游等方面实行特殊方式和政策。建立开发性金融机构，加快同周边国家和区域基础设施互联互通建设，推进丝绸之路经济带、海上丝绸之路建设，形成全方位开放新格局"。2015年内蒙古"两会"上，自治区主席巴特尔说："内蒙古要抓住国家实施的"一带一路"政策，从而更好地推动草原丝绸之路经济建设，融入国家战略发展规划当中。"内蒙古地理环境特殊，雄跨"三北"，有4200多公里边境线，约占我国陆地边境线的五分之一，在我国的向北开放格局中地位举足轻重。在"一带一路"政策的指引之下，必将迎来一个美好的发展机会，经济、社会势必会迈上新的台阶。

进入新世纪，自治区抓住各类机遇，迅速崛起为西部地区经济发展新高地。但是对外开放仍是短板：2014年全区地区生产总值17769.5亿元，城乡５００万元以上项目完成固定资产投资1.19万亿元；进出口总值达145.53亿美元，其中，出口63.94亿美元，进口81.59亿美元，经济的外贸依存度不到5%。站在新的发展起点上，自治区立足实际，调结构转方式，加快沿边地区开发开放，推进可持续发展，优化生产力布局，增强区域发展，实现兴边富边稳边固边的需要。从内蒙古与内陆的联系来看，"一带一路"能够更好地在货运上形成双向交流，从而更好地带动整体性的经济发展新格局；从内蒙古与边境国家的联系来看，"一带一路"会形成内蒙古特色产业向外出口的优势，因为内蒙古具备特色土特产、煤矿等资源优势，又是草原大省，"天苍苍，野茫茫，风吹草低见牛羊"的豪美草原壮景也将会让世界宾朋深深认识到内蒙古大草原的独特魅力。2014年1月，习近平总书记到自治区视察时，要求我们"登高望远，规划事业、谋划发展要跳出当地、跳出自然条件限制、跳出内蒙古，要有宽广的世界眼光和大局意识；要求我们通过扩大开放促进改革发展，发展口岸经济，加强基础设施建设，完善同俄罗斯、蒙古国合作机制，深化各领域合作，把内蒙古建成我国向北开放的重要桥头堡"。这些重要指示和精神无疑为深入实施自治区"8337"发展思路，扩大对外开放，参与构建丝绸之路经济带指明了方向。我们要抓住机遇，努力争取、积极参与其中，在国家构建丝绸之路经济带的大战略之下，构筑新草原丝绸之路，进一步扩大对俄蒙和欧洲、中亚的开放，为服务国家战略作出自己的贡献。

我国提出构建丝绸之路经济带、21世纪海上丝绸之路的构想，对密切同周边的关系、改善周边外交环境具有远大战略意义。丝绸之路经济带的形成和拓展，将使中亚国家可以便利地通往世界上经济发展最活跃的亚太地区。同时，丝绸之路经济带也将促进中国向西开放，在欧美市场普遍不景气的背景下，拓展中亚、西亚和南亚市场，对我国的外贸出口具有积极意义。在构建"丝绸之路经济带"的背景下，新疆、陕西、甘肃等多省份纷纷开展了丝绸之路经济带与本省区经济、人文等方面的调查与研究。其中，陕西提出"打造成丝绸之路经济带的新起点和桥头堡"，甘肃提出"打造丝绸之路经济带的黄金段"，新疆则"要建设成丝绸之路经济带上的核心区，切实当好建设丝绸之路经济带的主力军和排头兵"。内蒙古向北开放重大事项和项目已纳入了"丝绸之路经济带"建设范围，向北开放桥头堡建设迈出了重要步伐，。

内蒙古贸促会紧紧围绕自治区党委、政府和中国贸促会的中心工作，积极研究国家和自治区的要求以及企业的需求，深入实施自治区"8337"发展思路，创造性地开展工作，全面履行好对外联络、招商引资、境内外会展、涉外商事法律信息服务及推动企业国际化经营的各项职能职责，全方位、多层次开展国际交往，大力促进企业"走出去"，为自治区参与构建丝绸之路经济带作出积极地贡献。

一、充分发挥区位优势，推动向北开放实施上新台阶

自治区对外开放工作的重点是对俄罗斯与蒙古国的开放，贸促会将从五个方面加强工作。

（一）深化驻俄蒙代表处工作。自治区于2006年在俄罗斯布里亚特共和国设立内蒙古贸促会驻布里亚特共和国代表处，于2009年在蒙古国乌兰巴托市设立内蒙古贸促会驻乌兰巴托代表处。目前，办事处已具备了服务自治区政府、部门、盟市和有关企业进行经贸信息交流、商事法律服务、项目合作、联络政界和商界开展工作的能力。2014年11月，自治区云光中副主席关于代表处建设作出批示，"驻蒙代表处要统筹在自治区一个框内，边境盟市可联合办理；驻外办要有严格的工作制度并加强管理。"贸促会按照云主席的要求，利用代表处联络、协调、保障服务平台，整合各盟市现有驻外资源，形成合力，规范运作；积极加强与俄蒙商协会组织的沟通联络，为企业牵线搭桥，为自治区政府、厅局、

盟市与俄蒙在各个领域的合作交流服务。

（二）加强各省市联合共同开拓俄蒙市场。由内蒙古贸促会与发达省区贸促机构共同举办项目合作洽谈会，并联合发达省区的企业共同开发俄蒙市场、开展经济技术合作。推荐支持有投资俄蒙意向的大企业与已经在俄蒙立足的企业联合，扩大与俄蒙的合作力度和规模，发挥向北开放桥头堡作用。

（三）迎合国家“互联网+”战略建设中俄蒙英多种语言共同使用，中俄蒙相关商协会共享的国际性经贸信息网络平台，实现三国企业信息网上发布、互动交流、项目对接等功能，打造中俄蒙三国工商会网上常设论坛。建设国际性经贸信息网络平台。

（四）建立与内蒙古驻蒙古国商协会组织沟通联络协调机制。随着中蒙战略伙伴关系深入发展，我区驻蒙古国的内蒙古人及内蒙古企业在贸促会支持下，于2011年6月在乌兰巴托注册成立了蒙古国内蒙古商会。贸促会将根据自治区的要求，积极支持蒙古国内蒙古商会等驻蒙商协会组织建设，努力使自治区对蒙开放，组织企业“走出去”更加合理有序。

（五）通过中蒙企业家理事会服务企业。为推动中蒙双边更加务实的紧密合作，蒙古国发起成立了“与中国合作务实理事会”；中国贸促会呼应成立了“中方企业家理事会”，中方秘书处设在内蒙古自治区贸促会。我会将通过此机制积极为内蒙古在蒙古国企业提供服务。

二、打造特色精品展会，推动俄蒙经贸活动上新台阶

（一）以边境城市为牵引，推进在蒙古国展览工作常态化。在蒙古国举办展洽会能够有效地搭建中蒙企业家相互沟通的平台，推进双方的进出口贸易，促进两国经贸活动常态化。目前，已与蒙古国相应机构商定，8月在乌兰巴托举办第二届“中国兴安盟·蒙古国东方省投资贸易洽谈会暨绿色有机产品和旅游展洽会”，9月在蒙古国苏赫巴托省举办第十届“蒙古国·中国锡林郭勒盟商品展览暨投资贸易洽谈会”。为落实习总书记访蒙《联合宣言》中打造经贸中蒙平台的内容，将内蒙古向北开放的区位优势和中国贸促会组织全国有关省市参展优势结合起来，6月在乌兰巴托举办第十一届“乌兰巴托中国商品展览暨投资贸易洽谈会”。该展洽会已向中国贸促会申请，明年将该展会升格为中国贸促会与自治区政府共同主办的国家级向北开放的重要博览会。

（二）以中东部地区为龙头，强化俄蒙两国企业来我区参展办展工作常态化。为落实“一带一路”、向北开放发展战略的具体实施，进一步提升中国与俄罗斯、蒙古国在会展业发展合作，7月中旬在包头市举办第十一届“中俄蒙工商论坛暨2015中国(包头)第二届国际装备制造业博览会”。以“立足蒙东、服务中俄蒙、面向东北亚”为发展定位，充分利用呼伦贝尔市毗邻俄蒙地缘优势，6月底将在海拉尔举办“中国·海拉尔第十一届中俄蒙经贸洽谈暨商品展销会”。2015呼和浩特年博会成功举办，云光中副主席给予了充分肯定，“年货博览会效果不错，我认为可以举办常态化博览，真正发挥展览馆的作用”。今年将继续举办呼和浩特第二届年货博览会，力争办成在首府以俄蒙两国企业展览为主的自治区品牌展会。

（三）以加入会展联盟为契机，抱团组展带动我区向北开放工作常态化。为配合国家向北开放工作实施，促进中俄投资贸易往来，拓宽与俄罗斯合作渠道，2014年11月，自治区贸促会应邀加入中国·俄罗斯区域会展联盟。经会展联盟共同商定，由中国国际商会和会展联盟中方34家成员和俄方15家成员共同携手，定于2015年8月下旬在俄罗斯莫斯科共同举办“中国（莫斯科）建筑、机械及生活方式展览会”。在国家构建丝绸之路经济带的大战略下，由10省市贸促会组成新丝绸之路国际经贸会展联盟，积极参与构筑草原丝绸之路和茶叶丝绸之路，组织企业重走草原和茶叶丝绸之路，举办兄弟省区商人和内蒙古商人与蒙古国商人经贸展洽会，加强兄弟省区企业和内蒙古企业与俄蒙企业的合作，促进兄弟省区和内蒙古对俄蒙及欧洲的开放，为服务国家战略作出贡献。

三、突出特色法律服务，推动涉外法律服务上新台阶

拓展贸促会法律服务职能，为各类企业提供高效优质的法律服务。在巩固和发展出证认证、法律咨询等业务的基础上，积极拓展ATA单证册、国际贸易仲裁、国际民商事调解、涉外知识产权代理、国际经贸法律咨询等服务功能，在竞争中创新求发展。

（一）充分发挥内蒙古商事调解中心工作职能。以调解中心为依托，认真搞好对外经贸法律服务工作，充分认识调解在解决经贸纠纷中的重要作用。加强与司法部门及律师事务所的沟通合作，使得“诉调对接”的渠道更加畅通。通过多种行之有效的手段，发挥涉外商事调解的各项职能作用。

（二）加强中国国际经济贸易仲裁委员会内蒙古办事处建设。国际经贸仲裁、调解是贸促会的优势服务手段，也是与社会其他法律服务机构相比较最独特的服务资源。加强国际经贸仲裁、调解服务，制定办事处管理制度、工作人员守则、仲裁案件移送制度、仲裁案件回访制度、案件审批程序、工作人员考核管理制度等等，切实从制度上强化内部建设。

（三）积极开拓知识产权代理和ATA单证册服务。伴随国家“一带一路”、向北开放战略实施，我国的对外经济形势亦随之产生了深刻的变化，如何使国内企业在日趋激烈的国际竞争中立于不败之地并成功抢占国际市场，将成为我们服务于企业的重中之重，知识产权法律代理服务日益受到重视。国家赋予贸促会办理ATA单证册（货物的护照）职能，一次报关，一年有效，多次往返，全世界90多个国家通用。在中国贸促会、海关总署、呼和浩特海关、满洲里海关、国旅等部门支持下，满洲里、二连、额尔古纳市汽车自驾游已使用ATA单证册赴国外旅游，逐步向商贸、文化演出团体、旅游、体育等部门扩大ATA适用范围。

四、发挥国际商会优势，推动内蒙古企业国际化上新台阶

国际商会作为世界范围内最具代表性、权威性和国际性的社会中介组织也越来越显示出独特的优势和不可替代的作用。在自治区参与建设“一带一路”、向北开放实施中，中国国际商会内蒙古商会加大为我区中小企业“走出去”服务的力度，全面提升国际商会工作水平，开创新的工作局面。

（一）发挥国际商会的品牌优势。中国贸促会以国家名义参加了总部设在巴黎的全世界范围的国际商会，本身就是一块驰名品牌。要把这块品牌充分发展利用起来，找准“政府所想、企业所需、商会所能”的结合点，在“国际”和“专业”上做文章，为我区企业开拓国际市场服好务，努力成为政府的参谋助手，成为会员企业之家。

（二）健全机构完善管理机制。国际商会以会员制组建，会员代表大会是最高组织与权力形式，理事会为届期内管理机构，由驻会副会长、常务理事组成领导机构，重点组建内设机构以支持日常工作运转。

（三）建立制度化的管理方式。进一步完善《中国国际商会内蒙古商会章程》和各项规章制度，形成依法依规的管理模式，不断完善符合社团特点的管理制度，以市场和企业的需要确定工作方式，努力做专、做活。积极发展企业新会员，按照坚持国际标准、好中选优、所有制多元、大中小结合的原则发展副会长企业，力争将全区涉外企业全部纳入国际商会组织。

总之，贸促会要全面认真落实自治区党委关于向北开放的战略部署，积极拓展扩大贸促功能作用，真正起到联系政府、服务企业、沟通国内外市场的桥梁平台作用，为自治区参与国家构建丝绸之路经济带建设，推动我区向北开放作出贡献！

内蒙古贸促会概况

2015 年全区贸促工作会议

内蒙古贸促会与蒙古国地方工商会签署合作备忘录

内蒙古贸促会刘廷山会长在经洽会与嘉宾互动发言

中国国际贸易促进委员会内蒙古自治区委员会暨中国国际商会内蒙古商会，简称内蒙古贸促会，成立于 1981 年，于 2002 年经自治区党委、政府批准机构单设，由自治区人民政府领导同志联系，是中国国际贸易促进委员会（中国国际商会）的分支机构，同时挂中国国际商会内蒙古商会的牌子，正厅级建制，参照公务员管理，机关现有编制 24 人（其中工勤编 5 人），实有人数 24 人。内设 1 委 1 处 4 部，即机关党委、秘书处、联络部、展览部、会务信息部、法律部。内蒙古贸促会是经政府批准的自治区对外经济贸易、投资促进机构，服务于自治区对外开放，开展促进对外经贸、投资促进合作工作。2011 年 7 月，经自治区编办批准，正式更名为：中国国际贸易促进委员会内蒙古自治区委员会，英文名称：China Council for the Promotion of International Trade Inner Mongolia Autonomous Region Committee。委员会由自治区经贸界代表性人士、机构、商协会组织、企业组成，目前有 14 个盟市贸促会。中国国际商会内蒙古商会是中国国际商会的常务理事单位。内蒙古贸促会的宗旨是：遵循中华人民共和国的法律和政府的政策，开展促进对外贸易，利用外资、引进外国先进技术和各种形式的中外经济技术合作等活动，促进内蒙古自治区同世界各国、各地区之间的贸易和经济关系的发展，增进内蒙古自治区人民同世界各国、各地区人民以及经济贸易界之间的相互了解和友谊。

2014 年，内蒙古贸促会保持了持续健康发展的良好势头，深化与俄蒙的交往，加强与港澳台地区往来，拓展与重点国家、重点地区的合作，积极与系统内兄弟单位互动，支持组织参加多项会展活动，会务信息、涉外商事法律服务、对外宣传工作得到加强，国际商会工作稳步推进。全年在境外办展会 1 次，参加展会 1 次，境外展展出面积 400 平米。举办境内展（博览）会 10 次，参加境内展企业数 1735 家，举办的境内展会专业观众 20 万人次，展出面积 7.5 万平米，承办国家级经贸促进活动 1 个，承办省级经贸促进活动 7 个；组织出访团组 1 个，22 人次，接待来访团组 13 个，175 人次；接待重要代表团 3 个。签发一般原产地证 3895 份，签证金额 10936 万美元，签证国别涉及 76 个国家和地区；签发外贸单据 65 份；办理国际商事证明书 289 份，代办领事认证 347 份。签发 ATA 单证册 101 份，货物用途自驾车辆 94 台次，农用机械 5 台次，参展车辆 1 台次。内蒙古调解中心共受理法律咨询 78 人次，出具法律援助函 2 份。

额尔古纳市 ATA 单证册签证中心启动

二连浩特市 ATA 单证册签证中心启动

中俄蒙工商论坛主会场

优化地区金融生态环境
支持自治区经济可持续发展

中国人民银行呼和浩特中心支行党委书记、行长 余文建

中国人民银行呼和浩特中心支行党委书记、行长，国家外汇管理局内蒙古自治区分局局长 余文建

十年来，社会各界围绕金融生态的相关内容开展了广泛研究，我国金融发展实现了历史性飞跃，呈现出业态多样化和主体多元化、高度关联、动态平衡等特征，金融生态环境持续优化，金融业与实体经济发展形成了良性循环。从内蒙古的实践来看，目前，金融生态的理念已经直接影响到金融资源的配置，地方政府逐步转变观念，把改善地区金融生态环境放到与改善地区投资环境同等重要的位置，总体看，内蒙古金融生态环境有了很大的改善，金融业也进入了发展历程中最好的时期。

一、内蒙古金融生态环境建设进展

（一）金融组织体系日益充实完善。

2013 年末，内蒙古全区有政策性银行 2 家、大型商业银行 5 家、股份制银行 8 家、法人银行业金融机构 164 家。全区银行业金融机构及营业网点共计 4675 个、从业人员 9.1 万人，分别是 2004 年的 1.8 倍和 2.1 倍。全区有法人证券公司 2 家、上市公司 25 家，总市值 3038 亿元，分别比 2004 年增加 4 家和 2596 亿元。保险公司省级分公司 37 家，保险密度 1100 元 / 人，保险深度 2%。初步形成了种类齐全、覆盖范围较广的地方金融组织体系，金融业对国民经济的渗透力和融合度不断加大。

（二）金融支持经济发展力度不断加大。

2013 年末，全区金融业总资产规模 2.2 万亿元，是 2004 年末的 6.9 倍；人民币存贷款余额在 2011 年和 2012 年分别进入“万亿俱乐部”后，2013 年末分别达到 1.5206 万亿元和 1.2944 万亿元，是 2004 年的 5.8 倍和 5.7 倍，为自治区经济发展发挥了重要支撑作用。10 年间，全区人民币贷款平均增速 21%，高于全国同期 4.7 个百分点，高于全区 GDP 平均增速 4.5 个百分点。

（三）金融机构经营状况持续改善。

2013 年，全区金融业实现利润总额 365 亿元，是 2004 年的 49.3 倍；金融业增加值 563 亿元，是 2004 年的 18.4 倍。金融业已成为服务业中效益最好、利润增长最快的行业。各金融机构在支持经济发展的同时，加强风险管理，不良贷款余额由 2004 年末的 448 亿元下降到 2013 年末的 295 亿元，降低 34%。不良贷款率由 2004 年末的 19.7% 下降到 2013 年末的 2.2%，下降 17.5 个百分点，不良贷款余额和比率连续多年实现“双降”。

（四）金融基础设施建设进展顺利。

一是征信体系建设成效显著。当前，金融信用信息基础数据库基本上为自治区内每一个有信用活动的企业和个人建立了信用档案。2013 年末，全区共收录自然人信贷账户 1214.3 万户，企业征信系统收录企业 18.8 万户。部分地区信用报告已开始应用于人大代表、政协委员推荐选举、政府大额采购、企业资质认定、行政许可、招投标、诚信企业评比、公务人员招聘等方面。此外，农村信用体系建设和中小企业信用体系建设也取得新突破。二是支付结算环境日趋成熟。目前，全区已形成由大额支付系统、小额支付系统、网上银行跨行支付系统等为核心，功能互补、统一、安全、高效的支付清算体系。支付清算系统全面实现大额资金清算零在途，为社会提供了高效便捷的资金汇划服务。人民银行呼和浩特中心支行协商自治区政府有关部门，出台了 2011～2013 年全区农村牧区金融机具下乡的专项补贴政策。三是投资环境得到较大改善。近年来，自治区资金始终保持净流入态势，虽然全区经济投资受到各种不利因素的影响，但贸易和投资吸引力仍然较强。2013 年实现资金净流入 908 亿元，同比增长 133.2%。

二、内蒙古金融生态环境建设中存在的不足

（一）经济环境不稳定，影响金融生态向好。近年来，从国际情况看，经济金融形势依然复杂多变，不确定因素很多。从国内情况看，总体呈现“稳中有进、稳中向好”的态势，但受经济增速换档期、结构调整阵痛期、前期政策消化期三期

叠加的影响，依靠外需和投资双驱动的经济增长模式越来越不可持续。从自治区情况看，受国内外因素的影响，经济下行压力较大，结构性矛盾突出。与此同时，与经济转轨相伴随的一些金融风险逐步累积，突出反映在金融机构不良贷款有所反弹，直接影响金融生态持续向好。

（二）法制环境不完善，产权保护意识薄弱。目前法制建设尚不完善，由于地方司法机构的利益直接与地方政府部门和官员个人的决策行为相关，司法执行难免会受到行政干预，从而出现执行难、执行周期长、执行费用高的问题。在涉及金融问题上表现为金融胜诉案件执行难。

（三）信用管理分散，信用体系不健全。我国市场经济体制建立的时间不长，全社会信用意识和社会信用环境还比较薄弱。自治区社会信用体系建设由政府推动，发改委、人民银行牵头，但是受制于财力、人力、技术、经验和部门信息分割，工作还没有形成合力。《政府信息公开条例》虽然对政务信息公开作出了具体规定，但执行过程中，政务信息的公开尚不全面，部 分信用信息的缺失，削弱了信用信息的完整性。

（四）市场环境不协调，融资渠道过于单一。虽然自治区直接融资发展较快，但是企业融资渠道仍较单一，并且主要以间接融资为主。社会融资过度依赖银行的模式没有实质性转变，风险过度集中在银行的状况没有根本转变。缺乏制度执行的长效机制，信息沟通不畅。虽然自治区金融管理部门积极搭建起了一系列平台来维护金融生态环境良好运行，但是效果并不显著。各成员主动参与的动力不足，信息交流共享的频率不高，时效性不强，沟通协调不畅的现象时有发生。在混业经营的现状下，分业监管的弊端和不足逐渐显现。

二、改善内蒙古金融生态环境的政策建议

（一）促使地方政府成为最积极的建设者和推动者。要使市场在资源配置中起到决定性作用，加快政府职能转变是关键。一是加强对金融生态环境建设的组织领导。政府作为金融生态环境建设的主导者，应从改善区域经济环境着手，强化服务职能，夯实金融生态环境建设的根基。深化改革推进职能转型，逐渐淡化政府的投资与基建职能，强化服务与民生职能，构建市场经济下应有的政银企关系，让政府行为真正转到宏观调控、公共服务、保障公平竞争、推动可持续发展上来。二是加强制度保障。政府要牵头建立各项协调和保障机制。强化各项政策的号召力、执行力、引导性、持续性，最大限度地发挥各金融管理部门、政府有关部门、公检法部门、金融机构、企业和个人的合力。三是建立金融生态建设的奖惩制度。对资产质量优良、盈利能力较强、对区域经济发展贡献较大的金融机构和金融生态环境建设成绩突出的地区进行奖励。同时，建立金融风险补偿基金，对金融机构特别是地方性金融机构在支持地区重点发展的产业、企业、产品过程中的损失给予一定的风险补偿，努力促进本地区形成资金聚集的“洼地效应”。

（二）努力构建统一的社会信用信息系统。一是强化制度顶层设计。积极贯彻落实即将出台的《社会信用体系建设规划纲要（2014～2020年）》。规划全区社会信用体系建设工作，加强对信用市场的引导、扶持和管理，推动社会信用体系建设健康发展。二是完善组织体系建设。建立一套强有力的组织保障体系，梳理任务，明确分工，制定工作计划和时间表。三是重视信用法制建设。加强地方信用立法建设，推动行业、部门信用建设相关的规章制度建立，形成层次较完整的信用建设法规体系。四是推动信用平台建设。落实地方信用平台数据可获得性，不断推动各部门的政务信用信息公开。

（三）充分发挥好货币信贷政策指导作用。人民银行在货币信贷政策指导方面，要重点做好“四个支持”：一是政策支持。进一步加强金融机构执行货币信贷政策力度的督促，每年对各金融机构信贷支持“三农三牧”、小微企业等发展情况进行评估，并将评估结果向自治区党委、政府、监管部门和各参评机构进行通报，督促其加大对县域经济、弱势群体和薄弱环节的支持力度。二是资金支持。主要是通过再贷款、再贴现等货币政策工具的导向作用，加大对小微企业、“三农三牧”等弱势群体的信贷扶持力度。三是规划支持。在地方法人金融机构的信贷规划管理中，运用差别准备金动态调整测算、核准信贷规划时突出微调和预调。四是信息支持。主动会同“一办三局”等部门举办金融服务峰会和小微企业对接会、搭建政银企三方合作平台，充分发挥人民银行的货币政策窗口指导作用、联系产业和金融的纽带作用及金融稳定作用。

（四）不断优化社会融资结构并扩大规模。加快多层次金融市场的建设，促进金融生态主体的多元化。尽可能多地争取多渠道融资，力争形成本币融资与外币融资并重、直接融资与间接融资并重、股权融资与债务融资并重、境内融资与境外融资并重、区内融资与区外融资并重的良好格局。特别是要以“双推双增”融资工程为契机，做好设立担保基金、遴选企业、建立发展企业数据库等工作，推动区域集优直接债务融资模式在自治区的发行落地。

（五）进一步夯实经济发展的金融稳定基础。一是要强化风险监测、排查和预警。重点关注地方法人金融机构、地方融资平台、房地产贷款、民间融资及具有融资功能的非金融机构的风险状况，进一步健全区域性金融风险监测评估和预警体系，完善风险防范处置应急预案。二是要严厉打击非法集资活动，大力查处违法金融活动，维护社会稳定和经济安全。三是要加强金融稳定协调机制建设，完善工作制度和信息共享机制，充分发挥协调机制的作用，切实维护金融稳定。

自治区政府副主席云光中在人民银行呼和浩特中心支行调研指导工作

人民银行呼和浩特中心支行召开全区人民银行工作会议暨外汇管理工作会议

人民银行呼和浩特中心支行召开 2014 年金融管理工作暨金融形势分析会议

人民银行呼和浩特中心支行党委书记、行长，国家外汇管理局内蒙古自治区分局局长余文建调研指导助农金融服务工作

人民银行呼和浩特中心支行宣传金融知识

调整结构 防范风险 稳步增长

建行内蒙古分行各项业务长足发展

建设银行内蒙古自治区分行积极落实中央和自治区各项政策，严格执行监管部门的监管要求，主动适应经济发展新常态，坚持稳中求进工作总基调，统筹稳增长、调结构、防风险，战略性业务、基础建设稳健发展。

各项业务指标取得可喜成果。截至 2014 年末，全行全口径存款时点余额 2052 亿元，全口径存款余额四行占比 27.25%，排名第二。一般性存款日均余额、新增额均保持四行第一，个人存款四行排名第一，日均新增四行排名第一。各项贷款余额 1818 亿元，新增 111 亿元，贷款余额四行占比 28.7%，继续保持第一。对公贷款余额连续七年排名第一。积极支持自治区经济建设的重点领域和薄弱环节，全年累计投放贷款 830 亿元，其中净新增贷款 110 亿元。银监局统计口径四部委标准小微企业贷款增速 35%，全面完成“两个不低于”目标。全年实现中间业务净收入 17.73 亿元，中间业务净收入四行占比 34.7%，排名第一。

客户账户拓展取得新成效。个人有效客户新增 25.3 万人，增幅 16%，高于个人存款增速 7 个百分点。个人客户金融资产新增 132 亿元，增速高于系统平均水平。个人有资产客户保有率 92%，系统排名 13 位。对公全量客户增长 23%，计划完成率 125%。单位人民币结算账户实现了“两连升”，四行新增占比 39.64%，排名第一。

客户服务能力显著提升。全年新增营业机构 14 个，升格营业机构 7 个，批复设立离行式自助银行 61 个，网点自有率 68%，自助银行总量保持四行第一，自助业务交易量增长 46%。

改革创新深入实施。规范内设机构管理，提高经营管理效能。将区分行本部原有部门按客户营销服务、资源配置、风险内控、支持保障四大模块，顺利完成了精简调整。二级分支行内设机构调整设置工作稳步有序推进。网点“三综合”取得新成效。综合性网点占全部营业网点的比例达到 98%，综合性柜台占全行柜台总量的比例达到 92%。2014 年，列入总行产品创新计划 14 项，计划外新增创新项目 22 项。创新推出了乳业通、善融贷、支农贷款、跨汇通等新产品。银行承兑汇票质押开立信用证、超远期结售汇等业务实现了零的突破。

风险内控管理持续加强。全年未发生案件和重大操作风险事项，开展了贯穿全年的“信贷风险防控年”活动，声誉风险管理成效显著，全年在各类主流传统媒体、互联网上未发生负面舆情。建立集中放款中心，全面推进内控合规体系建设，不断优化授信业务流程，授信审批质量和效率持续提升，法律工作对经营风险的防范和化解作用持续增强。认真开展“管控关键环节、防范突出风险”案件专项治理活动，强化员工职业操守教育，加大对违规行为的问责力度，全年未发生案件和重大责任事故。安全管理水平进一步提升。以防控三类案件及安全责任事故为重点，持续推进“平安创建”工作深入开展，有效预防了外部侵害案件发生。

队伍建设不断加强。人才和员工队伍建设进一步加强。全年通过校园招聘录用员工 338 人，全部分配到基层网点。加强专业技术人才队伍建设，重点向基层一线倾斜，聘任基层网点六级以上专业技术岗位人员 31 人。客户经理队伍建设进一步加强。全区 195 个网点配备专职客户经理 312 名，名单个人客户经理 416 人。 培训质量和实效不断提升。完成各类集中面授培训项目 407 期，累计培训 3.3 万人次。全面推广远程培训，大力开展“送培训到基层”工作。

强化党的群众路线教育实践活动整改落实工作。严格按照“三严三实”要求，深化整改落实，确保“两方案一计划”落到实处。截至目前，区分行领导班子整改措施完成率 95%，二级分行领导班子整改措施完成率 97%，“四风”突出问题专项整治整改完成率均达到 100%。严格费用支出，招待费、会议费、差旅费、广告费、宣传费和业务用车费同比分别下降 46%、52%、7%、12.4%、23% 和 14%。

中国农业银行内蒙古分行

【概　况】2014 年，农行内蒙古分行在自治区党委政府及农总行党委的正确领导下，认真贯彻党的十八大和十八届三中、四中全会精神，紧紧围绕自治区“8337”发展思路，坚持内夯基础，规范发展，外树形象，践行责任，不断加快业务经营转型步伐，持续提升服务自治区实体经济和“三农三牧”能力，在各项业务保持平稳发展的同时，有力支持了自治区经济建设和社会发展。2014 年末，全行本外币各项存款余额 1882.09 亿元，比年初增加 168.99 亿元；各项贷款余额 1333 亿元，较年初增加 148.6 亿元。其中，人民币对公贷款余额 1037.55 亿元，较年初增加 94 亿元；人民币个人贷款余额 290.95 亿元，较年初增加 53.02 亿元。全辖县域各项贷款余额达 583.61 亿元，较年初增加 71.15 亿元，增幅 13.88%，高出全行贷款平均增幅 1.34 个百分点。涉农贷款较年初增加 74 亿元。小微企业贷款余额 132.32 亿元，较年初增加 27.99 亿元，“三农”和小微企业信贷业务均满足“两个不低于”的监管要求。

【金融扶贫富民工程】作为自治区首家、系统内第二家大规模与政府开展全面合作服务“三农三牧”系统性工程的一级分行，将“金融扶贫富民工程”作为践行党的群众路线、培育社会主义核心价值观、履行国有大型商业银行社会责任的重要举措，统筹部署，扎实推进。以“金穗强农贷”和“金穗富农贷”为载体，依托政府风险补偿机制，总结推广了“农牧民专业合作社 + 农牧户 + 风险补偿金”等 6 种降低农牧民准入门槛的贷款模式，推出了‘粮捷贷’”和“履约保证保险业务”等业务，通过产业、企业、专业、商业、优惠，带动服务“三农三牧”和县域经济发展。年末，在与 57 个贫困旗县合作的基础上，又新增 15 个旗县区，累计投放金融扶贫富民贷款 62.1 亿元。其中累计投放“富农贷”51.7 亿元，投放“强农贷”10.4 亿元。工程项下贷款覆盖全区 72 个旗县、415 个乡镇、4385 个行政村、92 户扶贫龙头企业，扶持带动 11 万农牧户，户均增收 3000 多元，惠及农牧民 40 多万人。同时，“工程”受到了国务院扶贫办以及自治区各级党政、总行的高度肯定，得到了广大农牧民的广泛认同和普遍赞誉，被国务院评为“全国社会扶贫工作先进集体”，人民日报、新华社“国内动态清样”、中央电视台、新华网、人民网等主流媒体进行了集中报道，全行的社会地位、品牌影响力和企业形象得到明显提升。

【三农三牧业务】围绕新型城镇化建设、县域工业化建设、农牧业现代化建设，有力支持了农业科技园区、县域优势产业集群、优质县域综合医院、农牧业产业化龙头企业，农村牧区电网、路网、供热供水、农村牧区环境整治等农村牧区城镇化及基础设施建设。与 417 家地市级以上农牧业产业化龙头企业建立了业务合作关系，对国家及自治区级以上龙头企业综合服务覆盖面达到 80%；农户贷款投放增量创历史新高，余额达 73.74 亿元，比年初增加 40.23 亿元，本年累放农户贷款 80.34 亿元，贷款客户数达 16.24 万户。稳步推进“惠农通”工程提质增亮，累计发行惠农卡 119.4 万张，在县域及以下地区布放各类电子机具 29052 台，其中县域以下地区 18896 台，比年初增加 3198 台，设立“金穗惠农通”工程服务点 15623 个，比年初增加 3388 个；代理新农保、新农合等涉农代理项目 81 个，较年初增加 10 个，依托代理项目发放惠农卡 21.2 万张，累计归集资金 31.7 亿元，较年初增加 13.3 亿元，累计代理发放资金 20.8 亿元，较年初增加 7.9 亿元。

【对公业务】立足自治区资源优势和经济发展特点，紧紧围绕自治区产业结构调整规划，突出重点地区和优势产行业、重点项目，以总分行三级核心客户群和 AA 级及以上法人客户群体为重点，继续加大对电力、交通等支柱行业以及龙头企业产业链上下游企业的信贷投放力度，推动自治区经济持续快速发展。在加大信贷支持的基础上，积极利用理财

融资、表外业务等手段，加快融资方式创新，有效满足实体经济多元化融资需求。年内，向自治区重点项目、县域和小微企业等重点领域累计投放信贷资金811.6亿元，向采矿、制造、电力等优势产行业投放信贷资金1071.9亿元。积极支持自治区教育、卫生、供水等民生领域公共事业发展，累计投放学校、医院、供水等机构事业法人类客户贷款7.1亿元，贷款余额20.3亿元；积极开展内蒙古社保卡发放工作，在呼伦贝尔、满洲里、乌兰察布和阿拉善等4个盟市积极发卡，涉及人口490余万人，占内蒙古人口总量的近五分之一，已累计投入资金6000多万元，为200多万城乡居民免费发放了社保卡。

【个人零售业务】大力发展个人零售业务，不断提升金融服务水平。在储蓄存款上，采取“活动推动，激励促动，上下互动，产品联动”等方式推进个人存款快速发展，全行人民币客户金融资产日均增量为119.34亿元。在个贷业务上，继续推广“个贷业务批发做”营销模式，积极推广个贷新产品和新系统，个贷新产品实现了五个“零突破”，个人网上贷款平台系统顺利推广上线，经营行业务开办率达到了100%。在提升金融服务水平上，全面优化网点服务环境，累计完成473家网点标准化改造，在所有网点全面导入了文明标准服务流程，全面推广网点6S管理，持续开展“窗口单位创先争优”、“优质文明服务年”、“营销技能提升年”等活动。通过劳动组合调配，增开弹性窗口，积极推广预约取号、电子免填单、系统预处理等服务模式，减少客户柜台等待时间。快速推进渠道建设，强化产品创新推广，先后推出“简式贷”、供应链融资、投资收益权转让、“金市通”等特色产品和服务，有效满足了客户在结算、理财、消费信贷等方面的金融需求。

【小微企业业务】不断完善小微企业服务体系，积极落实银监会“六项机制”建设要求，出台了一系列政策性和指导性文件，为小微企业信贷业务发展提供了坚实的制度保障。推行“小微企业集中经营试点”和“批发式营销与批量化处理结合”的业务模式，实行差别授权，进一步扩大二级分行小微企业信贷业务审批权限。不断简化业务流程环节，提高审批效率，完善配套激励措施，加强风险管控工作。到年末，全行小微企业贷款余额132.3亿元，较年初增加27.91亿元，同比多增4.89亿元；小微企业贷款增幅26.8%，比全行贷款平均增幅高15.69个百分点，连续6年全面完成“两个不低于”任务目标，居全区同业前列。

【国际业务】扎实开展外向型企业金融服务工作，对俄蒙国际金融服务水平持续提升，为自治区建成向北开放桥头堡提供了有力的国际金融服务保障。以国际业务知识“二次普及”活动为契机，通过增设开办机构、推广国际业务重点产品、加强与重点客户业务对接等多项措施，全面开展客户营销，推动重点行有效开拓边贸业务，不断推进国际业务发展。进一步加强与海外分行、俄蒙账户行及境内外同业合作，大力推广信用证、保函、跨境人民币融资等产品，满足客户差异化金融需求，带动外汇中间业务收入有效增长。年末，全行对公国际结算收入0.46亿元，人民币跨境结算业务量155.5亿元，较上年同期增长49.11亿元，增幅为46.16%，市场份额居同业首位。

【内控基础管理】加强信贷管理，全面推广实施信贷管理综合改革，通过提升贷款调查审查审批层级，有效提高了信用风险集中管控水平。加强运营管理，设立了后台运营中心，持续开展“三化三铁”创建工作，全行良好及以上单位396家，达标率100%；加强操作风险管理，组织开展了操作风险专项治理活动，进一步提高了操作风险管控能力。加强支行和员工行为管理，出台了《关于进一步加强员工行为管理的意见》，以“四无支行”创建活动为抓手，着力加强支行管理，评选出“四无支行”59个。加强安全保卫基础管理，扎实推进安全保卫“三化三达标”建设，全行“三化三达标”优秀率达到了89.5%。加强法律事务管理，优化普法平台，深入推行“普法进机关、进条线、进基层”活动，妥善处置各类风险事件和诉讼案件，法律审查把关进一步前移。

【党建和队伍建设】深入学习习近平总书记系列重要讲话精神，系统学习党的十八大及十八届三中、四中全会精神，提高了广大党员干部的政治素质和理论水平。扎实开展党的群众路线教育实践活动，在二级分行及以下单位认真组织开展第二批党的群众路线教育实践活动，各级行党员干部宗旨意识有效提升；围绕解决“四风”方面存在的问题，认真做好整改落实、建章立制工作，带动了全行作风和行风的进一步好转。进一步深化人力资源综合改革，加强支行领导班子建设，加强教育培训；切实加强人文关怀，加大困难员工帮扶和“职工之家”建设支持力度，共慰问、帮扶困难员工695人，帮扶资金465.4万元。支持建设“职工之家”266个，投入资金3550万元。进一步加大企业文化建设力度，出台了《关于加强全区农行企业文化建设的实施意见》，印发了合规文化建设实施意见，搭建了合规文化宣传教育和信息共享平台。

【荣誉】2014年，农行内蒙古分行先后被国务院授予“全国扶贫先进单位”，被自治区政府授予“金融支持县域经济突出贡献奖”、支持“内蒙古自治区农牧业产业化经营实绩突出金融单位”等荣誉称号，被自治区总工会授予 “十佳模范职工之家”和“五一劳动奖状”等荣誉称号。

国家开发银行内蒙古自治区分行概况

分行赴贷款支持的朿埔寨电厂项目进行调研

2014年，国家开发银行内蒙古分行党委带领全体员工，按照年初制定的发展目标，紧密围绕总行及自治区战略部署，坚持强化发展与防范风险并重、支持富民与强区并重、本外币互动发展并重、新老业务协同推进并重，全年各项工作扎实开展、稳步推进。截至年末，分行管理资产突破2400亿，达到2407亿元；表内贷款余额1924亿元，居区内同业第一；余额新增336亿元，连续5年保持全区同业第一；新增人民币贷款314亿元，增速20.5%，高于全区平均水平5个百分点；全年贷款投放562亿元，居区内同业第一；人民币非个人中长期贷款余额1780亿元，市场份额27.29%，居区内同业第一；外汇贷款余额12.45亿美元，全区占比64.04%，居区内同业第一。人民币日均存款232亿元，拨备前净利润46.30亿元。当期及累计本息回收率100%，连续47个季度保持高位运行，是系统内保持双百业绩的7家分行之一。不良贷款额与不良贷款率持续双降，不良贷款2.84亿元，较年初减少0.855亿元，不良贷款率0.15%，较年初下降0.08个百分点，为2008年以来最低水平。

【经营管理】

资产余额：截至年末，分行管理资产达到2407亿元；表内贷款余额1924亿元；余额新增336亿元；新增人民币贷款314亿元，增速20.5%；人民币非个人中长期贷款余额1780亿元；外汇贷款余额12.45亿美元。

表内外贷款发放：全年实现社会融资总量699.67亿元。发放表内本外币贷款561.86亿元，其中人民币524.46亿元，外汇贷款6.11亿美元；表外业务工作量137.81亿元。

项目开发评审：全年实现项目开发3008.13亿元，同比增长44.41%，其中人民币、外币项目分别为1552.30亿元、237.92亿美元；评审承诺754.47亿元。

本息回收：当期及累计本息回收率100%，连续47个季度保持高位运行，是系统内保持双百业绩的7家分行之一。

存款余额：人民币日均存款232亿元。

经营利润：全年实现拨备前净利润46.30亿元，人均利润3026万元；资产收益率2.50%，贷款收益率6.57%。

【规划先行】

一是系统内率先启动编制全区棚改系统性融资规划，做好棚改顶层设计与融智支持。助推银政高层达成共识，签署《共同推进内蒙古自治区棚户区改造工作开发性金融合作备忘录》。二是围绕新型城镇化、资源性城市转型与传统工业型城市产业升级等热点，组织编制包头市、鄂尔多斯市系统性融资规划，系统梳理煤化工、装备制造业等重点领域合作项目，为分行服务地方经济发展找准切入点，策划项目流。三是积极开展“一带一路”、PPP融资及自治区重大课题研究，加强对重大热点问题的分析研判。四是开展“一行一策”战略研究，从“四个着力”、“五个方面”和向北开发开放等“六大领域”提出特色分行发展重点与战略举措。五是深化银政合作，推动分行加入自治区“十三五”规划领导小组。六是继续加大规划项目储备，全年新增入库人民币项目2049.72亿元，外币项目236.42亿美元，为分行发展提供充裕项目流。

【两基一支】

一是大力支持综合交通运输体系建设。发放公路行业贷款63.15亿元，贷款余额继续保持区内同业之首，重点支持了京新高速、自治区国省干线等一大批煤运和出区通道项目建设。发放铁路行业贷款35.7亿元，有力支持了呼张客专、呼准鄂等重点项目实施。加快推进列入东北振兴139项重大工程的扎兰屯、二连浩特机场等项目，实现评审承诺4.35亿元。二是推动全区产业结构转型升级。发放大地精煤矿收购等煤炭及煤化工行业贷款32亿元。发放清洁能源行业贷款14.51亿元，助力京津冀雾霾治理。三是加大对水利基础设施和水环境治理的信贷投放。发放贷款21.3亿元，支持了库布其清洁能源基地水处理、伊敏河生态恢复等项目。四是助力中小微企业成长。加强与自治区生产力促进中心、鼎新担保公司的合作，推动中小企业贷款合作机制在自治区实现全覆盖。全年发放小微企业贷款187亿元，改善非公经济、县域经济成长环境。五是大力开展助学贷款业务。当年和累计发放量分别为7.04亿元和31.01亿元，实现对全区各旗县的全覆盖，累计资助经济困难学生56.54万人次。六是紧扣“三农三牧”发展需求，向民丰薯业、鸿鼎农贸市场等龙头企业发放现代农业贷款22.19亿元。积极支持赤峰苜蓿草农业产业化项目，承诺贷款1.5亿元。七是加快推动资源型城市转型。向鄂尔多斯发放贷款120.8亿元，在提振市场信心、维护政府信用和地区稳定等方面发挥积极作用。

【基层民生】

分行2014年将棚改作为各项工作重中之重，当年发放240亿元，居系统第2位；贷款余额347亿元，居系统第1位；累计支持棚改项目165个，支持面积4958万平方米，惠及42.39万户、133万名棚户区居民。一是重点项目保障有力。为包头北梁累计发放贷款122.5亿元，助力提前18个月完成拆迁任务。2014年8月，住建部授予包头市“全国棚户区改造示范城市”称号。在包头召开的全国棚改经验交流会上，分行作典型发言。为国家领导人关注的赤峰铁南、兴安盟阿尔山棚改项目分别发放6亿元、2.3亿元。二是推动搭建统贷平台。成功搭建自治区及首府棚改统贷平台，分别实现500亿元预授信、186亿元贷款承诺，为后续棚改推进奠定基础。三是加强制度建设，理顺信贷流程。内部，出台《棚户区改造项目开发指导意见》和《分行内部分工暂行办法》，明晰职责，形成统一标准；凝练出“加强归口管理、注重流程管控、构建多重机制、促进业务合规”的信贷管理模式，并在全系统推广。外部，推动制定《棚户区改造项目融资资金管理暂行办法》，理顺借、用、还机制，增强贷款信用结构；建立资金管理“三级政府预审”机制，做实资金全过程管理，全力促使棚改资金“放得快、管得住、用得实、还得上”。

【“走出去”业务】

2014年，分行国际业务呈现“逆周期”发展态势，项目开发、余额新增等多项指标均创历史最好水平。一是做好国别规划。完成蒙古、土耳其、阿塞拜疆国别规划修编及“丝绸之路经济带”专项课题研究。二是夯实项目开发。实现土耳其东西高铁项目开发入库，融资总需求230亿美元，为2014年开行前十大新增开发项目。全年实现外汇项目储备251亿美元（协同口径），同比增幅311%。三是加大贷款发放。当年累计发放6.1亿美元，同比增幅132%；余额新增3.2亿美元，较上年翻了一番。重点项目上，实现永业国际退市项目发放2.25亿美元；借助高访，蒙古开发银行授信项目顺利签约1.62亿美元，并于两周后实现首笔发放1.12亿美元，成为高访签署的26个协议中最先实现资金到位的项目，被蒙方赞为“中蒙合作典范”。四是创新外汇服务。为蒙古水泥开立分行首个离岸结算账户，方便客户境内外资金流动；成功吸收蒙古水泥1.8亿元存款，为分行增加稳定存款源。五是提升贷款收益。国际业务实现中收1270万元，议价水平不断增强；自有国合项目本息回收率100%，连续12年保持零不良。

【中间业务】

一是中间业务收入稳步增长。全年实现中间业务净收入2.49亿元，占营业净收入比重为4.55%，达历史最好水平。二是表外融资结构进一步优化。全年实现表外融资138亿元，占同期人民币贷款发放的26%。银团方面，实现工作量97.04亿元，贷款余额达348.53亿元；信托方面，加强与理财、债券、托管联动，实现工作量27.3亿元；票据方面，实现工作量29.95亿元，有效缓解表内规模约束。三是债券承销品牌效应进一步扩大。全年发行债券12支，全口径发行额度145亿元，市场份额20.04%，发行支数和承销量位居自治区前列；实现债券销售23.8亿元，目标完成率258.7%。四是业务附加值进一步提升。通过交易资金托管、“存保挂钩”、承兑保证金、结算代理派生同业返存等多种形式，实现日均存款2.97亿元，进一步优化分行负债结构。五是综合经营优势进一步显现。通过转贷款、代理结算、支农再贷款等形式为村镇银行提供支持；提升与子公司协同质量，协同国开金融开展科尔沁牛业7000万元股权投资业务，协同国银租赁开展2940万元“见保即租”业务，协同国开证券发行企业债券25亿元、公司债券45亿元，与国开证券驻分行工作组配合，形成贷款与上市辅导相结合的理念。

国家开发银行

内蒙古自治区分行
为内蒙古经济建设的贷款支持项目

分行贷款支持的兴安盟阿尔山棚改新区

分行贷款支持的电网项目

分行贷款支持的乌兰察布市辉腾锡勒 10 万千瓦风电项目

分行贷款支持的交通厅公路项目

分行贷款支持的神华煤制烯烃项目

分行贷款支持的兴安盟妇女微贷款业务

分行贷款支持的赤峰铁南棚改新区

把握地区发展机遇 支持经济转型升级

工商银行内蒙古分行行长 吴宁锋

贯彻习近平总书记系列讲话精神培训班

2014年，工商银行内蒙古分行以党的十八大和十八届三中、四中全会精神为指引，认真贯彻落实自治区“8337”发展思路，以支持地方经济发展和改善民生为己任，积极发挥自身在资金、产品、渠道和综合化经营等方面的优势，为自治区经济社会发展提供多样化、宽领域、多层次的金融服务。努力在推动地区产业结构调整、支持重点项目和民生工程建设以及拉动消费等方面进一步发挥国有大银行的社会责任，实现自身效益与社会效益的同步增长。2014年累计投放各项贷款1122.72亿元，同比增加134.61亿元，年末人民币各项贷款余额1714.43亿元，同比增加153.21亿元，增长9.81%。

把握地区发展机遇，全力支持产业转型升级。坚持金融服务实体经济的本质要求，争取工总行进一步加大对内蒙古地区信贷资金、技术、产品创新等方面的资源倾斜力度，不断提高信贷政策与区域产业结构和资源优势的契合度，有效提高服务实体经济发展水平。根据自治区经济发展实际，重点支持基础产业及基础设施、重点能源资源建设项目、新型城镇化与棚户区改造、重点节能环保工程、现代服务业、先进制造业、重组并购以及“走出去”企业等领域资金需求。认真落实治理大气污染、化解产能过剩政策要求，严格控制“两高一资”行业和企业贷款。更加主动适应社会融资结构多元化和多层次资本市场体系发展，注重通过投资银行、债

分行召开提升信贷质量管理工程动员大会

分行召开全区开展“人民满意银行建设年”活动会

券承销、银团贷款、信托理财、融资租赁等创新融资模式，拓宽企业融资渠道，为实体经济发展提供多方面的支持。更加注重用好增量、盘活存量信贷资源，在推进经济持续健康发展、提质增效升级中发挥更大作用。2014 年累计投放公司贷款 541.03 亿元，同比增加 54.24 亿元，年末公司贷款余额 1312.71 亿元，同比增加 132.62 亿元，增长 11.24%。

大力扶持小微企业发展，加大信贷倾斜力度。切实把大力发展小微企业信贷业务作为加快转变发展方式、调整业务结构的战略着眼点，进一步在信贷规模、产品创新、流程优化、考核激励等方面对小微企业信贷业务给予倾斜和支持，不断优化融资环境。依托强大的企业网银系统，重点推广网贷通等“随贷随还、自主提款、实时到账、成本低廉”的网络融资产品，为不同类型客户提供融资服务，切实满足小微企业“短、频、急”的资金需求。大力发展以专业市场、聚集型客户群为依托的批量化融资业务，重点支持自治区能源化工、农畜产品加工、大宗商品交易市场等优势产业的上下游小微企业，创新发展供应链融资新模式，围绕核心企业推进以产业链、供应链和物流链为基础的链融资业务，为核心企业及其上下游企业提供融资、存款、结算及理财等一揽子金融服务。2014 年累计投放小微企业贷款 141.08 亿元。

拓宽消费融资渠道，支持居民消费需求。积极支持新兴消费市场，大力发展直接消费信贷业务。以个人住房贷款为主体，继续落实差异化住房信贷政策，积极支持符合条件的个人首套房和改善性住房的需求。围绕家居装修、家具家电、文化教育旅游等消费市场，结合我区居民消费特点，继续推进个人消费贷款和信用卡分期付款业务的拓展延伸。围绕代发工资等基本客户群，创新发展与个人收入来源账户挂接、覆盖面广、单户融资量小的新型个人消费贷款业务。依托商友俱乐部和商品交易市场平台，大力发展个人经营贷款和个人助业贷款。适应互联网金融时代新特征，依托个人网银自助质押贷款平台，打造个人消费贷款业务新亮点，满足居民多层次、多维度融资需求，有效刺激消费。2014 年累计投放个人贷款 59.87 亿元。

大力改善金融服务，建设客户满意银行。进一步深化金融创新和业务流程优化改革，加强各专业条线间的协作配合和产品统筹组合，缩短流程、提高效率，全面提升产品服务供给能力，为民生领域提供更多、更专业的金融服务，更好地满足广大客户日益增长的多元化金融服务需求。主动适应互联网金融发展趋势，加快推广电商平台、直销银行平台、即时通信平台三大平台，加快推广支付产品线、融资产品线、投资理财产品线三大产品线，拓宽客户服务渠道。坚持存量网点盘活与自助银行建设并重，加快各类自助设备的更新投入，持续完善网点综合服务功能。2014 年末，自助银行总量达到 851 家，增长 1.65 倍，营业网点与自助银行的比例达 1:2.14。在全行组织开展“人民满意银行建设年”活动，进一步增进社会公众对工商银行服务的认知，全心全意提升服务与品牌美誉度。

范继忠副行长出席 2014 年非公经济与商帮文化高峰论坛暨内蒙古“工商银行杯”百家商协会企业家联谊会并致辞。

媒体记者走进工行呼和浩特满都拉支行体验服务

苏新立副行长出席 2014 年度内蒙古银行业普及金融知识万里行活动启动仪式。

2014 年 4 月 30 日，刘志忠副行长出席“全机构金融”业务发展战略研讨会并讲话。

用金融资产管理的特色优势服务内蒙古经济转型升级

中国长城资产管理公司呼和浩特办事处—党委书记、总经理 郭智君

中国长城资产管理公司呼和浩特办事处—党委书记、总经理 郭智君

近几年，中国长城资产管理公司呼和浩特办事处认真贯彻落实自治区党委、政府提出的“8337”发展思路，结合金融资产管理公司自身的业务优势、产品优势以及综合金融的服务手段，以“五大基地”建设为契机，大力支持服务了一批符合自治区发展战略方向的产业。截至2014年底，已累计投资162.11亿元，为自治区经济实现稳中有进做出了积极贡献。

一、基本情况

中国长城资产管理公司成立于1999年，是上世纪末为应对亚洲金融危机、化解金融风险、促进国有银行和国有企业改革发展，经国务院批准、由财政部投资组建的4家金融资产管理公司之一。公司注册资本金100亿元，目前资产规模2756亿元，2014年末实现利润118亿元，拥有AAA级信用评级。公司在全国设有30 家办事处，下辖银行、证券、租赁、信托、基金、保险等11家平台公司。

中国长城资产管理公司呼和浩特办事处作为中国长城资产管理公司在内蒙古自治区的派出机构，拥有经验丰富的金融服务团队。办事处现有员工58人，大专以上学历为100%；中级以上职称34人，占58.62%；取得注册会计师、注册律师、证券从业资格、银行从业资格、经济师等资格证书和职称的47人，占81.03%；少数民族员工19人，占比32.76%。办事处内设综合管理部、资产经营部、投资业务部、资产管理业务部、代理业务部等8个部门。

中国长城资产管理公司呼和浩特办事处自成立以来，秉承公司化解金融风险、推进国有商业银行改革和支持国有企业改制脱困的历史使命，减免了内蒙古自治区企事业单位债务近百亿元，为化解内蒙古银行业金融风险、减轻企业负担、转换职工身份、维护社会稳定、调整经济结构、推进企业改革起到积极的作用，有力的支持了内蒙古自治区经济发展。

二、与自治区政府建立全面合作关系

2013年7月11日，自治区政府与中国长城资产管理公司在呼和浩特签署了战略合作协议。自此，中国长城资产管理公司呼和浩特办事处与自治区政府建立了全面合作关系。

中国长城资产管理公司是具有金融资产管理处置、投资银行、投资担保、金融租赁、信托、保险等多种综合性金融服务功能的全国性国有独资金融企业。根据协议，双方将本着平等互利、优势互补、诚实守信的原则，建立长期稳定的战略合作关系，在发展新兴产业、改造提升传统产业、企业改制重组、节能减排、科技创新等方面加强合作。中国长城资产管理公司将积极推进金融创新，开展资产管理、产业投资、中小企业融资等金融服务，充分发挥中央金融企业的优势，为自治区经济社会发展助力。双方还将建立高层领导合作协商机制，协调解决合作中的重大问题，推动双方在更多领域、更高层次实现全面合作，特别是在解决中小企业融资难方面为内蒙古提供有力的金融支持。

三、发挥综合金融服务优势畅通融资渠道

中国长城资产管理公司呼和浩特办事处积极响应自治区政府服务非公有制经济的部署，代表自治区3家金融资产管理公司，在举办的全区和东、西部盟市三次非公经济峰会上展示了金融资产管理公司历史上服务自治区经济建设作出的贡献以及商业化转型后的综合金融服务手段。业务推介取得了良好的社会反响，企业主动联系做业务，各地政府主动邀请作辅导，金融机构主动上门谈合作，畅通了金融资产管理公司服务地方经济建设的桥梁，支持的产业、行业覆盖面迅速扩大，业务量、业务规模也快速增长。同时，中国长城资产管理公司呼和浩特办事处发挥综合金融服务的优势，引入

多种金融服务产品服务自治区经济建设。

办事处以开放的思维，积极引进公司总部投资投行、资产经营、中间业务、并购重组等事业部到内蒙古开发项目寻求合作，积极利用集团下的金融租赁、融资担保、信托、金融咨询、金融资产交易、保险、投资等子公司的优势和产品功能，采取综合金融服务的手段，为企业多方位、多角度、多渠道提供专业化的综合金融服务和灵活多样的融资方式，满足企业的不同资金需求，促进了自治区经济健康发展。

四、特色金融服务力促非公经济前行

为贯彻落实自治区“8337”发展思路和自治区政府召开的三次支持非公经济峰会，加大金融对全区非公有制经济发展的支持力度，进一步拓宽企业融资渠道，促进自治区经济社会全面发展，中国长城资产管理公司呼和浩特办事处党委结合实际情况专题进行了研究部署，明确了将支持重点、投向重点放在了支持非公企业和中小企业上，借助自治区举办的三次非公经济峰会的平台，着力进行了业务和产品的推广、营销。同时与赤峰市、包头市、鄂尔多斯市、乌海市、呼伦贝尔市等政府金融办建立了联系和友好合作，组织有资金需求的非公企业、中小企业进行了面对面的沟通和对接，利用自身的特色金融手段，有效地扶持了一批非公企业、中小企业的发展。呼和浩特办事处累计投放的162.11亿元资金，基本上均投向了非公企业和中小企业。

五、加强同业合作化解不良贷款风险

金融资产管理公司主要的业务手段就是资产管理服务，特别是针对银行业、信托业等金融机构的不良资产收购经营和处置具有自身独特的技术和优势。发挥好这个功能，一方面可以为银行业化解经营风险，腾出信贷规模，支持银行业更加有效地服务地方经济；另一方面可以利用自身的政策优势和专业优势，进行企业间的并购重组、财务重组、资产重组，焕发企业的经营活力，同时维护了社会稳定。近几年，中国长城资产管理公司呼和浩特办事处重点与自治区境内的包商银行、兴业银行、华夏银行、自治区信用联社等进行了合作，积极推进金融资产的打包转让。同时由于金融资产管理公司自身业务的特点，所投放的162.11亿元资金均由区外机构及总公司提供，为自治区经济建设带来了“新鲜血液”，也为银行业增加了存款，并通过货币乘数的效应，支持了银行业信贷规模的扩充。

六、围绕“五大基地”支持重点产业行业发展

2013年以来，中国长城资产管理公司呼和浩特办事处围绕自治区“8337”发展思路，在分析了内蒙古的区域经济发展特色和资源禀赋后，提出了紧密依托自治区提出的要把内蒙古建设成为“保障首都、服务华北、面向全国的清洁能源输出基地，全国重要的现代煤化工生产示范基地，有色金属生产加工和现代装备制造等新型产业基地，绿色农畜产品生产加工输出基地，休现草原文化、独具北疆特色的旅游观光、休闲度假基地”的战略规划，大力拓展支撑办事处可持续发展的业务。办事处新一届领导班子抓住机遇，加大工作力度，通过认真筛选和严格把关，拓展和批准实施了一批符合国家产业政策和自治区经济发展特点的重点项目和民生项目。同时，根据国家产业政策并结合内蒙古经济特点，将国家鼓励发展、经营稳健、具有良好发展前景又具有内蒙古经济发展特点的近百户企业列入重点客户项目库。

七、在服务经济中树立品牌形象

呼和浩特办事处业务发展有力地推动了地方经济的发展，形象和品牌大幅提升。

办事处连续两年来先后在自治区东西部非公有制经济金融服务峰会上进行广泛宣传营销，有力地扩大和提升了中国长城资产管理公司的形象和影响力，为办事处商业化业务的拓展和推进营造了良好的氛围。目前，该办事处共营销客户200多户，与50多家企业进行了业务合作并为其提供了金融服务。使办事处客户行业逐步扩大，优质客户群体明显提升。

呼和浩特办事处积极服务自治区经济发展受到了自治区政府的肯定与重视。2014年，呼和浩特办事处获得内蒙古自治区政府2013年度“金融支持地方经济社会发展突出贡献奖”。同时，总公司对办事处的工作高度认可，2013年度和2014年度被评为“标准办事处”、“优秀领导班子”、“优秀宣传单位”。

下一步，中国长城资产管理公司呼和浩特办事处将继续贯彻落实自治区“8337”发展思路，多措并举为自治区打造祖国北疆亮丽风景线做出新的贡献：

一是突出主业，以不良资产经营为核心，大力推动主业发展。充分发挥金融“过滤器”、“稳定器”、“优化器”的作用，为自治区经济发展出力、尽力。

二是做大做强并购重组业务。当前经济进入“增长速度进入换挡期、结构调整面临阵痛期、前期刺激政策消化期”的“三期”叠加时期，过剩的需要转移，陈旧的需要更新，落后的需要淘汰，先进的需要引进，短缺的需要创造，并购重组业务可以更好的整合优化资源，为自治区经济提供“优化器”的作用。

三是加大创新力度。积极推进收购+投资、委贷+投资+收购、代理+收购+投资等组合产品的创新，发挥好我们综合服务商的优势，促进自治区经济发展。

“咬定目标不放松，一张蓝图绘到底”。中国长城资产管理公司呼和浩特办事处在总公司“五年两步走”中期战略的指引下，用金融的力量与内蒙古各族人民守望相助，推动内蒙古经济转型升级、提质增效。

合纵连横闯天下 普惠金融济万家

——中信银行呼和浩特分行助力现代农牧业发展侧记

近年来，中信银行呼和浩特分行依托自治区丰富的农牧业资源，深挖农牧业的核心价值，通过“合纵连横”，为金融机构支持现代农牧业提供了全新模式，让广大农牧民享受到了“普惠金融”的阳光服务。

创新授信——开创农牧业抵押模式

中信银行呼和浩特分行坚持“实质大于形式”原则，开创性地采用存栏奶牛抵押方式，为犇腾牧业授信 1.5 亿元；在 420 余亩林权质押下，为和盛生态育林授信 1 亿元；突破了长期以来农村土地不能作为抵押物的制约，为余粮畜业发放了自治区业内首笔土地流转贷款。

合纵连横——打造立体农牧业典范

纵向上以提升土地产能为核心，打造立体农牧业，即上层以环保太阳能供应能源、中层以现代化圈舍饲养牛羊，底层以绿色土地种植牧草、药材、杂粮、养蜂酿蜜等；横向上以拉长农牧业产业链为重点，促成龙头企业主导、农牧民积极参与的产业新链条，其中扎鲁特旗草原生态区 + 养殖生产区 + 光伏居住区综合项目已成为现代农牧业的发展典范。

战略联盟——普惠金融润物细无声

中信银行呼和浩特分行牵头组建了草原生态产业联盟，进行农牧业的全产业链综合开发，让农牧民得到了真正的实惠，使“普惠金融”的阳光洒向了千家万户。

哈斯行长（左二）考察项目企业

银企签订战略合作协议

扎鲁特旗万亩生态产业联盟立体农牧业基地

立体农牧业光电设施

植草环保体验活动

打造立体农牧业扶持现代化圈舍饲养牛羊

适应新常态 应对新挑战

内蒙古自治区农村信息社联合社理事长 杨阿麟

杨阿麟理事长深入农户调研

2014年，内蒙古自治区农村信用社认真贯彻落实中央和自治区工作部署，积极应对严峻复杂的经济金融形势，坚持稳中求进工作总基调，有效防范化解各类风险，扎实做好各项工作，全区农村信用社总体实现了稳中有进。

“稳”主要体现在：资产、存款、贷款继续保持全区银行业第一，主要业务经营指标与全区经济发展同步平稳增长。截止2014年末，资产总额达到3750亿元，比上年增加359亿元，增长10.6%；存款总量2892亿元，比上年增加252亿元，增长9.5%，高于全区银行业平均增速2.8个百分点；贷款总量2105亿元，比上年增加290亿元，增长16%，高于全区银行业平均增速0.5个百分点，高于全国农村合作金融机构平均增速0.6个百分点。实现收入281亿元，比上年增加17亿元，增长6.2%；提取资产减值准备56亿元，比上年增加19亿元，增长51.4%；实现利润54亿元，上缴税金26亿元。拨贷比6.6%，比上年增加1.4个百分点，高于监管标准2.1个百分点。重点领域风险逐步缓释，案件风险处置及时有力，较好地守住了不发生系统性、区域性风险底线。

“进”主要体现在：贷款总量在全区银行业率先突破2000亿元大关，新增贷款结构更加合理，利率定价更趋科学，支持“三农三牧”、小微企业和民生工程建设工作取得新成效。金融便民服务“春雷行动”成效显著，助农金融服务点建设任务超额完成，打通金融服务农牧民“最后一公里”问题得到有效解决，自治区“十个全覆盖”工程在农信系统被赋予新内涵。“金牛新干线”系列产品全面推广，线上客户服务能力明显提升，老百姓足不出村、足不出户即可享受到贴心的金融服务。开展“三权”抵押贷款、延长贷款期限、降低农牧业贷款融资成本等试点，首张加载金融服务功能社保IC卡顺利发行，产品和服务创新取得新进展。产权改革稳步推进，自治区联社服务平台作用明显增强，“小法人、大系统”的体制机制优势进一步发挥，深化改革迈出新步伐。

一、服务实体经济能力持续增强。在经济下行压力不断加大、资金组织十分困难的背景下，各项贷款累放额再创新高。累计发放各项贷款2601亿元，比上年多投放366亿元，其中累计发放涉农贷款1368亿元，比上年多投放62亿元，占累放额的53%。累计发放小微企业贷款1010亿元，比上年多投放152亿元。累计发放各类创业就业、扶贫开发、百姓安居工程等民生贷款66亿元。在存款月均增长42亿元的情况下，累计争取人民银行支农再贷款173亿元，贷款月均增长240亿元，最高峰值达到314亿元，有30家旗县级法人机构贷款额占当地市场份额一半以上。全区农村信用社被自治区人民政府评为“支持农牧业产业化龙头企业先进单位”。

二、风险管控措施得力。逐步缓释信用风险，扎实开展不良资产清查认定工作，深入开展借冒名贷款专项治理，大力推进“清收不良贷款专项集中行动年”活动，累计清收处置不良贷款140亿元。强化防控操作风险，构筑柜面实时监测预警系统和远程集中授权系统“两道屏障”，试行员工轻微违规积分和奖励积分管理，加强重空、印鉴、账户管理，强化轮岗对账等案防措施落实，在阿荣旗联社等3家机构成功试点营业机构整体轮岗工作。有效防范流动性风险，建立全系统流动性风险互助专项资金，科左后旗联社等机构高风险状况明显改善。坚决遏制案件风险，成功堵截3起ATM机外部盗抢事件和诈骗客户资金案件。加大审计工作力度，开展各类稽核检查15项，发现问题和风险隐患2.2万笔，问题整改率达90%以上。

三、发展普惠金融成效明显。深入推进富民惠农金融创新、金融服务进村入社区和“阳光信贷”工程，全面开展金融便民服务“春雷行动”。到2014年末，建成助农金融服务点8328个，覆盖全区74%的行政村（嘎查）；ATM机、金牛卡总量均居全区银行业第一，分别达到2766台和2144万张，布设POS机3.2万台，特约商户达到3万户，网上银行、手机银行、短信银行、电话银行用户达到327万户，“惠农一卡通”代理财政补贴资金223亿元，占全区财政补贴资金总额的80%。消费者权益得到有效保护，妥善处理74起消费者投诉事件。积极创新服务方式，红山区联社、金谷农商银行与交警部门合作开设自助警银亭，五原农商银行、开鲁县联社试点开办“三权”抵押贷款，河套农商银行延长贷款期限、降低农牧业融资成本，鄂温克旗、科左后旗、科尔沁区联社积极推行预约上门流动服务等便民利民举措得到百姓认可。宁城农商银行营业部被评为全国文明规范服务“千佳示范单位”和“五星级营业网点”，我区农村信用社22项金融产品被评为全区服务小微企业和“三农三牧”优秀（创新）金融产品，占获奖产品总数的61%，居全区银行业首位。

四、产权改革力度不断加大。坚持“成熟一家、改制一家，宜行则行、宜社则社”原则，稳步推进股份制改造和农商银行改制工作。全年共有6家机构改制农商银行，有3家机构获准筹建，1家机构改制为股份制联社。按照“取消资格股，提高法人股比例”要求，积极推进股权改造工作。全年审核14家机构股权改造方案。增扩股金11亿元，股金总额达到147亿元，其中投资股占比99.9%。90家机构全部取消资格股，52家机构法人股占比达到35%以上。全面推行监事会报告工作制度，监督职能进一步强化，“三会一层”运行机制不断完善。

五、信息科技研发创新能力显著提升。认真落实IT建设五年规划，稳步推进信息化建设进程，信息科技支撑引领作用日益显现，渠道丰富、结算便捷的产品创新服务平台逐步形成。以客户为中心，研发多版本手机银行系统，加快IC借记卡推广应用，顺利接入支付宝、通联、银联等第三方电子支付平台，开发金谷农商银行代理住房公积金等10个特色中间业务子系统，有效改善了农村牧区支付服务环境。研发能力不断提升，自主研发内部管理辅助司法查询平台和电子报表系统，完成客户服务系统等14个信息化建设项目，应用系统达到45个，为产品服务创新和管理能力提升发挥了重要作用。2014年，信贷系统被人总行评为科技发展三等奖。加大信息科技风险防范力度，上线运行共享北京农信银应用级灾备平台，成功组织两次主备机切换应急演练和异地灾备演练，完成骨干网络扁平化改造，组织开展外包风险专项治理和信息安全等4次风险检查，信息系统未出现重大事故，实现安全稳定运行。

六、自治区联社职能作用充分发挥。全面组织实施新的三年发展规划，聘请专业机构调整优化部室职能职责，增强服务能力。联合自治区金融办积极争取城乡居民社会养老保险资金财政专户和收入支出户开立在农村信用社、农商银行。协调自治区高级人民法院下发《关于为全区农村信用社服务“三农三牧”提供优质司法保障的通知》。与国开行、交通银行、内蒙古师范大学、内蒙古股权交易中心等单位建立多方战略合作关系。发挥资金营运平台作用，清算跨社（行）资金4.4万亿元，比上年增长17.8%；采取调剂资金、系统内存放同业等方式，向旗县级法人机构提供323亿元资金支持，尤其是以优惠利率向18家高风险机构调剂资金6亿元，有效缓解支农支牧资金短缺问题。投入1300万元，广泛开展立体式、全方位宣传，农村信用社整体品牌形象大幅提升。

回顾一年来的工作，我们之所以能够在经济金融形势严峻复杂、改革发展任务艰巨繁重、风险防控压力巨大的情况下，实现总体平稳运行，最根本的是始终坚持服务“三农三牧”方向不动摇，不断夯实发展基础；最首要的是坚持审慎经营和底线思维，千方百计防控各类风险；最关键的是坚持创新驱动，坚定不移走差异化特色化发展之路；最核心的是坚持深化改革，加快发展转型，实现全面、协调、可持续发展。

新常态带来新挑战，新常态也催生新机遇。内蒙古自治区农村信用社将把握发展大势，乘势而上，顺势而为，攻坚克难，奋发有为，在未来的工作中，全面贯彻落实党的十八大和十八届三中、四中全会及习近平总书记系列重要讲话和考察我区重要讲话精神，中央和自治区经济工作、农村工作会议，全国和全区银行业监管工作会议以及自治区“两会”精神，坚持稳中求进工作总基调，主动适应经济发展新常态，恪守服务“三农三牧”宗旨，牢固树立持续发展、转型发展、协调发展、和谐发展理念，以打造“三支银行”为方向，以提高质量和效益为中心，把转方式调结构放到更加重要位置，强化风险防控，狠抓内部管理，突出创新驱动，加快改革攻坚，推动全区农村信用社平稳健康发展，促进自治区经济持续健康发展和社会和谐稳定。

内蒙古农村信用社助农金融服务点突破10000个

2015年，内蒙古农村信用社围绕自治区“十个全覆盖”工程，深入开展金融便民服务“春雷行动”，在不断完善服务功能基础上，加大助农金融服务点建设力度，扩大服务覆盖面，推动便民自助服务“村村通”、便民柜面服务“乡乡通”和便民金融工具“一卡通”目标尽早实现。

一是加快助农服务点建设。加大助农POS机布放力度，完善IC卡加载社保、补贴、消费功能，形成区域全覆盖、服务全天候、结算多功能的农村牧区现代化支付结算网络，让广大农牧民，尤其是偏远地区农牧民“足不出村”即可享受小额取现、转账、缴费、查询等基础金融服务，打造“居家金融服务”新品牌。

二是延伸柜面服务内涵。扩大流动银行服务范围，开展定时定点流动服务，加大ATM机布放力度，解决偏远乡镇、集贸市场、旅游景区等金融服务需求，为广大农牧民客户提供“零距离”金融服务。

三是丰富电子化服务手段。在强化农村牧区基础金融服务功能基础上，加大“金牛新干线”系列产品营销推广力度，扩大网上银行、手机银行、短信银行和电话银行应用覆盖面。搭建与第三方支付合作平台，逐步扩大云POS资金归集和缴费业务应用范围，搭建安全高效的城乡市场支付结算网络。

前5个月末，内蒙古农村信用社新建助农金融服务点2121个，总数达到10449个（存在同一行政村建设多个助农金融服务点情况），覆盖全区10333个行政村的94%；新布设ATM机204台、POS机3164台，总量分别达到2970台和35180台；网上银行、手机银行、短信银行和电话银行客户分别达到24万户、36万户、236万户和93万户；新发金牛卡161万张，总量达到2305万张。

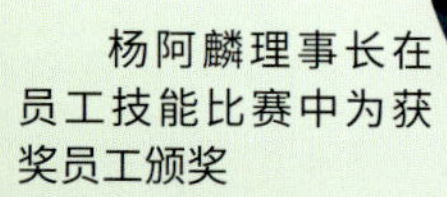

杨阿麟理事长在员工技能比赛中为获奖员工颁奖

“春雷行动”推进会

阳光信贷

中华联合财产保险股份有限公司内蒙古分公司

分公司组织员工开展环保先行义务植树活动

分公司荣获“自治区金融行业服务实体经济二十强”荣誉称号

分公司给缺水家庭捐款

自治区云光中副主席、金融办李雅主任莅临调研并召开座谈会

分公司深入牧区开展保险知识进毡房活动

分公司机关大楼

分公司参加客服岗位技能大比武活动人员合影

分公司首届客服节上，公司聘任客户及企业代表作为公司服务监督员并颁发了聘书

分公司积极组织员工参加全区金融系统“五进入”宣传活动

中华联合财产保险股份有限公司内蒙古分公司

中华保险内蒙古分公司总经理 侯根成

2014年，中华财险内蒙古分公司在自治区政府的有力呵护及金融保险监管部门的大力支持下，稳健科学发展、诚信合规经营，保费规模不断扩大，经营效益日益攀升，品牌知名度不断提高，市场竞争力不断增强，得到了社会大众和自治区政府的积极认可，被自治区党委宣传部等部委单位评为“2014年全国质量月服务质量用户满意单位”，被内蒙古自治区保险行业协会评为“内蒙古自治区车险理赔服务现场模拟测评质量优秀单位”，在中华保险系统内，荣获财险总公司“华表奖”，被中华保险控股公司评为“2014年度卓越价值贡献单位”。

作为内蒙古保险市场重要成员，2014年，我公司坚持“服务至上、信守承诺、回报社会”的服务宗旨，以服务经济发展、保障社会民生为己任，通过开展各类保险业务，积极参与各项民生工程建设，为发挥保险企业参与社会管理职能、提升公共服务效率发挥了积极的作用。特别是积极开办农业保险业务服务“三农”经济发展，开办大病保险业务积极参与到自治区的医保体系建设，开办森林保险业务保护森林资源、分散林业风险、保障生态安全，开办信用保证保险积极支持促进微小企业和农牧民生产经营，开办食品安全责任保险保障我区人民群众“舌尖上的安全”等，不仅取得了良好的社会效益，自身也得到了不断发展，在全区经济较为困难的情况下，使得公司保费收入保持了稳中有进的增长速度，为促进全区保险业持续、健康发展，实现保险与经济的良性互动，做出了贡献。

一、坚持科学发展，规模、效益实现双丰收

（一）机构网点基本覆盖全区，服务于各级地方经济建设

截至2014年底，我公司机构总数达到140家、分布于自治区101个旗县区中的98个旗县区、覆盖率达97%。其中，2014年新开业旗县支公司18家，新开业营销服务部1家，营销服务部升格为支公司2家，新筹建支公司16家，营销服务部9家。开业网点均处于自治区交通要道，依托13条国道和23条省道构筑起强大的服务网络，遍布城区、深入旗县、辐射乡镇，服务网络不断拓展，具备了在全区范围内提供保险售后服务的能力，促进了公司县域保险、“三农”保险的发展。分支机构的快速铺设丰富、优化了业内原有经营格局，激活了财产保险市场，使更多的客户享受到更加优质的保险服务及优惠的保险价格。

（二）保费规模实现新突破，竞争力不断增强

2014年，我公司以市场为导向，狠抓险种创新、服务创新和经营管理创新，强化内控制度，增强风险和效益意识，在规模和速度上保持良好发展势头的同时，在质量和结构、规范和秩序、品牌和形象等方面也同步取得了科学发展和新突破。2014年，我公司全年实现保费收入20.20亿元，同比增长11.73%，比行业平均增速6.73%快5个百分点，其中支农惠农的政策性农险保费收入7.96亿元，公司总体保费规模稳居内蒙古产险市场21家公司第二位，公司综合实力和竞争力进一步提升。中华财险内蒙古分公司从成立至今，在规模、实力上稳健发展，逐步走向成熟，在自治区激烈的保险市场竞争中，继续领先内蒙古财产保险市场，承担全区上千亿元的责任风险，充分发挥了保险“社会稳定器”和“经济助推器”的作用，为内蒙古经济社会的全面发展做出了突出的贡献。

二、推进公司发展转型，服务经济发展的能力大幅提升

2014年，我公司紧跟市场发展潮流，及时转变思想、更新观念，不断加大产品创新和服务创新力度，发展转型工作成效显著，内涵式发展能力、公司实力不断增强。

（一）不断壮大企业团队，减轻社会就业压力

截至2014年底，我公司拥有劳动合同制员工2234人，个人保险代理人5422人。劳动合同制员工中，大专以上人员为1751人，占比为78.38%，中共党员253人，占比为11.32%。公司为合同制员工提供了社会保障保险和住房公积金待遇，为符合公司条件的个人保险代理人提供了转为公司劳动合同制员工的通道。建立平等竞争、择优录用、合理流动的用人机制和岗位管理机制，让想干事的有平台，能干事的干成事，把合适的人放在合适的岗位上。通过对入司人员的培训与工作锻炼，他们不仅认同公司的文化找到归属感，而且成为自食其力的优秀劳动者，减轻了社会就业压力，缓解了高校毕业生就业难问题。

（二）积极开办大病保险参与医保体系建设，努力提高我区居民基本医疗保障水平

大病保险作为内蒙古地区又一项民生工程，政府、社会，群众期望很高，我们作为一个服务机构，始终将服务参合人员，参与社会管理做为第一责任，不断提升管理水平，为打造出大病保险的“精品”工程而努力奋斗。我公司于2013年开始相继开办了包头、鄂尔多斯、巴彦淖尔地区的城乡居民大病保险业务，通过两年的运行，取得了较好的效果，相比较未进行大病保险地区，进行大病保险的地区通过政府的督导，与保险公司的优势互补，以及相结合的风险公担机制，不仅使医疗机构的医疗行为得以规范，试点地区的医疗保障也大幅提高，赢得了群众的广泛认同。2013年，我公司承保的大病保险参合人员共计1207275人，保费收入1679.05万元，共计赔款支出3417.38万元，赔付率超200%。2014年，我公司保费大病保险保费收入2701万元，截至11月底，赔付人数1329人，赔款支出1160.49万元，理赔服务工作正在逐步进行当中。通过该项业务的开办，有效减轻城乡居民大额医疗费用负担，推动我区医保体系从实现“病有所医”向有效解决“因病致贫”、“因病返贫”的发展。

（三）积极开办食品安全责任保险和信用保证保险等新险种业务服务我区民生和经济发展

2014年，为了有效降低我区食品安全风险，更好地维护食品生产者和消费者的利益，促进食品企业诚信自律，积极探索建立符合市场经济规律的新型食品安全保障体系，提升我区食品安全管理水平，更充分地发挥保险的风险控制和社会管理职能，我公司借助保险“新国十条”颁布的有力契机，

及时联合自治区食品药品监督管理局、海峡经纪公司成立了食品安全责任保险专项工作领导小组，赴江苏、上海等地区学习、调研，结合地方实际拟定了食责险试点工作方案并汇报提交政府部门，得到了自治区政府的积极认可。目前，自治区政府通过正式文件下发了《内蒙古自治区食品安全责任保险试点工作实施方案》，我公司作为主要试点经办单位承担了自治区 9 各盟市地区的食品安全责任保险的试点业务，这为切实保障我区人民群众“舌尖上的安全”迈出了关键性一步。此外，为积极响应政府支持小微企业发展的倡导，我公司积极参与了自治区“金融扶贫富民”工程建设，与中国农业银行通力合作，积极推出了农村小额信贷保险，有效缓解了地方农村小微企业贷款难、融资难的问题，对促进地方中小企业和农牧民生产、建设做出了应有贡献。

（四）大型、标志性项目承保能力不断提高

我公司先后承保神华集团、国华集团、包钢集团等多家国内大型商业风险项目近百个，项目涉及煤炭、冶金、电力、金融、化工、交通运输等众多行业，承担风险上千亿元。自 2007 年起，分公司连续 8 年以总分排名第二的成绩中标自治区政府本级车辆招标项目，多家分支机构中标盟市级政府车辆招标项目，为各级党政机关提供了优质、高效的保险服务。

（五）不断推进农业保险，支持“三农”服务新农村建设

2014 年，我公司在内蒙古自治区农业保险领导小组的正确领导下，积极发展支农、惠农的农业保险业务。2014 年，公司农业保险保费收入 7.96 亿元，同比增长 8.9%。其中，种植业保险保费收入 6.09 亿元，同比增长 3%；养殖业保险保费收入 5607.48 万元，同比增长 57%；林业保险保费收入 1.31 亿元，同比增长 25.3%。面对承保区域内发生的重大旱灾，我公司积极作为，有效应对，支付种植业保险赔款 3.93 亿元，有效赔付面积达 584.82 万亩，受益农户数 74.58 万户，系统内简单赔付率 65%。在理赔查勘服务方面，我公司引入 GPS 定位、卫星遥感等空间信息技术，提高承保和理赔精度和效率，从而切实提升服务“三农”的能力。特别是，2014 年 7-8 月份，我区东部多个盟市发生大面积干旱灾情，受灾面积达 1500 万亩，成灾面积近 600 万亩，绝产面积约 140 万亩。我公司及时启动卫星遥感项目并指派无人机小组赶赴受灾区域进行灾情查勘工作，通过 15 天的无人机查勘，对乌兰察布、赤峰两盟市灾情较严重的 8 个旗县的 17 个乡镇进行了无人机飞行勘测，有效飞行 36 个架次，飞行查勘面积 290.4 平方公里约 19.3 万亩，高效及时的对干旱灾情做了全方位的分析与评估。同时，对灾害较为严重的阿鲁科尔沁旗、翁牛特旗、科尔沁左翼中旗以及四子王旗等旗县认真确定损失程度，在合理判定损失的同时协助被保险人积极开展防灾减损工作。为减轻灾害对投保农户造成的损失，对灾害严重的地区率先缮制赔案，及时通过“一卡通”将赔款支付到受灾农户手中，切实履行农业保险的补偿职能。分公司积极把农业保险这项支农、惠农的政策落实到位，为农牧业安全生产撑起保护伞，为新农村建设架起高速桥。自治区及各级地方政府对我公司在开办农业保险上所做的大量艰苦、细致的工作，以及规范诚信的经营管理给予了充分肯定。

（六）积极参加社会公益事业，笃守信誉，回报社会

多一份爱心，就多一份和谐。我公司始终坚持“诚实经营，取信于人，回报社会”的原则，努力发挥公司参与社会管理的保险职能，自开业以来一直积极参加社会公益事业。向残疾人及贫困地区捐款捐物奉献爱心、慰问特困户家庭、资助贫困学子上学、主动承包荒山建立义务植树基地、向缺水地区的家庭捐款建设水窖、支持赞助内蒙古民族文化书画展活动等。

三、加大创新能力，不断提高产品和服务质量

创新，是保险企业生存与发展的必由之路，我公司自开业以来就充分认识到改革创新的重要意义。一是加强产品创新，2014 年，为了更好的服务农牧民生产经营，我公司在锡林郭勒调研开发低温指数保险及牧草天气指数保险等气候指数保险产品，在乌兰察布地区调研开发牧草种植保险及收获期保险，同时在全区范围内调研开发了商业性肉羊雪灾保险，实现业务新的增长点。二是加强技术创新，我公司结合自己的工作实际，总结经验，不断引用先进设备和技术手段，服务于日常经营管理，大大提高了工作效率和服务质量。例如，我公司推出了基于互联网、3G、3s、视频、GPS 定位等技术的养殖业保险“农险图”查勘系统，科学节约人力资源，省略部分环节加快理赔速度，加强了与农户的沟通，有效防范道德风险；我公司将无人机技术运用于农业保险查勘，大大提升了理赔查勘的工作效率和定损准确度；三是加强服务创新， 2014 年，我公司努力践行“客户为王”整体战略部署，推出了“VIP 客户免费代步租车”服务、免费送单服务、客户自助查询机服务等，并相继开展了“五一”、“十一”节日安全出行慰问送水活动、助力高考活动、客服节抽奖活动等。通过开展“客户服务年”及治理车险理赔难等工作，客户服务的时效、质量、客户满意度又实现了新的跨越，取得了理赔客户满意度 97.87 分位列全区 35 家产、寿险公司第一名和销售服务客户满意度 90.33 分位列全区 20 家财险公司第三名的好成绩。

四、完善内控，加强管理，有效防范化解经营风险

依法合规经营，不仅是监管部门的要求，更是公司规范自身经营行为、防范经营风险、提高经营效益的内在需要。2014 年，我公司严格遵守行业自律公约、监管部门各项法律法规，认真学习并贯彻执行新《保险法》、“反洗钱”等法律、规范要求，深入开展对“小金库”、“账外账”的清理核查和假保险机构、假保险单、假赔案“三假”的专项治理工作；完善反洗钱各项制度，落实客户身份识别，规定代理业务结算方式，严格审核批退、赔款等支付环节，积极建立健全公司反洗钱系统；坚持揭露问题与促进整改、规范管理与促进发展相结合的原则，深入开展盈利能力、费用支出、应收保费、燃油费及大额费用、非保险合同集中管理、反洗钱工作等专项监察，开展内部经济责任审计、领导离任审计、资金安全性等专项审计；加强党风廉政建设和反腐败工作，加大跟踪监督力度，深入查找公司经营管理中存在的突出问题和薄弱环节，有针对性地加以完善，有效防范了违法、违规、违纪等问题的发生，大大降低了公司经营当中的道德风险、信用风险、合规风险、资金风险、偿付风险等。

五、着眼长远，心系客户，服务社会，打造保险品牌

2014 年，我公司心系客户，紧跟自治区社会经济快速多元化发展的脉搏，不失时宜地制定发展政策，实施服务制胜战略，将规范服务标准嵌入到经营管理与业务领域的各个方面，将可持续发展目标建立在客户满意的基础之上，不断增强服务意识，改善服务态度，完善服务设施，改进服务手段，创新保险产品，优化服务流程，提高服务效率，提升服务质量，更加主动地承担社会责任，以规范、高效、文明、优质的服务回报广大保险消费者和全社会，千方百计满足客户日益增长的服务需求，有效履行保险责任和忠诚义务，用诚信和实力赢得了市场，取得了经济效益和社会效益双赢的局面。积极发挥了保险公司的分散管理风险、完善社会保障、参与社会管理的功能作用，为自治区经济建设和社会发展做出了卓越的贡献。

六、继续深化转型，保持稳健合规，不断提升服务水平

面对经济社会发展深刻转型的大背景，由粗放外延发展模式向集约内涵发展模式的转型，既是保险行业发展的必然趋势，也是企业实现持续发展的内在要求。2014 年，我公司积极顺应转型趋势，以前期取得的成绩为新的动力，以“成为国内领先的、专业化的综合保险金融集团”为愿景，加快转变发展方式，集约化经营、内涵式发展、依法合规，主动加强与同业的交流，主动维护保险市场秩序，不断改革创新，坚持诚信为本，为客户提供良好服务，勇担社会责任，在和谐社会建设中发挥有效作用，更好地发挥风险管理和保险保障功能，为建设和谐美丽内蒙古保驾护航。

科技引领绿色发展 建设现代煤炭综合利用示范基地

——神华准能集团公司科学发展之路

吊斗铲

为贯彻落实“8337”发展思路，切实保障和改善民生，自治区决定实施创业就业工程，明确了鼓励创业、促进就业的发展目标和具体工作措施。县域经济是承载自治区发展定位的重要平台，扩大就业规模、推动全民创业离不开县域经济的发展，发展县域经济需要广大劳动者的就业参与和创业支撑。全区各级人力资源和社会保障部门认真落实自治区党委、政府的部署，紧紧围绕“8337”发展思路，强化措施，开拓进取，大力推进就业创业工作，对发展县域经济、保障全区经济社会科学发展提供了有力支撑。

近年来，在自治区党委、政府的高度重视和支持下，我们坚持把就业创业工作放在更加突出的位置，实施更加积极的就业政策。在劳动力总量不断增加、就业压力很大的情况下，保持了就业局势的总体稳定，全区城镇新增就业年均实现 25 万人以上，失业率控制在 4% 以内。以高校毕业生为重点的青年就业、城镇困难人员的就业问题得到较好解决，农牧区富余劳动力年均转移 250 万人以上。职业培训不断加强，劳动者就业创业能力逐步提高，创业带动就业成效明显。就业服务进一步强化，公共服务水平逐步提升。人力资源市场的基础作用得到较好发挥，组织开展了一系列专项就业服务活动。

同时，我们也清醒地认识到，就业创业工作中还面临着一些突出问题。就业总量压力依然较大，结构性矛盾突出，就业难和招工难现象并存；劳动者就业创业能力有待进一步提升；基层公共服务能力还有待加强。面对当前经济发展下行压力加大，转变经济发展方式中就业工作出现新挑战，今年就业任务更加繁重和艰巨。

为做好就业创业工作，推动县域经济发展，服务全区发展大局，人力资源和社会保障部门将采取以下几个方面的措施，全力开创就业创业工作新局面。

首先，围绕发展县域经济，着力促进充分就业。就业创业工作关乎百姓福祉、关乎经济发展。当前，国际经济形势的不确定、不稳定性与国内经济发展的不平衡、不协调、不可持续性交织在一起，给总体就业形势带来了严峻挑战，我区就业形势同样也面临着多重压力，保持就业局势稳定的任务非常艰巨。各级人社部门要紧紧围绕发展县域经济，千方百计做好就业服务工作。一是围绕重大项目建设做好就业工作。各地在谋划发展现代农牧业、县域工业、现代服务业过程中，也要同步考虑促进当地劳动者就业，广开就业门路，拓宽就业空间。在安排引进重大建设项目时，把吸纳就业作为项目论证的重要内容，人力资源和社会保障部门主动介入，及时了解项目用工需求和岗位要求，在项目开工建设、生产运营等环节中，及时为用工招聘、用工培训和岗位培训等做好服务工作，发挥重大项目拉动就业的作用，把经济发展的增长点，转变为就业的增长点。二是扶持中小企业发展。中小企业点多面广、灵活性强，是吸纳就业的重要领域。各级人力资源和社会保障部门将认真落实职业介绍补贴、技能培训补贴、技能鉴定补贴、社会保险补贴等扶持中小企业的优惠政策，完善空岗报告制度，及时掌握中小企业用工需求，积极跟进用工服务、技能培训等服务，大力扶持中小企业发展，激发中小企业发展后劲和市场竞争力，增强县域经济活力。三是促进以高校毕业生为重点的青年就业。高校毕业生是事业发展的宝贵资源，是推动经济和产业升级的生力军。在促进高校毕业生就业过程中，我们将深入推进高校毕业生服务基层项目，结合发展县域特色优势产业，大力扶持知识密集、技术密集型企业发展，努力增加高校毕业生的就业岗位。探索通过政府购买服务的方式，开发城乡基层特别是城市社区和农村公共管理及社会服务工作岗位，积极鼓励和引导高校毕业生面向县域基层就业，为县域经济发展提供人才支持。力争年底前，帮助每一名有就业意愿的离校未就业毕业生都能实现就业或参加到就业的准备之中。四是推进农村牧区富余劳动力转移就业。围绕绿色农畜产品生产加工输出基地建设，加强农牧民实用技能培训，实现农牧民工就近就地转移就业。围绕推进城镇化建设，积极开辟劳务市场，提高劳务输出组织化程度，打造劳务输出品牌，通过转移就业促进农牧业人口向城镇集中。五是加强就业困难人员就业援助。着力营造公平公正的就业环境，及时了解就业困难人员和零就业家庭的情况，依托基层就业服务平台，有针对性地开展就业援助，大力开发公益性岗位，妥善安置就业困难人员。

其次，围绕发展非公经济，着力扶持全民创业。鼓励全民创业，是发展非公经济的源动力，也是助推县域经济发展的内在要求。近年来，各级人力资源和社会保障部门不断加大创业扶持力度，研究出台了一系列鼓励创业的政策措施，促进了非公经济发展特别是中小微企业发展，有效发挥了创业带动就业的倍增效应。但是，目前全民创业的内在动力还远不能适应县域经济发展的需要。下一步，我们将围绕扶持全民创业，重点做好三项工作：一是加大扶持政策的落实力度。切实落实国家及自治区出台的税费减免、小额担保贴息、创业培训补贴等各项扶持创业、鼓励中小微企业发展的政策措施，最大限度地调动和激发全民创业活力，培育县域经济发展的内在动力。二是加强创业园区、创业孵化基地建设。结合县域产业布局和主体功能定位，依托现有产业园区、专业市场或通过政府投资新建等形式，加强创业园区和创业孵化基地建设，扶持和孵化一批科技含量高、具有产业拉动力的中小微创业型企业。自治区将采取以奖代补的形式给予扶持，通过三年时间打造100个标准化创业园和创业孵化基地。三是营造良好的创业环境。各级人社部门将进一步加大创业服务力度，为创业者提供创业培训、项目开发、开业指导、融资服务、跟踪扶持等“一条龙”服务。重点围绕发展县域特色产业，加大创业项目库建设，尽快实现与国家创业项目库的链接，及时为创业者提供创业项目信息。进一步加强舆论引导，注重选树典型，发挥榜样示范作用，使更多的求职者变为创业者，变为岗位的创造者。

第三，围绕调整产业结构，着力加强职业技能培训。调整县域产业结构，对加强职业技能培训、提高劳动者素质提出了迫切要求。我们将从当前职业培训工作中存在的主要问题入手，推进培训资源共享，实行职业技能培训与产业发展有效对接，进一步规范职业技能鉴定工作，创新工作方法，加大工作力度，着力强化职业能力培训工作。一要发挥教育资源优势，提高职业技能培训质量。提高职业院校、技工院校在定点培训中的所占比例，选择一批社会信誉好、办学条件好、培训能力强、专业设置合理、促进就业效果显著的院校来承担相应的培训任务，整体提升我区职业技能培训层次，为广大城乡劳动者提供更多、更好、更优质的职业培训服务。二要打造培训品牌，增强培训的针对性。在全区组织开展特色培训品牌创建活动，围绕自治区“五大基地”建设和发展县域经济，大力培养实用技能人才。紧密结合县域特色产业和企业的岗位需求，积极引导各类培训机构组织开展特色职业技能培训，着力打造区域培训品牌，使就业技能培训向专业化、特色化发展。三要畅通培训信息渠道，努力完善职业培训工作机制。加强与用工单位、培训机构、培训对象的沟通，把招生与招工结合起来，把职业介绍与技能培训结合起来，把职业培训与技能鉴定结合起来，大力推广定向培训、订单培训、定岗培训，及时跟进职业技能鉴定工作，做到培训一人、鉴定一人、就业一人。四要整合现有实训资源，积极推进职业技能实训基地建设。自治区将通过“以奖代补”的办法，鼓励各地重点依托职业院校、技工院校，对现有实训基地进行升级改造，扶持建设50个具有区域特色和品牌效应的标准化实训基地，做到功能互补和资源共享。

第四，围绕发展县域公共事业，努力提高基层公共服务能力。为劳动者提供优质高效的就业服务，是政府促进就业的重要职责。当前，我区在公共服务能力建设方面还存在诸多问题，基层服务平台建设相对滞后，公共就业信息化建设亟待加强。下一步，我们将围绕强化公共服务，推进县域社会事业发展，重点做好四方面的工作。一是加强公共服务平台建设。自治区将尽快研究出台加强基层人力资源社会保障公共服务平台建设的实施意见，逐步健全服务机构，落实人员配备，保证工作经费，加强场所建设，改善服务条件，为广大群众提供高效便捷的服务。二是加强公共就业服务信息化建设。我们将加大工作力度，尽快将公共就业服务信息网络延伸到苏木乡镇、街道和嘎查村、社区，建立自治区、盟市、旗县、乡镇街道、社区嘎查村的五级公共就业信息服务网络建设。深入推进就业服务实名制管理工作，依托基层公共就业服务平台，对人力资源情况进行调查统计，全面实现信息采集、录入的全覆盖，建立起翔实的各类人员就业状况信息库。三是加强公共就业服务工作。我们将在全区开展标准化基层公共就业服务平台创建活动，统一服务标准，优化服务流程，为劳动者、用工单位提供高效、便捷的就业服务。全面准确地对劳动供求状况进行动态统计、分析研究，并提出应对措施。四是着力构建和谐劳动关系。随着经济形式的多样化发展，劳动关系调整的范围和难度不断增加，特别是随着经济增速的放缓，影响劳动关系稳定的因素进一步增加。我们将努力构建和谐劳动关系，为县域经济发展创造良好环境。进一步加强三方机制建设，加快推进劳动合同制度全覆盖，强化劳动关系协调工作基层组织建设。扩大创建和谐劳动关系单位和工业园区的范围，特别是非公有制企业和中小企业的覆盖面。加强劳动保障监察工作，规范企业用工和裁员行为，深入开展专项整治行动，严厉打击侵害劳动者权益的违法行为。加强争议调解仲裁工作，积极推动企业和乡镇街道等基层调解组织建设，加快推进仲裁机构仲裁院实体化，完善争议仲裁组织程序和工作规则，不断提高办案效能和质量。

发展县域经济，促进充分就业，任务繁重、责任重大，人力资源和社会保障部门将认真履行就业工作牵头部门的职责，在自治区党委、政府的领导下，强化协调配合，采取有效措施，共同为发展县域经济、促进社会充分就业、提高就业质量作出积极贡献。

露天矿采掘现场

大型运输车

内蒙古电子信息职业技术学院概况

内蒙古电子信息职业技术学院是一所国办全日制高等院校，全国35所“国家示范性软件职业技术学院”之一，自治区示范性高等职业院校，全国职业教育先进单位，全国职业技术院校职业指导工作先进单位，中国教育创新示范单位，全国高等职业院校就业工作“星级示范校”，2014年荣获全国职业院校就业竞争力示范校。国家教育部、信息产业部批准的承担“计算机应用与软件技术专业技能型紧缺人才培养工程”的院校，内蒙古信息化技术技能人才培训基地，内蒙古信息化建设和信息产业发展先进集体，连续八年被评为全区高校学生工作、就业指导、资助管理、维护高校稳定综合治理等四项工作“先进达标学校”；2005年—2013年连续九年被首府百姓评为最满意的教育品牌单位（唯一一所高等专科院校）。

按照教育部高职教育人才培养体系的要求，学院主要培养专科层次技术技能应用型人才，从2014年开始在国家示范专业范围内招收培养本科应用型人才。现有在校生1.2万人。

学院占地面积1066亩，建筑面积31.8万㎡。教学实训中心建筑面积46876㎡，建有各类实验实训室109个，校内实训基地16个（国家财政支持的重点、示范建设实训基地2个），其中电子实习实训中心拥52个实验实训室、4个实习车间和7个校内实训基地，计算中心拥有42个实验实训室和6个校内实训基地，商务实训中心拥有11个实验实训室和4个校内实训基地，公共实习实训基地5个；学院引进人网公司建立校中厂；新建图书馆面积23800㎡，藏书量纸质图书77.29万册，电子图书4915.2GB；学院体育设施先进，建有建筑面积8145㎡文体馆，40000㎡塑胶田径场地（足球场地）2个，篮球场地20个，排球场地8个，网球场地2个，投掷场地1个；学生教室全部为专业多媒体教室，拥有覆盖全院的校园网，实现了教学及管理的信息化；学院以实践教学为主，各专业均有校内、校外实习实训基地，实践课时占到了50%以上。

学院设有软件工程系（国家示范性软件职业技术学院）、电子工程系、财经管理系、计算机科学系、信息管理系、数字媒体与艺术系等6个系，2015年开设48个专业；学院有专职教师493人，其中硕士研究生以上学历教师132人，教授副教授以上教师166人占33.67%，“双师型”教师占86%，教学全部采用多媒体技术。学院设有多种国家级职业技能鉴定所，承担50多种职业技能培训与鉴定。

内蒙古电子信息职业技术学院

内蒙古电子信息职业技术学院IT实训创业楼

内蒙古电子信息职业技术学院体育场

内蒙古电子信息职业技术学院图书馆

内蒙古电子信息职业技术学院大门

内蒙古电子信息职业技术学院

全面建设活力、美丽、和谐的首府
——呼和浩特

面对复杂严峻的经济形势，呼和浩特市认真贯彻落实党的十八大、十八届三中、四中全会及习近平总书记系列重要讲话精神、自治区“8337”发展思路和“打造两个一流、推进三个建设、实现两个率先”的发展战略，全力稳增长、调结构、促改革、惠民生、防风险，经济建设和社会各项事业取得了新的成就。

（一）加快转型发展，经济增长的质量和效益实现新提升

2014 年，全市地区生产总值完成 2894.1 亿元，增长 8.0%；规模以上工业增加值增长 10.0%；公共财政预算收入完成 211.5 亿元，增长 16.2%，公共财政预算支出 310.8 亿元，增长 6.1%，其中各项民生支出 188 亿元，占公共财政预算支出的 60% 以上；固定资产投资完成 1736.5 亿元，增长 15.4%；社会消费品零售总额完成 1256.1 亿元，增长 10.0%；城镇常住居民人均可支配收入 34723 元，增长 8.5%；农村常住居民人均可支配收入 12538 元，增长 10.0%。一、二、三产业比例演进为 4.3 ∶ 29.3 ∶ 66.4。农业现代化稳步推进。农业综合机械化率提高到 81.3%。农作物生产再获丰收，粮食产量达到 144 万吨。建成投入使用蔬菜保护地 4.3 万亩，地产蔬菜占本地蔬菜消费比率达到 56.8%。全年新建续建奶牛牧场 31 个，建成 11 个，外购奶牛 2.16 万头，规模化养殖率达到 90%。肉羊出栏 310 万只。新增苜蓿草种植面积 4.7 万亩，累计达到 32.6 万亩。都市型休闲观光农业加速推进。工业在转型中实现稳步增长。以乳业为代表的绿色食品加工业不断发展壮大，伊利进入世界乳企前十强。电力能源产业建设取得新的进展，北方联合电力和林电厂、托电五期项目获得国家核准，京能盛乐热电厂项目纳入国家 2014 年度火电建设规划。装备制造业实现新的突破，光伏等新材料产业加速发展。服务业对经济的支撑作用更加明显。中国电信、中国移动、中国联通等大型云计算数据中心加快建设，百度、搜狗、腾讯、阿里巴巴等云应用企业相继入驻。电子商务蓬勃发展，百度推广、糯米网等上百家电子商务企业入驻，大宗畜产品交易所投入运行，我市成功申报为国家电子商务示范城市和信息惠民国家试点城市。呼铁局沙良铁路现代综合物流园等一批

重点物流项目快速推进，我市被列为国家一级物流园区布局城市。科技创新能力进一步增强。投入 2000 万元与自治区教育厅和科技厅合作设立产学研协同创新专项资金，支持驻呼高校和科研院所科技创新和成果就地转化。认定各级各类企业研发机构 21 家。

（二）集中发力建设，城市基础设施进一步完善

2014 年，全力组织实施了我市有史以来最大的城市基础设施单体项目——总长度 65 公里的城市二环及两个高速出口连接线快速路工程，基本实现了主体工程全线连通。加快实施了机场高速、呼武公路等六个城市出城口环境治理及畅通工程。全面完成了城区内 11 座铁路立交桥高速铁路增线扩建工程，同步完成老火车站改造、新火车站站前广场建设及新长途客运站主体工程，投资量和体量最大的中山路互通式地下人行通道投入使用。新改造老旧住宅小区 304 个，完成 400 个老旧住宅小区准物业管理升级工作，新建各类便民市场 100 个。新增公交车 400 台、出租车 1000 辆、公共自行车 5040 辆，设置公交车专用道 75 公里，新增机动车停车位 1.7 万个。数字化城管系统建成运行，城市精细化管理水平进一步提高。加快交通路网建设，国道 109 线荣乌高速十七沟至大饭铺段、省道 210 线和林城关镇改线工程、托县沿黄公路改扩建工程和老牛湾旅游公路全面建成通车。呼和浩特高铁动车所建成使用，呼包集城际动车组正式运行，呼张快速客运专线顺利推进。轨道交通建设规划进入最后审批阶段。

（三）强化基础建设，生态文明和“十个全覆盖”稳步推进

大青山前坡生态综合治理工程和基础设施配套工程基本完成。万亩草场、5 万亩森林公园、哈拉沁生态保护区、乌素图生态旅游区、大青山国家级健身登山步道等节点工程已向市民开放。生态环境明显改善。完成造林绿化面积 33.5 万亩，重点区域绿化水平明显提升。深入开展“环境保护年”整治，重点加强水污染和大气污染防治，市区空气质量明显好转。“十个全覆盖”工程扎实推进。对 350 个村进行了改造整治，解决了 239 个村的饮水安全问题，改造危房 16838 户，硬化街巷 375 公里，完成 32720 户广播电视“户户通”，建成 281 个标准化卫生室、350 个文化活动室、231 个便民连锁超市，农村整体面貌有了新变化。

（四）高度关注民生，人民群众生活水平进一步提高

强化就业创业工作措施，全年城镇新增就业 4.1 万人，高校毕业生就业率达到 91.5%，城镇登记失业率为 3.54% ，动态消除了零就业家庭。教育事业优先发展。开工新建及改扩建幼儿园、中小学 41 所，完工 22 所。社会保障水平进一步提高。企业退休人员基本养老金月人均增加 196 元。全面落实原国有集体企业大龄下岗失业人员社会保险缴费救助政策，惠及 10427 人，补助保费 4700 万元。完善了失地农民参加城镇职工养老保险制度。开工建设各类保障性安居工程 96 个、39150 套，配租公共租赁住房 5024 套、廉租住房 1907 套。全国文明城市创建工作取得阶段性成果，我市被中央文明办确定为全国文明城市提名城市。

经过城乡空间布局、产业布局的优化调整和加快转型发展等一系列重大举措的实施，使得我市先于其他地区步入了转型调整期，形成了较为坚实的发展基础和较为合理的经济结构、产业结构、城乡结构，抵御风险的能力和可持续发展能力明显增强。面对经济发展新常态， 我市要继续坚持稳中求进工作总基调，主动适应经济发展新常态，更加注重改革开放和创新驱动，更加注重转方式调结构，更加注重经济发展质量和效益，更加注重民生保障和人民生活水平提高，更加注重生态环保低碳循环发展，更加注重提高依法行政的能力和水平，促进经济平稳健康发展、社会和谐稳定。

活力、美丽、和谐的首府

——呼和浩特

博物馆广场

首府夜景

动车组

夜幕下的内蒙古科技馆

如意广场

中国福利彩票
CHINA WELFARE LOTTERY

福彩公益金资助兴建的包头市社会福利院残疾儿童技能培训中心

开展“福彩文化行 大奖等你赢”活动，弘扬福彩文化、提升福彩美誉度

福彩公益金资助兴建的呼和浩特市儿童福利院

组织彩民、业主参加“走近双色球”活动，见证福利彩票“公平、公开、公正、公信”

贯彻落实自治区“8337”发展思路 不断谱写福彩事业发展新篇章

福彩公益金资助兴建的包头市社会福利院残疾儿童技能培训中心

内蒙古自治区福利彩票发行管理中心隶属于内蒙古自治区民政厅，是自收自支型事业单位，负责中国福利彩票在自治区境内的发行销售和管理工作。

2014年，自治区福彩中心贯彻党的十八大精神，落实自治区“8337”发展思路，坚持科学发展观和改革创新精神，秉承“扶老、助残、救孤、济困”的发行宗旨，坚持“公开、公平、公正、公信”的发行原则，履行“安全运行、健康发展”的工作方针，践行“取之于民、用之于民、取信于民”的社会承诺，推进科学规范管理，强化保障能力建设，弘扬福彩公益文化，福彩事业呈现出安全、健康、快速发展的良好局面，为自治区社会福利事业发展做出了应有的贡献。

一、销售业绩再创历史新高

2014年，是全区福利彩票“十二五”发展规划承上启下的重要一年。自治区福彩中心以蹄疾而步稳的节奏推进事业全面发展，积极应对市场变化，认真分析形势，及时掌握营销主动权，多种福利彩票游戏各现异彩：“大奖大，小奖多”的“双色球”，犹如一艘航空母舰引航彩市，掀起了自治区彩市迅速发展的高潮；新锐“快3”游戏异军突起，成为自治区彩市的主流游戏；“固定奖、天天开”的小盘游戏“3D”，绽放全国，更在自治区不断掀起玩彩热潮；快开游戏“时时彩”、引领彩市新风尚；“中福在线”持续迸发光彩；“刮刮乐”火爆热销……无处不彰显着福利彩票新的生机与希望。全年福利彩票销量达到49.61亿元，再创历史新高；筹集公益金15.1亿元。截止2014年底，福利彩票在全区累计发行销售近240亿元，为国家筹集上缴公益金近75亿元。

多年来，全区福利彩票发行销售工作不仅受到了上级机关的充分肯定，也得到了社会各界的广泛赞誉。自治区福彩中心被民政部评为全国民政系统先进集体、行风建设示范单位；连续多年被民政厅授予先进集体、先进基层党组织等荣誉称号；被自治区地税局评为“诚信纳税企业”；被内蒙古日报社、自治区品牌协会评为“内蒙古百姓口碑最佳单位”；被自治区消费者协会评为“质量·服务双满意单位”；被自治区总工会、文明办评为“全区职工职业道德建设先进单位”。

二、公益情暖塞外草原

全区福利彩票发展历经27载，所筹集的公益金有力地支持了国家特别是自治区社会福利事业和公益事业的发展。全区12个盟市及满洲里市、二连浩特市的大部分福利设施从无到有、从旧到新、从小到大，实现了蓬勃发展。

按照《彩票公益金管理办法》，根据国家和自治区的安排，福彩公益金主要用于为老年人、残疾人、孤儿和特殊困难人群服务的社会福利设施建设，以及受助对象直接受益的项目：“明天计划”托起了残疾儿童明天的梦想，“霞光计划”创建了农村牧区孤寡老人颐养天年的幸福家园，“星光计划”丰富了社区老年人的晚年精神生活，“圆梦助学”实现了贫困大学生的理想追求……27年来，福利彩票公益金已经成为社会救助和社会福利项目建设资金的主要来源，直接受益人数达到数百万人，在加快全区民政事业建设、促进社会福利和慈善事业发展方面贡献了巨大的经济和社会效益。

三、规范管理促进发展

为了保障事业持续健康发展，自治区福彩中心积极与国际先进管理理念接轨，寻求管理模式转型，引入ISO9001质量管理体系，并顺利通过认证，标志着自治区福利彩票的管理模式由过去的传统经验型迈向现代科学型，由粗放型管理转变为规范化管理，并通过建章立制，逐步向精细化管理模式迈进，确保人人有章可循，事事有制度约束。2014年编印了《内蒙古自治区福利彩票发行管理中心机关常用制度汇编》，进一步规范了中心各项规章制度，逐步实现了各项工作专业化、制度化、程序化。自治区福彩中心高度重视技术安全和创新，完成了同城灾备机房建设，建成了全区民政、福彩高清视频会议系统并投入使用。同时，注重加快市场转型和结构调整，加大新兴市场开发力度，通过开展形式多样的市场营销活动，谋求新的增长点，在多措并举之下，做到了“安全运行、健康发展”。

四、强化自身建设

近年来，自治区福彩中心在保持事业蓬勃发展的同时，始终坚持将加强队伍建设作为长效工作来抓。以提高领导水平和能力为核心，进一步加强中心班子建设，稳步推进党风廉政建设，提高了全体党员的廉政意识和自律意识，切实做到了“清清白白售彩、干干净净行善”，班子凝聚力、向心力不断增强，形成了一支有朝气、有活力的福彩管理团队；同时，以事业需求为导向，完善内部职能机构配置，实现了基础业务和前瞻性业务的清晰职能对应；启用了一大批年轻、有知识、有能力的人才进入管理层，并通过岗位培训，进一步提高了队伍的业务素质，使管理人员和从业人员尽快适应了工作要求。此外，自治区福彩中心高度重视一线销售站队伍建设工作，2014 年在全区范围内开展了销售站表彰、培训系列活动，对表现突出的优秀销售站进行了表彰，对 4000 余名一线销售员、市场管理员进行了福利彩票综合知识培训，创下了我区福利彩票历史上活动规模最大、表彰奖项最全、参训人数最多的新记录。通过多年的培养锻炼，全区福彩系统拥有了一支勇于创新、廉洁守规、求真务实、团结和谐的高素质队伍，为福彩事业的发展提供了坚实保障。

五、致力弘扬福彩文化

福彩文化是促进福彩事业发展的软实力和精神动力。多年来，自治区福彩中心始终致力于弘扬福彩文化，向社会传播福彩正能量，全区福彩系统已逐步形成了覆盖电视、网络视频、广播、报刊、微信、网站等多渠道的福彩文化宣传体系。一是与内蒙古卫视合作创办的 “福彩·草原情”栏目 2014 年共播出 52 期节目，使用福彩公益金近 350 万元，资助孤寡老人、重病患者、贫困大学生等各类弱势对象 3576 人，开展 2 次大型公益活动，进一步树立了福利彩票公益品牌形象，福彩文化得到了有力弘扬。二是销售站“网络视频”宣传平台进一步推动了福彩文化传播，为销售站、彩民提供了获取福彩资讯、培训福彩知识的良好平台。2014 年，借助网络视频宣传平台，开展了“福彩文化行·大奖等你赢”大型有奖回馈活动，有效提高了网络视频的知名度，进一步提升了福利彩票的品牌效应。三是加强了对内蒙古福彩网的管理，点击率不断攀升，成为传播福彩文化的又一个重要平台。四是正式上线开通内蒙古福彩官方微信，通过适时开展营销活动，引起了公众尤其是彩民朋友们的热切关注，使关注量从上线之初的 500 多人跃升至 23000 多人。五是成功接收《内蒙古民政》杂志的办刊、发行和管理工作，并对杂志进行了全新改版。杂志通过民政、福彩互搭台、共唱戏，实现了从内容、形式到发行数量、辐射范围的全面升级，改版后月发行量达到近 7000 册，开辟了福彩营销宣传新渠道，宣传影响力大大提高。六是在办好本级简报信息的同时，在《国家彩票》、《中国社会报》、《内蒙古日报》等区内外各大平面媒体上发表文章 400 余篇，在内蒙古人民广播电台播出 700 余条福彩信息，福彩公益文化得到广泛推广。

“其作始也简，其将毕也必巨”。展望福彩未来，全区福彩系统干部职工将以党的十八大精神为指引，落实自治区“8337”发展思路，深入贯彻彩票行业相关政策，在实干中眼观六路思全局，在运筹中巨细无靡用实功，继续发扬筚路蓝缕、以启山林的时代精神，为推动福彩事业的健康、科学、持续发展，为构建和谐内蒙古作出新贡献！

开展关注留守儿童活动，为孩子们送去羽绒服及棉鞋

自治区福彩中心连年利用福彩公益金开展春节送温暖活动，全区 12000 余户特困家庭得到了价值 610 万元的慰问物资

自治区福彩中心连年开展捐资助学活动，利用福彩公益金 520 余万元捐助 2000 余名贫困大学生圆梦大学

聚焦 全面小康社会

落实“8337”发展思路 全力 设富强民主文明和谐新东河

东河区区委副书记、政府区长史文煜

包头市东河区区委副书记、政府区长 史文煜

近年来，包头市东河区深入贯彻落实党的十八大、十八届三中、四中全会精神，特别是习近平总书记视察内蒙古讲话精神，按照自治区“8337”发展思路和包头市“5421”发展定位指引，立足本地区发展实际，聚焦全面建成小康社会，科学制定“1427”发展战略，团结带领全区广大党员干部和各族群众，围绕北梁棚改主线，打硬仗、破难题、树新风，有效促进经济增长、环境优化、民生改善、政风好转。截至2014年底，全区地区生产总值完成512亿元，同比增长7%；固定资产投资完成469亿元，同比增长16.5%；社会消费品零售总额完成240亿元，同比增长9%；公共财政预算收入完成14.26亿元，同比增长7.4%；城乡居民人均可支配收入分别达到32500元、16500元，同比分别增长8.5%、10%，成功进位2014年度内蒙古旗县（市、区）综合实力前十强。

（一）北梁棚改成果显著。

一是征收任务全面告捷。集中“领导、资金、政策、法律、全社会”五方面力量，抽调市区两级2000多名干部，历经“百日攻坚”、“春季会战”、“秋季会战”，仅用一年多一点的时间，累计征收安置居民5.66万户，拆除各类房屋及附属物468万平方米，2014年“包头北梁棚改人”集体入选感动内蒙古人物评选名单。二是安置区建设快速推进。安置区总规划面积4.78平方公里，已开工建设安置房3.1万套、237.4万平方米；多渠道回购房源1.26万套、88万平方米；货币安置居民2.1万户，安置区已入住居民1.32万户。实施了总长30公里道路管网工程和教育、文化、卫生等40个公共服务设施项目建设，交通便利、配套完善、环境优美的北梁新区成为我区城市建设新亮点。三是全面保障搬迁居民生活。落实北梁棚改社会保险优惠政策，社保补贴2537万元，搬迁居民养老保险参保覆盖率达91.3%、医疗保险参保率达100%，开发公益岗位安置居民就业1510人，发放小额担保贷款1777万元、创业补贴1.1亿元，基本实现 “搬得出、住得进、过得好”的目标。

（二）经济发展稳中向好。

一是工业经济加快转型。坚持特色发展、错位发展，着力打造千亿元级有色金属生产加工基地，包铝2×33万千瓦自备电厂、15万吨电解铝挖潜改造项目建成投产，佰亿汇泽20万吨铝合金、河南天成30万吨铝彩板、呼铁山桥铁路轨道装备等项目加快建设，铝水就地转化能力超过80%。铝业园区成功获批第五批国家级“城市矿产”示范基地，北京金隅红树林、深圳格林美等项目有序推进，产业多元化发展步伐加快。紧抓巴彦塔拉老工业区纳入全国老工业区搬迁改造试点的有利契机，洪玉通用、红卫日化等15户“退二进三”和北梁搬迁企业入园发展，传统产业加快转型。二是第三产业结构优化。维多利大商城、蓝泽大金城、古邑人家等城市综合体建设扎实推进，投资12亿元、规模16万平方米集购物、休闲、娱乐于一体的维多利新天地正式启动运营；投资50亿元的深圳茂业中心签约落地，现代服务业档次不断提升。北京中福石油东兴物流服务区、中石化5万立方米油库、中石油20万立方米管道油库等项目加快建设，清洁能源储运基地不断壮大。北梁古民居保护街区、黄河湿地博物馆、沙尔沁莲花山生态旅游景区等项目加快建设，举办了老包头风情旅游节、西口文化节、南海湿地风情节等系列文化旅游节庆活动，文化旅游呈现融合发展态势。三是现代农业扎实推进。持续抓好“菜篮子”工程，建成华鹿、祥利丰、南星等现代农业示范基地，获批国家第八批农业综合标准化示范区；蔬菜播种面积达4.8万亩，累计认证“三品一标”农畜产品125个，培育蔬菜商品种苗2300万株，成为包头市最大蔬菜生产、育苗基地；组建润泽园合作社等组织194个，成立土地流转服务中心，建成植物总医院，农业规模化生产迈出新步伐。完成鄂尔格逊等18个村“十个全覆盖”工程，建成高标准示范村7个、达标村11个，惠及农村居民4.37万人，农村生产生活环境得到改善。

（三）城市面貌大幅改善。

一是基础设施更加完善。高标准完成巴彦塔拉大街道路改扩建工程，启动青山路东河段和站北路道路建设，打通城区断头路12条；建设下穿铁路箱涵5座，打通东西通道3个、南北通道1个，道路通行更加畅通。新建供水管线20公里，新增健康水受益居民1万户、3万人，健康水普及率达到90%；新改扩建东河、西北门、银匠窑、巴彦塔拉变电站4座，新建道路全部实现电网入地；贯通天然气管网4.7公里，铺设供热一次管网20.7公里，包铝自备电厂与东华热电供热实现联网，改造供热二次管网100万平方米，新增集中供热面积82万平方米、清洁能源替代260万平方米，全区集中供热面积达到1400万平方米，改变了东部区无集中供热的历史，全区水、电、气、暖基本实现双源保障，城市发展基础不断夯实。二是管理水平不断提升。下大力气解决已开发项目历史遗留问题，为香格里拉、瑞芬等4个小区居民办理了房产证881个。严厉打击违法建设，制止并拆除违章建筑11万余平方米。加大市容市貌整治力度，实施巴彦塔拉、南门外大街景观示范街“新亮美”工程。积极推进“百姓暖房”工程，综合整治老旧小区86个，完成既有居住建筑节能改造170万平方米；新成立业主委员会42个，推行准物业管理试点小区12个，城市管理水平不断提升。三是生态环境日益优化。深入实施大气污染综合治理工程，完成东华热电煤场全封闭和脱硫脱硝增容扩建工程、加油站油气回收综合治理，清理公积坂煤炭市场等污染企业171家，取缔城区燃煤小锅炉195台，改造散烧供热连片区566万平方米，大气质量得到改善。加大水资源保护力度，拆除磴口水源地一级保护区内居民住宅29户，封停企业自备井5眼；启动实施东兴地区、东河、西河污水集中收集工程，从源头解决了生活、工业污水直排问题。实施“三线”生态环境综合整治、五大重点区域造林绿化、京津风沙源治理工程，绿化面积2.3万亩，建成长约40公里绿色长廊，城乡生态环境不断改善。

（四）社会事业加快发展。

一是民生保障稳步推进。扎实推进就业社保工作，城镇新增就业1.05万人，城镇登记失业率3.89%；城乡居民养老保险、医疗保险分别参保8.5万人、10.9万人。利用优惠政策，解决54家困难企业、8221名职工社保问题。发放低保、取暖、廉租房、惠农等各类救助补贴资金2.1亿元。投入资金1800多万元实施第二批“千户帮扶”和“精准扶贫”工程，帮扶8个贫困村改善基础设施、634户贫困户顺利脱贫。二是科教文卫全面发展。全面改善城乡教育环境，投入1.3亿元，扩建中小学3所、新建幼儿园7所，整合农村地区中小学19所，建成九年一贯制学校4所，购置26辆校车免费接送学生；整顿优化教师队伍，招聘教师151人，定岗分流教师185人；加快义务教育资源均衡配置，推行优质学校面向全区学生电脑派位改革。北梁棚改综合管理平台等16个项目列入包头市科技发展计划。社区（村）综合文化室建设工作达标率为50%，公共文化示范区建设扎实推进。建成社区卫生服务中心1所、村卫生室16所，为58个村（社区）配备计生药具自取机，基层疾病防治能力得到加强；在沙尔沁中心卫生院、莎木佳卫生院率先实施“自付起付线，住院全报销”，新农合受益3万人次。三是社会管理深入推进。积极推行“精街道、强社区、促服务”管理体制改革，在21个社区推行“两委一站”试点改革，北梁新区北一社区入选全国文明社区，河东镇王大汉村入选全国文明村。全力推进“平安东河”建设，加快完善社会防控体系，财神庙街道办事处被国家禁毒委命名为全国“社区戒毒社区康复”示范点，刑事案件立案数同比下降48%。深入开展北梁棚改社会稳定风险评估，充分发挥法官工作站、检察工作室、法律援助服务点、社区综治工作站、警务工作室等服务组织作用，加大矛盾调处力度，北梁棚改大局稳定。严格执行“五五四”信访工作法，深入开展领导干部接访、下访工作，全年信访事项办结率达92.2%。健全三级食品安全监督网，建设食品安全追溯体系试点单位8个，全年未发生重大食药安全事故。严格落实安全生产责任制，全年安全生产事故起数和死亡人数分别下降43%和50%。

（五）政府自身建设加强。

一是认真践行群众路线。扎实开展党的群众路线教育实践活动，活动中征求“四风”、执行力落实力等方面问题5873条全部解决，出台惠民利民政策52项，承诺为民办实事好事12913件全部兑现，凝聚了干事创业的正能量。严格落实中央八项规定，清理超标公务用车143辆、办公用房9500多平方米。召开两次政府廉政工作会议，分级签订“一岗双责”责任状；完善经济责任审计等相关监督制度，强化行政监察和审计监督能力，形成了风清气正的发展环境。二是加强法治政府建设。自觉接受人大、政协监督，建立人大、政协参与政府常务会议集体决策制度，人大代表建议、意见和政协委员提案全部答复。积极发动群众参与重大项目建设，在棚户区、老旧小区等改造建设中，分片建立居民小组、成立业主委员会、聘用义务监督员，确保各项工作科学民主推进。在北梁棚改中，坚持“依法征收与保障群众合法权益”相结合，坚持“铁的政策、铁的原则、铁的纪律”不动摇，形成了依法行政、规范办事的良好氛围。三是加强诚信政府建设。扩大政务公开范围，区本级预决算和“三公”经费支出全部向社会公开。出台政府债务管理实施细则，下大力气解决向企业借款、重点工程欠款等一批历史欠账问题，银行贷款等政府性债务全部按期偿还，切实维护了政府信誉。建立层层到人的责任落实体系，形成了网格化的管理服务格局，确保重点工作重点项目按期推进，树立了诚信、务实的新形象。四是加强高效政府建设。深化行政审批制度改革，行政审批事项精简率达89%。大力推进工商注册登记制度改革，激发市场活力，全年新增企业814户，同比增长87%。完成政务服务中心建设，累计进驻部门20个、设立办事窗口29个，审批时限由10个工作日压缩到1-3个工作日，形成了便民、高效的工作氛围。

北梁棚户区安置小区

景观长廊——东河风景美如画

2015年，东河区将继续深入贯彻落实党的十八大、十八届三中、四中全会精神、自治区九届十三次全委会议精神和“8337”发展思路、市委十一届七次全委会议精神和“5421”发展定位、区委九届五次党代会精神和“1427”战略定位，坚持稳中求进工作总基调，立足经济发展新常态，以提高经济发展质量和效益为中心，保持经济平稳健康发展，完成北梁棚改任务，深入推进城乡建设管理和生态建设，保障和改善民生，全面深化改革，推进依法治区，努力建设富强民主文明和谐的新东河。

全面落实“8337”发展思路
持续加快小康社会建设进程
努力打造祖国北疆亮丽风景线

呼伦贝尔市人民政府市长　张利平

2014年，是我市发展进程中不平凡的一年。面对市场需求不足、宏观经济下行压力持续加大等复杂严峻形势和艰巨繁重的改革发展稳定任务，在自治区党委、政府的正确领导下，我市深入贯彻自治区“8337”发展思路，统筹保增长、调结构、促改革、惠民生，经济社会呈现出总体平稳、稳中有进的良好发展态势。

经济保持平稳增长。保增长是新常态下经济工作的首要任务。我市按照保投资、保项目、抓存量、抓落地的工作思路，积极应对，综合施策，地区生产总值完成1522.3亿元，增长8.4%。公共财政预算收入完成96亿元，增长10.2%。500万元以上项目固定资产投资完成803亿元，增长16%。神华褐煤综合利用、滨洲铁路电气化改造等11个重大项目获得国家核准和出具路条，总投资近700亿元。城镇常住居民人均可支配收入和农村牧区常住居民人均可支配收入分别完成24787元和10751元，增长9.6%和11.5%，继续高于经济增速。

结构调整取得新进展。调结构是我市着眼长远，保持经济持续、健康发展的重要举措。我市坚持以增量促调整、以存量促转型，三次产业结构演进为18.1:46.8:35.1。三次产业内部结构进一步优化，牧业年度牲畜存栏1955.4万头只，畜牧业产值占第一产业比重达34%；粮食产量123亿斤，玉米种植面积突破1000万亩。农畜产品加工、生物制药等非资源型产业实现产值865亿元，增长15.3%，高于资源型产业增速12.4个百分点。旅游人数和旅游收入达1294万人次、364亿元，分别增长13.4%和30.6%。非公经济增加值占全市地区生产总值52%，拉动就业2.6万人。

发展活力和动力明显增强。在经济发展新常态下，只有全面深化改革才能释放发展活力、增强发展动力。我市始终坚持问题导向，狠抓重点领域改革。现代市场体系逐步完善，在全区率先实行了“先照后证”改革和注册资本认缴制，全市新注册企业3056户，增长127%；新登记市场主体注册资本181.4亿元，增长191.3%。市场主体培育步伐加快，在打造农垦、城投等发展主体的基础上，又成立了林业集团、旅游集团、旅业集团和中航通用航空公司，市场主体达到9家。3家中小企业在新三板挂牌交易，市场直接融资实现零的突破。社会融资总规模达1305.4亿元，增长17.5%，存贷比和社会融资总量均实现了历史性突破。政府职能转变成效显著，市本级行政许可事项精简比例达51.3%，保留的审批事项完成了流程再造；政务服务中心和公共资源交易中心启动运行；启动了政府购买服务工作。农村牧区改革扎实推进，全市流转耕地953万亩、草牧场1590万亩。

发展条件不断改善。由于历史等多方面原因，我市城乡基础设施建设滞后，但也为后续发展提供了空间和潜力，在相当长一段时期内仍处于平台期。为此，我市持续加快城乡基础设施建设，2014年，城市建设完成投资385.2亿元，房屋开工面积1607万平方米。综合交通完成投资98亿元，金边壕—大兴等3条公路通车，阿荣旗—莫旗等重点铁路项目进展顺利，扎兰屯支线机场等项目扎实推进。水利完成投资11亿元，扬旗山水利枢纽工程开始蓄水。电网完成投资20亿元，实施项目112个。同时，我市把生态环境作为最宝贵的资源和最大的发展前提，以生态文明建设为统领，抓源头，抓过程，抓结果，做到了“老账加快还、新账不再欠，不留生态赤字”。全面推进呼伦湖生态环境综合治理，实施了“河湖连通”等工程，水面提升1.15米，水域面积达2100平方公里。落实草原保护补助奖励资金5亿元，治理沙区100万亩。造林绿化120万亩，森林覆盖率达到51.4%。绿色矿山、和谐矿区建设持续推进。

对外开放水平进一步提升。作为国家和自治区向北开放的桥头堡，我市在国家对外开放格局中具有重要地位。借助国家实施“一带一路”战略的历史性机遇，我市全方位加大对外开放力度，满洲里国家重点开发开放试验区建设取得新进展，综合保税区已申报国家审批。中俄蒙合作先导区建设规划和实施方案上报国家。中蒙跨境经济合作区建设纳入中蒙两国元首会谈备忘录和中蒙中长期合作纲要。蒙古国驻呼伦贝尔领事馆正式开展业务。“中俄”、“中欧”货运专列常态化运行。全年引进国内（市外）资金841.5亿元。外贸进出口总额完成36.6亿美元，增长54.1%，实现了逆势增长。

保障和改善民生力度持续加大。改善民生是全面建成小康社会的必然要求，也是政府一切工作的出发点和落脚点。我市持续加大投入力度，在统筹抓好科教文卫等社会事业的基础上，立足于保基本、兜底线、促公平，让广大人民群众共享改革发展的成果。全年民生支出 215 亿元，占支出总额的 61.5%。创业就业工程取得实效，城镇新增就业 3.4 万人，高校毕业生就业 9820 人，农牧民转移就业 8.2 万人，零就业家庭实现了动态清零。扶贫攻坚工程扎实开展，实施了金融扶贫、金种子扶贫工程，投资 10.6 亿元，脱贫 3.3 万人。“十个全覆盖”工程全面启动，投资 15.6 亿元，424 个嘎查村实现了全覆盖，完成总任务量的 35%。棚户区改造步伐加快，投资 52 亿元，地方、森工等各类保障性安居工程开工 65414 套，开工率 102%，建成 35492 套，完成率 115%。社会保障水平稳步提高，城镇退休职工养老金和农村最低生活保障标准提高 10% 以上。加大了对困难群众的帮扶力度，发放购煤补助 1.4 亿元，23.1 万低保家庭受益。发放助学金 8438 万元，2400 名低保家庭的孩子圆了大学梦。菜篮子工程稳步实施，建成 63 家蔬菜平价超市。中心城区“拆炉并网”工程全面展开，新增集中供热面积 175 万平方米。

2015 年，是全面深化改革的关键之年，是全面推进依法治国的开局之年，也是全面完成“十二五”规划的收官之年。面对全国经济进入增速换挡、结构调整、动力转换的新常态，面对市场需求不足、经济下行仍在持续的严峻形势，面对生态环境、主体功能区和节能减排等内部约束，我市将以党的十八大、十八届三中、四中全会、习近平总书记系列重要讲话和考察内蒙古重要讲话精神为指导，全面贯彻落实自治区九届十一次、十二次、十三次全委会议精神，坚持稳中求进工作总基调，以提高经济发展质量和效益为中心，更加注重投资和项目拉动，更加注重调结构转方式，更加注重改革创新，更加注重向北开放，更加注重建设生态文明，更加注重改善民生，加快建设“五大基地”、“两个屏障”、“一个桥头堡”，守望相助、团结奋斗，努力把呼伦贝尔打造成为祖国北部边疆亮丽的风景线。

为了实现这些奋斗目标，我市将重点从保增长、调结构、促改革、惠民生、抓城镇、强基础、保生态、重开放八个方面精准发力，努力推动经济社会健康、持续发展。

保增长，把投资和项目作为保增长的核心，全年安排 500 万元以上项目固定资产投资 910 亿元，实施 208 个亿元以上重点项目。我市将全力以赴抓好这些重大项目的落地、建设、投产等关键环节，努力夯实经济基础。

调结构。紧紧围绕建设“五大基地”要求，以增量促调整、以存量促转型。一方面，坚持优化存量，推动传统工业转型升级，煤炭侧重就地加工转化，电力侧重本地利用，有色金属向全产业链延伸，木材和乳品侧重整合重组、规模化经营和精深加工。另一方面，坚持做大增量，扶持新兴产业做大规模。推动玉米化工产业向高精尖迈进，农畜产品加工业向规模化、品牌化升级，鼓励煤化工、云计算等产业项目配备自备电厂，实现常态化组合。

促改革。把改革作为释放活力和增强动力的力量源泉，在全面落实上级 2015 年各项改革要点的同时，更多地研究打造新主体、新产业、新产品、新优势，培育新的增长点，发挥市场主体的投融资建设作用。继续探索发展微电网，推广大用户直供电。继续放宽政策，营造大众创业、万众创新的良好环境。

惠民生。继续加大投入，在统筹抓好扶贫攻坚、创业就业等工作的基础上，突出抓好重点民生工程。“十个全覆盖”是自治区头号民生工程，我市将坚决做到“任务、投资和质量”三个确保，今年将投资 22.1 亿元推动 543 个嘎查村实现全覆盖，年底力争完成总任务量的 80%。“棚户区改造”是一举多得的好项目，既拉动投资，又拉动消费、拉动就业、消化过剩产能，我市将全力以赴抓好这项工程，今年将投资 87 亿元，再开工建设 3 万多户各类保障性住房。

抓城镇。我市将尽力延长城镇建设平台期，促进城乡一体化发展，今年将投资 280 亿元推动房屋建设和市政公用基础设施建设；同时将紧密结合城市棚户区改造工程，在尊重改造户意愿的前提下推行现房回购的安置模式，消化市场存量，提高市场活力。

强基础。我市将抓住国家加大对中西部地区基础设施建设支持力度的机遇，下大力气加强基础设施建设，破解发展瓶颈，今年计划投资将近 180 亿元，全力推进公路、铁路、民航、水利、电网建设，进一步提升保障经济社会发展的能力。

保生态。我市将像爱护眼睛一样呵护环境，像对待生命一样珍爱环境，全面贯彻新环保法，把生态环境保护放在更加突出的地位，坚持源头严防、过程严管、后果严惩，标本兼治多管齐下。加快生态文明制度建设，划定生态红线，加大森林、草原、湖泊等各类生态工程建设力度，最大限度地增加生态资产，减少环境负债，为建设美丽中国提供生态保障。

重开放。紧紧抓住国家实施“一带一路”战略的重大机遇，努力争取国家支持，推动满洲里重点开发开放试验区政策放大适用范围；争取中蒙额布都格—巴彦呼硕跨境经济合作区通过中蒙两国政府的审批，《呼伦贝尔中俄蒙合作先导区建设规划》获得国家批复；继续加强口岸通关能力建设，积极推动跨境交通建设，打造联通俄蒙、对接内地的国际大通道，全力推动向北开放有新突破。

回首 2014 年，我们倍感欣慰；展望 2015 年，我们豪情满怀。我市将在自治区党委、政府的正确领导下，主动适应、引领新常态，团结一心、迎难而上、扎实工作，为把祖国北疆打造得更加亮丽而努力奋斗！

奋斗中崛起的海拉尔

海拉尔区地处呼伦贝尔市中部偏西南、大兴安岭西麓的低山丘陵与呼伦贝尔高平原东部边缘的接合地带，2001年10月10日，经国务院批准，撤消海拉尔市，成立海拉尔区，是呼伦贝尔市政府所在地，全市政治、经济、文化交通和信息中心，总面积1440平方公里，其中耕地面积24700公顷，森林面积7948公顷，水域面积19200公顷，全区林木积蓄量为45136立方米，草场面积97770公顷，生活着蒙、汉、达斡尔、鄂温克、鄂伦春等26个民族，常住人口35万人，辖2个镇6个办事处，17个行政村、37个社区。

海拉尔至今已有270余年的历史，自然生态良好，环境优美，是一座历史悠久、民族风情浓郁、发展前景广阔的城市，被誉为“草原明珠”。是自治区东部重要的旅游和商贸集散地，是大兴安岭西部地区的交通枢纽，也是国家和自治区向俄蒙开放的重要战略平台。

近年来，海拉尔区认真贯彻落实习近平总书记考察内蒙古的重要讲话精神和自治区党委九届十二次、十三次全委会议精神，全力推进“8337”发展思路深入破题，以稳增长、促改革、调结构、惠民生、保稳定为重点，全力打造“区域中心城市”和“区域经济中心”，经济社会得到长足发展，城市面貌发生巨变、社会事业繁荣兴盛的新成就。

——县域经济实力稳步提升。近年来，区政府以培育新的经济增长点、扩大经济总量为重点，不断优化经济结构，推进工业化、城市化、农牧业现代化进程，县域经济不断壮大，各项主要经济指标均位居全市前列。2014年，全区地区生产总值完成274.4亿元，同比增长9.1%；地方财政总收入完成24.9亿元，同比增长0.4%；公共财政预算收入完成13.7亿元，同比增长22.9%；区本级固定资产投资完成121.1亿元，同比增长33.5%；城镇居民人均可支配收入达到28541元，同比增长10.4%；农民人均纯收入达到21618元，同比增长13.6%。各项主要经济指标总量和增速均位居全市前列。

——商贸流通日趋繁荣。近年来，全区商贸中心地位全面提升，商业规模持续扩大，引进了庆客隆、德克士、肯德基等知名品牌，华汇购物广场、友谊国际大酒店等20个大型商业项目相继竣工运营，新建了庞大汽贸等10个汽车4S店；“万村千乡”市场工程、食品安全放心工程全面实施，被自治区评为“食品安全放心工程先进旗县（区）”。中俄蒙国际物流园区中网科技云计算、蒙拓牧机二期等项目开工建设，入驻企业达到8家。中俄蒙国际汽车园奥迪、大众等8家4S店建成运营。投资5亿元的万家惠农贸市场项目主体完工，投资6亿元的伊仕丹购物广场正式营业。投资10.6亿元的中俄蒙文化创意产业园正式运营。连续成功举办第十届中国·海拉尔中俄蒙经贸洽谈暨商品展销会。2014年，社会消费品零售总额完成123.4亿元，同比增长11.6%。

——工业经济快速增长。近年来，海拉尔区始终坚持“引进大企业带动大项目入驻、实施大项目带动工业快速发展、建设工业园区带动产业集聚”的原则，成功引进了华润、大唐、华能等一批知名企业，煤化工、清洁能源、新型建材等多个产业实现了破题。2014年，规模以上工业总产值完成166.7亿元，同比增长16.2%；规模以上工业增加值增速达到12%。“退二进三”工作启动实施，主城区21家企业迁建前期工作全面展开。重点项目推进顺利，大唐700万吨露天矿完成项目核准；华润雪花啤酒迁建、亘富200万吨褐煤提质项目主体完工，工业经济实力不断提升。

——文化旅游产业蓬勃发展。近年来，全区文化旅游产业得到较快发展，新建了哈克文化遗址博物馆等12个景区景点，世界反法西斯战争海拉尔纪念园被授予全国首批“国防教育示范基地”、“爱国主义教育基地”、自治区“十佳”文明景区等称号，晋升为国家4A级景区，成功入选《全国红色旅游经典景区第二批名录》；西山国家森林公园晋升为国家3A级景区，两河圣山旅游文化景区园成为蒙东地区最大的民族文化园，“生态、民族、红色、银色”四大特色旅游品牌已初步形成。国际航空口岸地位不断巩固，落地签证服务中心投入使用，开通了海拉尔—赤塔、伊尔库茨克、乌兰乌德、韩国、台湾、香港等航线。2014年，累计开通国内、国际及地区航线53条，旅客年吞吐量突破150万人次，出入境人数突破3.5万人次。全年旅游接待人数达到525.6万人次，旅游收入完成56.4亿元，均创历史新高。

——新农村建设成效显著。近年来，共投资16.6亿元，实施了226个新农村建设项目，有力促进了农村发展、农业增效、农民增收。农牧业产业化水平进一步提高，龙头企业达到19家。累计销售收入达到80亿元。农牧业园区建设取得重大突破，设施农业快速发展，海拉尔农业发展园区、哈克一五窑现代化牧场等项目建设成效显著；总投资6.7亿元，“菜篮子”工程建设成效显著，目前已建成蔬菜大棚2300栋，温室450栋，仓储库5万平方米以及相关配套设施。绿色品牌产业实现破题，“绿色碧土”系列蔬菜通过国家无公害蔬菜认证，并打入上海世博会蔬菜专供市场。哈克镇生态奶源基地建设进展顺利，新建现代化牧场4.2万平方米。2014年蔬菜产量达到9.7万吨，鲜奶产量达到19万吨。蔬菜市场体系建设不断完善，以时利批发、隆顺连锁、平价超市为主的销售流通网络初步形成。

——城市面貌发生巨变。近年来，城市建设投入不断加大，完成基础设施投入30.5亿元，新建、改造城市道路、出口道路71条，新建城区桥梁一座；新建、改造供热、供水、排污管网67公里；房地产业快速发展，累计完成投资89.6亿元，开发面积550万平方米。共审批高层项目72个，其中20层以上高层项目42个，两年建设20栋高层建筑的目标超额完成，城市“低、小、散”状况得到明显改善，城市建设步伐不断加快，城市形象和品位得到明显提升。2014年完成城市基础设施投资3.2亿元，医疗垃圾处置中心、生活垃圾处理厂、污水处理厂二期、中心城区给水等重大民生工程投入使用；实施了城区绿化、美化亮化、沿河景观改造等工程；改造城区道路113条，新建、改造污水、雨水管网210公里。城市管理全面加强，出租车营运市场整治和城市拥堵治理成效明显，城区保洁总面积达到450万平方米，生态宜居的城市理念得到充分彰显。

——生态环境明显改善。全面贯彻落实新《环境保护法》，把生态建设和环境保护放在重要位置，坚持源头严防、过程严管、违法严惩，抓好生态环境保护和治理工作。科学划定生态保护红线，健全完善生态环境责任追究制度，深入开展大气、土壤和水污染防治，海拉尔河流域生态环境、西山湿地和黑羊站水源地保护、海拉尔河堤防工程全面推进，黑土地综合治理、沙区治理、退耕还林还草、禁牧休牧等工作取得成效，完成1万亩沙区治理。推进绿色循环低碳发展，最大限度减少环境负债，加强对现有工矿企业、排污企业的监管，严格控制污染排放，加快淘汰落后产能，万元地区生产总值综合能耗下降26.9%，“十二五”节能减排任务全面完成。围绕打造园林城市，“三山”绿化成果不断巩固，主城区、东山组团和两河圣山旅游景区绿化等工作取得实效，森林覆盖率达到21.6%，城市绿化率达到32.2%。荣获“全国造林绿化先进城区”称号。为守住青山绿水，构筑北疆生态屏障奠定了基础。

——民生工作扎实推进。社会保障体系更加完善，社会保险覆盖面继续扩大，开展了农村养老保险、新型农村合作医疗、城镇居民基本医疗保险；就业再就业工作得到加强，城镇登记失业率控制在4.1%以内。社会保障水平全面提高，企业退休人员养老金逐年增长，月人均增加610元；累计发放低保金5475.7万元，贫困大学生救助金53万元，城乡特困群体大病医疗救助金253万元。社区干部生活补贴和环卫工人工资标准逐年提高，月人均分别增加525元和470元。经济适用房和廉租房建设扎实推进，筹集公共租赁住房1745户，建筑面积38622.90平方米，完成投资8444.6万元，现已全部分配入住；发放住房租赁补贴1100万元。群众出行和居住环境明显改善，修建三级以上公路31条，完成投资5.1亿元，总里程158公里；累计投资5.2亿元，新建、改造背街巷道78条，安装路灯1494盏；投资700余万元对伊敏、东电等旧有小区进行了改造。共实施农村饮水安全工程11项，新增饮水安全人口8.2万人。惠农政策全面落实，发放粮食、农机、奶牛良种、机械化挤奶设备购置等各类补贴1.1亿元。

——社会事业全面进步。科教兴区、科技富民战略深入实施，被列入“国家科技富民强县试点县”，连续5次获得“全国科技进步先进城区”称号。教育工作进入自治区先进行列，荣获“全国阳光体育先进区”称号，教育基础设施建设实现跨越式发展，校舍安全工程全面完成，从2011年至今，区政府累计投入4.5亿元，完成新建、改建、维修项目74个，其中实施新建项目23个，新建投资3.4亿元，总建筑面积10.2万平方米。新建完成了呼伦小学、学府路中学、南开路中学3所标准化学校、教学综合楼3所、幼儿园4所、风雨场馆和体育活动室12个、教师周转房1所。到2014年末，我区中小学校占地总面积121万平方米，生均占地40.67平方米；建筑面积35万平方米，生均建筑面积11.75平方米。文化体育基础设施日趋完善，呼伦贝尔大剧院、青少年老年活动中心、档案馆等工程全面竣工；群众性文化体育活动丰富多彩，成功举办了“中国·海拉尔首届中俄蒙国际青年艺术节”，相继承办了三届自治区中学生速滑锦标赛。医疗条件大幅改善，区医院综合楼和胜利、奋斗、建设等社区卫生服务中心全面投入使用；公共卫生体系建设进一步完善，疾病预防与控制、卫生监督、妇幼保健等工作全面加强。顺利通过全国双拥模范城、无障碍城市验收。人口和计划生育工作连创佳绩，荣获“全国计划生育优质服务先进区”等荣誉称号。社区建设步伐加快，示范社区创建活动成效显著。

在今后的发展中，海拉尔区将全面贯彻落实党的十八届三中、四中、五中全会精神，以科学发展观为指导，深入落实“8337”发展思路和“美丽发展、科学崛起、共享繁荣”发展战略，深入落实自治区党委九届十三次全委会暨经济工作会议精神，坚持稳中求进、稳中提质，主动引领经济发展新常态，着力转方式、调结构、稳增长，狠抓改革攻坚，强化民生保障，全面加强党的建设，加快建设“区域经济中心、区域中心城市”步伐，促进经济社会持续健康发展。

（一）围绕调结构、促转型，确保经济稳定增长

全力以赴抓投资、上项目。紧紧抓住国家、自治区支持基础设施建设、棚户区改造、文化旅游产业、现代服务业和更加注重民生改善等重大机遇，围绕调结构、补短板、惠民生，谋划实施一批老城区基础设施改造升级、东山组团和物流园区基础设施建设和产业发展以及民生社会事业等项目。要积极争取上级资金，充分发挥政府投资的引导作用，撬动社会资本参与投资，形成多元投资的聚合效应。

围绕“五大基地”建设，优化产业结构，壮大产业实力。

一是加快发展壮大现代服务业。要重点抓好现代物流业、现代商贸业和旅游文化产业发展。全力推进中俄蒙国际物流园区基础设施配套工程，达到企业入住条件。加快推进物流信息平台、电商快递和空港物流建设，制定园区发展扶持政策，为园区健康快速发展创造条件。实现中网科技云计算基地、国际工业品采购中心、五金机电城、建材城等项目入园开工建设。加快保税仓库项目申报工作和铁路专用线前期工作。加快中俄蒙国际汽车产业园二期建设，重点做好基础设施完善、征拆安置工作，切实提高招商运营实效。积极引进综合实力强的现代商贸业集团，以城市商贸综合体、三角地核心商圈改造、专业市场建设为重点，加快传统商贸改造提升步伐，打造区域性消费中心。完成红星美凯龙主力店、家居建材专业区和万家惠农贸市场等续建项目建设，推进时代广场改造、维多利商业综合体项目落地开工建设。加快编制完成《海拉尔旅游发展整体规划》。加快推进将两河圣山旅游景区打造成5A级旅游景区，实现中华天竺苑、西航集团大元文化旅游城项目建成运营。中俄蒙文化创意产业园要做足文化功能，做好招商运营，启动实施一批代表性的文化创意产业项目。启动世界反法西斯战争海拉尔纪念园二期红色旅游基础设施和游客中心等服务设施建设，完成副都统衙门改造和布展工作。要全力招商，盘活用好呼伦贝尔大剧院，加快传媒文化演艺产业项目落地。深度开发冬季旅游文化项目，进一步做热面向俄蒙、承接全国及港澳台的旅游市场。

二是进一步推动工业转型升级、提质增效。要重点抓好园区外的工业项目建设和老工业企业“退城入园”。加快推进大唐谢尔塔拉700万吨露天矿续建项目及早开工，确保山东亘富200万吨褐煤提质、华润雪花啤酒海拉尔有限公司迁建两个续建项目年内竣工投产。全力做好东海拉尔发电厂2×35万千瓦热电联产项目前期工作。围绕服务经济技术开发区基地建设，全力做好招商引资、配套协作、社会服

呼伦贝尔市委常委、海拉尔区委书记张玉军视察中俄蒙国际物流园区

呼伦贝尔市委常委、海拉尔区委书记张玉军检查商场安全防火

呼伦贝尔市委常委、海拉尔区委书记张玉军视察节日市场

务工作。加快推进老城区工业企业“退二进三”和“退城入园”，制定实施方案，加强对接，帮助企业积极争取改造升级资金和政策支持，确保完成博泰机械、强力水泥制品有限公司等8家企业“退城入园”。扶持中小微企业加快发展，重点培育创业型和劳动密集型小微企业发展。在优惠政策、融资、培训、配套服务等方面，为中小微企业发展壮大创造良好条件。

三是进一步提高农牧业产业化和新农村建设水平。要树立小产业、大服务的理念，大力发展集约高效、休闲观光的现代农牧业。菜篮子基地和生态奶源基地建设要坚持走产业化和市场化路子，积极引进龙头企业搞活经营管理，充分调动农民和市场投资主体经营的积极性。要完善好基地基础设施，完成300个蔬菜大棚、20个温室、两个批发市场、2万平方米仓储库、4个现代化牧场建设任务。要做足农畜产品精深加工文章，着力延伸产业链条，实现上规模、创品牌、增效益、扩市场，壮大产业实力。要全力抓好“十个全覆盖”工程，按照三年任务两年完成的工作目标，年内全部完成安全饮水、街巷硬化等十项工程建设任务，进一步提高农村基本公共服务水平。全力推进奋斗镇新镇区建设。按照“生产空间集约高效、生活空间宜居宜业”的要求，把友联、友好新村搬迁建设作为城乡一体化发展的“一号工程”来抓，启动基础设施、农民住宅等项目建设，确保全面完成基础设施配套工程和400户农民住宅建设。要加强农村环境综合治理。重点在治理上下功夫，充分调动村民参与治理的积极性，深入开展“创建生态宜居家园、建设美丽乡村”行动，不断改善村居环境，实现村容整洁、环境良好。

（二）围绕完善功能、促保障，全力提升城市建设和管理水平

东山组团要加大招商力度和加快建设步伐。完成道路、供水、排水、供电、供热、通讯等配套设施，形成完整的基础设施框架。加快红星美凯龙主力店及配套项目建设，启动桃李中学、新建三中分校项目建设，确保桃李幼儿园投入使用。启动妇幼保健所、社区卫生服务中心、社区文体活动中心、社区综合服务办事大厅等项目建设，确保自治区冬季项目训练中心大道速滑馆和短道速滑馆及早开工。完成森工集团棚改一期、二期工程配套基础设施项目建设，确保棚改户及早入住。加大招商力度，尽快推动一批符合城市规划和环保要求的产业项目落地。加快产业落地和人口集聚步伐。

老城区要加大改造和提升力度。重点解决供水、供热、供电和交通拥堵等问题。启动实施黑羊站水厂二期工程，彻底解决供水能力不足问题。完成老旧小区污水管网改造、污水处理厂污泥处置工程建设。加快推进拆炉并网工程和供热改造工程，重点加强对老旧小区庭院管网改造和“一户一阀”改造，做好规划并及早开工，确保冬季供热安全。加快东西外环路建设，改善交通拥堵状况。对21条背街巷道实施改造，方便百姓出行。实施景观改造工程，对主要街道、伊敏河沿河、六二六小河重要节点进行环境改造提升。重点打造伊敏河生态景观长廊，加强对六二六小河的治理，实现沿河两岸道路全部贯通。对城区主干道路进行硬化、绿化、美化和亮化改造，加大对重要节点的绿化、美化、亮化力度，进一步提升城市景观实效。加大棚户区改造力度，要按照统一规划、分步实施、三年完成的原则，加大推进力度，确保年内完成9000户的改造任务，切实改善人居环境，改变城市面貌。加大城市环境综合治理力度，在治理“脏、乱、差”上取得新突破，努力营造“城市管理人人参与，管好城市人人受益”的社会氛围。要加大执法力度，集中治理“五马六乱”和私搭乱建行为。强化“门前三包”管理，做实网格化管理，确保卫生管理不留死角。强化住宅小区物业管理，加大对居民小区环境卫生综合治理力度，确保小区的环境卫生整洁干净。

（三）围绕保民生、促稳定，进一步提升社会建设水平

全面加强以保障和改善民生为重点的社会建设，确保群众安居乐业、社会和谐稳定。

一是深入推进创业就业、百姓安居、扶贫开发等重点民生工程。要认真落实好扶持创业、促进就业的政策措施，以创建创业型城市为目标，强化技能培训，重点做好高校毕

呼伦贝尔市委常委、海拉尔区委书记张玉军视察重点项目

呼伦贝尔市市委常委、海拉尔区委书记张玉军及区政府区长杜联合在大唐700万吨项目现场办公

呼伦贝尔市市委常委、海拉尔区委书记张玉军及区政府区长杜联合视察红星美凯龙商贸综合体项目

业生、农村转移劳动力、城镇困难人员等重点群体就业，确保完成全年新增就业5700人的目标。深入推进保障性住房建设，扩大建设经济适用住房年度计划，做好公共租赁住房分配和农村危房改造工作。深入推进精准扶贫，认真落实规划、项目、干部"三到村、三到户"帮扶举措，切实落实好低保家庭大学生入学资助和为农村低收入家庭免费发放取暖煤政策，扎实推进教育扶贫、金融扶贫、社会扶贫，切实兜住6000多贫困人口的基本生活。实施农村饮水安全工程，解决8000人农村人口的饮水安全。完善社保体系建设，落实好国家、自治区及呼伦贝尔市社会保险相关政策，实现应保尽保。

二是大力提高以教育、医疗卫生为重点的公共服务水平。着力促进各级各类教育均衡发展，不断做大做强教育事业。深入推进"义务教育发展基本均衡县"创建工作，进一步扩大优质教育资源覆盖面。加强教育队伍建设，培育名师，创建名校，确保教育教学质量在全市始终领先。加快推进东山组团教育项目建设，完成第五中学扩建、新建谢尔塔拉幼儿园等新建扩建项目。加强基层医疗卫生服务能力建设，做好国家评估验收基本公共卫生服务均等化工作。以履行公共服务职能、提高医疗服务水平、满足群众看病需要为重点，切实做好公立医院改革工作。加强软硬件建设，确保区人民医院晋升为二级甲等综合医院。完善和巩固新农合制度，强化基本药物制度实施。实施文化惠民工程，完善文化体育基础设施，广泛开展群众性文体活动。加强文化遗产的传承与保护，完善哈克遗址保护规划。加大社区文体活动场所和办公用房建设力度，确保正阳文体活动中心项目和新建社区办公用房投入使用。加快健康养老服务业发展，确保农村敬老院、综合老年养护院投入使用。加快农村交通事业发展，启动哈克镇农村客运站建设并投入使用。

三是切实维护社会稳定。切实强化法律在维护群众利益、化解社会矛盾中的权威地位。坚持把信访纳入法治化轨道，建立依法维权和化解矛盾的新机制，依法解决好土地征用、房屋拆迁、回迁安置、企业改制遗留等引发的矛盾纠纷，尽快形成依法治理、源头治理、综合治理的工作格局，切实稳控好信访形势。继续深化平安海拉尔建设，强化基层平安创建活动，全面推行相关职能部门、镇办、村居联网的社会治安综合治理信息化平台建设，形成全方位、立体化的治安防控体系，不断提高群众的安全感和满意度。要高度重视抓好安全生产工作，按照"党政同责、一岗双责"的要求，严格落实安全管理规定，时刻绷紧安全生产这根弦，切实抓好食品药品、矿业生产、建筑、交通运输等领域和人员密集场所的安全监管，加大排查和整治力度，确保群众生命财产安全。

（四）围绕筑屏障、促保护，着力强化生态文明建设

要坚持源头预防、过程严管、后果严惩，把经济社会发展建立在自然条件和资源环境可承载的基础上，切实保护好海拉尔这片绿色净土。严格执行生态功能区规划，严守生态红线，严把项目建设审批关，对不符合环保要求的项目一律不上、对达不到环评的项目一律不准开工。对现有工矿企业、排污企业、采砂点死看死守，严禁造成新的破坏。加快推进海拉尔河治理工程，加强对城区伊敏河、六二六小河的管护力度。强化水资源管理，加强水污染防治，保护好水源地。加强节能减排建设，扎实推进生态区创建工作，让海拉尔的环境更优良。重点对已关闭的采石场、采砂场进行修复和绿化。继续推进"三山"绿化工程，建设森林生态功能区。规范生活垃圾、建筑垃圾处理。加强生态文明宣传教育，增强全民节约意识、环保意识、生态意识，营造爱护生态环境的良好风气。

呼伦贝尔市市政府党组成员、海拉尔区政府区长杜联合春节慰问部队

呼伦贝尔市市政府党组成员、海拉尔区政府区长杜联合在海拉尔区医疗垃圾无害化处理厂现场办公

（五）围绕扩开放、促改革，着力激发经济社会发展活力

认真贯彻落实中央、自治区党委、呼伦贝尔市委的改革决策部署，突出问题导向，把全面深化改革推向深入。紧密结合区情实际，突出改革重点，紧紧盯住经济社会发展面临的突出问题、急需解决的问题，制定改革操作方案，加快行政审批、国企国资、政府购买服务、财税等重点领域和方面的改革。狠抓改革举措落实，改革领导小组、专项小组和改革办要负起责任，当好"设计师"和"监理员"，推动全面深化改革工作取得实效。

利用好海拉尔优越的沿边优势、中俄蒙毗邻地区中心城市的优势，全面贯彻落实国家"一带一路"发展战略，进一步发挥向北开放的桥头堡作用。要依托呼伦贝尔中俄蒙合作先导区建设，制定与俄蒙毗邻地区经贸、人文交流规划，提升合作内涵，建立更加紧密的商贸、旅游、文化长期合作机制。高水平承办中俄蒙经贸洽谈暨商品展销会，进一步提高展会的规模、档次和质量。加强通道建设，进一步拓展俄蒙毗邻地区国际航线，积极开通海拉尔——乌兰乌德——新西伯利亚航线，启动对俄航空货运业务，提高落地签证业务量，做大跨境旅游市场，全面提升开放层次和水平。

描绘"8337"发展蓝图 再谱科学发展新篇

鄂温克族自治旗旗委副书记、政府旗长 色音图

鄂温克族自治旗位于呼伦贝尔大草原东南腹地，是全国三个少数民族自治旗之一。这里水草丰美，松涛激荡，绿色的净土上河流蜿蜒流淌，湖泊星罗棋布，美丽独特的自然风光中，14万各族群众在这片土地上和谐相处，共同建设着自己的美好家园。鄂温克族自治旗成立于1958年，作为历史悠久的多民族聚集区，这里具有诸多游牧民族创造的灿烂的游牧文化。鄂温克族自治旗资源富集，无论是人均国土资源、人均森林资源、人均草原资源还是人均水资源都在全市全区乃至全国处于前列。可以说，独特的社会历史条件和优越的自然资源条件为鄂温克族自治旗的良好发展奠定了坚实的基础。

近年来，在自治区"8337"发展思路的统领下，鄂温克族自治旗党委、政府携手全旗各族人民，稳增长、促改革、调结构、惠民生，畜牧业转型升级初见成效，工业经济提质增效，旅游业健康发展，生态环境保护全面加强，社会各项事业长足进步，人民群众安居乐业。2014年，全旗地区生产总值完成109亿元，增长9%；公共财政预算收入完成8.1亿元，增长10.2%；公共财政预算支出达到18.1亿元，剔除上级专项支出增长6.5%。城镇常住居民人均可支配收入和牧区常住居民人均可支配收入分别完成23226元和16264元，增长10.4%和13.3%。

在上级党委政府的正确领导下，自治旗先后被评为"全国文明县"、"中国旅游强县"、"全国文化先进县"、"全国文物工作先进县"、"全国民族团结进步创建活动示范旗"等一系列国家荣誉。被国家农业部认定为第二批"国家现代农业示范区"，顺利通过了国家环保部"国家级生态县"技术评估，被自治区评为全区小城镇和村镇建设工作先进集体，获得"全区双拥模范旗"、"全区民族团结进步先进集体"等自治区级荣誉称号……在新的历史起点上，鄂温克旗依然没有停下昂首阔步奋力发展的脚步，创造出了一个又一个令人瞩目的辉煌成就。

着力建设"五大基地"，全面增强经济发展动力。

根据自治区"8337"发展思路，鄂温克旗党委、政府依托自治旗优越的自然条件和区位条件，优化存量经济、扩大增量经济、发展特色经济，以建设好"五大基地"为中心工作，全力转变经济发展方式，进一步构建多元发展、多极支撑的现代产业体系，为全旗经济发展提供强大的驱动力。

工业经济飞速发展。自治旗着力推进工业经济提质增效，坚持充分合理利用煤炭资源，大力开发风电、太阳能等清洁能源，通过推进华能伊敏煤电公司煤电产业、敏东一矿、扎尼河露天矿等项目，着力打造清洁能源输出基地。同时，自治旗党委、政府还始终以产业结构优化升级为主线，不断发挥自治旗产业优势，积极谋划如蒙东伊敏国家级大型煤化工基地、盛伟科技实业有限公司日产5000吨超细活化粉煤灰循环综合利用项目等重大项目，着力打造现代煤化工生产示范基地，并大力延伸煤电用、煤电化、煤电运等产业链条，提高煤炭就地转化率，使自治旗工业经济再次发挥出巨大的潜力。在不断推进优势产业发展的同时，鄂温克旗还依托资源条件打造有色金属生产加工基地，重点推进呼伦贝尔九鼎矿业铜钼矿、诚至矿业钨钼矿等地质勘查项目，进一步加大探矿权投入和工业矿业权增储力度，加快探转采步伐，推动有色金属产业"探、采、选、冶、加"一体化发展。通过合理规划发展路线，积极促进项目带动作用，认真落实各类优惠扶持政策，不断促进企业稳定生产，2014年全旗规模以上工业企业实现总产值105.4亿元，全年保持了生产原煤2966万吨、发电量完成214亿千瓦时的生产能力，自治旗工业经济显示出强劲的发展势头。

农牧业现代化成效显著。鄂温克旗地理、区位、气候及

原料等方面具有发展农牧业的天然优势，多年来自治旗始终大力推进农牧业转型升级进程，通过统筹推进国家现代农业示范区建设，鼓励牧民专业合作组织健康发展，努力提升乳业市场竞争力，坚持现代肉羊“双轨路线”发展战略，高标准规划建设饲草交易物流园区，提质提效马产业等有效措施，鄂温克旗的农牧业这个传统支柱产业焕发出了新的活力。2014 年全旗牧业年度牲畜总头数控制在 98.9 万头只，良种牲畜达到 88.6 万头只，占牲畜总头数的 89.6%；奶产量和肉产量分别达到 16 万吨和 1.8 万吨；打贮干草 27 万吨，饲草储备库存库饲草 1.5 万吨。从单一的传统畜牧业到“乳、肉、草、马”四大产业齐头并进，鄂温克旗已经成为名副其实的绿色农畜产品生产加工输出基地。

旅游业方兴未艾。鄂温克旗自然风光秀美，文化底蕴深厚，为自治旗旅游业的发展提供了最坚实的基础。自治旗党委、政府为打造特色旅游文化品牌，深度挖掘整理得天独厚的自然与文化瑰宝，打造体现草原文化、独具北疆特色的旅游观光、休闲度假基地，使旅游产业进一步发展，成为自治旗经济发展的新的增长点。在明晰的发展思路指导下，自治旗不断完善百公里旅游文化景观带及旗域内旅游驿站等基础设施建设，稳步实施索伦部落、辉河湿地等各类景区景点提升改造工程，并稳步推动自治旗“百户千万”牧户家庭游健康发展，同时充分发挥“那达慕”、“瑟宾节”和冬季旅游系列主题活动等独具特色的文化旅游项目，提升和推介自治旗多元的旅游文化名片。通过这些卓有成效的措施，鄂温克旗的旅游业保持了良好的发展态势，2014 年接待游客 52 万人次，实现旅游综合收入 4.5 亿元，鄂温克旗厚重的民族文化和美丽的自然风光也走出了草原深处，成为呼伦贝尔市一个让人心驰神往的草原胜地。

构筑生态屏障和安全屏障，建设美丽和谐家园。

“8337”发展思路提出，要把内蒙古建成我国北方重要的生态安全屏障和北疆安全稳定屏障，表明自治区党委政府对生态文明建设及和谐社会建设的高度重视。鄂温克旗党委、政府围绕十八大精神和“8337”发展思路，把生态建设作为生存之本、发展之基，持续改善生态环境，生态文明理念不断深入人心。自治旗始终按照国家级生态旗建设要求，着力做好草原生态保护、沙地综合治理、公益林管护、节能减排、环境治理等各项工作。通过积极探索建立生态保护红线制度，完善对重点生态功能区的生态补偿机制，强化环境污染治理，稳步实施“拆炉并网”工程，有序推进餐饮行业环境污染整治工作，进一步加大环境监管执法力度，深入开展打击违法滥挖草药专项行动，统筹推进节能节水减排等各项工作，生态环境保护工作取得了巨大的成绩。2014 年全旗单位 GDP 能耗下降 2.3%，全旗草原建设总规模完成 98 万亩，完成草畜平衡 1080 万亩，完成沙区综合治理 9.4 万亩，完成重点区域绿化 1.4 万亩。现如今，鄂温克旗的人居环境得到了明显改善，北疆生态屏障建设取得了令人瞩目的成果。与此同时，自治旗还高度重视全旗社会大局的和谐稳定，把为群众创造和谐稳定的生活环境作为工作重心之一，全力构建北疆安全稳定屏障。旗委、政府以平安创建工程为抓手，全面推进“阿睦尔”视频监控工程，并大力铺开“平安城市”和智能交通系统，新型社会治理模式日趋健全。同时，深入开展矛盾纠纷排查化解工作，加大社会治安整治力度，切实消除公共安全隐患。在旗委、政府的努力下，全旗信访总量明显下降，群众合理诉求得到妥善解决，全旗社会始终保持了和谐稳定的良好局面。

着力改善民生，提高人民生活幸福指数。

“8337”发展思路的最根本目的是为人民谋求福祉。鄂温克旗始终关注民生，把保障和改善民生作为最大的政绩，全力以赴让人民群众共享改革发展成果。仅 2014 年全旗财政民生支出就达到 16 亿元，占财政总支出的 88%。自治旗围绕上级精神，认真实施“六大民生工程”，使人民群众病有所医、学有所上、老有所养。在促进就业方面，全面落实促进就业三年行动计划，稳步推进创业型旗县创建工作，2014 年实现城镇新增就业 1472 人，城镇登记失业率控制在 3.73%。在扶贫攻坚方面，稳步推进扶贫攻坚工程，有序开展“三到村三到户”工作，建立精准扶贫工作机制，实现扶贫规划、扶贫项目、扶贫对象无缝对接，2014 年发放金融扶贫富民工程贷款 1 亿元，覆盖牧户 1556 户，使 530 名贫困人口稳定脱贫。在百姓安居方面，2014 年开工建设城市棚户区改造项目 3 项，完成投资 3.5 亿元，大雁棚户区改造 2000 户住宅楼建设工程交付使用，90 套廉租住房和 25 套公共租赁住房分配到户。在社会保障方面，社会养老保险、城镇医疗保险覆盖面不断扩大，新型农村牧区合作医疗筹资水平进一步提高，参合率达到 99%。深入实施教育优先发展战略，完成 4 所学校教学楼、10 所标准化学校和 6 所学校风雨场馆建设工程。不断改善基层卫生条件，开通与中日友好医院远程会诊，顺利通过自治区“基层蒙中医药能力建设”工程阶段性验收和自治区级卫生城镇复检工作，各项诊疗活动惠及更多百姓。同时，还稳步推进社会救灾救助工作，高度重视社会福利事业，认真落实贫困大学生救助、“一吨煤”工程等民生德政工作，使全旗人民在方方面面都能感受到党和政府的温暖。在上级党委政府的正确领导下，鄂温克旗下大气力认真落实自治区“十个全覆盖”工程，2014 年完成投资 9090 万元，改造危房 137 户，新建 3 处集中供水工程、发放 737 套水处理设备、打井 239 眼，安全饮水覆盖人口 7248 人，完成街巷硬化里程 71 公里，农村电网改造升级 20.8 公里，实现通电 48 户，完成 2 所校舍加固改造工程，新建 3 处标准化卫生室和 6 个嘎查活动室，完成 8 家便民连锁超市改造工程，村村通广播电视和牧区常驻人口养老医疗低保实现全覆盖。在 2014 年“十个全覆盖”工程开局良好的工作基础之上，自治旗将在三年内完成全部目标任务，切切实实改善基层生产生活条件，充分发挥“十个全覆盖”工程对基层经济社会发展的助推作用。

一个又一个亮眼的数字，一项又一项骄人的成绩，彰显出全旗上下各族人民凝心聚力、团结拼搏的强大决心。2017 年我们将迎来自治区成立 70 周年，2018 年适逢自治旗建旗 60 周年，2020 年全国上下将全面建成小康社会。在重要的时间节点和关键时期，鄂温克族自治旗将在“8337”这个宏伟目标引领下，奋力书写出科学发展、美丽发展的新篇章，使鄂温克旗这颗璀璨的明珠在呼伦贝尔草原上熠熠生辉，并为世人传唱，美名流芳。

历史悠久 多民族集聚

"全国文明县" "中国旅游强县"

——鄂温克自治旗

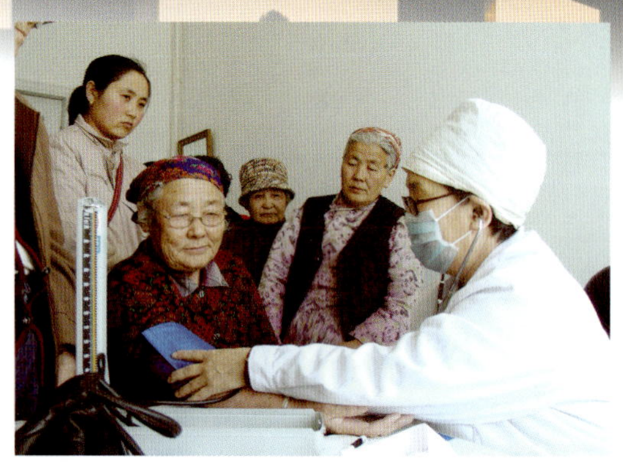

巴彦托海镇卫生院专家医诊

伊敏电厂

巴彦托海镇街景

旅游盛景接待来客

六月的草原

构建和谐卓资——创造美好未来

伊东东兴化工项目建设厂区

大棚草莓

马铃薯种薯种植

乌兰察布市委副书记、政府市长陶淑菊在旗下营工业区调研

蛋鸡养殖

内蒙古自治区党委书记王君在梨花镇调研工作

内蒙古自治区党委书记王君在旗下营调研“十个全覆盖”工程

卓资县经济社会发展情况纪实

——贯彻落实自治区“8337”发展思路打造祖国北部边疆经济亮丽风景线

中共卓资县委副书记、政府县长　王　文

乌兰察布市委书记王学丰调研十个全覆盖工程

乌兰察布市市长陶淑菊调研职业中学

卓资县位于乌兰察布市中南部，辖地面积3119平方公里，地势多丘陵山区、少平川，素有“七山一水二分田”之称。全县辖5镇3乡，9个社区、111个村委会，925个村民小组，总人口21.9万人，其中农业人口17.4万人。

自治区“8337”发展思路贯彻实施一年多来，卓资县坚持稳中求进的工作总基调，统筹推进稳增长、调结构、促改革、惠民生等各项工作，不断调整产业结构、促进经济转型升级，在国内外经济环境依旧复杂严峻的形势下，积极争取发展上的主动，赢得竞争中的优势，收获了来之不易的工作成果。

综合经济实力稳步提升。2014年，全县地区生产总值达到61.4亿元，增长9.2%；规模以上工业增加值达到23.7亿元，增长17.1%；财政收入达到4.72亿元，增长0.77%；固定资产投资达到45.5亿元，增长0.06%；城镇居民可支配收入达到22203元，增长9.44%；农民人均纯收入达到7879元，增长12.22%；社会消费品零售总额达到15.1亿元，增长11%。节能减排控制在目标范围内。

发展后劲持续增强。主动接受呼包鄂辐射带动，积极承接京津冀及沿海发达地区产业转移，动员全县上下开展全领域招商引资，全年重点签约引进了旗下营和益发电4×66万千瓦火电等8个项目，开工建设大唐国际新能源5.5万千瓦太阳能光伏发电等6个项目，推动东兴化工与天津渤海化工合作，全年到位资金14.3亿元，将在产品研发和技术改造方面取得新突破。重点领域投资持续增加，实施电力、化工、商贸流通等重点产业和交通、水利、市政等基础设施建设项目47个，完成投资45.5亿元。直接融资规模不断扩大，签订融资协议近1.9亿元。银行信贷投放持续增加，全县存、贷款余额分别增长12%和15.3%。民间投资潜力日渐释放，占全部投资的60%以上。

农牧业特色化步伐不断加快。不断巩固发展以种薯、冷凉蔬菜、草莓、蛋（肉）鸡、生猪为主的农牧业五大特色产业，通过扩大种植规模，提升机械化、自动化作业水平，发展工厂化经营，基本形成了农、工、贸一体化，产、供、销一条龙的产业化格局，有效提升了现代农牧业发展水平和档次，同时，也带动了农村观光旅游业的发展。截至目前，全县马铃薯种薯、冷凉蔬菜、草莓种植面积分别扩展到2万亩、5万亩、2000亩，生猪、蛋（肉）鸡饲养量分别增加到12万口、240万只，以民丰薯业、龙珠生物科技、绿鼎果蔬、聚源、三盛泉等为代表的农牧业龙头企业强劲发展，规模不断扩大，效益与日俱增；以富民农庄、永利科技、聚多源等为主的观光旅游农业发展迅速，农家餐饮、传统作坊、草莓采摘等特色产业为观光旅游农业注入新活力。

工业经济实现提质增效。推进工业强县战略不动摇，围绕自治区“五大基地”建设，依托大园区建设大项目，在做大总量中调结构，在加快发展中转方式，推进传统产业新型化、新兴产业规模化、支柱产业多元化，着力培育清洁能源、化工、矿产三大优势产业。在旗下营工业园区南区开工建设了中能、蒙新、通汇、华晨4家天然气液化项目，总投资19亿元，建设日处理340万立方米液化天然气，2015年将陆续建成投产，成为自治区最大的液化天然气生产加工基地；签约引进了由内蒙古能源投资集团建设的旗下营和益发电4台66万千瓦火电项目，总投资100多亿元，一期投资55亿元，2015年开工，2017年建成投运。围绕东兴化工氯碱循环经济项目，引进了卓悦精细化工烷基酚、巴迪商贸氯化钙等与之相配套的链条项目，积极发展精细化工，全年化工产能达到150万吨。中西矿业500万吨扩能技改项目推进速度明显，2015年将建成投产，对于企业的做大做强具有十分重要意义。

华伊热电脱硫脱硝改造项目全部完成，全年发电35亿度。东兴化工、中西矿业、华伊热电三大骨干企业效益在困境中提升，全年实现营业收入53亿元，上缴利税1.92亿元。

四是现代服务业迈上新台阶。文化旅游、商贸物流产业快速发展，成为繁荣县域经济的重要支撑。分别投资2.3亿元、5000万元实施的红召九龙湾生态旅游区、十八台二龙山文化影视旅游村项目开工建设，一期工程基本完工，2015年上半年具备接待条件；大榆树林胡古塞、蓝旗民俗文化园等旅游项目一期工程正在建设，辉腾锡勒草原、红石崖旅游区等景区配套设施不断完善，富民庄园、顺发农家苑等农家乐投入运营，红石崖旅游区被评为国家3A级景区，全年接待游客46万人次，旅游业发展迎来了新的春天。分别投资1.6亿元、1.2亿元建设的泰达、昌达物流园即将竣工，2015年上半年正式运营，将对全县物流业发展起到积极的推动作用。分别投资2.8亿元、1.5亿元建设的图书商贸城、熏鸡产业园基本建成，为我县两大传统产业升级搭建了重要平台。

城乡面貌明显改观。城乡基础设施建设进一步夯实。新建卓资山镇城区、旗下营镇新区道路14.3公里，建成园区及景区道路10.4公里、农村公路68公里，开工建设了卓（卓资山）科（科布尔）一级公路、卓资山镇西外环路，总长9.5公里的G6—G7旗下营连接线建成通车；硬化小街巷1.6万平方米、新建修复排污管网2000延长米，新建、改造卓资山镇和旗下营镇旧区自来水管网1万多平方米；建设35千伏及以上输变电工程4处，改造10千伏电网168公里；有序推进隆胜水库建设，累计完成投资70%。城建工作进一步增强。投资2.2亿元开工建设了文化公园，集政务服务、青少年活动、老年人活动等功能为一体，现主体工程已完工，2015年年底前建成使用，将成为全县的文化活动中心和标志性建筑；加快建设卓资山镇九曲山庄、滨河御景、领秀华府等住宅小区，全年完成房建工程38万平方米；旗下营镇新区框架基本拉开，并配套建设了综合管廊。城市管理能力和水平进一步提升。实行城市管理综合执法机制，加大城建监察力度，全年拆除违章建筑1800平方米，初步遏制了私搭乱建现象；增添大型扫路车，新建垃圾转运站1处、污水收集窖12座、公厕9座，增设分类式垃圾箱80个；采取定人定责、绩效挂钩和从严管理等办法，提升了城管人员、环卫人员的工作积极性，街道更加干净整洁。

民生工作扎实有效。“十个全覆盖”工程惠及1.8万余人，完成投资2.2亿元，改造危旧房屋5000多户，硬化街巷130公里，解决了40个村、5300多人的饮水安全问题；重建和加固改造学校5所，建设标准化卫生室34所、村文化室34个，安装广播电视户户通8000多套，建设便民连锁超市38家，完成35处互助幸福院通电任务。扶贫攻坚工程实现1.2万人稳定脱贫，完成“整村推进”项目44个，实施扶贫生态移民项目464户、1393人，发放金融扶贫富民贷款1.2亿元，592户贫困户、72户规模经营户、5家合作社从中受益。就业创业工程新增就业岗位1442个，落实大学生公益性岗位20人，招录社区民生工作者23人，发放小额担保贷款895万元、妇女创业贷款3600万元。社会保障工程解除更多群众后顾之忧，企业离退休人员人均每月增资179元，环卫工人每人每月增资60元；城乡低保标准由每月343元和每年2667元分别提高到369元和2997元，城乡居民养老保险覆盖率达到90%，新农合筹资标准由340元提高到390元。百姓安居工程即将为1528户城镇居民圆了安居梦，改造棚户区13万平方米，建设回迁安置房1220套，建设公共租赁房200套、廉租房108套。全年民生支出12.1亿元，占公共财政预算支出的68.3%，比上年提高 2个百分点。

各项社会事业全面发展。深入推进教育“三项改革”，教育教学质量得到明显提高，高考二本上线人数112人，本科上线率比去年提高了4.3%；职业中学创建“国家中等职业教育改革发展示范学校”顺利通过自治区验收。在财政十分困难的境况下，发放校长职级津贴、教师培训和业绩突出教师奖励资金300万元，极大地提高了教师教学的积极性。切实加强公共文化服务体系建设，提高公共文化服务水平，举办了首届“潮涌黑河”全民健身活动、翰墨草原中国青年书法家笔会和卓资第七届广场文化艺术节，开展了文化进企业、进社区活动和影视教育下基层活动。切实加强医疗卫生服务体系建设，县医院综合大楼、旗下营中心卫生院和复兴卫生院周转宿舍全部建成投用，改扩建马盖图卫生院业务用房300平方米并完成了相关配套设施建设。

卓资山镇大黑河景观

主动适应新常态　实现县域新发展

突泉县人民政府县长　屈振年

突泉县县委副书记、县长　屈振年

突泉县认真贯彻落实自治区“8337”发展思路和“五个加大力度”总体要求，锁定“富民兴县、幸福突泉”奋斗目标，抢抓机遇，攻坚克难，全县经济社会持续健康发展。2014 年全县地区生产总值完成 66.4 亿元，增长 8.6%；全社会固定资产投资完成 96.3 亿元，增长 20.5%；社会消费品零售总额完成 18.9 亿元，增长 12%；公共财政预算收入完成 9344 万元，增长 23%；城镇常住居民人均可支配收入实现 18733 元，增长 9.5%；农村常住居民人均可支配收入实现 6976 元，增长 14%。

建园区、抓项目、扶企业，工业经济后劲稳步增强。坚持园区孵化、项目引领、企业培育一体共进，新型工业培育实现新突破。园区建设上，着力打造集食品工业区、服装加工区、新能源产业区、高新材料产业区、现代物流产业区、非资源型制造产业区、精细化工产业区七大功能板块于一体的循环经济工业园区，规划面积 40 平方公里，入住企业达到 54 家，晋升成为自治区级工业园区，促进了项目集聚、企业集合、产业集中。项目建设上，重视招商引资和对外开放，精心谋划并着力实施工业重点项目，培育了“绿色农畜产品生产加工、有色金属原料生产、新型环保建材和非资源型装备制造、清洁能源利用”五大产业集群。农畜产品加工方面，先后引进叁山菜业、福润禽业、安达牧业、松森牧业等产业化龙头企业，肉鸡屠宰能力达到 6000 万只，饲料生产能力达到 36 万吨。清洁能源利用方面，风电并网发电 25 万千瓦，新能源电池生产能力达到 1500 万块。有色金属原料生产方面，煤炭生产能力达到 120 万吨，铜选能力达到 2000 吨。非资源型制造产业方面，节水塑料制品生产能力达到 2 万吨。新型建材产业方面，CL 建筑体系生产能力达到 120 万平方米，塑钢型材生产能力达到 500 万平方米。企业培育上，全面落实国家、自治区扶持中小企业发展各项政策，坚持因企施策、亲情服务，推行一站式审批、跟踪式调度、挂牌式保护，帮助企业解决生产经营中存在的困难和问题，为企业家干事创业营造了良好环境。

育产业、重科技、保生态，农业发展质量显著提升。围绕打造绿色农畜产品生产加工输出基地和养殖业突破目标，集中培育禽、羊、猪、菜四大富民产业，全县形成了肉鸡养殖 6000 万只、肉羊养殖 68 万只、草原黑猪 10 万口、反季设施瓜菜 10 万吨的生产能力，带动农民人均增收 600 元以上，成为全区白羽肉鸡养殖第一大县，被中国特产协会授予“中国白羽肉鸡之乡”、“中国瓜菜之乡”。牧业年度家畜存栏 121 万头（只），是东北地区绒毛、皮张和绿色农畜产品集散地。注重农业科技推广和应用，狠抓现代农业项目、节水增粮、千亿斤粮食增产工程、高标准农田等农业基础项目的实施，农作物播种面积达到 266.45 万亩，正常年景粮食产量 20 亿斤以上，是全国重点产粮大县。规划建设了曙光现代农业科技示范园区，实现生产、生活、服务、管理四区分离，种养基地与产业龙头同步建设，完成投资 10 亿元，入驻企业和合作社 35 家，成为全盟最大的农业综合投资平台。加强生态建设，探索“模拟征地”，推行市场运作、专业管护，年内完成重点区域绿化 2.5 万亩、封育造林 6.25

万亩、人工种草5万亩，新增水保治理10万亩，全县草原面积达到332万亩，林地面积达到217.7万亩，森林覆盖率达到27.14%。

兴旅游、拓金融、活商贸，新兴业态活力高效释放。坚持旅游、金融、商贸同步推进，促进第三产业多元快速发展。旅游方面，深入挖掘蒙元文化、辽金文化，依托“突泉镇—宝石镇—阿尔山”旅游线路，编制完成了全县旅游景区建设规划。依托国家级自然保护区老头山景区，稳步推进春州城博物馆、双城湖旅游度假村建设，农耕博物馆、白羽肉鸡博物馆、草编工艺博物馆布展开放，赛银花园区晋升为AAA级景区。温泉滑雪场、杜西沟景区投入运营，旅游资源逐步盘活。金融方面，现有工行、农行、农发行、邮储、包商银行、信用社、蒙银村镇银行等银行类机构网点28个，2014年全县各金融机构存款余额36.6亿元，贷款余额30.8亿元，存贷比84%，金融服务经济发展能力不断增强。商贸物流方面，围绕矿产、服装加工、农畜产品、机械制造、建筑型材等产业，规划建设了春州物流园区，目前以蔬菜、农资、建材为主的现代综合物流园区一期工程实现主体完工；启动以一站式购物、高端住宅、文化休闲、商务写字楼为主的全盟最大城市广场，初步构建了具有县域标志性的新兴服务业投资经营平台。

抓规划、强建设、严管理，城乡整体面貌深刻变化。围绕新型城镇化目标，推动城乡一体发展。重视城乡规划，县城控规覆盖率达到50%以上，村镇规划全面延伸到村级。以争创国家卫生城、自治区园林城为目标，深入开展城乡建设推进年活动。坚持先规划、后建设、先地下、后地上原则，县城十个全普及工程深入推进。率先在全区实施CL建筑体系、地下综合管廊、下沉式集雨式绿化等项目，形成了政府主导推动、基地生产带动、龙头企业联动的建筑节能推广应用新体系。谋划实施利民街综合改造工程，实现车道分离化、路面园林化、地下管沟化、公共设施人性化，设计理念和项目效果达到国家一流水平。启动城市公交运营，县城服务功能日益完善。制定完善市政建设15条、国土资源管理15条规定，推进依法管理。保障性住房和棚户区改造工作扎实推进，房地产市场稳控、违法用地预防整治工作走在全盟前列。高度重视农村十个全覆盖工程，农村十个全覆盖工程完成投资4.2亿元，63个行政村年度建设任务全面完成，哈拉沁、杜祥、光明等一批示范村走进全区样板行列。强化城乡综合管理，城区主要街路实施机械化水洗清扫和全天保洁，城市管理精细化水平大幅提升；农村实行环境卫生门前四包，利用公益岗位聘用村屯保洁员492名，集中开展村屯环境综合整治，农村面貌明显改善。

惠民生、助脱贫、促和谐，群众幸福指数持续攀升。不折不扣落实上级各项惠农政策，全年民生支出15.8亿元，占公共财政预算支出70%以上。着力推动县一中新址投入运营，建成了全盟功能最全、标准最高、设施最先进的高中院校。推动县一中旧址有效利用，着力打造全县首家三语教学一贯制寄宿学校。推行校车市场化运营，在全盟率先实现农村校车全覆盖。自筹资金在全区率先实行“城乡居民大病县助”政策，发放救助金340万元，单体救助最高达40万元，切实解决了群众无钱看大病困难。提出“人人有活动、生生有爱好”目标，鼓励建立文体协会，城乡群众健身场地基本普及，各类场馆年均参与活动人次突破百万人次。扎实推进“三到村三到户”，探索推行了合作式产业扶贫、转移式安置扶贫、保障式兜底扶贫模式，启动曙光肉羊扶贫产业园、哈拉沁肉羊扶贫产业园、移民公寓等系列工程，积累了“一户转移、四户受益”，政策扶持、金融扶助、园区带村、合作社带户的“双扶双带”扶贫模式等成熟经验，年内减少贫困人口2万人以上。重视社区建设，创新实施县城五级管理措施，推行社区管物业、物业管小区体制，社区和文体协会一体办公模式，强化“交巡合一”警务管理，便民服务能力进一步提升。推进民族团结进步示范县创建工作，县就业局被国务院授予全国民族团结进步模范集体。推行领导干部定期接访和干部下访制度，群众合理诉求得到妥善解决。

转作风、推改革、优服务，政府自身建设全面加强。深入开展党的群众路线教育实践活动，集中整治“四风”突出问题，干部作风明显转变。主动邀请人大、政协参与政府工作，人大代表、政协委员议案、提案、建议、意见办结率和满意率均达到100%。扎实推进事业单位分类改革及各领域体制改革，主动承接上级下放的审批事项，行政审批事项及行政事业性收费全面清理。派驻年轻干部到国有全资、参股、控股企业挂职，严格国有三资监管。全面推进公务接待、公务用车、办公用房改革，财政资金拨付每月集中研究、统筹安排，财政支出绩效考评全区第二。完善政府效能管理机制，对长期不上班、在编不在岗、出工不出力等问题区别对待，分类治理。加大政务督查和效能问责力度，严格实施“日安排、周计划”制度，依托政务督查网站，实行督查事项限时办结、四级签字销号和办公预约制度，政府效能全面提升。推行政府事项网上督办、政府部门“三公”经费网上公开、政府工作及时新闻发布，政务公开迈出新步伐。建设便民服务中心22个、便民服务网点176个，服务网络不断完善。

富民兴县 幸福突泉

中国果菜之乡 中国鸡肉之乡

“国家级生态建设示范县” “全国文化先进县”

突泉县经济社会发展情况简介

一、县情概况

突泉县位于兴安盟西南部，地处大兴安岭向松嫩平原和科尔沁草原的过渡地带，东部与吉林省洮南市接壤。总面积4889.5平方公里，辖6镇3乡，188个行政村，464个自然屯。总人口31.4万，其中农业人口24.4万。境内有汉、蒙、满等14个民族，少数民族人口9.5万，占全县总人口的30.14%。是国家扶贫开发工作重点县、大兴安岭南麓集中连片特困地区、内蒙古自治区重点扶持的贫困革命老区。

二、经济社会发展情况

近年来，我县深入贯彻落实自治区“8337”发展思路和盟委行署工作部署，锁定“富民兴县、幸福突泉”奋斗目标，着力培育绿色农畜产品生产加工输出、有色金属原料生产、新型环保建材和非资源型装备制造、清洁能源输出、农耕体验休闲旅游五大基地，推进农村“十个全覆盖”，强化扶贫攻坚，全县经济社会持续健康发展。获得“全国小城镇建设重点镇”、“国家级生态建设示范县”、“全国文化先进县”、“全国科普示范县”等殊荣，成为全国重点产粮大县，和远近闻名的“白羽肉鸡之乡”、“中国瓜菜之乡”。2014年，全县地区生产总值完成66.4亿元，增长8.6%；全社会固定资产投资完成96.3亿元，增长20.5%；社会消费品零售总额完成18.9亿元，增长12%；公共财政预算收入完成9344万元，增长23%；城镇常住居民人均可支配收入实现18733元，增长9.5%；农村常住居民人均可支配收入实现6976元，增长14%。

现代农业蓬勃发展。围绕打造绿色农畜产品生产加工输出基地和养殖业突破目标，我县集中培育羊、禽、猪、菜四大富民产业，以曙光、哈拉沁园区为引领，大力发展肉羊养殖产业；推行基地建设补贴和肉鸡价格补贴双向扶持政策，农企联手、政府扶持，共抗低谷，禽产业保持稳定发展；曙光园区、赛银花园区生猪养殖基地开工建设，牧业年度家畜存栏121万头（只），是东北地区绒毛、皮张和绿色农畜产品集散地；新建改造温室大棚1370座，培植大学生创业就业孵化园，扶持70名高校毕业生示范种植，带动农民发展设施蔬菜，利用率保持在97%以上。特别是我县曙光园区高端规划、专项推进、迅速成形，实现生产、生活、服务、管理四区分离，种养基地与产业龙头同步建设，完成投资10亿元，入驻企业和合作社35家，带动82个贫困村、4100户贫困户发展富民产业。政策扶持、金融扶助、园区带村、合作社带户的“双扶双带”扶贫模式效应凸显，成为全盟乃至全区最大的扶贫攻坚产业园和农业综合投资平台。推广滴灌、地膜覆盖等先进技术，实施现代农业项目4.54万亩、节水增粮5.46万亩、千亿斤粮食增产工程3万亩、高标准基本农田25万亩、地膜覆盖18万亩，粮食产量稳定在20亿斤，成为全国重点产量大县。

新型工业初步架构。坚持园区孵化、项目引领、企业培育一体共进，推动新型工业跨越发展。循环经济工业园区在规划完善、土地储备、基础配套、项目入驻等方面快速突破，控制区基本实现“七通一平”，是自治区级经济技术开发区，吸引入驻企业10家，实现总产值58.5亿元，同比增长19.5%。以项目为抓手，加快了产业初始积累、结构搭建和龙头培育。“助保贷”政策全面启动，入池企业52家。发挥金融支撑企业作用，为企业协调贷款1.54亿元，全年新增规模以上企业3家，规模以上工业增加值实现18.4亿元，同比增长14.3%。以企业为支撑，实现了财税较快增长、就业稳定增加和资源有效开发。2015年引进项目43个，引进资金48.4亿元，同比增长7.5%，实施亿元以上重大项目24个，完成投资55.3亿元，占全社会固定资产投资的55.4%。

第三产业方兴未艾。坚持旅游、金融、商贸同步推进，促进第三产业多元快速发展。旅游产业发展势头良好，老头山景区、温泉滑雪场及杜西沟景区景色优美，春州博物馆、农耕民俗博物馆文化浓厚，赛银花园区晋升为AAA级景区。以剪纸、草编、民族饰品为代表的文化产业魅力彰显，文化与旅游融合发展迈出新步伐。引进包商银行，组建融资贷款服务机构3家，存贷比达到84%，金融服务经济发展能力不断增强。商贸物流快速发展，以一站式购物、高端住宅、商务写字楼为主的全盟最大城市广场一期工程主体封闭，以蔬菜、农资、建材为主的春州物流园区一期工程主体竣工，突泉大酒店投入运营，新增顺丰、中通等快递公司4家，新兴服务业平台初步架构。全县新增企业、个体工商户1313家，同比增长22%。第三产业实现增加值14.9亿元，同比增长6.4%，体

量和质量实现历史新突破。

社会事业普惠民生。把民生福祉作为一切工作的出发点和落脚点，加快各项事业健康发展。科技方面。坚持秸秆饲料化、肥料化、能源化、建材化“四化并举”，与产业培育紧密结合，多种途径就地转化利用，初步建立了以企业为龙头、村屯秸秆加工厂为支撑的秸秆资源产业开发体系。在全县36个行政村设立秸秆转化厂，在全盟率先启动秸秆转化厂运营。初步形成“以瑞尔公司为龙头、各村工厂为节点，保底回收，统一销售”运营模式。教育方面。县内有各类中小学33所，在校学生22400人，教职工3270人，有全国名优学校一所（县第一中学），在全区乃至全国首先实现所有学校3D打印教学全覆盖。2015年县一中高考本科上线556人，本科上线率49.6%，其中一本上线67人，比2014年增加12人；职校高考本科上线6人，其中幼师4人、农学2人。文体方面。围绕“人人有活动、生生有爱好”目标，坚持协会带动、活动引导，共有各类文体协会40多个，每年组织书法美术作品展、乒乓球、排球、足球等活动结合社区、校园等群众性健身活动，年可带动群众参与突破3万人次。卫生计生方面。建立和完善补偿机制，调整医疗技术服务价格，取消药品加成，公立医院改革稳步推进。拥有二甲级医院两所，年可服务群众8.33万人。新农合参合人数211607人，参合率达到95.05%。生育服务证制度改革全面启动，出生率为5.25‰，出生婴儿性别比为103.49，低生育水平持续稳定。社会保障方面。劳动力资源丰富，年可实现劳动力转移就业32933人；城镇失业人员就业1313人，城镇登记失业率控制在3%以内。养老保险参保人数达到170382人，医疗保险参保人数达12383人，新农合参合率达到98.05%，享受失业保险金待遇人数1054人。城镇低保每人每月达到438元，农村低保每人每年达到2989元。实施社会救助1121人，年发放救助资金468万元。在全区创新实施“大病县助”政策，由县财政自筹资金，按照大病患者个人负担医疗费用额度分段给予救助，自费费用在5万元至30万元的，按50%、80%、85%和90%四个标准进行救助，自费费用超过30万元的，通过一事一议商定。2015年上半年，已发放救助资金321.7万元，惠及132人次，人均享受救助资金2.4万元，单体最高享受救助资金35.5万元。扶贫攻坚方面。按照“三到村三到户”精准扶贫要求，遵循“集约化经营、规模化生产”发展思路，探索“双扶双带”、“一户带四户”扶贫攻坚新模式，打造赛银花、曙光两大扶贫产业园区，吸引82个重点贫困村、334户贫困户入驻赛银花、曙光园区，辐射带动1200户发展设施农业、肉羊产业，同时扶持农户发展庭院经济2.8万户，年收入达上亿元，年可实现1.5万贫困人口稳定脱贫。

三、资源概况

（一）土地资源。共有耕地面积266万亩，其中水浇地88万亩。林地面积308.6万亩，森林覆盖率达27.14%。草原面积332万亩，可利用面积276万亩。

（二）矿产资源。煤炭、铜、铅、锌、银等矿产资源丰富，县内矿点、矿化异常区分布广泛。煤矿：煤5400万吨、现保有储量3942万吨。金属矿产：铜32万吨，银1354吨，金2.1吨，铅6.36万吨，锌11.2万吨。非金属矿产：蛇纹岩14亿吨，高岭土560万吨，电气石29.6万吨，滑石20万吨。此外，砂、石、粘土资源遍布全县。

（三）农畜产品资源。肉鸡资源：肉鸡养殖能力达到6000万只。牲畜资源：牧业年度家畜存栏121万头只。蔬菜资源：年产温室反季绿色瓜菜12万吨。粮食资源：全县正常年景粮食产量20亿斤以上。林果资源：有果树经济林5.4万亩，水果品种以杏、沙果、葡萄为主，年产水果7万吨左右。

（四）风能资源。风能资源较为富集，地处大兴安岭和长白山脉之间气流风带上，风速大，风向稳定，最大风速32米/秒，主导风向为西北风，非常适合发展风电产业。

（五）水资源。年平均降雨量400毫米，较大河流5条，中小型水库8座，可利用水资源总量6.5亿立方米，其中地表水2.4亿立方米，地下水4.1亿立方米。

全国绿化模范县（区）、中国马铃薯之都、中国草原避暑之都、草原皮都

——乌兰察布·集宁区

城建新规划

植物园

霸王河

集宁风光

环保集宁

宜居新城

居民住宅大改观

老虎山

休闲广场

集宁物流园区

体育场

集宁国际皮革城

马铃薯博物馆

集宁夜景

适应新常态 谋求新突破 努力实现经济社会持续健康发展

通辽市委副书记、政府市长 包振玉

通辽市第四届人大三次会议作政府工作报告

通辽市委、市政府深入贯彻习近平总书记系列重要讲话和考察内蒙古重要讲话精神，全面落实自治区“8337”发展思路和各项决策部署，主动适应经济发展新常态，审时度势，攻坚克难，经济社会发展取得了新成效。2014年，全市地区生产总值完成1886.8亿元，增长8.6%；限额以上固定资产投资完成1866.4亿元，增长18.3%；公共财政预算收入完成113.1亿元，增长9.1%，公共财政预算支出318.2亿元，增长6.6%，其中，民生支出占总支出的60%；社会消费品零售总额完成419.4亿元，增长11.2%。工业转型升级加快。实施工业延伸升级项目352个，原铝转化率达到80%，玉米淀粉转化率达到53%，现代煤化工、新能源、绿色农畜产品加工、现代蒙医药等产业快速成长。霍林河循环经济示范项目获联合国气候大会“今日变革进步奖”，探索出了高载能产业实现绿色低碳发展的新路子。农牧业现代化取得重要成果。新建节水高产高效粮食功能区170万亩，累计建成651万亩。粮食产量连续7年稳定在百亿斤以上，牧业年度牲畜存栏首次突破2000万头只。在北京、呼和浩特成功举办绿博会，绿色农畜产品知名度和市场占有率持续提升。改革动力和开放活力凸显。加大简政放权力度，市本级行政审批事项减少91项，精简31%。实施工商登记便利化改革，全市新增市场主体3.8万户、达到16万户。争取并落实大用户直供交易电量30亿度、占蒙东地区总交易电量的90%以上。北部区域微型电网试点列入国家振兴东北发展战略。启动与俄蒙对接合作，外贸进出口总额实现翻番。统筹城乡和可持续发展力度加大。落实通辽主城区城市建设管理、产业发展及民生改善一揽子行动计划，统筹推进县城、特色镇、美丽乡村建设，成功创建国家园林城市。建设二级以上公路208公里、通村公路1247公里，通畅率达到64%。启动建设科尔沁沙地“双千万亩”综合治理和生物多样性示范区工程，推进大气污染防治和重点流域、重点区域环境综合治理，可持续发展能力得到增强。民生保障水平逐步提高。城乡居民人均可支配收入分别达到23377元和9932元，同比分别增长9.5%和11.3%。全面完成农村牧区700个嘎查村“十个全覆盖”工程任务。新增城镇就业1.8万人，农村牧区劳动力转移就业48.3万人，实现零就业家庭动态清零。

2015年是全面深化改革的关键之年，是全面推进依法治市的开局之年，也是全面完成“十二五”规划的收官之年，我市将深入贯彻习近平总书记系列重要讲话和考察内蒙古重要讲话精神，认真学习贯彻“四个全面”战略布局，深入落实自治区党委九届十三次全委会暨经济工作会议、自治区两会精神和“8337”发展思路，把通辽发展与服务全区、全国大局相结合，坚持稳中求进工作总基调，主动适应经济发展新常态，以提高经济发展质量和效益为中心，加快经济增长速度、经济发展方式、经济结构、经济发展动力“四个转向”，推动建设“三大产业集群”，牢牢把握发展主动权，促进经济社会转型发展、科学发展、率先发展。

一是深入挖掘投资和消费潜力，保持经济平稳增长。抓住国家产业结构调整和扩大内需的政策机遇，重点围绕重大基础设施建设、产业发展、城乡建设、公共服务和民生领域，持续扩大有效投入，开工建设一批重点项目，今年计划实施投资500万元以上项目979个，投资规模达到1275亿元，完成工业固定资产投资600亿元以上。主动适应传统市场变化和新兴消费热点需求，大力培育新产品、新业态、新模式，在促进文化旅游深度融合，建立覆盖城乡的现代物流体系和发展电子商务、健康养老等现代服务业上做足文章，加快打造科尔沁500公里文化旅游风景大道，建设大青沟、珠日河、可汗山等6个自驾车营地和扎鲁特山地草原慢行系统，力争实现全市旅游接待游客120万人次，实现旅游总收入27亿元。推进“一港四园四中心”建设，建立覆盖城乡的现代物流体系。建设通辽电子商务产业园区和400个嘎查村电商服务示范点，年内电商发展到1000家、交易额突破10亿元。推进融资方式多元化，支持中小企业通过创业板和全国中小企业转让系统进行上市融资和股权融资，把融资作为招商引资的重点，吸引更多的社会资本参与我市重点项目建设。

二是优化经济结构，加快转变经济发展方式。围绕自治区“五大基地”建设和“传统产业新型化、新兴产业规模化、支柱产业多元化”要求，加快经济结构调整和产业转型升级，提高资源综合利用率，做好资源转化和精深加工的文章，构建多元发展、多极支撑的现代产业体系，集中培育北部铝工业新材料和现代煤化工产业、中部自主创新中高端产业、南部融入东北一体化和绿色产业三大产业集群。北部铝工业新材料产业加快向规模化、精深化、高端化、新型化发展，年内新增铝工业新材料产能80万吨、产品40个，打造全国有影响力的铝工业新材料基地。增加现代煤化工产业链，加快建设蒙东新型煤化工示范基地。中部加快打造中部自主创新和现代商贸物流中高端产业集群，抓好梅花生物小品种氨基酸、玉王淀粉等15个重点项目，打造国家重要的玉米生物科技产业基地。同时抓好现代蒙医药、食品加工等重点项目，集聚科技、金融、信息等高端要素，建设区域性物流枢纽城市和科技创新城市。南部融入东北一体化和绿色产业集群，以承接东北三省产业转移、建设绿色产业示范带为突破口，加快绿色农畜产品加工园区建设步伐。大力发展清洁能源产业，重点建设一批风电、光伏、火电互补的电源点，打造千万千瓦清洁能源基地。积极引进机械加工、精密铸造、重型机械组装等项目，做大特色装备制造产业，努力构建南部四旗绿色产业和融入东北的开放经济带。

三是大力发展现代农牧业，推动农牧业大市向农牧业强市转变。围绕自治区建设绿色农畜产品生产加工输出基地，突出科技高产、生态节水、循环发展，加快推动农牧业深度转型。加快转变农牧业发展方式。新建节水高产高效粮食功能区 200 万亩，压减机电井 8350 眼，实现农业节水 5.4 亿立方米。提高畜牧业在大农业中的比重，重点发展以肉牛为重点的现代畜牧业。建设存栏超千头的科尔沁肉牛核心育种场，实施母牛扩繁“万千百十”示范工程，全市牛存栏总量力争突破 300 万头。推进农牧业标准化和品牌化建设。新建玉米、荞麦、肉牛、肉羊等 8 个优势特色产业标准化示范基地，年内实现 5 万头育肥牛的质量安全可追溯，加强生态原产地产品保护和申报工作，培育更多的农畜产品品牌。创新农牧业经营机制，发展适度规模经营的家庭农牧场，培育壮大龙头企业和合作经济组织，建立完善与农牧民利益联结机制，大力发展产业化经营。年内家庭牧场达到 3500 家，农牧民专业合作社达到 11000 家，农牧业产业化龙头企业达到 200 家。引导农村牧区土地经营权规范有序流转，年内全市流转土地达到 720 万亩，提高农牧民组织化程度。加快发展“博览”经济，创新流通方式和业态，大力推进电子商务与实体流通相结合，推动优质绿色农畜产品走出通辽，走向全国。

四是积极稳妥推进城镇化，促进城乡统筹发展。加快区域中心城市建设。将科尔沁文化的精髓融入到城市规划建设中，提升城市文化品位，延续好历史文脉，让城市留得住记忆，让百姓记得住乡愁。实施主城区“两环”、“两桥”、“六出口”等城市道路桥梁畅通工程和“四街路”改造提升工程，抓好十大公建项目，提升城市功能和品味，着力打造科尔沁文化旅游名城。建设实力县城和风情小镇，实施“一街、一路、一镇、一社区”改造工程。结合实施农村牧区“十个全覆盖”工程，推进美丽乡村建设，逐步改善乡村面貌。加强城市管理，进一步理顺城市管理体制，加快“智慧城市”建设，提升城市管理水平，实现城市管理的信息化、精细化。推进城市管理综合执法，开展城乡清洁行动计划，加大城市违法违规建筑专项整治行动。加大交通、水利、能源等基础设施建设力度。开工建设通辽至京沈客专连接线、通辽至鲁北高速公路和主城区北外环连接线工程，争取霍林郭勒民用机场 10 月底建成运营，全力推进“引绰济辽”等大型跨流域调水工程。

五是加强生态文明建设，加快建设美丽通辽。重视生态工程建设，最大限度增加生态资产。加快创建国家森林城市步伐，实施科尔沁沙地“双千万亩”综合治理工程，抓好生物多样性保护示范区、退耕还林还草、生态脆弱区移民搬迁、矿山地质环境治理等重点生态工程建设，年内完成科尔沁沙地综合治理 355 万亩、退耕还林还草 100 万亩。强化生态文明制度建设，最大限度减少环境负债。执行最严格的耕地保护制度和资源节约集约利用制度，实行最严格的水资源管理制度，抓好农牧业清洁生产、工业循环利用示范项目和示范基地建设，大力发展循环经济。强化大气、水、土壤和重金属污染综合防治，加强减排治污重点工程建设，加大环境综合整治和执法力度，下大力气解决损害群众健康的环境污染问题。

六是全面深化改革开放，增强发展新动力。以深化改革和扩大开放为突破口，最大限度激发市场和社会活力。深化重点领域和关键环节改革，大力推进简政放权，加快国有企业改革、农村牧区改革、商事和财税等重点领域改革，确保经济体制和生态文明体制改革 79 项改革任务、20 项重点改革事项和 16 项改革试点工作保质保量完成，通过全面深化改革，在自治区率先实现农牧业现代化、率先建成内陆开放高地。深入实施大开放战略，加快打造内陆沿边开放新高地。抓住国家实施“一带一路”战略、自治区建设向北开放桥头堡和沿边经济带新机遇，以建设“三大产业集群”、推动产业转型升级为目标，实施更加积极的开放战略，主动融入国家、自治区开放发展战略全局，全力推进向俄蒙开放，深化与大连、锦州等沿海港口和满洲里等陆路口岸的对接合作，构建全方位、多层次、宽领域的对外开放格局，打造草原丝绸之路重要节点城市。年内力争引进亿元以上项目 100 个，到位资金 800 亿元。

七是着力保障和改善民生，切实增加百姓福祉。计划投入资金 42.3 亿元，实施 925 个嘎查村的“十个全覆盖”工程，惠及 26.9 万户、96 万农牧民。推进“三大产业集群”带动就业 30 万人三年行动计划，确保零就业家庭动态清零。实施“三到村三到户”精准扶贫和金融扶贫富民工程，实现 1.8 万户、7 万贫困人口稳定脱贫。推进百姓安居工程，改造城市棚户区 2 万户、农村牧区危土房 3.5 万户。加大文化、体育等民生基础设施投入，建成投用 12 个民族文化专题博物馆，开工建设全民健身中心、蒙医中心医院等一批惠民项目。同时针对群众反映强烈的问题，以市本级投入为主，抓好公交管理体制改革、老旧住宅小区改造、小街小巷整治等一批民生实事，让群众实实在在感受到改革发展带来的变化和成果。

包振玉市长到科尔沁区调研大林华农农机合作社

包振玉市长接见道德模范代表

草原风景

膜下滴灌马铃薯

扎实推进各项工作 奋力开创扶贫攻坚新局面

四子王旗经济社会发展概述

中共四子王旗委员会
四子王旗人民政府

四子王旗地处自治区中部、乌兰察布市西北部，是自治区33个纯牧业旗县之一，也是全区19个少数民族边境旗县（市）之一，属于国家级贫困旗，边境线长104公里。全旗总面积25513平方公里，占乌兰察布市总面积的46%。行政区划为5个苏木、5个镇、3个乡、1个牧场。全旗总人口21.4万人，境内居住着蒙、汉、回、满等11个民族，少数民族人口2万人。全旗天然草场3214万亩，是国家北部边疆重要的生态防线，年出栏牲畜100万头（只）左右，农作物总播面积稳定在185万亩左右，马铃薯种植面积90万亩左右。境内资源丰富，已探明矿藏40余种，煤、萤石、金、铜、石膏等矿种储量大、品位高，风能、太阳能资源适宜规模开发，旅游、农牧业资源独具特色，发展前景广阔。境内有举世闻名的“神舟”飞船主着陆场和朱日和军事训练基地，担负着维护边疆稳定、保障国防建设的神圣使命。

2014年以来，面对经济下行压力的严峻考验，四子王旗旗委、政府以自治区“8337”发展思路为统领，以王君书记在我旗视察时的重要讲话精神为抓手，坚持党的群众路线教育实践活动与改革发展稳定“两手抓、两促进”，团结带领全旗各族人民，深入推进“生态立旗、农牧稳旗、工业强旗、旅游名旗、商贸活旗”发展战略，全旗呈现出经济健康发展、社会和谐稳定、民生持续改善的稳定发展态势。全年预计完成地区生产总值54亿元、增长9%，公共财政预算收入1.7亿元、增长4.62%，固定资产投资45.2亿元、增长40.6%；规模以上工业增加值15.6亿元、增长17%，社会消费品零售总额19.4亿元、增长11.5%，城镇居民可支配收入21359元、增长10%，农牧民人均可支配收入7806元、增长13%。三次产业结构比为：18.7:39.9:41.4。

三次产业稳步发展

一是围绕建设绿色农畜产品生产加工输出基地，大力发展现代农牧业。设施农业稳步推进。新增膜下滴灌3.47万亩，设施农业累计达到51.4万亩，占全旗总播面积的30%。马铃薯主导产业稳步推进，种植面积达88万亩。以马铃薯种薯繁育、仓储、加工为一体的产业化发展体系正在形成。中加农业产业园区完成投资1.8亿元，组培室、智能温室、亿粒微型薯库、日光温室及万吨种薯库全部投入使用，生产微型薯1500万粒，原种750万斤，成为全旗重要的马铃薯种薯生产基地。建成马铃薯大中型储窖12座、60吨马铃薯储窖238座，存储能力累计达到7.7亿斤。引进民丰薯业投资20亿元建设年产3万吨马铃薯系列制品项目，一期万吨马铃薯速冻薯条和全粉生产线项目开工建设。高效畜牧业快速发展。以杜蒙肉羊、肉牛、双峰驼、獭兔为主的优势特色产业稳步推进。杜蒙肉羊产业，南部牧区3个苏木完成杜蒙肉羊杂交30万只，直接参与牧户达到1700户，户均年纯收入预计可达10万元。加强“种子”工程建设，从澳大利亚引进纯种杜泊羊1280只，建成并启动年产4万枚的胚胎移植中心，实现胚胎移植生产种羊2万只。肉牛、双峰驼产业，北部禁牧区肉牛养殖规模达到3.5万头、双峰驼达到8000多峰。獭兔养殖一期投资7.5亿元的养殖园区开工建设，已建成标准化养殖单元74个，部分养殖户已入驻。

二是围绕建设全区重要的清洁能源输出基地、全市重要的化工产业试验示范基地和有色金属生产加工基地，进一步做大做强工业经济。立足资源优势，充分发挥“项目带动，投资拉动”作用，确立并开工重点工业项目11项，其中续建项目4项、新建项目7项。全旗38户规模以上工业企业完成总产值49.78亿元，同比增长16.87%，工业固定资产投资完成39.78亿元，同比增长85.4%。煤田开发方面。北京京能电力公司投资52.7亿元建设2×66万千瓦超临界坑口电厂项目，已签订项目框架协议书。江苏远景能源公司投资20亿元建设远景低碳产业园项目，《合作协议》已签订，可研正在编制。化工产业方面。永和氟化工项目累计投资12.05亿元，7个产品生产线及焚烧炉系统工程建设顺利推进，4个氟化工系统下游产品即将投入生产。引进中铝资产经营管理公司，与市、旗两级政府和浙江永和公司三方共同签订了《氟产业项目战略合作协议》，投资59.8亿元，建设包括氟化铝、氢氟酸等20个氟化工系列下游产品项目。新能源开发方面。三峡新能源一期40万KW风电项目、红格尔新

四子王旗十个全覆盖工程

能源一期 5 万 KW 光伏发电项目、中国风电 4.95 万 KW 风电项目全部开工并顺利推进，累计完成投资 16.98 亿元，新增新能源装机容量 50 万 KW，全旗装机容量累计突破 100 万 KW。矿山采掘及加工方面。白乃庙铜业公司 200 万吨技改扩建项目，完成投资 2.3 亿元。年处理 60 万吨铁矿石项目完成投资 5000 万元，近期投入生产。石材加工产业方面。富恒、乾磊两个石材采选加工项目先后投入生产，生产饰面板材 18 万多平方米。

三是围绕建设草原文化旅游观光、休闲度假基地，大力发展现代服务业。充分挖掘旅游文化资源，推动精品旅游景区建设，共接待国内外游客 70 万人（次），旅游综合收入 4.5 亿元。脑木更—大红山旅游专线道路工程全线竣工；总投资 3.63 亿元的四子部落郡王府开发项目完成整体策划，修建性详规编制有序推进。大力推进文化与旅游宣传促销工作，上演大型蒙古剧《长调》，在中国旅游卫视播出《走进金色的四子王部草原》系列专题片。积极发展现代商贸物流业。投资 1.5 亿元的盛华物流市场项目取得自治区公路货运许可批复。与此同时，汇东农贸市场、食品生产销售综合市场、九州物流配送中心、欧易购物流配送中心和 30 家便民连锁超市全部投入运营，商贸物流产业正在逐步发展壮大。

城乡基础发展条件进一步夯实

一是围绕新区上规模，旧区上档次的目标，进一步加快新型城镇化建设步伐。今年，城镇建设预算投资 11.88 亿元，其中，市政工程建设项目预算投资 5.85 亿元，共实施市政基础建设项目 19 项，完成预算投资 4.51 亿元；房建工程 6.03 亿元，共实施房建工程 37 项，完成预算投资 5.9 亿元。进一步加快新型城镇化建设步伐。新区建设稳步推进。8 条 18.07 公里市政道路及地下管网续建工程有序推进，完成投资 2400 万元；和平路、哈撒儿街、八一路等干道两侧路网绿化和铺装工程完成 6.5 万平方米，48 万平方米景观湖工程完成施工图设计。旧区功能逐步完善。完成 15 万平方米绿化工程。加大保障性住房建设管理力度，60 套公租房、400 套廉租房已完成基础工程；900 户城市棚户区改造工程签订房屋征收补偿安置协议 546 户，503 套安置住房基本具备入住条件；结合农村牧区“十个全覆盖”工程，建设养老互助幸福院 100 户。

二是围绕统筹城乡发展，促进社会和谐的发展思路，不断加强城乡基础设施建设。路网建设方面。武川—格根塔拉 68 公里一级双幅公路新建工程全部竣工，部分路段通车；乌兰花—善丹呼日勒口岸公路一期 121 公里道路工程投入使用。大清河—土牧尔台 66.5 公里公路改扩建项目投入资金 2.2 亿元，完成油面铺设。自治区下达的 23 项通村公路新建任务，建设规模 165.4 公里，完工 113.6 公里。水利建设方面。实施 47 项农村牧区安全饮水工程，惠及农牧民 11237 人。红格尔水库建设累计完成投资 2.02 亿元，完成总工程量的 35%。完成山洪灾害防治监测系统建设，群策群防水平进一步提高。电力建设方面。进一步提高电网覆盖率，农网升级改造工程共投资 7330 万元，增容改造 110 千伏变电站 1 处，改扩建 35 千伏变电站 2 处，改造 10 千伏线路 178.5 公里。生态建设方面。圆满完成了京津风沙源和巩固退耕还林工程等国家重点生态建设项目。严格实施禁牧和草畜平衡制度，加大对乱开滥垦草原行为的打击力度，全旗生态建设成果得到进一步巩固。

抓保障、重民生，扶贫攻坚工作取得明显成效

围绕“三三制”扶贫战略，以农村牧区“十个全覆盖”为重点，结合“三到村三到户”精准扶贫，不断改善农牧民生活水平。按照自治区的要求，旗委、政府将“十个全覆盖”工程作为全旗的首要民生工程来抓，采取强有力的措施扎实推进。今年，在 14 个苏木乡镇 40 个嘎查村实施了“十个全覆盖”工程。共投入资金 3.52 亿元，其中整合危房改造、街巷硬化、人畜饮水、卫生室、文化室等项目资金 2.78 亿元，群众筹资筹劳和社会筹资 0.74 亿元。完成危房改造 4165 户、街巷硬化 207 公里、村村通电 4147 户、安全饮水解决 8185 人、户户通设备 3095 套、文化活动室 16 个、标准化卫生室 12 个、便民超市 11 个，新增社会保障 10164 人。迎接了自治区各盟市的参观考察，全旗“十个全覆盖”工作得到了自治区党委、政府的充分肯定。与此同时，各项扶贫工作全面实施。积极探索产业化扶贫新模式和利益联结新机制，对 55 个重点村每个村投入扶贫引导资金 50 万元，扶持农牧民发展马铃薯、杜蒙肉羊等增收产业。大力推进金融信贷扶贫工程，帮助农牧民解决产业发展资金短缺问题。全年累计发放金融扶贫贷款 2.14 亿元，全旗金融扶贫工作走在了全市乃至全区前列。进一步提高保障标准，农村牧区最低生活保障提标 333 元，达到 3000 元 / 人，现金直补 8006 人，发放补贴资金 800.6 万元。制定了《四子王旗医疗救助实施方案》，加大对困难家庭大病患者救助力度，通过“一站式”服务救助 303 人（次）。提高新农合报销比例，共为 1.8 万农牧民报销医疗费 5230 万元。投资近 2000 万元，为 3.3 万多贫困农牧民每户发放一吨“暖心煤”；为 405 名贫困大学生提供救助资金 1400 多万元。创新工作机制，继续加强民生建设工作，采取走出去的方式，对参保单位和个人实行上门服务，督促企业参加各项保险，促进了养老保险扩面工作的开展。参保人数达 8246 人，扩面 1226 人，征缴企业职工养老保险金 5630 万元。城乡居民社会养老保险工作逐步步入正轨，参保人数达 62558 人，征缴养老保险金 1213 万元；60 周岁以上待遇享受人员 26369 人，共发放养老金 2436 万元。坚持“以民为本、民生至上”的理念，不断加大投入力度，为民承诺的“十件实事”取得明显成效。“平安四子王”建设稳步推进，“六五”普法扎实开展，人民群众安全感和满意度明显提升。大力实施“兴边富民”工程，民族宗教工作成效显著。安全生产责任体系日趋完善，突发公共事件应急处置能力进一步提高。双拥工作成效明显，圆满完成了“嫦娥三号”飞船回收保障任务。

纯种杜蒙肉羊种公羊

国电龙源风力发电项目

国电蒙电 10 万千瓦光伏发电

准格尔旗

准格尔旗因地理位置得名，“准格尔”是蒙古语，意为“左翼”。清顺治六年（1649年），清廷将蒙古鄂尔多斯部分左右两翼6旗，鄂尔多斯东部划为左翼前旗，俗称“准格尔旗”。准格尔旗地处蒙、晋、陕三省区交界地带，位于内蒙古自治区西南部，鄂尔多斯东端，东经110° 05′ -111° 27′，北纬39° 16′ -40° 20′。北与内蒙古自治区包头市的土默特右旗，东与内蒙古自治区呼和浩特市的托克托县、清水河县，东南与山西省忻州市的偏关县、河曲县隔黄河相望；南与陕西省榆林市的府谷县，西与内蒙古自治区鄂尔多斯市的伊金霍洛旗、东胜区、达拉特旗接壤。黄河沿北、东、南流经197公里，旗人民政府驻薛家湾镇准格尔路，距鄂尔多斯市府康巴什新区128公里。全旗总面积7550.8平方公里，2014年年末耕地面积78304.11公顷，林地面积217844.86公顷，草地面积396024.92公顷，沙地面积11343.53公顷，河流面积3797.04公顷，水库面积370.59公顷，坑塘面积1429.83公顷，内陆滩涂面积13437.72公顷。2014年年末全旗户籍总人口32.04万人，常住人口36.28万人，辖1个开发区（准格尔经济开发区）、1个工业基地（大路煤化工基地）、9个苏木乡镇、4个街道办事处，共159个嘎查村，23个社区，居住着蒙、汉、回、满、藏等14个民族。

2014年，全旗地区生产总值完成1106.7亿元，增长8%；公共财政预算收入76.7亿元，增长3.9%；固定资产投资710亿元，增长14.4%；社会消费品零售总额达到91亿元，增长8.3%；城镇居民人均可支配收入达到36234元，增长7.8%；农民人均纯收入达到13450元，增长10.9%。

【基本条目】

【产业转型】 2014年实施亿元以上项目57个，完成投资240亿元。工业经济转型步伐加快，新增煤化工产能45万吨、陶瓷产能1000万件；非煤产业完成投资419.9亿元，占工业总投资的77.9%。农牧业稳定发展，粮食产量1.81亿斤，年度牲畜存栏67.9万头只，新建农业示范基地1.08万亩，建成标准化养殖大户16户。一产实现增加值9.4亿元，增长3.8%。现代服务业发展成效初显，油松王景区建成投运，黄河大峡谷、准格尔召等一批旅游项目建设稳步推进，完成投资1.8亿元，接待游客人数和旅游收入分别增长22%和25%；金融机构各项存贷款余额分别为413.3亿元和325.6亿元，增长0.4%和7.1%；华夏银行批准在我旗设立综合性支行。三产实现增加值404.3亿元，增长4.7%。

【民生和社会事业】财政用于民生社会事业投入49.7亿元，占公共财政总支出的56.8%。全年城镇常住居民人均可支配收入36234元，增长7.8%，农村常住居民人均可支配收入13450元，增长10.9%。年初确定的10个方面惠民实事有效落实。全年新增城镇就业5318人，其中准旗籍大学生1290人，城镇登记失业率2.4%；建成大学生创业园，61名大学生入驻创业。新建改扩建中小学幼儿园5所，招聘教师311名，资助贫困大学生2455名，发放救助金2008.8万元。深入实施百姓安居工程，基本建成保障性住房1500套，新开工保障性住房1001套。高度关注困难群众生产生活，城乡低保保障标准每人每月分别提高15元和12元，达到499元和402元，为6271名残疾人发放补贴1728.8万元。城乡居民医疗保险筹资水平达到528元和706元，旗内定点医疗机构实现即时结报。启动实施“单独两孩”政策，人口出生率控制在8.54‰。精准扶贫扎实推进，3139人实现稳定脱贫。出台了农民工工资支付管理办法，全年累计为3210名农民工清欠工资6086万元，有效保障了农民工权益。

【城乡统筹】城市服务功能进一步完善，新增市政道路

农业开发项目区

准格尔电厂一景

25.3 公里、管网 26.8 公里；新增绿地面积 71 万平方米，绿化覆盖率达到 37.6%，人均公园绿地面积 14.3 平方米；大路新区体育场建成，新闻会展中心、文化艺术中心等公共服务项目加快推进，棚户区改造稳步实施，城市管理及小区物业管理水平进一步提升，我旗被纳入呼包鄂城市群“井”字型节点城市。龙口镇、布尔陶亥苏木、十二连城乡等小城镇建设稳步推进，薛家湾镇、沙圪堵镇被命名为国家级重点镇，龙口镇杜家峁村被评为中国传统村落。坚持把“十个全覆盖”工程与现代农牧业、扶贫攻坚、乡风文明、文化旅游、通村公路建设“六位一体”统筹推进，同步实施村镇绿化，总结推广了“一村一规划、一户一设计”建设经验，取得明显成效，得到了上级肯定和群众拥护。全年实施“十个全覆盖”项目 405 项，完成投资 3.8 亿元，其中实施危房改造 3000 户、安全饮水工程 35 处、街巷硬化 136.8 公里，建成便民连锁超市 20 个、地面数字电视发射基站 9 座、开通“户户通” 15000 户，新建和改扩建标准化卫生室 23 个、文化活动室 31 个。建设“十个全覆盖”示范点 15 个，惠及 48 个村、3 万多人口，农村面貌明显改观，公共服务水平显著提升。

【基础设施】实施铁路项目 10 个、公路项目 7 个，新增铁路里程 147 公里、通村公路 57.2 公里。建成投运大路西区 110 千伏等 3 个输变电工程，完成农网改造 761 公里。实施了巨合滩和三十顷地 2 处节水灌溉工程，完成 14.2 公里黄河堤防工程，争取到重大项目水指标 6000 万立方米。实施了京津风沙源二期治理、圪秋沟流域水土保持综合治理等一批重点生态建设工程，完成生态建设 31.2 万亩。集中开展环保专项行动，下大力气整治重点行业环境隐患和突出问题，全年削减二氧化硫 1.38 万吨、氮氧化物 1.63 万吨，单位 GDP 能耗预计下降 3.81%，全面完成了年度节能减排任务。

【深化改革】启动了工商登记、财税体制等 225 项改革任务，县级公立医院、农村小型水利工程管理体制改革试点率先启动。加大简政放权力度，全面推行“两减两化两提高”行政服务模式，新政务服务大厅建成投用，进驻部门和中介服务机构 55 个，涉及行政审批和服务事项 565 项，建立嘎查村便民代办点 145 个，提高了服务效率，方便了企业和群众办事。科技创新力度加大，新增企业、个人专利授权 63 项。

【社会管理】严格落实安全生产政府监管责任和企业主体责任，安全生产事故死亡人数下降 20%。扎实开展领导干部“大接访”活动，接待来访群众 546 批 3201 人次，答复处理率达到 97.6%。继续规范提升旗长热线办理水平，全年累计受理来电事项 2596 件，办结率达 97%。高度重视食品药品安全工作，未发生安全事故。完成政府性债务甄别工作，净化解政府债务 18.97 亿元。严厉打击各类违法犯罪活动，刑事案件发案同比下降 30.2%，治安案件查处绝对数比上年提高 9.5 个百分点。

【自身建设】扎实开展党的群众路线教育实践活动，认真落实作风建设各项规定，严格执行“约法三章”，坚决整治“四风”，政府系统作风明显转变。旗本级清理规范性文件 62 个、议事协调机构 314 个，“三公”经费压缩 43%。全旗清理超标超配公车 625 辆、超标办公用房 12801.9 平方米。自觉接受人大、政协和社会各界监督，办结人大代表建议 52 件、政协委员提案 61 件。积极推进政务公开，严格执行“三重一大”规定，强化行政监察和审计监督，廉政建设和反腐败工作取得新成效。

与此同时，民族宗教和精神文明工作深入推进，荣获“全国民族团结进步模范集体”，进入全国文明城市创建提名旗县，十二连城乡被评为“全国文明村镇”。国防后备力量建设、群众体育、武警消防、人民防空、气象地震、新闻广电、史志档案、外事接待、妇女儿童、老龄慈善、双拥工作等各项事业取得新成绩。

全国文明城市创建提名旗县，准格尔夜景

贯彻落实“四个全面”战略布局 全面提升公司科学发展水平

蒙能集团公司董事长　党委书记　薛昇旗

蒙能集团公司放眼全国能源行业，与安徽淮南矿业集团签署战略合作协议。

党的十八大以来，以习近平同志为总书记的党中央，在治国理政的进程中，提出了一系列新思想、新观点、新论断。从党的十八大强调“全面建成小康社会”，到党的十八届三中全会部署“全面深化改革”，再到党的十八届四中全会要求“全面依法治国”、党的群众路线教育实践活动总结大会宣示“全面从严治党”，“四个全面”战略布局清晰展现。“四个全面”的战略布局，既有战略目标，也有战略举措，每一个“全面”都具有重大战略意义。全面建成小康社会是党的十八大提出的总目标，全面深化改革与全面推进依法治国，则如大鹏之两翼、战车之两轮，共同推动全面建成小康社会奋斗目标顺利实现。全面深化改革、全面依法治国、全面从严治党，作为三大战略举措，都要为全面建成小康社会服务，也要体现在全面建成小康社会的进程中。“四个全面”既是新时期我们党治国理政的总方略，对于国有企业来讲，也是新形势下改革发展的基本方针。

内蒙古的国有企业作为自治区经济基础的重要体现，必须要自觉站在党和国家发展的全局，按照自治区党委、政府的要求，以“四个全面”思想为统领，自觉服从自治区经济社会发展大局，深刻理解“四个全面”思想的内涵，正确把握“四个全面”思想的基本要求，紧密结合实际，坚定地把“四个全面”的战略部署贯彻落实到具体工作中，在生产经营和改革发展过程中，顺应时代要求，顺应国家大局，顺应发展趋势，在国有资产保值增值、生态环境保护、民生保障方面要充分发挥好政治责任、经济责任和社会责任，为全面建成小康社会做出实实在在的贡献。

贯彻落实“四个全面”，必须始终坚持转型发展，更加注重提质增效。当前，中国经济进入“三期叠加”和新常态。就电力能源行业来讲，能源需求增速放缓，电力结构调整加速，电力改革逐步深化，污染物排放标准更加严格，传统粗放的电力能源生产和利用方式面临严峻挑战。所以，蒙能集团作为自治区的能源电力企业必须要保持战略定力，努力以适宜的速度、适当的方式、更高的效率、更好的质量，继续保持企业平稳健康发展。在发展上要遵循经济发展规律、企业成长规律、项目建设和生产规律。重点在调整产业结构，转变发展方式上下功夫，坚持从依靠消耗资源和环境承载能力发展转向绿色低碳循环发展。要紧紧围绕自治区“8337”发展思路，围绕传统产业新型化、新兴产业规模化，实行煤电联营、煤电热汽和煤电供一体化经营，适度规划建设煤矸石

蒙能集团公司于2014年7月25日正式回归自治区管理后，严格按照现代企业制度要求，规范企业运作。

自治区副主席常军政赴蒙能集团公司金山电厂调研

循环流化床发电和园区热电机组等区内用电项目，重点规划建设超超临界火电项目和新能源项目，通过新型化和规模化，从传统产业向现代产业延伸，从外延创效向内涵增效转变，经济发展动力从传统增长点转向新的增长点，推动新常态下企业发展转换新动力、取得新突破，做到调速不减势、量增质更优。

贯彻落实“四个全面”，必须始终坚持改革创新，持续增强发展活力。党的十八届三中全会后，国资国企改革的大幕已经拉开，去年7月六家央企率先启动国企改革试点：国家开发投资公司、中粮集团被纳入国有资本投资公司试点；中国医药集团总公司、中国建筑材料集团有限公司被纳入发展混合所有制经济试点；中国节能环保集团公司、新兴际华集团有限公司、中国医药、中国建材被纳入董事会行使高级管理人员选聘、业绩考核和薪酬管理职权试点。

2014年以来，自治区国资国企改革步伐也在加快，新组建的矿业集团、交通投资公司、能建集团和蒙能集团都建立了外部董事过半数制度。作为国有企业，我们要牢牢抓住深化改革的历史性机遇，认真落实中央和自治区的改革部署，真心拥护改革、主动适应改革、自觉投身改革，在改革中不断完善自我、提升自我。具体来说，能源电力作为传统产业，核心是“改”，加强顶层设计，改革体制机制，推进企业治理结构和治理能力现代化，创新体制机制规范管理新模式，充分激发企业创新创造活力。重点要推行股权多元化改革，积极引进区内外有实力的国有和民营能源企业和电力大用户，引进投资，放大投资功能，分散投资风险；积极推进机构和人事改革。理顺劳动、考核、分配关系，形成优劳优酬、多劳多得的利益分配格局。此外，能源电力企业要认真研究《中共中央、国务院关于进一步深化电力体制改革的若干意见》，围绕大用户直供电、微电网、售电营销等改革机遇，抓紧政策的深度研究，拓展新业务，增加新的利润增长点。

贯彻落实“四个全面”，必须始终坚持依法治企，切实保障健康发展。习近平总书记在十八届四中全会上，对依法治国进行了全面部署，自治区党委、政府也多次要求加快依法治企的进程。什么是依法治企，我理解，法是一个广义概念，既包括国家和自治区的法律法规，也包括公司自身的管理制度。作为国有企业，依法治企就是把依法治国的理念和要求转化为依法治企的行动。必须大兴学法用法之风，着力提高运用法治思维和法治方式的能力，全面推进企业规范管理。要坚定法治的思路，恪守法治的精神，推行法治的措施，在法治的框架内全面推进企业改革发展、安全生产、民主管理，把依法治国的理念贯彻落实到企业管理的各个领域、每个环节，让企业的科学发展遵从法治规范，符合经济规律，创造社会价值，增进职工福祉。

贯彻落实“四个全面”，必须始终坚持从严治党，着力强化政治保证。国有企业党的建设，就是要确保党组织参与决策、主导用人和保证监督三项职能落实到位，这是国有企业党的建设的鲜明特点和独特优势。国有企业从严治党，就是要使党组织的政治核心作用组织化、制度化、具体化。目前，我们国有企业在党建方面普遍存在一些问题，党务工作者的能力素质不足、党组织的政治核心作用发挥不到位、党组织对全面从严治党的重要性和紧迫性认识不到位、党组织的工作成效、服务中心不到位等问题普遍比较突出。所以，国有企业必须要全面落实从严治党责任，坚持思想建设要严，干部管理要严，组织建设要严，作风建设要严，制度执行要严。落实到具体工作中，关键在企业的领导干部，所以必须要把各级领导干部守纪律讲规矩放到更加重要位置，牢固树立纪律观念和规矩意识，加强对党员干部的教育引导，让他们加强对党章、党纪、国家法律的学习，切实增强党性意识、政治觉悟和组织观念，进一步强化纪律观念和规矩意识。要加强对纪律执行情况的监督检查，对不守纪律的行为要严肃处理，对苗头性、倾向性问题抓早抓小，防止小错酿成大错、违纪走向违法。要严格落实从严治党的责任，牢固树立抓好党建是最大的政绩的理念，坚持把党建工作和生产经营工作一起谋划、一起部署、一起考核。在落实责任制方面要强化“一岗双责”的意识，要求各级领导干部在抓好分管业务工作的同时，要努力抓好党建工作，加强党员队伍建设，严肃党内政治生活，坚持科学民主决策，树立正确用人导向，坚持风清气正才能出政绩，建设良好政治生态环境，全面提高企业党的建设科学化水平。

总之，“四个全面”战略布局的提出，使当前和今后一个时期，党和国家各项工作关键环节、重点领域、主攻方向更加清晰，内在逻辑更加严密。通过对“四个全面”的贯彻落实，国有企业的改革发展思路将更加明确，工作重点更加突出，经营管理水平也会得到显著提升。

蒙能集团公司所属的火电项目始终坚持发展与环保并重的原则，努力建设环境友好型企业。图为准大发电厂花园式厂区

新年伊始蒙能集团召开工作会，安排部署全年工作。

内蒙古能源发电投资集团有限公司企业的基本情况

黄河万家寨水利枢纽有限公司为国家水利部、山西省、内蒙古自治区三方共有，蒙能集团公司代表自治区政府持有 33% 股权，拥有权益容量 50 万千瓦。图为黄河万家寨水力发电机组全景。

蒙能集团公司严格安全管理，启动安全生产月活动。

内蒙古能源发电投资集团有限公司（简称：蒙能集团），是在原内蒙古能源发电投资有限公司的基础上，2009 年与国电集团公司重组，2014 年 7 月经过股权调整后重新成为自治区国有独资的大型综合性能源投资集团企业，注册资本金 80 亿元人民币。

公司以煤为基础、电为主体、多元产业协同发展。目前，公司下设 21 个二级单位，职工总数 3800 人。拥有投产机组、权益容量、在建机组、核准待建和取得路条电力装机容量 986 万千瓦。其中，投产火电装机 300 万千瓦，核准在建 134 万千瓦，取得路条 132 万千瓦；投产风电装机 15 万千瓦，在建和待建风电及光伏项目 55 万千瓦；持有华能北方电力公司 19% 的股权，权益容量约 300 万千瓦；持有黄河万家寨水利枢纽公司 33% 的股权，权益容量 50 万千瓦；持有锡 -- 乌铁路公司 10%、中国水务公司 1.67%、锡林河水务公司 30% 股权；供热能力 3200 万平方米，承担城区供热面积 1100 万平方米；拥有年产煤能力 600 万吨的胜利西三露天矿，2014 年 12 月，获得纳林希里 25 亿吨煤炭资源配置；拥有电建、调试、招标、煤炭销售、物资供应等专业资质和队伍。截至 2014 年 12 月底，资产总额 277.51 亿元，资产负债率 79.54%。

按照自治区党委、政府确定的传统产业新型化的发展思路，立足于自治区煤炭资源的整合与配置，推进煤电产业的转型升级；立足于自治区煤炭资源的转化延伸和深加工综合利用；立足于自治区风、光和天然气资源优势，统筹自治区清洁能源的开发利用；立足于自治区水资源的相对比较优势，提升全区水资源的综合利用水平，通过战略规划引领，推进体制创新、机制创新和管理创新，努力把公司打造成自治区清洁能源输出基地、现代煤炭资源的深度加工和综合利用生产示范基地建设的国有大型能源骨干企业集团，实现国有资产保值增值。

蒙能集团公司致力于打造自治区清洁能源基地建设，到 2014 年年底已投产风力发电装机 15 万千瓦。图为蒙能集团公司二连浩特风力发电场。

蒙能集团公司举办 2014 年职工羽毛球比赛

蒙能集团公司召开全面谋划 2014 年工作座谈会

美丽富饶 具有特色的宜居 宜业新城
——达拉特旗

城市建设日新月异

盛况空前的国际马文化节

沙漠驼队

蓬勃发展的现代农业

智能温室

循环发展的能源化工产业

特色獭兔养殖

适应新常态 推动新发展
奋力开创达拉特转型发展新局面

达拉特旗委副书记、政府旗长 奇·达楞太

旗委书记白永平、政府旗长奇达楞太调研城市管理

达拉特旗地处“呼包鄂”经济圈腹地，北与包头市隔河相望，是鄂尔多斯市的北大门。全旗总面积8200平方公里，辖1苏木、7镇、6个街道办事处，有开发区、园区4个，总人口36万。近年来，在自治区、市党委、政府的正确领导下，全旗上下深入贯彻落实“8337”发展思路，紧紧围绕富民强旗总体目标，牢牢把握自治区“扩权强县”试点和鄂尔多斯县域经济发展示范区建设等有利契机，加快转变发展方式，推进城乡统筹发展，全力保障改善民生，经济社会各项事业取得了长足发展。2014年，全旗完成地区生产总值495亿元，公共财政预算收入20.2亿元，全社会固定资产投资260.3亿元，城乡常住居民人均可支配收入31589元和13378元，成为自治区县域经济十强旗县之一。

当前，经济发展进入新常态。在新常态下，深入贯彻“8337”发展思路，全面落实鄂尔多斯市委三届五次、六次全委会精神，达拉特旗要坚持以科学发展、富民强旗为统领，加快工业化、信息化、城镇化、农牧业现代化，着力稳增长、促转型、防风险、惠民生，全力打造新型工业、绿色农畜产品生产加工输出、文化旅游休闲度假、生态文明示范“四大基地”，努力建设服务“呼包鄂”、连接“晋陕宁”、辐射“京津冀”、面向全中国的重要经济增长极和“呼包鄂”地区富有特色的宜居宜业新城。力争到2017年，整体发展水平和速度进入鄂尔多斯市中等偏上行列，为全面建成小康社会奠定坚实基础。

加快推进产业转型，全力打造“四大基地”

在提升发展水平、增强经济实力上实现新突破

按照“做精一产、做优二产、做活三产”的发展思路，加快产业转型升级步伐，推动传统产业新型化、新兴产业规模化、支柱产业多元化，构建多元发展、多极支撑产业体系。

一是做精做细现代农牧业，打造绿色农畜产品生产加工输出基地。达旗是全国粮食生产先进单位、国家千亿斤粮食增产示范基地，是鄂尔多斯市发展现代农牧业的主阵地。全旗现有耕地225万亩，其中建成高效节水农业70万亩，综合机械化水平达到91%；粮食、蔬菜、牧草、乳肉、水产等几大产业初具规模。下一步，将立足比较优势，坚持走规模化发展、标准化生产、品牌化增收、市场化营销的路子，推动农牧业转型发展。力争到2017年，打造形成横跨东西的涉水产业、粮油作物、饲草料作物、乳肉养殖“四条产业带”，树林召、展旦召片区和白泥井、吉格斯太片区“两个蔬菜主产区”，风水梁獭兔、高头窑生猪“两个集中养殖区”，万通、风水梁、恩格贝、惠民、五股地“五个农畜产品加工物流及休闲观光综合园区”，形成“种养加销”高附加值的产业链条，提高农牧业的规模效益、市场效益和农牧民增收效益。

二是做优做强新型工业，打造新型工业基地。近年来，达旗超前谋划，转型升级、结构调整与做大总量同步推进，初步形成了煤电、化工、冶金、建材、高新技术等几大产业集群，被自治区确定为工业十强旗县。下一步，将坚持工业主导地位不动摇，以资源转化、链条延伸为重点，着力优化产业结构，推动工业转型发展。按照精细化管理、品牌化包装、一体化经营的思路，加快煤炭洗选配一体化发展，推进煤炭产业洁净化发展，到2017年，原煤销量达到5000万吨，煤炭总洗选发运能力达到1亿吨。深入实施资源转换战略，加快发展低热值煤电产业，推进电力产业绿色化发展，到2017年，电力总装机容量达到600万千瓦。大力延伸煤制甲醇、甲醇转烯烃等煤化工产业链条，发展下游产品。到2017年，甲醇产能达到200万吨，烯烃产能达到60万吨。围绕构建“煤—电—铝—铝深加工—废铝回收—再生铝”产业链，推进煤电铝一体化发展，打造铝产业成本最低基地和产值超千亿元的铝产业园区。到2017年，氧化铝、电解铝、高纯铝产能分别达到120万吨、45万吨和4.2万吨，电子铝箔、腐蚀化成箔产能达到6万吨和1.26万吨，铝深加工产能达到20万吨。围绕打造集生产、研发、物流、销售于一体的建材产业集群，不断提升陶瓷、PVC、CL建筑材料等发展规模和质量

档次。到2017年，形成年产2亿平方米抛光砖、480万件镁质强化瓷、50万吨PVC深加工、300万平方米CL建筑材料的产能。加快高新技术产业化、市场化和规模化，争取在煤化工、生物化工、冶金、建材、云计算、新能源等领域培育一批具有自主知识产权和较强竞争力的优势企业。坚持把发展清洁能源作为工业转型的主攻方向之一，加快推动光伏产业发展壮大，力争用3—5年的时间，把达旗打造成自治区重要的光伏产业基地。

三是做大做活文化旅游业，打造文化旅游休闲度假基地。达旗境内有闻名全国的响沙湾、恩格贝等旅游景区和昭君坟、王爱召等风景名胜，建成A级以上景区8处，其中5A级景区1处、4A级景区4处、3A级景区3处，是自治区A级景区最多的旗县之一。2014年，全旗接待游客131.1万人次，实现旅游收入36.4亿元。下一步，将文化旅游业作为转型发展的主攻方向，以"乡村休闲度假旅游标准化建设"为核心，以沙漠度假、户外运动为基本特色，推进文化旅游融合发展，提升达拉特旅游品牌影响力。重点打造以响沙湾、恩格贝为主的横跨东西的沙漠休闲度假和户外运动带，以沿黄湿地、现代农业、农庄经济为主的黄河风情和现代农业休闲观光带，以展旦召草原、邦成、万通为主的草原风情旅游区的"两带一区"文化旅游休闲观光区。依托自然风光、古迹遗存、温泉资源，深度开发沙漠探奇、温泉娱乐等特色旅游，打造温泉之都、休闲胜地，推动文化旅游业由"夏季旅游"向"四季旅游"转型，由"观光型"向"休闲度假型"转变，加快建设旅游形象独特、品牌知名度高，产品丰富、业态发达、功能完善、服务优良的沙漠度假、户外运动和全国乡村度假旅游目的地。力争到2017年，年接待游客突破300万人次，实现旅游总收入40亿元。

四是筑牢生态绿色屏障，打造生态文明示范基地。目前，达旗森林总面积406.9万亩，森林覆盖率、植被覆盖度分别为28.6%和78.8%。下一步，将牢固树立生态立旗、环保优先理念，坚持开发与保护并举、源头治理与制度建设并重，坚定不移地推进生态文明建设。严格执行禁牧禁垦政策和草畜平衡制度，推进生态自然恢复区建设，建设稳定的绿色生态屏障；坚持适地适树适草，抓好重大生态工程建设，促进地区生态持续改善，到2017年，全旗森林覆盖率和植被覆盖度分别达到29.8%和82%。大力发展循环经济，强化节能减排，坚决杜绝引进其他地区淘汰的落后产能。对引进建设项目，实施更加严格的环保制度，从源头上减少和控制污染，让达拉特天更蓝、山更绿、水更清、人与自然更和谐。

着力推动城市转型，努力建设品质城市
在夯实城乡基础设施、实现城乡一体发展上取得新进展

当前，达旗城镇化已从数量扩张进入质量提升的阶段。我们将抓住中央、自治区、市推进新型城镇化、打造"呼包鄂"城市群的有利机遇，加大城乡基础设施建设力度，提升城镇化的质量内涵，促进产业和人口高效集聚，加快构建城乡一体、区域统筹、协调发展的新格局。

一是以打造城市核心区为重点，在提升宜居水平、建设品质城市上迈出新步伐。目前，达旗城市核心区面积30.7平方公里，城镇人口近20万，城镇化率56.4%。通过近年来的建设，城市功能逐步完善，承载能力全面提升，人居环境日益改观。下一步，将按照"西进北扩、融入包头、跨河共建、生态共保"的发展思路，城市建设重点在完善功能、提升品位、强化管理上下功夫，推进由"规模扩张"转向"质量提升"。坚持以人为核心的新型城镇化理念，突出城市特色建设，把黄河、草原、民族等地域文化元素融入到城市景观、特色建筑、园林绿化当中，全面建设品质城市。按照"集中连片、整体推进"的思路，加大棚户区改造力度，争取利用5—8年的时间完成改造任务。以创建国家卫生县城、自治区文明县城为契机，加大城市形象宣传，打造亮丽城市名片。坚持"建管并重、重在管理"的原则，完善城市管理体制机制，加强城市精细化管理，全面提升城市管理的规范化、精细化、立体化、智能化、人本化水平。

二是以"十个全覆盖"工程为抓手，在完善农村牧区基础设施、提高农村牧区发展水平上迈出新步伐。达旗是鄂尔多斯市工程实施的重点旗区，也是难点地区，仅改造危房1.98万户。2014年，已覆盖34个嘎查村；今年计划投资12.7亿元，覆盖53个嘎查村，现已全部开工；两年实施的87个嘎查村将占到3年总任务量的67%。下一步，将以沿河渗漏区、贫困嘎查村为重点，坚持因地制宜、实事求是，宜居宜业、突出特色，"缺什么、补什么"的原则，按照"十个全覆盖"与现代农牧业、文化旅游、扶贫攻坚、乡风文明、乡村公路建设"六位一体"和村庄绿化、集体经济、基层组织"三项建设"的要求，加快"水电路讯房"等基础设施向农村牧区延伸，推动"文教社卫商"等公共服务向农村牧区覆盖，确保到2016年底，全旗130个行政嘎查村实现"十个全覆盖"，农村牧区环境面貌有大提升、农牧民生活方式有大转变、农牧民经济收入有大提高。

在推动产业转型、城市转型的同时，将加快重点领域改革，推动创新创业，增强转型发展动力、活力和竞争力；更加注重保障和改善民生，着力构建教育、就业、社保、医疗、住房、扶贫"六大社会保障体系"，努力让城乡居民学有优教、病有良医、住有所居、乐有所属、老有颐养、劳有丰酬；加快社会治理创新，深入推进"平安达拉特"建设，让达拉特旗成为民族团结、社会和谐、人民安居乐业的福地。

达拉特发电厂

锡林郭勒职业学院简介

锡林郭勒职业学院成立于2003年5月，是自治区人民政府批准，教育部备案的全日制普通高等职业院校。建院以来，始终坚持打造锡盟未来发展的人才教育基地，建设新农村、新牧区、提高农牧民素质的培训教育基地，提升职工文化水准的继续教育基地和民族职业教育示范基地的办学定位，秉承“成就每一个人”的教育理念，以建设可持续发展的锡林郭勒职业学院为奋斗目标，内强素质，外树形象。在自治区、盟委行署的大力支持下，学院已经成长为采用蒙汉双语教学，集医学护理、机械电力、煤炭化工、草原生态、畜牧兽医、民族艺术与体育等多专业协调发展的综合类民族职业院校。

学院占地面积1610亩，建筑面积37万平米。设有医学院、机械与电力工程学院、草原生态与畜牧兽医学院、蒙古语言文化与艺术学院、齐·宝力高国际马头琴学院等13个教学单位，开设护理、电厂设备运行与维护、畜牧兽医、蒙古语播音与节目主持等39个高职专业和28个中职专业。在校生19555人（其中全日制在校生12537人，成人及电大远程学历教育生6901人，留学生117人），每年完成各类职业技能培训3万多人次。形成了全日制教育和成人教育并举、学历教育和职业培训并重的办学格局。

学院现有在职教职工1054人，其中，具有副高级以上职务人员343人。博士、在读博士7人，硕士、在读硕士128人，双师素质教师占专职教师比例达到50%以上，自治区有突出贡献中青年专家2人。目前有自治区级教学名师、教坛新秀5人，优秀教学团队4个，20名院级教学名师，10名院级杰出青年教师。

学院坚持以教学为中心，质量工程建设取得显著成效。畜牧兽医、护理、水土保持、助产、学前教育等5个专业为自治区级品牌专业；《家畜繁殖技术》、《高等数学》、《电工技术》、《食品卫生与微生物检验技术》、《动物防疫与检验》、《产科护理》、《健康评估》、《药物化学》、《基础会计》、《天然药物》、《儿童文学》、《正常人体结构与功能》、《外科护理》、《基础化学》等14门课程被评为自治区级精品课程；护理技术核心课程教学团队、动物防疫与检疫教学团队、助产专业核心课程教学团队、机电一体化技术教学团队等4个教学团队被评为自治区级优秀教学团队；“煤炭深加工与利用”专业被列为教育部、财政部支持建设项目专业；《草原保护学》、《播音主持心理学》、《学前教育学》等七部教材入选2011年全国大中专院校蒙古文教材编译出版选题并陆续印刷出版。

学院坚持以科研促教学，教科研水平不断提高。成立了内蒙古社科院锡林郭勒分院，草原科学研究中心，元上都研究中心，蒙餐文化研究协会，蒙古文化研究所，职业教育研究所等科研机构。建院以来，我院教师主持或参与的科研课题共211项。其中，主持和参与的国家级课题或科研项目有14项，内蒙古自治区级课题或项目44项，锡盟和院级课题153项。获得国家科技进步二等奖1项，获内蒙古自治区科技进步二等奖1项、三等奖2项，获内蒙古自治区社科奖5项，

图书馆

体育馆

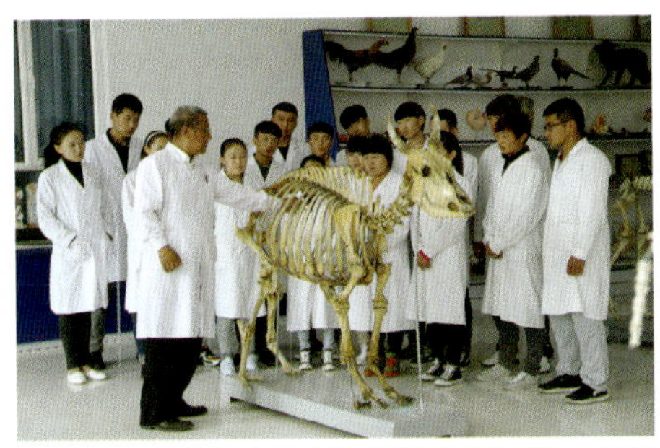
草原生态与畜牧兽医学院孟都巴雅尔老师为学生讲授动物解剖理论

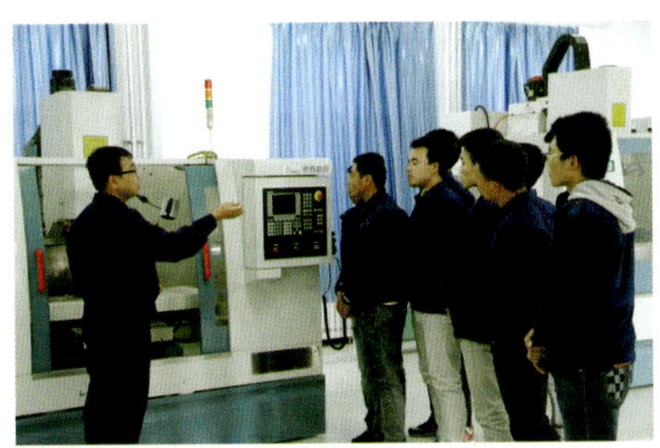
机械与电力工程学院赵牧原老师为学生讲解数控加工实操要领

实践教学

获内蒙古自治区民族教育科研成果三等奖一项，省级教学成果奖5项，神农中华农业科技二等奖1项，农业丰收一等奖1项，教师、学生登记发明专利各1项。我院教师编辑出版著作81部，在各级各类学术期刊上公开发表的学术论文总数1351篇。

学院坚持毕业生双证书制，职业技能培训鉴定工作成效凸显。学院获得国家职业资格统一鉴定培训机构、国家通用工种职业技能鉴定所、农业部农业行业特有工种职业技能鉴定站、自治区专项职业能力考核机构、国家职业核心能力培训认证站等国家职业技能培训鉴定资质，自治区远程职业技能培训定点机构和高技能人才培训基地已被人社厅批准。现有培训鉴定工种107个，每年培训鉴定各类职业人员近1万人次，毕业生离校前可全部获得代表学历的毕业证书和代表职业素养的职业技能证书。

学院坚持以服务为宗旨，以就业为导向。毕业生就业率稳定在95%以上，连续数年被评为“自治区高校毕业生就业工作先进集体”。目前学院有校内实训室101个，设备总量为13673台套，总值近2亿元，校内实训室学年使用频率224万人时；建设了锡林河旅游度假区、驾驶员培训中心等校内实训基地。学院与锡盟医院等139家企事业单位签订协议，建设了校外实习实训就业基地。

学院凝心聚力、创新发展、开拓外事工作新局面。近年来，面向蒙古国组织开展了现代畜牧实用技术、蒙医五疗、电焊、维修以及导游等20个专业领域的各级各类短期培训910人次，受到了学员的一致好评。截至目前，我院已陆续与蒙古国国际大学、农业大学、科技大学、杭盖大学、民族大学、民族体育学院、蒙古国农业部、蒙古国前杭爱省政府、以及蒙古国劳动部所属的蒙古国苏赫巴特省、中央省等9个省职业学校等共20余所院校与机构建立合作关系，通过交流互访，扩大了合作共识，在派送留学生以及开展各级各类师资培训等方面展开了卓有成效的合作；建立与日本国新泻产业大学、东京日本语学校等院校的合作关系，近两年我院共派送赴日留学生40余名。申请设立了日语GNK国际考试考点，已得到教育部的批准，为赴日留学创造更加便利的条件。开拓了日本宫田学园、早稻田语言学校以及日本东京工业大学的合作关系；与美国内布拉斯加州立大学及瑞典克里斯蒂安斯塔德大学建立了合作伙伴关系并达成了互派师生交流学习等合作意向；与德国汉斯赛德尔基金会合作，就学院选送一线骨干教师及管理者免学费赴德国接受专业培训达成了具体合作意向。

学院围绕贯彻落实自治区“8337”发展思路，不断调整专业设置和课程设置，大力开展实训中心建设：围绕汽车、机电设备、矿山工程机械制造需要，重点打造装备制造实训中心；围绕煤制甲烷、煤制醇醚等需要，打造现代煤化工实训中心；围绕热电、风电及电力输送需要，打造能源与电力实训中心；围绕草原生态保护和绿色农畜产品生产与加工工艺需要，打造了畜牧业工程实训中心；围绕民族体育传承与发展需要，建设了民族体育实训中心；围绕民族文化与艺术的传承弘扬及开发草原观光旅游资源需要，建设了民族艺术实训中心；围绕民生和社会需求，建设了医学实训中心。

学院先后获得自治区“五一劳动奖状”、“民族团结进步先进集体”、“全区就业培训先进院校”、“高校就业工作先进集体”、“全区普通高等学校学生工作先进单位”、“全区思想政治工作先进集体”“全区普通高校学生工作先进单位”等称号，2013年10月被确定为自治区示范性高职院校立项建设学校，2014年7月荣获“全国毕业生就业典型经验高校”称号，成为全国50所获此殊荣的高校之一，2015年被自治区确定为“全区普通高校示范性就业指导中心”。

作为内蒙古地区高职高专示范院校，今天的锡林郭勒职业学院正面临着前所未有的历史机遇，我们将继续秉承以社会需求和就业为导向，服务地区经济建设的办学宗旨，紧紧围绕地方经济社会发展需要和产业布局开办专业，切实提高教育教学质量和科研水平，进一步增强核心竞争力，努力把锡林郭勒职业学院全面建设成为可持续发展的、特色鲜明的高水平院校。

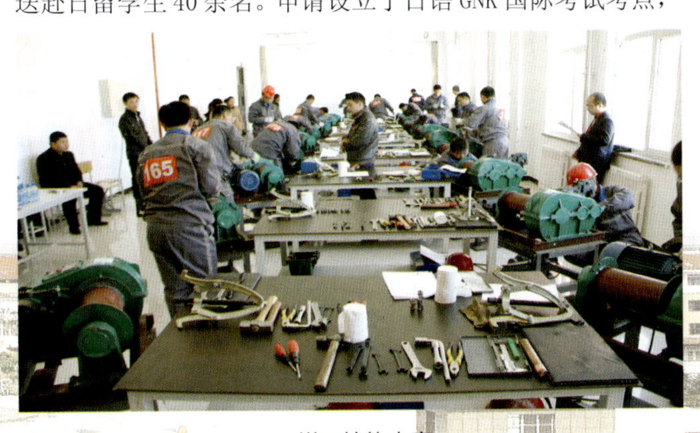
钳工技能大赛

机电工程学院电焊工实操课

新建本科院校
转型发展与应用型人才培养研究

——基于赤峰学院的实践探索

赤峰学院院长 雷德荣

赤峰学院党委书记 李春林

赤峰学院院长 雷德荣

党的十八大报告首次提出全面建成小康社会。2013年3月19日，自治区党委书记王君在全区传达贯彻全国两会精神干部大会上，提出了“8337”的发展思路。习近平总书记考察内蒙古自治区时，站在时代和实践发展的新高度，要求内蒙古“把祖国北部边疆这道风景线打造得更加亮丽”。赤峰学院作为赤峰市唯一一所本科院校，要分析研判高等教育发展趋势，结合地区实际，立足自身情况，深入探索学校转型发展与应用型人才培养之路，努力为全面建成小康，实现自治区“8337”发展思路，切实打造祖国北部边疆经济亮丽风景线贡献自己的力量。

一、新建本科院校的发展背景

党的十八大报告对全面建成小康提出要求：“要转变经济发展方式取得重大进展；通过增强创新驱动发展新动力。”结合这一要求和布局，国家在高等教育领域做出调整，国务院颁布《关于加快发展现代职业教育的决定》，有人认为国内高等院校即将迎来自1999年扩招后又一次大规模变革。对此，业内人士将其形容为“高等教育领域内的革命性调整”，他们寄望这轮改革帮助中国破解高等教育、经济结构、社会就业等多方面存在的问题。

1.大学社会服务功能的缺失

中国作为大学建立和发展的后发国家，在大学功能的实现上存有不足，特别是在大学社会服务功能实现方面存有短板，无论是重点大学还是一般本科院校，社会服务意识和能力与西方大学相比较还有很大的差距。因此，新建本科院校要紧紧抓住“社会服务”这一大学功能，将服务社会作为学校发展的重要目标。

2.“就业难”与“用工荒”背后的地方院校发展

在高校毕业生找不到工作的同时，我国作为世界头号制造业大国，目前许多企业招不到合适的员工，出现了“用工荒”。我国也正在经历由低端制造业向高端制造业转型，新兴产业的发展需要高层次应用技术和技能人才的支持，随着我国劳动密集型产业比重下降，资本密集型和技术密集型产业比重的增加，我国对应用型人才的需求越来越大。

“就业难”与“用工荒”同时出现，需要国家下大力气培养应用型人才，这也就给了“就业最难”的地方新建本科院校提供了千载难逢的发展机会。

校园风貌

3. 自治区"8337"发展思路和赤峰市经济社会发展战略为学校发展指明方向

赤峰学院的转型发展是向区域型高校转型，是要发挥大学的社会服务功能，是向更好的为自治区、赤峰市发展服务的方向转型。因此，自治区"8337"发展思路提出的8个建成，3个着力，3个更加注重，7个工作重点，赤峰市提出的经济社会发展战略，就为赤峰学院转型发展，特别是学科专业建设、师资队伍建设，以及人才培养指明了方向。

二、新建本科院校发展定位

国家力图通过大力发展职业教育，帮助中国破解高等教育、经济结构、社会就业等多方面存在的问题。对于像赤峰学院这样的新建本科院校来说，难得的历史机遇已经摆在眼前，但同时更要保持清醒的头脑，准确定位学校发展方向。

赤峰学院作为多科性大学与工科院校相比较，并非完全意义上的职业教育。赤峰学院的医学与师范等专业的专业性较强，而且对职业道德要求又极高，因此应定位为应用型；而工科、经管、计算机等专业可以按照应用技术型的要求培养相应人才；而小部分具有学术研究传统基础学科，比如物理、历史，应该仍然按照学术型的方向发展。赤峰学院还要与其他职业院校进行深度合作，形成以赤峰学院为龙头的职业教育体系。赤峰学院的定位应该是区域性应用技术型本科院校，与传统的本科院校具有显著区别，注重对学生进行职业教育和职业素质培养，除此之外还要根据自治区"8337"发展思路和赤峰市经济社会发展战略，进一步增加应用技术型专业，使学校专业建设与市场需求紧密结合。

三、新建本科院校的转型发展与应用型人才培养

1. 赤峰学院转型发展与应用型人才培养的实践探索

2010年，赤峰学院提出了"转型发展"战略，明确了"融入赤峰、服务地方、办出特色、转型发展"的办学理念，确立了培养"应用型、复合型、创新型"人才的人才培养目标，提出了"将学校建设成为内蒙古中东部地区重要的人才培养高地和科技文化创新基地"的战略目标，走上了"开门开放开明"的办学之路。

赤峰学院近年来转型发展工作所取得的成绩有目共睹。教育部专家组对该校在顶层设计、办学定位、办学理念、发展策略等方面的思路和举措给予了充分肯定。《中国教育报》、《中国经济时报》、《内蒙古日报》、《赤峰日报》对学校转型发展所取得的成绩给予报道。

而最具说服力的就是近年来该校的招生和就业工作，该校的招生范围已扩大到19个省、市、自治区，考生报考志愿率连年刷新，报到率逐年提高。通过招生就业数据的变化表明，该校的育人品牌和办学声誉得到社会广泛而充分的认可。

2. 新建本科院校转型发展与应用型人才培养过程中的主要困难

教育改革不是一蹴而就的，要看到其中的复杂性和艰巨性。地方新建本科院校转型发展与应用型人才培养过程中的困难主要表现在：转型发展的理念还需不断丰富和完善；师资队伍还不能全面适应应用型人才培养；学科及专业布局有较大差距，应用性专业群没有形成；学校社会服务功能尚待进一步挖掘；二级单位及各类人员的改革积极性需进一步调动；校院两级管理等内部管理体制改革尚需全面推进。地方新建本科院校"转型发展"绝不是一蹴而就的，需要政府、高校、社会多方合作，共同做好长期艰苦努力工作的准备。

崇学楼

3. 新建本科院校推进转型发展与应用型人才培养的路径

（1）积极推进应用型人才培养模式改革

近年来，赤峰学院积极探索应用型人才培养新模式，2012年学校开展了以学分制改革和应用型人才培养模式改革为主体的教学改革工作。按照"分层设计、分类指导、逐步推进"的原则，五个二级学院被列为试点单位率先开展应用型人才培养模式改革。在应用型人才培养模式改革中需要处理好技能与能力的关系，在课程设置上注重应用性与基础性的合理结合。重视人才培养的实践教学体系建设，注重产学研用结合，促进学校与行业、企业深度合作。适当建立双导师制，吸纳行业、企业参与人才培养与评价。

（2）提高学校服务社会的意识和能力

新建本科院校转型发展要坚定不移的走服务社会之路，目前亟待解决的问题是提高自身服务地方的意识和能力，而这其中最为关键的是建设一支具有"服务"能力的教师队伍。要深入分析地方政策，赤峰学院的发展必须紧密围绕自治区"8337"发展思路和赤峰市经济社会发展战略。同时，培养区域急需人才，直接为地方经济社会发展服务。

（3）积极推进面向区域发展的专业建设

新建本科院校应该根据区域社会经济发展需要，适当调整专业建设方向，设置与地方特色和产业需求相适应的应用专业。深入分析区域产业结构和产业发展方向，加强与区域支柱产业、新兴产业密切相关的应用专业建设。培育一批具有区域特色的优势专业和特色专业，进而适应应用型人才培养的需要。在这方面，自治区"8337"发展思路和赤峰市经济社会发展战略，在赤峰学院专业建设方面具有重要指导意义。

（4）加强应用型师资队伍建设

新建本科院校向应用技术型大学转型，一个必须解决的核心问题就是师资队伍建设问题。学校要加大应用型师资的培养力度，积极引进双师型教师，积极引导新教师向应用型教师发展。要建立教师与行业、企业深入交流的机制，增强教师服务社会能力，切实推动产学研用相结合，使得教师能够满足应用型人才培养的要求。

（5）深入开展内部管理体制改革

高校的转型发展是一项系统工程，不改变现有的传统内部管理体制，很难调动各方力量全面深入进行转型发展。内部管理体制改革首要是积极推进高校制订并实施大学章程，建立现代大学制度。其次是推进校院两级管理体制改革，逐步扩大二级学院办学自主权。最后是实施综合绩效考核制度。

赤峰学院

赤峰学院是2003年经国家教育部批准，由具有50多年办学历史、在社会上享有良好声誉的赤峰民族师范高等专科学校与赤峰教育学院、内蒙古广播电视大学赤峰分校、赤峰卫生学校、内蒙古幼儿师范学校合并组建的一所多科性本科普通高等学校。2008年赤峰艺术旅游学校并入赤峰学院。学校位于闻名遐迩的“红山文化”发祥地——内蒙古赤峰市。

学校占地面积780亩，规划占地面积1800亩，建筑面积22万平方米，固定资产总值4.8亿元。拥有各类专业实验室、专业实训室、计算机中心、数字化校园网、体育馆、多功能厅等现代化教学、科研设施。学校图书馆馆藏图书101.8万册，电子图书7793.9GB，综合性全文数据库8个，是中国高等教育文献保障系统(CALIS)成员馆和中国高校人文社会科学文献中心（CASHL）成员馆。

学校教育教学管理体系完善，内设党政管理、教学辅助等28个机构，设有蒙古文史学院、文学院、历史文化学院、政法学院、经济与管理学院、教育学院、外国语学院、数学与统计学院、物理与电子信息工程学院、计算机与信息工程学院、化学化工学院、生命科学学院、资源与环境科学学院、建筑与机械工程学院、医学院、音乐学院、体育学院、美术学院、口腔医学院、马克思主义学院、教师发展与培训学院、大学外语教学部、成人教育学院、远程教育学院共24个教学院、部。专业设置涵盖文学、史学、法学、教育学、理学、工学、农学、医学、管理学、艺术学十个学科门类，开设48个本科专业和62个高职高专专业，拥有“文物与博物馆”专业硕士学位点，部分专业采用蒙汉两种语言授课。现有全日制在校生12962人，其中本专科学生11642人，成人教育学生15605人，留学生200人。学校设有附属医院、第二附属医院、附属中学三个附属单位。

学校师资力量雄厚，现有专任教师991人，其中教授150人，副教授357人，硕士研究生导师32人，具有博士、硕士学位教师539人，硕士以上学位教师占专任教师总数的54.4%。享受国务院政府特殊津贴教师5人，自治区有突出贡献中青年专家3人，自治区“321”人才工程第一、二层次人选3人，“111”人才工程人选1人，自治区“草原英才”工程人选3人，中国工艺美术大师1人，自治区教学名师6人，自治区级教坛新秀3人，赤峰市“十百千学术技术带头人”4人。

学校坚持区域性大学的办学理念和定位，大力培育具有区域和民族特色的学科和专业，形成了结构合理、特色鲜明的学科和专业体系，其中专门史是自治区重点培育学科，历

赤峰学院与富龙集团合作办学签约仪式

赤峰学院大学生创业团队在自治区第二届“万达杯”大学生创业大赛决赛中荣获二等奖

史学专业为国家级特色专业建设点，计算机科学与技术、数学教育、生物科学、蒙古语言文学、物理学、护理等9个专业是自治区级品牌专业，蒙古语修辞学、口腔修复学、电磁学等14门课程为自治区级精品课程，拥有自治区级教学团队2个。

学校突出培养应用型、复合型、创新型人才，不断深化学分制改革和人才培养模式改革，着力构建“尚品德、厚基础、重应用”的人才培养模式，注重对学生健全人格、创新精神和实践能力的培养，努力促进学生全面发展和个性化发展，人才培养质量不断提高，学生研究生考取率、就业率稳步攀升，就业工作多次受到自治区教育厅的表彰。

学校科研氛围浓厚。2003年以来，学校教师主持完成科研项目645项，其中承担国家自然科学和社会科学基金项目35项，省部级项目345项。有303项科技成果获国家级、自治区级和市级奖励。公开发表学术论文8865篇，其中刊登在国家级核心期刊1051篇，被国际三大检索系统收录271篇，专利78项，出版学术专著、教材、译著、工具书等664部。学校现有“红山文化研究院”、“契丹辽文化研究院”、“蒙古学研究中心”、“旅游与文化产业发展研究所”、“环境与发展研究所”等研究机构20个，拥有“红山文化暨契丹辽文化研究基地”、“内蒙古体育社会科学研究基地”、“教育创新科研实验教育基地”、“蒙东城市群建设研究中心”、“内蒙古社会科学普及基地”五个自治区级社科研究基地。红山文化和契丹辽文化研究在全国拥有较高知名度和学术影响力。

学校大力加强国际交流与合作，与美国、英国、加拿大、韩国、蒙古国等国家的有关院校建立了良好的合作关系。现有美国、巴基斯坦、纳米比亚、蒙古国等国家的留学生在我校深造。

在未来的发展中，学校将以邓小平理论和“三个代表”重要思想为指导，坚持科学发展观，深入贯彻落实党的十八大、十八届三中、四中全会精神和习近平总书记系列重要讲话精神，遵循高等教育规律，把握高等教育发展大势，顺应高等教育结构调整和改革步伐，从区域性地方大学的实际出发，深入推进转型发展战略，进一步加强内涵建设，不断深化教育教学改革，切实提高人才培养质量和服务地方能力，努力为区域经济社会发展做出新的更大的贡献。

赤峰学院与英国科特布里奇学院合作培养口腔医学人才

文博专业研究生专业实习

打造祖国北疆经济亮丽风景线上的耀眼明珠

适应新常态 谋求新发展

巴彦淖尔市委副书记、市长 段志强

调研金融业发展

我国经济发展进入新常态，是以习近平同志为总书记的党中央全面总结发展经验，准确研判当前形势和未来走势作出的重大战略判断，也是当前和今后一个时期经济发展的大逻辑。当前，国家高度重视民族地区、“三农三牧”和生态环保产业发展，把内蒙古纳入了“丝绸之路经济带”建设范围，加之自治区为迎接成立70周年大庆，将实施一批重大项目，为巴彦淖尔带来了新的发展机遇。我们一定要认真贯彻中央和自治区党委、政府的要求，全面落实“四个全面”战略布局和自治区“8337”发展思路，主动适应新常态，坚持稳中求进工作总基调，推动经济扩量提质，狠抓改革攻坚，加强依法治市，突出创新驱动，努力保障民生，促进经济平稳健康发展，打造祖国北部边疆经济亮丽风景线上的耀眼明珠。

一、坚持创新发展，在新常态下实现新作为。

一是把握好经济发展新常态。适应新常态并不是不要GDP，不要增长速度，而是不再过于追求速度。要通过 “换挡调速”，把速度调控在合理的区间，为转方式、调结构、促改革留出更多空间，促进经济从高速增长转向中高速增长，经济结构由增量扩能转向提质增效，发展动力从要素、投资驱动转向创新驱动，努力实现更有质量、有效益、可持续的发展。二是把握好改革创新新要求。新常态需要新动力，新动力要靠改革来激活。进一步突出改革创新这个“制胜法宝”，坚持以经济体制改革为主轴，牵引和带动其他领域的改革，务求在深化改革上取得新突破。重点抓好已确定改革事项的落实，扎实推进土地草牧场确权登记颁证、农企利益联结机制、生态文明体制等重点领域改革。三是把握好依法行政新内涵。政府的一切权力来自人民，源自法授。要适应依法治国的新形势，加快建设职能科学、权责法定、执法严明、公开公正、廉洁高效、守法诚信的法治政府，建立行政权力清单、责任清单和负面清单，坚持依法决策、依法用权、依法办事，做到“法无授权不可为、法定职责必须为”。加强重点领域立法等方面的调查研究，为开展立法工作打好基础。

二、坚持绿色发展，进一步提升产业发展水平。

要全面落实主体功能区规划，套区发展农畜产品加工、高新技术等绿色产业，沿山旗县发展冶金、化工、电力等产业，最大限度增加生态资产、减少环境负债，推动形成绿色低碳循环发展新方式。 一是推动工业经济扩量提质。坚持扩总量、调结构、转方式并举，加快推动传统产业新型化、新兴产业规模化、支柱产业多元化。加强工业经济运行调度，扶持企业最大限度享受国家出台的结构性减税、普遍性降费、定向降息和降准等一系列优惠政策，及时解决企业生产经营中遇到的困难和问题。集中精力抓好172个工业重点项目建设，加快实施东立光伏太阳能电池组件、黑猫煤化工、宇乐化工及自备电厂、华拓矿业铁矿石采选等项目，积极推进中鑫400万吨煤制油、财富集团40亿立方米煤制气、乌前旗和乌后旗工业园区自备电厂等项目前期工作，力争早日落地。大力发展新能源产业，在现有风电并网225万千瓦、光伏并网70万千瓦的基础上，进一步培育壮大风电、光伏产业，争取2017年风电装机达到500万千瓦，光伏发电达到100万千瓦。推动甘其毛都口岸基础设施互联互通，加快推进中蒙边境经济合作区建设，启用口岸互市贸易区，争取过煤量突破1300万吨、铜精粉突破100万吨。抓好优势特色农畜产品出口，推进番茄、籽仁、脱水菜、羊绒国家和自治区级外贸转型示范基地建设。毫不放松地抓好生态保护和建设，坚持源头严防、过程严管、后果严惩，确保完成“十二五”节能减排目标任务。二是促进现代农牧业提质增效。坚持走产出高效、产品安全、资源节约、环境友好的现代农牧业发展道路，当好自治区建设绿色农畜产品生产加工输出基地排头兵。农作物总播面积稳定在1000万亩以上，大力推广农家肥，减少使用化肥，促进农业可持续发展。积极发展设施农业，鼓励引导合作社、龙头企业等经营主体集中连片扩大规模，建设临河城关、五原八里桥、杭后头道桥等万亩示范基地，2017年设施农业面积达到30万亩，远期达到100万亩，打造成为自治区西部重要的蔬菜生产基地。继续推进规模化养殖业发展，加快实施新增出栏1000万只肉羊发展规划，建成5个年出栏10万只以上的肉羊养殖园区，力争2017年肉羊饲养量达到3000万只，出栏1800万只，建成全国最大的肉羊生产加工基地。合理布局肉羊屠宰加工企业，严格控制新增产能，绝不搞盲目、低水平重复建设。围绕“河套”品牌大力发展无公害、绿色、有机农畜产品，加快申报河套小麦、华莱士等一批国家地理标志产品登记保护，做优做强“巴美肉羊”和“乌拉特黑山羊”品牌，组织筹办好第二届全国肉羊产业发展大会，让河套绿色农畜产品的知名度和美誉度深入人心。进一步夯实农业发展基础，实施100万亩高标准基本农田、50万亩节水配套改造、15万亩土地深耕深松等项目，完成河套灌区排水设施改造。三是发展壮大现代服务业。推动旅游与文化深度融合，打响河套旅游、草原旅游等特色品牌，推出乡村游、沙漠游、自驾游等旅游产品。抓好重点景区建设，推动河套湿地景区申报国家5A级景区，启动乌不浪口抗日战争纪念园、磴口兵团文化展示园、黄河观凌塔建设，加快乌拉山国家森林公园、太阳庙沙漠、奈伦湖、乌拉特部落水上乐园等旅游项目建设，争取三盛公水利风景区建成4A级景区，推动万泉湖、纳林湖、公田村等景区提档升级。继续办好沿黄公路自行车赛、全国龙舟公开赛等活动，带动旅游业发展。加快发展电子商务，在税收减免、信贷支持、政策扶持、人才培养等方面给予支持，统一规划建设电子商务产业园，尽快形成规模、形成效应。适应个性化、多样化消费需求，大力发展信息、文化、健康养老、体育健身等新兴业态。

三、坚持协调发展，统筹推进城乡一体化进程。

本着尊重自然、因地制宜、顺势而为的原则，推动中心城区、县城、集镇、新农村新牧区协调发展，提高城镇化质量和水平。一是加强城镇基础设施建设。进一步做美中心城区，推进县城提质升级，加快双河新区建设步伐。组织实施一批道路、地下管网、城镇出入口等项目，提升城镇承载能力。铺设各类管网127公里，新增集中供热面积180万平方米、天然气入户2万户。开工各类保障性住房2.5万套，用好用足国家开发银行棚户区改造贷款，推广居民“自主改造”新模式，完成棚户区改造1.38万户。强化城镇精细化管理，建设数字城市、“海绵城市”。加快临哈高速、甘其毛都至临河一级公路建设，推进甘其毛都至海流图、青山至乌根高勒一级公路改扩建，新改建农村牧区公路1000公里，乌中旗通用机场建成投用。二是推进美丽乡村建设。坚持实事求是、因地制宜，一切从实际出发，三年投资53亿元，完成全市800个嘎查村（含农牧渔分场）“十个全覆盖”，确保自治区70周年大庆前实现所有嘎查村全覆盖，让这项重大民生工程更多更早地惠及广大农牧民。集中力量开展包兰铁路、G6高速、110国道及沿黄公路沿线环境综合整治，加大农村“五堆”清理力度，抓好11个垃圾污水处理示范村建设，建立健全村庄环境卫生长效管理机制。三是彰显“水、绿、文化”特色。着力搞好河套平原绿化，扎实推进乌拉特草原、乌兰布和沙漠、乌梁素海综合治理等重大生态修复工程，不断巩固和提高生态建设成果。推动城镇绿化向园艺化方向发展，全市新增园林绿地2300亩以上。继续加大造林绿化力度，在“十个全覆盖”、农田水利、交通、铁路沿线环境整治等重大工程中，及时跟进造林绿化工作，完成林业生态建设70万亩。扎实开展开展全区、全国文明城市及环保模范城、园林城、卫生城、双拥模范城“五城同创”，不断提高文明发展水平。

四、坚持和谐发展，切实保障和改善民生。

一是推动创业就业。认真落实自治区关于进一步扶持小型微型企业加快发展八条措施，建立国有控股的融资性担保公司，利用好1000万元创业就业发展基金，加快创业园、创业孵化基地建设，帮助小微企业解决融资难、用工难、场地贵等问题，激发企业发展积极性，营造大众创业、万众创新的良好环境。二是开展扶贫攻坚。深入推进精准扶贫，认真落实“三到村三到户”、“金融扶贫富民、领导干部包联三大工程，重点抓好乌梁素海周边、乌兰布和沙区、边境牧区、总排干沿岸等贫困带扶贫工作，尽快让贫困群众生活好起来。三是做好帮困救助。大力实施农村牧区低收入家庭1吨煤、城乡低保家庭新入学大学生每年资助1万元、城镇“零就业”家庭至少1人就业“三个一”工程。统筹用好5000万元专项资金，加大困难家庭大病救助力度，扩大救助范围，提高救助标准。四是维护社会稳定。切实抓好生产安全、生态安全、食品药品安全、网络信息安全隐患排查治理力度，坚决防止重大事故、重大事件发生。进一步加大社会矛盾纠纷排查化解力度，着力解决一批信访难题。深入推进社会治安综合治理，严厉打击各类违法犯罪活动，确保社会和谐稳定。

“富饶的湖泊”

——巴彦淖尔

市长段志强深入企业调研

市长段志强深入企业调研

市长段志强调研设施农业

市长段志强调研市医院新址项目建设

市长段志强看望慰问退休老干部

市长段志强检查食品安全

目　　录
CONTENTS

第一部分　特　载
PART ONE SPECIAL ARTICLES

第二部分　统计资料
PART TWO STATISTICS

二、综合
General Survey

三、国民经济核算
National Accounts

四、人口
Population

五、从业人员和职工工资
Employment and Wages

六、固定资产投资

Investment in Fixed Assets

七、能源和环境

Energy and Enrironment

八、财政

Government Finance

九、物价指数
Price Indices

十、人民生活
People's Livelihood

十一、城市概况

General Survey of Cities

十三、工业
Industry

十四、建筑业
Construction

十五、运输和邮电
Transportation, Postal and Telecommunications Services

十六、国内贸易

Domestic Trade

十八、旅游
Tourism

十九、金融和保险
Banking and Insurance

二十、教育、科技和文化
Education , Science and Culture

二十一、体育、卫生、社会福利、环境保护和其它
Sports, Public Health, Social Welfare, Environmental Protection and Others

二十三、旗县区资料

Statistics of Banners, Counties and Districts

二十四、附录
Appendix

2015
NEIMENGGU

第一部分
特 载
PART ONE SPECIAL ARTICLES

在全区经济工作会议上的讲话

Report by Comrade Wang Jun on the Conference of Autonomous Regional Economical Work

内蒙古自治区党委书记　王　君

（2014 年 12 月 29 日）

自治区党委九届十三次全委会议暨全区经济工作会议的主要任务是，深入学习贯彻党的十八大、十八届三中、四中全会和中央经济工作会议精神，学习贯彻习近平总书记系列重要讲话和考察内蒙古重要讲话精神，报告自治区党委常委会一年来的工作，部署明年全区经济社会发展工作。

首先，我代表自治区党委常委会报告工作。

2014 年是内蒙古发展进程中具有重要里程碑意义的一年。春节前夕，习近平总书记亲临我区考察指导工作，亲切慰问干部群众和戍边官兵，给全区各族人民以巨大鼓舞。总书记在考察中，充分肯定了党的十八大以来自治区各项事业取得的成绩，深刻阐述了内蒙古在全国发展大局中的战略地位，对我们提出了守望相助、打造祖国北疆亮丽风景线的殷切希望，为自治区改革开放和现代化建设指明了前进方向、提供了根本指针。一年来，李克强总理、俞正声主席、王岐山书记等中央领导同志，分别深入我区考察调研，对做好内蒙古工作作出重要指示、给予有力指导。所有这些，充分体现了党中央对全区各族人民的亲切关怀和对内蒙古工作的高度重视，为我们在新起点上实现新跨越注入了强大动力。

在党中央的正确领导下，自治区党委常委会高举中国特色社会主义伟大旗帜，坚持以邓小平理论、“三个代表”重要思想、科学发展观为指导，深入学习贯彻习近平总书记系列重要讲话和考察内蒙古重要讲话精神，全面贯彻落实中央各项决策部署，坚持从区情实际出发，着力转变发展理念，明确发展目标，找准发展定位，创新发展路径，强化发展举措，完善了建设现代化内蒙古的新思路；着眼大局全局，科学部署全面建成小康社会、全面深化改革、全面推进依法治区和全面从严治党工作，形成了建设现代化内蒙古的新部署；通过重点突破实现整体推进，不断增强转方式、调结构、促改革、惠民生的力度和实效，全面推进经济建设、政治建设、文化建设、社会建设、生态文明建设和党的建设，开创了建设现代化内蒙古的新局面。

（一）深入学习贯彻习近平总书记系列重要讲话和考察内蒙古重要讲话精神。我们始终把学习贯彻习近平总书记系列重要讲话和考察内蒙古重要讲话精神作为首要政治任务，同学习贯彻党的十八大和十八届三中、四中全会精神紧密结合起来，坚持不懈地用中央精神武装头脑、指导实践、推动工作，坚定自觉地在思想上政治上行动上同以习近平同志为总书记的党中央保持高度一致。坚持在抓学习上下功夫，对总书记发表的每一篇重要讲话，对中央召开的每一次重要会议，都第一时间组织传达学习、研究讨论，深入开展宣传宣讲、培训轮训，认真抓好谋划部署、贯彻落实，推动学习贯彻不断向广度和深度拓展，进一步把全区上下的思想和行动统一到中央各项决策部署上来，有力保证了中央政令畅通、决策落地生根。坚持在抓贯彻上下功夫，召开自治区党委九届十一次全委（扩大）会议，以总书记考察我区重要讲话精神为指导，着眼国家大局，立足区情实际，丰富和完善自治区发展思路，提出了“四个发展”的理念、打造“六道亮丽风景线”的目标、建设“五大基地、两个屏障、一个桥头堡”的定位，明确了推动科学发展、实现富民强区的“五个发展路径”和“七项发展举措”，进一步凝聚了加快建设现代化内蒙古的思想共识和工作合力。坚持在抓落实上下功夫，对总书记的重要指示和中央的重大决策部署进行项目化分解、责任化落实，对重点工作和重大项目进行专项推进，对教育实践活动、重点工程建设、扶贫攻坚、社会矛盾化解等工作实行省级领导包联指导制度，对改革发展稳定和党建工作进行一年一述职、半年一总结、一季一分析、每月一调度，对工作落实情况进行定期督促检查、巡回观摩检查，带动形成了全区上下积极有为干事业、全力以赴抓落实的生动局面。

（二）扎实开展党的群众路线教育实践活动。我们坚持把教育实践活动摆在突出位置来抓，紧紧围绕为民务实清廉主题，严格落实“照镜子、正衣冠、洗洗澡、治治病”的总要求，统筹抓好两批活动各环节各步骤工作，教育实践活动达到了预期目的，取得了重大成果。切实加强组织领导和示范引导，自治区党委始终把责任扛在肩上、抓在手上，在组织抓好第一批活动的同时，紧紧抓住李克强总理联系翁牛特旗的重大机遇，精心组织推动第二批活动，先后召开 5 次领导小组会、3 次工作调度会、3 次盟市委书记座谈会、3 次旗县委书记座谈会和东中西 3 个片会，抓好关键节点和分层分级调度，保证了活动扎实有序推进。各位常委既以普通党员身份把自己摆进去，打出样子、树立标杆，又肩负起活动组织者、推进者、监督者的责任，每人指导 1 个盟市、联系 1 个旗县，自上而下抓示范，以点带面促落实。不断深化作风整改和问题整治，以正风肃纪先声夺人，以专项整治寻求突破，以联动整改扩大成果，从严从实抓好中央“7+4+10”专项整治任务和自治区 63 项集中整改任务、32 项专项整治任务的落实，“四风”蔓延势头有效遏制，许多长期难以根治的作风顽疾有效解决，关系广大群众切身利益的症结难点有效突破，联系服务群众的“最后一公里”有效打通，党风政风社会风气明显好转，党群干群关系不断密切。扎实推进思想建设和制度建设，把思想建党和制度治党相结合的要求充分体现到教育实践活动中，大力加强马克思主义群众观点和党的群众路线教育，充分发扬批评和自我批评优良传统，有效加强思想理论武装和党内政治生活，促进了党员干部理想信念的坚定、宗旨意识的强化和党性修养的提升；以转作风改作风为重点推进建章立制，在厉行节约反对浪费、联系服务群众、规范权力运行等方面制定和修订了一批工作制度和管理制度，加强各项制度规定的贯彻执行和监督检查，作风建设长效机制和刚性约束初步形成。通过开展教育实践活动，广大党员干部贯彻群众路线的自觉性坚定性明显增强，党内生活的政治性原则性战斗性明显增强，各级领导班子发现和解决自身问题的能力明显增强，党在群众中的威信和形象进一步树立，党心民心进一步凝聚，形成了推动改革发展的强大正能量。

（三）着力推动全面深化改革部署落实。我们深入贯彻落实中央各项改革决策部署，精心研究谋划，认真组织推进，狠抓施工落实，实现了全面深化改革良好开局。建立健全领导体制和工作机制，成立自治区党委全面深化改革领导小组，设立6个专项小组和自治区党委改革办，制定了领导小组、专项小组、改革办工作规则，各地各有关部门也建立了相应领导体制和工作机制。重视抓好全面深化改革学习教育、宣传宣讲和研究阐释工作，广泛凝聚各方面的改革共识与合力，引导广大干部群众共同为改革想招、一起为改革发力。系统进行研究谋划部署，先后召开3次专题常委会议、5次全面深化改革领导小组会议，制定出台了分类有序推进改革方案、改革重点任务分工方案、2014年工作要点和有关领域改革落实推进方案，编制完成了改革重要举措实施规划（2014—2020年），建立改革总台账、任务书和责任制，着力把改革工作和责任落实到人、落实到事。专题研究部署习近平总书记嘱托我区先行先试的3项改革任务，制定了加快建立可持续生态文明制度的意见、完善龙头企业与农牧民利益联结机制的意见、进一步加强同俄蒙合作的意见等重要改革文件，由自治区领导同志牵头，进行专项推进、集中攻坚。有序推进改革举措施工落实，以深化经济体制改革为重点，从制约经济社会发展的突出问题和群众期盼的领域改起，积极推进行政审批制度、工商注册登记制度、财税金融和文化管理体制、人权司法保障、选人用人机制、巡视工作等关键环节改革，取得了积极进展和明显成效。在抓好重点领域改革的同时，统筹推进各项改革任务的落实，共制定实施经济体制、政治体制、文化体制、社会体制、生态文明体制和党的建设制度等领域改革方案和实施意见138个，年度工作要点确定的81项重点改革任务全部完成。

（四）全力促进经济持续健康发展。我们准确把握“三期叠加”的阶段性特征，主动适应经济发展新常态，坚决贯彻中央宏观调控政策，坚持稳中求进工作总基调，保持定力、顶住压力，全区经济运行总体平稳、稳中有进。预计全年地区生产总值增长8%左右，公共财政预算收入增长7%。以扩投资、扶企业为重点稳定经济增长，启动实施了一批基础设施建设、资源加工转化和保障改善民生重大工程项目，累计新开工亿元以上项目1307个，增长15%；完成固定资产投资1.78万亿元，增长15%。继续实施电力多边交易、减少涉企收费、扶持中小微企业发展、金融支持实体经济等政策措施，帮助企业纾危解困、发展生产，规模以上工业增加值增长10%，连续7个月保持回升态势。以建设“五大基地”为重点调整产业结构，农牧业稳定发展，粮食产量与去年基本持平，牧业年度牲畜存栏达到1.29亿头（只）；新型煤化工、装备制造、稀土新材料、云计算等新兴产业快速成长，能源、冶金等传统产业比重继续下降；文化、旅游、物流、金融、信息等服务业加快发展，多元发展、多极支撑的现代产业体系正在形成。以推进新型城镇化为重点统筹城乡区域协调发展，召开了全区城镇化工作会议，编制了新型城镇化规划，对推进新型城镇化作出全面部署。切实加大城乡建设投入力度，首府和盟市区域中心城市建设步伐明显加快，农村牧区面貌发生明显变化。积极推进扩权强县改革试点工作，县域经济发展步伐继续加快、活力动力不断增强。以深化同俄蒙合作为重点扩大对外开放，自治区组团对蒙古国进行了友好访问，在资源开发、基础建设、人文交流等方面达成一系列合作协议和意向。制定出台加强与俄蒙交往合作的意见、深化与蒙古国全面合作规划纲要、促进外经贸和口岸发展的实施意见，进一步推动了与俄蒙的务实合作。满洲里重点开发开放试验区建设有序推进，二连浩特重点开发开放试验区获得国务院批准，自治区被纳入国家“丝绸之路经济带”建设范围，向北开放桥头堡建设迈出重要步伐。对外贸易增长加快，1—11月全区外贸进出口总额128.9亿美元，增长19.2%，同比提高14.1个百分点。

（五）积极推进社会主义民主政治建设。我们高度重视做好民主和法治领域工作，积极稳妥推进政治体制改革，大力发展更加广泛、更加充分、更加健全的人民民主。加强和改进对人大工作的领导，组织开展纪念全国人民代表大会成立60周年活动，支持和保证人大及其常委会依法履行职责、在民主政治建设中充分发挥作用。自治区人大常委会建立人大代表联系群众和常委会组成人员联系代表的“双联系”制度，试行人大代表述职工作，不断提高代表建议办理质量。支持政协在协商民主中充分发挥作用，组织开展纪念中国人民政治协商会议成立65周年活动，把政治协商纳入党委决策程序。自治区政协围绕加强协商民主，制定年度协商计划，增加协商密度；围绕改革发展稳定重大问题，深入调查研究，反映社情民意，开展民主监督。巩固和发展爱国统一战线，加强多党合作制度化程序化规范化建设，加强同民主党派和无党派人士团结合作，加强党外代表人士和非公有制经济人士队伍建设，认真开展港澳工作和对台工作，全面落实党的侨务政策，引导统一战线广大成员为自治区改革发展稳定献计出力。精心做好民族工作，认真贯彻中央民族工作会议和第二次中央新疆工作座谈会精神，召开自治区党委民族工作会议，研究制定了加强和改进新形势下民族工作的实施意见，对全区民族工作作出部署。全面贯彻党的宗教工作基本方针，发挥宗教界人士和信教群众在促进经济社会发展中的积极作用。扎实推进依法治区，召开自治区党委九届十二次全委（扩大）会议，专题研究部署贯彻落实党的十八届四中全会精神、加快建设法治内蒙古工作，成立自治区党委依法治区领导小组和相关工作机构，研究制定了贯彻落实中央全会决定的意见和分工方案。加强对工会、共青团、妇联等人民团体的领导，支持人民团体依法按照各自章程积极开展工作、履行职责，更好地发挥作用。支持国防和军队建设，努力推动军民融合式发展，双拥共建取得新成效。

（六）全面加强宣传思想文化工作。我们积极应对社会思想意识多元多样、媒体格局深刻变化带来的挑战，高度重视抓好意识形态工作和宣传思想文化工作，努力为经济社会发展提供思想保证、舆论支持、精神动力、文化条件。把思想理论建设摆在突出位置，深入开展"三带三创"活动，全面推进理论学习中心组、学习型党组织和基层大讲堂建设，着力加强中国特色社会主义理论体系学习教育，加强习近平总书记系列重要讲话精神学习教育，加强党史、国史、社会主义发展史学习教育，深化"中国梦·尽责圆梦"主题实践活动，推进思想理论武装工作向纵深发展，把全区各族人民团结和凝聚在中国特色社会主义伟大旗帜之下。加强意识形态领域的管理和引导，重视做好意识形态领域工作，加强分析研判，掌握舆情动态，强化工作举措，下好先手棋、打好主动仗，牢牢掌握工作主动权。成立自治区党委网络安全和信息化领导小组，全面加强党对网络信息工作的领导。建立意识形态领域形势研判、重大舆情会商制度，开展"活力内蒙古"主题宣传和网上谣言专项整治，加强对社会热点问题的舆论引导，形成了正面舆论强势。积极培育和践行社会主义核心价值观，广泛开展社会主义核心价值观宣传教育，开展"德润草原·文明之行"主题实践活动，开展"北疆楷模"、"道德模范"等典型评比选树宣传活动，深化文明城市、文明村镇、文明单位创建活动，进一步营造了尚德向善、见贤思齐的浓厚氛围。推动文化事业和文化产业繁荣发展，大力实施"八项文化惠民工程"，开展"放歌草原·书写百姓"主题文化实践活动，大力弘扬优秀民族民间文化，制定出台文化产业中长期发展规划，积极支持重点文化产业项目建设，大力扶持中小微文化企业发展，基本公共文化服务水平稳步提高，文化产业发展步伐加快。认真做好对外宣传和文化交流工作，加强蒙古语卫视、草原之声广播、索伦嘎网等外宣平台建设，举办了中蒙新闻论坛、"索伦嘎"中蒙友好青年交流、"俄罗斯·中国内蒙古文化周"等一系列对外文化交流活动，讲好内蒙古故事，展现内蒙古风采，进一步提升了我区的知名度和影响力。

（七）下大气力保障和改善民生。我们坚持守住底线、突出重点、完善制度、引导舆论的基本思路，加大民生投入和工作力度，努力帮助各族群众从物质上到精神上都把日子过得更加红火起来。预计全年城镇居民人均可支配收入28300元，增长9%，农牧民人均可支配收入10000元，增长12%，继续使城乡居民收入增长快于经济增长、农牧民收入增长快于城镇居民收入增长。深入实施创业就业、扶贫开发、百姓安居工程，大力推进就业创业，新增城镇就业27万人，农牧民转移就业256万人，城镇登记失业率控制在3.55%的较低水平；集中推进扶贫攻坚，实施精准扶贫、金融扶贫、生态移民和雨露计划，投入扶贫资金超过100亿元，40万人实现稳定脱贫；加快推进百姓安居，开工建设各类保障性住房24万套，完成农村牧区危房改造17万户，包头北梁、赤峰铁南、兴安盟阿尔山等重点棚户区改造进展顺利。启动实施农村牧区"十个全覆盖"工程，着眼于从根本上改善农村牧区生产生活条件，全面推进危房改造、安全饮水、嘎查村街巷硬化、村村通电、村村通广播电视通讯、校舍建设及安全改造、嘎查村标准化卫生室、嘎查村文化活动室、便民连锁超市、农村牧区常住人口养老医疗低保等社会保障建设，完成投资216亿元，3495个嘎查村完成建设任务。加大对困难群众的帮扶力度，为每个低收入农牧户发放1吨取暖煤，惠及了336.7万户农牧民；为每个低保家庭大学生每年发放1万元就学补助，解除了18359名大学新生的后顾之忧；为每个零就业家庭至少解决1人就业，实现了零就业家庭动态清零。着力提高基本公共服务水平，统筹推进各级各类教育事业发展，大力加强科技进步和自主创新能力建设，健全完善城乡医疗卫生服务体系，全面实施"单独两孩"政策，制定城乡养老保险制度衔接实施意见，出台工伤保险条例实施办法，提高企业退休人员养老金和城乡居民医疗保险补贴标准、基础养老标准、最低生活保障标准，各项社会事业健康发展，社会保障水平稳步提升。

（八）切实维护社会和谐稳定。我们紧紧围绕建设祖国北疆安全稳定屏障，深入实施平安创建工程，严格落实维稳责任，切实强化维稳举措，进一步巩固发展了社会安定、边疆安宁的良好局面。深入排查化解社会矛盾，坚持日报告周研判旬调度制度、省级领导包联盟市信访工作制度、市县乡三级干部定期定点轮流接访制度，扎实开展"大接访"行动，对疑难复杂信访事项和信访积案进行挂牌督办，全区信访秩序进一步规范、信访形势总体平稳。全面加强社会治安综合治理，创新立体化社会治安防控体系，完善基层综合服务管理平台，提高流动人口和特殊人群服务管理水平，深入开展打黑除恶、打击"两抢一盗"等专项行动，发现受理治安案件同比下降28.2%，刑事立案同比下降29.2%，人民群众的安全感和满意度进一步提升。着力消除公共安全隐患，严格落实"党政同责、一岗双责"要求，狠抓重点地区、重点行业、重点企业的安全生产监管和安全隐患整治，强化食品药品安全工作，安全生产事故起数和死亡人数实现"双下降"，未发生重特大安全生产事故。切实保障边疆安宁，制定出台筑牢祖国北疆安全稳定屏障的意见，加强国家安全力量和边境打击防控能力建设，强化反恐专门力量和应急力量体系建设，严密防范、严厉打击敌对势力的渗透破坏颠覆活动，有效防止了影响国家安全的案事件发生。

（九）高度重视生态环境保护建设和资源能源节约利用。我们紧紧围绕建设祖国北方重要生态安全屏障，进一步树立生态文明理念，进一步加强生态建设和环境保护，大力推进集中集聚集约发展、绿色循环低碳发展，美丽内蒙古建设取得新进展新成效。加大生态保护建设力度，落实草原生态保护补助奖励机制，草原建设总规模达到5000万亩。推进重点林业生态工程建设，完成造林绿化面积1008.5万亩、重点区域植树造林209万亩。加强水土保持工作，完成水土流失综合治理650万亩。强化环境污染防治，深刻吸取腾格里工业园区污染事件的教训，深入开展环保整治"百日行动"，切实加大环保综合执法力度，限期整改环境隐患和重大问题184个，责令停产或停建企业1694家，关停取缔企业469家。深化大气污染和重点流域、重点区域污染防治，圆满完成APEC会议期间空气质量保障工作。推动资源能源节约利用，大力推进资源转化增值，培育形成煤电铝、煤电化等产业链15条，建成探采选冶加一体化特色产业园区30个。加快重点行业、重点企业节能降耗技术改造，万元GDP能耗下降3.9%，超额完成国家下达任务。3个经济开发区列入国家首批低碳工业园区试点，包头市入围国家首批工业绿色转型发展试点示范城市。加快生态文明制度建设，制定了编制自然资源资产负债表和开展领导干部自然资源资产责任审计总体方案，开展了领导干部自然资源资产离任审计试点。组建自治区水权收储转让中心，开工建设黄河干流水权转让节水改造工程。建立健全耕地和草原保护制度，全面开展土地确权登记工作，在部分旗县开展基本草原划定试点。

（十）聚精会神抓好党的建设。我们始终高度重视加强和改进党的建设，认真学习贯彻习近平总书记从严治党八项要求，制定出台实施意见和分工方案，努力把从严治党各项要求落到实处。切实强化从严治党责任，明确要求各级各部门党委（党组）把党建工作摆上主要议事日程，同改革发展稳定工作一起谋划、一起部署、一起检查、一起落实，做到切实明责知责、认真履责尽责、严格考责问责。组织开展抓党建述职评议工作，内容由基层党建工作拓展到全部党建工作、范围由盟市拓展到厅局，并将党建工作考核权重由40%提高到50%，有效传导了工作压力、促进了责任落实。积极创新组织工作，认真贯彻《党政领导干部选拔任用工作条例》，抓好干部选任和管理监督工作，实行干部选拔任用全程纪实，扭转唯票、唯分、唯GDP、唯年龄取人等倾向，整治“裸官”、“吃空饷”、超职数配备干部、领导干部违规兼职等问题，着力纠正“为官不为”现象，领导班子和干部队伍建设明显加强。坚持问题导向，大力加强基层党组织建设，转化升级三类嘎查村987个，转化率达到87.4%。统筹推进各类人才队伍建设，培育“草原英才”715名，13人入选国家“千人计划”。深入推进反腐倡廉建设，强化“两个责任”，出台落实党风廉政建设党委主体责任和纪委监督责任的实施意见，明确了各级党委、纪委抓党风廉政建设的具体任务和工作要求。严明党的纪律，加强纪律教育，严肃查处违反党的纪律特别是违反政治纪律、组织纪律、廉政纪律的行为，坚决克服组织涣散、纪律松弛现象。加强和改进巡视工作，完善巡视制度，增强巡视力量，完成5个盟市、12个旗县区、2个经济开发区、2个职业院校和1个国有企业的巡视，紧扣“四个着力”发现问题，注重强化巡视成果应用，形成了有力震慑。坚持以零容忍态度惩治腐败，对违法违纪问题发现一个、查处一个，1—11月共立案2639件，结案2259件，给予党政纪处分2477人，其中地厅级干部15人、县处级干部112人，保持了惩治腐败的高压态势。

回顾一年来的工作，我们之所以能够在宏观经济环境复杂变化、改革发展稳定任务艰巨繁重的情况下，圆满完成年初确定的目标任务，推动自治区各项事业全面发展，最根本的是坚持不懈地学习贯彻习近平总书记系列重要讲话和考察内蒙古重要讲话精神，坚定自觉地在思想上政治上行动上同以习近平同志为总书记的党中央保持高度一致，不折不扣地贯彻落实中央各项决策部署，紧紧依靠全区各族人民，守望相助，团结奋斗，从实际出发创造性地开展工作。这是我们工作实践最重要的经验总结，也是做好今后工作必须坚持的基本遵循。

一年来，各位党委委员和同志们对常委会的工作给予了真诚帮助和大力支持，我代表常委会向大家表示感谢，并希望大家多提意见和建议，共同把今后的工作做得更好。

下面，我就贯彻落实中央经济工作会议精神，做好我区明年经济工作，讲几点意见。

前不久召开的中央经济工作会议，是在我国改革发展关键时期召开的一次重要会议。习近平总书记在会上发表重要讲话，讲话深入分析当前国内外经济形势，明确提出明年经济工作的总体要求和主要任务，具有很强的战略性、思想性、针对性和指导性，是我们做好明年经济工作的行动纲领。李克强总理在讲话中全面总结了今年经济工作，安排部署了明年经济社会发展的重点任务，对我们做好明年经济工作具有重要指导意义。我们一定要深入学习领会中央经济工作会议精神，结合实际认真抓好贯彻落实工作。

一、准确把握、主动适应经济发展新常态

我国经济发展进入新常态，是以习近平同志为总书记的党中央全面总结发展经验，准确研判当前形势和未来走势作出的重大战略判断，充分展示了党中央高瞻远瞩的战略眼光和处变不惊的决策定力，是我们党领导经济工作理念的创新和升华，是对中国特色社会主义理论的丰富和发展。我们必须认真学习、深刻领会、准确把握新常态的思想内涵和实践要求，坚定自觉地用中央关于新常态的战略思想武装头脑、指导实践、推动工作。

一是要正确认识新常态。总书记在讲话中，从消费需求、投资需求、出口和国际收支、生产能力和产业组织方式、生产要素相对优势、市场竞争特点、资源环境约束、经济风险积累和化解、资源配置模式和宏观调控方式等方面，深刻揭示了新常态带来的九大趋势性变化。这些趋势性变化充分说明：“在‘三期叠加’这个阶段，经济发展速度必然会下降，但也不会无限下滑；经济结构调整是痛苦的，却是不得不过的关口；前期政策消化是必需的，但可以通过有效引导减缓消化过程中各类风险的影响。”同时也充分说明：“我国经济正在向形态更高级、分工更复杂、结构更合理的阶段演化。”我们一定要认真学习领会总书记的这些重要论述，准确认识、深入认识、全面认识新常态下的新变化，切实把思想统一到中央关于新常态的分析判断和部署要求上来。

二是要主动适应新常态。总书记指出：我国经济发展进入新常态后，增长速度正从高速增长转向中高速增长，经济发展方式正从规模速度型粗放增长转向质量效率型集约增长，经济结构正从增量扩能为主转向调整存量、做优增量并举的深度调整，经济发展动力正从传统增长点转向新的增长点。指出这是我国经济发展阶段性特征的必然反映，是不以人的意志为转移的。我们一定要认真学习领会总书记的这些重要论述，深刻理解把握新常态下的新特征，切实做到观念上适应、认识上到位、方法上对路、工作上得力，与时俱进地做好新常态下的经济工作。

三是要积极引领新常态。总书记指出：我国经济发展进入新常态，没有改变我国发展仍处于可以大有作为的重要战略机遇期的判断，改变的是重要战略机遇期的内涵和条件；没有改变我国经济发展总体向好的基本面，改变的是经济发展方式和经济结构。要求我们在新常态下要“更加注重满足人民群众需求，更加注重市场和消费心理分析，更加注重引导社会预期，更加注重加强产权和知识产权保护，更加注重发挥企业家才能，更加注重加强教育和提升人力资本素质，更加注重建设生态文明，更加注重科技进步和全面创新”。我们一定要认真学习领会总书记的这些重要论述，深刻理解把握新常态下的新要求，科学把握、积极作为，大力推进思想观念和工作实践创新，积极探索做好新常态下经济工作的途径和方法，牢牢掌握引领和推动经济发展的主动权。

总之，我们一定要深刻认识到，认识新常态、适应新常态、引领新常态，是党中央提出的重大战略任务和新的工作要求，是当前和今后一个时期全区经济发展的大逻辑。各级党委、政府和广大党员干部，都要准确把握发展大势，主动顺应发展规律，紧密结合实际，勇于推进改革创新，加快转变发展方式，切实转换发展动力，在新的起点上进一步开创内蒙古经济社会发展新局面。

二、明年经济工作的总体要求和主要任务

2015年是全面深化改革的关键之年，是全面推进依法治区的开局之年，也是全面完成“十二五”规划的收官之年，做好明年经济社会发展工作意义重大。明年我区经济工作的总体要求是：全面贯彻落实党的十八大和十八届三中、四中全会及中央经济工作会议精神，以邓小平理论、“三个代表”重要思想、科学发展观为指导，深入贯彻习近平总书记系列重要讲话和考察内蒙古重要讲话精神，全面落实自治区党委九届十一次、十二次全委（扩大）会议的工作部署，坚持稳中求进工作总基调，坚持以提高经济发展质量和效益为中心，主动适应经济发展新常态，保持经济运行在合理区间，牢固树立持续发展、转型发展、协调发展、和谐发展理念，把转方式调结构放到更加重要位置，狠抓改革攻坚，突出创新驱动，强化风险防控，加强民生保障，同步推进新型工业化、信息化、城镇化、农牧业现代化，加快建设“五大基地”、“两个屏障”、“一个桥头堡”，促进经济持续健康发展和社会和谐稳定。主要预期目标是，地区生产总值增长8%左右，规模以上工业增加值增长10%，固定资产投资增长13%，社会消费品零售总额增长11%，公共财政预算收入增长6%，城乡居民人均可支配收入分别增长9%和10%以上，单位生产总值能耗和二氧化碳排放量下降2.2%，新增城镇就业25万人，居民消费价格涨幅控制在3%左右。

把预期目标确定为8%左右，是自治区党委充分考虑经济发展新常态、权衡各种因素作出的决策，符合经济中长期发展规律，反映现阶段经济增长潜力，兼顾增速换挡和产业升级的双重要求，是实事求是、积极稳妥的，也是需要经过艰苦努力才能实现的。全区上下都要牢牢把握稳中求进的工作总基调，紧紧咬住发展不放松，把“稳”的重点放在稳住经济运行上，确保增长、就业、物价不出现大的波动，确保金融、房地产、地方政府性债务等风险可管可控；把“进”的重点放在调整经济结构和深化改革开放上，推动“稳”和“进”相互促进，确保转变经济发展方式和调整经济结构取得新成效。

重点抓好以下六个方面的工作：

（一）牢牢把握扩大内需这一战略基点，努力保持经济稳定增长。全面贯彻国家宏观调控政策，深入实施扩大内需战略，更好地发挥投资的关键作用和消费的基础作用，积极发现和培育更多新的增长点，使经济稳定增长建立在内需持续扩大的基础上。

扩大有效投入，保持足够的投资强度，仍是现阶段拉动我区经济增长的关键。发挥好这一关键作用，一方面要解决好投向哪里的问题。要围绕补短板，谋划实施一批重点交通运输通道、能源外送通道和水利基础设施工程，开工建设一批具有全局性、战略性意义的基础设施工程，切实提高发展保障能力。要围绕调结构，推进实施一批传统产业延伸升级项目，努力承接一批产业转移项目，谋划新上一批新兴产业项目，促进产业规模扩大和素质提升。要围绕惠民生，继续扩大“三农三牧”、社会事业、市政建设、生态环保等领域投资，不断提高基本公共服务水平。要重视做好项目前期工作，既要严格把关、规范运作，又要简化程序、提高效率，切实把项目前期工作做扎实、搞规范。另一方面要解决好资金从哪里来的问题。要抓住国家支持基础设施建设、能源资源类项目向中西部地区、民族地区优先布局的重大机遇，积极争取中央资金支持，努力扩大金融机构信贷规模，充分发挥政府投资的引导作用。要深化投融资体制改革，放宽领域、降低门槛、创新模式，充分挖掘民间投资潜力，有效撬动社会资本参与投资，形成政府投资、社会投资、招商引资的聚合效应。

保持经济稳定增长，必须更加重视发挥消费的基础作用。要着力增强城乡居民消费能力，认真落实国家调整收入分配格局各项改革措施，完善最低工资标准调整机制，适时合理提高公务员工资水平，适度提高养老金、抚恤金、低保补助等社会保障和救助标准，增加城乡居民特别是低收入群体的收入，使更多群众有条件、有能力消费。要培育新的消费热点，实施鼓励居民消费的财税政策、信贷政策和信用消费政策，稳定住房消费，提升教育文体消费，升级旅游休闲消费，扩大信息服务消费，刺激养老健康家政消费，打造多点支撑的消费增长格局。要营造便利安心放心的消费环境，加快城乡消费流通体系建设，加强产品质量安全监管，整顿和规范市场秩序，改善供给质量，激活消费需求。

发现和培育新的经济增长点，是稳定经济增长、调整经济结构的重要途径。经济发展的新常态，必然催生新产业和新需求，谁能够敏锐地发现，谁就能抢占经济发展先机。从产业发展看，我区服务业规模小、层次低，发展空间很大，只要我们加大政策支持力度，文化旅游、健康养老、体育健身、电子商务等产业完全可以成为新的增长点。从服务供给看，我区不少地方优质教育资源、医疗卫生资源严重不足，城市道路交通、地下管网、垃圾处理等市政基础设施还很落后，棚户区、城中村和老旧小区亟待改造，农村牧区水电路讯也很不完善，公共服务缺口很大，这些都蕴藏着巨大的发展潜力，都可以成为新的增长点。从比较优势看，我区资源丰富、地域辽阔，土地、电力等要素成本较低，只要把这些优势用足用好，不仅传统产业延伸升级大有可为，而且能够催生更多新兴产业，带动形成新的经济增长点。我们一定要敏锐捕捉、充分发掘新常态下工业化、信息化、城镇化、农牧业现代化中蕴藏的新机遇，按照“市场要活、创新要实、政策要宽”的要求，不断发现和培育新的增长点，形成支撑经济稳定增长的持久动力。

（二）着力调整优化经济结构，加快形成新的经济发展方式。我区经济已经到了转型发展、深度调整的关键阶段，只有加快转方式调结构步伐，才能实现经济持续健康发展。我们一定要按照总书记考察我区时提出的“五个结合”的要求，把转方式调结构放到更加重要位置，大力调整优化产业结构、要素结构、区域结构，加快形成优势突出、结构合理、创新驱动、区域协调、城乡一体的发展新格局。

一是围绕“五大基地”建设调整优化产业结构。建设“五大基地”，是我区产业发展的优势所在，也是转方式调结构的重大举措。近两年，我们围绕“五大基地”建设，制定出台了一系列产业规划和配套政策，累计新开工亿元以上项目1200多个，投资总额近2万亿元。这些项目投产达效后，电力装机将达到1.3亿千瓦，原煤就地转化率将达到50%，有色金属加工转化率将超过70%，能够带动就业60多万人，产业结构将进一步优化，产业实力将进一步提升。要依托“五大基地”建设大力调整三次产业结构，以重大工程项目和重点产业园区建设为主要抓手，推动农牧业提质增效、工矿业转型升级、服务业比重提升，促进三次产业协同发展。要依托“五大基地”建设大力调整产业内部结构，以提高资源综合利用率和产业精深加工度为主攻方向，推进现代煤化工向下游产品生产、有色金属生产加工和装备制造向中高端发展、农畜产品向最终消费品延伸，同时要大力发展非煤产业和战略性新兴产业，加快发展文化、旅游、物流、金融等服务业，推动传统产业新型化、新兴产业规模化、支柱产业多元化。

二是通过创新驱动调整优化要素结构。推动经济增长由投资驱动、要素驱动向创新驱动转变，是适应经济发展新常态的必然要求，必须大力实施科教兴区战略，推动创新型内蒙古建设不断取得新进展新突破。要鼓励扶持企业创新，加强政策支持和引导，通过多种渠道多种平台开展创新活动，打造一批掌握核心技术、引领行业发展的创新型大企业，培育一批具有自主知识产权的中小型科技企业，真正使企业成为科技创新的主体。要大力推动技术创新，紧扣制约产业发展的科技难题，组织实施一批科技重大专项，加强重点产业领域关键共性技术攻关，促进传统产业创新产品、创新管理、创新商业模式，不断提高产业核心竞争力。要加快完善创新环境，推动科技同经济对接、创新成果同产业对接、创新项目同现实生产力对接、研发人员创新劳动同其利益收入对接，形成有利于出创新成果、有利于创新成果产业化的体制机制。

三是着眼协调发展调整优化区域结构。我区各地自然条件、资源禀赋、经济基础差异很大，促进区域协调发展任务艰巨。要全面落实主体功能区战略，充分考虑各地资源环境承载能力，按照区域比较优势调整空间结构和生产力布局，构筑经济优势互补、功能定位清晰、资源高效利用、人与自然和谐相处的区域发展格局。要继续支持呼包鄂等优势地区率先发展，加大区域内资源要素整合和产业结构调整力度，扎实推进沿黄河沿交通干线经济带建设，更好地发挥其引领和辐射带动作用。要大力支持发展相对滞后地区加快发展，进一步加大对牧区、少数民族聚居地区、边境旗市的扶持力度，帮助这些地区改善基础设施条件、培育主导产业、提高基本公共服务水平，尽快缩小发展差距。要把壮大县域经济实力作为推进区域协调发展的重要基础，完善扶持县域经济发展政策，深化扩权强县改革，增强县域经济发展的动力和活力。

推进城镇化是调整优化经济结构的重要抓手，也是统筹城乡发展的有力支撑。关于这方面的工作，自治区今年已召开专题会议、制定专门规划作出了全面部署，各地各部门要结合实际，把握方向原则，尊重发展规律，有针对性地解决好推进过程中的新情况新问题，更好地发挥城镇化在促进经济结构调整、推进城乡一体发展中的重要作用。

（三）大力发展现代农牧业，着力推动农牧业大区向农牧业强区转变。我区土地肥沃、草原广袤、气候条件良好，农牧业特色鲜明，但农牧业基础仍很薄弱，发展方式还比较粗放。各级要认真贯彻落实中央农村工作会议精神，坚持稳粮增收、提质增效、创新驱动，加快转变农牧业发展方式，努力实现集约发展、可持续发展，走出一条产出高效、产品安全、资源节约、环境友好的现代农牧业发展路子。

一是要积极推进农牧业结构调整。在稳粮稳畜、夯实基础的前提下，积极调整种养结构、产品结构、区域结构，促进农牧业提质提效、增产增收。要立足资源禀赋，大力发展高产优质高效种植业，稳步发展草原畜牧业，加快发展农区畜牧业，因地制宜发展特色种养业，不断调整优化种养结构。要坚持消费导向，根据市场供求变化，依靠科技支撑，大力发展绿色农牧业、特色农牧业、品牌农牧业，推动农牧业生产向市场紧缺产品、优质特色产品、种养加销全产业链方向调整，加快建立农畜产品质量和食品安全追溯体系，不断调整优化产品结构。要发挥比较优势，按照区域化布局、规模化经营、标准化生产的要求，集中建设一批优质农产品生产基地，建设一批优势畜牧业发展集聚区，不断调整优化区域结构。

二是要提高农牧业产业化水平。坚持把产业链、价值链等现代产业组织方式引入农牧业，用工业化的理念谋划和推动农牧业发展，进一步培育壮大农牧业龙头企业，引进培育一批辐射带动能力强的大型企业集团，扶持壮大一批成长性好的中小型龙头企业；进一步完善龙头企业与农牧民利益联结机制，坚持市场主导、政府引导，因地制宜推广多种形式的利益联结模式，让农牧民从产业化经营中得到更多实惠；进一步加强农牧业品牌建设，充分发挥绿色天然无污染的优势，积极利用地方品种资源，搞好原产地保护和绿色、有机、无公害认证，培育更多驰名商标和名牌产品。

三是要创新农牧业经营机制。在稳定家庭经营的基础上，积极稳妥推进多种形式的规模经营，大力发展各类新型农牧业经营主体，鼓励发展集体经营、合作经营和企业经营，加快构建现代农牧业经营体系。扎实开展土地草牧场确权登记颁证工作，完善土地草牧场流转政策，健全公开规范的土地草牧场流转市场，充分调动广大农牧民和市场主体投资建设的积极性。认真做好培养新型职业农牧民工作，完善职业培训政策，抓好农村牧区实用人才培养，吸引具有专业知识的大中专毕业生从事农牧业生产经营，努力建设一支高素质的职业农牧民队伍。

四是要多渠道增加农牧民收入。把促进农牧民增收作为“三农三牧”工作的核心任务，在充分挖掘农牧业内部增收潜力的同时，开发农村牧区二三产业增收空间，大力发展休闲农牧业、观光农牧业、农家乐牧家乐、乡村旅游，努力增加农牧民非农产业收入；扶持农牧民自主创业，促进农牧民转移就业，开发更多适合农牧民的就业岗位，努力增加农牧民工资性收入；激活农村牧区要素资源，盘活土地、草牧场、房屋、林权等“沉睡”资源，释放农牧民财产增值潜力，努力增加农牧民财产性收入；认真落实支农支牧、惠农惠牧政策，优先保证“三农三牧”投入，努力增加农牧民政策性收入。通过综合施策，进一步拓宽农牧民增收渠道，努力保持农牧民收入持续较快增长的良好势头。

（四）加快推进改革开放，充分激发经济社会发展的动力和活力。全面深化改革，既是明年经济工作的重要任务，也是适应和引领经济发展新常态的关键之举。各级要把全面深化改革放在更加突出位置，认真贯彻落实中央和自治区党委的改革决策部署，坚持正确方向，突出问题导向，集中精力、精准发力，不断把全面深化改革引向深入。一是要突出改革工作重点，紧紧抓住经济体制改革这个“牛鼻子”，紧紧围绕解决经济社会发展面临的突出问题，认真谋划推出一批起标志性、关联性作用的改革举措，加快推进行政审批、财税金融、投资价格、国企国资、农村牧区等重点领域改革，特别要下功夫抓好总书记鼓励我区先行先试的三项改革任务，推动重点领域改革不断取得新进展新突破。要坚持试点先行，鼓励探索实践，统筹推进各领域改革，确保年度改革任务的圆满完成。二是要提高改革方案质量，不论是总体改革方案还是具体改革举措，都要坚持高标准、保证高质量。要认真查找突出问题和现实困难，深入了解群众意愿和实际情况，在调查研究的基础上搞好设计，从实践探索中寻找最佳方案，做细做实征求意见、审核把关、评估校正等工作，防止闭门造车、坐而论道，保证改革方案符合中央要求、符合客观实际、符合群众期待。三是要狠抓改革举措落地，对照改革台账、分工方案和年度要点，一件一件地研究，一件一件地落实，做到件件有着落、件件有成效。各级改革领导小组、专项小组和改革办要切实负起责任，进一步加强组织领导和督查指导，不仅要当好“设计师”，还要当好“施工员”和“监理员”，亲力亲为地做好工作，努力推动各项改革举措落地生根、开花结果。

内蒙古是我国向北开放的重要桥头堡。随着我国促进区域协调发展、扩大沿边内陆开放等战略的深入实施，我区对外开放的优势进一步凸显，要乘势而上、顺势而为，在更高层次上全面推进对外开放。一是要积极主动融入国家区域发展大局，紧紧抓住国家实施“一带一路”、京津冀协同发展等重大战略带来的机遇，找准我区在国家发展战略中的角色定位，搞好我区相关规划与国家规划的衔接配套，在融入和服务国家发展战略中拓展发展空间、争创发展优势。二是要进一步深化与俄蒙的开放合作，大力推进满洲里、二连浩特重点开发开放试验区建设，加快推进呼伦贝尔中俄蒙合作先导区建设，启动建设面向俄蒙的重点经济技术开发区、进出口商品加工区和旅游经济合作区，加快推进与俄蒙基础设施的互联互通，扩大商贸往来和人文交流，探索创新长期交流合作机制，全面提升沿边开发开放水平。三是要全方位推进对外开放，坚持引进来和走出去相结合，巩固发展传统市场，大力开拓新兴市场，加快转变贸易发展方式，积极承接先进生产力转移，特别要搞好与周边省区的经济技术合作和基础设施共建共享，在深化内外合作中实现互利互惠。

（五）加强保障和改善民生工作，稳步提高人民生活水平。近两年，我们不断加大民生投入，谋划实施了一大批民生工程，让群众得到了实实在在的好处。新的一年，要坚持“守住底线、突出重点、完善制度、引导舆论”的基本思路，按照总书记“更加注重保障基本民生、更加关注低收入群众生活、更加重视维护社会大局稳定”的要求，在统筹做好教育、卫生、文化、社保等民生工作的同时，多做雪中送炭的事情，让改革发展成果更多更公平地惠及各族人民。

一是深入推进创业就业、扶贫开发和百姓安居等重点民生工程。这些都是关系城乡居民基本生活的大事要事，一定要紧紧抓在手上、务求取得实效。要全力保持就业稳定，认真落实中央和自治区扶持创业、促进就业各项政策措施，突出抓好高校毕业生就业工作，切实加大对就业困难人员的帮扶力度，统筹做好农牧民转移就业工作，大力扶持劳动密集型产业、服务业和中小微企业发展，不断加强政府公共就业服务能力建设，精心制定应对可能出现的结构性失业预案，确保完成新增城镇就业25万人的目标。要深入推进精准扶贫，认真落实各级领导干部联系贫困点制度和对口支援、定点扶贫机制，认真落实规划、项目、干部“三到村三到户”帮扶举措，认真落实低保家庭大学生入学资助和为农村牧区低收入家庭免费发放取暖煤政策，切实加大对贫困地区发展特色经济、改善基础设施、加强基本公共服务等方面的扶持力度，重视抓好教育扶贫，扎实搞好金融扶贫，深入推进社会扶贫，进一步编制好兜住贫困人口基本生活的安全网，确保完成减少贫困人口40万人目标。要深入推进保障性住房建设，加快各类公租房、廉租房建设和农村牧区危房改造步伐，下大气力抓好包头北梁、赤峰铁南、兴安盟阿尔山等重点棚户区改造工程，搞好保障房分配管理，积极推进棚改货币化安置，保质保量完成年度建设任务，确保“十二五”计划任务圆满完成。

二是大力实施农村牧区“十个全覆盖”工程。这项工程惠及千万农牧民，是自治区最大的综合性民生工程，也是统筹城乡发展、推进基本公共服务均等化的战略举措，受到各族干部群众的普遍欢迎。这一工程，越往后任务越重、难度越大，必须以决战决胜的勇气和攻坚克难的劲头狠抓落实。各地各部门要切实把这一工程摆到重要位置，认真贯彻落实自治区的部署要求和规划方案，科学调配资源，合理摆布项目，精心组织施工，条件好点的地方要加快建设进度、努力完成得更好更多一些，条件差些的地方要开动脑筋多想办法、创造条件完成好年度目标任务。要注重搞好典型引路，各盟市、旗县都要实打实地打造一批样板工程，认真总结经验，相互交流借鉴，带动和促进工作任务落实。要加大检查指导力度，自治区党委、政府分管领导要分兵把口、专项推进，自治区党政“两办”要定期开展督促检查，相关区直部门要认真负责地做好指导、检查和验收工作，盟市、旗县、苏木乡镇要逐级压实责任，明年的巡回观摩要重点检查这项工程的实施情况，通过全区上下的共同努力，确保自治区党委、政府作出的承诺不折不扣地落到实处、见到实效。

三是切实维护社会稳定。平安是极重要的民生工作，也是最基本的发展环境。要深入推进多层次多领域依法治理，切实强化法律在维护群众权益、化解社会矛盾中的权威地位，坚持把信访纳入法治化轨道，健全依法维权和化解纠纷机制，依法解决好土地征用、房屋拆迁、企业改制、环境污染治理过程中引发的矛盾纠纷，加快形成系统治理、依法治理、综合治理、源头治理的工作格局。要深化平安内蒙古建设，加强社会治安综合治理，完善立体化社会治安防控体系，依法严厉打击各种违法犯罪活动，主动做好隐蔽战线斗争和对敌工作，不断提高群众的安全感和满意度，确保社会安定、边疆安宁。要高度重视抓好安全生产工作，加强食品药品和矿业生产、交通运输、危险化学品等领域的安全监管，加大隐患排查治理和专项整治力度，坚决防止各类重特大事故的发生。

（六）坚持不懈推进生态文明建设，进一步筑牢生态安全屏障。总书记考察我区时指出："内蒙古的生态状况如何，不仅关系内蒙古各族群众生存和发展，也关系华北、东北、西北乃至全国生态安全。"经过不懈努力，我区生态建设实现了"整体遏制、局部好转"的转变，走到了"进则全胜、不进则退"的历史关头。我们要牢固树立生态文明理念，坚持在保护中发展、在发展中保护，全面落实生态文明建设各项任务，努力建设美丽内蒙古。

要毫不放松地抓好保护建设，最大限度地增加生态资产。要加强草原生态保护，严格落实基本草原保护制度，认真执行草畜平衡制度和禁牧休牧轮牧措施，组织实施好草原生态保护补助奖励机制，促进草原生态持续好转。要加强林业生态保护，深入推进京津风沙源治理、"三北"防护林、天然林保护、退耕还林等重点生态工程，增强林业生态服务功能。要加强水土资源保护，推进江河源头地区水土保持和中小河流水土流失治理，搞好重点地区防沙治沙和沙化土地封禁保护区建设，不断巩固和扩大生态保护建设成果。

要着力推进绿色循环低碳发展，最大限度地减少环境负债。要做好节能减排工作，加强重点行业、重点企业节能降耗技术改造，严格控制污染排放，加快淘汰落后产能，确保完成"十二五"节能减排目标。要推进资源综合利用，大力发展循环经济，建设一批农业清洁生产、工业循环利用示范项目、示范基地，推广低碳技术和循环利用技术，提高资源综合开发利用水平。要搞好环境综合整治，加强城镇、农村牧区、矿区和交通沿线环境整治，推进水污染、大气污染、重金属污染治理，着力解决损害群众健康的突出环境问题。

推进生态文明建设，要靠系统完整的体制机制来保障。要坚持源头严防、过程严管、后果严惩，治标治本多管齐下，积极探索加快生态文明制度建设，抓紧推进编制自然资源资产负债表、自然资源资产离任审计、建立生态环境损害责任终身追究制三项重点任务，认真落实资源有偿使用制度和生态补偿制度，健全完善体现生态文明要求的评价体系、目标体系、政策体系，推进生态文明建设制度化、法治化。

三、加强党对经济工作的领导

明年的经济形势依然严峻复杂，改革发展稳定任务十分艰巨繁重。要在经济发展新常态下，抢抓机遇、应对挑战，保持全区经济社会持续健康发展，必须切实加强和改善党的领导。

一是要认真履行党委议大事、抓大事的职责，牢牢把握经济工作的主动权。党对经济工作的领导，集中体现在党委把方向谋全局、抓大事议大事上。各级党委要认真学习领会习近平总书记关于经济工作特别是关于加强党对经济工作领导的重要论述，认真学习领会党中央关于做好明年经济工作的重大决策部署，切实把握好经济工作的正确方向。要深入研究新常态下推动经济社会持续健康发展的重大战略、重点任务、重要举措，把转方式调结构放到更加重要位置、把经济工作立足点转到提高经济发展的质量和效益上来。要坚持和完善经济形势分析研判和经济运行监测调度制度，多渠道、多形式听取各方面的意见建议，及时研究解决事关发展全局的重大问题和经济运行中的实际问题，确保经济持续健康发展、社会和谐稳定。

二是要坚持法治思维、增强法治观念，努力提高领导经济工作的法治化水平。市场经济本质上是法治经济，必须坚持法治思维、增强法治观念，依法调控和治理经济。各级党委要切实加强对经济规律、社会规律、自然规律的研究把握，不断提高透过现象看本质的本领，更加自觉、更加有效地领导经济工作；要加快转变不符合法治精神的思维观念，积极推进经济领域法规制度的立改废工作，进一步完善依法决策机制，切实把党对经济工作的领导纳入法治化轨道。各级领导干部要带头学习法律、遵守法律，带头依法履职、依法办事，自觉运用法治思维和法治方式来深化改革、推动发展、化解矛盾、维护稳定。

三是要进一步强化理论培训、注重实践历练，切实增强领导经济工作的专业化能力。领导新常态下的经济工作，没有专业化的能力支撑是不行的。现在，有不少干部专业知识素养不扎实，实际工作岗位历练少，不能很好地适应新形势新任务的要求。各级党委要坚持理论培训和实践历练并举，着力培养选拔一批政治上强、懂经济、会管理的干部充实到各级领导班子，加快形成专业优势明显、实践经验丰富、结构配备合理的领导团队。各级领导干部要自觉加强履职尽责需要的各种知识的学习，特别要加强现代经济、社会治理等方面知识的学习，不断完善知识结构、增长实践才干，真正成为领导经济工作的行家里手。

四是要压实工作责任、狠抓工作落实，确保经济社会各项目标任务落到实处。明年经济工作的目标任务已经明确，能否落到实处、见到实效，主要取决于各级党委政府和领导干部的执行和落实。要坚持创新机制抓落实，全面推行"四个一"的落实机制，坚持对经济工作一年一述职、半年一总结、一季一分析、每月一调度，真正形成一级抓一级、层层抓落实的工作格局。要坚持领导带头抓落实，各级领导干部尤其是党委政府主要负责同志、各部门主要负责同志要勇于担当、善于作为，认真履行推进落实的领导责任，坚决纠正"为官不为"等懒政怠政行为。要坚持突出重点抓落实，紧紧抓住制约经济社会发展的突出矛盾和薄弱环节，抓住事关全局发展的重点工程和重大项目，抓住关系百姓福祉的民生工程和民生实事，集中攻坚，重点突破，带动各项事业整体推进。要坚持强化保障抓落实，全面贯彻从严治党要求，扎实开展"三严三实"专题教育，加强监督检查，搞好舆论引导，为敢担当、有作为的干部撑腰鼓劲，让"老好人"、"圆滑官"难混日子，在全区上下形成一个浓厚的干事创业氛围。

最后，强调一下"十三五"规划建议制定、自治区成立70周年大庆筹备和做好"两节"期间的有关工作。明年，自治区党委将研究提出关于制定国民经济和社会发展第十三个五年规划的建议。这个建议是编制"十三五"规划的总纲，各有关部门要及早谋划准备，深入开展调查研究，抓紧启动建议起草工作，为编制"十三五"规划打好基础。自治区成立70周年大庆是全区各族人民政治生活中的一件大事，是推动内蒙古改革发展再上新台阶的重要契机。自治区确定了一批基础设施、产业发展、民生保障、城乡建设、生态保护等重大迎庆项目，这些项目对内蒙古发展具有战略性、标志性意义，各地各有关方面要加强协调配合，加大推进力度，确保如期完成建设任务。元旦、春节将至，中央和自治区已下发通知，就做好“两节”期间的相关工作作出部署，各地各部门要认真抓好落实。尤其要做好关心困难群众生产生活和保障群众安全的工作，做好节日期间的值守应急工作，做好干部廉洁过节的教育管理工作，让各族干部群众度过欢乐祥和的节日。

同志们，做好明年的经济工作意义重大。我们要紧密团结在以习近平同志为总书记的党中央周围，认真贯彻落实中央决策部署，稳中求进、改革创新，全力推动经济持续健康发展和社会和谐稳定，努力把祖国北部边疆这道风景线打造得更加亮丽！

政府工作报告

Report on the Work of the Government

——在内蒙古自治区第十二届人民代表大会第三次会议上

内蒙古自治区主席　巴特尔

现在,我代表内蒙古自治区人民政府向大会报告工作,请予审议,并请自治区政协委员和列席会议的同志们提出意见。

一、2014 年工作的回顾

过去一年,是自治区发展进程中具有重要里程碑意义的一年。面对市场需求不足、经济下行压力加大等严峻复杂形势和艰巨繁重的改革发展稳定任务,在党中央、国务院和自治区党委的正确领导下,自治区政府团结带领全区各族人民,深入学习贯彻习近平总书记系列重要讲话和考察内蒙古重要讲话精神,全面贯彻落实中央各项决策部署和自治区"8337"发展思路,主动适应经济发展新常态,坚持稳中求进工作总基调,统筹做好稳增长、促改革、调结构、惠民生、防风险各项工作,开创了建设现代化内蒙古的新局面。

(一)经济保持平稳增长。全区生产总值 17769.5 亿元,增长 7.8%,处于合理区间。一般公共预算收入 1843.2 亿元,增长 7.1%;一般公共预算支出 3884.3 亿元,增长 5.4%。充分发挥投资对稳增长的关键作用,新开工亿元以上项目 1307 个,增长 15%;完成 500 万元以上项目固定资产投资 1.19 万亿元,增长 15.7%。国家核准和出具路条的重大能源、新型煤化工项目 70 多项,总投资近 8000 亿元,取得了重大进展,将有力推动产业转型升级。更加重视发挥消费的基础作用,深化流通体制改革,加强市场体系建设,发展现代流通方式,全社会消费品零售总额 5619.9 亿元,增长 10.6%;居民消费价格上涨 1.6%,物价总水平保持稳定。出台促进工业增长、稳定煤炭产业运行、加强供需对接等政策措施,全力稳定工业生产和企业经营,规模以上工业增加值增长 10%。取消、降低各类收费项目 38 项,减轻企业负担 30 亿元。加大电力综合扶持政策实施力度,带动新增工业增加值 750 亿元、税收 95 亿元、就业 10 多万人。认真落实促进非公经济发展的政策措施,规模以上中小企业工业增加值增长 12.5%,对工业增长贡献率达 77.6%。

(二)结构调整迈出新步伐。以建设"五大基地"为重点调整产业结构。农牧业稳定发展,粮食生产克服低温、干旱影响再获好收成,总产连续两年稳定在 550 亿斤以上;牧业年度牲畜存栏 1.29 亿头只,增加 1100 万头只。持续推进工业转型升级,现代煤化工等新兴产业快速成长,装备制造、高新技术、有色工业和农畜产品加工业加快发展,对工业增长贡献率提高 3.6 个百分点,稀土、风电、云计算、单晶硅产业规模保持全国第一。加快传统产业改造升级,技改投入 1085 亿元,提前一年完成国家下达的"十二五"淘汰落后产能任务。大力发展现代服务业,出台促进养老健康、电子商务发展等政策措施,文化、信息等产业稳步发展,旅游业总收入增长 28.7%,金融机构人民币贷款余额增长 15.5%。加快新型城镇化步伐,有序推进农牧业转移人口市民化,城镇化率达到 59.5%,提高 0.8 个百分点。首府和区域中心城市建设步伐明显加快,农村牧区面貌发生显著变化,县域经济发展活力不断增强。

(三)改革开放深入推进。年度重点改革任务全部完成。突出抓好习近平总书记鼓励我区先行先试的三项重点改革,生态文明制度建设、建立龙头企业与农牧民紧密型利益联结机制、加强同俄蒙合作稳步推进。加大简政放权力度,自治区本级取消和下放行政审批事项 114 项,精简 1/3。工商登记制度改革成效显著,新登记企业类市场主体和注册资本分别增长 91%和 2.2 倍,从业人员增长 43%。向 12 个扩权强县试点旗县下放 61 项管理权限。在基础设施和煤化工等领域面向民间资本推出 50 个重大示范项目。电力市场化改革走在全国前列,蒙西地区电力多边交易电量增长 38%,启动蒙东地区大用户直供。积极推动国有企业改革,完成了包钢厂办大集体改革、内蒙古能源发电投资集团股权结构调整和能源建设集团、矿业集团、交通投资公司挂牌运营等重点工作。

深化财税金融改革,初步建立起规范完整的政府预算体系,74 个部门公开了年度预算。扩大"营改增"试点范围,企业减税面超过 95%。加快发展多层次资本市场,自治区股权交易中心启动运营,企业通过资本市场直接融资 648 亿元。推进农村信用社股份制改造,大力发展农村普惠金融,"助农金融服务点"覆盖 78%的嘎查村。深化农村牧区综合改革,农村土地承包经营权确权登记颁证试点扩大到每个盟市 1 个旗县(乡镇),在 10 个牧业旗开展了草原确权承包试点,集体建设用地使用权、宅基地使用权确权登记发证率分别达到 61%和 67%,集体林权确权率 99.8%。

全面提升对外开放水平。深化与俄蒙的务实合作,满洲里重点开发开放试验区建设有序推进,二连浩特重点开发开放试验区获得国务院批准,我区被国家纳入"丝绸之路经济带"建设范围,向北开放桥头堡建设迈出重要步伐。全年外贸进出口总额 145.5 亿美元,增长 21.4%。加强区域协作,完善京蒙合作机制,启动蒙晋冀长城金三角合作区建设,成功举办内蒙古(香港)经贸文化推广周、第八届中国民族商品交易会和内蒙古台湾名品博览会,引进国内(区外)到位资金 4625 亿元,增长 5.2%。

(四)基础设施和生态环境持续改善。公路建设完成投资 661 亿元,再创新高,新增公路里程 3000 公里,其中高等级公路 1000 公里,新增通沥青水泥路嘎查村 720 个,硬化嘎查村街巷 9619 公里。铁路建设完成投资 300 亿元,呼包高铁动车组正式开行,结束了我区没有高铁的历史;开工建设额济纳至哈密、通辽至霍林河电气化改造等铁路重大项目,建成锡林浩特至乌兰浩特、乌拉山至锡尼等 13 个铁路项目,新增运营里程1187公里，铁路运营总里程达到1.2万公里，继续保持全国领先。完成包头、赤峰和乌兰浩特机场改扩建工程，二连浩特机场改扩建等项目获得国家批复，全区民用机场总数达到18个。电网建设完成投资165亿元，蒙西电网变电容量超过1亿千伏安，电网规模实现历史性突破，锡林郭勒至济南特高压电力外送通道全面开工，农网改造升级项目全部完成。水利建设完成投资150亿元，黄河近期防洪工程竣工，海勃湾水利枢纽主体工程、呼伦湖生态治理工程基本完工，扎敦水利枢纽等在建工程进展顺利，尼尔基水利枢纽下游灌区开工建设。

加强生态环境保护和建设。全面落实草原生态补奖政策，严格实行阶段性禁牧和草畜平衡制度，在26个旗县开展了基本草原划定工作，草原建设总规模5106万亩。完成林业生态建设面积1008万亩，重点区域绿化209万亩，水土流失治理面积650万亩。深刻汲取腾格里工业园区污染事件教训，扎实开展环保整治"百日行动"，限期整改环境隐患和重大问题184个，关停取缔企业469家。切实加强大气污染防治和APEC会议期间空气质量保障工作，强化重点行业脱硫、脱硝和除尘改造，推进重点流域水污染、重金属污染防治和重点区域环境综合治理，单位生产总值能耗和二氧化碳排放量分别下降3.9%和5%，提前一年完成"十二五"节能降碳目标。

(五)保障和改善民生取得新进展。坚持富民优先导向，继续压缩"三公经费"等一般性支出，优先保障重点民生支出，各级财政民生支出2440亿元，占一般公共预算支出的63%。城镇常住居民人均可支配收入28350元，增长9%；农村牧区常住居民人均可支配收入9976元，增长11%，快于经济增长速度。着力推进创业就业工程，新增城镇就业27.2万人，农牧民转移就业250万人，落实应往届高校毕业生就业14.5万人，城镇登记失业率控制在3.6%的较低水平。大力推进扶贫攻坚工程，创新扶贫工作机制，采取领导干部联系贫困点、"三到村三到户"精准扶贫等措施，投入资金100多亿元，40万贫困人口稳定脱贫。深入实施百姓安居工程，开工建设各类保障性住房24万套，基本建成22.9万套，超额完成全年目标；完成农村牧区危房改造17万户，超过国家下达任务的1倍；包头北梁、赤峰铁南、兴安盟阿尔山等重点棚户区改造进展顺利。着眼于从根本上改善农村牧区生产生活条件，启动实施农村牧区"十个全覆盖"工程，完成投资216亿元，3495个嘎查村完成建设任务；为每个低收入农牧户发放1吨取暖煤，惠及336.7万户农牧民；为每个低保家庭大学生每年发放1万元就学补助并一次性补贴到位，解除了1.8万大学新生的后顾之忧；为每个零就业家庭至少解决1人就业，实现了动态清零。社会保障水平稳步提高，制定城乡养老保险制度衔接实施意见，出台工伤保险条例实施办法，企业退休人员养老金月人均提高191元，城镇低保标准月人均提高28元，农村牧区低保标准年人均提高267元，新农合和城镇居民医保政府补助人均标准由280元提高到320元。

(六)各项社会事业全面发展。实施创新驱动发展战略，加快推进科技重大专项和新型研发平台建设，科技支撑引领作用进一步增强。统筹各级各类教育发展，学前教育资源进一步扩大，义务教育均衡发展实现新突破，民族教育得到优先重点发展，现代职业教育体系建设和高等教育转型发展迈出新步伐。健全城乡医疗卫生服务体系，人均基本公共卫生服务经费提高到35元，开工建设自治区妇产医院等6个本级重大卫生项目，蒙中医医药事业健康发展。实施"单独两孩"政策，人口出生率控制在9.3‰。促进文化繁荣发展，培育和践行社会主义核心价值观，深化群众性精神文明创建活动，完善公共文化服务体系，大力实施文化惠民工程，开展"放歌草原·书写百姓"主题文化实践活动。出台文化产业中长期发展规划，支持重点文化产业项目和中小微文化企业发展。认真贯彻落实中央民族工作会议精神，深入推进民族团结进步事业，平等团结互助和谐的社会主义民族关系进一步巩固。足球运动改革与发展工作全面启动，群众性体育和竞技体育协调发展，体育产业发展步伐加快。新闻广播影视、哲学社会科学等各项事业繁荣发展，气象、人防、参事和妇女儿童、老龄、残疾人事业扎实推进。

(七)社会保持和谐稳定。深入实施"平安内蒙古"建设工程，加强社会治安综合治理，创新完善立体化社会治安防控体系，严厉打击违法犯罪活动，受理查处治安案件下降28.2%，刑事立案下降29.2%，人民群众的安全感进一步提升。扎实开展"大接访"行动，全面排查化解社会矛盾，深入推进信访改革，信访形势平稳向好。集中对征地拆迁、涉农涉牧等8个重点领域进行专项整治，严肃惩处侵害群众利益行为。深入开展安全生产"打非治违"和各类专项整治，强化安全生产监管和风险防控，事故起数和死亡人数实现"双下降"。扎实开展食品药品安全整治，及时发现和处理风险隐患，未发生系统性、区域性安全事故。防范和打击各种敌对势力的渗透破坏和颠覆活动，筑牢祖国北疆安全稳定屏障。积极支持国防和军队现代化建设，深入开展国防教育和双拥共建，国防动员和后备力量建设取得新进展。

(八)政府自身建设得到加强。深入学习贯彻习近平总书记系列重要讲话和考察内蒙古重要讲话精神，坚持用科学理论武装头脑、指导实践、推动工作，坚定自觉地与党中央、国务院和自治区党委保持高度一致。严格执行中央八项规定、国务院"约法三章"和自治区党委28项配套规定，不断深化作风整改和问题整治。从严控制会议、文件数量，政府性楼堂馆所新建项目一律停止审批，机构编制和财政供养人员数量"双下降"，自治区本级"三公"经费下降22.8%。认真执行自治区人大及其常委会决定，自觉接受政协民主监督，广泛听取各民主党派、工商联和无党派人士意见，及时办结人大代表议案、建议和政协委员提案。加强政府法制工作，提请自治区人大常委会审议地方性法规8件，制定、修改和废止12件行政规章。改革行政执法体制，严格落实执法责任制和过错追究制。加大审计、监察和政务公开力度，政府系统廉政建设和反腐败工作得到进一步加强。

各位代表，过去一年的成绩来之不易。这是党中央、国务院和自治区党委正确领导的结果，是全区各族干部群众守望相助、团结奋斗的结果，也是社会各界关心、支持和帮助的结果。在此，我代表自治区人民政府，向全区各族干部群众，向人大代表、政协委员，各民主党派和人民团体，向所有关心支持内蒙古现代化建设的同志们、朋友们，表示衷心的感谢！

在看到成绩的同时，我们也清醒地认识到，我区经济社会发展中还存在一些矛盾和问题，政府工作还有不足和差距，主要是：宏观经济环境趋紧，需求约束加剧，投资增长难度加大，部分企业生产经营还比较困难，经济下行压力仍然较大；产业发展不充分，农牧业基础仍然薄弱，资源利用方式还较为粗放，创新能力不强，服务业发展相对滞后；基础设施支撑能力不足，城镇化水平不高，城乡区域发展不平衡；城乡居民收入、基本公共服务与全国平均水平还有一定差距，部分群众生活仍然较为困难；安全生产、社会治安、食品药品安全等方面还存在一些问题，影响社会稳定的矛盾纠纷易发多发，社会治理面临许多新情况新问题；生态恶化趋势虽然趋缓，但生态环境依然十分脆弱，一些地方环境污染事件时有发生，部分产业能耗、水耗和污染排放较高，环境保护压力还很大，生态文明建设任重道远；政府职能转变和简政放权还不到位，“四风”问题仍然不同程度存在，作风建设成果需要进一步巩固，反腐倡廉力度还需进一步加大。对于这些问题，我们要采取措施认真加以解决。

二、2015年的主要工作任务

今年是全面深化改革的关键之年，是全面推进依法治区的开局之年，也是全面完成“十二五”规划的收官之年。我们面临的形势依然严峻复杂，既有许多重要机遇和有利条件，也有诸多风险和挑战，必须主动适应经济发展新常态，坚定信心，扎实工作，在新起点上进一步开创我区现代化建设的新局面。今年政府工作的总体要求是：全面贯彻落实党的十八大和十八届三中、四中全会及中央经济工作会议精神，以邓小平理论、“三个代表”重要思想、科学发展观为指导，深入贯彻习近平总书记系列重要讲话和考察内蒙古重要讲话精神，全面落实自治区党委九届十一次、十二次全委(扩大)会议和九届十三次全委会议暨全区经济工作会议的工作部署，坚持稳中求进工作总基调，坚持以提高经济发展质量和效益为中心，主动适应经济发展新常态，保持经济运行在合理区间，牢固树立持续发展、转型发展、协调发展、和谐发展理念，把转方式调结构放到更加重要的位置，狠抓改革攻坚，突出创新驱动，强化风险防控，加强民生保障，同步推进新型工业化、信息化、城镇化、农牧业现代化，加快建设“五大基地”“两个屏障”“一个桥头堡”，全面发展各项社会事业，加快转变政府职能，促进经济持续健康发展和社会和谐稳定。主要预期目标是：地区生产总值增长8%左右，规模以上工业增加值增长10%，固定资产投资增长13%，社会消费品零售总额增长11%，一般公共预算收入增长6%，城镇和农村牧区常住居民人均可支配收入分别增长9%和10%以上，新增城镇就业25万人，居民消费价格涨幅控制在3%左右，单位生产总值能耗和二氧化碳排放量均下降2.2%。

这些预期目标的确定，充分考虑了经济发展新常态下的新特征新要求以及各种因素，并与编制“十三五”规划和全面建成小康社会目标相衔接，符合经济发展规律，反映了现阶段我区经济增长潜力，兼顾增速换挡与产业升级双重要求，是实事求是、积极稳妥的，也是需要经过艰苦努力才能实现的。把握好总体要求、实现预期目标，关键是坚持稳中求进的工作总基调，把“稳”的重点放在稳定经济运行上，确保增长、就业、物价不出现大的波动，确保金融、房地产、地方政府性债务等风险可管可控；把“进”的重点放在调整经济结构和深化改革上，确保转变经济发展方式和调整经济结构取得新成效。

当前，我国经济发展进入新常态。这是以习近平同志为总书记的党中央全面总结发展经验，准确研判当前形势和未来走势作出的重大战略判断，也是当前和今后一个时期我区经济发展的大逻辑。我们必须把思想行动统一到中央和自治区党委关于新常态的分析研判和部署要求上来，牢牢掌握引领和推动经济发展的主动权。一是正确认识新常态。认真学习、深刻领会新常态的思想内涵和实践要求，充分认识新常态下速度变化、结构优化、动力转化的特征，做到观念上适应、认识上到位，坚持以提高经济发展质量和效益为中心，保持经济运行在合理区间，切实增强推动持续发展、转型发展、协调发展、和谐发展的自觉性和紧迫感。二是主动适应新常态。针对面临的“三期叠加”矛盾，准确把握新常态下经济发展的阶段性特征和趋势性变化，做到方法上对路、措施上有力，用改革的思路、创新的举措，加快转变经济发展方式，调整优化经济结构，发现和培育新的经济增长点，推动经济持续健康发展和社会和谐稳定。三是积极引领新常态。按照习近平总书记“八个更加注重”的要求，准确把握发展大势，主动顺应发展规律，做到谋划上超前、行动上作为，以奋发有为的精神状态，抢抓新常态下的新机遇，应对新常态下的新挑战，与时俱进地开创我区经济社会发展新局面。

今年要重点做好十个方面的工作。

(一)牢牢把握扩大内需这一战略基点，努力保持经济稳定增长

促进投资稳定增长。抓住国家支持基础设施建设、能源资源类项目向中西部地区、民族地区优先布局的重大机遇，积极争取国家的支持。深化投融资体制改革，形成政府投资、社会投资、招商引资的聚合效应。充分发挥政府投资引导作用，通过设立重点产业发展资金、新兴产业发展基金以及特许经营、投资补助、政府购买服务等方式，有效撬动社会资本参与投资。加快培育多层次资本市场，加大直接融资力度，鼓励民间资本发起设立产业投资和股权投资基金，通过发行债券筹集资金，支持有条件的中小企业进行股权融资。大力推广政府和社会资本合作模式，以存量资产作股权、以建设任务引资金，加强与大企业的深度合作，创新基础设施建设融资模式。加大政府性担保资金投入，发挥信用担保、贷款贴息等政策工具作用。积极开展排污权、收费权、土地承包经营权等质押贷款，推进土地、矿业权抵押融资。

加强重点项目建设。围绕调结构、补短板，加快实施一批具有全局性、战略性的重大项目，努力增加有效投资，力争全年500万元以上项目新开工规模达到1.5万亿元，完成固定资产投资1.34万亿元。积极推进包钢350万吨稀土钢冷轧、鄂尔多斯煤炭清洁高效利用等1000个亿元以上新建续建项目，争取新投产400个。加快锡林郭勒至济南特高压外送通道建设，推进锡盟至江苏、蒙西至天津南、上海庙至山东特高压外送通道尽早开工，争取蒙西至湖北武汉、通辽北至河南特高压外送通道列入国家“十三五”规划。加快与电网配套的电源点和煤炭项目建设，努力实现同步开工、同步建设、同步达效。加快推进高速公路、口岸公路、干线公路和农村牧区公路建设，力争完成投资700亿元，高速公路通车里程突破

5000公里，新增通沥青水泥路嘎查村1000个，提前一年完成嘎查村街巷硬化任务。加快推进呼张客专、呼准鄂快速铁路等在建项目，开工建设通辽、赤峰至京沈客专连接线，力争完成投资350亿元，新开工里程1600公里。积极谋划贯通自治区东西的高速铁路客运大通道建设，争取满洲里至海拉尔至乌兰浩特至通辽、锡林浩特至张家口、呼和浩特至银川等高速铁路项目列入国家"十三五"铁路网规划，并全部启动前期工作。加快推进呼和浩特机场迁建工程前期工作，建成3个运输机场和8个通用机场，全区民用机场总数达到29个。加快建设以大型水利工程为骨干、"毛细血管"相配套的水支撑体系，重点推进列入国家规划的12项重大水利工程。以城镇地下管网改造为重点，加快建设一批城市基础设施项目，力争完成投资700亿元。

有效扩大消费需求。实施鼓励居民消费的财税、信贷和信用政策，激活商务消费，增加住房消费，提升教育文体消费，升级旅游休闲消费，扩大信息服务消费，刺激养老健康家政消费，打造多点支撑的消费增长格局。加强产品质量安全监管，整顿和规范市场秩序，保持物价总水平基本稳定，营造便利安全放心的消费环境。加强流通体系建设，创新流通方式和流通业态，大力发展电子商务等商业模式，适应个性化、多样化消费需求。推动旅游、文化等与相关产业的融合发展，大力开拓农村牧区消费市场，培育新的消费增长点。

着力稳定经济运行。以稳定工业运行和企业生产经营为重点，加强经济运行调度，帮助企业减负增效，稳定经济增长基础。进一步加大煤炭控产稳价力度，落实电煤长期稳定供应合作协议，探索建立煤炭产销区域联动机制，提高煤炭行业效益。进一步加大电力综合扶持政策实施力度，有效降低企业用电成本。公布涉企收费目录清单，切实做到清单之外无收费。

(二)着力调整优化经济结构，加快转变经济发展方式

大力推进产业结构转型升级。以"五大基地"建设为重点，以提高资源综合利用率和产业精深加工度为主攻方向，构建多元发展的现代产业体系。加快传统产业新型化，推动煤炭生产企业与下游转化企业深度合作、战略重组，实施煤电、煤化联合发展，提高煤炭就地加工转化水平。扩大煤电冶、煤电化、煤电硅等特色产业链规模，形成成本竞争新优势。促进钢铁、有色、农畜产品加工等产业延伸升级，加快发展稀土钢、铝后加工、绿色农畜产品等中高端产品。推进新兴产业规模化，做大现代煤化工，力争新开工煤制烯烃220万吨、煤制气280亿立方米、煤制油416万吨。加强以云计算为重点的信息化基础设施和服务能力建设，夯实"两化"融合基础。加快发展先进装备制造、稀土新材料、清洁能源等产业，依托重点产业园区培育发展中小企业，推进配套、延伸和应用服务，形成产业集群化发展新格局。促进支柱产业多元化，大力发展新产品、新业态，积极扶持节能环保等新兴产业做大做强，培育新的增长点。

发展壮大现代服务业。加强总部基地、物流园区、旅游景区、科技创业园区等重大项目建设，形成一批规模较大、辐射带动作用较强的服务业集聚区。深化服务业改革，引导社会资本进入重点领域，扩大政府向社会购买公共服务范围。继续抓好呼和浩特市国家服务业综合改革试点，启动自治区服务业改革创新试点。大力推进阿尔山国家旅游扶贫试验区和生态旅游示范区建设，认真落实促进旅游业发展的政策措施，全面提升旅游业发展水平。扩大服务业对外开放，加强与周边省区市及俄蒙等国在商贸、物流、旅游、文化、科技等领域的合作。

切实加强创新能力建设。加快创新型内蒙古建设，推动经济增长由投资和要素驱动向创新驱动转变。加强政策支持和引导，发挥企业科技创新主体作用，打造一批掌握核心技术、引领行业发展的创新型大企业，培育一批具有自主知识产权的中小型科技企业。大力推进技术创新，组织实施重大科技专项，推动清洁能源、现代煤化工、节能环保、生物工程等重点产业领域关键共性技术攻关，不断提高产业核心竞争力。重视基础研究，加强科技基础设施、创新平台和载体建设，启动自治区自主创新示范区建设工程。改革科技管理体制，促进科技与经济结合，推动科技成果转化。加强知识产权保护，坚决打击侵权盗版行为。深入实施人才强区战略，推进"草原英才"工程建设，培养和引进一批高层次创新创业型人才。

(三)围绕建设现代农牧业，切实转变农牧业发展方式

提高农牧业综合生产能力。继续实施百亿斤粮食增产规划，全年新增节水灌溉面积450万亩、高标准基本农田400万亩，确保粮食总播面积不低于8000万亩、总产稳定在550亿斤以上。落实最严格的耕地保护制度，坚决守住耕地数量红线和质量底线，加快划定永久基本农田，夯实粮食生产根基。推动种植业结构由"生产导向"向"消费导向"转变，加快发展市场需求旺盛的绿色有机产品，扩大优质高产高效农作物和饲草料种植面积，加强设施农业特别是大中城市蔬菜基地建设，积极争取建设国家优质马铃薯种子功能区和种植加工基地。扎实推进"粮安工程"，提升粮食仓储和流通基础保障能力。大力发展现代畜牧业，继续实施"双百千万"高产创建工程，重点抓好牲畜品种改良，提高单产、增加效益。加快发展农区畜牧业，积极推广标准化、规模化养殖。稳步发展草原畜牧业，推进生态草业发展，抓好畜牧业基础设施建设，增强抵御灾害能力。

提升农牧业产业化水平。围绕建设绿色农畜产品生产加工输出基地目标，进一步加强产业基地建设，打造优势产业带，提高产业集中度。大力培育壮大龙头企业，把产业链、价值链等现代产业组织方式引入农牧业生产，推进产业集群发展。坚持市场主导、政府引导，完善龙头企业与农牧民利益联结机制，因地制宜推广成功的利益联结模式，构建农畜产品现代营销体系，让农牧民从产业化经营中得到更多实惠。加强农牧业品牌建设，做好原产地保护和绿色、有机、无公害产品认证，培育更多驰名品牌和地理标志商标。净化农畜产品产地环境，加快农畜产品质量安全标准体系和追溯体系建设，形成覆盖从田间到餐桌全过程的监管制度。抓好国家毛绒质量检验体制改革试点。严格实行牲畜交易强制检疫制度，强化重大动物疫病和布病等人畜共患病防治。

创新农牧业生产经营方式。在稳定家庭经营的基础上，积极稳妥地推进多种形式的适度规模经营，大力发展种养大户、家庭农牧场、专业合作社等新型农牧业经营主体，鼓励发展集体经营、合作经营和企业经营，加快构建现代农牧业经

营体系。扎实开展土地确权登记颁证试点和草原确权承包工作。完善土地草牧场经营权流转政策，健全公开规范的流转市场，重视并解决好流转过程中出现的问题，调动广大农牧民和市场主体投资积极性。稳步推进农村牧区集体产权制度改革，制定农村牧区宅基地制度改革指导意见。

加强以水为中心的农牧业基础建设。加快“引绰济辽”、毕拉河水利枢纽等项目前期工作，开工建设绰勒水库下游灌区、嫩江干流防洪和黄河二期防洪工程，加强大江大河主要支流、中小河流治理，加大山洪灾害防治和病险水库除险加固力度。实施灌区、牧区及生态脆弱区高效节水灌溉工程，基本完成农村牧区安全饮水工程。积极调整用水结构，推进跨盟市水权转让。统筹推进农村牧区公路、电网等基础设施建设，全面开展农村牧区人居环境综合整治，提高新农村新牧区建设水平。

(四)全面深化改革开放，激发经济社会发展动力活力

扎实推进重点领域改革。强化中央和自治区改革方案的落实，突出抓好习近平总书记鼓励我区先行先试的三项重点改革。深化行政审批制度改革，取消和下放行政审批事项，大幅度减少前置审批，推广“三证合一”、网上并联审批等模式，强化事中事后监管。深入推进商事制度改革，制定企业投资项目负面清单，推行行政权力清单和责任清单。继续推进电力市场化改革，扩大蒙西电网多边交易和蒙东大用户直供规模，做好蒙西电网输配电价改革试点，实施霍林河、棋盘井微电网示范工程。加快价格形成机制改革，修订自治区政府定价目录，完善地方铁路货物运输价格管理，推进医药价格改革，做好大豆目标价格改革试点。深化财税体制改革，改进预算管理制度，建立跨年度预算平衡机制，清理规范财税优惠政策，严格政府举债行为。深化金融领域改革，更好地服务实体经济发展。继续推进国有企业改革，完善国有资产监管体制，出台国企负责人薪酬制度改革方案。

全方位扩大开放。抓住国家实施“一带一路”、京津冀协同发展、长江经济带三大战略带来的机遇，找准我区在国家发展战略中的定位，做好与国家规划的衔接配套，在融入和服务国家战略中拓展发展空间。创新同俄蒙的合作机制。编制推进丝绸之路经济带建设实施方案，争取将我区向北开放重大事项和项目纳入国家顶层设计。加快建设满洲里、二连浩特国家重点开发开放试验区和呼伦贝尔中俄蒙合作先导区，办好中蒙博览会。加大口岸建设力度，积极推进与俄蒙基础设施的互联互通，扩大商贸往来和人员交流，全面提升沿边开发开放水平。加快推进区域协作。抓住京津冀产业转移的机遇，在乌兰察布、赤峰等地打造承接产业转移基地、发展“飞地经济”。进一步完善京蒙合作机制，加强蒙晋冀长城金三角合作区建设。积极推广浙商产业园、鄂尔多斯市江苏工业园等模式，打造高水平产业承接平台。跟踪落实我区与外省区市签订的合作协议，推动合作项目尽快落地。全年争取引进国内(区外)到位资金5000亿元左右。

(五)扎实推进新型城镇化，统筹城乡区域发展

加快新型城镇化步伐。以人的城镇化为核心，重点解决400万农牧业转移人口市民化问题。保障进城农牧民工及随迁家属平等享受城镇基本公共服务，扩大城镇社会保障对农牧民工的覆盖面，完善随迁子女在当地接受义务教育和参加中高考相关政策，探索农牧民工享受城镇保障性住房的具体办法。加快户籍制度改革，建立居民居住证制度，分类推进农牧业转移人口在城镇落户。坚持规划先行，编制实施自治区城镇体系规划，抓好新型城镇化试点工作，进一步优化城镇布局，积极推动大中小城市与小城镇、产业与城镇、城镇化与新农村新牧区建设协调发展。着力改善城市基础设施条件，全面开展城市地下管网普查，推动城市综合管廊建设。积极创新投融资机制，通过特许经营、投资补助、完善价格机制等途径，引导社会资本投资城市基础设施项目，不断提高城镇产业和人口承载能力。加强对房地产业的引导和监管，促进房地产业持续健康发展。建立基础数据共享的城市数据中心，推动智慧城市、智慧社区、智慧园区建设。

大力发展县域经济和非公经济。围绕“产城融合”推进县城和中心镇扩容提质，加快基础设施和公共服务城乡连接、共建共享。推动县域经济特色化发展，发挥比较优势，统筹扩大规模、做响品牌和错位发展，加快优势特色产业发展。继续抓好“扩权强县”改革试点工作，总结试点经验，确保下放的经济社会管理权落实到位，提升县域治理和自主发展能力。加大对非公经济的扶持力度，制定非公企业进入特许经营领域的具体办法，鼓励发展非公有资本控股的混合所有制企业。完善中小微企业公共服务平台，构建中小微企业普惠制服务体系。进一步优化发展环境，依法保护非公企业合法权益，推动非公经济发展取得新突破。

统筹区域协调发展。全面落实主体功能区规划，构筑经济优势互补、功能定位清晰、资源高效利用、人与自然和谐相处的区域发展新格局。大力推进呼包鄂一体化，率先在交通、通讯、金融等领域实现同城化。积极推进乌海及周边地区一体化发展，加大区域内资源要素整合和产业结构调整力度。扎实推进沿黄河沿交通干线经济带建设，充分发挥辐射带动作用。认真落实国务院支持东北振兴的政策措施，促进东部盟市加快发展。推进资源型地区和林区转型发展，加大对牧业旗县、边境旗市、三少民族自治旗、民族乡和少数民族人口相对集中地区的扶持力度。

(六)切实保障和改善民生，稳步提高人民生活水平

多渠道增加城乡居民收入。深化收入分配制度改革。完善机关事业单位工资制度，调整基本工资标准，实施旗县以下机关公务员职务与职级并行制度，落实职工带薪休假制度。推动企业工资集体协商，完善最低工资标准调整机制。进一步拓宽农牧民增收渠道，引导农村牧区劳动力转移就业，不折不扣地落实各项惠农惠牧补贴政策。建立健全资源开发、征地拆迁补偿机制，依法保障农牧民对土地、宅基地和集体资产的权益。

织密织牢社会保障安全网。继续提高企业退休职工基本养老金和城乡居民基础养老金、优抚对象抚恤和生活补助、城乡低保对象补助水平。提高社会保险统筹层次和保障水平，完善职工基本养老保险自治区统筹管理办法，规范医疗、生育等保险盟市级统筹。落实国家关于机关事业单位养老保险制度改革的政策，完善被征地农牧民社会保障措施，将城镇常住人口逐步纳入城镇基本医疗保障范围。扩大新农合大病保障范围，推进城乡居民大病保险政策有效衔接，完善疾病应急救助机制。提高城镇居民医保和新农合政府补助标

准,由每人每年320元提高到380元。继续推进医保付费方式改革,实现基本医疗保险区内异地就医直接结算。全面建立临时救助和重特大疾病医疗救助制度,扎实做好困难群众的社会救助工作。

大力推进重点民生工程建设。深入实施农村牧区"十个全覆盖"工程,认真落实规划方案,科学调配资源,合理摆布项目,精心组织施工,加强后续管理维护,切实把这项自治区最大的综合性民生工程抓紧抓实,使广大农牧民长期受益。扎实推进创业就业工程,以高校毕业生就业为重点,统筹做好农牧民转移就业、返乡创业和城镇失业人员、就业困难人员就业工作。优化创业环境,推动大众创业、万众创新,以创业带动就业。大力扶持劳动密集型产业、服务业和中小微企业发展,不断加强政府公共就业服务能力建设,保持零就业家庭动态清零,确保完成新增城镇就业25万人、城镇登记失业率控制在4%以内的目标。深入推进扶贫攻坚工程,认真落实领导干部联系贫困点制度,扎实做好"三到村三到户"帮扶工作,切实抓好金融、教育和社会扶贫,加快实施大兴安岭南麓集中连片特困区和燕山—太行山片区扶贫攻坚规划,确保减少贫困人口40万人。继续实施低保家庭大学生入学资助和农村牧区低收入家庭免费发放取暖煤政策。大力推进百姓安居工程,加快保障性安居工程建设和农村牧区危房改造步伐,下大气力抓好包头北梁、赤峰铁南、兴安盟阿尔山等重点棚户区改造,加强保障房分配管理,推进棚改货币化安置,确保新开工保障性安居住房24.2万套、基本建成16万套,完成农村牧区危房改造17万户。

(七)促进文化繁荣发展,不断满足广大群众精神文化需求着力建设共同精神家园。坚持用中国特色社会主义理论和中国梦凝聚共识,认真落实培育和践行社会主义核心价值观实施意见,深入开展"中国梦·尽责圆梦"系列主题实践活动,巩固共同团结奋斗的思想基础。突出实践要求,丰富活动载体,把培育和践行社会主义核心价值观与精神文明创建、群众文化活动相结合,弘扬主旋律,凝聚正能量,全面提高公民道德素质和社会文明程度,激发实现中国梦的精神动力。

大力发展文化事业。加快公共文化服务体系标准化、均等化建设,出台构建现代公共文化服务体系实施意见和基本公共文化服务指导标准。深入实施文化信息资源共享、数字图书馆等文化工程,扩大"数字文化走进蒙古包"工程覆盖面,实施边境旗县新闻出版广播影视固边工程,推动首批自治区公共文化示范区、示范项目创建。加强对精品创作演出的扶持引导,以"中国梦"主题文艺创作活动为抓手,推进内蒙古文化艺术长廊建设,继续抓好重点舞台剧目精品创作、草原文学精品创作和优秀蒙古文作品翻译工程。加大重点文物、非物质文化遗产保护力度,促进优秀民族文化传承保护和创新发展。繁荣发展社会科学、广播影视等事业,促进新型媒体与传统媒体协同联动、融合发展。

积极推动特色文化产业发展。实施文化产业中长期发展规划,推动特色化、差异化发展。健全重点文化产业项目库,培育文化产业主体,充分发挥大企业大项目的带动作用,扶持发展特色中小微文化企业,形成一批具有核心竞争力的特色文化企业和品牌,引导开发一批特色文化旅游项目。搭建自治区文化产业发展投融资平台,扩大文化产业发展专项资金规模。努力提升对外文化交流水平。积极参与国家对外文化交流活动,推动我区民族优秀文化更好地走出去。按照自治区加强对外宣传工作意见的要求,落实重点任务,建立长效机制,拓展交流合作领域,创新话语体系和表达方式,讲好中国和内蒙古故事。扩大文化产品和服务出口,提升草原文化的对外影响力。

(八)大力发展社会事业,加强和创新社会治理

加快发展各项社会事业。继续加大教育投入。落实自治区义务教育均衡发展实施意见,扩大义务教育均衡发展旗县覆盖面。统筹推进学前教育、民族教育、特殊教育、民办教育和继续教育发展,促进普通高中多样化、特色化和高等教育内涵式发展,积极构建现代职业教育体系,出台自治区考试招生制度改革实施办法。大力发展医疗卫生事业,加快自治区本级重点卫生项目和盟市、旗县及基层医疗服务体系建设,全面推开县级公立医院改革,人均基本公共卫生服务经费标准提高到40元。继续巩固基本药物制度和基层运行机制,扩大基本药物制度实施范围。启动蒙中医医药服务能力提升工程,加快蒙医药标准化建设。加强重大疾病防控,健全突发公共卫生事件应急机制。加大基层医疗卫生人才培养力度,为推进基本公共卫生服务均等化提供人才保障。促进竞技体育与群众体育协调发展,提升体育产业发展水平,办好第十届全国少数民族传统体育运动会。编制完成足球事业发展规划,建设国家(北方)足球训练基地和国家(北方)青少年足球夏令营活动基地。坚持计划生育基本国策,提高出生人口素质,促进人口长期均衡发展。推进妇女儿童、老龄事业健康发展。切实做好民族宗教工作。坚定不移走中国特色解决民族问题的正确道路,全面贯彻落实党的民族政策,坚持和完善民族区域自治制度,坚持各民族交往交流交融,守望相助,团结奋斗,使"四个认同"和"三个离不开"思想更加深入人心。把发展作为解决民族问题的根本途径,大力推进少数民族和民族聚居地区发展,加快全面建成小康社会步伐。扎实推进兴边富民行动,扶持人口较少民族发展。进一步加强城市民族工作。加大对蒙古语言文字规范使用的监管力度,推进蒙古语文法制化、规范化、标准化和信息化建设。全面贯彻党的宗教工作基本方针,发挥宗教界人士和信教群众在促进经济社会发展中的积极作用。

全力维护社会和谐稳定。完善维护群众切身利益的相关制度,严格执行重大决策社会稳定风险评估机制。健全劳动关系协调机制,规范企业用工秩序,认真解决拖欠农牧民工工资问题,维护劳动者合法权益。构建社区服务体系,提高社区治理服务水平,依法做好嘎查村村民委员会换届工作。加快社会信用体系建设,逐步建立覆盖全社会的征信体系。把信访纳入法治化轨道,健全依法维权和化解纠纷机制,解决好征地拆迁、劳动社保、资源开发、环境保护等重点领域的信访问题。深化"平安内蒙古"建设,加强社会治安综合治理,加快完善立体化社会治安防控体系,依法严厉打击各类违法犯罪活动,做好隐蔽战线工作和对敌斗争,维护社会大局稳定。加强网络监管和舆情引导,保障互联网运行安全。强化安全生产责任制,切实加强矿业生产、交通运输、危险化学品等领域的安全监管,严格落实大型活动安保责任和措施,强化消防安全管理,加大隐患排查和专项整治力度,坚决防止各类

重特大事故发生。强化食品药品安全监管，依法从重从快打击食品药品违法犯罪行为。加强应急管理，提高防灾减灾能力。支持国防和军队现代化建设，加强国防动员和后备力量建设，推进双拥共建和军民融合发展。

(九)积极推进生态文明建设，进一步筑牢生态安全屏障 着力加强生态保护和建设。严格执行基本草原保护制度，认真落实草畜平衡和阶段性禁牧、休牧、轮牧措施，继续实施草原生态补奖政策，确保完成草原建设面积4000万亩以上。组织实施好天然林保护、京津风沙源治理等重点生态工程，完成林业生态建设面积1000万亩、重点区域绿化200万亩。加强水土资源保护，完成水土流失综合治理面积650万亩。继续实施呼伦湖和乌梁素海综合治理工程，加强自然保护区、生态功能区和湿地、野生动植物保护，大力发展林、沙、草产业。

深入开展环境综合整治。强化大气、水、土壤和重金属污染综合防治，加强减排治污重点工程建设，推进排污权有偿使用和交易试点，探索推行环境污染第三方治理模式和建立环境保护基金，下大气力解决损害群众健康的环境污染问题。加大环境综合整治和执法力度，对环境违法行为“零容忍”。完善节能减排政策措施，加强十大重点节能工程建设，加快重点行业和企业节能降耗技术改造，探索建立碳排放、碳交易制度体系，推进低碳试点城市建设，继续淘汰落后产能。抓好农牧业清洁生产、工业循环利用示范项目和示范基地建设，提高资源综合利用水平。实行最严格的水资源管理制度，强化地下水节约保护。加强矿山地质环境、地质灾害及煤田火区、沉陷区环境治理。积极推进生态文明制度建设。坚持源头严防、过程严管、后果严惩，治标治本多管齐下，加快生态文明制度建设，最大限度地增加生态资产、减少环境负债。继续开展主体功能区建设试点示范，划定生态红线和基本草原红线。积极推进编制自然资源资产负债表、领导干部自然资源资产离任审计、生态环境损害责任终身追究制度三项重点任务，认真落实资源有偿使用和生态补偿制度，健全体现生态文明要求的评价、目标和政策体系。

(十)全面加强政府自身建设，提升政府执行力和公信力 深入贯彻落实党的十八届三中、四中全会精神，忠实履行宪法和法律赋予的职责，按照推进国家治理体系和治理能力现代化的要求，加快建设法治政府、创新政府、廉洁政府和服务型政府。推进依法行政。切实把政府工作全面纳入法治轨道，用法治思维和方式履行职责。认真执行人大及其常委会的决议、决定，依法向人大及其常委会报告工作，自觉接受人大及其常委会的法律监督、工作监督和政协的民主监督，认真办理人大代表建议和政协委员提案，积极组织实施自治区政府和政协年度协商计划，广泛听取各民主党派、工商联、无党派人士和人民团体的意见建议。完善政府立法机制，严格遵守重大行政决策法定程序。继续深化行政执法体制改革，严格规范公正文明执法。大力推行政务公开，保障人民群众知情权、参与权、表达权、监督权。创新管理和服务。完善公共服务供给模式，扩大政府购买公共服务范围。创新社会组织管理，让市场和社会组织承担更多事务。建立统一规范的公共资源交易平台，加快推进政务大厅和电子政务建设，构建综合高效的政务服务体系。加强作风建设。严格落实从严治党八项要求，严格执行党的政治纪律，坚定自觉地同党中央保持高度一致，坚决贯彻党中央、国务院和自治区党委的决策部署。不断强化宗旨意识，切实解决好关系群众切身利益的难点、热点问题，以作风建设的实际成效取信于民。巩固和拓展党的群众路线教育实践活动成果，进一步强化整改落实，推进作风建设常态化。坚持依法治权。推行权力清单制度，依法公开权力运行流程，加强对职能部门履职情况的监督，坚决整治行政不作为、乱作为。强化对重要领域、关键岗位的行政监察和审计监督，加大行政问责力度。认真落实党风廉政建设主体责任，加强反腐倡廉制度建设，健全政府系统廉政风险防控体系，强化对权力运行的监督和制约。

各位代表，今年是“十二五”规划的收官之年，在全面总结工作的同时，我们要加快推进“十三五”规划的编制工作，积极动员各方面力量，深入调查研究，广泛征求意见，研究谋划好关系自治区全局和长远发展的重大政策、措施和项目，为推动科学发展、实现富民强区提供有力支撑。同时，扎实做好自治区成立70周年各项准备工作，围绕重大迎庆项目，加强统筹协调，加大推进力度，确保如期完成建设任务。

各位代表，展望新的一年，我们面临的任务艰巨繁重，肩负的责任重大光荣。让我们更加紧密地团结在以习近平同志为总书记的党中央周围，高举中国特色社会主义伟大旗帜，以邓小平理论、“三个代表”重要思想、科学发展观为指导，深入贯彻习近平总书记系列重要讲话和考察内蒙古重要讲话精神，奋发有为，真抓实干，扎实做好改革发展稳定各项工作，为把祖国北部边疆这道风景线打造得更加亮丽而努力奋斗。

关于内蒙古自治区2014年国民经济和社会发展计划执行情况与2015年国民经济和社会发展计划草案的报告

Report on the National Economic and Social Development for 2014 and the Draft Plan for 2015 in Inner Mongolia

——在内蒙古自治区第十二届人民代表大会第三次会议上

内蒙古自治区发展和改革委员会

受自治区人民政府委托，向大会提出2014年国民经济和社会发展计划执行情况与2015年国民经济和社会发展计划草案，请予审议，并请自治区政协委员和列席会议的同志们提出意见。

一、2014年国民经济和社会发展计划执行情况

过去的一年，在自治区党委的正确领导下，全区上下深入贯彻落实习近平总书记系列重要讲话和考察内蒙古重要讲话精神，按照自治区十二届人大二次会议的部署，深入推进实施"8337"发展思路，努力打造祖国北疆亮丽风景线，经济社会发展在"新常态"下呈现出"新亮点"。

（一）适应经济发展新常态，经济呈现平稳增长态势。面对全国整体经济降速转型发展新阶段，主动适应经济发展新常态，坚决贯彻中央宏观调控政策，全区经济发展保持平稳增长。全年实现生产总值17769.5亿元，增长7.8%，其中第一产业1627.2亿元，增长3.1%；第二产业9219.8亿元，增长9.1%；第三产业6922.6亿元，增长6.7%。

（二）农牧业稳定发展，粮食生产再获丰收。粮食生产克服了春季持续低温和夏季局部严重干旱的不利影响，播种面积持续增加，全年粮食产量达到550.6亿斤，实现"十一连丰"。牲畜存栏持续增加，牧业年度牲畜存栏达到1.29亿头（只），增长9.3%；主要畜产品产量稳定增长，肉类总产量243.7万吨，增长3.2%。

（三）工业结构调整取得积极进展，新兴产业发展较快。全年全区规模以上工业增加值增长10%，其中，装备制造业、高新技术业、有色工业增长较快，分别增长16.1%、14.2%和16.3%，三个行业对规模以上工业增长的贡献率达到24.1%，比上年提高3.5个百分点；能源、建材、化工等行业增长放缓，分别回落0.3个、6.5个和21.9个百分点，三个行业对工业增长贡献从上年同期的57.3%下降到49.6%。节能减排形势较好，单位GDP能耗和二氧化碳排放量分别下降3.9%和5%，提前一年完成"十二五"节能降碳目标任务。深入开展环保整治"百日行动"，圆满完成APEC会议期间空气质量保障任务。

（四）服务业运行平稳，新消费亮点纷呈。消费品市场平稳增长。全年完成社会消费品零售总额5619.9亿元，同比增长10.6%。货物运输量不断扩大。完成公路货运量12.7亿吨，铁路货运量7.3亿吨。金融业健康发展。全区金融机构人民币各项存款余额16217.6亿元，同比增长6.7%；各项贷款余额14947.1亿元，增长15.5%。旅游消费快速增长。旅游业总收入达到1806.6亿元，增长28.7%。

（五）重大项目加快推进，固定资产投资稳定增长。全年全区城乡500万元以上项目完成固定资产投资1.19万亿元，增长15.7%。重点项目建设稳步推进，新开工亿元以上项目1307个，增长15%。截至12月底，列入全区重大项目实施计划的648个项目开复工615个，开复工率达到94.9%。重大项目进展顺利，额济纳至哈密铁路、丹锡高速经棚至锡林浩特段、锡林郭勒至济南电力外送通道全面开工，扎兰屯机场新建、二连浩特机场改扩建等项目获得国家批准，神华呼伦贝尔褐煤综合利用、鄂尔多斯华星40亿立方米煤制气等项目前期工作取得积极进展，争取国家审批、核准和出具路条项目总规模近8000亿元。

（六）居民收入稳步提高，民生状况持续改善。就业形势基本稳定。全年城镇新增就业27.2万人，完成年度计划的105%；城镇登记失业率控制在3.6%的较低水平。居民收入水平稳步提高。全年全体居民人均可支配收入20559亿元，增长10%；城镇常住居民人均可支配收入28350元，增长9%；农村牧区常住居民人均可支配收入增长9976元，增长11%。社会保障标准较大幅度提高。企业退休人员养老金月人均提高191元，城镇低保标准月人均提高28元，农村牧区低保标准年人均提高267元，新农合和城镇居民医保政府补助人均标准提高40元，达到320元。各项民生工程扎实推进。保障性安居工程进展顺利，开工各类保障性住房24万套，开工率100.6%；基本建成22.9万套，竣工10.1万套。扶贫开发工作深入推进，国家、自治区、盟市、旗县四级财政共安排扶贫资金50亿元，落实扶贫贷款资金60亿元，40万贫困人口稳定脱贫。农村牧区"十个全覆盖"工程加快推进，开工建设4298个嘎查村，全年投资216亿元。加大对特困群体的补贴力度，对家庭困难的1.8万名大学生每年资助1万元并一次性补贴到位，对336.7万户困难家庭每户发放1吨取暖煤。物价涨幅逐步放缓。居民消费价格同比上涨1.6%，回落1.6个百分点。

其中,食品上涨2.9%,回落3.4个百分点,带动居民消费价格指数回落1.1个百分点。

(七)改革开放向纵深推进,经济发展活力不断增强。重点领域和关键环节改革取得明显进展。简政放权方面,取消和下放行政审批事项114项,取消和降低各类收费项目38项、放开34项;确定12个扩权强县改革试点旗县,下放61项经济社会管理权限;工商注册登记实施"先照后证"制度改革,新登记企业类市场主体同比增长91%,注册资本增长2.2倍。财税金融价格方面,已将公共财政、政府性基金、国有资本经营和社会保险基金预算全部纳入2014年预算编报范围,74个部门公开年度预算;扩大"营改增"试点范围,企业减税面超过95%;启动运营内蒙古股权交易中心,累计挂牌展示企业278家;出台《水资源费征收标准及相关规定》。电力市场化方面,扩大电力多边交易和大用户直供试点实施范围,全年蒙西电网多边交易电量361亿千瓦时,同比增长38%,降低企业用电成本8.3亿元;蒙东地区大用户直供交易电量33亿千瓦时,降低企业用电成本2.9亿元。国有企业方面,组建运营能源建设集团,基本完成电网公司辅业分离;制定了实行经营性国有资产集中统一监管等一系列改革意见。农村牧区综合改革方面,出台建立龙头企业与农牧户紧密型利益联结机制的意见;土地确权登记试点范围扩大到每个盟市1个旗县,集体建设用地使用权、宅基地使用权确权登记发证率分别达到61%和67%,集体林地确权率99.8%。生态文明制度建设方面,研究制定生态文明制度建设的意见;探索编制自然资源资产负债表,制定领导干部自然资源离任审计初步方案;划定22个旗县开展基本草原试点。

对外开放步伐加快。出台了进一步加强同俄罗斯和蒙古国交往合作的意见、深化与蒙古国全面合作规划纲要、促进外经贸和口岸发展的实施意见,二连浩特重点开发开放试验区获国家批复,我区被国家纳入"丝绸之路经济带"建设范围。对外贸易增长加快,全年进出口总额完成145.5亿美元,增长21.4%,同比提高14.9个百分点。其中,出口63.9亿美元,增长56.2%;进口81.6亿美元,增长3.3%。招商引资规模继续扩大,实施招商引资项目3564项,引进国内(区外)资金到位4625亿元,增长5.2%。

总的来看,面对严峻复杂的国内外经济环境,全区比较好地完成了自治区十二届人大二次会议预期的目标任务,成绩来之不易。同时,经济社会发展也存在一些困难和问题,主要是:经济结构性矛盾仍然比较突出,创新动力不足,非资源型产业和服务业比重较低,非公有制经济发展不够充分;企业生产经营仍然比较困难,财政收入增长放缓,财政收支矛盾较为突出;城乡居民收入与全国平均水平仍有一定差距,基本公共服务水平有待进一步提高。对于这些问题,我们将采取有效措施,逐步加以解决。

二、2015年国民经济和社会发展的主要任务

2015年是深化改革的关键之年,是全面推进依法治国的开局之年,也是全面完成"十二五"规划的收官之年。按照自治区党委九届十三次全委会议暨全区经济工作会议总体部署,2015年国民经济和社会发展的主要预期目标是:地区生产总值增长8%左右,规模以上工业增加值增长10%,全社会固定资产投资增长13%,社会消费品零售总额增长11%,一般公共预算收入增长6%,城镇常住居民人均可支配收入增长9%,农村牧区常住居民人均可支配收入增长10%以上,城镇新增就业25万人,居民消费价格涨幅控制在3%左右,单位生产总值能耗和二氧化碳排放量均下降2.2%。实现上述目标,要全面贯彻落实党的十八大和十八届三中、四中全会及中央经济工作会议精神,深入贯彻习近平总书记系列重要讲话和考察内蒙古重要讲话精神,全面落实自治区党委九届十三次全委会暨全区经济工作会议总体部署,正确认识新常态、主动适应新常态、积极引领新常态,准确把握新常态下速度变化、结构优化、动力转换三大特征,坚持稳中求进工作总基调,保持经济运行在合理区间;坚持以提高经济发展质量和效益为中心,推进发展方式转变和经济结构调整;坚持改革和创新驱动发展,切实增强经济发展活力和动力;坚持更加注重民生保障和生态文明建设,促进社会和谐稳定。

(一)保持经济在新常态下的稳定增长。要在充分发挥投资对经济增长的关键作用的同时,切实增强消费对经济增长的基础性作用,实现投资和消费对经济增长的协调拉动。

推动有效投资持续增长。充分利用国家支持自治区发展的各项政策,重点围绕国家支持东北振兴若干重大政策举措和国家"7个重大工程包",以及《西部地区鼓励类产业目录》等,扎实推进项目前期工作,突出抓好新开工项目,力争全年500万元以上项目新开工规模达到1.5万亿元,完成固定资产投资1.34万亿元。工业方面,突出抓好煤制油、煤制气、煤制烯烃等煤炭转化项目,特种钢、铝后加工等产业延伸升级项目,云计算、装备制造、新材料等战略性新兴产业项目,与电力外送通道配套的大型煤电基地项目,争取完成投资7200亿元左右。水利方面,开工建设扎罗木得水利枢纽、绰勒水利枢纽下游内蒙古灌区等工程。通道方面,开工建设锡盟至江苏、蒙西至天津南、上海庙至山东等电力外送通道项目,鄂尔多斯至天津、鄂尔多斯至沧州等输气管道项目。铁路方面,开工建设通辽和赤峰至京沈客专连接线、蒙西至华中等13个重点项目,新开工里程约1600公里。公路方面,开工建设通辽至鲁北、大板至经棚等项目,新开工高速公路279公里、一级公路430公里,建成高速公路1100公里、一级公路1000公里。机场方面,建成霍林郭勒、扎兰屯、乌兰察布运输机场,开工海拉尔、通辽运输机场改扩建工程。城市基础设施方面,开工建设一批供水、供热、污水垃圾处理等城市基础设施项目。基础设施争取完成投资2500亿元左右。民生和社会方面,突出抓好扶贫攻坚、创业就业、"十个全覆盖"等重大工程,重点建设基础教育、基层卫生、公共文化服务、全民健身基础设施和保障性住房等领域的项目,争取完成投资1300亿元左右。

促进消费扩大和升级。一是努力提升居民消费能力。继续提高企业退休职工和城乡居民基础养老金、优抚对象抚恤和生活补助、城乡低保对象补助水平,完善最低工资标准调整机制。做好基层公务员调资工作,同步调整科技、教育、医疗卫生等事业单位人员工资。二是积极培育新的消费亮点。升级旅游休闲消费。抓好旅游富民(扶贫)、文化提升等"十大工程",扶持阿尔山－柴河旅游区等13个景区创建5A级景区。落实职工带薪休假制度,支持低成本航空和旅游支线航空发展。扩大信息服务消费。加快实施"宽带内蒙古",光缆总

长度达到40万公里以上。推动呼和浩特国家电子商务、呼和浩特和乌海国家信息惠民、物联网重大应用等试点示范工程，发展网络购物和农村牧区电商配送，开展国家省院合作远程医疗试点工程。提升教育文体消费。在实施民办非学历教育收费自主定价的基础上，完善和规范民办学校收费政策。加强社会体育指导员队伍、活动站点建设，推动公共体育场馆和学校体育场馆向公众开放，促进大众健身业和体育消费的发展。鼓励养老健康家政消费。探索建立产业基金等方式发展养老服务，出台养老机构用水、用气优惠价格政策。对养老、医疗服务机构建设减免土地复垦费等7项收费。三是稳定住房、汽车、大众化餐饮等传统领域消费。加强保障房建设，新开工城镇保障性安居住房24.15万套，基本建成16.37万套。支持回购商品房用于保障性住房，放宽提取公积金支付房租条件。落实国家补贴推广新能源汽车政策和加快发展大众化餐饮的指导意见。

（二）加快推进结构调整。适应经济发展动力从传统增长点转向新增长点的新常态，以“五大基地”建设为重点，加强创新驱动，调整存量、做优增量，实现产业多元发展、多极支撑。

促进结构转型升级。一是稳定能源产业。实施限产保价相关政策措施，严格控制新开煤矿，提高煤炭就地加工转化水平。围绕京津冀地区大气污染防治工作，推进包头达茂、赤峰克什克腾等风电基地重大项目建设。落实《可再生能源保障性收购指导意见》。二是推动钢铁、有色、化工等产业延伸加工升级。推动包钢550万吨稀土钢项目达产达效、350万吨稀土钢冷轧生产线建成投产；加快包头常铝、通辽红亚等铝后加工项目建设，力争新增铝后加工生产能力110万吨；加快中天合创一期、久泰能源甲醇制烯烃等项目建设，争取新增甲醇制烯烃生产能力110万吨。三是培育发展战略性新兴产业。云计算产业方面，落实国家促进云计算发展措施，提高云计算基础服务能力，支持第三方大数据服务，推动重点产业领域的云计算应用。装备制造业方面，落实《自治区进一步支持现代装备制造业加快发展的若干意见》，重点抓好包头阿特拉斯百吨级液压挖掘机等项目。新材料方面，推动稀土新材料、晶体硅材料等新兴产业加快发展，重点推进包头稀土院稀土材料中试产业化基地、中环单晶硅三期等项目建成投产。生物产业方面，制定出台自治区生物产业发展规划，围绕生物育种、蒙药及生物医药等特色优势领域，实施一批创新能力提升工程和产业链培育项目，加快推动生物产业基地和集聚区建设。四是加快发展服务业。坚持生产性服务业和生活性服务业并重、现代服务业和传统服务业并举，推动服务业发展提速、比重提高、水平提升。制定贯彻落实《国务院关于加快发展生产性服务业促进产业结构调整升级的指导意见》的实施意见及相关政策。突出抓好总部基地、物流园区、旅游景区、科技创业园区等重大项目建设。做好呼和浩特市国家服务业综合改革试点工作，启动开展自治区服务业改革创新试点。

加快推进创新驱动战略。组织实施西部地区创新能力建设专项和自治区创新能力建设项目，提升重点领域自主创新能力和科技成果转化水平。加强创新平台建设，力争2015年国家级工程研究中心、工程实验室和国家级企业技术中心新增5个（总数达到30个）以上，自治区级工程研究中心（工程实验室）新增8个（总数达到50个）以上。围绕生物农业、新材料、节能环保等领域，组织申报一批国家新兴产业创投基金，在特色优势产业集聚区与相关盟市共同出资设立一批自治区新兴产业创投基金，促进社会资本与新兴产业的有效对接。深化科技体制改革，修订科技计划项目管理办法，制定自治区促进科技成果转化的若干意见。

（三）加强“三农三牧”工作。坚持把解决“三农三牧”问题作为重中之重，大幅度增加“三农三牧”投入，转变农牧业发展方式，夯实农牧业持续稳定发展的基础。

提高农牧业综合生产能力。继续组织实施百亿斤粮食增产规划，新增节水灌溉面积450万亩，确保粮食播种面积不低于8000万亩。重点抓好呼和浩特、包头等大中城市蔬菜基地建设，新增设施蔬菜20万亩。积极发展现代畜牧业，投资引导建设奶牛标准化规模养殖场250处、生猪标准化规模养殖场80处、肉羊标准化规模养殖场240处。

转变农牧业发展方式。加强农牧业科技服务体系建设，推进标准化生产，构建农牧业技术示范和推广平台。围绕建设绿色农畜产品生产加工输出基地，大力推进农牧业产业化经营，培育壮大龙头企业，提升精深加工水平。加强农畜产品质量安全监管，加快农畜产品质量安全标准体系和追溯体系建设。加强生态原产地产品保护和评定工作，提高绿色农畜产品的知名度和竞争力。

全力推进农村牧区改革。全面实施建立完善龙头企业与农牧民利益联结机制的意见，开展不同类型试点的改革，逐步建立起多种利益联结方式。完成农村土地和草原确权试点工作，在全区范围内全面推进土地、草原确权。制定促进家庭农场发展、促进农牧民合作社规范发展等政策措施。推进农村牧区集体产权制度改革，制定农村牧区宅基地制度改革指导意见。

（四）着力减轻企业负担。优化企业发展环境，千方百计帮助企业减负解困，保证企业稳定运营。

减轻企业税费负担。落实好结构性减税政策，实施普遍性降费措施。凡没有法律法规依据或未经批准设立的行政性收费和政府性基金项目，一律取消。全面取消或暂停企业、个体工商户注册登记费等12项收费，免征小微企业组织机构代码证收费等42项行政事业性收费。修订公路车辆通行费标准，取消高速公路上路基价。对于月销售额不超过3万元的小微企业，自登记注册之日起3年内免征教育费附加等5项政府性基金。对保留的行政事业性收费、政府基金和实施政府定价或指导价的经营服务性收费，实行目录清单管理，公布《自治区涉企行政事业性收费项目目录》。

降低企业用电成本。进一步扩大电力多边交易和大用户直供电范围，力争电力多边交易和大用户直接交易电量达到500亿千瓦时。推进通辽霍林河、鄂尔多斯棋盘井微电网示范工程建设。积极争取国家批准蒙东地区同网同价和蒙西电网输配电价改革试点方案。

缓解企业融资成本高问题。一是加大银企对接力度。对企业债务问题进行摸底调查，对于有订单、流动资金紧缺的企业，要根据需求组织银企对接会，落实好企业续贷政策，支持企业提高再贷款能力。二是要加快推进地方金融机构建设。做好新型农村合作金融组织试点工作，抓紧设立小微企业贷款风险补偿专项资金和自治区再担保机构。支持民间资本发起设立几家民营银行，提高地方企业融资能力。三是推进多层次资本市场融资。制定自治区金融普惠规划，支持银行通过社区、小微支行和手机银行等提供金融服务，引导企业利用新三板、自治区股权交易中心进行股权和债权融资，建立由政府资金和民间资本组成的产业投资基金和股权投资基金。

（五）进一步深化改革开放。加快推进重点领域改革，全方位提高对外开放水平，切实增强经济发展活力。

深化重点领域改革。一是加强中央和自治区改革方案的落实。对中央已出台的改革方案，要抓紧制定配套措施，加快出台户籍制度、国企负责人薪酬制度等改革方案；对自治区已经出台的改革方案，特别是习近平总书记考察内蒙古时提出的龙头企业与农牧民利益联结机制、生态文明制度和创新俄蒙合作机制三项重点改革任务，要加大督促检查力度，推进落实。二是围绕解决发展面临的突出问题推进改革。重点要加快推进对稳定经济增长、减轻企业负担、激发市场活力等有明显作用的改革事项。进一步深化行政审批制度改革，制定并推行各级政府及其工作部门行政权力清单和责任清单，公布自治区行政许可事项目录，提出政府核准的投资项目目录。稳步推进价格形成机制改革，修订《自治区定价目录》，出台自治区天然气销售价格安排意见，实施居民阶梯水价、阶梯气价。加快国有企业改革，制定深化国有企业改革指导意见和自治区本级经营性国有资产集中统一监管意见，推动央企驻区分支机构变更为独立法人。完善财税体制改革，清理规范税收优惠政策，扩大预算公开部门范围，出台深化预算管理制度改革实施方案，建立跨年度预算平衡机制，制定自治区公务用车改革方案。三是抓好改革试点工作。采取政府部门和引进第三方评估机构相结合的方式，对已经开展试点的事业单位法人治理结构、工商“三证”合一登记制度等改革试点进行评估，对试点效果较好、比较成熟的，要加快推广。同时再启动一批新的改革试点项目，重点是推进政府购买服务、市场化养老等改革试点。

大力推动区域协作。一是加大招商引资力度。落实《自治区关于全面加强投资促进工作的实施意见》，跟踪落实与国内各省区市签署的合作协议，推动合作向纵深发展。争取引进国内（区外）资金到位5000亿元左右。二是推动园区共建。积极推进呼和浩特和乌兰浩特浙商产业园，鄂尔多斯市江苏工业园等共建产业园区建设，打造高水平产业承接平台。三是积极融入环渤海地区发展。推动天津、辽宁扩大在自治区“无水港”布点，促进通关便利化。推进蒙晋冀（乌大张）长城金三角合作区建设。进一步完善京蒙合作机制，研究提出新一轮合作帮扶重点。

稳定外贸增长。落实国务院关于加强进口的政策措施和自治区《关于促进内蒙古外经贸和口岸发展的实施意见》，简化报关手续，规范进出口环节经营性服务收费。实施更加积极的进口政策，支持扩大能源资源、先进技术和关键设备的进口。推动自治区出口基地建设，进一步扩大出口规模。鼓励内蒙古矿业集团、森工集团等企业利用境外资源进行就地加工，推进海外资源基地建设。研究制定自治区支持服务贸易发展的支持政策，扩大服务贸易规模。

深化与俄蒙合作。一是贯彻落实国家《“一带一路”战略规划》，编制完善自治区推进“丝绸之路经济带”建设实施方案，争取将自治区向北开放有关重大事项和建设项目纳入国家顶层设计。二是加快建设满洲里、二连浩特国家重点开发开放试验区，推进二连浩特－扎门乌德跨境经济合作区、呼伦贝尔中俄蒙合作先导区建设，争取满洲里综合保税区获国家批复。三是推进基础设施互联互通，积极推进甘其毛都口岸通向蒙古的标准轨铁路建设，争取滨洲铁路电气化改造项目开工建设，加快推进集宁至二连浩特扩能改造、海拉尔至拉布大林至黑山头口岸铁路项目前期工作；争取国家加快推进乔巴山至阿日哈沙特等四条跨境公路的前期工作。

（六）积极稳妥推进新型城镇化。抓好各类区域规划和政策的落实，着力提高城镇化质量，推动城乡统筹协调发展。

充分发挥规划引导和调控作用。按照城镇化规划与主体功能区建设相衔接的理念，编制新型城镇化发展规划。全面实施《呼包鄂城市群规划》，推进呼包鄂一体化发展。落实《自治区主体功能区规划实施意见》，组织实施呼伦贝尔市、四子王旗国家主体功能区建设试点示范方案。

积极推动新型城镇化试点工作。贯彻落实《国家发改委关于开展中小城市综合改革试点的意见》，组织实施自治区国家级新型城镇化综合试点。落实好新一轮振兴东北地区等老工业基地战略，稳步实施包头市巴彦塔拉老工业区、赤峰市昭乌达老工业区搬迁改造试点工作，推进赤峰市元宝山区、满洲里市扎赉诺尔区独立工矿区搬迁改造工程建设。

加强城市基础设施建设。贯彻落实《国务院关于加强城市地下管线建设管理指导意见》，全面开展城镇地下管网普查，大城市全面启动地下综合管廊建设试点。加强城市供水、供热设施建设，新开工一批城镇供水项目，开工规模达到日供水能力177万吨，推进呼和浩特、包头等引黄城市分质供水，实现所有城市水质达标；加强集中供热设施升级改造，所有城市建成区基本淘汰10蒸吨/小时及以下燃煤锅炉。建立基础数据共享的城市数据中心，推动智慧城市、智慧社区、智慧园区建设。

加大政策支持力度。贯彻落实自治区关于推进新型城镇化的意见，取消城镇流动人口暂住证管理制度，在全区城镇范围内实行非户籍常住人口居住证制度，放开建制镇和小城市的落户限制，有序放开城区人口50–100万城市的落户限制，合理放开城区人口100–300万城市的落户限制。将持城镇居住证人口纳入城镇居民养老、基本医疗保险范畴。对有稳定职业并在城镇居住5年以上、无自有住房的持居住证农牧民提供公共租赁住房。

（七）切实保障和改善民生。提升公共服务水平，加强重点民生工程建设，推进和谐社会建设。

进一步加强社会保障。修订完善职工基本养老保险自治区统筹管理办法，进一步规范医疗、生育保险盟市级统筹。按照国家部署，推进机关事业单位养老保险制度改革。推进社会保险经办服务标准化建设，基本实现自治区境内异地就医即时结算。推进城镇居民与农村居民两种大病保险政策的有效衔接，制定出台接续办法。提高城镇居民医保和新农合政府补助标准，达到每人每年380元。全面建立自治区临时救助制度，将救助资金列入地方预算，给予严重困难家庭或个人应急、过渡性救助。

推进重点民生工程建设。一是切实抓好创业就业工程。坚持把促进高校毕业生就业摆在突出位置，组织实施万人创业行动、高校毕业生基层就业等促进就业计划。加强创业园区、孵化基地及实训基地建设，出台加强职业培训的意见，加大对旅游、家庭服务、养老、健康服务业的培训，实现城镇职业技能培训和农牧民工转移就业培训27万人次以上，创业培训5万人次以上。力争全年新增城镇就业25万人以上，城镇登记失业率控制在4%以内。二是深入推进扶贫开发工程。发挥省级领导干部联系贫困旗县示范带动作用，推动实施38个贫困旗县和23个行业扶贫规划，实现全年生态脆弱区扶贫移民搬迁7.3万人、减贫40万人的目标任务。进一步推进金融扶贫，力争新增金融扶贫贷款80亿元以上。继续实施低保家庭大学生入学资助和农村牧区低收入家庭每户免费发放1吨取暖煤政策。三是全面实施“十个全覆盖”工程。完成农村牧区危房改造17万户，解决83万人饮水安全和185户无电户通电问题，对2037户新能源供电户实施电网延伸供电，实施嘎查村街巷道路硬化14984公里，新增通广播电视41.8万户，新建和改造校（园）舍面积33.7万平方米，建设标准化嘎查村卫生室1965个、便民连锁超市834个，为5000个村级文化室购置配备设备，为13.9万名农牧区80岁以上低保老人发放高龄津贴。

大力发展各项社会事业。教育方面，贯彻落实《自治区人民政府关于推进义务教育均衡发展的意见》，各盟市实现义务教育基本均衡的旗县比例不低于60%。制定出台自治区考试招生制度改革实施办法，全面实施《自治区关于加快发展现代职业教育的意见》。卫生方面，全面推开县级公立医院综合改革，加快自治区本级重点卫生项目和盟市、旗县及基层医疗服务体系建设，实施旗县蒙中医院、乡镇卫生院、村卫生室等建设专项，人均基本公共卫生服务经费标准提高到40元。文化方面，加快推进公共文化服务体系标准化、均等化建设，制定出台自治区公共文化服务保障标准。深入推进文化信息资源共享工程、数字图书馆、公共电子阅览室等数字文化工程建设。推动实施首批自治区公共文化示范区和示范项目创建工作。体育方面，编制完成《自治区足球改革发展三年行动计划》、《自治区校园足球三年推进计划》等发展规划，建设国家（北方）足球训练基地和国家（北方）青少年足球夏令营活动基地，推进足球事业加快发展。

（八）大力推进生态文明建设。以生态工程建设和节能减排工作为重要抓手，着力推进绿色发展和低碳发展，建设我国北方重要生态安全屏障。

加强生态保护和建设。继续实施退牧还草、京津风沙源治理二期、“三北”防护林五期、天然林保护二期、黄土高原淤地坝、东北黑土区水土流失综合防治等生态建设工程，力争完成林业生态建设面积1000万亩、草原建设面积4000万亩，治理水土流失面积650万亩。进一步加快生态文明制度建设，划定生态红线和基本草原红线，启动自然资源统一确权登记工作，制定自治区自然资源资产及有偿使用制度改革方案，积极推进领导干部自然资源资产离任审计，启动生态环境损害评估试点。

全力做好节能减排工作。落实自治区《2014—2015年节能减排低碳发展行动方案》，加大节能减排工作力度，全面完成“十二五”目标任务。一是加快化解产能过剩，在提前完成“十二五”淘汰落后产能目标任务的基础上，继续加大淘汰力度，争取淘汰水泥产能200万吨、钢铁100万吨。二是深入开展资源综合利用，抓好包头铝业产业园区“城市矿产”示范基地、乌拉特前旗和四子王旗等6个农业清洁生产示范项目建设。三是扎实推进重点流域水污染防治，加强污水处理及管网、城镇垃圾处理等治污减排重点工程项目建设，力争新开工项目形成的日处理污水规模达到83万吨，日处理生活垃圾1000吨。四是积极应对气候变化，加快推进重点地区、重点行业碳报告、碳核查工作，推进呼伦贝尔低碳试点城市建设。探索碳排放、碳交易制度体系建设，推进京蒙等六省区碳交易系统建设。五是完善环境保护制度，制定排污许可证管理办法和企事业单位排污总量控制制度实施方案，在乌海市、鄂尔多斯市、赤峰市开展排污权有偿使用和交易试点。

2015年是“十三五”规划布局谋篇的关键一年，要深化对重大问题的研究，谋划好重大工程、重大项目和重大政策，要结合全面建成小康社会的目标，在转型升级、提质增效、创新驱动、资源环境、民生改善等方面，科学合理设置目标指标体系。要加强规划衔接，强化规划工作创新，坚持开门编制规划，努力把规划做实。2017年将迎来自治区成立70周年大庆，要把大庆项目与各领域规划建设的重点项目结合起来，突出在民生、基础设施和公共卫生文化领域实施一批大庆重点项目，彰显我国社会主义制度和民族区域自治制度的优越性。我们要在自治区党委领导下，按照自治区党委九届十三次全委会暨全区经济工作会议部署，主动适应经济发展新常态，坚定信心、扎实工作、奋发有为，实现新常态下全区经济社会的新发展、新突破。

关于 2014 年预算执行情况和 2015 年预算草案的报告

Report on the Implementation of Budgets
for 2014 and Draft Budgets for 2015 in Inner Mongolia

——在内蒙古自治区第十二届人民代表大会第三次会议上

内蒙古自治区财政厅

受自治区人民政府委托，现将 2014 年预算执行情况和 2015 年预算草案的报告提请本次人民代表大会审议，并请自治区政协委员和列席会议的同志们提出意见。

一、2014 年全区预算执行情况

2014 年，在自治区党委的正确领导下，各地区、各部门深入学习贯彻习近平总书记系列重要讲话和考察内蒙古重要讲话精神，全面落实“8337”发展思路，严格执行自治区十二届人大二次会议的有关决定和决议，主动适应经济发展新常态，认真落实积极财政政策，着力稳增长、调结构、促改革、惠民生、防风险，继续深化财税体制改革，有效应对经济下行压力，努力完成 2014 年确定的任务和目标，促进自治区经济持续稳步发展。

（一）一般公共预算执行情况。

2014 年，自治区十二届人大二次会议审查批准的全区一般公共预算收入为 1840 亿元。根据 2014 年 12 月 31 日统计数据，全年实际收入 1843.2 亿元，完成年度预算的 100.2%，比上年增加 122.2 亿元，增长 7.1%。汇总全区一般公共预算收入、中央补助收入、政府债券收入、上年结余收入、调入资金以及上解中央支出等，全区一般公共预算总财力 4269.8 亿元。2014 年全区一般公共预算支出 3884.2 亿元，比上年增加 197.7 亿元，增长 5.4%，安排预算稳定调节基金 32.9 亿元后，完成调整预算的 92%。2014 年，全区一般公共预算年终结余 352.7 亿元。

2014 年，中央财政对我区各类补助收入 1871.5 亿元，比上年增加 91.4 亿元，增长 5.1%。其中，返还性收入和一般性转移支付收入 1134.1 亿元；专项转移支付收入 737.4 亿元。按照中央和自治区相关转移支付分配办法，2014 年，自治区财政下达盟市各类补助 1673 亿元，比上年增加 36.7 亿元，增长 2.2%。其中，返还性支出和一般性转移支付 891.9 亿元，专项转移支付 781.1 亿元。

2014 年，经自治区人大常委会批准，由中央财政代我区发行政府债券 125 亿元，其中：自治区本级安排使用 15 亿元，主要用于农村牧区街巷硬化以及铁路客运专线和支线机场建设；转贷盟市 110 亿元，重点用于保障性安居工程、普通公路等公益性项目建设。

2014 年，自治区人大审查批准自治区本级一般公共预算收入为 304 亿元。根据 2014 年 12 月 31 日统计数据，全年实际收入 327.6 亿元，完成年度预算的 107.8%，比上年增加 34.1 亿元，增长 11.6%。加上中央各类补助列自治区本级收入、上年结余收入以及调入资金、盟市上解收入等，自治区本级实际总财力 740.1 亿元。2014 年自治区本级一般公共预算支出 591.7 亿元，比上年增加 15.3 亿元，增长 2.7%，安排自治区本级预算稳定调节基金 30 亿元后，完成调整预算的 84%。2014 年，自治区本级一般公共预算年终结余 118.4 亿元，其中：具有专项用途的结转支出 118 亿元，净结余 4169 万元。

（二）政府性基金预算执行情况。

2014 年，自治区人大审查批准的全区政府性基金预算收入 630 亿元。根据 2014 年 12 月 31 日统计数据，全年实际完成 502.5 亿元，完成年度预算的 80%，比上年减少 144.2 亿元，下降 22.3%，减少的主要原因是将煤炭价格调节基金转列一般公共预算管理，以及土地出让金收入下降所致。加上上年结余收入及调入资金 283.1 亿元，中央补助收入 126.2 亿元，收入总量 911.8 亿元。2014 年全区政府性基金支出 563.6 亿元，完成调整预算的 66%，比上年减少 44.8 亿元，下降 7.4%。加上调出资金 59.9 亿元，上解中央支出 1.9 亿元，支出总量 625.4 亿元。2014 年全区政府性基金年终结余 286.4 亿元，按照国家有关政策规定，专项结转下年继续使用。

2014 年，自治区人大审查批准的自治区本级政府性基金预算收入为 124 亿元。根据 2014 年 12 月 31 日统计数据，全年实际收入 81.4 亿元，完成年度预算的 66%，比上年减少 57.3 亿元，下降 41.3%，减少的主要原因是将煤炭价格调节基金转列一般公共预算管理所致。加上上年结余收入 92.9 亿元，中央补助收入 26.8 亿元，盟市上解收入 8.1 亿元，收入总量 209.2 亿元。2014 年自治区本级政府性基金实际支出 71.6 亿元，完成年度调整预算的 47%，比上年增加 23.4 亿元，增长 48.6%。加上调出资金 54.7 亿元，上解中央支出 1.9 亿元，支出总量 128.2 亿元。2014 年，自治区本级政府性基金年终结余 81 亿元，专项结转下年继续安排使用。

（三）国有资本经营预算执行情况。

2014 年，自治区人大审查批准自治区本级国有资本经营预算收入为 4 亿元。根据 2014 年 12 月 31 日统计数据，自治区本级全年实际收入 4.2 亿元，完成年度预算的 105.8%。加上上年结余收入 1.5 亿元，收入总量 5.7 亿元。2014 年自治区本级国有资本经营预算支出 4.2 亿元，主要用于自治区直属国有企业资本金注入。加上调出资金 1.5 亿元，支出总量 5.7 亿元。

（四）社会保险基金预算执行情况。

根据2014年12月31日统计数据，全区社会保险基金收入766.8亿元，主要包括：保险费收入564.6亿元，财政补贴收入180.3亿元，利息收入17.5亿元。全区社会保险基金支出699.4亿元，其中，各险种待遇支出695.3亿元。收支相抵后，全区社保基金当期结余67.4亿元。

2014年，自治区人大审查批准的自治区本级社会保险基金收入预算133亿元，支出预算103.9亿元。根据2014年12月31日统计数据，自治区本级社会保险基金收入146.4亿元，完成年初预算的110%，其中：保险费收入110.4亿元，财政补贴收入27.3亿元，利息收入8.7亿元。全年自治区本级社会保险基金支出104亿元，完成年初预算的100%。收支相抵后，自治区本级社保基金当期结余42.4亿元。

上述各类收支数据，待财政部批复决算后，还会有一些变化，届时依法向自治区人大常委会再作报告。

2014年全年预算执行情况总体符合预期，自治区改革发展和民生等重点支出得到了较好保障。

（一）深化财税体制改革，为经济社会持续健康发展提供有力支持。一是推进预算管理制度改革。根据国务院关于深化预算管理制度改革的决定、加强地方政府性债务管理的意见、清理规范税收等优惠政策的通知，及时制定了我区的贯彻落实意见。建立透明预算制度，从2014年开始，各地区、各部门全面公开财政、部门以及“三公”经费预决算，并细化到项级。出台了财政预算绩效管理和政府向社会力量购买服务的实施意见。按照财政部完善政府预算体系的要求，将一般公共预算、政府性基金预算、国有资本经营预算和社会保险基金预算全部纳入2015年预算编报范围。二是继续深化财政国库集中支付制度改革。启动国库集中支付电子化支付工作，研究乡镇国库集中支付制度改革。清理和规范对外借款和财政专户。进一步扩大权责发生制政府综合财务报告编报范围。三是推进税制改革。进一步扩大营改增试点行业范围，将铁路运输、邮政和电信业纳入试点。从12月1日起实施煤炭资源税从价计征改革。调整完善耕地占用税征收范围和标准。出台了开展综合治税工作的实施意见。四是加强厉行节约制度建设。认真贯彻落实中央八项规定和自治区28项具体规定，重新修订印发了自治区本级党政机关会议费、接待费、差旅费、公务用车运行费等经费管理办法，为建立健全厉行节约反对浪费长效机制奠定了基础。

（二）认真落实积极财政政策，财政宏观调控成效明显。一是支持投资、消费、进出口协同拉动经济增长。发挥政府投资的引导作用，争取和安排中央、自治区预算内基建投资138.4亿元，中央代自治区政府发行债券125亿元，加大了对保障性安居工程、城乡社区公共设施、普通公路等领域的投入力度；同时吸引社会资本投入铁路、公路、棚户区改造等项目。2014年全区交通运输、城乡社区事务支出834.1亿元，增长7.6%。增强消费对经济增长的基础性作用，完善收入分配制度，落实居民养老、医疗、抚恤、救助等社会保障政策，改善居民消费预期。积极支持旅游休闲、信息服务、文化体育、养老健康等产业发展，培育消费亮点。积极扩大进出口和对外经济技术交流合作，安排补助资金15.4亿元，支持外经贸和口岸经济发展，以及满洲里、二连浩特国家重点开发开放试验区建设。二是支持实体经济发展。扩大营改增试点行业范围，企业减税面超过95%，累计减轻税负43亿元。加大减税降费力度，扩大小微企业所得税、增值税和营业税优惠政策覆盖范围，取消、降低各类收费项目38项，减轻企业负担38亿元。拨付企业生产用电补贴资金12.9亿元，促进企业降低生产成本。安排资金16亿元，支持沿黄沿线及东部地区重点产业园区及企业发展。三是落实各项强农惠农富农政策。落实粮食直补、农资综合补贴、产粮油大县补贴等各类惠农惠牧补贴143亿元，保护调动农牧民种粮养畜积极性。加强农牧业基础设施建设，2014年全区水利建设支出86亿元，增长5.5%，完成高效节水灌溉面积210万亩，解决农村牧区85万人饮水安全问题。建立现代农牧业资金整合平台，自治区本级筹集资金13亿元，支持肉羊、肉牛、玉米、蔬菜、马铃薯等农牧业优势特色产业发展。调整优化农业综合开发布局，建设高标准农田525万亩。2014年，全区农林水支出518.6亿元，增长11.2%，促进粮食产量连续两年稳定在550亿斤以上，牧业年度牲畜存栏突破1.29亿头只。四是支持创新驱动发展。2014年，全区科技支出33亿元，增长4.4%。加快实施重大科技专项，支持新型科研机构建设和企业科技创新。强化科技创新引导奖励资金放大效应，运用市场机制促进科技成果转化。争取国家在我区设立了节能环保和生物农业新兴产业创投基金，中央和自治区投入2亿元，吸引社会资本3亿元，投入上述两个领域的创新型企业。五是加强节能减排和环境保护。2014年，全区节能环保支出142亿元，增长7.5%。加快淘汰落后产能，鼓励发展循环经济和清洁生产。加大对大气、重金属污染防治和水生态保护的支持力度。及时拨付草原生态保护奖补资金40.4亿元，落实草原补偿面积10.1亿亩。完成林业生态建设面积1008万亩。对生态脆弱地区7.3万贫困人口实施移民搬迁。

（三）支持社会事业发展，保障改善民生取得新进展。2014年，各级财政民生支出2492亿元，占一般公共预算支出的60%以上。一是深入实施重大民生工程。启动实施农村牧区“十个全覆盖”工程，全区各级财政投入216亿元，其中自治区本级财政下达155.4亿元，3495个嘎查村完成建设任务。加大对困难群众的帮扶力度，全区各级财政投入20亿元，为每个低收入农牧户发放1吨取暖煤，惠及336.7万农牧民；投入资金6.5亿元，为每个低保家庭大学生每学年发放1万元就学补助，解除了1.8万大学生的后顾之忧；为每个“零就业”家庭至少解决1人就业，实现了动态清零。大力推进扶贫攻坚工程，创新扶贫工作机制，实施领导干部联系贫困点、“三到村三到户”精准扶贫、金融扶贫、生态移民等，全区投入扶贫资金超过100亿元，40万贫困人口稳定脱贫。全区各级财政投入就业补助资金23.6亿元，增长16.7%，落实支持创业就业各项财政税收优惠政策，实现新增城镇就业27.2万人，农牧民转移就业256.6万人，应往届高校毕业生就业14.5万人。二是进一步提高社会保障标准。2014年，全区社会保障、医疗卫生支出760.3亿元，增长8.1%。全区城镇低保标准月人均提高28元，农村牧区低保标准年人均提高267元，企业退休人员养老金月人均提高191元，新农合和城镇居民医保财政补助标准由280元提高到320元。完善社会救助和保障标准与物价上涨挂钩的联动机制，223万名低收入困难人口受益。新增27个旗县开展公立医院综合改革试点。三是支持教育优先发展。2014年，全区教育支出475.6亿元，增长4.1%。全面改善贫困地区义务教育薄弱学校办学条件。支持农民工随迁子女在公办学校就读。全区71.8万名普通高中和中等职业教育学生享受“两免”政策。2014年高校生均拨款达到14600元。建立了从小学到研究生的困难学生资助体系，全区86.3万名学生享受了生活费补助政策。四是加快推进文化惠民工程。2014年，全区文化体育与传媒支出91.9亿元，增长4.3%。支持少数民族文化事业发展和文化体制改革。对全区1240个公益性文化场馆实施免费开放。五是加快保障性安居工程建设。2014年，全区住房保障支出157.4亿元；争取国家开发银行棚户区贷款规模500亿元，已到位104亿元。推进公共租赁住房和廉租住房并轨运行。开工农村牧区危房改造17万户，超过国家下达任务1倍。开工建设各类保障性住房24万套，基本建成22.9万套，专项争取中央财力补助10亿元，用于支持赤峰铁南、兴安盟阿尔山棚户区改造。

（四）强化预算执行管理，依法行政依法理财水平不断提高。一是狠抓增收节支工作。积极有效应对2014年经济财政严峻形势，支持开展银企对接，引导商业银行向企业发放贷款330亿元，稳定税基，培植税源；支持各级财税部门加强重点税源管控和非税收入管理，在全区范围内清理规范税收优惠政策，制止越权减免税，切实加强财政收入管理。同时，大幅压缩“三公”经费等一般性支出，2014年全区财政拨款“三公”经费下降19.9%。二是建立盘活财政存量资金机制。清理结余结转资金，自治区本级收回沉淀资金12.9亿元。规范权责发生制核算，除年终计划结余外，一律不得按照权责发生制列支。严格规范财政专户管理，严禁以拨作支、虚列支出。三是建立健全财政监督机制。严肃财经纪律，进一步加强“小金库”专项治理。开展了重点民生项目检查，以及企业会计信息质量和会计师事务所执业质量检查。

（五）加强政府性债务管理，防范财政风险。一是清理甄别存量债务。按照财政部要求，在全区范围内开展了存量债务纳入预算管理的清理甄别工作，摸清了政府性债务规模和结构，核实了各地偿债能力，为存量债务纳入预算管理和进行风险评估奠定了基础。二是建立债务风险预警机制。对4个盟市本级和8个旗县进行风险预警，要求其制定切实可行的债务风险化解方案。督促融资平台公司制定偿债计划，明确偿债时限，切实承担还本付息责任。要求盟市、部门针对逾期债务制定还款计划，严格控制其继续举借新债。三是做好地方政府债券管理工作。积极争取2014年地方政府债券规模，组织盟市提前做好项目准备工作，确保债券顺利发行。

2014年全区财政运行总体平稳，但也面临和存在着一些困难和问题，如：财政收支矛盾突出，预算平衡难度加大；部分盟市和旗县财力薄弱，政府性债务负担较重；财政管理还存在一些薄弱环节，资金使用绩效有待继续提高等。我们必须高度重视这些问题，继续采取有效措施，努力加以解决。

二、2015年预算草案

2015年财政预算安排的总体要求是：贯彻落实新预算法、党的十八届三中、四中全会和自治区九届十一次、十二次、十三次全委会精神，按照中央和自治区经济工作会议决策部署，主动适应经济发展新常态，围绕“8337”发展思路，继续落实积极财政政策，促进自治区经济发展方式转变；深化财税体制改革，完善预算管理制度，切实推进预算公开透明；健全政府预算体系，加大预算统筹力度；优化财政支出结构，有保有压，确保重点领域特别是民生支出，从严控制一般性支出；加强地方政府性债务管理，切实防范财政风险，促进经济社会持续健康发展。

根据新预算法规定，各级财政预算由同级人民政府编制，报同级人民代表大会审查批准。下面，根据自治区人民代表大会对预算草案及报告审查的内容，重点报告自治区本级政府预算安排情况。

（一）一般公共预算安排情况。

根据全区经济增长预期和财政收入政策调整情况，2015年，全区一般公共预算收入安排1953亿元，比2014年实际完成数增加110亿元，增长6%；全区一般公共预算支出安排4120亿元，比2014年实际支出数增加236亿元，增长6%。

按照现行自治区与盟市财政管理体制及收入划分，2015年，自治区本级一般公共预算收入安排352亿元，比2014年实际完成数增长7.4%。再加上中央补助收入1571.6亿元，盟市上解收入4.3亿元，调入政府性基金5亿元，调入预算稳定调节基金12.8亿元，2015年自治区本级一般公共预算总财力安排1945.7亿元。

根据收支平衡的原则，2015年自治区本级一般公共预算总支出安排1945.7亿元，其中，一是按照体制和政策规定安排对盟市、旗县各类补助1310亿元，包括：返还性支出49.7亿元，主要是根据中央和自治区有关财税体制政策计算的基数性补助；一般性转移支付815.3亿元，主要根据因素法分配，重点用于增强基层政府基本公共服务保障能力；专项转移支付445亿元，主要根据相关专项资金管理办法分配，重点用于经济社会发展等方面；二是上解中央8亿元；三是自治区本级实际安排支出627.7亿元，比2014年预算数增加102.8亿元，增长19.6%，增幅较高主要是按国家政策规定将8项政府性基金转列一般公共预算所致。

在保证基本公共服务合理需要的前提下，支出预算编制优先安排国家和自治区确定的重点支出。2015年自治区本级一般公共预算支出按经济分类和功能分类分别编制，从不同角度反映政府的支出活动。按经济分类划分，自治区本级一般公共预算支出安排情况是：基本支出安排151.9亿元，占24.2%；各类项目支出安排475.8亿元，占75.8%。在基本支出中，行政事业单位工资福利支出74.1亿元，商品和服务支出40.5亿元，对个人和家庭的补助支出32亿元，其他资本性支出5.3亿元。结合贯彻落实自治区国民经济和社会发展的方针政策，重点对按功能分类安排情况报告如下：

——安排一般公共服务支出54.3亿元，比上年年初预算增加15.2亿元，增长38.8%，其中专项资金安排10亿元。增加较多主要是预留了机关事业单位职工养老制度改革、提高津补贴标准以及车改（公共交通补贴）资金。严格控制“三公”经费等一般性支出，2015年基本公用经费继续保持零增长，专项业务费压减5%。落实中央和自治区加强和改进新形势下民族工作的意见。

——安排公共安全和国防支出38.9亿元，比上年年初预算增加8351万元，增长2.2%，其中专项资金安排17.7亿元。

深化平安内蒙古建设，推进政法经费保障体制改革；按照国家政策安排军队、武警经费；支持开展反恐、应急维稳等各种专项行动，确保社会安定、边疆安宁。

——安排教育支出90.6亿元，比上年年初预算增加23.4亿元，增长34.8%，其中专项资金安排62.4亿元。合理配置义务教育教学资源，全面改善农村牧区义务教育薄弱学校办学条件，推进义务教育学校标准化建设，切实保障进城务工农民工随迁子女平等接受义务教育，推进城乡义务教育均衡发展。健全职业教育生均拨款制度，推动现代职业教育体系建设。完善高等教育拨款制度，促进内涵式发展。支持民族教育、民办教育、特殊教育发展。完善家庭经济困难学生奖助学金等资助政策。支持校园足球等相关事业，促进足球事业改革与发展。

——安排科技支出11.5亿元，同口径比上年年初预算增加255万元，增长0.2%，其中专项资金安排10亿元。优化财政科技支出结构，重点支持基础研究、前沿技术研究等公共科技活动，健全科技创新引导奖励支持机制。保障自治区重大科技专项顺利实施。支持科技经费管理体制改革。

——安排文化体育与传媒支出23.2亿元，比上年年初预算增加3.7亿元，增长18.7%，其中专项资金安排13.3亿元。加强文化资源保护和民族文化大区建设。加快文化产业发展，推进国有文化企业体制改革。支持体育事业发展和全民健身运动。扩大农村牧区广播电视覆盖面。

——安排社会保障和就业支出、住房保障支出93.5亿元，比上年年初预算增加27.1亿元，增长40.8%，其中专项资金安排65.2亿元。落实企业退休人员基本养老金政策，继续向退休早、待遇偏低的人员倾斜。落实提高城乡居民基础养老金最低标准政策。贯彻落实《社会救助暂行办法》，全面实施临时救助制度。继续将支持就业创业摆在突出的位置，增加公益性岗位补助，鼓励高校毕业生、农民工、退役军人等人员创业。继续支持保障性安居工程建设，加快推进棚户区改造。加强食品药品等领域的安全监管，不断提高群众的安全感和满意度。

——安排医疗卫生与计划生育支出41.4亿元，比上年年初预算增加18亿元，增长77.1%，其中专项资金安排34.6亿元。落实自治区直属6个重点卫生项目建设资金。提高新农合和城镇居民基本医疗保险财政补助标准，由年人均320元增加到380元。提高基本公共卫生服务财政补助标准，从人均35元提高到40元，资金继续向基层医疗卫生机构和乡村医生倾斜。全面推开县级公立医院综合改革，支持住院医师规范化培训工作。落实计划生育家庭奖励扶助政策。

——安排节能环保、国土海洋气象、资源勘探信息支出41.2亿元，比上年年初预算减少3.6亿元，下降8%，其中专项资金安排37亿元。增幅下降主要是列收列支的“两权”价款、矿产资源补偿费减少。大力发展清洁能源，加强大气、水、土壤污染防治。加强矿产资源勘查、矿山地质环境治理。创新财政资金使用方式，鼓励通过设立引导基金、重点产业发展基金等市场化模式，发挥对社会资本的引导带动作用，支持重点企业发展，培植财源。

——安排农林水、粮油物资储备支出99.2亿元，比上年年初预算增加15亿元，增长17.8%，其中专项资金安排95.8亿元。支持绿色农畜产品生产加工输出基地建设。加强农田水利建设，规模化推进高效节水灌溉建设。全面落实国家草原生态保护补助奖励政策。完善综合财政扶贫政策，支持集中连片特困地区扶贫攻坚。深化农村牧区综合改革，促进农村体制机制创新。

——安排交通运输、城乡社区、商业服务业、金融支出96.7亿元，比上年年初预算减少7595万元，下降0.8%，其中专项资金安排92.4亿元。增幅下降主要是取消了城市环卫、园林专用车辆购置等部分政策到期项目。加强重点公路、农村牧区公路以及民航机场建设。支持城镇、口岸基础设施建设。加快物流、旅游、金融等现代服务业发展。支持培育外贸竞争新优势。落实小额担保贷款贴息奖励等金融政策，支持中小微企业及非公有制经济发展。

——安排预备费及其他支出37.2亿元，比上年年初预算增加4亿元，增长12%，其中专项资金安排37.2亿元。按照新预算法要求，按照本级一般公共预算支出额的1–3%设置预备费，2015年安排预备费8亿元，用于预算执行中自然灾害等突发事件增加的支出以及其他难以预见的支出。安排预算内基本建设投资13亿元，重点用于校舍安全改造、贫困旗县中蒙医院建设等70年大庆项目建设。加强政府性债务管理，安排偿债资金8亿元。支持街道社区嘎查村党组织、基层政权建设等。

（二）政府性基金预算安排情况。

2015年，全区政府性基金收入安排447.3亿元。根据收支平衡的原则，2015年全区政府性基金支出安排447.3亿元，其中：调出资金5亿元；各类专项安排442.3亿元。

2015年自治区本级政府性基金收入安排46.4亿元，同口径增长28%。根据收支平衡的原则，2015年自治区本级政府性基金支出安排46.4亿元，其中：按政策规定返还和补助盟市16.4亿元，本级安排专项支出25亿元，调出资金5亿元。

（三）国有资本经营预算安排情况。

2015年自治区本级国有资本经营预算收入安排6.7亿元，比2014年预算数增加2.7亿元，增长67.5%。按照收支平衡的原则，2015年自治区本级国有资本经营预算支出安排6.7亿元，主要用于支持包钢、民航等重点国有企业发展等支出。

（四）社会保险基金预算安排情况。

2015年，全区社会保险基金收入安排878亿元，主要包括：保险费收入566.6亿元，财政补贴收入293亿元。2015年全区社保基金支出安排800.5亿元，主要用于城乡居民和企业职工养老保险、医疗保险、工伤保险等支出。2015年全区社会保险基金当期收支结余77.5亿元。

2015年，自治区本级社会保险基金收入安排121.4亿元，收入来源主要是保险费、财政补贴等。2015年社会保险基金支出安排116.4亿元，主要用于企业职工基本养老金、城镇职工基本医疗保险、工伤保险和生育保险支出。2015年自治区本级社会保险基金当期收支结余5亿元。

三、坚持依法理财，全面深化财税改革，确保完成2015年预算任务

2015年，自治区财政工作将紧紧围绕中央和自治区经济工作会议的安排部署，牢牢把握稳中求进总基调，充分发挥财政在适应和引领经济发展新常态中的积极作用,全面推进自治区经济社会全面协调可持续发展。同时,2015年是新预算法实施的第一年,预算编制、执行、管理要全面贯彻执行新预算法各项规定,不断提高依法行政依法理财水平。

(一)落实积极财政政策,促进经济稳定增长。一是优化政府投资结构。围绕建设绿色农畜产品加工输出基地,落实各项惠农惠牧资金,支持优势特色产业带和生产基地建设。围绕建设清洁能源输出基地、现代煤化工生产示范基地等新兴产业基地,促进创新驱动发展。积极推广运用政府和社会资本合作模式,支持交通、城建、水利等公共基础设施建设。二是继续加强财源建设。加大专项资金整合力度,设立重点产业发展基金,对有市场竞争能力、税收贡献大的企业给予财政贴息,支持优势产业做大做强。改变财政对竞争性领域投入方式,研究用税收优惠政策替代部分竞争性领域专项,探索实行基金运作等市场化模式。研究建立政府产业引导股权投资基金,多渠道推动股权融资,缓解企业负债压力,促进企业发展。综合运用财政政策手段,继续鼓励银行向企业增加贷款。公布涉企收费目录清单,做到清单之外无收费。三是实施以人为核心的新型城镇化。建立财政转移支付同农牧业转移人口市民化挂钩机制,建立健全以居住证为载体的基本公共服务提供机制,保障农牧业转移人口享有城镇基本公共服务。拓宽资金渠道,地方政府债券资金要更多用于城市基础设施、公共租赁住房建设、棚户区改造等领域。启动建制镇示范试点建设。

(二)加强财政收入管理,确保全年预算平衡。一是加快推进综合治税。建立财税、发改、经信、统计等有关部门参与的综合治税联席会议制度和工作机制。税务部门要完善重点税源管控体系,采取有力措施清缴欠税,确保应收尽收和税收收入均衡入库。财税部门要加大非税收入征缴力度,采取措施清缴企业拖欠的各类收费和政府性基金,确保非税收入及时足额入库。二是积极推进税制改革。认真研究营改增对自治区相关产业、行业税赋的影响,落实好改革政策,推进产业融合和现代服务业加快发展,拓宽财政增收的渠道。根据国家税制改革方向,积极参与房地产税、消费税、环境保护税、城建税、资源税及个人所得税等改革。完善消费税制度,对具有较强地域特点的消费品目,积极争取中央赋予自治区一定的税政管理权,增强消费引导与调节功能。三是全面规范税收优惠政策。各级政府出台的各类规划、意见及规范性文件不得设定和重复引用税收优惠政策。未经国务院和自治区政府批准,各地区、各部门不得对企业规定税收、非税、财政支出等优惠政策。四是积极争取中央转移支付。各部门要认真学习中共中央、国务院《关于加强和改进新形势下民族工作的意见》,积极争取相关扶持政策。同时,抓住国家继续实施积极财政政策、深入实施西部大开发和重点实施“一带一路”战略的契机,大力争取各类转移支付补助。

(三)加强预算执行管理,提高财政支出绩效。一是硬化预算约束。按照新预算法要求,年度预算执行中除救灾等应急支出通过动支预备费解决外,各级政府一般不制定新的增加财政支出的政策和措施,也不制定减少财政收入的政策和措施;必须做出并需要进行预算调整的,应当报请同级人大常委会审查批准。二是加快转移支付预算下达进度。除据实结算等特殊项目外,自治区对盟市、旗县一般性转移支付在自治区人代会批准预算后30日内下达,专项转移支付在60日内下达。三是建立盘活财政存量资金长效机制。中央和自治区本级财政预算安排的项目资金结转超过两年的,作为结余资金收回财政总预算统筹安排。加强财政暂付款管理,严禁违规新增财政对外借款,严禁办理无预算、超预算拨款。四是严格控制一般性支出。按照中央和自治区厉行节约的各项要求,严格控制政府性楼堂馆所、财政供养人员以及“三公”经费等一般性支出,将节约的资金用于民生政策落实。五是进一步加强财政监督。加快财政系统内部控制制度建设,实行分事行权、分岗设权、分级授权,通过流程再造和信息化手段应用,实现管理控制的程序化和常态化。

(四)深化预算管理制度改革,加快建立全面规范、公开透明的现代预算制度。一是完善政府预算体系。清理规范重点支出同财政收支增幅或生产总值挂钩事项,一般不采取挂钩方式。加大一般公共预算、政府性基金预算和国有资本经营预算之间的统筹调配力度。明确国有资本经营预算支出范围,逐步加大国有资本经营预算收入调入一般公共预算的比例。二是积极推进预决算公开。除涉密信息外,政府预决算支出全部细化公开到功能分类的项级科目;所有使用财政资金的部门均应公开本部门预决算,全部细化公开到功能分类的项级科目,公开到基本支出和项目支出。细化财政拨款“三公”经费公开内容。三是推进中期财政规划管理。争取在编制2016年预算时,同时编制2016-2018年三年滚动财政规划和部门预算规划。各盟市、旗县在编制2017年预算时,也要启动中期规划编制工作。提高财政预算的统筹能力,各部门规划中涉及财政政策和资金支持的,要与三年滚动财政规划相衔接。四是优化转移支付结构。提高一般性转移支付规模和比例,较大幅度增加革命老区、边境地区、少数民族聚居地区、贫困地区转移支付。进一步清理、整合、规范专项转移支付,逐步取消涉及对企业补贴或竞争性领域投资项目,对具有地域管理信息优势的项目,原则上采取因素法切块分配。

(五)完善民生投入保障政策和机制,稳步提高人民生活水平。一是落实就业优先战略。全力保持就业稳定,认真落实中央和自治区扶贫创业、促进就业各项政策措施,突出抓好高校毕业生就业工作,切实加大对就业困难人员的帮扶力度,统筹做好农牧民转移就业工作,大力扶持劳动密集型产业、服务业和中小微企业发展,不断加大政府公共就业服务能力建设,确保完成新增城镇就业25万人的目标。二是加快推进养老保险制度改革。继续提高企业退休职工养老金水平。改革完善统账结合的职工基本养老保险制度。推进城乡养老保险制度一体化建设,适当提高城乡居民基础养老金水平。推进企业年金、职业年金、商业保险发展。认真做好机关事业单位养老保险制度改革和工资调整有关工作。三是深入推进精准扶贫。认真落实各级领导干部联系贫困点制度和对口支援、定点扶贫机制,落实规划、项目、干部“三到村三到户”帮扶举措,继续落实低保家庭大学生入学资助和低收入农牧户取暖煤补贴,继续支持教育扶贫、金融扶贫和社会扶贫,确保完成全年减少贫困人口40万人目标。四是创新机制推进保障性安居工程建设。利用政府与社会资本合作模式或政府购买服务方式盘活存量房,引导社会资本参与保障性住房的建设和运营管理。积极筹措资金，加快各类保障性住房建设步伐，特别是要抓好包头北梁、赤峰铁南、兴安盟阿尔山等重点棚户区改造工程，尽快出台城镇保障性安居工程绩效评价办法。

（六）规范地方政府性债务管理，防范化解财政风险。一是严格控制新增债务。加强公益性项目举债管理，公益性项目融资必须经债务风险评定和规范性审核。进一步规范盟市、旗县政府性融资行为，坚决制止非法集资、违规担保和以BT方式举借政府性债务。二是严格执行债务预算（计划）管理。自治区各部门举借政府性债务实行财政部门统一计划管理，所有盟市年度政府性债务收支计划要报自治区财政部门备案。三是积极化解存量债务。合理划分债务类型，厘清政府的直接责任和市场化商业风险，分门别类逐步化解存量债务。稳步剥离融资平台公司承担的政府融资职能，积极扩大政府与社会资本合作模式，做好制度建设、项目示范和技术引导等工作，有效防范风险。四是建立和完善债务管理考核等机制。对盟市、旗县和自治区各部门债务管理进行考核，将新增债务、债务风险等指标列入发展成果评价体系，并对盟市、旗县实行债务风险预警提示制度。五是做好地方政府债券发行工作。积极争取中央增加我区一般债券核定规模，组织储备一批有一定收益的公益性项目，为发行专项债券做好准备。

各位代表，2015年是全面深化改革的关键之年，是全面推进依法治区的开局之年，也是全面完成“十二五”规划的收官之年，做好财政工作意义重大。我们要认真贯彻落实自治区党委的决策部署，与时俱进，改革创新，扎实工作，不断开创财政工作新局面，全力推动自治区经济社会持续健康发展和社会和谐稳定。

内蒙古自治区
2014 年国民经济和社会发展统计公报

Statistical Bulletin of the National Economic and Social Development in Inner Mongolia for 2014

内蒙古自治区统计局

（2015 年 2 月 28 日）

2014 年，面对市场需求不足、经济下行压力加大等复杂多变的国内外形势，内蒙古自治区各族人民在自治区党委、政府的正确领导下，深入学习贯彻习近平总书记系列重要讲话和考察内蒙古重要讲话精神，全面贯彻落实中央各项决策部署和自治区“8337”发展思路，主动适应经济发展新常态，经济总体发展实现了稳中有进，结构调整出现积极变化，各项改革取得重大进展，社会事业有了新的进步，城乡人民生活进一步改善，打造祖国北疆亮丽风景线取得了累累硕果。

一、综 合

年末全区常住人口为 2504.8 万人，比上年增加 7.2 万人。其中，城镇人口为 1490.6 万人，乡村人口为 1014.2 万人。全年出生人口为 23.3 万人，出生率为 9.31‰；死亡人口为 14.4 万人，死亡率为 5.75‰；人口自然增长率为 3.56‰。城镇化率达到 59.5%，比上年提高 0.8 个百分点。

初步核算，全区实现生产总值 17769.5 亿元，按可比价格计算，增长 7.8%。其中，第一产业增加值 1627.2 亿元，增长 3.1%；第二产业增加值 9219.8 亿元，增长 9.1%；第三产业增加值 6922.6 亿元，增长 6.7%。人均生产总值达到 71044 元，增长 7.5%，按年均汇率计算折合为 11565 美元。全区三次产业比例为 9.1:51.9:39.0。

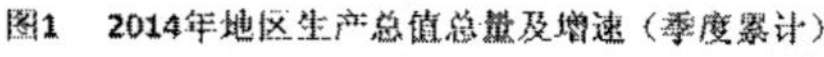
图1　2014年地区生产总值总量及增速（季度累计）

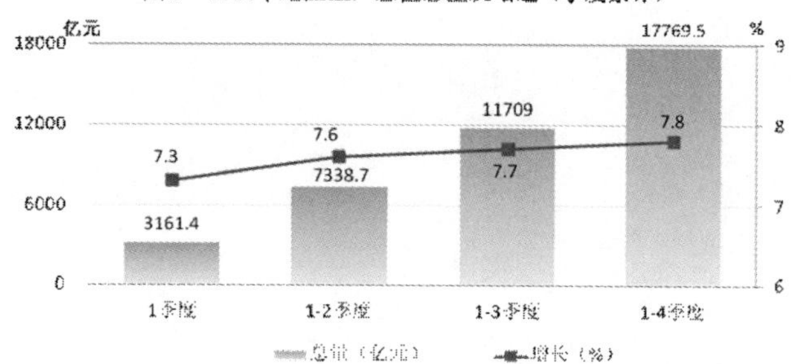

全年居民消费价格总水平比上年上涨 1.6%。分城乡看，城市上涨 1.7%，农村牧区上涨 1.2%。分类别看，食品和衣着类价格上涨分别为 2.9%和 2.1%，分别高于消费价格总水平上涨幅度 1.3 个百分点和 0.5 个百分点。从生产者角度看，工业生产者购进价格指数和工业生产者出厂价格指数分别比上年下降 1.6%和 2.7%。固定资产投资价格下降 0.2%，农产品生产价格上涨 2.7%。

表 1　全区居民消费价格指数表

类　别	2014 年
居民消费价格总指数(上年=100)	101.6
城市	101.7
农村牧区	101.2
食品	102.9
#粮食	104.2
肉禽及其制品	99.5
蛋	108.7
水产品	103.9
菜	92.9
干鲜瓜果	113.1
烟酒及用品	100.4
衣着	102.1
家庭设备用品及服务	100.6
医疗保健及个人用品	100.8
交通和通讯	99.4
娱乐教育文化用品及服务	101.2
居住	101.0

年末全区就业人员 1487.6 万人，比上年末增加 79.4 万人，增长 5.6%。其中，城镇就业人员 740.4 万人，比上年末增加 75 万人，增长 11.3%。城镇私营个体就业人员 437.3 万人，比上年末增加 75.8 万人，增长 21%。年末城镇登记失业率为 3.59%。全年实现失业人员再就业人数为 6.2 万人。

全年完成公共财政预算收入 1843.2 亿元，公共财政预算支出 3884.2 亿元，分别增长 7.1%和 5.4%。财政收入在增收困难较大的情况下，顺利完成了全年增长目标。旗县（市、区）财政收入有一些新变化。全区 102 个旗县（市、区）中，有 100 个旗县（市、区）公共财政预算收入超过亿元；公共财政预算收入突破 5 亿元的旗县（市、区）达到 51 个。民生和重点社会事业支出得到较好保障。其中，社会保障和就业支出 532.2 亿元，增长 8.4%；教育支出 475.6 亿元，增长 4.1%。全年共下拨“十个全覆盖”工程资金 50 亿元。

二、农业

全年农作物总播种面积735.6万公顷，增长2%。其中，粮食作物播种面积565.1万公顷，增长0.6%。粮食总产量达2753万吨，下降0.7%；油料产量170.3万吨，增长7.7%；甜菜产量160.2万吨，下降11.7%；蔬菜产量1472.7万吨，增长3.6%；水果（含果用瓜）产量322.3万吨，增长9.4%。

牧业年度全区牲畜存栏头数达12915.8万头（只），增长9.3%；牲畜总增头数7349.9万头（只），总增率达62.2%。牧业年度良种及改良种牲畜总头数11587.3万头(只)。全年肉类总产量252.3万吨，增长3%。其中，猪肉产量达到73.3万吨，下降0.1%；牛肉产量达到54.5万吨，增长5.3%；羊肉产量达到93.3万吨，增长5.1%。牛奶产量788万吨，增长2.7%；禽蛋产量53.5万吨，下降2.8%。

表2 主要农畜产品产量和牲畜存栏数

	2014年	同比增长(%)
粮食（万吨）	2753	-0.7
小麦（万吨）	153.9	-14.7
玉米（万吨）	2186.1	5.6
稻谷（万吨）	52.4	-6.5
大豆（万吨）	81.9	-31.6
薯类（万吨）	161.4	-19.7
油料（万吨）	170.3	7.7
甜菜（万吨）	160.2	-11.7
水果（含果用瓜）（万吨）	322.3	9.4
蔬菜（万吨）	1472.7	3.6
牛奶（万吨）	788.0	2.7
绵羊毛（万吨）	12.2	10.0
山羊绒（吨）	8283.6	4.8
水产品（万吨）	14.8	4.7
肉类总产量（万吨）	252.3	3.0
猪肉	73.3	-0.1
牛肉	54.5	5.3
羊肉	93.3	5.1
牧业年度牲畜存栏（万头、只）	12915.8	9.3
大牲畜（万头）	1308.5	3.3
羊（万只）	10091.0	11.8
猪（万头）	1516.3	-0.8

年末全区农牧业机械总动力3632.6万千瓦，增长5.9%；综合机械化水平达到79.8%。全年农村牧区用电量63.1亿千瓦时，增长5.3%；化肥施用量（按折纯)222.7万吨，增长11.6%；机耕地面积628万公顷。

三、工业和建筑业

全年全部工业增加值8004.4亿元，增长9.5%。其中，规模以上工业企业增加值增长10%。在规模以上工业企业中，国有及国有控股企业增加值增长3.7%，集体企业增加值增速下降2.8%，股份制企业增加值增长10.6%，外商及港澳台投资企业增加值增长4.9%，其它经济类型企业增加值增长27.1%。在规模以上工业企业中，轻工业增加值增长10.6%；重工业增加值增长9.8%。

从主要工业产品产量看，全区原煤产量达99391.3万吨，增长0.3%；焦炭产量3445.9万吨，增长8.4%；天然气产量281.1亿立方米，增长3.9%；发电量达到3857.8亿千瓦小时，增长8.2%，其中，风力发电量386.2亿千瓦小时，增长3.6%；钢材产量为1763.2万吨，增长5.7%；载货汽车为11996辆，下降18.3%。

我区工业发展呈现出以下特点：1、规模以上工业增加值增速实现稳中向好发展态势。全年规模以上工业增加值增长10%，增速高于全国平均增速1.7个百分点。全年规模以上工业总体实现了低开高走、稳步回升的态势。2、工业结构调整成效明显。围绕“五大基地”建设，自治区党委、政府先后制定了10余项产业发展规划，到年底新开工清洁能源、有色装备、农畜产品加工、煤化工等亿元以上工业项目达到1250个。非公有制经济、新兴产业发展步伐加快。全年非公有制经济增加值增速达13.8%，高新技术产业增加值增长14.2%，装备制造业增加值增长16.1%，战略性新兴产业增加值增长15.7%。3、东部和西部盟市工业发展基本同步。西部盟市规模以上工业增加值增速达10.9%，东部盟市规模以上工业增加值增速达10.8%。

表3 主要工业产品产量及增速(1)

	2014年	同比增长(%)
原煤（万吨）	99391.3	0.3
焦炭（万吨）	3445.9	8.4
天然原油(万吨)	193.2	16.4
发电量(亿千瓦小时)	3857.8	8.2
粗钢(万吨)	1661.5	2.2
钢材(万吨)	1763.2	5.7
电解铝(万吨)	235.9	6.7
平板玻璃(万重量箱)	629.3	20.6
化肥(万吨)	126.1	4.8
精甲醇(万吨)	647.3	7.6
水泥(万吨)	6268.3	-2.0
乳制品(万吨)	269.8	-8.5
液体乳(万吨)	246.5	-8.0
载货汽车(辆)	11996	-18.3
彩色电视机(万部)	349.8	-6.4
十种有色金属（万吨）	329.9	9.8

全区规模以上工业企业实现主营业务收入19064亿元，增长7%；实现利润1294.4亿元，下降18.8%。全年规模以上工业企业产品销售率96.9%，产成品库存额635.7亿元，增长9.8%。

全年建筑业增加值1217.6亿元，增长5.9%。全区具有建筑业资质等级的建筑施工企业 963 个;施工企业房屋建筑施工面积 8053.4 万平方米，下降 8.9%；竣工房屋面积 3648.9 万平方米,增长 0.5%;房屋建筑竣工率 45.3%。全年具有建筑业资质等级的建筑企业实现利润 101.9 亿元,实现税金 57.9 亿元。

四、固定资产投资

全年全社会固定资产投资总额 12074.2 亿元，增长 15.6%。其中，500 万元以上项目完成固定资产投资 11920.3 亿元,增长 15.7%。从投资主体看,国有经济单位投资 5184.6 亿元,增长 18%;集体单位投资 74.6 亿元,下降 14.2%;个体投资 188 亿元,增长 3.8%;其他经济类型单位投资 6627.1 亿元,增长 14.9%。从三次产业投资看,第一产业投资 840.1 亿元,增长 20%;第二产业投资 5657.8 亿元,增长 16.5%,其中,工业投资 5546.9 亿元，增长 16%；第三产业投资 5576.4 亿元，增长 18.6%。按项目隶属关系分，地方项目完成投资 11319.8 亿元,增长 15.9%;中央项目完成投资 754.4 亿元,增长 11.2%。

表 4 分行业 500 万元以上固定资产投资及增速

单位:亿元

	2014 年	同比增长(%)
农林牧渔业	757.5	19.8
采矿业	1070.3	0.6
制造业	3262.2	15.3
电力、燃气及水的生产和供应业	1214.4	33.4
建筑业	110.9	72.4
批发和零售业	380.1	26.1
交通运输、仓储及邮政业	1002.6	1.0
住宿和餐饮业	113.2	13.1
信息传输、软件和信息技术服务业	148.9	97.1
金融业	27.0	–7.5
教育	97.3	20.1
卫生和社会工作	74.8	26.1
文化、体育和娱乐业	133.4	24.6
公共管理、社会保障和社会组织	204.8	–15.2

新开工项目 12399 个,增长 9.1%;在建项目投资总规模 35701.2 亿元,增长 10.3%。全年房地产开发投资额为 1370.9 亿元，下降 7.3%。商品房销售面积 2457.2 万平方米，下降 10.3%;商品房销售额 1064.8 亿元,下降 9.6%。

五、国内贸易

全年社会消费品零售总额 5619.9 亿元,增长 10.6%。从经营单位所在地看,城镇实现社会消费品零售额 4955 亿元,占社会消费品零售总额的 88.2%,增长 10.6%;乡村实现社会消费品零售额 664.9 亿元,增长 11%。在限额以上企业商品零售额中,粮食、食品、饮料、烟酒类完成零售额 188.9 亿元,增长 9.9%;汽车类完成零售额 420.7 亿元,下降 2.5%;石油及制品类完成零售额 594.9 亿元,下降 0.9%。

表 5 社会消费品零售总额表

	2014 年	同比增长(%)
社会消费品零售		
总额(亿元)	5619.9	10.6
城 镇	4955.0	10.6
其中:城 区	3745.6	9.8
乡 村	664.9	11.0

六、对外经济

年海关进出口总额 145.5 亿美元,比上年增长 21.4%。其中,出口总额 63.9 亿美元,增长 56.2%;进口总额 81.6 亿美元,增长 3.3%。从主要贸易方式看,一般贸易进出口额达 80.4 亿美元，占进出口总额的 55.3%；边境小额贸易进出口额达 35.7 亿美元;加工贸易进出口额达 2.6 亿美元。

表 6 海关进出口分项表

	单位	2014 年	同比增长(%)
海关进出口总额	亿美元	145.5	21.4
出口总额	亿美元	63.9	56.2
一般贸易	亿美元	50.6	73.8
边境小额贸易	亿美元	4.4	11.2
加工贸易	亿美元	1.8	25.7
进口总额	亿美元	81.6	3.3
一般贸易	亿美元	29.8	–20.5
边境小额贸易	亿美元	31.3	–14.0
加工贸易	亿美元	0.8	–39.1

全年实际使用外商直接投资额 39.8 亿美元，下降 14.3%。年内全区在工商部门注册的外商投资企业 3036 家,比上年增加 111 家。新批准外商投资企业数 44 家,比上年增加 10 家。

七、交通、邮电和旅游业

全年完成货物运输总量 20.4 亿吨,增长 18.9%。完成货物运输周转量 4550.3 亿吨公里,增长 3.1%。

表 7 全区各种运输方式完成货物运输量、周转量及增速

	单位	2014 年	同比增长(%)
货物运输总量	亿吨	20.4	18.9
铁路	亿吨	7.8	3.7
公路	亿吨	12.7	30.5
民航	万吨	7.6	7.9
货物运输周转量	亿吨公里	4550.3	3.1
铁路	亿吨公里	2446.8	–3.7
公路	亿吨公里	2103.5	12.3

全年完成旅客运输总量 19783.1 万人,下降 10.1%。完成旅客运输周转量 363.3 亿人公里,增长 4%。

表 8 全区各种运输方式完成旅客运输量、周转量及增速

	单位	2014 年	同比增长(%)
旅客运输总量	万人	19783.1	-10.1
铁路	万人	4796.5	8.2
公路	万人	13495.0	-16.6
民航	万人	1491.6	6.8
旅客运输周转量	亿人公里	363.3	4.0
铁路	亿人公里	201.9	15.0
公路	亿人公里	161.4	-7.0

年末全区民用汽车保有量 371.7 万辆，增长 6%；其中本年新注册汽车 42.6 万辆。年末私人轿车保有量 185.2 万辆，增长 16.1%；其中本年新注册轿车 25.3 万辆。

全年邮电业务总量（2010 年不变价）336.2 亿元，增长 8%。其中，电信业务总量 316.7 亿元，增长 7.8%；邮政业务总量 19.5 亿元，增长 11.1%。年末本地固定电话用户 359.1 万户，下降 4.8%；移动电话用户 2635 万户，下降 2.1%。年末本地电话局用交换机容量 669.3 万门。全区电话普及率(包括固定和移动电话)达到 120.2 部 / 百人。年末全区互联网络用户 1991 万户，增长 8.7%。

全年实现旅游总收入 1805.3 亿元，增长 28.6%。接待入境旅游人数 167.1 万人次，增长 3.4%；旅游外汇收入 10 亿美元，增长 4.2%。国内旅游人数 7414.9 万人次，增长 12.1%；国内旅游收入 1745 亿元，增长 29.9%。

八、金融

年末全区金融机构人民币存款余额 16217.6 亿元，全年新增存款 1011.9 亿元，增长 6.7%。其中，单位存款余额 7093 亿元，比上年末增加 270.5 亿元，增长 3.8%；个人存款余额 8317.3 亿元，比上年末增加 630.6 亿元，增长 8.6%。年末全区金融机构人民币贷款余额 14947.1 亿元，全年新增贷款 1916.7 亿元，增长 15.5%。其中，短期贷款余额 5974.9 亿元，比上年末增加 662.5 亿元，增长 14%；中长期贷款余额 8593.6 亿元，比上年末增加 1110.3 亿元，增长 15.1%；个人消费贷款余额 1862.6 亿元，比上年末增加 213 亿元，增长 19.2%。

年末全区保险机构共有 2160 家，保险从业人员 10.6 万人。全年保险业实现保费收入 314 亿元，增长 14.3%。全年保险业累计赔付支出 110.5 亿元，增长 9.8%。农业保险稳步推进，全年全区农业保险实现保费收入 30 亿元，累计赔付支出 14.9 亿元，219.2 万户次农牧户受益，充分发挥了支农惠农作用。

九、人民生活和社会保障

全年全体居民人均可支配收入 20559 元，增长 10%，扣除价格因素实际增长 8.3%。全体居民人均生活消费支出 16258 元，增长 9.3%。

城镇常住居民人均可支配收入 28350 元，增长 9%，扣除价格因素实际增长 7.2%。从主要收入构成看，工资性收入为 17406 元，增长 7.8%；经营净收入 4539 元，增长 7.5%。城镇常住居民人均生活消费支出 20885 元，增长 8.5%。农村牧区常住居民人均可支配收入 9976 元，增长 11%，扣除价格因素实际增长 9.7%。从主要收入构成看，工资性收入 2071 元，增长 11.9%；经营净收入 5872 元，增长 8.7%。农村牧区常住居民人均生活消费支出 9972 元，增长 9.8%。城镇居民家庭恩格尔系数为 28.7%，农村牧区居民家庭恩格尔系数为 30.5%。

年末全区参加城镇职工基本养老保险人数 524.9 万人，增长 5.7%；参加城乡居民社会养老保险人数 761.9 万人，下降 2.4%。参加失业保险职工人数 236.3 万人，领取失业保险金人数为 4.8 万人。参加基本养老保险的离退休人员 188.7 万人，增长 11.8%。参加基本医疗保险人数 998.1 万人，增长 1.2%；有 470.7 万职工参加了基本医疗保险，增长 1.3%。参加农村合作医疗农牧民数为 1289.3 万人，增长 2.2%。

十、教育、科学技术和文化

年末全区共有普通高等学校 50 所，比上年增加 1 所；全年招收学生 12.3 万人，比上年增长 2.9%；在校学生 40.6 万人，比上年末增长 1.8%，其中，少数民族在校学生 10.8 万人，少数民族在校学生中有蒙古族学生 9.4 万人；毕业学生 11.2 万人，增长 3.1%。年末全区有研究生培养单位 10 个，招收研究生 5987 人，增长 1.7%；在校研究生 17278 人，比上年末增长 2.3%，其中，少数民族在校研究生 5130 人，少数民族在校研究生中有蒙古族研究生 4602 人。年末有普通高中 278 所，全年招收学生 15.5 万人，下降 5.4%；在校学生 48.4 万人，比上年末下降 2.1%，其中，少数民族学生 13.6 万人，少数民族在校学生中有蒙古族学生 12.2 万人；毕业学生 16.2 万人。年末有小学 2174 所，招收学生 22.5 万人，比上年下降 2.7%；在校学生 129.7 万人，比上年末下降 1.1%；毕业学生 22.1 万人，比上年下降 5%。全区幼儿园在园幼儿数 55.9 万人，增长 8.4%。全区初中阶段毛入学率 97.3%，小学适龄儿童入学率 100%。

全年共取得重大科技成果 638 项，其中，基础理论成果 95 项，应用技术成果 541 项，软科学成果 2 项。获得国家级奖励的科技成果 2 项。全年专利申请 6359 项，授权专利 4031 项。年内共签订各类技术合同数 2903 个。合同成交金额 157.7 亿元，其中区内成交技术金额 31.4 亿元，向区外输出技术成交金额 1.2 亿元，吸纳技术成交金额 125.1 亿元。

全区共有 111 个产品质量检验机构，其中国家检测中心 6 个。

年末全区有艺术事业机构 140 个，从业人员 6435 人；艺术表演团体 106 个，其中乌兰牧骑 73 个。现拥有文化馆 105 座，公共图书馆 116 座，博物馆 72 座，档案馆 142 座，已开放各类档案 212.2 万卷。年末全区广播综合人口覆盖率 98.4%，电视综合人口覆盖率 98.6%。年末全区有线电视用户 342 万户。全年生产故事影片 8 部，蒙语译制片 84 部。

年内全区体育健儿在国内外重大竞赛中获奖牌 288 枚。其中，国外获奖牌 87 枚，国内获奖牌 201 枚。

十一、卫生和社会服务

年末全区共有卫生机构 23426 个，其中，医院 639 个，农村牧区卫生院 1335 个，疾病预防控制机构 119 个，妇幼卫生机构 117 个，专科疾病防治院(所)53 个。年末全区医疗卫生单位拥有病床 12.9 万张，增长 7.5%，其中，医院拥有病床 9.9 万张，乡镇卫生院拥有病床 1.9 万张，妇幼卫生机构拥有病床 0.3 万张。全区拥有卫生技术人员 15.4 万人，比上年末增长 4.3%，其中执业医师、助理医师 6.2 万人，注册护士 5.7 万人。农村牧区拥有村卫生室 1.4 万个，拥有乡村医生和卫生员 1.8 万人。

年末全区城镇建立各种社区服务设施1616个，其中，社区服务中心953个。全区各类社会福利院床位7.7万张，各类福利院收养人数5.8万人。全年共有192.7万人得到国家最低生活保障救济。全年筹集社会福利资金15.1亿元，销售社会福利彩票49.6亿元，分别增长23.6%和25.4%。接受社会捐赠420.6万元，其中自治区本级直接接受社会捐赠51.9万元，盟市级直接接受社会捐赠346.3万元，间接接受社会捐赠22.3万元。

十二、资源、环境

全年完成营造林面积67.2万公顷。其中，人工造林46万公顷，飞播造林6.9万公顷，封山育林14.3万公顷。完成退耕还林和荒山荒地造林面积1.6万公顷，完成天然林资源保护工程造林面积8.6万公顷，完成京津风沙源治理工程造林面积16.2万公顷，完成“三北”防护林五期工程造林面积13.4万公顷。年末全区森林面积2487.9万公顷，森林覆盖率达21%。全年实现林业产业产值292.1亿元。

全年平均气温为6.1℃，全年降水量336毫米，作物生长季(4—9月)平均日照时数1574小时。

全区确定的自然保护区182个。其中，国家级自然保护区29个，自治区级自然保护区60个。自然保护区面积1261.9万公顷。生态示范区建设试点单位25个。森林公园面积达到77.9万公顷。湿地类型自然保护区39处，国家湿地公园14处。共有世界地质公园2个，国家地质公园5个，省级地质公园10个。地质遗迹保护区17个。

初步核算，万元生产总值能耗超额完成年度下降目标和“十二五”进度目标，万元工业增加值能耗[(2)]同比下降7.4%。全年规模以上工业综合能源消费量[(3)]同比增长1.9%，其中六大高耗能行业综合能源消费量同比增长2.2%。主要耗能工业企业[(4)]吨原煤生产综合能耗同比下降1.9%，电厂火力发电标准煤耗同比下降0.9%，炼焦工序单位能耗同比下降1.4%，单位电石生产综合能耗同比下降0.5%，吨水泥综合能耗同比下降14.4%，吨钢综合能耗同比下降1.5%。

注释：

本公报中数据均为初步统计数。部分数据因四舍五入的原因，存在着与分项合计不等的情况。

(1)根据第三次全国经济普查结果，对2013年原煤等主要工业产品产量进行了修订。

(2)规模以上工业口径，按当量值计算。

(3)规模以上工业综合能源消费量口径，按当量值计算。

(4) 主要耗能工业企业是指年综合能源消费量1万吨标准煤及以上的规模以上工业企业。

2015

NEIMENGGU

第二部分 统计资料

PART TWO STATISTICS

2015
NEIMENGGU

一、行政区划和自然资源

Divisions of Administraive Areas and Natural Resources

资料整理：蔡雨成
Arranged By Cai Yucheng

1-1 自 然 资 源

Natural Resources

项 目	Item	2014
土 地 资 源	**Land Resources**	
土地总面积(万平方公里)	Total Land Area(10 000 sq.km)	118.3
林业用地面积(万公顷)	Area of Afforestated Land(10 000 hectares)	4398.89
森 林 资 源	**Forests Resources**	
森林面积(万公顷)	Forest Area(10 000 hectares)	2487.90
森林覆盖率(%)	Forest-Coverage Rate(%)	21.03
活立木总蓄积量(亿立方米)	Stock Volume of the Forest(100 million cu.m)	14.84
草 原 资 源	**Prairie Resources**	
草原总面积(万公顷)	Prairie Area(10 000 hectares)	8800.0
# 可利用面积(万公顷)	Utilizable Area(10 000 hectares)	6800.0
水 利 资 源	**Water Resources**	
水资源总量(亿立方米)	Total Water Resources Volume(100 million cu.m)	537.79
地表水资源量	Surface Water Volume	397.61
地下水资源量	Ground Water Volume	236.26
矿 产 资 源	**Mineral Resources**	
煤保有储量(亿吨)	Coal Ensured Reserves(100 million tons)	4062.37
铁矿石保有储量(亿吨)	Iron Ore Ensured Reserves(100 million tons)	58.92
磷矿石保有储量(亿吨)	Phosphate Ore Ensured Reserves(100 million tons)	2.90
铜保有储量(万吨)	Copper Ensured Reserves(10 000 tons)	763.78
铅保有储量(万吨)	Lead Ensured Reserves(10 000 tons)	1397.49
锌保有储量(万吨)	Zinc Ensured Reserves(10 000 tons)	2753.00
盐保有储量(万吨)	Salt Ensured Reserves(10 000 tons)	11018.40

注:地表水资源量与地下水资源量之和不等于水资源总量,有重复计算部分。

a)Total water resources volume is not equal to surface water volume plus ground water volume,there is duplicated measurement between surface water and ground water.

1-2 全区行政区划

地区	Region	旗县级个数(个) Number of Areas at County Level (unit)	旗县(市、区)及名称
全区合计	**Total**	**102**	**旗52个、县17个、盟(市)辖县级市11个、区22个。**
呼和浩特市	Hohhot City	9	新城区、回民区、玉泉区、赛罕区、土默特左旗、托克托县、和林格尔县、清水河县、武川县。
包　头　市	Baotou City	9	东河区、昆都仑区、青山区、石拐区、白云矿区、九原区、土默特右旗、固阳县、达尔罕茂明安联合旗。
呼伦贝尔市	Hulunbeier City	14	海拉尔区、扎赉诺尔区、满洲里市、扎兰屯市、牙克石市、额尔古纳市、根河市、阿荣旗、莫力达瓦达斡尔族自治旗、鄂伦春自治旗、鄂温克族自治旗、新巴尔虎右旗、新巴尔虎左旗、陈巴尔虎旗。
兴　安　盟	Xingan League	6	乌兰浩特市、阿尔山市、科尔沁右翼前旗、科尔沁右翼中旗、扎赉特旗、突泉县。
通　辽　市	Tongliao City	8	科尔沁区、霍林郭勒市、科尔沁左翼中旗、科尔沁左翼后旗、开鲁县、库伦旗、奈曼旗、扎鲁特旗。
赤　峰　市	Chifeng City	12	红山区、元宝山区、松山区、阿鲁科尔沁旗、巴林左旗、巴林右旗、林西县、克什克腾旗、翁牛特旗、喀喇沁旗、宁城县、敖汉旗。
锡林郭勒盟	Xilinguole League	12	二连浩特市、锡林浩特市、阿巴嘎旗、苏尼特左旗、苏尼特右旗、东乌珠穆沁旗、西乌珠穆沁旗、太仆寺旗、镶黄旗、正镶白旗、正蓝旗、多伦县。
乌兰察布市	Wulanchabu City	11	集宁区、丰镇市、卓资县、化德县、商都县、兴和县、凉城县、察哈尔右翼前旗、察哈尔右翼中旗、察哈尔右翼后旗、四子王旗。
鄂尔多斯市	Erdos City	8	东胜区、达拉特旗、准格尔旗、鄂托克前旗、鄂托克旗、杭锦旗、乌审旗、伊金霍洛旗。
巴彦淖尔市	Bayannaoer City	7	临河区、五原县、磴口县、乌拉特前旗、乌拉特中旗、乌拉特后旗、杭锦后旗。
乌　海　市	Wuhai City	3	海勃湾区、海南区、乌达区。
阿 拉 善 盟	Alashan League	3	阿拉善左旗、阿拉善右旗、额济纳旗。

Divisions of Administrative Areas in Inner Mongolia

Name of Areas at County(Banner, City and District)

52 Banners, 17 Counties.11 Cities at County Level, 22 Districts under Jurisdiction of Cities.

Xincheng District, Huimin District, Yuquan District, Saihan District, Tumotezuo Banner, Tuoketuo County, Helingeer County, Qingshuihe County, Wuchuan County.

Donghe District, Kundulun District, Qingshan District, Shiguai District, Baiyun Mineral District, Jiuyuan District, Tumoteyou Banner, Guyang County, Daerhanmaomingan Union Banner.

Hailaer District, Zhalainuoer District,Manzhouli City, Zhalantun City, Yakeshi City, Eerguna City, Genhe City, Arong Banner, Molidawadawoer Nationality Autonomous Banner, Elunchun Nationality Autonomous Banner, Ewenke Nationality Autonomous Banner, Xinbaerhuyou Banner, Xinbaerhuzuo Banner, Chenbaerhu Banner.

Wulanhaote City, Aershan City, Keerqinyouyiqian Banner, Keerqinyouyizhong Banner, Zhalaite Banner, Tuquan County.

Keerqin District, Huolinguole City, Keerqinzuoyizhong Banner, Keerqinzuoyihou Banner, Kailu County, Kulun Banner, Naiman Banner, Zhalute Banner.

Hongshan District, Yuanbaoshan District, Songshan District, Alukeerqin Banner, Balinzuo Banner, Balinyou Banner, Linxi County, Keshiketeng Banner, Wengniute Banner, Kalaqin Banner, Ningcheng County, Aohan Banner.

Erlianhaote City, Xilinhaote City, Abaga Banner, Sunitezuo Banner, Suniteyou Banner, Dongwuzhumuqin Banner, Xiwuzhumuqin Banner, Taipusi Banner, Xianghuang Banner, Zhengxiangbai Banner, Zhenglan Banner, Duolun County.

Jining District, Fengzhen City, Zhuozi County, Huade County, Shangdu County, Xinghe County, Liangcheng County, Chahaeryouyiqian Banner, Chahaeryouyizhong Banner, Chahaeryouyihou Banner, Siziwang Banner.

Dongsheng District, Dalate Banner, Zhungeer Banner, Etuokeqian Banner, Etuoke Banner, Hangjin Banner, Wushen Banner, Yijinhuoluo Banner.

Linhe District, Wuyuan County, Dengkou County, Wulateqian Banner, Wulatezhong Banner, Wulatehou Banner, Hangjinhou Banner.

Haibowan District, Hainan District, Wuda District.

Alashanzuo Banner, Alashanyou Banner, Ejina Banner.

1-3 边境、牧区、山老区旗县市

地区	Region	旗县级个数(个) Number of Areas at County Level (unit)	旗县(市、区)及名称
边境旗市	**Banners & Cities of Frontier**	**19**	
包头市	Baotou City	1	达尔罕茂明安联合旗。
呼伦贝尔市	Hulunbeier City	5	陈巴尔虎旗、满洲里市、新巴尔虎右旗、新巴尔虎左旗、额尔古纳市
兴安盟	Xingan League	2	科尔沁右翼前旗、阿尔山市。
锡林郭勒盟	Xilinguole League	5	东乌珠穆沁旗、阿巴嘎旗、苏尼特左旗、二连浩特市、苏尼特右旗。
乌兰察布市	Wulanchabu City	1	四子王旗。
巴彦淖尔市	Bayannaoer City	2	乌拉特中旗、乌拉特后旗。
阿拉善盟	Alashan League	3	阿拉善左旗、阿拉善右旗、额济纳旗。
牧区旗市	**Banners & Cities of Pastoral Area**	**33**	
包头市	Baotou City	1	达尔罕茂明安联合旗。
呼伦贝尔市	Hulunbeier City	4	鄂温克族自治旗、新巴尔虎右旗、新巴尔虎左旗、陈巴尔虎旗。
兴安盟	Xingan League	1	科尔沁右翼中旗。
通辽市	Tongliao City	3	科尔沁左翼中旗、科尔沁左翼后旗、扎鲁特旗。
赤峰市	Chifeng City	5	阿鲁科尔沁旗、巴林左旗、巴林右旗、克什克腾旗、翁牛特旗。
锡林郭勒盟	Xilinguole League	9	锡林浩特市、阿巴嘎旗、苏尼特左旗、苏尼特右旗、东乌珠穆沁旗、西乌珠穆沁旗、镶黄旗、正镶白旗、正蓝旗。
乌兰察布市	Wulanchabu City	1	四子王旗。
鄂尔多斯市	Erdos City	4	鄂托克前旗、鄂托克旗、杭锦旗、乌审旗。
巴彦淖尔市	Bayannaoer City	2	乌拉特中旗、乌拉特后旗。
阿拉善盟	Alashan League	3	阿拉善左旗、阿拉善右旗、额济纳旗。
半牧区旗市	**Banners & Cities of Semi-Pastoral Area**	**21**	
呼伦贝尔市	Hulunbeier City	3	扎兰屯市、阿荣旗、莫力达瓦达斡尔族自治旗。
兴安盟	Xingan League	3	科尔沁右翼前旗、扎赉特旗、突泉县。
通辽市	Tongliao City	4	科尔沁区、开鲁县、库伦旗、奈曼旗。
赤峰市	Chifeng City	2	林西县、敖汉旗。
锡林郭勒盟	Xilinguole League	1	太仆寺旗。
乌兰察布市	Wulanchabu City	2	察哈尔右翼中旗、察哈尔右翼后旗。
鄂尔多斯市	Erdos City	4	东胜区、达拉特旗、准格尔旗、伊金霍洛旗。
巴彦淖尔市	Bayannaoer City	2	磴口县、乌拉特前旗。
山老区旗县	**Counties & Banners of Mountain & Old Liberated Area**	**47**	
呼和浩特市	Hohhot City	6	土默特左旗、新城区、赛罕区、武川县、和林格尔县、清水河县。
包头市	Baotou City	3	土默特右旗、固阳县、达尔罕茂明安联合旗。
呼伦贝尔市	Hulunbeier City	4	扎兰屯市、阿荣旗、满洲里市、莫力达瓦达斡尔族自治旗。
兴安盟	Xingan League	6	乌兰浩特市、阿尔山市、科尔沁右翼前旗、科尔沁右翼中旗、扎赉特旗、突泉县。
通辽市	Tongliao City	4	科尔沁左翼中旗、科尔沁左翼后旗、开鲁县、库伦旗。
赤峰市	Chifeng City	5	喀喇沁旗、宁城县、松山区、克什克腾旗、敖汉旗。
锡林郭勒盟	Xilinguole League	3	正蓝旗、多伦县、太仆寺旗。
乌兰察布市	Wulanchabu City	9	集宁区、卓资县、兴和县、丰镇市、凉城县、察哈尔右翼前旗、察哈尔右翼中旗、察哈尔右翼后旗、四子王旗。
鄂尔多斯市	Erdos City	6	达拉特旗、准格尔旗、鄂托克前旗、鄂托克旗、杭锦旗、乌审旗。
巴彦淖尔市	Bayannaoer City	1	乌拉特前旗。

Banners, Counties and Cities of Frontier, Pure Pastoral Area, Mountain Area and Old Liberated Area

Name of Areas at County(Banner, City & District)

Daerhanmaomingan Union Banner.
Chenbaerhu Banner, Manzhouli City, Xinbaerhuyou Banner, Xinbaerhuzuo Banner, Eerguna City.
Keerqinyouyiqian Banner, Aershan City.
Dongwuzhumuqin Banner, Abaga Banner, Sunitezuo Banner, Erlianhaote City, Suniteyou Banner.
Siziwang Banner.
Wulatezhong Banner, Wulatehou Banner.
Alashanzuo Banner, Alashanyou Banner, Ejina Banner.

Daerhanmaomingan Union Banner.
Ewenke Nationality Autonomous Banner, Xinbaerhuyou Banner, Xinbaerhuzuo Banner, Chenbaerhu Banner.
Keerqinyouyizhong Banner.
Keerqinzuoyizhong Banner, Keerqinzuoyihou Banner, Zhalute Banner.
Alukeerqin Banner Balinzuo, Banner, Balinyou Banner, Keshiketeng Banner, Wengniute Banner.
Xilinhaote City, Abaga Banner, Sunitezuo Banner, Suniteyou Banner, Dongwuzhumuqin Banner, Xiwuzhumuqin Banner, Xianghuang Banner, Zhengxiangbai Banner, Zhenglan Banner.
Siziwang Banner.
Etuokeqian Banner, Etuoke Banner, Hangjin Banner, Wushen Banner.
Wulatezhong Banne, Wulatehou Banner.
Alashanzuo Banner, Alashanyou Banner, Ejina Banner.

Zhalantun City, Arong Banner, Molidawadawoer Nationality Autonomous Banner.
Keerqinyouyiqian Banner, Zhalaite Banner, Tuquan County.
Keerqin District, Kailu County, Kulun Banner, Naiman Banner.
Linxi County, Aohan Banner.
Taipusi Banner.
Chahaeryouyizhong Banner, Chahaeryouyihou Banner.
Dongsheng City, Dalate Banner, Zhungeer Banner, Yijinhuoluo Banner.
Dengkou County, Wulateqian Banner.

Tumotezuo Banner, Xincheng District,Saihan District, Wuchuan County, Helingeer County, Qingshuihe County.
Tumoteyou Banner, Guyang County, Daerhanmaomingan Union Banner.
Zhalantun City, Arong Banner,Manzhouli City, Molidawadawoer Nationality Autonomous Banner.
Wulanhaote City,Aershan City,Keerqinyouyiqian Banner,Keerqinyouyizhong Banner,Zhalaite Banner, Tuquan County.
Keerqinzuoyizhong Banner,Keerqinzuoyihou Banner,Kailu County,Kulun Banner.
Kalaqin Banner, Ningcheng County,Songshan District,Keshiketeng Banner,Aohan Banner.
Zhenglan Banner,Duolun County,Taipusi Banner.
Jining District,Zhuozi County,Xinghe County,Fengzhen City,Liangcheng County,Chahaeryouyiqian Banner,Chahaeryouyizhong Banner,Chahaeryouyihou,Siziwang Banner.
Dalate Banner, Zhungeer Banner, Etuokeqian Banner, Etuoke Banner, Hangjin Banner, Wushen Banner.
Wulateqian Banner.

1-4 主要城市气温(2014年)

Monthly Average Temperature of Major Cities(2014)

单位：摄氏度 (°C)

城市	City	1月 Jan.	2月 Feb.	3月 Mar.	4月 Apr.	5月 May	6月 June	7月 July	8月 Aug.	9月 Sept.	10月 Oct.	11月 Nov.	12月 Dec.	年平均 Annual Average
呼和浩特	Hohhot	-7.7	-5.9	3.6	12.1	15.5	20.0	21.9	19.4	14.8	9.5	-0.9	-10.2	7.7
包　头	Baotou	-8.3	-5.8	3.4	12.8	17.0	21.4	23.5	19.9	15.7	10.2	-0.2	-9.4	8.4
海拉尔	Hailaer	-24.2	-22.8	-9.6	6.9	11.3	18.6	19.0	17.7	11.1	0.9	-11.1	-23.3	-0.5
乌兰浩特	Wulanhaote	-13.2	-11.7	0.6	11.4	15.0	23.1	23.4	21.8	15.1	6.9	-1.9	-13.5	6.4
通　辽	Tongliao	-10.4	-8.3	2.5	12.6	16.8	22.8	24.6	23.5	16.7	9.0	0.7	-11.1	8.3
赤　峰	Chifeng	-7.5	-8.0	2.8	11.8	15.8	20.2	24.5	21.8	15.5	9.2	1.1	-8.4	8.2
锡林浩特	Xilinhaote	-13.0	-12.5	-1.4	9.6	12.3	18.5	22.3	19.9	13.4	5.7	-4.2	-14.7	4.7
集　宁	Jining	-8.9	-8.7	0.9	9.8	13.5	17.7	20.7	18.2	12.9	7.7	-3.2	-11.7	5.7
东　胜	Dongsheng	-5.4	-5.2	4.3	11.4	15.4	19.7	21.5	18.6	14.8	10.3	0.2	-8.4	8.1
临　河	Linhe	-7.7	-5.2	3.8	12.6	17.5	22.4	24.8	21.3	16.5	10.7	0.3	-8.4	9.1
乌　海	Wuhai	-6.4	-3.9	5.1	14.0	18.8	23.8	26.3	22.8	18.7	11.7	1.3	-8.2	10.3
巴彦浩特	Bayanhaote	-4.2	-3.5	5.5	12.5	16.8	21.4	23.6	20.5	17.2	10.7	1.2	-7.5	9.5

1-5 主要城市平均相对湿度(2014年)

Monthly Average Relative Humidity of Major Cities(2014)

单位：% (%)

城市	City	1月 Jan.	2月 Feb.	3月 Mar.	4月 Apr.	5月 May	6月 June	7月 July	8月 Aug.	9月 Sept.	10月 Oct.	11月 Nov.	12月 Dec.	年平均 Annual Average
呼和浩特	Hohhot	40	52	25	34	34	47	57	57	60	53	48	44	46
包　头	Baotou	49	60	39	44	37	52	63	69	70	65	60	51	55
海拉尔	Hailaer	74	74	70	42	54	67	72	68	59	55	74	75	65
乌兰浩特	Wulanhaote	49	47	32	30	54	54	67	66	56	42	42	55	50
通　辽	Tongliao	49	43	35	31	53	63	68	65	56	51	40	56	51
赤　峰	Chifeng	41	47	34	34	44	63	56	57	61	50	36	39	47
锡林浩特	Xilinhaote	56	57	41	33	47	59	55	51	48	54	53	61	51
集　宁	Jining	36	50	25	32	35	49	53	52	61	55	47	44	45
东　胜	Dongsheng	31	54	24	38	30	46	56	61	65	51	47	36	45
临　河	Linhe	44	48	32	38	30	46	54	56	59	55	57	42	47
乌　海	Wuhai	38	51	26	36	25	38	44	51	53	53	53	41	42
巴彦浩特	Bayanhaote	23	41	22	31	21	37	44	48	47	44	43	33	36

1-6 主要城市降水量(2014 年)

Monthly Precipitation of Major Cities(2014)

单位：毫米 (millimeters)

城市	City	1月 Jan.	2月 Feb.	3月 Mar.	4月 Apr.	5月 May	6月 June	7月 July	8月 Aug.	9月 Sept.	10月 Oct.	11月 Nov.	12月 Dec.	全年 Annual Total
呼和浩特	Hohhot		7.4		16.3	45.4	49.9	108.9	57.0	81.7	25.7	2.3	0.2	394.8
包　头	Baotou		5.8		17.8	31.3	45.5	91.0	109.4	54.0	19.0	0.1		373.9
海拉尔	Hailaer	4.4	6.8	2.8	2.7	22.0	125.6	135.9	45.6	30.8	14.5	10.3	4.5	405.9
乌兰浩特	Wulanhaote	0.4	0.6		1.8	76.6	51.4	209.5	65.4	40.1	1.0	0.6	4.7	452.1
通　辽	Tongliao	1.0		12.8	0.2	61.5	143.8	41.2	35.6	32.2	3.6		4.8	336.7
赤　峰	Chifeng	1.1	1.6	15.2	8.2	69.0	141.2	23.3	40.3	49.7	17.9			367.5
锡林浩特	Xilinhaote	0.9	1.8	2.1	5.6	44.9	66.0	62.2	20.0	11.7	35.6	0.7	4.4	255.9
集　宁	Jining		3.9	0.1	27.6	39.0	47.8	75.4	41.4	65.4	41.2			341.8
东　胜	Dongsheng		3.6		25.5	23.7	64.6	100.1	107.4	94.0	31.3	0.4	0.2	450.8
临　河	Linhe		0.7		12.2	13.0	22.5	14.6	26.9	27.6	25.0			142.5
乌　海	Wuhai		1.1		17.9	3.8	30.2	26.4	43.3	42.9	26.4	0.2		192.2
巴彦浩特	Bayanhaote		2.1	0.6	31.2	3.1	76.5	68.1	24.2	28.2	28.0	6.1		268.1

1-7 主要城市日照时数(2014 年)

Monthly Sunshine Hours of Major Cities(2014)

单位：小时 (hours)

城市	City	1月 Jan.	2月 Feb.	3月 Mar.	4月 Apr.	5月 May	6月 June	7月 July	8月 Aug.	9月 Sept.	10月 Oct.	11月 Nov.	12月 Dec.	全年 Annual Total
呼和浩特	Hohhot	141.9	146.3	242.8	242.2	265.3	268.7	240.8	216.1	192.4	203.6	167.9	189.2	2517.2
包　头	Baotou	240.9	170.3	295.9	261.9	300.8	278.4	241.3	208.4	184.3	229.3	222.0	220.3	2853.8
海拉尔	Hailaer	174.7	196.1	282.8	290.1	255.2	282.1	275.4	287.9	254.8	229.2	195.2	142.6	2866.1
乌兰浩特	Wulanhaote	204.1	194.1	268.7	287.6	183.9	245.9	200.9	287.4	277.4	217.7	203.3	160.0	2731.0
通　辽	Tongliao	201.8	190.0	284.4	293.5	277.6	266.2	223.1	219.3	245.8	199.6	209.0	195.6	2805.9
赤　峰	Chifeng	214.2	184.7	265.4	270.1	282.0	248.8	327.4	283.9	252.0	226.8	219.3	223.0	2997.6
锡林浩特	Xilinhaote	218.9	206.2	273.7	274.3	252.9	258.2	323.6	299.1	272.6	231.7	221.5	196.6	3029.3
集　宁	Jining	220.7	176.7	273.8	253.1	263.5	254.3	268.7	245.6	220.0	213.9	203.8	217.4	2811.5
东　胜	Dongsheng	232.2	161.9	281.4	255.9	306.9	294.5	268.5	235.7	205.5	229.0	209.2	218.3	2899.0
临　河	Linhe	241.5	220.1	304.2	277.0	330.9	307.0	333.3	300.5	260.5	254.4	228.1	219.6	3277.1
乌　海	Wuhai	248.9	214.7	296.5	257.6	328.3	274.0	316.0	282.2	221.2	236.3	191.8	215.2	3082.7
巴彦浩特	Bayanhaote	244.6	189.7	268.0	234.6	302.6	222.0	302.8	222.0	178.4	220.8	200.2	226.6	2812.3

主要统计指标解释

行政区划 指国家对行政区域的划分。根据宪法规定，我国的行政区域划分如下：(1)全国分为省、自治区、直辖市；(2)省、自治区分为自治州(盟)、县(旗)、自治县(旗)、市；(3)自治州分为县、自治县、市；(4)旗、县、自治县(旗)分为乡、民族乡、镇；(5)直辖市和较大的市分为区、县(旗)；(6)国家在必要时设立的特别行政区。

国土 指一个主权国家管辖下的领土、领海和领空。

气候 指地球与大气之间长期能量交换与质量交换所形成的一种自然环境状态，它是多种因素综合作用的结果。气候既是人类生活和生产的环境要素之一，又是供给人类生活和生产的重要资源。气温、降水、湿度等气象要素的多年平均值是用来描述一个地区气候状况的主要参数，而各种气象要素某年、某月的平均值(或总量)则可以反映出该时期天气气候状况的重要特征。

自然资源 指人类可以直接从自然界获得，并用于生产和生活的物质资源。自然资源一般可以分成可再生资源和非再生资源两大类。可再生资源指在较短时间内可以再生、可以循环利用的资源，包括土地资源、水资源、气候资源、生物资源和海洋资源等。非再生资源指在使用后不能再生的资源，包括矿产资源和地热能源。

土地资源 土地指陆地的表层部分，它主要由岩石、岩石的风化物和土壤构成。土地资源按利用类型可以分为农用地、建筑用地和未利用地。农用地包括耕地、园地、林地、牧草地和水面。建筑用地包括居民点及工矿用地、交通用地和水利设施用地。未利用地指农用地和建筑用地以外的土地，包括滩涂、荒漠、戈壁、冰川和石山等。

林业用地面积 指生长乔木、竹类、灌木、沿海红树林等林木的土地面积，包括有林地、灌木林、疏林地、未成林造林地、迹地、苗圃等。

草地面积 指牧区和农区用于放牧牲畜或割草，植被盖度在5%以上的草原、草坡、草山等面积。包括天然的和人工种植或改良的草地面积。

森林资源 指森林、林木、林地以及依托森林、林木、林地生存的野生动物、植物和微生物。林木指树木和竹子。森林指以乔木为主体的植物群落，是集生的乔木及与共同作用的植物、动物、微生物和土壤、气候等的总体。

活立木总蓄积量 指一定范围内土地上全部树木蓄积的总量，包括森林蓄积、疏林蓄积、散生木蓄积和四旁树蓄积。

森林面积 指由乔木树种构成，郁闭度0.2以上(含0.2)的林地或冠幅宽度10米以上的林带的面积，即有林地面积。森林面积包括天然起源和人工起源的针叶林面积、阔叶林面积、针阔混交林面积和竹林面积，不包括灌木林地面积和疏林地面积。

森林蓄积量 指一定森林面积上存在着的林木树干部分的总材积。它是反映一个国家或地区森林资源总规模和水平的基本指标之一，也是反映森林资源的丰富程度、衡量森林生态环境优劣的重要依据。

森林覆盖率 指一个国家或地区森林面积占土地面积的百分比。在计算森林覆盖率时，森林面积包括郁闭度0.2以上的乔木林地面积和竹林地面积，国家特别规定的灌木林地面积、农田林网以及四旁(村旁、路旁、水旁、宅旁)林木的覆盖面积。森林覆盖率是反映森林资源的丰富程度和生态平衡状况的重要指标。计算公式为：

森林覆盖率(%)= 森林面积 / 土地总面积 × 100%

水资源 水在自然界中以固体、液体和气态三种聚集状态存在，分布于海洋、陆地(包括土壤)以及大气之中，通过水循环形成水资源。水资源包括经人类控制并直接可供灌溉、发电、给水、航运、养殖等用途的地表水和地下水，以及江河、湖泊、井、泉、潮汐、港湾和养殖水域等。水资源是发展国民经济不可缺少的重要自然资源。

地表水和地下水 陆地上的水因空间分布不同，可以分为地表水和地下水。地表水指分别存在于河流、湖泊、沼泽、冰川和冰盖等水体中水分的总称，又称陆地水。地下水指储存在地面以下饱和岩土孔隙、裂隙及溶洞中的水。

内陆水域总面积 指江、河、湖泊、池塘、塘堰、水库等各种流水或蓄水的水面占地面积。

径流 指大气降水扣除损耗外，从地表和地下向流域出口断面汇集的水流。径流可分为地表径流、地下径流和壤中流。地表径流指沿地表向河流、湖泊、沼泽、海洋等汇集的水流；地下径流指沿潜水层或隔水层间的含水层，向河流、湖泊、沼泽、海洋等汇集的地下水水流。

径流量 指在一定时段内通过河流某一过水断面的水量，用以反映一个国家或地区水资源的丰欠程度。计算公式为：
径流量 = 降水量 − 蒸发量

矿产资源 矿产指由地质作用形成，富集于地壳中或出露于地表达到工农业利用要求的有用矿物。矿产是一种重要的自然资源，是社会发展的重要物质基础。从某种意义上讲，一个国家对矿产资源开发利用的广度和深度，可以作为这个国家经济发展水平的标志。

矿产保有储量 指探明的矿产储量(包括工业储量和远景储量)，扣除已开采部分和地下损失量后的年末实有储量，是反映国家矿产资源现状的重要指标。

气温 指空气的温度，我国一般以摄氏度(0C)为单位表示。气象观测的温度表是放在离地面约1.5米处通风良好的百叶箱里测量的。因此，通常说的气温指的是离地面1.5米处百叶箱中的温度。其统计计算方法为：

月平均气温是将全月各日的平均气温相加，除以该月的天数而得。

年平均气温是将12个月的月平均气温累加后除以12而得。

相对湿度 指空气中实际水气压与当时气温下的饱合水气压之比。其统计方法与气温相同。

降水量 指从天气降落到地面的液态或固态(经融化后)水，未经蒸发、渗透、流失而在地面上积聚的深度。其统计计算方法为：

月降水量是将全月各日的降水量累加而得。

年降水量是将 12 个月的月降水量累加而得。

日照时数 指太阳实际照射地面的时间。其统计方法与降水量相同。

Explanatory Notes on Main Statistical Indicators

Administrative Division refers to the division of administrative areas by the state. The Constitution of the People's Republic of China stipulates that the administrative areas in China are divided as:1) The whole country is divided into provinces, autonomous regions and municipalities directly under the central government; 2) Provinces and autonomous regions are divided into autonomous prefectures (leagues) , counties (banners) , autonomous counties and cities; 3) Autonomous Prefectures are divided into counties , autonomous counties and cities; 4) Counties and autonomous counties are divided into townships, nationality townships and towns; 5) Municipalities and large cities are divided into districts and counties, 6) The state establish special administrative regions when necessary.

Territory refers to territorial land, sea and air space under the administration of a sovereign state.

Climate refers to the natural environmental status formed by the long–time exchange of energy and mass between the earth and the air, and is the results of interaction of many factors. Climate is both one of the environment factors and the important resources for the living and production activities of the human being. The average values across several years of meteorological factors such as temperature, rainfall and humidity are used as important parameters to describe the climate of a region, while the average values (or total values) of a given year or month of meteorological factors reflect the key characteristics of climate for that period of time.

Natural Resources refer to material resources that could be obtained from the nature by human being and used for production and living. Natural resources in general can be classified as renewable resources and non–renewable resources. Renewable resources refer to resources that could be renewed and recycled during a relatively short period of time, including land resource, water resource, climate resource, biology resource and marine resource. Non–renewable resources include resources that could not be renewed, such as minerals and geothermal resource.

Land Resource Land refers to the surface of the earth, consisting of mainly rocks and its weathering and earth. Land resource can be classified, by its utilization, as land for agriculture, land for construction and unused land. Land for agriculture includes cultivated land, plantation land, forestland, grassland and waters. Land for construction includes land for residential purpose, for manufacturing and mining, for transportation and for water conservancy projects. Unused land refers to land other than land for agriculture and construction, including beaches, deserts, Gobi, glaciers and Rock Mountains.

Area of Afforestated Land refer to land for trees, bamboo, bushes and mangrove, including forest–cover land, bush–covered land, sparse forest land, land Planned for afforestation and nurseries of young trees.

Area of Grassland refers to areas of grassland, grass–slopes and grass–covered hills with a vegetation–covering rate of over 5% that are used for animal husbandry or harvesting of grass. It includes natural, cultivated and improved grassland areas.

Forest Resource refers to forests, trees, forest land and wild animals, plants and microorganism that live on forest and trees. Trees include trees and bamboo. Forest refers to the population of clusters of trees and other plants, animals and microorganism as well as the earth and climate that have interactions with the trees.

Total Standing Stock Volume refers to the total stock volume of trees growing in land, including trees in forest, tress in sparse forest, scattered trees and trees planted by the side of farm houses and along the roads, rivers and fields.

Forest Area refers to the area of forest land where trees and bamboo grow with canopy density above 0. 2, including land of natural woods and planted woods, but excluding bush land and thin forest land. It reflects the total areas of afforestation.

Stock Volume of Forest refers to total stock volume of wood growing in forest area, which shows the total size and level of forest resources of a country or a region. It is also an important indicator illustrating the richness of forest resource and the status of forest ecological environment.

Forest Coverage Rate refers to the ratio of area of afforested land to total land area. This indicator shows the forest resources and afforestation progress of a country or a region. According to regulations of the government, in addition to afforested land, the area of bush forest, the area of forest land inside farm land and the area of trees planted by the side of farm houses and along the roads, rivers and fields should also be included in the area of afforested land in the calculation of the forest coverage–rate. The formula for calculating forest coverage rate is as follows:

Forestry coverage rate (%)=

Area of afforested Land/ Area of Total Land × 100%

Water Resource water exists in the nature in solid, liquid and gaseous states, is distributed in the ocean, land (including earth) /and air, and constitutes the water resource through the circulation of water. Water resource includes the surface water and underground water that is controlled by the human being for irrigation, power–generation, water supply, navigation and cultivation. It also includes rivers, lakes, wells, springs, tides, gulf and water area for cultivation. Water resource as an important natural resource is indispensable for the development of the national economy.

Surface Water and Underground Water water on earth can be divided into surface water and underground water according to its distribution. Surface water refers to moisture exists in rivers, lakes, swamps, glaciers, icecaps and so on. It is also called land water. The underground water refers to water deposited underground in the cranny and the hole of saturated rock soil and in the water–eroded cave.

Inland Water Area refers to water area of rivers, lakes, ponds, reservoir, etc.

Runoff refers to the water gathered at the way out of the cross section of drainage area either from the surface or underground after deducting the wastage of the precipitation. Runoff can be divided into surface runoff, underground runoff and within soil runoff. Surface runoff refers to water flow to the rivers, lakes, swamps, and seas on the surface of the earth. Underground runoff refers to water flow to rivers, lakes, swamps, and seas through the water–bearing stratum of confined layer or unconfined layer.

Volume of Runoff refers to the total volume of water running through a certain cross section of a river during a certain period of time, reflecting the water resource condition in a country or a region. The formula for calculating volume or runoff is as follows:

Runoff = Precipitation Evaporation

Mineral Resources refer to useful minerals that can be used for industrial or agricultural purposes enriched in

lithosphere or on earth due to the geological process.

Ensured Mineral Reserves refer to the actual min–

eral reserves, which equal to the proven mineral reserves (including industrial reserves and prospective reserves) minus extracted parts and underground losses. This indicator shows the current condition of the mineral resources of a country.

Drainage Area Each river has its own main stream and branches to form the water system of the river. Each river has its own catchments area, which is also called as the drainage area of the river.

Out –flowing Rivers refer to rivers directly or indirectly flowing into the sea. The area providing water to the out–flowing rivers is called as out–flowing area.

Inland Rivers refer to rivers in inland dry areas that die away in desert on the way or infuse into inland lakes. The area providing water to the inland rivers is called as inland area.

Temperature refers to the air temperature. China uses centigrade (0C) as the unit. The thermometry used for weather observation is put in a breezy shutter, which is 1. 5 meters high from the ground. Therefore, the commonly used temperature refers to the temperature in the breezy shutter 1. 5 meters away from the ground. The calculation method is as follows:

Monthly average temperature is the summation of average daily temperature of one month divided by the actual days of that particular month.

Annual average temperature is the summation of monthly average of a year divided by 12 months.

Relative Humidity refers to the ratio of actual water vapor pressure to the saturation water vapor pressure under the current temperature. The calculation method is the same as that of temperature.

Volume of Precipitation refers to the deepness of liquid state or solid state (thawed) water falling from the sky to the ground that has not been evaporated, infiltrated or run off. The calculation method is as follows:

Monthly precipitation is the summation of daily precipitation of a month.

Annual precipitation is the summation of 12 months , precipitation of a year.

Sunshine Hours refer to the actual hours of sun irradiating the earth. The calculation method is the same as that of the precipitation.

2015

NEIMENGGU

二、综合

General Survey

资料整理：张利珍

Arranged By Zhang Lizhen

2-1 平均每天主要社会经济活动

Major Indicators on Average Daily Social and Economic Activities

指标	Item	1990	1995	2000	2005	2010	2014
全区每天创造的财富	**Autonomous Regional Daily Production**						
生产总值(万元)	Gross Domestic Product(10 000 yuan)	8748	23481	42168	106987	319781	486855
第一产业	Primary Industry	3084	7128	9611	16152	30008	44599
第二产业	Secondary Industry	2806	8460	15961	48581	174457	249857
工 业	Industry	2388	6983	13265	40490	153929	216559
建筑业	Construction	418	1477	2695	8091	20528	33359
第三产业	Tertiary Industry	2858	7893	16596	42254	115316	192399
#运输邮电业	Transportation, Postal & Telecommunications Services	567	1900	4807	11659	27254	41094
商业饮食业	Commerce	683	2275	5353	12551	36876	63730
财政收入(万元)	Government Revenue(10 000 yuan)	904	2092	4263	14695	47620	50512
财政支出(万元)	Government Expenditures(10 000 yuan)	1668	2799	7152	20126	62288	106301
粮食(吨)	Grain(ton)	26657	28915	34025	45540	59129	75425
油料(吨)	Oil-bearing Grops(ton)	1901	1923	3189	3348	3510	4666
肉类(吨)	Meat(ton)	1469	2243	3929	6299	6540	6913
牛奶(吨)	Cow Milk(ton)	1012	1331	2186	18934	24799	21589
水产品(吨)	Aquatic Products(ton)	83	130	198	226	312	405
布(万米)	Cloth(10 000 m)	29.55	23.42	9.01	22.84	26.88	
乳制品(吨)	Dairy products(ton)	60	83	182	8425	9462	7393
原煤(万吨)	Coal(10 000 tons)	13.05	19.33	19.86	70.16	216.20	272.30
发电量(万千瓦小时)	Electricity(10 000 kwh)	4645	7631	12033	28948	68052	105693
钢(吨)	Steel(ton)	7480	9736	11605	22068	33776	45520
成品钢材(吨)	Steel Products(ton)	4807	7062	10381	20487	36751	48306
水泥(吨)	Cement(ton)	6246	9569	17260	44719	149433	172880
每天消费量	**Daily Consumption**						
最终消费(万元)	Final Consumption Expenditure(10 000 yuan)	5937	14778	23936	49393	125702	196116
居民消费(万元)	Resident Consumption(10 000 yuan)	4652	11314	17427	32632	73790	135869

注:2013年以前,财政收入为地方财政总收入;2013年起,财政收入为公共财政预算收入。下表同。

a)Before 2013,Government Revenue is Local Government Revenue; Form 2013,Government Revenue is General Budgetary Financial Revenue.The same as in the following tables.

2-1 续表 continued

指 标	Item	1990	1995	2000	2005	2010	2014
农民	Peasants	2368	4984	6517	8522	14428	31018
非农业居民	Non-agricultural Residents	2284	6330	10910	24110	59362	104851
政府消费(万元)	Government Consumption Expenditure (10 000 yuan)	1285	3464	6508	16761	51913	60247
能源消费量(万吨标准煤)	Energy Consumption (10 000 tons of SCE)	6.64	8.95	10.79	29.49	51.73	50.16
社会消费品零售总额(万元)	Total Retail Sales of Consumer Goods(10 000 yuan)	3577	8083	13260	37208	92712	155003
每天其他经济活动	**Other Daily Economic Activities**						
资本形成总额(万元)	Gross Capital Formation(10 000 yuan)	3416	10219	17591	77947	247134	376855
固定资本形成	Fixed Capital Formation	1939	7484	12039	73568	244896	368599
存货增加	Changes in Stock	1477	2735	5552	4379	2239	8255
城镇新建住宅面积(万平方米)	Residential Buildings Completed in Urban Areas(10 000 sq.m)	0.96	1.65	2.78	3.40	7.07	5.52
农牧民个人新建住宅面积 (万平方米)	Private Residential Building Complated in Rural Areas(10 000 sq.m)	1.36	2.65	2.36	1.40	0.99	1.95
货运量(万吨)	Freight Traffic(10 000 tons)	73.09	89.68	122.27	200.22	362.21	559.73
客运量(万人)	Passenger Traffic(10 000 persons)	28.70	50.06	64.52	87.98	66.69	52.15
进出口总额(万美元)	Total Imports and Exports(USD 10 000)	132.68	307.70	557.80	1414.22	2388.75	3987.40
邮电业务总量(万元)	Volume of Postal and Telecoms Services(10 000 yuan)	58.07	264.50	1541.00	5471.78	5527.90	9256.02
个人储蓄存款新增额(万元)	Outstanding Amount of savings deposits of individuals(10 000 yuan)	822	2496	2140	10129	19292	15303
图书出版(万册)	Books Published(10 000 copy)	21.78	17.97	20.34	24.35	16.63	17.92
杂志出版(万册)	Magazines Issued(10 000 copy)	3.46	2.84	4.34	3.79	3.94	6.07
报纸出版(万份)	Newspapers Issued(10 000 copy)	44.36	44.62	49.23	169.37	74.11	92.05
邮寄函件(万件)	Letters Delivered(10 000 piece)	22.14	45.83	26.51	8.61	9.28	4.49
每天人口变动与婚姻	**Daily Population Changes & Marriages**						
出生(人)	Births(person)	1117	1073	645	659	628	638
死亡(人)	Deaths(person)	293	417	359	357	374	394
结婚(对)	Marriages(couple)	435	475	416	423	555	594
离婚(对)	Divorces(couple)	60	75	89	107	157	242

注:个人储蓄存款新增额2010年以前为城乡居民储蓄存款新增额。

a)Before 2010, Outstanding Amount of savings deposits of individuals is called resident saving deposit in urban & rural.

2-2 社会经济主要指标人均水平
Major per Capita Indicators on Society and Economy

指标	Item	1990	1995	2000	2005	2010	2014
生产总值(元)	**Gross Domestic Product(yuan)**	**1478**	**3772**	**6502**	**16285**	**47347**	**71046**
财政收入(元)	**Government Revenue(yuan)**	**154**	**336**	**657**	**1397**	**7051**	**7371**
农牧业生产	**Agriculture Production**						
耕地面积(公顷)	Cultivated Land(hectare)	0.23	0.24	0.31	0.31	0.29	0.37
粮食产量(千克)	Output of Grain(kg)	454.15	464.40	524.60	693.19	875.47	1100.67
油料产量(千克)	Output of Oil-bearing Crops(kg)	32.38	30.90	49.20	50.96	51.96	68.09
甜菜产量(千克)	Output of Beet Roots(kg)	110.36	116.00	59.69	57.68	65.31	64.05
年末大牲畜(头)	Large Animals at the Year-end(head)	0.33	0.31	0.26	0.33	0.36	0.34
年 末 羊(只)	Sheep and Goats at the Year-end(head)	1.41	1.46	1.50	2.26	2.14	2.23
年末生猪(口)	Hogs at the Year-end(head)	0.24	0.34	0.31	0.29	0.28	0.27
肉类产量(千克)	Output of Meat(kg)	25.02	36.03	60.58	95.88	96.83	100.88
# 牛肉产量(千克)	Output of Beef(kg)	3.99	4.10	9.23	14.01	20.17	21.80
羊肉产量(千克)	Output of Mutton(kg)	5.96	7.42	13.44	30.21	36.20	37.31
猪肉产量(千克)	Output of Pork(kg)	13.43	20.97	32.37	36.71	29.15	29.31
牛奶产量(千克)	Output of Cow Milk(kg)	17.25	21.37	33.70	288.20	367.17	315.05
羊 毛(千克)	Wool(kg)	2.87	2.64	2.89	4.27	4.87	5.28
主要工业产品产量	**Output of Major Industrial Products**						
原 煤(吨)	Coal(ton)	2.22	3.10	3.06	10.68	32.01	39.74
原 盐(吨)	Salt(ton)	0.04	0.03	0.05	0.09	0.11	0.08
发 电 量(千瓦小时)	Electricity(kwh)	791	1225	1855	4406	10684	15424
糖(千克)	Sugar(kg)	7.64	7.51	5.09	6.15	4.88	20.43
乳 制 品(千克)	Dairy Products(kg)	1.03	1.33	2.81	128.25	140.09	107.88
呢 绒(米)	Woolen Fabric(m)	0.49	0.65	0.18	0.26	0.51	0.82
水 泥(吨)	Cement(ton)	0.11	0.15	0.27	0.68	2.21	2.52
钢(吨)	Steel(ton)	0.13	0.16	0.18	0.34	0.50	0.66
生 铁(吨)	Pig Iron(ton)	0.13	0.15	0.19	0.38	0.55	0.53
社会消费品零售额(元)	**Total Retail Sales of Consumer Goods(yuan)**	**610**	**1379**	**2571**	**5664**	**13727**	**22619**
人民生活	**People's Livelihood**						
职工平均工资(元)	Average Wage of Staff & Workers(yuan)	1846	4134	6974	15985	35507	54460
# 国 有(元)	State-owned Units(yuan)	1971	4407	7261	16598	37602	56987
集 体(元)	Urban Collective-owned Units(yuan)	1441	3001	4826	10804	29822	55159
城镇常住居民人均可支配收入（元）	Per Capita Disposable Income of Urban Residents(yuan)	1155	2846	5129	9137	17698	28350
城镇常住居民人均生活消费支出（元）	Expenditure of Urban Residents(yuan)	982	2482	3928	6929	13995	20885
农村牧区常住居民人均可支配收入（元）	Per Capita Disposable Income of Rural Residents(yuan)	647	1300	2038	2989	5530	9976
农村牧区常住居民人均生活消费支出（元）	Expenditure of Rural Residents(yuan)	539	1261	1615	2446	4461	9972
个人储蓄存款余额(元)	The balance of savings deposits of individuals(yuan)	515	1804	3875	8231	18877	32039

注:1.个人储蓄存款余额 2010 年以前为城乡居民储蓄存款余额。
2.2014 年以后,城镇(农村牧区)常住居民人均可支配收入、城镇(农村牧区)常住居民人均生活消费支出数据为城乡一体化住户收支与生活状况调查数据。

a)Before 2010,the balance of savings deposits of individuals is called resident saving deposit in urban & rural.

b)From 2014,data of Per Capita Disposable Income of Urban and Rural Residents and Expenditure of Urban and Rural Residents are from integrated household income and expenditure survey including both urban and rural households.

2–3 国民经济和社会发展总量与速度

指 标	Item	总量指标				
		1978	1995	2000	2005	2010
人口与就业	**Population and Employment**					
人口(万人)	**Population(10 000 persons)**					
年末总人口	Population at the Year-end	1823.4	2284.4	2372.4		2472.2
市镇人口	Urban	397.5	873.1	1001.1	1134.3	1372.9
乡村人口	Rural	1425.9	1411.3	1371.3	1268.8	1099.3
男性人口	Male	957.8	1187.6	1227.2	1237.9	1283.9
女性人口	Female	865.6	1096.8	1145.2	1165.2	1188.3
就业(万人)	**Employment(10 000 persons)**					
从业人数	Employment	652.8	1029.4	1061.6	1041.1	1184.7
# 职工人数	Staff and Workers	227.6	383.7	263.9	239.6	244.9
城镇登记失业人数	Unemployed in Urban Areas		14.0	12.7	17.8	20.8
宏观经济	**Macroeconomic Indicator**					
国民经济核算(亿元)	**National Accounting (100 million yuan)**					
生产总值	Gross Domestic Product	58.04	857.06	1539.12	3905.03	11672.00
第一产业	Primary Industry	18.96	260.18	350.80	589.56	1095.28
第二产业	Secondary Industry	26.37	308.78	582.57	1773.21	6367.69
第三产业	Tertiary Industry	12.71	288.10	605.74	1542.26	4209.02
固定资产投资(亿元)	**Investment in Fixed Assets (100 million yuan)**					
全社会固定资产投资总额	Investment in Fixed Assets		273.06	430.42	1808.31	6035.68
# 国有单位	State-owned Units		210.00	275.06	1106.52	2819.55
集体单位	Collective-owned Units		11.14	27.15	27.68	73.16
个体经济	Individuals		44.09	51.64	56.69	70.94
财政(亿元)	**Public Finance(100 million yuan)**					
地方财政总收入	Government Revenue	6.90	43.70	110.68	335.09	1738.14
地方财政总支出	Government Expenditures	18.69	102.18	261.06	734.61	2273.50
物价总指数(上年=100)	**Price Indices(preceding year=100)**					
商品零售价格总指数	General Retail Price Index	101.0	116.8	98.8	101.5	103.0
居民消费价格总指数	General Consumer Price Index		117.5	101.3	102.4	103.2
农产品生产者价格总指数	Price Indices of Farm Products by Category of Commodities	101.6	124.7	99.7	103.2	111.4
能源生产与消费(万吨标准煤)	**Production and Consumption of Energy(10 000 tons of SCE)**					
能源生产总量	Total Energy production	1070.63	4642.02	4701.23	19082.33	49740.18
能源消费总量	Total Energy Consumption		3268.44	3937.54	10788.37	18882.66

Principal Aggregate Indicators on National Economic and Social Development and Their Related Indices and Growth Rates

Aggregate Data	速度指标(%) Indices and Growth Rates(%)								
2014	指数(2014年比以下各年) Index(2014 as Percentage of the following years)					平均增长速度 Average Annual Growth Rate			
	1978	1995	2000	2005	2010	1979-2014	1996-2000	2001-2005	2006-2010
2504.8	137.4	109.6	105.6	104.2	101.3	0.9	0.8	0.3	0.6
1490.6	375.0	170.7	148.9	131.4	108.6	3.7	2.8	2.5	3.9
1014.2	71.1	71.9	74.0	79.9	92.3	-0.9	-0.6	-1.5	-2.8
1296.9	135.4	109.2	105.7	104.8	101.0	0.8	0.7	0.2	0.7
1207.9	139.5	110.1	105.5	103.7	101.6	0.9	0.9	0.3	0.4
1485.4	227.5	144.3	139.9	142.7	125.4	2.3	0.6	-0.4	2.6
292.6	128.6	76.3	110.9	122.1	119.5	0.7	-7.2	-1.9	0.4
24.8		176.9	195.0	139.2	119.1		-1.9	6.9	3.2
17770.19	6265.3	1254.0	742.2	336.8	149.8	12.2	11.1	17.1	17.6
1627.85	882.2	283.9	208.3	151.6	121.2	6.2	6.4	6.6	4.6
9119.79	8997.2	2063.4	1206.3	446.3	160.1	13.3	11.3	22.0	22.8
7022.55	12196.9	1186.7	625.1	284.8	141.5	14.3	13.7	17.0	15.0
12074.24		4421.8	2805.2	667.7	200.0		9.5	44.2	27.3
5186.18		2469.6	1885.5	468.7	183.9		5.5	43.0	20.6
74.55		669.2	274.6	269.3	101.9		19.5	8.7	21.5
188.00		426.4	364.1	331.6	265.0		3.2	10.3	4.6
							20.4	24.8	39.0
3879.98	20759.7	3797.2	1486.2	528.2	170.7	16.0	20.6	23.0	25.4
100.7	465.6	132.4	129.2	125.2	111.1	4.4	0.5	0.6	2.4
101.6		164.9	146.1	131.8	114.2		2.5	2.1	2.9
102.7		197.6	237.6	183.9	125.2		-3.6	5.3	8.0
60205.75	5623.4	1297.0	1280.6	315.5	121.0	11.8	0.3	32.3	21.1
18309.06		560.2	465.0	169.7	97.0		3.8	22.3	11.8

2-3 续表 1

指 标	Item	总量指标				
		1978	1995	2000	2005	2010
产 业	**Industry**					
农林牧渔业	**Farming, Forestry, Animal Husbandry & Fishery**					
耕地面积(万公顷)	Cultivated Areas(10 000 hectares)	532.60	549.10	731.70	735.50	714.90
从业人员(万人)	Persons Engaged in (10 000 persons)	393.80	503.00	524.30	529.18	540.53
总产值(亿元)	Gross Output(100 million yuan)	28.35	373.59	543.16	980.21	1843.57
主要农畜产品产量	Output of Major Farm & Livestock					
粮食(万吨)	Grain(10 000 tons)	499.00	1055.40	1241.90	1662.20	2158.20
油料(万吨)	Oil Bearing Crops(10 000 tons)	12.50	70.20	116.40	122.20	128.10
甜菜(万吨)	Beet Roots(10 000 tons)	43.10	263.50	141.30	138.30	161.00
造林面积(万公顷)	Forested Areas(10 000 hectares)	29.79	40.25	58.90	38.38	65.52
肉类(万吨)	Meat(10 000 tons)		81.89	143.40	229.91	238.71
牛奶(万吨)	Cow milk(10 000 tons)		48.57	79.80	691.08	905.15
羊毛(万吨)	Wool(10 000 tons)		5.99	6.85	10.25	12.00
羊绒(吨)	Cashmere(ton)		3114	3815	6646	8104
水产品(万吨)	Aquatic Products(10 000 tons)	1.50	4.76	7.21	8.26	11.38
六月末牲畜总数(万头只)	Livestock(10 000 heads)	4162.30	6065.70	7300.47	10615.30	10798.50
大牲畜(万头)	Large Animals(10 000 heads)	697.50	783.80	803.31	934.20	1140.10
羊(万只)	Sheep and Goats(10 000 heads)	2860.50	4302.50	5406.23	8713.00	8408.00
生猪(万口)	Hogs(10 000 heads)	604.30	979.40	1090.92	968.10	1250.50
工业生产	**Industrial Production**					
工业总产值(亿元)	Gross Output(100 million yuan)	52.96	626.52	1202.85	3861.58	16020.00
轻工业(亿元)	Light Industry(100 million yuan)	22.05	215.92	464.26	1171.70	4645.80
重工业(亿元)	Heavy Industry(100 million yuan)	30.91	410.61	738.59	2689.88	11374.00
工业增加值(亿元)	Value Added(100 million yuan)	21.84	254.88	484.19	1477.88	5618.40
主要工业产品产量	Output of Industrial Products					
原煤(万吨)	Raw Coal(10 000 tons)	2194	7055	7247	25608	78913
原油(万吨)	Crude Oil(10 000 tons)			90.50	146.92	182.91
原盐(万吨)	Raw Salt(10 000 tons)	65.18	76.13	126.68	215.84	278.42
发电量(亿千瓦小时)	Electricity(100 million kwh)	37.38	278.54	439.21	1056.59	2483.90
糖(包括土糖)(万吨)	Sugar(10 000 tons)	4.23	17.07	12.04	14.75	12.04
乳制品(万吨)	Dairy Products(10 000 tons)	0.31	3.03	6.65	307.53	345.36
呢绒(万米)	Woolen Fabric(10 000 m)	336.80	1477.00	421.20	611.76	1257.94
服装(万件)	Garments(10 000 units)		4868.00	1794.70	1980.72	3676.37
机制纸及纸板(万吨)	Machine Made Paper(10 000 tons)	4.25	19.15	12.19	25.74	28.84
水泥(万吨)	Cement(10 000 tons)	91.91	349.27	630.00	1632.25	5454.30
钢(万吨)	Steel(10 000 tons)	99.00	355.36	423.59	805.49	1232.84
生铁(万吨)	Pig Iron(10 000 tons)	107.00	345.78	440.83	922.69	1358.97
成品钢材(万吨)	Steel Products(10 000 tons)	36.23	257.77	378.91	747.77	1341.41
电视机(万台)	Television Sets(10 000 sets)	0.10	32.68	51.80	239.09	204.37
建筑业	**Construction**					
建筑业从业人数(万人)	Employed Persons(10 000 persons)		30.98	35.30	26.35	44.34
建筑企业总产值(亿元)	Gross output Value(100 million yuan)		85.52	138.80	381.30	1125.58
施工房屋面积(万平方米)	Building Floor Space(10 000 sq.m)		1010.92	1816.94	2958.88	7577.89
竣工房屋面积(万平方米)	Completed Floor Space(10 000 sq.m)		511.86	1130.00	1623.38	3805.24
交通运输	**Transportation**					
货运量(万吨)	Freight Traffic(10 000 tons)	8213	32732	44629	73082	132205
铁路	Railways	3861	8347	9648	22060	47040
公路	Highways	4352	24384	34979	51020	85162
空运	Civil Aviation		1.13	2.00	2.00	3.11
客运量(万人)	Passenger Traffic(10 000 persons)	3422	18273	23549	32114	24343
铁路	Railways	1753	2909	3378	3259	4136
公路	Highways	1669	15248	20061	28604	19830
空运	Civil Aviation		116	110	251	377

注:2013 年起,铁路客(货)运量包含地方铁路数据,下同。

a)Since 2013,Railway Passenger(Frieight) traffic include Local railway data,Same as follow.

continued

Aggregate Data	速度指标(%) Indices and Growth Rates(%)								
	指数(2014年比以下各年) Index(2014 as Percentage of the following years)					平均增长速度 Average Annual Growth Rate			
2014	1978	1995	2000	2005	2010	1979-2014	1996-2000	2001-2005	2006-2010
915.50	171.9	166.7	125.1	124.5	128.1	1.5	5.9	0.1	-0.6
550.40	139.8	109.4	105.0	104.0	101.8	0.9	0.8	0.2	0.4
2779.81	886.4	314.0	220.8	152.0	120.6	6.2	7.3	7.7	4.7
2753.00	551.7	260.8	221.7	165.6	127.6	4.9	3.3	6.0	5.4
170.31	1362.5	242.6	146.3	139.4	133.0	7.5	10.6	1.0	0.9
160.18	371.6	60.8	113.4	115.8	99.5	3.7	-11.7	-0.4	3.1
55.63	186.7	138.2	94.4	144.9	84.9	1.7	7.9	-8.2	11.3
252.33		308.1	176.0	109.8	105.7		11.8	9.9	0.8
788.02		1622.4	987.5	114.0	87.1		10.4	54.0	5.5
13.20		220.4	192.7	128.8	110.0		2.7	8.4	3.2
8284		266.0	217.1	124.6	102.2		4.1	11.7	4.0
14.79	986.0	310.7	205.1	179.1	130.0	6.6	8.7	2.8	6.6
12915.84	310.3	212.9	176.9	121.7	119.6	3.2	3.8	7.8	0.3
1308.48	187.6	166.9	162.9	140.1	114.8	1.8	0.5	3.1	4.1
10091.03	352.8	234.5	186.7	115.8	120.0	3.6	4.7	10.0	-0.7
1516.33	250.9	154.8	139.0	156.6	121.3	2.6	2.3	-2.4	5.3
23820.79	12139.5	2358.3	1344.9	501.1	168.3	14.3	11.9	21.8	24.4
6908.03	11347.4	2164.2	1057.7	399.7	158.4	14.0	15.4	21.5	20.3
16912.76	11230.5	2212.3	1436.8	536.2	170.6	14.0	9.0	21.8	25.7
7904.40	9480.8	2281.8	1261.3	477.1	162.0	13.5	12.6	21.5	24.1
99391	4530.1	1408.8	1371.5	388.1	126.0	11.2	0.5	28.7	25.2
193.21			213.5	131.5	105.6			10.2	4.5
193.67	297.1	254.4	152.9	89.7	69.6	3.1	10.7	11.2	5.2
3857.81	10320.5	1385.0	878.4	365.1	155.3	13.7	9.5	19.2	18.6
51.11	1208.3	299.4	424.5	346.5	424.5	7.2	-6.7	4.1	-4.0
269.83	87041.9	8905.3	4057.6	87.7	78.1	20.7	17.0	115.3	2.3
2055.20	610.2	139.1	487.9	335.9	163.4	5.2	-22.2	7.8	15.5
4311.60		88.6	240.2	217.7	117.3		-18.1	2.0	13.2
29.06	683.8	151.7	238.4	112.9	100.8	5.5	-8.6	16.1	2.3
6310.12	6865.5	1806.7	1001.6	386.6	115.7	12.5	12.5	21.0	27.3
1661.48	1678.3	467.5	392.2	206.3	134.8	8.1	3.6	13.7	8.9
1330.72	1243.7	384.8	301.9	144.2	97.9	7.3	5.0	15.9	8.1
1763.16	4866.6	684.0	465.3	235.8	131.4	11.4	8.0	14.6	12.4
349.78	349780.0	1070.3	675.3	146.3	171.2	25.4	9.7	35.8	-3.1
33.70		108.8	95.5	127.9	76.0		2.6	-5.7	11.0
1401.91		1639.3	1010.0	367.7	124.6		10.2	22.4	24.2
8053.42		796.6	443.2	272.2	106.3		12.4	10.2	20.7
3648.93		712.9	322.9	224.8	95.9		17.2	7.5	18.6
204303							6.4	10.6	12.6
77593							2.9	18.0	16.4
126704	2911.4	519.6	362.2	248.3	148.8	9.8	7.5	7.8	10.8
5.88		520.4	294.0	294.0	189.1		12.1		9.2
19034							5.2	6.4	-5.4
4797							3.0	-0.7	4.9
13495	808.6	88.5	67.3	47.2	68.1	6.0	5.6	7.4	-7.1
742		639.7	674.5	295.6	196.8		-1.1	17.9	8.5

2-3 续表 2

指 标	Item	总量指标				
		1978	1995	2000	2005	2010
邮电通信业	**Postal & Telecoms Services**					
邮电业务总量(亿元)	Total Revenue(100 million yuan)	0.42	9.66	56.25	199.72	200.69
函 件(万件)	Letters Delivered(10 000 pieces)	6658	16728	9677	3143	3389
报刊期发数(万份)	Newspapers and Magazines Distributed(10 000 copies)	253	486	395	194	242
局用交换机容量(万门)	Capacity of office Telephone Exchange(10 000 lines)	5.08	105.92	254.30	430.45	711.47
电话机(万部)	Telephone sets(10 000 units)	9.96	85.49	322.20	1254.30	2448.09
国内贸易	**Domestic Trade**					
社会消费品零售总额(亿元)	Total Retail Sales of Consumer Goods(100 million yuan)	36.83	313.31	608.55	1358.10	3384.00
对外经济贸易	**Foreign Trade**					
进出口总额(亿美元)	Exp. & Imp.(USD100 million)	0.16	11.23	20.36	51.62	87.19
进口额	Imports	0.05	5.15	10.14	30.97	53.84
出口额	Exports	0.11	6.08	10.22	20.65	33.35
实际利用外资额(万美元)	Amount of Foreign Capital Actually Utilized(USD 10 000)		10838	54819	140007	355876
国际旅游	**International Tourism**					
来华旅游人数(万人)	Tourists(10 000 persons)		30.09	39.19	100.16	142.80
旅游外汇收入 (万美元)	Earnings (USD 10 000)		9052	12645	35207	60190
金融保险	**Finance and Insurance**					
金融机构各项存款(亿元)	Deposits of Banking (100 million yuan)	16.47	566.34	1270.13	3298.15	10278.69
金融机构各项贷款(亿元)	Loans of Banking (100 million yuan)	40.33	819.87	1340.74	2588.57	7919.47
中资保险公司保险金额(亿元)	Amount Insured (100 million yuan)		1426	1624	10504	37989
中资保险公司保费收入(亿元)	Insurance Premium (100 million yuan)		9.11	24.63	60.87	198.84
中资保险公司赔款及给付(亿元)	Chaim and Paymen (100 million yuan)		4.87	7.92	10.76	59.45
教育、科技、文化	**Education, Sci., Tech & Culture**					
教育	**Education**					
专任教师数(人)	Full-teachers(person)					
普通高等学校	Higher Education	2949	7070	8856	16189	23332
中等学校	Secondary Schools	81208	98437	101036	107704	110137
小学	Primary Schools	121364	153461	129242	118988	113546
在校学生数(人)	Students Enrollment(person)					
普通高等学校	Higher Education	12567	37248	71967	229354	371388
中等学校	Secondary Schools	1624573	1304852	1621258	1798804	1648686
小学	Primary Schools	2917772	2343129	2015076	1596381	1430751
教育经费支出 (亿元)	Expenditures(100 million yuan)		31.70	55.28	116.22	357.09
科技	**Science and Technology**					
研究与发展经费支出(万元)	Expenditures on R&D (10 000 yuan)		2023	24606	113208	637205
技术市场成交额(万元)	Transaction in Technical Markets(10 000 yuan)		25000	60287	310620	868893
文化	**Culture**					
出版数量	Publications					
图书(万册·张)	Books(10 000 copies)	3200.00	6560.00	7423.34	8888.15	6069.00
杂志(万册)	Magazines(10 000 copies)		1036.00	1585.46	1384.00	1437.00
报纸(万份)	Newspapers(10 000 copies)		16286.00	17967.23	61819.00	27050.00
电视节目制作时间(小时)	Time for TV Programs(hours)		9843.00	12916.00	71091.00	64697.00

continued

Aggregate Data	速度指标(%) Indices and Growth Rates(%)								
2014	指数(2014比以下各年) Index(2014 as Percentage of the following years)					平均增长速度 Average Annual Growth Rate			
	1978	1995	2000	2005	2010	1979-2014	1996-2000	2001-2005	2006-2010
337.84	80438.1	3497.3	600.6	169.2	168.3	20.4	42.2	28.8	0.1
1639	24.6	9.8	16.9	52.1	48.4	-3.8	-10.4	-20.1	1.5
262	103.6	53.9	66.3	135.1	108.3	0.1	-4.1	-13.3	4.5
667.37	13137.2	630.1	262.4	155.0	93.8	14.5	19.1	11.1	10.6
2993.70	30057.2	3501.8	929.1	238.7	122.3	17.2	30.4	31.2	14.3
5657.60	15361.4	1805.8	929.7	416.6	167.2	15.0	14.2	17.2	20.0
145.54	90962.5	1296.0	714.8	281.9	166.9	20.8	12.6	20.5	11.1
81.59	163180.0	1584.3	804.6	263.4	151.5	22.8	14.5	25.0	11.7
63.95	58136.4	1051.8	625.7	309.7	191.8	19.3	10.9	15.1	10.1
417182		3849.3	761.0	298.0	117.2		38.3	20.6	20.5
167.12		555.4	426.4	166.9	117.0		5.4	20.6	7.4
100295		1108.0	793.2	284.9	166.6		6.9	22.7	11.3
16217.57	98467.3	2863.6	1276.8	491.7	157.8	21.1	17.5	21.0	25.5
14947.07	37061.9	1823.1	1114.8	577.4	188.7	17.9	10.3	14.1	25.1
79606		5582.5	4901.8	757.9	209.6		2.6	45.3	29.3
313.97		3446.4	1274.7	515.8	157.9		22.0	19.8	26.7
110.45		2268.0	1394.6	1026.5	185.8		10.2	6.3	40.8
25000	847.7	353.6	282.3	154.4	107.1	6.1	4.6	12.8	7.6
109005	134.2	110.7	107.9	101.2	99.0	0.8	0.5	1.3	0.4
107262	88.4	69.9	83.0	90.1	94.5	-0.3	-3.4	-1.6	-0.9
406414	3234.0	1091.1	564.7	177.2	109.4	10.1	14.1	26.1	10.1
1385564	85.3	106.2	85.5	77.0	84.0	-0.4	4.4	2.1	-1.7
1296454	44.4	55.3	64.3	81.2	90.6	-2.2	-3.0	-4.6	-2.2
627.62		1979.9	1135.3	540.0	175.8		11.8	16.0	25.2
1221346		60373.0	4963.7	1078.9	191.7		64.8	35.7	41.3
1576755		6307.0	2615.4	507.6	181.5		19.2	38.8	22.8
6540.27	204.4	99.7	88.1	73.6	107.8	2.0	2.5	3.7	-7.3
2216.14		213.9	139.8	160.1	154.2		8.9	-2.7	0.8
33599.04		206.3	187.0	54.4	124.2		2.0	28.0	-15.2
71592.00		727.3	554.3	100.7	110.7		5.6	40.6	-1.9

2-3 续表 3

指 标	Item	总量指标				
		1978	1995	2000	2005	2010
家庭、生活、环境	**Family, Livelihood & Environment**					
家庭	**Family**					
城镇居民平均每户家庭人口(人)	Average Household Size in Urban Areas(person)		3.34	3.08	3.00	2.82
农村居民平均每户家庭人口(人)	Average Household Size in Rural Areas(person)	5.78	4.50	4.10	3.78	3.47
婚姻	**Marriages and Divorces**					
结婚数(万对)	Number of Marriages(10 000 couples)		17.35	15.20	15.45	20.26
离婚数(万对)	Number of Divorces(10 000 couples)		2.75	3.25	3.92	5.72
居住	**Housing**					
城市居民人均居住面积(平方米)	Per Capita Net Floor Space of Urban Residents(sq.m)	3.50	12.06	15.54	26.09	29.84
农村居民人均居住面积(平方米)	Per Capita Net Floor Space of Rural Residents(sq.m)		15.29	17.00	19.70	22.10
生活	**People's Livelihood**					
城镇居民人均可支配收入(元)	Per Capita Annual Income of Urban Households(yuan)	301	2846	5129	9137	17698
农村牧区居民人均纯收入(元)	Per Capita Net Income of Rural Residents(yuan)	131	1300	2038	2989	5530
农民人均纯收入(元)	Farmers(yuan)	126	1208	1869	2813	5222
牧民人均纯收入(元)	Herdsmen(yuan)	188	1871	3355	4341	7851
个人储蓄存款余额(亿元)	The balance of savings deposits of individuals	2.53	410.82	875.74	1973.60	4618.11
工资和福利	**Wages and Welfare**					
工资总额(亿元)	Total Wages(100 million yuan)	14.98	156.12	185.96	387.73	879.80
职工平均工资(元)	Average Wage of Staff & Workers(yuan)	712	4134	6974	15985	35507
卫生	**Health Care**					
医院、卫生院(个)	Number of Hospitals(unit)	1723	2003	1988	1834	1807
医生(人)	Number of Doctors(person)	26724	49345	52299	50308	54161
医院、卫生院床位数(张)	Number of Hospital Beds(unit)	24079	61933	63156	64002	87882
市政建设	**City Construction**					
自来水供应量(亿吨)	Tap Water Supply(100 million tons)	0.88	6.32	6.18	6.11	6.28
下水道长度(公里)	Length of Sewer Pipelines(km)		2156	2693	4505	8514
城市煤气和天然气供气量(万立方米)	Volume of Coal & Natural Gas Supply in Urban Areas(10 000 cu.m)		5694	7485	16330	72560
公共汽车总数(辆)	Total Number of Public Buses(unit)	425	2078	2128	3594	5771
铺装道路长度(公里)	Length of Paved Roads(km)	677	2229	2771	3867	6447
绿地面积(公顷)	Areas of Green Land(hectare)	2143	13394	16541	24632	38143
环境、灾害	**Environment and Disaster**					
污染治理项目本年完成投资额(亿元)	Investment of Pollution Treatment in the Year(100 million yuan)			5.59	2.57	11.18
火灾发生数(起)	Number of Fire Disasters(times)			2096	5422	8741
火灾损失(万元)	Fire Loss(10 000 yuan)			1365	1687	5195
交通事故发生数(起)	Number of Traffic Accidents(times)			9521	8452	4780
交通事故损失(万元)	Loss of Traffic Accidents(10 000 yuan)			2539	2785	2346

注:1.个人储蓄存款余额为 2011 年修改指标,2010 以前为城乡居民储蓄存款余额。
2.污染治理项目本年完成投资额,2011 年前取自环保厅,2012 年起数据取自环保厅和城建厅。

continued

Aggregate Data	速度指标(%) Indices and Growth Rates(%)								
2014	指数(2014年比以下各年) Index(2014 as Percentage of the following years)					平均增长速度 Average Annual Growth Rate			
	1978	1995	2000	2005	2010	1979-2014	1996-2000	2001-2005	2006-2010
2.77		82.9	89.9	92.3	98.2		-1.6	-0.5	-1.2
2.96	51.2	65.8	72.2	78.3	85.3	-1.8	-1.8	-1.6	-1.7
21.68		124.9	142.6	140.3	107.0		-2.6	0.3	5.6
8.84		321.5	272.1	225.6	154.6		3.4	3.8	7.9
30.65	875.7	254.1	197.2	117.5	102.7	6.2	5.2	10.9	2.7
25.78		168.6	151.6	130.9	116.7		2.1	3.0	2.3
							9.6	10.4	11.1
							8.3	5.2	9.7
							7.2	5.7	9.8
							9.2	2.9	9.2
8013.74							16.3	17.6	18.5
1636.30	10923.2	1048.1	879.9	422.0	186.0	13.9	3.6	15.8	17.8
54460	7648.9	1317.4	780.9	340.7	153.4	12.8	11.0	18.0	17.3
1974	114.6	98.6	99.3	107.6	109.2	0.4	-0.2	-1.6	-0.3
62182	232.7	126.0	118.9	123.6	114.8	2.4	1.2	-0.8	1.5
118010	490.1	190.5	186.9	184.4	134.3	4.5	0.4	0.3	6.5
7.39	839.8	116.9	119.6	120.9	117.7	6.1	-0.4	-0.2	0.6
12123		562.3	450.2	269.1	142.4		4.5	10.8	13.6
114422		2009.5	1528.7	700.7	157.7		5.6	16.9	34.8
6782	1595.8	326.4	318.7	188.7	117.5	8.0	0.5	11.1	9.9
8612	1272.1	386.4	310.8	222.7	133.6	7.3	4.4	6.9	10.8
57372	2677.2	428.3	346.8	232.9	150.4	9.6	4.3	8.3	9.1
797.25								-14.4	34.2
11408			544.3	210.4	130.5			20.9	10.0
12115			887.6	718.1	233.2			4.3	25.2
3404			35.8	40.3	71.2			-2.4	-10.8
1492			58.8	53.6	63.6			1.9	-3.4

a)Before 2010, the balance of savings deposits of individuals is called resident saving deposit in urban & rural.
b)Investment of Pollution Treatment are from Environmental Protection Bureau before 2011, From 2012, data ere from Environmental Protection Bureau and Ministry of Housing and Urban–Rural Development.

2-4 国民经济和社会发展结构

Structural Indicators on National Economic and Social Development

单位：%　　(%)

指标	Item	1990	1995	2000	2005	2010	2014
人口城乡结构	**Urban and Rural Structure of Population**						
城镇	Urban	36.1	38.2	42.2	47.2	55.5	59.5
乡村	Rural	63.9	61.8	57.8	52.8	44.5	40.5
人口性别结构	**Sexual Structure of Population**						
男	Male	52.1	52.0	51.7	51.5	51.9	51.8
女	Female	47.9	48.0	48.3	48.5	48.1	48.2
就业产业结构	**Industrial Structure of Employment**						
第一产业	Primary Industry	55.8	52.1	52.2	53.8	48.2	39.2
第二产业	Secondary Industry	21.8	21.9	17.1	15.6	17.4	18.3
第三产业	Tertiary Industry	22.4	26.0	30.7	30.5	34.4	42.5
生产总值三次产业结构	**Industrial Structure of GDP**						
第一产业	Primary Industry	35.3	30.4	22.8	15.1	9.4	9.2
第二产业	Secondary Industry	32.1	36.0	37.9	45.4	54.5	51.3
第三产业	Tertiary Industry	32.6	33.6	39.3	39.5	36.1	39.5
国民总支出中总投资和总消费结构	**Investment and Consumption as Percentage of National Expenditures**						
总投资	Investment	39.0	43.5	41.7	72.9	77.3	77.4
总消费	Consumption	67.9	62.9	56.8	46.2	39.3	40.3
工农业总产值中农、轻、重结构	**Structure of Gross Output Value of Agriculture, Light Industry and Heavy Industry**						
农业	Agriculture	37.3	38.2	31.1	20.2	10.3	10.5
轻工业	Light Industry	25.8	21.6	27.0	24.2	26.0	26.0
重工业	Heavy Industry	36.9	45.3	43.0	55.6	63.7	63.6
农、林、牧、渔业产值结构	**Structure of Gross Output Value of Agriculture**						
农业	Farming	65.7	62.0	56.8	48.3	48.8	50.7
林业	Forestry	4.0	3.2	4.3	4.1	4.2	3.5
牧业	Animal Husbandry	29.6	34.0	37.8	45.4	44.6	43.4
渔业	Fishery	0.7	0.8	1.1	0.7	0.9	1.0
工业总产值中轻、重工业结构	**Structure of Gross Output Value of Industry**						
轻工业	Light Industry	41.2	34.5	38.6	30.3	29.0	29.0
重工业	Heavy Industry	58.8	65.5	61.4	69.7	71.0	71.0
固定资产投资额三次产业投资结构	**Type of Industry as Percentage of Total Investment in FixedAssets Capital Construction**						
第一产业	Primary Industry	7.6	8.6	11.1	5.2	5.4	7.7
第二产业	Secondary Industry	57.3	64.8	34.3	58.9	55.2	51.9
第三产业	Tertiary Industry	35.1	26.6	54.6	35.9	39.4	40.4
教育经费占财政支出的比例	**Educational Expenses as Percentage in Financial Expenditures**	**14.1**	**16.2**	**11.6**	**10.7**	**14.2**	**12.3**

2-4 续表 continued

单位：% (%)

指标	Item	1990	1995	2000	2005	2010	2014
建筑业总产值结构	**Structure of Gross Output Value of Construction Enterprises**						
土木工程建筑业	Civil Engineering Construction	96.9	90.0	90.1	94.7	94.6	
线路管道设备安装业	Line and Equipment Installation	3.1	9.5	9.3	4.5	4.5	
建筑物装修装饰业	Building Decoration		0.5	0.6	0.8	0.9	
货运量结构(按运输方式分)	**Structure of Freight Traffic by Means of Transportation**						
铁路	Railways	26.0	27.5	21.6	30.2	35.6	38.0
公路	Highways	74.0	72.5	78.4	69.8	64.4	62.0
航空	Civil Aviation						
管道	Pipelines						
社会消费品零售总额构成	**Composition of Retail Sales of Consumer Goods**						
市	Cities	55.0	58.0	60.0	66.9		
县	Counties	25.9	24.0	24.0	20.7		
县以下	Below Counties	19.1	18.0	16.0	12.4		
学校在校学生结构	**Structure of Student Enrollment**						
大学生	College and University Students	0.9	1.0	4.8	6.3	10.7	13.2
中学生	Secondary School Students	34.2	35.4	40.9	49.6	47.8	44.9
小学生	Primary School Students	64.9	63.6	54.3	44.1	41.5	42.0
科技经费内部支出结构	**Structure of Internal Expenditures on Scientific and Technological Activities**						
# 劳务费	Service Fees			44.6	19.7		
研究与发展经费支出	Expenditures of Research and Development			35.6	34.0		
城镇居民消费结构	**Consumption Structure of Urban Residents**						
食 品 类	Food	48.3	48.4	34.5	31.4	30.1	28.7
衣 着 类	Clothing	16.5	16.3	14.3	15.1	15.7	11.5
用品及其他	Articles for Daily Use and Others	35.2	29.0	42.6	43.1	44.3	42.5
居 住	Residence		6.3	8.6	10.4	9.9	17.3
农牧民消费结构	**Consumption Structure of Rural Residence**						
食 品 类	Food		59.7	44.8	43.1	37.5	30.5
衣 着 类	Clothing		7.3	6.9	6.1	7.1	7.3
用品及其他	Articles for Daily Use and Others		19.7	32.9	37.1	38.5	45.4
居 住	Residence		13.3	15.4	13.7	16.9	16.8
卫生技术人员结构	**Medical Technical Personnel**						
医生	Doctors	42.8	48.3	51.9	41.5	44.0	40.3
护师、护士	Nurses	22.9	24.1	25.6	22.3	30.6	36.7

注：2013年起，城镇居民(农牧民)消费结构数据为城乡住户一体化调查数据。

a) From 2013, Date on Consumption Structure of Urban (Rural) Residents is the household survey data integration of urban and rural.

2–5 国民经济和社会发展比例和效益

Indicators on Proportions and Efficiency in National Economic and Social Development

指标	Item	1990	1995	2000	2005	2010	2014
人口与就业	**Population and Employment**						
人口	Population						
出生率(‰)	Birth Rate(‰)	21.2	17.2	12.1	10.1	9.3	9.3
死亡率(‰)	Death Rate(‰)	7.2	6.7	5.9	5.5	5.5	5.7
自然增长率(‰)	Natural Growth Rate(‰)	14.0	10.5	6.1	4.6	3.8	3.6
就业	Employment						
城镇就业者负担人数(人)	Dependency Rural Laborer(person)	1.89	1.86	1.92	1.91	1.94	1.76
三次产业从业者比例(以第一产业为100)	Employment Ratio by type of Industry (Employment in Primary industry=100)						
第一产业	Primary Industry	100	100	100	100	100	100
第二产业	Secondary Industry	39.1	41.9	33.0	29.0	36.1	46.6
第三产业	Tertiary Industry	40.3	50.0	58.8	56.7	71.4	108.6
城镇登记失业率(%)	Unemployment Rate in Urban Areas(%)	3.49	3.17	3.34	4.26	3.90	3.59
宏观经济	**Macro Economy**						
国民经济核算	National Accounting						
三次产业增加值比例(以第一产业为100)	Ratio of Value-added by Type of Industry (Value added in Primary industry=100)						
第一产业	Primary Industry	100	100	100	100	100	100
第二产业	Secondary Industry	91.0	118.7	166.1	300.8	581.4	560.2
第三产业	Tertiary Industry	92.7	110.7	172.7	260.0	384.3	431.4
人均生产总值(元)	Per Capita GDP(yuan)	1478	3772	6502	16285	47347	71046
固定资产投资	Investment in Fixed Assets						
全社会固定资产投资占生产总值比例(%)	Proportion of Investment in Fixed Assets to GDP(%)	22.2	31.9	28.0	68.8	76.9	67.9
全社会房屋建筑面积竣工率(%)	Rate of Total Floor Space of Buildings Completed in Construction(%)	77.8	80.7	75.5	53.5	50.2	45.3
财政	Finance						
地方财政总收入占生产总值比例(%)	Proportion of Local Government Revenue to GDP(%)	10.3	5.1	7.2	8.6	14.9	
地方财政总支出占生产总值比例(%)	Proportion of Local Government Expenditures to GDP(%)	19.1	11.9	17.0	18.8	19.5	21.8
能源生产与消费	Production and Consumption of Energy						
能源生产弹性系数	Elasticity Ratio of Energy Production	0.66	1.61	0.27	0.94	1.59	0.36
能源消费弹性系数	Elasticity Ratio of Energy Consumption	1.09	1.61	0.77	1.13	0.64	0.46
每万元生产总值消耗的能源(吨标准煤)	Energy Consumption Per 10 000 yuan GDP(ton of SCE)	7.59	6.27	2.31	2.48	1.92	

2–5 续表 1 continued

指 标	Item	1990	1995	2000	2005	2010	2014
产 业	**Industrial**						
农牧业	Agriculture						
人均耕地面积(公顷)	Per Capita Cultivated Land(hectare)	0.23	0.24	0.31	0.31	0.30	0.37
农业从业者人均耕地面积(公顷)	Cultivated Land per Agricultural Laborer(hectare)	1.06	1.10	1.39	1.65	1.59	2.03
每公顷耕地农业机械总动力(千瓦)	Total Power of Agricultural Machinery per Hectare of Cultivated Land(kw)	1.53	1.64	1.85	2.61	4.24	3.97
每公顷耕地用电量(千瓦小时)	Electric Power Consumption per Hectare of Cultivated Land(10 000 kwh)	229	305	291	398	297	227
每公顷耕地化肥用量(千克)	Chemical Fertilizer Consumption per Hectare of Cultivated Land(kg)	70	98	102	159	248	243
每公顷耕地生产的农业产值(元)	Agricultural Output Value per Hectare of Cultivated Land(yuan)	2077	4210	4214	6443	12595	15384
农业从业者人均农产品产量(千克)	Output of Farm products per Agricultural Laborer(kg)						
粮 食	Grain	2070	2105	2366	3719	4813	6102
油 料	Oil-bearing Crops	148	140	222	273	286	377
甜 菜	Beet Roots	503	525	269	309	359	355
肉 类	Meat	114	163	273	514	532	559
每公顷播种面积农产品产量(千克)	Output of Farm Crops per Hectare of Sown Area(kg)						
粮 食	Grain	2511	2547	2800	3800	3925	4872
油 料	Oil-bearing Crops	1340	1260	1324	1759	1848	1975
甜 菜	Beet Roots	24884	18821	23998	36328	43707	40508
建筑业	Construction						
技术装备率(元/人)	Machinery per Laborer(yuan/person)	2434	3053	5844	11822	11379	15543
产值利税率(%)	Ratio of Per-tax Profits to Gross Output Value(%)	6.2	3.6	4.2	8.3	11.6	8.9
全员劳动生产率(元/人)(按总产值计算)	Overall Labor Productivity(yuan/person)(in terms of gross output value per employee)	1369	28440	39319	81750	151321	274884
交通运输业	Transportation						
铁路网密度(公里/万平方公里)	Railway Density(km/10 000 sq.km)	47	49	61	65	66	88
公路网密度(公里/万平方公里)	Highway Density(km/10 000 sq.km)	366	378	569	1052	1336	1455
铁路货运密度(吨/公里)	Railway Freight Traffic Density(ton/km)	12338	14391	14705	29186	60300	74444
公路货运密度(吨/公里)	Highway Freight Traffic Density(ton/km)	4597	5443	5194	6456	5390	7359
邮电通信业	Postal & Telecommunications Services						
固定电话普及率(部/百人)	Access to Telephones(set/100 persons)	0.8	2.9	8.7	22.7	16.8	14.4
移动电话普及率(部/百人)	Access to Mobile Phones(set/100 persons)		0.1	4.9	29.9	82.5	105.3
国内贸易	Domestic Trade						
人均社会消费品零售额(元)	Per Capita Retail Sales of Consumer Goods(yuan)	610	1298	2045	5635	13833	22619
对外经济贸易	Foreign Trade						
进出口总额占生产总值比例(%)	Proportion of Total Imports & Exports to GDP(%)	7.9	10.9	11.0	10.7	4.9	5.0

2–5 续表 2 continued

指 标	Item	1990	1995	2000	2005	2010	2014
金融保险	Finance and Insurance						
金融机构存款占生产总值比例(%)	Bank Deposits as Percentage of GDP(%)	53.2	66.1	82.5	84.5	88.1	91.3
金融机构贷款占生产总值比例(%)	Bank Loans as Percentage of GDP(%)	85.5	95.7	87.1	66.3	67.9	84.1
教育、科技、文化	**Education, Science, Tech & Culture**						
教育	Education						
学龄儿童入学率(%)	Rate of School-age Children Enrollment(%)	97.9	98.9	99.5	99.4	100.0	100.0
小学升学率(%)	Rate of Graduates of primary Schools Entering Junior Secondary Schools(%)	81.8	90.0	96.1	100.0	100.2	99.4
初中升学率(%)	Rate of Graduates of Junior Secondary Schools Entering Senior Secondary Schools(%)	42.1	48.6	60.2	73.0	91.5	98.4
学校教师负担系数(%)	Student-teacher Ratio(in percentage)(%)						
高等学校	Colleges and Universities	4.8	5.3	8.1	14.2	15.9	16.3
中等学校	Secondary Schools	12.7	13.2	16.1	16.7	15.0	12.7
小学学校	Primary Schools	15.2	15.3	15.6	13.4	12.6	12.1
科技	Science and Technology						
研究与开发经费支出占生产总值比例(%)	R&D Expenditures as Percentage of GDP(%)		0.09	0.16	0.29	0.55	0.68
文化	Culture						
每百万人有艺术表演团体(个)	Number of Troupes per Million Persons(unit)	5.8	5.2	4.9	4.6	4.4	4.1
每百万人有公共图书馆(个)	Number of Public Libraries per million Persons(unit)	4.9	4.7	4.6	4.6	4.6	4.6
每百万人有博物馆(个)	Number of Museums per million Persons (unit)	0.5	0.7	1.1	1.4	2.2	3.0
家庭、生活、环境	**Family, People's Livelihood & Environment**						
家庭	Family						
负担少儿系数(%)	Dependency Ratio of Children(%)	42.1	38.2	29.0	22.4	18.0	17.5
负担老年系数(%)	Dependency Ratio of the Aged(%)	5.9	6.8	7.3	8.8	9.7	11.4
卫生	Health Care						
每万人医院、卫生院数(个)	Number of Hospitals & Public health clinic per 10 000 Persons(unit)	0.9	0.9	0.9	0.8	0.7	0.8
每万人医生数(个)	Number of Doctors per 10 000 Persons(unit)	19	22	22	21	22	25
每万人医院、卫生院床位数(张)	Number of beds of Hospital & Public health clinic per 10 000 Persons(unit)	26.6	27.3	28.2	29.1	40.4	47.2
市政建设	City Construction						
城市自来水普及率(%)	Percentage of Households with Access to Tap Water(%)	73.4	80.7	89.1	83.9	88.0	97.8
城市用气普及率(%)	Percentage of Households with Access to Tap Gas(%)	16.8	40.5	58.6	68.2	79.3	92.3
每万人绿地面积(公顷)	Public Green Areas per 10 000 Persons(hectare)	3.3	5.9	7.0	7.8	12.4	18.8

主要统计指标解释

可比价格 指计算各种总量指标所采用的扣除了价格变动因素的价格，可进行不同时期总量指标的对比。按可比价格计算总量指标有两种方法：一种是直接用产品产量乘某一年的不变价格计算；另一种是用价格指数进行缩减。

不变价格 指以同类产品某年的平均价格作为固定价格，用于计算各年的产品价值。按不变价格计算的产品价值消除了价格变动因素，不同时期对比可以反映生产的发展速度，新中国成立后，随着工农业产品价格水平的变化，国家统计局先后五次制定了全国统一的工业产品不变价格和农业产品不变价格。从1952年到1957年使用1952年工(农)业产品不变价格。从1957年到1970年使用1957年不变价格，从1971年到1980年使用1970年不变价格，从1981年到1990年使用1980年不变价格，从1991年开始使用1990年不变价格。

平均增长速度 我国计算平均增长速度有两种方法：一种是习惯上经常使用的“水平法”，又称几何平均法，是以间隔期最后一年的水平同基期水平对比来计算平均每年增长(或下降)速度；另一种是“累计法”，又称代数平均法或方程法，是以间隔期内各年水平的总和同基期水平对比来计算平均每年增长(或下降)速度。在一般正常情况下，两种方法计算的平均每年增长速度比较接近，但在经济发展不平衡、出现大起大落时，两种方法计算的结果差别较大。

本《年鉴》内所列的平均增长速度，除固定资产投资用“累计法”计算外，其余均用“水平法”计算。从某年到某年平均增长速度的年份，均不包括基期年在内。如建国四十三年的平均增长速度是以1949年为基期计算的，则写为1950-1992年平均增长速度，其余类推。

企业(单位)登记注册类型 是以在工商行政管理机关登记注册的各类企业为划分对象，以工商行政管理部门对企业登记注册的类型为依据，将企业登记注册类型分为内资企业、港澳台商投资企业和外商投资企业三大类。内资企业包括国有企业、集体企业、股份合作企业、联营企业、有限责任公司、股份有限公司、私营公司和其他企业；港澳台商投资企业和外商投资企业分别包括合资经营企业、合作经营企业、独资经营企业和股份有限公司。对不在工商行政管理部门进行登记注册的行政机关、事业单位和社会团体，主要按其经费来源和管理方式进行划分。

国有企业 指企业全部资产归国家所有，并按《中华人民共和国企业法人登记管理条例》规定登记注册的非公司制的经济组织。不包括有限责任公司中的国有独资公司。

集体企业 指企业资产归集体所有，并按《中华人民共和国企业法人登记管理条例》规定登记注册的经济组织。

股份合作企业 指以合作制为基础，由企业职工共同出资入股，吸收一定比例的社会资产投资组建，实行自主经营，自负盈亏，共同劳动，民主管理，按劳分配与按股分红相结合的一种集体经济组织。

联营企业 指两个及两个以上相同或不同所有制性质的企业法人或事业单位法人，按自愿、平等、互利的原则，共同投资组成的经济组织。联营企业包括国有联营企业、集体联营企业、国有与集体联营企业和其他联营企业。

有限责任公司 指根据《中华人民共和国公司登记管理条例》规定登记注册，由两个以上、五十个以下的股东共同出资，每个股东以其所认缴的出资额对公司承担有限责任，公司以其全部资产对其债务承担责任的经济组织。有限责任公司包括国有独资公司以及其他有限责任公司。

股份有限公司 指根据《中华人民共和国公司登记管理条例》规定登记注册，其全部注册资本由等额股份构成并通过发行股票筹集资本，股东以其认购的股份对公司承担有限责任，公司以其全部资产对其债务承担责任的经济组织。

私营企业 指由自然人投资设立或由自然人控股，以雇佣劳动为基础的营利性经济组织。包括按照《公司法》、《合伙企业法》、《私营企业暂行条例》规定登记注册的私营有限责任公司、私营股份有限公司、私营合伙企业和私营独资企业。

其他内资企业 指上述企业之外的其他内资经济组织。

与港澳台商合资经营企业 指港澳台地区投资者与内地企业依照《中华人民共和国中外合资经营企业法》及有关法律的规定，按合同规定的比例投资设立、分享利润和分担风险的企业。

与港澳台商合作经营企业 指港澳台地区投资者与内地企业依照《中华人民共和国中外合作经营企业法》及有关法律的规定，依照合作合同的约定进行投资或提供条件设立、分配利润和分担风险的企业。

港澳台商独资经营企业 指依照《中华人民共和国外资企业法》及有关法律的规定，在内地由港澳台地区投资者全额投资设立的企业。

港澳台商投资股份有限公司 指根据国家有关规定，经外经贸部依法批准设立，其中港、澳、台商的股本占公司注册资本的比例达25%以上的股份有限公司。凡其中港、澳、台商的股本占公司注册资本的比例小于25%的，属于内资企业中的股份有限公司。

中外合资经营企业 指外国企业或外国人与中国内地企业依照《中华人民共和国中外合资经营企业法》及有关法律的规定，按合同规定的比例投资设立、分享利润和分担风险的企业。

中外合作经营企业 指外国企业或外国人与中国内地企业依照《中华人民共和国中外合作经营企业法》及有关法律的规定，依照合作合同的约定进行投资或提供条件设立、分配利润和分担风险的企业。

外资企业 指依照《中华人民共和国外资企业法》及有关法律的规定，在中国内地由外国投资者全额投资设立的企业。

外商投资股份有限公司 指根据国家有关规定，经外经贸部依法批准设立，其中外资的股本占公司注册资本的比例达25%以上的股份有限公司。凡其中外资股本占公司注册资本的比例小于25%的，属于内资企业中的股份有限公司。

行政机关、事业单位和社会团体 参照企业登记注册类型，主要按其经费来源和管理方式划分。具体规定如下：

(1)行政机关：包括国家机关和政党机关，原则上均列为“国有”。但有特殊规定的，如供销社等，则列为“集体”。

(2)事业单位：包括经国家机构编制部门和有关业务主管部门批准成立的各类事业单位，不包括实行企业化管理的事业单位。事业单位的划分办法如下：

①由国家财政预算拨款或列入财政预算外资金管理以及经费主要来源于国有主管部门或国有上级单位的事业单位，列为“国有”。

②经费主要来源于集体单位的事业单位，列为“集体”。

③公民个人（或个人合伙）开办的事业单位，列为“私营”。

④上述以外的其他事业单位，如果其经费来源不明确，按管理方式进行归类。

(3)社会团体：包括经民政部门批准成立以及未纳入社会团体管理条例范围的工会、妇联等各类社会团体。社会团体的划分办法如下：

①未纳入民政部社会团体管理条例范围的工会、妇联、共青团、青联、工商联、科协、侨联等社会团体，国家拨款设立的基金会或基金管理组织以及经费主要来源于国有业务主管部门或国有上级单位的社会团体，列入“国有”。

②经费主要来源于集体单位的社会团体，列为“集体”。

③公民个人(或个人合伙)开办的社会团体，划为“私营”。

④上述以外的其他社会团体，如果其经费来源不明确，改按管理方式进行归类。

Explanatory Notes on Main Statistical Indicators

Comparable Prices refer to prices that are used to remove the factors of price change in calculating economic aggregates, so as to facilitate comparison of aggregates over time. Two methods are used for calculating economic aggregates at comparable prices: 1. Multiplying the output of products by their constant prices of certain year; 2. Deflation of data at current prices by relevant price index.

Constant Price refers to the average price of a given product in certain year, which is used for comparison of output value over time. As the output value at constant prices removes the factor of price changes, it reflects the trend of production development over time. Since 1949, with the changes in general price level, the State Statistical Bureau has issued nationally unified constant prices five times; the 1952 constant prices for 1952–1957; the 1957 constant prices for 1957–1971; the 1970 constant prices for 1971–1980; the 1980 constant prices for 1981–1990; and the 1990 constant prices have been used since 1991.

Average Annual Growth Rate Two methods for calculating average annual growth rate are applied in China, one is often called "level approach" or the method of calculating geometric average, which is derived by comparing the level of the last year of the interval with that of the beginning year; the other is called accumulative approach or algebraic average or equation method, which is derived by the summation of the actual figure of each year in the interval divided by the figure in the base year.

Usually the results calculated by the two methods are fairly close, but they differed sharply when uneven economic development occurred with striking fluctuations in growth.

The average annual growth rates listed in this statistical yearbook are calculated by "level approach" except for the growth rate of investment in fixed assets. The base years are not listed when the years are listed for average annual growth rates. For instance, the average annual growth rate of 43 years since 1949 is listed as average annual growth rate of 1950–1992 without listing the base year 1949. And the analogy of this is also the same for the rest of the years.

Registration Status of Enterprises Enterprises are classified into 3 categories, namely domestic– funded enterprises, enterprises with investment from Hong Kong, Macao and Taiwan, and enterprises with foreign investment, in the light of the registration status of an enterprise in industrial and commercial administration agencies. Domestic funded enterprises include state owned enterprises, collective owned enterprises, cooperative enterprises, joint ownership enterprises, limited liability corporations, share holding corporations Ltd. , private enterprises and other enterprises. Included in the enterprises with investment from Hong Kong, Macao and Taiwan and enterprises with foreign investment are joint venture enterprises, cooperative enterprises, sole investment enterprises and share holding corporations Ltd. For government agencies, institutions and social organizations which are not requested to be registered in industrial and commercial administration agencies, they are classified mainly by their sources of funds and way of management.

State-owned Enterprises refer to non– corporation economic units where the entire assets are owned by the state and which have registered in accordance with the Regulation of the People's Republic of China on the Management of Registration of Corporate Enterprises. Excluded from this category are sole state funded corporations in the limited liability corporations.

Collective-owned Enterprises refer to economic units where the assets are owned collectively and which have registered in accordance with the Regulation of the People's Republic of China on the Management of Registration of Corporate Enterprises.

Cooperative Enterprises refer to a form of collective economic units (enterprises) where capitals come mainly from employees as their shares, with certain proportion of capital from the outside, where production is organized on the basis of independent operation, independent accounting for profits and losses, joint work, democratic management, and a distribution system that integrates remuneration according to work with dividend according to capital share.

Joint Ownership Enterprises refer to economic units established by two or more corporate enterprises or corporate institutions of the same or different ownership, through joint investment on the basis of equality, voluntary participation and mutual benefits. They include state joint ownership enterprises, collective joint ownership enterprises, joint state-collective enterprises, other joint ownership enterprises.

Limited Liability Corporations refer to economic units established with investment from 2–50 investors and registered in accordance with the Regulation of the people's

Republic of China on the Management of Registration of Corporations, each investor bearing limited liability to the corporation depending on its share of investment, and the corporation bearing liability to its debt to the maximum of its total assets. Limited liability corporations include exclusive state-funded limited liability corporations and other limited liability corporations.

Share-holding Corporations Ltd refer to economic units registered in accordance with the Regulation of the People's Republic of China on the Management of Registration of Corporations, with total registered capitals divided into equal shares and raised through issuing stocks. Each investor bears limited liability to the corporation depending on the holding of shares, and the corporation bears liability to its debt to the maximum of its total assets.

Private Enterprises refer to profit-making economic units invested and established by natural persons, or controlled by natural persons using employed labour. Included in this category are private limited liability corporations, private share-holding corporations Ltd. , private partnership enterprises and private funded enterprises registered in accordance with the Corporation Law, Partnership Enterprises Law and Interim Regulations on private Enterprises.

Other Domestic-funded Enterprises refer to domestic-funded economic units other than those mentioned above.

Joint-venture Enterprises with Funds from Hong Kong, Macao and Taiwan refer to enterprises jointly established by investors from Hong Kong, Macao and Taiwan with enterprises in the mainland of China in accordance with the Law of the People's Republic of China on Sino-foreign Joint Venture Enterprises and other relevant laws, where the share of investment, profits and risks is stipulated in the contract.

Cooperative Enterprises with Funds from Hong Kong, Macao and Taiwan established by investors from Hong Kong, Macao and Taiwan with enterprises in the mainland of China in accordance with the Law of the People's Republic of China on Sino-foreign Cooperative Enterprises and other relevant laws, where the investment or provision of facilities, and the share of profits and risks is stipulated in the cooperative contract.

Enterprises with Sole (exclusive) Investment from Hong Kong, Macao and Taiwan refer to enterprises established in the mainland of China with exclusive investment from investors from Hong Kong, Macao and Taiwan in accordance with the Law of the People's Republic of China on Foreign-Funded Enterprises and other relevant laws.

Share-holding Corporations Ltd. with Investment from Hong Kong, Macao and Taiwan refer to share-holding corporations Ltd. established with the approval from the Ministry of Foreign Trade and Economic Relations in line with relevant state regulations, where the share of investment from Hong Kong, Macao or Taiwan businessmen exceeds 25% of the total registered capital of the corporation. In case the share of investment from Hong Kong, Macao or Taiwan is less than 25% of the total registered capital, the enterprise is to be classified as domestic funded share holding corporation Ltd.

Joint-venture Enterprises with Foreign Investment refer to enterprises jointly established by foreign enterprises of foreigners with enterprises in the mainland of China in accordance with the Law of the People's Republic of China on Sino-foreign Joint Venture Enterprises and other relevant laws, where the share of investment, profits and risks is stipulated in the contract.

Cooperation Enterprises with Foreign Investment refer to enterprises jointly established by foreign enterprises or foreigners with enterprises in the mainland of China in accordance with the Law of the People's Republic of China on Sino-foreign Cooperative Enterprises and other relevant laws, where the investment or provision of facilities, and the share of profits and risks is stipulated in the cooperative contract.

Enterprises with Sole (exclusive) Foreign Investment refer to enterprises established in the mainland of China with exclusive investment from foreign investors in accordance with the Law of the People's Republic of China on Foreign-Funded Enterprises and other relevant laws.

Share-holding Corporations Ltd. with Foreign Investment refer to share-holding corporations Ltd. established with the approval from the Ministry of Foreign Trade and Economic Relations in line with relevant state regulations, where the share of investment from foreign investors exceeds 25% of the total registered capital of the corporation. In case the share of foreign investment is less than 25% of the total registered capital, the enterprise is to be classified as domestic funded share holding corporation Ltd.

Government Agencies, Institutions and Social Organizations are classified into following categories by source of funds and way of management taking reference of the registration status of enterprises:

(1) Government agencies include state and party agencies, classified in principles as "state-owned". There are exceptions, such as supply and marketing cooperatives which are classified as "collective".

(2) Institutions: include institutions of various types

established with the approval by organization and staffing departments of the government, but exclude institutions where enterprise management system is introduced. Institutions are further classified as follows:

(a) Institutions whose main budget is listed in the Government budget appropriations or extra–budget funds, or allocated from the budget of their competent government agencies. Such institutions are classified as "state–owned".

(b) Institutions whose budget mainly comes from collective units. Such institutions are classified as "collective".

(c) Institutions Established by Individual(group of Citizen) are classified as " Private ".

(d) Institutions other than those mentioned above whose source of budget is not clear. Such institutions are classified by way of management.

(3) Social organizations: include social organizations established with the approval from the Ministry of Civil Affairs, and organizations that are not covered by social organization management regulations such as trade unions, women's federations etc. Social organizations are further classified as follows:

(a) Social organizations that are not covered by social organization management regulations of the Ministry of Civil Affairs such as trade unions, women's federations, communist youth leagues, youth associations, industrial and commerce associations, scientists associations, overseas Chinese associations, etc. , foundations and fund management organizations established with funds from the state, and social organizations whose funds mainly come from the budget of their competent government agencies. Such institutions are classified as "state–owned".

(b) Social organizations whose budget mainly comes from collective units. Such institutions are classified as "collective".

(c) Social organizations established by individual or a group of citizens, which are classified as "private".

(d) Social organizations other than those mentioned above whose source of budget is not clear. Such organizations are classified by way of management.

2015

NEIMENGGU

三、国民经济核算

National Accounts

资料整理：张文军　高　坤

Arranged By Zhang Wenjun , Gao Kun

3-1 生产总值
Gross Domestic Product

本表按当年价格计算。
Data in value terms in this table are calculated at current prices.

单位：亿元 (100 million yuan)

年份 Year	生产总值 Gross Domestic Product	第一产业 Primary Industry	第二产业 Secondary Industry	工业 Industry	建筑业 Construction	第三产业 Tertiary Industry	#交通运输仓储邮电通讯业 Transportation, Post and Telecommunications	#批发和零售贸易餐饮业 Wholesale, Retail & Catering Trade	人均生产总值(元) Per Capita GDP (yuan)
1952	12.16	8.64	1.37	0.99	0.38	2.15	0.41	0.59	173
1953	15.57	10.44	2.25	1.57	0.68	2.88	0.56	1.02	211
1954	19.46	12.37	3.65	2.57	1.08	3.44	0.77	1.20	249
1955	17.49	10.25	3.53	2.73	0.80	3.71	0.78	1.18	213
1956	24.60	14.11	5.43	3.95	1.48	5.06	1.05	1.57	283
1957	21.27	11.29	5.05	3.80	1.25	4.93	0.65	1.78	232
1958	28.10	12.55	9.65	7.04	2.61	5.90	1.54	2.17	292
1959	35.76	14.75	13.41	9.90	3.51	7.60	2.59	2.65	349
1960	36.56	11.80	17.11	13.17	3.94	7.65	2.17	2.81	325
1961	25.25	11.40	7.25	6.06	1.19	6.60	1.44	2.18	215
1962	25.12	12.75	6.56	5.80	0.76	5.81	1.29	1.61	215
1963	29.02	12.71	9.90	8.24	1.66	6.41	1.49	2.04	243
1964	32.55	14.04	11.43	9.37	2.06	7.08	1.67	2.30	262
1965	35.41	15.21	12.08	9.65	2.43	8.12	2.26	2.57	275
1966	38.32	17.12	13.01	10.33	2.68	8.19	2.00	2.71	289
1967	31.80	13.87	10.43	8.46	1.97	7.50	1.58	2.16	233
1968	32.96	14.87	10.54	8.49	2.05	7.55	1.57	2.11	235
1969	32.90	14.78	10.52	8.40	2.12	7.60	1.56	2.07	227
1970	39.17	17.69	12.94	9.87	3.07	8.54	2.03	2.69	263
1971	41.61	16.82	15.99	12.50	3.49	8.80	2.18	2.56	271
1972	39.36	14.56	15.54	12.12	3.42	9.26	2.13	2.66	247
1973	44.07	16.22	18.14	14.29	3.85	9.71	2.38	2.58	269
1974	43.26	15.97	17.30	13.35	3.95	9.99	2.24	2.74	256
1975	48.55	18.15	20.02	15.52	4.50	10.38	2.49	2.66	280
1976	48.09	18.51	18.77	15.11	3.66	10.81	2.49	2.69	272
1977	51.65	18.91	21.60	16.48	5.12	11.14	2.56	2.73	287
1978	58.04	18.96	26.37	21.84	4.53	12.71	2.76	2.87	317
1979	64.14	21.03	28.37	23.52	4.85	14.74	2.85	3.25	343
1980	68.40	18.03	32.26	27.30	4.96	18.11	4.12	4.01	361

3-1 续表 continued

本表按当年价格计算。

Data in value terms in this table are calculated at current prices.

单位：亿元 (100 million yuan)

年份 Year	生产总值 Gross Domestic Product	第一产业 Primary Industry	第二产业 Secondary Industry	工业 Industry	建筑业 Construction	第三产业 Tertiary Industry	# 交通运输仓储邮电通讯业 Transportation, Post and Telecommunications	# 批发和零售贸易餐饮业 Wholesale, Retail & Catering Trade	人均生产总值(元) Per Capita GDP (yuan)
1981	77.91	27.14	32.04	27.92	4.12	18.73	3.71	4.00	407
1982	93.22	33.32	37.21	32.35	4.86	22.69	5.12	5.20	480
1983	105.88	35.90	41.98	35.90	6.08	28.00	6.58	6.32	535
1984	128.20	42.98	47.74	39.04	8.70	37.48	8.28	10.34	640
1985	163.83	53.54	56.95	45.90	11.05	53.34	10.85	19.65	809
1986	181.58	54.64	61.55	49.74	11.81	65.39	12.59	24.11	888
1987	212.27	62.21	70.42	58.26	12.16	79.64	12.77	32.91	1025
1988	270.81	90.20	85.72	70.28	15.44	94.89	14.30	38.88	1291
1989	292.69	89.08	98.96	83.66	15.30	104.65	18.63	35.58	1377
1990	319.31	112.57	102.43	87.18	15.25	104.31	20.69	24.92	1478
1991	359.66	117.19	124.03	102.74	21.29	118.44	26.84	27.76	1642
1992	421.68	126.86	152.56	120.85	31.71	142.26	32.65	35.04	1906
1993	537.81	149.96	203.46	162.53	40.93	184.39	44.21	47.44	2423
1994	695.06	208.53	254.52	205.98	48.53	232.01	53.93	63.14	3094
1995	857.06	260.18	308.78	254.88	53.90	288.10	69.36	83.03	3772
1996	1023.09	312.82	364.77	304.81	59.96	345.50	89.13	103.70	4457
1997	1153.51	322.52	422.39	355.10	67.29	408.60	114.08	126.82	4980
1998	1262.54	341.62	458.86	382.44	76.42	462.06	126.06	144.96	5406
1999	1379.31	342.91	510.47	425.13	85.34	525.93	145.98	168.59	5861
2000	1539.12	350.80	582.57	484.19	98.38	605.74	175.46	195.39	6502
2001	1713.81	358.89	655.68	541.02	114.66	699.24	204.42	226.46	7210
2002	1940.94	374.69	754.78	614.89	139.89	811.47	244.28	266.54	8146
2003	2388.38	420.10	967.49	773.50	193.99	1000.79	296.80	312.12	10015
2004	3041.07	522.80	1248.27	1015.37	232.90	1270.00	360.39	382.66	12728
2005	3905.03	589.56	1773.21	1477.88	295.33	1542.26	425.57	458.10	16285
2006	4944.25	634.94	2374.96	2025.72	349.24	1934.35	507.69	585.17	20523
2007	6423.18	762.10	3193.67	2781.78	411.89	2467.41	628.50	762.22	26521
2008	8496.20	907.95	4376.19	3879.42	496.77	3212.06	793.00	1007.76	34869
2009	9740.25	929.60	5114.00	4503.33	610.67	3696.65	879.28	1177.61	39735
2010	11672.00	1095.28	6367.69	5618.40	749.29	4209.02	994.76	1345.96	47347
2011	14359.88	1306.30	8037.69	7101.60	936.09	5015.89	1174.19	1552.35	57974
2012	15880.58	1448.58	8801.50	7735.78	1065.71	5630.50	1185.30	1849.41	63886
2013	16916.50	1575.76	9104.08	7944.40	1161.77	6236.66	1465.17	2015.89	67836
2014	17770.19	1627.85	9119.79	7904.40	1217.62	7022.55	1499.92	2326.14	71046

注：1.根据全国第三次经济普查结果对2013年数据进行了修订。

2.从2013年开始，三次产业分类依据国家统计局2012年制定的《三次产业划分规定》执行，工业和建筑业数据之和不等于第二产业。

a)Data in 2013 are revised according to the result of the third national economic census.

b)Since 2013,the three industry classification according to the National Bureau of statistics in 2012 formulated the "three industrial division," the implementation of industrial and construction data is not equal to the sum of the secondary industry.

3-2 生产总值构成

Composition of Gross Domestic Product

本表按当年价格计算。

Data in value terms in this table are calculated at current prices.

单位：% (%)

年份 Year	生产总值 Gross Domestic Product	第一产业 Primary Industry	第二产业 Secondary Industry	工业 Industry	建筑业 Construction	第三产业 Tertiary Industry	#交通运输仓储邮电通讯业 Transportation, Post and Telecommunications	#批发和零售贸易餐饮业 Wholesale, Retail & Catering Trade
1952	100	71.1	11.3	8.1	3.1	17.6	3.4	4.9
1953	100	67.1	14.5	10.1	4.4	18.4	3.6	6.6
1954	100	63.6	18.8	13.2	5.5	17.6	4.0	6.2
1955	100	58.6	20.2	15.6	4.6	21.2	4.5	6.7
1956	100	57.4	22.1	16.1	6.0	20.5	4.3	6.4
1957	100	53.1	23.7	17.9	5.9	23.2	3.1	8.4
1958	100	44.7	34.3	25.1	9.3	21.0	5.5	7.7
1959	100	41.2	37.5	27.7	9.8	21.3	7.2	7.4
1960	100	32.3	46.8	36.0	10.8	20.9	5.9	7.7
1961	100	45.1	28.7	24.0	4.7	26.2	5.7	8.6
1962	100	50.8	26.1	23.1	3.0	23.1	5.1	6.4
1963	100	43.8	34.1	28.4	5.7	22.1	5.1	7.0
1964	100	43.1	35.1	28.8	6.3	21.8	5.1	7.1
1965	100	43.0	34.1	27.3	6.9	22.9	6.4	7.3
1966	100	44.7	34.0	27.0	7.0	21.3	5.2	7.1
1967	100	43.6	32.8	26.6	6.2	23.6	5.0	6.8
1968	100	45.1	32.0	25.8	6.2	22.9	4.8	6.4
1969	100	44.9	32.0	25.5	6.4	23.1	4.7	6.3
1970	100	45.2	33.0	25.2	7.8	21.8	5.2	6.9
1971	100	40.4	38.4	30.0	8.4	21.2	5.2	6.2
1972	100	37.0	39.5	30.8	8.7	23.5	5.4	6.8
1973	100	36.8	41.2	32.4	8.7	22.0	5.4	5.9
1974	100	36.9	40.0	30.9	9.1	23.1	5.2	6.3
1975	100	37.4	41.2	32.0	9.3	21.4	5.1	5.5
1976	100	38.5	39.0	31.4	7.6	22.5	5.2	5.6
1977	100	36.6	41.8	31.9	9.9	21.6	5.0	5.3
1978	100	32.7	45.4	37.6	7.8	21.9	4.8	4.9
1979	100	32.8	44.2	36.7	7.6	23.0	4.4	5.1
1980	100	26.4	47.2	39.9	7.3	26.4	6.0	5.9

3-2 续表 continued

本表按当年价格计算。
Data in value terms in this table are calculated at current prices.

单位：% (%)

年份 Year	生产总值 Gross Domestic Product	第一产业 Primary Industry	第二产业 Secondary Industry	工业 Industry	建筑业 Construction	第三产业 Tertiary Industry	#交通运输仓储邮电通讯业 Transportation, Post and Telecommunications	#批发和零售贸易餐饮业 Wholesale, Retail & Catering Trade
1981	100	34.8	41.1	35.8	5.3	24.1	4.8	5.1
1982	100	35.8	39.9	34.7	5.2	24.3	5.5	5.6
1983	100	33.9	39.6	33.9	5.7	26.5	6.2	6.0
1984	100	33.5	37.2	30.5	6.8	29.3	6.5	8.1
1985	100	32.7	34.8	28.0	6.7	32.5	6.6	12.0
1986	100	30.1	33.9	27.4	6.5	36.0	6.9	13.3
1987	100	29.3	33.2	27.4	5.7	37.5	6.0	15.5
1988	100	33.3	31.7	26.0	5.7	35.0	5.3	14.4
1989	100	30.4	33.8	28.6	5.2	35.8	6.4	12.2
1990	100	35.3	32.1	27.3	4.8	32.6	6.5	7.8
1991	100	32.6	34.5	28.6	5.9	32.9	7.5	7.7
1992	100	30.1	36.2	28.7	7.5	33.7	7.7	8.3
1993	100	27.9	37.8	30.2	7.6	34.3	8.2	8.8
1994	100	30.0	36.6	29.6	7.0	33.4	7.8	9.1
1995	100	30.4	36.0	29.7	6.3	33.6	8.1	9.7
1996	100	30.6	35.7	29.8	5.9	33.7	8.7	10.1
1997	100	28.0	36.6	30.8	5.8	35.4	9.9	11.0
1998	100	27.1	36.3	30.3	6.0	36.6	10.0	11.5
1999	100	24.9	37.0	30.8	6.2	38.1	10.6	12.2
2000	100	22.8	37.9	31.5	6.4	39.3	11.4	12.7
2001	100	20.9	38.3	31.6	6.7	40.8	11.9	13.2
2002	100	19.3	38.9	31.7	7.2	41.8	12.6	13.7
2003	100	17.6	40.5	32.4	8.1	41.9	12.4	13.1
2004	100	17.2	41.0	33.4	7.6	41.8	11.9	12.6
2005	100	15.1	45.4	37.8	7.6	39.5	10.9	11.7
2006	100	12.8	48.1	41.0	7.1	39.1	10.3	11.8
2007	100	11.9	49.7	43.3	6.4	38.4	9.8	11.9
2008	100	10.7	51.5	45.7	5.8	37.8	9.3	11.9
2009	100	9.5	52.5	46.2	6.3	38.0	9.0	12.1
2010	100	9.4	54.5	48.1	6.4	36.1	8.5	11.5
2011	100	9.1	56.0	49.5	6.5	34.9	8.2	10.8
2012	100	9.1	55.4	48.7	6.7	35.5	7.5	11.6
2013	100	9.3	53.8	47.0	6.9	36.9	8.7	11.9
2014	100	9.2	51.3	44.5	6.9	39.5	8.4	13.1

3-3 生产总值指数

Indices of Gross Domestic Product

本表按可比价格计算。

The indices in this table are calculated at constant prices.

(上年=100) (Preceding year=100)

年 份 Year	生产总值 Gross Domestic Product	第一产业 Primary Industry	第二产业 Secondary Industry	工 业 Industry	建筑业 Construction	第三产业 Tertiary Industry	# 交通运输仓储邮电通讯业 Transportation, Post and Telecommunications	# 批发和零售贸易餐饮业 Wholesale, Retail & Catering Trade	人均生产总值 Per Capita GDP
1953	116.3	107.5	159.9	153.7	176.3	127.4	140.6	174.3	110.6
1954	119.4	111.3	160.4	162.3	156.1	117.6	137.8	117.1	112.8
1955	90.7	83.7	97.5	107.0	74.8	107.4	101.6	98.0	86.0
1956	138.7	136.6	152.3	143.2	183.3	131.4	133.3	133.8	131.0
1957	110.9	117.5	98.3	101.7	89.1	106.2	61.9	113.1	105.3
1958	125.3	105.3	184.0	178.6	200.5	127.1	238.5	121.9	119.4
1959	122.9	112.6	139.2	140.7	135.0	125.2	166.9	122.0	115.3
1960	95.8	77.9	126.6	132.1	111.2	86.5	84.1	106.0	87.3
1961	65.3	80.7	39.3	42.6	28.0	95.5	66.1	77.6	62.3
1962	94.7	105.2	84.3	89.1	59.9	86.5	90.4	73.7	95.5
1963	119.7	108.9	148.6	140.0	214.3	115.0	114.4	126.7	117.0
1964	113.2	111.8	117.1	115.5	125.5	111.3	112.6	112.9	108.9
1965	109.8	105.9	113.6	110.8	126.8	112.6	135.1	111.8	105.8
1966	110.0	112.4	114.4	113.7	117.4	99.7	88.4	105.6	106.8
1967	83.3	81.1	81.2	83.0	74.5	91.2	79.4	79.8	81.1
1968	99.9	98.9	102.6	102.0	105.4	98.3	99.2	97.8	96.9
1969	100.8	99.5	103.4	102.5	107.4	99.8	99.2	97.7	97.7
1970	123.3	119.7	140.2	134.0	164.8	105.6	129.6	130.0	120.0
1971	102.1	95.0	106.5	109.1	98.2	108.7	108.0	95.3	99.0
1972	107.8	117.0	97.2	97.0	97.9	110.4	93.1	99.4	104.1
1973	111.7	110.8	116.8	117.9	112.8	105.0	111.7	96.9	108.3
1974	96.2	94.3	95.4	93.5	102.6	101.8	94.0	106.1	93.3
1975	111.3	111.7	115.6	116.2	113.9	103.1	111.1	97.3	108.6
1976	99.4	101.8	94.7	98.4	82.1	103.2	100.0	100.9	97.4
1977	107.0	102.2	114.5	108.5	139.2	103.7	103.2	101.5	105.2
1978	108.0	98.8	117.2	127.3	84.6	108.9	107.7	105.2	106.3
1979	109.8	107.7	108.6	108.4	110.0	116.0	103.3	113.1	107.4
1980	101.7	76.0	113.3	116.6	97.6	122.9	144.5	123.5	100.2

3-3 续表 continued

本表按可比价格计算。
The indices in this table are calculated at comparabl prices.

上年=100 (Preceding year=100)

年份 Year	生产总值 Gross Domestic Product	第一产业 Primary Industry	第二产业 Secondary Industry	工业 Industry	建筑业 Construction	第三产业 Tertiary Industry	# 交通运输仓储邮电通信业 Transportation, Post and Telecommunications	# 批发和零售贸易餐饮业 Wholesale, Retail & Catering Trade	人均生产总值 Per Capita GDP
1981	110.6	141.8	96.3	98.2	85.7	103.4	90.0	99.9	109.4
1982	118.6	118.2	117.4	117.3	117.9	121.1	138.1	129.9	116.9
1983	109.8	105.0	109.9	108.5	118.8	116.7	117.4	116.1	107.8
1984	116.1	114.0	110.2	107.3	127.7	128.1	119.3	156.8	116.2
1985	117.2	114.1	108.2	105.5	121.7	133.0	129.3	175.1	114.6
1986	105.9	91.7	105.4	106.4	101.2	120.4	115.6	120.0	104.8
1987	109.0	106.8	107.0	109.3	96.5	112.5	96.2	125.6	107.7
1988	109.8	117.3	111.1	108.1	126.6	103.2	111.9	99.5	108.4
1989	102.7	95.1	104.9	107.2	94.9	106.8	121.6	102.6	101.4
1990	107.5	124.4	99.4	99.2	100.5	103.1	101.1	93.4	105.8
1991	107.5	104.0	110.8	108.2	126.0	107.9	121.4	102.5	106.0
1992	111.0	104.0	115.4	110.7	138.8	113.8	118.4	117.1	109.9
1993	111.7	105.0	113.9	112.3	120.5	115.7	119.2	120.9	111.3
1994	111.2	103.2	113.1	114.8	106.9	116.1	121.6	118.6	109.8
1995	110.1	103.9	111.0	112.7	104.2	114.1	118.8	116.4	108.9
1996	114.4	121.4	111.4	115.2	95.5	112.3	114.3	114.3	113.2
1997	110.8	102.0	114.0	114.9	109.4	114.3	119.0	117.8	109.8
1998	110.7	106.2	109.6	110.0	107.2	114.7	116.8	115.9	109.7
1999	108.8	101.0	110.0	110.7	105.9	112.7	113.5	116.3	108.0
2000	110.8	102.6	111.7	112.2	108.9	114.5	117.4	117.0	110.1
2001	110.7	102.0	110.9	110.2	114.1	115.5	116.1	115.9	110.2
2002	113.2	104.4	115.7	113.9	124.3	115.3	120.2	117.3	112.9
2003	117.9	105.9	127.7	121.8	153.3	114.5	120.3	116.2	117.8
2004	120.5	111.7	122.8	124.9	115.6	122.0	122.1	119.3	120.3
2005	123.8	109.1	134.9	138.5	121.3	118.1	117.5	117.9	123.4
2006	119.1	103.2	127.1	129.8	113.6	115.9	114.1	117.3	118.5
2007	119.2	103.9	126.0	128.3	112.7	116.0	116.2	114.2	118.6
2008	117.8	107.5	121.6	123.6	109.0	115.8	117.7	115.4	117.1
2009	116.9	102.3	121.1	120.5	125.2	115.0	109.9	116.5	116.2
2010	115.0	106.1	118.2	118.8	114.3	112.4	112.9	111.9	114.4
2011	114.3	105.9	117.1	117.3	115.6	112.4	114.8	109.0	113.8
2012	111.5	105.6	113.3	113.5	111.6	110.0	111.2	113.3	111.1
2013	109.0	105.1	110.8	111.3	106.6	107.1	106.1	108.7	108.7
2014	107.8	103.1	109.0	109.4	105.9	106.8	106.8	108.7	107.5

3-4 生产总值指数

Indices of Gross Domestic Product

本表按可比价格计算。

The indices in this table are calculated at comparable prices

1952年=100 (1952=100)

年份 Year	生产总值 Gross Domestic Product	第一产业 Primary Industry	第二产业 Secondary Industry	工业 Industry	建筑业 Cons-truction	第三产业 Tertiary Industry	#交通运输仓储邮电通信业 Transpor-tation, Post and Telecom-munica-tions	#批发和零售贸易餐饮业 Whole-sale, Retail & Catering Trade	人均生产总值 Per Capita GDP
1952	100	100	100	100	100	100	100	100	100
1953	116.3	107.5	159.9	153.7	176.3	127.4	140.6	174.3	110.6
1954	138.9	119.6	256.6	249.5	275.2	149.8	193.8	204.1	124.8
1955	125.9	100.1	250.1	266.9	206.0	160.9	196.9	200.0	107.4
1956	174.6	136.8	380.9	382.1	377.5	211.3	262.5	267.6	140.7
1957	193.6	160.8	374.2	388.7	336.3	224.5	162.5	302.7	148.2
1958	242.6	169.3	688.6	694.0	674.2	285.4	387.5	368.9	176.9
1959	298.1	190.6	958.4	976.7	910.2	357.3	646.9	450.0	204.1
1960	285.6	148.5	1213.1	1289.8	1011.9	309.1	543.8	477.0	178.1
1961	186.4	119.9	476.5	549.9	283.7	295.1	359.4	370.3	111.0
1962	176.5	126.1	401.8	490.1	169.9	255.4	325.0	273.0	106.0
1963	211.3	137.3	597.2	685.9	364.1	293.8	371.9	345.9	124.0
1964	239.3	153.5	699.5	791.9	457.0	327.0	418.8	390.5	135.1
1965	262.7	162.5	795.0	877.1	579.3	368.3	565.6	456.8	143.0
1966	288.9	182.6	909.8	997.2	680.4	367.2	500.0	460.8	152.7
1967	240.8	148.1	739.2	827.7	506.7	334.9	396.9	367.6	123.8
1968	240.6	146.5	758.6	844.1	534.2	329.1	393.8	359.5	120.1
1969	242.6	145.7	784.6	864.9	573.6	328.3	390.6	351.4	117.3
1970	299.1	174.4	1100.0	1159.0	945.1	346.6	506.3	456.8	140.7
1971	305.3	165.7	1171.8	1264.8	927.7	376.6	546.9	435.1	139.2
1972	329.1	193.9	1138.9	1226.7	908.3	415.8	509.4	432.4	144.9
1973	367.5	214.8	1329.8	1446.2	1024.3	436.5	568.8	418.9	157.0
1974	353.7	202.6	1268.7	1351.8	1050.6	444.4	534.4	444.6	146.5
1975	393.8	226.3	1467.3	1570.2	1197.1	458.4	593.8	432.4	159.1
1976	391.2	230.4	1389.9	1544.8	983.0	473.1	593.8	436.5	155.0
1977	418.7	235.4	1591.6	1676.8	1367.9	490.7	612.5	443.2	163.1
1978	452.2	232.5	1865.3	2134.7	1157.6	534.2	659.4	466.2	173.4
1979	496.3	250.5	2026.3	2241.9	1459.9	619.5	680.9	527.1	186.3
1980	504.6	190.5	2295.8	2682.5	1280.1	761.5	983.9	651.1	186.7

3-4 续表 continued

本表按可比价格计算。
The indices in this table are calculated at comparable prices.

1952年=100 (1952=100)

年 份 Year	生产总值 Gross Domestic Product	第一产业 Primary Imdustry	第二产业 Secondary Industry	工 业 Industry	建筑业 Cons-truction	第三产业 Tertiary Industry	# 交通运输仓储邮电通信业 Transpor-tation, Post and Telecom-munica-tions	# 批发和零售贸易餐饮业 Whole-sale, Retail & Catering Trade	人均生产总值 Per Capita GDP
1981	558.1	270.1	2210.8	2566.6	1276.3	787.4	886.0	650.4	204.2
1982	661.8	319.3	2595.1	3006.4	1514.7	953.9	1223.3	844.7	238.8
1983	726.9	335.4	2850.8	3166.6	2021.3	1113.2	1435.9	980.9	257.5
1984	844.4	382.4	3135.9	3613.9	1900.0	1425.5	1712.8	1538.0	299.1
1985	989.8	436.3	3399.5	3811.0	2318.8	1896.5	2215.0	2692.8	342.7
1986	1048.0	400.2	3582.7	4053.5	2345.9	2282.8	2561.1	3232.3	359.1
1987	1142.1	427.6	3832.2	4429.5	2263.1	2568.3	2463.2	4060.2	386.6
1988	1254.0	501.6	4259.3	4789.9	2865.3	2651.2	2755.3	4038.8	419.2
1989	1288.3	476.7	4470.0	5136.7	2718.9	2831.2	3351.4	4142.3	425.0
1990	1385.2	593.2	4444.5	5095.8	2733.6	2919.0	3386.7	3867.8	449.5
1991	1488.7	616.9	4926.5	5513.1	3445.2	3149.9	4111.9	3965.6	476.5
1992	1652.6	641.8	5687.2	6102.3	4780.7	3584.0	4869.8	4642.3	523.7
1993	1845.3	673.9	6480.5	6855.9	5747.0	4145.0	5804.3	5611.2	582.9
1994	2051.2	695.5	7329.5	7870.2	6143.6	4810.9	7058.0	6652.8	640.1
1995	2259.3	722.6	8133.5	8869.4	6400.8	5490.7	8387.3	7742.0	697.0
1996	2584.3	877.2	9064.7	10218.5	6110.4	6165.5	9589.8	8847.1	789.3
1997	2862.1	894.8	10333.8	11740.1	6686.7	7046.3	11414.7	10423.6	866.4
1998	3167.0	950.2	11322.7	12915.0	7169.1	8080.3	13335.9	12078.4	950.8
1999	3446.7	959.7	12452.7	14299.5	7591.5	9105.7	15130.4	14045.7	1026.8
2000	3817.3	984.7	13912.2	16045.4	8266.6	10422.5	17764.3	16427.2	1130.6
2001	4225.8	1003.9	15423.1	17681.2	9435.2	12033.7	20628.9	19032.6	1246.4
2002	4782.1	1048.1	17842.6	20135.5	11725.3	13879.9	24793.4	22329.2	1407.1
2003	5638.0	1109.9	22784.9	24520.4	17977.0	15886.5	29823.7	25944.0	1657.4
2004	6793.8	1239.8	27878.8	30625.9	20781.0	19381.5	36414.7	30963.5	1993.6
2005	8411.3	1352.7	37602.8	42417.1	25216.9	22881.4	42787.3	36506.0	2459.3
2006	10014.6	1396.1	47801.1	55065.6	28651.4	26509.5	48826.0	42837.7	2914.5
2007	11941.2	1450.3	60205.5	70628.6	32298.1	30750.5	56746.9	48918.0	3456.7
2008	14069.4	1558.9	73224.6	87266.9	35205.0	35598.2	66786.8	56459.8	4048.3
2009	16447.1	1594.7	88658.4	105174.1	44071.5	40946.4	73398.7	65775.7	4704.0
2010	18918.3	1692.7	104795.4	124895.3	50373.7	46044.1	82887.0	73598.6	5380.3
2011	21632.2	1792.6	122668.3	146443.8	58216.4	51773.5	95119.0	80193.7	6122.8
2012	24111.8	1893.0	138960.0	166213.9	64978.2	56963.1	105795.7	90890.9	6800.4
2013	26281.9	1989.5	153967.7	184996.1	69266.8	61007.5	112233.4	98833.7	7388.8
2014	28331.8	2051.2	167824.8	202385.7	73353.5	65156.0	119865.2	107432.3	7941.4

3-5 第三产业增加值

Value-added of the Tertiary Industry

本表按当年价格计算。

Data in value terms in this table are calculated at current prices.

单位：亿元 (100 million yuan)

行 业	Sector	2013	2014
总 计	**Total**	**6236.66**	**7022.55**
农、林、牧、渔服务业	Agricultural Services Industry	22.43	23.89
开采辅助活动	Support Activities for Mining		
金属制品、机械和设备修理业	Repair Service of Metal Products,Machinery and Equipment	2.09	2.23
批发和零售业	Wholesale and Retail Trade	1547.04	1756.89
交通运输、仓储和邮政业	Transportation and Postal Services	1302.00	1313.68
住宿和餐饮业	Hotel and Restaurants	468.85	569.25
信息传输、软件和信息技术服务业	Information Transmission, Software & Information Technology Services	163.17	186.24
金融业	Banking	625.14	724.16
房地产业	Real Estate	414.59	442.95
租赁和商务服务业	Leasing and Business Services	193.11	251.00
科学研究和技术服务业	Scientific Research & Technical Services	113.14	158.92
水利、环境和公共设施管理业	Water Conservancy, Environment and Public Facilities Administraion	53.84	78.47
居民服务、修理和其他服务业	Resident Services, Repairs and Other Services	272.42	354.07
教育	Education	292.57	318.37
卫生和社会工作	Health Care and Social Work	157.29	215.01
文化、体育和娱乐业	Culture, Sports and Entertainment	85.51	91.89
公共管理、社会保障和社会组织	Public Administration, Social Security and Social Organizations	523.48	535.54
国际组织	International Organizations		

3-6 第三产业增加值构成
Composition of Value-added of the Tertiary Industry

本表按当年价格计算。
Data in value terms in this table are calculated at current prices.
单位：%　　(%)

行 业	Sector	2013	2014
总 计	**Total**	**100.0**	**100.0**
农、林、牧、渔服务业	Agricultural Services Industry	0.4	0.3
开采辅助活动	Support Activities for Mining		
金属制品、机械和设备修理业	Repair Service of Metal Products,Machinery and Equipment		
批发和零售业	Wholesale and Retail Trade	24.8	25.0
交通运输、仓储和邮政业	Transportation and Postal Services	20.9	18.7
住宿和餐饮业	Hotel and Restaurants	7.5	8.1
信息传输、软件和信息技术服务业	Information Transmission, Software & Information Technology Services	2.6	2.7
金融业	Banking	10.0	10.3
房地产业	Real Estate	6.6	6.3
租赁和商务服务业	Leasing and Business Services	3.1	3.6
科学研究和技术服务业	Scientific Research & Technical Services	1.8	2.3
水利、环境和公共设施管理业	Water Conservancy, Environment and Public Facilities Administraion	0.9	1.1
居民服务、修理和其他服务业	Resident Services, Repairs and Other Services	4.4	5.1
教育	Education	4.7	4.5
卫生和社会工作	Health Care and Social Work	2.5	3.1
文化、体育和娱乐业	Culture, Sports and Entertainment	1.4	1.3
公共管理、社会保障和社会组织	Public Administration, Social Security and Social Organizations	8.4	7.6
国际组织	International Organizations		

3-7 第三产业增加值指数

Indices of Value-added of the Tertiary Industry

本表按可比价格计算。

The indices in this table are calculated at comparable prices

上年=100 (Preceding year=100)

行 业	Sector	2013	2014
总 计	**Total**	**107.1**	**106.8**
农、林、牧、渔服务业	Agricultural Services Industry	105.4	105.3
开采辅助活动	Support Activities for Mining		
金属制品、机械和设备修理业	Repair Service of Metal Products,Machinery and Equipment	112.6	110.3
批发和零售业	Wholesale and Retail Trade	109.1	109.1
交通运输、仓储和邮政业	Transportation and Postal Services	106.3	106.5
住宿和餐饮业	Hotel and Restaurants	107.6	106.9
信息传输、软件和信息技术服务业	Information Transmission, Software & Information Technology Services	104.8	108.8
金融业	Banking	110.3	111.2
房地产业	Real Estate	105.1	101.7
租赁和商务服务业	Leasing and Business Services	105.4	109.7
科学研究和技术服务业	Scientific Research & Technical Services	107.4	106.8
水利、环境和公共设施管理业	Water Conservancy, Environment and Public Facilities Administraion	106.6	116.1
居民服务、修理和其他服务业	Resident Services, Repairs and Other Services	111.9	104.4
教育	Education	108.4	102.1
卫生和社会工作	Health Care and Social Work	107.5	104.0
文化、体育和娱乐业	Culture, Sports and Entertainment	111.1	107.8
公共管理、社会保障和社会组织	Public Administration, Social Security and Social Organizations	99.5	100.6
国际组织	International Organizations		

3-8 支出法生产总值和结构

本表按当年价格计算。
Data in value terms in this table are calculated at current prices.

年份 Year	支出法生产总值(亿元) Gross Domestic Product by Expenditure Approach (100 million yuan)	#最终消费 Final Consumption Expenditure	#资本形成总额 Gross Capital Formation	资本形成率(投资率)(%) Capital Formation Rate (%)	最终消费率(消费率)(%) Final Consumption Rate (%)	最终消费 绝对数(亿元) Absolute Figure (100 million yuan)			
						居民消费 Housedhold Consumption Expenditure	农村居民 Rural House	城镇居民 Urban House	政府消费 Government Consumption Expenditure
1979	64.14	50.84	23.18	36.1	79.3	44.68	20.96	23.72	6.16
1980	68.40	62.10	18.88	27.6	90.8	55.83	28.22	27.61	6.27
1981	77.91	76.51	18.80	24.1	98.2	67.08	34.52	32.56	9.43
1982	93.22	88.01	26.10	28.0	94.4	79.07	43.66	35.41	8.94
1983	105.88	94.01	35.58	33.6	88.8	83.79	46.17	37.62	10.22
1984	128.20	106.57	45.81	35.7	83.1	89.38	48.80	40.58	17.19
1985	163.83	127.04	61.60	37.6	77.5	105.12	57.88	47.24	21.92
1986	181.58	144.84	60.22	33.2	79.8	118.22	59.54	58.68	26.62
1987	212.27	166.12	67.84	32.0	78.3	135.28	68.71	66.57	30.84
1988	270.81	184.46	110.15	40.7	68.1	149.57	77.59	71.98	34.89
1989	292.69	199.14	115.48	39.5	68.0	160.50	81.50	79.00	38.64
1990	319.31	216.70	124.68	39.0	67.9	169.79	86.44	83.35	46.91
1991	359.66	245.90	137.00	38.1	68.4	188.61	93.35	95.26	57.29
1992	421.68	271.08	196.10	46.5	64.3	208.10	101.92	106.18	62.98
1993	537.81	328.42	288.52	53.6	61.1	253.40	108.73	144.67	75.02
1994	695.06	420.89	331.11	47.6	60.6	327.89	135.91	191.98	93.00
1995	857.06	539.41	372.98	43.5	62.9	412.97	181.91	231.06	126.44
1996	1023.09	609.65	446.26	43.6	59.6	468.29	201.49	266.80	141.36
1997	1153.51	685.71	474.80	41.2	59.4	517.07	220.25	296.82	168.64
1998	1262.54	721.60	542.31	43.0	57.2	539.13	226.71	312.42	182.47
1999	1379.31	800.77	577.78	41.9	58.1	592.94	224.28	368.66	207.83
2000	1539.12	873.65	642.07	41.7	56.8	636.10	237.88	398.22	237.55
2001	1713.81	974.99	679.54	39.7	56.9	681.62	230.09	451.53	293.37
2002	1940.94	1137.21	862.20	44.4	58.6	796.02	240.12	555.90	341.19
2003	2388.38	1259.57	1339.07	56.1	52.7	850.14	257.93	592.21	409.43
2004	3041.07	1495.19	1945.29	64.0	49.2	965.77	271.44	694.33	529.42
2005	3905.03	1802.84	2845.06	72.9	46.2	1191.07	311.04	880.03	611.77
2006	4944.25	2129.59	3466.11	70.1	43.1	1384.29	353.30	1030.99	745.30
2007	6423.18	2630.87	4494.40	70.0	41.0	1693.31	402.73	1290.58	937.56
2008	8496.20	3278.65	5721.74	67.3	38.6	2035.49	439.14	1596.35	1243.16
2009	9740.25	3941.11	7495.42	77.0	40.5	2318.84	473.49	1845.35	1622.27
2010	11672.00	4588.14	9020.40	77.3	39.3	2693.33	526.62	2166.71	1894.81
2011	14359.88	5526.64	11014.63	76.7	38.5	3285.50	646.78	2638.72	2241.14
2012	15880.58	6244.16	13442.07	84.6	39.4	3777.27	748.49	3028.78	2466.89
2013	16916.50	7076.42	12039.04	71.2	41.8	4468.08	1049.72	3418.36	2608.34
2014	17770.19	7158.23	13755.20	77.4	40.3	4959.22	1132.16	3827.06	2199.01

注:2013 年及 2014 年数据按投资统计改革后的结果计算。

a)2013 and 2014 data are calculated by the results of the investment statistics reform.

Gross Domestic Product and Structure by Expenditure Approach

Final Consumption Expenditure				资本形成总额 Gross Capital Formation			
比重 Proportion				绝对数(亿元) Absolute Figure (100 million yuan)		比重 (资本形成总额=100) Proportion (Gross Capital Formation=100)	
最终消费=100 Final Consumption Expenditure=100		居民消费=100 Household Consumption=100					
居民消费 Household Consumption Expenditure	政府消费 Government Consumption Expenditure	农村居民 Rural Households	城镇居民 Urban Households	固定资本形成总额 Gross Fixed Capital Formation	存货增加 Changes in Inventories	固定资本形成总额 Gross Fixed Capital Formation	存货增加 Changes in Inventories
87.9	12.1	46.9	53.1	17.65	5.53	76.1	23.9
89.9	10.1	50.5	49.5	15.78	3.10	83.6	16.4
87.7	12.3	51.5	48.5	15.53	3.27	82.6	17.4
89.8	10.2	55.2	44.8	20.94	5.16	80.2	19.8
89.1	10.9	55.1	44.9	29.66	5.92	83.4	16.6
83.9	16.1	54.6	45.4	40.85	4.96	89.2	10.8
82.7	17.3	55.1	44.9	50.94	10.66	82.7	17.3
81.6	18.4	50.4	49.6	47.57	12.65	79.0	21.0
81.4	18.6	50.8	49.2	53.32	14.52	78.6	21.4
81.1	18.9	51.9	48.1	72.05	38.10	65.4	34.6
80.6	19.4	50.8	49.2	70.68	44.80	61.2	38.8
78.4	21.6	50.9	49.1	70.77	53.91	56.8	43.2
76.7	23.3	49.5	50.5	100.66	36.34	73.5	26.5
76.8	23.2	49.0	51.0	149.24	46.86	76.1	23.9
77.2	22.8	42.9	57.1	219.39	69.13	76.0	24.0
77.9	22.1	41.4	58.6	250.23	80.88	75.6	24.4
76.6	23.4	44.0	56.0	273.16	99.82	73.2	26.8
76.8	23.2	43.0	57.0	276.04	170.22	61.9	38.1
75.4	24.6	42.6	57.4	318.97	155.83	67.2	32.8
74.7	25.3	42.1	57.9	353.40	188.90	65.2	34.8
74.0	26.0	37.8	62.2	389.97	187.80	67.5	32.5
72.8	27.2	37.4	62.6	439.42	202.65	68.4	31.6
69.9	30.1	33.8	66.2	510.02	169.52	75.1	24.9
70.0	30.0	30.2	69.8	729.37	132.83	84.6	15.4
67.5	32.5	30.3	69.7	1228.26	110.81	91.7	8.3
64.6	35.4	28.1	71.9	1817.73	127.56	93.4	6.6
66.1	33.9	26.1	73.9	2685.22	159.84	94.4	5.6
65.0	35.0	25.5	74.5	3353.88	112.23	96.8	3.2
64.4	35.6	23.8	76.2	4356.39	138.01	96.9	3.1
62.1	37.9	21.6	78.4	5522.72	199.02	96.5	3.5
58.8	41.2	20.4	79.6	7425.16	70.26	99.1	0.9
58.7	41.3	19.6	80.4	8938.69	81.71	99.1	0.9
59.4	40.6	19.7	80.3	10837.14	177.49	98.4	1.6
60.5	39.5	19.8	80.2	12954.33	487.74	96.4	3.6
63.1	36.9	23.5	76.5	11686.49	352.55	97.1	2.9
69.3	30.7	22.8	77.2	13453.88	301.32	97.8	2.2

3-9 工农业总产出及指数

Gross Output of Industry and Agriculture & Related Indices

年 份 Year	工农业总产出(亿元, 当年价) Gross Output of Industry and Agriculture (100 million yuan, at Current prices)			指数(以1952年为100, 可比价) Indices of Output of Industry & Agriculture (1952=100, at comparable Prices)		
	总计 Total	农业总产出 Gross Output of Agriculture	工业总产出 Gorss Output of Industry	工农业总产出 Gross Output of Industry & Agriclucture	农业总产出 Gross Output of Agriculture	工业总产出 Gross Output of Industry
1952	13.70	12.10	1.60	100.0	100.0	100.0
1953	16.90	14.35	2.55	109.2	106.0	152.0
1954	20.54	19.77	3.77	123.9	116.2	224.7
1955	20.01	15.60	4.41	120.2	109.2	264.0
1956	25.57	19.52	6.05	151.3	135.7	356.7
1957	17.50	11.20	6.30	134.0	114.1	394.7
1958	27.63	15.60	12.03	191.4	150.9	722.7
1959	36.92	18.14	18.78	236.0	168.0	1127.3
1960	45.14	16.57	28.57	259.7	149.4	1704.7
1961	32.97	17.04	15.93	181.8	128.5	880.0
1962	31.31	17.05	14.26	164.4	120.9	734.7
1963	38.69	17.43	21.26	202.0	134.9	1080.7
1964	43.87	20.82	23.05	235.6	163.1	1186.7
1965	46.20	19.40	26.80	243.0	148.4	1482.7
1966	50.49	20.93	29.56	272.0	160.1	1738.7
1967	41.74	21.46	20.28	238.4	164.2	1210.0
1968	43.27	22.08	21.19	235.9	156.0	1284.0
1969	42.27	19.95	22.32	230.3	140.9	1401.3
1970	51.80	24.00	27.80	298.9	169.8	1990.7
1971	54.76	23.67	31.09	318.9	167.2	2306.7
1972	52.74	21.17	31.57	302.0	146.3	2342.7
1973	60.39	27.72	32.67	348.8	190.5	2424.0
1974	59.35	29.57	29.78	337.4	194.6	2210.0
1975	67.70	30.80	36.90	379.3	199.4	2737.3
1976	68.90	31.29	37.61	387.5	202.0	2819.3
1977	72.51	28.43	44.08	403.5	183.5	3286.7
1978	81.30	28.40	53.00	440.9	183.9	3810.0
1979	88.98	31.58	57.40	465.8	194.3	4024.0
1980	90.10	30.70	59.40	447.9	168.5	4110.0

3-9 续表 continued

年 份 Year	工农业总产出(亿元, 当年价) Gross Output of Industry and Agriculture (100 million yuan, at Current Prices)			指数(以1952年为100, 可比价) Indices of Output of Industry Agriculture (1952=100, at Comparable Prices)		
	总 计 Total	农业总产出 Gross Output of Agriculture	工业总产出 Gorss Output of Industry	工农业总产出 Gross Output of Industry & Agriculture	农业总产出 Gross Output of Agriculture	工业总产出 Gross Output of Industry
1981	101.20	39.40	61.80	479.6	201.8	4120.7
1982	120.90	47.20	73.70	553.2	233.6	4741.3
1983	134.00	52.40	81.50	601.1	250.5	5196.7
1984	151.30	61.30	90.00	659.0	280.7	5617.3
1985	186.10	73.20	112.90	752.1	309.6	6552.7
1986	203.70	77.30	126.50	781.4	293.3	7178.7
1987	238.60	87.70	150.80	856.0	305.3	8072.7
1988	316.20	122.40	193.90	975.9	348.6	9197.3
1989	371.50	128.30	243.10	1056.5	347.0	10356.0
1990	420.30	156.90	263.30	1147.0	412.0	10780.7
1991	468.50	164.10	304.40	1222.3	428.4	11648.9
1992	544.00	180.30	363.70	1336.5	453.2	12965.2
1993	691.16	220.80	470.36	1487.9	484.9	14756.1
1994	831.42	309.32	522.10	1642.0	500.7	16821.9
1995	1013.72	387.20	626.52	1797.9	521.2	18840.5
1996	1210.88	465.32	745.56	2070.8	644.8	21007.2
1997	1361.73	489.43	872.30	2297.6	660.9	24158.3
1998	1476.46	534.38	942.08	2504.3	704.8	26574.1
1999	1587.44	532.31	1055.13	2707.1	712.4	29497.3
2000	1746.01	543.16	1202.85	2961.2	729.9	33036.9
2001	1903.09	555.90	1347.19	3205.9	744.3	36704.0
2002	2122.77	586.97	1535.80	3545.0	780.7	41842.6
2003	2591.05	655.94	1935.11	4246.6	826.1	52297.6
2004	3656.51	851.30	2805.21	5704.0	942.3	73380.7
2005	4841.79	980.21	3861.58	7200.8	1048.1	95923.2
2006	6259.62	1058.50	5201.12	8878.5	1084.6	123097.0
2007	8513.32	1276.45	7236.87	11148.7	1132.1	159913.3
2008	11869.72	1525.74	10343.98	13531.6	1220.8	197652.8
2009	14278.10	1570.58	12707.52	15991.3	1249.7	238322.4
2010	17863.57	1843.57	16020.00	18783.4	1326.9	283180.1
2011	22677.45	2204.50	20472.95	22095.5	1402.5	335708.1
2012	24382.63	2449.34	21933.29	23216.9	1482.5	352602.2
2013	26837.03	2699.50	24137.53	24888.5	1555.1	378694.8
2014	26600.59	2779.80	23820.79	25892.5	1602.7	394218.0

3-10 居民消费水平

Household Consumption

本表绝对数按当年价格计算, 指数按可比价格计算。

Absolute figures in this table are calculated at current prices, while indices are calculated at comparable prices.

年份 Year	绝对数(元/人) Value(yuan/person)			指数(上年=100) Index(Preceding year=100)			指数(1952=100) Index(1952=100)		
	全部居民 All House-holde	农村居民 Agricul-tural House-holds	城镇居民 Non-agricul-tural House-holds	全部居民 All House-holde	农村居民 Agricul-tural House-holds	城镇居民 Non-agricul-tural House-holds	全部居民 All House-holds	农村居民 Agricul-tural House-holds	城镇居民 Non-agricul-tural House-holds
1952	99	88	171				100.0	100.0	100.0
1953	103	93	165	105.0	105.0	96.4	105.0	105.1	96.4
1954	106	93	173	102.8	100.1	105.0	108.0	105.2	101.3
1955	101	85	179	95.3	91.5	103.5	102.9	96.3	104.8
1956	118	98	205	116.3	114.9	114.5	119.7	110.6	120.0
1957	120	99	209	102.1	101.5	101.9	122.3	112.2	122.3
1958	125	99	228	104.0	99.9	109.2	127.1	112.1	133.5
1959	131	99	232	104.5	99.9	101.3	132.8	112.1	135.3
1960	126	93	205	96.5	93.8	88.6	128.2	105.2	119.9
1961	125	96	191	98.6	103.0	92.9	126.4	108.4	111.3
1962	121	98	187	97.5	102.8	97.9	123.3	111.4	109.0
1963	119	96	183	97.7	97.7	98.0	120.5	108.9	106.8
1964	118	96	190	99.2	99.7	103.9	119.5	108.6	111.0
1965	119	95	190	101.2	99.2	100.3	121.0	107.7	111.3
1966	131	102	212	109.7	107.6	111.1	132.7	115.9	123.6
1967	139	108	225	106.3	105.8	106.2	141.1	122.5	131.2
1968	132	100	221	94.9	92.3	98.2	134.0	113.1	128.9
1969	129	88	236	97.5	88.6	107.2	130.6	100.1	138.2
1970	139	99	241	108.0	111.7	101.9	141.0	111.8	140.8
1971	146	98	273	105.0	99.1	113.1	148.1	110.8	159.3
1972	156	97	303	106.8	99.3	111.2	158.2	110.0	177.2
1973	169	113	305	108.5	116.9	100.5	171.6	128.6	178.0
1974	170	115	310	100.3	101.1	101.6	172.2	130.1	181.0
1975	179	122	321	105.6	106.3	103.6	181.8	138.2	187.5
1976	190	128	343	106.1	105.2	107.0	192.8	145.3	200.7
1977	200	135	355	105.1	105.5	103.5	202.7	153.3	207.6
1978	207	138	370	103.4	101.8	104.2	209.7	156.1	216.4
1979	239	161	420	115.8	116.8	113.4	242.8	182.3	245.4
1980	295	213	484	123.2	132.5	115.3	299.1	241.5	282.8

3-10 续表 continued

年份 Year	绝对数(元/人) Value(yuan/person)			指数(上年=100) Index(Preceding year=100)			指数(1952=100) Index(1952=100)		
	全部居民 All House-holde	农村居民 Agricul-tural	城镇居民 Non	全部居民 All House-holde	农村居民 Agricul-tural	城镇居民 Non-	全部居民 All House-holds	农村居民 Agricul-tural	城镇居民 Non-
1981	350	257	567	115.5	116.2	115.0	345.4	280.7	325.2
1982	407	318	619	115.7	124.1	107.9	399.5	348.2	350.9
1983	423	334	632	104.1	106.3	100.4	416.0	370.3	352.4
1984	446	349	671	100.0	99.0	101.1	416.2	366.7	356.3
1985	519	412	762	105.2	105.5	104.3	438.0	386.8	371.6
1986	578	418	942	107.9	100.5	117.2	472.6	388.9	435.5
1987	653	480	1039	105.2	107.9	101.6	497.3	419.4	442.5
1988	713	541	1086	94.1	97.7	89.4	468.1	409.7	395.4
1989	755	565	1157	92.6	89.8	95.0	433.5	368.1	375.6
1990	786	592	1189	99.3	97.0	101.3	430.5	357.0	380.4
1991	861	633	1330	107.0	107.9	105.7	460.7	385.1	402.2
1992	941	686	1461	103.1	104.2	101.6	474.9	401.4	408.7
1993	1142	779	1755	103.1	100.1	105.2	487.6	402.4	429.8
1994	1460	967	2284	103.2	100.7	104.7	503.4	405.2	450.0
1995	1817	1289	2683	105.3	111.1	100.4	529.9	450.2	451.8
1996	2040	1424	3031	104.2	102.5	104.9	552.2	461.4	474.0
1997	2232	1551	3311	105.7	105.3	105.5	583.8	485.9	500.0
1998	2309	1603	3391	103.9	103.8	103.0	606.8	504.3	515.0
1999	2520	1601	3871	110.0	100.2	115.2	667.3	505.3	593.3
2000	2687	1720	4045	105.3	106.2	103.1	702.7	536.7	611.7
2001	2868	1694	4431	106.2	98.0	108.9	746.2	525.9	666.2
2002	3341	1793	5327	113.9	100.6	118.9	849.8	529.1	792.0
2003	3565	1945	5593	104.7	105.1	103.6	889.8	556.0	820.2
2004	4042	2077	6415	110.7	103.7	111.9	985.4	576.5	917.8
2005	4967	2426	7887	110.2	114.6	106.9	1085.9	660.7	981.1
2006	5746	2816	8930	113.4	113.7	111.0	1231.4	751.2	1089.0
2007	7062	3286	10930	118.1	110.9	118.0	1454.3	833.1	1285.0
2008	8354	3673	12863	109.1	112.5	105.8	1586.6	937.2	1359.6
2009	9460	4072	14323	115.0	105.3	115.3	1824.6	986.9	1567.6
2010	10925	4692	16136	111.1	114.9	107.4	2027.2	1134.0	1683.6
2011	13264	5945	18996	114.3	117.6	111.2	2317.1	1333.5	1872.1
2012	15196	7032	21308	111.6	113.9	109.6	2585.8	1518.9	2051.8
2013	17917	10076	23543	109.9	113.7	107.7	2841.8	1727.0	2209.8
2014	19827	11070	25885	108.7	108.6	107.8	3089.0	1875.5	2382.2

主要统计指标解释

地区收入总值 指一个地区所有常住单位在一定时期内收入初次分配的最终结果。一地区常住单位从事生产活动所创造的增加值在初次分配中主要分配给该地区的常住单位，但也有一部分以生产税及进口税(扣除生产和进口补贴)、劳动者报酬和财产收入等形式分配给非常住单位；同时，地区外生产所创造的增加值也有一部分以生产税及进口税(扣除生产和进口补贴)、劳动者报酬和财产收入等形式分配给该地区的常住单位，从而产生了地区收入总值的概念。它等于地区生产总值加上来自地区外的净要素收入。与地区生产总值不同，地区收入总值是个收入概念，而地区生产总值是个生产概念。

地区生产总值 是按市场价格计算的地区生产总值的简称。它是一个地区所有常住单位在一定时期内生产活动的最终成果。地区生产总值有三种表现形式，即价值形态、收入形态和产品形态。从价值形态看，它是所有常住单位在一定时期内所生产的全部货物和服务价值超过同期投入的全部非固定资产货物和服务价值的差额，即所有常住单位的增加值之和；从收入形态看，它是所有常住单位在一定时期内所创造并分配给常住单位和非常住单位的初次分配收入之和；从产品形态看，它是最终使用的货物和服务减去进口货物和服务。在实际核算中，地区生产总值的三种表现形态表现为三种计算方法，即生产法、收入法和支出法。三种方法分别从不同的方面反映地区生产总值及其构成。

支出法地区生产总值 指一个地区所有常住单位在一定时期内用于最终消费、资本形成总额，以及货物和服务的净出口总额，它反映本期生产的地区生产总值的使用构成。

最终消费 指常住单位在一定时期内对于货物和服务的全部最终消费支出，也就是常住单位为满足物质、文化和精神生活的需要，从本国经济领土和国外购买的货物和服务的支出；不包括非常住单位在本国经济领土内的消费支出。最终消费分为居民消费和政府消费。

居民消费 指常住住户对货物和服务的全部最终消费支出。居民消费按市场价格计算，即按居民支付的购买者价格计算。购买者价格是购买者取得货物所支付的价格，包括购买者支付的运输和商业费用。居民消费除了直接以货币形式购买货物和服务的消费之外，还包括以其他方式获得的货物和服务的消费支出，即所谓的虚拟消费支出。居民虚拟消费支出包括以下几种类型：单位以实物报酬及实物转移的形式提供给劳动者的货物和服务；住户生产并由本住户消费了的货物和服务，其中的服务仅指住户的自有住房服务；金融机构提供的金融媒介服务；保险公司提供的保险服务。

政府消费 指政府部门为全社会提供公共服务的消费支出和免费或以较低价格向住户提供的货物和服务的净支出。前者等于政府服务的产出价值减去政府单位所获得的经营收入的价值，政府服务的产出价值等于它的经常性业务支出加上固定资产折旧；后者等于政府部门免费或以较低价格向住户提供的货物和服务的市场价值减去向住户收取的价值。

资本形成总额 指常住单位在一定时期内获得的减去处置的固定资产加存货的变动，包括固定资本形成总额和存货增加。

固定资本形成总额 指常住单位购置、转入和自产自用的固定资产，扣除固定资产的销售和转出后的价值，分有形固定资产形成总额和无形固定资产形成总额。有形固定资产形成总额包括一定时期内完成的建筑工程、安装工程和设备工器具购置(减处置)价值，以及土地改良、新增役、种、奶、毛、娱乐用牲畜和新增经济林木价值。无形固定资产形成总额包括矿藏的勘探、计算机软件、娱乐和文学艺术品原件等获得减处置。

存货增加 指常住单位存货实物量变动的市场价值，即期末价值减期初价值的差额。存货增加可以是正值，也可以是负值；正值表示存货上升，负值表示存货下降。它包括生产单位购进的原材料、燃料和储备物资等存货，以及生产单位生产的产成品、在制品等存货等。

货物和服务净出口 指货物和服务出口减货物和服务进口的差额。出口包括常住单位向非常住单位出售或无偿转让的各种货物和服务的价值；进口包括常住单位从非常住单位购买或无偿得到的各种货物和服务的价值。由于服务活动的提供与使用同时发生，因此服务的进出口业务并不发生出入境现象，一般把常住单位从国外得到的服务作为进口，非常住单位从本国得到的服务作为出口。货物的出口和进口都按离岸价格计算。

劳动者报酬 指劳动者因从事生产活动所获得的全部报酬。包括劳动者获得的各种形式的工资、奖金和津贴，既包括货币形式的，也包括实物形式的；还包括劳动者所享受的公费医疗和医药卫生费、上下班交通补贴和单位支付的社会保险费等。对于个体经济来说，其所有者所获得的劳动报酬和经营利润不易区分，这两部分统一作为劳动者报酬处理。

生产税净额 指生产税减生产补贴后的余额。生产税指政府对生产单位生产、销售和从事经营活动以及因从事生产活动使用某些生产要素(如固定资产、土地、劳动力)所征收的各种税、附加费和规费。生产补贴与生产税相反，指政府对生产单位的单方面收入转移，因此视为负生产税，包括政策亏损补贴、粮食系统价格补贴、外贸企业出口退税收入等。

固定资产折旧 指一定时期内为弥补固定资产损耗按照核定的固定资产折旧率提取的固定资产折旧，或按国民经济核算统一规定的折旧率虚拟计算的固定资产折旧。它反映了固定资产在当期生产中的转移价值。各类企业和企业化管理的事业单位的固定资产折旧是指实际计提并计入成本费中的折旧费；不计提折旧的政府机关、非企业化管理的事业单位和居民住房的固定资产折旧是按照统一规定的折旧率和固定资产原值计算的虚拟折旧。原则上，固定资产折旧应按固定资产的重置价格计算，但是目前我国尚不具备对全社会固定资产进行重估价的基础，所以暂时只能采用上述办法。

营业盈余 指常住单位创造的增加值扣除劳动者报酬、生产税净额和固定资产折旧后的余额。它相当于企业的营业利润加上生产补贴，但要扣除从利润中开支的工资和福利等。

直接消耗系数 指某一个部门生产单位总产出需要直接消耗各部门产品和服务的数量，也称为投入系数。它反映该部门与其他部门之间直接的技术经济联系和直接依赖关系。

完全消耗系数 指增加某一个部门单位总产出需要完全消耗各部门产品和服务的数量。完全消耗系数等于直接消耗系数和全部间接消耗系数之和，它是全面揭示国民经济各部门之间技术经济的全部联系和相互依赖关系的主要指标。

Explanatory Notes on Main Statistical Indicators

Gross National Product (GNP) refers to the final result of the primary distribution of the income created by all the resident units of a region during a certain period of time. The value added created by the resident units of a region engaged in production activities is mainly distributed to the resident units of that region while a part of it is distributed to the non resident units in the form of production tax and import duties (minus subsidies to production and import), remuneration for the laborers and property income. At the meantime, a part of the value added created abroad is distributed to the resident units of the region in the form of production tax and import duties (minus subsidies to production and import), remuneration for the laborers and property income. Thus the concept of gross national product is formed, which equals to gross domestic product plus net factor income from abroad. Unlike gross domestic product, which is a concept of production, gross national product is a concept of income.

Gross Domestic Product (GDP) refers to the final products of all resident units in a region during a certain period of time. Gross domestic product is expressed in three different forms, i.e. value, income, and products respectively. The form of value refers to the total value of all products and services produced by all resident units during a certain period of time minus total value of intimidate input of materials and services of the nature of non fixed assets or the summation of the value added of all resident units; the form of income includes all the income created by all resident units and distributed primarily to all resident and non resident units; the form of products refers to the value of all final goods and services for final use by all resident units plus the value of net exports of goods and services during a given period of time. In the practice of national accounting, gross domestic product is calculated with three approaches, i. e. production approach, income approach, and expenditure approach, which reflect gross domestic product and its composition from different aspects.

GDP Calculated with Expenditure Approach refers to total expenditure on final consumption, total capital formation and net export of goods and services by resident units of a region in a certain period of time. It reflects the composition of GDP by its use.

Final Consumption refers to the total expenditure of resident units on final consumption of goods and services in a certain period, namely the expenditure of the resident units for purchases of goods and services from domestic economic territory and abroad to meet the requirements of material, cultural and spiritual life. It excludes the expenditure of non–resident units on consumption in the economic territory of the country. The final consumption is classified into household consumption and government consumption.

Households Consumption refers to the total expenditure of resident households on the final consumption of goods and services. The households consumption is calculated at market prices, namely the purchaser's prices which the households pay; the purchasers' prices of goods are the prices the households pay when they obtain the goods, including the transport and commercial expenses paid by the households. In addition to the consumption of goods and services bought by the households directly with money, the expenditure on goods and services obtained by the households in other ways, i. e. the so called imputed expenditure on consumption, is also included in the households consumption. The imputation expenditure of the households on consumption includes the following types:(a) the goods and services provided to the households by the units in the form of payment in kind and transfer in kind; (b) the goods and services produced and consumed by the households themselves, in which the services refer only to the services provided by the residential buildings owned by the households; (c) the services of financial intermediary provided by the financial institutions; (d) the insurance services provided by the insurance companies.

Government Consumption refers to the expenditure on the consumption of the public services provided by the government to the whole society and the net expenditure on the goods and services provided by the government to the households at free charge or lower prices. The former equals to the output value of the government services minus the value of operating income obtained by the government departments. (The output value of the government services equals to its current operating expenditure plus depreciation of fixed assets) . The latter equals to the market value of the goods and services provided by the government free of charge or at low prices to the households minus the value received by the government from the households.

Total Capital Formation refers to the fixed assets acquired minus those disposed and the change in inventory, including the total fixed assets formation and the increase in inventory.

Total Fixed Capital Formation refers to the value of fixed assets purchased, transferred in by the resident units and those produced and used by themselves deducting the value of fixed assets sold and transferred out. It can be classified into total tangible assets formation and total intangible assets formation. The total tangible assets formation include the value of the construction projects, installation projects completed and the equipment, apparatus and instruments purchased as well as the value of land improved, the value of draught animals, breeding stock, milk, wool and recreational animals and the newly increased economic forest in a certain period. The total intangible assets formation includes the prospecting of minerals, the acquisition of computer software, the originals of recreational works and works of literature and arts minus the disposal of them.

Increase in Inventory refers to the market value of the change in inventory, i. e. the difference of value between the beginning and the end of the period. The increase in inventory can be positive or negative. A positive value indicates the increase in inventory while a negative value indicates the decrease in stock. The inventory includes the raw materials, fuels and reserve materials purchased by the production units as well as the inventory of finished products, semi finished products, work in progress, etc.

Net Export of Goods and Services refers to the difference of the exports of goods and services minus the imports of goods and services. The imports include the value of various goods and services sold or gratuitously transferred by the resident units to the non-resident units. The imports include the value of various goods and services purchased or gratuitously acquired by the resident units from the non-resident units. Because the provision of services and the use of them happen simultaneously, the import and export of services do not appear to have the phenomena of crossing the border of the country. The acquisition of services by the resident units from abroad is usually treated as import while the acquisition of services by non-resident units in this country is usually treated as export. The export and import of goods are calculated at FOB.

Laborers' Remuneration refers to the whole payment of various forms earned by the laborers from the productive activities they are engaged in. It includes wages, bonuses and allowances the laborers earned in monetary form and in kind. It also includes the free medical services provided to the laborers and the medicine expenses, traffic subsidies and social insurance fee paid by the laborers , working units for them. As the individual economy is concerned, since the laborers , remuneration is not easily distinguished from the operating profit, both are treated as laborers remuneration.

Net Taxes on Production refers to the residual of the taxes on production minus the subsidies on production. The taxes on production refers to the various taxes, extra charges and fees levied on the production units on their production, sale and business activities as well as on some factors of production, such as fixed assets, land and labor force, used in the production activities they are engaged in. In contrast to the taxes on production, the subsidies on production refer to the unilateral transfer of part of the government's revenue to the production units and is therefore regarded as negative taxes on production. They include subsidies on the loss due to implementation of government policies, price subsidies to the grain institutions, foreign trade corporations receipts from drawback, etc.

Depreciation of Fixed Assets refers to the depreciation of fixed assets of a given period, drawn in accordance with the stipulated depreciation rate for the purpose of compensating the wear loss or the fixed assets or the depreciation of fixed assets calculated in a fictitious way in accordance with the stipulated unified depreciation rate in the national economic accounting system. It reflects the value of transfer of the fixed assets in the production of the current period. The depreciation of fixed assets in various enterprises and institutions managed as enterprises refers to the depreciation expenses actually drawn and calculated as part of the coast. In government agencies and institutions not managed as enterprises, which do not draw the depreciation expenses, as well as for the houses of residents, the depreciation of fixed assets is the imputed depreciation, which is calculated in accordance with the stipulated unified depreciation rate. In principle, the depreciation of fixed assets should be calculated on the basis of the re purchased value of the fixed assets. However, there is no actual condition to re-evaluate all the fixed assets in China. Therefore, the above-mentioned methods are temporarily adopted at present.

Operating Surplus refers to the balance of the value added created by the resident units deducting the labourers' remuneration, net taxes on production and the depreciation of fixed assets. It is equivalent to the business profit of the enterprises plus subsidies on production, but the wages and welfare expenses paid from the profits should be deducted.

Direct Input Coefficient refers to the volume of products and services of all sectors consumed directly by a certain sector's productive units, which are needed for their total output. It is also named as technical coefficient. It represents the direct technical economical ties and direct interdependence between the sector and other sectors.

Total Input Coefficient refers to the volume of products and services of all sectors needed for a certain sectors productive units to increase their total output. Total input coefficient is equal to the sum of direct input coefficient and total indirect input coefficient. It is a major indicator to disclose the technical economical ties and interdependence between sectors of the national economy.

2015

NEIMENGGU

四、人口

Population

资料整理：杜文杰　范明哲

Arranged By Du Wenjie , Fan Mingzhe

4-1 历次全国人口普查内蒙古人口基本情况

Basic Statistics on All Region Population Census in 1953, 1964, 1982, 1990,2000 and 2010

单位：万人 (10 000 persons)

指 标	Item	1953	1964	1982	1990	2000	2010
总人口	**Total Population**	**610.02**	**1233.41**	**1927.43**	**2145.65**	**2375.54**	**2470.63**
男	Male	343.19	669.28	1005.29	1115.57	1228.90	1283.13
女	Female	266.83	564.13	922.14	1030.08	1146.64	1187.50
总户数(万户)	**Total Number of Households (10 000 households)**	**138.70**	**261.39**	**420.00**	**529.34**	**708.16**	**847.05**
家庭户	Family Households			418.75	527.31	695.48	817.61
集体户	Non-family Households			1.25	2.03	12.68	29.44
各年龄组人口	**Population by Age**						
0-5岁	Age 0-5			237.01	246.92	151.13	134.60
6-14岁	Age 6-14			447.58	363.45	354.43	213.66
15-64岁	Age 15-64			1173.22	1449.29	1742.85	1935.56
65岁及以上	Age 65 and Over			69.62	85.99	127.13	186.81
民族人口	**Nationality Population**						
汉族	Han Nationality	512.00	1072.94	1627.76	1729.00	1882.39	1965.07
蒙古族	Mongolian Nationality	88.82	138.45	248.94	337.97	402.92	422.61
其他少数民族	other Minority Nationalities	7.24	22.00	50.73	78.67	90.23	82.95
15岁及以上人口	**Population Aged 15 and Over**			**1242.84**	**1535.28**	**1869.98**	**2122.37**
6岁及以上人口按受教育程度分组	**Population Aged 6 and Over by Educational Level**			**1690.42**	**1898.73**	**2224.41**	**2236.03**
大学本科	University				10.83	24.47	91.99
大学专科	Three Years College			11.00	20.90	65.88	160.20
中专	Specialized Secondary School				42.97	89.66	
高中	Senior Secondary School			143.68	173.07	237.22	373.69
初中	Junior Secondary School			371.99	546.55	826.65	968.93
小学	Primary School			631.58	716.68	739.60	627.99
不识字或识字很少	Illiterate and Semi-Illiterate			422.29	332.82	240.93	113.23
市镇乡村人口	**Population of Cities, Towns & Countyside**						
市镇人口	City & Town		305.10	556.14	779.69	1013.88	1372.02
乡村人口	County		928.31	1371.29	1365.96	1361.66	1098.61

注：1953、1964、1982和1990年数据为年中数(7月1日零时)，2000、2010年数据为2000、2010年11月1日零时快速汇总数。

a)Data on 1953,1964,1982 and 1990 is year-middle data (at zero hour of Jul.1). The figures from the pre liminary tabulationa,2000、2010 is Data at at zero hour of Nov.1

4-2 年末总人口数及构成

Population and Its Composition at Year-end

单位：万人　　　　(10 000 persons)

年 份 Year	年末总人口 Total Population (year-end)	按性别分 By sex		按农业、非农业分 By Agricultural & Non-agricultural Population		按城乡分 By Residence	
		男 Male	女 Female	农业人口 Agricultural	非农业人口 Non-agricaltural	市镇人口 Urban	乡村人口 Rural
1949	608.1	334.0	274.1			75.2	532.9
1952	715.9	394.3	321.6			91.9	624.0
1957	936.0	519.3	416.7			175.4	760.6
1965	1296.4	700.1	596.3			268.3	1028.1
1970	1491.0	799.0	692.0			320.8	1170.2
1975	1737.9	918.6	819.3	1306.3	431.6	379.3	1358.6
1978	1823.4	957.8	865.6	1360.8	462.6	397.5	1425.9
1980	1876.5	981.2	895.3	1380.8	495.7	433.1	1443.4
1981	1902.9	994.9	908.0	1390.6	512.3	445.2	1457.7
1982	1941.6	996.0	945.6	1414.6	527.0	565.2	1376.4
1983	1969.8	1009.8	960.0	1431.9	537.9	573.8	1396.0
1984	1993.1	1022.7	970.4	1444.9	548.2	847.1	1146.0
1985	2015.9	1043.6	972.3	1441.2	574.7	874.1	1141.8
1986	2040.7	1058.0	982.7	1451.7	589.0	932.2	1108.5
1987	2066.4	1062.3	1004.1	1456.7	609.7	1004.5	1061.9
1988	2093.9	1083.2	1010.7	1461.9	632.0	1033.8	1060.1
1989	2122.2	1102.4	1019.8	1470.8	651.5	1055.8	1066.5
1990	2162.6	1127.6	1035.0	1496.8	665.7	781.1	1381.4
1991	2183.9	1132.8	1051.0	1506.9	677.0	807.4	1376.4
1992	2206.6	1142.1	1064.5	1519.5	687.1	817.1	1389.5
1993	2232.4	1149.8	1082.6	1525.2	707.2	831.8	1400.6
1994	2260.5	1161.5	1099.0	1534.6	725.9	849.3	1411.2
1995	2284.4	1187.6	1096.8	1541.3	743.1	873.1	1411.3
1996	2306.6	1198.0	1108.6	1546.8	759.8	887.2	1419.4
1997	2325.7	1207.5	1118.2	1549.6	776.1	905.6	1420.1
1998	2344.9	1216.7	1128.2	1552.1	792.8	936.7	1408.2
1999	2361.9	1224.6	1137.3	1553.7	808.2	967.8	1394.1
2000	2372.4	1227.2	1145.2	1535.4	837.0	1001.1	1371.3
2001	2381.4	1230.6	1150.8	1528.4	853.0	1036.8	1344.6
2002	2384.1	1231.1	1153.0	1518.0	866.1	1050.3	1333.8
2003	2385.8	1231.4	1154.3	1504.5	881.3	1067.4	1318.4
2004	2392.7	1234.2	1158.5	1477.8	915.0	1097.3	1295.4
2005	2403.1	1237.9	1165.2	1446.2	956.9	1134.3	1268.8
2006	2415.1	1243.0	1172.1	1449.3	965.8	1174.7	1240.4
2007	2428.8	1250.0	1178.8	1448.5	980.3	1218.0	1210.8
2008	2444.3	1255.9	1188.4	1455.1	989.2	1264.1	1180.2
2009	2458.2	1263.5	1194.7	1458.9	999.3	1312.7	1145.5
2010	2472.2	1283.9	1188.3	1462.0	1010.2	1372.9	1099.3
2011	2481.7	1288.0	1193.7	1469.2	1012.5	1405.2	1076.5
2012	2489.9	1291.6	1198.3	1464.6	1025.3	1437.6	1052.3
2013	2497.6	1294.4	1203.2	1466.9	1030.7	1466.3	1031.3
2014	2504.8	1296.9	1207.9	1468.9	1035.9	1490.6	1014.2

注:1985 年之前为户籍统计数,2011 年及以后年份为人口变动抽样调查推算数据,其余年份为根据历次人口普查数据调整的数据。

a)Before 1985,data were Enumeration of Census Register,In 2011, data have been estimated on the basis of the annual National Sample Surveys on Population Changes ,and in other years,Data were adjusted on the basis of all previous National Population Census.

4-3 人口出生率、死亡率、自然增长率

Birth Rate, Death Rate and Natural Growth Rate

年 份 Year	出生率 Birth Rate(‰)	死亡率 Death Rate(‰)	自然增长率 Natural Growth Rate(‰)	人口机械增长率 Migratory Growth Rate(‰)
1956	29.5	7.9	21.6	40.0
1957	37.2	10.5	26.7	16.3
1958	28.4	7.9	20.5	31.7
1959	30.8	11.0	19.8	54.8
1960	29.4	9.4	20.0	94.1
1961	22.1	8.8	13.3	-37.1
1962	38.2	9.0	29.2	-21.7
1963	41.3	8.5	32.8	3.7
1964	41.9	11.8	30.1	0.9
1965	40.0	9.3	30.7	2.8
1966	36.1	8.1	28.0	-2.8
1967	34.9	7.7	27.2	3.5
1968	34.9	7.3	27.6	1.2
1969	32.5	6.8	25.7	8.4
1970	32.3	6.2	26.1	-5.1
1971	29.7	5.6	24.1	18.0
1972	30.7	6.6	24.1	6.3
1973	28.3	5.7	22.6	7.1
1974	25.9	6.1	19.8	12.4
1975	23.3	6.1	17.2	1.8
1976	20.1	5.5	14.6	3.3
1977	18.1	5.4	12.7	3.5
1978	18.5	5.2	13.3	0.6
1979	18.1	4.9	13.2	-0.3
1980	16.5	4.9	11.5	
1981	17.3	4.9	12.4	1.3
1982	21.2	5.7	15.5	-0.8
1983	20.0	5.5	14.5	
1984	18.9	5.5	13.4	-1.7
1985	17.2	5.7	11.5	-0.1
1986	19.1	5.9	13.2	-1.0
1987	19.7	6.1	13.6	-1.1
1988	19.0	5.7	13.3	-0.1
1989	19.3	5.8	13.5	-0.7
1990	21.2	7.2	14.0	-1.1
1991	16.8	7.0	9.8	-1.2
1992	17.1	6.7	10.3	-1.3
1993	18.5	6.8	11.7	-0.5
1994	19.0	6.5	12.5	-0.3
1995	17.2	6.7	10.5	-0.1
1996	16.1	6.4	9.7	0.1
1997	15.2	7.0	8.3	0.1
1998	14.4	6.2	8.2	
1999	13.3	6.1	7.2	-0.2
2000	12.1	5.9	6.1	-0.6
2001	10.8	5.8	5.0	-1.2
2002	9.6	5.9	3.7	-2.6
2003	9.2	6.2	3.1	-2.4
2004	9.5	6.0	3.6	-0.6
2005	10.1	5.5	4.6	-0.3
2006	9.9	5.9	4.0	1.0
2007	10.2	5.7	4.5	1.2
2008	9.8	5.5	4.3	2.1
2009	9.6	5.6	4.0	1.7
2010	9.3	5.5	3.8	1.9
2011	8.9	5.4	3.5	0.3
2012	9.2	5.5	3.7	-0.4
2013	9.0	5.6	3.4	-0.3
2014	9.3	5.7	3.6	-0.7

4-4 年末总人口及人口变动

Population and Its Changes at Year-end

项目	Item	2013	2014	2014年比2013年增长(%) Growth Rate
一、总人口(万人)	**Total Population (10 000 persons)**	**2497.61**	**2504.81**	**0.29**
按性别分	**By sex**			
男(万人)	Male(10 000 persons)	1294.38	1296.90	0.19
女(万人)	Female(10 000 persons)	1203.23	1207.91	0.39
按城乡分	**By Residence**			
市镇人口(万人)	Urban(10 000 persons)	1466.35	1490.61	1.65
乡村人口(万人)	Rural(10 000 persons)	1031.26	1014.20	-1.65
按农业非农业分	**By Agriculture and Non-agriculture**			
农业人口(万人)	Agriculture(10 000 persons)	1466.88	1468.94	0.14
非农业人口(万人)	Non-agriculture (10 000 persons)	1030.73	1035.87	0.50
二、人口自然变动	**Population Natural Changes**			
出生人口(万人)	Briths(10 000 persons)	22.39	23.29	4.02
男	Male	11.59	12.08	4.23
女	Female	10.80	11.21	3.80
死亡人口(万人)	Deaths(10 000 persons)	14.01	14.38	2.64
出生率(‰)	Birth Rate(‰)	8.98	9.31	
死亡率(‰)	Death Rate(‰)	5.62	5.75	
自然增长率(‰)	Natural Growth Rate(‰)	3.36	3.56	

注:本表数据根据人口变动调查数据推算。

a)Data in the table have been estimated on the basis of the annual Autonomous Regional Sample Surveys on population Changes.

4–5 民族人口及构成

Population Nationality and Its Composition

单位：人 (person)

项目	Item	2013	2014	构成 (%) Composition 2013	构成 (%) Composition 2014
汉族	Han	19184277	19062387	77.79	77.54
蒙古族	Mongolian	4549213	4584472	18.45	18.65
回族	Hui	219203	220631	0.89	0.90
满族	Man	539661	544371	2.19	2.21
朝鲜族	Korean	24172	23809	0.10	0.10
达斡尔族	Daur	84342	85039	0.34	0.35
鄂温克族	Ewenki	31505	31917	0.13	0.13
鄂伦春族	Oroqen	4739	4817	0.02	0.02
壮族	Zhuang	2135	2293	0.01	0.01
藏族	Tibetan	1373	1546	0.01	0.01
锡伯族	Xibe	3855	3685	0.02	0.01
苗族	Miao	1950	2016	0.01	0.01
土家族	Tujia	1891	1936	0.01	0.01
彝族	Yi	1543	1679	0.01	0.01
维吾尔族	Uygur	206	226		
其他少数民族	Other Minority Nationalities	12317	12424	0.05	0.05
外国人加入中国籍	Foreigners Naturalized China	7	6		

注:本表数据为公安户籍统计数。

a) Date in the Table is Registered Statistics

4-6 年末民族人口数

Population by Nationality at Year-end

年 份 Year	在人口总数中 Total Populational Including							
	汉 族(万人) Han(10000 persons)	蒙古族(万人) Mongolian (10000 persons)	回 族(万人) Hui(10000 persons)	满 族(万人) Man(10000 persons)	朝鲜族 (人) Korean (person)	达斡尔族 (人) Daur (person)	鄂温克族 (人) Ewenki (person)	鄂伦春族 (人) Oroqen (person)
1951	589.6	87.1	4.7	1.9	6242	18060	5546	919
1952	614.4	91.2	5.0	2.0	6590	19129	5611	929
1953	649.3	98.5	5.2	2.1	6841	19480	5667	953
1954	687.6	102.7	5.4	2.2	7120	21304	5976	989
1955	725.6	105.5	5.8	2.3	7589	21883	6313	1067
1956	775.7	108.6	6.2	2.0	10213	22253	5665	1009
1957	811.2	111.6	6.7	2.1	11247	24278	6178	949
1958	857.1	114.1	7.5	2.5	12674	27656	6723	1025
1959	930.7	115.5	8.0	3.0	13209	29884	6593	1124
1960	1049.8	121.4	9.4	3.2	14056	30420	6935	1135
1961	1021.0	123.5	10.5	2.8	12457	30918	7508	1143
1962	1023.5	129.7	10.0	3.2	11934	31201	8558	1129
1963	1061.1	134.6	10.3	3.8	11827	32509	8469	1145
1964	1091.4	140.3	11.2	5.0	11328	34819	9038	1205
1965	1129.4	144.5	11.3	5.3	11412	35980	9191	1272
1966	1158.3	148.3	11.4	5.5	11513	36620	9591	1318
1971	1358.2	169.7	13.2	6.8	13884	40440	11038	1364
1972	1401.7	172.9	13.4	6.9	13426	42966	11195	1409
1973	1444.5	178.5	13.8	7.1	13864	44971	11268	1454
1974	1493.4	182.6	14.2	7.4	14400	46420	11639	1499
1975	1521.7	186.6	14.3	7.6	14862	48333	12426	1544
1976	1549.0	189.5	14.6	7.8	15750	48967	13554	1592
1977	1573.9	193.1	14.7	7.9	15420	52733	12753	1524
1978	1592.9	198.6	15.0	8.0	15403	55372	12657	1579
1979	1617.0	202.1	14.6	8.7	20881	53954	15592	1600
1980	1632.7	209.0	15.3	10.3	16193	56399	14722	1699
1981	1651.5	215.3	15.8	11.0	16062	56801	15245	1754
1982	1637.9	253.2	17.0	23.7	17337	56883	17525	2186
1983	1657.5	260.3	17.0	24.9	17800	59500	18000	2200
1984	1671.0	268.1	17.6	26.0	18400	60500	18300	2300
1985	1686.2	274.7	17.1	27.1	18600	61500	18900	2300
1986	1696.8	285.5	17.7	29.4	19485	64129	19840	2483
1987	1706.9	297.2	18.3	32.3	19743	65167	20412	2561
1988	1721.8	307.3	18.5	34.4	20152	66462	20499	2686
1989	1729.9	315.7	18.8	35.7	21147	69579	20853	2793
1990	1749.1	328.5	18.7	40.0	22380	70959	22494	2976
1991	1758.7	333.1	19.0	40.9	22047	71598	23138	3171
1992	1766.1	338.3	19.5	41.4	22161	72432	23321	3262
1993	1779.4	343.4	19.7	42.1	21963	73574	23928	3242
1994	1791.6	349.6	19.7	42.8	22735	73354	24427	3302
1995	1803.4	356.5	19.9	43.7	22741	72680	24545	3447
1996	1820.0	364.2	20.0	44.8	22772	73689	25059	3436
1997	1836.8	371.8	20.4	45.5	22759	74992	25632	3599
1998	1851.0	378.6	20.4	46.2	23068	73797	25578	3568
1999	1865.5	382.8	21.0	46.0	23825	73818	26001	3813
2000	1832.5	386.0	20.9	47.0	23278	76374	26546	3704
2001	1843.7	391.8	20.8	48.1	23841	77145	26870	3846
2002	1855.0	396.0	21.1	47.8	24009	79202	27423	3968
2003	1860.6	404.0	21.1	48.7	23863	79195	27915	3998
2004	1866.5	408.0	21.3	48.7	24117	79960	28285	4229
2005	1853.8	412.7	21.0	49.1	23503	79248	27931	4791
2006	1880.9	414.4	21.1	49.9	23800	82342	28774	4816
2007	1898.0	427.7	21.3	50.6	24117	83610	29085	5000
2008	1913.3	433.5	21.4	51.4	24353	84478	29589	5032
2009	1921.4	441.6	21.5	51.9	24318	83127	30163	4561
2010	1921.5	441.1	21.6	52.4	24184	83007	30863	4594
2011	1927.4	447.2	21.8	52.8	24017	83284	31296	4623
2012	1917.7	450.2	21.8	53.4	23784	83653	31248	4664
2013	1918.4	454.9	21.9	54.0	24172	84342	31505	4739
2014	1906.2	458.4	22.1	54.4	23809	85039	31917	4817

注：本表数据为公安户籍统计数。

a) Date in the Table is Registered Statistics

主要统计指标解释

人口数 指一定时点、一定地区范围内的有生命的个人的总和。

年度统计的年末人口数指每年 12 月 31 日 24 时的人口数。

市镇总人口和乡村总人口

其定义有两种口径：

第一种口径(按行政建制)

市人口：市管辖区域内的全部人口(含市辖镇，不含市辖县)；

镇人口：县辖镇的全部人口(不含市辖镇)；

县人口：县辖乡人口。

第二种口径(按常住人口划分)

市人口：设区的市的区人口和不设区的市所辖的街道人口；

镇人口：不设区的市所辖镇的居民委员会人口和县辖镇的居民委员会人口；

县人口：除上述两种人口以外的全部人口。

1952–1980 年数据为第一种口径的数据，1982 年以后的数据为第二种口径的数据。

出生率(又称粗出生率) 指在一定时期内(通常为一年)平均每千人所出生的人数的比率，一般用千分率表示。计算公式为：

出生率 = 年出生人数 / 年平均人数 × 1000‰

式中：出生人数指活产婴儿，即胎儿脱离母体时(不管怀孕月数)，有过呼吸或其他生命现象。年平均人数指年初、年底人口数的平均数，也可用年中人口数代替。

死亡率(又称粗死亡率) 指在一定时期内(通常为一年)一定地区的死亡人数与同期平均人数(或期中人数)之比，一般用千分率表示。计算公式为：

死亡率 = 年死亡人数 / 年平均人数 × 1000‰

人口自然增长率 指在一定时期内(通常为一年)人口自然增加数(出生人数减死亡人数)与该时期内平均人数(或期中人数)之比，一般用千分率表示。计算公式为：

人口自然增长率 =(本年出生人数 – 本年死亡人数)/ 年平均人数 × 1000‰

人口自然增长率 = 人口出生率 — 人口死亡率

Explanatory Notes on Main Statistical Indicators

Total Population refers to the total number of people alive at a certain point of time within a given area.

The annual statistics on total population is taken at midnight, the 3lst of December.

Urban Population and Rural Population There are two definitions. The first definition (according to the administrative organizational system) :

City population: Total population under the jurisdiction of city (including population of the town under the jurisdiction of city. excluding the population of counties under the jurisdiction of city) .

Town population: Total population of town under the jurisdiction of county (excluding the population of town under the jurisdiction of city) .

County population: Total population of country under the jurisdiction of county) .

The second definition (classified by the permanent population) :

City population: Total population of districts under the jurisdiction of city with district establishment and the population of street under the jurisdiction of city without district establishment.

Town population: Total resident committees population of towns under the jurisdiction of city without district establishment and the resident committee's population of towns under the jurisdiction of county.

County population: Total population except city population and town population.

Data from 1952 to 1980 is the figures according to the first definition. Data since 1982 are the figure according to the second definition.

Birth Rate of (Crude Birth Rate) refers to the ratio of the number of births to the average population during a certain period of time (usually a year) which is often expressed in‰. The following formula is used:

Birth Rate = Number of Births /Average Number of Population × 1000‰

Number of births refers to live births i. e. the births when babies had showed any vital phenomena regardless of the length of pregnancy.

Annual Average Number of Population is the average of the number of population at the beginning of the year and that at the end of the year. Sometimes it is substituted for with the mid year population.

Death Rate (or Crude Death Rate) refers to the ratio of the number of deaths to the average population (or mid year population) during a certain period of time (usually a year) which is often expressed in‰. The following formula is used:

Death Rate =Number of Deaths /Annual Average Number of Population × 1000‰

Natural Growth Rate of Population refers to the ratio of natural increase in population (number of births minus number of deaths) in a certain period of time (usually a year) to the average population (or mid year population) of the same period which is often expressed in‰. The following formulas are applied:

Natural Growth of Population = (Number of Births–Number of Deaths) / Average Number of Population × 1000‰

Natural Growth Rate of Population=Birth Rate–Death Rate

2015

NEIMENGGU

五、从业人员和职工工资

Employment and Wages

资料整理：白　菲
Arranged By Bai Fei

5-1 就业基本情况
Employment

项目	Item	1995	2000	2005	2010	2014
就业人员总计(万人)	**Total Number of Employed Persons(10 000 persons)**	**1029.4**	**1061.6**	**1041.1**	**1184.7**	**1485.4**
第一产业	Primary Industry	536.8	553.7	560.5	571.0	582.0
第二产业	Secondary Industry	225.0	182.4	162.7	206.2	271.4
第三产业	Tertiary Industry	267.6	325.5	317.9	407.5	632.0
就业人员构成(总计=100)	**Composition of Employed Persons(total=100)**					
第一产业	Primary Industry	52.1	52.2	53.8	48.2	39.2
第二产业	Secondary Industry	21.9	17.1	15.6	17.4	18.3
第三产业	Tertiary Industry	26.0	30.7	30.5	34.4	42.5
按城乡分就业人员(万人)	**Number of Employed Persons by Urban and Rural Areas(10 000 persons)**	**1029.4**	**1061.6**	**1041.1**	**1184.7**	**1485.4**
城镇就业人员	**Urban Employed Persons**	**440.0**	**430.1**	**350.3**	**465.2**	**738.8**
# 国有单位	State-owned Units	302.3	201.1	162.0	169.4	168.1
城镇集体单位	Urban Collective-owned Units	70.8	25.6	12.4	8.9	6.3
股份合作单位	Share Holding Units	5.9	2.9	1.8	2.1	1.1
联营单位	Joint-owned Units	0.3	0.6	0.3	0.2	0.2
有限责任公司	Limited Liability Corporations		26.0	47.0	45.5	92.0
股份有限公司	Share-holding Corporations Ltd.		8.2	14.3	17.8	23.7
私营企业	Private Enterprises	7.6	28.6	47.1	103.1	173.2
港澳台商投资单位	Units Funded by Entrepreneurs from Hong Kong, Macao & Taiwan	2.0	1.7	1.6	1.6	2.4
外商投资单位	Foreign Funded Units	2.2	2.2	2.5	2.8	6.3
个体	Self-employed Individuals	36.7	88.2	60.2	113.0	264.1
乡村从业人员	**Rural Employed Persons**	**589.4**	**631.5**	**690.8**	**719.5**	**746.6**
# 私营企业	Private Enterprises	2.5	12.8	21.1	18.4	34.7
个体	Self-employed Individuals	26.6	71.5	22.1	24.4	50.7
职工人数(万人)	**Number of Staff and Workers(10 000 persons)**	**383.7**	**263.9**	**239.6**	**244.9**	**292.6**
国有单位	State-owned Units	302.3	197.3	159.7	166.7	164.7
城镇集体单位	Urban Collective-owned Units	70.8	25.4	12.2	8.6	5.9
其他单位	Units of Other Types of Ownership	10.6	41.2	67.7	69.6	122.0
城镇单位女性就业人员(万人)	**Number of Female Employment in Urban Units(10 000 persons)**	**149.9**	**102.9**	**91.8**	**91.6**	**109.3**
城镇登记失业人数(万人)	**Number of Registered Unemployed Persons in Urban Areas (10 000 persons)**	**13.97**	**12.65**	**17.75**	**20.81**	**24.77**
城镇登记失业率(%)	**Registered Unemployment Rate in Urban Areas(%)**	**3.17**	**3.34**	**4.26**	**3.90**	**3.59**

注：1.1998 年及以后城镇单位就业人员、职工人数统计口径有调整，详见本篇末指标解释。

2.2003 年以后全社会就业人员中不包括社会自由从业人员。

a)Statistical coverage of staff and workers employed in urban units was adjusted after 1998.Please refer to the explanatory notes at the end of this chapter.

b)Social total number of employed persons doesn′t include social self−employed persons after 2003.

5-2 按三次产业划分的年末就业人员
Number of Employed Persons at Year-end by Type of Industry

年份 Year	就业人员(万人) Total (10 000 persons)	第一产业 Primary Industry	第二产业 Secondary Industry	第三产业 Tertiary Industry	构成(合计=100) Composition in Percentage(total=100) 第一产业 Primary Industry	第二产业 Secondary Industry	第三产业 Tertiary Industry
1965	476.8	379.7	45.3	51.8	79.64	9.50	10.86
1970	524.4	405.2	63.6	55.6	77.27	12.13	10.60
1975	607.5	441.6	95.5	70.4	72.69	15.72	11.59
1978	652.8	438.0	120.5	94.3	67.10	18.45	14.45
1980	698.4	460.7	129.7	108.0	65.97	18.57	15.46
1981	731.2	478.8	136.4	116.0	65.48	18.66	15.86
1982	762.4	501.5	140.1	120.8	65.78	18.38	15.84
1983	798.8	515.8	146.7	136.3	64.57	18.37	17.06
1984	827.8	524.5	154.5	148.8	63.36	18.66	17.98
1985	856.6	517.8	174.8	164.0	60.45	20.40	19.15
1986	875.4	521.7	184.6	169.1	59.60	21.08	19.32
1987	891.0	490.3	188.0	212.7	55.03	21.10	23.87
1988	909.7	490.0	200.1	219.6	53.86	22.00	24.14
1989	910.3	491.3	199.1	219.9	53.97	21.87	24.16
1990	924.6	515.5	201.4	207.7	55.76	21.78	22.46
1991	962.9	537.9	208.8	216.2	55.86	21.68	22.45
1992	976.0	531.4	217.1	227.5	54.45	22.24	23.31
1993	1008.2	535.4	220.4	252.4	53.10	21.86	25.04
1994	1033.4	536.5	225.1	271.8	51.92	21.78	26.30
1995	1029.4	536.8	225.0	267.6	52.15	21.85	26.00
1996	1039.0	546.8	223.4	268.8	52.63	21.50	25.87
1997	1050.3	544.6	213.2	292.5	51.85	20.30	27.85
1998	1050.3	542.6	207.1	300.6	51.66	19.72	28.62
1999	1056.7	555.4	185.5	315.8	52.56	17.55	29.89
2000	1061.6	553.7	182.4	325.5	52.20	17.10	30.70
2001	1067.0	550.5	179.3	337.2	51.60	16.80	31.60
2002	1086.1	552.3	173.7	360.1	50.90	16.00	33.10
2003	1005.2	548.7	152.5	303.9	54.59	15.17	30.24
2004	1026.1	559.3	153.0	313.8	54.51	14.91	30.58
2005	1041.1	560.5	162.7	317.9	53.83	15.64	30.53
2006	1051.2	565.3	168.0	317.8	53.78	15.98	30.23
2007	1081.5	569.3	183.6	328.6	52.64	16.98	30.38
2008	1103.3	556.7	186.2	360.4	50.45	16.88	32.67
2009	1142.5	558.0	193.3	391.2	48.84	16.92	34.24
2010	1184.7	571.0	206.2	407.5	48.20	17.41	34.39
2011	1249.3	573.0	221.5	454.8	45.87	17.73	36.40
2012	1304.9	583.4	236.1	485.4	44.70	18.10	37.20
2013	1408.2	580.9	264.6	562.7	41.25	18.79	39.96
2014	1485.4	582.0	271.4	632.0	39.18	18.27	42.55

注:1. 2003 年以后就业人员中不包括社会自由就业人员。

2. 2004 年三次产业就业人员和构成按相关数据进行了调整。

a)Social total number of employed persons doesn´t include social self-employed persons after 2003.

b)The number of employed persons in tertiary industry and its composition in 2004 is adjusted by relation data.

5-3 分行业城镇单位年末女性就业人员(2014年)

Number of Female Employed in Urban Units at Year-end by Sector(2014)

单位：人 (person)

项 目	Item	合 计 Total	国有单位 State-owned Units	城镇集体单位 Urban Collective-owned Units	其他单位 Units of Other Types of Ownership
总 计	**Total**	**1092698**	**678917**	**27391**	**386390**
按企、事业和机关分组	**Grouped by Enterprises, Institutions and Agencies**				
企业	Enterprises	565431	162428	20616	382387
事业	Institutions	398384	389806	6744	1834
机关	Agencies & Organizations	126063	125868		195
按国民经济行业分组	**Grouped by Sector**				
农、林、牧、渔业	Farming, Forestry, Animal Husbandry and Fishery	78634	75199	87	3348
采矿业	Mining	33925	4850	120	28955
制造业	Manufacturing	142087	5562	3934	132591
电力、燃气及水的生产和供应业	Production & Supply of Electric Power, Gas and Water	39124	14731	264	24129
建筑业	Construction	33374	1656	1502	30216
批发和零售业	Wholesale and Retail Trade	51691	8760	912	42019
交通运输、仓储和邮政业	Transportation, Storage and Postal Services	56260	36135	303	19822
住宿和餐饮业	Quarters and Catering	24752	4387	490	19875
信息传输、软件和信息技术服务业	Information Transmission,Software and IT Services	25694	7080	23	18591
金融业	Banking	60499	22348	11682	26469
房地产业	Real Estate	21265	2287	42	18936
租赁和商务服务业	Leasing and Commercial Services	14106	7105	449	6552
科学研究和技术服务业	Scientific and Technical Services	20039	14829	146	5064
水利、环境和公共设施管理业	Water Conservancy, Environment and Public Facilities Administration	35869	31758	1309	2802
居民服务、修理和其他服务业	Resident Services, Repairs and Other Services	3538	1806	989	743
教育	Education	198556	195196	205	3155
卫生和社会工作	Health and Social Work	90507	83296	4923	2288
文化、体育和娱乐业	Culture, Sports & Recreational Services	16956	16289	11	656
公共管理、社会保障和社会组织	Public Administration， Social Security and Social Organizations	145822	145643		179
国际组织	International Organizations				

5-4 按登记注册类型和城乡划分的年末就业人员

单位：万人

年份 Year	总计 Total	城镇 合计 Sub-total	# 国有单位 State-owned Units	# 集体单位 Collective-owned Units	# 股份合作单位 Share Holding Units	# 联营单位 Joint-owned Units	# 有限责任公司 Limited Liability Corporations	# 股份有限公司 Share-holding Corporations Ltd.
1965	476.8	101.2	86.5	13.4				
1970	524.4	124.8	110.9	13.9				
1975	607.5	176.9	143.8	32.9				
1978	652.8	227.8	183.2	44.4				
1980	698.4	225.4	200.6	53.7				
1985	856.6	335.6	241.4	79.0				
1987	891.0	359.7	260.2	82.5		0.1		
1988	909.7	373.3	268.3	84.7		0.2		
1989	910.3	375.4	271.0	86.0		0.3		
1990	924.6	386.6	282.3	87.0		0.4		
1991	962.9	404.2	293.2	89.3		0.6		
1992	976.0	415.7	302.1	89.6		1.0		
1993	1008.2	434.2	301.1	87.4	1.2	0.3		
1994	1033.4	453.8	301.7	76.1	5.0	0.4		
1995	1029.4	440.0	302.3	70.8	5.9	0.3		
1996	1039.0	434.7	302.1	66.8	5.9	0.3		
1997	1050.3	444.9	291.9	59.4	7.1	0.2		
1998	1050.3	443.4	252.4	45.7	2.9	0.8	18.1	6.9
1999	1056.7	435.7	232.4	37.8	2.9	0.9	23.4	8.0
2000	1061.6	430.1	201.1	25.6	2.9	0.6	26.0	8.2
2001	1067.0	434.5	188.9	20.5	2.2	0.5	29.3	9.3
2002	1086.1	435.6	177.8	17.7	1.9	0.4	34.4	11.1
2003	1005.2	352.9	169.2	15.8	2.0	0.3	40.2	12.0
2004	1026.1	350.3	166.6	13.5	1.7	0.3	43.3	13.0
2005	1041.1	350.3	162.0	12.4	1.8	0.3	47.0	14.3
2006	1051.2	365.0	160.5	11.5	1.5	0.3	49.3	14.3
2007	1081.5	383.5	162.0	11.1	1.9	0.3	48.1	17.7
2008	1103.3	414.9	163.5	10.1	1.4	0.3	45.5	18.3
2009	1142.5	439.5	166.7	9.2	1.9	0.2	44.5	17.9
2010	1184.7	465.2	169.4	8.9	2.1	0.2	45.5	17.8
2011	1249.3	517.1	173.1	8.5	1.5	0.2	53.7	19.6
2012	1304.9	562.6	176.3	8.5	2.4	0.2	56.6	20.1
2013	1408.2	665.4	170.8	7.3	2.0	0.1	91.4	22.8
2014	1485.4	738.8	168.1	6.3	1.1	0.2	92.0	23.7

Number of Employed Persons at Year-end by Status of Registration and Residence in Urban and Rural Areas

(10 000 persons)

Urban Area				乡 村Rural Area		
# 私营企业 Private Enterprises	# 港澳台商投资单位 Economic Units Funded by Entrepreneurs from Hong Kong, Macao and Taiwan	# 外商投资单位 Foreign Funded Economic Units	# 个 体 Self-employed individuals	合 计 Sub-total	# 私营企业 Private Enterprises	# 个体 Self-employed Individuals
			1.3	375.6		
				399.6		
			0.2	430.6		
			0.2	425.0		
			1.1	443.0		
			15.2	521.0		
			16.9	531.3		
			20.1	536.4		
			18.1	534.9		
			16.9	538.0		
			21.1	558.7		
			23.0	560.3		
3.8	1.0	1.1	28.7	574.0		
5.5	1.4	1.7	38.1	579.6		
7.6	2.0	2.2	36.7	589.4	2.5	26.6
10.8	1.9	2.7	40.7	604.3	3.2	32.9
14.0	2.1	2.8	57.9	605.4	3.7	37.1
23.0	2.3	1.7	73.2	606.9	5.9	48.8
25.1	2.0	2.1	88.0	621.0	13.6	59.7
28.6	1.7	2.2	88.2	631.5	12.8	71.5
30.4	1.7	1.8	96.2	632.5	15.2	73.7
29.0	1.8	2.0	87.9	650.5	22.8	77.6
35.7	1.7	2.5	72.8	652.3	15.6	35.6
44.2	1.1	2.7	56.1	675.8	17.0	21.8
47.1	1.6	2.5	60.2	690.8	21.1	22.1
53.3	1.3	2.7	69.0	686.2	20.3	18.8
61.8	1.5	2.7	75.2	698.0	21.1	18.4
80.4	1.4	2.8	89.6	688.4	18.0	20.1
89.2	1.5	2.9	104.5	703.0	16.2	24.4
103.1	1.6	2.8	113.0	719.5	18.4	24.4
117.4	1.7	3.1	137.3	732.2	18.2	28.6
133.5	2.4	3.1	158.3	742.3	20.1	49.4
144.8	2.2	5.4	216.7	742.8	50.9	55.0
173.2	2.4	6.3	264.1	746.6	34.7	50.7

5-5 分行业年末职工(2014年)

Number of Staff and Workers at Year-end by Sector(2014)

单位：人 (person)

项目	Item	合计 Total	国有单位 State-owned Units	城镇集体单位 Urban Collective-owned Unit	其他单位 Units of Other Types of Ownership
总计	**National Total**	**2926572**	**1646836**	**59496**	**1220240**
按企、事业和机关分组	**Grouped by Enterprises, Institutions and Agencies**				
企业	Enterprises	1773145	514195	46101	1212849
事业	Institutions	777083	760112	13344	3627
机关	Agencies & Organizations	371201	370477		724
按国民经济行业分组	**Grouped by Sector**				
农、林、牧、渔业	**Farming, Forestry, Animal Husbandry and Fishery**	**229483**	**222055**	**451**	**6977**
农业	Farming	98277	96568	291	1418
林业	Forestry	78161	78080		81
畜牧业	Animal Husbandry	25425	20723	28	4674
渔业	Fishery	2325	2317		8
农、林、牧、渔服务业	Agricultural Services	25295	24367	132	796
采矿业	**Mining**	**199296**	**31708**	**1221**	**166367**
制造业	**Manufacturing**	**453486**	**20383**	**8953**	**424150**
电力、燃气及水的生产和供应业	**Production and Supply of Electric Power, Gas and Water**	**136128**	**51629**	**698**	**83801**
建筑业	**Construction**	**209242**	**7503**	**3768**	**197971**
房屋建筑业	Housing Construction	147745	4794	2910	140041
土木工程建筑业	Civil Engineering Construction	51307	2449	565	48293
建筑安装业	Installation of Buildings	7034	260	293	6481
建筑装饰和其他建筑业	Decoration of Buildings and Other Construction	3156			3156
批发和零售业	**Wholesale & Retail Trade**	**101777**	**22622**	**2438**	**76717**
批发业	Wholesale Trade	35711	12870	1307	21534
零售业	Retail Trade	66066	9752	1131	55183
交通运输、仓储和邮政业	**Transportation, Storage and Postal Services**	**209450**	**153640**	**908**	**54902**
铁路运输业	Railway Transport	107111	99757	109	7245
道路运输业	Roadway Transport	68193	28767	256	39170
水上运输业	Water transport	24	24		
航空运输业	Air Transport	4044	1096		2948
管道运输业	Pipeline Transport				
装卸搬运和运输代理业	Handling and transportation	2567	102	543	1922
仓储业	Storage	4735	4184		551
邮政业	Postal Services	22776	19710		3066
住宿和餐饮业	**Quarters and Catering**	**41466**	**7983**	**835**	**32648**
住宿业	Quarters	24436	6388	633	17415
餐饮业	Catering	17030	1595	202	15233
信息传输、软件和信息技术服务业	**Information Transmission, Software and IT Services**	**49884**	**14836**	**26**	**35022**
电信、广播电视和卫星传输服务	Telecommunications, Radio and Television ,Satellite Transmission Services	48068	14441		33627
互联网和相关服务	Internet and Related Services	314	199		115
软件和信息技术服务业	Software and IT Services	1502	196	26	1280

5-5 续表 continued

单位：人 (person)

项 目	Item	合 计 Total	国有单位 State-owned Units	城镇集体单位 Urban Collective-owned Unit	其他单位 Units of Other Types of Ownership
金融业	**Finance**	**103309**	**40802**	**22862**	**39645**
货币金融服务业	Monetary and Financial Services	87060	34709	22862	29489
资本市场服务业	Capital Market Services	917	310		607
保险业	Insurance	14943	5548		9395
其他金融活动	Others	389	235		154
房地产业	**Real Estate**	**48825**	**5408**	**73**	**43344**
房地产开发经营	Development & Management	24190	685	14	23491
租赁和商务服务业	**Leasing and Commercial Services**	**42672**	**18854**	**1842**	**21976**
租赁业	Leasing Services	636	386	11	239
商务服务业	Commercial Services	42036	18468	1831	21737
科学研究、技术服务业	**Scientific and Technical Services**	**59964**	**41020**	**834**	**18110**
研究与试验发展	Research and Development	5744	5416		328
专业技术服务业	Special Technical Services	45602	29603	828	15171
科技推广和应用服务业	Science and Technology Popularization and Application Services	8618	6001	6	2611
水利、环境和公共设施管理业	**Water Conservancy, Environment and Public Facilities Administration**	**79122**	**69898**	**2467**	**6757**
水利管理业	Water Conservancy	15800	15085	90	625
生态保护和环境治理业	Ecological Protection and Environmental Management	3040	3020		20
公共设施管理业	Public Facilities Administration	60282	51793	2377	6112
居民服务、修理和其他服务业	**Resident Services, Repairs and Other Services**	**8658**	**4497**	**2312**	**1849**
居民服务业	Resident Services	5142	3577	760	805
机动车、电子产品和日用产品修理业	Motor Vehicles, Electronics and Household Goods Repair Services	517	39	37	441
其他服务业	Other Services	2999	881	1515	603
教育	**Education**	**351321**	**345874**	**315**	**5132**
卫生和社会工作	**Health and Social Work**	**144849**	**132000**	**9464**	**3385**
卫生	Health	140816	128080	9415	3321
社会工作	Social Work	4033	3920	49	64
文化、体育和娱乐业	**Culture, Sports and Recreational Services**	**35103**	**33870**	**29**	**1204**
新闻出版业	Press	7951	7639		312
广播、电视、电影和影视录音制作业	Radio, Television, Film and Video Recording Industry	11054	10697	28	329
文化艺术业	Culture and Arts	14286	14183	1	102
体育	Sports	1072	986		86
娱乐业	Recreational Services	740	365		375
公共管理、社会保障和社会组织	**Public Administration，Social Security and Social Organizations**	**422537**	**422254**		**283**
中国共产党机关	Chinese Communist Party Agencies	17376	17376		
国家机构	Government Agencies	384795	384795		
人民政协、民主党派	People's Politics Consultative Conference and Democratic Parties	3595	3595		
社会保障	Social Security	5118	5118		
群众社团、社会团体和其他成员组织	Mass society, Social Organizations and Other Organizations	10938	10677		261

5-6 私营企业年末就业人员(2014 年)

Number of Employed Persons in Private Enterprises at Year-end(2014)

单位：户、人 (household)(person)

项 目	Item	合计 Total			# 城镇 Urban Areas		
		户数 Number of Enterprises	就业人员 Number of Employed Persons	#投资者 Employers	户数 Number of Enterprises	就业人员 Number of Employed Persons	#投资者 Employers
总 计	**Total**	**201710**	**2078854**	**415045**	**169383**	**1732372**	**359040**
农、林、牧、渔业	Farming, Forestry, Animal Husbandry and Fishery	12494	93240	25039	8232	51665	16900
采矿业	Mining	3565	202297	11120	2327	163951	8743
制造业	Manufacturing	18826	368253	46293	14921	300456	36443
电力、燃气及水的生产和供应业	Production & Supply of Electric Power, Gas and Water	1457	52827	3469	1079	48899	2672
建筑业	Construction	10924	125465	25346	9652	99434	23317
批发和零售业	Wholesale and Retail Trade	78022	628174	143744	67145	544716	127911
交通运输、仓储和邮政业	Transportation, Storage and Postal Services	10788	80842	22790	8708	61961	19490
住宿和餐饮业	Quarters and Catering	3830	62811	7005	3345	56552	5841
信息传输、软件和信息技术服务业	Information Transmission, Software and IT Services	6389	40697	11322	5533	35657	10191
金融业	Banking	2599	28971	8001	2073	23599	7641
房地产业	Real Estate	9221	76472	20337	8348	66173	18609
租赁和商务服务业	Leasing and Commercial Services	24348	171086	49831	21403	151356	45122
科学研究和技术服务业	Scientific and Technical Services	5119	46042	11771	4458	40036	10373
水利、环境和公共设施管理业	Water Conservancy, Environment and Public Facilities Administration	1282	10879	3124	1113	8650	2613
居民服务、修理和其他服务业	Resident Services, Repairs and Other Services	9114	59003	15936	7936	51324	14122
教育	Education	760	6534	1467	657	5827	1314
卫生和社会工作	Health and Social Work	255	3437	486	205	2890	432
文化、体育和娱乐业	Culture, Sports & Recreational Services	2010	12981	3487	1732	11017	3085
其他行业	Others	707	8843	4477	516	8209	4221

注：本资料由工商部门提供。

a)The Statistics are provided by the Department of Industry and Commerce.

5-7 个体年末就业人员(2014年)

Number of Self-employed Individuals at Year-end(2014)

单位:户、人 (household)(person)

项目	Item	合计 Total		# 城镇 Urban Areas	
		户数 Number of Households	就业人员 Number of Employed Individuals	户数 Number of Households	就业人员 Number of Employed Individuals
总计	**Total**	**1221676**	**3148187**	**982787**	**2640819**
农、林、牧、渔业	Farming, Forestry, Animal Husbandry and Fishery	17836	44956	9125	25924
采矿业	Mining	1292	5183	603	3030
制造业	Manufacturing	44964	116817	34149	84773
电力、燃气及水的生产和供应业	Production & Supply of Electric Power, Gas and Water	73	2733	45	2668
建筑业	Construction	1163	9019	888	4993
批发和零售业	Wholesale and Retail Trade	703697	1851789	575344	1534417
交通运输、仓储和邮政业	Transportation, Storage and Postal Services	74140	114413	56831	95512
住宿和餐饮业	Quarters and Catering	157043	477594	124363	424216
信息传输、软件和信息技术服务业	Information Transmission, Software and IT Services	16882	32022	12643	25686
金融业	Banking	7	11	3	6
房地产业	Real Estate	1225	3132	1174	3052
租赁和商务服务业	Leasing and Commercial Services	10149	18649	9008	16703
科学研究和技术服务业	Scientific and Technical Services	4186	8166	3586	7248
水利、环境和公共设施管理业	Water Conservancy, Environment and Public Facilities Administration	186	491	147	369
居民服务、修理和其他服务业	Resident Services, Repairs and Other Services	169832	420062	138238	373897
教育	Education	1767	5907	1497	5382
卫生和社会工作	Health and Social Work	5014	11380	4513	10649
文化、体育和娱乐业	Culture, Sports & Recreational Services	7039	16507	6352	15140
其他行业	Others	5181	9356	4278	7154

注:本资料由工商部门提供。

a)The Statistics are provided by the Department of Industry and Commerce.

5-8 城镇就业及失业人数

Employment and Unemployment in Urban Areas

年 份 Year	当年需要安置人数(人) Number of Need Settled down(person)	登记失业人员当年就业人数(人) Registered unemployed persons in employment this year (persons)	年末城镇失业人数(人) Unemployment at year-end(person)		失业女性占城镇失业人数(%) Percentage of Female Unemployed Persons to Total Unemployed Persons In Urban Areas	登记失业率(%) Registered Unemploy -ment Rate in Urban Areas
			合计 Total	# 女性 Female		
1980	429100	202696	367280			12.62
1981	464100	344573	283181			9.39
1982	488300	202958	285369			9.11
1983	464100	179283	267539			8.18
1984	427500	198995	177568			5.34
1985	335600	178336	138773			3.97
1986	347000	207440	127726			3.51
1987	307800	161514	129753			3.48
1988	268100	140598	123579			3.69
1989	266700	116515	143681			3.78
1990	282800	124582	151916			3.49
1991	292500	140710	146319			2.68
1992	275300	154848	114894			3.49
1993	226400	107653	113405			2.62
1994	215400	88637	123660			2.86
1995	232084	87033	139713			3.17
1996	263436	86341	144107	79201	54.96	3.47
1997	258299	105927	145253	85024	58.54	3.40
1998	265256	115162	131138	70463	53.73	3.13
1999	222695	96002	123858	61124	49.35	3.10
2000	239620	106020	126478	66932	52.92	3.34
2001	274460	116527	144687	74641	51.59	3.65
2002	345500	174300	162700	83703	51.45	4.10
2003	406755	215118	175889	93556	53.19	4.50
2004	430454	245309	185118	96233	51.98	4.59
2005	451039	261359	177483	81080	45.68	4.26
2006	527624	320781	179786	88842	49.42	4.13
2007	511642	319431	184573	98785	53.52	4.00
2008	513101	314011	199167	97800	49.10	4.10
2009	492987	290897	201428	103173	51.22	4.05
2010	513615	303436	208110	85596	41.13	3.90
2011	484723	266418	218289	96117	44.03	3.80
2012	525613	294336	231277	106106	45.88	3.73
2013	479820	241773	238047	103627	43.53	3.66
2014	470258	222582	247676	116690	47.11	3.59

注:1.本表资料由人力资源和社会保障厅提供。
  2.2011 年及以前,登记失业人员当年就业人数为当年就业人数。

a)The Statistics are provided by the Bureau of human resources and social security

b)Before 2011, registered unemployed persons in employment is employed persons in that very year.

5-9 职工工资总额和指数

Total Wages of Staff and Workers and Related Index

年 份 Year	工资总额(万元) Total Wages(10 000 yuan)				指数(上年=100) Index(preceding year=100)			
	总 计 Total	国有单位 State-owned Units	城镇集体单位 Urban Collective-owned Units	其他单位 Units of Other Types of Ownership	总计 Total	国有单位 State-owned Units	城镇集体单位 Urban Collective-owned Units	其他单位 Units of other Types of Ownership
1965	70670	63788	6882					
1970	77531	71047	6484					
1975	111072	99489	11583					
1978	149779	128019	21760		112.7	115.5	98.6	
1980	198255	164897	33358		110.0	109.0	115.0	
1981	210486	175079	35407		104.2	104.2	104.2	
1982	230005	189964	40041		107.4	106.7	111.2	
1983	247989	203182	44807		106.5	105.7	110.6	
1984	292787	234455	58332		112.5	110.0	124.1	
1985	339534	271875	67619	40	106.5	106.5	106.4	
1986	405310	324839	80423	48	113.1	113.3	112.7	113.8
1987	436260	350557	85628	75	99.2	99.5	98.1	143.2
1988	531584	429383	102028	173	104.1	104.7	101.8	196.5
1989	589385	475264	113791	330	96.2	96.0	96.7	165.4
1990	662156	540255	121270	631	110.4	111.7	104.7	187.9
1991	755609	615184	139230	1194	107.7	107.4	108.3	178.6
1992	897992	735751	160172	2069	109.3	110.0	105.8	159.3
1993	1090634	894747	185691	10196	104.3	104.5	99.6	423.4
1994	1410664	1178947	201545	30172	104.1	106.0	87.3	238.1
1995	1561199	1312079	208706	40414	94.5	95.0	88.4	114.4
1996	1758549	1483936	227478	47136	104.6	105.1	101.3	108.4
1997	1853641	1586052	210134	57455	100.8	102.2	88.3	116.5
1998	1747030	1375390	161525	210115	96.2	88.5	77.9	376.2
1999	1779688	1379154	141567	258967	101.6	100.0	87.3	122.9
2000	1859617	1442792	125315	291510	103.2	103.3	87.4	111.1
2001	2105277	1633364	121820	350093	118.3	118.4	86.1	135.2
2002	2374765	1791830	112018	490918	112.8	109.7	92.0	140.2
2003	2723285	1988162	115527	619597	114.7	111.0	103.1	126.2
2004	3230903	2339836	122021	769046	118.6	117.7	105.6	124.1
2005	3877342	2656826	136088	1084428	120.0	113.5	111.5	141.0
2006	4469480	3078254	141470	1249756	115.3	115.9	104.0	115.3
2007	5365887	3660690	159016	1546181	120.1	118.9	112.4	123.7
2008	6384902	4402592	190267	1792043	119.0	120.3	119.7	115.9
2009	7535111	5338087	227203	1969821	118.0	121.3	119.4	109.9
2010	8798003	6252755	261116	2284132	116.8	117.1	114.9	116.0
2011	11085738	7577309	322083	3186346	126.0	121.2	123.3	139.5
2012	12805461	8652112	373904	3779445	115.5	114.2	116.1	118.6
2013	15633371	9118184	359931	6155256	122.1	105.4	96.3	162.9
2014	16362974	9363412	325262	6674300	104.7	102.7	90.4	108.4

注：1998 年及以后职工工资总额为在岗职工的工资总额。

a)Data on total wages since1998 refer to wages of fully employed staff and workers.

5-10 职工平均工资及指数

Average Wages of Staff and Workers and Related Index

年份 Year	职工平均工资(元) Average Wages(yuan)				指数(上年=100) Index(preceding year=100)			
	总计 Total	国有单位 State-owned Units	城镇集体单位 Urban Collective-owned Units	其他单位 Units of Other Types of Ownership	总计 Total	国有单位 State-owned Units	城镇集体单位 Urban Collective-owned Units	其他单位 Units of Other Types of Ownership
1965	728	751	544					
1970	648	671	475					
1975	667	707	495					
1978	712	749	563		100.0	105.1	102.1	
1980	796	839	635		104.8	105.4	103.4	
1981	807	851	642		99.5	99.5	99.2	
1982	826	869	669		100.6	100.4	102.5	
1983	862	903	714		103.1	102.7	105.5	
1984	986	1047	801		109.0	110.5	106.9	
1985	1095	1169	872	1023	102.0	102.5	100.0	
1986	1239	1325	982	1034	107.3	107.4	106.7	95.8
1987	1301	1410	1053	1000	96.8	98.1	98.8	89.1
1988	1548	1641	1251	1105	101.7	99.5	101.5	94.4
1989	1685	1779	1381	1451	94.4	94.0	95.7	113.9
1990	1846	1971	1441	1858	107.6	108.8	102.5	125.8
1991	2012	2148	1573	1984	102.8	102.8	103.0	100.7
1992	2339	2493	1823	2292	106.9	106.8	106.6	106.3
1993	2796	2998	2107	2940	102.7	103.2	99.3	110.2
1994	3675	3942	2667	3299	105.7	105.8	101.9	90.3
1995	4134	4407	3001	3906	96.1	95.5	96.1	101.1
1996	4716	4996	3508	4283	106.0	105.4	108.6	102.0
1997	5124	5462	3551	4687	103.9	104.5	96.8	104.6
1998	5792	5979	4184	6367	102.9	101.5	99.5	119.3
1999	6347	6580	4548	6526	109.3	109.7	108.4	102.2
2000	6974	7261	4826	6947	108.5	108.9	104.8	105.1
2001	8250	8737	5525	7579	117.6	119.6	113.8	108.4
2002	9683	10287	6431	8777	116.4	116.8	115.4	114.9
2003	11279	11929	7620	10391	114.8	114.2	116.7	116.6
2004	13324	14209	9010	11965	115.2	116.2	115.4	112.3
2005	15985	16598	10804	15514	120.0	116.8	119.9	129.7
2006	18469	19386	12469	17391	115.5	116.8	115.4	112.1
2007	21884	22822	14338	20980	118.5	117.7	115.0	120.6
2008	26114	27316	18809	24476	119.3	119.7	131.2	116.7
2009	30699	32326	24344	27750	117.6	118.3	129.4	113.4
2010	35507	37602	29822	31402	115.7	116.3	122.5	113.2
2011	41481	44143	37963	36578	116.8	117.4	127.3	116.5
2012	47053	49680	46309	42032	113.4	112.5	122.0	114.9
2013	51388	54592	52107	47243	109.2	109.9	112.5	112.4
2014	54460	56987	55159	51241	106.0	104.4	105.9	108.5

5–11 分行业全部在岗职工平均工资

Average Wage of All Staff and Workers Being on Duty by Sector

单位：元 (yuan)

项 目	Item	2013	2014	2014年比2013年增长(%) Growth Rate
总 计	**Total**	**51388**	**54460**	**6.0**
按企、事业和机关分组	**Grouped by Enterprises, Institutions & Agencies**			
企业	Enterprises	48933	52659	7.6
事业	Institutions	54910	57115	4.0
机关	Agencies & Organizations	57360	58012	1.1
按国民经济行业分组	**Grouped by Sector**			
农、林、牧、渔业	Farming, Forestry, Animal Husbandry and Fishery	29930	32896	9.9
采矿业	Mining	70301	69061	-1.8
制造业	Manufacturing	45572	48816	7.1
电力、燃气及水的生产和供应业	Production & Supply of Electric Power, Gas and Water	65109	70671	8.5
建筑业	Construction	37548	41628	10.9
批发和零售业	Wholesale and Retail Trade	40630	43397	6.8
交通运输、仓储和邮政业	Transportation, Storage and Postal Services	57649	62654	8.7
住宿和餐饮业	Quarters and Catering	32012	34277	7.1
信息传输、软件和信息技术服务业	Information Transmission, Software and IT Services	54815	61332	11.9
金融业	Banking	73120	77629	6.2
房地产业	Real Estate	40326	40790	1.2
租赁和商务服务业	Leasing and Commercial Services	44582	45672	2.4
科学研究和技术服务业	Scientific and Technical Services	57704	61680	6.9
水利、环境和公共设施管理业	Water Conservancy, Environment and Public Facilities Administration	39662	40393	1.8
居民服务、修理和其他服务业	Resident Services, Repairs and Other Services	36953	40251	8.9
教育	Education	62179	64026	3.0
卫生和社会工作	Health and Social Work	56677	59351	4.7
文化、体育和娱乐业	Culture, Sports & Recreational Services	52602	55140	4.8
公共管理、社会保障和社会组织	Public Administration，Social Security and Social Organizations	56662	57429	1.4
国际组织	International Organizations			

5-12 分行业职工平均工资(2014 年)

Average Wage of Staff and Workers by Sector(2014)

单位：元 (yuan)

项 目	Item	合 计 Total	国有单位 State-owned Units	城镇集体单位 Urban Collective-owned Units	其他单位 Units of Other Types of Ownership
总 计	**Total**	**54460**	**56987**	**55159**	**51241**
按企、事业和机关分组	**Grouped by Enterprises, Institutions & Agencies**				
企业	Enterprises	52659	55581	59182	51269
事业	Institutions	57115	57409	41427	53183
机关	Agencies & Organizations	58012	58078		23245
按国民经济行业分组	**Grouped by Sector**				
农、林、牧、渔业	Farming, Forestry, Animal Husbandry and Fishery	32896	32795	33149	36115
采矿业	Mining	69061	82220	40127	66835
制造业	Manufacturing	48816	63783	31949	48477
电力、燃气及水的生产和供应业	Production & Supply of Electric Power, Gas and Water	70671	68640	30488	72265
建筑业	Construction	41628	48797	30095	41585
批发和零售业	Wholesale and Retail Trade	43397	57016	32182	39678
交通运输、仓储和邮政业	Transportation, Storage and Postal Services	62654	67615	33275	49153
住宿和餐饮业	Quarters and Catering	34277	38627	24512	33471
信息传输、软件和信息技术服务业	Information Transmission, Software and IT Services	61332	54030	21308	64459
金融业	Banking	77629	73389	85026	77775
房地产业	Real Estate	40790	53794	18384	39231
租赁和商务服务业	Leasing and Commercial Services	45672	47242	37716	45039
科学研究和技术服务业	Scientific and Technical Services	61680	57837	32373	71915
水利、环境和公共设施管理业	Water Conservancy, Environment and Public Facilities Administration	40393	40955	19558	42023
居民服务、修理和其他服务业	Resident Services, Repairs and Other Services	40251	43109	38482	35179
教育	Education	64026	64333	56048	43596
卫生和社会工作	Health and Social Work	59351	60480	49510	43076
文化、体育和娱乐业	Culture, Sports & Recreational Services	55140	55524	53138	44543
公共管理、社会保障和社会组织	Public Administration，Social Security and Social Organizations	57429	57434		50064
国际组织	International Organizations				

5-13 国有单位年末就业人员和劳动报酬(2014 年)

Employed Persons at Year-end & Earnings in State-owned Units(2014)

项 目	Item	就业人员（人）Number of Employed (person)	# 女 性 Female	在就业人员中 In Employed Persons # 在岗职工（人）Fully Employed Staff & Workers (person)	# 其他从业人员（人）Other Employed Persons
总 计	**Total**	**1681345**	**678917**	**1646836**	**34509**
按企、事业和机关分组	**Grouped by Enterprises, Institutions & Agencies**				
企业	Enterprises	530553	162428	514195	16358
事业	Institutions	771854	389806	760112	11742
机关	Agencies & Organizations	376877	125868	370477	6400
按国民经济行业分组	**Grouped by Sector**				
农、林、牧、渔业	Farming, Forestry, Animal Husbandry and Fishery	229960	75199	222055	7905
采矿业	Mining	31830	4850	31708	122
制造业	Manufacturing	21288	5562	20383	905
电力、燃气及水的生产和供应业	Production & Supply of Electric Power, Gas and Water	53184	14731	51629	1555
建筑业	Construction	8050	1656	7503	547
批发和零售业	Wholesale and Retail Trade	23526	8760	22622	904
交通运输、仓储和邮政业	Transportation, Storage and Postal Services	155366	36135	153640	1726
住宿和餐饮业	Quarters and Catering	8397	4387	7983	414
信息传输、软件和信息技术服务业	Information Transmission, Software and IT Services	15100	7080	14836	264
金融业	Banking	42658	22348	40802	1856
房地产业	Real Estate	5439	2287	5408	31
租赁和商务服务业	Leasing and Commercial Services	20627	7105	18854	1773
科学研究和技术服务业	Scientific and Technical Services	41773	14829	41020	753
水利、环境和公共设施管理业	Water Conservancy, Environment and Public Facilities Administration	72762	31758	69898	2864
居民服务、修理和其他服务业	Resident Services, Repairs and Other Services	4698	1806	4497	201
教育	Education	348045	195196	345874	2171
卫生和社会工作	Health and Social Work	134678	83296	132000	2678
文化、体育和娱乐业	Culture, Sports & Recreational Services	34067	16289	33870	197
公共管理、社会保障和社会组织	Public Administration，Social Security and Social Organizations	429897	145643	422254	7643
国际组织	International Organizations				

5-13 续表 continued

单位：万元 (10 000 yuan)

行 业	Sector	单位从业人员劳动报酬 Total Remuneration	在岗职工工资总额 Wages of Fully Employed Staff & Workers	其他从业人员劳动报酬 Remuneration for Other Employed Persons
总 计	**Total**	**9444189**	**9363412**	**80777**
按企、事业和机关分组	**Grouped by Enterprises, Institutions & Agencies**			
企业	Enterprises	2902573	2858609	43964
事业	Institutions	4374641	4351291	23349
机关	Agencies & Organizations	2155077	2141630	13446
按国民经济行业分组	**Grouped by Sector**			
农、林、牧、渔业	Farming, Forestry, Animal Husbandry and Fishery	747916	729686	18231
采矿业	Mining	263324	262966	358
制造业	Manufacturing	129761	126374	3387
电力、燃气及水的生产和供应业	Production & Supply of Electric Power, Gas and Water	354503	350115	4389
建筑业	Construction	39325	37593	1732
批发和零售业	Wholesale and Retail Trade	133976	130908	3068
交通运输、仓储和邮政业	Transportation, Storage and Postal Services	1047329	1041195	6134
住宿和餐饮业	Quarters and Catering	32064	30901	1163
信息传输、软件和信息技术服务业	Information Transmission, Software and IT Services	81611	80823	788
金融业	Banking	304370	300534	3836
房地产业	Real Estate	28621	28549	72
租赁和商务服务业	Leasing and Commercial Services	90039	88424	1615
科学研究和技术服务业	Scientific and Technical Services	238317	236299	2017
水利、环境和公共设施管理业	Water Conservancy, Environment and Public Facilities Administration	288831	284405	4426
居民服务、修理和其他服务业	Resident Services, Repairs and Other Services	19468	19162	306
教育	Education	2226021	2221388	4633
卫生和社会工作	Health and Social Work	798773	791395	7378
文化、体育和娱乐业	Culture, Sports & Recreational Services	188300	187833	467
公共管理、社会保障和社会组织	Public Administration，Social Security and Social Organizations	2431640	2414865	16776
国际组织	International Organizations			

5-14 城镇集体单位年末就业人员和劳动报酬(2014年)

Employed Persons at Year-end & Earnings in Urban Collective-owned Units(2014)

项 目	Item	就业人员(人) Number of Employed (person)	#女性 Female	在就业人员中 In Employed Persons #在岗职工(人) Fully Employed Staff & Workers (person)	#其他从业人员(人) Other Employed Persons
总 计	**Total**	**62856**	**27391**	**59496**	**3360**
按企、事业和机关分组	**Grouped by Enterprises, Institutions & Agencies**				
企业	Enterprises	49221	20616	46101	3120
事业	Institutions	13584	6744	13344	240
机关	Agencies & Organizations				
按国民经济行业分组	**Grouped by Sector**				
农、林、牧、渔业	Farming, Forestry, Animal Husbandry and Fishery	482	87	451	31
采矿业	Mining	1377	120	1221	156
制造业	Manufacturing	9916	3934	8953	963
电力、燃气及水的生产和供应业	Production & Supply of Electric Power, Gas and Water	698	264	698	
建筑业	Construction	4448	1502	3768	680
批发和零售业	Wholesale and Retail Trade	3000	912	2438	562
交通运输、仓储和邮政业	Transportation, Storage and Postal Services	1066	303	908	158
住宿和餐饮业	Quarters and Catering	837	490	835	2
信息传输、软件和信息技术服务业	Information Transmission, Software and IT Services	26	23	26	
金融业	Banking	23080	11682	22862	218
房地产业	Real Estate	73	42	73	
租赁和商务服务业	Leasing and Commercial Services	1842	449	1842	
科学研究和技术服务业	Scientific and Technical Services	868	146	834	34
水利、环境和公共设施管理业	Water Conservancy, Environment and Public Facilities Administration	2549	1309	2467	82
居民服务、修理和其他服务业	Resident Services, Repairs and Other Services	2628	989	2312	316
教育	Education	344	205	315	29
卫生和社会工作	Health and Social Work	9593	4923	9464	129
文化、体育和娱乐业	Culture, Sports & Recreational Services	29	11	29	
公共管理、社会保障和社会组织	Public Administration，Social Security and Social Organizations				
国际组织	International Organizations				

5-14 续表 continued

单位：万元 (10 000 yuan)

行 业	Sector	单位从业人员劳动报酬 Total Remuneration	在岗职工工资总额 Wages of Fully Employed Staff & Workers	其他从业人员劳动报酬 Remuneration for Other Employed Persons
总 计	**Total**	**336135**	**325262**	**10873**
按企、事业和机关分组	**Grouped by Enterprises, Institutions & Agencies**			
企业	Enterprises	280347	270020	10328
事业	Institutions	55618	55073	546
机关	Agencies & Organizations			
按国民经济行业分组	**Grouped by Sector**			
农、林、牧、渔业	Farming, Forestry, Animal Husbandry and Fishery	1506	1495	11
采矿业	Mining	5322	4795	526
制造业	Manufacturing	32295	28684	3611
电力、燃气及水的生产和供应业	Production & Supply of Electric Power, Gas and Water	2095	2095	
建筑业	Construction	14129	11340	2789
批发和零售业	Wholesale and Retail Trade	9660	7901	1759
交通运输、仓储和邮政业	Transportation, Storage and Postal Services	3515	3131	384
住宿和餐饮业	Quarters and Catering	2027	2025	2
信息传输、软件和信息技术服务业	Information Transmission, Software and IT Services	55	55	
金融业	Banking	193463	192925	537
房地产业	Real Estate	134	134	
租赁和商务服务业	Leasing and Commercial Services	6887	6887	
科学研究和技术服务业	Scientific and Technical Services	2768	2697	71
水利、环境和公共设施管理业	Water Conservancy, Environment and Public Facilities Administration	4887	4743	144
居民服务、修理和其他服务业	Resident Services, Repairs and Other Services	8497	7862	635
教育	Education	1844	1766	78
卫生和社会工作	Health and Social Work	46897	46574	323
文化、体育和娱乐业	Culture, Sports & Recreational Services	154	154	
公共管理、社会保障和社会组织	Public Administration， Social Security and Social Organizations			
国际组织	International Organizations			

5-15 其他单位年末就业人员和劳动报酬(2014年)

Employed Persons at Year-end and Earnings in other Types of Ownership(2014)

项 目	Item	就业人员（人）Number of Employed (person)	# 女 性 Female	在就业人员中 In Employed Persons # 在岗职工（人）Fully Employed Staff & Workers (person)	# 其他从业人员（人）Other Employed Persons
总 计	**Total**	**1270316**	**386390**	**1220240**	**50076**
按企、事业和机关分组	**Grouped by Enterprises, Institutions & Agencies**				
企业	Enterprises	1262593	382387	1212849	49744
事业	Institutions	3947	1834	3627	320
机关	Agencies & Organizations	724	195	724	
按国民经济行业分组	**Grouped by Sector**				
农、林、牧、渔业	Farming, Forestry, Animal Husbandry and Fishery	7880	3348	6977	903
采矿业	Mining	170569	28955	166367	4202
制造业	Manufacturing	431605	132591	424150	7455
电力、燃气及水的生产和供应业	Production & Supply of Electric Power, Gas and Water	86031	24129	83801	2230
建筑业	Construction	216618	30216	197971	18647
批发和零售业	Wholesale and Retail Trade	78479	42019	76717	1762
交通运输、仓储和邮政业	Transportation, Storage and Postal Services	56649	19822	54902	1747
住宿和餐饮业	Quarters and Catering	33362	19875	32648	714
信息传输、软件和信息技术服务业	Information Transmission, Software and IT Services	35096	18591	35022	74
金融业	Banking	47564	26469	39645	7919
房地产业	Real Estate	44759	18936	43344	1415
租赁和商务服务业	Leasing and Commercial Services	22228	6552	21976	252
科学研究和技术服务业	Scientific and Technical Services	19518	5064	18110	1408
水利、环境和公共设施管理业	Water Conservancy, Environment and Public Facilities Administration	7500	2802	6757	743
居民服务、修理和其他服务业	Resident Services, Repairs and Other Services	1903	743	1849	54
教育	Education	5433	3155	5132	301
卫生和社会工作	Health and Social Work	3496	2288	3385	111
文化、体育和娱乐业	Culture, Sports & Recreational Services	1343	656	1204	139
公共管理、社会保障和社会组织	Public Administration， Social Security and Social Organizations	283	179	283	
国际组织	International Organizations				

5-15 续表 continued

单位：万元 (10 000 yuan)

行 业	Sector	单位从业人员劳动报酬 Total Remuneration	在岗职工工资总额 Wages of Fully Employed Staff & Workers	其他从业人员劳动报酬 Remuneration for Other Employed Persons
总 计	**Total**	**6942386**	**6674300**	**268086**
按企、事业和机关分组	**Grouped by Enterprises, Institutions & Agencies**			
企业	Enterprises	6907740	6640186	267555
事业	Institutions	19660	19167	493
机关	Agencies & Organizations	1620	1620	
按国民经济行业分组	**Grouped by Sector**			
农、林、牧、渔业	Farming, Forestry, Animal Husbandry and Fishery	26181	25140	1041
采矿业	Mining	1185326	1159967	25360
制造业	Manufacturing	2107486	2075643	31843
电力、燃气及水的生产和供应业	Production & Supply of Electric Power, Gas and Water	599926	594822	5104
建筑业	Construction	1269373	1119893	149481
批发和零售业	Wholesale and Retail Trade	308105	304241	3864
交通运输、仓储和邮政业	Transportation, Storage and Postal Services	273331	268071	5260
住宿和餐饮业	Quarters and Catering	112842	110980	1862
信息传输、软件和信息技术服务业	Information Transmission, Software and IT Services	227589	227340	249
金融业	Banking	334575	305852	28723
房地产业	Real Estate	175179	169505	5674
租赁和商务服务业	Leasing and Commercial Services	106483	105834	649
科学研究和技术服务业	Scientific and Technical Services	132584	127463	5121
水利、环境和公共设施管理业	Water Conservancy, Environment and Public Facilities Administration	32365	29714	2651
居民服务、修理和其他服务业	Resident Services, Repairs and Other Services	6368	6301	68
教育	Education	22727	22077	650
卫生和社会工作	Health and Social Work	14851	14607	244
文化、体育和娱乐业	Culture, Sports & Recreational Services	5678	5434	244
公共管理、社会保障和社会组织	Public Administration，Social Security and Social Organizations	1417	1417	
国际组织	International Organizations			

主要统计指标解释

经济活动人口 指在16岁以上，有劳动能力，参加或要求参加社会经济活动的人口；包括从业人员和失业人员。

从业人员 指从事一定社会劳动并取得劳动报酬或经营收入的人员，包括全部职工、再就业的离退休人员、私营业主、个体户主、私营和个体从业人员、乡镇企业从业人员、农村从业人员、其他从业人员(包括民办教师、宗教职业者、现役军人等)。这一指标反映了一定时期内全部劳动力资源的实际利用情况，是研究我国基本国情国力的重要指标。

各单位的从业人员 指在各级国家机关、政党机关、社会团体及企业、事业单位中工作，取得工资或其他形式的劳动报酬的全部人员。包括在岗职工、再就业的离退休人员、民办教师以及在各单位中工作的外方人员和港澳台方人员、兼职人员、借用的外单位人员和第二职业者。不包括离开本单位仍保留劳动关系的职工。各单位的从业人员反映了各单位实际参加生产或工作的全部劳动力。

城镇私营和个体从业人员 城镇私营从业人员指在工商管理部门注册登记，其经营地址设在县城关镇(含城关镇)以上的私营企业从业人员；包括私营企业投资者和雇工。城镇个体从业人员指在工商管理部门注册登记，并持有城镇户口或在城镇长期居住，经批准从事个体工商经营的从业人员；包括个体经营者和在个体工商户劳动的家庭帮工和雇工。

城镇登记失业人员 指有非农业户口，在一定的劳动年龄内，有劳动能力，无业而要求就业，并在当地就业服务机构进行求职登记的人员。

城镇登记失业率 指城镇登记失业人数同城镇从业人数与城镇登记失业人数之和的比。计算公式为：

城镇登记失业率＝城镇登记失业人数/(城镇从业人数＋城镇登记失业人数)×100%

职工 指在国有经济、城镇集体经济、联营经济、股份制经济、外商和港、澳、台投资经济、其他经济单位及其附属机构工作，并由其支付工资的各类人员，不包括返聘的离退休人员、民办教师、在国有经济单位工作的外方人员和港、澳、台人员(1998年以后的数据均为在岗职工数据，其他相关指标如职工工资总额，职工平均工资等指标也从1998年按此口径进行了相应调整)。

国有单位职工 指在国有经济单位及其附属机构工作，并由其支付工资的各类人员。

城镇集体单位职工 指在城镇集体经济单位及其管理部门工作，并由其支付工资的各类人员。

其他单位职工 指在联营经济、股份制经济、外商投资经济、港、澳、台投资经济单位工作，并由其支付工资的各类人员。

在岗职工 指在本单位工作并由单位支付工资的人员，以及有工作岗位，但由于学习、病伤产假等原因暂未工作，仍由单位支付工资的人员。

职工工资总额 指各单位在一定时期内直接支付给本单位全部职工的劳动报酬总额。工资总额的计算原则应以直接支付给职工的全部劳动报酬为根据。各单位支付给职工的劳动报酬以及其他根据有关规定支付的工资，不论是计入成本的还是不计入成本的，不论是按国家规定列入计征奖金税项目的，还是未列入计征奖金税项目的，不论是以货币形式支付的还是以实物形式支付的，均包括在工资总额内。

奖金 指支付给职工的超额劳动报酬和增收节支的劳动报酬。

津贴和补贴 指为了补偿职工特殊或额外的劳动消耗和因其他特殊原因支付给职工的津贴，以及为了保证职工工资水平不受物价影响支付给职工的物价补贴。

职工平均工资 指企业、事业、机关单位的职工在一定时期内平均每人所得的货币工资额。它表明一定时期职工工资收入的高低程度，是反映职工工资水平的主要指标。计算公式为：

职工平均工资＝报告期实际支付的全部职工工资总额/报告期全部职工平均人数

职工平均工资指数 指报告期职工平均工资与基期职工平均工资的比率，是反映不同时期职工货币工资水平变动情况的相对数。计算公式为：

职工平均工资指数＝报告期职工平均工资/基期职工平均工资

职工平均实际工资指数 职工平均实际工资指扣除物价变动因素后的职工平均工资。职工平均实际工资指数是反映实际工资变动情况的相对数，表明职工实际工资水平提高或降低的程度。计算公式为：

职工平均实际工资指数＝报告期职工平均工资指数/报告期城镇居民消费价格指数×100%

Explanatory Notes on Main Statistical Indicators

Economically Active Population refers to the population aged 16 and over who are capable to work, are participating in or willing to participate in economic activities, including employed persons and unemployed persons.

Employees refers to the persons who are engaged in social labor and receive remuneration payment or earn business income, including: total staff and workers, re-employed retirees, employers of private enterprises, self-employed workers, employers in private and individual economy, employees in township, employed persons in the rural areas, and other employed persons (including teachers in the schools run by the local people, people engaged in religious profession and the servicemen, etc.). This indicator reflects the actual utilization of total labor force during a certain period of time and is often used for the research on China's economic affairs and national power.

Persons Employed in Various Units refer to all the persons working in government agencies of various levels, political and party organizations, social organizations, enterprises and institutions, and receiving wages or other forms of payment. They include fully employed staff and workers, re-employed retirees, teachers in schools run by the local people, foreigners and Chinese compatriots from Hong Kong, Macao and Taiwan working in various units, part time employees, employees of other units working temporarily at current posts, and employees holding the second job, but exclude staff and workers who have left their working units while keeping their labor contract (employment relation) unchanged. This indicator reflects the total number of laborers actually engaged in production or other operations in various units.

Persons -Employed in Private Enterprises and Self Employed Individuals in Urban Areas Persons employed in private enterprises refer to the persons employed in the private enterprises which have been registered at the departments of industrial and commercial administration and are situated at a county town (i. e. a town where the county government is located) for business operation or at urban areas with the level higher than a county town. The self employed individuals in urban areas refer to persons who hold the certificates of residence in urban areas or have resided in the urban areas for a long time and have been registered at the departments of industrial and commercial administration and approved to be engaged in individual industrial or commercial business, including self-employed persons as well as helpers and hired laborers who work in the individual households engaged in industrial or commercial business.

Registered Urban Unemployed Persons The registered unemployed persons in urban areas refer to the persons who are registered as permanent residents in the urban areas engaged in non agricultural activities, aged within the range of working age, capable to labor, unemployed but desirous to be employed and have been registered at the local employment service agencies to apply for a job.

Registered Urban Unemployment Rate Registered unemployment rate in urban areas refers to the ratio of the number of the registered unemployed persons to the sum of the number of employed persons and the registered unemployed persons. The formula is as follows:

Registered urban unemployment rate = number of registered urban unemployed persons / (urban employed person number + registered urban unemployed person number) × 100%

Staff and Workers refer to the persons who work in (and receive payment there from) enterprises and institutions of state ownership, collective ownership, joint ownership, share holding, foreign ownership, and ownership by entrepreneurs from Hong Kong, Macao, and Taiwan, and other types of ownership and their affiliated units, excluding the retired persons invited to work in the units again, teachers in the schools run by the local people and foreigners and persons coming from Hong Kong, Macao, and Taiwan and working in the state owned economic units. (The figures since 1998 refer to those of fully employed staff and workers. Other relative figures since 1998, such as total wages of staff and workers, average wage of staff and workers, etc., were adjusted according to the standard).

Staff and Workers in State owned-Economic Units refer to the persons who work in the state owned economic units or their attached units and are listed in their payrolls.

Staff and Workers of Collective Owned Units in Urban Areas refer to the persons who work in collective owned units in urban areas and their administration departments and receive payment there from.

Staff and Workers in Units of Other types of Ownership refer to those who work in (and receive payment there from) enterprises and institutions of joint ownership, share holding, foreign ownership, and ownership by entrepreneurs from Hong Kong, Macao, and Taiwan.

Fully Employed Staff and Workers refer to persons who work in, and receive wages from their working units, as well as persons who have their work posts, but are temporarily absent from work for reasons of study or on sick, injury or maternal leave and still receive wages from their working units.

Total Wages of Staff and Workers refer to the total remuneration payment to staff and workers in various units during a certain period of time. The calculation of total wages is based on the total remuneration payment to the staff and workers. Therefore, all the wages and salaries and other payments to staff and workers are included in the total wages regardless of their sources, category, and forms (in kind or cash).

Bonus refers to remuneration payment to workers for extra work and for increasing earnings and practicing economy.

Subsidies and Allowances refer to subsidies paid to staff and workers for compensating special or extra labor and allowances paid to staff and workers to offset the impact of inflation on real wages.

Average Wage of Staff and Workers refers to the average wage in money terms per person during a certain period of time for staff and workers in enterprises, institutions, and government agencies, which reflects the

general level of wage income during a certain period of time and is calculated as follows:

Average Wage of Staff and Workers = Total Wages of Staff and Workers in Reference Period / Average Number of Staff and Workers in Reference Period

Index of Average Wage of Staff and Worker refers to the ratio of average wage of staff and workers at the report time to that at the reference time. It reflects the relative changing degree of average wage in money terms at the several of time, which is calculated as following:

Index of Average Wage of Staff and Worker = average wage of staff and workers at the report time / average wage of staff and workers at the reference time

Index of Average Real Wage of Staff and Worker refers to the average wage which has removed the factor of price change. Index of average real wage of staff and worker reflects the relative changing degree of average real wage, and indicates the degree of the rising or declining degree of real wage of staff and worker, which is calculated as following:

Index of Average Real Wage of Staff and Worker = Index of Average Wage of Staff and Worker at the Report Time / Urban Consumer Prices Index at the Report Time × 100%

2015

NEIMENGGU

六、固定资产投资

Investment in Fixed Assets

资料整理：李 宇　范莉蕾

Arranged By　Liyu,　Fan Lilei

6-1 全社会固定资产投资
Total Investment in Fixed Assets

指标	Item	2013	2014	2014年比2013年增长% Increase Rate in 2014 over 2013(%)
投资总额(亿元)	**Total Investment(100 million yuan)**	**10441.60**	**12074.24**	**15.6**
按登记注册类型分	Grouped by Status of Registration			
国有	State-owned Units	3763.69	4573.33	21.5
集体	Collective-owned Units	86.91	74.55	-14.2
股份合作	Cooperative Units	46.12	18.33	-60.3
联营	Joint-ownership Economic Units	6.31	3.67	-41.8
# 国有联营	State Joint-ownership Economic Units	4.32	2.48	-42.6
集体联营	Collective Joint-ownership Enterprises	1.14	0.05	-95.6
国有与集体联营	Joint State-collective	0.85	0.66	-22.4
有限责任公司	Limited Liability Corporations	4018.98	4355.36	8.4
# 国有独资	Exclusive State-funded	176.96	194.14	9.7
股份有限公司	Share-holding Corporations	488.45	455.45	-6.8
私营	Private Enterprises	1594.58	2043.45	28.1
其他	Others	203.70	273.18	34.1
港澳台商投资	Economic Units Funded by Entrepreneurs from Hong Kong.Macao and Taiwan	24.03	38.85	61.7
外商投资	Foreign Funded Economic Units	27.68	50.07	80.9
个人投资	Individuals	181.14	188.00	3.8
# 农村个人（农户）	Rural Individuals	144.99	153.98	6.2
按城乡分组	Grouped by Urban and Rural Area			
城镇	Urban	9880.82	11230.24	13.7
#房地产开发	Real Estate Development	1479.01	1370.88	-7.3
农村	Rural	560.78	844.00	50.5
#非农户	Non-AgriculturalHouseholds	417.98	690.02	65.1
按资金来源分	Grouped by Source of Funds			
国家预算内资金	State Budgetary Appropriation	547.70	684.99	25.1
国内贷款	Domestic Loans	1239.55	1529.90	23.4
利用外资	Foreign Investment	6.19	10.20	64.9
自筹资金	Fund Raising	8335.70	9417.33	13.0
其他资金	Others	627.86	686.37	9.3
按构成分	Grouped by Use of Funds			
建筑安装工程	Construction and Installation	7409.76	8411.23	13.5
设备工器具购置	Purchase of Equipment and Instruments	2284.96	2820.48	23.4
其他费用	Others	746.88	842.54	12.8
房屋建筑面积(万平方米)	**Floor Space of Buildings(10 000 sq.m)**			
施工面积	Floor Space under Construction	26793.10	23710.72	-11.5
竣工面积	Floor Space Completed	5343.38	3828.74	-28.3
# 住宅	Residential Buildings	3319.62	2057.08	-38.0

注：1.按资金来源分组为财务拨款数，各项相加不等于投资总额。以下各表同。

2.由于投资统计制度改革，从 2014 年起，投资统计范围由城乡计划总投资 50 万元及以上建设项目，调整为城乡计划总投资 500 万元及以上建设项目。并对 2002 年以后数据进行了修订。以下各表同。

a)Total investment grouped by sources of finance refers to financial appropriation, and the broken down figures do not add up to the total. The same as in the following tables.

b)Since the reform of the investment system, from 2014 onwards, investment statistics by the scope of urban and rural plans a total investment of more than $ 500,000 and construction projects, adjusted for the rural and urban plans a total investment of 500 million yuan construction project and. And since 2002 data were revised. The same as in the following tables.

6-2 全社会固定资产投资(按登记注册类型和产业分)

单位：亿元

年 份 Year	投资总额 Total Investment	# 住宅 Residential Buildings	按登记注册类型分 By status of Registration 国有及国有控股 State-owned or Controlling Share Hold Units	集体 Collective-owned Units	#城镇集体 Urban
1985	52.42	11.17	39.10	2.51	1.38
1986	47.57	7.76	37.00	2.52	1.54
1987	53.32	9.65	39.06	3.07	1.86
1988	72.05	12.61	49.23	4.44	2.43
1989	70.68	12.71	52.92	3.98	2.06
1990	70.77	13.71	56.77	3.06	1.32
1991	100.66	19.64	81.63	4.72	1.98
1992	149.24	15.38	123.61	6.52	3.29
1993	217.40	41.26	178.41	7.93	3.72
1994	250.99	46.65	200.74	8.29	2.41
1995	273.06	51.93	210.00	11.14	2.42
1996	275.54	59.47	208.10	11.96	2.87
1997	317.50	59.63	223.35	12.37	2.83
1998	350.16	77.27	225.69	14.69	2.60
1999	383.37	87.06	241.76	24.51	2.63
2000	430.42	87.38	275.06	27.15	3.61
2001	496.43	96.04	269.69	28.00	4.01
2002	687.07	94.50	356.43	26.85	7.24
2003	976.54	92.26	509.25	26.68	9.01
2004	1333.66	113.68	878.68	26.31	9.94
2005	1808.31	138.60	1106.52	27.68	9.98
2006	2291.70	251.73	1159.86	41.50	19.33
2007	2963.40	352.43	1495.03	59.61	30.58
2008	3770.67	500.32	1875.01	43.27	39.75
2009	5069.29	500.38	2488.96	47.85	41.93
2010	6035.68	645.84	2819.55	73.16	58.87
2011	7332.86	908.08	2986.35	85.10	81.08
2012	8821.13	788.53	3456.10	164.12	149.83
2013	10441.60	1239.65	4395.46	86.91	62.73
2014	12074.24	1182.70	5186.18	74.55	46.97

Total Investment in Fixed Assets by Status of Registration and Industry

(100 millon yuan)

个体 Individuals	#农村个人投资(农户) Indivdual Investment in Rural Areas	其他类型投资 Others	按隶属关系分 By Administrative Relationship 中央项目 Central Government Projects	地方项目 Local Projects
10.81	8.74		23.44	28.98
8.05	6.00		17.48	30.09
11.19	8.86		17.96	35.36
18.38	14.91		24.63	47.42
13.78	10.84		29.31	41.37
10.94	8.13		29.81	40.96
14.31	11.03		42.16	58.50
19.11	13.27		62.50	86.74
19.68	12.66	11.38	78.02	139.38
30.46	23.23	11.50	92.55	158.44
44.09	36.53	7.83	98.50	174.56
44.18	36.66	11.30	96.53	179.01
45.90	39.01	35.88	142.34	175.16
53.03	40.94	56.75	109.49	240.67
55.06	43.01	62.04	90.28	293.09
51.64	45.88	76.57	60.41	370.01
86.25	48.74	112.49	60.31	436.12
96.63	50.12	207.17	99.69	587.39
112.12	44.96	328.49	104.79	871.75
58.74	42.94	369.93	111.20	1222.46
56.69	41.75	617.42	172.00	1636.30
51.20	44.11	1039.13	277.67	2014.03
59.46	50.28	1349.30	341.25	2622.15
67.75	54.10	1784.64	544.06	3226.61
67.69	56.61	2464.80	557.87	4511.42
70.94	61.37	3072.04	627.36	5408.32
97.14	75.48	4164.27	549.77	6783.08
123.00	84.75	5077.92	573.51	8247.63
181.14	144.99	5778.09	678.22	9763.38
188.00	153.98	6625.51	754.44	11319.80

6-2 续表 continued

单位：亿元 (100 million yuan)

年 份 Year	按三次产业分 Grouped by Type of Industry			房屋建筑面积 Floor Space of Buildings		
	第一产业 Primary Industry	第二产业 Secondary Industry	第三产业 Tertiary Industry	施工面积 (万平方米) Floor space under Construction (10 000 sq.m)	竣工面积 (万平方米) Floor Space Completed (10 000 sq.m)	# 住 宅 Residential Buildings
1985	4.85	25.69	33.05	2524.6	2064.4	1379.2
1986	3.49	23.66	28.18	1769.8	1359.5	931.6
1987	1.92	26.55	34.50	1892.3	1518.8	1023.8
1988	5.58	38.89	40.19	1953.1	1513.5	1088.9
1989	5.38	42.05	35.96	1638.0	1282.4	912.5
1990	5.39	40.55	38.54	1490.0	1159.8	844.4
1991	8.02	54.53	57.75	2122.2	1570.8	1167.8
1992	10.18	81.05	73.39	1408.0	1409.7	959.8
1993	7.62	106.17	103.61	1752.9	1885.1	1230.1
1994	11.25	132.09	106.65	2419.0	1907.2	1413.8
1995	18.95	143.34	110.77	2744.2	2216.0	1569.3
1996	16.75	128.90	129.89	2749.9	2099.7	1584.2
1997	24.15	145.14	148.22	2972.9	2476.6	1709.1
1998	29.44	131.69	221.67	3276.4	2638.7	1788.7
1999	37.27	101.92	240.25	3342.6	2555.1	1825.2
2000	38.03	117.76	274.63	3444.1	2599.9	1874.9
2001	40.79	152.86	302.78	3633.2	2618.2	1807.8
2002	77.66	235.93	373.49	3919.9	2797.5	1782.4
2003	73.30	410.57	492.67	5108.9	3239.0	2027.5
2004	81.63	678.56	573.46	5702.4	3358.7	1991.0
2005	87.11	983.84	737.36	6411.7	3274.2	1881.9
2006	115.66	1221.43	954.61	8047.1	3807.8	2274.7
2007	123.39	1495.55	1344.46	10284.7	4210.1	2698.6
2008	192.93	1947.97	1629.77	12797.0	4255.1	2716.1
2009	274.29	2577.83	1716.78	14784.4	4457.4	2874.8
2010	289.70	2978.73	2121.42	18817.2	4760.8	3177.4
2011	378.93	3456.87	2588.97	23153.1	4663.8	2753.5
2012	486.97	4390.48	3155.15	25343.6	5039.0	2683.3
2013	698.22	4860.99	3702.96	26793.1	5343.3	3319.7
2014	838.17	5654.53	4398.84	23710.7	3828.7	2057.1

注：按产业划分全社会固定资产投资不含住宅投资。

a)Total Investment in Fixed Assets by Three Strata of Industry does not include Residential Buildings.

6-3 全社会固定资产投资(按资金来源和构成分)

Total Investment of Fixed Assets by Source of Finance & Use of Fund

年份 Year	按资金来源分 Grouped by Source of Finance				按构成分 Grouped by Use of Funds		
	国家预算内资金 State Budgetary Appropriations	国内贷款 Domestic Loans	利用外资 Foreign Investment	自筹和其他资金 Fund Raising and Others	建筑安装工程 Construction and Installation	设备工具器具购置 Purchase of Equipment & Instruments	其他费用 Others
投资额(万元) Investment (10 000 yuan)							
1994	190289	646675	172001	1442919	1538978	657469	278796
1995	175546	583256	232002	1617671	1609643	749927	370991
1996	150246	710872	76386	1661729	1666690	664510	424171
1997	143587	997032	79710	1880868	1937796	753100	484275
1998	266157	888211	45659	2211536	2306538	708744	486673
1999	442502	689372	144490	2442264	2627258	735037	417817
2000	435776	761680	155448	2732802	2985528	870546	448109
2001	437274	1066975	301567	2867155	3439701	939451	585138
2002	1079725	1054904	173749	3896938	4493461	1463467	913808
2003	1055992	1937600	77504	6616903	6376791	2070260	1318326
2004	999337	2336287	108036	10060888	8962178	3000729	1373667
2005	1076190	3611620	109443	13443251	12368814	3978273	1735974
2006	1092392	2812329	162697	19174972	16087736	4697985	2131281
2007	1141297	3153584	210239	25529012	20832679	6104597	2696691
2008	1632637	2733717	341715	33260225	25489733	8484009	3732964
2009	2983176	5233642	104673	44014931	34268397	11456594	4967904
2010	2621472	7800477	63938	53452449	40137303	14183859	6035685
2011	3424127	8918656	79631	67208441	51330011	16498932	5499644
2012	4294511	10362842	186718	78514866	61571521	20376821	6263006
2013	5477012	12395484	61910	89595174	74097667	22849555	7468761
2014	6849856	15298955	102030	101036972	84112256	28204785	8425372
构成(%) Percentage							
1994	7.8	26.4	7.0	58.8	62.2	26.6	11.2
1995	6.7	22.4	8.9	62.0	58.9	27.5	13.6
1996	5.8	27.3	2.9	63.9	60.5	24.1	15.4
1997	4.6	32.2	2.6	60.6	61.0	23.7	15.3
1998	7.8	26.1	1.3	64.8	65.9	20.2	13.9
1999	11.9	18.5	3.9	65.7	69.5	19.4	11.1
2000	10.7	18.6	3.8	66.9	69.4	20.2	10.4
2001	9.3	22.8	6.5	61.4	69.3	18.9	11.8
2002	17.4	17.0	2.8	62.8	65.4	21.3	13.3
2003	10.9	20.0	0.8	68.3	65.3	21.2	13.5
2004	7.4	17.3	0.8	74.5	67.2	22.5	10.3
2005	5.9	19.8	0.6	73.7	68.4	22.0	9.6
2006	4.7	12.1	0.7	82.5	70.2	20.5	9.3
2007	3.8	10.5	0.7	85.0	70.3	20.6	9.1
2008	4.3	7.2	0.9	87.6	67.6	22.5	9.9
2009	5.7	10.0	0.2	84.1	67.6	22.6	9.8
2010	4.1	12.2	0.1	83.6	66.5	23.4	10.0
2011	4.3	11.2	0.1	84.4	70.0	22.6	7.5
2012	4.6	11.1	0.2	84.1	69.8	23.1	7.1
2013	5.1	11.5	0.1	83.3	71.0	21.9	7.1
2014	5.6	12.4	0.1	82.0	69.7	23.4	7.0

6-4 按登记注册类型分的全社会固定资产投资(2014 年)

指 标	Item	总 计 Total	内资		
			国 有 State-owned Units	集 体 Collective-owned Units	股份合作 Coopeative Units
投资总额(万元)	**Total Investment(10 000 yuan)**	**120742413**	**45733301**	**745501**	**183306**
按资金来源分	Grouped by Source of Funds				
国家预算内资金	State Appropriations	6849856	6501225	25148	
国内贷款	Domestic Loans	15298955	6752545	84500	
利用外资	Foreign Investment	102030	3240		
自筹资金	Fund Raising	94173274	28425327	577362	203650
其他资金	Others	6863698	2897754	55844	
按城乡分组	Grouped by Urban and Rural Area				
城镇	Urban	112302430	42472409	469690	177529
#房地产开发	Real Estate Development	13708803	144855		120
农村	Rural	8439983	3260892	275811	5777
# 农村个人	Rural Individuals	1539794			
按构成分	Grouped by Use of Funds				
建筑安装工程	Construction and Installation	84112256	35814854	591471	62586
设备、工具器具购置	Purchase of Equipment & Instruments	28204785	6869893	135693	120558
其他费用	Others	8425372	3048554	18337	162
新增固定资产(万元)	**Newly Increased Fixed Assets (10 000 yuan)**	**89954308**	**35143797**	**684036**	**33583**
房屋建筑面积(万平方米)	**Floor Space of Buildings (10 000 sq.m)**				
施工面积	Floor Space Under Construction	23710.72	3087.97	69.98	32.21
竣工面积	Floor Space Completed	3828.74	977.44	55.76	3.00
# 住宅	Residential Buildings	2057.08	414.75	38.86	0.04

Total Investment in Fixed Assets by Status of Registration(2014)

Domistic-funded Enterprises					港澳台投资 Economic Units Funded by Entrepreneurs from HK,Macao & Taiwan	外商投资 Foreign Funded Economic Units	个人投资 Indivi-duals	
联营经济 Joint-owned Economic Units	有限责任公司 Limited Liabibity Corp.	股份有限公司 Share-holding Corp.Ltd.	私营 Private Enter-prises	其他 Others				#个体经营 Manage by Individuals
36667	**43553567**	**4554501**	**20434547**	**2731832**	**388549**	**500681**	**1879961**	**1765137**
11360	245619	6480	19306	40090		128	500	500
	4869964	766088	2508380	112264	74440		130774	120274
	72760			1800	23161	1069		
24617	38594184	4354881	17238882	2357802	230628	455088	1710853	1616009
340	1938097	226124	1322150	342807	34776	41406	4400	3400
31852	42655817	4450151	19007011	1890148	361868	498288	287667	193923
	6572339	492680	6439244	2330		57235		
4815	897750	104350	1427536	841684	26681	2393	1592294	1571214
							1539794	1539794
28796	26718093	2860571	14373563	2067383	177430	288972	1128537	1030085
7765	13938378	1439673	4311774	403380	188801	148661	640209	627422
106	2897096	254257	1749210	261069	22318	63048	111215	107630
27595	**30496892**	**3617658**	**14393524**	**2247428**	**682623**	**666673**	**1960499**	**1839305**
2.79	9210.09	1065.26	9973.02	99.04	8.76	98.18	63.44	38.19
0.34	1212.65	161.07	1310.24	40.53	8.76	22.09	36.86	29.78
	676.10	85.59	788.49	28.91		17.48	6.86	6.67

6-5 按各种分组的国有经济固定资产投资
Investment in Fixed Assets of State-owned Units by Group

指标	Item	1995	2000	2005	2010	2014
投资总额(万元)	**Total Investment(10 000 yuan)**	**2099845**	**2750621**	**7935361**	**23758581**	**45733301**
按资金来源分	Grouped by Source of Funds					
国家预算内资金	State Budgetary Appropriations	167282	375824	1077880	2768142	6501225
国内贷款	Domestic Loans	514959	509425	2196445	4141791	6752545
利用外资	Foreign Investment	207128	127053	53589	9560	3240
自筹资金	Fund Raising	939696	1139959	3696181	16031830	28425327
其他资金	Others	153491	454853	1024076	1382371	2897754
按构成分	Grouped by Use of Funds					
建筑安装工程	Construction and Installation	1173494	1925160	6112613	17161674	35814854
设备、工具器具购置	Purchase of Equipment and Instruments	615448	554610	1037607	3859614	6869893
其他费用	Others	310903	270851	785142	2737293	3048554
按建设性质分	Grouped by Type of Construction					
# 新建	New Construction	820541	588067	4830214	17300144	33010835
扩建	Expansion	917390	1258468	1785369	3347894	5499147
改建	Reconstruction	242964	604524	1002187	2390144	6244696
按产业分	Grouped by Type of Industry					
第一产业	Primary Industry	22483	162552	540456	1665683	4466576
第二产业	Secondary Industry	1350248	774968	2626260	7413077	12370261
第三产业	Tertiary Industry	488069	1460516	4425514	13851138	27347180
按国民经济主要行业分	Grouped by Main Sector					
农业	Agriculture	22483	162552	540473	1750423	4467105
工业	Industry	1341029	767129	2612136	7068228	10393987
# 能源工业	Energy	800786	427666	2245981	5465568	6365357
运输邮电业	Transportation, Postal and Telecommunications Services	280048	866275	2464627	6361089	8694439
新增固定资产(万元)	**Newly Increased Fixed Assets(10 000 yuan)**	**1766780**	**1877577**	**5621682**	**16380523**	**35143797**
房屋建筑面积(万平方米)	**Floor Space of Buildings(10 000 sq.m)**					
施工面积	Floor Space Under Construction	874.36	1177.96	1456.94	2941.93	3087.97
竣工面积	Floor Space Completed	493.23	757.69	760.68	808.00	977.44
# 住宅	Residential Buildings	281.08	466.73	303.53	334.62	414.75

注：1.改建投资中不含单纯建造生活设施投资。

2.按国民经济行业分、按建设性质分和按产业分不含房地产投资和住宅投资，其他统计分组的含。

a) The investment in reconstruction includes the investment in construction of facilities simply for the improvement of residents´life.

b) The investment in the real estate development is not included in the investment grouped by main sector and by Type of Industry.

6-6 按各种分组的城镇固定资产投资

Investment in Fixed Assets in Urban Area by Group

指 标	Item	2010	2011	2012	2013	2014
投资总额(万元)	**Total Investment(10 000 yuan)**	**57467622**	**69719147**	**83762814**	**98279124**	**112302430**
隶属关系分	By Administrative Relationship					
中央项目	Central Government Projects	7255566	6287790	6620786	6670502	7433155
地方项目	Local Projects	50212056	63431357	77142028	91608622	104869275
按资金来源分	Grouped by Source of Funds					
国家预算内资金	State Budgetary Appropriations	2821724	3684167	4512172	4828607	6103822
国内贷款	Domestic Loans	8604373	9900248	11445884	11999812	14233735
利用外资	Foreign Investment	40304	68683	119000	46756	79230
自筹资金	Fund Raising	45921291	56881221	66867257	77476575	86793131
其他资金	Others	3328838	5117764	5456104	6188314	6705335
按构成分	Grouped by Use of Funds					
建筑安装工程	Construction and Installation	39234923	50540304	60481768	69627943	77921542
设备、工具器具购置	Purchase of Equipment and Instruments	11575914	13516540	16747086	21467011	26406960
其他费用	Others	6656785	5662303	6533960	7184170	7973928
按产业分	Grouped by Type of Industry					
第一产业	Primary Industry	2001743	2418049	3372068	4839570	5050769
第二产业	Secondary Industry	26230813	30394355	36153076	43021456	49839537
第三产业	Tertiary Industry	21219017	26129369	31542917	35724160	41846787
按国民经济主要行业分	Grouped by Main Sector					
农业	Agriculture	2107693	2444552	3400242	4854032	5050810
工业	Industry	25689356	29863498	35494253	42341182	48871348
# 能源工业	Energy	13709906	12414003	10046870	11722494	14203223
运输邮电业	Transportation, Postal and Telecommunications Services	7825665	7461039	9063757	9639781	9999119
新增固定资产(万元)	**Newly Increased Fixed Assets(10 000 yuan)**	**37464181**	**49740676**	**56062714**	**65413779**	**82460390**
房屋建筑面积(万平方米)	**Floor Space of Buildings(10 000 sq.m)**					
施工面积	Floor Space Under Construction	17188.09	23085.30	25161.40	25749.53	23418.16
竣工面积	Floor Space Completed	3731.43	4368.28	4946.23	4570.28	3721.50
# 住宅	Residential Buildings	2244.41	2546.69	2427.99	2587.79	2015.78

注：按国民经济行业分、按产业分不含房地产投资和住宅投资，其他统计分组的含。

a) The investment in the real estate development is not included in the investment grouped by main sector and by Type of Industry.

6-7 国民经济各行业按建设性质分的城镇固定资产投资(2014年)

Investment in Fixed Assets in Urban Area by Type of Construction (2014)

单位：万元 (10 000 yuan)

行业	Sector	投资额 Investmert	#新建 New Construction	#扩建 Expansion	#改建 Reconstruction
全区	**Autonomous Regional Total**	**98593627**	**72041442**	**10258638**	**13805313**
农、林、牧、渔业	**Farming, Forestry, Animal Husbandry & Fishery**	**5050810**	**3764956**	**834960**	**399198**
农业	Farming	1108174	837781	212427	48075
林业	Forestry	1005869	559590	218407	227742
畜牧业	Animal Husbandry	1714738	1439184	227283	39922
渔业	Fishery	18595	13775		4820
农、林、牧、渔服务业	Agricultural Services	1203434	914626	176843	78639
采矿业	**Mining**	**10000338**	**7175894**	**1329229**	**1440598**
煤炭开采和洗选业	Coal Mining & Processing	5596214	4700157	397645	455909
石油和天然气开采业	Extraction of Petroleum & Natural Gas	964076	319891	425474	214927
黑色金属矿采选业	Mining & Dressing of Ferrous Metals	1371052	788103	319635	260579
有色金属矿采选业	Mining & Dressing of Nonferrous Metals	1114620	642730	155485	310810
非金属矿采选业	Mining & Dressing of Nonmetal Minerals	494999	375777	30990	88232
开采辅助活动	Support Activities for Mining	451824	341736		110088
其他采矿业	Mining of Other Mineral	7553	7500		53
制造业	**Manufacturing**	**31633441**	**23911256**	**2723106**	**3864172**
农副食品加工业	Processing of Agricultural Side-line Food	2266488	1594590	320186	332222
食品制造业	Food Manufacturing	840524	455012	205996	178122
酒、饮料和精制茶制造业	Wine, Beverage and Refined Tea Manufacturing	569784	303763	121004	126269
烟草制品业	Tobacco Products	26741	20780		
纺织业	Textile Industry	166143	93333	34758	31418
纺织服装、服饰业	Textile, Apparel Industry	150376	106107	28200	13091
皮革、毛皮、羽毛及其制品和制鞋业	Leather, Fur, Feathers and Their Products and Footwear	59906	45546	700	13660
木材加工及木、竹、藤、棕、草制品业	Timber Processing, Bamboo, Cane, Palm Fiber & Straw Products	262665	215032	21400	26233
家具制造业	Furniture Manufacturing	190525	125373	31180	30187
造纸及纸制品业	Paper-making & Paper Products	206801	87034	60188	57689
印刷业和记录媒介的复制	Printing and Record Medium Reproduction	108361	86388	6800	10760
文教、工美、体育和娱乐用品制造业	Manufacturing of Cultural, Educational & Arts , Crafts & Sports and Entertainment Goods	48547	26767		18300
石油加工、炼焦及核燃料加工业	Petroleum Processing , Coke Products & Processing of Nuclear Fuel	1821471	1367055	329845	119921
化学原料及化学制品制造业	Raw Chemical Materials & Products	5842106	5059318	234292	482961
医药制造业	Medicine Manufacturing	583543	409146	71573	73824
化学纤维制造业	Chemical Fiber Manufacturing	464848	464848		

注：此表未包括房地产投资。

a)Data in this table doesn´t include real estate development.

6–7 续表 1 continued

单位：万元 (10 000 yuan)

行 业	Sector	投资额 Investment	# 新 建 New Construction	# 扩 建 Expansion	# 改 建 Reconstruction
橡胶和塑料制品业	Rubber and Plastic Products	918643	749832	37010	111049
非金属矿物制品业	Nonmetal Mineral Products	2753205	2115643	245533	283496
黑色金属冶炼及压延加工业	Smelting & Pressing of Ferrous Metals	2086911	1375100	64650	589663
有色金属冶炼及压延加工业	Smelting & Pressing of Nonferrous Metals	3195853	2547320	243005	396393
金属制品业	Metal Products	1072969	492520	306140	197719
通用设备制造业	Manufacturing of General Purpose Equipment	1136901	723192	68076	253572
专用设备制造业	Special Purposes Equipment Manufacturing	1779334	1492398	66938	157348
汽车制造业	Automotive Manufacturing	2166096	1491086	90684	135806
铁路、船舶、航空航天和其他运输设备制造业	Railroad,Ships, Aerospace and Other Transportation Equipment Manufacturing	123112	73290	10870	17552
电气机械及器材制造业	Electric Equipment & Machinery	1544994	1354213	72053	70608
计算机、通信和其他电子设备制造业	Manufacturing of Computer , Communications and Other Electronic Equipment	754046	719034	7890	17202
仪器仪表制造业	Manufacturing of Instrument	40243	14180	12700	9163
其他制造业	Others	206081	175686	13700	12245
废弃资源综合利用业	Comprehensive Utilization of Waste Resources	172153	102057	17696	52400
金属制品、机械和设备修理业	Metal products, Machinery and Equipment Repair	74071	25613	39	45299
电力、燃气及水的生产和供应业	**Production & Supply of Electric Power,Gas & Water**	**11699140**	**8504583**	**1322208**	**1675120**
电力、热力的生产和供应业	Electric Power and Heating Power	9042849	6429723	962032	1464397
燃气生产和供应业	Production & Supply of Gas	1240184	901534	251606	82544
水的生产和供应业	Production & Supply of Water	1416107	1173326	108570	128179
建筑业	**Construction**	**976250**	**633691**	**112470**	**179002**
房屋建筑业	Housing Construction	161998	124138	6878	9482
土木工程建筑业	Civil Engineering Construction	526035	416308	35193	62077
建筑安装业	Installation of Buildings	86963	8112	40236	34815
建筑装饰和其他建筑业	Decoration of Buildings and Other Construction	201254	85133	30163	72628
批发和零售业	**Wholesale & Retail Trade**	**3703059**	**2548083**	**246195**	**799472**
批发业	Wholesale Trade	2199068	1413469	90379	589686
零售业	Retail Trade	1503991	1134614	155816	209786
交通运输、仓储和邮政业	**Transportation, Storage & Postal**	**9636402**	**7354227**	**518614**	**1586857**
铁路运输业	Railway Transport	2619248	2207667	36210	347371
道路运输业	Roadway Transport	5897351	4177799	360122	1217802
水上运输业	Water transport	2850	2850		
航空运输业	Air Transport	202317	148603	53714	
管道运输业	Pipeline Transport	30007	30007		
装卸搬运和其他运输服务业	Handling and transportation	192293	171369	14460	6464
仓储业	Storage	654819	586285	54108	7350
邮政业	Postal Services	37517	29647		7870
住宿和餐饮业	**Quarters & Catering**	**1040402**	**771321**	**88282**	**173922**
住宿业	Quarters	713817	573202	42779	90959
餐饮业	Catering	326585	198119	45503	82963
信息传输、软件和信息技术服务业	**Information Transmission,Software and IT Services**	**1482858**	**1290697**	**84390**	**101690**
电信、广播电视和卫星传输服务	Telecommunications, Radio and Television , Satellite Transmission Services	1017536	887274	47533	79743
互联网和相关服务	Internet and Related Services	90227	84932		2200
软件和信息技术服务业	Software and IT Services	375095	318491	36857	19747

6–7 续表 2 continued

单位：万元 (10 000 yuan)

行业	Sector	投资额 Investmert	# 新建 New Constr-uction	# 扩建 Expan-sion	# 改建 Recons-truction
金融业	**Finance**	**262438**	**111518**	**8700**	**75674**
货币金融服务	Monetary and Financial Services	239655	107205	8700	65806
资本市场服务	Capital Market Services	15965	1250		6113
保险业	Insurance	4328	2373		1955
其他金融活动	Others	2490	690		1800
房地产业	**Real Estate**	**3807384**	**2722975**	**574787**	**348931**
房地产业	Real Estate	3807384	2722975	574787	348931
租赁和商务服务业	**Leasing & Commercial Services**	**695178**	**386674**	**53663**	**205256**
租赁业	Leasing Services	20443	8036		6907
商务服务业	Commercial Services	674735	378638	53663	198349
科学研究、技术服务业	**Scientific and Technical Services**	**866910**	**487867**	**57623**	**296897**
研究与试验发展	Research & Development	126539	116805		4200
专业技术服务业	Special Technical Services	280984	182865	45953	50488
科技推广和应用服务业	Science and Technology Popularization and Application Services	459387	188197	11670	242209
水利、环境和公共设施管理业	**Water Conservancy, Environment & Public Facilities Administration**	**12363571**	**8669324**	**1645434**	**1967785**
水利管理业	Water Conservancy	1025838	747480	125051	150627
生态保护和环境治理业	Ecological Protection and Environmental Management	501974	386351	60687	47388
公共设施管理业	Public Facilities Administration	10835759	7535493	1459696	1769770
居民服务、修理和其他服务业	**Resident Services, Repairs and Other Services**	**573422**	**437259**	**28758**	**89785**
居民服务业	Resident Services	236049	190793	21208	14807
机动车、电子产品和日用产品修理业	Motor Vehicles, Electronics and Household Goods Repair Services	298985	228008	4950	61227
其他服务业	Other Services	38388	18458	2600	13751
教育	**Education**	**952425**	**610457**	**155497**	**123433**
教育	Education	952425	610457	155497	123433
卫生、社会工作	**Health and Social Work**	**668520**	**404567**	**73163**	**108250**
卫生	Health	520423	285361	73163	79594
社会工作	Social Work	148097	119206		28656
文化、体育和娱乐业	**Culture, Sports & Recreational Services**	**1265491**	**973464**	**133780**	**119975**
新闻出版业	Press	1700	1700		
广播、电视、电影和影视录音业	Radio, Television, Film and Video Recording Industry	262055	199046	9970	38468
文化艺术业	Culture & Arts	484800	370537	58346	38676
体育	Sports	284955	221962	45283	17710
娱乐业	Recreational Services	231981	180219	20181	25121
公共管理、社会保障和社会组织	**Public Administration，Social Security and**	**1915588**	**1282629**	**267779**	**249296**
中国共产党机关	Chinese Communist Party Agencies	3700	3700		
国家机构	Government Agencies	1687622	1113433	260410	209139
人民政协和民主党派	People's Politics Consultative Conference & Democratic Parties	2140			2140
社会保障	Social Security	27371	26207	1084	80
群众社团、社会团体和其他成员组织	Mass society, Social Organizations and Other Organizations	99806	64616	5570	18376
基层群众自治组织	Basic Mass Autonomous Organization	94949	74673	715	19561
国际组织	**International Organizations**				
国际组织	International Organizations				

6-8 国民经济各行业城镇固定资产投资和新增固定资产(2014年)

Investment in Fixed Assets in Urban Area & Newly Increased Fixed Assets by Sector(2014)

单位：万元 (10 000 yuan)

行 业	Sector	投资额 Invest-ment	# 地方项目 Local Proiects	新增固定资产 Newly Increased Fixed Assets	# 地方项目 Local Proiects
全 区	**Autonomous Regional Total**	**98593627**	**91293585**	**75919800**	**71851210**
农、林、牧、渔业	**Farming, Forestry, Animal Husbandry & Fishery**	**5050810**	**5047428**	**4550864**	**4546991**
农 业	Farming	1108174	1108174	990831	990831
林 业	Forestry	1005869	1005030	873286	871213
畜牧业	Animal Husbandry	1714738	1714738	1586021	1586021
渔 业	Fishery	18595	18595	17234	17234
农、林、牧、渔服务业	Agricultural Services	1203434	1200891	1083492	1081692
采矿业	**Mining**	**10000338**	**8704276**	**5714518**	**5086856**
煤炭开采和洗选业	Coal Mining & Processing	5596214	4974709	3106789	2677148
石油和天然气开采业	Extraction of Petroleum & Natural Gas	964076	373777	392735	230294
黑色金属矿采选业	Mining & Dressing of Ferrous Metals	1371052	1371052	724788	724788
有色金属矿采选业	Mining & Dressing of Nonferrous Metals	1114620	1085620	714234	685234
非金属矿采选业	Mining & Dressing of Nonmetal Minerals	494999	494999	502646	502646
开采辅助活动	Support Activities for Mining	451824	396566	265826	259246
其他采矿业	Mining of Other Mineral	7553	7553	7500	7500
制造业	**Manufacturing**	**31633441**	**30730082**	**21747272**	**20952663**
农副食品加工业	Processing of Agricultural Side-line Food	2266488	2266488	2115228	2115228
食品制造业	Food Manufacturing	840524	840524	758542	758542
酒、饮料和精制茶制造业	Wine, Beverage and Refined Tea Manufacturing	569784	569784	425952	425952
烟草制品业	Tobacco Products	26741	540	34381	540
纺织业	Textile Industry	166143	166143	182780	182780
纺织服装、服饰业	Textile, Apparel Industry	150376	150376	97309	97309
皮革、毛皮、羽毛及其制品和制鞋业	Leather, Fur, Feathers and Their Products and Footwear	59906	59906	77270	77270
木材加工及木、竹、藤、棕、草制品业	Timber Processing, Bamboo, Cane, Palm Fiber & Straw Products	262665	262665	253635	253635
家具制造业	Furniture Manufacturing	190525	190525	187915	187915
造纸及纸制品业	Paper-making & Paper Products	206801	206801	174718	174718
印刷业和记录媒介的复制	Printing and Record Medium Reproduction	108361	108361	114630	114630
文教、工美、体育和娱乐用品制造业	Manufacturing of Cultural, Educational & Arts ,Crafts & Sports and Entertainment Goods	48547	48547	46007	46007
石油加工、炼焦及核燃料加工业	Petroleum Processing , Coke Products & Processing of Nuclear Fuel	1821471	1793093	1245399	1189521
化学原料及化学制品制造业	Raw Chemical Materials & Products	5842106	5711688	3673918	3306158
医药制造业	Medicine Manufacturing	583543	583543	404927	404927
化学纤维制造业	Chemical Fiber Manufacturing	464848	464848	20000	20000

注：此表未包括房地产投资。

a)Data in this table doesn´t include real estate development.

6-8 续表 1 continued

单位：万元 (10 000 yuan)

行业	Sector	投资额 Invest-ment	# 地方项目 Local Projects	新增固定资产 Newly Increased Fixed Assets	# 地方项目 Local Projects
橡胶和塑料制品业	Rubber and Plastic Products	918643	464488	504335	504335
非金属矿物制品业	Nonmetal Mineral Products	2753205	2747205	2723050	2638050
黑色金属冶炼及压延加工业	Smelting & Pressing of Ferrous Metals	2086911	2058546	1051386	1023021
有色金属冶炼及压延加工业	Smelting & Pressing of Nonferrous Metals	3195853	3184223	1073217	1061587
金属制品业	Metal Products	1072969	1072518	1011696	1006696
通用设备制造业	Manufacturing of General Purpose Equipment	1136901	1136506	1427946	1426546
专用设备制造业	Special Purposes Equipment Manufacturing	1779334	1769002	980341	980341
汽车制造业	Automotive Manufacturing	2166096	1972371	1517759	1312694
铁路、船舶、航空航天和其他运输设备制造业	Railroad,Ships, Aerospace and Other Transportation Equipment Manufacturing	123112	110512	100650	100650
电气机械及器材制造业	Electric Equipment & Machinery	1544994	1544994	1032041	1032041
计算机、通信和其他电子设备制造业	Manufacturing of Computer , Communications and Other Electronic Equipment	754046	754046	156025	156025
仪器仪表制造业	Manufacturing of Instrument	40243	40243	34643	34643
其他制造业	Others	206081	206081	101125	101125
废弃资源综合利用业	Comprehensive Utilization of Waste Resources	172153	172153	155708	155708
金属制品、机械和设备修理业	Metal products, Machinery and Equipment Repair	74071	73362	64739	64069
电力、燃气及水的生产和供应业	**Production & Supply of Electric Power,Gas & Water**	**11699140**	**9651388**	**9262725**	**7796162**
电力、热力的生产和供应业	Electric Power and Heating Power	9042849	7058745	7173696	5756409
燃气生产和供应业	Production & Supply of Gas	1240184	1239604	684787	675321
水的生产和供应业	Production & Supply of Water	1416107	1353039	1404242	1364432
建筑业	**Construction**	**976250**	**975712**	**767785**	**767247**
房屋建筑业	Housing Construction	161998	161998	114801	114801
土木工程建筑业	Civil Engineering Construction	526035	525497	407316	406778
建筑安装业	Installation of Buildings	86963	86963	80627	80627
建筑装饰和其他建筑业	Decoration of Buildings and Other Construction	201254	201254	165041	165041
批发和零售业	**Wholesale & Retail Trade**	**3703059**	**3703059**	**3330099**	**3330099**
批发业	Wholesale Trade	2199068	2199068	1843884	1843884
零售业	Retail Trade	1503991	1503991	1486215	1486215
交通运输、仓储和邮政业	**Transportation, Storage & Postal**	**9636402**	**7651918**	**7979177**	**7814439**
铁路运输业	Railway Transport	2619248	641574	1074566	909828
道路运输业	Roadway Transport	5897351	5897351	5901521	5901521
水上运输业	Water transport	2850	2850	2850	2850
航空运输业	Air Transport	202317	202317	197246	197246
管道运输业	Pipeline Transport	30007	29992	45103	45103
装卸搬运和其他运输服务业	Handling and transportation	192293	192293	183913	183913
仓储业	Storage	654819	648024	527736	527736
邮政业	Postal Services	37517	37517	46242	46242
住宿和餐饮业	**Quarters & Catering**	**1040402**	**971956**	**924021**	**895021**
住宿业	Quarters	713817	645371	585182	556182
餐饮业	Catering	326585	326585	338839	338839
信息传输、软件和信息技术服务业	**Information Transmission,Software and IT Services**	**1482858**	**679966**	**1408900**	**635822**
电信、广播电视和卫星传输服务	Telecommunications, Radio and Television , Satellite Transmission Services	1017536	225344	944173	171095
互联网和相关服务	Internet and Related Services	90227	90227	232571	232571
软件和信息技术服务业	Software and IT Services	375095	364395	232156	232156

6-8 续表 2 continued

单位：万元 (10 000 yuan)

行 业	Sector	投资额 Investment	# 地方项目 Local Projects	新增固定资产 Newly Increased Fixed Assets	# 地方项目 Local Projects
金融业	**Finance**	**262438**	**203064**	**278308**	**218934**
货币金融服务	Monetary and Financial Services	239655	180281	250622	191248
资本市场服务	Capital Market Services	15965	15965	18615	18615
保险业	Insurance	4328	4328	5055	5055
其他金融活动	Others	2490	2490	4016	4016
房地产业	**Real Estate**	**3807384**	**3780936**	**3303238**	**3264790**
房地产业	Real Estate	3807384	3780936	3303238	3264790
租赁和商务服务业	**Leasing & Commercial Services**	**695178**	**680954**	**630267**	**616043**
租赁业	Leasing Services	20443	20443	15197	15197
商务服务业	Commercial Services	674735	660511	615070	600846
科学研究、技术服务业	**Scientific and Technical Services**	**866910**	**830822**	**778785**	**757697**
研究与试验发展	Research & Development	126539	121005	238481	232947
专业技术服务业	Special Technical Services	280984	271798	167812	158626
科技推广和应用服务业	Science and Technology Popularization and Application Services	459387	438019	372492	366124
水利、环境和公共设施管理业	**Water Conservancy, Environment & Public Facilities Administration**	**12363571**	**12322806**	**10150533**	**10112267**
水利管理业	Water Conservancy	1025838	1023411	974251	971824
生态保护和环境治理业	Ecological Protection and Environmental Management	501974	471209	517974	488135
公共设施管理业	Public Facilities Administration	10835759	10828186	8658308	8652308
居民服务、修理和其他服务业	**Resident Services, Repairs and Other Services**	**573422**	**573422**	**511643**	**511643**
居民服务业	Resident Services	236049	236049	337103	337103
机动车、电子产品和日用产品修理业	Motor Vehicles, Electronics and Household Goods Repair Services	298985	298985	143752	143752
其他服务业	Other Services	38388	38388	30788	30788
教育	**Education**	**952425**	**936419**	**926735**	**910007**
教育	Education	952425	936419	926735	910007
卫生、社会工作	**Health and Social Work**	**668520**	**668480**	**589468**	**588728**
卫生	Health	520423	520383	457383	456643
社会工作	Social Work	148097	148097	132085	132085
文化、体育和娱乐业	**Culture, Sports & Recreational Services**	**1265491**	**1265491**	**1074955**	**1074955**
新闻出版业	Press	1700	1700		
广播、电视、电影和影视录音业	Radio, Television, Film and Video Recording Industry	262055	262055	251395	251395
文化艺术业	Culture & Arts	484800	484800	505185	505185
体育	Sports	284955	284955	177308	177308
娱乐业	Recreational Services	231981	231981	141067	141067
公共管理、社会保障和社会组织	**Public Administration， Social Security and Social Organizations**	**1915588**	**1915406**	**1990507**	**1970846**
中国共产党机关	Chinese Communist Party Agencies	3700	3700	9700	9700
国家机构	Government Agencies	1687622	1687622	1686495	1686495
人民政协和民主党派	People's Politics Consultative Conference & Democratic Parties	2140	2140	2140	2140
社会保障	Social Security	27371	27371	27532	27532
群众社团、社会团体和其他成员组织	Mass society, Social Organizations and Other Organizations	99806	99624	125311	105650
基层群众自治组织	Basic Mass Autonomous Organization	94949	94949	139329	139329
国际组织	**International Organizations**				
国际组织	International Organizations				

6-9 按行业分城镇500万元以上施工、投产项目个数(2014年)

Number of Construction Projects over 500 Thousand Yuan under Construction and Put into Use in Urban Area by Sector (2014)

行业	Sector	施工项目(个) Number of Projects Under Construction (unit)	#新开工项目 Started This Year	全部建成投产项目(个) Number of Projects Started This Year (unit)	项目建成投产率(%) Percentage of Projects Completed and Put into Use
全　　区	**Autonomous Regional Total**	**14793**	**10898**	**10109**	**68.3**
农、林、牧、渔业	**Farming, Forestry, Animal Husbandry & Fishery**	**1276**	**1071**	**1019**	**79.9**
农　业	Farming	301	240	233	77.4
林　业	Forestry	229	197	188	82.1
畜牧业	Animal Husbandry	388	332	316	81.4
渔　业	Fishery	6	3	3	50.0
农、林、牧、渔服务业	Agricultural Services	352	299	279	79.3
采矿业	**Mining**	**915**	**633**	**544**	**59.5**
煤炭开采和洗选业	Coal Mining & Processing	271	144	149	55.0
石油和天然气开采业	Extraction of Petroleum & Natural Gas	58	51	46	79.3
黑色金属矿采选业	Mining & Dressing of Ferrous Metals	234	188	115	49.1
有色金属矿采选业	Mining & Dressing of Nonferrous Metals	154	134	114	74.0
非金属矿采选业	Mining & Dressing of Nonmetal Minerals	133	92	83	62.4
开采辅助活动	Support Activities for Mining	61	23	36	59.0
其他采矿业	Mining of Other Mineral	4	1	1	25.0
制造业	**Manufacturing**	**3363**	**2423**	**2267**	**67.4**
农副食品加工业	Processing of Agricultural Side-line Food	472	383	358	75.8
食品制造业	Food Manufacturing	128	102	94	73.4
酒、饮料和精制茶制造业	Wine, Beverage and Refined Tea Manufacturing	87	69	62	71.3
烟草制品业	Tobacco Products	3	1	2	66.7
纺织业	Textile Industry	43	34	34	79.1
纺织服装、服饰业	Textile, Apparel Industry	28	23	22	78.6
皮革、毛皮、羽毛及其制品和制鞋业	Leather, Fur, Feathers and Their Products and Footwear	17	13	12	70.6
木材加工及木、竹、藤、棕、草制品业	Timber Processing, Bamboo, Cane, Palm Fiber & Straw Products	76	58	60	78.9
家具制造业	Furniture Manufacturing	43	36	32	74.4
造纸及纸制品业	Paper-making & Paper Products	26	18	20	76.9
印刷业和记录媒介的复制	Printing and Record Medium Reproduction	20	18	17	85.0
文教、工美、体育和娱乐用品制造业	Manufacturing of Cultural, Educational & Arts,Crafts & Sports and Entertainment Goods	10	9	8	80.0
石油加工、炼焦及核燃料加工业	Petroleum Processing , Coke Products & Processing of Nuclear Fuel	53	16	26	49.1
化学原料及化学制品制造业	Raw Chemical Materials & Products	348	221	205	58.9
医药制造业	Medicine Manufacturing	71	51	39	54.9
化学纤维制造业	Chemical Fiber Manufacturing	5	1	1	20.0

6-9 续表 1 continued

行 业	Sector	施工项目（个）Number of Projects Under Construction (unit)	# 新开工项目 Started This Year	全部建成投产项目（个）Number of Projects Started This Year (unit)	项目建成投产率（%）Percentage of Projects Completed and Put into Use
橡胶和塑料制品业	Rubber and Plastic Products	104	72	72	69.2
非金属矿物制品业	Nonmetal Mineral Products	434	290	320	73.7
黑色金属冶炼及压延加工业	Smelting & Pressing of Ferrous Metals	299	133	113	37.8
有色金属冶炼及压延加工业	Smelting & Pressing of Nonferrous Metals	175	134	105	60.0
金属制品业	Metal Products	210	190	151	71.9
通用设备制造业	Manufacturing of General Purpose Equipment	153	129	126	82.4
专用设备制造业	Special Purposes Equipment Manufacturing	171	138	128	74.9
汽车制造业	Automotive Manufacturing	122	84	89	73.0
铁路、船舶、航空航天和其他运输设备制造业	Railroad,Ships, Aerospace and Other Transportation Equipment Manufacturing	21	15	11	52.4
电气机械及器材制造业	Electric Equipment & Machinery	127	90	81	63.8
计算机、通信和其他电子设备制造业	Manufacturing of Computer , Communications and Other Electronic Equipment	26	20	14	53.8
仪器仪表制造业	Manufacturing of Instrument	13	11	10	76.9
其他制造业	Others	26	20	19	73.1
废弃资源综合利用业	Comprehensive Utilization of Waste Resources	23	18	15	65.2
金属制品、机械和设备修理业	Metal products, Machinery and Equipment Repair	29	26	21	72.4
电力、燃气及水的生产和供应业	**Production & Supply of Electric Power,Gas & Water**	**1305**	**929**	**875**	**67.0**
电力、热力的生产和供应业	Electric Power and Heating Power	903	648	606	67.1
燃气生产和供应业	Production & Supply of Gas	139	103	82	59.0
水的生产和供应业	Production & Supply of Water	263	178	187	71.1
建筑业	**Construction**	**255**	**239**	**163**	**63.9**
房屋建筑业	Housing Construction	41	38	20	48.8
土木工程建筑业	Civil Engineering Construction	115	105	71	61.7
建筑安装业	Installation of Buildings	26	24	21	80.8
建筑装饰和其他建筑业	Decoration of Buildings and Other Construction	73	72	51	69.9
批发和零售业	**Wholesale & Retail Trade**	**807**	**684**	**670**	**83.0**
批发业	Wholesale Trade	506	446	438	86.6
零售业	Retail Trade	301	238	232	77.1
交通运输、仓储和邮政业	**Transportation, Storage & Postal**	**999**	**636**	**622**	**62.3**
铁路运输业	Railway Transport	114	42	32	28.1
道路运输业	Roadway Transport	684	470	455	66.5
水上运输业	Water transport	2	1	1	50.0
航空运输业	Air Transport	15	4	12	80.0
管道运输业	Pipeline Transport	11	4	7	63.6
装卸搬运和其他运输服务业	Handling and transportation	42	30	27	64.3
仓储业	Storage	122	78	80	65.6
邮政业	Postal Services	9	7	8	88.9
住宿和餐饮业	**Quarters & Catering**	**203**	**140**	**150**	**73.9**
住宿业	Quarters	135	86	92	68.1
餐饮业	Catering	68	54	58	85.3
信息传输、软件和信息技术服务业	**Information Transmission,Software and IT Services**	**168**	**154**	**128**	**76.2**
电信、广播电视和卫星传输服务	Telecommunications, Radio and Television, Satellite Transmission Services	88	86	73	83.0
互联网和相关服务	Internet and Related Services	13	11	8	61.5
软件和信息技术服务业	Software and IT Services	67	57	47	70.1

6-9 续表 2 continued

行 业	Sector	施工项目（个）Projects Under Construction (unit)	# 新开工项目 Started This Year	全部建成投产项目（个）Projects Started This Year (unit)	项目建成投产率（%）Percentage of Projects Completed and Put into Use
金融业	**Finance**	**58**	**37**	**45**	**77.6**
货币金融服务	Monetary and Financial Services	47	29	37	78.7
资本市场服务	Capital Market Services	5	4	4	80.0
保险业	Insurance	3	2	2	66.7
其他金融活动	Others	3	2	2	66.7
房地产业	**Real Estate**	**768**	**448**	**474**	**61.7**
房地产业	Real Estate	768	448	474	61.7
租赁和商务服务业	**Leasing & Commercial Services**	**215**	**176**	**159**	**74.0**
租赁业	Leasing Services	6	6	4	66.7
商务服务业	Commercial Services	209	170	155	74.2
科学研究、技术服务业	**Scientific and Technical Services**	**230**	**206**	**150**	**65.2**
研究与试验发展	Research & Development	14	12	9	64.3
专业技术服务业	Special Technical Services	89	75	67	75.3
科技推广和应用服务业	Science and Technology Popularization and	127	119	74	58.3
水利、环境和公共设施管理业	**Water Conservancy, Environment & Public Facilities Administration**	**2558**	**2001**	**1740**	**68.0**
水利管理业	Water Conservancy	309	229	206	66.7
生态保护和环境治理业	Ecological Protection and Environmental Management	106	81	69	65.1
公共设施管理业	Public Facilities Administration	2143	1691	1465	68.4
居民服务、修理和其他服务业	**Resident Services, Repairs and Other Services**	**120**	**84**	**100**	**83.3**
居民服务业	Resident Services	69	46	57	82.6
机动车、电子产品和日用产品修理业	Motor Vehicles, Electronics and Household Goods Repair Services	38	27	30	78.9
其他服务业	Other Services	13	11	13	100.0
教育	**Education**	**427**	**311**	**277**	**64.9**
教育	Education	427	311	277	64.9
卫生、社会工作	**Health and Social Work**	**226**	**152**	**132**	**58.4**
卫生	Health	160	101	102	63.8
社会工作	Social Work	66	51	30	45.5
文化、体育和娱乐业	**Culture, Sports & Recreational Services**	**282**	**201**	**173**	**61.3**
新闻出版业	Press	2	1		
广播、电视、电影和影视录音业	Radio, Television, Film and Video Recording Industry	39	29	31	79.5
文化艺术业	Culture & Arts	135	94	70	51.9
体育	Sports	65	43	41	63.1
娱乐业	Recreational Services	41	34	31	75.6
公共管理、社会保障和社会组织	**Public Administration，Social Security and Social Organizations**	**618**	**373**	**421**	**68.1**
中国共产党机关	Chinese Communist Party Agencies	2		2	100.0
国家机构	Government Agencies	521	320	350	67.2
人民政协和民主党派	People's Politics Consultative Conference & Democratic Parties	1	1	1	100.0
社会保障	Social Security	9	5	8	88.9
群众社团、社会团体和其他成员组织	Mass society, Social Organizations and Other Organizations	53	22	33	62.3
基层群众自治组织	Basic Mass Autonomous Organization	32	25	27	84.4
国际组织	**International Organizations**				
国际组织	International Organizations				

6-10 城镇固定资产投资新增主要生产能力(2014 年)

Newly Increased Productive Capacities Through Investment in Fixed Assets in Urban Area(2014)

能力名称	Item	2014
原煤开采(万吨/年)	Coal Mining (10 000 tons/year)	3558
洗煤(万吨/年)	Washer Coal (10 000 tons/year)	5670
焦炭(万吨/年)	Coke (10 000 tons/year)	920
天然原油开采(万吨/年)	Petroleum Extraction (10 000 tons/year)	29.96
铁矿开采(原矿)(万吨/年)	Iron-ore Mining (10 000 tons/year)	1100.60
生铁(万吨/年)	Iron Smelting (10 000 tons/year)	20
粗钢(万吨/年)	Crude Steel (10 000 tons/year)	110
钢材(万吨/年)	Steel (10 000 tons/year)	118.25
铁合金(万吨/年)	Iron Alloy,Electric Furnace (10 000 tons/year)	62.90
氧化铝（吨/年）	Alumina (ton/year)	45000
铜采矿(原矿)(万吨/年)	Copper Ore Mining (10 000 tons/year)	166
铜选矿：	Copper Ore Dressing	
处理原矿(万吨/年)	Crude Ore Dressing (10 000 ton/year)	44
铜含量(吨/年)	Copper Content (ton/year)	560
铜冶炼(吨/年)	Copper Smelting (ton/year)	
铅锌采矿(原矿)(万吨/年)	Plumbum / Zinc Ore Mining (10 000 tons/year)	435.27
铅锌选矿：	Plumbum and Zinc Ore Dressing	
处理原矿(万吨/年)	Crude Ore Dressing (10 000 tons/year)	220.27
铅含量(吨/年)	Plumbum Content (ton/year)	13620
锌含量(吨/年)	Zinc Content (ton/year)	31920
锌冶炼(吨/年)	Zinc Smelting (ton/year)	50
铝加工(吨/年)	Aluminium Processing(ton/year)	950000
银选矿：	Silver Ore Dressing	
处理原矿(吨/年)	Crude Ore Dressing(ton/year)	113000
银含量(公斤/年)	Silver Content(kg/year)	5750
黄金(公斤/年)	Gold (kg/year)	117.3
火力发电(万千瓦)	Thermal Power (10 000 kw)	556.55
风力发电（万千瓦）	Wind Power(10 000 kw)	294.99
太阳能发电（万千瓦）	Solar Power(10 000 kw)	179.2
其他发电(万千瓦)	Other Power (10 000 kw)	31.1
输电线路长度(11万伏及以上)(公里)	Length of Electric Cable (over 110 000 va)(km)	3547.61
水泥(万吨/年)	Cement (10 000 tons/year)	705.3

6-10 续表 continued

能力名称	Item	2014
合成橡胶（吨/年）	Synthetic rubber(ton/year)	110
氮肥(吨/年)	Nitrogen Fertlizers (ton/year)	306551
磷肥(吨/年)	Phosphate (ton/year)	2000
钾肥（吨/年）	Potash(ton/year)	2000
塑料树脂及共聚物(吨/年)	Plastic Resin and Copolymer (ton/year)	122475
白酒(万吨/年)	Liquor (10 000 tons/year)	1.5
卷烟（箱/年）	Cigarette (cases / year)	100000
化学纤维（吨/年）	Chemical Fiber (tons / year)	5120
棉纺锭（锭）	Cotton Spindles (spindles)	
毛纺锭（锭）	Wool Spindles(spindles)	
新建铁路里程(公里)	Length of Newly Built Railway(km)	354.5
新建公路(公里)	Length of New Railway (km)	3103.6
#高速公路(公里)	Expressway (km)	191.9
一级公路(公里)	First Class Highway (km)	289.2
二级公路(公里)	Second Class Highway (km)	478.3
改建公路(公里)	Length of Reconstructed Highways (km)	2573.3
#高速公路(公里)	Expressway (km)	16.0
一级公路(公里)	First Class Highway (km)	206.4
二级公路(公里)	Second Class Highway (km)	323.4
新建独立公路桥梁(延长米)	New-built Separate Highway and Bridge (extended meter)	1492
新建独立公路桥梁(座)	New-built Separate Highway and Bridge (unit)	9
新(扩)建公路客、货运站(个)	New-built or Expanded Passenger & Freight Stations(unit)	13
新(扩)建公路客、货运站(平方米)	New-built or Expanded Passenger & Freight Stations(sq.m)	29460
城市自来水供水能力(万吨/日)	Capacity of City Tap Water Supply (10 000 tons/day)	23
城市污水处理能力(万吨/日)	Disposal Capacity of Sewage (10 000 tons/day)	59.1

6-11 按各种分组的农村固定资产投资

Investment in Fixed Assets in Rural by Group

指标	Item	2014
投资总额(万元)	**Total Investment(10 000 yuan)**	**6900189**
按资金来源分	Grouped by Source of Funds	
国家预算内资金	State Budgetary Appropriations	746034
国内贷款	Domestic Loans	946946
利用外资	Foreign Investment	22800
自筹资金	Fund Raising	5958643
其他资金	Others	158343
按构成分	Grouped by Use of Funds	
建筑安装工程	Construction and Installation	5288866
设备、工具器具购置	Purchase of Equipment and Instruments	1264046
其他费用	Others	347277
按建设性质分	Grouped by Type of Construction	
#新建	New Construction	5110328
扩建	Expansion	971386
改建	Reconstruction	759326
按产业分	Grouped by Type of Industry	
第一产业	Primary Industry	2504716
第二产业	Secondary Industry	2213862
第三产业	Tertiary Industry	2103116
按国民经济主要行业分	Grouped by Main Sector	
农业	Agriculture	2505216
工业	Industry	2088796
#能源工业	Energy	517137
运输邮电业	Transportation, Postal and Telecommunications Services	281209
新增固定资产(万元)	**Newly Increased Fixed Assets(10 000 yuan)**	**5963276**
房屋建筑面积(万平方米)	**Floor Space of Buildings(10 000 sq.m)**	
施工面积	Floor Space Under Construction	292.47
竣工面积	Floor Space Completed	107.15
#住宅	Residential Buildings	41.23

注：1.改建投资中不含单纯建造生活设施投资。

2.按国民经济行业分、按建设性质分不含房地产投资和住宅投资，其他统计分组的含。

3.本表统计范围为城市以下非农户投资项目。

a) The investment in reconstruction excludes the investment inconstruction of facilities simply for the improvement of esidents′life.

b) The investment in the real estate development is not included in the investment grouped by main sector and by type of construction.

c) Framework in this table is non−farmer Investment.

6-12 国民经济各行业按建设性质分的农村固定资产投资(2014年)

Investment in Fixed Assets of Rural by Construction & Sector(2014)

单位：万元 (10 000 yuan)

行业	Sector	投资额 Investment	#新建 New Construction	#扩建 Expansion	#改建 Reconstruction	新增固定资产 Newly Increased Fixed Assets
全　区	**Autonomous Regional Total**	**6900189**	**5110328**	**971386**	**759326**	**5963276**
农、林、牧、渔业	**Farming, Forestry, Animal Husbandry & Fishery**	**2505216**	**1846443**	**476105**	**154006**	**2071835**
农　业	Farming	711673	486988	161185	57230	613381
林　业	Forestry	132405	98947	22546	10220	126900
畜牧业	Animal Husbandry	1028942	783968	244274	700	793498
渔　业	Fishery	4350	4350			4350
农、林、牧、渔服务业	Agricultural Services	627846	472190	48100	85856	533706
采矿业	**Mining**	**694637**	**295378**	**147245**	**241164**	**656194**
煤炭开采和洗选业	Coal Mining & Processing	83290	69440		3000	82980
石油和天然气开采业	Extraction of Petroleum & Natural Gas	46075	36200	9875		46075
黑色金属矿采选业	Mining & Dressing of Ferrous Metals	305258	81071	92350	131837	285886
有色金属矿采选业	Mining & Dressing of Nonferrous Metals	58909	16942	23350	18617	51209
非金属矿采选业	Mining & Dressing of Nonmetal Minerals	151355	41975	21670	87710	140294
开采辅助活动	Support Activities for Mining	49750	49750			49750
其他采矿业	Mining of Other Mineral					
制造业	**Manufacturing**	**912601**	**700680**	**134330**	**76191**	**468288**
农副食品加工业	Processing of Agricultural Side-line Food	177190	139227	21440	16523	133137
食品制造业	Food Manufacturing	12586	9600	2986		12586
酒、饮料和精制茶制造业	Wine, Beverage and Refined Tea Manufacturing	15000	10000	5000		9000
烟草制品业	Tobacco Products					
纺织业	Textile Industry					
纺织服装、服饰业	Textile, Apparel Industry					
皮革、毛皮、羽毛及其制品和制鞋业	Leather, Fur, Feathers and Their Products and Footwear					
木材加工及木、竹、藤、棕、草制品业	Timber Processing, Bamboo, Cane, Palm Fiber & Straw Products	11586	3736	7850		11586
家具制造业	Furniture Manufacturing					
造纸及纸制品业	Paper-making & Paper Products					
印刷业和记录媒介的复制	Printing and Record Medium Reproduction					
文教、工美、体育和娱乐用品制造业	Manufacturing of Cultural, Educational & Arts ,Crafts & Sports and Entertainment Goods					
石油加工、炼焦及核燃料加工业	Petroleum Processing , Coke Products & Processing of Nuclear Fuel	3000	3000			3000
化学原料及化学制品制造业	Raw Chemical Materials & Products	330839	330729		110	25034
医药制造业	Medicine Manufacturing	30150	27150	3000		29650
化学纤维制造业	Chemical Fiber Manufacturing					

注：本表数据不包括农户投资。

a) Data in this table does not include indivdual investment in rural areas.

6-12 续表 1 continued

单位：万元 (10 000 yuan)

行业	Sector	投资额 Investment	#新建 New Construction	#扩建 Expansion	#改建 Reconstruction	新增固定资产 Newly Increased Fixed Assets
橡胶和塑料制品业	Rubber and Plastic Products	4650	650	4000		5651
非金属矿物制品业	Nonmetal Mineral Products	95802	52375	30615	12812	77790
黑色金属冶炼及压延加工业	Smelting & Pressing of Ferrous Metals	32000	29000		3000	32000
有色金属冶炼及压延加工业	Smelting & Pressing of Nonferrous Metals	161646	74050	53276	34320	88371
金属制品业	Metal Products	12670	7500	5170		12670
通用设备制造业	Manufacturing of General Purpose Equipment	8124	5798		2326	8124
专用设备制造业	Special Purposes Equipment Manufacturing	7996	3700		4296	7996
汽车制造业	Automotive Manufacturing					
铁路、船舶、航空航天和其他运输设备制造业	Railroad,Ships, Aerospace and Other Transportation Equipment Manufacturing					
电气机械及器材制造业	Electric Equipment & Machinery					
计算机、通信和其他电子设备制造业	Manufacturing of Computer , Communications and Other Electronic Equipment	4165	4165			9300
仪器仪表制造业	Manufacturing of Instrument					
其他制造业	Others					
废弃资源综合利用业	Comprehensive Utilization of Waste Resources	5197		993	2804	2393
金属制品、机械和设备修理业	Metal products, Machinery and Equipment Repair					
电力、燃气及水的生产和供应业	**Production & Supply of Electric Power,Gas & Water**	**511868**	**337537**	**32342**	**131089**	**539712**
电力、热力的生产和供应业	Electric Power and Heating Power	391516	232225	27862	120529	401054
燃气生产和供应业	Production & Supply of Gas	23566	17676		5890	11402
水的生产和供应业	Production & Supply of Water	96786	87636	4480	4670	127256
建筑业	**Construction**	**131609**	**126604**	**3220**	**1785**	**50249**
房屋建筑业	Housing Construction	20860	17640	3220		19860
土木工程建筑业	Civil Engineering Construction	67779	67779			21269
建筑安装业	Installation of Buildings					
建筑装饰和其他建筑业	Decoration of Buildings and Other Construction	42970	41185		1785	9120
批发和零售业	**Wholesale & Retail Trade**	**104851**	**91653**	**11498**	**1700**	**98430**
批发业	Wholesale Trade	71466	58268	11498	1700	65595
零售业	Retail Trade	33385	33385			32835
交通运输、仓储和邮政业	**Transportation, Storage & Postal**	**300858**	**228991**	**5241**	**66626**	**511737**
铁路运输业	Railway Transport	6232	6232			265835
道路运输业	Roadway Transport	259872	188005	5241	66626	215918
水上运输业	Water transport					
航空运输业	Air Transport	255	255			255
管道运输业	Pipeline Transport					
装卸搬运和其他运输服务业	Handling and transportation	8540	8540			8540
仓储业	Storage	25959	25959			21189
邮政业	Postal Services					
住宿和餐饮业	**Quarters & Catering**	**91076**	**85976**	**5100**		**57496**
住宿业	Quarters	87676	82676	5000		56496
餐饮业	Catering	3400	3300	100		1000
信息传输、软件和信息技术服务业	**Information Transmission,Software and IT Services**	**6310**	**6310**			**329**
电信、广播电视和卫星传输服务	Telecommunications, Radio and Television , Satellite Transmission Services	6310	6310			329
互联网和相关服务	Internet and Related Services					
软件和信息技术服务业	Software and IT Services					

6-12 续表 2 continued

单位：万元 (10 000 yuan)

行业	Sector	投资额 Investment	#新建 New Construction	#扩建 Expansion	#改建 Reconstruction	新增固定资产 Newly Increased Fixed Assets
金融业	**Finance**	**7700**	**4700**	**3000**		**3000**
货币金融服务	Monetary and Financial Services	5500	2500	3000		3000
资本市场服务	Capital Market Services					
保险业	Insurance	2200	2200			
其他金融活动	Others					
房地产业	**Real Estate**	**138201**	**130373**		**7828**	**145257**
房地产业	Real Estate	138201	130373		7828	145257
租赁和商务服务业	**Leasing & Commercial Services**	**96676**	**94676**	**2000**		**71419**
租赁业	Leasing Services					
商务服务业	Commercial Services	96676	94676	2000		71419
科学研究、技术服务业	**Scientific and Technical Services**	**54791**	**51811**	**2980**		**55490**
研究与试验发展	Research & Development	29855	29855			37405
专业技术服务业	Special Technical Services	18955	18955			15105
科技推广和应用服务业	Science and Technology Popularization and Application Services	5981	3001	2980		2980
水利、环境和公共设施管理业	**Water Conservancy, Environment & Public Facilities Administration**	**993206**	**803733**	**122329**	**59807**	**942731**
水利管理业	Water Conservancy	189451	163013	21438	5000	174892
生态保护和环境治理业	Ecological Protection and Environmental Management	81419	45047	14800	21300	64181
公共设施管理业	Public Facilities Administration	722336	595673	86091	33507	703658
居民服务、修理和其他服务业	**Resident Services, Repairs and Other Services**	**34427**	**34427**			**26400**
居民服务业	Resident Services	6827	6827			
机动车、电子产品和日用其他服务业	Motor Vehicles, Electronics and Other Services	27600	27600			26400
教育	**Education**	**26383**	**23283**	**3100**		**15993**
教育	Education	26383	23283	3100		15993
卫生、社会工作	**Health and Social Work**	**79256**	**74233**		**5023**	**49871**
卫生	Health	36022	35499		523	27371
社会工作	Social Work	43234	38734		4500	22500
文化、体育和娱乐业	**Culture, Sports & Recreational Services**	**78203**	**56137**	**19866**	**2200**	**77012**
新闻出版业	Press					
广播、电视、电影和影视录音业	Radio, Television, Film and Video Recording Industry					
文化艺术业	Culture & Arts	50422	48222		2200	45866
体育	Sports	20201	335	19866		24566
娱乐业	Recreational Services	7580	7580			6580
公共管理、社会保障和社会组织	**Public Administration，Social Security and Social Organizations**	**132320**	**117383**	**3030**	**11907**	**121833**
中国共产党机关	Chinese Communist Party Agencies					
国家机构	Government Agencies	90955	77018	3030	10907	80953
人民政协和民主党派	People's Politics Consultative Conference & Democratic Parties					
社会保障	Social Security					
群众社团、社会团体和其他成员组织	Mass society, Social Organizations and Other Organizations	9585	9585			9100
基层群众自治组织	Basic Mass Autonomous Organization	31780	30780		1000	31780
国际组织	**International Organizations**					
国际组织	International Organizations					

6-13 按行业分农村施工、投产项目个数(2014年)

Number of Construction Projects Under Construction and Put into Use in Rural by Sector (2014)

行 业	Sector	施工项目(个) Number of Projects Under Construction (unit)	#新开工项目 Started This Year	全部建成投产项目(个) Number of Projects Started This Year (unit)	项目建成投产率(%) Percentage of Projects Completedand Put into Use
全　区	**Autonomous Regional Total**	**1928**	**1544**	**1420**	**73.7**
农、林、牧、渔业	**Farming, Forestry, Animal Husbandry & Fishery**	**597**	**513**	**454**	**76.0**
农 业	Farming	158	134	126	79.7
林 业	Forestry	46	37	29	63.0
畜牧业	Animal Husbandry	231	207	184	79.7
渔 业	Fishery	2	2	2	100.0
农、林、牧、渔服务业	Agricultural Services	160	133	113	70.6
采矿业	**Mining**	**197**	**151**	**158**	**80.2**
煤炭开采和洗选业	Coal Mining & Processing	19	10	13	68.4
石油和天然气开采业	Extraction of Petroleum & Natural Gas	6	5	6	100.0
黑色金属矿采选业	Mining & Dressing of Ferrous Metals	78	56	53	67.9
有色金属矿采选业	Mining & Dressing of Nonferrous Metals	23	15	20	87.0
非金属矿采选业	Mining & Dressing of Nonmetal Minerals	63	58	59	93.7
开采辅助活动	Support Activities for Mining	8	7	7	87.5
其他采矿业	Mining of Other Mineral				
制造业	**Manufacturing**	**161**	**118**	**122**	**75.8**
农副食品加工业	Processing of Agricultural Side-line Food	43	37	28	65.1
食品制造业	Food Manufacturing	3	3	3	100.0
酒、饮料和精制茶制造业	Wine, Beverage and Refined Tea Manufacturing	4	4	2	50.0
烟草制品业	Tobacco Products				
纺织业	Textile Industry				
纺织服装、服饰业	Textile, Apparel Industry				
皮革、毛皮、羽毛及其制品和制鞋业	Leather, Fur, Feathers and Their Products and Footwear				
木材加工及木、竹、藤、棕、草制品业	Timber Processing, Bamboo, Cane, Palm Fiber & Straw Products	3	3	3	100.0
家具制造业	Furniture Manufacturing				
造纸及纸制品业	Paper-making & Paper Products				
印刷业和记录媒介的复制	Printing and Record Medium Reproduction				
文教、工美、体育和娱乐用品制造业	Manufacturing of Cultural, Educational & Arts ,Crafts & Sports and Entertainment Goods				
石油加工、炼焦及核燃料加工业	Petroleum Processing , Coke Products & Processing of Nuclear Fuel	2	1	1	50.0
化学原料及化学制品制造业	Raw Chemical Materials & Products	10	2	6	60.0
医药制造业	Medicine Manufacturing	5	3	3	60.0
化学纤维制造业	Chemical Fiber Manufacturing				

6-13 续表 1 continued

行 业	Sector	施工项目（个）Number of Projects Under Construction (unit)	# 新开工项目 Started This Year	全部建成投产项目（个）Number of Projects Started This Year (unit)	项目建成投产率（%）Percentage of Projects Completed Put into Use
橡胶和塑料制品业	Rubber and Plastic Products	2	1	2	100.0
非金属矿物制品业	Nonmetal Mineral Products	35	28	31	88.6
黑色金属冶炼及压延加工业	Smelting & Pressing of Ferrous Metals	4	2	2	50.0
有色金属冶炼及压延加工业	Smelting & Pressing of Nonferrous Metals	32	19	27	84.4
金属制品业	Metal Products	5	5	5	100.0
通用设备制造业	Manufacturing of General Purpose Equipment	2	2	2	100.0
专用设备制造业	Special Purposes Equipment Manufacturing	5	4	3	60.0
汽车制造业	Automotive Manufacturing	1			
铁路、船舶、航空航天和其他运输设备制造业	Railroad,Ships, Aerospace and Other Transportation Equipment Manufacturing				
电气机械及器材制造业	Electric Equipment & Machinery				
计算机、通信和其他电子设备制造业	Manufacturing of Computer , Communications and Other Electronic Equipment	2	1	2	100.0
仪器仪表制造业	Manufacturing of Instrument				
其他制造业	Others				
废弃资源综合利用业	Comprehensive Utilization of Waste Resources	3	3	2	66.7
金属制品、机械和设备修理业	Metal products, Machinery and Equipment Repair				
电力、燃气及水的生产和供应业	**Production & Supply of Electric Power,Gas & Water**	**123**	**82**	**91**	**74.0**
电力、热力的生产和供应业	Electric Power and Heating Power	86	60	61	70.9
燃气生产和供应业	Production & Supply of Gas	8	5	4	50.0
水的生产和供应业	Production & Supply of Water	29	17	26	89.7
建筑业	**Construction**	**95**	**90**	**25**	**26.3**
房屋建筑业	Housing Construction	15	14	13	86.7
土木工程建筑业	Civil Engineering Construction	50	46	9	18.0
建筑安装业	Installation of Buildings				
建筑装饰和其他建筑业	Decoration of Buildings and Other Construction	30	30	3	10.0
批发和零售业	**Wholesale & Retail Trade**	**38**	**29**	**32**	**84.2**
批发业	Wholesale Trade	27	20	24	88.9
零售业	Retail Trade	11	9	8	72.7
交通运输、仓储和邮政业	**Transportation, Storage & Postal**	**135**	**95**	**103**	**76.3**
铁路运输业	Railway Transport	4		3	75.0
道路运输业	Roadway Transport	115	85	88	76.5
水上运输业	Water transport				
航空运输业	Air Transport	1		1	100.0
管道运输业	Pipeline Transport				
装卸搬运和其他运输服务业	Handling and transportation	1		1	100.0
仓储业	Storage	14	10	10	71.4
邮政业	Postal Services				
住宿和餐饮业	**Quarters & Catering**	**21**	**19**	**14**	**66.7**
住宿业	Quarters	16	15	13	81.3
餐饮业	Catering	5	4	1	20.0
信息传输、软件和信息技术服务业	**Information Transmission,Software and IT Services**	**3**	**2**	**1**	**33.3**
电信、广播电视和卫星传输服务	Telecommunications, Radio and Television , Satellite Transmission Services	3	2	1	33.3
互联网和相关服务	Internet and Related Services				
软件和信息技术服务业	Software and IT Services				

6–13 续表 2 continued

行 业	Sector	施工项目（个）Number of Projects Under Construction (unit)	#新开工项目 Started This Year	全部建成投产项目（个）Number of Projects Started This Year (unit)	项目建成投产率（%）Percentage of Projects Completedand Put into Use
金融业	**Finance**	**3**	**3**	**1**	**33.3**
货币金融服务	Monetary and Financial Services	2	2	1	50.0
资本市场服务	Capital Market Services				
保险业	Insurance	1	1		
其他金融活动	Others				
房地产业	**Real Estate**	**44**	**34**	**31**	**70.5**
房地产业	Real Estate	44	34	31	70.5
租赁和商务服务业	**Leasing & Commercial Services**	**34**	**32**	**16**	**47.1**
租赁业	Leasing Services				
商务服务业	Commercial Services	34	32	16	47.1
科学研究、技术服务业	**Scientific and Technical Services**	**15**	**11**	**11**	**73.3**
研究与试验发展	Research & Development	8	6	7	87.5
专业技术服务业	Special Technical Services	5	3	3	60.0
科技推广和应用服务业	Science and Technology Popularization and Application Services	2	2	1	50.0
水利、环境和公共设施管理业	**Water Conservancy, Environment & Public Facilities Administration**	**339**	**267**	**265**	**78.2**
水利管理业	Water Conservancy	85	62	60	70.6
生态保护和环境治理业	Ecological Protection and Environmental Management	26	21	20	76.9
公共设施管理业	Public Facilities Administration	228	184	185	81.1
居民服务、修理和其他服务业	**Resident Services, Repairs and Other**	**11**	**7**	**3**	**27.3**
居民服务业	Resident Services	6	3		
机动车、电子产品和日用产品修理业	Motor Vehicles, Electronics and Household Goods Repair Services				
其他服务业	Other Services	5	4	3	60.0
教育	**Education**	**9**	**8**	**7**	**77.8**
教育	Education	9	8	7	77.8
卫生、社会工作	**Health and Social Work**	**22**	**18**	**17**	**77.3**
卫生	Health	14	10	12	85.7
社会工作	Social Work	8	8	5	62.5
文化、体育和娱乐业	**Culture, Sports & Recreational Services**	**39**	**34**	**36**	**92.3**
新闻出版业	Press				
广播、电视、电影和影视录音业	Radio, Television, Film and Video Recording Industry				
文化艺术业	Culture & Arts	30	28	28	93.3
体育	Sports	5	4	5	100.0
娱乐业	Recreational Services	4	2	3	75.0
公共管理、社会保障和社会组织	**Public Administration，Social Security and Social Organizations**	**42**	**31**	**33**	**78.6**
中国共产党机关	Chinese Communist Party Agencies				
国家机构	Government Agencies	30	21	22	73.3
人民政协和民主党派	People's Politics Consultative Conference & Democratic Parties				
社会保障	Social Security				
群众社团、社会团体和其他成员组织	Mass society, Social Organizations and Other Organizations	4	3	3	75.0
基层群众自治组织	Basic Mass Autonomous Organization	8	7	8	100.0
国际组织	**International Organizations**				
国际组织	International Organizations				

6-14 按登记注册类型分的房地产开发投资(2014 年)

指 标	Item	总 计 Total	内资	
			国 有 State-owned Units	集 体 Collective-owned Units
企业个数(个)	**Number of Enterprises(unit)**	**2079**	**10**	**1**
#亏损企业个数	Loss-Making Enterprises	1115	7	
本年完成投资额（万元）	**Investment Completed This Year(10 000yuan)**	**13708803**	**110385**	
#商品房建设投资	Investment for Commercial Housing Construction			
#土地开发投资	Investment for Land Development			
按构成分	Grouped by Use of Funds			
建筑工程	Construction Projects	10422927	80415	
安装工程	Installation Projects	1255583	25115	
设备工器具购置	Purchase of Equipment, Tools and Instruments	173258		
其他费用	Other Funds	1857035	4855	
#土地购置费	Purchase of Land	1544806	4855	
按构成用途分	Grouped by Use of Project			
住宅	Residential Buildings	9367598	73261	
#经济适用房	Economical Houses			
别墅、高档公寓	Villa, Top Grade Flat	203746		
办公楼	Office Buildings	510090		
商业营业用房	Business Buildings	2544407	20775	
其他	Others	1286708	16349	
本年新增固定资产(万元)	**Newly Increased This Year(10 000 yuan)**	**6540590**	**3920**	
资金来源(万元)	**Finance Sources(10 000yuan)**	**14391687**	**95530**	
国内贷款	Domestic Loans	1456220	10565	
利用外资	Foreign Investment			
自筹资金	Fund Raising	10223861	15085	
#自有资金	Self-owned	5019730	14985	
其他资金来源	Others	2711606	69880	
#定金及预收款	Fund Ordered and Pre-received	1755819	69880	
土地开发(平方米)	**Land Development (sq.m)**			
待开发土地面积	Area of Land to be Developed	5087652		
本年购置土地面积	Area of Land Purchased This Year	5344826		
本年土地成交价款(万元)	Value of Land Transaction(10 000yuan)	871948		

Investment in Real Estate Development by Type of Registration(2014)

Domistic-funded Enterprises						港澳台投资 Economic Units Funded by Entrepreneurs from HK,Macao & Taiwan	外商投资 Foreign Funded Economic Units
股份合作 Coopeative Enterprises	联营经济 Joint-owned Economic Units	有限责任公司 Limited Liabibity Corp.	股份有限公司 Share-holding Corp.Ltd.	私营 Private Enter-prises	其他 Others		
1		**926**	**85**	**1047**	**3**	**3**	**3**
		477	35	591	3	1	1
120		**6463452**	**468404**	**6606877**	**2330**		**57235**
50		4968932	309371	5004690	2330		57139
50		579091	81528	569747			52
20		36357	1744	135137			
		879072	75761	897303			44
		688929	57749	793273			
120		4569596	279129	4388194	63		57235
		130655	10164	62927			
		225757	21623	261602	1108		
		1086108	131167	1305500	857		
		581991	36485	651581	302		
120		**2738005**	**347305**	**3390795**			**60445**
120		**7017998**	**680039**	**6543750**	**2330**		**51920**
		801023	93148	551484			
120		4851962	416560	4894183	2330		43621
		2525756	178969	2256419			43601
		1365013	170331	1098083			8299
		937222	74737	666941			7039
		3628449	152529	1306674			
		3170765	263495	1910566			
		503020	19552	349376			

6-15 房地产开发情况

Main Indicators of Real Estate Development

指 标	Item	2013	2014
企业个数(个)	**Number of Enterprises(unit)**	**2192**	**2079**
内资	Domestic Funded	2184	2073
# 国有	State-owned Enterprises	16	10
集体	Collective-owned Enterprises	1	1
股份有限公司	Share-holding Corporations Ltd.	87	85
私营	Private Enterprises	1076	1047
港、澳、台投资	Funded by Entrepreneurs From H.K,Macao & Taiwan	4	3
外商投资	Foreign Funded	4	3
平均从业人员(人)	**Average Number of Employed Persons(person)**	**55500**	**50123**
内资	Domestic Funded	55158	49859
# 国有	State-owned Enterprises	395	252
集体	Collective-owned Enterprises	10	14
股份有限公司	Share-holding Corporations Ltd.	2167	1906
私营	Private Enterprises	28382	24974
港、澳、台投资	Funded by Entrepreneurs From H.K,Macao & Taiwan	35	9
外商投资	Foreign Funded	307	255
土地开发及购置	**Land Development and Purchase**		
土地购置费用(万元)	Land Space Purchased Costs(10 000 yuan)	1772684	1544806
待开发的土地面积(万平方米)	Land Space Needed to Development(10 000 sq.m)	629.66	508.77
本年土地购置面积(万平方米)	Land Space Purchased This Year(10 000 sq.m)	837.63	534.48
房地产开发建设投资总规模及完成投资(万元)	**General Scale of & Actually Completed Investment in Real Estate Development(10 000 yuan)**		
实际需要总投资	Total Investment Actually Needed	74421257	79388769
自开始建设至本年底累计完成投资	Accumulative Investment Actually Made Since Starting of Construction up to the End This Year	44432551	50567883
# 本年完成投资	Investment Made This Year	14790074	13708803
全部建成尚需投资	Further Investment for the Completion of Construction	29988706	28820886
按用途分的房地产开发完成投资额(万元)	**Actually Completed Investment of Enterprises for Real Estate Development by Use(10 000 yuan)**		
本年完成投资额	Investment Made This Year	14790074	13708803
住宅	Residential Buildings	10035733	9367598
# 别墅、高档公寓	Villas and Good Apartments	286222	203746
经济适用房屋	Economical Houses		
办公楼	Office Buildings	628224	510090
商业营业用房	Houses for Business Use	2836742	2544407
其他	Others	1289375	1286708

6–15 续表 continued

指 标	Item	2013	2014
房屋建筑面积(万平方米)	**Floor Space of Buildings(10 000 sq.m)**		
施工面积	Floor Space under Construction	18624.32	18474.17
竣工面积	Floor Space Completed	2638.24	2012.08
# 住宅	Residential Buildings	2001.21	1496.66
# 经济适用房屋	Economical Houses		
竣工房屋价值(万元)	Value of Buildings Completed(10 000 yuan)	6295327	5387879
按用途分新开工房屋面积(万平方米)	**Floor Space Started by Use(10 000 sq.m)**		
本年新开工房屋面积	Floor Space of Selling House	5042.81	3114.00
住 宅	Residential Buildings	3633.33	2151.45
#别墅、高档 公 寓	Villas and Good Apartments	61.14	51.68
#经济适用房屋	Economical Houses		
办公楼	Office Buildings	99.50	72.47
商业营业用 房	Houses for Business Use	879.30	483.48
其 他	Others	430.68	406.60
商品房屋销售情况	**Selling of Commercial Houses**		
房屋销售面积(万平方米)	Floor Space of Selling House(10 000 sq.m)	2737.70	2457.18
# 住宅	Residential Buildings	2263.65	1995.68
# 经济适用房屋	Economical Houses		
商品房销售额(万元)	Total Sales Of Commercial House (10 000 yuan)	11773618	10648151
# 住宅	Residential Buildings	8744498	7650415
# 经济适用房屋	Economical Houses		
房地产开发企业资产负债(万元)	**Asset Balance of Enterprises (10 000 yuan)**		
实收资本合计	Total Capital Hold	6314533	8111724
# 国家资本金	State Capital		
资产总计	Total Assets	58209553	65493306
累计折旧	Total Depreciation	306827	325697
# 本年折旧	Depreciation This Year	110818	64378
负债总计	Total Liabilities	48164889	54122519
所有者权益	Creditors Equity	10044665	11370787
资产负债率(%)	Ratio of Liabilities to Assets	82.7	82.6
经营总收入(万元)	**Total Revenue(10 000 yuan)**	**11184721**	**8015187**
# 土地转让收入	Land Transferred	39964	62470
资金来源(万元)	**Source of Funds(10 000 yuan)**	**16359297**	**14391687**
# 国内贷款	Domestical Loans	1132732	1456220
利用外资	Foreign Investment		
自筹资金	Fund Raising	11158986	10223861
其他资金来源	Others	4067579	2711606

6-16 农村个人固定资产投资和建房

Individual Investment in Fixed Assets & Building Construction in Rural Areas

年份 Year	投资总额 (万元) Total Investment (10 000 yuan)	# 竣工房屋投资 Investment in Buildings Completed		施工房屋建筑面积 (万平方米) Floor Space of Buildings Under Construction (10 000 sq.m)	竣工房屋建筑面积 (万平方米) Floor Space of Buildings Completed (10 000 sq.m)		竣工房屋造价 (元/平方米) Cost of Buildings Completed (yuan/sq.m)	
		小计 Subtotal	# 住宅 Residential Buildings		总计 Total	# 住宅 Residential Buildings	总计 Total	# 住宅 Residential Buildings
1985	87369	48929	35718	1112	1112	812		44.0
1986	59978		17787	636	590	549		32.4
1987	88573		31132	749	719	613		50.8
1988	149132		38671	696	684	635		60.9
1989	108402		45730	692	668	572		79.9
1990	81263	45120	42971	552	552	495	81.7	86.8
1991	110319	74186	66180	1010	910	782	81.5	84.6
1992	132675	74766	56356	813	770	656	97.1	85.8
1993	126581	62776	53630	1258	900	629	99.8	85.3
1994	195856	109418	102269	1007	967	789	113.2	129.6
1995	365345	193582	177824	1239	1221	967	158.5	183.9
1996	381618	239963	208326	1238	1224	1020	196.0	204.2
1997	390141	230023	174965	1344	1344	1018	171.1	171.9
1998	409854	207169	179393	1382	1216	875	170.4	205.0
1999	430084	231832	196678	1173	1051	863	220.6	227.9
2000	458815	220926	200248	1092	985	860	224.3	232.8
2001	502098	253278	229572	1151	1079	916	234.6	250.6
2002	521562	223103	199163	1117	1047	869	213.1	229.2
2003	556773	220324	195820	1109	1018	848	207.0	221.6
2004	582376	188669	163294	923	880	728	214.4	224.3
2005	620529	207046	170065	738	710	510	291.6	333.5
2006	655749	252738	211770	780	769	583	328.7	363.2
2007	747324	284341	238955	814	794	596	358.1	400.9
2008	804120	334000	304610	905	813	621	410.8	490.5
2009	841470	365019	332142	468	433	394	843.0	843.0
2010	912153	385681	252380	507	469	360	822.3	701.1
2011	1121948	363719	267181	616	582	428	624.9	624.3
2012	1259708	277796	263127	460	401	359	692.8	732.9
2013	1449900	807878	728063	914	890	783	907.7	929.8
2014	1539794	881044	781886	903	872	710	1010.4	1101.2

主要统计指标解释

全社会固定资产投资 固定资产投资是社会固定资产再生产的主要手段。通过建造和购置固定资产的活动,国民经济不断采用先进技术装备,建立新兴部门,进一步调整经济结构和生产力的地区分布,增强经济实力,为改善人民物质文化生活创造物质条件。这对我国的社会主义现代化建设具有重要意义。

固定资产投资额是以货币表现的建造和购置固定资产活动的工作量,它是反映固定资产投资规模、速度、比例关系和使用方向的综合性指标。全社会固定资产投资按经济类型可分为国有、集体、个体、联营、股份制、外商、港澳台商、其他等。

城镇固定资产投资 指城镇各种登记注册类型的企业、事业、行政单位及个体户进行的计划总投资(或实际需要总投资)50万元及50万元以上的建设项目投资、房地产开发投资、城镇和工矿区私人建房投资。县城及以上区域内发生的投资,县及县以上各级政府及主管部门直接领导、管理的建设项目和企业事业单位的投资均为城镇固定资产投资。

房地产开发投资 指房地产开发公司、商品房建设公司及其他房地产开发法人单位和附属于其他法人单位实际从事房地产开发或经营的活动单位统一开发的包括统代建、拆迁还建的住宅、厂房、仓库、饭店、宾馆、度假村、写字楼、办公楼等房屋建筑物和配套的服务设施,土地开发工程(如道路、给水、排水、供电、供热、通讯、平整场地等基础设施工程)的投资;不包括单纯的土地交易活动。

农村投资 包括在农村区域范围内进行固定资产投资活动的企业、事业、行政单位及农村个人投资。

建设总规模 是指在报告期内所有施工项目的计划总投资。这个指标和施工项目相对应。

在建总规模 是指在报告期末所有在建项目的计划总投资。

在建净规模 是指报告期末所有在建项目建成投产尚需的投资总量。

在建净规模 = 在建总规模 – 累计完成投资。

固定资产投资的资金来源 根据固定资产投资的资金来源不同,分为国家预算内资金、国内贷款、利用外资、自筹资金和其他资金来源。

(1)国家预算内资金:指中央财政和地方财政中由国家统筹安排的基本建设拨款和更新改造拨款,以及中央财政安排的专项拨款中用于基本建设的资金和基本建设拨款改贷款的资金等。

(2)国内贷款:指报告期内企、事业单位向银行及非银行金融机构借入的用于固定资产投资的各种国内借款。包括银行利用自有资金及吸收的存款发放的贷款、上级主管部门拨入的国内贷款、国家专项贷款(包括煤代油贷款、劳改煤矿专项贷款等。)、地方财政专项资金安排的贷款、国内储备贷款、周转贷款等。

(3)利用外资:指报告期内收到的用于固定资产投资的国外资金,包括统借统还、自借自还的国外贷款,中外合资项目中的外资,以及对外发行债券和股票等。国家统借统还的外资指由我国政府出面同外国政府、团体或金融组织签订贷款协议、并负责偿还本息的国外贷款。

(4)自筹资金:指建设单位报告期内收到的,用于进行固定资产投资的上级主管部门、地方和企、事业单位自筹资金。

(5)其他资金来源:指报告期内收到的除以上各种拨款、借款、自筹资金之外,其他用于固定资产投资的资金。

固定资产投资按国民经济行业分 建设项目归哪个行业,按其建成投产后的主要产品或主要用途及社会经济活动性质来确定。基本建设按建设项目划分国民经济行业,更新改造、国有单位其他固定资产投资及城镇集体投资根据整个企业、事业单位所属的行业来划分。一般情况下,一个建设项目或一个企业、事业单位只属于一种国民经济行业。为了更准确地反映国民经济各行业之间的比例关系,联合企业(总厂)所属分厂属于不同行业的,原则上按分厂划分行业。

固定资产投资按建设性质分 建设项目的性质一般分为新建、扩建、改建、迁建、恢复。基本建设按建设项目划分建设性质,更新改造、国有单位其他固定资产投资及城镇集体投资等按整个企业、事业单位的建设情况确定建设性质,房地产开发单位、农村投资、城镇工矿区私人建房等投资不划分建设性质。

(1)新建:一般是指从无到有、"平地起家"新开始建设的单位。有的单位原有的基础很小,经过建设后其新增加的固定资产价值超过原有固定资产价值 (原值) 三倍以上的也算新建。

(2)扩建:一般是指为扩大原有产品的生产能力,在厂内或其他地点增建主要生产车间(或主要工程)、独立的生产线或分厂的企业;事业单位和行政单位在原单位增建业务用房(如学校增建教学用房、医院增建门诊部或病床用房、行政机关增建办公楼等)也作为扩建。

(3)改建:一般是指现有企业、事业单位为了技术进步,提高产品质量,增加花色品种,促进产品升级换代,降低消耗和成本,加强资源综合利用和三废治理、劳保安全等,采用新技术、新工艺、新设备、新材料等对现有设施、工艺条件进行技术改造或更新(包括相应配套的辅助性生产、生活福利设施)。有的企业为充分发挥现有生产能力,进行填平补齐而增建不增加本单位主要产品生产能力的车间等,也属于改建。

固定资产投资按构成分 固定资产投资活动按其工作内容和实现方式分为建筑安装工程,设备、工具、器具购置,其他费用三个部门。

(1)建筑安装工程(建筑安装工作量):指各种房屋、建筑物的建造工程和各种设备、装置的安装工程。包括各种房屋建造工程，各种用途设备基础和各种工业窑炉的砌筑工程；为施工而进行的各种准备工作和临时工程以及完工后的清理工作等；铁路、道路的铺设，矿井的开凿及石油管道的架设等；水利工程；防空地下建筑等特殊工程；以及各机械设备的安装工程；为测定安装工程质量，对设备进行的试运工作。在安装工程中，不包括被安装设备本身的价值；

(2)设备、工具、器具购置：指购置或自制达到固定资产标准的设备、工具、器具的价值，固定资产的标准按财务部门规定。新建单位、扩建单位的新建车间按照设计和计划要求购置或自制的全部设备、工具、器具，不论是否达到固定资产标准均计入“设备、工具、器具购置”中。

(3)其他费用：指在固定资产建造和购置过程中发生的，除建筑安装工程和设备、工具、器具购置以外的各种应摊入固定资产的费用。

施工项目 指报告期内曾进行建筑或安装工程施工活动的建设项目，包括报告期内新开工项目、报告期以前开工跨人报告期继续施工的项目以及报告期施过工并在报告期内全部建成投产或停缓建的项目。

全部建成投产项目 工业项目是指设计文件规定形成生产能力的主体工业及其相应配套的辅助设施全部建成，经负荷试运转，证明具备生产设计规定合格产品的条件，并经过验收鉴定合格或达到竣工验收标准，与生产性工程配套的生活福利设施可以满足近期正常生产的需要，正式移交生产的建设项目。非工业项目是指设计文件规定的主体工程和相应的配套工程全部建成，能够发挥设计规定的全部效益，经验收鉴定合格或达到竣工验收标准，正式移交作用的建设项目。

新增生产能力 指通过固定资投资活动而增加的设计能力或工程效益，它是用实物形态表示的固定资产投资的成果，也是考核投资经济效果的重要依据。新增生产能力的计算，是以能独立发挥生产能力或工程效益的单项工程 (或项目)为对象。当单项工程(或项目)建成，经有关部门鉴定合格，正式移交投入生产，即可算新增生产能力。

新增生产能力或工程效益有以下几种表现形式：

(1) 用产品数量表示，以工程在单位时间内(一般是一年)所能生产的产品数量(即年产量)表示。如原煤开采用万吨 / 年表示。

(2) 用单位时间内所能处理的原料数量表示，以工程每天(或小时)所能处理原料的数量表示。

(3) 以新增的主要设备数量或容量表示，如棉纺锭锭数、发电机组容量等。

(4) 以节约的原材料、燃料、动力实物量表示，适用于反映更新改造节约项目的效益。

(5) 以建筑物容积、容量、面积或长度表示，是非工业项目或工程新增效益的一种表现形式。如水库容量、铁路公路里程等。

根据工程的特点，有时需要用两种或两种以上的复合计量单位表示新增生产能力(或工程效益)，如新增内燃机生产能力同时用年产台数、千瓦数表示等。

房屋建筑面积 指从房屋外墙线算起的各层平面面积的总和，包括可供使用的有效面积和房屋结构(如柱、墙)占用的面积。多层建筑按各层(包括地下室)面积总和计算。

住宅建筑面积 指施工和竣工房屋建筑面积中供居住用的施工和竣工房屋建筑面积。

施工面积 指报告期内施工的全部房屋建筑面积。包括本期新开工的面积、上期跨入本期继续施工的房屋面积、上期停缓建在本期恢复施工的房屋面积、本期竣工的房屋面积及本期施工后又停缓建的房屋面积。

竣工面积 指在报告期内房屋建筑按照设计要求已全部完工，达到住人和使用条件，经验收鉴定合格，正式移交使用单位的建筑面积。

房屋建筑面积竣工率 批一定时期内房屋竣工面积占同期房屋施面积的比率。它是从房屋建筑施工速度的角度反映投资效果和建筑业经济效益的指标。

新增固定资产 指通过投资活动所形成的新的固定资产价值，包括已经建成投入生产或交付使用的工程价值和达到固定资产标准的设备、工具、器具的价值及有关应摊入的费用。它是以价值形式表示的固定资产投资成果的综合性指标，可以综合反映不同时期、不同部门、不同地区的固定资产投资成果。

建设项目投产率 指一定时期内全部建成投入生产项目个数与同期正式施工项目个数的比率。它是从项目建设速度的角度反映投资效果的指标。

商品房销售面积 指报告期内出售商品房屋的合同总面积(即双方签署的正式买卖合同中所确定的建筑面积)。由现房销售建筑面积和期房销售建筑面积两部分组成。

商品房销售额 指报告期内出售商品房屋的合同总价款(即双方签署的正式买卖合同中所确定的合同总价)。该指标与商品房销售面积同口径，由现房销售额和期房销售额两部分组成。

固定资产交付使用率 指一定时期新增固定资产与同期完成投资额的比率。它是反映各个时期固定资产动用速度，衡量建设过程中投资效果的一个综合性指标。

Explanatory Notes on Main Statistical Indicators

Total Investment in Fixed Assets in the Whole Country Investment in fixed assets is the essential means for Social reproduction of fixed assets. By means of construction and purchase of fixed assets, more advanced technologies and equipment are adopted in the national economy, and new sectors are established, which promote the adjustment of economic structure and the regional distribution of productive forces and enhance the economic strengths so as to provide the material conditions for improving people's livelihood. This is significant for speeding up the drive of socialist modernization in China.

Amount of investment in fixed assets refers to the volume of activities in construction and purchases of fixed assets in monetary terms. It is a comprehensive indicator which shows the size, pace, proportional relations and use orientation of the investment in fixed assets. Total investment in fixed assets in the whole country includes, by status of economic ownership, the investment by the state owned units, collective units, individuals, joint ownership units, share holding units, as well as investment by businessmen from foreign countries and from Hong Kong, Macao and Taiwan, and by other units.

Urban Investment in Fixed Assets refers to construction projects involving a total planned (or required) investment of 500,000 yuan and over by urban enterprises and institutions of various types of ownership, by administrative units and by individuals, investment in real estate development, and housing investment by individuals in urban areas and in industrial and mining areas. In other words, all investments that take place in county towns and urban areas, investment in construction projects under the direct leadership and management of government agencies at and above county levels and investments by enterprises and institutions at and above county levels are covered in urban investment in fixed assets.

Investment in Real Estate Development It includes the investment by the real estate development companies, commercial buildings construction companies and other real estate development units of various types of ownership in the construction of house buildings, such as residential buildings, factory buildings, warehouses, hotels, guesthouses, holiday villages, office buildings, and the complementary service facilities and land development projects, such as roads, water supply, water drainage, power supply, heating, telecommunications, land leveling and other projects of infrastructure. It excludes the activities in simple land transactions.

Investment in Rural Areas refers to investment in fixed assets by enterprises, institutions and individuals in rural areas.

Total Size of Construction refers to the planned total investment for all construction projects during the reference period.

Total Size of Investment in Projects under Construction refers to the planned total investment of all projects under construction at the end of the reference period.

Net Size of Investment in Projects under Construction refers to the required investment of all projects under construction at the end of the reference period.

Net Size of Investment = Total Size of Investment accumulated completed investment

Sources of funds for Investment in Fixed Assets State budgetary appropriation, domestic loans, foreign investment, self raised funds, and others.

(1) State budgetary appropriation refers to appropriation in the budget of the central and local governments earmarked for capital construction and for innovation projects, and the special appropriation from the budget of the central government for capital construction and for the transfer fund to banks to be issued as loans for capital construction projects.

(2) Domestic loans refer to various funds borrowed by enterprises and institutions from banks and non bank financial institutions during the reference period for the purpose of investment in fixed assets, including loans issued by banks from their self owned funds and deposit, loans appropriated by higher responsible authorities, special loans by government (including loan for replacing petroleum with coal, special loan for reform through labor coal mines) , loans arranged by local government from special funds, domestic reserve loan, and working loan, etc. .

(3) Foreign Investment refers to foreign funds received during the reference period for the purpose of investment in fixed assets, including foreign funds borrowed and managed

by the government, by individual units, foreign fund in joint venture program, and issue of bonds and stocks at the international financial markets. The foreign funds borrowed and managed by the government refer to foreign loans borrowed by the government from foreign governments, organizations, or financial institutions under official agreements signed by both parties, under which government is responsible for the repayment of both the principal and interests of the foreign loans.

(4) Self-raised funds refer to funds received by construction enterprises from their higher responsible authorities, local governments, or raised by enterprises or institutions themselves for the purpose of investment in fixed assets during the reference period.

(5) Others refer to funds received during the reference period which are not included in the above mentioned sources.

Investment in Fixed Assets by Sector The classification of construction projects by sector is determined by the major products or the purpose of the projects when they are put into production or use, and by the nature of their social economic activities. The investment in capital construction is classified by construction projects, while investment in innovation, other investment by state owned units and urban collective units are classified according to the sector which the whole enterprise or institution belongs to. In general, one project or one enterprise or institution can only belong to one sector. In order to reflect more accurately the proportions among various sectors, the branch factories of integrated complex are classified into different sectors according to their economic activities.

Investment in Fixes by Type of Construction The construction projects in general can be classified by the type of construction into new construction, expansion, reconstruction and moving away. In capital construction, the type of construction is determined by the condition of the project. In investment in innovation, in other investment by state owned units and investment by collective owned units, the type of construction is determined by the condition of the whole enterprise or institutions. Investment by type of construction is not applied to investment by real estate development units, investment in rural areas and investment in housing by urban individuals.

(1) New construction in general refers to newly constructed units. In the case in which the value of the original fixed assets is quite small, and the value of newly added fixed assets exceeds the original ones by three times, the expansion construction is considered as new construction.

(2) Expansion refers to construction of new major production workshop or independent production line within a factory or in other locations, or construction of a branch factory so as to increase the production capacity of the original products. Newly constructed business houses in institutions and administrative organizations (such as the newly constructed teaching buildings in schools, clinics or bed building in hospitals, and office buildings in administrative agencies, etc.) Are also classified as expansion.

(3) Reconstruction refers to technical innovation and transformation of the existing equipment and technical conditions undertaken by enterprises and institutions for the purposes of technological advancement, improvement in product quality, enlarging variety of products, promoting new generation of products, reducing production consumption and cost, promoting comprehensive utilization of resources, strengthening treatment of waste gas, waste water and solid wastes, and safety in production, etc. through application of new technologies and techniques, use of new equipment and new materials (including accessory facilities for production or for living and welfare purposes) . Construction of new workshops for improving existing production capacity rather than increasing production capacity is also considered as reconstruction.

Investment in Fixed Assets by Structure refers to the three major parts of investment activities, i. e. construction and installation, purchase of equipment and instrument, and other expenses.

(1) Construction and installation (work volume of construction and installation) refers to the construction of various houses and buildings and installation of various kinds of equipment and instruments, including construction of various houses, equipment foundations and industrial kilns and stoves, preparation works for project construction, and clearing up works post project construction, pavement of railways and roads, drilling of mines and putting up of oil pipes, construction of projects of water conservancy, construction of underground air raid shelters and construction of other special projects, installation of various machinery the quality of installation projects, The value of equipment installed is not included in the value of installation projects.

(2) Purchase of equipment and instruments refers to the total value of equipment, tools, and vessels purchased or self produced which come up to standards for fixed assets. Equipment, tools and vessels purchased or self produced for new work shops by newly established or expanded units are

categorized as" purchase of equipment and instruments" no matter whether they come up to the standards for fixed assets or not.

(3) Other expenses refer to expenses occurring during the construction or purchase of fixed assets other than construction, installation or purchase of equipment and instruments.

Projects Under Construction refer to projects having construction and installation activities undertaken in the reference period, including projects started in the reference period, or continued from the previous period, or completed and put into production or suspended in the reference period.

Projects Completed and Put into Use Industrial projects refer to the major projects and accessory facilities completed which result in forming production capacity and have been checked and accepted while the living and welfare facilities have been completed and can ensure normal production and formally put into production. Non-industrial projects refer to the major projects and accessory facilities completed which possess the designed capacity and have been checked, accepted and formally put into production.

Newly Increased Production Capacity refers to the increase of designed capacity and project efficiency through investment in fixed assets, which reflects the accomplishment of investment in fixed assets in kind. The calculation of newly increased production capacity is based on individual project which operates independently and efficiently. When an individual project is completed and checked and accepted and put into production, it is counted as newly increased production capacity.

The newly increased production capacity and project efficiency are usually expressed in one of the following forms:

(1) output of products, i. e. the output that the project can produce during a given period (usually a year) . For instance, the capacity in coal mining is expressed in 10, 000 tons/year, etc;

(2) raw materials processing capacity, i. e. the volume of raw materials that could be processed by the project per day (or per hour) , such as tons of materials processed per day by a sugar refining project or edible vegetable oil project, or tons of urban sewage processed per day;

(3) number or capacity of major equipment increased, such as number of cotton or silk looms increased, wool spindles increased, or capacity (in kilowatt s) of power generators increased;

(4) saved raw materials, fuels or power, which are mainly used for the efficiency of innovation and transformation projects; and

(5) physical measures (volume, capacity, area, and length) of construction, which is typical for non industrial projects, for instance, the length of new railways, etc.

Features of projects sometimes call for combined use of two or more measurement to reflect the increased production capacity (or project efficiency) , for instance, the new capacity for the production of internal combustion engines are expressed in sets per year and kilowatts per year simultaneously.

Floor Space of Buildings under Construction and Completed refers to total floor space in each story of buildings calculated from the outside line of building walls, including both usable space and the space occupied by constructions like pillars or walls. The floor space of multi story buildings includes the total floor space of each story (including basement) .

Floor Space of Residential Buildings refers to the floor space of the residential buildings under construction and completed among the total space of buildings under construction and completed.

Floor Space Under Construction refers to total floor space of all buildings under construction during the reference period, including floor space of newly started buildings during the reference period, floor space of construction extended from the previous period to the current period, floor space of construction suspended during the previous period and resumed in the current period, floor space of construction completed in the current period, and floor space of construction started and then suspended in the current period.

Floor Space of Buildings Completed refers to the floor space of buildings completed in the reference period, which have come up to the designed standards and have been put into use.

Completion Rate of Floor Space of Buildings refers to the ratio of the floor space of buildings completed in certain period of time to the floor space of buildings under construction in the same period, which reflects the investment result and economic efficiency of the construction industry from the angle of the speed of project construction.

Newly Increased Fixed Assets refer to the newly increased value of fixed assets through investment, including the value of projects completed and put into production, the value of equipment, tools, and vessels considered as fixed assets, as well as the relevant expenses as investment in fixed assets. This is a comprehensive indicator of investment in fixed assets, reflecting the achievements of investment in fixed assets in different periods, different sectors, and different regions.

Rate of Construction Projects Completed and put into Use refers to the ratio of the number of construction projects completed and put into use in certain period of time to the number of projects under construction in the same period, this reflects the investment efficiency from

the angle of the speed of projects construction.

Area of Commercial Housing Sold refers to total contracted area of commercial housing (i.e. area of floor space as designated in the formal contracts signed by both sides) during the reference time. It constitutes floor space of completed housing and floor space of future housing.

Value of Commercial Housing Sold refer to total value of contracts (i.e. value of sales/purchase for selling/purchase of commercial housing as designated in the contracts signed by both sides) during the reference time. It has the same coverage as the area of commercial housing sold, constituting completed housing and floor space of future housing

Rate of Projects of Fixed Assets Completed and Put into Operation refers to the ratio of the newly increased fixed assets to the total investment made in the same period. This is a comprehensive indicator, reflecting the speed of the employment of fixed assets and the investment efficiency.

2015

NEIMENGGU

七、能源和环境

Energy and Enrironment

资料整理：王晓妍　朱大玮　张　路　闫霁云

Arranged By Wang Xiaoyan , Zhu Dawei , Zhang Lu, Yan Jiyun

7-1 能源生产总量及构成

Total Production of Energy and Its Composition

年 份 Year	能源生产总量 (万吨标准煤) Total Energy Production (10 000 tons of SCE)	占能源生产总量的比重(%)As Percentage of Total Energy Production(%)			
		原 煤 Raw Coal	原 油 Crude Oil	天然气 Natural Gas	水电、核电和其他能发电 Hydro Power, Nuclear Power and Other Power
1978	1070.63	99.83			
1980	1078.94	99.81			
1985	2027.75	99.99			
1986	2007.72	99.85			
1987	2092.12	99.82			
1988	2252.60	99.88			
1989	2688.70	99.90			
1990	2821.61	99.81			
1991	3069.14	99.81			
1992	3221.65	95.43			
1993	3647.44	94.05	3.96		
1994	3994.00	94.27	5.69		
1995	4642.02	94.55	5.41		
1996	4767.47	95.48	4.49		
1997	5354.63	96.46	3.53		
1998	5019.91	96.28	3.66		
1999	4566.42	96.34	3.59		
2000	4701.23	95.90	2.75		
2001	6047.84	96.40	2.01	1.41	
2002	8428.61	97.21	1.40	1.22	
2003	10814.13	97.14	1.22	1.30	
2004	15586.70	97.32	1.04	1.34	
2005	19082.33	95.86	1.10	2.69	0.36
2006	22298.37	95.33	1.10	3.17	0.40
2007	26725.88	94.71	0.89	3.51	0.88
2008	33440.86	94.52	0.75	4.00	0.74
2009	40185.85	92.87	0.67	4.84	1.62
2010	49740.18	92.35	0.53	5.42	1.65
2011	59738.06	92.50	0.49	5.55	1.47
2012	64027.06	92.44	0.44	5.38	1.73
2013	58554.29	91.25	0.47	6.15	2.14
2014	60205.75	91.04	0.46	6.21	2.29

注:1.水电、核电和其它能发电折算标准煤系数根据当年平均火力发电煤耗计算。

2.根据全国第三次经济普查结果,对2013、2014年能源生产总量和比重数据进行了调整。

a) The coefficient for conversion of Hydropower, nuclear power and other power into SCE (standard coal equivalent)is calculated on the basic of the average thermal coal in the same year.

b)According to the results of the third national economic census, the total energy production and the proportion of energy production in 2014 and 2013 were adjusted.

7–2 能源消费总量及构成

Total Consumption of Energy and Its Composition

年 份 Year	能源消费总量 (万吨标准煤) Total Energy Consumption (10 000 tons of SCE)	占能源消费总量的比重(%) As Percentage of Total Energy Consumption(%)			
		煤 炭 Coal	石 油 Petroleum	天然气 Natural Gas	水电、核电和其他能发电 Hydro Power, Nuclear Power and Other Power
1985	1870.66				
1986	1856.66				
1987	1967.11				
1988	2035.52				
1989	2250.36				
1990	2423.51				
1991	2505.19				
1992	2554.99				
1993	2676.11				
1994	2812.19				
1995	3268.44				
1996	3144.36				
1997	3708.95				
1998	3440.06				
1999	3634.88				
2000	3937.54				
2001	4453.48				
2002	5190.12				
2003	6612.77				
2004	8601.81				
2005	10788.37	90.44	8.60	0.78	0.17
2006	12835.27	89.67	8.64	1.49	0.20
2007	14703.32	88.79	8.35	2.40	0.46
2008	16407.63	88.09	8.99	2.47	0.44
2009	17473.68	86.36	9.10	3.37	1.17
2010	18882.66	86.60	8.96	3.02	1.42
2011	21148.52	87.08	9.15	2.34	1.43
2012	22103.30	87.59	8.36	2.30	1.75
2013	17681.37	81.44	8.19	3.30	7.07
2014	18309.06	81.73	7.48	3.27	7.52

注:1.根据全国第三次经济普查结果,对 2013、2014 年能源消费总量和比重进行了调整。

2.从 2013 年开始,能源消费量采用等价值数据。

a)According to the results of the third national economic census, the total energy consumption and the proportion of energy consumption in 2014 and 2013 were adjusted.

b)Starting in 2013, energy consumption data using the equivalent value.

7-3 综合能源平衡表

Overall Energy Balance

单位：万吨标准煤 (10 000 tons of SCE)

项目	Item	1990	1995	2000	2005	2010	2013	2014
可供消费的能源总量	**Total Energy Available for Consumption**	**2418.00**	**2922.20**	**3996.41**	**9493.38**	**16736.97**	**17681.37**	**18309.06**
一次能源生产量	Primary Energy Output	2821.61	4642.02	4701.23	19082.33	49740.18	58554.29	60205.75
回收量	Recovery of Energy			193.37	391.33	868.62	255.81	269.76
进口量	Imports	3.33	4.56		228.02	1160.11	1260.23	1184.00
出口量(-)	Exports(-)	-16.81	-48.38	-141.96	-11.21	-390.77	-138.23	-101.49
年初年末库存差额	Stock Changes in the Year	-57.33	-61.74	47.81	416.06	-2445.33	-791.51	-1178.59
能源消费总量	**Total Energy Consumption**	**2423.51**	**3268.44**	**3937.54**	**9666.11**	**16820.30**	**17681.37**	**18309.06**
在总量中：	Consumption by Sector							
1.农、林、牧、渔业	1.Farming, Forestry, Animal Husbandry & Fishery	83.39	100.09	128.62	319.53	514.21	499.88	542.71
2.工业	2.Industry	1368.62	1338.90	2059.93	6936.80	11501.76	12603.02	12973.82
3.建筑业	3.Construction	29.69	35.69	57.57	105.80	287.21	357.28	356.77
4.交通运输、仓储及邮电通信业	4.Transportation, Storage, Post & Telecommunications Services	152.46	154.58	151.07	688.87	1322.92	1149.81	1158.66
5.批发、零售业和住宿餐饮业	5.Wholesale，Retail Trade, Quarters & Catering	43.72	73.44	92.87	308.58	983.90	827.32	887.12
6.其他	6.Others	115.66	128.19	80.27	277.08	472.03	874.27	925.71
7.生活消费	7.Residential Consumption	437.18	155.45	225.40	1022.10	1738.27	1369.78	1464.26
在总量中：	Consumption by Usage							
(一)终端消费	(Ⅰ)Final Consumption	2230.72	1986.38	2795.70	8831.74	14767.89	16760.25	17167.05
# 工业	Industry	1368.62	1338.90	2059.93	6109.78	9449.35	11681.90	11831.82
(二)加工转换损失量	(Ⅱ)Losses in Processing & Transformation	135.67	905.20	1119.59	827.02	2052.42	921.12	1142.01
# 炼焦	Coking	43.91	36.52	16.30	255.60	302.94	319.25	513.58
炼油及煤制油损失	Petroleum Refining & CTL losses		1.11	24.69	4.12	46.15	82.43	78.51
(三)损失量	(Ⅲ)Other Losses	57.12	376.86	22.25	7.34			
平衡差额	**Balance**	**-5.51**	**-346.24**	**58.87**	**-172.73**	**-83.34**		

7-4 石油平衡表

Petroleum Balance

单位：万吨　　(10 000 tons)

项 目	Item	2013	2014
可供量	**Total Energy Available for Consumption**	**1020.51**	**967.44**
生产量	Output	192.68	193.21
外省(区、市)调入量	Transfer From Other Province(Region、City)	897.08	879.22
进口量	Imports	32.13	41.46
本省(区、市)调出量(-)	Transfer to Other Province(Region、City)(-)	-105.59	-144.87
出口量(-)	Exports(-)	-6.47	
年初年末库存差额	Stock Changes in the Year	10.68	-1.58
消费量	**Total Energy Consumption**	**1020.51**	**967.44**
在消费总量中:	Consumption by Sector		
1.农、林、牧、渔业	1.Farming, Forestry, Animal Husbandry and Fishery	70.64	67.12
2.工业	2.Industry	105.31	100.94
3.建筑业	3.Construction	146.40	139.88
4.交通运输、仓储及邮电通信业	4.Transportation, Storage, Post and Telecommunications Services	446.62	411.62
5.批发、零售业和住宿餐饮业	5.Wholesale，Retail Trade, Quarters and Catering	18.41	17.42
6.其他	6.Others	117.05	109.30
7.生活消费	7.Residential Consumption	116.08	121.16
在消费总量中:	Consumption by Usage		
(一)终端消费	(Ⅰ)Final Consumption	1133.44	1068.81
# 工业	Industry	218.24	202.31
(二)中间消费	(Ⅱ)Intermediate Consumption		
(用于加工转换)	(Consumed in Transformation)	0.83	1.47
发电	Power Generation	0.79	1.42
供热	Heating	0.04	0.05
(三)炼油损失量	(Ⅲ)Losses in Petroleum Refining	-113.76	-102.84
(四)损失量	(Ⅳ)Other Losses		
平衡差额	**Balance**		

注：生产量为原油产量。

a)Data on output refer to the output of crude oil.

7-5 煤炭平衡表

Coal Balance Sheet

单位：万吨

项 目	Item	2013	2014
可供量	**Total Energy supply**	**34915.72**	**36465.97**
生产量	Output	99054.54	99391.27
外省（区、市）调入量	Transfer From Other Province(Region、City)	857.99	1083.79
进口量	Imports	1808.04	1670.72
本省（区、市）调出量(-)	Transfer to Other Province(Region、City)(-)	-65143.97	-63892.30
出口量(-)	Exports(-)	-244.40	-160.64
年初年末库存差额	Stock Changes in the Year	-1416.48	-1626.87
消费量	**Total Energy Consumption**	**34915.72**	**36465.97**
在消费总量中：	Consumption by Sector		
1.农、林、牧、渔业	1.Farming,Forestry,Animal Husbandry & Fishery	462.60	504.14
2.工业	2.Industry	31646.02	33027.72
3.建筑业	3.Construction	185.74	194.05
4.交通运输、仓储及邮电通信业	4.Transport, Storage, Post & Telecomm Services	588.94	636.20
5.批发、零售业和住宿餐饮业	5.Wholesale，Retail Trade, Quarters & Catering	964.03	988.54
6.其他	6.Others	760.74	797.14
7.生活消费	7.Residential Consumption	307.65	318.18
在消费总量中：	Consumption by Usage		
(一)终端消费	(Ⅰ)Final Consumption	6954.09	7016.77
# 工业	Industry	3684.39	3578.52
(二)中间消费	(Ⅱ)Intermediate Consumption		
(用于加工转换)	(Consumed in Transformation)	27961.63	29449.20
#发电	Power Generation	18439.59	19366.50
供热	Heating	2252.99	2320.41
洗选损耗	Losses in Coal Washing and Dressing	2474.77	2652.55
炼焦	Coking	4395.82	4732.18
炼油及煤制油	Petroleum Refineries and Coal-to-liquids	391.22	377.56
制气	Gas Production	7.24	
平衡差额	**Balance**		

注：生产量为原煤产量。

a)Data on output refer to the output of raw coal.

7-6 电力平衡表

Electricity Balance Sheet

单位：亿千瓦小时

项 目	Item	2013	2014
可供量	**Total Energy supply**	**2181.91**	**2416.74**
生产量	Output	3567.14	3860.59
#火电	Thermal Power	3167.64	3417.08
风电	Wind power	372.84	386.18
水电	Hydro-power	19.74	34.61
外省（区、市）调入量	Transfer From Other Province(Region、City)	11.78	16.48
进口量	Imports		
本省（区、市）调出量(-)	Transfer to Other Province(Region、City)(-)	-1389.31	-1450.31
出口量(-)	Exports(-)	-7.70	-10.02
消费量	**Total Energy Consumption**	**2181.91**	**2416.74**
在消费总量中：	Consumption by Sector		
1.农、林、牧、渔业	1.Farming, estry,Animal Husbandry & Fishery	34.10	38.85
2.工业	2.Industry	1927.48	2140.34
3.建筑业	3.Construction	11.02	11.18
4.交通运输、仓储及邮电通信业	4.Transportation, Storage, Post & Telecommunications Services	22.23	23.24
5.批发、零售业和住宿餐饮业	5.Wholesale，Retail Trade, Quarters & Catering	37.55	41.34
6.其他	6.Others	37.77	41.25
7.生活消费	7.Residential Consumption	111.76	120.54
在消费总量中：	Consumption by Usage		
(一)终端消费	(Ⅰ)Final Consumption	2181.91	2416.74
# 工业	Industry	1927.48	2140.34
(二)输配电损失量	(Ⅱ)Losses in Transmission		

7-7 规模以上工业分行业综合能源消费

Consumption of Overall Energy by Industrial Branch above Designated

单位：万吨标准煤 (10 000 tons of SCE)

行业	Sector	2013	2014
总计	**Total**	**13796.41**	**14245.15**
按工业行业门类分	**By Industrial Branch**		
轻工业	**Light Industry**	**471.97**	**450.48**
重工业	**Heavy Industry**	**13324.44**	**13794.67**
采矿业	**Mining**	**1406.20**	**1419.88**
煤炭开采和洗选业	Coal Mining & Processing	1179.77	1207.51
石油和天然气开采业	Petroleum & Natural Gas Pumped	21.37	20.57
黑色金属矿采选业	Mining & Dressing of Ferrous Metals	118.21	110.37
有色金属矿采选业	Mining & Dressing of Nonferrous Metals	60.33	56.02
非金属矿采选业	Mining & Dressing of Nonmetal Minerals	24.70	23.52
开采辅助活动	Support Activities for Mining		
其他采矿业	Mining of Other Mineral	1.81	1.88
制造业	**Manufacturing**	**7066.42**	**7311.65**
农副食品加工业	Processing of Agricultural Side-Line Food	126.68	127.78
食品制造业	Food Manufacturing	143.35	119.32
酒、饮料和精制茶制造业	Wine, Beverage and Refined Tea Manufacturing	39.35	38.98
烟草制品业	Tobacco Products	1.24	1.32
纺织业	Textile Industry	11.70	9.49
纺织服装、服饰业	Textile, Apparel Industry	3.69	3.52
皮革、毛皮、羽毛及其制品和制鞋业	Leather, Fur, Feathers and Their Products and Footwear	0.98	1.04
木材加工和木、竹、藤、棕、草制品业	Timber Processing, Bamboo, Cane, Palm Fiber & Straw Products	29.81	26.60
家具制造业	Furniture Manufacturing	2.81	3.10
造纸及纸制品业	Paper-making & Paper Products	18.24	17.65
印刷和记录媒介复制业	Printing and Record Medium Reproduction	0.37	0.50

7-7 续表 continued

单位：万吨标准煤 (10 000 tons of SCE)

行 业	Sector	2013	2014
文教、工美、体育和娱乐用品制造业	Manufacturing of Cultural, Educational & Arts , Crafts & Sports and Entertainment Goods	0.24	0.23
石油加工、炼焦和核燃料加工业	Petroleum Processing ,Coke Products & Processing of Nuclear Fuel	648.05	673.43
化学原料和化学制品制造业	Raw Chemical Materials & Chemical Products	2380.43	2608.76
医药制造业	Medicine Manufacturing	82.29	96.45
化学纤维制造业	Chemical Fiber Manufacturing	0.04	
橡胶和塑料制品业	Rubber and Plastic Products	7.55	4.82
非金属矿物制品业	Nonmetal Mineral Products	507.61	505.49
黑色金属冶炼和压延加工业	Smelting & Pressing of Ferrous Metals	1989.77	1944.87
有色金属冶炼和压延加工业	Smelting & Pressing of Nonferrous Metals	987.79	1079.76
金属制品业	Metal Products	39.87	18.43
通用设备制造业	Manufacturing of General-Purpose Equipment	8.49	6.69
专用设备制造业	Special Purposes Equipment Manufacturing	5.39	6.49
汽车制造业	Automotive Manufacturing	5.06	5.96
铁路、船舶、航空航天和其他运输设备制造业	Railroad,Ships, Aerospace and Other Transportation Equipment Manufacturing	0.42	0.62
电气机械和器材制造业	Electric Equipment & Machinery	5.35	7.71
计算机、通信和其他电子设备制造业	Manufacturing of Computer , Communications and Other Electronic Equipment	0.50	0.39
仪器仪表制造业	Manufacturing of Instrument	0.06	0.04
其他制造业	Others	17.94	0.14
废弃资源综合利用业	Comprehensive Utilization of Waste Resources	1.31	1.86
金属制品、机械和设备修理业	Metal products, Machinery and Equipment Repair	0.03	0.21
电力、燃气及水的生产和供应业	**Production & Supply of Electric Power,Gas & Water**	**5323.80**	**5513.62**
电力、热力生产和供应业	Production & Supply of Electric Power & Heating Power	5282.12	5472.36
燃气生产和供应业	Production & Supply of Gas	33.73	31.86
水的生产和供应业	Production & Supply of Water	7.94	9.40

7-8 分行业能源消费总量和主要能源品种消费量(2014 年)

Consumption of Total Energy & Its Main Varieties by Sector(2014)

行 业	Sector	能源消费总量(万吨标准煤) Total Energy Consumption (10 000 tons of SCE)	煤炭消费量(万吨) Coal Consumption (10 000 tons)	焦炭消费量(万吨) Coke Consumption (10 000 tons)	原油消费量(万吨) Crude Oil Consumption (10 000 tons)	汽油消费量(万吨) Gasoline Consumption (10 000 tons)
消费总量	**Total Consumption**	**18309.06**	**36465.97**	**1493.66**	**411.36**	**271.66**
农、林、牧、渔业	**Farming, Forestry, Animal Husbandry & Fishery**	**542.71**	**504.14**			**6.40**
工业	**Industry**	**12973.82**	**33027.72**	**1493.66**	**411.36**	**14.62**
采矿业	**Mining**	**1373.47**	**3843.01**	**54.37**	**5.58**	**4.09**
煤炭开采和洗选业	Coal Mining & Processing	978.10	3696.42	54.37		1.35
石油和天然气开采业	Petroleum & Natural Gas Pumped	39.67	2.10		5.58	0.22
黑色金属矿采选业	Mining & Dressing of Ferrous Metals	184.73	88.36			0.31
有色金属矿采选业	Mining & Dressing of Nonferrous Metals	126.70	36.42			1.64
非金属矿采选业	Mining & Dressing of Nonmetal Minerals	41.17	17.80			0.25
开采辅助活动	Support Activities for Mining					
其他采矿业	Mining of Other Mineral	3.11	1.91			0.32
制造业	**Manufacturing**	**10406.64**	**11132.73**	**1439.29**	**405.77**	**8.60**
农副食品加工业	Processing of Agricultural Side-Line Food	186.78	197.20	0.36		3.51
食品制造业	Food Manufacturing	153.45	243.38	0.05		0.53
酒、饮料和精制茶制造业	Wine, Beverage and Refined Tea Manufacturing	56.46	53.66			0.32
烟草制品业	Tobacco Products	2.20	0.72			0.01
纺织业	Textile Industry	14.62	14.19			0.16
纺织服装、服饰业	Textile, Apparel Industry	4.91	4.26			0.04
文教、工美、体育和娱乐用品制造业	Leather, Fur, Feathers and Their Products and Footwear	1.47	0.96			0.22
皮革、毛皮、羽毛及其制品和制鞋业	Timber Processing, Bamboo, Cane, Palm Fiber & Straw Products	38.90	14.99			0.19
家具制造业	Furniture Manufacturing	3.72	2.62			0.01
造纸及纸制品业	Paper-making & Paper Products	22.55	26.45			0.04
印刷和记录媒介复制业	Printing and Record Medium Reproduction	1.44	0.04			0.01
文教、工美、体育和娱乐用品制造业	Manufacturing of Cultural, Educational & Arts , Crafts & Sports and Entertainment Goods	0.64	0.06			0.03

7-8 续表 1 continued

行 业	Sector	煤油消费量(万吨) Kerosene Consumption (10 000 tons)	柴油消费量(万吨) Diesel Oil Consumption (10 000 tons)	燃料油消费量(万吨) Fuel Oil Consumption (10 000 tons)	天然气消费量(亿立方米) Natural Gas Consumption (100 million cu.m)	电力消费量(亿千瓦小时) Electricity Consumption (100 million kwh)
消费总量	**Total Consumption**	**28.36**	**577.25**	**4.92**	**44.48**	**2416.74**
农、林、牧、渔业	**Farming, Forestry, Animal Husbandry & Fishery**		**60.72**			**38.85**
工业	**Industry**	**0.23**	**126.46**	**4.86**	**30.34**	**2140.34**
采矿业	**Mining**		**97.98**	**0.52**	**0.31**	**179.37**
煤炭开采和洗选业	Coal Mining & Processing		78.08	0.52	0.22	96.15
石油和天然气开采业	Petroleum & Natural Gas Pumped		1.07		0.09	8.62
黑色金属矿采选业	Mining & Dressing of Ferrous Metals		11.67			35.07
有色金属矿采选业	Mining & Dressing of Nonferrous Metals		4.10			31.54
非金属矿采选业	Mining & Dressing of Nonmetal Minerals		3.01			7.57
开采辅助活动	Support Activities for Mining					
其他采矿业	Mining of Other Mineral		0.05			0.42
制造业	**Manufacturing**	**0.23**	**21.33**	**4.06**	**28.54**	**1689.01**
农副食品加工业	Processing of Agricultural Side-Line Food		1.36		0.04	24.51
食品制造业	Food Manufacturing		0.50	0.37	0.04	25.17
酒、饮料和精制茶制造业	Wine, Beverage and Refined Tea Manufacturing		0.23		0.01	5.23
烟草制品业	Tobacco Products		0.01		0.06	0.29
纺织业	Textile Industry		0.18			2.66
纺织服装、服饰业	Textile, Apparel Industry		0.01		0.01	0.60
皮革、毛皮、羽毛及其制品和制鞋业	Leather, Fur, Feathers and Their Products and Footwear					0.14
木材加工和木、竹、藤、棕、草制品业	Timber Processing, Bamboo, Cane, Palm Fiber & Straw Products		0.41			4.84
家具制造业	Furniture Manufacturing		0.32			0.23
造纸及纸制品业	Paper-making & Paper Products		0.06		0.03	2.81
印刷和记录媒介复制业	Printing and Record Medium Reproduction					0.45
文教、工美、体育和娱乐用品制造业	Manufacturing of Cultural, Educational & Arts ,Crafts & Sports and Entertainment Goods					0.18

7-8 续表 2 continued

行 业	Sector	能源消费总量(万吨标准煤) Total Energy Consumption (10 000 tons of SCE)	煤炭消费量(万吨) Coal Consumption (10 000 tons)	焦炭消费量(万吨) Coke Consumption (10 000 tons)	原油消费量(万吨) Crude Oil Consumption (10 000 tons)	汽油消费量(万吨) Gasoline Consumption (10 000 tons)
石油加工、炼焦和核燃料加工业	Petroleum Processing ,Coke Products & Processing of Nuclear Fuel	754.03	3721.13	5.66	405.77	0.02
化学原料和化学制品制造业	Raw Chemical Materials & Chemical Products	3627.65	2812.68	450.18		1.01
医药制造业	Medicine Manufacturing	147.74	160.85			0.16
化学纤维制造业	Chemical Fiber Manufacturing					
橡胶和塑料制品业	Rubber and Plastic Products	10.50	2.01			0.31
非金属矿物制品业	Nonmetal Mineral Products	667.99	577.85	0.34		0.66
黑色金属冶炼和压延加工业	Smelting & Pressing of Ferrous Metals	2870.52	1564.51	958.54		0.31
有色金属冶炼和压延加工业	Smelting & Pressing of Nonferrous Metals	1745.60	1720.78	15.81		0.32
金属制品业	Metal Products	30.81	4.54	8.32		0.11
通用设备制造业	Manufacturing of General-Purpose Equipment	15.01	3.07	0.03		0.07
专用设备制造业	Special Purposes Equipment Manufacturing	11.08	4.43			0.09
汽车制造业	Automotive Manufacturing	10.87	0.67			0.17
铁路、船舶、航空航天和其他运输设备制造业	Railroad,Ships, Aerospace and Other Transportation Equipment Manufacturing	1.16				0.02
电气机械和器材制造业	Electric Equipment & Machinery	19.94	1.05			0.27
计算机、通信和其他电子设备制造业	Manufacturing of Computer , Communications and Other Electronic Equipment	1.12	0.01			0.01
仪器仪表制造业	Manufacturing of Instrument	0.12				
其他制造业	Others	0.21	0.13			
废弃资源综合利用业	Comprehensive Utilization of Waste Resources	4.91	0.49			
金属制品、机械和设备修理业	Metal products, Machinery and Equipment Repair	0.26				
电力、燃气及水的生产和供应业	**Production & Supply of Electric Power,Gas & Water**	**1193.72**	**18051.98**		**0.01**	**1.93**
电力、热力生产和供应业	Production & Supply of Electric Power & Heating Power	1115.60	17993.47		0.01	1.79
燃气生产和供应业	Production & Supply of Gas	54.06	54.65			0.02
水的生产和供应业	Production & Supply of Water	24.06	3.86			0.12
建筑业	**Construction**	**356.77**	**194.05**			**8.56**
交通运输、仓储及邮电通信业	**Transportation,Storage, Postal & Telecommunications Services**	**1158.66**	**636.20**			**127.24**
批发、零售业和住宿、餐饮业	**Wholesale，Retail Trade, Quarters & Catering**	**887.12**	**988.54**			**6.77**
其他	**Others**	**925.71**	**797.14**			**48.36**
生活消费	**Residential Consumption**	**1464.26**	**318.18**			**59.71**

7-8 续表 3 continued

行 业	Sector	煤油消费量(万吨) Kerosene Consumption (10 000 tons)	柴油消费量(万吨) Diesel Oil Consumption (10 000 tons)	燃料油消费量(万吨) Fuel Oil Consumption (10 000 tons)	天然气消费量(亿立方米) Natural Gas Consumption (100 million cu.m)	电力消费量(亿千瓦小时) Electricity Consumption (100 million kwh)
石油加工、炼焦和核燃料加工业	Petroleum Processing , Coke Products & Processing of Nuclear Fuel		0.38		0.27	42.45
化学原料和化学制品制造业	Raw Chemical Materials & Chemical Products		1.82	0.04	24.63	477.66
医药制造业	Medicine Manufacturing		0.06			20.25
化学纤维制造业	Chemical Fiber Manufacturing					
橡胶和塑料制品业	Rubber and Plastic Products		0.09			2.61
非金属矿物制品业	Nonmetal Mineral Products	0.01	3.95	3.41	0.72	71.25
黑色金属冶炼和压延加工业	Smelting & Pressing of Ferrous Metals	0.02	9.53		0.89	481.10
有色金属冶炼和压延加工业	Smelting & Pressing of Nonferrous Metals	0.20	2.06	0.24	1.18	505.22
金属制品业	Metal Products		0.08		0.12	5.86
通用设备制造业	Manufacturing of General-Purpose Equipment		0.03		0.07	3.75
专用设备制造业	Special Purposes Equipment Manufacturing		0.13		0.10	2.10
汽车制造业	Automotive Manufacturing		0.09		0.24	2.07
铁路、船舶、航空航天和其他运输设备制造业	Railroad,Ships, Aerospace and Other Transportation Equipment Manufacturing					0.15
电气机械和器材制造业	Electric Equipment & Machinery		0.02		0.12	5.55
计算机、通信和其他电子设备制造业	Manufacturing of Computer , Communications and Other Electronic Equipment				0.01	0.31
仪器仪表制造业	Manufacturing of Instrument					0.04
其他制造业	Others					0.04
废弃资源综合利用业	Comprehensive Utilization of Waste Resources		0.01			1.48
金属制品、机械和设备修理业	Metal products, Machinery and Equipment Repair					0.01
电力、燃气及水的生产和供应业	**Production & Supply of Electric Power, Gas & Water**		**7.15**	**0.28**	**1.49**	**271.96**
电力、热力的生产和供应业	Production & Supply of Electric Power & Heating Power		7.11	0.28	0.38	257.39
燃气生产和供应业	Production & Supply of Gas		0.03		1.10	7.72
水的生产和供应业	Production & Supply of Water		0.01		0.01	6.85
建筑业	**Construction**		**18.50**			**11.18**
交通运输、仓储及邮电通信业	**Transportation,Storage, Postal & Telecommunications Services**	**28.13**	**255.49**	**0.06**	**4.54**	**23.24**
批发、零售业和住宿、餐饮业	**Wholesale，Retail Trade, Quarters & Catering**		**9.71**		**3.90**	**41.34**
其他	**Others**		**60.13**		**3.02**	**41.25**
生活消费	**Residential Consumption**		**46.24**		**2.68**	**120.54**

7-9 能源生产弹性系数

Elasticity Ratio of Energy Production

年份 Year	能源生产比上年增长% Growth Rate of Energy Production over Preceding Year (%)	电力生产比上年增长% Growth Rate of Electricity Production over Preceding Year (%)	生产总值比上年增长% Growth Rate of Gross Domestic Product(GDP) over Preceding Year (%)	能源生产弹性系数 Elasticity Ratio of Energy Production	电力生产弹性系数 Elasticity Ratio of Electricity Production
1984	10.15	14.35	16.4	0.62	0.89
1985	20.49	15.69	18.2	1.15	0.91
1986	-0.99	39.54	5.9	-0.17	6.30
1987	4.20	13.76	9.0	0.47	1.53
1988	7.67	9.33	9.8	0.78	0.95
1989	19.36	11.12	2.7	7.17	4.12
1990	4.94	10.51	7.5	0.66	1.40
1991	8.77	11.31	7.5	1.17	1.51
1992	4.97	17.63	11.0	0.45	1.60
1993	13.22	5.82	11.7	1.13	0.50
1994	9.50	11.07	11.2	0.85	0.99
1995	16.22	6.61	10.1	1.61	0.65
1996	2.70	16.32	14.4	0.19	1.13
1997	12.32	5.62	10.8	1.14	0.52
1998	-6.25	2.39	10.7	-0.58	0.22
1999	-9.03	8.62	8.8	-1.03	0.98
2000	2.95	16.87	10.8	0.27	1.56
2001	28.64	5.98	10.6	2.68	0.56
2002	39.37	11.27	13.2	2.98	0.85
2003	27.99	25.05	17.6	1.59	1.42
2004	44.13	26.09	20.9	2.11	1.25
2005	22.43	31.01	23.8	0.94	1.30
2006	18.96	38.13	19.1	0.99	2.00
2007	19.86	30.36	19.2	1.03	1.58
2008	25.13	11.45	17.8	1.41	0.64
2009	20.17	4.96	16.9	1.19	0.29
2010	23.78	14.30	15.0	1.59	0.95
2011	20.10	19.48	14.3	1.41	1.36
2012	7.18	7.63	11.5	0.62	0.66
2013	-2.76	5.37	9.0	-0.31	0.60
2014	2.82	8.15	7.8	0.36	1.04

注:能源生产增长速度按等价值计算。

a)The growth rate of energy production by equivalent value.

7-10 能源消费弹性系数

Elasticity Ratio of Energy Consumption

年份 Year	能源消费比上年增长% Growth Rate of Energy Consumption over Preceding Year (%)	电力消费比上年增长% Growth Rate of Electricity Consumption over Preceding Year (%)	生产总值比上年增长% Growth Rate of Gross Domestic Product(GDP) over Preceding Year (%)	能源消费弹性系数 Elasticity Ratio of Energy Consumption	电力消费弹性系数 Elasticity Ratio of Electricity Consumption
1986	1.97	7.94	5.9	0.33	1.35
1987	5.95	9.70	9.0	0.66	1.08
1988	3.48	14.15	9.8	0.36	1.44
1989	10.03	13.95	2.7	3.71	5.17
1990	8.21	13.55	7.5	1.09	1.81
1991	3.37	3.87	7.5	0.45	0.52
1992	1.98	10.65	11.0	0.18	0.97
1993	4.74	39.43	11.7	0.41	3.37
1994	5.08	-17.23	11.2	0.45	-1.54
1995	16.22	-18.43	10.1	1.61	-1.82
1996	-3.80	49.76	14.4	-0.26	3.46
1997	17.96	4.68	10.8	1.66	0.43
1998	-7.25	-10.42	10.7	-0.68	-0.97
1999	5.66	24.91	8.8	0.64	2.83
2000	8.33	8.15	10.8	0.77	0.75
2001	13.10	9.22	10.6	1.24	0.87
2002	16.54	14.57	13.2	1.25	1.10
2003	27.41	26.89	17.6	1.56	1.53
2004	30.08	31.72	20.9	1.44	1.52
2005	26.81	24.67	23.8	1.13	1.04
2006	16.08	32.48	19.1	0.84	1.70
2007	13.87	31.11	19.2	0.72	1.62
2008	10.36	5.20	17.8	0.58	0.29
2009	8.82	5.52	16.9	0.52	0.33
2010	9.62	19.33	15.0	0.64	1.29
2011	11.39	19.31	14.3	0.80	1.35
2012	5.60	8.19	11.5	0.49	0.71
2013	4.04	8.19	9.0	0.45	0.91
2014	3.55	10.76	7.8	0.46	1.38

注：能源消费增长速度按等价值计算。

a)The growth rate of energy consumption by equivalent value.

7-11 废水、废气排放及处理情况

Discharge and Treatment of Waste Water、Waste Gas

指　标	Item	2013	2014
废水排放及处理情况	**Discharge and Treatment of Waste Water**		
废水排放总量(亿吨)	Total Waste Water Discharged (100 million tons)	10.69	11.19
工业废水排放量	Industrial Waste Water	3.70	3.93
城镇生活污水排放量	Urban Living Waste Water Discharged	6.99	7.26
集中式治理设施污水排放量	Centralized Pollution Control Facilities		
化学需氧量(COD)排放量(万吨)	COD Discharged(10 000 tons)	86.32	84.77
工业废水中COD排放量	Industrial COD	9.20	9.95
农业COD排放量	Agriculture COD	60.86	59.32
城镇生活污水中COD排放量	Living COD	16.03	15.30
集中式治理设施COD排放量	Centralized Pollution Control Facilities	0.23	0.20
氨氮排放量(万吨)	Ammonia Nitrogen Discharged(10 000 tons)	5.12	4.93
工业废水中氨氮排放量	Industrial Ammonia Nitrogen	1.14	1.14
农业氨氮排放量	Agriculture Ammonia Nitrogen	1.20	1.16
生活污水中氨氮排放量	Living Ammonia Nitrogen	2.76	2.61
集中式治理设施氨氮排放量	Centralized Pollution Control Facilities	0.02	0.02
工业废水治理设施数(套)	Number Of Industrial Waste Water Treatment Facilities（set）	1128	1220
工业废水治理设施处理能力(万吨/日)	Capacity of Industrial Waste Water Treatment Facilities (10 000 tons/day)	549.41	472.80
工业废水处理量(万吨)	Industrial Waste Water Treated(10 000 tons)	107223	75285
废气排放及处理情况	**Emission and Treatment of Waste Gas**		
二氧化硫(SO_2)排放量(万吨)	Sulphur Dioxide Emission(10 000 tons)	135.87	131.24
工业SO_2排放量	Volume of Industrial Sulphur Dioxide Emission	123.64	116.71
城镇生活SO_2排放量	Volume of Sulphur Dioxide Emission by Consumption	12.23	14.53
氮氧化物排放量(万吨)	Nitrogen Oxides(10 000 tons)	137.76	125.83
工业氮氧化物排放量	Volume of Industrial Sulphur Dioxide Emission	110.45	98.31
城镇生活氮氧化物排放量	Volume of Nitrogen Dioxide Emission by Consumption	2.30	2.97
机动车氮氧化物排放量	Volume of Nitrogen Oxides Emission by Motor Vehicle	25.01	24.55
烟（粉）尘排放量(万吨)	Smoke and Dust(10 000 tons)	82.21	102.15
工业烟（粉）尘排放量	Volume of Industrial Sulphur Dioxide Emission	68.41	81.88
城镇生活烟尘排放量	Volume of Consumption Soot Emission	10.90	17.39
机动车烟尘排放量	Volume of Consumption Soot Emission by Motor Vehicle	2.90	2.88
工业废气排放量(亿立方米)	Volume of Industrial Waste Gas Emission(100 million cu.m)	31128.44	36116.47
工业废气治理设施数(套)	Industrial Waste Gas Treatment Facilities（set）	7590	9110
工业废气治理设施处理能力(亿立方米/时)	Capacity of Industrial Waste Gas Treatment Facilities (100 million cu.m/hour)	7.34	9.97

7-12 固体废物、危险废物产生及综合利用情况
Generation,Discharge and Utilization of Solid Wastes、Hzardous Wastes

指标	Item	2013	2014
固体废物	**Solid Wastes**		
一般工业固体废物产生量(万吨)	Common Industrial Solid Wastes Produced (10 000 tons)	20080.59	23191.30
一般工业固体废物综合利用量(万吨)	Common Industrial Solid Wastes Comprehensively Utilized(10 000 tons)	9984.08	13259.98
综合利用往年贮存量	Stock of Comprehensively Utilized in former years	426.96	191.96
一般工业固体废物综合利用率(%)	Ratio of Industrial Solid Wastes Utilized(%)	48.68	56.35
一般工业固体废物处置量(万吨)	Common Industrial Solid Wastes Disposed (10 000 tons)	8296.08	8272.22
处置往年贮存量	Stock of Disposed in former years	7.39	405.11
一般工业固体废物处置率(%)	Ratio of Industrial Solid Wastes Disposed(%)	41.30	33.92
一般工业固体废物贮存量(万吨)	Stock of Common Industrial Solid Wastes (10 000 tons)	2233.40	2255.74
一般工业固体废物倾倒丢弃量(万吨)	Common Industrial Solid Wastes Discharged (10 000 tons)	1.37	0.44
危险废物	**Hazardous Wastes**		
危险废物产生量(万吨)	Hazardous Wastes Produced(10 000 tons)	117.71	112.54
危险废物综合利用量(万吨)	Hazardous Wastes Utilized(10 000 tons)	59.35	34.71
综合利用往年贮存量	Stock of Comprehensively Utilized in former years		0.01
危险废物综合利用率(%)	Ratio of Industrial Hazardous Wastes Utilized(%)	50.42	30.83
危险废物处置量(万吨)	Hazardous Wastes Disposed(10 000 tons)	26.64	38.30
处置往年贮存量	Stock of Disposed in former years	0.19	0.66
危险废物处置率(%)	Ratio of Industrial Hazardous Wastes Disposed(%)	22.60	33.45
危险废物贮存量(万吨)	Stock of Hazardous Wastes(10 000 tons)	31.90	40.21

7-13 生态环境、自然灾害及用水情况

Natural Ecology,Natural Disasters,Water Supply and Use

指　标	Item	2013	2014
森林面积（万公顷）	Forest Area(10 000 hectares)	2488	2488
其中：人工林	Man-made Forest	1086.67	1086.67
活立木总蓄积量（万立方米）	Total Standing Forest Stock(10 000 cu.m)	148400	148400
森林蓄积量（万立方米）	Stock Volume of Forest(10 000 cu.m)	134530	134530
湿地面积（万公顷）	Area of Wetlands(10 000hectares)	601.06	601.06
其中：自然湿地	Natural Wetlands	587.88	587.88
累计水土流失治理面积（千公顷）	Area of Soil Erosion under Control (1 000 hectares)	11876.26	12210.81
累计除涝面积（千公顷）	Area with Flood Prevention Measures (1 000 hectares)	277	277
地质灾害次数（次）	Number of Geological Disasters(time)	65	56
地质灾害直接经济损失（万元）	Direct Economic Loss(10 000 yuan)	427	6095.9
森林火灾次数（次）	Number of Forest Fires(time)	78	142
森林火灾受害森林面积（公顷）	Forest Fires Destructed Forest Area(hectare)	300.25	555.49
林业有害生物防治率（%）	Prevention Rate of Forest Biological Disasters(%)	45.88	43.06
突发环境事件次数（次）	Number of Environmental Emergencies(time)	4	2
供水总量（亿立方米）	Water Supply(100 million cu.m)	183.22	182.01
地表水	Surface Water	91.41	89.06
地下水	Groundwater	88.90	90.78
其　他	Others	2.91	2.18
用水总量（亿立方米）	Water Use(100 million cu.m)	183.22	182.01
农业	Agriculture	133.46	137.54
工业	Industry	23.65	19.73
生活	Consumption	10.72	10.46
生态环境补水	Ecological Protection	15.40	14.28
人均用水量（立方米/人）	Per Capita Water Use(cu.m/person)	734.72	727.69
人均水资源量（立方米/人）	Per Capita Water Resources(cu.m/person)	3848.89	2150.14

7-14 环境污染治理及林业投资情况

Investment in the Treatment of Environmental Pollution and Forestry Investment

指　标	Item	2013	2014
环境污染治理投资总额（亿元）	Total Investment in the Treatment of Environmental Pollution(100 million yuan)	506.83	797.25
城镇环境基础设施建设投资	Investment in Urban Environmental Infrastructure	324.53	513.03
# 燃气	Gas Supply	17.37	16.23
集中供热	Centralized Heating	88.20	43.45
排水	Drainage Works	57.96	41.09
园林绿化	Gardening and Greening	137.51	118.05
市容环境卫生	Environmental Sanitation	23.49	2.00
工业企业污染防治投资	Investment Completed in the Treatment of Industrial Pollution	62.67	77.54
治理废水	Treatment of Waste Water	5.37	2.09
治理废气	Treatment of Waste Gas	47.78	70.84
治理固体废物	Treatment of Solid Waste	2.75	1.82
治理噪声	Treatment of Noise Pollution	0.01	0.10
治理其他	Treatment of Other Pollution	6.77	2.69
完成环保验收项目环保投资	Environmental Investment of Project of nvironmental Protection Acceptance Completed	119.63	206.67
环境污染治理投资占GDP比重（%）	Total Investment in the Treatment of Environmental Pollution as Percent of GDP(%)	3.01	4.49
工业废气治理设施运行费用（亿元）	Expenditure of Industrial Wastegas Treatment Facilities(100 million yuan)	65.60	75.60
工业废水治理设施运行费用（亿元）	Expenditure of Industrial Wastewater Treatment Facilities(100 million yuan)	10.92	13.32
排污费解缴入库户数（户）	Numbers of charges for disposing pollutants(households)	8193	7195
排污费解缴入库金额（亿元）	Charges for disposing pollutants (100 million yuan)	13.43	15.28
本年林业投资完成额（亿元）	Investment Completed During the Year (100 million yuan)	110.15	103.26
生态建设与保护	Ecological Construction	84.10	79.76
林业支撑与保障	Forestry Support	4.43	4.21
林业产业发展	Forestry Development	1.15	0.23
林业民生工程	Forestry Project for People's Livelihood	5.15	5.55
其他	Other Investment	15.32	13.51

主要统计指标解释

能源生产总量 指一定时期内全区一次能源生产量的总和，是观察全区能源生产水平、规模、构成和发展速度的总量指标。一次能源生产量包括原煤、原油、天然气、水电、核能及其他动力能(如风能、地热能等)发电量，不包括低热值燃料生产量、生物质能、太阳能等的利用和由一次能源加工转换而成的二次能源产量。

能源消费总量 指一定时期内全区物质生产部门、非物质生产部门和生活消费的各种能源的总和，是观察能源消费水平、构成和增长速度的总量指标。能源消费总量包括原煤和原油及其制品、天然气、电力，不包括低热值燃料、生物质能和太阳能等的利用。能源消费总量分为终端能源消费量、能源加工转换损失量和损失量三部分。

(1)终端能源消费量：指一定时期内全区生产和生活消费的各种能源在扣除了用于加工转换二次能源消费量和损失量以后的数量。

(2)能源加工转换损失量：指一定时期内全区投入加工转换的各种能源数量之和与产出各种能源产品之和的差额，是观察能源在加工转换过程中损失量变化的指标。

(3)能源损失量：指一定时期内能源在输送、分配、储存过程中发生的损失和由客观原因造成的各种损失量，不包括各种气体能源放空、放散量。

能源生产弹性系数 是研究能源生产增长速度与国民经济增长速度之间关系的指标。计算分式为：

能源生产弹性系数=能源生产总量年平均增长速度/国民经济年平均增长速度

国民经济年平均增长速度，可根据不同的目的或需要，用地区收入总值、地区生产总值等指标来计算，本年鉴是采用国内生产总值指标计算的。

电力生产弹性系数 是研究电力生产增长速度与国民经济增长速度之间关系的指标。一般来说，电力的发展应当快于国民经济的发展，也就是说电力应超前发展。计算公式为：电力生产弹性系数=电力生产量年平均增长速度/国民经济年平均增长速度

能源消费弹性系数 是反映能源消费增长速度与国民经济增长速度之间比例关系的指标。计算公式为：

能源消费弹性系数=能源消费量年平均增长速度/国民经济年平均增长速度

电力消费弹性系数 反映电力消费增长速度与国民经济增长速度之间比例关系的指标。计算公式为：

电力消费弹性系数=电力消费量年平均增长速度/国民经济年平均增长速度

能源加工转换效率 指一定时期内能源经过加工、转换后，产出的各种能源产品的数量与同期内投入加工转换的各种能源数量的比率。它是观察能源加工转换装置和生产工艺先进与落后、管理水平高低等的重要指标。计算公式为：

能源加工转换效率=能源加工、转换产出量/能源加工、转换投入量×100%

单位生产总值能耗 是指某地区总能耗与生产总值之比，也就是每产生万元生产总值所消耗的能源消费量。它是衡量能源利用水平和效率的综合性指标。计算公式是万元生产总值能耗=能源消费量(吨标准煤)/地区生产总值(万元)。

工业废水排放量 指经过企业厂区所有排放口排到企业外部的工业废水量。包括生产废水、外排的直接冷却水、超标排放的矿井地下水和与工业废水混排的厂区生活污水，不包括外排的间接冷却水(清污不分流的间接冷却水应计算在内)。

工业废气排放量 指企业厂区内燃料燃烧和生产工艺过程中产生的各种排入空气的含有污染物的气体总量，按标准状态[273K，101325pa]计算。

工业二氧化硫排放量 指企业在燃料燃烧和生产工艺过程中排入大气的二氧化硫数量。烟尘排放量 指企业厂区内燃料燃烧产生的烟气中夹带的颗粒物数量。

工业粉尘排放量 指企业在生产工艺过程中排放的颗粒物重量，如钢铁企业的耐火材料粉尘、焦化企业的筛焦系统粉尘、烧结机的粉尘、石灰窑的粉尘、建材企业的水泥粉尘等。不包括电厂排入大气的烟尘。

工业固体废物产生量 指企业在生产过程中产生的固体状、半固体状和高浓度液体状废弃物的总量，包括危险废物、冶炼废渣、粉煤灰、炉渣、煤矸石、尾矿、放射性废物和其他废物等；不包括矿山开采的剥离废石和掘进废石(煤矸石和呈酸性或碱性的废石除外)。酸性或碱性废石指采掘的废石其流经水、雨淋水的PH值小于4或PH值大于10.5者。

工业固体废物综合利用量 指通过回收、加工、循环、交换等方式，从固体废物中提取或者使其转化为可以利用的资源、能源和其他原材料的固体废物量(包括当年利用往年的工业固体废物累计贮存量)，如用作农业肥料、生产建筑材料、筑路等。综合利用量由原产生固体废物的单位统计。

工业固体废物贮存量 指以综合利用或处置为目的，将固体废物暂时贮存或堆存在专设的贮存设施或专设的集中堆存场所内的数量。专设的固体废物贮存场所或贮存设施必须有防扩散、防流失、防渗漏、防止污染大气、水体的措施。

工业固体废物处置量 指将固体废物焚烧或者最终置于符合环境保护规定要求的场所，并不再回取的工业固体废物量(包括当年处置往年的工业固体废物累计贮存量)。处置方法有填埋(其中危险废物应安全填埋)、焚烧、专业贮存场(库)封场处理、深层灌注、回填矿井等。

工业固体废物排放量 指将所产生的固体废物排到固体废物污染防治设施、场所以外的数量，不包括矿山开采的剥离废石和掘进废石(煤矸石和呈酸性或碱性的废石除外)。

Explanatory Notes on Main Statistical Indicators

Total Energy Production refers to the total production of primary energy by all energy producing enterprises in the autonomous region in a given period of time. It is a comprehensive indicator to show the capacity, scale, composition and development of energy production of the country. The production of primary energy includes that of coal, crude oil, natural gas, hydropower and elect recite generated by nuclear energy and other means such as wind power and geothermal power. However, it excludes the production of fuels of low calorific value, bio–energy, solar–energy and the secondary energy converted from the primary energy.

Total Domestic Energy Consumption refers to the total consumption of energy of various kinds by material production sectors, nonmaterial production sectors and households in the autonomous region in a given period of time. It is a comprehensive indicator to show the scale, composition and development of energy consumption. The total energy consumption includes that of coal, crude oil and their products, natural gas and electricity. However, it excludes the consumption of fuel of low calorific value, bio–energy and solar energy. Total domestic energy consumption can be divided into three parts:

(1) Final Energy Consumption: It refers to the total energy consumption by material production sectors. Non material production sectors and households in the autonomous region in a given period of time, but excludes the consumption in conversion o f the primary energy into the secondary energy and the loss in the process of energy conversion.

(2) Loss During the Process of Energy Conversion: It refers to the total input of various kinds of energy for conversion, minus the total output of various kinds of energy in the autonomous region in a given period of time. It is an indicator to show the loss that occurs during the process of energy conversion.

(3) Loss: It refers to the total of the loss of energy during the course of energy transport, distribution and storage and the loss caused by any objective reason in a given period of time. The loss of various kinds of gas due to gas discharges and stocktaking is excluded.

Elasticity Ratio of Energy Production is an indicator to show the relationship between the growth rate of energy production and the growth rat e of the national economy. The formula is:

Elasticity Ratio of Energy Production=Average Annual Growth Rate of Energy Production ÷ Average Annual Growth Rate of National Economy

The average annual growth rate of the national economy can be shown by the gross national product, gross domestic product and other indicators, depending upon the purposes or needs. The gross domestic product is used in calculation of the ratio in this chapter.

Elasticity Ratio of Electricity Production is an indicator to show the relations hip between the growth rate of electricity production and the growth rate of the national economy. Generally speaking, the growth rate of electricity production should be higher than that of the national economy. Its formula is:

Elasticity Ratio of Electricity Production = Average Annual Growth Rate of Electricity Production ÷ Average Annual Growth Rate of National Economy

Elasticity Ratio of Energy Consumption is an indicator to show the relationship between the growth rate of energy consumption and the growth r ate of the national economy. The formula is:

Elasticity Ratio of Energy Consumption=Average Annual Growth Rate of Energy Consumption ÷ Average Annual Growth Rate of National Economy

Elasticity Ratio of Electricity Consumption is an indicator to show the relation ship between the growth rate of electricity consumption and the growth rate of t he national economy. The formula is:

Elasticity Ratio of Electricity Consumption = Average Annual Growth Rate of Electricity ÷ Average Annual Growth Rate of National Economy

Efficiency of Energy Processing and Conversion refers to the ratio of the total output of energy products of various kinds after processing and conversion and the total input of energy of various kinds for processing and conversion in the same reference period. It is an important indicator to show the current conditions of energy processing and conversion equipment, production technique and management. The formula is:

Efficiency of Energy Processing and Conversion = Output of Energy After Processing and Conversion ÷ Input of Energy for Processing and Conversion × 100%

Energy Consumption of 10 000 yuan GDP refers to the ratio of the bobal energy consumption to GDP,means to produce per–10 000 yuan of GDP consuming how much energy. It is a general indicator to show the relationship between utiltity and efficiency of energy . the formula is:

Energy Consumption of 10 000 yuan GDP=Total Energy Consumption (ton of SCE)/GDP (10 000 yuan)

Volume of Industrial Waste Water Discharged refers to the volume of industrial waste water discharged, through all outlets, to the outside of industrial enterprises, including waste water produced, direct cooling water, underground water from mines that does not meet the standard of discharge, and the domestic sewage mixed up with industrial waste water when discharged, but excluding discharged indirect cooling water.

Volume of Waste Industrial Gas Emission refers to waste gas emitted from burning of fuels and from production process in the area of the factory, and is measured by 10000 standard cubic meters each year under normal condition.

Industrial Dust Discharged refers to the total weight of solid dust discharged by industrial enterprises in the production process, such as dust of refractory materials from iron plants, dust from coke screening system or from sintering machines of coking plants, dust from lime kilns, cement dust from building material enterprises, etc. but excluding smoke and dust discharged by power plants.

Volume of Industrial Solid Wastes Produced refers to the total volume of solid, semi solid or high concentration liquid residue produced by industrial enterprises in their production process, including dangerous wastes, residues from melting, slag, powdered coal ash, gangue, chemical residues, tailings, radio active residues and other residues, but excluding stripped or dug stones in mining(except gangue and acid or alkali stones which are stones washed or soaked by water with a pH value smaller than 4 or larger than 10. 5)

Volume of Industrial Solid Wastes Utilized in a Comprehensive Way refers to the volume of solid wastes from which useful materials can be extracted or which can be changed to be utilizable resources, energy or other materials, including the volume of industrial solid wastes stored up in the previous years and utilized in the current year, such as the solid wastes utilized as fertilizers, building materials, for making roads or for other purpose. Statistical data on utilization of industrial solid wastes are collected by solid wastes producing units.

Volume of Industrial Stored up Solid Wastes refers to the volume of industrial solid wastes temporarily stored up or piled with special facilities or piled in the special sites for purpose of utilization or treatment in future. The special facilities or special sites for the storing up solid wastes should have the measures against spreading or being washed away to other places, permeating the soil or causing air pollution or water contamination.

Volume of Industrial Solid Wastes Treated refers to solid wastes disposed of in a non recoverable place that meet the requirement of environmental protection, such as burying (The dangerous wastes should be buried safely) , burning, piling in designated sites, pouring water into the deep strata, filling of old mines, etc. (including treatment of solid wastes piled up in the previous years) .

Volume of Industrial Solid Wastes Discharged refers to the volume of industrial solid wastes produced and discharged at the places outside the special facilities

2015

NEIMENGGU

八、财政

Government Finance

资料整理：王艳伟

Arranged By Wang Yanwei

8-1 地方财政收支总额及增长速度

Local Government Revenue and Expenditures and Their Increase Rate

年 份 Year	地方财政总收入 (万元) Local Govemment Revenue (10 000 yuan)	地方财政总支出 (万元) Local Govemment Expenditures (10 000 yuan)	增长速度(%) Incease Rate(%) 地方财政总收入 Local Government Revenue	地方财政总支出 Local Govemment Expenditures
1948	110	262	1122.2	571.8
1949	739	786	571.8	200.0
1950	5347	4562	623.5	480.4
1951	5376	6025	0.5	32.1
1952	13335	10280	148.0	70.6
1953	8657	13997	-35.1	36.2
1954	18503	18045	113.7	28.9
1955	21090	17489	14.0	-3.1
1956	27597	29032	30.9	66.0
1957	31385	26771	13.7	-7.8
1958	42764	64432	36.3	140.7
1959	70269	99357	64.3	54.2
1960	89917	122162	28.0	23.0
1961	49529	56471	-44.9	-53.8
1962	33590	37641	-32.2	-33.3
1963	38345	39952	14.2	6.1
1964	43219	49683	12.7	24.4
1965	45967	51808	6.4	4.3
1966	48455	59224	5.4	14.3
1967	40232	47949	-17.0	-19.0
1968	38882	41477	-3.4	-13.5
1969	27680	61706	-28.8	48.8
1970	44088	78582	59.3	27.3
1971	36543	90915	-17.1	15.7
1972	31314	97994	-14.3	7.8
1973	34123	114983	9.0	17.3
1974	26863	124842	-21.3	8.6
1975	27375	129157	1.9	3.5
1976	26587	138332	-2.9	7.1
1977	29339	140470	10.4	1.5
1978	69046	186888	135.3	33.0
1979	45553	210416	-34.0	12.6
1980	41284	183721	-9.4	-12.7

8-1 续表 continued

年 份 Year	地方财政总收入 (万元) Local Govemment Revenue (10 000 yuan)	地方财政总支出 (万元) Local Govemment Expenditures (10 000 yuan)	增长速度(%) Incease Rate(%)	
			地方财政总收入 Local Government Revenue	地方财政总支出 Local Govemment Expenditures
1981	41585	163506	0.7	-11.0
1982	51842	203074	24.7	24.2
1983	69891	228273	34.8	12.4
1984	84556	308604	21.0	35.2
1985	131789	341832	55.9	10.8
1986	160206	438955	21.6	28.4
1987	194326	455597	21.3	3.8
1988	241343	510137	24.2	12.0
1989	286679	558124	18.8	9.4
1990	329763	609023	15.0	9.1
1991	393966	666190	19.5	9.4
1992	390775	720731	-0.8	8.2
1993	561177	882773	43.6	22.5
1994	362969	928235	-35.3	5.1
1995	437028	1021780	20.4	10.1
1996	572571	1263825	31.0	23.7
1997	731774	1429118	27.8	13.1
1998	897747	1817593	22.7	27.2
1999	1008228	2128369	12.3	17.1
2000	1106808	2610629	9.8	22.7
2001	1173825	3359808	6.1	28.7
2002	1329097	4133327	13.2	23.0
2003	1627213	4710924	22.4	14.0
2004	2382753	6027524	46.4	27.9
2005	3350925	7346079	40.6	21.9
2006	5945874	9149716	77.4	24.6
2007	8354915	10823054	40.5	18.3
2008	11072700	14545732	32.5	34.4
2009	13777018	19268365	24.4	32.5
2010	17381353	22735046	26.2	18.0
2011	22618058	29892052	30.1	31.5
2012	24972839	34259895	10.4	14.6

注:1.从 2013 年起,根据自治区财政厅要求,不再公布地方财政总收支数据。以下各表同。

2.数据来自于自治区财政厅年度总决算报表,以下各表同。

a)Since 2013,according to the autonomous region financial department,No longer published Local Government Revenue and Expenditures.The same as in the following tables.

b)Date are from final accounts report form of provincial finance department .The same as in the following tables.

8-2 地方财政总收入占生产总值的比重

Local Government Revenue as Percentage to Gross Domestic Product

年 份 Year	地方财政总收入 (亿元) Local Government Revenue (100 million yuan)	生产总值 (亿元) Gross Domestic Products (100 million yuan)	地方财政总收入占生产总值的比重(%) Percentage of Local Government Revenue to GDP(%)
1953	0.87	15.57	5.6
1957	3.14	21.27	14.8
1962	3.36	25.12	13.4
1965	4.60	35.41	13.0
1970	4.41	39.17	11.3
1975	2.74	48.55	5.6
1978	6.90	58.04	11.9
1979	4.56	64.14	7.1
1980	4.13	68.40	6.0
1981	4.16	77.91	5.3
1982	5.18	93.22	5.6
1983	6.99	105.88	6.6
1984	8.46	128.20	6.6
1985	13.18	163.83	8.0
1986	16.02	181.58	8.8
1987	19.43	212.27	9.2
1988	24.13	270.81	8.9
1989	28.67	292.69	9.8
1990	32.98	319.31	10.3
1991	39.40	359.66	11.0
1992	39.08	421.68	9.3
1993	56.12	537.81	10.4
1994	36.30	695.06	5.2
1995	43.70	857.06	5.1
1996	57.26	1023.09	5.6
1997	73.18	1153.51	6.3
1998	89.77	1262.54	7.1
1999	100.82	1379.31	7.3
2000	110.68	1539.12	7.2
2001	117.38	1713.81	6.8
2002	132.91	1940.94	6.8
2003	162.72	2388.38	6.8
2004	238.28	3041.07	7.8
2005	335.09	3905.03	8.6
2006	594.59	4944.25	12.0
2007	835.49	6423.18	13.0
2008	1107.27	8496.20	13.0
2009	1377.70	9740.25	14.1
2010	1738.14	11672.00	14.9
2011	2261.81	14359.88	15.8
2012	2497.28	15880.58	15.7

8-3 地方财政分项收入

Local Government Revenue by Source

单位：万元 (10 000 yuan)

年份 Year	地方财政总收入 Local Government Revenue	公共财政预算收入 Public Finance Budget Revenue	#工商税收 Industrial and Commercial Tax	#契税和耕地占用税 Contract Tax and Tax on The Occupancy of Cultuvated Land	#企业所得税 Income Tax of Enterprises	#国有资本经营收入 Operation Income of State-owned Assets Enterprises
1947	9	9			1	
1948	110	110			20	
1949	739	739	149		196	
1950	5347	5347	1852		1568	
1951	5376	5376	2266		1306	
1952	13335	13335	3744		5049	
1953	8657	8657	4507		2550	
1954	18503	18503	7725		5260	
1955	21090	21090	8549		6324	
1956	27597	27597	11797		9328	
1957	31385	31385	12535		9409	
1958	42764	42764	15174		17065	
1959	70269	70269	19237		39150	
1960	89917	89917	24690		52872	
1961	49529	49529	16531		24238	
1962	33590	33590	18027		7788	
1963	38345	38345	19929		9734	
1964	43219	43219	20196		12499	
1965	45967	45967	22577		13144	
1966	48455	48455	21712		16086	
1967	40232	40232	20303		9058	
1968	38882	38882	20537		7549	
1969	27680	27680	20168		1509	
1970	44088	44088	27399		6076	
1971	36543	36543	29455		-1820	
1972	31314	31314	31085		-5822	
1973	34123	34123	34954		-9309	
1974	26863	26863	34257		-16136	
1975	27375	27375	40295		-21044	
1976	26587	26587	43142		-25703	
1977	29339	29339	49579		-29193	
1978	69046	69046	54486		3234	
1979	45553	45553	54648		-20749	
1980	41284	41284	58537		-26724	

8-3 续表 continued

单位：万元 (10 000 yuan)

年 份 Year	地　方 财政总收入 Local Government Revenue	公共财政 预算收入 Public Finance Budget Revenue	#工商税收 Industrial and Commercial Tax	#契税和耕地占用税 Contract Tax and Tax on The Occupancy of Cultuvated Land	#企业所得税 Income Tax of Enterprises	#国有资本经营收入 Operation Income of State-owned Assets Enterprises
1981	41585	41585	62493		-32579	
1982	51842	51842	71540		-35624	
1983	69891	69891	78370		-25171	
1984	84556	84556	86862		-20618	
1985	131789	131789	119871		36495	7429
1986	160206	160206	145866		37092	706
1987	194326	194326	176890		35797	9344
1988	241343	241343	214128		41206	11050
1989	286679	286679	261270		40045	3193
1990	329763	329763	278480		40954	17895
1991	393966	393966	299621		39320	16833
1992	390775	390775	335490		38992	12382
1993	561177	561177	511777		37311	9745
1994	362969	362969	261719		43005	4900
1995	437028	437028	278344		62222	4070
1996	572571	548777	339614		56853	5230
1997	731774	660777	415328		60554	5964
1998	897747	776654	492585		50815	12083
1999	1008228	865714	502477		80821	13766
2000	1106808	950320	546435		105983	12815
2001	1173825	994313	571829		151985	19489
2002	1329097	1128546	673679		90287	40610
2003	1627213	1387157	857381		71615	60521
2004	2382753	1967589	1220909		86995	147494
2005	3350925	2774553	1768690		193550	147758
2006	5945874	3433774	2183213	148893	272831	188849
2007	8354915	4923615	3342205	134741	419186	234394
2008	11072700	6506764	4401399	241064	592789	415549
2009	13777018	8508588	5263903	502465	748129	707123
2010	17381353	10699776	6869595	594367	1016492	589245
2011	22618058	13566701	9100923	675788	1561016	512220
2012	24972839	15527453	10077812	1008121	1798497	460204
2013		17209843	10619291	1400299	1552566	590800
2014		18436736	9896184	2470558	1096419	1038577

注：1.1984 年以前企业所得税包括国有企业上缴利润和国有企业亏损补贴；
2.1994 年以来地方财政收入为分税制财政体制统计口径。
a)Before 1984, Enterprises income tax including payed profits and planned subsidies for the losses of the state-owned enterprises;
b)Since 1994, Revenue of the local governments has been counted by the classification of the structure of the government finance.

8-4 地方财政支出及主要支出项目

Local Government Expenditures by Accounting Item

单位：万元 (10 000 yuan)

项目	Item	2013	2014
公共财政预算支出	**Local Government Expenditure**	**36865160**	**38799789**
一般公共服务	General Public Services	3381002	2975537
外交	Foreign Affairs	508	180
国防	National Defense	52559	47699
公共安全	Public Security	1757703	1804497
教育	Education	4568693	4777716
科学技术	Science and Technology	316369	328653
文化体育与传媒	Operating Expenses of Culture , Sports and Media	880481	919029
# 文化	Culture	270357	236634
新闻出版	News Published	27369	33079
社会保障和就业	Social Security and Employment	4910111	5317643
# 社会福利	Social Welfare	118336	137803
医疗卫生	Public Health	1960264	2277786
节能环保	Energy saving and environmental protection	1321085	1427534
城乡社区事务	City and Countryside Community Business	4802209	5402959
农林水事务	Expenses of Agriculture,Forestry,Water	4665816	5176937
交通运输	Transportation	2952267	2927154
其他支出	Others	5296093	5416465

8-5 财政用于科学技术的支出

Government Expenditure for Scientific and Technological

单位：万元 (10 000 yuan)

项目	Item	2013	2014
合计	**Total**	**316369**	**328653**
科学技术管理事务	Administrative Affairs of Scientific and Technological	24932	18654
基础研究	Basic Research	9420	7978
应用研究	Applied Research	19526	22585
技术研究与开发	Technological Research and Development	154021	127621
科技条件与服务	Condition and Service of Scientific and Technological	5773	9844
社会科学	Social Sciences	5244	9752
科学技术普及	Scientific and Technological Popularization	22471	25374
科技交流与合作	Scientific and Technological International Exchange and Cooperation	1871	650
其他	Others	73111	106195

8-6 财政用于教育支出

Government Expenditure for Education

单位：万元 (10 000 yuan)

项目	Item	2013	2014
合计	**Total**	**4568693**	**4777716**
教育管理事务	Administrative Affairs of Education	96541	101218
普通教育	General Education	3469945	3716136
职业教育	Vocational Education	472353	442276
成人教育	Adult Education	458	281
广播电视教育	Radio and Television Education	6855	6300
特殊教育	Special Education	13828	14736
进修及培训	Further Education and Train	84575	67666
教育费附加安排的支出	The expenditure of education surtax arrangementsrge	357087	299991
其他	Others	67051	129112

8-7 财政用于社会保障和就业的支出
Government Expenditure for Social Security and Employment

单位：万元 (10 000 yuan)

项目	Item	2013	2014
合计	**Total**	**4910111**	**5317643**
人力资源和社会保障管理事务	Human Resources and Social Security Management Services	132704	146860
民政管理事务	Administrative Affairs of Civil Affairs	92198	96518
财政对社会保险基金的补助	Subsidy of Social Insurance Fund from Government Finance	1215260	1424379
行政事业单位离退休	Expenditure for Retired Persons in Administrative Department	1825367	1893765
企业改革补助	Subsidy of Enterprise Reform	42291	36643
就业补助	Subsidy of Employment	202357	237474
抚恤	Pensions for Disable and Bereaved Families	118217	128938
退役安置	Retirement Places	42451	67798
社会福利	Social Welfare	118336	137803
残疾人事业	Disabled Persons Enterprise	47599	52244
城市居民最低生活保障	Receiving Minimum Living Allowance in Urban Area	393678	375517
其他城市社会救济	Others Social Relief In Urban Area	29494	32847
自然灾害生活救助	Life Salvation of Natural Disaster	42067	41002
红十字事业	Red Cross	11422	11104
农村最低生活保障	Receiving Minimum Living Allowance in Rural Area	309182	312579
其他农村社会救济	Others Social Relief In Rural Area	56759	62283
其他	Others	230729	259889

8-8 财政用于农林水事务支出

Government Expenditure for Agriculture,Forestry and Water Conservation

单位：万元 (10 000 yuan)

项目	Item	2013	2014
合计	**Item**	**4665816**	**5176937**
农业	Agriculture	2057635	2348990
林业	Forestry	812054	883711
水利	Water Conservation	814900	844350
扶贫	Poverty Alleviation	348073	420092
农业综合开发	Comprehensive Agricultural Development	238577	263759
农村综合改革	Comprehensive rural reform	329380	352884
其他	Others	65197	63151

8-9 财政用于文化体育与传媒支出

Government Expenditure for Culture,Physical Education and Media

单位：万元 (10 000 yuan)

项目	Item	2013	2014
合计	**Total**	**880481**	**919029**
文化	Culture	270357	236634
文物	Qntiquity	74395	70938
体育	Physical Education	183374	181567
广播影视	Ministry of radio film and television	227814	264639
新闻出版	News Media	27369	33079
其他	Other	97172	132172

8-10 各项税收收入

Government Tax Revenue

单位：万元 (10 000 yuan)

年份 Year	税收总额 Total Tax	地方税收 Local Government Tax	工商税收 Industrial and Commercial Tax	农业各税 Agricultural and Related	企业所得税 Income Tax of Enterprises	税收总额占地方财政总收入比重(%) Percentage of Government Tax Revenue to Govemment Revenue(%)
1947	4	4	4		1	44.4
1948	69	69	26	43	20	62.7
1949	431	431	149	282	196	58.3
1950	3588	3588	1908	1680	1568	67.1
1951	2871	2871	2361	510	1306	53.4
1952	6544	6544	3856	2700	5049	49.1
1953	4981	4981	4546	450	2550	57.5
1954	12373	12373	7867	4544	5260	66.9
1955	14249	14249	8904	5370	6324	67.6
1956	17834	17834	12334	5512	9328	64.6
1957	21579	21579	16209	5550	9409	68.8
1958	25331	25331	19733	5598	17065	59.2
1959	29277	29277	22771	6506	39150	41.7
1960	34050	34050	27640	6410	52872	37.9
1961	23348	23348	18421	4297	24238	47.1
1962	24442	24442	19442	5000	7788	72.8
1963	27163	27163	21167	5996	9734	70.8
1964	29705	29705	22205	7500	12499	68.7
1965	31784	31784	25656	6128	13144	69.1
1966	31722	31722	24744	6978	16086	65.5
1967	30754	30754	23235	7519	9058	76.4
1968	30590	30590	23954	6636	7549	78.7
1969	25668	25668	20403	5265	1509	92.7
1970	37427	37427	27800	9627	6076	84.9
1971	37573	37573	29830	7743	-1820	102.8
1972	36369	36369	31524	4845	-5822	116.1
1973	42897	42897	35397	7500	-9309	125.7
1974	42330	42330	34726	7604	-16136	157.6
1975	47743	47743	40849	6894	-21044	174.4
1976	51665	51665	43677	7988	-25703	194.3
1977	57440	57440	50169	7271	-29193	195.8
1978	60750	60750	55111	5639	3234	88.0
1979	63755	63755	57597	6158	-20749	140.0
1980	64858	64858	61190	3668	-26724	157.1

8-10 续表 continued

单位：万元　　(10 000 yuan)

年 份 Year	税收总额 Total Tax	地方税收 Local Government Tax	工商税收 Industrial and Commercial Tax	农业各税 Agricultural and Related	企业所得税 Income Tax of Enterprises	税收总额占地方财政总收入比重(%) Percentage of Government Tax Revenue to Government Revenue(%)
1981	71049	71049	65071	6022	-32579	170.9
1982	81872	81872	75171	6701	-35624	157.9
1983	89833	89833	82205	7628	-25171	128.5
1984	99926	99926	91152	8774	-20618	118.2
1985	130558	130558	119865	10688	36495	99.1
1986	155167	155167	145866	9432	37092	96.9
1987	187130	187130	176890	10483	35797	96.3
1988	228758	228758	214128	15117	41206	94.8
1989	317150	317150	261270	16397	40045	110.6
1990	342192	342192	278480	23565	40954	103.8
1991	355665	355665	299621	23181	39320	90.3
1992	363571	363571	335490	29712	38992	93.0
1993	540247	540247	511777	29736	37311	96.3
1994	631630	312432	261719	58722	43005	174.0
1995	672614	346184	278344	66469	60801	153.9
1996	870713	510884	339614	113751	57519	152.1
1997	988192	607219	415328	130023	61868	135.0
1998	1085216	670633	492585	127233	50815	120.9
1999	1144680	716021	502477	134371	80821	113.5
2000	1226549	777459	546435	126444	105983	110.8
2001	1315328	811744	571829	105819	151985	112.1
2002	1624794	885794	673679	121828	90287	122.2
2003	2018522	1065414	857381	136418	71615	124.0
2004	2704290	1440390	1220909	132486	86995	113.5
2005	4082530	2069822	1768690	107582	193550	121.8
2006	5118845	2606745	2183213	148893	272831	86.1
2007	6910357	3479057	3342205	134741	419186	82.7
2008	9210300	4644481	4401399	241064	592789	83.2
2009	11036736	5768306	5263903	502465	748129	80.1
2010	14209706	7528129	6869595	594367	1016492	81.8
2011	18908284	9856927	9100923	675788	1561016	83.6
2012	20644006	11198651	10077812	1008121	1798497	82.7
2013	21540773	12151973	10619291	1400299	1552566	
2014	20514412	12510723	9896184	2470558	1096419	

注：1.农业各税包括农业税、牧业税、耕地占用税、农业特产税和契税。从 2006 年，农业各税不包括农业税、牧业税和农业特产税。
2.企业所得税中 1985-1993 年包括国有企业调节税，1994 年以后包括地方金融企业所得税。

a)The agricultural and retail taxes include the agricultural tax, the animal husbandry tax, the tax on the use of cultivated land, the tax on special agricultural products and the contract tax.Since2006,the agricultural and retail taxes do not include the agricultural tax, the animal husbandry tax and the tax on special agricultural products

b)During the Years 1985 to 1993, the income tax levied on state-owned enterprises included the tax for adjusting income. Since 1994,it has also included the income tax levied on banking institutions.

主要统计指标解释

财政收入 指国家财政参与社会产品分配所取得的收入,是实现国家职能的财力保证。财政收入所包括的内容几经变化,目前主要包括:

(1)各项税收:包括增值税、营业税、消费税、土地增值税、城市维护建设税、资源税、城市土地使用税、印花税、个人所得税、企业所得税、关税、农牧业税和耕地占用税等。

(2)专项收入:包括征收排污费收入、征收城市水资源费收入、教育费附加收入等。

(3)其他收入:包括基本建设贷款归还收入、基本建设收入、捐赠收入等。

(4)国有企业计划亏损补贴:这项为负收入,冲减财政收入。

财政支出 国家财政将筹集起来的资金进行分配使用,以满足经济建设和各项事业的需要,主要包括:

(1)基本建设支出:指按国家有关规定,属于基本建设范围内的基本建设有偿使用、拨款、资本金支出以及经国家批准对专项和政策性基建投资贷款,在部门的基建投资额中统筹支付的贴息支出。

(2)企业挖潜改造资金:指国家预算内拨给的用于企业挖潜、革新和改造方面的资金。包括各部门企业挖潜改造资金和企业挖潜改造贷款资金,为农业服务的县办"五小"企业技术改造补助,挖潜改造贷款利息支出。

(3)地质勘探费用:指国家预算用于地质勘探单位的勘探工作费用,包括地质勘探管理机构及其事业单位经费、地质勘探经费。

(4)科技三项费用:指国家预算用于科技支出的费用,包括新产品试制费、中间试验费、重要科学研究补助费。

(5)支援农村生产支出:指国家财政支援农村集体(户)各项生产的支出。包括对农村举办的小型农田水利和打井、喷灌等的补助费,对农村水土保持措施的补助费,对农村举办的小水电站的补助费,特大抗旱的补助费,农村开荒补助费,扶持乡镇企业资金,农村农技推广和植保补助费,农村草场和畜禽保护补助费,农村造林和林木保护补助费,农村水产补助费,发展粮食生产专项资金。

(6)农林水利气象等部门的事业费用:指国家财政用于农垦、农场、农业、畜牧、农机、林业、森工、水利、水产、气象、乡镇企业的技术推广、良种推广(示范)、动植物(畜禽、森林)保护、水质监测、勘探设计、资源调查、干部训练等项费用,园艺特产场补助费,中等专业学校经费,飞播牧草试验补助费,营林机构、气象机构经费,渔政费以及农业管理事业费等。

(7)工业交通商业等部门的事业费:指国家预算支付给工交商各部门用于事业发展的经费,包括勘探设计费、中等专业学校经费、技术学校经费、干部训练费。

(8)文教科学卫生事业费:指国家预算用于文化、出版、文物、教育、卫生、中医、公费医疗、体育、档案、地震、海洋、通讯、电影电视、计划生育、党政群干部训练、自然科学、社会科学、科协等项事业的经费支出和高技术研究专项经费。主要包括工资、补助工资、福利费、离退休费、助学金、公务费、设备购置费、修缮费、业务费、差额补助费。

(9)抚恤和社会福利救济费:指国家预算用于抚恤和社会福利救济事业的经费。包括由民政部门开支的烈士家属和牺牲病残人员家属的一次性、定期抚恤金,革命伤残人员的抚恤金,各种伤残补助费,烈军属、复员退伍军人生活补助费,退伍军人安置费,优抚事业单位经费,烈士纪念建筑物管理、维修费,自然灾害救济事业费和特大自然灾害灾后重建补助费等。

(10)行政事业单位离退休支出:指实行归口管理的行政事业单位离退休经费。

(11)社会保障补助支出:指国家预算用于社会保障的补助支出,包括对社会保障基金的补助、促进就业补助、国有企业下岗职工补助、补充全国社会保障基金等。

(12)国防支出:指国家预算用于国防建设和保卫国家安全的支出,包括国防费、国防科研事业费、民兵建设以及专项工程支出等。

(13)行政管理费:包括行政管理支出,党派团体补助支出,外交支出、公安安全支出,司法支出、法院支出,检察院支出和公检法办案费用补助。

(14)政策性补贴支出:指经国家批准,由国家财政拨给的政策性补贴支出。主要包括粮、棉、油差价补贴,平抑物价和储备糖补贴,农业生产资料价差补贴,粮食风险基金,副食品风险基金,地方煤炭风险基金等。

(15)债务利息支出:指国家预算中用于偿还国内外债务利息的支出。

中央财政收入和地方财政收入 指按财政体制划分的中央本级收入和地方本级收入。1994年分税制财政体制以后,属于中央财政的收入包括关税、海关代征消费税和增值税,消费税,中央企业所得税,地方银行和外资银行及非银行金融企业所得税,铁道、银行总行、保险总公司等集中缴纳的营业税、所得税、利润和城市维护建设税,增值税的75%部分,证券交易税(印花税)94%部分和海洋石油资源税。属于地方财政的收入包括营业税,地方企业所得税,个人所得税,城镇土地使用税,固定资产投资方向调节税,城镇维护建设税,房产税,车船使用税,印花税、屠宰税,农牧业税,农业特产税,耕地占用税,契税,增值税25%部分,证券交易税(印花税)6%部分和除海洋石油资源税以外的其他资源税。

中央财政支出和地方财政支出 指根据政府在经济和社会活动中的不同职责,划分中央和地方政府的责权,按照政府的责权划分确定的支出。中央财政支出包括国防支出,武装警察部队支出,中央级行政管理费和各项事业费,重点建设支出以及中央政府调整国民经济结构、协调地区发展、实施宏观调控的支出。地方财政支出主要包括地方行政管理和各项事业费,地方统筹的基本建设、技术改造支出,支援农村生产支出,城市维护和建设经费,价格补贴支出等。

预算外资金收支 预算外资金指国家机关、事业单位和社会团体为履行或代行政府职能,依据国家法律、法规和具有法律效力的规章而收取、提取和安排使用的未纳入国家预算管理的各种财政性资金。其范围主要包括:法律、法规规定的行政事业性收费、基金和附加收入等;国务院或省级人民政府及其财政、计划(物价)部门审批的行政事业性收费;国务院及财政部审批建立的基金、附加收入等;主管部门所属单位集中上缴资金;用于乡镇政府开支的乡自筹和乡统筹资金;其他未纳入预算管理的财政性资金。社会保障基金在国家财政尚未建立社会保障预算制度以前,先按预算外资金管理制度进行管理,专款专用。财政部门在银行开设统一的专户,用于预算外资金收入和支出管理。部门和单位的预算外收入必须上缴同级财政专户,支出由同级财政按预算外资金收支计划和单位财务收支计划统筹安排,从财政专户中拨付,实行收支两条线管理。

Explanatory Notes on Main Statistical Indicators

Government Revenue refers to the revenue of the government finance by means of participating in the distribution of the social products, which are the financial resources for ensuring the government to function. The contents of government revenue have been changed several times. Now it includes the following main items:

(1) Various tax revenues, including value added tax, business tax, consumption tax, land value added tax, tax on city maintenance and construction, resources tax, tax on use of urban land, stamp tax, personal income tax, enterprise income tax, tariff, tax on agriculture and animal husbandry and tax on occupancy of cultivated l and, etc.

(2) Special revenues, including revenue collected from imposing fee on sewage treatment, revenue collected from imposing fee on urban water resources, and extra charges for education, etc.

(3) Other revenues, including revenue from the repayment of capital construction l loan, revenue from capital construction projects, and donations and grants.

(4) Planned subsidies for the losses of the state owned enterprises. This is s an item of negative revenue, used to eat up part of the government revenue.

Government Expenditure refers to the distribution and use of the funds the government finance has raise d, so as to meet the needs of economic construction and various causes. It include s the following main items:

(1) Expenditure for capital construction: It refers to the non gratuitous use and appropriation of funds for capital construction in the range of capital construction, outlay of capital as well as the loans on capital construction approved by the government for special purpose or policy purpose and the expenditure with discount paid in an overall way within the amount of the funds appropriated to the departments for capital construction.

(2) Innovation funds of the enterprises: They refer to the funds appropriated from the government budget for the enterprises to tap the latent power, upgrade the technology and carry out innovation, including the innovation fund of the departments, loan of the enterprises for innovation, subsidies on the innovation of the small fertilizer plant, small cement plant, small coal mines, small machinery plant and small steel plant, the expenditure of interest for the loan for innovation.

(3) Geological prospecting expenses: They refer to the expenses appropriated from the government budget to the geological prospecting units for the expenditure of the prospecting work, including the expenditures of the administrative agencies for geological prospecting and their institutional units as well as the geologic al prospecting expenditure.

(4) Expenditures for science and technology promotion: They refer to the expense s appropriated from the government budget for the scientific and technological expenditure, including new products development expenditure, expenditure for intermediate trial and subsidies on important scientific researches.

(5) Expenditure for supporting rural production: It refers to the expenditures appropriated from the government budget for supporting the various expenditures of the rural collective units or households for production, including the subsidies to the small water conservancy projects and well drilling, sprinkling irrigation projects run by the villages; subsidies on the rural water and soil conserving measures; subsidies to the small power stations run by the villages; subsidies to the expenditure for fighting against particularly severe draughts; subsidies on the rural was the land exclamation; fund for supporting the township enterprises; subsidies to the expenditure for popularization of the agricultural technologies and plant protection in the rural areas; subsidies to the expenditure for the protection of grasslands and cattle and fowls; subsidies on afforestation and forest protection in rural areas; subsidies on the rural aquatic products industry; special fund for developing grain production.

(6) Operating expenses of the departments of farming, forestry, water conservancy and meteorology etc. : They refer to the expenses appropriated from the government budget for the expenditures of agricultural exclamation, farms, agriculture, animal husbandry, agricultural machinery, forestry, timber industry, water conservancy, aqua tic products industry, meteorology, technology popularization in township enterprises, popularization (demonstration) of improved varieties, plant (cattle and fowls, forest) protection,

water quality monitoring, prospecting and designing, resources investigation, cadres training, subsidies to horticulture gardens, expenditure of specialized secondary schools, subsidies on the experiments of sowing herbage seeds by flights, expenditures of afforestation agencies and meteorology agencies, expenses for fishery administration and operating expenses for agricultural administration, etc.

(7) Operating expenses of the departments of industry, transport and commerce: They refer to the expenses appropriated from the government budget to the departments of industry, transport and commerce for the expenditure of business development, including expenses for prospecting and designing, expenditures of specialized secondary schools, expenditures of the technical training schools and expenditures or cadres training, etc.

(8) Operating expenses of the departments of culture, education, science and public health: They refer to the expenses appropriated from the government budget for t he expenditures of the causes of culture, publication, cultural relics, education, public health, traditional Chinese medical science, free medical services, sports, archives, earthquake, ocean, communications, broadcasting, film and television, family planning; expenditure for training of cadres of government, party and mass organization; expenditures for natural sciences, social sciences, associations for science and technology and the special expenditure for the high tech researches. They include mainly wages, extra wages, welfare funds, pension for the retirees, stipend, expenses for official business, expenses for equipment purchases, expenses for repairs, business expenses and subsidies to the un its which are unable to support their expenditures by their own earnings.

(9) Pension for the disabled or for the families of the bereaved and relief funds for social welfare: They refer to the funds appropriated from the government bud get for the expenditures of pension for the disabled or for the families of the bereaved and relief funds for social welfare, including the lump sum or regular pension paid by the departments of civil affairs to the members of martyrs families and families of those who died for the public interest, pension to the revolutionary disabled, subsidies for permanent disability of various kinds, subsidies to the military martyrs dependents and the demobilized servicemen, expenditure for settling down the demobilized servicemen, operating expenses of the consoling institutions, expenses for management and repair of the commemorative buildings for the martyrs, the expenses managed by the departments of civil affairs for the retirees and those who have quitted their work, expenses for social relief in rural and urban areas, operating expenses for providing relief to the areas of natural calamity and subsidies on the reconstruction after the particularly severe natural calamities, etc.

(10) Expenditures on retiree : It refers to the expenditures of government agencies and institutions that covered by the state budget.

(11) Expenditures on subsidies to social security system: It refers to expenditure from the state budget for subsidies to the social insurance fund, subsidies to promoting employment, subsidies to laid-off workers of state-owner enterprises, supplement to national social security funds, etc.

(12) Expenditures for national defence: They refer to the funds appropriated from the government budget for the expenditures for building up national defence and safeguarding national security, including expenses of national defence, expenses o f scientific researches on national defence, expenses for building up people's militia and expenditure for special projects, etc.

(13) Administrative expenses: They include expenditure for administration, subsidies to the parties and mass organizations, diplomatic expenditure, expenditure for public security, judicial expenditure, law court expenditure, procuratorial expenditure and subsidies to the expenses for treating the cases by the public security departments, procuratorial organs and law courts.

(14) Expenditure for price subsidies: It refers to the expenditure appropriated, with the approval of the government, from the government budget for the policy subsidies to price adjustment, including the fund for the increase of grain prices, the subsidies to the difference between the selling prices and purchasing prices o f grains, cotton and edible oil, awards in addition to the purchasing prices of cotton, risk fund for non staple food, subsidies on the prices of meat and meat products, subsidies on the price difference for curbing the high market prices of meat, meat products and vegetables and the subsidies approved by the government on the prices of textbooks and newsprint of newspapers and periodicals.

(15) Expenditure on interest of debts: It refers to expenses from the state budget on paying interest of domestic and foreign debts.

Revenue of the central government and revenue of the local governments In accordance with the classification of the structure of the government finance in 1994 on the basis of the classification of channels for collection of tax revenues, the revenue of the central government and the revenue of the local governments have different coverage. The revenue of the central government includes tariff, consumption tax and value added tax levied by the customs, consumption tax, income tax of the enterprises subordinate to the central government, income taxes of the local banks, foreign funded banks and non bank financial institutions, business tax, income tax and profits of railways, head offices of banks, head office of insurance company, which are handed over to the government in a centralized way, tax on city maintenance and construction, 75% of the value added tax, tax on ocean petroleum resources, 94% of the tax on stock dealing (stamp tax) . The revenue of the local governments includes business tax, income tax of the enterprises subordinate to the local government, personal income tax, tax on the use of urban land, tax on the adjustment of the investment in fixed assets, tax on town maintenance and construction, tax on real estates, tax on the use of vehicles and ships, stamp tax, slaughter tax, tax on agriculture and animal husbandry, tax on special agricultural products, tax on the occupancy of cultivated land, contract tax, 25% of the value added tax, 6% of the tax on stock dealing(stamp tax) and tax on resources other than the ocean petroleum resources.

Expenditure of the central government and expenditure of the local governments according to the different functions of the central government and local governments in the economic and social activities, the rights of affairs administration are classified between the central government and local governments; and the classification of the expenditure between the central government and local governments are made on the basis of the classification of the rights of affairs administration between them. The expenditure of the central government includes the expenditure for national defence, expenditure for armed police forces, the administrative expenses and various operating expenses at the level of central government, expenditure for key projects and the expenditure of the central government for adjusting the national economic structure, coordinating the development among different regions and exercising the macro economic regulation and control. The expenditure of the local governments includes mainly the administrative expenses and various operating expenses at the level of local governments, the expenditure for capital construction and technological innovation with the funds raised by the local government, expenditure for supporting rural production, expenditure for city maintenance and construction and expenditure for price subsidies, etc.

Extra -budgetary revenue and expenditure Extra-budgetary fund refers to financial fund of various types not covered by the regular government budgetary management, which is collected, allocated or arranged by government agencies, institutions and social organizations while performing duties delegated to them or on behalf o f the government in accordance with laws, rules and regulations. It mainly covers following items: administrative and institutional fees, funds and extra charges that are stipulated by laws and regulations; administrative and institutional fees approved by the State Council and provincial governments and their financial and planning (price management) departments; funds and extra charges established by the State Council and the Ministry of Finance; funds turned over to competent departments by their subordinate institutions; self raised and collected funds by township governments for their own expenditure; and other financial funds that a re not covered in budgetary management. Social security funds are treated as extra budget fund and managed for its exclusive use, given the circumstance that separate government budgetary system for social security is yet to be designed. Special accounts are opened by the financial departments in banks for the management of revenue and expenditure of extra budgetary fund. Extra budgetary revenue and expenditure is managed separately, namely, revenue of institutions and departments must enter into the special accounts of the financial department s at the same administrative level, and their extra budgetary expenditure is arranged in line with the extra budget plans and appropriated from these accounts.

2015

NEIMENGGU

九、物价指数

Price Indices

资料整理：赵桂梅　郭　松　郑海兰　袁渊　方玲　张宝明　杨少文
刘世友
Arranged By Zhao Guimei , Guo Song , Zheng Hailan ,Yuan yuan , Fang Ling
Zhang Baoming , Yang Shaowen , Liu Shiyou

9-1 各种价格总指数

General Price Indices

(上年=100) (preceding year=100)

年 份 Year	居民消费价格指数 General Consumer Price Index	城市居民消费价格指数 Urban Areas	农村居民消费价格指数 Rural Areas	商品零售价格指数 General Retail Price Index	农产品收购价格指数 General Purchasing Price Index of Farm Products	农村工业品零售价格指数 General Rural Retail Price Index of Industrial Products	工农业商品综合比价指数 General Price Parity Index of Industrial & Farm Products
1962		104.9		108.2	101.7	107.9	106.1
1965		98.6		99.6	99.1	98.1	99.0
1970		100.4		100.1	101.1	100.4	99.3
1975		101.4		100.7	101.8	99.5	98.0
1978		101.5		101.0	101.6	100.0	98.8
1979		102.3		101.9	120.2	99.6	82.9
1980		106.1		105.5	112.0	100.4	89.6
1981		101.9		101.8	106.3	100.9	94.9
1982		101.7		101.7	99.9	101.4	101.5
1983		101.2		101.0	101.6	100.9	99.3
1984	104.0	104.9	102.2	104.4	106.9	103.6	96.9
1985	109.3	108.9	110.0	108.5	113.5	103.9	91.5
1986	105.2	105.5	104.5	105.0	114.1	103.1	90.4
1987	107.8	108.5	106.0	108.1	118.6	105.7	89.1
1988	116.3	117.0	115.0	116.3	124.6	114.3	91.7
1989	115.3	114.2	118.3	115.9	105.1	117.9	112.2
1990	102.3	101.8	103.4	102.9	95.2	107.0	112.4
1991	104.6	106.0	102.5	104.5	95.0	103.4	108.8
1992	107.4	108.7	103.9	106.8	104.0	102.4	98.5
1993	114.1	114.7	112.5	112.5	115.5	110.5	95.7
1994	122.9	124.3	121.3	119.3	144.6	116.7	80.7
1995	117.5	117.1	118.0	116.8	124.7	112.8	90.5
1996	107.6	107.5	107.7	105.8	96.3	105.8	109.9
1997	104.5	104.6	104.3	102.3	94.9	102.7	108.2
1998	99.3	99.3	99.2	98.1	97.3	99.0	101.7
1999	99.8	100.3	99.1	97.7	93.8	97.3	103.7
2000	101.3	101.3	101.2	98.8	99.7	99.6	99.9
2001	100.6	100.6	100.5	100.0	105.7	99.4	94.0
2002	100.2	99.3	101.9	99.4	99.0	99.3	100.3
2003	102.2	101.5	103.5	99.6			
2004	102.9	102.5	103.9	102.7			
2005	102.4	102.0	103.3	101.5			
2006	101.5	101.3	102.0	101.9			
2007	104.6	104.3	105.2	103.6			
2008	105.7	105.4	106.3	104.7			
2009	99.7	99.7	99.8	99.5			
2010	103.2	103.0	103.5	103.0			
2011	105.6	105.5	105.7	104.9			
2012	103.1	103.3	102.5	102.5			
2013	103.2	103.4	102.8	102.6			
2014	101.6	101.7	101.2	100.7			

注：工农业商品综合比价指数是以农产品收购价格指数为 100，下表同。

a)The general purchasing price index of farm products is taken as 100 in calculating the general price parity index of industrial and farm products.The same as in the following table.

9-2 居民消费价格分类指数(2014年)

Consumer Price Indices by Category(2014)

(上年=100) (preceding year=100)

项目	Item	全区 Autonomous Regional Indices	城市 Urban Indices	农村 Rural Indices
居民消费价格总指数	**General Consumer Price Index**	**101.6**	**101.7**	**101.2**
非食品价格指数	Non-food Price Index	100.9	100.9	100.9
服务项目价格指数	Service Index	101.8	101.8	101.9
扣除鲜菜鲜果总指数	General Index Except Fresh Vegetables & Fruits	101.5	101.6	101.1
消费品价格指数	Consumer Goods Price Index	101.4	101.6	101.0
食品	**Food**	**102.9**	**103.2**	**101.9**
粮食	Grain	104.2	104.8	103.3
# 大米	Rice	101.9	102.2	101.4
面粉	Flour	103.9	103.4	104.3
淀粉及制品	Starches and Their Products	103.7	102.7	104.3
干豆类及豆制品	Bean and Its Products	103.0	103.4	101.3
油脂	Oil or Fat	98.3	98.5	97.5
# 食用植物油	Edible Vegetable Oil	98.9	99.0	98.8
肉禽及其制品	Meal, Poultry and Their Products	99.5	100.1	97.2
食用畜肉及副产品	Meal and Its Products	99.0	99.6	96.6
# 猪肉	Pork	93.6	94.1	92.3
牛肉	Beef	103.9	103.4	106.9
羊肉	Mutton	103.6	103.7	103.4
禽	Poultry	101.0	101.2	100.5
加工肉禽	Products of Meal and Poultry	101.6	101.7	100.9
蛋	Eggs	108.7	109.0	107.3
水产品	Aquatic Products	103.9	103.9	104.0
鱼	Fish	103.0	102.6	104.0
其它水产品	Other Aquatic Products	105.4	105.4	103.8
菜	Vegetables	92.9	92.7	93.7
调味品	Flavoring	101.1	101.0	101.3
# 盐	Salt	100.8	101.2	100.3
糖	Carbohydrate	100.8	101.3	99.6
# 食糖	Sugar	98.9	98.7	99.0
糖果	Candy	101.4	101.9	99.9
茶及饮料	Tea and Beverages	101.3	101.4	101.0
茶叶	Tea	100.6	100.6	100.9
饮料	Beverages	101.7	101.8	101.0
干鲜瓜果	Dried and Fresh Melon and Fruits	113.1	112.5	116.4

9-2 续表 1 continued

(上年=100) (preceding year=100)

项目	Item	全区 Autonomous Regional Indices	城市 Urban Indices	农村 Rural Indices
#鲜瓜果	Fresh Fruits	115.4	115.0	117.3
糕点饼干面包	Cake, Biscuit and Bread	101.9	101.5	103.3
液体乳及乳制品	Milk and Its Products	112.6	112.3	114.2
#巴氏杀菌乳或灭菌乳	Pasteurized milk or sterilized milk	117.7	117.0	121.9
乳粉	Milk powder	102.7	102.5	103.2
在外用膳食品	Outdoor Food	104.4	104.9	102.4
#主食	Staple Food	104.4	105.2	102.3
炒菜	Fried Dishes	103.2	103.4	101.8
其它食品	Other Food	98.9	98.6	100.5
烟酒及用品	**Tobacco and Liquor and Articles for Them**	**100.4**	**100.4**	**100.5**
烟草	Tobacco	100.6	100.8	100.1
#高档卷烟	High-grade cigarette	99.6	99.4	100.0
中档卷烟	Mid-cigarette	101.1	101.6	100.1
酒	Alcoholic Drink	100.3	100.0	101.0
#白酒	Liquor	100.0	99.7	100.8
啤酒	Beer	100.8	100.3	101.9
其它	Other	100.0	100.6	98.7
衣着	**Clothing**	**102.1**	**102.0**	**103.0**
服装	Garments	101.6	101.4	103.1
男式服装	Men's Garment	101.0	100.7	103.4
女式服装	Women's Garment	102.1	102.0	103.0
儿童服装	Children's Garment	101.3	101.0	102.7
衣着材料	Clothing Material	102.3	101.8	102.9
#棉布	Cotton Cloth	101.9	101.8	102.0
化纤布	Chemical Fiber Cloth	101.9	101.8	102.0
毛线	Wool	100.9	101.5	100.4
鞋袜帽	Footwear and Hats	103.5	103.6	102.9
鞋	Shoes	104.0	104.1	102.8
袜子	Socks and Stockings	101.2	100.8	103.2
帽子	Hats	101.5	101.4	102.4
衣着加工服务费	Service Charges of Clothing Processing	103.5	103.5	102.6
家庭设备用品及维修服务	**Household Facilities and Repairing Services**	**100.6**	**100.4**	**101.3**
耐用消费品	Durable Consumer Goods	99.9	99.8	100.2
家具	Furniture	100.8	100.8	100.9
家庭设备	Household Facilities	99.4	99.3	99.9

9-2 续表 2 continued

(上年=100) (preceding year=100)

项目	Item	全区 Autonomous Regional Indices	城市 Urban Indices	农村 Rural Indices
#洗衣机	Washing Machine	99.9	100.0	99.7
电冰箱(柜)	Refrigerator	99.6	99.2	100.0
室内装饰品	Interior Decorations	101.0	101.0	100.5
床上用品	Bed Articles	99.5	99.4	100.0
家庭日用杂品	Daily Use Household Articles	100.7	100.4	101.4
家庭服务及加工维修服务	Family Service and Repairing Service	106.5	105.4	109.7
医疗保健和个人用品	**Medicine & Medical Articles and Personal Necessities**	**100.8**	**100.7**	**101.0**
医疗保健	Medical and Health Care	101.0	101.2	100.8
医疗器具及用品	Medical Appliances and Articles	100.4	100.3	100.6
中药材及中成药	Traditional Chinese Medicine	103.0	103.4	102.5
西药	Western Medicine	101.1	101.2	100.9
保健器具及用品	Health Care Appliances and Articles	100.8	100.8	100.6
医疗保健服务	Medical and Health Care Services	100.3	100.5	100.1
#挂号费	Registration Fee	100.0	100.0	100.0
手术费	Operation Fee	100.0	100.0	100.0
个人用品及服务	Personal Necessities and Services	100.4	99.9	101.8
化妆美容用品	Cosmetic and Beauties	100.2	100.1	100.6
清洁化妆用品	Articles for Daily Use	100.7	100.7	101.0
个人饰品	Personal Decorations	96.1	96.0	96.4
个人服务	Personal Services	104.1	103.7	104.9
交通和通讯	**Transportation and Communication**	**99.4**	**99.5**	**99.3**
交通	Transportation	99.9	99.9	99.9
交通工具	Means of Transportation	99.0	98.7	100.0
自行车	Bike	98.5	98.4	100.3
轿　车	Automobile	99.1	98.9	100.0
车用燃料及零配件	Fuel and Spares of Vehicles	98.0	97.7	98.4
#汽油	Gasoline	96.8	96.9	96.6
柴油	Diesel Oil	96.0	96.2	95.9
车辆使用及维修费	Utilize and Repair Costs of Vehicles	103.7	104.7	100.3

9–2 续表 3 continued

(上年=100) (preceding year=100)

项目	Item	全区 Autonomous Regional Indices	城市 Urban Indices	农村 Rural Indices
市区公共交通费	Public Traffic in City	100.1	100.1	100.0
# 公共汽车票	Bus Ticket	98.9	98.5	100.0
出租汽车	Taxi	100.9	101.1	100.0
城市间交通费	Traffic between Cities	102.0	102.0	102.4
# 火车票	Train Ticket	102.6	101.9	107.0
长途汽车	Long Distance Bus	100.5	100.7	100.0
通信	Communication	98.5	98.6	98.3
通信工具	Means of Communication	93.1	91.5	95.4
通信服务	Service of Communication	100.3	100.4	99.9
娱乐教育文化用品及服务	**Recreation, Education and Culture Articles & Services**	**101.2**	**101.1**	**101.9**
文娱用耐用消费品及服务	Durable Consumer Goods for Recreation Use and Service	98.0	98.0	98.1
# 电视机	Television	97.2	97.8	94.8
激光视盘机	Video Disc Player	99.3	99.4	97.4
照相机	Camera	96.7	96.8	95.2
电　脑	Computer	97.8	97.7	98.4
教育	Education	101.5	101.0	104.6
教材及参考书	Teaching Materials and Reference Books	100.9	100.1	102.3
教育服务	Education services	101.5	101.1	105.4
文化娱乐类	Cultural and Recreational Articles	100.0	99.9	100.5
文化娱乐用品	Culture and Recreation	99.3	98.8	101.4
书报杂志	Newspapers and Magazines	100.1	100.2	100.0
文娱费	Recreational Fee	100.3	100.4	100.0
旅游	Tourism	104.5	104.8	102.1
居住	**Residence**	**101.0**	**101.1**	**100.5**
建房及装修材料	Housing and Building Decoration Material	100.2	100.3	100.2
# 木材	Wood	100.8	100.4	101.2
水泥	Cement	99.4	101.0	98.9
涂料	Paint	100.5	102.9	100.0
玻璃	Glass	102.9	103.4	99.3
住房租金	Housing Rent	102.1	101.8	102.2
自有住房	Individual-own House	102.2	102.1	102.5
水、电、燃料	Water, Electricity and Fuels	99.0	99.3	98.2
# 水	Water	101.1	100.0	119.1
电	Electricity	100.0	100.1	100.0

9-3 商品零售价格分类指数(2014 年)

Retail Price Indices by Category of Commodities(2014)

(上年=100) (preceding year=100)

项 目	Item	全 区 Autonomous Regional Indices	城 市 Urban Indices	农 村 Rural Indices
商品零售价格指数	**General Retail Price Index**	**100.7**	**100.5**	**101.1**
食品	**Food**	**103.2**	**103.3**	**102.7**
粮食	Grain	104.3	104.3	104.4
淀粉及制品	Starch and Products	103.4	102.8	104.9
干豆类及豆制品	Dry Beans and Bean Products	102.4	102.5	102.0
油脂	Oil or Fat	97.8	98.4	96.4
肉禽及制品	Meal, Poultry	100.2	100.2	100.0
蛋	Eggs	109.5	109.9	108.3
水产品	Aquatic Products	103.5	103.7	103.1
菜	Vegetables	94.9	94.6	95.6
调味品	Condiments	101.0	100.8	101.3
糖	Sugar	100.5	100.9	99.8
干鲜瓜果	Dried and fresh Fruits	113.5	113.8	112.9
糕点饼干面包	Cake, Biscuits and Bread	102.4	101.7	103.8
液体乳及乳制品	Mike and Its Products	112.6	113.2	110.9
在外用膳食品	Out-of-home Food	103.7	104.0	102.8
其他食品	Other Food	98.9	98.1	100.8
饮料烟酒	**Beverages, Tobacco and Liquor**	**100.5**	**100.3**	**100.8**
茶及饮料	Tea and Beverages	100.7	100.6	100.7
烟草	Tobacco	100.4	100.4	100.2
酒	Liquor	100.5	100.0	101.4
服装鞋帽	**Garments, Shoes and Hats**	**102.4**	**102.1**	**103.2**
服装	Garments	101.7	101.1	103.1
鞋袜帽	Shoes, Sock and Cap	104.0	104.4	103.3
其他	Others	102.8	103.1	102.3
纺织品	**Textiled**	**100.0**	**99.5**	**101.0**
衣着材料	Material of Cloth	102.4	102.7	102.0
床上用品	Bedding	98.2	97.3	100.0
家用电器及音像器材	**Household Appliances**	**98.3**	**98.2**	**98.5**
文化办公用品	**Cultural and Office Goods**	**98.2**	**97.5**	**100.3**
日用品	**Articles for Daily Use**	**100.4**	**100.1**	**101.1**
体育娱乐用品	**Sports Entertainment Goods**	**100.2**	**100.0**	**100.5**
交通通信用品	**Transportation and communication**	**94.5**	**93.3**	**97.9**
家　具	**Furniture**	**100.9**	**100.9**	**100.9**
化妆品	**Cosmetics**	**100.1**	**99.9**	**100.7**
金银珠宝	**Jewelry**	**92.6**	**92.6**	**92.9**
中西药品及医疗保健用品	**Traditional Chinese and Western Medicines**	**101.6**	**101.6**	**101.7**
医疗器具及用品	Medical Appliances and Articles	100.6	100.5	100.7
中药材及中成药	Traditional Chinese Medicine	102.7	102.7	102.6
西药	Western Medicines	101.2	101.1	101.3
保健品及器具	Health Care Appliances and Articles	100.4	100.3	100.8
书报杂志及电子出版物	**Newspapers,Magazines and Electronic Publications**	**100.2**	**99.9**	**100.7**
燃料	**Fuels**	**96.0**	**95.9**	**96.2**
建筑材料及五金电料	**Building Materials and Hardwares**	**100.5**	**100.6**	**100.2**

9-4 主要农产品生产价格指数

Yielding Price Indices of Main Farm Products

(上年=100) (preceding year=100)

项 目	Item	2013	2014
总指数	**General Index**	**103.2**	**102.7**
农业产品	**Farm Products**	**102.2**	**103.4**
谷物(原粮)	Grain(Primary Grain)	98.7	104.5
小麦	Wheat	104.7	108.0
稻谷	Rice	102.1	105.3
玉米	Corn	97.5	103.7
谷子	Millet	110.6	110.3
高粱	Sorghum	104.9	105.1
荞麦	Buckwheat	90.1	114.4
马铃薯	Potatos	117.4	102.9
豆类	Legume	109.2	105.8
# 大豆	Soybean	111.5	101.6
油料	Edible Oil	100.2	99.9
甜菜	Sugar Beet	108.7	114.6
牧草	Herbage	100.0	109.4
蔬菜	Vegetables	104.4	99.2
水果	Fruits	106.4	98.1
中药材	Raw Material of Traditional Chinese Medicine	125.9	118.6
林业产品	**Forest Products**	**91.4**	**108.1**
畜牧业产品	**Livestock Products**	**105.3**	**101.5**
牛	Cattles	109.4	103.1
羊	Sheep and Goats	109.0	98.3
猪	Hogs	100.8	93.6
肉禽	Poultry	105.5	100.1
禽蛋	Poultry's egg	102.0	112.6
牛奶	Milk	104.5	108.3
绵羊毛	Sheep's wool	109.7	94.1
山羊绒	Cashmere	112.0	100.6
渔业产品	**Fishing Products**	**101.1**	**101.8**

9-5 农业生产资料价格分类指数

Price Indices of Agricultural Means of production by Category

（上年=100） (preceding year=100)

项　　目	Item	2014
总指数	**General Index**	**99.9**
农用手工工具	Agricultural hand tools	100.7
饲料	Forage	102.4
产品畜	Commodity Animals	104.7
半机械化农具	Semi-mechanized farm	107.1
机械化农具	Mechanized farm	101.4
化学肥料	Chemical fertilizers	93.0
农药及农药器械	Pesticides and pesticide equipment	101.3
化学农药	Chemical pesticides	100.1
农药器械	Pesticide equipment	102.6
农用机油	Oil for Farm Machinery	97.4
其他农业生产资料	Other agricultural production materials	103.3
农业生产服务	Agricultural production and services	100.7

9-6 工业生产者出厂价格分类指数

Factory Price Indices of Industrial Producer Sub-index

(上年=100) (preceding year=100)

项 目	Item	2010	2011	2012	2013	2014
全部工业品	**Total Industry Products**	**106.7**	**107.8**	**100.2**	**97.0**	**97.3**
生产资料	**Means of Production**	**107.5**	**108.1**	**99.6**	**95.8**	**96.3**
采掘工业	Mining & Quarrying Industry	110.5	113.0	99.5	92.4	94.8
原材料工业	Raw Materials Industry	107.1	107.3	100.9	97.1	97.1
加工工业	Manufacturing Industry	105.3	105.0	98.1	97.1	96.7
生活资料	**Consumer Goods**	**103.1**	**106.4**	**103.3**	**102.5**	**102.1**
食品类	Food	104.1	108.1	103.4	102.8	102.6
衣着类	Clothing	103.3	98.6	105.1	101.7	100.1
一般日用品	Articles for Daily Uses	101.4	100.9	100.0	101.6	100.5
耐用消费品	Durable Consumer Goods	92.5	101.5	102.5	98.4	99.1

9-7 工业生产者购进价格指数
Purchase Price Indices of Industrial Producer

(上年=100) (preceding year=100)

项 目	Item	2010	2011	2012	2013	2014
工业生产者购进价格总指数	**General price index of Industrial producer purchasing**	**105.0**	**106.1**	**102.0**	**99.3**	**98.4**
燃料、动力	Fuels and Energy	104.1	103.5	103.4	97.5	97.4
黑色金属材料	Ferrous Metals	103.6	107.3	101.3	98.4	98.1
# 钢 材	Steel Products	103.6	108.2	101.7	97.2	97.7
有色金属材料和电线	Nonferrous Metals and Wires	112.5	107.2	96.9	95.1	97.2
化工原料	Chemical Raw Materials	103.0	105.3	96.6	99.4	98.7
木材及纸浆	Wood and Paper Pulps	100.8	105.3	102.9	99.2	100.3
建筑材料类及非金属矿	Construction Materials	102.9	104.1	99.8	99.5	98.6
其它工业原材料类及半成品	Other Industrial Raw Materials and Semi-products	103.6	107.2	105.0	102.3	98.1
农副产品类	Farm and Sideline Products	105.9	108.3	102.4	103.2	101.4
纺织原料类	Textile Raw Materials	102.6	105.9	100.3	98.9	100.6

9-8 固定资产投资价格指数
Price Indices of Investment in Fixed Assets

(上年=100) (preceding year=100)

项 目	Item	2010	2011	2012	2013	2014
固定资产投资	**Investment in Fixed Assets**	**105.4**	**106.3**	**101.6**	**99.6**	**99.8**
建筑安装工程	Construction and Installation	107.3	108.1	101.0	99.6	99.8
设备、工器具购置	Purchase of Equipment,Tools & Instruments	100.1	101.9	103.1	99.0	99.7
其他费用	Others	103.0	103.7	102.2	100.8	100.9

主要统计指标解释

商品零售价格指数 是反映城乡商品零售价格变动趋势的一种经济指数。零售物价的调整变动直接影响到城乡居民的生活支出和国家的财政收入，影响 居民购买力和市场供需平衡，影响消费与积累的比例。因此，计算零售价格指数，可以从一个侧面对上述经济活动进行观察和分析。

居民消费价格指数 是反映一定时期内城乡居民所购买的生活消费品价格和服务项目价格变动趋势和程度的相对数，是对城市居民消费价格指数和农村居民消费价格指数进行综合汇总计算的结果。利用居民消费价格指数，可以观察和分析消费品的零售价格和服务价格变动对城乡居民实际生活费支出的影响程度。

城市居民消费价格指数 是反映城市居民家庭所购买的生活消费品价格和服务项目价格变动趋势和程度的相对数。城市居民消费价格指数可以观察和分析消费品的零售价格和服务项目价格变动对职工货币工资的影响，作为研究职工生活和确立工资政策的依据 。

农村居民消费价格指数 是反映农村居民家庭所购买的生活消费品价格和服务项目价格变动趋势和程度的相对数。农村居民消费价格指数可以观察农村消费品零售价格和 服务项目价格变动对农村居民生活消费支出的影响，直接反映农民生活水平的实际变化情况，为分析和研究农村居民生活问题提供依据。

工业生产者出厂价格指数 是反映全部工业产品出厂价格总水平变动趋势和程度的相对数，包括工业企业售给本企业以外所有单位各种产品和直接售给居民用于生 活消费的产品。通过工业品出厂价格指数能观察出厂价格变动对工业总产值的影响。

固定资产投资价格指数 是反映固定资产投资额价格变动趋势和程度的相对数。固定资产投资额是由建筑安装工程投资完成额、设备、工器具购置投资完成额和其他费用投资完成额三部分组成的。编制固定资产投资价格指数应首先分别编制上述三部分投资 的价格指数，然后采用加权算术平均法求出固定资产投资价格总指数。

编制固定资产投资价格指数可以准确地反映固定资产投资中涉及的各类商品和取费项目价格变动趋势和变动幅度，消除按现价计算的固定资产投资指标中的价格变动因素，真实地反映固定资产投资的规模、速度、结构和效益，为国家科学地制定、检查固定资产投资计划并提 高宏观调控水平，为完善国民经济核算体系提供科学的、可靠的依据。

Explanatory Notes on Main Statistical Indicators

Retail Price Index reflects the general change in retail prices of commodities. The change and adjustment in retail prices directly affect the living expenditure of urban and rural residents, government revenue, purchasing power of residents and the equilibrium of market supply and demand, and the ratio of consumption to accumulation. Therefore, the calculation of retail p rice index is useful to analyze the changes of the above economic activities.

Consumer Price Index reflects the trend and degree of changes in prices of consumer goods and services purchased by urban and rural residents, and is a composite index derived from the urban consumer price index and the rural consumer price index. Consumer price index can be used to analyze the impact of consumer price change on actual expenditure for living cost of urban and rural residents.

Urban Consumer Price Index reflects the trend and degree of changes in prices of consumer goods and services purchased by urban households. It can be used to observe and analyze the impact of price changes in consumer goods and services on money wages of staff and workers, and provide basis for policy making concerning t he living cost and wages of staff and workers.

Rural Consumer Price Index reflects the trend and degree of changes in prices of consumer goods and services purchased by rural households. It can be used to observe the impact of change in retail prices of consumer goods and service prices in rural areas on living expenditure of rural households, and t o show the changes in the living standard of peasants. It provides basis for analysis and research on condition of life in rural areas.

Price Index of Industrial Products reflects the trend and degree of changes in general ex factory prices of all industrial products, including sales of industrial products by an industrial enterprise to all units outside the enterprise, as well as sales of consumer goods to residents. It can be used to analyze the impact of ex– factory prices on gross industrial output value.

Price Index of Investment in Fixed Assets reflects the trend and degree of changes in prices of investment in fixed assets. The investment in fixed assets consists of three components, namely the investment in construction and installation, the investment in Purchases of equipment and instrument, and the investment in other items. Price index of investment in fixed assets is calculated as the weighted arithmetic mean of the price indices of the three components of investment in fixed assets. Removing the factor of price change in the aggregates of investment at current prices, this indicator shows the changes in the pr ices of commodities and fees involved in the investment of fixed assets, and can be used to observe the actual size, growth, structure, and efficiency of investment in fixed assets and provides reliable and scientific data for government planning, management, decision making, and further improving the current national accounting system.

2015

NEIMENGGU

十、人民生活

People’s Livelihood

资料整理：高志宇　谢瑞平　刘军

Arranged By Gao Zhiyu ,Xie Ruiping , Liu Jun ,

10-1 人民物质文化生活情况
People's Material & Cultural Life

项 目	Item	1990	1995	2000	2005	2010	2014
就 业	**Employment**						
每一农村劳动力负担人数(人)	Dependents per Rural Laborer(person)	1.68	1.55	1.48	1.42	1.35	1.41
每一城镇就业者负担人数(人)	Dependents per Urban Employee(person)	1.89	1.86	1.92	1.91	1.94	1.75
城镇登记失业率(%)	Urban Unemployment Rate(%)	3.80	3.17	3.34	4.26	3.90	3.59
收 入	**Income of Rural & Urban Residents**						
农村牧区人均纯收入(元)	Per Capita Net Income of Rural(yuan)	647	1300	2038	2989	5530	
农民人均纯收入	Peasants	607	1208	1869	2813	5222	
牧民人均纯收入	Herdermen	906	1871	3355	4341	7851	
农村牧区居民家庭人均纯收入指数(1978=100)	Index of Per Capita Net Income of Rural Residents(1978=100)	224.3	274.0	408.7	526.1	834.5	
城镇居民人均可支配收入(元)	Per Capita Disposable Income of Urban Residents(yuan)	1155	2846	5129	9137	17698	
城镇居民人均可支配收入指数(1978=100)	Index of Annual Per Capita Disposable Income of Urban Residents(1978=100)	189.6	244.1	385.8	632.3	1071.5	
职工年平均工资(元)	Average Wages of Staff & Workers (yuan)	1846	4134	6974	15985	35507	54460
消 费	**Consumption**						
农村牧区居民人均消费支出(元)	Expenditure of Rural Residents(yuan)	539	1261	1615	2446	4461	9972
农民人均消费支出	Peasants	492	1181	1442	2244	4115	9502
牧民人均消费支出	Herdsmen	843	1762	2959	4006	7067	13593
城镇居民人均消费支出(元)	Expenditure of Urban Residents(yuan)	982	2482	3928	6929	13995	20885
恩格尔系数(%)	Engel Coefficient(%)						
城镇居民	Urban Residerts	48.3	48.4	34.5	31.4	30.1	28.7
农民家庭	Households of Peasant	59.2	59.7	47.7	45.1	38.8	30.6
牧民家庭	Households of Herdsman	48.3	48.1	33.8	34.3	32.0	29.8
储 蓄	**Savings**						
个人储蓄存款余额(亿元)	The balance of savings deposits of individuals(100 million yuan)	110	410	876	1974	4618	8014
人均个人储蓄存款余额(元)	Per capita personal balance of savings deposits	515	1804	3875	8274	18877	32039
住房面积(平方米)	**Per Capita Floor Space(sq.m)**						
农村牧区平均每人居住	Rural Areas	11.9	15.3	17.0	19.7	22.1	25.8
城市平均每人居住	Urban Areas	8.98	12.06	15.54	26.09	29.84	30.65
城市公用事业	**Public Utilities in Urban Areas**						
自来水普及率(%)	Rate of Access to Tap Water(%)	73.4	80.7	89.1	83.9	88.0	97.8
燃气普及率(%)	Rate of Access to Gas(%)	16.8	40.5	58.6	68.2	79.3	92.3
每万人拥有绿地面积(公顷)	Green Area per 10 000 Persons(hectare)	3.3	5.9	7.0	7.8	12.4	18.8
文 化	**Culture**						
城镇每百户有彩色电视机(台)	Number of Color TV Set per 100 Households in Urban Areas(unit)	53.43	84.22	106.66	113.34	110.18	102.37
农村每百户有电视机(台)	TV sets per 100 Households in Rural Areas(unit)	42.14	84.89	96.07	102.00	103.00	105.31
广播综合人口覆盖率(%)	Broadcast Covering Rate (%)			85.6	92.6	96.6	98.4
电视综合人口覆盖率(%)	TV Covering Rate of Population(%)			81.4	90.2	95.4	98.6
每人每年拥有报纸(份)	Newspapers per Capita(copy)	2.06	7.17	7.56	25.92	10.97	13.43
每人每年拥有图书杂志(册)	Books & Magazines per capita(copy)	4.30	3.34	3.79	4.31	3.04	3.50
教 育	**Education**						
学龄儿童入学率(%)	Enrollment Ratio of School Age Children(%)	97.90	98.90	99.50	99.40	99.99	100.00
每万人口中在校大学生数(人)	Number of University Students per 10 000 Persons(person)	15.10	16.39	29.60	96.15	150.65	159.60
卫 生	**Public Health**						
每万人有医院、卫生院病床(张)	Number of Hospital Beds per 10 000 Persons(unit)	26.62	27.25	28.24	26.83	35.65	47.18
每万人有卫生机构数(个)	Number of Health institutions per 10 000 Persons(person)	2.39	2.16	1.87	1.58	3.32	9.35
每万人有医生数(人)	Doctors per 10 000 Persons(person)	19	22	22	21	22	25

注:1、(人均)个人储蓄存款余额2010年以前为(人均)城乡居民储蓄存款余额。

2、从2013年起,国家统计局开展了城乡一体化住户收支与生活状况调查,10-3以后各表数据来源于此调查样本,与2013年前的数据在调查范围、调查方法、指标口径有所不同。2013年以后,10-1、2两表城乡收入旧口径数据将不再公布。

a)Before 2010,(per capita)the? balance? of ?savings ?deposits ?of ?individuals is called (per capita)resident saving deposit in urban & rural.

b)The NBS started an integrated household income and expenditure survey in 2013, including both urban and rural households. The data shown in Tables 10-3 after are compiled on the basis of the survey. The coverage, methodology and definitions used in the survey are different from those used for the separate urban and rural household surveys prior to 2013.After 2013, 10-1、2 tables no longer publish the data of the old caliber of urban and rural residents.

10-2 城乡居民家庭人均收入及指数

年 份 Year	农牧民人均纯收入 Annual Net Income of Rural Households per Capita			
	农牧民 Peasant and Herdsman		农 民 Peasant	
	绝对数(元) Value(yuan)	指数(1978=100) Index	绝对数(元) Value(yuan)	指数(1978=100) Index
1978	131	100.0	126	100.0
1979	164	115.8	156	114.9
1980	192	123.9	181	121.6
1981	241	146.1	228	144.0
1982	288	163.8	273	162.0
1983	325	174.1	294	163.6
1984	368	189.0	336	179.6
1985	400	192.3	360	180.0
1986	382	171.3	340	157.7
1987	426	185.7	389	175.8
1988	547	219.3	500	209.4
1989	553	214.5	478	179.9
1990	647	224.3	607	208.1
1991	651	242.1	618	208.7
1992	719	251.8	672	222.3
1993	829	254.1	778	225.2
1994	1062	266.2	970	228.6
1995	1300	274.0	1208	240.2
1996	1602	314.5	1552	288.7
1997	1780	335.9	1705	304.6
1998	1982	379.2	1911	341.5
1999	2003	403.5	1903	350.3
2000	2038	408.7	1869	340.8
2001	1973	393.2	1784	323.4
2002	2086	411.7	1948	350.3
2003	2268	436.5	2133	373.1
2004	2606	474.0	2465	406.9
2005	2989	526.1	2813	449.6
2006	3342	578.7	3188	501.4
2007	3953	655.0	3750	564.2
2008	4656	725.7	4457	631.3
2009	4938	771.3	4656	660.7
2010	5530	834.5	5222	716.0
2011	6642	948.2	6299	817.0
2012	7611	1060.4	6968	882.0
2013	8596	1165.0	8032	989.0

Per Capita Annual Income of Urban and Rural Household and Related Index

牧民 Herdsman		城镇居民可支配收入 Annual Disposable Income of Urban Residents per Capita	
绝对数(元) Value(yuan)	指数(1978=100) Index	绝对数(元) Value(yuan)	指数(1978=100) Index
188	100.0	301.0	100.0
236	116.8	350.1	115.5
265	118.8	407.1	124.7
326	137.2	418.3	124.7
387	153.0	452.7	133.6
530	199.5	474.2	138.5
573	206.5	548.8	152.8
650	219.9	666.0	173.0
649	205.1	773.6	187.4
662	203.3	819.7	183.0
850	233.4	915.8	174.8
1038	249.0	1052.8	175.9
906	244.8	1155.0	189.6
868	230.8	1294.7	200.5
1022	264.1	1478.9	210.7
1164	262.5	1883.3	235.2
1664	314.5	2503.0	251.5
1871	292.1	2845.7	244.1
1951	278.1	3431.8	273.9
2345	321.8	3944.7	300.9
2516	345.2	4353.0	334.5
2698	370.5	4770.5	365.5
3354	454.2	5129.1	385.8
3277	441.0	5535.9	411.9
3052	403.9	6051.0	446.7
3201	418.0	7012.9	509.6
3571	444.2	8123.1	575.9
4341	522.8	9136.8	632.3
4502	532.7	10358.0	708.2
5510	624.9	12378.0	811.6
6194	660.5	14433.0	897.6
7071	755.3	15849.2	988.3
7851	810.3	17698.2	1071.5
9109	889.4	20407.6	1170.9
12257	1168.0	23150.3	1285.9
12668	1174.3	25496.7	1369.7

10-3 全体居民人均收支情况

Per Capita Income and Expenditure of All Residents

单位：元 (yuan)

项　目	Item	2013	2014	2014年比上年增长% Increase Rate in 2014 Over 2013(%)
可支配收入	**Disposable income**	**18694**	**20559**	**10.0**
工资性收入	Income of wage	10005	10904	9.0
经营净收入	Operational income	4730	5104	7.9
第一产业净收入	Net income of primary industry	2220	2440	9.9
农业净收入	Net income of agriculture	1423	1599	12.4
牧业净收入	Net income of animal-husbandry	762	837	9.7
第二产业净收入	Net income of secondary industry	472	379	-19.7
第三产业净收入	Net income of third industry	2037	2285	12.2
财产净收入	Net income of property	1076	1203	11.8
转移净收入	Net income of transfer	2883	3348	16.1
消费性支出	**Consumer spending**	**14877**	**16258**	**9.3**
食品	Food	4314	4746	10.0
衣着	Clothing	1633	1688	3.4
居住	Residence	2684	2795	4.1
生活用品及服务	Articles for daily use and service	924	1009	9.2
交通和通讯	Transportation and Communications	2036	2405	18.1
交通	Transportation	1371	1686	23.0
通信	Communications	666	719	8.0
教育文化娱乐	Education,Culturaland Entertainment	1663	1813	9.0
教育	Education	1017	1121	10.2
文化娱乐	Culturaland Entertainment	646	692	7.2
医疗保健	Medicine and Medical Service	1176	1320	12.2
其它商品和服务	Other Commodities and Services	446	482	7.9

10-4 城镇常住居民人均收支情况

Per Capita Income and Expenditure of Urban Permanent Residents

单位：元　　(yuan)

项　目	Item	2013	2014	2014年比上年增长% Increase Rate in 2014 Over 2013(%)
可支配收入	**Disposable income**	**26004**	**28350**	**9.0**
工资性收入	Income of wage	16146	17406	7.8
经营净收入	Operational income	4223	4539	7.5
第一产业净收入	Net income of primary industry	262	374	43.0
农业净收入	Net income of agriculture	177	261	47.6
牧业净收入	Net income of animal-husbandry	72	111	54.7
第二产业净收入	Net income of secondary industry	776	588	-24.3
第三产业净收入	Net income of third industry	3185	3577	12.3
财产净收入	Net income of property	1587	1802	13.5
转移净收入	Net income of transfer	4049	4603	13.7
消费性支出	**Consumer spending**	**19243**	**20885**	**8.5**
食品	Food	5451	6003	10.1
衣着	Clothing	2365	2395	1.3
居住	Residence	3465	3619	4.5
生活用品及服务	Articles for daily use and service	1323	1437	8.6
交通和通讯	Transportation and Communications	2605	3095	18.8
交通	Transportation	1719	2181	26.9
通信	Communications	887	915	3.2
教育文化娱乐	Education,Culturaland Entertainment	2040	2178	6.8
教育	Education	1060	1135	7.0
文化娱乐	Culturaland Entertainment	980	1043	6.5
医疗保健	Medicine and Medical Service	1352	1471	8.8
其它商品和服务	Other Commodities and Services	641	688	7.3

10–5 农村牧区常住居民人均收支情况

Per Capita Income and Expenditure of Residents In Rural Areas

单位：元 (yuan)

项　目	Item	2013	2014	2014年比上年增长% Increase Rate in 2014 Over 2013(%)
可支配收入	**Disposable income**	**8985**	**9976**	**11.0**
工资性收入	Income of wage	1851	2071	11.9
经营净收入	Operational income	5402	5872	8.7
第一产业净收入	Net income of primary industry	4819	5246	8.9
农业净收入	Net income of agriculture	3077	3416	11.0
牧业净收入	Net income of animal-husbandry	1680	1823	8.5
第二产业净收入	Net income of secondary industry	70	96	38.1
第三产业净收入	Net income of third industry	513	530	3.4
财产净收入	Net income of property	357	389	8.9
转移净收入	Net income of transfer	1375	1644	19.6
消费性支出	**Consumer spending**	**9080**	**9972**	**9.8**
食品	Food	2803	3039	8.4
衣着	Clothing	662	728	10.0
居住	Residence	1648	1676	1.7
生活用品及服务	Articles for daily use and service	394	428	8.6
交通和通讯	Transportation and Communications	1281	1468	14.6
交通	Transportation	908	1014	11.6
通信	Communications	372	454	21.9
教育文化娱乐	Education,Culturaland Entertainment	1163	1318	13.3
教育	Education	961	1102	14.7
文化娱乐	Culturaland Entertainment	202	216	6.8
医疗保健	Medicine and Medical Service	942	1114	18.3
其它商品和服务	Other Commodities and Services	187	202	7.5

10-6 农民人均收支情况

Per Capita Income and Expenditure of Farmer

单位：元 (yuan)

项　目	Item	2013	2014	2014年比上年增长% Increase Rate in 2014 Over 2013(%)
可支配收入	**Disposable income**	**8466**	**9441**	**11.5**
工资性收入	Income of wage	1918	2151	12.1
经营净收入	Operational income	5001	5451	9.0
第一产业净收入	Net income of primary industry	4384	4779	9.0
农业净收入	Net income of agriculture	3296	3653	10.8
牧业净收入	Net income of animal-husbandry	1021	1119	9.6
第二产业净收入	Net income of secondary industry	75	108	43.2
第三产业净收入	Net income of third industry	542	564	4.1
财产净收入	Net income of property	336	366	8.9
转移净收入	Net income of transfer	1211	1474	21.7
消费性支出	**Consumer spending**	**8648**	**9502**	**9.9**
食品	Food	2687	2908	8.2
衣着	Clothing	612	679	10.8
居住	Residence	1627	1652	1.5
生活用品及服务	Articles for daily use and service	360	394	9.6
交通和通讯	Transportation and Communications	1138	1306	14.8
交通	Transportation	793	881	11.2
通信	Communications	345	425	23.0
教育文化娱乐	Education,Culturaland Entertainment	1138	1292	13.5
教育	Education	937	1078	15.1
文化娱乐	Culturaland Entertainment	201	213	6.0
医疗保健	Medicine and Medical Service	901	1074	19.2
其它商品和服务	Other Commodities and Services	185	198	6.9

10-7 牧民人均收支情况

Per Capita Income and Expenditure of Herdsmen

单位：元 (yuan

项　目	Item	2013	2014	2014年比上年增长% Increase Rate in 2014 Over 2013(%)
可支配收入	**Disposable income**	**12981**	**14094**	**8.6**
工资性收入	Income of wage	1333	1455	9.2
经营净收入	Operational income	8490	9118	7.4
第一产业净收入	Net income of primary industry	8167	8836	8.2
农业净收入	Net income of agriculture	1398	1592	13.9
牧业净收入	Net income of animal-husbandry	6749	7241	7.3
第二产业净收入	Net income of secondary industry	27	8	-70.4
第三产业净收入	Net income of third industry	296	274	-7.5
财产净收入	Net income of property	524	565	7.9
转移净收入	Net income of transfer	2634	2956	12.2
消费性支出	**Consumer spending**	**12402**	**13593**	**9.6**
食品	Food	3695	4049	9.6
衣着	Clothing	1041	1108	6.5
居住	Residence	1809	1862	2.9
生活用品及服务	Articles for daily use and service	658	688	4.5
交通和通讯	Transportation and Communications	2380	2711	13.9
交通	Transportation	1801	2035	13.0
通信	Communications	579	675	16.7
教育文化娱乐	Education,Culturaland Entertainment	1356	1521	12.2
教育	Education	1146	1286	12.2
文化娱乐	Culturaland Entertainment	210	235	12.1
医疗保健	Medicine and Medical Service	1257	1422	13.2
其它商品和服务	Other Commodities and Services	207	231	11.9

10-8 城镇常住居民家庭基本情况

Basic Conditions of Urban Resident Households

项 目	Item	1990	1995	2000
调查户数(户)	**Number of Households Surveyed (household)**	**1400**	**1400**	**2300**
平均每户家庭人口(人)	**Average Household Size(person)**	**3.73**	**3.34**	**3.08**
平均每户就业人口(人)	**Average Number of Employed Persons per Household(person)**	**1.97**	**1.80**	**1.61**
平均每户就业面(%)	**Percentage of Employment per Household(%)**	**52.79**	**53.89**	**52.2**
平均每一就业者负担人数(包括就业者本人)(人)	**Number of Persons Supported by Each Employee including the employee himself or herself(person)**	**1.89**	**1.86**	**1.92**
平均每人全部年收入(元)	**Per Capita Annual Income(yuan)**	**1160**	**2874**	**5151**
# 可支配收入	Disposable Income	1155	2846	5129
薪水	Salary			
国有单位职工工资	Wages of Staff & Workers in State-owned Units	704	1941	2909
集体及其它经济类型单位职工工资	Wages of Staff and Workers in Collective owned Units and Units of Other Type of Ownership	104	147	191
职工从工作单位得到的其他收入	Other Income of Staff and Workers from Their Working Units	61	103	
个体经营劳动者收入	Income of Individual Laborers	16	62	495
被聘用或留用的离退休人员收入	Income of Re employed Retirees	7	16	93
其他就业者收入	Income of Other Employees	4	2	13
其他劳动收入	Part time Income	28	84	187
财产性收入	Property Income	11	39	59
转移性收入	Transfer Income	180	474	1110
其他收入	Other Income			
平均每人消费性支出(元)	**Per Capita Annual Living Expenditures for Consumption(yuan)**	**982**	**2482**	**3928**
# 食 品	Food	474	1202	1353
衣 着	Clothing	162	405	561
生活用品及服务	Articles for daily use and service		168	289
医疗保健	Medicine and Medical Service	20	100	287
交通通讯	Transportation and Communications		123	359
娱乐教育文化服务	Recreation, Education & Cultural Service		224	488
居 住	Residence		156	339
杂项商品与服务	Miscellaneous Commodities and Services		104	252

10-8 续表 continued

项 目	Item	2005	2010	2013	2014
调查户数(户)	**Number of Households Surveyed (household)**	**2420**	**2350**	**2820**	**2820**
平均每户家庭人口(人)	**Average Household Size(person)**	**3.00**	**2.82**	**2.78**	**2.77**
平均每户就业人口(人)	**Average Number of Employed Persons per Household(person)**	**1.57**	**1.45**	**1.50**	**1.58**
平均每户就业面(%)	**Percentage of Employment per Household(%)**	**52.3**	**51.4**	**53.9**	**56.9**
平均每一就业者负担人数(包括就业者本人)(人)	**Number of Persons Supported by Each Employee including the employee himself or herself(person)**	**1.91**	**1.94**	**1.86**	**1.76**
平均每人全部年收入(元)	**Per Capita Annual Income(yuan)**	**9565**	**19014**	**28035**	**30718**
#可支配收入	Disposable Income	9137	17698	26004	28350
工资性收入	Wage income	6669	12614	16146	17406
国有单位职工工资	Wages of Staff & Workers in State owned Units				
集体及其它经济类型单位职工工资	Wages of Staff and Workers in Collective-owned Units and Units of Other Type of Ownership				
职工从工作单位得到的其他收入	Other Income of Staff and from Their Working Units	508			
经营净收入	Income of Individuals	858	2014	4223	4539
被聘用或留用的离退休人员收入	Income of Re employed Retirees				
其他就业者收入	Income of Other Employees				
其他劳动收入	Part time Income		912		
财产性收入	Property Income	161	433	1587	1802
转移性收入	Transfer Income	1877	3953	4049	4603
其他收入	Other Income				
平均每人消费性支出(元)	**Per Capita Annual Living Expenditures for Consumption(yuan)**	**6929**	**13995**	**19243**	**20885**
#食品	Food	2178	4211	5451	6003
衣着	Clothing	1048	2204	2365	2395
居住	Residence	723	1384	3465	3619
生活用品及服务	Articles for daily use and service	394	949	1323	1437
交通通讯	Transportation and Communications	756	1769	2605	3095
娱乐教育文化服务	Recreation, Education & Cultural Service	969	1641	2040	2178
医疗保健	Medicine and Medical Service	533	1126	1352	1471
其他商品与服务	Miscellaneous Commodities and Services	328	710	641	688

10–9 农村牧区常住居民家庭基本情况
Basic Conditions of Rural Households

项 目	Item	1995	2000	2005	2010	2014
调查户数(户)	**Number of Households Surveyed(Household)**	**2060**	**2036**	**2060**	**2060**	**1714**
平均每户常住人口(人)	Average Number of Permanent Residents per Household(person)	4.50	4.10	3.78	3.47	2.96
平均每户整半劳力(人)	Average Number of Able-bodied and Semi-able-bodied Laborers per Household(person)	2.90	2.77	2.67	2.58	2.10
平均每个劳动力负担人口(含本人)(人)	Average Number of Persons Supported by a Laborer(including the laborer himself)(person)	1.55	1.48	1.42	1.35	1.41
平均每人年收入(元)	**Per Capita Annual Income(yuan)**					
总收入	Total Revenue	2272	3440	5346	9358	17507
纯收入	Net Income	1300	2038	2989	5530	
现金收入	Cash Income		2449	4235	7718	15744
可支配收入	Disposable Income					9976
平均每人年支出(元)	**Per Capita Annual Expenditure(yuan)**					
总支出	Total Expenditure	2237	3123	5092	9115	21695
家庭经营费用支出	Expenditure for Household Business		1010	2085	3434	6284
生活消费支出	Expenditure for Consumption		1615	2446	4461	9972
其他非生产性支出	Other Nonproductive Expenditures		159	561	770	
现金支出	Cash Expenditure	1827	2356	4174	8093	19622
生产费用	Productive Costs	509	833	1910	3369	5585
缴纳税金和上交集体承包费支出等	Taxes and Payments to Collective Units		219	9	6	
生活消费支出	Expenditure for Consumption	799	1171	1992	3951	8598

10-10 城镇常住居民家庭基本情况(2014 年)

项目	Item	全区 All Regional Cities and County Towns	低收入 Low Income	更低收入 Lower Income
调查户数(户)	**Number of Households Surveyed(household)**	**2820**	**564**	**282**
平均每户家庭人口(人)	Average Household Size(person)	2.77	3.1	3.17
平均每户就业人口(人)	Average Number of Employees per Household(person)	1.58	1.56	1.60
平均每户就业面(%)	Percentage of Employed Persons per Household(%)	56.86	50.46	50.40
平均每一就业者负担人数(包括就业者本人)(人)	Number of Persons Supported by Each Employee (including the employee himsel for herself)(person)	1.76	1.98	1.98
平均每人全部年收入(元)	Per Capita Annual Income(yuan)	30718	12839	10958
平均每人可支配收入(元)	Per Capita Disposable Income(yuan)	28350	10302	7303
平均每人消费性支出(元)	Per Capita Annual Living Expenditure(yuan)	20885	11045	9910

10-11 按收入等级分的城镇常住居民家庭平均每人全年收入(2014 年)

单位：元

项目	Item	全区 All Regional Cities and County Towns	低收入 Low Income	更低收入 Lower Income
可支配收入	**Disposable Income**	**28349.64**	**10302.26**	**7303.32**
工资性收入	Income of wage	17406.18	6807.08	5041.48
经营净收入	Operational income	4538.82	1562.93	1020.05
财产性净收入	Net income of property	1802.07	682.93	519.30
利息	Interest	24.74	-8.18	-3.41
红利	Bonus	58.93		
转移性净收入	Net income of transfer	4602.57	1249.32	722.49
养老金或离退休金	Pension	4924.08	1136.74	651.82
社会救济和补助	Social relief and subsidies	165.86	345.98	386.46
借贷收入	**Loan Income**	**799.99**	**1158.19**	**1401.75**
提取储蓄存款	Withdraw Saving Deposit	429.23	299.82	410.80
收回借出款	Paid back Loan	33.69	26.84	24.16
收回储蓄性保险本金	Withdraw Saving Premium			
为购置房屋从银行贷款	Loan from Bank for Buying Housing	61.62	269.21	
其它借贷收入	Other Loan Income			

Basic Conditions of Urban Resident Households(2014)

按收入等级分 Grouped by Percentile of Households						
最低收入 Lowest Income	中低收入 Lower Middle Income	中等收入 Middle Income	中高收入 Upper Medium Income	高收入 High Income	更高收入 Higher Income	最高收入 Highest Income
141	**564**	**564**	**564**	**564**	**282**	**141**
3.03	3.06	2.75	2.59	2.37	2.32	2.38
1.53	1.71	1.51	1.55	1.54	1.58	1.63
50.47	55.91	55.04	60.06	65.06	68.02	68.29
1.98	1.79	1.82	1.66	1.54	1.47	1.46
10306	20368	27513	36379	64903	82092	102599
4491	18972	25702	34438	60392	75956	93719
10777	14479	19530	25263	38771	48754	56767

Per Capita Annual Cash Income of Urban Resident Households by Level of Income(2014)

(yuan)

按收入等级分 Grouped by Percentile of Households						
最低收入 Lowest Income	中低收入 Lower Middle Income	中等收入 Middle Income	中高收入 Upper Medium Income	高收入 High Income	更高收入 Higher Income	最高收入 Highest Income
4490.96	**18972.08**	**25701.99**	**34437.88**	**60391.88**	**75956.33**	**93718.99**
3021.22	12269.70	15917.35	23437.98	32998.41	38804.92	41760.81
417.92	3397.30	3297.12	3065.03	12927.30	20358.73	32780.35
602.24	1008.41	1517.40	2005.02	4392.02	5995.81	8585.08
-27.07	6.57	-6.65	59.72	89.38	157.38	309.13
	31.69	22.11	103.63	164.81	313.79	538.71
449.57	2296.67	4970.12	5929.86	10074.15	10796.86	10592.75
549.83	2458.75	5363.34	6584.83	10720.91	11344.42	11220.64
402.01	237.16	83.07	20.16	93.64	190.87	369.36
2531.31	**312.71**	**842.09**	**823.32**	**887.63**	**1330.78**	**1968.10**
519.21	226.27	411.63	721.90	561.60	863.38	1144.11
34.34	15.06	18.81	16.81	102.22	152.45	293.93
		0.74	4.59	3.25	6.66	12.89

10-12 城镇常住居民家庭平均每人全年消费性支出及构成(2014 年)

单位：元

项 目	Item	全 区 All Regional Cities and County Towns	低收入 Low Income	更低收入 Lower Income
消费性支出	**Total Living Expenditures**	**20885.23**	**11044.70**	**9910.38**
食 品	Food	6003.24	3475.22	3109.97
#谷物	Cereals	589.91	493.38	461.96
肉禽及其制品	Meat, Poultry and Related Products	1349.03	784.15	702.79
蛋 类	Eggs	93.49	69.72	60.31
水产品	Aquatic Products	124.56	61.22	52.30
奶及奶制品	Milk and Dairy Products	306.67	162.26	122.28
衣 着	Clothing	2394.58	1002.73	842.99
#服 装	Garments			
居 住	Residence	3619.29	2066.13	1960.74
生活用品及服务	Articles for daily use and service	1436.56	655.54	542.56
交通和通讯	Transportation and Communications	3095.30	1425.21	1172.61
教育文化娱乐	Education,Culturaland Entertainment	2177.78	1197.34	1116.90
#文娱用耐用消费品	Durable Consumer Goods for Recreational Use	156.16	46.30	34.10
医疗保健	Other Commodities and Services	1470.81	1017.08	979.90
其他商品和服务	Miscellaneous Commodities	687.67	205.45	184.70

10-13 农村牧区常住居民家庭基本情况(2014 年)

项 目	Item	全 区 All Regional Cities and County Towns	低收入 Low Income	更低收入 Lower Income
调查户数(户)	**Number of Households Surveyed(household)**	**1714**	**343**	**171**
平均每户家庭人口(人)	Average Household Size(person)	2.96	3.13	3.06
平均每户就业人口(人)	Average Number of Employees per Household(person)	2.08	2.05	2.07
平均每户就业面(%)	Percentage of Employed Persons per Household(%)	70.27	65.27	67.57
平均每一就业者负担人数(包括就业者本人)(人)	Number of Persons Supported by Each Employee (including the employee himsel for herself)(person)	1.42	1.53	1.48
平均每人全部年收入(元)	Per Capita Annual Income(yuan)	17507	8898	9305
平均每人可支配收入(元)	Per Capita Disposable Income(yuan)	9976	85	-2896
平均每人消费性支出(元)	Per Capita Annual Living Expenditure(yuan)	9972	8557	9863

Per Capita Annual Living Expenditure of Urban Resident Households and its Composition(2014)

(yuan)

按收入等级分 Grouped by Percentile of Households						
最低收入 Lowest Income	中低收入 Lower Middle Income	中等收入 Middle Income	中高收入 Upper Medium Income	高收入 High Income	更高收入 Higher Income	最高收入 Highest Income
10776.98	**14479.25**	**19530.28**	**25262.61**	**38770.62**	**48754.43**	**56767.44**
3075.54	4506.58	5929.37	7418.23	9772.37	11087.37	11474.35
466.33	491.89	549.49	777.77	684.54	694.71	658.22
701.86	1080.63	1386.73	1693.33	2012.75	2149.06	2240.52
58.56	84.87	99.35	105.96	115.23	118.04	112.29
45.40	90.93	127.53	160.55	207.87	235.10	244.17
104.30	242.84	301.65	374.31	509.29	537.95	470.53
979.38	1625.84	2095.45	3009.65	4876.15	5942.53	7272.90
2187.15	2675.60	3605.06	4151.18	6297.05	7545.66	7507.60
661.23	914.27	1283.31	1801.39	2907.96	3779.35	4986.02
1338.96	1677.70	2373.28	3917.44	7040.45	10546.70	14383.55
1069.41	1740.66	2077.68	2477.45	3808.39	4673.16	5621.93
42.59	117.56	172.94	166.33	318.55	445.35	575.97
1216.52	907.92	1581.84	1674.14	2437.89	2823.78	2542.32
248.79	430.69	584.29	813.12	1630.37	2355.86	2978.77

Basic Conditions of Rural Resident Households

按收入等级分 Grouped by Percentile of Households						
最低收入 Lowest Income	中低收入 Lower Middle Income	中等收入 Middle Income	中高收入 Upper Medium Income	高收入 High Income	更高收入 Higher Income	最高收入 Highest Income
86	**343**	**342**	**343**	**343**	**171**	**86**
3.09	3.02	3.06	2.86	2.73	2.75	2.79
2.09	2.14	2.16	2.04	2.01	1.96	1.91
67.83	70.73	70.64	71.43	73.86	71.43	68.41
1.47	1.41	1.42	1.40	1.35	1.40	1.46
11033	11167	15294	19217	35049	44276	55346
-6162	5695	8629	12555	24834	31388	38985
11803	7734	9706	10309	14011	15886	17605

10-14 城镇居民家庭平均每人全年购买的主要商品数量

Per Capita Annual Purchases of Major Commodities in Urban Households

项目	Item	1990	1995	2000	2005	2010	2014
粮　　食(千克)	Grain(kg)	134.98	101.17	77.72	80.99	91.47	99.84
食用植物油(千克)	Edible Vegetable Oil(kg)	4.45	5.82	5.56	6.14	6.28	8.84
猪　　肉(千克)	Pork(kg)	11.43	11.82	11.59	11.61	12.16	15.60
牛　羊　肉(千克)	Beef and Mutton(kg)	6.39	5.02	6.61	8.33	10.23	13.66
家　　禽(千克)	Poultry(kg)	0.59	1.77	3.25	3.82	5.01	5.80
鲜　　蛋(千克)	Fresh Eggs(kg)	2.31	7.92	9.67	8.71	8.23	8.94
水　产　品(千克)	Aquatic Products(kg)		3.44	4.30	4.29	5.19	6.08
鲜　　菜(千克)	Fresh Vegetables(kg)	162.03	125.87	107.45	103.85	98.92	98.94
食　　糖(千克)	Sugar(kg)	1.44	1.14	1.08	0.90		1.26
糖　　果(千克)	Candy(kg)	0.68		0.53	0.63		0.81
卷　　烟(盒)	Cigarettes(pack)	38.06	29.71	26.13	21.69		28.62
白　　酒(千克)	Strong White Spirit(kg)	3.77	3.78	3.17	2.75	3.43	4.52
啤　　酒(千克)	Beer(kg)	3.91	6.31	4.95	6.25	5.60	7.04
茶　　叶(千克)	Tea(kg)					0.29	0.40
鲜　瓜　果(千克)	Fresh Melons and Fruits(kg)	41.50	42.77	63.11	61.19	55.34	57.98
鲜　　奶(千克)	Fresh Milk(kg)	2.80	5.83	12.58	20.71	16.64	23.89
裤　　子(条)	Pants(piece)			0.54			
化　纤　布(米)	Chemical Fiber Cloth(m)	1.74		0.50			
皮　　鞋(双)	Leather Shoes(pair)	0.55	0.86	0.97			
布　　鞋(双)	Cloth Shoes(pair)	0.93					
肥　　皂(块)	Soap(piece)	3.57		1.28			
洗　衣　粉(千克)	Washing Powder for Clothes(kg)	1.43		1.47			
煤　　炭(千克)	Coal(kg)	480.64		205.07	224.54	169.16	221.78
液化石油气(千克)	Liquefied Gas(kg)	2.17		8.27	12.53	8.84	12.99

10-15 按收入等级分的城镇居民家庭平均每人全年购买商品数量(2014 年)

Per Capita Annual Purchases of Major Commodities of Urban Households by Level of Income(2014)

项目	Item	总平均 Average	低收入 Low Income	更低收入 Lower Income	最低收入 Lowest Income	中低收入 Lower Middle Income	中等收入 Middle Income	中高收入 Upper Medium Income	高收入 High Income	更高收入 Higher Income	最高收入 Highest Income
薯类(千克)	Starches & Tubers(kg)	23.73	22.90	20.70	17.89	22.21	24.40	25.30	24.26	24.61	23.17
大米(千克)	Rice(kg)	35.25	34.89	35.54	35.33	33.99	35.65	35.53	36.57	38.79	39.45
面粉(千克)	Flour(kg)	33.61	38.23	37.38	38.44	29.93	32.92	32.16	34.70	34.83	32.62
食用植物油(千克)	Edible Vegetable Oil(kg)	8.84	7.36	6.99	6.87	7.85	9.32	10.05	10.20	10.20	10.97
猪肉(千克)	Pork(kg)	15.60	12.79	12.10	12.90	14.04	16.18	17.56	18.46	18.61	18.44
牛肉(千克)	Beef(kg)	4.98	1.99	1.56	1.43	3.81	4.96	6.96	8.22	8.37	8.56
羊肉(千克)	Mutton(kg)	8.68	4.00	3.25	3.25	6.51	8.78	11.46	14.44	16.15	16.91
家禽(千克)	Poultry(kg)	5.80	4.30	3.65	3.27	5.61	6.20	6.36	6.95	7.03	6.41
鸡(千克)	Chicken(kg)	4.26	3.17	2.95	2.70	4.23	4.56	4.57	5.03	5.17	4.63
禽制品(千克)	Products of Poultry(kg)	1.27	1.01	0.61	0.52	1.10	1.34	1.51	1.49	1.33	1.23
鲜蛋(千克)	Fresh Eggs(kg)	8.94	6.60	5.51	5.34	8.18	9.56	10.11	11.00	11.05	10.13
鱼(千克)	Fish(kg)	4.76	3.30	2.88	2.67	4.04	5.48	5.55	5.91	5.91	5.15
虾(千克)	Shrimp(kg)	0.45	0.14	0.11	0.08	0.33	0.43	0.62	0.84	0.96	1.12
水产制品(千克)	Aquatic Products(kg)	0.66	0.31	0.28	0.15	0.49	0.64	0.92	1.08	1.05	1.05
鲜菜(千克)	Fresh Vegetables(kg)	98.94	80.36	77.40	73.38	87.14	108.15	107.11	118.80	114.41	104.41
干菜及菜制品(千克)	Dried Vegetables(kg)	1.53	0.88	0.68	0.58	1.25	1.67	1.88	2.23	2.56	2.96
啤酒(千克)	Beer(kg)	7.04	6.70	6.62	7.78	7.35	8.17	6.54	6.34	6.70	7.11
白酒(千克)	liquor(kg)	4.52	4.28	4.18	5.06	3.55	4.91	4.67	5.46	6.49	6.30
果酒(千克)	Fruit Wine(kg)	0.16	0.09	0.05	0.09	0.08	0.16	0.16	0.37	0.57	0.84
其他酒(千克)	Other Liquor(kg)										
鲜瓜果(千克)	Fresh Fruits(kg)	57.98	38.48	35.23	31.33	49.76	60.85	70.20	77.33	81.11	77.88
糕点(千克)	Cake(kg)	4.11	2.81	2.17	2.00	3.42	3.80	5.01	6.07	6.51	5.69
鲜乳品(千克)	Fresh Dairy Products(kg)	23.89	13.18	10.35	8.51	22.24	25.48	28.01	33.62	36.96	29.32
奶粉(千克)	Milk Powder(kg)	3.82	1.48	1.32	1.23	2.90	3.65	4.70	7.32	8.38	8.09
酸奶(千克)	Yogurt Milk(kg)	0.30	0.15	0.14	0.10	0.27	0.27	0.32	0.57	0.49	0.40
鞋类(双)	Shoes(pair)	3.08	2.29	2.08	2.17	2.91	3.07	3.38	3.98	4.44	4.57

10-16 按收入等级分的城镇居民家庭平均每百户耐用消费品年末拥有量(2014年)

Number of Durable Consumer Goods Owned Per 100 Urban Households at Year-end by Level of Income(2014)

项目	Item	总平均 Average	低收入 Low Income	更低收入 Lower Income	最低收入 Lowest Income	中低收入 Lower Middle Income	中等收入 Middle Income	中高收入 Upper Medium Income	高收入 High Income	更高收入 Higher Income	最高收入 Highest Income
家用汽车(辆)	Automobile	28.71	13.75	14.14	17.70	18.64	26.61	34.04	50.45	60.28	70.98
摩托车(辆)	Motorcycle	27.46	34.31	41.63	37.73	31.47	29.54	20.33	21.66	17.74	16.06
助力车（辆）	Moped	43.59	44.83	47.98	45.01	49.90	41.89	43.28	38.03	36.12	30.49
洗衣机(台)	Washing Machine	93.39	87.74	85.47	87.36	91.70	94.77	95.37	97.35	97.27	97.67
电冰箱(柜)(台)	Refrigerator	92.57	80.60	75.58	81.48	88.42	93.21	96.34	104.25	105.76	107.29
微波炉（台）	Microwave	38.60	15.66	12.19	10.43	26.72	38.75	49.68	62.14	66.64	70.70
彩色电视机(台)	Color TV Set	102.37	98.98	99.00	99.27	102.62	103.79	101.00	105.42	105.39	103.63
#接入有线电视	Access Cable TV	82.80	73.84	74.91	74.58	80.14	86.44	84.28	89.28	90.55	89.98
空调器(台)	Air Conditioner	12.81	3.19	2.85	3.81	7.26	9.54	18.09	25.94	33.68	42.40
淋浴热水器(台)	Shower	56.14	28.15	24.65	27.74	46.75	58.24	70.97	76.57	83.48	88.70
#太阳能热水器	Solar water heaters	18.71	11.02	10.63	11.42	12.85	18.67	25.12	25.89	27.34	27.02
消毒碗柜(台)	Sterilized Cupboard	2.22	0.76	0.90	1.18	0.40	2.82	2.50	4.61	5.20	6.53
洗碗机(台)	Washing-up Machine	0.76	0.20	0.40	0.40	0.80	0.18	1.22	1.39	2.16	2.77
排油烟机(台)	Kitchen Ventilator	60.35	34.43	29.31	26.68	52.67	62.87	74.60	77.15	79.93	83.40
固定电话（部）	Fixed telephone	39.59	28.39	25.09	30.18	36.36	43.01	42.59	47.56	53.77	62.28
移动电话（部）	Mobile Telephone	212.13	208.22	211.35	197.40	219.37	211.39	209.88	211.77	210.33	208.85
#接入互联网	Internet access	68.38	54.69	51.15	56.88	71.28	68.99	71.43	75.46	89.03	99.62
家用电脑(台)	Computer	56.00	29.70	27.51	24.56	51.06	52.56	70.28	76.36	82.30	81.43
#接入互联网	Internet access	42.25	22.52	20.27	17.10	39.25	38.77	50.65	60.03	65.57	65.11
摄相机(架)	Pickup Camera	6.87	2.16	2.43	3.32	2.69	5.76	9.15	14.56	17.79	21.14
照相机(架)	Camera	27.09	9.38	9.24	7.37	17.98	24.63	34.93	48.49	54.12	61.30
中高档乐器(件)	Other High Grade Music Instrument	2.53	0.34	0.38	0.10	1.07	1.92	2.83	6.50	6.74	10.02
健身器材(件)	Healthy Equipment	2.59	0.62	1.25	1.18	1.91	1.10	3.53	5.79	7.37	11.32
组合音响(套)	Hi -Fi Stereo Component System	3.37	0.97	1.39	0.62	1.83	3.05	3.14	7.85	10.85	12.75

10-17 农村牧区常住居民家庭住房基本情况

Housing Conditions of Rural Resident Households

项 目	Item	2014
年末使用房屋	**Rooms Used at the End of Year**	
居住面积(平方米/人)	Per Capita Floor Space(sq.m/person)	25.78
砖木结构(%)	Brick and Wood Structure	57.25
钢筋混凝土结构(%)	Reinforced Concrete Structures	1.81
自建住房(%)	Self-built housing	91.35
购买商品房(%)	Buy real estate	3.16
房屋价值(万元/户)	Value per Room(yuan/sq.m)	6.93
本年新建房屋面积(平方米/户)	**Rooms Newly Built Within the Year Per Capita Floor Space of Houses(sq.m/person)**	**0.82**
每平方米价值(元)	Value per Square Meter(yuan)	1141.76

注：本表为农村抽样调查资料。
a)Data in this table are obtained from the sample surveys on rural households.

10-18 按收入等级分农村牧区常住居民家庭平均每人全年消费性支出(2014 年)

单位：元

项 目	Item	全 区 All Regional Cities and County Towns	低收入 Low Income	更低收入 Lower Income
消费性支出	**Total Living Expenditures**	**9972.24**	**8557.15**	**9863.07**
食 品	Food	3039.02	2559.16	2859.02
# 谷物	Cereals	518.82	542.37	581.79
肉禽及其制品	Meat, Poultry and Related Products	739.87	555.95	583.69
水产品	Aquatic Products	38.45	34.50	42.53
蛋 类	Eggs	56.18	50.69	48.17
奶及奶制品	Milk and Dairy Products	101.94	78.34	93.61
衣 着	Clothing	728.07	546.02	632.92
# 服 装	Garments			
居 住	Residence	1675.75	1312.63	1521.64
# 住房维修及管理	Housing maintenance and management	464.21	393.57	494.16
生活用品及服务	Articles for daily use and service	427.92	344.97	384.82
交通和通讯	Transportation and Communications	1467.54	1312.42	1525.31
教育文化娱乐	Education,Culturaland Entertainment	1318.04	1277.84	1579.34
# 文娱用耐用消费品	Durable Consumer Goods for Recreational Use	71.08	74.21	112.47
医疗保健	Medicine and Medical Services	1114.39	1044.64	1165.13
其他商品和服务	Miscellaneous Commodities	201.52	159.48	194.89

10-19 按收入等级分的农村牧区常住居民家庭平均每人全年收入(2014 年)

单位：元

项 目	Item	全 区 All Regional Cities and County Towns	低收入 Low Income	更低收入 Lower Income
可支配收入	**Disposable Income**	**9976.30**	**84.65**	**-2896.46**
工资性收入	Income of wage	2070.78	453.99	436.04
经营净收入	Operational income	5872.42	-1337.67	-4298.24
第一产业经营收入	Primary industry	5245.68	-1343.76	-4223.66
#农业	Agriculture	3415.75	294.89	-917.15
牧业	Animal-husbandry	1823.05	-1557.17	-3127.17
第二产业经营收入	Secondary industry	96.24	8.14	
第三产业经营收入	Third industry	530.49	-2.06	-74.58
财产性净收入	Net income of property	388.68	19.75	71.48
转移性净收入	Net income of transfer	1644.42	948.58	894.26
借贷收入	**Loan Income**	**1952.82**	**1818.74**	**2548.03**
# 提取储蓄存款	Withdraw Saving Deposit	327.86	200.94	106.09
收回借出款	Paid back Loan	158.63	136.30	154.97
其它借贷收入	Other Loan Income	56.24	8.57	17.59

Per Capita Annual Living Expenditure of Rural Resident Households by Level of Income(2014)

(yuan)

按收入等级分 Grouped by Percentile of Households						
最低收入 Lowest Income	中低收入 Lower Middle Income	中等收入 Middle Income	中高收入 Upper Medium Income	高收入 High Income	更高收入 Higher Income	最高收入 Highest Income
11803.39	**7733.61**	**9705.54**	**10309.28**	**14011.49**	**15885.71**	**17604.97**
3133.62	2552.81	2941.00	3195.16	4071.92	4503.70	5039.01
596.83	510.16	490.52	494.25	558.72	604.35	595.41
651.71	601.88	692.17	796.23	1097.23	1298.50	1515.76
46.66	33.23	36.18	40.37	49.29	56.70	59.48
46.88	51.72	60.39	58.38	60.38	56.73	57.45
93.41	101.79	79.47	96.20	160.15	195.60	212.78
759.11	564.36	679.59	739.98	1158.88	1261.56	1443.21
1646.13	1329.99	1603.79	1708.03	2519.80	2830.30	2781.05
524.55	406.45	403.72	353.89	791.29	1017.09	1019.73
477.59	366.76	401.87	425.61	621.86	727.83	830.28
2079.11	1029.51	1317.90	1366.93	2401.10	2925.36	3347.54
1971.03	942.38	1359.58	1467.14	1577.53	1652.46	1953.00
155.73	41.92	78.73	91.92	69.48	72.11	31.71
1507.00	785.39	1211.15	1220.60	1339.09	1638.62	1788.51
229.80	162.41	190.65	185.83	321.31	345.89	422.38

Per Capita Annual Cash Income of Rural Resident Households by Level of Income(2014)

(yuan)

按收入等级分 Grouped by Percentile of Households						
最低收入 Lowest Income	中低收入 Lower Middle Income	中等收入 Middle Income	中高收入 Upper Medium Income	高收入 High Income	更高收入 Higher Income	最高收入 Highest Income
-6161.78	**5695.08**	**8629.40**	**12555.14**	**24834.43**	**31387.60**	**38985.48**
431.70	1137.53	1930.36	3324.67	3801.34	3074.30	2207.15
-7714.15	3256.02	4937.07	7118.60	16753.27	22849.31	30108.51
-7555.79	3010.87	4562.83	6311.56	14900.95	20510.59	27098.35
-2482.64	2721.53	3228.48	4932.62	6379.64	7519.69	7679.51
-4706.54	269.49	1301.02	1344.68	8485.78	12998.91	19493.87
	-0.46	38.07	34.26	433.39	777.20	1459.59
-158.36	245.60	336.17	772.77	1418.94	1561.52	1550.58
131.48	126.41	225.47	387.71	1283.71	2204.15	3040.79
989.19	1175.13	1536.49	1724.15	2996.11	3259.84	3629.02
3279.17	**1597.74**	**1767.37**	**1468.28**	**3210.55**	**3457.04**	**3811.69**
21.33	330.88	282.58	412.99	431.53	491.11	536.79
303.07	175.45	181.89	195.09	101.58	168.94	88.30
		36.12		253.97	504.12	576.51

10-20 农村牧区常住居民家庭平均每人主要消费品消费量

Per Capita Consumption of Major Consumer Goods in Rural Resident Households

项 目	Item	2013	2014
粮食(公斤)	Grain(kg)	196.73	165.43
蔬菜(公斤)	Fresh Vegetables(kg)	75.97	75.58
食油(公斤)	Edible Oil(kg)	6.29	8.19
猪牛羊肉(公斤)	Pork, Beef and Mutton(kg)	28.92	27.45
家禽(公斤)	Poultry(kg)	3.60	3.93
蛋及制品(公斤)	Eggs and Related Products(kg)	6.05	6.47
水产品(公斤)	Fish and Shrimp(kg)	3.03	2.63
食糖(公斤)	Sugar(kg)	4.68	1.77
酒 (公斤)	Liquor(kg)	22.89	18.13
#白酒 (公斤)	Spirit(kg)	7.96	6.92

10-21 农村牧区常住居民家庭平均每百户耐用消费品年末拥有量

Number of Durable Consumer Goods Owned Per 100 Rural Resident Households at Year-end

品 名	Item	2014
移动电话(部)	Telephone(unit)	206.74
洗衣机(台)	Washing Machine(unit)	81.52
家用电冰箱(台)	Refrigerator(unit)	84.63
摩托车(辆)	Motorcycle(unit)	76.38
黑白电视机(台)	Black and White TV Set(unit)	
彩色电视机(台)	Color TV Set(unit)	105.31
影碟机(台)	Video Disc Player(unit)	
照相机(架)	Camera(unit)	4.23

主要统计指标解释

城镇居民家庭全部收入 指被调查城镇居民家庭全部的实际收入,包括经常或固定得到的收入和一次性收入。不包括周转性收入,如提取银行存款、向亲友借款、收回借出款以及其他各种暂收款。

城镇居民家庭可支配收入 指被调查的城镇居民家庭在支付个人所得税、财产税及其他经常性转移支出后所余下的实际收入。

城镇居民家庭消费性支出 指被调查的城镇居民家庭用于日常生活的全部支出,包括购买商品支出和文化生活、服务等非商品性支出。不包括罚没、丢失款和缴纳的各种税款(如个人所得税、牌照税、房产税等),也不包括个体劳动者生产经营过程中发生的各项费用。

城镇居民家庭购买商品支出 指被调查的城镇居民家庭为自用或赠送亲友而购买商品的全部支出,包括从商店、工厂、饮食业、工作单位食堂、集市以及直接从农民手中购买各种商品的开支。商品支出分为以下八类:食品;衣着;家庭设备用品及服务;医疗保健;交通与通信;娱乐、教育、文化服务;居住;杂项商品和服务。

农村牧区居民家庭纯收入 指农村牧区常住居民家庭总收入中,扣除从事生产和非生产经营费用支出、缴纳税款和上交承包集体任务金额以后剩余的,可直接用于进行生产性、非生产性建设投资、生活消费和积蓄的那一部分收入。农村牧区居民家庭纯收入包括从事生产性和非生产性的经营收入,取自在外人口寄回带回和国家财政救济、各种补贴等非经营性收入;既包括货币收入,又包括自产自用的实物收入。但不包括向银行、信用社和向亲友借款等属于借贷性的收入。

农村牧区居民家庭生活消费支出 指农村牧区常住居民家庭用于日常生活的全部开支,是反映和研究农牧民家庭实际生活消费水平高低的重要指标。

Explanatory Notes on Main Statistical Indicators

Total Income of Urban Households refers to the total actual income of the sample households, including regular or fixed income and occasional income. The income of a circulating nature such as withdrawal from bank deposits, loans borrowed from relatives or friends, repayment of loans received and various temporary collection of money are excluded.

Disposable Income of Urban Households refers to the income of the sample households which can be used for daily expenses, i. e. . total income minus income tax, property tax and other current transfers.

Expenditure for Consumption of Urban Households refers to total expenditure of the sample households for consumption in daily life, including expenditure for various commodities and expenses for non commodity items such as culture and service, etc. , but excluding fines and confiscation, loss, tax payments(such as income tax, license tax, real estates tax, etc.) And various expenses by individual laborers for business purposes.

Expenditure for Purchases of Commodities of Urban Households refers to total expenses of the sample households for the purchases of commodities, for their own use or as gifts to relatives and friends, from shops, factories, catering trade, canteens, markets and from the peasants. Such expenditure is classified into eight categories: food, clothing, household appliances and services, health care and medical services, transport and communications, recreation, education and cultural services, housing, miscellaneous goods and services.

Net Income of Rural Households refers to the total income of the permanent residents of the rural households during a year after the deduction of the expenses for productive and non–productive business operation, the payment for taxes and the payment for collective units for their contracted tasks, which can then be spent for investments in productive and non–productive construction, for consumption in daily life and for savings deposit. It is a comprehensive indicator to show the actual level of the income of the peasants' household. The net income of the rural households includes not only the income from the productive and non–productive business operation, but also the income from the non business operation, such as the money remitted or brought back by the members of the household who are in other places, the government relief payment and various subsidies. It includes not only the money income, but also the income in kind. But the income from borrowing from banks, friends and relatives is excludes.

Expenditure of Rural Households for Consumption refers to total expenses of rural households on daily life, including expenses on food, clothing, housing, fuel, articles for daily use, and expenses on cultural life and services. This indicator is used to show the actual consumption level of peasants.

2015

NEIMENGGU

十一、城市概况

General Survey of Cities

资料整理：杨力英

Arranged By Yang Liying

11-1 城市社会经济指标(2014年)

Main Social and Economic Indicators of Cities(2014)

指标	Item	2014
年末人口数(万人)	**Population (year-end) (10 000 persons)**	**900.38**
#非农业人口	Non-agricultural Population	647.45
全社会从业者人数(万人)	**Number of Employed Persons(10 000 persons)**	**552.84**
#单位职工人数	Staff and Workers	149.34
按产业分的从业人员	Grouped by Industry	546.15
第一产业	Primary Industry	101.26
第二产业	Secondary Industry	133.51
第三产业	Tertiary Industry	311.38
土地面积(万平方公里)	**Total Area (10 000 sq.km)**	**15.0**
生产总值(亿元)	**Gross Domestic Product (100 million yuan)**	**10061.82**
第一产业	Primary Industry	407.12
第二产业	Secondary Indutry	4331.84
#工业	Industry	3715.54
第三产业	Tertiary Industry	5322.86
生产总值指数(上年=100)	Indices of Gross Domestic Product (Preceding year=100)	107.9
农林牧渔业总产值(当年价格,亿元)	**Gross Agricultural Output Value (at current prices) (100 million yuan)**	**685.13**
主要农产品产量	**Output of Major Agricultural Products**	
粮食产量(万吨)	Gain (10 000 tons)	569.23
猪牛羊肉产量(万吨)	Pork, Beef and Mutton (10 000 tons)	46.82
水果(万吨)	Fruits (10 000 tons)	36.56
水产品(万吨)	Aquatic Products (10 000 tons)	5.62
规模以上工业	**Industry of All State-owned & Non-state-owned Industrial Enterprises above Designated Size**	
工业总产值(当年价格,亿元)	Gross Output Value (100 million yuan)	8135.00
主营业务收入(亿元)	Revenues of Main Business (100 millon yuan)	7740.25
工业利润总额(亿元)	Total Profits(100 million yuan)	298.42
运输邮电	**Transportation, Postal and Telecom**	
客运量(发送)(亿人)	Passenger Traffic (100 million persons)	1.69
货运量(发送)(亿吨)	Freight Traffic (100 million tons)	19.04

注:本表除运输邮电外的指标为不包括市辖县统计数。

a)Data in this table don´t include the data of county directly under the city, except transportation and postal and telecom.

11-1 续表 continued

指 标	Item	2014
邮电业务总量 (2010年不变价.亿元)	Revenud of Postal and Telecommunications Services (at 2010 constant prices) (100 million yuan)	249.56
固定资产投资额(亿元)	**Total Investment in Fixed Assets (100 million yuan)**	**5380.92**
社会消费品零售总额(亿元)	**Total Retail Sales of Consumer Goods (100 million yuan)**	**3971.88**
实际利用外资金额(亿美元)	**Amount of Foreign Capital Actually Utilized (USD 100 million)**	**16.66**
在校学生数(万人)	**Student Enrollment (10 000 persons)**	
普通高等学校	Number of Regular Institutes of Higher Education	38.45
中等专业学校	Number of Specialized Secondary Schools	12.23
普通中学	Number of Regular Secondary Schools	59.57
小 学	Number of Primary Schools	59.60
成人高等学校	Noumber of Schools Higher Education for Aduals	3.79
医院、卫生院数(个)	**Number of Hospitals (units)**	**656**
医院、卫生院床位数(万张)	**Number of Beds in Hospitals (10 000 units)**	**7.02**
卫生技术人员数(万人)	**Number of Medical Technical Personnel in Hospitals (10 000 persons)**	**7.56**
专业技术人员数(万人)	**Number of Technical Personnel (10 000 persons)**	**29.40**
在岗职工工资总额(亿元)	**Total Wages of Fully Employed Staff and Workers (100 million yuan)**	**891.60**
个人储蓄存款余额(亿元)	**The Balance of Savings Deposits of Individuals (100 million yuan)**	**5503.01**
公共财政预算收入(亿元)	**Public Budgetary Financial Revenue(10 000 yuan)**	**680.11**

11-2 城市主要经济指标(2014年)
Main Economic Indicators of Cities(2014)

城市名称	City	土地面积(万平方公里) Total Area (10 000 Sq.km)	年末总人口(万人) Population (year-end) (10 000 persons)	年末非农业人口(万人) Nonagricultural Population (year-end) (10 000 persons)	生产总值(不包括市辖县)(亿元) Gross Domestic Product (100 million yuan)
合 计	**Total**	**68.43**	**2274.91**	**1003.87**	**10061.82**
呼和浩特市	Hohhot City	1.72	303.06	119.44	1806.67
包头市	Baotou City	2.78	279.92	138.69	3100.48
呼伦贝尔市	Hulunbeier City	25.28	252.95	177.72	274.42
通辽市	Tongliao City	5.95	312.40	121.27	661.45
赤峰市	Chifeng City	9.00	430.38	114.45	762.17
乌兰察布市	Wulanchabu City	5.50	211.71	95.81	162.38
鄂尔多斯市	Erdos City	8.69	203.49	49.48	856.77
巴彦淖尔市	Bayannaoer City	6.44	167.23	86.52	273.33
乌海市	Wuhai City	0.18	55.42	52.41	600.18
满洲里市	Manzhouli City	0.07	17.31	17.31	212.44
扎兰屯市	Zhalantun City	1.68	42.15	16.67	178.01
牙克石市	Yakeshi City	2.78	34.70	33.80	227.14
根河市	Genhe City	2.00	15.08	15.08	40.05
额尔古纳市	Eerguna City	2.90	8.31	7.74	44.27
乌兰浩特市	Wulanhaote City	0.27	32.24	24.42	147.57
阿尔山市	Aershan City	0.74	4.83	4.83	15.14
霍林郭勒市	Huolinguole City	0.06	8.19	7.66	265.25
二连浩特市	Erlianhaote City	0.40	2.97	2.82	88.40
锡林浩特市	Xilinhaote City	1.48	18.31	16.01	207.50
丰镇市	Fengzhen City	0.27	33.85	11.02	138.20

11-2 续表 1 continued

城市名称	City	农业总产值(亿元) Gross Agricultural Output Value (100 million yuan)	不包括市辖县 Counties Excluded	工业总产值(亿元) Gross Industrial Output Value (100 million yuan)	不包括市辖县 Counties Excluded	客运总量(万人) Total Passenger Traffic (10 000 persons)	货运总量(万吨) Total Freight Traffic (10 000 tons)	固定资产投资(亿元) Investment in Fixed Assets (10000 million yuan)	不包括市辖县 Counties Excluded
合 计	**Total**	**2482.75**	**685.13**	**18215.95**	**8135.00**	**16905**	**190403**	**10830.65**	**5380.92**
呼和浩特市	Hohhot City	223.03	48.00	1642.64	595.34	699	16326	1397.76	689.58
包头市	Baotou City	179.64	52.12	3320.52	2418.93	1736	41182	2239.80	1609.91
呼伦贝尔市	Hulunbeier City	435.78	14.97	1295.65	166.76	2757	18061	803.00	207.86
通辽市	Tongliao City	449.11	99.37	2479.07	871.84	2514	14538	1112.82	459.94
赤峰市	Chifeng City	456.41	109.67	2056.94	799.37	4356	15391	1101.30	441.52
乌兰察布市	Wulanchabu City	230.18	6.67	1011.25	122.58	483	6201	570.16	133.54
鄂尔多斯市	Erdos City	171.66	2.64	4375.73	452.39	1288	46597	2390.43	440.41
巴彦淖尔市	Bayannaoer City	282.98	76.51	948.22	299.64	1939	9936	580.77	140.04
乌海市	Wuhai City	8.36	8.36	735.15	735.15	427	8109	352.20	352.20
满洲里市	Manzhouli City	6.23	6.23	147.76	147.76	252	4800	94.35	94.35
扎兰屯市	Zhalantun City	73.80	73.80	220.13	220.13	1330	1557	102.02	102.02
牙克石市	Yakeshi City	65.10	65.10	258.20	258.20	616	5453	106.00	106.00
根河市	Genhe City	18.09	18.09	19.02	19.02	62	172	15.01	15.01
额尔古纳市	Eerguna City	25.60	25.60	28.73	28.73	27	1512	24.00	24.00
乌兰浩特市	Wulanhaote City	17.11	17.11	124.72	124.72	179	1541	96.50	96.50
阿尔山市	Aershan City	4.12	4.12	1.46	1.46	13	76	30.81	30.81
霍林郭勒市	Huolinguole City	5.66	5.66	446.29	446.29	75	9328	160.32	160.32
二连浩特市	Erlianhaote City	0.97	0.97	59.09	59.09	61	1082	32.84	32.84
锡林浩特市	Xilinhaote City	23.39	23.39	165.51	165.51	453	11363	122.26	122.26
丰镇市	Fengzhen City	26.74	26.74	199.54	199.54	97	683	58.11	58.11

注：工业总产值为规模以上工业企业。

a) Thea gross industrial output value is covered all state-owned and Non-state-owned industrial enterprises above designated size.

11-2 续表 2 continued

城市名称	City	公共财政预算收入(亿元) Public Budgetary Financial Revenue(10 000 yuan)	#不包括市辖县 Counties Excluded	个人储蓄存款余额(亿元)The Balance of Savings Deposits of Individuals (100 million yuan)	在岗职工人数(万人) Number of Fully-empolyec Staff and Workers (10 000 persons)	#不包括市辖县 Counties Excluded	在岗职工工资总额(亿元) Total Wages of Fully-empolyed Staff and Workers (100 million yuan)	#不包括市辖县 Counties Excluded
合 计	**Total**	**1408.23**	**680.11**	**7639.96**	**255.42**	**149.34**	**1418.69**	**891.60**
呼和浩特市	Hohhot City	211.54	104.91	1480.88	41.28	32.63	217.02	175.60
包头市	Baotou City	234.32	190.06	1218.27	38.54	33.74	219.88	191.47
呼伦贝尔市	Hulunbeier City	96.03	13.66	722.30	29.76	6.14	164.82	36.08
通辽市	Tongliao City	113.06	40.91	459.03	28.65	10.96	134.60	50.92
赤峰市	Chifeng City	98.03	32.14	931.80	34.89	5.21	189.73	89.08
乌兰察布市	Wulanchabu City	51.02	15.23	515.36	15.73	5.77	78.21	26.99
鄂尔多斯市	Erdos City	430.08	89.17	1268.45	30.53	8.81	214.81	65.54
巴彦淖尔市	Bayannaoer City	62.02	18.83	453.40	15.02	7.40	73.79	35.83
乌海市	Wuhai City	75.16	75.16	322.09	9.97	9.97	64.62	64.62
满洲里市	Manzhouli City	13.93	13.93	116.30	3.55	3.55	21.37	21.37
扎兰屯市	Zhalantun City	4.57	4.57	66.94	3.03	3.03	16.90	16.90
牙克石市	Yakeshi City	5.62	5.62	105.50	3.30	3.30	16.67	16.67
根河市	Genhe City	1.68	1.68	47.41	1.28	1.28	6.47	6.47
额尔古纳市	Eerguna City	2.29	2.29	25.21	2.06	2.06	7.62	7.62
乌兰浩特市	Wulanhaote City	7.17	7.17	101.48	4.18	4.18	22.71	22.71
阿尔山市	Aershan City	0.90	0.90	12.69	0.61	0.61	2.99	2.99
霍林郭勒市	Huolinguole City	30.48	30.48	42.53	2.90	2.90	16.79	16.79
二连浩特市	Erlianhaote City	4.38	4.38	37.20	0.69	0.69	4.41	4.41
锡林浩特市	Xilinhaote City	24.53	24.53	117.02	5.57	5.57	31.09	31.09
丰镇市	Fengzhen City	4.49	4.49	49.41	1.54	1.54	8.44	8.44

11–3 城市公用事业基本情况

Basic Statistics on Urban Public Utilities

项 目	Item	2013	2014
城市建设	**Cities Areas and Floor Space of Buildings**		
城区面积(平方公里)	Urban Area (sq.km)	8355.93	6764.56
建成区面积(平方公里)	Area of Built Districts(sq.km)	1206.21	1184.81
城市建设用地面积(平方公里)	Area of Land Used for Urban Construction(sq.km)	1187.54	1265.68
城市人口密度(人/平方公里)	Population Density of Urban Districts(person/sq.km)	1059.00	1291.00
供水、供气及供热	**Water Supply, Gas Supply and Heating**		
自来水年供水量(万吨)	Annual Supply of Tap Water(10 000 tons)	71577.73	73863.63
#生活用水量	Water Consumption for Residentialuse	30283.38	32267.84
平均每人日生活用水(升)	Per Capita Water Consumption for Residential use(liter)	97.47	103.49
用水普及率(%)	Percentage of Population with Access to Tap Water(%)	96.23	97.79
煤气供气量(万立方米)	Coal Gas Supply(10 000 cu.m)	3500.00	3500.00
#家庭用量	Consumption of Coal Gas for Residential Use	2944.00	2944.00
天然气供气量(万立方米)	Natural Gas Supply(10 000 cu.m)	104731.85	110922.09
#家庭用量	Consumption of Natural Gas for Residedtial Use	19651.23	18819.70
液化石油气供气量(吨)	Liquefied Petroleum Gas(ton)	69174.24	63069.43
#家庭用量(吨)	Consumption of Liquefied Gas for Residential use(ton)	60932.44	57504.89
燃气普及率(%)	Percentage of Population with Access to Gas(%)	87.93	92.28
集中供热面积(万平方米)	Heated Area(10 000 sq.m)	39020.20	41967.39
市政工程	**Municipal Engineering**		
铺装道路长度(公里)	Length of Paved Roads(km)	8222.74	8612.28
平均每万人拥有道路长度(公里)	Length of Paved Roads per 10000 Population(km)	9.30	9.86
铺装道路面积(万平方米)	Area of Paved Roads(10 000 sq.m)	17417.79	18432.34
人均城市道路面积(平方米)	Area of Paved Roads per Population(sq.m)	19.69	21.10
下水道长度(公里)	Length of Sewer Pipelines(km)	11208	12123
公共交通	**Public Traffic**		
公共汽车总数(辆)	Number of Public Transportation Vehicles(unit)	6676	6782
平均每万人拥有(辆)	Number of Public Transportation Vehicles Per 10 000 Population(unit)	7.55	7.76
出租汽车(辆)	Taxi(unit)	39391	39616
城市绿化	**Afforestation in Cities**		
园林绿地面积(公顷)	Area of Green Land(hectare)	49333	57372
人均公园绿地面积(平方米)	Per Capita Area of Parks and Green Land(sq.m)	16.90	18.80
公园个数(个)	Number of Parks(unit)	220	260
公园面积(公顷)	Area of Parks(hectare)	11539	12090
建成区绿化覆盖率（%）	Green Covered Area as % of Completed Area(%)	36.19	39.79
环境卫生	**Environmental Sanitation**		
污水处理厂集中处理率（%）	Centralized Treatment Rate of Waste-water Treatment Plants (%)	88.21	89.21
生活垃圾无害化处理率（%）	Domestic Garbage Harmless Treatment Rate(%)	93.56	96.07
清运垃圾(万吨)	Volume of Garbage Disposal(10 000 tons)	350.06	324.56
清运粪便(万吨)	Disposal of Excrement and Urine(10 000 tons)	82.75	48.13
每万人有公厕(座)	Public Lavatories per 10 000 Population(unit)	4.85	4.67

注：人均和普及率指标均按城区人口与城区暂住人口之和计算，以公安部门的户籍统计和暂住人口统计为准。

a)Per capita data and coverage rate are calculated on the basis of the sum of districts area population and temporarily residing population,which are provided by the Ministry of Public Security.

11-4 城市建设情况(2014 年)

Statistics on City Construction (2014)

地 区	Region	建成区面积(平方公里) Developed Areas (sq.km)	征用土地面积(平方公里) Land Put in Requisition for State Construction Projects (sq.km)	市区人口密度(人/平方公里) Population Density of Urban Districts (person/sq.km)	城区面积(平方公里) Urban Area (sq.km)	城市建设用地面积(平方公里) Area of Land Used for Urban Construction(sq.km)
合 计	**Total**	**1184.81**	**25.21**	**1291**	**6764.56**	**1265.68**
呼和浩特市	Hohhot City	230.00	8.13	7115	265.05	264.93
包头市	Baotou City	190.46		2079	885.00	190.46
呼伦贝尔市	Hulunbeier City	59.46		1206	265.40	59.46
通辽市	Tongliao City	61.20	5.40	5971	75.63	61.20
赤峰市	Chifeng City	104.90		1788	560.00	82.05
乌兰察布市	Wulanchabu City	60.00	4.81	5683	60.00	52.18
鄂尔多斯市	Erdos City	113.23		2473	196.23	113.23
巴彦淖尔市	Bayannaoer City	51.00		610	698.00	114.60
乌海市	Wuhai City	62.92	0.25	1995	282.35	56.86
满洲里市	Manzhouli City	27.06		290	732.44	27.00
扎兰屯市	Zhalantun City	19.20	1.02	343	385.00	18.25
牙克石市	Yakeshi City	19.00		3372	39.00	18.80
根河市	Genhe City	17.50		203	350.00	12.45
额尔古纳市	Eerguna City	10.38		45	804.00	10.38
乌兰浩特市	Wulanhaote City	38.50	0.60	2901	86.10	49.36
阿尔山市	Aershan City	10.00		3169	15.40	8.00
霍林郭勒市	Huolinguole City	17.00	2.46	224	585.00	16.81
二连浩特市	Erlianhaote City	27.00	1.17	1556	45.96	45.96
锡林浩特市	Xilinhaote City	41.00	1.37	489	409.00	40.00
丰镇市	Fengzhen City	25.00		5456	25.00	23.70

11-5 城市自来水(2014年)

Basic Statistics on Tap Water Supply in Cities(2014)

地区	Region	年末自来水生产能力(万吨/日) Production Capacity of Tap Water (year-end) (10 000 tons/day)	年末供水管道长度(公里) Length of Water Supply Pipelines (year-end) (km)	全年供水总量(万吨) Total Annual Volume of Water Supply (10 000 tons)	#生活用水 For Residential Use	#生产用水 For Productive Use	用水人口(万人) Number of Residents with Access to Tap Water (10 000 persons)	人均日生活用水量(升) Per Capita Daily Consumption of Tap Water for Resideddtial Use(litre)
合计	**Total**	**425.47**	**10619**	**73864**	**32268**	**30951**	**854.20**	**103.49**
呼和浩特市	Hohhot City	62.18	790	14876	6091	4844	187.99	88.77
包头市	Baotou City	100.40	1718	17495	5718	9469	182.98	85.62
呼伦贝尔市	Hulunbeier City	10.00	277	2149	1280	711	30.70	114.18
通辽市	Tongliao City	45.80	574	5112	2029	2351	43.13	128.90
赤峰市	Chifeng City	42.64	1219	10917	3398	6843	96.11	96.87
乌兰察布市	Wulanchabu City	8.74	321	1598	974	373	33.10	80.66
鄂尔多斯市	Erdos City	19.80	807	3583	2620	593	48.40	148.33
巴彦淖尔市	Bayannaoer City	14.40	443	2411	1793	249	40.75	120.54
乌海市	Wuhai City	42.18	2105	4016	2822	711	56.34	137.21
满洲里市	Manzhouli City	9.50	473	1187	872	75	21.00	113.79
扎兰屯市	Zhalantun City	6.45	96	2341	293	2019	12.36	64.99
牙克石市	Yakeshi City	4.60	91	1295	562	691	12.29	125.28
根河市	Genhe City	7.10	28	319	262	43	6.65	107.94
额尔古纳市	Eerguna City	1.00	66	105	87	7	3.39	69.91
乌兰浩特市	Wulanhaote City	21.50	274	2845	1376	935	24.27	155.33
阿尔山市	Aershan City	2.15	45	63	42	8	2.30	50.03
霍林郭勒市	Huolinguole City	5.60	364	835	646	107	12.80	138.29
二连浩特市	Erlianhaote City	5.00	165	549	213	230	7.15	81.43
锡林浩特市	Xilinhaote City	8.45	575	1271	763	369	19.53	107.04
丰镇市	Fengzhen City	7.98	189	897	427	323	12.96	90.19

11-6 城市煤气、液化石油气、天然气(2014 年)

Basic Statistics on Supply of Gas, Liquefied Petroleum Gas and Natural Gas in Cities(2014)

地区	Region	人工煤气生产能力(万立方米/日) Production Capacity of Coal Gas(10 000 cu.m/day)	管道长度(公里) Length of Gas Pipelines(km)		全年供气总量 Total Gas Supply			用气人口(万人) Population with Access to Gas(10 000 persons)		
			人工煤气 Coal Gas	天然气 Natural Gas	人工煤气(万立方米) Coal Gas (10 000 cu.m)	液化石油气(吨) Liquefied Petroleum Gas(ton)	天然气(万立方米) Natural Gas (10 000 cu.m)	人工煤气 Coal Gas	液化石油气 Liquefied Petroleum Gas	天然气 Natural Gas
合 计	**Total**	**164**	**507**	**6713**	**3500**	**63069**	**110922**	**41.20**	**260.14**	**504.70**
呼和浩特市	Hohhot City			2463			40809			185.93
包头市	Baotou City	164	507	1236	3500	9220	38265	41.20	21.00	114.70
呼伦贝尔市	Hulunbeier City					6840	19		27.00	1.62
通辽市	Tongliao City			602		576	2152		5.00	38.35
赤峰市	Chifeng City			352		15769	890		78.01	18.60
乌兰察布市	Wulanchabu City			278		3785	2971		15.00	14.00
鄂尔多斯市	Erdos City			958		1800	14814		6.00	39.34
巴彦淖尔市	Bayannaoer City			92			974			38.00
乌海市	Wuhai City			297		1331	6680		8.42	38.90
满洲里市	Manzhouli City			168		6481	237		18.00	0.91
扎兰屯市	Zhalantun City			58		2741	142		10.00	1.20
牙克石市	Yakeshi City			16		2063	100		10.00	0.91
根河市	Genhe City					982			6.00	
额尔古纳市	Eerguna City					763			3.41	
乌兰浩特市	Wulanhaote City			75		3469	183		15.00	1.38
阿尔山市	Aershan City					80			1.00	
霍林郭勒市	Huolinguole City					2204			12.00	
二连浩特市	Erlianhaote City					924	341		6.30	
锡林浩特市	Xilinhaote City			110		3090	1900		15.00	4.00
丰镇市	Fengzhen City			8		952	443		3.00	6.86

11–7 城市集中供热(2014 年)

Basic Statistics on Heating in Cities(2014)

地 区	Region	供应能力 Heating Capacity		供热总量 Volume Supplied		管道长度(公里) Length of Pipelines(km)		供热面积(万平方米) Heated Area (10 000 sq.m)
		蒸汽(吨/小时) Steam (ton/hour)	热水(兆瓦) Hot Water (mw)	蒸汽(万吉焦) Steam (10 000 gigajouies)	热水(万吉焦) Hot Water (10 000 gigajoules)	蒸汽 Steam	热水 Hot Water	
合 计	**Total**	**341.7**	**38000**	**181**	**27585**	**28**	**9224**	**41967.4**
呼和浩特市	Hohhot City		9844		8286		1717	9160.0
包头市	Baotou City		7361		4438		865	7618.0
呼伦贝尔市	Hulunbeier City		1706		1174		331	1535.6
通辽市	Tongliao City		1260		951		569	2499.0
赤峰市	Chifeng City	271.7	3612	145	2262	8	1165	3943.0
乌兰察布市	Wulanchabu City		1813		897		343	1627.9
鄂尔多斯市	Erdos City		5040		3087		1042	5297.0
巴彦淖尔市	Bayannaoer City		1311		1132		878	1665.0
乌海市	Wuhai City		679		507		426	1840.8
满洲里市	Manzhouli City		916		866		370	1182.4
扎兰屯市	Zhalantun City		261		320		75	433.8
牙克石市	Yakeshi City		457		552		199	630.0
根河市	Genhe City		130		299		31	144.0
额尔古纳市	Eerguna City		221		141		40	150.0
乌兰浩特市	Wulanhaote City		959		574		448	1112.2
阿尔山市	Aershan City	70.0	90	36	47	20	55	102.7
霍林郭勒市	Huolinguole City		158		462		94	492.9
二连浩特市	Erlianhaote City		366		226		250	398.1
锡林浩特市	Xilinhaote City		1411		1006		265	1440.0
丰镇市	Fengzhen City		405		358		60	695.2

11-8 城市市政工程(2014 年)

Basic Statistics on Municipal Engineering in Cities(2014)

地 区	Region	年末实有铺装道路长度(公里) Length of Paved Roads (year-end) (km)	年末实有铺装道路面积(万平方米) Area of Paved Roads (year-end) (10 000 sq.m)	城市桥梁(座) Number of Bridges (unit)	城市排水管道长度(公里) Length of Sewer Pipelines (km)	城市污水日处理能力(万吨) Daily Disposal Capacity of Sewage (10 000 tons)	城市路灯(千盏) Number of Street Lights (1000 unit)
合 计	**Total**	**8612**	**18432**	**374**	**12123**	**189.5**	**746.5**
呼和浩特市	Hohhot City	905	2245	76	1996	30.0	252.0
包头市	Baotou City	1457	2669	40	2087	35.2	81.5
呼伦贝尔市	Hulunbeier City	352	959	1	493	10.0	20.5
通辽市	Tongliao City	512	1089	15	731	20.0	53.4
赤峰市	Chifeng City	692	2022	39	761	26.6	30.1
乌兰察布市	Wulanchabu City	393	885	18	314	7.8	46.1
鄂尔多斯市	Erdos City	1191	2915	16	2133	9.0	65.1
巴彦淖尔市	Bayannaoer City	549	952	9	1101	11.0	20.9
乌海市	Wuhai City	622	1013	55	290	8.5	35.2
满洲里市	Manzhouli City	452	782	11	292	2.0	6.9
扎兰屯市	Zhalantun City	150	306	29	135	4.0	16.2
牙克石市	Yakeshi City	92	310	3	95	3.4	5.4
根河市	Genhe City	45	107	4	28	1.5	1.2
额尔古纳市	Eerguna City	79	84	3	57	1.0	2.2
乌兰浩特市	Wulanhaote City	248	465	9	378	6.0	13.1
阿尔山市	Aershan City	74	73	9	38	1.0	3.8
霍林郭勒市	Huolinguole City	125	400	13	352	5.0	4.7
二连浩特市	Erlianhaote City	156	266	2	172	1.5	10.2
锡林浩特市	Xilinhaote City	294	584	4	446	4.0	72.0
丰镇市	Fengzhen City	224	307	18	226	2.0	6.2

11-9 城市公共汽车、出租汽车(2014 年)

Basic Statistics on Buses and Taxis in Cities(2014)

地 区	Region	年末实有公共汽车(辆) Public Transportation Vehicles(year-end) (unit)	运 客 总 数 (万人次) Number of Passengers Carried (10 000 Person times)	出租汽车 (辆) Number of Taxis (unit)
合 计	**Total**	**6782**	**106771**	**39616**
呼和浩特市	Hohhot City	2026	37740	5568
包头市	Baotou City	1135	16509	5840
呼伦贝尔市	Hulunbeier City	353	1823	2129
通辽市	Tongliao City	398	5165	3059
赤峰市	Chifeng City	622	18430	3787
乌兰察布市	Wulanchabu City	223	3500	3496
鄂尔多斯市	Erdos City	431	4609	2394
巴彦淖尔市	Bayannaoer City	116	1798	1303
乌海市	Wuhai City	459	5100	953
满洲里市	Manzhouli City	264	1520	1136
扎兰屯市	Zhalantun City	57	720	1075
牙克石市	Yakeshi City	56	421	1946
根河市	Genhe City	32	342	306
额尔古纳市	Eerguna City	15	53	635
乌兰浩特市	Wulanhaote City	166	2686	2298
阿尔山市	Aershan City	22	65	312
霍林郭勒市	Huolinguole City	202	4200	545
二连浩特市	Erlianhaote City	37	201	425
锡林浩特市	Xilinhaote City	105	1490	1784
丰镇市	Fengzhen City	63	400	625

11-10 城市园林绿化(2014年)

Basic Statistics on Parks, Gardens and Green Areas in Cities(2014)

地 区	Region	园林绿地面积(公顷) Area of Green Land(hectare)	公园绿地面积(公顷) Park Green Area(hectare)	公园(个) Number of Parks (unit)	公园面积(公顷) Area of Parks (hectare)
合 计	**Total**	**57372**	**16423**	**260**	**12090**
呼和浩特市	Hohhot City	9279	3267	46	2918
包头市	Baotou City	7841	2400	28	1936
呼伦贝尔市	Hulunbeier City	1961	703	7	518
通辽市	Tongliao City	2337	907	7	788
赤峰市	Chifeng City	3760	1823	35	528
乌兰察布市	Wulanchabu City	5822	1187	14	1393
鄂尔多斯市	Erdos City	11432	1817	56	1466
巴彦淖尔市	Bayannaoer City	1932	712	7	211
乌海市	Wuhai City	2544	1036	19	683
满洲里市	Manzhouli City	824	274	4	48
扎兰屯市	Zhalantun City	2381	188	1	68
牙克石市	Yakeshi City	671	217	1	66
根河市	Genhe City	555	118	1	73
额尔古纳市	Eerguna City	428	58	3	23
乌兰浩特市	Wulanhaote City	1299	501	4	436
阿尔山市	Aershan City	411	193	5	208
霍林郭勒市	Huolinguole City	701	185	6	135
二连浩特市	Erlianhaote City	878	125	4	120
锡林浩特市	Xilinhaote City	1439	310	6	305
丰镇市	Fengzhen City	877	404	6	167

11-11 城市公共卫生(2014 年)

Basic Statistics on Urban Sanitation in Cities(2014)

地 区	Region	清扫面积(万平方米) Area Under Cleaning Program (10 000 sq.m)	生活垃圾清运量(万吨) Volume of Garbage Disposal (10 000tons)	粪便清运量(万吨) Volume of Excrement and Urine Disposal (10 000 tons)	市容环卫专用车辆设备总数(台) Number of Special Vehicles for Environment (unit)	公共厕所(座) Number of Public Lavatories (unit)
合 计	**Total**	**18207**	**324.6**	**48.1**	**2717**	**4075**
呼和浩特市	Hohhot City	2592	62.0		553	585
包头市	Baotou City	3080	49.1	13.0	421	302
呼伦贝尔市	Hulunbeier City	817	11.7	1.9	126	87
通辽市	Tongliao City	891	13.0	8.8	84	180
赤峰市	Chifeng City	1515	41.5	11.0	143	205
乌兰察布市	Wulanchabu City	480	14.3	1.2	137	304
鄂尔多斯市	Erdos City	3740	20.4	2.2	211	333
巴彦淖尔市	Bayannaoer City	750	14.6	3.6	87	335
乌海市	Wuhai City	968	26.1	1.2	176	339
满洲里市	Manzhouli City	739	6.6		83	439
扎兰屯市	Zhalantun City	400	5.3		240	248
牙克石市	Yakeshi City	130	4.9		35	34
根河市	Genhe City	93	3.0		23	19
额尔古纳市	Eerguna City	79	3.3		41	9
乌兰浩特市	Wulanhaote City	510	16.3	1.5	85	122
阿尔山市	Aershan City	70	2.1		12	12
霍林郭勒市	Huolinguole City	413	6.8		51	34
二连浩特市	Erlianhaote City	252	6.6	0.1	57	52
锡林浩特市	Xilinhaote City	526	8.0	2.1	78	141
丰镇市	Fengzhen City	162	9.0	1.5	74	295

11–12 城市设施水平(2014 年)

Level of Public Facilities in Cities(2014)

地 区	Region	城市人口用水普及率(%) Percentage of Population with Access to Tap Water(%)	城市燃气普及率(%) Percentage of Population with Access to Gas(%)	每万人拥有公共汽车辆(标台) Number of Public Buses per 10 000 Persons (st.set)	人均城市道路面积(平方米) Per Capita Area of Paved Roads (sq.m)	人均公园绿地面积(平方米) Per Capita Area of Parks and Green Land (sq.m)	每万人拥有公共厕所(座) Number of Public Lavatories per 10 000 Population (unit)
全 区	**All Region**	**97.79**	**92.28**	**7.76**	**21.10**	**18.80**	**4.67**
呼和浩特市	Hohhot City	99.69	98.60	10.74	11.91	17.32	3.10
包头市	Baotou City	99.45	96.14	6.17	14.51	13.04	1.64
呼伦贝尔市	Hulunbeier City	95.94	89.44	11.03	29.97	21.95	2.72
通辽市	Tongliao City	95.50	95.99	8.81	24.12	20.07	3.99
赤峰市	Chifeng City	96.00	96.50	6.21	20.20	18.21	2.05
乌兰察布市	Wulanchabu City	97.07	85.04	6.54	25.94	34.81	8.91
鄂尔多斯市	Erdos City	99.75	93.45	8.88	60.07	37.45	6.86
巴彦淖尔市	Bayannaoer City	95.66	89.20	2.72	22.35	16.71	7.86
乌海市	Wuhai City	100.00	83.99	8.15	17.99	18.39	6.02
满洲里市	Manzhouli City	98.96	89.11	12.44	36.84	12.89	20.69
扎兰屯市	Zhalantun City	93.64	84.85	4.32	23.19	14.24	18.79
牙克石市	Yakeshi City	93.46	82.97	4.26	23.57	16.50	2.59
根河市	Genhe City	93.53	84.39	4.50	15.11	16.60	2.67
额尔古纳市	Eerguna City	93.65	94.20	4.14	23.07	16.02	2.49
乌兰浩特市	Wulanhaote City	97.16	65.57	6.65	18.62	20.06	4.88
阿尔山市	Aershan City	47.13	20.49	4.51	14.86	39.55	2.46
霍林郭勒市	Huolinguole City	97.64	91.53	15.41	30.51	14.09	2.59
二连浩特市	Erlianhaote City	100.00	88.11	5.17	37.23	17.48	7.27
锡林浩特市	Xilinhaote City	97.65	95.00	5.25	29.18	15.51	7.05
丰镇市	Fengzhen City	95.01	72.29	4.62	22.47	29.62	21.63

主要统计指标解释

年末自来水生产能力 指年底城建部门管理的自来水厂和自备水源的社会单位取水、净化、送水、出厂输水干管等环节的实际生产能力。

年末供水管道长度 指从送水泵到用户水表之间所有管道的长度。全年供水总量指公用自来水厂和自备水源的社会单位全年的供水总量,包括有效供水量及损失水量。

年末供水总量 指报告期供水企业(单位)供出的全部水量,包括有效供水量及损失水量。

生活用水量 指居民日常生活与公共福利设施的用水量,包括居民、饮食店、旅馆、医院、理发店、浴池、洗衣店、游泳池、商店、学校、机关、部队等单位的用水量。

城市人口用水普及率 指城市用水的非农业人口数(不包括临时人口和流动人口)与城市非农业人口总数之比。计算公式为:

用水普及率 = 城市用水的非农业人口数 / 城市非农业人口数 × 100%

人工煤气生产能力 指城市煤气厂制气、净化、输送等环节的综合实际生产能力。

输气管道长度 指由压缩机、鼓风机、储气罐的出口到用户煤气表之间的全部管道长度。

全年供气总量 指全年售给各类用户的全部煤气量,包括工业用量、家庭用量和其他用量。

城市用气普及率 指使用煤气(包括人工煤气、液化石油气、天然气)的城市非农业人口数(不包括临时人口和流动人口)与城市非农业人口总数之比。计算公式为:

城市煤气普及率 = 城市用气的非农业人口数 / 城市非农业人口总数 × 100%

城市供热能力 指热电厂、热力公司和达到标准的集中采暖锅炉房和城市输送的供热源的设计能力，即每小时向城市输送蒸汽、热水的能力。

城市供热总量 指热电厂、热力公司和达到标准的集中采暖锅炉房向城市输送的全部蒸汽、热水量。

城市供热管道长度 指热电厂、热力公司和达到标准的集中采暖锅炉房管理的集中供热热源到用户之间的全部供气、供热水的管道长度。

年底实有铺装道路长度 指除土路外,路面经过铺装宽度在 3.5 米以上的道路,包括高级、次高级道路和普通道路。

城市桥梁 指城市范围内,修建在河道上的桥梁和道路与道路立交、道路跨越铁路的立交桥及人行天桥。包括永久性桥和半永久性桥,不包括临时性桥、铁路桥、涵洞。

城市下水道总长度 指所有排水总管、干管、支管及暗渠、检查井、连接井进出水口等长度之和。

城市污水日处理能力 指污水处理厂每昼夜处理污水量的设计能力。

年末实有公共汽车 指年底可参加营运的全部车辆数,包括营运车辆数和库存查封未参加营运的车辆。不包括非营运车辆,如架线车、油罐车、工程车、货车及其他专用车辆和借入的客运车辆。

城市园林绿地面积 指城市公共绿地、专用绿地、生产绿地、防护绿地、郊区风景名胜区的全部面积。

公共绿地 指供游览休息的各种公园、动物园、植物园、陵园以及花园、游园和供游览休息用的林荫道绿地、广场绿地，不包括一般栽植的行道树及林荫道的面积。

Explanatory Notes on Main Statistical Indicators

Production Capacity of Tap Water at the Year-end refers to the actual comprehensive production capacity of the waterworks administered by the urban construction department and those owned by enterprises or institutions, taking the capacity of the main links, such as water inflow, purification, conveyance and outflow of the trunk pipelines into account.

Length of Water Supply Pipelines at the Year-end refers to the total length of all the pipelines between the water pumps and the users water meters.

Annual Volume of Water Supply refers to the total volume of water supplied by the public water works and those owned by individual enterprises and institutions during the whole year, including both the effective water supply and loss during the water supply.

Consumption of Water for Residential Use refers to the water consumption of households for daily life and the water consumption of public welfare facilities, including the consumption of restaurants, hotels, hospitals, barber shops, public bathhouses, laundries, swimming pools, shops, schools, institutions, army units and other units.

Percentage of Urban Population with Access to Tap Water refers to the ratio of the urban non-agricultural population (excluding temporary and mobile population) with access to tap water to the total urban non-agricultural population. The formula is:

Percentage of Population with Access to Tap Water = Urban Non-agricultural Population with Access to Tap Water ÷ Urban Non-agricultural Population × 100%

Production Capacity of Gasworks Gas refers to the actual comprehensive production capacity of the urban gasworks in gas generation, purification and delivery.

Length of Gas Pipelines refers to the total length of pipelines between the outlet of the compressor, blower or gas tank and the gas meters of users.

Volume of Gas Supply refers to the total volume of gas sold to users in a year, including the volume for industrial use, residential use and other uses.

Percentage of Urban Population with Access to the Gas refers to ratio of the urban non-agricultural population with access to gas(including gas, liquefied petroleum gas and natural gas) to the urban non agricultural population(excluding temporary and mobile population). The formula is:

Percentage of Population with Access to Gas = Urban Non-agricultural Population with Access to Gas ÷ Urban Non-agricultural Population × 100%

Heating Capacity in Urban Area refers to the capacity of hourly supply of steam and hot water to cities by thermal power plants, heating corporations and centralized heating boiler rooms which meet certain standard.

Heating Volume in Urban Area refers to the total volume of steam and hot water supplied to cities every year by thermal power plants, heating corporations and centralized heating boiler rooms which meet certain standard.

Length of Heating Pipelines refers to the total length of pipelines for centralized supply of steam and hot water from the thermal power plants, heating corporations and centralized heating boiler rooms which meet certain standard to the users.

Length of Paved Roads at the Year-end refers to the length of roads with a paved surface, and with a width of more than 3.5 meters, including high quality, medium quality and ordinary roads.

Urban Bridges refer to bridges over river courses, great separated junctions and overpasses in urban areas. Permanent bridges and semi permanent bridges are included. Temporary bridges, railway bridges and culverts are excluded.

Length of Urban Sewage Pipes refers to the total length of general drainage, trunks. Branch and blind drainage, inspection wells, connection wells, inlets and outlets, etc.

Daily Disposal Capacity of Urban Sewage refers to the designed 24-hour capacity of sewage disposal at the sewage treatment works.

Number of Public Vehicles at the Year-end refers to the total number of operational buses available at the year-end, including the year-end operational vehicles and vehicles in stock. Non-operational vehicles such astringing cars, tank cars, machine shop cars, trucks and other special vehicles and the borrowed passenger vehicles are excluded.

Area of Urban Gardens and Green Areas refers to the total area of urban public green land, special green land, production green land, protection green land and suburban scenic spots.

Public Green Area refers to green areas of various parks, zoos, botanical gardens, cemeteries, amusement parks, tree flanked boulevards' Greenland squares for tourism and relaxing. Areas with trees planted along side the streets and boulevards are excluded.

2015 NEIMENGGU

十二、农业

Agriculture

资料整理：王海英　顾文军　赵　燕　胡金山　刘世友　李艳丽
王元杰　高志宇　刘　军　王鹏飞　李丽萍
Arranged By Wang Haiying , Gu Wenjun , Zhao Yan , Hu Jinshan , Liu Shiyou , Li Yanli , Wang Yuanjie , Gao Zhiyu, Liu Jun,Wang Pengfei , Li Liping

12-1 农村牧区基层组织和农牧业基本情况(2014 年)
Basic Conditions of Rural Grassroots Units, Farming &Animal Husbandry(2014)

指标	Item	总计 Total	农村 Farm Area	牧区 Pastoral Area
农村牧区基层组织情况	**Basic Conditions of Rural Grassroots Units**			
乡镇(苏木)(个)	Number of Township &Town Governments(unit)	771		
#镇(个)	Number of Town Governments(unit)	496		
村委会(嘎查)(个)	Number of Villages' Committees(unit)	11214		
农村牧区社会基础设施	**Rural Fundamental Facilities of Society**			
自来水受益村(个)	Number of Benefiting from Pipewater Villages (unit)	7434	6464	970
通有线电视村(个)	Number of Cable TV Villages(unit)	7769	6314	1455
通宽带村(个)	Number of Internet Villages (unit)	6380	5534	846
农村牧区人口与从业人口	**Rural Population &Employment**			
乡村户数(万户)	Number of Rural Households(10 000 households)	422.33	364.05	58.28
乡村人口(万人)	Rural Population(10 000 persons)	1361.13	1174.97	186.17
乡村劳动力资源(万人)	Resource of Rural Laborers(10 000 persons)	839.60	729.15	110.46
乡村从业人员(万人)	Number of Rural Employed Persons(10 000 persons)	746.58	650.38	96.21
男(万人)	Male(10 000 persons)	411.43	358.71	52.72
女(万人)	Female(10 000 persons)	335.16	291.67	43.49
按行业分乡村劳动力	**Rural Employed Persons by Sector**			
农林牧渔业从业人员(万人)	Number of Rural Employee of Farming, Foresting, Animal Husbandry & Fishery(10 000 persons)	550.40	469.76	80.64
#农业从业人员(万人)	Farming(10 000 persons)	448.87	414.94	33.93
牧业从业人员(万人)	Animal Husbandry(10 000 persons)	95.70	50.02	45.68
工业从业人员(万人)	Employed Persons of Industry(10 000 persons)	38.04	35.96	2.08
建筑业从业人员(万人)	Employed Persons of Construction(10 000 persons)	58.97	55.69	3.28
交通运输业、仓储及邮电通信从业人员(万人)	Employed Persons of Transport, Storage, Post &Telecommunication Services(10 000 persons)	21.32	20.05	1.27
批零贸易及餐饮从业人员(万人)	Employed Persons of Wholesale, Retail Trade & Catering Service(10 000 persons)	53.30	48.08	5.22
其他非农行业人员(万人)	Employed Persons of Other Non-agricultural Trades(10 000 persons)	24.55	20.83	3.72
农牧业生产条件	**Productive Condition of Farming & Animal Husbandry**			
农作物总播种面积(万公顷)	Total Sown Areas(10 000 hectares)	735.60		
年末草场面积(万公顷)	Areas of Grassland at Year-end(10 000 hectares)	8800.00		
有效灌溉面积(万公顷)	Irrigated Areas(10 000 hectares)	301.19		
农牧业机械总动力(万千瓦)	Total Power of Machinery for Farming &Animal Husbandry(10 000 kw)	3632.55		
化肥施用量(折纯)(万吨)	Consumption of Chemical Fertilizers(10 000 tons)	222.67		
农村牧区用电量(亿千瓦小时)	Electricity Consumed in Rural Area &Pastoral Area(100 Million kwh)	63.12		
主要农牧业生产情况	**Output of Farming &Animal Husbandry**			
粮食总产量(万吨)	Gross Yield of Grain(10 000 tons)	2753.00		
牲畜总增头数(万头只)	Total Number of Livestocks Added(10 000 heads)	6290.50		
肉类总产量(万吨)	Gross Output of Meat(10 000 tons)	252.33		
蔬菜总产量(万吨)	Gross Output of Vegetables(10 000 tons)	1472.68		

注:"乡镇(苏木)(个)"指标为民政厅数据,"村委会(嘎查)(个)"指标为盟市汇总数据。

a)Data of Township &Town Governments Units is from the Department of Civil Affairs, Villages´ Committees Units is from the total of region.

12-2 农林牧渔业总产值

Gross Output Value of Farming, Forestry, Animal Husbandry and Fishery

单位:万元 (10 000 yuan)

年份 Year	农林牧渔业总产值 Total	#农业 Farming	#种植业 Plant Products Industry	#林业 Forestry	#畜牧业 Animal Husbandry	#渔业 Fishery
1957	112000	82992	25712	1792	26992	224
1962	170500	116281	100084	2387	50639	1193
1965	194000	129980	109998	4656	58200	1164
1970	240000	158160	140160	9360	72000	480
1975	308300	198545	169256	8016	101122	617
1978	283500	187961	173786	10490	84200	849
1979	315800	206533	189796	11369	97266	632
1980	306844	197403	181340	13460	95199	782
1981	394274	255550	232657	22848	114744	1132
1982	471608	307328	274780	31393	131391	1496
1983	524301	347389	299604	38108	136887	1917
1984	612772	408789	341956	44356	157230	2397
1985	731955	465638	401175	48284	214048	3985
1986	772500	483567	402848	43670	239908	5355
1987	877426	544449	450608	36254	290178	6545
1988	1223765	729359	614262	38582	447432	8392
1989	1267208	763517	639781	39968	453357	10366
1990	1569192	1031256	888314	62298	464131	11507
1991	1640837	1066021	918894	66705	494474	13637
1992	1802705	1156550	1005362	78040	552787	15328
1993	2208047	1420784	1265080	91549	677461	18253
1994	3093195	1892180	1682500	103350	1070005	27659
1995	3735936	2311734	2080477	121176	1271609	31417
1996	4653285	2995270	2731580	139653	1485617	32745
1997	5043396	3142026	2833824	152632	1712322	36416
1998	5343765	3353206	3032350	168785	1773911	47863
1999	5323166	3187204	2852798	210062	1871452	54448
2000	5431645	3083645	2725199	236071	2054581	57349
2001	5559041	3075703	2706529	260696	2162426	60216
2002	5869716	3321447	3043459	288371	2205642	54256
2003	6663815	3359567	2640337	479357	2671028	49373
2004	8513045	4115399	3334515	465808	3746932	59527
2005	9802098	4738918	3837514	397888	4445801	72420
2006	10584953	5422303	4338302	490057	4392499	91053
2007	12764437	6204176	4752347	636860	5596517	109486
2008	15257369	7166075	5683542	727163	6996335	117788
2009	15705841	7319020	5281536	782452	7214442	127069
2010	18435705	9004465	6569414	765727	8224208	158585
2011	22045061	10578457	7878996	931636	9983126	235197
2012	24493357	11719727	8764535	977552	11188550	260801
2013	26994991	13280732	9660572	961409	12084853	290411
2014	27798064	14084377	9741571	964358	12056515	290686

注:本表绝对数按当年价格计算。

a)Data value terms in this table are calculated at current prices.

12-3 主要年份农林牧渔业总产值指数

Indices of Gross Output Value of Farming, Forestry, Animal Husbandry and Fishery

上年=100 (Preceding year=100)

年份 Year	农林牧渔业总产值 Total	#农业 Farming	#种植业 Plant Products Industry	#林业 Forestry	#畜牧业 Animal Husbandry	#渔业 Fishery
1980	87.1	81.4	96.3	87.1	96.9	96.3
1981	120.2	123.2	123.2	151.9	112.2	131.1
1982	115.8	115.2	115.2	113.8	111.9	101.6
1983	107.2	106.8	106.8	120.4	99.6	109.7
1984	112.1	110.1	110.1	113.3	105.1	106.7
1985	110.3	113.0	113.0	104.2	113.6	129.5
1986	94.7	88.9	88.9	85.8	104.1	121.6
1987	104.1	103.3	103.3	83.2	104.6	105.6
1988	114.2	120.2	120.2	95.6	109.0	109.6
1989	98.3	91.9	91.9	101.5	108.5	121.6
1990	120.2	133.7	133.7	114.1	102.4	100.8
1991	104.0	101.3	101.3	104.3	108.8	112.8
1992	105.8	106.8	106.7	113.0	105.2	110.0
1993	107.1	123.4	109.1	111.4	104.3	115.7
1994	103.3	99.3	96.7	104.7	108.4	124.7
1995	103.5	99.9	98.1	106.7	110.9	111.7
1996	123.7	131.4	136.0	103.8	114.9	99.7
1997	104.0	98.7	98.0	110.1	112.7	103.9
1998	106.5	108.5	108.8	105.3	103.1	126.2
1999	101.3	97.4	96.7	111.6	106.3	113.6
2000	102.5	100.3	99.9	115.0	104.1	104.8
2001	102.0	99.3	98.7	109.5	104.9	105.5
2002	104.9	106.5	114.1	110.8	102.0	102.2
2003	106.2	94.8	91.6	110.1	122.0	87.2
2004	114.9	109.4	110.5	93.0	126.0	107.4
2005	111.2	110.6	110.2	82.6	115.2	116.0
2006	103.7	107.9	106.1	112.8	97.5	116.1
2007	104.0	100.7	96.3	117.1	106.0	117.9
2008	107.6	108.6	110.9	106.1	106.6	104.1
2009	102.4	97.4	93.0	105.1	107.0	107.9
2010	106.2	106.9	107.6	95.1	106.5	111.1
2011	105.7	108.7	109.7	105.3	102.3	108.2
2012	105.7	105.8	106.6	104.9	105.7	103.6
2013	104.7	109.7	109.5	102.2	99.5	107.0
2014	103.1	102.7	98.4	100.1	103.6	105.0

注:按可比价格计算。

a)Indices are calculated at comparable prices.

12-4 年末主要农牧业机械拥有量

Major Machinery for Farming & Animal Husbandry at Year-end

项 目	Item	2013	2014
农牧业机械原值(万元)	Original Value of Machinery for Farming and Animal Husbandry(10 000 yuan)	3632607	4021813
农牧业机械净值(万元)	Net Value of Machinery for Farming & Animal Husbandry (10 000 yuan)	2654550	2980525
农牧业机械总动力(万千瓦)	Total Power of Machinery for Farming & Animal Husbandry (10 000 kw)	3431	3633
大中型农用拖拉机(混合台)	Large & Medium Agricultural Tractors (mixed unit)	623400	671457
大中型农用拖拉机(万千瓦)	Large & Medium Agricultural Tractors(10 000 kw)	1408	1562
小型拖拉机(台)	Mini -Tractors (unit)	428200	407807
小型拖拉机(万千瓦)	Mini -Tractors (10 000 kw)	489	480
联合收割机(台)	Combine Harvesters (unit)	19347	24713
联合收割机(万千瓦)	Combine Harvesters (10 000 kw)	120.94	158.19
农用运输车(万辆)	Trucks for Agricultural Use (10000unit)	40.39	40.26
农用运输车(万千瓦)	Trucks for Agricultural Use (10 000 kw)	666	656
排灌用电动机(台)	Electric Motor for Irrigating & Draining (unit)	180503	178321
排灌用电动机(万千瓦)	Electric Motor for Irrigating & Draining (10 000 kw)	160	160
排灌用柴油机(台)	Diesel Engine for Irrigating & Draining (unit)	210815	213086
排灌用柴油机(万千瓦)	Diesel Engine for Irrigating & Draining (10 000 kw)	223	225
大中型拖拉机配套农具(部)	Number of Large & Medium Agricultural Tractor Towing Farm Machinery (unit)	995258	1070771
小型拖拉机配套农具(部)	Number of Mini-tractor Towing Farm Machinery (unit)	876517	848805
机动脱粒机(台)	Motorized Threshing Machines (unit)	107557	109870
机动割晒机(台)	Motorized Harvesters (unit)	31196	30237
机引牧草收割机(部)	Towed Harvesters for Grass (unit)	94480	101129
饲料粉碎机(部)	Smashing Machines for Feed (unit)	134383	141959
机动剪毛机(台)	Motorized Sheepshears (unit)	4713	5246
农 用 水 泵(万台)	Water Pumps for Agricultural Use (10 000 unit)	38.70	38.68

注:本表数据取自于农牧业厅农机局。

a)Data in this table are obtained from Agricultural Machinery Bureau.

12-5 灌溉、化肥施用量、农村牧区用电、水库和治理水土情况
Irrigation, Consumption of Chemical Fertilizers, Electricity Consumption of Rural Area, Number of Reservoirs and Areas of Soil Erosion under Control

项 目	Item	2013	2014
有效灌溉面积(万公顷)	Effective Irrigated Areas(10 000 hectares)	295.78	301.19
# 灌区有效灌溉面积(万公顷)	Effective Irrigated Areas in Irrigation Area(10 000 hectares)	145.52	145.52
节水灌溉面积(万公顷)	Watersaving Irrigated Areas(10 000 hectares)	207.36	227.94
喷灌和滴灌(万公顷)	Jetting Irrigation Dropping Irrigatation(10000 hectares)	69.88	91.33
管道输水(万公顷)	Pipeline Transportation(10 000 hectares)	82.50	82.48
化肥施用量(万吨)	Consumption of Chemical Fertilizers(10 000 tons)	202.42	222.67
氮肥(万吨)	Nitrogenous Fertilizer(10 000 tons)	88.69	97.15
磷肥(万吨)	Phosphate Fertilizer(10 000 tons)	34.98	38.66
钾肥(万吨)	Potash Fertilizer(10 000 tons)	16.63	18.97
复合肥(万吨)	Compound Fertilizer(10 000 tons)	62.13	67.89
农村用电量(万千瓦时)	Electricity Consumption in Rural Area(10 000 kwh)	595647	631227
水库个数(座)	Number of Reservoirs(unit)	586	589
大型水库(座)	Large(unit)	15	15
中型水库(座)	Medium-sized(unit)	89	89
小型水库(座)	Small(unit)	482	485
水库容量(亿立方米)	Capacity of Reservoirs(100 million cu.m)		102.97
大型水库(亿立方米)	Large(100 million cu.m)		
中型水库(亿立方米)	Medium-Sized(100 million cu.m)		
小型水库(亿立方米)	Small(100 million cu.m)		
治理水土面积(万公顷)	Areas of Soil Erosion under Control(10 000 hectares)	1187.63	1221.08

注:本表"化肥施用量"及其中项、"农村用电量"为国家统计局反馈数,其他指标均取自于水利厅。

a)Consumption of Chemical Fertilizers and Electricity Consumed in Rural Area are from the feedback of the National Bureau of statistics,others are from Department of Water Resources.

12-6 农牧民家庭平均每户年末固定资产原价

Original Value of Fixed Assets Owned Per Rural Household (End of Year)

单位:元

项 目	Item	2014
年末生产性固定资产原价	**Original Value of Productive Fixed Assets at year-end**	**44273.47**
农业生产性固定资产原价	Original Value of Agriculture Productive Fixed Assets	41019.24
生产用房	Building for Productive Purpose	9111.12
农业设施	Agricultural facilities	574.83
农业机械	Agricultural Machinery	8233.07
役畜	Draught Animals	1152.00
产品畜	Commodity Animals	17426.36
非农产业固定资产原价	Original Value of Nonagricultural	3254.22

12-7 农牧民家庭平均每百户年末拥有固定资产数量

Number of Fixed Assets Owned Per 100 Rural Households (End of Year)

项 目	Item	2014
生产性用房及建筑物(平方米)	Production houses and buildings(meters)	3925.06
大中型农用拖拉机(台)	Large and Medium Tractors(unit)	7.46
小型农用拖拉机(台)	Mini - tractors and Walking Tractors(unit)	60.91
农用排灌动力机械(台)	Drainage and Irrigation Machinery(unit)	6.46
插秧机(台)	Rice Transplanter(unit)	0.37
收割机(台)	Harvesters(unit)	5.32
脱粒机(台)	Thresher(unit)	9.29
役畜(头)	Draught Animals(head)	25.89
产品畜(头)	Commodity Animals(head)	937.96

12-8 农业机械化、电气化情况
Basic Statistics on Agricultural Mechanization and Electrification

项 目	Item	2013	2014
农业机械化程度	**Level of Agricultural Mechanization**		
机耕地面积(万公顷)	Areas of Tractor Plowing(10 000 hectares)	625.30	628.21
占耕地面积的比重(%)	Percentage to Cultivated Areas(%)	91.90	93.62
机械播种面积(万公顷)	Areas of Mechine Sowing(10 000 hectares)	674.50	685.61
占农作物总播种面积的比重(%)	Percentage to Total Sown Areas(%)	81.79	85.70
机械收割面积(万公顷)	Areas of Machine Harvesting(10 000 hectares)	392.11	448.67
占农作物总播种面积的比重(%)	Percentage to Total Sown Areas(%)	49.01	56.08
每公顷耕地拥有农业机械总动力(瓦特)	Total Power of Machinery for Per Hectare(w)	4288.20	4540.69
农业电气化情况	**Level of Agricultural Electrification**		
农村用电量(亿千瓦小时)	Electricity Consumption by Rural Area (100 million kwh)	59.56	63.12
乡村(嘎查)及村以下办水电站个数(个)	Number of Hydroelectric Stations Run by Villiges and Lower Level (unit)	40	40
发 电 量(万千瓦小时)	Number of Generating Electricity(10 000 kwh)	14500.00	16884.00

注：本表数据取自于农牧业厅农机局与水利厅。

a)Data in this table are obtained from Agricultural Machinery Bureau and Department of Water Resources.

12-9 草原建设及利用情况
Basic Statistics on Construction and Utilization of Grasslands

项 目	Item	2013	2014
草场面积(万公顷)	**Areas of Grasslands(10 000 hectares)**	**8800.00**	**8800.00**
#承包到户面积(万公顷)	Areas Contracted with Households (10 000 hectares)	6940.00	6940.00
草库伦面积(围栏草场面积)(万公顷)	**Areas of Fenced Grasslands(10 000 hectares)**	**2815.83**	**3092.48**
#当年新增面积(万公顷)	Annual Newly Increased Areas (10 000 hectares)	114.72	81.40
人工种草保有面积(万公顷)	**Areas of Grasslands Planted and Surviving (10 000 hectares)**	**332.52**	**356.00**
#当年种草面积(万公顷)	Annual Areas of Planted Grasslands (10 000 hectares)	186.27	205.21
飞机播种面积(万公顷)	Aircraft Sowing(10 000 hectares)	1.41	0.85
天然草原冷季可食牧草储量（万吨）	**Cool-season Grasses Edible Natural Grassland Reserves(10 000 units)**	**1483.96**	**1379.65**
畜棚面积(万平方米)	Areas of Animal Sheds(10 000 sq.m)	13961.27	15121.28
每平米畜棚拥有牲畜数(只/平方米)	Number of Animals per Square meter in Sheds(head/sq.m)	1.10	1.10
畜圈面积(万平方米)	Areas of Animal Corrals(10 000 sq.m)	15151.40	16633.41
每平米畜圈拥有牲畜数(只/平方米)	Number of Animals per Square meter in Corrals(head/sq.m)	1.01	1.00

注:每平方米畜棚、畜圈拥有牲畜及草原载畜量均按标准羊单位计算;草原载畜量为每万公顷草场饲养牲畜数量。

a) Number of Animals per S.m in Sheds, Number of Animals per S.m Corrals and Animal Loading Capacity of Grasslands are Calculated at standardized sheep; Animal Loading Capacity of Grasslands is the number of animals which per 10000 hectares grassland can load.

12–10 耕地面积、造林面积和播种面积
Cultivated Areas, Afforested Areas and Sown Areas

单位：万公顷 (10 000 hectares)

年份 Year	年末实有耕地面积 Cultivated Areas at Year end	水田 Paddy Fields	旱地 Dry Fields	# 水浇地 Irrigated Fields	当年造林面积 Annual Afforested Hilly Areas	总播种面积 Total Sown Areas	粮食作物播种面积 Sown Areas of Grain Crops	经济作物播种面积 Sown Areas of Industrial Crops
1947	396.7	0.8	395.9	29.5		347.9	318.9	20.4
1948	417.0	0.9	416.1	31.6		372.7	337.2	27.1
1949	433.1	1.4	431.7	32.1		389.6	352.8	28.0
1950	472.6	2.0	470.6	33.5	0.53	423.8	388.8	28.3
1951	506.3	1.8	504.5	39.8	1.66	469.7	416.0	46.2
1952	517.4	1.5	515.9	52.9	4.43	494.9	436.0	49.7
1953	531.9	1.6	530.3	54.3	3.68	477.6	428.7	40.5
1954	531.6	1.1	530.5	55.5	3.93	484.9	437.8	36.6
1955	542.3	1.4	540.9	57.9	3.73	488.6	435.8	41.9
1956	569.9	3.3	566.6	68.0	12.79	531.0	472.9	42.8
1957	571.5	4.3	567.2	64.5	8.27	527.9	463.2	48.6
1958	555.3	9.4	545.9	104.1	37.13	505.5	445.2	40.9
1959	539.3	9.7	529.6	100.1	31.93	487.0	414.2	56.6
1960	602.0	9.8	592.2	108.3	39.10	575.0	486.2	56.1
1961	609.7	7.0	602.7	78.3	7.41	580.0	503.1	43.8
1962	586.7	4.0	582.7	55.4	4.73	544.6	484.7	39.0
1963	554.2	3.6	550.6	56.3	5.23	526.1	471.6	36.4
1964	561.4	3.1	558.3	67.4	15.86	534.2	478.4	39.5
1965	561.5	1.9	559.6	86.9	20.00	528.1	470.9	37.9
1966	548.0	1.7	546.3	110.7	16.32	510.0	449.4	33.7
1967	540.3	1.7	538.6	99.4	15.55	510.2	448.5	35.9
1968	531.2	2.3	528.9	91.5	11.10	497.1	443.4	34.0
1969	534.3	2.9	531.4	87.0	9.61	499.3	445.7	35.7
1970	545.0	2.8	542.2	93.6	11.71	508.4	453.5	35.3
1971	544.1	1.9	542.2	95.1	16.33	503.5	451.0	32.2
1972	542.7	2.1	540.6	100.5	16.20	499.8	444.1	33.9
1973	541.2	1.7	539.5	107.0	18.77	498.9	441.0	35.5
1974	537.7	1.5	536.2	113.1	20.59	496.3	436.1	36.4
1975	534.1	1.5	532.6	124.7	23.68	490.9	429.0	37.7
1976	526.7	2.0	524.7	130.3	26.19	480.7	410.1	42.9
1977	525.1	2.7	522.4	122.8	34.52	478.1	406.5	44.7
1978	532.6	1.7	530.9	120.9	29.79	482.4	409.4	44.9
1979	534.7	1.7	533.0	115.2	30.47	488.1	404.2	52.8
1980	525.2	1.5	523.7	106.0	29.81	479.7	388.2	61.1

12-10 续表 continued

单位：万公顷 (10 000 hectares)

年 份 Year	年末实有耕地面积 Cultivated Areas at Year-end	水 田 Paddy Fields	旱 地 Dry Fields	水浇地 Irrigated Fields	当年造林面积 Annual Afforested Hilly Areas	总播种面积 Total Sown Areas	粮食作物播种面积 Sown Areas of Grain Crops	经济作物播种面积 Sown Areas of Industrial Crops
1981	518.6	1.7	516.9	103.2	38.12	466.2	385.4	55.6
1982	510.9	1.6	509.3	101.1	51.65	464.1	384.3	58.2
1983	506.5	1.7	504.8	100.5	60.94	463.1	383.7	58.5
1984	500.6	1.9	498.7	96.1	69.91	463.1	376.2	63.9
1985	493.0	2.3	490.7	94.2	70.41	454.9	342.2	91.4
1986	489.5	2.7	486.8	97.9	22.63	455.6	358.1	71.6
1987	485.1	2.8	482.3	101.0	24.83	447.4	355.6	64.3
1988	487.1	3.6	483.5	104.3	26.60	455.9	363.6	66.8
1989	491.2	5.1	486.1	110.2	23.70	457.6	372.1	61.9
1990	496.6	7.6	489.0	117.3	29.80	472.2	387.5	62.6
1991	500.5	8.7	491.8	123.6	41.08	476.8	387.9	68.9
1992	508.1	9.5	498.6	127.3	51.82	485.4	392.5	72.4
1993	517.1	7.4	509.7	130.8	39.68	486.8	398.7	67.3
1994	531.0	6.5	524.5	132.1	37.19	492.5	402.7	66.3
1995	549.1	8.4	540.7	135.8	40.25	507.9	414.3	71.3
1996	592.4	9.1	583.3	146.5	43.59	529.1	442.4	64.9
1997	746.3	11.3	735.0	173.5	46.44	583.8	490.6	80.4
1998	722.4	11.3	711.0	171.7	47.78	602.7	503.1	85.9
1999	752.4	11.6	740.8	191.9	53.40	607.7	495.1	97.2
2000	731.7	12.1	719.6	194.6	59.00	591.4	443.6	122.9
2001	709.1	11.1	698.0	195.5	73.19	570.7	438.3	92.4
2002	709.1	11.6	697.5	202.1	90.74	588.7	434.3	104.0
2003	686.3	10.1	676.3	207.9	83.60	574.9	405.1	103.6
2004	711.5	10.9	700.6	244.7	63.09	592.4	418.1	100.0
2005	735.5	9.3	726.2	249.4	38.38	621.6	437.4	104.0
2006	713.3	8.3	525.9	179.1	47.98	659.0	493.7	87.8
2007	714.8	8.3	526.6	179.9	59.01	676.2	510.2	85.7
2008	714.9	8.4	514.4	192.1	71.86	686.1	525.4	110.6
2009	714.9	8.4	514.4	192.1	86.19	692.8	542.4	109.0
2010	714.9	8.4	514.4	192.1	62.52	700.3	549.9	108.8
2011	714.9	8.4	514.4	192.1	73.18	711.0	556.2	112.8
2012	910.9	8.7	621.8	280.4	78.16	715.4	558.9	156.5
2013	912.2	8.7	621.9	281.7	80.52	721.1	561.7	159.4
2014	915.5	8.7	622.7	284.1	55.63	735.6	565.1	170.5

注：1.2006 年以后耕地面积为国土资源厅提供的数据；且耕地面积=水 田+旱 地+水浇地。

2.自 2012 年始，总播面积=粮食作物播种面积+经济作物播种面积。

a)The Culitiaved Areas after 2006 are Provided by the Bureau of Land and Resource, Culitaved Area=Paddy Field+Dry Field+Irrigated Field.

b)from 2012,Total Sown Areas=Sown Areas of Grain +Sown Areas of Industrial Crops

12-11 主要粮食作物播种面积

Sown Areas of Major Grain Crops

单位：万公顷 (10 000 hectares)

年份 Year	农作物总播种面积 Total Sown Area	粮食作物播种面积 Sown Areas of Grain Crops	谷物 Cereal	小麦 Wheat	玉米 Corn	稻谷 Rice	谷子 Millet	莜麦 Sweet-oats	糜黍 Broom Corn Millet	薯类 Tubers	豆类 Beans	#大豆 Soybean
1947	347.9	318.9		22.6	19.1	0.8	61.0	32.0	42.0	15.1		14.7
1948	372.7	337.2		25.0	20.1	0.9	63.8	33.1	46.0	16.2		14.9
1949	389.6	352.8		26.7	22.4	1.4	65.7	35.3	46.7	16.6		16.5
1950	423.8	388.8		29.6	24.7	2.0	73.3	40.3	49.3	17.1		11.7
1951	469.7	416.0		33.9	19.1	1.6	73.5	52.7	56.5	21.8		11.1
1952	494.9	436.0		43.9	22.9	1.5	79.8	60.8	71.5	22.1		15.8
1953	477.6	428.7		47.6	24.4	0.8	77.0	62.0	69.1	21.1		21.7
1954	484.9	437.8		58.0	26.4	1.0	73.3	60.4	70.4	20.6		22.7
1955	488.6	435.8		60.2	31.9	1.4	71.9	64.7	68.8	19.8		26.9
1956	531.0	472.9		60.1	50.6	2.9	88.7	59.6	71.9	21.9		24.2
1957	527.9	463.2		64.0	36.2	4.0	84.7	64.2	68.1	22.4		26.8
1958	505.5	445.2		57.9	57.6	8.9	81.8	55.5	48.1	39.4		21.2
1959	487.0	414.2		59.7	35.1	8.9	68.2	61.4	53.6	27.1		20.5
1960	575.0	486.2		73.7	52.2	8.9	79.1	63.2	66.6	29.6		23.0
1961	580.0	503.1		80.8	48.7	6.3	73.0	67.8	73.2	31.2		23.1
1962	544.6	484.7		67.1	50.1	3.9	79.7	69.7	68.8	26.7		23.5
1963	526.1	471.6		67.1	45.0	3.5	76.8	70.7	66.0	27.1		
1964	534.2	478.4		71.4	47.7	3.4	83.1	71.3	63.4	26.0		26.6
1965	528.1	470.9		72.5	50.1	1.8	85.3	66.3	63.9	24.2		24.4
1966	510.1	449.4		71.4	66.4	1.6	80.3	62.2	55.9	32.2		21.7
1967	510.2	448.5		74.1	62.3		82.2	63.3	52.4	24.4		
1968	497.1	443.4		72.3	56.2		78.1	61.7	55.1	23.7		
1969	499.3	445.7		78.3	53.3		81.1	64.2	45.7	22.5		
1970	508.4	453.5		84.8	52.4		82.1	65.2	53.7	21.8		
1971	503.5	451.0		85.7	63.5		79.7	58.7	50.3	22.9		
1972	499.8	444.1		83.8	61.6		72.3	54.8	53.1	23.6		
1973	498.9	441.0		86.9	59.7		78.0	50.5	51.1	25.6		
1974	496.3	436.1		87.0	66.5		74.7	48.6	45.0	25.6		
1975	490.9	429.0		92.1	70.9		68.5	47.3	40.3	26.9		
1976	480.7	410.1		105.5	70.7		57.2	39.1	34.7	25.3		
1977	478.1	406.5		108.4	65.2		55.9	40.4	31.2	26.6		
1978	482.4	409.4		108.6	66.8		56.7	38.6	29.6	29.2		
1979	488.1	404.2		95.2	67.0	1.6	56.4	45.4	37.6	27.7		18.3
1980	479.7	388.2		95.7	65.3	1.5	50.2	47.4	36.0	25.2		17.1

12-11 续表 continued

单位：万公顷 (10 000 hectares)

年 份 Year	农作物总播种面积 Total Sown Area	粮食作物播种面积 Sown Areas of Grain Crops										
			谷 物 Cereal	小 麦 Wheat	玉 米 Corn	稻 谷 Rice	谷 子 Millet	莜 麦 Sweet-oats	糜 黍 Broom Corn Millet	薯 类 Tubers	豆 类 Beans	# 大 豆 Soybean
1981	466.2	385.4		90.3	59.2	1.6	53.4	43.8	41.5	23.2		19.4
1982	464.1	384.3		87.8	50.5	1.6	57.0	44.4	39.7	24.3		23.9
1983	463.1	383.7		91.1	49.4	1.7	55.9	45.0	38.2	25.4		21.9
1984	463.1	376.3		93.2	46.4	1.8	51.9	41.4	40.9	24.6		19.3
1985	454.9	342.2		92.7	43.4	2.4	46.3	36.5	31.1	22.7		21.9
1986	455.6	358.1		93.7	54.8	2.7	41.4	34.0	32.4	22.5		26.4
1987	447.4	355.7		92.1	66.0	2.8	38.7	33.8	26.8	22.9		27.5
1988	455.9	363.6		97.4	66.9	3.5	38.5	28.9	26.8	25.3		31.1
1989	457.6	372.1		100.8	69.6	5.3	37.4	26.8	13.0	24.7		31.8
1990	472.2	387.5		115.4	77.4	7.9	35.7	26.5	11.7	24.6		30.1
1991	476.8	387.9		119.2	81.2	8.8	33.4	25.2	11.0	23.9		30.1
1992	485.4	392.5	318.8	133.4	77.5	9.4	28.5	18.7	9.8	25.0	48.7	35.6
1993	486.8	398.7	293.6	118.9	76.2	7.3	25.8	17.2	7.9	26.3	78.8	57.1
1994	492.5	402.7	292.1	103.4	83.7	6.8	23.3	16.9	8.5	25.3	85.3	60.4
1995	507.9	414.3	300.9	101.7	99.2	7.9	23.7	13.7	8.2	35.5	77.9	55.7
1996	529.1	442.4	323.2	109.4	111.6	9.0	25.2	13.0	17.1	41.6	77.6	55.5
1997	583.8	490.6	339.0	116.5	127.9	12.2	25.7	11.3	20.7	46.4	105.2	75.8
1998	602.7	503.1	340.5	109.3	147.1	11.8	22.4	10.2	14.9	50.1	112.5	77.1
1999	607.7	495.1	330.9	93.8	157.2	11.7	20.7	9.3	12.4	58.2	106.0	73.7
2000	591.4	443.6	264.8	61.7	129.8	11.8	16.4	6.2	12.8	65.0	113.7	79.4
2001	570.7	438.3	263.8	51.6	151.9	8.6	17.6	3.3	11.5	56.7	117.9	75.5
2002	588.7	434.3	271.8	46.5	156.2	9.0	17.7	4.5	10.0	58.0	104.6	59.6
2003	574.9	405.1	243.4	31.8	159.1	6.7	14.2	4.4	8.1	53.6	108.2	69.7
2004	592.4	418.1	258.3	41.9	167.6	8.1	12.6	3.8	7.4	52.8	107.0	75.3
2005	621.6	437.4	273.4	46.1	180.6	8.4	12.5	3.9	6.1	56.2	107.7	79.7
2006	659.0	493.7	302.4	48.4	191.6	9.1	14.3	5.0	6.9	59.5	131.8	97.3
2007	676.2	510.2	330.3	56.8	201.2	10.8	13.7	6.4	6.8	62.2	117.6	74.7
2008	686.1	525.4	351.8	45.2	234.0	9.8	14.4	5.8	5.5	69.9	103.7	66.8
2009	692.8	542.4	363.2	52.8	245.1	10.2	15.0	5.0	4.8	66.7	112.5	84.0
2010	700.3	549.9	370.8	56.6	248.6	9.2	17.4	4.2	4.3	69.1	110.0	81.2
2011	711.0	556.2	381.9	56.8	267.0	9.0	13.7	4.0	4.0	72.0	102.3	68.8
2012	715.4	558.9	406.8	61.0	283.4	8.9	14.2	6.2	3.1	68.1	84.0	61.7
2013	721.1	561.7	425.0	57.1	317.1	7.6	12.6	3.6	3.0	61.2	75.5	56.4
2014	735.6	565.1	445.6	56.3	337.2	7.8	16.7	4.4	2.8	54.2	65.3	50.4

12-12 主要经济作物播种面积
Sown Areas of Major Industrial Crops

单位：万公顷 (10 000 hectares)

年份 Year	经济作物播种面积 Sown Areas of Industrial Crops	油料 Oil bearing Crops	葵花籽 Sunflo-wer Seeds	胡麻籽 Flax Seeds	油菜籽 Rape Seeds	甜菜 Beet-roots	烟叶 Tob-acco	麻类 Fiber Crops	蔬菜 Vege-table	果用瓜 Melons (use on Fruit)	其它作物播种面积 Sown Areas of other Crops	# 青饲料 Green fodder
1947	20.4	18.7		7.8	2.3		0.2	0.8	2.3		38.6	
1948	27.1	25.0		8.5	2.4		0.2	1.0	4.7		8.4	
1949	28.0	25.8		9.2	1.9		0.2	1.0	5.0		8.8	
1950	28.3	25.0		9.4	3.4		0.1	0.8	3.7		6.6	
1951	46.2	36.4		14.3	5.0		0.2	0.9	4.2		7.5	
1952	49.7	46.6		17.7	6.9		0.2	1.5	5.1		9.3	
1953	40.5	38.4		17.2	6.0		0.2	1.2	4.7		8.3	
1954	36.7	34.9		17.3	4.8		0.2	0.9	5.6		10.4	
1955	41.9	39.6		21.5	4.8	0.8	0.3	0.9	6.0		11.0	
1956	42.8	39.8		21.6	5.6	1.0	0.3	0.9	6.3		15.3	
1957	48.6	43.1		22.7	5.4	1.4	0.3	1.7	6.6		16.1	
1958	40.9	35.9		18.9	4.6	1.6	0.3	1.6	7.4		19.4	
1959	56.6	48.6		23.8	5.8	2.4	0.4	2.1	8.8		16.1	
1960	56.1	48.1		21.8	8.1	3.7	0.3	2.0	15.2		32.7	
1961	43.8	38.3		16.6	7.3	1.9	0.5	1.9	19.1		33.1	
1962	39.0	34.4		14.3	6.3	0.7	0.5	2.1	12.2		20.8	
1963	36.4	31.8		14.9	4.5	0.8	0.4	2.1	9.5		18.1	
1964	39.5	33.5		14.8	5.1	1.5	0.4	1.9	8.1		16.3	
1965	37.9	31.4		14.7	4.7	1.9	0.3	1.8	7.9		19.3	
1966	33.7	27.8		13.1	4.1	2.2	0.3	1.6	8.2		26.9	
1967	35.9	28.9				2.8					25.8	
1968	34.0	27.4				2.8					19.7	
1969	35.7	38.3				3.1					17.9	
1970	35.3	28.9				2.9					19.6	
1971	32.2	26.7				2.4					20.3	
1972	33.9	27.2				3.6					21.8	
1973	35.5	27.2				4.6					22.4	
1974	36.4	28.4				4.1					23.8	
1975	37.7	28.8				4.7					24.2	
1976	42.9	32.4				5.7					27.7	
1977	44.7	34.2				5.3					26.9	
1978	44.9	34.8				4.8					28.1	
1979	52.8	41.9	5.7	19.1	7.1	4.5	0.4	1.6	8.9	2	31.1	15.3
1980	61.1	52.0	16.3	18.9	7.9	5.6	0.3	1.2	8.5	1.4	30.4	14.0

12-12 续表 continued

单位：万公顷 (10 000 hectares)

年 份 Year	经济作物播种面积 Sown Areas of Industrial Crops	油料 Oil-bearing Crops	葵花籽 Sunflower Seeds	胡麻籽 Flax Seeds	油菜籽 Rape Seeds	甜菜 Beetroots	烟叶 Tobacco	麻类 Fiber Crops	蔬菜 Vegetable	果用瓜 Melons (use on Fruit)	其它作物播种面积 Sown Areas of other Crops	# 青饲料 Green fodder
1981	55.6	46.9	14.3	14.6	8.1	5.7	0.4	0.9	7.3	1.6	25.2	10.4
1982	58.2	49.3	15.0	16.4	7.8	6.1	0.5	0.4	6.8	1.5	21.6	9.7
1983	58.5	49.0	15.4	16.3	6.8	6.1	0.2	0.3	6.7	1.3	20.9	9.6
1984	63.9	54.3	21.5	15.4	6.9	6.1	0.2	0.2	6.1	1.7	23.0	11.8
1985	91.4	76.6	30.1	18.3	8.8	10.0	0.4	0.3	5.8	2.0	21.4	11.4
1986	71.6	60.4	25.8	15.6	6.7	7.5	0.4	0.3	5.7	2.0	26.0	14.4
1987	64.3	54.6	22.3	16.6	6.6	7.5	0.3	0.1	6.4	1.6	27.4	16.7
1988	66.8	53.7	19.0	17.4	7.3	10.3	0.5	0.1	6.1	1.7	25.6	14.6
1989	61.9	51.1	17.7	16.4	4.9	8.2	0.7	0.1	6.3	1.2	23.6	13.0
1990	62.6	51.8	17.2	16.8	6.0	9.5	0.5	0.3	6.4	0.9	22.2	12.4
1991	68.9	55.1	19.7	17.2	7.5	11.9	0.7	0.4	5.9	0.9	20.1	11.2
1992	72.4	58.2	22.6	16.9	9.1	10.8	0.4	0.5	7.8	1.5	20.5	9.8
1993	67.3	50.3	18.3	15.2	7.9	10.9	0.4	0.1	8.2	1.5	20.9	9.5
1994	66.3	53.1	20.7	15.2	10.8	11.8	0.2	0.4	7.1	1.3	23.5	10.6
1995	71.3	55.7	20.7	15.1	13.5	14.0	3.0	0.8	1.3	1.3	9.9	
1996	64.9	50.6	18.9	14.6	11.8	12.7	0.8	0.4	8.8	1.5	21.8	8.4
1997	78.8	49.9	21.6	13.5	11.7	12.6	1.6	0.4	11.8	1.8	14.4	9.8
1998	84.3	56.7	27.1	11.5	15.6	11.7	0.6	0.3	11.5	2.6	15.3	9.3
1999	97.2	68.0	35.1	10.5	17.5	6.6	0.7	0.6	16.4	4.1	15.4	9.0
2000	122.9	87.9	36.3	10.1	29.5	5.9	0.8	0.1	20.9	4.8	25.0	13.1
2001	92.4	60.8	32.0	3.8	19.9	5.8	0.6	0.3	18.2	3.5	40.0	33.3
2002	104.0	68.9	34.5	7.6	22.5	7.1	0.5	0.4	20.8	3.6	50.4	43.8
2003	103.6	72.3	32.8	6.8	28.0	3.7	0.7	0.5	19.2	3.8	66.2	56.5
2004	100.0	67.1	29.5	5.9	27.8	3.6	0.6	0.8	20.4	3.5	74.3	65.5
2005	104.0	69.5	35.6	5.6	25.6	3.8	0.8	1.0	22.1	3.9	80.2	72.2
2006	87.8	59.2	25.7	4.9	23.0	3.0	0.4	0.7	17.2	5.3	77.5	62.4
2007	85.7	53.3	26.3	3.8	15.2	3.0	0.3	0.4	21.8	4.7	80.3	60.1
2008	110.6	70.5	40.8	4.8	22.1	4.9	0.5	0.3	26.0	5.3	50.1	39.0
2009	109.0	70.2	40.2	4.9	21.9	3.3	0.4	0.1	26.9	5.3	41.4	31.9
2010	108.8	69.4	39.5	4.8	22.3	3.7	0.4		26.4	6.3	41.6	31.0
2011	112.8	71.7	41.2	5.6	21.9	3.9	0.4		27.1	6.6	42.0	22.5
2012	156.5	76.5	39.9	5.9	27.1	4.4	0.4		28.8	6.3	37.2	23.1
2013	159.4	81.2	42.9	6.1	29.0	4.6	0.3		26.6	6.3	37.4	25.7
2014	170.5	86.2	46.3	6.3	31.3	4.0	0.3		28.2	6.9	40.2	23.6

注：自2012年始，经济作物播种面积包含其它作物播种面积。

a)From 2012,sown areas of industrial crops include sown areas of other crops.

12-13 主要年份主要农产品产量
Yield of Major Farm Crops in Major Years

单位:万吨 (10 000 tons)

年份 Year	粮食 Grain	谷物 Cereal	小麦 Wheat	玉米 Corn	稻谷 Rice	谷子 Millet	莜麦 Sweet-oats	糜子 Broom Corn Millet	薯类 Tubers	豆类 Beans	#大豆 Soybean
1957	302.5		52.5	34.5	4.2	51.0	32.7	33.8	29.2		14.6
1965	382.0		59.5	81.0	2.8	64.0	35.9	34.6	22.2		16.0
1970	469.5		66.0	101.0		95.0	46.5	42.0	25.0		
1975	519.5		93.5	157.0		71.5	34.0	36.0	37.5		
1978	499.0		88.0	173.5	3.6	60.0	25.0	26.5	42.0		
1980	396.5		82.7	139.2	4.1	39.7	21.3	19.0	30.0		12.4
1981	510.0		99.8	142.6	4.0	59.9	37.8	36.3	37.6		19.3
1982	530.0		126.7	105.9	4.7	71.2	37.2	23.3	41.6		24.3
1983	560.2		120.9	142.9	4.2	79.2	20.9	26.4	41.9		24.3
1984	594.4		144.2	148.3	6.0	73.6	32.5	26.4	49.9		24.3
1985	604.1		148.5	159.8	7.8	78.6	28.6	18.1	48.2		28.8
1986	528.5		130.8	192.7	8.3	38.3	15.9	12.3	36.4		41.0
1987	607.0		125.7	273.3	7.7	52.1	7.3	10.1	33.7		36.7
1988	738.3		163.4	305.5	12.0	46.4	20.9	15.5	61.2		47.5
1989	677.9		187.5	285.1	19.2	31.3	9.0	10.0	42.5		36.9
1990	973.0		261.7	393.1	31.1	59.4	25.3	13.6	61.3		47.7
1991	958.5		280.2	413.7	35.2	45.1	17.0	9.3	46.5		45.1
1992	1046.8	937.4	330.3	435.4	41.4	44.3	13.3	12.4	58.7	50.7	40.0
1993	1108.3	930.9	298.5	453.9	33.0	48.4	12.1	9.2	63.8	113.6	90.1
1994	1083.5	910.4	234.8	482.3	30.5	41.4	10.0	10.7	55.3	117.8	94.0
1995	1055.4	914.1	262.2	518.4	39.6	23.9	8.8	7.3	74.3	67.0	52.5
1996	1535.3	1301.7	318.9	751.5	51.0	49.3	13.4	11.4	124.0	109.6	83.4
1997	1421.0	1188.0	307.9	677.9	70.6	41.1	7.6	11.0	114.4	118.7	97.4
1998	1575.4	1319.9	282.7	839.8	60.3	44.3	10.0	10.8	127.0	128.5	93.8
1999	1428.5	1210.6	273.1	771.4	68.8	29.2	6.4	5.5	110.7	107.2	82.5
2000	1241.9	947.9	181.8	629.2	72.2	15.0	2.7	5.3	184.3	109.7	85.8
2001	1239.1	1016.5	127.1	757.0	56.7	25.7	1.3	5.1	108.8	113.8	83.4
2002	1406.1	1097.7	121.5	821.5	56.0	30.3	3.9	5.3	168.5	139.9	96.4
2003	1360.7	1092.3	79.0	888.7	45.0	21.4	5.9	5.5	174.5	93.9	53.6
2004	1505.4	1180.4	110.5	948.0	54.5	19.9	5.6	5.1	189.8	135.1	103.1
2005	1662.2	1342.1	143.6	1066.2	62.1	23.4	2.8	4.5	156.0	164.1	130.9
2006	1806.7	1486.0	172.2	1134.6	65.3	26.6	7.0	2.9	178.6	142.1	103.7
2007	1811.1	1528.0	175.9	1161.4	81.4	23.1	2.1	5.4	153.9	129.1	85.7
2008	2131.3	1780.0	154.0	1410.7	70.5	30.3	2.6	3.9	195.7	155.7	106.1
2009	1981.7	1677.2	171.2	1341.3	64.8	14.4	1.7	2.5	161.3	143.2	114.4
2010	2158.2	1821.2	165.2	1465.7	74.8	25.9	1.7	2.4	171.0	166.0	133.4
2011	2387.5	2012.2	170.9	1632.1	77.9	27.8	2.1	2.4	204.0	171.3	137.2
2012	2528.5	2180.9	188.4	1784.4	73.3	40.8	11.1	2.6	184.7	162.9	122.0
2013	2773.0	2433.6	180.4	2069.7	56.0	28.9	4.5	2.0	201.1	138.3	119.7
2014	2753.0	2493.1	153.9	2186.1	52.4	33.1	3.6	1.4	161.4	98.5	81.9

12-13 续表 continued

单位：万吨 (10 000 tons)

年 份 Year	油 料 Oil-bearing Crops	葵花籽 Sunflower Seeds	胡麻籽 Flax Seeds	油菜籽 Rape -seeds	甜 菜 Beet-roots	烟 叶 Tobacco	麻 类 Fiber Crops	蔬 菜 Veget-ables	果用瓜 Melons (Use on Fruit)
1957	13.0		7.5	1.5	22.1	0.2	0.6	66.4	
1965	9.0		4.7	0.9	20.9	0.2	0.5	110.7	
1970	10.5				34.0				
1975	10.5				37.1				
1978	12.5				43.1				
1980	25.0	16.5	4.6	1.8	81.2	0.2	0.4	157.6	9.7
1981	36.5	23.7	4.7	2.2	82.3	0.6	0.4	147.1	17.5
1982	49.0	32.0	8.2	3.0	115.2	0.9	0.2	156.8	16.3
1983	54.0	38.7	5.7	1.5	135.1	0.3	0.1	199.0	19.4
1984	60.0	42.1	8.4	3.0	141.0	0.3	0.1	158.5	23.3
1985	79.5	49.5	10.8	4.6	254.2	0.6	0.3	182.7	33.4
1986	66.0	48.4	7.6	2.2	159.0	0.6	0.2	220.9	36.9
1987	54.0	38.6	6.4	2.2	167.8	0.4	0.1	195.4	34.1
1988	56.5	35.0	10.3	3.2	219.0	0.8	0.1	203.0	36.3
1989	48.6	33.8	6.0	1.7	177.6	0.9	0.1	226.8	30.0
1990	69.4	41.7	11.5	4.4	236.4	0.8	0.7	243.3	22.8
1991	71.8	50.1	10.8	3.3	302.8	1.2	0.8	220.5	27.9
1992	81.4	56.8	11.1	5.5	260.1	0.8	1.4	271.2	50.9
1993	72.6	49.8	9.6	5.7	278.6	1.3	0.2	327.6	44.5
1994	65.0	44.5	8.7	8.3	233.6	0.9	0.9	267.9	121.8
1995	70.2	47.2	8.0	9.5	263.5	0.5	1.5	308.3	40.5
1996	81.4	53.9	11.2	10.5	320.7	1.8	1.0	365.4	49.6
1997	73.1	53.5	8.5	8.9	306.4	4.1	0.6	420.4	61.9
1998	90.3	59.4	10.6	14.1	259.2	1.3	0.3	433.4	84.4
1999	100.9	71.6	7.2	18.5	136.8	1.6		594.9	121.8
2000	116.4	69.1	6.5	30.5	141.3	1.4	0.1	759.9	161.7
2001	80.6	61.0	1.9	13.0	133.1	1.0	0.4	768.7	106.9
2002	108.9	70.4	6.5	28.2	195.0	1.0	1.0	755.3	120.8
2003	102.3	62.6	6.9	25.3	99.4	1.6	1.2	846.8	103.2
2004	103.7	58.9	7.3	31.3	96.3	1.3	1.9	872.8	109.6
2005	122.2	85.3	4.6	28.3	138.3	2.0	2.5	1009.1	156.8
2006	101.1	56.7	5.6	23.5	105.5	2.6	1.7	1171.4	190.8
2007	79.4	48.7	2.5	12.8	118.5	1.6	1.4	1277.5	181.1
2008	117.5	75.6	3.4	20.2	170.0	1.4	2.1	1360.8	210.6
2009	119.6	90.0	2.9	22.4	109.6	1.2	1.0	1380.6	179.2
2010	128.1	99.2	2.9	22.4	161.0	1.5	0.1	1350.9	240.9
2011	133.9	103.0	3.2	24.0	157.7	1.5		1440.2	254.6
2012	145.1	107.1	3.7	30.7	167.9	1.4		1476.3	228.1
2013	158.1	116.1	4.2	33.7	181.4	1.3		1421.1	231.3
2014	170.3	121.5	4.1	39.6	160.2	1.1		1472.7	257.7

12-14 主要农产品产量及单位面积产量

Yield of Major Farm Crops and Yield of Major Farm Crops Per Hectare

年 份	Item	2013		2014	
		总产量（万吨）Total Yield (10000 tons)	单位面积产量（公斤/公顷）Yield Per Hectare (kg/hectare)	总产量（万吨）Total Yield (10000 tons)	单位面积产量（公斤/公顷）Yield Per Hectare (kg/hectare)
粮 食	**Grain**	**2773.0**	**4937**	**2753.0**	**4872**
谷 物	Cereal	2433.6	5726	2493.1	5596
#稻谷	Rice	56.0	7381	52.4	6704
小麦	Wheat	180.4	3158	153.9	2731
玉米	Corn	2069.7	6528	2186.1	6483
高粱	Sorghum	59.4	5406	42.5	4064
谷子	Millet	28.9	2297	33.1	1982
莜麦	Sweet Oats	4.5	1259	3.6	810
糜子	Broom Corn Millet	2.0	2126	1.4	1472
荞麦	Buckwheat	8.2	1042	5.6	884
豆类	Beans	138.3	1831	98.5	1508
#大豆	Soybean	119.7	2121	81.9	1626
薯类	Tubers	201.1	3286	161.4	2978
油 料	**Oil bearing Crops**	**158.1**	**1947**	**170.3**	**1975**
#葵花籽	Sunflower Seeds	116.1	2705	121.5	2627
油菜籽	Rape seeds	33.7	1162	39.6	1264
胡麻籽	Flax Seeds	4.2	685	4.1	656
甜 菜	**Beetroots**	**181.4**	**39588**	**160.2**	**40508**
棉 花	**Cotton**	**0.2**	**1454**	**0.2**	**1463**
麻 类	**Fiber Crops**				
蔬 菜	**Vegetables**	**1421.1**	**53484**	**1472.7**	**52285**
瓜类(果用瓜)	**Melons (Use on Fruit)**	**231.3**	**36987**	**257.7**	**37432**
园林水果	**Garden fruits**	**63.5**	**8731**	**64.6**	**9080**

12-15 自然灾害面积

Areas Covered by Natural Disaster

单位：万公顷 (10 000 hectares)

项 目	Item	2013	2014
农作物受灾面积	**Areas Covered**	**827.47**	**773.75**
#旱　灾	Drought	58.26	131.36
洪涝灾	Flood	54.91	7.78
风雹灾	Windstorm and Hail	46.96	43.94
低温冷冻灾	Freeze Injury	13.18	4.75
病虫害	Plant Diseases and Insect Pests	654.16	585.92
农作物绝收面积	**Areas Without Output**	**25.45**	**28.55**
#旱　灾	Drought	2.43	18.35
洪涝灾	Flood	13.11	2.43
风雹灾	Windstorm and Hail	7.68	5.09
低温冷冻灾	Freeze Injury	0.04	0.02
病虫害	Plant Diseases and Insect Pests	2.19	2.66

注：本表数据为国家统计局反馈数，其中病虫害受灾面积数据由农牧业厅提供。

a)Date in the table is the feedback number of NBS,plant diseases and insect pests are obtained from Agricultural Machinery Bureau.

12-16 造林面积和封山育林面积(2014年)

单位：万公顷 (10 000 hectares)

地 区	Region	造林面积 Area of Afforestation	人工造林 Artificial Afforestation	飞播造林 Afforestation by Plane	无林地和疏林地新封 No forest & woodland to the new closure
总　计	**Total**	**55.63**	**31.73**	**5.74**	**18.16**
呼和浩特市	Hohhot City	2.21	1.21		1.00
包头市	Baotou City	3.11	1.61		1.50
呼伦贝尔市	Hulunbeier City	3.99	2.13		1.86
兴安盟	Xingan League	4.06	3.32	0.07	0.67
通辽市	Tongliao City	9.04	3.88	0.13	5.03
赤峰市	Chifeng City	5.03	3.39		1.63
锡林郭勒盟	Xilinguole League	2.76	1.59	0.60	0.57
乌兰察布市	Wulanchabu City	4.25	3.36		0.89
鄂尔多斯市	Erdos City	6.76	4.91	0.94	0.90
巴彦淖尔市	Bayannaoer City	5.14	2.47	1.33	1.33
乌海市	Wuhai City	0.34	0.34		
阿拉善盟	Alashan League	8.97	3.52	2.67	2.79
满洲里市	Manzhouli City				
二连浩特市	Erlianhaote City				
内蒙古森工集团	Inner Mongolia Forest Group				

12–17 林业基本情况

Basic Statistics on Forestry

单位：万公顷、个 (10 000 hectares、unit)

项目	Item	2013	2014
造林、封育面积	**Areas of Afforesting and closing hill for afforestation**	**80.52**	**55.63**
人工造林	Artificial Afforestation	34.96	31.73
飞播造林	Afforestation by Plane	7.87	5.74
当年封山育林面积	Area of Closing Hill for Afforestation this Year	37.69	18.16
按六大林业重点工程分	**Classified by Six Key Projects**		
天然林资源保护工程造林、封山育林	Afforestation of Protection of Natural Forest and Closing Hill for Afforestation	8.83	9.15
退耕还林工程造林、封山育林	Afforestation of Returning Land for Farming to Forestry and Closing Hill for Afforestation	4.22	1.64
#退耕地造林	Afforesting on the Returned Farmland		
京津风沙源治理工程造林、封山育林	Afforestation & Closing Hill for Afforestation of Controlling Sand Sround Beijing & Tianjin	46.89	13.26
"三北"四期防护林工程造林、封山育林	Afforestation & Closing Hill for Afforestation of the Forth Stage of "The Three North Shelter Forest Project"	8.56	12.34
自然保护区个数	Number of Nature Reserve	137	129
#国家级	National Nature Reserve	26	25
自然保护区面积	Area of Nature Reserve	968.64	840.81
造林面积按经济成份分	**Afforestation by Sector of the Economy**		
公有经济造林	Aforestation by Publicily-owned	50.24	37.84
国有经济造林	Aforestation by State-owned	22.66	18.05
集体经济造林	Aforestation by Collective-owned	27.58	19.79
非公有经济造林	Aforestation by Non-publicily-owned	30.27	17.79
造林面积按林种分	**Areas of Afforestation classified by sorts of forests**		
用材林	Timber Forest	0.84	0.84
经济林	Economic Forest	1.65	0.94
防护林	Shelter Forest	77.80	53.78
薪炭林	Firewood Forest		
其他林	Others	0.23	0.07
森林覆盖率(%)	**Forest Cover Rate(%)**	**21.03**	**21.03**

12-18 牲畜总头数和总增头数
Total Number of Livestock and Livestock Added

单位:万头(只) (10 000 heads)

项 目	Item	2013 总头数 年中数 Year-middle	2013 总头数 年末数 Year-end	2013 总增头数 Total Number Added of Live-stocks	2014 总头数 年中数 Year-middle	2014 总头数 年末数 Year-end	2014 总增头数 Total Number Added of Live-stocks
大牲畜和羊合计	**Total Number of Large Animals, Sheep and Goats**	**10291.26**	**6058.81**	**5597.37**	**11399.51**	**6409.14**	**6290.50**
大牲畜	Large Animals	1266.54	819.60	419.05	1308.48	839.86	436.66
牛	Cattles	1047.43	612.43	360.68	1078.53	630.60	375.30
# 良种及改良种乳牛	Fine Breed and Improved Milk Cows	313.11	229.25	118.37	298.45	231.20	118.58
马	Horses	74.72	76.63	19.93	80.77	81.72	21.39
驴	Donkeys	103.92	90.94	33.50	110.47	88.94	34.79
骡	Mules	25.02	26.35	2.69	23.22	24.77	2.22
骆驼	Camels	15.46	13.24	2.25	15.48	13.82	2.95
羊	Sheep and Goats	9024.72	5239.21	5178.32	10091.03	5569.28	5853.84
绵羊	Sheep	6668.70	3727.27	4144.44	7716.77	4016.18	4740.35
# 细毛羊及改良羊	Nap Sheep or Improved Sheep	2003.95	991.99		2211.29	993.59	
半细毛羊及改良羊	Semi-nap Sheep or Improved Sheep	754.29	335.12		844.60	375.03	
山羊	Goats	2356.03	1511.94	1033.88	2374.26	1553.10	1113.48
猪	**Hogs**	**1528.50**	**684.50**	**1124.79**	**1516.33**	**669.44**	**1059.36**

注:总增头数是指牧业年度繁殖成活仔畜头数减去期内成幼畜死亡头数。

a) Total Number of Livestoks Added refers to survival number of newborn livestocks in the period subtract death livestocks.

12–19 牲　畜　总　头　数
Total Number of Livestock

单位：万头(只)　　　　(10 000 heads)

年 份 Year	年中数 Year-middle				年末数 Year-end			
	合 计 Total	大牲畜 Large Animals	羊 Sheep & Goats	猪 Hogs	合 计 Total	大牲畜 Large Animals	羊 Sheep & Goats	猪 Hogs
1947	931.9	271.0	570.8	90.1	851.8	262.9	510.8	78.1
1948	949.9	286.5	571.6	91.8	869.1	277.9	511.6	79.6
1949	1058.6	313.7	642.6	102.3	968.6	304.3	575.6	88.7
1950	1191.4	343.1	731.8	116.5	1068.4	331.1	636.3	101.0
1951	1418.1	388.0	902.0	128.1	1278.6	372.5	795.0	111.1
1952	1749.9	450.6	1143.2	156.1	1467.6	430.3	902.0	135.3
1953	2105.2	504.5	1434.4	166.3	1844.7	442.5	1235.0	167.2
1954	2428.6	558.4	1672.2	198.0	1959.0	494.7	1292.6	171.7
1955	2501.3	586.9	1724.4	190.0	1912.3	514.7	1232.9	164.7
1956	2635.2	591.6	1874.9	168.7	2094.4	496.9	1451.2	146.3
1957	2438.9	552.7	1713.9	172.3	1809.9	450.5	1210.0	149.4
1958	2674.0	550.7	1879.7	243.6	2184.9	468.1	1505.6	211.2
1959	3070.8	589.0	2244.2	237.6	2576.7	537.2	1833.5	206.0
1960	3315.5	612.9	2431.7	270.9	2709.4	553.5	1921.0	234.9
1961	3305.4	623.4	2494.8	187.2	2671.2	550.5	1958.4	162.3
1962	3497.3	643.3	2621.0	233.0	2801.4	568.1	2031.3	202.0
1963	3981.7	699.7	3005.5	276.5	3242.4	628.3	2374.4	239.7
1964	4282.5	750.1	3242.1	290.3	3315.5	664.6	2399.2	251.7
1965	4488.4	787.9	3388.3	312.2	3606.1	716.2	2619.2	270.7
1966	4012.8	748.5	2969.0	295.3	3231.4	680.4	2295.0	256.0
1967	4164.6	730.0	3140.6	294.0	3469.4	680.9	2531.0	257.5
1968	4150.7	750.2	3067.6	332.9	3288.2	679.8	2349.0	259.4
1969	3844.5	721.7	2823.1	299.7	3213.0	665.1	2311.2	236.7
1970	3865.2	726.4	2840.3	298.5	3319.6	689.1	2356.4	274.1
1971	4032.5	754.3	2922.0	356.2	3419.7	712.2	2363.4	344.1
1972	4197.2	775.6	2985.5	436.1	3478.5	717.2	2372.3	389.0
1973	4317.2	781.3	3092.7	443.2	3654.6	738.2	2519.4	397.0
1974	4425.5	805.8	3160.3	459.4	3707.0	752.3	2532.6	422.1
1975	4628.5	820.3	3307.9	500.3	3757.6	766.8	2638.1	352.7
1976	4465.4	808.4	3058.0	599.0	3649.0	748.7	2397.8	502.5
1977	4428.6	784.1	3056.4	588.1	3643.4	715.3	2394.6	533.5
1978	4162.3	697.5	2860.5	604.3	3586.5	659.3	2378.1	549.1
1979	4513.4	724.6	3177.6	611.2	3873.1	685.3	2633.2	554.6
1980	4656.8	741.3	3317.0	598.5	3753.3	681.3	2553.4	518.6

12-19 续表 continued

单位：万头(只) (10 000 heads)

年份 Year	年中数 Year-middle				年末数 Year-end			
	合计 Total	大牲畜 Large Animals	羊 Sheep & Goats	猪 Hogs	合计 Total	大牲畜 Large Animals	羊 Sheep & Goats	猪 Hogs
1981	4565.6	723.2	3307.2	535.2	3817.2	678.9	2670.0	468.3
1982	4721.9	744.3	3474.0	503.6	3903.9	708.0	2735.0	460.9
1983	4413.6	739.9	3177.9	495.8	3539.8	694.7	2418.0	427.1
1984	4259.5	740.9	3053.7	464.9	3488.3	698.2	2377.3	412.8
1985	4341.8	775.3	3060.7	505.8	3667.4	736.6	2468.4	462.4
1986	4434.5	799.5	3082.7	552.3	3734.5	751.3	2502.2	481.0
1987	4555.2	811.5	3219.9	523.8	3731.0	730.8	2544.7	455.5
1988	4685.9	792.3	3408.8	484.8	4093.8	734.6	2892.8	466.4
1989	5301.5	812.7	3945.0	543.8	4215.4	718.6	3009.5	487.3
1990	5307.5	784.9	3955.2	567.4	4254.4	707.5	3023.9	523.0
1991	5568.2	783.8	4160.0	624.4	4220.5	699.8	2960.9	559.8
1992	5558.0	774.4	4067.4	716.2	4168.4	690.2	2856.7	621.5
1993	5577.9	771.8	3942.1	864.0	4231.9	685.7	2860.3	685.9
1994	5711.3	756.6	4038.9	915.8	4450.7	682.4	3028.1	740.2
1995	6065.7	783.8	4302.5	979.4	4795.0	708.3	3321.0	765.7
1996	6697.7	825.5	4804.3	1067.9	5066.8	734.9	3561.8	770.1
1997	7112.4	840.8	5164.8	1106.8	5180.4	714.0	3656.7	809.7
1998	7387.2	817.8	5383.5	1185.9	5206.3	677.3	3712.9	816.1
1999	7436.2	802.8	5491.6	1141.7	5147.6	667.4	3702.6	777.6
2000	7300.5	803.3	5406.2	1090.9	4912.0	622.1	3551.6	738.3
2001	7135.0	702.3	5427.8	1004.9	4817.6	536.3	3515.9	765.4
2002	7260.1	652.0	5675.2	932.9	5176.9	543.4	3951.7	681.8
2003	7987.6	718.1	6396.1	873.5	5713.3	615.4	4450.1	647.7
2004	9274.4	814.5	7514.7	945.2	6722.9	718.2	5318.5	686.2
2005	10615.3	934.2	8713.0	968.1	6903.5	783.2	5420.0	700.3
2006	11050.5	986.8	9002.6	1061.1	6508.8	786.2	5102.5	620.1
2007	10854.4	1039.4	8774.6	1040.5	6524.3	822.7	5064.2	637.4
2008	10677.7	1063.8	8442.9	1170.5	6519.4	883.2	5125.3	675.3
2009	10858.5	1084.6	8512.2	1261.7	6748.6	868.9	5197.2	683.7
2010	10798.5	1140.1	8408.0	1250.5	6845.7	883.4	5277.2	684.4
2011	10762.6	1176.7	8347.5	1238.4	6806.2	846.5	5276.0	684.2
2012	11263.0	1238.7	8605.4	1418.9	6677.1	839.2	5144.0	693.8
2013	11819.8	1266.5	9024.7	1528.5	6743.3	819.6	5239.2	684.5
2014	12915.8	1308.5	10091.0	1516.3	7078.6	839.9	5569.3	669.4

12-20 大牲畜和羊(年中数)

Total Number of Large Animals, Sheep and Goats(Year-middle)

单位：万头(只) (10 000 heads)

年份 Year	合计 Total	牛 Cattles	马 Horses	驴 Donkeys	骡 Mules	骆驼 Camels	绵羊 Sheep	山羊 Goats
1947	841.8	174.6	48.7	33.7	3.0	11.0	342.6	228.2
1948	858.1	186.7	48.1	37.6	3.2	10.9	348.0	223.6
1949	956.3	208.5	45.3	44.9	3.2	11.8	403.8	238.8
1950	1074.9	232.1	45.0	94.1	3.7	13.2	457.3	274.5
1951	1290.1	262.6	50.5	56.3	4.3	14.3	550.2	351.9
1952	1593.8	307.1	59.7	63.6	4.9	15.3	692.4	450.8
1953	1938.9	348.9	67.0	66.4	5.4	16.8	853.7	580.7
1954	2230.6	385.6	73.8	74.7	6.2	18.1	991.3	680.9
1955	2311.3	394.2	83.5	81.2	7.8	20.2	1030.6	693.8
1956	2466.5	389.0	90.9	82.1	8.5	21.2	1098.8	776.1
1957	2266.6	353.2	94.5	74.6	8.1	22.3	992.5	721.4
1958	2430.4	346.9	95.9	77.5	8.2	22.2	1097.9	781.8
1959	2833.2	380.7	103.1	73.5	8.5	23.2	1281.0	963.2
1960	3044.6	402.8	109.5	66.0	9.0	25.6	1379.0	1052.7
1961	3118.2	415.7	116.3	57.1	8.9	25.4	1417.8	1077.0
1962	3264.3	421.2	125.3	61.1	8.9	26.8	1453.3	1167.7
1963	3705.2	454.2	140.4	68.6	9.3	27.2	1696.3	1309.2
1964	3992.2	476.7	155.6	78.7	10.4	28.7	1875.7	1366.4
1965	4176.2	493.2	166.9	85.3	11.6	30.9	2017.4	1370.9
1966	3717.5	454.3	165.9	88.6	13.4	26.3	1844.2	1124.8
1967	3870.6	436.7	163.0	88.8	16.0	25.5	1952.8	1187.8
1968	3817.8	427.5	180.7	92.2	19.2	30.6	1935.8	1131.8
1969	3544.8	396.9	184.9	86.0	22.4	31.5	1755.1	1068.0
1970	3566.7	390.5	196.7	86.7	23.2	29.3	1815.4	1024.9
1971	3676.3	400.2	205.5	88.8	27.2	32.6	1887.8	1034.2
1972	3761.1	409.8	212.7	90.9	28.8	33.4	1974.6	1010.9
1973	3874.0	410.2	218.9	90.6	30.6	31.0	2119.0	973.7
1974	3966.1	418.1	231.4	93.1	32.3	30.9	2186.8	973.5
1975	4128.2	422.7	239.0	91.2	34.2	33.2	2304.2	1003.7
1976	3866.4	423.2	231.2	84.4	35.2	34.4	2162.4	895.6
1977	3840.5	412.3	224.9	76.3	34.7	35.9	2183.5	872.9
1978	3558.0	358.5	192.8	75.9	34.4	35.9	1986.7	873.8
1979	3902.2	376.2	198.2	78.0	34.1	38.2	2212.4	965.2
1980	4058.3	391.1	196.3	80.9	34.1	38.9	2354.7	962.3

12-20 续表 continued

单位：万头(只) (10 000 heads)

年 份 Year	合 计 Total	牛 Cattles	马 Horses	驴 Donkeys	骡 Mules	骆驼 Camels	绵羊 Sheep	山羊 Goats
1981	4030.4	381.6	187.7	79.8	33.9	40.2	2408.7	898.5
1982	4218.3	404.2	189.1	75.2	35.0	40.8	2543.8	930.2
1983	3917.8	407.4	185.1	74.3	37.6	35.6	2394.8	783.1
1984	3794.6	404.0	184.2	78.1	40.8	33.8	2273.4	780.3
1985	3836.0	424.0	189.4	85.2	44.6	32.2	2263.2	797.5
1986	3882.2	437.3	192.3	90.8	48.5	30.6	2255.5	827.2
1987	4031.4	445.2	194.2	93.2	51.9	27.0	2365.3	854.6
1988	4201.1	438.4	184.1	91.4	53.8	24.6	2454.1	954.7
1989	4757.7	457.8	180.9	92.1	56.5	25.4	2776.0	1169.0
1990	4740.1	439.8	169.2	93.0	58.2	24.7	2734.3	1220.9
1991	4943.8	434.9	166.8	96.7	61.8	23.6	2847.4	1312.6
1992	4841.9	426.4	164.1	97.6	65.3	21.0	2779.8	1287.7
1993	4713.8	424.2	161.9	100.1	68.0	17.7	2652.3	1289.8
1994	4795.5	415.4	158.2	96.8	69.7	16.6	2694.6	1344.3
1995	5086.3	442.7	158.0	97.6	69.4	16.1	2779.6	1522.9
1996	5629.8	477.2	161.5	100.4	70.1	16.3	3083.4	1720.9
1997	6005.6	488.0	161.3	102.9	72.2	16.5	3285.0	1879.9
1998	6201.3	478.6	149.9	101.8	71.8	15.7	3419.0	1964.5
1999	6294.5	475.2	140.4	100.9	71.6	14.8	3544.0	1947.6
2000	6209.6	490.2	130.5	99.5	69.5	13.6	3537.4	1868.8
2001	6130.1	431.4	108.4	87.9	62.3	12.3	3408.1	2019.7
2002	6327.2	419.6	87.6	80.4	55.5	8.9	3476.8	2198.4
2003	7114.1	499.3	79.2	81.1	49.4	9.1	3974.0	2422.1
2004	8329.2	600.0	74.6	82.9	47.0	10.1	4936.7	2578.0
2005	9647.2	721.9	74.5	84.3	43.0	10.6	5904.3	2808.7
2006	9989.4	780.1	73.5	80.1	41.9	11.2	6054.3	2948.3
2007	9814.0	820.1	75.9	91.3	40.7	11.4	5724.1	3050.5
2008	9506.7	838.9	78.7	96.3	38.7	11.3	5441.0	3001.9
2009	9596.8	881.8	70.9	88.2	32.1	11.6	5552.5	2959.7
2010	9548.1	929.4	70.3	97.2	30.7	12.1	5782.0	2626.0
2011	9524.2	956.3	77.0	102.1	28.7	12.6	5885.6	2461.9
2012	9844.1	1015.8	79.4	102.4	26.1	14.9	6245.8	2359.6
2013	10291.3	1047.4	74.7	103.9	25.0	15.5	6668.7	2356.0
2014	11399.5	1078.5	80.8	110.5	23.2	15.5	7716.8	2374.3

12-21 牲畜增减变化情况(2014 年, 年末数)

Number of Newly Increased and Decreased Livestock(End of 2014)

单位:万头(只) (10 000 heads)

项 目	Item	繁殖仔畜 New Born Stocks	成活仔畜 Survival New Born Stocks		成幼畜死亡 Death Number of Young and Adult Stocks	
			头数 Number	成活率 (%) Survival Rate	头数 Number	死亡率 (%) Death Rate
大牲畜和羊合计	**Total Number of Large Animals, Sheep and Goats**	**5248.76**	**4994.23**	**95.15**	**84.92**	**1.40**
大牲畜	Large Animals	371.58	359.18	96.67	4.73	0.58
牛	Cattles	308.07	297.34	96.52	3.81	0.62
#良种及改良种乳牛	Fine Breed and Improved Milk Cows	121.09	117.21	96.79	1.21	0.53
马	Horses	25.70	24.81	96.51	0.41	0.53
驴	Donkeys	32.01	31.40	98.09	0.35	0.39
骡	Mules	2.96	2.90	98.07	0.07	0.26
骆驼	Camels	2.83	2.75	97.45	0.10	0.73
羊	Sheep and Goats	4877.18	4635.01	95.03	80.19	1.53
绵羊	Sheep	3852.99	3623.20	94.04	61.97	1.66
山羊	Goats	1024.20	1011.82	98.79	18.22	1.21
猪	**Hogs**	**871.27**	**820.73**	**94.20**	**15.59**	**2.28**

12-21 续表 continued

单位:万头(只) (10 000 heads)

项 目	Item	自宰自食 killed for Self-use	出卖 Selling	#出卖肉畜 Sold Meat Stocks	出栏率 (%) Slaughter Rate	商品率 (%) Commodity Rate
大牲畜和羊合计	**Total Number of Large Animals,Sheep and Goats**	**485.94**	**6128.25**	**5596.96**	**100.40**	**101.15**
大牲畜	Large Animals	26.80	523.31	390.40	50.90	63.85
牛	Cattles	22.33	423.60	314.47	54.99	69.17
马	Horses	1.13	35.04	27.12	36.87	45.72
驴	Donkeys	2.80	53.60	39.60	46.62	58.93
骡	Mules	0.22	8.67	6.98	27.32	32.91
骆驼	Camels	0.31	2.40	2.24	19.23	18.09
羊	Sheep and Goats	459.14	5604.94	5206.56	108.14	106.98
绵羊	Sheep	312.59	4235.67	3963.01	114.71	113.64
山羊	Goats	146.55	1369.27	1243.55	91.94	90.56
猪	**Hogs**	**225.28**	**1007.55**	**704.82**	**135.88**	**147.19**

12-22 牲畜总增情况(年中数)

Total Number of Newly Increased Livestock(Middle of Year)

单位:万头(只) (10 000 heads)

项目	Item	总增头数 Total Number of Livestocks Added		总增率(%) Growth Rate	
		2013	2014	2013	2014
大牲畜和羊合计	**Total Number of Large Animals, Sheep and Goats**	**5597.37**	**6290.50**	**56.86**	**61.12**
大牲畜	Large Animals	419.05	436.66	33.83	34.48
牛	Cattles	360.68	375.30	35.51	35.83
#良种及改良种乳牛	Fine Breed and Improved Milk Cows	118.37	118.58	35.49	38.00
马	Horses	19.93	21.39	25.09	28.63
驴	Donkeys	33.50	34.79	32.72	33.48
骡	Mules	2.69	2.22	10.31	8.88
骆驼	Camels	2.25	2.95	15.05	19.12
羊	Sheep and Goats	5178.32	5853.84	60.18	64.86
绵羊	Sheep	4144.44	4740.35	66.36	71.08
山羊	Goats	1033.88	1113.48	43.82	47.26
猪	**Hogs**	**1124.79**	**1059.36**	**79.27**	**69.31**

12-23 牲畜增减变化情况(2014年,年中数)

Number of Newly Increased and Decreased Livestock(Middle of 2014)

单位:万头(只) (10 000 heads)

项目	Item	繁殖成活仔畜 New Born Stocks And Survival New Born Stocks				成幼畜死亡 Death Number of Stocks	
		繁殖仔畜 New Born Stocks	成活仔畜 Survival New Born Stocks	成活率(%) Survival Rate	繁成率(%) Rate of Breeding and Surviving	头数 Number	死亡率(%) Death Rate
大牲畜和羊合计	**Total Number of Large Animals, Sheep and Goats**	**6542.86**	**6398.63**	**97.80**	**157.58**	**108.13**	**1.05**
大牲畜	Large Animals	454.13	443.84	97.73	86.43	7.18	0.57
牛	Cattles	389.88	381.12	97.75	89.14	5.81	0.55
#良种及改良种乳牛	Fine Breed and Improved Milk Cows	123.74	120.20	97.14	80.13	1.62	0.52
马	Horses	22.57	21.97	97.37	67.10	0.58	0.78
驴	Donkeys	36.20	35.41	97.81	75.71	0.61	0.59
骡	Mules	2.38	2.31	97.01		0.09	0.35
骆驼	Camels	3.11	3.04	97.68	47.22	0.08	0.54
羊	Sheep and Goats	6088.73	5954.79	97.80	167.88	100.95	1.12
绵羊	Sheep	4926.60	4817.86	97.79	188.67	77.50	1.16
山羊	Goats	1162.13	1136.93	97.83	114.43	23.45	1.00
猪	**Hogs**	**1107.28**	**1079.61**	**97.50**	**1198.90**	**20.25**	**1.32**

12-24 能繁殖母畜、耕畜及改良畜(2014年, 年中数)

Female Parent Stocks, Plow Stocks and Improved Stock(Middle of 2014)

单位: 万头(只)　　(10 000 heads)

项 目	Item	能繁殖母畜 Female Parent Stocks	耕 畜 Plow Stocks	良种牲畜 Fine Breed Stocks	改良种牲畜 Improved Stocks
大牲畜和羊合计	**Total Number of Large Animals, Sheep and Goats**	**6618.30**	**92.01**	**3960.03**	**6371.07**
大牲畜	Large Animals	674.25	92.01	378.36	704.69
牛	Cattles	582.90	20.81	323.69	608.95
#良种及改良种乳牛	Fine Breed and Improved Milk Cows	172.34			
马	Horses	34.10	13.10	16.41	33.45
驴	Donkeys	50.97	42.91	29.06	61.82
骡	Mules		14.85		0.01
骆驼	Camels	6.28	0.35	9.20	0.46
羊	Sheep and Goats	5944.04		3581.67	5666.38
绵羊	Sheep	4593.32		2638.08	4399.51
#细毛羊及改良羊	Nap Sheep or Improved Sheep	1087.39			
半细毛羊及改良羊	Semi nap Sheep or Improved Sheep	373.17			
山羊	Goats	1350.73		943.59	1266.87
猪	**Hogs**	**196.08**		**434.50**	**821.69**

12-25 能繁殖母畜、耕畜及改良畜(2014年, 年末数)

Female Parent Stocks, Plow Stocks and Improved Stock(End of 2014)

单位:万头(只)　　(10 000 heads)

项 目	Item	能繁殖母畜 Female Parent Stocks	耕 畜 Plow Stocks	良种牲畜 Fine Breed Stocks	改良种牲畜 Improved Stocks
大牲畜和羊合计	**Total Number of Large Animals,Sheep and Goats**	**4367.24**	**75.10**	**2436.27**	**3536.13**
大牲畜	Large Animals	513.89	75.10	316.06	431.51
牛	Cattles	426.98	11.10	264.33	339.07
马	Horses	36.01	13.37	25.47	29.70
驴	Donkeys	44.45	34.96	18.19	57.61
骡	Mules		15.35		4.83
骆驼	Camels	6.45	0.33	8.06	0.29
羊	Sheep and Goats	3853.35		2120.21	3104.62
绵羊	Sheep	2734.17		1467.84	2223.01
山羊	Goats	1119.18		652.37	881.60
猪	**Hogs**	**83.66**		**238.88**	**367.97**

12-26 主要畜禽产品产量

Output of Major Livestock and Poultry

项 目	Item	2013	2014
当年出栏肉猪头数(万头)	Annual Number of Sold Fatten Hogs (10 000head)	931.94	930.08
当年出栏和自宰的肉用牛(万头)	Annual Number of Sold and Killed Meat Cattles (10 000head)	320.16	336.81
当年出售和自宰的肉用羊(万只)	Annual Numberof Sold and Killed Mutton Goats and Sheep (10 000head)	5401.05	5665.71
当年肉类总产量(吨)	Annual Output of Meat (ton)	2449002	2523268
# 猪肉产量(吨)	Pork (ton)	733500	733000
牛肉产量(吨)	Beef (ton)	517862	545309
羊肉产量(吨)	Mutton (ton)	888029	933319
奶类产品(吨)	Milks (ton)	7785547	7970837
# 牛 奶(吨)	Cow Millk (ton)	7672986	7880157
山羊毛产量(吨)	Goat Wool (ton)	10154	10450
绵羊毛产量(吨)	Sheep Wool (ton)	110532	121525
山羊绒产量(吨)	Cashmere (ton)	7901	8284
蜂蜜产量(吨)	Honey (ton)	2354	2225
禽蛋产量(吨)	Poultry Eggs (ton)	551637	535400
年末实有家禽(万只)	Number of Poultry at Yearend (10 000 heads)	4940.48	5033.72
年内牛皮产量(万张)	Annual Output of Cattle Skin (10 000unit)	362.18	308.06
绵羊皮产量(万张)	Output of Sheep Skin (10 000unit)	4040.16	4199.08
山羊皮产量(万张)	Output of Goat Skin (10 000unit)	1276.43	1173.74
驼绒产量(吨)	Output of Fine Hair of Camel (ton)	511.24	468.47
出售肉类总量(吨)	Products of Sold Meat (ton)	2162209	2249734
# 出售猪肉(吨)	Pork (ton)	604422	623898
出售牛肉(吨)	Beef (ton)	507649	487414
出售羊肉(吨)	Mutton (ton)	778886	837373
出售牛羊奶数量(吨)	Products of Sold Milk (ton)	7437037	7663201
出售羊毛数量(吨)	Products of Sold Wool of Sheep and Goats (ton)	100493	118241
出售家禽只数(万只)	Number of Sold Poultry (10 000 heads)	12789.86	10983.80
水 产 品(吨)	Aquatic Products (ton)	141321	147949

主要统计指标解释

农林牧渔业总产值 指以货币表现的农、林、牧、渔业全部产品的总量，它反映一定时期内农业生产总规模和总成果。农业总产值的计算方法通常是按农林牧渔业产品及其副产品的产量分别乘以各自单位产品价格求得；少数生产周期较长，当年没有产品或产品产量不易统计的，则采用间接方法匡算其产值；然后将四业产品产值相加即为农业总产值。

粮食产量 指全社会的产量。包括国有经济经营的、集体统一经营的和农民家庭经营的粮食产量，还包括工矿企业办的农场和其他生产单位的产量。粮食除包括稻谷、小麦、玉米、高粱、谷子及其他杂粮外，还包括薯类和豆类。其产量计算方法，豆类按去豆荚后的干豆计算；薯类(包括甘薯和马铃薯，不包括芋头和木薯)1963 年以前按每 4 公斤鲜薯折 1 公斤粮食计算，从 1964 年开始改为按 5 公斤鲜薯折 1 公斤粮食计算。城市郊区作为蔬菜的薯类(如马铃薯等)按鲜品计算，并且不作粮食统计。其他粮食一律按脱粒后的原粮计算。

油料产量 指全部油料作物的生产量。包括花生、油菜籽、芝麻、向日葵籽、胡麻籽(亚麻籽)和其他油料。不包括大豆，木本油料和野生油料。花生以带壳干花生计算。

水产品产量 指人工养殖的水产品和天然生长的水产品的捕捞量。包括海水的鱼类、虾蟹类、贝类和藻类以及内陆水域的鱼类、虾蟹类和贝类，不包括淡水生植物。

猪、牛、羊肉产量 指当年出栏并已屠宰、除去头蹄下水后带骨肉(即胴体重)的重量。

牲畜总增头数 是反映牲畜的总体增长情况、牲畜头数增殖情况和死亡损失情况的一项数量指标，以大畜、小畜和猪分畜种计算。

总增头数 = 期内繁殖成活仔畜头数—期内成幼畜死亡头数

期末牲畜存栏头数 指调查期末农村各种合作经济组织和国营农场，农民个人，机关、团体、学校、工矿企业，部队等单位以及城镇居民饲养的大牲畜、猪、羊的存栏头数。

耕地面积 指可以用来种植农作物、经常进行耕锄的田地，包括熟地、当年新开荒地、连续撂荒未满三年的耕地和当年的休闲地(轮歇地)，还包括以种植农作物为主并附带种植桑树、茶树、果树和其他林木的土地，以及沿海、沿湖地区已围垦利用的“海涂”、“湖田”等面积。不包括属于专业性的桑园、茶园、果园、果木苗圃、林地、芦苇地、天然或人工草地面积。

农作物播种面积 指实际播种或移植有农作物的面积。凡是实际种植有农作物的面积，不论种植在耕地上还是种植在非耕地上，均包括在农作物播种面积中。在播种季节基本结束后，因遭灾而重新改种和补种的农作物面积，也包括在内。

有效灌溉面积 指具有一定的水源，地块比较平整，灌溉工程或设备已经配套，在一般年景下当年能够进行正常灌溉的耕地面积。

农用化肥施用量 指本年内实际用于农业生产的化肥数量，包括氮肥、磷肥、钾肥和复合肥。化肥施用量要求按折纯量计算数量。折纯量是把氮肥、磷肥、钾肥分别按含氮、含五氧化二磷、含氧化钾的百分之一百成份进行折算后的数量。复合肥按其所含主要成分折算。

农业机械总动力 指主要用于农、林、牧、渔业的各种动力机械的动力总和。包括耕作机械、排灌机械、收获机械、农用运输机械、植物保护机械、牧业机械、林业机械、渔业机械和其他农业机械[内燃机按引擎马力折成瓦(特)计算、电动机按功率折成瓦(特)计算]。不包括专门用于乡、镇、村、组办工业、基本建设、非农业运输、科学试验和教学等非农业生产方面用的动力机械与作业机械。

农林牧渔业劳动力 指全社会直接参加农林牧渔业生产活动的劳动力。

Explanatory Notes on Main Statistical Indicators

Gross Output Value of Farming, Forestry, Animal Husbandry and Fishery refers to the total value of products of farming, forestry, animal husbandry and fishery, which reflects the total scale and result of agricultural production during a given period. Gross output value of agriculture is obtained by first multiplying the output of each product or by product by its price, resulting in the output value of each single item. For a small number of products, annual output of which is not available or difficult to get due to the long production growing process involved, the output value is estimated through an indirect approach. The sum of output value of all products of farming, forestry, animal husbandry, and fishery is then equal to the gross output value of agriculture.

Grain Yield refers to the yield in the whole country including grains produced by state farms, collective units, industrial enterprises and mines. Grain includes rice, wheat, corn, sorghum, millet and other miscellaneous grains as well as tubers and beans. Output of beans refers to dry beans without pods. The output of tubers (sweet potatoes and potatoes, not including taros and cassava) was converted into that of grain at the ratio 4:1, i. e. 4 kilograms of fresh tubers was equivalent to 1 kilogram of grain up to 1963. Since 1964 the ratio for conversion has been 5:1. Tubers supplied as vegetables (such as potatoes) in cities and suburbs are calculated as fresh vegetables and their output is not included in the output of grain . Output of all other grains refers to husked grain.

Yield of Oil-bearing Crops refers to the total yield of oil bearing crops of various kinds, including peanuts, (dry, in shell) rape seeds, sesame, sunflower seeds, flax seeds, and other oil bearing crops, Soybeans, oil bearing woody plants, and wild oil bearing crops are not included.

Output of Aquatic Products refers to catches of both artificially cultured and naturally grown aquatic products, including fish, shrimps, crabs and shellfish in sea and inland water as well as seaweed. Freshwater plants are not included.

Output of pork, Beef, and Mutton refers to the meat of slaughtered hogs, cattle, sheep and goats with head, feet, and offal taken away.

Total Number of Livestock Added is a kind of numeral index which reflects the total statistics of increase, breeding and death of livestock, it is calculated at different kinds of livestock.

Total Number of Livestock Added = Survival Number of Newborn Livestock in the given Period–Death Number of Livestock

Number of Livestock in stock at Beginning (or End) refers to the total number of large animals, pigs, sheep, etc. raised by rural cooperative organizations, state farms, rural individuals, government agencies, schools, industrial and mining enterprises, army, and urban residents at the beginning(or end) of the reference period.

Cultivated Area (Area under cultivation) refers to farmland which is plowed constantly for growing crops, including cultivated land, newly cultivated land in the current year, farmland left without cultivation for less than three years and fallow land in the current year, rotation land, rotation land of grass and crops, farmland with some fruit trees, mulberry trees and other trees and cultivated seashore land, lake land and etc. The land of mulberry fields, tea plantations, orchards, nurseries of young plants, forestland, reed land, natural and manmade grassland and other land are not included in cultivated land.

Sown Area of Crops refers to area of land sown or transplanted with crops regardless of being in cultivated area or non-cultivated area. Area of land re sown due to natural disasters is also included.

Irrigated Area refers to areas that are effectively irrigated, i. e. level land which has water source and complete sets of irrigation facilities to lift and move adequate water for irrigation purpose under normal conditions.

Consumption of Chemical Fertilizers in Agriculture refers to the quantity of chemical fertilizers applied in agriculture in the year, including nitrogenous fertilizer, phosphate fertilizer, potash fertilizer, and compound fertilizer. The consumption of chemical fertilizers is required in calculation to convert the gross weight into weight containing 100% effective component. Compound fertilizer is converted with its major component.

Total Power of Farm Machinery refers to total mechanical power of machinery used in farming, forestry, animal husbandry, and fishery, including ploughing, irrigation and drainage, harvesting, transport, plant protection, stock breeding, forestry and fishery. The power of internal combustion engines is required to convert horsepower into watts and the power of electric motors is required to be converted into watts. Machinery employed for non–agricultural purposes, such as the machines used in township run and village run industry, construction, non agricultural transport, scientific experiments and teaching, is excluded.

Labour Force Engaged in Farming, Forestry, Animal Husbandry and Fishery refers to the total laborers who are directly engaged in production of farming, forestry, animal husbandry and fishery.

十三、工业

Industry

资料整理：李志鹏　侯琰文　马芸芸　张　路
Arranged By Li Zhipeng , Hou Yanwen , Ma Yunyun , Zhang Lu

13-1 工业企业单位数和工业总产值

Number of Industrial Enterprises and Gross Industrial Output Value by Ownership

项 目	Item	2000	2005	2010	2014
企业单位数(个)	**Number of Industrial Enterprises(unit)**	**147769**	**130898**	**122718**	**119659**
在总计中:	Of the Total:				
国有及国有控股企业	State-owned Enterprises(including enterprises with controlling share hold by the state)	757	525	517	661
在总计中:	Of the Total:				
轻工业	Light Industry	97464	81391	75631	73629
重工业	Heavy Industry	50305	49507	47087	46030
在总计中:	Of the Total:				
国有企业	State-owned Enterprises	545	353	228	129
集体企业	Collective-owned Enterprises	3874	1207	1933	1835
个体企业	Individual-owned Enterprises	133421	119446	104305	
其他经济类型企业	Enterprises of Other Types of Ownership	9929	9892	16252	
# 股份制经济	Share-holding Corporations	371	2382	2762	2627
外商及港澳台商投资企业	Enterprises Funded by Foreigners or by Entrepreneurs from Hong Kong, Macao and Taiwan	90	245	221	172
工业总产值(亿元)	**Gross Industrial Output Value (100 million yuan)**	**1202.85**	**3861.58**	**16020.00**	**23820.79**
在总计中:	Of the Total:				
国有及国有控股企业	State-owned Enterprises(including enterprises with controlling share hold by the state)	636.95	1684.26	4455.52	6327.41
在总计中:	Of the Total:				
轻工业	Light Industry	464.26	1171.70	4645.80	6908.03
重工业	Heavy Industry	738.59	2689.88	11374.20	16912.76
在总计中:	Of the Total:				
国有企业	State-owned Enterprises	245.68	415.17	1393.64	805.31
集体企业	Collective-owned Enterprises	65.64	60.94	206.59	280.56
个体企业	Individual-owned Enterprises	245.29	405.69	1269.10	
其他经济类型企业	Enterprises of Other Types of Ownership	646.24	2979.78	13150.67	
# 股份制经济	Share-holding Corporations	410.35	1927.37	9264.92	12804.84
外商及港澳台商投资企业	Enterprises Funded by Foreigners or by Entrepreneurs from Hong Kong, Macao and Taiwan	58.10	358.39	1180.70	1247.36

注:工业总产值按核算口径工业总产出计算。

a)The gross industrial output value is calculated at gross industrial output of national accounts .

13-2 工业总产值

Gross Industrial Output Value

本表按当年价计算。

Data in this table are calculated at current prices.

单位：亿元 (100 million yuan)

年份 Year	工业总产值 Total Industry	按轻重工业分 Grouped by Light & Heavy Industry		按经济类型分 Grouped by Ownership			
		轻工业 Light Industry	重工业 Heavy Industry	国有及国有控股企业 State-owned or Controlling Share Hold Industry	集体企业 Collective-owned Industry	个体企业 Individual-Owned Industry	其他经济类型企业 Industry of Other Types of Ownership
1965	26.79	9.61	17.18	24.15	2.60	0.03	
1970	27.80	8.85	18.95	25.16	2.64		
1975	36.89	15.28	21.61	30.22	6.67		
1978	52.96	22.05	30.91	40.89	10.78		
1979	57.40	23.90	33.50	44.32	11.68		
1980	59.39	24.58	34.81	46.23	13.13	0.02	0.01
1981	61.76	28.41	33.35	49.10	12.60	0.04	0.02
1982	73.73	31.45	42.28				
1983	81.53	34.06	47.47	65.76	15.62	0.13	0.03
1984	90.02	36.99	53.03	75.57	17.09	0.35	0.02
1985	112.93	45.78	67.15	91.86	20.38	0.65	0.04
1986	126.46	52.69	73.77	97.87	25.67	2.84	0.07
1987	150.84	64.10	86.74	115.86	30.93	3.94	0.11
1988	193.86	86.41	107.45	144.60	42.21	6.76	0.28
1989	243.13	105.31	137.82	178.22	55.03	9.20	0.68
1990	263.33	108.51	154.82	193.14	57.69	11.55	0.94
1991	304.43	108.98	195.45	233.55	55.15	13.03	2.70
1992	363.72	131.55	234.91	276.33	67.11	15.98	4.30
1993	470.36	141.87	328.49	371.91	70.25	20.77	7.42
1994	522.10	169.98	352.12	392.39	94.14	24.44	11.13
1995	626.52	215.92	410.61	389.89	121.40	63.86	51.37
1996	745.56	293.21	452.35	454.64	145.67	78.81	66.45
1997	872.30	347.20	525.10	505.74	162.26	116.68	87.62
1998	942.08	371.08	571.00	472.70	162.87	176.56	129.95
1999	1055.13	383.65	671.48	559.69	87.03	206.43	201.97
2000	1202.85	464.26	738.59	636.95	65.64	245.29	254.97
2001	1347.19	536.76	810.43	689.16	53.92	269.87	334.24
2002	1535.80	614.38	921.42	767.98	61.46	307.63	398.73
2003	1935.11	754.71	1180.40	849.26	77.44	387.60	620.81
2004	2805.21	893.21	1912.00	1182.28	52.38	358.06	1212.50
2005	3861.58	1171.70	2689.88	1684.26	60.94	405.69	1710.69
2006	5201.12	1506.72	3694.40	1972.38	67.07	477.35	2684.32
2007	7143.37	2069.37	5074.00	2708.92	92.12	655.61	3686.72
2008	9894.76	2869.48	7025.28	3858.96	127.60	908.18	5000.02
2009	12707.52	3685.18	9022.34	4955.94	163.87	1166.35	6421.36
2010	16020.00	4645.80	11374.20	4455.52	206.59	1269.10	10088.79
2011	20472.95	6141.89	14331.06	5659.20	270.54	1494.99	13048.22
2012	21933.29	6579.99	15353.30	6102.94	285.13	1591.13	13954.09
2013	24137.53	6951.61	17185.92	6505.30	301.20	1690.49	15640.54
2014	23820.79	6908.03	16912.76	6327.41	280.56		

注：工业总产值按核算口径工业总产出计算。

a)The gross industrial output value is calculated at gross industrial output of national accounts.

13-3 工业总产值指数

Indices of Gross Industrial Output Value

(上年=100) (preceding year=100)

年份 Year	工业总产值 Total Industry	按轻重工业分 Grouped by Light & Heavy Industry		按经济类型分 Grouped by Ownership			
		轻工业 Light Industry	重工业 Heavy Industry	国有及国有控股企业 State-owned or Controlling Share Hold Industry	集体企业 Collective-owned Industry	个体企业 Individual-Owned Industry	其他经济类型企业 Industry of Other Types of Ownership
1979	106.7	101.5	110.3	108.4	112.9		
1980	104.8	112.3	99.9	104.0	107.5		
1981	100.6	110.9	92.9	102.7	92.8	191.7	300.0
1982	115.1	107.9	121.1	114.9	115.5	200.5	96.7
1983	109.6	108.4	110.5	110.3	106.3	173.2	120.0
1984	108.1	107.4	108.6	108.0	107.1	252.9	87.0
1985	116.6	116.8	116.6	113.9	93.6	444.7	157.5
1986	109.6	112.8	107.2	107.7	146.0	168.3	188.7
1987	112.5	115.6	110.0	111.5	113.5	130.8	136.2
1988	113.9	116.1	112.2	110.7	121.1	152.1	229.2
1989	112.6	107.7	116.7	110.7	117.0	122.1	217.9
1990	104.1	102.8	105.0	104.1	100.7	120.7	134.0
1991	108.1	108.1	108.0	106.4	107.8	138.4	156.1
1992	111.3	108.0	113.5	107.9	118.4	133.8	148.5
1993	113.8	106.0	117.2	105.1	124.5	143.9	272.5
1994	114.0	118.0	113.2	103.7	122.1	142.0	295.0
1995	112.0	115.5	111.0	107.2	97.0	186.8	126.3
1996	111.5	112.5	110.1	101.6	124.6	158.9	161.1
1997	115.0	117.2	112.0	101.5	118.0	127.4	140.0
1998	110.0	109.7	110.4	106.5	86.6	114.8	145.3
1999	111.0	117.2	105.9	109.6	91.3	111.1	123.6
2000	112.0	120.7	106.8	106.7	67.2	125.5	135.6
2001	111.1	114.1	108.6	106.3	76.6	110.3	125.4
2002	114.0	116.8	112.5	115.1	108.4	112.4	137.4
2003	125.0	123.6	125.9	109.1	119.9	108.3	146.1
2004	129.7	127.5	130.8	126.2	68.0	93.1	149.6
2005	130.7	126.0	133.2	134.7	113.4	111.0	133.6
2006	132.1	126.1	134.7	122.6	126.9	115.4	153.9
2007	127.8	122.3	130.1	125.0	129.6	129.9	141.1
2008	123.1	113.7	125.5	117.0	133.5	125.7	136.9
2009	120.6	123.4	119.8	113.5	118.7	131.8	121.9
2010	118.8	116.6	119.3	119.6	114.3	128.5	118.9
2011	119.0	112.5	120.5	112.6	115.7	128.9	119.1
2012	114.8	114.4	114.9	112.4	120.0	125.3	115.2
2013	112.0	111.3	112.2	110.6	110.3	123.2	114.7
2014	110.0	110.6	109.8	103.7	97.2	112.1	110.6

注：本表按可比价格计算，以上年为100。

a)Data in this table are calculated at comparable prices, preceding year=100.

13-4 规模以上工业企业分行业职工人数(2014 年)

Number of Staff & Workers of Industrial Enterprises above Designated Size by Industrial Branch(2014)

单位：万人 (10 000 persons)

项 目	Item	2014
总 计	**Total**	**125.17**
按登记注册类型分	**Grouped by Ownership**	
国有	State-owned	8.61
集体	Collective-owned	0.49
其他	Other Ownership	116.07
按行业分	**Grouped by Sector**	
采矿业	**Mining**	**32.68**
煤炭开采和洗选业	Coal Mining & Processing	22.95
石油和天然气开采业	Petroleum & Natural Gas Pumped	0.62
黑色金属矿采选业	Mining & Dressing of Ferrous Metals	3.37
有色金属矿采选业	Mining & Dressing of Nonferrous Metals	3.92
非金属矿采选业	Mining & Dressing of Nonmetal Minerals	1.74
开采辅助活动	Support Activities for Mining	
其他采矿业	Mining of Other Mineral	0.08
制造业	**Manufacturing**	**77.64**
农副食品加工业	Processing of Agricultural Side-Line Food	7.42
食品制造业	Food Manufacturing	5.12
酒、饮料和精制茶制造业	Wine, Beverage and Refined Tea Manufacturing	2.87
烟草制品业	Tobacco Products	0.29
纺织业	Textile Industry	2.42
纺织服装、服饰业	Textile, Apparel Industry	1.17
皮革、毛皮、羽毛及其制品和制鞋业	Leather, Fur, Feathers and Their Products and Footwear	0.26
木材加工和木、竹、藤、棕、草制品业	Timber Processing, Bamboo, Cane, Palm Fiber & Straw Products	1.63
家具制造业	Furniture Manufacturing	0.11
造纸及纸制品业	Paper-making & Paper Products	0.55
印刷和记录媒介复制业	Printing and Record Medium Reproduction	0.24
文教、工美、体育和娱乐用品制造业	Manufacturing of Cultural, Educational & Arts , Crafts & Sports and Entertainment Goods	0.22
石油加工、炼焦和核燃料加工业	Petroleum Processing ,Coke Products & Processing of Nuclear Fuel	5.42
化学原料和化学制品制造业	Raw Chemical Materials & Chemical Products	9.84
医药制造业	Medicine Manufacturing	2.77
化学纤维制造业	Chemical Fiber Manufacturing	0.01
橡胶和塑料制品业	Rubber and Plastic Products	1.07
非金属矿物制品业	Nonmetal Mineral Products	6.29
黑色金属冶炼和压延加工业	Smelting & Pressing of Ferrous Metals	11.54
有色金属冶炼和压延加工业	Smelting & Pressing of Nonferrous Metals	7.13
金属制品业	Metal Products	4.34
通用设备制造业	Manufacturing of General-Purpose Equipment	1.91
专用设备制造业	Special Purposes Equipment Manufacturing	1.21
汽车制造业	Automotive Manufacturing	1.35
铁路、船舶、航空航天和其他运输设备制造业	Railroad,Ships, Aerospace and Other Transportation Equipment Manufacturing	0.26
电气机械和器材制造业	Electric Equipment & Machinery	1.46
计算机、通信和其他电子设备制造业	Manufacturing of Computer , Communications and Other Electronic Equipment	0.21
仪器仪表制造业	Manufacturing of Instrument	0.02
其他制造业	Others	0.21
废弃资源综合利用业	Comprehensive Utilization of Waste Resources	0.16
金属制品、机械和设备修理业	Metal products, Machinery and Equipment Repair	0.14
电力、燃气及水的生产和供应业	**Production & Supply of Electric Power,Gas & Water**	**14.85**
电力、热力生产和供应业	Production & Supply of Electric Power & Heating Power	13.14
燃气生产和供应业	Production & Supply of Gas	0.69
水的生产和供应业	Production & Supply of Water	1.02

注：规模以上工业是指全部年主营业务收入 2000 万元及以上的工业法人企业(下同)。

a)Industrial enterprises above designated size refer to the industiral enterprises with an annual operating income of over 20 million yuan (The next table is the same).

13-5 规模以上工业企业工业总产值

Gross Industrial Output Value of Industrial Enterprises above Designated Size

单位：万元 (10 000 yuan)

行 业	Item	2014年工业总产值(现价) Gross Industrial Output Value in 2014 (at current prices)
总 计	**Total**	**199693803**
按经济类型分	**Grouped by Ownership**	
在总计中：	Of the Total:	
国有及国有控股企业	State-owned Enterprises(including with controlling share hold by the state)	63274087
在总计中：	Of the Total:	
集体企业	Collective-owned Enterprises	486990
股份有限公司	Share-holding Corporation	30688425
外商投资企业	Foreign Funded Enterprises	9208513
港澳台商投资企业	Enterprises Funded by Entrepreneurs from Hong Kong, Macao and Taiwan	3265053
按轻重工业分	**Grouped by Light & Heavy Industry**	
轻工业	Light Industry	38872972
重工业	Heavy Industry	160820831
按企业规模分	**Grouped by Size of Enterprises**	
大型企业	Large	62412598
中型企业	Medium-sized	59984730
小型企业	Small	74495217
微型企业	Tiny	2801258
按行业分	**Grouped by Sector**	
煤炭开采和洗选业	Coal Mining & Processing	34871259
石油和天然气开采业	Petroleum & Natural Gas Pumped	6703382
黑色金属矿采选业	Mining & Dressing of Ferrous Metals	6075761
有色金属矿采选业	Mining & Dressing of Nonferrous Metals	5946534
非金属矿采选业	Mining & Dressing of Nonmetal Minerals	2430376
开采辅助活动	Support Activities for Mining	
其他采矿业	Mining of Other Mineral	106080
农副食品加工业	Processing of Agricultural Side-Line Food	15293046
食品制造业	Food Manufacturing	6539650

13–5 续表 1 continued

单位：万元 (10 000 yuan)

行 业	Item	2014年工业总产值(现价) Gross Industrial Output Value in 2014 (at current prices)
酒、饮料和精制茶制造业	Wine, Beverage and Refined Tea Manufacturing	3203178
烟草制品业	Tobacco Products	938568
纺织业	Textile Industry	4326292
纺织服装、服饰业	Textile, Apparel Industry	848906
皮革、毛皮、羽毛及其制品和制鞋业	Leather, Fur, Feathers and Their Products and Footwear	212146
木材加工和木、竹、藤、棕、草制品业	Timber Processing, Bamboo, Cane, Palm Fiber & Straw Products	2639204
家具制造业	Furniture Manufacturing	238343
造纸和纸制品业	Paper-making & Paper Products	1007997
印刷和记录媒介复制业	Printing and Record Medium Reproduction	227773
文教、工美、体育和娱乐用品制造业	Manufacturing of Cultural, Educational & Arts , Crafts & Sports and Entertainment Goods	392379
石油加工、炼焦和核燃料加工业	Petroleum Processing ,Coke Products & Processing of Nuclear Fuel	9296279
化学原料和化学制品制造业	Raw Chemical Materials & Chemical Products	15384213
医药制造业	Medicine Manufacturing	2893743
化学纤维制造业	Chemical Fiber Manufacturing	3519
橡胶和塑料制品业	Rubber and Plastic Products	1389953
非金属矿物制品业	Nonmetal Mineral Products	7940222
黑色金属冶炼和压延加工业	Smelting & Pressing of Ferrous Metals	16211690

13-5 续表 2 continued

单位：万元 (10 000 yuan)

行 业	Item	2014年工业总产值(现价) Gross Industrial Output Value in 2014 (at current prices)
有色金属冶炼和压延加工业	Smelting & Pressing of Nonferrous Metals	15255137
金属制品业	Metal Products	5106361
通用设备制造业	Manufacturing of General-Purpose Equipment	2319133
专用设备制造业	Special Purposes Equipment Manufacturing	1778842
汽车制造业	Automotive Manufacturing	2201792
铁路、船舶、航空航天和其他运输设备制造业	Railroad,Ships, Aerospace and Other Transportation Equipment Manufacturing	479837
电气机械和器材制造业	Electric Equipment & Machinery	2653472
计算机、通信和其他电子设备制造业	Manufacturing of Computer , Communications and Other Electronic Equipment	762020
仪器仪表制造业	Manufacturing of Instrument	78178
其他制造业	Others	115912
废弃资源综合利用业	Comprehensive Utilization of Waste Resources	217530
金属制品、机械和设备修理业	Metal products, Machinery and Equipment Repair	24171
电力、热力生产和供应业	Production & Supply of Electric Power & Heating Power	20918173
燃气生产和供应业	Production & Supply of Gas	2374765
水的生产和供应业	Production & Supply of Water	287987

13-6 规模以上工业企业主要经济指标(2014 年)

单位:万元

项 目	Item	企业单位数(个) Number of Enterprises (unit)	工业总产值(现价) Gross Industrial Output Value (at current prices)
总 计	**Total**	**4413**	**199693803**
在总计中:	Of the Total:		
亏损企业	Enterprises at Lose	948	30931824
按轻重分	**Grouped by Light & Heavy Industry**		
轻工业	Light Industry	1239	38872972
重工业	Heavy Industry	3174	160820831
按行业分	**Grouped by Sector**		
采矿业	Mining	850	56133392
制造业	Manufacturing	3049	119979486
电力、燃气及水的生产和供应业	Production & Supply of Electric Power,Gas & Water	514	23580924
按企业规模分	**Grouped by Size of Enterprises**		
大型企业	Large	151	62412598
中型企业	Medium sized	672	59984730
小型企业	Small	3238	74495216
微型企业	tiny	352	2801258
按登记注册类型分组	**Grouped by Registration Status**		
内资企业	Domestic-funded Enterprise	4241	187220237
国有企业	State-owned Enterprises	129	8053137
中央企业	Central Enterprises	38	5020959
地方企业	Local Enterprises	91	3032178
集体企业	Collective-owned Enterprises	38	486990
股份合作企业	Cooperative Enterprises	5	63041
联营企业	Joint Ownership Enterprises	1	1213
国有联营企业	State joint Ownership Enterprises		
集体联营企业	Collective Joint Ownership Enterprises		
国有与集体联营企业	Joint State Collective Enterprises		
其他联营企业	Other Joint Ownership Enterprises	1	1213
有限责任公司	Limited Liability Corporations	1998	97664704
国有独资公司	Exclusive State-funded Limited Liability Corporations	134	20798233
股份有限公司	Share-holding Corporations Ltd.	195	26166166
私营企业	Private Enterprises	1853	53963735
其他企业	Other Enterprises	22	821251
港澳台商投资企业	Enterprises Funded by Entrepreneurs from Hong Kong, Macao and Taiwan	67	3265053
外商投资企业	Enterprises Funded by Foreigners	105	9208513

Main Indicators of Industrial Enterprises above Designated Size(2014)

资产合计 Total Assets	流动资产合计 Circulating Funds	固定资产原价 Original Value of Fixed Assets	流动负债合计 Liquid Liabilities	非流动负债合计 Non-Liquid Liabilities
275194572	**97227350**	**173667541**	**107999951**	**56441123**
80070700	27748033	44048207	41496176	18526452
32067045	14644466	16347009	13751484	3010323
243127526	82582884	157320532	94248468	53430800
77136589	30351735	40738177	23103669	15364911
135550151	54696929	76064053	64910287	18266191
62507832	12178687	56865312	19985995	22810022
122427598	44475926	75586280	47074902	26473698
77245915	24404663	48439240	30164316	17260190
67902403	25000227	45542912	27343126	11224077
7618656	3346534	4099108	3417607	1483158
248680781	88875616	158474034	98916112	50638141
21623748	5131037	18382504	6410740	6274808
15487877	3508497	13715057	4131529	4653217
6135871	1622540	4667447	2279211	1621591
178213	111410	240868	87819	13172
21638	8988	3320	3332	190
1102	158			
1102	158			
147709420	50532713	95091665	59035773	32167530
40566880	13634300	31153016	12612807	10939015
37421519	14378523	23909310	13564724	8677312
40701049	18081843	20517677	18960936	3473490
1024093	630945	328689	852789	31639
6397554	1496873	4460135	2864141	1180047
20116237	6854861	10733373	6219698	4622935

13–6 续表

单位:万元

项 目	Item	所有者权益 Creditors Equity	实收资本 Total Capital Hold
总 计	**Total**	**101337932**	**60545682**
在总计中:	Of the Total:		
亏损企业	Enterprises at Lose	16614556	15812077
按轻重分	**Grouped by Light & Heavy Industry**		
轻工业	Light Industry	14392736	5550740
重工业	Heavy Industry	86945196	54994942
按行业分	**Grouped by Sector**		
采矿业	Mining	35857518	11625300
制造业	Manufacturing	46912586	36768898
电力、燃气及水的生产和供应业	Production & Supply of Electric Power,Gas & Water	18567828	12151484
按企业规模分	**Grouped by Size of Enterprises**		
大型企业	Large	47043554	22179717
中型企业	Medium-sized	26800875	13182683
小型企业	Small	26058358	23816304
微型企业	tiny	1435145	1366978
按登记注册类型分组	**Grouped by Registration Status**		
内资企业	Domestic funded Enterprise	90381143	55633803
国有企业	State-owned Enterprises	8619908	5224784
中央企业	Central Enterprises	6821524	4050911
地方企业	Local Enterprises	1798384	1173874
集体企业	Collective-owned Enterprises	71592	35032
股份合作企业	Cooperative Enterprises	12117	4847
联营企业	Joint Ownership Enterprises	-273	113
国有联营企业	State joint Ownership Enterprises		
集体联营企业	Collective Joint Ownership Enterprises		
国有与集体联营企业	Joint State Collective Enterprises		
其他联营企业	Other Joint Ownership Enterprises	-273	113
有限责任公司	Limited Liability Corporations	51596211	27148660
国有独资公司	Exclusive State-funded Limited Liability Corporations	16125802	7537636
股份有限公司	Share-holding Corporations Ltd.	14556815	6247766
私营企业	Private Enterprises	15421395	16928682
其他企业	Other Enterprises	103379	43919
港澳台商投资企业	Enterprises Funded by Entrepreneurs from Hong Kong, Macao and Taiwan	2269593	1756839
外商投资企业	Enterprises Funded by Foreigners	8687196	3155040

continued

(10 000 yuan)

主营业务收入 Revenues of Main Business	主营业务成本 Cost of Main Business	主营业务税金及附加 Sales Tax and Extra Charges	利润总额 Total Profits	本年应交增值税 Value Added Tax Payable
195565573	**160954810**	**2616647**	**12993226**	**7607180**
28832320	28070739	298829	-4206264	736605
40786131	33108304	711308	3040750	1068418
154779443	127846506	1905339	9952476	6538762
55558684	41751091	924932	7042274	3664687
117162217	99620930	1565489	4623272	2921817
22844672	19582789	126226	1327680	1020676
62573649	50375469	1408193	3501878	3123354
57665762	47855016	612135	4531737	2588656
71675747	59436823	565274	4951247	1825136
3650416	3287503	31045	8364	70034
179559519	147913996	2463892	11724416	7102299
7597706	5742861	168323	213809	460669
4537896	3316455	138716	-12947	331463
3059810	2426406	29607	226757	129206
487839	419785	5040	20835	17185
59201	44193	1047	7112	2390
111	67	1	-65	
111	67	1	-65	
93162157	78131061	989513	5113056	3632013
19062872	16137054	339566	1052164	966901
25753642	20589461	925328	2205286	1469935
51662522	42323935	364775	4088420	1467255
836342	662633	9864	75963	52852
3165176	2652590	35054	191944	89174
12840878	10388225	117701	1076866	415707

13–7 国有及国有控股工业企业主要经济指标(2014年)

单位:万元

项 目	Item	企业单位数(个) Number of Enterprises (unit)	工业总产值(现价) Gross Industrial Output Value (at curent prices)
总 计	**Total**	**661**	**63274087**
在总计中:亏损企业	Of the Total:Enterprises at Lose	204	13719625
在总计中:轻工业	Of the Total:Light Industry	74	4026763
重工业	Heavy Industry	587	59247324
在总计中:	Of the Total:		
采矿业	Mining	90	14521628
制造业	Manufacturing	230	28693108
电力、燃气及水的生产和供应业	Production & Supply of Electric Power,Gas & Water	341	20059351
在总计中:	Of the Total:		
大型企业	Large	81	35372239
中型企业	Medium-sized	203	18884371
小型企业	Small	315	8438409
微型企业	Tiny	62	579068

13–7 续表

单位：万元

行 业	Item	所有者权益 Creditors Equity	实收资本 Total Capital Hold
总 计	**Total**	**50046221**	**29153301**
在总计中:亏损企业	Of the Total:Enterprises at Lose	11179378	10575876
在总计中:轻工业	Of the Total:Light Industry	3890525	1744847
重工业	Heavy Industry	46155696	27408454
在总计中:	Of the Total:		
采矿业	Mining	16981842	6019783
制造业	Manufacturing	17446764	12752733
电力、燃气及水的生产和供应业	Production & Supply of Electric Power,Gas & Water	15617615	10380785
在总计中:	Of the Total:		
大型企业	Large	28461201	15179780
中型企业	Medium-sized	11909343	6954912
小型企业	Small	8915640	6266381
微型企业	Tiny	760038	752228

Main Indicators on Economic Benefit of State-owned and State Holding Majority Shares Industrial Enterprises(2014)

(10 000 yuan)

资产合计 Total Assets	流动资产合计 Circulating Funds	固定资产原价 Original Value of Fixed Assets	流动负债合计 Liquid Liabilities	非流动负债合计 Non-Liquid Liabilities
141811961	**41869177**	**102849099**	**54083875**	**35241133**
49408420	14051671	29488950	23211326	13757032
7982832	3633514	2105015	3066391	914090
133829129	38235664	100744084	51017485	34327044
30151221	10966901	18205406	8913013	4107959
57698668	21105217	33246849	28205911	10582682
53962073	9797059	51396844	16964951	20550492
75508714	26526620	51042706	30954768	14891026
37930621	8949426	28576929	13898721	11555640
25262326	5607963	20247143	8366358	7763139
3110300	785168	2982320	864029	1031329

continued

(10 000 yuan)

主营业务收入 Revenues of Main Business	主营业务成本 Cost of Main Business	主营业务税金及附加 Sales Tax and Extra Charges	利润总额 Total Profits	本年应交增值税 Value Added Tax Payable
59390119	**49184674**	**1516550**	**2149607**	**2794247**
12369157	12288097	197703	-3061252	451018
4147658	2736834	516076	457730	282077
55242461	46447839	1000474	1691877	2512170
13003116	9160453	319337	1592861	1103833
27100989	23379748	1090960	-552354	791800
19286014	16644472	106253	1109100	898615
32551488	26133266	1147208	1209557	1753942
18093279	16186711	306264	190632	727156
8297062	6552168	57175	697478	282262
448290	312529	5903	51940	30888

13-8 规模以上工业企业分行业主要经济指标(2014 年)

单位:万元

行 业	Item	企业单位数(个) Enterprise (unit)	工业总产值(现价) Gross Industrial Output Value (at current prices)
总计	**Total**	**4413**	**199693803**
采矿业	**Mining**	**850**	**56133392**
煤炭开采和洗选业	Coal Mining & Processing	410	34871259
石油和天然气开采业	Petroleum & Natural Gas Pumped	11	6703382
黑色金属矿采选业	Mining & Dressing of Ferrous Metals	178	6075761
有色金属矿采选业	Mining & Dressing of Nonferrous Metals	121	5946534
非金属矿采选业	Mining & Dressing of Nonmetal Minerals	125	2430377
开采辅助活动	Support Activities for Mining		
其他采矿业	Mining of Other Mineral	5	106080
制造业	**Manufacturing**	**3049**	**119979486**
农副食品加工业	Processing of Agricultural Side-Line Food	554	15293046
食品制造业	Food Manufacturing	138	6539650
酒、饮料和精制茶制造业	Wine, Beverage and Refined Tea Manufacturing	120	3203178
烟草制品业	Tobacco Products	2	938568
纺织业	Textile Industry	107	4326292
纺织服装、服饰业	Textile, Apparel Industry	50	848906
皮革、毛皮、羽毛及其制品和制鞋业	Leather, Fur, Feathers and Their Products and Footwear	12	212146
木材加工和木、竹、藤、棕、草制品业	Timber Processing, Bamboo, Cane, Palm Fiber & Straw Products	115	2639204
家具制造业	Furniture Manufacturing	7	238343
造纸及纸制品业	Paper-making & Paper Products	31	1007997
印刷和记录媒介复制业	Printing and Record Medium Reproduction	20	227773
文教、工美、体育和娱乐用品制造业	Manufacturing of Cultural, Educational & Arts , Crafts & Sports and Entertainment Goods	8	392379
石油加工、炼焦和核燃料加工业	Petroleum Processing ,Coke Products & Processing of Nuclear Fuel	44	9296279
化学原料和化学制品制造业	Raw Chemical Materials & Chemical Products	338	15384213
医药制造业	Medicine Manufacturing	72	2893743
化学纤维制造业	Chemical Fiber Manufacturing	1	3519
橡胶和塑料制品业	Rubber and Plastic Products	93	1389953
非金属矿物制品业	Nonmetal Mineral Products	434	7940222
黑色金属冶炼和压延加工业	Smelting & Pressing of Ferrous Metals	269	16211690
有色金属冶炼和压延加工业	Smelting & Pressing of Nonferrous Metals	172	15255137
金属制品业	Metal Products	113	5106361
通用设备制造业	Manufacturing of General-Purpose Equipment	93	2319133
专用设备制造业	Special Purposes Equipment Manufacturing	80	1778842
汽车制造业	Automotive Manufacturing	34	2201792
铁路、船舶、航空航天和其他运输设备制造业	Railroad,Ships, Aerospace and Other Transportation Equipment Manufacturing	8	479837
电气机械和器材制造业	Electric Equipment & Machinery	95	2653472
计算机、通信和其他电子设备制造业	Manufacturing of Computer , Communications and Other Electronic Equipment	11	762020
仪器仪表制造业	Manufacturing of Instrument	3	78178
其他制造业	Others	7	115912
废弃资源综合利用业	Comprehensive Utilization of Waste Resources	14	217530
金属制品、机械和设备修理业	Metal products, Machinery and Equipment Repair	4	24171
电力、燃气及水的生产和供应业	**Production & Supply of Electric Power,Gas & Water**	**514**	**23580924**
电力、热力生产和供应业	Production & Supply of Electric Power & Heating Power	445	20918173
燃气生产和供应业	Production & Supply of Gas	35	2374765
水的生产和供应业	Production & Supply of Water	34	287987

Main Indicators of Industrial Enterprises above Designated Size by Industrial Branch(2014)

(10 000 yuan)

资产合计 Total Assets	流动资产合计 Circulating Funds	固定资产原价 Original Value of Fixed Assets	流动负债合计 Liquid Liabilities	非流动负债合计 Non-Liquid Liabilities
275194572	**97227350**	**173667541**	**107999951**	**56441123**
77136589	**30351735**	**40738177**	**23103669**	**15364911**
62607591	25071869	30881852	18342334	13901470
3032098	1098786	3119276	225054	273176
4899405	2129659	2785080	2256930	475464
5341547	1496379	3187744	1748824	607970
1200186	538495	735107	515801	106740
55762	16547	29118	14728	90
135550151	**54696929**	**76064053**	**64910287**	**18266191**
7726218	4070673	5168143	3573169	382882
8621626	3978912	3145797	3921989	599709
2593489	1114068	1467176	1044859	312796
714930	531924	260812	229965	
3923477	1493026	1575582	1600155	606823
470865	311591	359807	214536	30455
76646	32355	31256	12841	707
1098001	772989	617834	222733	24642
71720	29629	48809	18289	3455
506071	254878	442995	231781	4326
119848	43360	75257	41470	262
54437	34885	13866	17046	3104
11406519	3946696	7425991	5034285	2263327
28301743	8488900	17021194	12313827	7139505
2961485	1027900	2050523	1575404	146413
4402	3144	1406	959	2913
848534	303558	571319	277928	21472
8396651	3139937	6235552	4749632	456750
25342139	10344746	12958880	13986035	3620989
14638764	5533668	9323813	6834780	1030631
6110207	3311170	2737244	3047231	534615
1641502	867379	639671	906099	53177
1560604	715591	1089928	649256	12571
3764345	2145986	1291829	2679643	387799
493261	306802	133302	132778	
3328756	1395978	1129448	1277847	555361
330740	261720	78680	105216	4417
7806	5171	2379	4268	
309568	167012	116624	131399	67088
81763	30394	35910	43777	
44034	32886	13030	31091	
62507832	**12178687**	**56865312**	**19985995**	**22810022**
58645163	10962925	54597562	18744570	21848631
2192695	585978	1133736	617629	581789
1669974	629784	1134014	623796	379602

13-8 续表

单位：万元

行业	Item	所有者权益 Creditors Equity	实收资本 Total Capital Hold
总计	**Total**	**101337932**	**60545682**
采矿业	**Mining**	**35857518**	**11625300**
煤炭开采和洗选业	Coal Mining & Processing	28488464	7862672
石油和天然气开采业	Petroleum & Natural Gas Pumped	2393687	1396551
黑色金属矿采选业	Mining & Dressing of Ferrous Metals	1956724	1318768
有色金属矿采选业	Mining & Dressing of Nonferrous Metals	2546567	798954
非金属矿采选业	Mining & Dressing of Nonmetal Minerals	434034	233620
开采辅助活动	Support Activities for Mining		
其他采矿业	Mining of Other Mineral	38043	14736
制造业	**Manufacturing**	**46912586**	**36768898**
农副食品加工业	Processing of Agricultural Side-Line Food	3397621	1304975
食品制造业	Food Manufacturing	3986841	1115207
酒、饮料和精制茶制造业	Wine, Beverage and Refined Tea Manufacturing	1175027	620478
烟草制品业	Tobacco Products	484965	134616
纺织业	Textile Industry	1630764	286651
纺织服装、服饰业	Textile, Apparel Industry	218062	103756
皮革、毛皮、羽毛及其制品和制鞋业	Leather, Fur, Feathers and Their Products and Footwear	57223	24588
木材加工和木、竹、藤、棕、草制品业	Timber Processing, Bamboo, Cane, Palm Fiber & Straw Products	820900	124963
家具制造业	Furniture Manufacturing	40072	3047
造纸及纸制品业	Paper-making & Paper Products	245717	102460
印刷和记录媒介复制业	Printing and Record Medium Reproduction	72192	17468
文教、工美、体育和娱乐用品制造业	Manufacturing of Cultural, Educational & Arts , Crafts & Sports and Entertainment Goods	32013	5467
石油加工、炼焦和核燃料加工业	Petroleum Processing ,Coke Products & Processing of Nuclear Fuel	3434544	3023634
化学原料和化学制品制造业	Raw Chemical Materials & Chemical Products	8048640	6100150
医药制造业	Medicine Manufacturing	1196870	765162
化学纤维制造业	Chemical Fiber Manufacturing	530	235
橡胶和塑料制品业	Rubber and Plastic Products	497787	233659
非金属矿物制品业	Nonmetal Mineral Products	2918688	1530390
黑色金属冶炼和压延加工业	Smelting & Pressing of Ferrous Metals	6816600	4943496
有色金属冶炼和压延加工业	Smelting & Pressing of Nonferrous Metals	5173721	3311820
金属制品业	Metal Products	2410577	920864
通用设备制造业	Manufacturing of General-Purpose Equipment	605420	311545
专用设备制造业	Special Purposes Equipment Manufacturing	883379	286688
汽车制造业	Automotive Manufacturing	654278	382277
铁路、船舶、航空航天和其他运输设备制造业	Railroad,Ships, Aerospace and Other Transportation Equipment Manufacturing	289771	121362
电气机械和器材制造业	Electric Equipment & Machinery	1456561	10906331
计算机、通信和其他电子设备制造业	Manufacturing of Computer , Communications and	214116	37223
仪器仪表制造业	Manufacturing of Instrument	3487	1560
其他制造业	Others	110869	19934
废弃资源综合利用业	Comprehensive Utilization of Waste Resources	22543	21570
金属制品、机械和设备修理业	Metal products, Machinery and Equipment Repair	12808	7324
电力、燃气及水的生产和供应业	**Production & Supply of Electric Power,Gas & Water**	**18567828**	**12151484**
电力、热力生产和供应业	Production & Supply of Electric Power & Heating Power	17128547	11543179
燃气生产和供应业	Production & Supply of Gas	890999	298123
水的生产和供应业	Production & Supply of Water	548283	310182

continued

(10 000 yuan)

主营业务收入 Revenues of Main Business	主营业务成本 Cost of Main Business	主营业务税金及附加 Sales Tax & Extra Charges	利润总额 Total Profits	本年应交增值税 Value Added Tax Payable
195565573	**160954810**	**2616647**	**12993226**	**7607180**
55558684	**41751091**	**924932**	**7042274**	**3664687**
35085137	25043016	691470	4816103	2388324
6711029	5558614	58125	993457	732237
5846312	4815093	59137	503686	259077
5472990	4390578	85726	568834	196379
2344006	1869188	29654	151602	85668
99211	74603	822	8593	3002
117162217	**99620930**	**1565489**	**4623272**	**2921817**
15829689	13684797	70965	801631	174277
8871677	7163476	38566	804707	286188
3014414	2211421	91820	235743	86059
904403	281905	464307	97291	105743
4113059	3324428	13087	358354	165031
782919	645901	1788	29960	8441
208366	161159	715	17682	2545
2492983	1992977	7958	333670	43377
229873	191744	793	22622	3661
883754	695259	4773	111880	31593
227244	187572	1496	17982	2901
387748	281663	919	86712	5652
7661819	6582162	540788	-350835	291979
14653857	12090139	62258	388541	590464
2545774	1862673	10804	320522	157352
4051	3635		29	64
1325876	1060821	13211	91164	29275
7616882	6248296	73672	394293	261136
15335381	13972971	60601	177218	269831
14782869	13443694	39439	220534	180611
5098859	4565122	24648	176188	76513
2185275	1894371	9519	72594	33052
1657158	1434009	6748	74526	26616
2108183	1961662	9688	-67299	21629
422505	340671	1351	40404	4371
2538646	2158789	13054	129413	55687
865509	794796	1377	29683	5459
69001	67689	46	99	19
129441	113512	347	4914	331
190209	180277	397	2740	802
24795	23340	354	309	1161
22844672	**19582789**	**126226**	**1327680**	**1020676**
20083986	17196079	113586	1131950	950774
2463569	2154159	9101	199114	59775
297117	232551	3539	-3384	10127

13-9 国有及国有控股工业企业分行业主要经济指标(2014 年)

单位:万元

行业	Item	企业单位数(个) Number of Enterprise (unit)	工业总产值(现价) Gross Industrial Output Value (at current prices)
总计	**Total**	**661**	**63274087**
采矿业	**Mining**	**90**	**14521628**
煤炭开采和洗选业	Coal Mining & Processing	52	10856201
石油和天然气开采业	Petroleum & Natural Gas Pumped	4	659456
黑色金属矿采选业	Mining & Dressing of Ferrous Metals	10	1059030
有色金属矿采选业	Mining & Dressing of Nonferrous Metals	17	1814797
非金属矿采选业	Mining & Dressing of Nonmetal Minerals	6	119599
开采辅助活动	Support Activities for Mining		
其他采矿业	Mining of Other Mineral	1	12545
制造业	**Manufacturing**	**230**	**28693108**
农副食品加工业	Processing of Agricultural Side-Line Food	11	475331
食品制造业	Food Manufacturing	11	1236997
酒、饮料和精制茶制造业	Wine, Beverage and Refined Tea Manufacturing	11	328743
烟草制品业	Tobacco Products	2	938568
纺织业	Textile Industry	2	321604
纺织服装、服饰业	Textile, Apparel Industry	2	67092
皮革、毛皮、羽毛及其制品和制鞋业	Leather, Fur, Feathers and Their Products and Footwear		
木材加工和木、竹、藤、棕、草制品业	Timber Processing, Bamboo, Cane, Palm Fiber & Straw Products		
家具制造业	Furniture Manufacturing		
造纸及纸制品业	Paper-making & Paper Products	1	24058
印刷和记录媒介复制业	Printing and Record Medium Reproduction	2	7367
文教、工美、体育和娱乐用品制造业	Manufacturing of Cultural, Educational & Arts , Crafts & Sports and Entertainment Goods		
石油加工、炼焦和核燃料加工业	Petroleum Processing ,Coke Products & Processing of Nuclear Fuel	9	5475637
化学原料和化学制品制造业	Raw Chemical Materials & Chemical Products	26	2999888
医药制造业	Medicine Manufacturing	7	298806
化学纤维制造业	Chemical Fiber Manufacturing	1	3519
橡胶和塑料制品业	Rubber and Plastic Products	3	20470
非金属矿物制品业	Nonmetal Mineral Products	30	676188
黑色金属冶炼和压延加工业	Smelting & Pressing of Ferrous Metals	13	3780577
有色金属冶炼和压延加工业	Smelting & Pressing of Nonferrous Metals	35	6427540
金属制品业	Metal Products	9	2615896
通用设备制造业	Manufacturing of General-Purpose Equipment	16	519044
专用设备制造业	Special Purposes Equipment Manufacturing	16	297956
汽车制造业	Automotive Manufacturing	8	1060407
铁路、船舶、航空航天和其他运输设备制造业	Railroad,Ships, Aerospace and Other Transportation Equipment Manufacturing	2	336028
电气机械和器材制造业	Electric Equipment & Machinery	10	664547
计算机、通信和其他电子设备制造业	Manufacturing of Computer , Communications and Other Electronic Equipment		
仪器仪表制造业	Manufacturing of Instrument		
其他制造业	Others	2	101407
废弃资源综合利用业	Comprehensive Utilization of Waste Resources		
金属制品、机械和设备修理业	Metal products, Machinery and Equipment Repair	1	15438
电力、燃气及水的生产和供应业	**Production & Supply of Electric Power,Gas & Water**	**341**	**20059351**
电力、热力生产和供应业	Production & Supply of Electric Power & Heating Power	313	19492454
燃气生产和供应业	Production & Supply of Gas	7	380389
水的生产和供应业	Production & Supply of Water	21	186508

Main Indicators on Economic Benefit of State-owned and State Holding Majority Shares Industrial Enterprises by Industrial Branch(2014)

资产合计 Total Assets	流动资产合计 Circulating Funds	固定资产原价 Original Value of Fixed Assets	流动负债合计 Liquid Liabilities	非流动负债合计 Non-Liquid Liabilities
141811961	**41869177**	**102849099**	**54083875**	**35241133**
30151221	**10966901**	**18205406**	**8913013**	**4107959**
24160260	8776036	13240010	7445921	3204076
2270999	963310	2783880	79105	268334
1725271	829345	866581	680319	261194
1871954	361619	1232814	653621	367329
101858	33132	70876	42600	7026
20879	3460	11245	11447	
57698668	**21105217**	**33246849**	**28205911**	**10582682**
559930	239226	175895	197707	52012
3142889	1540601	446841	1561905	44586
544289	233856	236394	262863	22028
714930	531924	260812	229965	
21857	19046	4246	11870	
52675	22844	59816	15852	1885
44382	16712	27697	26934	
16691	7085	14587	6344	
5623622	1148863	5136960	1928613	1605465
10627703	1441815	8751393	4447357	3939218
336341	127073	107463	118235	22924
4402	3144	1406	959	2913
23971	16325	6637	10631	732
1361121	412924	1223199	1010652	56102
15820679	6295977	7712226	8852245	2807060
7593383	2558518	5317381	3230039	690872
5105337	2886180	2155011	2713078	500781
754226	518364	220021	513037	14888
460006	312716	175714	316662	8794
2551224	1790542	716414	2079987	262780
353661	254752	101647	107970	
1650207	538044	275069	409604	482912
295779	158954	113347	127016	66730
39362	29734	6674	26388	
53962073	**9797059**	**51396844**	**16964951**	**20550492**
52370237	9232695	50296320	16551483	20042051
597762	130129	406560	80183	280490
994074	434235	693963	333285	227951

13-9 续表

单位:万元

行 业	Item	所有者权 益 Creditors Equity	实收资本 Total Capital Hold
总计	**Total**	**50046221**	**29153301**
采矿业	**Mining**	**16981842**	**6019783**
煤炭开采和洗选业	Coal Mining & Processing	13443584	3740746
石油和天然气开采业	Petroleum & Natural Gas Pumped	1923560	1321326
黑色金属矿采选业	Mining & Dressing of Ferrous Metals	773614	708173
有色金属矿采选业	Mining & Dressing of Nonferrous Metals	779420	227856
非金属矿采选业	Mining & Dressing of Nonmetal Minerals	52233	20683
开采辅助活动	Support Activities for Mining		
其他采矿业	Mining of Other Mineral	9431	1000
制造业	**Manufacturing**	**17446764**	**12752733**
农副食品加工业	Processing of Agricultural Side-Line Food	304205	132906
食品制造业	Food Manufacturing	1554661	363684
酒、饮料和精制茶制造业	Wine, Beverage and Refined Tea Manufacturing	250304	235203
烟草制品业	Tobacco Products	484965	134616
纺织业	Textile Industry	9986	6180
纺织服装、服饰业	Textile, Apparel Industry	34937	11720
皮革、毛皮、羽毛及其制品和制鞋业	Leather, Fur, Feathers and Their Products and Footwear		
木材加工和木、竹、藤、棕、草制品业	Timber Processing, Bamboo, Cane, Palm Fiber & Straw Products		
家具制造业	Furniture Manufacturing		
造纸及纸制品业	Paper-making & Paper Products	17448	16364
印刷和记录媒介复制业	Printing and Record Medium Reproduction	10347	7164
文教、工美、体育和娱乐用品制造业	Manufacturing of Cultural, Educational & Arts , Crafts & Sports and Entertainment Goods		
石油加工、炼焦和核燃料加工业	Petroleum Processing ,Coke Products & Processing of Nuclear Fuel	2047963	1761501
化学原料和化学制品制造业	Raw Chemical Materials & Chemical Products	2139927	2932315
医药制造业	Medicine Manufacturing	195182	51762
化学纤维制造业	Chemical Fiber Manufacturing	530	235
橡胶和塑料制品业	Rubber and Plastic Products	12607	8084
非金属矿物制品业	Nonmetal Mineral Products	272995	318274
黑色金属冶炼和压延加工业	Smelting & Pressing of Ferrous Metals	3895121	3172900
有色金属冶炼和压延加工业	Smelting & Pressing of Nonferrous Metals	2657146	1464114
金属制品业	Metal Products	1891478	786930
通用设备制造业	Manufacturing of General-Purpose Equipment	207809	160091
专用设备制造业	Special Purposes Equipment Manufacturing	134350	151809
汽车制造业	Automotive Manufacturing	209171	267387
铁路、船舶、航空航天和其他运输设备制造业	Railroad,Ships, Aerospace and Other Transportation Equipment Manufacturing	245692	84718
电气机械和器材制造业	Electric Equipment & Machinery	754932	668052
计算机、通信和其他电子设备制造业	Manufacturing of Computer , Communications and Other Electronic Equipment		
仪器仪表制造业	Manufacturing of Instrument		
其他制造业	Others	102033	11227
废弃资源综合利用业	Comprehensive Utilization of Waste Resources		
金属制品、机械和设备修理业	Metal products, Machinery and Equipment Repair	12974	5501
电力、燃气及水的生产和供应业	**Production & Supply of Electric Power,Gas & Water**	**15617615**	**10380785**
电力、热力生产和供应业	Production & Supply of Electric Power & Heating Power	15066716	10134609
燃气生产和供应业	Production & Supply of Gas	233051	84020
水的生产和供应业	Production & Supply of Water	317848	162155

Output of Major Industrial Products

化肥 (万吨) Chemical Fertilizer (10000 tons)	机制纸及纸板 (万吨) Machine-made Paper and Paperboards (10000 tons)	合成洗涤剂 (吨) Synthetic Detergents (ton)	糖 (万吨) Sugar (10000 tons)	电视机 (台) Television Sets (unit)	彩色电视机 (台) Color Television Sets (unit)	自行车 (辆) Bicycle (unit)	纱 (吨) Yarn (ton)	布 (万米) Cloth (10000 m)
0.49	0.69		0.16				104	37
0.88	1.83		4.17				706	238
2.91	1.88		5.80				10267	5562
8.19	3.08	1352	3.28	150			8559	4741
16.65	4.25	2042	4.23	1020			14278	7604
4.00	4.24	2646	6.92	13803		1121	14814	7950
6.22	4.02	2641	10.93	26736		18189	15328	8270
9.54	4.67	3322	9.58	41360		13559	14884	8448
10.16	2.50	4851	12.87	52992	3000	6206	13475	8202
10.81	7.16	6417	17.28	100111	8676	15317	12851	7168
9.81	9.53	7898	17.88	175087	66889	25074	14951	7104
10.16	10.70	8261	20.60	155047	84448	62038	16860	8109
12.13	10.92	11919	17.15	220168	108858	61500	19334	8814
12.84	11.73	19354	15.22	276936	135286	51276	21612	10313
12.18	13.02	16353	19.76	342102	134548	44004	22581	10548
13.48	13.59	11936	16.37	384451	157331	19110	23950	10785
12.50	15.05	9530	23.54	286128	170647	7732	24090	10826
13.44	15.64	10454	29.23	293761	213085	10552	20912	9537
13.03	14.45	11686	26.43	333600	229200	5000	17742	8782
17.92	14.90	13130	18.34	410000	305285	10000	19343	9232
17.35	19.15	17326	17.07	326833	270907	600	19105	8548
20.95	20.14	10588	27.21	228718	170210	2524	18921	8728
16.87	16.03	7730	26.70	156560	115779	1955	19782	8271
21.12	13.76	4240	20.12	34307	34307	1548	18241	7197
43.72	14.27	2252	11.95	127796	125396	1627	18312	6191
35.54	12.19	1929	12.04	518000	518000	504	15718	3287
39.58	14.33	1064	19.67	961388	961388		20523	4078
48.70	18.59	127	18.77	1267016	1267016		23814	5275
50.93	18.92	329	14.74	1342993	1342993		22560	4685
57.87	25.17		10.67	2374871	2374871		22171	4203
65.58	25.74		14.75	2390900	2390900		32194	8337
68.95	19.73	1994	25.88	3337425	3337425		14512	13576
84.30	25.88	263	19.46	8302633	8302633		45580	14810
89.05	35.53		22.37	8667513	8667513		16762	5537
259.13	77.97		15.42	2174236	2174236		20250	8030
180.82	28.84		12.04	2043662	2043662		20629	9813
126.06	30.91		18.00	2610853	2610853		20340	10192
123.03	14.97		31.14	3832302	3832302		10929	4153
113.69	11.91		42.35	3737574	3737574		3466	3
126.08	29.06		51.11	3497783	3497783		4267	

a)The output of chemical fertilizer is calculated on the basis of 100% effective content since 1979.

13-11 主要工业产品产量

Output of Major Industrial Products

项　　目	Item	2013	2014
原 煤(万吨)	Coal(10 000 tons)	99054.54	99391.26
汽 油(万吨)	Gasoline(10 000 tons)	147.50	151.87
柴 油(万吨)	Diesel Oil(10 000 tons)	207.87	214.67
天然气(亿立方米)	Natural Gas(100 million cu.m)	270.62	281.08
原 油(万吨)	Crude Oil(10 000 tons)	166.05	193.21
发电量(亿千瓦小时)	Electricity(100 million kwh)	3567.14	3857.81
食用植物油(万吨)	Edible Vegetable Oil(10 000 tons)	76.82	49.68
罐 头(万吨)	Canned Food(10 000 tons)	0.35	0.13
乳 制 品(万吨)	Dairy Products(10000 tons)	300.92	269.83
液体乳（万吨）	Liquid Dairy(10 000 tons)	272.97	246.47
啤 酒(千升)	Beer(1000 litres)	1099433.10	1093686.20
白 酒(千升)	Liquor(1000 litres)	645865.90	616705.50
卷 烟(万支)	Cigarettes(10000 pcs)	3325000.00	3550000.00
呢 绒(万米)	Woolen Piece Goods(10 000 m)	1228.30	2055.20
服 装(万件)	Garments(10 000 pcs)	3148.40	4311.60
中成药(万吨)	Traditional Chinese Medicine(10 000 tons)	1.02	1.01
化学原料药(万吨)	Chemical Medicine(10 000 tons)	7.80	2.95
胶合板(万立方米)	Plywood(10 000cu·m)	96.39	135.00
纤 维 板(万立方米)	Fiberboard(10 000cu·m)	45.99	58.33
焦 炭(万吨)	Coke(10 000 tons)	3179.67	3445.94
硫 酸(万吨)	Sulfuric Acid(10 000 tons)	277.72	293.85
烧碱(氢氧化钠)(万吨)	Caustic Soda(10 000 tons)	197.52	256.38
纯碱(无水碳酸钠)(万吨)	Soda Ash(10 000 tons)	59.14	60.03
农用化学肥料(万吨)	Chemical Fertilizer(10 000 tons)	113.69	126.08
氮 肥(万吨)	Nitrogen Fertilizers(10 000 tons)	96.77	116.91
磷 肥(万吨)	Phosphate Fertlizers(10 000 tons)	16.81	9.17

注：生产量包括规模以下工业企业工业产品产量。

a)The output of products includes the products of industrial enterprises below designated size.

13-11 续表 continued

项　　目	Item	2013	2014
合成氨(万吨)	Synthetic Ammonia(10 000 tons)	128.75	125.43
水泥(万吨)	Cement(10 000 tons)	6497.96	6310.12
平板玻璃(万重量箱)	Plate Glass(10 000 weight cases)	521.63	628.11
铝(万吨)	Aluminum(10 000 tons)	208.85	235.88
生铁(万吨)	Pig Iron(10 000 tons)	1367.23	1330.72
钢(万吨)	Steel(10 000 tons)	1978.56	1661.48
成品钢材(万吨)	Steel Products(10 000 tons)	1797.74	1763.16
载货汽车(辆)	Trucks(unit)	14574	11996
铁路货车(万辆)	Railway Freight Coaches(10 000 units)	0.36	0.32
彩色电视机(万台)	Color Television Sets(10 000 sets)	373.76	349.78
铁合金(万吨)	Ferroalloy(10 000 tons)	430.06	539.35
精甲醇(万吨)	Purified Carbinol(10 000 tons)	563.24	647.32
化学农药原药(万吨)	Original Chemical Peoticide(10 000 tons)	8.31	5.14
碳化钙(电石)(万吨)	Calcium Carbide(10 000 tons)	720.12	840.40
铁矿石原矿量(万吨)	Crudeiron Ore(10 000 tons)	8733.56	9363.59
洗煤(万吨)	Washed Coal(10 000 tons)	11037.72	11166.16
硫铁矿石(万吨)	Pyritel Ore(10 000 tons)	62.98	59.94
配混合饲料(万吨)	Forage(10 000 tons)	442.70	490.00
精炼铜(万吨)	Refined Copper(10 000 tons)	24.54	27.68

13-12 主要工业产品生产能力(2014年)

Production Capacity of Major Industrial Products(2014)

产品名称	Item	2014
原煤(万吨)	Coal(10 000 tons)	109987.72
焦炭(万吨)	Coke(10 000 tons)	4744.30
天然原油(万吨)	Crude Oil(10 000 tons)	332.50
碳化钙(电石）(万吨)	Calcium Carbide (10 000 tons)	993.01
发电设备容量总计(万千瓦)	Capacity Of Generator (10 000 kw)	8457.50
卷烟(万支)	Cigarettes(10 000 pieces)	5584500.00
农用氮磷钾化学肥料(万吨)	Chemical Fertilizer(10 000 tons)	277.73
棉布织机(万台)	Looms(10 000 sets)	0.03
原铝(万吨)	Aluminum(10 000 tons)	291.50
水泥(万吨)	Cement(10 000 tons)	10397.82
平板玻璃(万重量箱)	Plate Glass(10 000 weight cases)	582.53
生铁(万吨)	Pig Iron(10 000 tons)	1687.64
钢(万吨)	Steel(10 000 tons)	3036.00
钢材(万吨)	Rolled Steel(10 000 tons)	2976.44
铁合金(万吨)	Ferroalloy(10 000 tons)	744.29
汽车(辆)	Vehicle(unit)	66050.00
电视机(万台)	Television Sets(10 000 sets)	375.00
#彩色电视机(万台)	Color TV Sets(10 000 sets)	375.00

主要统计指标解释

工业 指从事自然资源的开采，对采掘品和农产品进行加工和再加工的物质生产部门。具体包括：(1)对自然资源的开采，如采矿、晒盐、森林采伐等(但不包括禽兽捕猎和水产捕捞)(2)对农副产品的加工、再加工，如粮油加工、食品加工、轧花、缫丝、纺织、制革等；(3)对采掘品的加工、再加工，如炼铁、炼钢、化工生产、石油加工、机器制造、木材加工等，以及电力、自来水、煤气的生产和供应等；(4)对工业品的修理、翻新，如机器设备的修理，交通运输工具(包括小卧车)的修理等。

工业统计调查单位 工业统计调查单位分为两类：独立核算法人工业企业和工业活动单位。

(1)独立核算法人工业企业 是指从事工业生产经营活动的单位。独立核算法人工业企业应同时具备以下条件：①依法成立，有自己的名称、组织机构和场所，能够承担民事责任；②独立拥有和使用资产，承担负债，有权与其他单位签订合同；③独立核算盈亏，并能够编制资产负债表。

(2)工业活动单位 是指在一个场所从事一种或主要从事一种工业生产活动的经济单位。它包括独立核算工业企业按主营业务活动(即工业生产活动)划分的主营业务活动单位和非工业企业所属的工业生产活动单位 (即原非独立核算工业生产单位)。工业活动单位，一般应同时具备以下三个条件：①具有一个场所，从事一种或主要从事一种工业活动；②单独组织工业生产、经营或业务活动；③单独核算收入和支出。

轻工业 指主要提供生活消费品和制作手工工具的工业。按其所使用的原料不同，可分为两大类：(1)以农产品为原料的轻工业，是指直接或间接以农产品为基本原料的轻工业。主要包括食品制造、饮料制造、烟草加工、纺织、缝纫、皮革和毛皮制作、造纸以及印刷等工业；(2)以非农产品为原料的轻工业，是指以工业品为原料的轻工业。主要包括文教体育用品、化学药品制造、合成纤维制造、日用化学制品、日用玻璃制品、日用金属制品、手工工具制造、医疗器械制造、文化和办公用机械制造等工业。

重工业 是指为国民经济各部门提供物质技术基础的主要生产资料的工业。按其生产性质和产品用途，可以分为下列三类：(1)采掘(伐)工业，是指对自然资源的开采，包括石油开采、煤炭开采、金属矿开采、非金属矿开采和木材采伐等工业；(2)原材料工业，指向国民经济各部门提供基本材料、动力和燃料的工业。包括金属冶炼及加工、炼焦及焦炭、化学、化工原料、水泥、人造板以及电力、石油和煤炭加工等工业；(3)加工工业，是指对工业原材料进行再加工制造的工业。包括装备国民经济各部门的机械设备制造工业、金属结构、水泥制品等工业，以及为农业提供的生产资料如化肥、农药等工业。

根据上述划分原则，修理业中以重工业产品为修理作业对象的划为重工业，反之划为轻工业。

工业总产值 是以货币表现的工业企业在一定时期内生产的已出售或可供出售工业产品总量，它反映一定时间内工业生产的总规模和总水平。它包括：在本企业内不再进行加工，经检验、包装入库(规定不需包装的产品除外)的成品价值，对外加工费收入，自制半成品、在产品期末期初差额价值。工业总产值采用“工厂法”计算，即以工业企业作为一个整体，按企业工业生产活动的最终成果来计算，企业内部不允许重复计算，不能把企业内部各个车间(分厂)生产的成果相加。但在企业之间、行业之间、地区之间存在着重复计算。

工业增加值 是指工业行业在报告期内以货币表现的工业生产活动的最终成果。

实收资本 指企业实际收到的投资人投入的资本。按投资主体可分为国家资本、集体资本、法人资本、个人资本、港澳台资本和外商资本等。

资产合计 指企业拥有或控制的能以货币计量的经济资源。包括各种财产、债权和其他权利。资产按其流动性划分为流动资产、长期投资、固定资产、无形及递延资产和其他资产。

(1)流动资产 指企业可以在一年内或者超过一年的一个生产周期内变现或耗用的资产合计。包括现金及各种存款、短期投资、应收及预付款项、存货等。

(2)固定资产 指企业固定资产净值、固定资产清理、在建工程、待处理固定资产损失所占用的资金合计。

(3) 无形资产 指企业长期使用而没有实物形态的资产。包括专利权、非专利技术、商标权、著作权、土地使用权、商誉等。

负债合计 指企业承担的能以货币计量，将以资产或劳务偿付的债务。负债一般按偿还期长短分为流动负债和长期负债、递延税项等。

(1)流动负债 指企业在一年内或者超过一年的一个营业周期内需要偿还的债务合计，其中包括短期借款、应付及预收款项、应付工资、应交税金和应交利润等。

(2)长期负债 指企业在一年以上或者超过一年的一个营业周期以上需要偿还的债务合计，其中包括长期借款、应付债务、长期应付款项等。

所有者权益 指企业投资人对企业净资产的所有权。企业净资产等于企业全部资产减去全部负债后的余额，其中包括投资者对企业的最初投入，以及资本公积金、盈余公积金和未分配利润，对股份制企业即为股东权益。

固定资产原价 指企业在建造、购置、安装、改建、扩建、技术改造某项固定资产时所支出的全部货币总额。它一般包括买价、包装费、运杂费和安装费等。

固定资产净值 是指固定资产原价减去历年已提折旧额后的净额。

流动资产 是指可以在一年或者超过一年的一个营业周期内变现或者耗用的资产，包括现金及各种存款、短期投资、应收及预付货款、存货等。

产品销售收入 指企业销售产品和提供劳务等主要经营业务取得的业务总额。

产品销售成本 指企业销售产品和提供劳务等主要经营业务的实际成本。

产品销售税金及附加 指企业销售产品和提供工业性劳务等主要经营业务应负担的城市维护建设税、消费税、资源税和教育费附加。

产品销售利润 指企业销售产品和提供工业性劳务等主要经营业务收入扣除其成本、费用、税金后的利润。

利润总额 指企业实现的利润。

应交增值税 指企业在报告期内应交纳的增值税额。

总资产贡献率 反映企业全部资产的获利能力，是企业经营业绩和管理水平的集中体现，是评价和考核企业盈利能力的核心指标。计算公式为：

总资产贡献率 (%)= (利润总额 + 税金总额 + 利息支出)/平均资产总额 × 100%

资产负债率 该指标既反映企业经营风险的大小，也反映企业利用债权人提供的资金从事经营活动的能力。计算公式为：

总资产负债率(%)= 负债总额 / 资产总额 × 100%

工业成本费用利润率 指在一定时期内实现的利润与成本费用之比，是反映工业生产成本及费用投入的经济效益指标，同时也是反映降低成本的经济效益的指标。

计算公式为：

工业成本费用利润率 (%)= 利润总额 / 成本费用总额 × 100%

工业增加值率 指在一定时期内工业增加值占同期工业总产值的比重，反映降低中间消耗的经济效益。计算公式为：

工业增加值率(%)= 工业增加值(现价)/ 工业总产值(现价) × 100%

流动资金周转次数 指在一定时期内流动资产完成的周转次数，反映流动资产的周转速度。计算公式为：

流动资金周转次数 = 产品销售收入 / 全部流动资产平均余额

产品销售率 指报告期工业销售产值与同期全部工业总产值之比，是反映工业产品已实现销售的程度，分析工业产销衔接情况，研究工业产品满足社会需求程度的指标。计算公式为：

产品销售率 (%)= 工业销售产值 / 工业总产值 (现价) × 100%

全员劳动生产率 指根据产品的价值量指标计算的平均每一个从业人员在单位时间内的产品生产量。是考核企业经济活动的重要指标，是企业生产技术水平、经营管理水平、职工技术熟练程度和劳动积极性的综合表现。目前我国的全员劳动生产率是将工业企业的工业增加值除以同一时期全部从业人员的平均人数来计算的。计算公式为：

全员劳动生产率 = 工业增加值 / 全部从业人员平均人数

为了使各年度的全员劳动生产率数字可以比较，1990 年以前各年的全员劳动生产率均按指数换算成 1990 年不变价格。

Explanatory Notes on Main Statistical Indicators

Industry refers to the material production sector which is engaged in extraction of natural resources and processing and reprocessing of minerals and agricultural products, including (1) extraction of natural resources, such as mining, salt production, logging (but not including hunting and fishing) ; (2) processing and reprocessing of farm and sideline produces, such as rice husking, flour milling, wine making, oil pressing, cotton ginning, silk reeling, spinning and weaving, and leather making; (3) manufacture of industrial products, such as steel making, iron smelting, chemicals manufacturing, petroleum processing, machine building, timber processing; water and gas production and electricity generation and supply; (4) repairing of industrial products such as the repairing of machinery and means of transport(including cars) .

Units of Industrial Statistics and Inquiry They are classified into two categories (1) corporate industrial enterprises with independent accounting system (2) industrial establishments.

(1) Corporate industrial enterprises with independent accounting system refer to enterprises engaging in industrial production activities, which meet the following requirements: ① They are established legally, having their own names, organizations, location, able to take civil liability; ② They possess and use their assets independently, assume liabilities, and are entitled to sign contracts with other units; ③They are financially independent and compile their own balance sheets.

(2) Industrial establishments refer to economic units which located in one single place and engaged entirely or primarily in one kind of industrial activity, including financially independent industrial enterprises and units engaged in industrial activities under the non industrial enterprises (or financially dependent) . Industrial establishments generally meet the following requirements: ①They have each one location and are engaged in one kind of industrial activity each; ② They operate and manage their industrial production activities separately; ③ They have accounts of income and expenditures separately.

Light Industry refers to the industry that produces consumer goods and hand tools. It consists of two categories, depending on the materials used:

(1) Industries using farm products as raw materials. These are branches of light industry which directly or indirectly use farm products as basic raw materials, including the manufacture of food and beverages, tobacco processing, textile, clothing, fur and leather manufacturing, paper making printing, etc.

(2) Industries using non-farm products as raw materials. These are branches of light industry which use manufactured goods as raw materials, including the manufacture of cultural, educational articles and sports goods, chemicals, synthetic fiber, chemical products for daily use, glass products for daily use, metal products for daily use, hand tools, medical apparatus and instruments, and the manufacture of cultural and clerical machinery

Heavy Industry refers to the industry which produces capital goods, and provides various sectors of the national economy with necessary material and technical basis. It consists of the following three branches according to the purpose of production or the use of products:

(1) Mining, quarrying and logging industry refers to the industry that extracts natural resources, including extraction of petroleum, coal, metal and non metal and logging.

(2) Raw materials industry refers to the industry that provides various sectors of the national economy with raw materials, fuels and power. It includes smelting and processing of metals, coking and coke chemistry, chemical materials and building materials such as cement, plywood, and power, petroleum refining and coal dressing.

(3) Manufacturing industry refers to the industry that processes raw materials. It includes machine building industry which equips sectors of the national economy, industries of metal structure and cement products, industries producing means of agricultural production, such as chemical fertilizers and pesticides. According to the above principle of classification, the repairing trades which are engaged primarily in repairing products of heavy industry are classified into heavy industry while these engaged in repairing products of light industry are classified into light industry.

Gross Industrial Output Value is the total volume of industrial products sold or available for sale in value terms which reflects the total achievements and overall scale of industrial production during a given period. It includes the value of the finished products, which are not to be further processed in the enterprises and have been inspected, packed and put in storage, the value of industrial services rendered to other units, and the changes in the value of the semi finished products and products in process between the beginning and closing of the period. The gross industrial output value is calculated with "factory method". No double calculations are to be made within the same enterprise. However, double counting does occur among different enterprises.

Value-added of Industry refers to the final results of industrial production of the industrial trade in money terms during the reference period.

Capital Obtained refers to capital actually received by the enterprise from investors. It can be further classified by investors as state capital, collective capital, corporate capital, individual capital, capital from Hong Kong, Macao and Taiwan and foreign capital.

Total Assets refer to all economic resources, owned or controlled by enterprises that could be measured in monetary terms, including properties, creditors equity and other economic rights of all forms. Classified by the degree of equitability, total assets include circulating assets, long term investment, fixed assets, intangible assets and deferred assets, and other assets.

(1) Circulating assets (working capital) refer to assets which can be cashed in or spent or consumed in an operating cycle of one year or over one year, including cash, all kinds of deposits, short term investment, receivables, advance payment, stock, etc.

(2) Fixed assets refer to the net value of fixed assets, clearance of fixed assets, project under construction, fixed assets losses in suspense. These are corporations, fund holdings.

(3) Intangible assets refer to the assets without material form used by enterprises over a long time, such as patents, non patent technologies, trade marks, copyright, land use right, business reputation, etc.

Total Liabilities refer to the debts, measured in monetary terms, that enterprises are responsible for repayment in the form of cash, assets or labour. Classified by terms of repayment, liability includes liquid liabilities and long-term liabilities.

(1) Liquid liabilities (also called quick liabilities or immediate liabilities) refer to enterprises' total debt payable within an operating cycle of one year or over one year, including short term loans, payables and advance payments, wages payable, taxes payable and profit payable, etc.

(2) Long term liabilities refers to total debt payable within an operating cycle of one year or over one year, including long term loans, payable liabilities, long term payables, etc.

Creditors´ Equity refers to investors' ownership of net assets of the enterprise. It is equal to the total assets of the enterprise minus its total liabilities, including the primary input from investors, capital accumulation fund, surplus accumulation fund and undistributed profit. It is the shareholder's equity in shareholding companies.

Original Value of Fixed Assets refers to the original value of all fixed assets owned by industrial enterprises, calculated at the cost paid at the time of purchase, installation, reconstruction, expansion, and technical innovation and transformation of the said assets, which includes expenses on purchase, package, transportation, and installation, etc.

Net Value of Fixed Assets is obtained by deducting depreciation over years from the original value of fixed assets.

Working Capital (Circulating Assets) refers to assets which can be cashed in or spent or consumed in an operating cycle of one year or over one year, which includes cash, various deposits, short term investment, and receivable payments, and advance payments, stock, etc.

Sales Revenue of Industrial Products refers to the revenue from the sales of products by industrial enterprises and the revenue from services provided and etc.

Sales Cost of Industrial Products refers to the actual cost of products of industrial enterprises and industrial services provided, etc. .

Tax and Extra Charges on Sales of Products refer to the tax on city maintenance and construction, consumption tax, resources tax and extra charges for education, which should be borne by the enterprises in selling products and providing industrial services.

Sales Profit of Products refers to the profit gained by the enterprises by deducting cost, charges and taxes from the business income of the enterprises obtained in selling products and providing industrial services.

Total Profits refer to the profits gained by the enterprises.

Value-added Tax Payable refers to the amount of the value added tax which should be paid by the enterprises in the reporting period.

Ratio of Profits, Taxes and Interests to Average Assets reflects the profit making capability of all assets of the enterprise and is a key indicator manifesting the performance and management and evaluating the profit making potential of the enterprise. It is calculated as follows:

Ratio of profits, taxes and interests to average assets (%) = [(Total profits + total Taxes + interest payment) ÷ average assets] × 100%

Ratio of Debts to Assets reflect both the operation risk and the capability of the enterprise in making use of the capital from the creditors. It is calculated as follows:

Ratio of debts to assets (%) =(Total debts ÷ total assets) × 100%

Ratio of Profits to Total Industrial Costs refers to the ratio of profits realized in a given period to the total costs in the same period, which reflects the economic efficiency of input cost and is calculated as follows:

Ratio of Profits to Total Industrial Cost (%) =(Total Profits ÷ Total Costs) × 100%

Value-added Rate of Industry refers to the ratio of value added of industry in a given period to the gross output value in the same period, which reflects the economic efficiency of cutting down the intermediate input and is calculated as follows:

Value added Rate of Industry (%) = [Value added of Industry(at current prices)] ÷ [Gross Output Value(at Current Prices)] × 100%

Turnover of Working Capital refers to the number of times of turnover of working capital in a given period of time, which reflects the speed of the turnover of working capital and is calculated as follows:

Turnover of Working Capital (%) =(Sales Revenue of Products) ÷ (Average Balance of Total Working Capital) × 100%

Ratio of Sales to Gross Output Value refers to the sales of industrial products to the gross industrial output value during the reference period, and is important in reflecting the linkage between production and sales and the extent of the needs of the society that has been met by the supply of industrial products. It is calculated as follows:

Ratio of Sales to Gross Output Value=Industrial sales ÷ Gross industrial output value (at current prices) × 100%

Overall Labour Productivity of Industrial Enterprises refers to the average output per employed person in industrial enterprises in value terms. At present, the value added and the average number of staff and workers of an industrial enterprise in a given period are used to calculate the overall labour productivity. The formula used is:

Overall Labour Productivity= (Value Added of Industry) ÷ (Average Number of Staff and Workers)

For the purpose of comparison of the overall labour productivity among different years, the data on the overall labour productivity of the years prior to 1990 have been adjusted on the basis of 1990 constant prices.

2015

NEIMENGGU

十四、建筑业

Construction

资料整理：李 楠

Arranged By Li Nan

14–1 建筑业企业基本情况
Basic Statistics on Construction Enterprises

年份 Year	总计 Total	国有 State-owned	城镇集体 Urban Collective-owned	其他经济 Others
企业单位数(个) **Number of Enterprises(unit)**				
2002	726	56	67	603
2003	674	39	31	604
2004	674	18	9	647
2005	676	20	14	642
2006	703	17	7	679
2007	734	18	11	705
2008	790	14	7	769
2009	820	14	9	797
2010	873	16	8	849
2011	896	14	5	877
2012	917	11	4	902
2013	951	6	1	944
2014	960	5	1	954
年末从业人员(万人) **Number of Persons Engaged(10 000 persons)**				
2002	27.68	5.00	1.88	20.80
2003	26.63	2.10	0.67	23.86
2004	27.53	1.69	0.15	25.69
2005	26.35	1.57	0.32	24.26
2006	29.62	2.84	0.14	26.64
2007	38.62	3.88	0.22	34.52
2008	42.80	4.74	0.24	37.82
2009	49.89	4.83	0.37	44.69
2010	44.34	1.87	0.18	42.30
2011	41.05	1.35	0.05	39.65
2012	36.89	1.06	0.03	35.80
2013	39.58	0.33		39.25
2014	33.70	0.26		33.44
建筑业总产值(亿元) **Gross Output Value (100 million yuan)**				
2002	220.02	50.53	13.68	155.81
2003	257.66	36.34	9.92	211.40
2004	354.51	29.42	2.44	322.65
2005	381.30	38.78	3.10	339.42
2006	467.00	38.17	2.74	426.09
2007	681.10	76.64	2.53	601.93
2008	780.05	69.90	4.13	706.02
2009	964.73	66.60	6.21	891.91
2010	1125.58	72.71	4.52	1048.35
2011	1394.68	50.85	0.40	1343.43
2012	1441.00	50.48	0.54	1389.97
2013	1571.16	13.05	0.04	1558.07
2014	1401.91	8.98	0.02	1392.91

14–2 建筑业企业主要经济指标

Main Economic Indicators on Construction Enterprices

指 标	Item	2013	2014
建筑业企业个数(个)	Number of Construction Enterprises(unit)	951	960
签订的合同额(万元)	Value of Contracts(10 000 yuan)	23304263	22310602
建筑业总产值(万元)	Gross Output Value(10 000 yuan)	15711619	14019121
其中：装饰装修产值	Output of Decoration	264264	244861
其中：在外省完成的产值	Output Value Outside the Province	846370	639776
竣工产值(万元)	Output of Buildings Completed(10 000 yuan)	9082588	8930190
房屋建筑施工面积(万平方米)	Floor Space of Constructing(10 000 sq.m)	8839.62	8053.42
房屋建筑竣工面积(万平方米)	Floor Space of Buildings Completed(10 000 sq.m)	3630.63	3648.93
房屋建筑面积竣工率(%)	Rate of Floor Space of Buildings Completed(%)	41.1	45.3
自有机械设备净价(万元)	Machinery & Equipment Owned (net valued)(10 000 yuan)	533641	523793
自有机械设备台数(万台)	Machinery and Equipment Owned(10 000 set)	10.47	9.85
自有机械设备总功率(万千瓦)	Total Power of Machinery and Equipment Owned(10 000 kw)	249.23	236.4
技术装备率(元/人)	Value of Machines per Laborer(yuan/person)	13482	15543
动力装备率(千瓦/人)	Power of Machines per Laborer(kw/person)	6.3	7.0
按总产值计算的劳动生产率(元/人)	Overall Labor Productivity by Gross Output Value(yuan/person)	291848	274884
年末从业人员(万人)	Number of Persons Engaged(10 000 persons)	39.58	33.70
其中：工程技术人员	Engineering Techinal Personel	6.82	9.38
其中：一级建造师	First Construction Engineer	0.36	0.41
利润总额(万元)	Total Profits(10 000 yuan)	1095453	730277
税金总额(万元)	Total Tax(10 000 yuan)	599239	518489
产值利润率(%)	Ratio of Profit to Gross Output Value(%)	7.0	5.2
产值利税率(%)	Ratio of Pre-tax Profit to Gross Output Value(%)	10.8	8.9

14-3 劳务分包建筑业企业主要经济指标(2014 年)

Main Economic Indicators on Constructional Labour Subcontractors(2014)

项 目	Item	企业个数（个）Enterprises (unit)	建筑业总产值（万元）Gross Output (10 000 yuan)	期末从业人数（人）Engaged Persons (person)
总 计	**Total**	**123**	**46469**	**4234**
按企业登记注册类型分	**Grouped by Type Registered**			
内资企业	Domestic Investment	123	46469	4234
国有企业	State-owned			
集体企业	Collective-owned			
股份合作企业	Share Holding Cooperative			
联营企业	Joint-owned			
有限责任公司	Limited-liability Company	30	14666	1794
股份有限公司	Share Holding Company	1		1
私营企业	Private	91	31803	2429
其他企业	Others	1		10
港、澳、台商投资企业	Hong kong, Macao & Taiwan Funded			
外商投资企业	Foreign Funded			
按行业类别分	**Grouped by Sector**			
房屋建筑业	Housing Construction Industry	43	3440	1034
土木工程建筑业	Civil Engineering Industry	11	839	102
建筑安装业	Construction and Installation Industry	16	4484	560
建筑装饰业和其他建筑业	Construction and Decoration Industry and Other Construction Industries	53	37706	2538
按企业资质等级分	**Grouped by Intelligent Grade**			
一 级	First	89	40971	3347
二 级	Second	21	4455	766
三 级及以下	Third and below	13	1044	121

14-4 建筑施工企业主要生产指标(2014 年)

项 目	Item	建筑业企业个数(个) Enterprises (persons)	签订的合同额(万元) Value of Contracts (10 000 yuan)	上年结转合同额 Signed in Last year	本年新签合同额 Signed in this Year
总 计	**Total**	**960**	**22310602**	**9763767**	**12546835**
按企业登记注册类型分	**Grouped by Type Registered**				
内资企业	Domestic Investment	960	22310602	9763767	12546835
国有企业	State-owned	5	190219	138312	51908
集体企业	Collective-owned	1	270	80	190
股份合作企业	Share Holding Cooperative	6	166246	10996	155250
联营企业	Joint-owned				
有限责任公司	Limited-liability Company	476	12021252	4653185	7368067
股份有限公司	Share Holding Company	36	2003408	1047482	955926
私营企业	Private	435	7922707	3913412	4009294
其他企业	Others	1	6500	300	6200
港、澳、台商投资企业	Hong kong, Macao & Taiwan Funded				
外商投资企业	Foreign Funded				
按行业类别分	**Grouped by Sector**				
房屋建筑业	Housing Construction Industry	553	14343692	6135160	8208531
土木工程建筑业	Civil Engineering Industry	258	7164747	3450955	3713793
建筑安装业	Construction and Installation Industry	85	507151	123037	384114
建筑装饰业和其他建筑业	Construction and Decoration Industry and Other Construction Industries	64	295012	54615	240397
按企业资质等级分	**Grouped by Intelligent Grade**				
施工总承包	General Contractors	772	21203663	9451455	11752208
特 级	Special Grade	1	1487502	699384	788118
一 级	First	71	8744089	4267739	4435892
二 级	Second	234	7067546	3152717	3914830
三 级	Third	466	3904526	1331615	2613368
专业承包	Professional Contractors	188	1106939	312312	794627
一 级	First	16	359576	138319	221257
二 级	Second	62	415569	80608	334961
三 级	Third	110	331794	93385	238409

Main Production Indicators on Construction Enterprises(2014)

建筑业总产值(万元) Gross Output Value (10 000 yuan)			建筑业总产值按构成分 By Composition of Gross Value of Construction		
	其中：装饰装修产值 Decoration	其中：在外省完成的产值 Outside the Province	建筑工程产值 Building	安装工程产值 Installation	其他产值 Others
14019121	**244861**	**639776**	**12125191**	**928648**	**965282**
14019121	244861	639776	12125191	928648	965282
89894		5432	77251	2800	9843
151			150		
162152	400		150162	2242	9748
7858603	59474	596947	6818875	662404	377325
1011492	9530	30218	782633	38573	190286
4890329	175457	7179	4290620	222629	377080
6500			5500		1000
8772465	191806	299864	8342588	225913	203964
4640220	10674	300813	3519603	419875	700742
400703	5071	39099	143679	238044	18980
205733	37310		119321	44816	41596
13190109	209434	627398	11763453	677569	749087
571383	13595	138536	521102	50282	
5515565	68377	215226	5025566	369356	120643
4214382	62986	239058	3725155	123381	365845
2888779	64476	34578	2491630	134550	262599
829012	35427	12378	361738	251079	216195
182650	3849	7408	147637	23141	11872
343416	22789		78337	118053	147026
302946	8789	4970	135764	109885	57297

14-4 续表

项 目	Item	竣工产值(万元) Output of Buildings Completed (10 000 yuan)	房屋建筑施工面积（万平方米） Floor Space Constructing Buildins (10 000 sq.m)	实行投标承包面积 Bidding Contracting Space
总 计	**Total**	**8930190**	**8053.4**	**6908.4**
按企业登记注册类型分	**Grouped by Type Registered**			
内资企业	Domestic Investment	8930190	8053.4	6908.4
国有企业	State-owned	77536	14.5	8.4
集体企业	Collective-owned			
股份合作企业	Share Holding Cooperative	162334	100.1	90.3
联营企业	Joint-owned			
有限责任公司	Limited-liability Company	5118124	4680.9	4006.9
股份有限公司	Share Holding Company	531120	544.3	532.1
私营企业	Private	3034576	2711.3	2270.7
其他企业	Others	6500	2.3	
港、澳、台商投资企业	Hong kong, Macao & Taiwan Funded			
外商投资企业	Foreign Funded			
按行业类别分	**Grouped by Sector**			
房屋建筑业	Housing Construction Industry	6300016	7903.8	6771.4
土木工程建筑业	Civil Engineering Industry	2299408	58.1	53.9
建筑安装业	Construction and Installation Industry	218157	91.5	83.1
建筑装饰业和其他建筑业	Construction and Decoration Industry and Other Construction Industries	112609		
按企业资质等级分	**Grouped by Intelligent Grade**			
施工总承包	General Contractors	8530102	8034.2	6893.4
特 级	Special Grade	277269	331.3	331.3
一 级	First	3016140	3160.7	2878.0
二 级	Second	2971088	2489.0	2058.0
三 级	Third	2265605	2053.2	1626.1
专业承包	Professional Contractors	400088	19.2	15.0
一 级	First	135499		
二 级	Second	107006	18.0	14.0
三 级	Third	157583	1.2	1.0

continued

房屋建筑竣工面积（万平方米）Buildings Completed (10 000 sq.m)	自有机械设备 Machinery & Equipment Owned			期末从业人数（万人）Engaged Persons (10 000 persons)		
	净价(万元) net valued (10 000 yuan)	台数(万台) Number (10 000 yuan)	总功率(万千瓦) Numbers (10 000 kw)		其中：工程技术人员 Engineer	其中：一级建造师 First Engineer
3648.9	**523793**	**9.85**	**236.40**	**33.70**	**9.38**	**0.41**
3648.9	523793	9.85	236.40	33.70	9.38	0.41
6.0	83144	0.63	14.72	0.26	0.14	
	7339	0.05	1.10			
93.4	8035	1.41	4.60	0.36	0.07	
2196.7	329724	5.34	77.11	18.43	5.05	0.20
176.4	28194	0.56	37.61	2.72	0.61	0.03
1174.1	58090	1.57	94.03	11.91	3.50	0.18
2.3	9266	0.29	7.23	0.02	0.01	
3581.0	221049	7.17	151.18	24.19	5.91	0.22
40.9	226698	2.31	57.06	7.56	2.90	0.15
27.0	40759	0.20	15.48	1.36	0.44	0.03
	35286	0.17	12.68	0.59	0.13	0.01
3637.7	507934	8.89	169.06	31.43	8.52	0.37
94.6	27011	0.56	3.73	0.45	0.06	0.01
1055.2	199013	3.33	83.22	10.87	2.20	0.15
1297.3	224286	2.39	53.12	11.86	3.68	0.09
1190.6	57624	2.61	28.99	8.25	2.58	0.12
11.2	15859	0.96	67.34	2.27	0.86	0.04
	9615	0.55	34.45	0.47	0.39	0.01
11.0	5134	0.21	21.42	0.93	0.18	0.01
0.2	1109	0.20	11.47	0.87	0.29	0.02

14–5 建筑施工企业主要财务指标(2014 年)

单位:万元

项 目	Item	资产合计 Total Assets	流动资产合计 Total Circulating Assets	#存 货 Stock	长期投资 Longterm Investment
总 计	**Total**	**18300353**	**14202028**	**2429812**	
按企业登记注册类型分	**Grouped by Type Registered**				
内资企业	Domestic Investment	18300353	14202028	2429812	
国有企业	State-owned	215948	140719	34210	
集体企业	Collective-owned	1203	399	32	
股份合作企业	Share Holding Cooperative	31117	17754	574	
联营企业	Joint-owned				
有限责任公司	Limited-liability Company	7566888	5989219	1256054	
股份有限公司	Share Holding Company	1338501	1096318	81797	
私营企业	Private	9140481	6953038	1057145	
其他企业	Others	6215	4581		
港、澳、台商投资企业	Hong kong, Macao & Taiwan Funded				
外商投资企业	Foreign Funded				
按行业类别分	**Grouped by Sector**				
房屋建筑业	Housing Construction Industry	8517216	6748313	1044586	
土木工程建筑业	Civil Engineering Industry	8943548	6740861	1254889	
建筑安装业	Construction and Installation Industry	524141	456271	92242	
建筑装饰业和其他建筑业	Construction and Decoration Industry and Other Construction Industries	315448	256583	38095	
按企业资质等级分	**Grouped by Intelligent Grade**				
施工总承包	General Contractors	17000095	13358176	2266605	
特 级	Special Grade	692534	563413	177426	
一 级	First	6568597	5424784	648368	
二 级	Second	5996592	4769772	1019228	
三 级	Third	3742372	2600207	421583	
专业承包	Professional Contractors	1300258	843852	163207	
一 级	First	456708	189869	21548	
二 级	Second	340586	290928	55816	
三 级	Third	502964	363055	85843	

Main Financial Indicators on Construction Enterprises with Independent Accounting System(2014)

(10 000 yuan)

固定资产合计 Total Fixed Assets	固定资产原价合计 Original Value of Fixed Assets	#生产经营用 for Production Use	累计折旧 Accumulative Depreciation	#本年折旧 Of this Year	在建工程 Under Construction	无形及递延资产合计 Intangible & Deffered Assets	#无形资产 Intangible	其它资产 others
2143737	**2810189**		**982147**	**147866**	**206075**			
2143737	2810189		982147	147866	206075			
70364	87740		28688	14685	880			
185	93		12	12	92			
11818	14587		2819	328				
884454	1285082		521820	82279	89982			
80143	102291		41025	3074	3838			
1095298	1317840		386702	47280	111283			
1475	2556		1081	208				
944329	1106959		371425	37730	135189			
1114917	1554708		541024	103480	69033			
41515	79646		42740	3439	1414			
42976	68876		26958	3217	439			
1986388	2569694		887022	138248	199554			
76676	107236		32597	5875	2037			
541548	845452		338374	35603	22901			
765690	934325		311081	66002	96518			
602474	682681		204970	30768	78098			
157349	240495		95125	9618	6521			
34844	63331		28695	1699	209			
42602	70653		29474	3393	181			
79903	106511		36956	4526	6131			

14–5 续表 1

单位：万元

项 目	Item	负债合计 Total Liability	流动负债合计 Total Circulating Liability	长期负债合计 Total Longterm Liability	所有者权益合计 Ownership Interest
总 计	**Total**	**11913141**	**10841657**	**574540**	**6387212**
按企业登记注册类型分	**Grouped by Type Registered**				
内资企业	Domestic Investment	11913141	10841657	574540	6387212
国有企业	State-owned	53950	31609	901	161998
集体企业	Collective-owned	1121	990		81
股份合作企业	Share Holding Cooperative	14938	13631	1306	16179
联营企业	Joint-owned				
有限责任公司	Limited-liability Company	4954878	4738295	59497	2612011
股份有限公司	Share Holding Company	954600	927132	20916	383901
私营企业	Private	5930211	5127856	491920	3210270
其他企业	Others	3443	2144		2772
港、澳、台商投资企业	Hong kong, Macao & Taiwan Funded				
外商投资企业	Foreign Funded				
按行业类别分	**Grouped by Sector**				
房屋建筑业	Housing Construction Industry	5430657	5031288	49133	3086558
土木工程建筑业	Civil Engineering Industry	5920648	5259664	524110	3022902
建筑安装业	Construction and Installation Industry	383720	375394	76	140420
建筑装饰业和其他建筑业	Construction and Decoration Industry and Other Construction Industries	178116	175311	1221	137332
按企业资质等级分	**Grouped by Intelligent Grade**				
施工总承包	General Contractors	11251793	10205501	566847	5748301
特 级	Special Grade	602379	588288	14091	90154
一 级	First	4546184	4370635	97279	2022413
二 级	Second	3991642	3469128	405419	2043647
三 级	Third	2111588	1777450	50058	1592087
专业承包	Professional Contractors	661348	636156	7693	638911
一 级	First	143458	141653	1788	314691
二 级	Second	194202	181363	4323	144944
三 级	Third	323688	313140	1582	179276

continued

(10 000 yuan)

实收资本 Contrib-uted Capital	国家资本 State	集体资本 Collective	法人资本 Institu-tionnal Units	个人资本 Indivi-duals	港澳台资本 Hong kong, Macao & Taiwan	外商资本 Foreign	工程结算收入 Revenue of Settlement of Projects
3024001	**364546**	**157814**	**755238**	**1746197**	**207**		**13722017**
3024001	364546	157814	755238	1746197	207		13722017
126688	126688						89886
68		68					330
14300		3129	5755	5416			162152
1426956	237125	127762	414599	647263	207		7646095
210699	586	13364	47977	148772			1090751
1242730	147	13491	284347	944746			4726303
2560			2560				6500
1502283	108386	96293	364975	932421	207		8564282
1349684	241032	45976	337891	724786			4572091
93621	12149	14645	16218	50609			381743
78413	2979	900	36154	38381			203901
2802666	342783	133236	707265	1619176	207		13042667
68329	68329						647520
917171	203600	49963	230762	435279			5441069
1020616	56229	47321	241942	675125			4416424
796550	14625	35952	234561	508772	207		2537654
221335	21763	24578	47973	127021			679350
46739	10035	6960	1090	28653			192960
71696	3326	13033	23765	31572			211905
102900	8402	4585	23118	66796			274485

14–5 续表 2

单位：万元

项 目	Item	工程结算成本 Cost of Settlement of Projects	工程结算税金及附加 Tax and Extra Charges of Settlement of Projects	工程结算利润 Profits of Settlement of Projects
总 计	**Total**	**11625901**	**492935**	
按企业登记注册类型分	**Grouped by Type Registered**			
内资企业	Domestic Investment	11625901	492935	
国有企业	State-owned	81389	3228	
集体企业	Collective-owned	280	1	
股份合作企业	Share Holding Cooperative	131799	7641	
联营企业	Joint-owned			
有限责任公司	Limited-liability Company	6608499	278191	
股份有限公司	Share Holding Company	972800	37350	
私营企业	Private	3825804	166309	
其他企业	Others	5330	215	
港、澳、台商投资企业	Hong kong, Macao & Taiwan Funded			
外商投资企业	Foreign Funded			
按行业类别分	**Grouped by Sector**			
房屋建筑业	Housing Construction Industry	7388790	318248	
土木工程建筑业	Civil Engineering Industry	3768626	157795	
建筑安装业	Construction and Installation Industry	309444	10941	
建筑装饰业和其他建筑业	Construction and Decoration Industry and Other Construction Industries	159041	5951	
按企业资质等级分	**Grouped by Intelligent Grade**			
施工总承包	General Contractors	11066675	470021	
特 级	Special Grade	583624	18609	
一 级	First	4814125	197505	
二 级	Second	3654530	150800	
三 级	Third	2014396	103107	
专业承包	Professional Contractors	559226	22914	
一 级	First	163872	6394	
二 级	Second	170730	6447	
三 级	Third	224624	10073	

continued

(10 000 yuan)

其他业务收入 Revenue of Other Business	其他业务利润 Profits of Other Business	管理费用 Manage-ment Expenses	#税金 Taxes	#财产保险费 Premium of Property	财务费用 Financial Expense	#利息支出 Interest Expendi-ture	营业利润 Operating Profits	利润总额 Total Profits
	37570	**517115**	**25554**		**194652**	**170108**	**734464**	**730277**
	37570	517115	25554		194652	170108	734464	730277
		3180	21		796	12	1277	1277
		22	2		19	20		
		2837	592		970	454	18905	18905
	30043	316035	12038		64252	54111	255929	257525
	3507	35135	754		6292	6347	37290	37554
	4020	159548	12127		121963	108804	420826	414779
		358	20		360	360	237	237
	4432	250581	18578		76268	64214	359849	363024
	30538	218443	5300		114848	103375	333395	328029
	2353	31160	1292		1209	932	18695	16616
	247	16931	384		2327	1587	22525	22608
	34585	458074	24061		188155	163487	691977	689557
	713	16344	1525		17082	16537	3031	3504
	5725	163217	7776		60535	55050	169939	167601
	941	146090	7866		74869	60134	306601	304279
	27206	132423	6894		35669	31766	212406	214173
	2985	59041	1493		6497	6621	42487	40720
	259	7185	191		3660	3906	11296	11296
	1432	27892	500		450	526	10537	10818
	1294	23964	802		2387	2189	20654	18606

14–5 续表 3

单位：万元

项 目	Item	应交所得税 Income Tax Payable	应付利润 Profits Payable	劳动待业保险费 Premium for Employment
总 计	**Total**	**182540**		
按企业登记注册类型分	**Grouped by Type Registered**			
内资企业	Domestic Investment	182540		
国有企业	State-owned	122		
集体企业	Collective-owned			
股份合作企业	Share Holding Cooperative	5537		
联营企业	Joint-owned			
有限责任公司	Limited-liability Company	63520		
股份有限公司	Share Holding Company	9073		
私营企业	Private	104229		
其他企业	Others	59		
港、澳、台商投资企业	Hong kong, Macao & Taiwan Funded			
外商投资企业	Foreign Funded			
按行业类别分	**Grouped by Sector**			
房屋建筑业	Housing Construction Industry	93566		
土木工程建筑业	Civil Engineering Industry	81555		
建筑安装业	Construction and Installation Industry	3787		
建筑装饰业和其他建筑业	Construction and Decoration Industry and Other Construction Industries	3632		
按企业资质等级分	**Grouped by Intelligent Grade**			
施工总承包	General Contractors	174486		
特 级	Special Grade	576		
一 级	First	46755		
二 级	Second	79342		
三 级	Third	47813		
专业承包	Professional Contractors	8054		
一 级	First	2608		
二 级	Second	2514		
三 级	Third	2932		

continued

(10 000 yuan)

本年应付职工薪酬总额 Employee compensation Payable	# 主营业务应付工资 Wage Payable of Major Business	本年应付福利费总额 Welfares Payable in the Year	# 主营业务应付 of Major Business	建筑业增加值 Value Added of Construction
1691381				**3092200**
1691381				3092200
7359				26570
51				66
17303				44769
966962				1595399
166146				244614
532130				1178672
1430				2110
1265617				2000022
347435				947405
54352				88719
23977				56054
1594425				2918732
29902				58885
626460				1035066
532376				1065919
405687				758862
96956				173468
37267				56842
32181				53063
27508				63563

主要统计指标解释

建筑业统计单位 指从事房屋、构筑物建造和设备安装活动的法人企业。建筑业法人企业应同时具备的条件是:①依法成立,有自己的名称、组织机构和场所,能够承担民事责任;②独立拥有和使用资产,承担负债,有权与其他单位签订合同;③独立核算盈亏,能够编制资产负债表。

建筑业总产值(即自行完成施工产值) 是以货币表现的建筑安装企业在一定时期内生产的建筑业产品的总和。建筑业总产值包括:

(1)建筑工程产值:指列入建筑工程预算内的各种工程价值。

(2)安装工程产值:指设备安装工程价值,不包括被安装设备本身价值。

(3)其他产值:建筑业总产值中,除建筑工程、安装工程以外的产值。包括房屋、构筑物修理产值、非标准设备制造产值、总包企业向分包企业收取的管理费以及不能明确划分的施工活动所完成的产值。

a 房屋、构筑物修理产值:指房屋、构筑物修理所完成的价值,但不包括被修理房屋、构筑物本身的价值和生产设备的修理价值。

b 非标准设备制造产值:指加工制造没有定型的、非标准的生产设备的加工费和原材料价值,以及附属加工厂为本企业承建工程制作的非标准设备的价值。

建筑业增加值 指建筑业企业在报告期内以货币表现的建筑业生产经营活动的最终成果。目前建筑业增加值采用分配法(收入法)计算,即从收入的角度出发,根据生产要素在生产过程中应得的收入份额计算。具体计算公式为:

建筑业增加值 = 本年提取的固定资产折旧 + 主营业务应付工资 + 主营业务应付福利费 + 管理费用中的劳动待业保险金、税金 + 工程结算税金及附加 + 工程结算利润

房屋建筑施工面积 指在报告期内施工的全部房屋建筑面积、包括本期新开工的房屋面积、上期施工跨入本期继续施工的房屋面积、上期停缓建在本期恢复施工的房屋面积、本期竣工的房屋面积及本期施工后又停缓建的房屋面积。

房屋建筑竣工面积 指在报告期内房屋建筑按照设计要求全部完工,达到了住人和使用条件,经验收鉴定合格,正式移交使用单位的房屋建筑面积。

自有机械设备年末总台数 指归本企业所有,属于本企业固定资产的生产性机械设备年末总台数。包括施工机械、生产设备、运输设备以及其他设备。

自有机械设备年末总功率 指本企业自有施工机械、生产设备、运输设备以及其他设备等列为在册固定资产的生产性机械设备年末总功率,按设定能力或查定能力计算。包括机械本身的动力和为该机械服务的单独动力设备,如电动机等。计算单位用千瓦,动力换算可按 1 马力 =0.735 千瓦折合成千瓦数。电焊机、变压器、锅炉不计算动力。

工程结算收入 指企业承包工程实现的工程价款结算收入,以及向发包单位收取的除工程价款以外的按规定列作营业收入的各种款项,如临时设施费、劳动保险费、施工机械调迁费等以及向发包单位收取的各种索赔款。

工程结算利润 指已结算工程实现的利润,如亏损以“–”号表示。计算公式为:

工程结算利润 = 工程结算收入 – 工程结算成本 – 工程结算税金及附加

企业总收入 指与企业生产经营直接有关的各项收入,包括工程结算收入和其他业务收入。计算公式为:

企业总收入 = 工程结算收入 + 其他业务收入

Explanatory Notes on Main Statistical Indicators

Statistical Unit in Construction refers to corporate enterprise engaged in the construction of buildings and structures and in the installation of equipment. A corporate construction enterprise should meet the following requirements: ①being set up in line with relevant legal basis, having its full name, organization and location, and capable of taking civil liabilities; ②independently possessing and using its assets and assuming its liabilities, and entitled to sign contracts with other institutions; ③ making independent accounts of its profits and losses, and capable of compiling its own balance sheet.

Gross Output Value of Construction (Output Value of Projects Under Construction) refers to total of construction products, expressed in money terms, completed by construction and installation enterprises during a given period of time. It includes:

(1) Output value of construction projects, that is the value of projects covered by the project budgets;

(2) Output value of installation projects, that is the value of the installation of equipment, (excluding the value of the equipment to be installed);

(3)Other Output value:

a .Output value of repair of buildings and structures, that is the value created through the repairs of buildings or structures, but does not include the value of buildings or structures being repaired and the value of the repair of production equipment;

b .Output value of manufactured nonstandard equipment, that is the value of nonstandard production equipment which including raw materials and manufacturing cost made for the construction project, and the equipment manufactured by subsidiary workshops.

Value added of Construction refers to the final result of the activities of production and management of construction in monetary terms in the reference period. At present, the value added of construction is calculated with the income approach. In other words, it is the sum of income of various production factors in the production process. The formula is as follows:

Value added of construction = depreciation of fixed assets in the year + wages payable of the major operation + welfare expenses payable of the major operation + insurance premium and tax for waiting for employment in the administrative expenses + taxes and surcharges on project settlement + profit gained from Project settlement.

Floor Space of Buildings Under Construction refers to floor space of buildings under construction during the reference period, including newly started buildings, buildings started earlier and continued during the reference period, and buildings suspended earlier but restarted during the reference period, buildings completed during the reference period, and buildings under construction , and then suspended during the reference period.

Floor Space of Buildings Completed refers to the floor space of buildings that are completed in the reference period in accordance with the requirements of the design, up to the standard for putting them into use, and have been checked and accepted by concerned departments as qualified ones.

Total Number of Machinery and Equipment Owned by the End of Year refers to the number of machines and equipment owned by the enterprises, and listed as the fixed assets of the enterprises by the end of the year, including machinery and equipment for construction, production and transportation.

Total Power of Machinery and Equipment Owned by the End of Year refers to the total power of machinery and equipment owned by the enterprises, and listed as the fixed assets of the enterprises by the end of the year, including machinery and equipment for construction, production and transportation. The power of the machinery is calculated on basis of the designed or verified capacity, covering the power of the machinery/equipment and the separate power equipment serving the machinery/equipment (such as electric motors), but excluding welders, transformers and boilers. The unit used for the calculation of power is kilowatt, with horsepower converted to kilowatt by 1 horse power = 0. 735 kilowatt.

Income from Settlement of Projects refers to the income received by the construction enterprise from the contracted project through settlement procedures, and other charges to the contractoree as operational costs in addition to the value of the project, such as temporary facility fee, labour insurance premium, moving cost of construction equipment, as well as various types of claims to the contractee.

Profit from Settlement of Projects refers to profit realized through settled projects. It is calculated with the following formula:

Profit from Settlement of Projects=Income from Settlement of Projects – Cost – Taxes and Other Cost

Total Revenue of Enterprises refers to the sum of income from production and operation of enterprises, including income from settlement of projects and other operational income, namely:

Total Revenue of Enterprises = Income from Settlement of Projects + Other Operational Income

十五、运输和邮电

Transportation,Postal and Telecommumications Services

资料整理：王 琳
Arranged By Wang Lin

15-1 交通运输业基本情况
Basic Conditions of Transportation

指标	Item	2013	2014
运输线路长度(公里)	**Length of Transportation Routes(km)**	**180329**	**184993**
国家铁路营业里程	National Railways	9329	9351
地方铁路营业里程	Local Railways	1083	1072
公路	Highways	167515	172167
内河	Navigable Inland Waterways	2403	2403
客运量总计(万人)	**Total Passenger Traffic(10 000 persons)**	**21751**	**19034**
国家铁路	National Railways	4828	4788
地方铁路	Local Railways	38	9
公路	Highways	16184	13495
民用航空	Civil Aviation	701	742
旅客周转量总计(亿人公里)	**Total Passenger Kilometers(100 million passenger-km)**	**371.12**	**363.25**
国家铁路	National Railways	197.25	201.72
地方铁路	Local Railways	0.42	0.14
公路	Highways	173.45	161.40
货运量总计(万吨)	**Total Freight Traffic(10 000 tons)**	**173913**	**204303**
国家铁路	National Railways	43512	40655
地方铁路	Local Railways	33337	36938
公路	Highways	97058	126704
民用航空	Civil Aviation	5.49	5.88
货物周转量总计(亿吨公里)	**Total Freight Ton-kilometers(100 million ton-km)**	**4514.15**	**4550.29**
国家铁路	National Railways	2275.82	2031.16
地方铁路	Local Railways	365.62	415.66
公路	Highways	1872.71	2103.47
民用汽车拥有量(辆)	**Number of Civil Motor Vehicles Owned(unit)**	**3506327**	**3716860**
# 私人汽车拥有量(辆)	Number of Motor Vehicles Owned by Individuals(unit)	3034884	3259274
载客汽车辆数(辆)	Number of Buses and Cars(unit)	2544640	2886157
# 私人	Private-owned	2278181	2630228
载货汽车辆数(辆)	Number of Trucks(unit)	499608	511683
# 私人	Private-owned	350791	365278
民用运输船舶拥有量(艘)	**Number of Civil Transport Vessels(unit)**	**1018**	**978**

注:1.公路部门营运汽车统计口径为全社会营运汽车。

2.表中民用航空客(货)运量为机场旅客(货邮行)发运量,下同。

3.2013 年起,公路客(货)运量、周转量采用新的统计调查方法,下同。

a)The statistical coverage of number of motor vehicles owned by highway departments has extended to motor vehicles of all society.

b)Passenger(Freight) traffic of Civil Aviation in this table is The Passenger(Freight) shipments of Airport.same as follow.

c)Since 2013,Highways passenger(freight) traffic and passenger(freight) kilometers adopt a new survey method,same as follow.

15-2 主要交通运输工具和线路里程

Major Tools and Length of Transports

年 份 Year	载货汽车(辆) Trucks (unit)	载客汽车(辆) Buses and Cars (unit)	铁 路 Railways		飞 机(架) Number of Civil Aircraft(unit)	铁路正线延展里程(公里) Extention Length of the Trunk Lines(km)	公路线路里程(公里) Total Length of Highways (km)
			机车(台) Locomotives (unit)	客车(辆) Passenger Coaches (unit)			
1947	76	18				1557	1974
1948	81	25				1557	1872
1949	89	25				1557	2394
1950	227	53				1557	3259
1951	343	78				1557	4037
1952	344	101				1574	4821
1953	617	173				1574	5495
1954	1066	269				1912	6253
1955	1750	391				1912	8325
1956	2459	496				2106	11501
1957	2828	641				2404	13020
1958	3492	797				2644	18020
1959	4100	996				3091	18752
1960	5198	1061				3222	21131
1961	5446	970				3219	21131
1962	5595	1003				3222	22804
1963	5398	1033				3190	22195
1964	5871	1000				3299	22103
1965	6335	1348				3541	25688
1966	7335	1718				3635	25180
1967	6905	1605				3496	24407
1968	7110	1669				3496	25234
1969	7007	1781				3590	25676
1970	8174	2027				3593	27605
1971	9140	2316				3491	31355
1972	11061	2852				3537	34676
1973	14388	3733				3747	29043
1974	15496	4237				3747	30308
1975	19611	5172				3747	31362
1976	23281	6046				3697	33414
1977	25001	6448				3755	36471

15-2 续表 continued

年份 Year	载货汽车(辆) Trucks (unit)	载客汽车(辆) Buses and Cars (unit)	铁路 Railways 机车(台) Locomotives (unit)	铁路 Railways 客车(辆) Passenger Coaches (unit)	飞机(架) Number of Civil Aircraft (unit)	铁路线路里程(公里) Length of the Railway Lines(km)	公路线路里程(公里) Total Length of Highways (km)	民航通航里程(公里) Length of Civil Aviation Routes(km)
1978	29027	7669				3803	37535	
1979	33011	8476				3760	23769	
1980	38647	9969				4361	35016	3734
1981	42482	11842	341	601	16	4379	35856	3734
1982	47125	13254	500	910	16	4360	36828	2933
1983	49674	14087	507	955	18	4360	37939	2933
1984	51663	15405	562	1003	18	4355	37456	7565
1985	57354	19078	532	838	21	4364	38198	7565
1986	66258	23409	627	1121	21	4405	40380	8824
1987	68618	24883	667	1282	19	4821	41984	10005
1988	71856	29940	706	1275	18	4825	42800	23193
1989	77909	32634	691	1339	19	5445	43080	21745
1990	87161	35763	676	1471	19	5596	43274	21431
1991	95489	41081	686	1522	21	5653	43396	20506
1992	103757	47958	661	1473	20	5770	43704	22496
1993	115807	58084	641	1561	19	5800	43789	38976
1994	118985	65374	668	1661	19	5733	44202	51951
1995	131055	85825	759	1802	18	5790	44753	48136
1996	111675	94187	789	1802	18	7588	45744	76116
1997	130350	118978	650	1771	19	7031	49992	66532
1998	142255	144216	745	1694	19	7083	58430	61199
1999	157377	169241	838	1595	13	7331	63824	64426
2000	167004	188154	883	1818	9	7179	67346	40469
2001	180481	241364	865	1886	11	7240	70408	51476
2002	182971	237719	898	1903	11	7475	72673	56890
2003	202306	286481	912	1757	10	7476	74135	78705
2004	240591	341371	892	1753	13	7885	75976	76725
2005	248809	384575	892	1753	15	7689	124465	55218
2006	284285	513375	980	1492	15	7839	128762	20656
2007	305163	643648	1123	1324	15	6683	138610	7528200
2008	338015	811922	1715	2033	11	7222	147288	2968910
2009	421962	1061527	837	1391	12	7630	150756	3987710
2010	485141	1371936	700	1528	8	7801	157994	3904050
2011	545221	1761036	726	1678	4	7986	160995	
2012	477214	2159439	831	1692	4	8973	163763	
2013	499608	2544640	1410	1693	20	10411	167515	
2014	511683	2886157	2368	1747	16	10423	172167	

注:1.2013 年起,铁路机车数、线路里程包含地方铁路数据,下同。

2.2013 年起,飞机架数为驻港航空公司(国航和天津航空公司)驻内蒙古地区飞机数。

a)Since 2013,Railways locomotives and Length of the railwaiy lines include local railwaiys data.Same as follow.

b)Since2013,Number of civil Aircrafts are number of airlines(CIA and Tianjin airlines) stationed in Inner Mongolia.

15-3 运输线路长度

Length of Transports Routes

单位：公里 (km)

项 目	Item	2013	2014
国家铁路（含合资）	**National Railways (Including Joint Ventures)**		
正线延展里程	Extention Length of the Trunk Lines	15103	15060
# 呼铁局	Huhhot Railway Bureau	9285	9312
哈铁局(内蒙地段)	Harbin Railway Bureau(Section of Inner Mongolia)	2698	2568
沈铁局(内蒙地段)	Shengyang Railway Bureau(Section of Inner Mongolia)	3033	3092
兰州铁路局（内蒙地段）	Lanzhou Railway Bureau	88	88
营业里程	Length of Railways in Operations	9329	9351
# 呼铁局	Huhhot Railway Bureau	5131	5153
哈铁局(内蒙地段)	Harbin Railway Bureau(Section of Inner Mongolia)	1914	1914
沈铁局(内蒙地段)	Shengyang Railway Bureau(Section of Inner Mongolia)	2196	2196
兰州铁路局（内蒙地段）	Lanzhou Railway Bureau	88	88
地方铁路	**Local Railways**		
正线延展里程	Extention Length of the Trunk Lines	1725	1805
营业里程	Length of Railways in Operations	1083	1072
公路	**Highways**		
公路里程	Total Length of Highways	167515	172167
等级公路	Expressway and Class I to IV Highway	155030	160123
#高速公路	Expressway	4080	4237
一级公路	First Class	5578	6290
二级公路	Second Class	14392	14484
等外路	Highway Below Class IV	12485	12044
内河	**Inland Rivers**		
航道里程	Length of Navigabe Inland Waterways	2403	2403

15-4 民用车辆船舶年末拥有量

Figure of Civil Vehicles and Shipping at Year-end

项 目	Item	2013		2014	
		合 计 Total	# 私 人 Private-owned	合 计 Total	# 私 人 Private-owned
铁路运输工具	**Tool of Railway Transport**				
中央铁路：机车(台)	Central Railways:Locomotives(unit)	1235		2368	
客车(辆)	Passenger Coaches(unit)	1690		1747	
民用汽车(辆)	**Number of Civil Motor Vehicles(unit)**	**3506327**	**3034884**	**3716860**	**3259274**
# 载货汽车(辆)	Number of Trucks(unit)	499608	350791	511683	365278
载客汽车(辆)	Buses and Cars(unit)	2544640	2278181	2886157	2630228
轮胎式拖拉机(台)	**Type Tractors(unit)**	**1051634**	**1051634**	**1079255**	**1079255**
摩托车(辆)	**Motors(unit)**	**1292751**	**1286657**	**1212687**	**1206768**
# 两轮摩托车	Two-wheel Motors	1094087	1088738	1054951	1049898
载货车挂车(辆)	**Trailer(unit)**	**91414**	**29966**	**71323**	**24021**
民用运输船(艘)	**Civil Transport Vessels(unit)**	**1018**		**978**	
# 机动运输船(艘)	Motor Vessels(unit)	512		568	
非机动船(艘)	Non-motor Vessels(unit)	442		342	
挂浆船(艘)	Vessels with Oar(unit)	64		68	
民航飞机(架)	**Civil Aircraft(unit)**	**20**		**16**	
# 通用飞机	General Aircraft	20		16	

15-5 客货运输量
Passenger Traffic and Freight Traffic

年份 Year	客运量 (万人) Passenger Traffic (10 000 persons)	铁路 Railways	公路 Highways	货运量 (万吨) Freight Traffic (10 000 tons)	铁路 Railways	公路 Highways
1949			0.6		0.2	0.2
1950			0.8	0.2		0.2
1951			3.0	396	391	5
1952			16	447	417	30
1953			39	755	526	229
1954			58	1168	694	474
1955			87	1433	496	937
1956			131	2093	622	1471
1957			189	2224	739	1485
1958			181	3390	1039	2351
1959	1238	993	245	6911	2657	4254
1960	1754	1456	298	5986	3289	2697
1961	2022	1723	299	3749	2355	1394
1962	1869	1585	284	2729	1754	975
1963	1416	1118	298	2235	1434	801
1964	1268	914	354	2759	1640	1116
1965	1320	852	468	3614	2060	1554
1966	1463	836	627	4160	2425	1735
1967	1688	978	710	4409	2881	1528
1968	1651	990	661	3284	1889	1395
1969	1546	1046	500	3200	1792	1408
1970	1688	1016	672	4625	2882	1743
1971	1865	1080	785	4964	2749	2215
1972	2223	1164	1059	5387	2859	2528
1973	2338	1199	1139	5477	2668	2709
1974	2364	1161	1203	5453	2604	2849
1975	2599	1324	1275	6325	3190	3135
1976	2588	1300	1288	6487	3114	3373
1977	3017	1564	1453	7399	3529	3870

15-5 续表 continued

年份 Year	客运量 (万人) Passenger Traffic (10 000 persons)	铁路 Railways	公路 Highways	航空 Civil Aviation	货运量 (万吨) Freight Traffic (10 000 tons)	铁路 Railways	公路 Highways	航空 Civil Aviation
1978	3422	1753	1669		8213	3861	4352	
1979	3470	1689	1781		8046	3924	4122	
1980	4162	1994	2164	4	7653	4142	3511	0.05
1981	4250	2071	2176	3	7305	3989	3316	0.05
1982	4926	2288	2635	3	8314	4317	3997	0.04
1983	5703	2556	3145	2	9103	4542	4561	0.04
1984	6313	2738	3573	2	10149	4957	5192	0.03
1985	6673	2784	3884	5	11588	5510	6078	0.13
1986	7612	2833	4775	4	15348	5638	9710	0.06
1987	8493	2965	5509	19	16979	6065	10914	0.06
1988	9518	3242	6242	34	18533	5296	13237	0.06
1989	9411	2997	6405	9	22515	6678	15837	0.06
1990	10475	2433	8012	30	26676	6909	19767	0.17
1991	9148	2565	6543	40	25678	7027	18651	0.24
1992	10406	2801	7567	38	29126	7198	21928	0.34
1993	11165	3014	8108	43	31708	7587	24121	0.41
1994	15294	3042	12162	90	31386	7812	23573	0.90
1995	18273	2909	15248	116	32732	8347	24384	1.13
1996	18099	2563	15418	118	34321	9435	24885	1.15
1997	19148	2735	16287	126	39008	9960	29047	1.27
1998	20205	2542	17552	111	39564	8227	31336	1.17
1999	21498	2824	18576	98	41652	8747	32903	1.90
2000	23549	3378	20061	110	44629	9648	34979	2.00
2001	24133	2956	21041	136	45970	9816	36145	0.90
2002	25376	2824	22421	132	47879	10639	37239	1.00
2003	23521	2552	20831	138	50046	11513	38532	1.10
2004	28954	3235	25510	209	61259	18560	42697	1.60
2005	32114	3259	28604	251	73082	22060	51020	2.00
2006	35512	3437	31817	258	84137	25157	58978	1.98
2007	38781	3489	35039	253	102907	29605	73300	1.79
2008	20259	3876	16207	176	100012	39070	60941	1.07
2009	22259	4093	17998	168	116508	45675	70832	1.00
2010	24343	4136	19830	377	132205	47040	85162	3.11
2011	26420	4156	21807	457	146589	42934	103651	3.63
2012	28188	4273	23310	605	168078	42813	125260	4.68
2013	21751	4866	16184	701	173913	76849	97058	5.49
2014	19034	4797	13495	742	204303	77593	126704	5.88

注:2013 年起,铁路客(货)运量包含地方铁路数据,下同。

a)Since 2013,Railway Passenger(Frieight) traffic include Local railway data,Same as follow.

15-6 客货周转量
Passenger-kilometers and Freight Ton-kilometers

年 份 Year	旅客周转量 (亿人公里) Passenger-kilometers (100 million passenger-km)	铁 路 Railways	公 路 Highways	货物周转量 (亿吨公里) Freight Ton-kilometers (100 milion ton km)	# 铁 路 Railways	# 公 路 Highways
1980	43.19	31.84	11.35	174.92	164.78	10.14
1981	45.55	34.33	11.22	252.36	243.98	8.38
1982	52.06	37.50	14.40	299.40	288.62	10.78
1983	61.41	43.92	17.36	348.97	335.57	13.40
1984	70.63	50.29	20.34	391.94	376.45	15.49
1985	82.53	58.34	23.86	442.51	424.30	18.20
1986	90.85	62.57	28.03	470.56	449.30	21.26
1987	100.92	65.55	33.78	492.62	469.12	23.50
1988	115.69	74.49	37.58	491.93	466.08	25.85
1989	111.29	68.18	39.84	579.63	501.93	77.70
1990	99.01	57.54	38.07	621.90	519.41	102.49
1991	104.90	60.64	40.06	608.08	505.15	102.93
1992	113.60	69.24	40.26	655.89	515.18	137.56
1993	152.95	74.44	74.03	697.86	546.50	151.36
1994	174.86	75.09	89.55	734.25	586.94	143.85
1995	173.58	71.97	89.85	785.12	625.56	159.56
1996	167.10	63.79	90.68	832.66	658.96	170.11
1997	180.27	69.14	97.69	881.49	695.86	182.18
1998	187.91	76.13	100.44	844.35	657.08	187.27
1999	205.50	88.00	108.18	898.80	701.00	197.75
2000	219.10	92.30	116.30	1041.20	828.60	211.80
2001	225.30	89.70	121.90	1090.10	869.70	220.30
2002	236.80	92.70	130.70	1132.00	900.50	231.40
2003	222.06	85.74	122.14	1218.22	976.18	241.91
2004	290.24	108.63	155.28	1441.39	1171.39	269.84
2005	323.12	113.22	178.98	1604.31	1280.75	323.35
2006	354.24	122.20	199.47	1798.35	1414.03	384.12
2007	377.11	134.75	219.46	2121.40	1629.40	492.00
2008	351.43	154.77	179.66	3548.36	1911.00	1637.36
2009	377.29	161.84	198.38	3963.12	2077.87	1885.25
2010	387.74	169.54	218.20	3949.24	1688.12	2261.12
2011	409.37	168.21	241.16	5138.15	2400.55	2737.60
2012	435.00	171.00	264.00	5582.00	2283.00	3299.00
2013	371.12	197.67	173.45	4514.15	2641.44	1872.71
2014	363.25	201.85	161.40	4550.29	2446.82	2103.47

注:2013 年起,旅客(货物)周转量包含地方铁路数据,下同。

a)Since 2013,Passenger(Freight) kilometers include Local railway data,Same as follow.

15–7 邮电业务基本情况

Basic Conditions of Post and Telecommunications Services

指 标	Item	2013	2014
邮电业务总量(万元)	Business Volume of Post and Telecommunications Service(10 000 yuan)	3112277	3378447
邮政业务总量	Business Volume of Post Service	175177	194664
电信业务总量	Business Volume of Telecommunications Service	2937100	3183783
函件(万件)	Number of Letters(10 000 pcs)	1865	1639
包件(万件)	Number of Parcels(10 000 pcs)	110	103
特快专递(万件)	Pieces of Express Mail Services(10 000 pcs)	2839	4364
报刊期发数(万份)	Number of Newspapers and Magazines Circulation(10 000 copies)	248	262
国内长途电话通话时长(万分钟)	Length of Domestic Long-distance Calls (10 000 minutes)	51285	57418
固定电话年末用户(万户)	Access to Telephone Subscribers (10 000 subscribers)	377.2	359.1
城市电话用户(万户)	Number of Urban Telephone Subscribers (10 000 subscribers)	317.7	301.3
#住宅电话用户	Residential Telephone Subscribers	191.8	173.6
农村电话用户(万户)	Number of Rural Telephones Subscribers at Year-end (10 000 subscribers)	59.5	57.7
年末移动电话用户(万户)	Number of Mobile Telephones Subscribers at Year-end (10 000 subscribers)	2690.6	2634.6
移动短信业务量(万条)	Short Message Services (10 000 messages)	1559537.0	1282504.4
年末互联网用户(万户)	Number of Subscribers of Internet Service at Year-end (10 000 subscribers)	1832.2	1989.2
邮电局所(处)	Number of Post &Telecommunications Offices(unit)	1479	1506
邮路总长度(公里)	Length of Postal Routes (km)	65695	75186
#汽车邮路	Highway Routes	61496	70809
铁路邮路	Railway Routes	2718	2718
局用交换机容量(万门)	Capacity of Office Telephone Exchanges(10 000 lines)	808.58	667.37
电话机(含移动电话)(万部)	Number of Telephone Sets(10 000 units)	3067.8	2993.7

注:1.表中邮电业务总量按 2010 年不变价格计算。

2.2013 年邮政业务总量、特快专递数据来源于邮政管理局,包含内蒙古邮政公司及其他快递公司的数据,下同。

3.报刊期发数包括 12 盟市数据总和以及邮政二级公司数据。

a)The business volume of post and telecommunications in the table is calculated at 2010 constant prices.

b)Business Volume of Post Service and Pieces of Express Mail Services data from the Postal Service,including Inner Mongolia postal company and other express company,the same below.

c)Number of Newspapers and Magazines Circulation including 12 region and secondary postal enterprises.

15-8 城乡邮电局所和电话机数

Number of Post and Telecommunications Office and Telephones

年份 Year	邮电局所(处) Number of Telecommunications Offices (unit)	城市 Urban	乡村 Rural	每万人口中邮电局所(处) Number of Post and Telecoms Offices per 10 000 Person (unit)	固定电话机部数(万部) Number of Telephone Access to (10 000 set)	城市 Urban	乡村 Rural	每万人口中电话机数(部) Number of Telephones per 10 000 persons (set)
1957	563	149	414	0.60	1.03	0.90	0.13	18.71
1958	799	308	481	0.82	1.31	1.17	0.14	25.69
1965	951	161	790	0.73	3.33	2.23	1.10	13.88
1970	1111	216	895	0.75	2.07	1.49	0.58	15.13
1975	835	151	684	0.48	2.66	1.98	0.68	14.59
1978	857	163	694	0.48	3.10	2.36	0.74	17.00
1979	1513	206	1307	0.82	5.87	4.16	1.71	31.70
1980	1515	212	1303	0.81	6.04	4.34	1.70	32.19
1981	1519	212	1307	0.80	6.13	4.57	1.56	32.21
1982	1520	218	1302	0.78	6.47	4.97	1.50	33.32
1983	1517	216	1301	0.77	6.98	5.46	1.52	35.44
1984	1545	232	1313	0.78	7.63	6.14	1.49	38.28
1985	1603	232	1371	0.80	8.51	7.00	1.51	42.21
1986	1634	254	1380	0.80	9.07	7.56	1.51	44.45
1987	1615	229	1386	0.78	10.31	8.71	1.60	49.89
1988	1632	236	1396	0.78	12.67	10.98	1.69	60.51
1989	1636	232	1404	0.77	14.70	12.81	1.89	69.27
1990	1638	225	1413	0.76	16.83	14.80	2.03	77.82
1991	1645	230	1415	0.75	18.48	16.34	2.14	84.62
1992	1648	228	1420	0.75	21.18	18.66	2.52	95.98
1993	1651	233	1418	0.74	28.05	25.08	2.97	125.65
1994	1765	247	1518	0.78	62.47	59.51	2.96	276.35
1995	1804	419	1385	0.79	65.89	63.59	2.26	289.94
1996	1831	424	1407	0.80	85.98	85.07	0.91	374.60
1997	1837	407	1430	0.79	105.64	89.44	16.20	454.23
1998	1815	414	1401	1.20	150.08	128.66	21.42	640.05
1999	1739	413	1326	0.74	155.26	127.63	27.63	657.35
2000	1728	417	1311	0.73	206.90	166.35	40.55	872.11
2001	1671	446	1215	0.70	258.00	203.00	55.00	1087.51
2002	1671	521	1150	0.70	311.20	242.60	68.60	1308.64
2003	1678	551	1127	0.71	430.04	345.09	84.95	1807.19
2004	1672	559	1113	0.70	501.96	399.86	102.10	2107.30
2005	1743	600	1143	0.73	541.90	433.98	107.92	2270.78
2006	1711	615	1096	0.72	540.83	425.91	114.86	2260.49
2007	1702	617	1085	0.71	525.22	411.38	113.84	2183.85
2008	1570	516	1054	0.65	462.46	388.32	74.14	1914.05
2009	1599	561	1038	0.66	442.00	373.00	68.00	1824.93
2010	1588	549	1039	0.64	414.00	354.00	60.00	1679.38
2011	1483	506	977	0.60	379.52	318.88	60.64	1534.15
2012	1509	572	937	0.61	368.20	310.70	57.50	1481.23
2013	1479	557	922	0.59	377.22	317.69	59.53	1510.32
2014	1506	523	983	0.60	359.08	301.35	57.73	1473.84

15–9 邮电业务量
Telecommunications Services

年份 Year	邮电业务总量 (万元) Business Volume of post & Telecommunications (10 000 yuan)	邮政业务总量 Business Volume of Post	电信业务总量 Business Volume of Telecommunications	邮电业务总量指数 (1978年=100) Index of Business Volume of Post & Telecommunications(1978=100)	函件 (万件) Number of Letters (10 000 pcs)	特快专递 (万件) Pieces of Express Mail Services (10 000 pcs)	报刊期发数 (万份) Newspapers & Magazines Circulation (10 000 copies)
1980	8216			109	7146		329
1985	11471			153	9416		605
1986	11953			159	9589		507
1987	14436			192	9778		596
1988	17119			228	9946	1	515
1989	18652			248	8637	1	342
1990	21194	7373	13821	282	8080		
1991	25096	8126	16970	334	7782	3	419
1992	32195	10093	22102	428	8001	9	412
1993	46809	11866	34943	623	9539	28	560
1994	69688	15317	54371	927	10858	55	567
1995	96552	19031	77521	1284	16728	95	486
1996	128846	21677	107169	1714	10277	153	625
1997	174001	25413	148588	2314	9479	157	650
1998	247762	29003	218759	3295	8521	115	408
1999	391291	34591	356700	5204	8332	100	341
2000	562463	59463	523000	7481	9677	111	395
2001	580521	76007	504515	10956	12249	147	268
2002	903848	80448	823400	17058	14002	167	249
2003	1085474	85115	1000359	20486	22066	205	249
2004	1566250	86250	1480000	20842	6229	230	218
2005	1997246	89351	1907895	26577	3143	251	194
2006	2545460	98860	2446600	33872	4273	272	215
2007	3640097	107785	3532312	48438	4270	322	246
2008	4576036	118798	4457238	60892	4186	410	224
2009	5538489	116468	5422021	73699	3675	579	233
2010	2006940	119844	1887096	89913	3389	401	242
2011	2413465	99580	2313885	108126	3031	405	285
2012	2702939	112076	2590863	121094	2433	406	230
2013	3112277	175177	2937100	139433	1865	2839	248
2014	3378447	194664	3183783	151358	1639	4364	262

注:邮电业务总量2000年及以前按1990年不变价格计算,2001–2009年按2000年价格计算,2010–2014年按2010年价格计算。

a)Business Volume of Post and telecommunications before 2000 is calculated at 1990 constant Prices,and 2001−2009 it is calculated at 2000 constant Prices,and 2010−2014 is calculated at 2010 constant Prices.

15-9 续表 1 continued

年 份 Year	集邮业务 (万元) Philately (10 000 yuan)	长途电话 (万次) Number of Long Distance Telephone Calls(10 000 times)	无线寻呼用户 (户) Number of Subscribers of Pageing Service (subscriber)	移动电话用户 (户) Number of Mobile Telephone Subscribers (subscriber)	国际互联网络用户 (户) Number of Subscribers of Internet Service (subscriber)
1980		495			
1985		792			
1986		856			
1987		923	175		
1988	287	1100	558		
1989		1071	1120		
1990	1373	1257	1747		
1991	2149	1722	3799	70	
1992	3959	2615	8246	636	
1993	4829	4856	24549	2298	
1994	4944	7623	52794	8351	
1995	4935	10422	102653	21852	
1996	6248	14349	179383	52388	25
1997	10173	15686	300692	127630	382
1998	11158	17429	420108	258881	1454
1999	10024	19101	530011	533000	10306
2000	7830	21088	780008	1153000	56556
2001	11768	22160	430000	2090000	161420
2002	12527	23358	315000	3172000	330133
2003	7095	23696	104000	4790500	547046
2004	4833	51408	51500	5945700	824000
2005	4996	49600	3000	7123000	1061143
2006	2759	34500	1467	8741300	1432319
2007	5301	77033		10469307	1417322
2008	11303	33071		13444000	1390000
2009	8901			16160000	1760000
2010	12693			20340000	1910000
2011	15985			23161610	14982141
2012	18990			25501300	18260800
2013	19713			26906162	18322255
2014	10611			26346056	19892147

注:本表中国际互联网络用户 2010 年以前不包括移动互联网用户。

a)Before 2010, Number of Subscribers of Internet Service did not include mobile Internet users.

15-9 续表 2 continued

年 份 Year	固定电话年末用户(户) Number of Subscribers of Local Telephone at Year-end (subscribers)	城市电话用户 Number of Urban Telephone Subscribers	# 住宅电话 Residential Telephone Subscribers	乡村电话用户 Rural Telephone Subscribers	# 住宅电话 Residential Telephone Subscribers	公用电话(户) Public Telephone (Subscribers)
1980	60483	43435		17048		95
1985	86230	71101	733	15129	87	317
1986	97947	82004	2096	15943	156	386
1987	110409	93869	3047	16540	366	436
1988	127372	109781	6484	17591	484	467
1989	147108	128187	24732	18921	398	391
1990	168328	147964	32003	20364	518	278
1991	184856	163414	41193	21442	1785	376
1992	211796	186574	64151	25222	3319	679
1993	280512	250772	118788	29740	6139	1480
1994	440361	409220	265776	31141	10482	2958
1995	658577	635945	441383	22632	10586	6887
1996	859754	850652	615126	9102	3349	11759
1997	1056355	894372	697425	161983	118986	20400
1998	1254391	1040109	845015	214282	172736	32451
1999	1552582	1276323	1027119	276259	236006	41271
2000	2069000	1664000	1339000	405000	358000	48039
2001	2580000	2030000	1620000	550000	490000	70000
2002	3112000	2426000	1884000	686000	616000	74000
2003	4300400	3450900	2607300	849500	765400	168063
2004	5019600	3998600	3223000	1021000	823300	268800
2005	5420000	4340000	3455000	1079000	824000	382600
2006	5408300	4259700	3341200	1148600	1066500	430500
2007	5252301	4113873	3224093	1138428	1050367	408798
2008	4624600	3883200	3431200	741400	670000	350000
2009	4420000	3728456	2642711	687467	614185	334758
2010	4140000	3540000	2377786	600000	520000	300000
2011	3795159	3188791	1886621	606367	488398	279091
2012	3682000	3107000	1840900	575000	461500	255254
2013	3772185	3176934	1917926	595251	477898	248404
2014	3590789	3013493	1735678	577295	463494	235862

15-10 年末邮电局所数及邮递线路

Postal and Telecommunications Services Facilities(Year-end)

年份 Year	邮电局所(处) Number of Post and Telecommunications Offices (unit)	信筒信箱(处) Number of Post Boxes (unit)	邮路总长度(公里) Length of Postal Routes (km)	#汽车邮路 Highway Routes	#铁路邮路 Railway Routes	农村投递线路(公里) Rural Delivery Routes (km)
1980	1515	3220	70944	35115	5740	
1985	1603	3557	59292	36174	6726	117800
1986	1634	3554	60831	37480	7023	110363
1987	1615	3671	60591	36485	7174	111786
1988	1632	3721	59203	35843	7024	110093
1989	1636	3637	63017	36037	7025	116686
1990	1638	3549	64495	36666	6802	109926
1991	1645	3600	67048	37235	6772	108231
1992	1648	3496	66966	37230	6772	107295
1993	1651	3590	66139	36401	6772	105501
1994	1765	3561	67551	39339	7050	101706
1995	1804	3576	68751	41030	6929	102757
1996	1831	3641	68873	43729	6929	104694
1997	1837	3616	71006	45955	6623	103991
1998	1815	3471	69261	44286	5936	107262
1999	1739	3059	64183	43747	5173	107280
2000	1728	3096	63759	43232	5514	106539
2001	1671	4502	72499	42969	5838	111394
2002	1671	3478	62307	42558	5764	111395
2003	1678	3022	62344	42799	5764	111636
2004	1672	5541	57762	43074	5699	110812
2005	1743	8630	60713	43895	6196	109398
2006	1711	8767	58523	44027	5946	109635
2007	1702	2567	61900	43851	5946	111007
2008	1570	2565	67905	43746	5836	111911
2009	1599	2521	72245	46726	6403	112612
2010	1588	2455	58391	44277	6205	114545
2011	1483	2368	59125	49983	5720	112903
2012	1509	2397	64421	58624	4066	109253
2013	1479	2361	65695	61496	2718	109302
2014	1506	2174	75186	70809	2718	115219

15-11 年末电信电路及长途电信线路

Line of Telecommunications Facilities(Year-end)

年 份 Year	长话业务电路 (路/2M) Long Distance Telephone Lines(line/2M)	# 数字电路 Digital Lines	长途光缆线路长度 (公里) Length of Long Distance Optical Cable Lines(km)
1992	3191	881	309
1993	6593	2154	950
1994	10043	1658	3274
1995	11669	8578	8074
1996	17174	15920	9282
1997	19199	18833	9846
1998	30569	30559	11416
1999	26053	26053	11625
2000	48309	48309	16420
2001	84036	84036	15890
2002	166749	166749	25018
2003	247110	247110	28597
2004	213030	213030	31114
2005	364200	364200	35400
2006	451770	451770	38031
2007	2837160	2837160	34416
2008	3993105	3993105	48146
2009	14542350	14542350	42626
2010	21284190	21284190	46831
2011	559741		55514
2012			56775
2013			57600
2014			66400

注:从 2011 年起,长话业务电路单位由路改为 2M。

a)From 2011,the long distance telephone Lines´unit has changed from line to 2M.

15-12 邮电通信水平

Level of Postal and Telecommunications Services

指 标	Item	1995	2000	2005	2010	2014
全区邮电通信水平	**Autonomous Regional Level**					
平均每人每年发函件数(件)	Annual Average Number of Letters Mailed per Capita(piece)	4.72	4.09	1.32	1.37	0.66
平均每百人每年订报刊数(份)	Annual Average Number of Newspaper and Magazine Subscribed per 100 Persons(copy)	21.39	16.69	8.13	9.82	10.48
平均每百人拥有本地网电话机部数(部)	Number of Local Telephone Sets Owned per 100 Persons(set)	2.90	8.75	22.70	16.80	14.42
农村邮电通信水平	**Rural Level**					
设有邮电局、所的乡(镇)比重(%)	Percentage of Townships with Post and Telephone Communications Offices(%)		82	88	92	94
通电话的乡(镇)比重(%)	Percentage of Townships with Telephone Communication(%)	94.20	100	100	100	100
进入长话自动网的乡(镇)比重(%)	Percentage of Townships with Connected Autoexchange Net of Long Distance Call(%)	37.60	100	100	100	100

15-13 电信设备年末拥有量

Telecommunications Facilities at Year-end

年 份 Year	长途自动交换机容量(路端) Capacity of Long-distance Telehone Exchanges (circuit)	本地电话局用交换机容量(门) Capacity of Local-office Telehone Exchanges (line)	# 中央国有 Central State-owned	电话机(部) Number of Telephone (set)	# 中央国有 Central State-owned
1980		104050	60450	106473	74235
1985		156280	108230	156929	128360
1986		163960	113930	181936	149191
1987		179070	128820	164123	129670
1988	200	193155	141190	232159	194589
1989	1560	222675	169540	266627	226723
1990	1560	241305	188020	296601	253525
1991	2249	268605	212950	329689	283773
1992	5342	351793	251230	363537	312632
1993	9906	449154	358984	454013	398342
1994	25895	682979	618964	624729	595081
1995	68127	1059151	1029828	854869	838265
1996	70336	1284301	1260288	1100640	1088151
1997	81050	1554614	1226356	1313097	1063609
1998	92200	1889691	1508344	1500674	1200539
1999	94200	2119776	1769500	2086000	1748959
2000	96320	2543000	2122789	3222000	2577600
2001	110000	3034400	3034400	4670000	4670000
2002	137060	3463000	3463000	6284000	6284000
2003	68640	3705538	3705538	9090500	9090500
2004	74000	7224000	7224000	10966000	10966000
2005	79211	4304500	4304500	12543000	12543000
2006	158974	4277900	4277900	14149600	14149600
2007	339509	7230000	7230000	15721608	15721608
2008	344765	7290000	7290000	18064000	18064000
2009	248814	7137435	7137435	20575837	20575837
2010	202524	7114721	7114721	24480903	24480903
2011	202524	6826400	6826400	26957000	26957000
2012	202524	8635286	8635286	29183000	29183000
2013	220734	8085838	8085838	30678347	30678347
2014	221574	6673726	6673726	29936845	29936845

主要统计指标解释

铁路营业里程 又称营业长度(包括正式营业和临时营业里程),指办理客货运输业务的铁路正线总长度。凡是全线或部分建成双线及以上的线路，以第一线的实际长度计算;复线、站线、段管线、岔线和特殊用途线以及不计算运费的联络线都不计算营业里程。铁路营业里程是反映铁路运输业基础设施发展水平的重要指标,也是计算客货周转量、运输密度和机车车辆运用效率等指标的基础资料。

铁路正线延展里程 指正线第一线、第二线、第三线和其他正线建筑里程之和,不包括站线、段管线、岔线及特殊用途线的延展里程。它是作为计算铁路上钢轨、枕木及路基砂石需要量的主要依据。

公路里程 指在一定时期内实际达到《公路工程技术标准 JTJ01-88》规定的等级公路,并经公路主管部门正式验收交付使用的公路里程数。包括大中城市的郊区公路以及通过小城镇街道部分的公路里程和桥梁、渡口的长度,不包括大中城市的街道、厂矿、林区生产用道和农业生产用道的里程。两条或多条公路共同经由同一路段,只计算一次,不得重复计算里程长度。它是反映公路建设发展规模的重要指标,也是计算运输网密度等指标的基础资料。

内河航道里程 也称内河通航里程,指在一定时期内,能通航运输船舶及排筏的天然河流、湖泊水库、运河及通航渠道的长度。包括全年季节性通航累计三个月以上的航道,不包括仅供零散流放竹、木排的河道。它是内河水运网规模、水平和发展情况的主要指标。

民用航空线里程 指民航运输定期班机飞行的航线长度的总和。航线长度按机场之间的距离计算,通常有两种计算方法：一是将每条航线长度相加称为重复计算航线里程;二是将两线或两条以上航线经过同一区段里程,只计算一次航线长度称为不重复计算航线里程,一般常用的是后者,它能确切反映民航运输网的规模,是表明民航事业为国民经济服务和方便人民生活程度的主要指标。

输油(气)管道长度 也称输油(气)里程,指油品(或天然气)的实际输送距离,一般按输油(气)管道的单线长度计算。若包括复线和备用线长度则称为输油(气)管道延展长度,是指管道铺设的实际长度。我们通常使用的是不包括复线的"输油(气)管道里程",它是反映管道运输发展规模和水平的主要指标。

货(客)运量 指在一定时期内,各种运输工具实际运送的货物(旅客)数量。它是反映运输业为国民经济和人民生活服务的数量指标,也是制定和检查运输生产计划、研究运输发展规模和速度的重要指标。货运按吨计算,客运按人计算。货物不论运输距离长短、货物类别,均按实际重量统计。旅客不论行程远近或票价多少,均按一人一次客运量统计;半价票、小孩票也按一人统计。

货(客)运密度 指在一定时期内某种运输方式在营运线路的某一区段平均每公里线路通过的货物 (旅客) 运输周转量。计算公式为:

货(客)运密度 = 货物(旅客)周转量 / 营业线路长度

货(客)运密度是反映交通运输线路上货物(旅客)运输量运输繁忙程度的主要指标，是平衡运输线路运输能力和通过能力,规划线路建设及改造、配备技术设备,研究运输网布局的重要依据。

货物(旅客)周转量 指在一定时期内,由各种运输工具运送的货物(旅客)数量与其相应运输距离的乘积之总和。它是反映运输业生产总成果的重要指标，也是编制和检查运输生产计划,计算运输效率、劳动生产率以及核算运输单位成本的主要基础资料。计算货物周转量通常按发出站与到达站之间的最短距离,也就是计费距离计算。计算公式为:

货物(旅客)周转量 =∑货物(旅客)运输量 × 运输距离

邮电业务总量 指以价值量形式表现的邮电通信企业为社会提供各类邮电通信服务的总数量。邮电业务量按专业分类包括函件、包件、汇票、报刊发行、邮政快件、特快专递、邮政储蓄、集邮、公众电报、用户电报、传真、长途电话、出租电路、市话无线寻呼、移动电话、分组交换数据通信、出租代维等。计算方法为各类产品乘以相应的平均单价(不变价)之和,再加上出租电路和设备、代用户维护电话交换机和线路等的服务收入。它综合反映了一定时期邮电业务发展的总成果,是研究邮电业务量构成和发展趋势的重要指标。计算公式为:

邮电业务总量 =∑ (各类邮电业务量 × 不变单价)+ 出租代维及其他业务收入

移动电话用户 指在移动电话营业部门登记,通过移动电话交换机进入电话网、占有移动电话号码的电话用户。用户数量以实际办理登记手续进入邮电部门移动电话网的户数进行计算,一部或一台移动电话统计为一户。

电话用户 指接入国家公众固定资产电话网，并按固定电话业务进行经营管理的电话用户。1997 年以前,电话用户分为市内电话用户和农村电话用户。市内电话用户是指接入县城及县以上城市电话网上的电话用户;农村电话用户是指接入县邮电局农话台及县以下农村电话交换点,以县城为中心(除市话用户外)联通县、乡(镇)、行政村、村民小组的用户。从 1997 年起,电话用户数分组调整为以用户所在区域划分为 "城市电话用户" 和"乡村电话用户"与过去的按市内电话和农村电话划分方法不同。而电话用户数、电话机部数统计方法不变。

住宅电话 指话机装在居民住宅里的电话，包括私人付费、公费和免费三个部分。

Explanatory Notes on Main Statistical Indicators

Length of Railways in Operation refers to the total length of the trunk line under passenger and freight transportation (including both full operation and temporary operation) . The calculation is based on the actual length of the first line even if this line has a full or partial double track or more tracks, excluding double tracks, station sidings, tracks under the charge of station, branch lines, special purpose lines and the non payable connecting lines, The length of railways in operation is an important indicator to show the development of the infrastructure for the railway transport, and also the essential data to calculate volume of passenger freight transport, traffic density and utilization efficiency of the locomotives and carriages.

Extenuation Length of Trunk Lines refers to the sum of the first, the second, the third lines and other constructed length of the trunk railways, excluding the extenuation length of the station lines, lines under the jurisdiction of depots, sidings and lines for special purpose. It provides important information for the calculation of the needs for rails, sleepers, sand and stone for the construction of railways.

Length of Highways refers to the length of highways which are built in conformity with the grades specified by the highway engineering standard formulated by the Ministry of Communications, and have been formally checked and accepted by departments of highways and put into use. The length of highways includes that of the suburb highways at large and medium sized cities, highways passing through streets at small cities and towns, and also the length of bridges and ferries. It does not include the length of streets in big and medium sized cities and highways built for the production purpose at factories, mines, forest areas and agricultural areas. If two or more highways go the same section of the way, the length of the section is only calculated for once and no duplication is allowed. The length of highways is an important indicator to show the development of the highway construction and to provide essential information to calculate the transport network density.

Length of Navigable Inland Waterways an indicator reflecting the size and development of inland water network, it refers to the length of the natural rivers, lakes, reservoirs, canals, and ditches open to navigation during a given period, which enables the transport by ships and rafts. It includes the channels open to navigation for over an accumulative 3 months in a year, yet this does not include the river courses which are only used to float odd logs and bamboo rafts.

Length of Civil Aviation Routes refers to the length of all routes for regular civil aviation flights. There are usually two ways to calculate the distance between airports connected by the route length: One is to put the length of all air routes together, called duplicated calculation of the length of the routes, the other is not to allow the duplication in calculation when two or more routes passing the same section of aviation routes. The latter is usually used, as it can precisely show the size of the civil aviation network and indicate the extent of civil aviation serving the national economy and the people.

Length of Oil (Gas) Pipelines used as an indicator to show the development, scale and level of the pipeline transportation, it refers to the actual transport distance of oil (or gas) products, and is in general calculated in the length of single pipeline. If the length of the double pipelined and alternate pip-line is included, it is called the extension length of the oil (gas) pipelines, which indicates the actual length of the pipelines built, excluding double pipelines.

Freight (Passenger) Traffic refers to the volume of freight (passenger) transported with various means. Freight transport is calculated in tons and passenger traffic is calculated in the number of persons. Despite the type of freight and traveling distance, the freight transport is calculated in the actual weight of the goods: and despite the traveling distance and ticket price, the passenger traffic is calculated by the principle that one person can be counted only once in one travel. The passenger who travels a half price ticket or a child ticket is also calculated as one person. The freight (passenger) traffic provides a quantitative measure to show how the transport industry serves the national economy and people, and is also an important indicator for planning the transport industry and for studying the development scale and speed of the transport industry.

Freight (Passenger) Traffic Density refers to the freight (passenger) traffic volume carried by a particular means of transportation during a given period through one kilometer of a specific section of transportation route. The formula is as follows.

Freight (Passenger) Traffic Density = [Freight Ton-kilometers (Passenger-kilometers)] ÷ (Length of Route in Operation)

Freight (passenger) traffic density reflects the degree of business of freight (passenger) traffic on transportation routes, and therefore provides important information for balancing transport capability, planning construction and upgrading of transport routes and studying the distribution of transport network.

Freight Ton-kilometers (Passenger kilometers) refer to the sum of the products of the volume of transported cargo (passengers) multiplying by the transport distance, usually using ton kilometer and passenger kilometer as units for measurement. Normally, the shortest distance between the departure station and the destination station (i. e, the payable distance) is the basis to calculate the freight Ton kilometers. This is an important indicator to show the total results of the transport industry, to prepare and examine the transport plan and to measure the efficiency, the labour productivity and the unit cost of transport. The formula is as follows:

Freight Ton kilometers (Passenger kilometers) = {Freight (Passenger) Traffic × Distance of Transportation}

Measuring unit: ton kilometer(person kilometer)

Business Volume of Post and Telecommunications refers to the total amount of post telecommunications services, expressed in value terms, provided by the post and telecommunications departments for the society. Post and telecommunication services can be classified as letters, parcels, remittance, issue of newspapers and magazines, fast mail service, express mail service, savings deposits, stamps for collection, public and individual telegraph service, facsimiles, long distance telephone service, leasing of telephone lines, urban paging service, mobile telephone service, data transfer and transmission, etc. The accounting approach is to multiply the service products of all types with their average unit price (constant price) to get sum of business value, plus income from other services such as leasing of telephone lines and equipment, maintenance of telephone switchboards and lines on behalf of customers. This indicator reflects the overall results of post and telecommunications service during a given period, and is important to study the composition of business service and the development of post and telecommunications service.

The formula is follows:

Business Volume of Post and Telecommunications

= ∑(Transaction of Post and Telecommunication Service × Constant Price) + Income from Leasing, Maintenance and other Services

Mobile Telephone Subscribers refer to the persons who own mobile telephone number connected with the mobile telephone communication network and have registered in mobile communication enterprises. The number of subscribers is calculated only when the subscribers who have gone through all the register formalities and entered into the mobile telephone network. One mobile telephone is treated as a subscriber.

Telephones Subscribers refer to subscribers that are connected to the public line telephone network provided with telephone services. Before 1997, telephone subscribers were classified as city subscribers and village subscribers. City subscribers referred to those connected to city telephone networks in county towns and cities, while village subscribers referred to those connected to village telephone stations at and below counties. Since 1997, the classification of telephone subscribers was modified on the basis of physical location of the subscribers as "urban telephone subscribers" and "rural telephone subscribers", which is different from the previous classification of categorizing "local telephones" and "rural telephones", while the definition of total subscribers and total number of telephones remain unchanged.

Household Telephone Subscribers refer to telephone sets installed in the dwelling units of residents, include 3 types of payment for the service: private payment, public payment and free service.

十六、国内贸易

Domestic Trade

资料整理：王亦兵　沙仁高娃

Arranged By Wang Yibing , Sha Rengaowa

16-1 社会消费品零售总额(按销售单位所在地和行业分)

Total Retail Sale of Consumer Goods by Location of Retailers and by Sector

单位：万元 (10 000 yuan)

年 份 Year	社会消费品零售总额 Total Retail Sales of Consumer Goods	市 City	县 County	县以下 Under County Level
1978	368336	109765	173880	84691
1979	396306	115097	212109	69100
1980	443085	134370	234472	74243
1981	473558	154209	220104	102245
1982	521169	168509	184330	168330
1983	576479	213026	190936	172517
1984	682854	272508	219274	191072
1985	756373	379587	204430	172356
1986	848809	435847	226870	186092
1987	963006	493222	257461	212323
1988	1188967	615424	319333	254210
1989	1256875	674326	333493	249056
1990	1305760	718633	338223	248904
1991	1455207	847989	378809	228409
1992	1686851	978585	421058	287208
1993	2222885	1274436	520515	427934
1994	2656752	1556018	612519	488215
1995	3133114	1787351	764355	581408
1996	3644208	2046368	935855	661985
1997	4171634	2494448	987127	690059
1998	4699727	2834462	1093481	771784
1999	5326021	3274132	1212618	839271
2000	6085451	3782591	1382488	920372
2001	6959858	4408005	1549876	1001977
2002	8253061	5255468	1805237	1192356
2003	9561995	6208135	2036284	1317576
2004	11607118	7720880	2398047	1488191
2005	13581000	9086000	2813000	1682000
2006	16286000	11052000	3328000	1906000
2007	19640000	13436000	3916000	2288000
2008	24630000	16957000	4844000	2829000
2009	28553067	19546789	5625019	3381259

16-1 续表 continued

单位：万元 (10 000 yuan)

年 份 Year	批发零售贸易业 Wholesale and Retail Sale Trade	住宿餐饮 业 Hotels and Catering	制 造 业 Manufacturing	农业生产者 Agriculture	其 他 行 业 Others
1978	324557	9176	18424	4500	11679
1979	349203	9873	19823	4806	12601
1980	377210	12425	26812	11745	14893
1981	395242	13436	32747	12613	19520
1982	429129	15383	40642	16000	20015
1983	468060	17180	49112	18419	23708
1984	540456	21996	64587	28201	27614
1985	639621	26309	83076	43560	34446
1986	717482	31180	83815	51319	42686
1987	822095	37134	84602	60161	50035
1988	1022036	45026	110832	72734	54327
1989	1097906	44454	121209	81943	40349
1990	1154732	46081	126464	93257	41615
1991	1277458	54716	138160	111773	49581
1992	1424440	61275	166494	138677	74718
1993	1812421	274859			135605
1994	2182469	326337			147946
1995	2558304	396339			178471
1996	2972167	472720			199321
1997	3400261	563531			207842
1998	3807265	658848			233614
1999	4284513	786023			255485
2000	4875210	941049			269192
2001	5569681	1102355			287822
2002	6609147	1348192			295722
2003	7640622	1601569			319804
2004	9207247	2026590			373281
2005	10780965	2364654			435381
2006	12890755	2899876			495369
2007	15486890	3682236			470874
2008	21081000	3028000			520000
2009	24307808	3604645			640614

16–2 国内贸易基本情况

Domestic trade basic situation

单位：万元 (10 000 yuan)

指标	Item	2013	2014
销售额（营业额）总计	**Sales volume (turnover) grand total**	**142942890**	**161240596**
销售额	**Sales volume**	**132908875**	**149563412**
批发业	Whole-sale Trade	75249670	83253834
零售业	Retail Sale Trade	57659205	66309578
营业额	**Turnover**	**10034015**	**11677184**
住宿业	Hotels Trade	1726751	1940797
餐饮业	Catering Trade	8307264	9736387
社会消费品零售总额	**Total Retail Sales of Consumer Goods**	**51142000**	**56576000**
按销售单位所在地分	**According to Marketing unit locus minute**		
1. 城镇	Cities	44753000	49494000
其中：城区	And: City	34297000	37413000
镇区	towns	10456000	12081000
2. 乡村	Village	6389000	7082000
按消费形态分	**Grouped by consumption patterns**		
商品零售收入	Revenue from Commodities	44830000	49503000
餐费收入	Revenue from Meals	6312000	7073000

16-3 限额以上住宿业企业及个体户经营情况(2014 年)

Above Designated Size Hotel Enterprises and Self-Employed Trade(2014)

单位：万元 (10 000 yuan)

指标	Item	营业额 Business Revenue	#客房收入 Revenue from Hotel Rooms	#餐费收入 Revenue from Meals	#商品销售收入 Revenue from Commodities
总　计	**Total**	**456035**	**218718**	**205908**	**3015**
旅游饭店	Tourist Hotel	316457	134268	155887	1755
一般旅馆	General Hotel	123553	77424	42943	626
其他住宿服务	Others	16026	7025	7078	635

16-4 限额以上餐饮业企业及个体户经营情况(2014 年)

Above Designated Size Catering Enterprises and Self-Employed Trade(2014)

单位：万元 (10 000 yuan)

指标	Item	营业收入 Business Revenue	# 商品零售额 Retail Sales of Commodities
总 计	**Total**	**884395**	**765572**
正餐服务	Dinner Services	852300	734384
快餐服务	Fast Food Services	29363	28930
饮料及冷饮服务	Cold/Ice drink,and Services	1182	1182
其他餐饮服务	Others	1550	1076

16-5 亿元以上商品交易市场情况(2014年)

Statistics on Commodity Exchange Markets of Transaction Value Over 100 Million Yuan(2014)

指标	Item	市场数（个）Markets (unit)	总摊位数（个）Booths (unit)	年末出租摊位（个）Rent Booths At Year-end (unit)	成交额（万元）Turn Over (100 million yuan)
总 计	**Total**	**72**	**41657**	**38410**	**5798202**
综合市场	**Integrated Markets**	**11**	**10953**	**9353**	**1226466**
生产资料	Productions Markets	1	36	36	32624
工业消费品	Industrial Markets	2	3402	3373	86075
农产品	Farm Produce Markets	5	2948	1876	556826
其他	Others	3	4567	4068	550941
专业市场	**Special Markets**	**61**	**30704**	**29057**	**4571736**
生产资料	Productions Markets	12	2837	2717	1957780
农业生产用具	Agricultural implements	2	61	61	72330
农用生产资料	Agricultural Productions	2	175	175	67600
煤炭	Coal and Charcoal	1	30	30	382000
木材	Wood	1	134	134	253787
建材	Building Materials	3	870	812	215483
化工材料及制品	Chemical Materials				
金属材料	Metal Materials	2	341	279	429700
机械设备	Mechanical Equipment				
其他生产资料	Others	1	1226	1226	536880
农产品	Farm Produce Markets	22	9993	8954	1039097
粮油	Grain & Oil	4	291	291	128092
肉禽蛋	Meat,Poultry & Eggs	3	684	679	61630
水产品	Aquatic Products				
蔬菜	Vegetables	4	6061	5061	194643
干鲜果品	Dried & Fresh Fruits	1	20	20	31890
棉麻土畜、烟叶	Local & lives tocks	3	734	734	196000
其他农产品	Others	7	2203	2169	426842
食品、饮料及烟酒	Food,Beverages,Tobacco & Liquor				
纺织、服装、鞋帽	Textile,Garments,Footwear & Hat Wear	12	9383	8948	336594
日用品及文化用品	Commodity & Cultural Articles				
黄金、珠宝、玉器等首饰	Jewelry	2	2333	2333	131568
电器、通讯器材、电子设备	Electrical Equipment				
医药、医疗用品及器材	Medicament	1	191	191	45623
家具、五金及装饰材料	Furniture,Hardware,Decorating	4	1155	1155	162881
汽车、摩托车及零配件	Autocar,Accessories	1	43	40	44222
花、鸟、鱼、虫	Flower,Bird,Fish & Insect				
旧货	Second Hand				
其他专业市场	Others	7	4769	4719	853971

16-6 限额以上批发和零售业、住宿和餐饮业企业及个体户基本情况(2014 年, 按登记注册类型分)

Basic Conditions of Enterprises above Designated Size of Wholesale , Retail Sale, Hotels ,Catering Trades and Self-employed by Registration(2014)

指 标	Item	法人企业(个) Number of Corporation Unit (unit)	产业活动单位数及个体户(个) Number of Active Unit and Self-Employed (unit)	从业人数(人) Persons Engaged (person)
总 计	**Total**	**2632**	**1081**	**242789**
一、 批发业合计	**Wholesale Trade**	**739**	**39**	**42213**
内资企业	**Domestic Funded Enterprises**	**735**	**8**	**37374**
国有企业	State-owned Enterprises	56	4	8371
集体企业	Collective-owned Enterprises	4		135
股份合作企业	Cooperative Enterprises			
联营企业	Joint Ownership Enterprises			
国有联营公司	State Joint Ownership Enterprises			
集体联营企业	Collective Joint Ownership Enterprises			
国有与集体联营企业	Joint State collective Enterprises			
其他联营企业	Other Joint Ownership Enterprises			
有限责任公司	Limited Liability Corporations	270	2	11430
国有独资企业	State funded Corporations	17		1088
其他有限责任公司	Other Limited Liability Corporations	253	2	10342
股份有限公司	Share-holding Corporations Ltd.	35	1	7747
私营企业	Private Enterprises	369		9651
私营独资企业	Private-funded Enterprises	1		12
私营合伙企业	Private Partnership Enterprises			
私营有限责任公司	Private Limited Liability Corporations	360		9135
私营股份有限公司	Private Share-holding Corporations Ltd.	8		504
其他企业	Other Enterprises	1	1	40
港、澳、台商投资企业	**Enterprises with Investment from Hong Kong, Macao & Taiwan**	**3**	**1**	**186**
港澳台资合资经营	Joint-venture Enterprises	1		102
港澳台资合作经营	Cooperative Enterprises			
港澳台商独资企业	Sole Investment	2	1	84
港澳台商投资股份有限公司	Share-holding Co.,Ltd			
其它港澳台投资	Others			
外商投资企业	**Enterprises With Foreign Investment**	**1**		**160**
中外合资经营	Joint venture Enterprises	1		160
中外合作经营	Cooperation Enterprises			
外资企业	Enterprises with Sole			
外商投资股份有限公司	Share-holding Co., Ltd.			
其它外商投资	Others			
个体工商户	**Self-employed Individuals**		**30**	**4493**
二、 零售业合计	**Retail Trade**	**1200**	**347**	**115610**
内资企业	**Domestic Funded Enterprises**	**1190**	**9**	**100524**
国有企业	State-owned Enterprises	19	4	3714
集体企业	Collective-owned Enterprises	7		164
股份合作企业	Cooperative Enterprises	2		49
联营企业	Joint Ownership Enterprises			
国有联营公司	State Joint Ownership Enterprises			
集体联营企业	Collective Joint Ownership Enterprises			
国有与集体联营企业	Joint-State-collective Enterprises			
其他联营企业	Other Joint Ownership Enterprises			
有限责任公司	Limited Liability Corporations	464	3	42063
国有独资企业	State funded Corporations	9		1167
其他有限责任公司	Other Limited Liability Corporations	455	3	40896
股份有限公司	Share-holding Corporations Ltd.	61	1	12333

16-6 续表 1 continued

指 标	Item	法人企业(个) Number of Corporation Unit (unit)	产业活动单位及个体户(个) Number of Active Unit and Self-Employed (unit)	从业人数(人) Persons Engaged (person)
私营企业	Private Enterprises	627	1	41584
私营独资企业	Private funded Enterprises	14		946
私营合伙企业	Private Partnership Enterprises	1		33
私营有限责任公司	Private Limited Liability Corporations	593	1	39324
私营股份有限公司	Private Share holding Corporations Ltd.	19		1281
其他企业	Other Enterprises	10		617
港、澳、台商投资企业	**Enterprises with Investment from Hong Kong, Macao & Taiwan**	**9**	**4**	**1431**
港澳台资合资经营	Joint-venture Enterprises	5		438
港澳台资合作经营	Cooperative Enterprises			
港澳台商独资企业	Sole Investment	4	3	932
港澳台商投资股份有限公司	Share-holding Co.,Ltd.from		1	61
其它港澳台投资	Others			
外商投资企业	**Enterprises With Foreign Investment**	**1**	**3**	**779**
中外合资经营企业	Joint venture Enterprises		1	17
中外合作经营企业	Cooperation Enterprises			
外资企业	Enterprises with Sole Foreign Investment	1	2	762
外商投资股份有限公司	Share-holding Co., Ltd.			
其它外商投资	Others			
个体工商户	**Self-employed Individuals**		**331**	**12876**
三、住宿业合计	**Hotels**	**306**	**126**	**34219**
内资企业	**Domestic Funded Enterprises**	**302**	**19**	**29776**
国有企业	State owned Enterprises	32	6	3981
集体企业	Collective owned Enterprises	5		488
股份合作企业	Cooperative Enterprises	1		80
联营企业	Joint Ownership Enterprises	1		85
国有联营公司	State Joint Ownership Enterprises			
集体联营企业	Collective Joint Ownership Enterprises	1		85
国有与集体联营企业	Joint State collective Enterprises			
其他联营企业	Other Joint Ownership Enterprises			
有限责任公司	Limited Liability Corporations	124	5	14765
国有独资企业	State funded Corporations	2		1086
其他有限责任公司	Other Limited Liability Corporations	122	5	13679
股份有限公司	Share holding Corporations Ltd.	17	1	1246
私营企业	Private Enterprises	115	6	8574
私营独资企业	Private funded Enterprises	15		713
私营合伙企业	Private Partnership Enterprises			
私营有限责任公司	Private Limited Liability Corporations	97	6	7727
私营股份有限公司	Private Share holding Corporations Ltd.	3		134
其他企业	Other Enterprises	7	1	557
港、澳、台商投资企业	**Enterprises with Investment from Hong Kong, Macao Taiwan**	**2**		**255**
港澳台资合资经营	Joint-venture Enterprises			
港澳台资合作经营	Cooperative Enterprises			
港澳台商独资企业	Sole Investment	1		25
港澳台商投资	Share-holding Co.,Ltd.	1		230
其它港澳台投资	Others			
外商投资企业	**Enterprises With Foreign Investment**	**2**	**1**	**862**
中外合资经营企业	Joint venture Enterprises			
中外合作经营企业	Cooperation Enterprises			
外资企业	Enterprises with Sole Foreign Investment	2	1	862
外商投资股份有限公司	Share-holding Co., Ltd.			
其它外商投资	Others			
个体工商户	**Self-employed Individuals**		**106**	**3326**

16-6 续表 2 continued

指标	Item	法人企业(个) Number of Corporation Unit (unit)	产业活动单位及个体户(个) Number of Active Unit and Self-Employed (unit)	从业人数(人) Persons Engaged (person)
四、餐饮业合计	**Catering Trade**	**387**	**569**	**50747**
内资企业	**Domestic Funded Enterprises**	**382**	**24**	**31253**
国有企业	State owned Enterprises	10	1	999
集体企业	Collective owned Enterprises	2		125
股份合作企业	Cooperative Enterprises			
联营企业	Joint Ownership Enterprises			
国有联营公司	State Joint Ownership Enterprises			
集体联营企业	Collective Joint Ownership Enterprises			
国有与集体联营企业	Joint State collective Enterprises			
其他联营企业	Other Joint Ownership Enterprises			
有限责任公司	Limited Liability Corporations	148	9	12575
国有独资企业	State funded Corporations	2		217
其他有限责任公司	Other Limited Liability Corporations	146	9	12358
股份有限公司	Share holding Corporations Ltd.	19	1	2537
私营企业	Private Enterprises	195	13	14566
私营独资企业	Private funded Enterprises	29	3	1742
私营合伙企业	Private Partnership Enterprises	4	2	470
私营有限责任公司	Private Limited Liability Corporations	155	8	11630
私营股份有限公司	Private Share holding Corporations Ltd.	7		724
其他企业	Other Enterprises	8		451
港、澳、台商投资企业	**Enterprises with Investment from Hong Kong, Macao Taiwan**	**3**		**458**
港澳台资合资经营	Joint-venture Enterprises			
港澳台资合作经营	Cooperative Enterprises			
港澳台商独资企业	Sole Investment	3		458
港澳台商投资股份有限公司	Share-holding Co.,Ltd.			
其它港澳台投资	Others			
外商投资企业	**Enterprises With Foreign Investment**	**2**	**1**	**158**
中外合资经营企业	Joint venture Enterprises	1		128
中外合作经营企业	Cooperation Enterprises			
外资企业	Enterprises with Sole Foreign Investment	1	1	30
外商投资股份有限公司	Share-holding Co., Ltd.			
其它外商投资	Others			
个体工商户	**Self-employed Individuals**		**544**	**18878**

16-7 限额以上批发、零售贸易业企业及个体户商品销售总额(2014年,按行业分)

Total Sales of Enterprise above Designated Size in Wholesale, Retail Trade and Self-employed by Sector(2014)

单位：万元 (10 000 yuan)

指标	Item	销售总额 Total Sales	批发 Whole sale	零售 Retail
总计	**Total**	**45747401**	**26543848**	**19203553**
批发业合计	**Wholesale Trade**	**28221183**	**24686997**	**3534186**
农、林、牧产品	Agriculture, Forestry,Husbandry Products	2500623	1840304	660319
#谷物、豆及薯类	Cereal,Beans & Tubers	897795	756773	141022
食品、饮料及烟草制品	Food, Beverages & Tobaccos	4648047	4119224	528823
#米、面制品及食用油	Grains & Edible Oil	150053	73907	76146
果品、蔬菜	Fruits & Vegetables	705519	445718	259801
肉、禽、蛋、奶及水产品	Meat, poultry, eggs, milk and aquatic	200134	142844	57289
纺织、服装及家庭用品	Textile, Clothing and Household Goods	275406	197914	77492
#纺织品、针织品及原料	Textile,Kintwear	6927	6927	
服装	Garment	157387	83651	73735
文化、体育用品及器材	Cultural,Sports & Equipment	108933	108933	
医药及医疗器材	Medicines & Medical Appliances	600769	571086	29683
矿产品、建材及化工产品	Minerals,Building & Chemicals	19461561	17328914	2132647
# 煤炭及制品	Coal & Related Products	11244472	10461085	783386
石油及制品	Petroleum & Related Products	4663618	3591611	1072007
化肥	Chemical Materials	813973	613584	200389
机械设备、五金产品及电子产品	Machinery, Metal and Electronic Products	560896	455675	105221
#农业机械	Agricultural Machinery	166584	146433	20150
贸易经纪与代理	Trading Brokerage & Agency	40575	40575	
其他	Others	24373	24373	
零售业合计	**Retail Trade**	**17526218**	**1856851**	**15669367**
综合零售	Comprehensive Retail	2853679	26755	2826923
#百货	Consumer Goods	2254394	25653	2228741
食品、饮料及烟草制品	Food, Drink & Tobaccos	273686	113781	159906
#粮油	Grains & Edible Oil	184667	99553	85114
纺织、服装及日用品	Textile , Garment & Household	646654	53358	593296
#纺织品及针织品	Textile & Kintwear Products	25837	19928	5909
服装	Garments	541380	33430	507951
鞋帽	Shoes & Hats	19750		19750
文化、体育用品及器材	Cultural,Sports Goods	388404	31686	356718
#文具用品	Cultural Goods	325		325
体育用品及器材	Sporting Goods and Equipment	15977	1237	14740
图书、报刊	Books, Newspapers and Magazines	48444	322	48122
医药及医疗器材	Medicines & Medical Appliances	292598	106358	186240
汽车、摩托车、燃料及零配件	Auto,Motorbikes,Fuel & Accessory	10753618	1088696	9664922
#汽车	Automobile	4504012	175201	4328812
家用电器及电子产品	Electronic Products	842857	102582	740276
#计算机、软件及辅助设备	Computers, Software	220137	13339	206798
五金、家具及室内装修材料	Hardware,Furniture & Home Decoration Material	787580	49358	738221
货摊、无店铺及其他零售	Stall, NOn-Shop and Other Retails	687142	284277	402866

16-8 限额以上批发零售贸易业商品分类销售额

Total Sales of Enterprises above Designated Size in Wholesale and Retail Sale by Category of Main Commodities

单位：万元 (10 000 yuan)

项 目	Item	合 计 Total		批 发 Wholesale		零 售 Retail Sale	
		2013	2014	2013	2014	2013	2014
粮油食品类	Foodstuffs	3170205	3674947	1871618	2187038	1298587	1487909
#肉禽蛋类	Meat, Poultry and Eggs	237719	258712	85342	92956	152377	165755
饮料类	Beverages	263113	246166	121427	107268	141686	138898
烟酒类	Tobacco and Liquor	2891764	3024578	2643512	2762321	248252	262256
服装、鞋帽类	Garments, Footwear and Hats	1914996	1819951	72752	65770	1842244	1754181
针、纺织品类	Knitwear and Textiles	213227	198142	29226	25796	184001	172346
化妆品类	Cosmetics	190364	202955	2574	2032	187791	200923
金银珠宝类	Gold, Silver and Jewelry	335613	352688	44263	34013	291350	318675
日用品类	Articles for Daily Use	329196	309672	52533	30812	276663	278860
#洗涤用品类	Washing Articles	100661	107293	12454	13130	88207	94163
五金、电料类	Hardware and Electrical Materials	77892	63467	14958	14001	62934	49466
体育、娱乐用品类	Sports and Recreation Articles	41247	50397	2339	4872	38908	45524
书报杂志类	Newspapers and Magazines	52668	111757	19104	61522	33564	50235
电子出版物及音像制品类	E journal and Video Products	4992	5391	7		4985	5391
家用电器和音像器材类	Household Appliances and Video Appliances	846350	832914	106365	158278	739985	674636
中西药品类	Traditional Chinese and Western Medicines	763936	799822	469772	552090	294164	247732
文化、办公用品类	Cultural and Official Goods	220907	185378	103519	59685	117388	125693
家具类	Furniture	364354	417713	507	4	363847	417709
通讯器材类	Communication Appliances	181592	180119	79230	91310	102363	88809
煤炭及制品类	Coal and Related Product	11780259	10000106	11199906	9382825	580353	617281
木材及制品类	Wood and Wooden Product	283245	302589	283245	302589		
石油及制品类	Petroleum and Related Product	10490062	10242203	4538861	4293447	5951201	5948757
化工材料类	Raw Chemical Materials	960742	1791564	960742	1791564		
黑色金属材料类	Ferrous Metals Materials						
有色金属材料类	Nonferrous Metals						
建筑及装潢材料类	Building and Decoration Materials	753112	514587	498056	305788	255057	208798
机电产品设备类	Mechanical and Electrical Products	332067	358079	171739	159140	160328	198939
#农机类	Agricultural Machinery	101125	111495	101125	111495		
种子饲料类	Seed and Feedstuff	33930	50556	33930	50556		
棉麻、土畜类	Cotton, Hemp and Local livestock	14	12			14	12

16–9 限额以上批发零售贸易企业资产及负债(2014年,按登记注册类型分)

Assets and Liability of Enterprises above Designated Size in Whole sale and Retail Sale by Registration(2014)

单位：万元　　(10 000 yuan)

指 标	Item	资产合计 Total Assets	#流动资产 Circula-ting Funds	#固定资产 Fixed Asset	负债合计 Total Liabi-lities
总 计	**Total**	**24691851**	**17858842**	**2706358**	**18500213**
一、批发业合计	**Wholesale Trade**	**15609976**	**11512465**	**1355356**	**11430254**
内资企业	**Domestic-Funded Enterprises**	**15590112**	**11501515**	**1355299**	**11414880**
国有企业	State-owned	2204377	1883151	211475	1275872
集体企业	Collective owned	12801	10709	879	5010
股份合作企业	Cooperative				
联营企业	Joint Ownership				
国有联营公司	State Joint Ownership				
集体联营企业	Collective Joint Ownership				
国有与集体联营企业	Joint State collective				
其他联营企业	Other Joint Ownership				
有限责任公司	Limited Liability Co.	8119530	5933124	509468	5957285
国有独资企业	State funded	2539435	2475091	33654	2346887
其他有限责任公司	Other Limited Liability Co.	5580095	3458032	475814	3610398
股份有限公司	Share holding Co. Ltd.	1539145	979518	267911	1128695
私营企业	Private Enterprises	3713351	2694245	365426	3047582
私营独资企业	Private funded	4323	2211	2112	897
私营合伙企业	Private Partnership				
私营有限责任公司	Private Limited Liability Co.	3633941	2650548	334567	3011328
私营股份有限公司	Private Share holding Co. Ltd.	75087	41486	28747	35357
其他企业	Other Enterprises	909	769	141	436
港、澳、台商投资企业	**Enterprises with Investment from Hong Kong, Macao & Taiwan**	**19540**	**10626**	**58**	**14634**
港澳台资合资经营	Joint-venture	2118	2107	11	2118
港澳台资合作经营	Cooperative				
港澳台商独资企业	Sole Investment	17422	8520	47	12516
港澳台商投资股份有限公司	Share-holding Co.Ltd.				
其它港澳台投资	Others				
外商投资企业	**Enterprises With Foreign Investment**	**324**	**324**		**740**
中外合资经营企业	Joint venture	324	324		740
中外合作经营企业	Cooperation				
外资企业	Enterprises with Sole				
外商投资股份有限公司	Share-holding Co. Ltd.				
其它外商投资	Others				

16-9 续表 continued

单位：万元 (10 000 yuan)

指标	Item	资产合计 Total Assets	# 流动资产 Circulating Funds	# 固定资产 Fixed Asset	负债合计 Total Liabilities
二、零售业合计	**Retail Trade**	**9081875**	**6346377**	**1351002**	**7069960**
内资企业	**Domestic Funded Enterprises**	**8732888**	**6149091**	**1291416**	**6787100**
国有企业	State owned	320620	176352	107363	306737
集体企业	Collective owned	6929	5082	1809	3473
股份合作企业	Cooperative	947	672	250	480
联营企业	Joint Ownership				
国有联营公司	State Joint Ownership				
集体联营企业	Collective Joint Ownership				
国有与集体联营企业	Joint State collective				
其他联营企业	Other Joint Ownership				
有限责任公司	Limited Liability Co.	3330965	2187419	560795	2507759
国有独资企业	State funded	118391	59002	38952	91050
其他有限责任公司	Other Limited Liability Co.	3212573	2128418	521843	2416710
股份有限公司	Share holding Co. Ltd.	861495	401371	268974	714644
私营企业	Private Enterprises	4188453	3363476	344858	3241396
私营独资企业	Private funded	14684	11077	2805	5707
私营合伙企业	Private Partnership	3794	1138	2656	1143
私营有限责任公司	Private Limited Liability Co.	4126295	3325932	322523	3210647
私营股份有限公司	Private Share holding Co. Ltd.	43680	25329	16875	23899
其他企业	Other Enterprises	23479	14719	7365	12610
港、澳、台商投资企业	**Enterprises with Investment from Hong Kong, Macao & Taiwan**	**338808**	**193501**	**55180**	**271968**
港澳台资合资经营	Joint-venture	277025	163502	25969	241355
港澳台资合作经营	Cooperative				
港澳台商独资企业	Sole Investment	61782	29999	29211	30613
港澳台商投资股份有限公司	Share-holding Co.Ltd.				
其它港澳台投资	Others				
外商投资企业	**Enterprises With Foreign Investment**	**10179**	**3785**	**4407**	**10891**
中外合资经营企业	Joint venture				
中外合作经营企业	Cooperation				
外资企业	Enterprises with Sole	10179	3785	4407	10891
外商投资股份有限公司	Share-holding Co. Ltd.				
其它外商投资	Others				

16-10 限额以上批发、零售贸易企业资产及负债(2014年,按行业分)

Assets and Liability of Enterprises above Designated Size in Wholesale and Retail by Sector(2014)

单位：万元　　(10 000 yuan)

指标	Item	资产合计 Total Assets	#流动资产 Circulating Funds	#固定资产 Fixed Asset	负债合计 Total Liabilities
总计	**Total**	**24691851**	**17858842**	**2706358**	**18500213**
批发业合计	**Wholesale Trade**	**15609976**	**11512465**	**1355356**	**11430254**
农、林、牧产品	Agriculture, Forestry,Husbandry Products	2077760	1680375	291651	1616330
#谷物、豆及薯类	Cereal,Beans & Tubers	1729448	1500320	166966	1465786
食品、饮料及烟草制品	Food, drink & Tobaccos	1485160	1096829	197304	532867
#米、面制品及食用油	Grains & Edible Oil	282485	187945	22962	211499
果品、蔬菜	Fruits & Vegetables	104281	25374	45646	79762
肉、禽、蛋、奶及水产品	Meat, poultry, eggs, milk and aquatic	21406	12174	4415	10828
纺织、服装及家庭用品	Textile, Clothing and Household Goods	56800	23590	30223	42222
#纺织品、针织品及原料	Textile,Kintwear & Material	9821	1984	7120	4329
服装	Garment	32162	9649	21957	26233
文化、体育用品及器材	Cultural,Sports Goods & Equipment	93691	65160	19046	52191
医药及医疗器材	Medicines & Medical Appliances	364492	334090	12781	294343
矿产品、建材及化工产品	Minerals,Building Materials & Chemicals	11108891	7974734	773259	8557954
#煤炭及制品	Coal & Related Products	6060246	4481101	613966	4709394
石油及制品	Petroleum & Related Products	684552	413299	127780	620046
化肥	Chemical Materials	622219	556098	5407	582818
机械设备、五金产品及电子产品	Machinery, Metal and Electronic Products	360811	278709	30015	282390
#农业机械	Agricultural Machinery	88707	65172	11528	59027
贸易经纪与代理	Trading Brokerage & Agency	761	758	4	568
其他	Others	61610	58221	1075	51389
零售业合计	**Retail Trade**	**9081875**	**6346377**	**1351002**	**7069960**
综合零售	Comprehensive Retail	1414736	963545	269990	1194095
#百货	Consumer Goods	985846	617336	214191	806962
食品、饮料及烟草制品	Food, Drink & Tobaccos	195211	141636	23396	148616
#粮油	Grains & Edible Oil	156854	119127	18498	122268
纺织、服装及日用品	Textile , Garment & Household	368710	213977	49488	318207
#纺织品及针织品	Textile & Kintwear Products	28660	27714	101	29496.9
服装	Garments	295251	168869	46743	275704
鞋帽	Shoes & Hats	8165	6328	1837	5836
文化、体育用品及器材	Cultural,Sports Goods	117513	86514	17609	92275
#文具用品	Cultural Goods				
体育用品及器材	Sporting Goods and Equipment	16727	9091	256	16131
图书、报刊	Books, Newspapers and Magazines	53335	36120	12741	49246
医药及医疗器材	Medicines & Medical Appliances	175019	145849	16420	138056
汽车、摩托车、燃料及零配件	Auto,Motorbikes,Fuel & Accessory	4808922	3341569	767936	3830369
#汽车	Automobile	3345215	2605897	334531	2614055
家用电器及电子产品	Electronic Products	548896	388073	51367	408732
#计算机、软件及辅助设备	Computers, Software	55704	44174	1733	34219
五金、家具及室内装修材料	Hardware,Furniture & Home Decoration Material	297178	198076	53372	132722
货摊、无店铺及其他零售	Stall, NOn-Shop and Other Retails	1155690	867139	101424	806887

16-11 限额以上餐饮企业资产及负债(2014 年,按登记注册类型和行业分)

Assets and Liability of Enterprises above Designated Size in Catering Trades by Registration and by Sector(2014)

单位：万元 (10 000 yuan)

指标	Item	资产合计 Total Assets	#流动资产 Circulating Funds	#固定资产 Fixed Asset	负债合计 Total Liabilities
总计	**Total**	**1231941**	**454978**	**453473**	**910529**
按登记注册类型分	**By Status of Registration**				
内资企业	**Domestic Funded Enterprises**	**1123145**	**390445**	**438105**	**871340**
国有企业	State owned	39135	4981	19367	8866
集体企业	Collective owned	723	502	45	1139
股份合作企业	Cooperative				
联营企业	Joint Ownership				
国有联营公司	State Joint Ownership				
集体联营企业	Collective Joint Ownership				
国有与集体联营企业	Joint State collective				
其他联营企业	Other Joint Ownership				
有限责任公司	Limited Liability Co.	457966	147111	173819	408459
国有独资企业	State funded Co.	22270	1483	17579	9941
其他有限责任公司	Other Limited Liability Co.	435697	145628	156240	398518
股份有限公司	Share holding Co. Ltd.	100609	41095	29821	51241
私营企业	Private Enterprises	518763	195990	212102	397553
私营独资企业	Private funded	65404	26563	22735	51472
私营合伙企业	Private Partnership	14897	3576	11322	6984
私营有限责任公司	Private Limited Liability Co.	425329	161023	174002	333491
私营股份有限公司	Private Share holding Co. Ltd.	13133	4828	4044	5606
其他企业	Other .	5948	767	2951	4082
港、澳、台商投资企业	**Enterprises with Investment from HK , Macao & Taiwan**	**3695**	**1673**	**536**	**2002**
港澳台资合资经营	Joint-venture Enterprises (HK,Macao & Taiwan)				
港澳台资合作经营	Cooperative Enterprises (HK,Macao & Taiwan)				
港澳台商独资企业	Sole Investment from HK, Macao & Taiwan	3695	1673	536	2002
港澳台商投资股份有限公司	Share-holding Co.,Ltd.from HK, Macao & Ttaiwan				
其它港澳台投资	Others				
外商投资企业	**Enterprises With Foreign Investment**	**105102**	**62859**	**14832**	**37187**
中外合资经营企业	Joint venture	10814	6207	4481	8415
中外合作经营企业	Cooperation				
外资企业	Enterprises with Sole Foreign Investment	94287	56652	10351	28772
外商投资股份有限公司	Share-holding Co.Ltd. with Foreign Investment				
其它外商投资	Others				
按服务业分	**By Business Categories**				
正餐服务	Dinner Services	1213926	442639	448211	893877
快餐服务	Fast Food Services	15529	10184	4950	13185
饮料及冷饮服务	Cold drink Services				
其他餐饮服务	Others	2486	2155	312	3466

16-12 限额以上批发零售贸易企业主要财务指标 (2014年,按登记注册类型分)

Main Financial Indicators of Enterprises above Designated Size in Wholesale and Retail Sale by Registration(2014)

单位：万元 (10 000 yuan)

指 标	Item	商品销售收入 Sales Revenue	商品销售成本 Cost of Sales	商品销售税金及附加 Sales Tax and Extra Changes	销售费用 selling expenses	营业利润 Operating profit
批发零售贸易业总计	**Total**	**40507111**	**36770697**	**302725**	**1442889**	**821261**
一、 批发业合计	**Wholesale Trades**	**25777803**	**23743266**	**223010**	**660329**	**351067**
内资企业	**Domestic Funded Enterprises**	**25699002**	**23671096**	**222918**	**657550**	**348020**
国有企业	State owned	3155692	2542180	140688	69930	247052
集体企业	Collective owned	129602	120089	828	4151	1650
股份合作企业	Cooperative					
联营企业	Joint Ownership					
国有联营公司	State Joint Ownership					
集体联营企业	Collective Joint Ownership					
国有与集体联营企业	Joint State collective					
其他联营企业	Other Joint Ownership					
有限责任公司	Limited Liability Co.	12154075	11516414	37179	252894	91779
国有独资企业	State funded Co.	5297803	5179793	15358	20096	59679
其他有限责任公司	Other Limited Liability Co.	6856272	6336621	21821	232798	32101
股份有限公司	Share holding Corporations Ltd.	4289822	4177580	7728	83233	-32958
私营企业	Private	5966964	5312307	36490	247280	40467
私营独资企业	Private funded	3581	3441	30	6	98
私营合伙企业	Private Partnership					
私营有限责任公司	Private Limited Liability Co.	4948742	4308172	35699	245649	36370
私营股份有限公司	Private Share holding Co. Ltd.	1014641	1000695	762	1625	3999
其他企业	Other Enterprises	2848	2526	5	63	29
港、澳、台商企业	**Enterprises from HK, Macao & Taiwan**	**22250**	**21108**	**13**	**1951**	**-948**
港澳台资合资经营	Joint-venture Enterprises (HK,Macao & Taiwan)	10560	10149	4	1545	-1113
港澳台资合作经营	Cooperative Enterprises (HK,Macao & Taiwan)					
港澳台商独资企业	Sole Investment from HK, Macao & Taiwan	11690	10959	8	406	165
港澳台商投资股份有限公司	Share-holding Co.,Ltd.from HK, Macao & Ttaiwan					
其它港澳台投资	Others					
外商企业	**Enterprises Foreign Investment**	**56552**	**51062**	**80**	**828**	**3995**
中外合资经营企业	Joint venture	56552	51062	80	828	3995
中外合作经营企业	Cooperation					
外资企业	Sole Foreign Investment					
外商投资股份有限公司	Share-holding Co. Ltd.with Foreign Investment					
其它外商投资	Others					

16-12 续表 continued

单位：万元 (10 000 yuan)

指 标	Item	商品销售收入 Sales Revenue	商品销售成本 Cost of Sales	商品销售税金及附加 Sales Tax and Extra Changes	销售费用 selling expenses	营业利润 Operating profit
二、零售企业合计	**Retail Sale Trades**	**14729308**	**13027431**	**79715**	**782560**	**470194**
内资企业	**Domestic Funded Enterprises**	**14528912**	**12860127**	**78927**	**766455**	**471737**
国有企业	State owned	1662798	1579809	929	54381	12640
集体企业	Collective owned	93271	91027	101	640	925
股份合作企业	Cooperative	5907	5731	30	163	-186
联营企业	Joint Ownership					
国有联营公司	State Joint Ownership					
集体联营企业	Collective Joint Ownership					
国有与集体联营企业	Joint State collective					
其他联营企业	Other Joint Ownership					
有限责任公司	Limited Liability Co.	5119055	4526806	38382	245278	128202
国有独资企业	State funded Co.	274907	258413	873	12108	1828
其他有限责任公司	Other Limited Liability Co.	4844148	4268393	37510	233170	126374
股份有限公司	Share holding Corporations Ltd.	2869554	2495847	4555	120300	225002
私营企业	Private	4744255	4129832	34645	344720	104767
私营独资企业	Private funded	29799	23094	379	717	4330
私营合伙企业	Private Partnership	8648	5462	3	196	1385
私营有限责任公司	Private Limited Liability Co.	4569493	3977338	30735	341382	96018
私营股份有限公司	Private Share holding Co. Ltd.	136314	123938	3528	2425	3034
其他企业	Other Enterprises	34071	31075	285	973	386
港、澳、台商投资企业	**Enterprises with Investment from Hong Kong, Macao & Taiwan**	**192563**	**160472**	**733**	**13815**	**618**
港澳台资合资经营	Joint-venture Enterprises (HK,Macao & Taiwan)	108021	96615	383	5284	-7906
港澳台资合作经营	Cooperative Enterprises (HK,Macao & Taiwan)					
港澳台商独资企业	Sole Investment from HK, Macao & Taiwan	84542	63857	350	8531	8523
港澳台商投资股份有限公司	Share-holding Co.,Ltd.from HK, Macao & Ttaiwan					
其它港澳台投资	Others					
外商投资企业	**Enterprises With Foreign Investment**	**7833**	**6833**	**56**	**2291**	**-2160**
中外合资经营企业	Joint venture					
中外合作经营企业	Cooperation					
外资企业	Sole Foreign Investment	7833	6833	56	2291	-2160
外商投资股份有限公司	Share-holding Co. Ltd.with Foreign Investment					
其它外商投资	Others					

16-13 限额以上批发、零售贸易企业主要财务指标(2014年,按行业分)

Main Financial Indicators of Enterprises above Designated Size in Wholesale and Retail Sale by Sector(2014)

单位：万元 (10 000 yuan)

指 标	Item	商品销售收入 Sales Revenue	商品销售成本 Cost of Sales
总 计	**Total**	**40507111**	**36770697**
批发业合计	**Wholesale Trade**	**25777803**	**23743266**
农、林、牧产品	Agriculture, Forestry,Husbandry Products	2218684	2131649
#谷物、豆及薯类	Cereal,Beans & Tubers	946068	911460
食品、饮料及烟草制品	Food, Beverages & Tobaccos	4050890	3087469
#米、面制品及食用油	Grains & Edible Oil	116492	112704
果品、蔬菜	Fruits & Vegetables	662104	440168
肉、禽、蛋、奶及水产品	Meat, poultry, eggs, milk and aquatic	199293	165784
纺织、服装及家庭用品	Textile, Clothing and Household Goods	275609	248046
#纺织品、针织品及原料	Textile,Kintwear	5920	4527
服装	Garment	156401	139463
文化、体育用品及器材	Cultural,Sports & Equipment	83355	78804
医药及医疗器材	Medicines & Medical Appliances	525688	482780
矿产品、建材及化工产品	Minerals,Building & Chemicals	18118501	17257965
# 煤炭及制品	Coal & Related Products	11204816	10539847
石油及制品	Petroleum & Related Products	3934545	3867327
化肥	Chemical Materials	790913	777018
机械设备、五金产品及电子产品	Machinery, Metal and Electronic Products	442855	400073
#农业机械	Agricultural Machinery	134366	123981
贸易经纪与代理	Trading Brokerage & Agency	40570	40266
其他	Others	21651	16216
零售业合计	**Retail Trade**	**14729308**	**13027431**
综合零售	Comprehensive Retail	2111091	1852419
#百货	Consumer Goods	1709439	1508114
食品、饮料及烟草制品	Food, Drink & Tobaccos	210312	192032
#粮油	Grains & Edible Oil	153843	144710
纺织、服装及日用品	Textile , Garment & Household	500482	385676
#纺织品及针织品	Textile & Kintwear Products	23152	21370
服装	Garments	443484	340633
鞋帽	Shoes & Hats	6013	5023
文化、体育用品及器材	Cultural,Sports Goods	111282	96270
#文具用品	Cultural Goods		
体育用品及器材	Sporting Goods and Equipment	10633	9914
图书、报刊	Books, Newspapers and Magazines	38903	28195
医药及医疗器材	Medicines & Medical Appliances	256249	209897
汽车、摩托车、燃料及零配件	Auto,Motorbikes,Fuel & Accessory	9678145	8828485
#汽车	Automobile	4190414	3839567
家用电器及电子产品	Electronic Products	766676	692335
#计算机、软件及辅助设备	Computers, Software	167558	157869
五金、家具及室内装修材料	Hardware,Furniture & Home Decoration Material	506299	391322
货摊、无店铺及其他零售	Stall, NOn-Shop and Other Retails	588771	378996

16-13 续表 continued

单位：万元 (10 000 yuan)

指 标	Item	商品销售税金及附加 Sales Tax and Extra Changes	销售费用 Management Cost	营业利润 Total Profits
总 计	**Total**	**302725**	**1442889**	**821261**
批发业合计	**Wholesale Trade**	**223010**	**660329**	**351067**
农、林、牧产品	Agriculture, Forestry,Husbandry Products	3420	46040	-74470
# 谷物、豆及薯类	Cereal,Beans & Tubers	1014	37742	-87066
食品、饮料及烟草制品	Food, Beverages & Tobaccos	168788	82480	379845
# 米、面制品及食用油	Grains & Edible Oil	48	3536	-9906
果品、蔬菜	Fruits & Vegetables	641	5676	13984
肉、禽、蛋、奶及水产品	Meat, poultry, eggs, milk and aquatic	4626	3858	21537
纺织、服装及家庭用品	Textile, Clothing and Household Goods	5263	6102	13527
# 纺织品、针织品及原料	Textile,Kintwear	185	100	21
服装	Garment	4887	904	10262
文化、体育用品及器材	Cultural,Sports & Equipment	70	2259	1132
医药及医疗器材	Medicines & Medical Appliances	721	15753	12086
矿产品、建材及化工产品	Minerals,Building & Chemicals	43531	481604	24051
# 煤炭及制品	Coal & Related Products	38611	314608	151952
石油及制品	Petroleum & Related Products	1440	83453	-29623
化肥	Chemical Materials	915	9177	-7434
机械设备、五金产品及电子产品	Machinery, Metal and Electronic Products	1049	23700	-5773
# 农业机械	Agricultural Machinery	305	5303	658
贸易经纪与代理	Trading Brokerage & Agency	1	132	272
其他	Others	167	2258	397
零售业合计	**Retail Trade**	**79715**	**782560**	**470194**
综合零售	Comprehensive Retail	27127	120010	45617
# 百货	Consumer Goods	19881	79316	44529
食品、饮料及烟草制品	Food, Drink & Tobaccos	370	10789	-5144
# 粮油	Grains & Edible Oil	184	4572	-4568
纺织、服装及日用品	Textile , Garment & Household	10608	31179	16038
# 纺织品及针织品	Textile & Kintwear Products	4	1361	33
服装	Garments	10297	25088	11864
鞋帽	Shoes & Hats	85	438	84
文化、体育用品及器材	Cultural,Sports Goods	1772	7758	51
# 文具用品	Cultural Goods			
体育用品及器材	Sporting Goods and Equipment	40	575	2118
图书、报刊	Books, Newspapers and Magazines	348	3673	2833
医药及医疗器材	Medicines & Medical Appliances	1079	23925	3913
汽车、摩托车、燃料及零配件	Auto,Motorbikes,Fuel & Accessory	23797	355094	258200
# 汽车	Automobile	19914	163462	10295
家用电器及电子产品	Electronic Products	1904	45952	2491
# 计算机、软件及辅助设备	Computers, Software	517	2018	4326
五金、家具及室内装修材料	Hardware,Furniture & Home Decoration Material	9401	23298	61629
货摊、无店铺及其他零售	Stall, NOn-Shop and Other Retails	3658	164555	87401

16-14 限额以上住宿企业主要财务指标（2014 年,按登记注册类型和行业分）

Main Financial Indicators of Enterprises above Designated Size in Hotel by Registration and by Sector(2014)

单位：万元 (10 000 yuan)

指 标	Item	营业收入 Operating income	营业成本 Operating costs	营业税金及附加 Business tax and surcharges	销售费用 selling expenses	营业利润 Operating profit
总 计	**Total**	**374222**	**167770**	**18971**	**104007**	**-40947**
按登记注册类型分	**By Status of Registration**					
内资企业	**Domestic Funded Enterprises**	**349536**	**150589**	**17625**	**99036**	**-32363**
国有企业	State owned	36669	18155	1930	7484	-5640
集体企业	Collective owned	3463	1390	202	285	-189
股份合作企业	Cooperative	263	124	14	58	-26
联营企业	Joint Ownership	708	312	39	325	-81
国有联营公司	State Joint Ownership					
集体联营企业	Collective Joint Ownership	708	312	39	325	-81
国有与集体联营企业	Joint State collective					
其他联营企业	Other Joint Ownership					
有限责任公司	Limited Liability Co.	168755	71942	9374	51835	-16838
国有独资企业	State funded Co.	13114	8873	735	3876	-3106
其他有限责任公司	Other Limited Liability Co.	155641	63070	8640	47959	-13731
股份有限公司	Share holding Co.Ltd.	13473	5992	690	4627	-1336
私营企业	Private Enterprises	121997	50412	5110	33252	-7960
私营独资企业	Private funded	23632	4407	267	1546	209
私营合伙企业	Private Partnership					
私营有限责任公司	Private Limited Liability Co.	97327	45720	4760	31463	-7984
私营股份有限公司	Private Share holding Co. Ltd.	1038	284	83	243	-185
其他企业	Other	4209	2262	267	1170	-293
港、澳、台商投资企业	**Enterprises with Investment from HK , Macao & Taiwan**	**4603**	**2356**	**264**	**4071**	**-5145**
港澳台资合资经营	Joint-venture Enterprises (HK,Macao & Taiwan)					
港澳台资合作经营	Cooperative Enterprises (HK,Macao & Taiwan)					
港澳台商独资企业	Sole Investment from HK, Macao & Taiwan	250	90	22	58	17
港澳台商投资股份有限公司	Share-holding Co.,Ltd.from HK, Macao & Ttaiwan	4353	2267	242	4013	-5162
其它港澳台投资	Others					
外商投资企业	**With Foreign Investment**	**20082**	**14825**	**1081**	**900**	**-3439**
中外合资经营企业	Joint venture					
中外合作经营企业	Cooperation					
外资企业	Sole Foreign Investment	20082	14825	1081	900	-3439
外商投资股份有限公司	Share-holding Co. Ltd. with Foreign Investment					
其它外商投资	Others					
按国民经济行业分	**By Sector**					
旅游饭店	Tourist Hotel	281711	124948	14487	78265	-38844
一般旅馆	General Hotel	83703	39457	4142	23348	-1692
其他住宿服务	Others	8808	3365	342	2394	-412

16-15 限额以上餐饮企业主要财务指标（2014年,按登记注册类型和行业分）

Main Financial Indicators of Enterprises above Designated Size in Catering Trades by Registration and by Sector(2014)

单位：万元 (10 000 yuan)

指 标	Item	营业收入 Operating income	营业成本 Operating costs	营业税金及附加 Business tax and surcharges	销售费用 selling expenses	营业利润 Operating profit
总 计	**Total**	**505619**	**275559**	**20747**	**129322**	**-39619**
按登记注册类型分	**By Status of Registration**					
内资企业	**Domestic Funded Enterprises**	**440966**	**231503**	**18543**	**112620**	**-15889**
国有企业	State owned	9321	5579	484	2358	-2269
集体企业	Collective owned	842	382	50	199	-49
股份合作企业	Cooperative					
联营企业	Joint Ownership					
国有联营公司	State Joint Ownership					
集体联营企业	Collective Joint Ownership					
国有与集体联营企业	Joint State collective					
其他联营企业	Other Joint Ownership					
有限责任公司	Limited Liability Co.	130874	57040	6229	43194	-14398
国有独资企业	State funded Co.	3160	797	361	840	-1596
其他有限责任公司	Other Limited Liability Co.	127715	56243	5868	42354	-12803
股份有限公司	Share holding Co.Ltd.	99142	72765	2140	9697	8020
私营企业	Private Enterprises	197461	93753	9465	56685	-7382
私营独资企业	Private funded	19433	10770	1174	3119	1118
私营合伙企业	Private Partnership	5472	1453	296	1672	490
私营有限责任公司	Private Limited Liability Co.	161050	75694	7738	48280	-8536
私营股份有限公司	Private Share holding Co. Ltd.	11506	5837	257	3614	-454
其他企业	Other	3326	1984	176	487	189
港、澳、台商投资企业	**Enterprises with Investment from HK , Macao & Taiwan**	**4709**	**2113**	**245**	**2042**	**-112**
港澳台资合资经营	Joint-venture Enterprises (HK,Macao & Taiwan)					
港澳台资合作经营	Cooperative Enterprises (HK,Macao & Taiwan)					
港澳台商独资企业	Sole Investment from HK, Macao & Taiwan	4709	2113	245	2042	-112
港澳台商投资股份有限公司	Share-holding Co.,Ltd.from HK, Macao & Ttaiwan					
其它港澳台投资	Others					
外商投资企业	**Enterprises With Foreign Investment**	**59944**	**41942**	**1959**	**14660**	**-23619**
中外合资经营企业	Joint venture	4791	2123	102	1876	-552
中外合作经营企业	Cooperation					
外资企业	Sole Foreign Investment	55153	39819	1857	12785	-23066
外商投资股份有限公司	Share-holding Co. Ltd. with Foreign Investment					
其它外商投资	Others					
按国民经济行业分	**By Sector**					
正餐服务	Dinner Services	493706	270190	20367	125170	-38422
快餐服务	Fast Food Services	11490	5337	355	3921	-816
饮料及冷饮服务	Cold drink Services					
其他餐饮服务	Others	424	32	25	231	-381

主要统计指标解释

社会消费品零售总额 指国民经济各行业直接售给城乡居民和社会集团的消费品总额。它是反映各行业通过多种商品流通渠道向居民和社会集团供应的生活消费品总量，是研究国内零售市场变动情况、反映经济景气程度的重要指标。

社会消费品零售总额包括：(1)售给城乡居民作为生活用的商品和修建房屋用的建筑材料；(2)售给社会集团的各种办公用品和公用消费品；(3)售给机关、团体、学校、部队、企业、事业单位的职工食堂和旅店(招待所)附设专门供本店旅客食用，不对外营业的食堂的各种食品、燃料；企业、单位和国营农场直接售给本单位职工和职工食堂的自己生产的产品；(4)售给部队干部、战士生活用的粮食、副食品、衣着品、日用品、燃料；(5)售给来华的外国人、华侨、港澳台同胞的消费品；(6)居民自费购买的中、西药品、中药材及医疗用品；(7)报社、出版社直接售给居民和社会集团的报纸、图书、杂志，集邮公司出售的新、旧纪念邮票、特种邮票、首日封、集邮册、集邮工具等；(8)旧货寄售商店自购、自销部分的商品；(9)煤气公司、液化石油气站售给居民和社会集团的煤气灶具和罐装液化石油气；(10)农民售给非农业居民和社会集团的商品。不包括售给国民经济各部门企业、事业单位(包括国有经济的农场)生产经营用的各种原材料、燃料、设备、工具等和售给批发零售贸易业、餐饮业作为转卖用的商品，旧货寄售商店受托寄售卖出的商品，服务业的营业收入，邮局出售邮票的收入，自来水、电力、煤气生产(供应)单位的产品供应收入，也不包括农民之间的商品销售。

批发零售贸易业商品购、销、存总额 指各种登记注册类型的批发、零售贸易业(不包括个体)企业(单位)以本企业(单位)为总体的商品购进、销售、库存总额。

商品购进总额 指从本企业(单位)以外的单位和个人购进 (包括从境外直接进口) 作为转卖或加工后转卖的商品总额。它反映批发零售贸易业从国内、国外市场上购进商品的总量。商品购进总额包括：(1)从工农业生产者购进的商品；(2)从出版社、报社的出版发行部门购进的图书、杂志和报纸；(3)从各种登记注册类型的批发零售贸易企业 (单位) 购进的商品；(4)从其他单位购进的商品，如从机关、团体、企业等单位购进的剩余物资，从餐饮业、服务业购进的商品，从海关、市场管理部门购进的缉私和没收的商品，从居民手中收购的废旧商品等；(5)从国(境)外直接进口的商品。不包括企业(单位)为自身经营用和未通过买卖行为而收入的商品以及销售退回、商品升溢等。

商品销售总额 指对本企业(单位)以外的单位和个人出售(包括对境外直接出口)的商品总额。它反映批发零售贸易业在国内市场上销售商品以及出口商品的总量。商品销售总额包括：(1)售给城乡居民和社会集团消费用的商品；(2)售给工业、农业、建筑业、运输邮电业、批发零售贸易业、餐饮业、服务业等作为生产、经营使用的商品；(3)售给批发零售贸易业作为转卖或加工后转卖的商品；(4)对国(境)外直接出口的商品。不包括出售本企业(单位)自用的废旧包装用品；未通过买卖行为付出的商品；经本单位介绍，由买卖双方直接结算，本单位只收取手续费的业务；购货退出的商品以及商品损耗和损失等。

批发零售贸易业库存 指报告期末各种登记注册类型的批发零售贸易企业(单位)已取得所有权的商品。它反映批发零售贸易企业(单位)的商品库存情况和对市场商品供应的保证程度。期末库存包括：(1)存放在批发零售贸易业经营单位(如门市部、批发站、经营处)仓库、货场、货柜和货架中的商品；(2)挑选、整理、包装中的商品；(3)已记入购进而尚未运到本单位的商品，即发货单或银行承兑凭证已到而货未到的部分，(4)寄放他处的商品，如因购货方拒绝承付而暂时存放在购货方的商品和已办完加工成品收回手续而未提回的商品；(5)委托其他单位代销(未作销售或调出)尚未售出的商品；(6)代其他单位购进尚未交付的商品。不包括所有权不属于本单位的商品、拨付除批发零售贸易业以外的其他行业所属独立核算加工厂等加工生产尚未收回成品的商品、代国家物资储备部门保管的商品等。

库存总额采用的计算价格是：农副产品采购单位按购进价计算；批发单位按进货价计算；零售单位按核算价格计算，即按什么价格核算就按什么价格计算。

餐饮业营业收入 指餐饮企业、活动单位或个体户的全部营业额，包括商品零售额和其他服务性收入。其主要反映餐饮企业、活动单位或个体户的经营情况及发展变化趋势。

餐饮业商品零售额 指餐饮企业、活动单位或个体户直接对居民和社会集团零售的各种商品。包括：(1)经烹饪、调制加工后出售的各种食品，如主食、炒菜、凉拌菜等；(2)不经加工直接转卖的各种外购商品，如卷烟、酒、饮料、熟食、水果等；(3) 附设非独立核算的销售商品的小卖部出售的各种食品及其他商品。

消费品市场成交额 指从事消费品交易的商品市场的全部商品成交金额。消费品市场包括农副产品市场和工业消费品市场。

Explanatory Notes on Main Statistical Indicators

Total Retail Sales of Consumer Goods refer to the sum of retail sales of consumer goods sold by all sectors of the national economy to urban and rural residents and social groups. This indicator is used to show the supply of consumer goods through various channels to households and institutions, and is very important for the study on changes at the domestic retail market, and on economic cycles

The retail sales of consumer goods include: (1) commodities sold to urban and rural residents for their daily use and building materials sold to them for the construction or repair of houses; (2) office appliances and supplies sold to institutions; (3) food and fuels sold to canteens of institutions, enterprises, schools, military units and to canteens of hotels and hostels that only serve their guests, and commodities produced by enterprises, institutions or state farms and sold directly to their employees or their canteens; (4) grain and non staple food, clothing, daily articles and fuels sold to military personnel; (5) consumer goods sold to foreigners, overseas Chinese, and Chinese compatriots from Taiwan, Hong Kong and Macao during their stay in the mainland of China; (6) Chinese and western medicines, herbs and medical facilities purchased by residents; (7) newspapers, books and magazines directly sold to residents and social groups by publishers, new and old commemorative stamps, special stamps, first day covers, stamp albums and other stamp collection articles sold by stamp companies; (8) consumer goods purchased and then sold by second hand shops; (9) stoves and other heating facilities and liquefied gas sold by gas companies to households and institutions; and (10) commodities sold by farmers to non agricultural residents and social groups . Excluded under this heading are: raw materials, fuels, equipment, tools sold to enterprises, institutions and state farms for production purpose; commodities sold to trade establishments for reselling; commissioned sales at second hand shops; operational income of urban public utilities; stamps sold at post offices; income of water, power, gas production and supply establishments from the supply of their products; and sales of commodities among farmers.

Purchase, Sales and Stock of Commodities by Wholesale and Retail Trade refer to the purchase, sales and stock of commodities by wholesale and retail establishments of different status of registration (excluding individual sellers) .

Total Purchases of Commodities refer to the total value of purchases of commodities by the establishments from other establishments or individuals (including direct import from abroad) for the purpose of re selling, either with or without further processing of the commodities purchased. This indicator is used to show the total value of purchases of commodities by wholesale and retail establishments from domestic and overseas markets. The total purchases include: (1)agricultural and industrial products purchased from producers; (2)books, magazines and newspapers purchased from distribution departments of the publishers; (3) commodities purchased from wholesale and retail establishments of different status of registration; (4)commodities purchased from other units, such as surplus materials purchased from government agencies, enterprises or institutions, commodities purchased from catering and service establishments, confiscated goods purchased from customs authorities or market management agencies, second hand goods and wastes purchased from residents; and (5)commodities directly imported from abroad. Excluded are commodities purchased by establishments (units) for use in their own business operation, commodities obtained without buying or selling procedures, rejected commodities, etc.

Total Sales of Commodities refer to value of commodities sold by the establishments to other establishments and individuals (including direct export) . This indicator is used to show the total value of sales of commodities at domestic markets and export. The total sales include:(1) commodities sold to urban and rural residents and social groups for their consumption; (2) commodities sold to establishments in industry, agriculture, construction, transportation, post and telecommunications, wholesale and retail trades, catering trade and public utility for their production and operation; (3) commodities sold to wholesale and retail establishments for re selling, with or without further processing; and (4) commodities for direct export to other countries. Excluded are selling of waste packaging materials used by the establishments (units) themselves, commodities transferred without buying or selling procedures, commission income from brokerage in transactions whose settlement is directly handled by buyers and sellers, rejected commodities in the purchase, loss in commodities, etc.

Commodity Stock of Wholesale and Retail Enterprises refers to total commodities possessed by wholesale and retail enterprises (units) of various types of registration status at the end of the reference period, which reflects the commodity stock level of various wholesale and retail enterprises and the potential for market supply. It includes:(1) commodities located in storage, garages, counters, and shelves of operating units(such as sale stores, wholesale centers, and operating offices) of wholesale and retail enterprises; (2) commodities in the process of selecting, sorting, and packing; (3) commodities not arrived but recorded as purchase in the account, i. e. . commodities not arrived but payment receipts for the commodities from the sellers or the banks arrived; (4) commodities deposited in other places rather than places mentioned above, for instance: commodities in the hold of purchasers temporarily due to the refusal of payment and commodities not taken back after going through the formalities; (5) commodities entrusted to other units to sell but not sold yet; (6) commodities purchased for other units but not delivered yet. Commodities not included as stock are those not owned by the enterprises (units) , those allocated to financially independent factories rather than wholesale and retail enterprises for processing but not taken back yet, and finally those put in stock by wholesale and retail enterprises on behalf of the state material reserves units.

For the calculation of the value of commodities stock, the value is calculated at purchasing prices in agricultural goods purchasing units and wholesale units, and at the accounting prices in retail units.

Business Income of Catering Industryrefer to the total turnover of catering businesses, establishments or individuals, including retail sales and other services income. It reflects the operational and managerial conditions and development trend of catering businesses, establishment s and individuals in t his sector.

Retail Sales of Commodities in Catering Industryrefer to retail sales to residents and social groups by catering enterprises, establishments and individual, including: (1) various food sold after cooking and processing, such as: staple food, cooked dishes, cold and dressed dishes and so on. (2) re-selling commodities without further processing, such as: cigarettes, liquor, beverage, cooked food, fruit s and son on. (3) various food and other commodities sold in and ascent buffets with dependant accounting system.

Volume of Transaction at Free Markets for Consumer Goods refers to the value of transaction or all goods at the free trade markets for consumer goods, where markets include both free markets for farm and sideline products and for manufactured consumer goods.

2015

NEIMENGGU

十七、对外经济贸易

Foreign Trade and Economic Cooperation

资料整理：柏 丽

Arranged By Bai Li

17–1 对外经济贸易

Foreign Trade and Economic Cooperation

指标	Item	2000	2005	2010	2014
进出口总额(万元人民币)	**Total Imports and Exports (RMB10 000 yuan)**	**1687811**	**4165757**	**5774292**	**8940400**
出口总额	Total Exports	847114	1666408	2208571	3928200
进口总额	Total Imports	840697	2499349	3565721	5012200
进出口总额(万美元)	**Total Imports and Exports(USD 10 000)**	**203596**	**516190**	**871894**	**1455400**
出口总额	Total Exports	102185	206489	333485	639500
进口总额	Total Imports	101411	309701	538409	815900
外商投资企业进出口额(万美元)	**Total Imports and Exports of Foreign-funded Enterprises(USD 10 000)**	**13597**	**82872**	**161034**	**163100**
出口总额	Total Exports	11535	41547	96009	85400
进口总额	Total Imports	2062	41325	65025	77700
对外签订利用外资协议(合同)项目(个)	**Number of Projects for Utilization of Foreign Capital in the Signed Agreements & Contracts(unit)**	**127**	**209**	**71**	**44**
对外借款	Foreign Loans	32	12		
外商直接投资	Foreign Direct Investments	95	197	71	44
对外签订利用外资协议(合同)金额(万美元)	**Total Amount of Foreign Capital to Be Utilized in the Signed Agreements & Contracts(USD 10 000)**	**51273**	**161700**		
对外借款	Foreign Loans	25475	23369		
外商直接投资	Foreign Direct Investments	25798	138331		
外商其他投资	Other Foreign Investments				
实际利用外资额(万美元)	**Total Amount of Foreign Capital Actually Used(USD 10 000)**	**54819**	**140007**	**355876**	**417182**
境外筹资转贷款	Overseas Financing transferred loans	43583	21430	17420	19434
外商直接投资	Foreign Direct Investments	11236	118577	338456	397748
外商其他投资	Other Foreign Investments				
外商投资企业基本情况	**Registered Foreign-funded Enterprises**				
年底登记户数(户)	Number of Registered Enterprises(unit)	874	914	3693	3036
投资总额(万美元)	Total Investment(USD 10 000)	253634	1264645	2324266	2644933
注册资本(万美元)	Registered Capital(USD 10 000)	171773	627138	1223998	1228567
# 外方	Capital from Foreign Partners	84084	407333	910119	834128
国外经济合作(万美元)	**Foreign economic cooperation(USD 10 000)**				**23174**
对外承包工程、设计咨询	Foreign contracted projects, design and consultation				21653
# 新签合同额	New contract amount				20000
完成营业额	The turnover				1653
对外劳务合作	Foreign labor cooperation				1521
# 新签劳务人员合同工资总额	Total contract wages of newly signed labor service personnel				1033
劳务人员实际收入总额	Total real income of labor service personnel				488

注:1.境外筹资转贷款为2011年修改指标,2010年以前为外债余额。

2.国外经济合作分项指标为2011年商务厅改后指标。

a)Lending of overseas financing is the revised index of the 2011,Before 2010 was the balance of foreign debts.

b)Item index of Foreign economic cooperation is the revised index of bureau of Commerce of the 2011.

17–2 外贸进出口贸易总额
Total Imports and Exports

年 份 Year	按人民币计算(万元) RMB 10 000 Yuan			按美元计算(万美元) USD 10 000		
	进出口总额 Total Imports & Exports	出口总额 Total Exports	进口总额 Total Imports	进出口总额 Total Imports & Exports	出口总额 Total Exports	进口总额 Total Imports
1965				333		333
1970				554	158	396
1975				925	394	531
1978	2674	1768	906	1552	1026	526
1980	6555	3970	2585	4397	2663	1734
1981	10676	8100	2576	6008	4558	1450
1982	15733	13881	1852	8173	7211	962
1983	17615	11176	6439	9001	5711	3290
1984	28557	20661	7896	10912	7895	3017
1985	59053	43880	15173	18448	13708	4740
1986	89086	63656	25430	23937	17104	6833
1987	113130	84310	28820	30398	22654	7744
1988	141303	109390	31913	37968	29393	8575
1989	161191	125158	36033	43312	33630	9682
1990	252898	169483	83415	48430	32456	15974
1991	321692	224597	97095	59964	41865	18099
1992	507068	319168	187901	93555	58887	34668
1993	1041650	561843	479807	120283	64878	55405
1994	914685	513373	401312	106128	59565	46563
1995	937671	506785	430886	112310	60840	51470
1996	1038914	569132	469782	124981	68590	56391
1997	1086188	609458	476730	131027	73519	57508
1998	1147173	681635	465538	138581	82343	56238
1999	1330986	750028	580958	160786	90605	70181
2000	1687811	847114	840697	203596	102185	101411
2001	2109035	943996	1165039	254819	114056	140763
2002	2487279	1134776	1352503	300494	137095	163399
2003	2576975	1192581	1384394	311353	144089	167264
2004	3350865	1391710	1959155	404865	168152	236713
2005	4165757	1666408	2499349	516190	206489	309701
2006	4643967	1672155	2971812	594717	214140	380577
2007	5657121	2152965	3504156	774460	294741	479719
2008	6105451	2446445	3659006	893315	357950	535365
2009	4618493	1581088	3037405	676395	231556	444839
2010	5774292	2208571	3565721	871894	333485	538409
2011	7522708	2953377	4569331	1193910	468723	725187
2012	7074817	2495428	4579389	1125667	397045	728622
2013	7311689	2495199	4816490	1199247	409257	789990
2014	8940400	3928200	5012200	1455400	639500	815900

注：本表2003年以后数据由呼和浩特海关提供(下同)。

a) Data after 2003 in this table were obtained from the Hohhot Customs statistics.The same as in the following table.

17-3 对外贸易出口总额

Total Amount of Export Commodities

单位:万美元 (USD 10 000)

项 目	Item	2013	2014
出 口 总 额	**Total Amount**	**409257**	**639500**
按商品类别分	**By Category of Commodities**		
活动物;动物产品	Live Animals & Animal Products	2888	3305
植物产品	Vegetables, Fruits & Cereals	19153	23342
动植物油脂及分解产品;精制食用油脂;动植物蜡	Animal & Vegetable Oils, Fats & Wax, Refined Edible Oils & Fats	55	149
食品、饮料、酒及醋;烟草及代用品的制品	Food, Beverages, Liquor & Vinegar, Tobacco & Tobacco Substitutes	12771	14298
矿产品	Minerals	24182	20164
化学工业及其相关工业的产品	Chemicals & Related Products	59683	107125
塑料及其制品;橡胶及其制品	Plastics & Related Products,Rubber & Related Products	18525	36003
生皮、皮革、毛皮及制品;鞍具挽具;旅行用品、手提包及类似物品;动物肠线制品	Raw Hides, Leather, Furs & Related Products, Saddle,Travel Articles, Handbags and Similar Containers	1990	12497
木及木制品;木炭;软木及制品;稻草、秸杆、针茅或其他编结材料制品;篮筐及柳条编结品	Wood & Wooden Products, Charcoal, Cork & Related Products, Straws, Plaited Products, Baskets & Wickerwork	4314	4745
木浆及其他纤维状纤维素浆;纸及纸板的废碎品;纸、纸板及其制品	Paper Pulp & Cellulose Pulp, Paper and Waste Paper,Paperboard & Related	457	5903
纺织原料及纺织制品	Textile Materials & Products	102505	112313
鞋、帽、伞、杖、鞭及其零件;已加工的羽毛及其制品;人造花;人发制品	Footwear, Headgear, Umbrellas, Canes, Whips, Processed Feather, Artificial Flowers, Wigs	2701	14610
石料石膏水泥石棉云母及类似材料的制品;陶瓷产品;玻璃及其制品	Gypsum, Cement, Asbestos, Mica, Ceramic Glass	3464	19350
天然或养殖珍珠、宝石或半宝石、贵金属、包贵金属及其制品，仿首饰硬币	Pearls, Precious or , Jewelry Metal or Rolled Precious Metal, Artificial Jewelry,Coins	13	360
贱金属及其制品	Base Metals & Related Products	107457	149859
机器、机械器具、电气设备及零件;录音机及放声机、电视图象声音的录制和重放设备及零附件	Machinery, Electric Equipment & Accessories, Recorders, Video Recorder & Accessories	19933	37429
车辆、航空器、船舶及有关运输设备	Locomotives, Vehicles, Aircraft, Ship and Related Transportation Equipment	25382	32062
光学、照相、电影、计量、检验、医疗或外科用仪器设备、精密仪器及设备:钟表:乐器:及其零附件	Optical, Photos, Film, Measuring & Medical Instruments & Equipment,Clocks, Musical Instruments,Related Parts & Accessories	372	4665
其他	Others	3412	41321
主要贸易国别、地区	**Main Trade Countries or Regions**		
蒙　古	Mongolia	114479	92655
日　本	Japan	26179	26450
俄 罗 斯	Russia	27524	64981
美　国	United States	29718	47579
韩　国	South Korea	35145	48379
越　南	Vietnam	12122	24360
中国香港	Hong Kong, China	4105	6931
印　度	India	12537	19651
意 大 利	Italy	10148	9601
英　国	United Kingdom	5209	8370
法　国	France	4163	
印度尼西亚	Indonesia	7507	16180
马达加斯加	Madagascar		4738
泰　国	Thailand	13769	25237
德　国	Germany	4140	6615

17-4 对外贸易出口主要商品

Main Export Commodities of Foreign Trade

单位：万美元 （USD 10 000）

项 目	Item	2013	2014
针织或钩编的套头衫、开襟衫、马甲及类似品	Pullover, Carligan, Vest	15851	15316
铁合金	Ferroalloy	15999	20398
披巾、头巾、围巾、披纱、面纱及类似品	Scarf	10366	9748
针或钩织女西便服套装，上衣，裙，裙裤，长短裤	Sets of Clothes,Pants For Woman	10788	9482
抗菌素	Antibiotics	17635	19351
贵金属或包贵金属的其他制品	Noble metal		1.4
宽≥600mm经包、镀或涂层的普通钢铁板材	Steel Plate	24981	28640
其他合金钢板材，宽≥600mm	Alloy Steel Plates	16921	19184
货运机动车辆	Freight Moter Rehicles	6610	6899
不规则盘卷的其他合金钢热轧条、杆	Alloy	20885	19319
稀土金属、钇、钪及其混合物的化合物	Rare Earth		2814
铝箔，厚度不超过0. 2毫米	Aluminum Foil		1609
8801或8802所列货品的零件	Spare parts of 8801 & 8802		
碱金属、碱土金属；稀有金属、钪及钇；汞	Alkali metals, alkaline earth metals; rare metals, scandium and yttrium; mercury		1703
针或钩织男西或便服套装，上衣，长短裤，马裤	Sets of Clothes,Pants For Man	8802	4803
床上、餐桌、盥洗及厨房用的织物制品	Fabric Products		3001
初级形状未列名天然聚合物及改性天然聚合物	Natural polymer	14246	14517
仅冷轧，宽≥600mm普通钢铁板材	Only cold, wide≥ 600mm ordinary steel plate		8691
挂车及半挂车或其他非机械驱动车辆及其零件	Non mechanical drive of vehicle & Spare parts		812
牵引车、拖拉机	Tractor		2773

17-5 对外贸易进口总额及主要商品

Main Import Commodities of Foreign Trade in Amount & Volume

单位：万美元 (USD 10 000)

项 目	Item	2013	2014
进口总额	**Total Import Amount**	**789990**	**815900**
按主要商品类别分	**By Categories of Commodities**		
活动物；动物产品	Live Animals & Animal Products	31727	32026
植物产品	Vegetables; Fruits & Cereals	2673	8547
动植物油脂及分解产品；精制食用油脂；动植物蜡	Animal & Vegetable Oils; Fats & Wax; Refined Edible Oils & Fats	657	697
食品、饮料、酒及醋；烟草及代用品的制品	Food; Beverages; Liquor & Vinegar; Tobacco & Tobacco Substitutes	3255	1098
矿产品	Minerals	368310	455041
化学工业及其相关工业的产品	Chemicals & Related Products	34350	24480
塑料及其制品；橡胶及其制品	Plastics & Related Products; Rubber & Related Products	17387	19522
生皮、皮革、毛皮及制品；鞍具挽具；旅行用品、手提包及类似物品；动物肠线制品	Raw Hides; Leather; Furs & Related Products; Saddle;Travel Articles; Handbags & Similar Containers	2126	1990
木及木制品；木炭；软木及制品；稻草 、秸杆、针茅 或其他编结材料制品；篮筐及柳条编结品	Wood & Wooden Products; Charcoal; Cork & Related Products; Straws; Plaited Products; Baskets & Wickerwork	138856	154172
木浆及其他纤维状纤维素浆；纸及纸板的废碎品；纸、纸板及其制品	Paper Pulp & Cellulose Pulp;Paper & Waste Paper;Paperboard & Related	29518	31614
纺织原料及纺织制品	Textile Materials & Products	4942	7263
鞋、帽、伞、杖、鞭及其零件；已加工的羽毛及其制品；人造花；人发制品	Footwear; Headgear; Umbrellas;Canes; Whips; Processed Feather;Artificial Flowers; Wigs		5
石料石膏水泥石棉云母及类似材料的制品；陶瓷产品；玻璃及其制品	Gypsum; Cement; Asbestos; Mica; Ceramic Glass	1921	1015
天然或养殖珍珠、宝石或半宝石、贵金属、包贵金属及其制品，仿首饰硬币	Natural or Cultivated Pearls; Precious or Semi-Stones; Jewelry of Precious Metal or Rolled Precious Metal;Artificial Jewelry;Coins	468	78
贱金属及其制品	Base Metals & Related Products	11916	4871
机器、机械器具、电气设备及零件；录音机及放声机、电视图象声音的录制和重放设备及零附件	Machinery; Electric Equipment & Accessories; Recorders; Video Recorder & Accessories	122644	60518
车辆、航空器、船舶及有关运输设备	Locomotives; Vehicles; Aircraft; Ship & Related Transportation Equipment	5053	2092
光学、照相、电影、计量、检验、医疗或外科用仪器设备、精密仪器及设备；钟表；乐器；及其零附件	Optical,Photographic, Film; Measuring,Medical,Music Instruments & Equipment;Clocks;Parts & Accessories	14144	10399
其他	Others	43	472
主要进口商品	**Main Import Commodities**		
原　木	Logs	63196	68948
浓缩、加糖或其他甜物质的乳及奶油	Concentrated, containing added sugar or other sweetening matter, milk and cream	26826	27421
铜矿砂及其精矿	Copper Ores	72609	235463
锯材	Wood Sawn	75225	84888
煤炭	Coal	130871	80586
铁矿砂及其精矿	Iron Ores	85138	30862
石油，沥青矿物油类及制品	Petroleum, Asphalt	15202	24322

17-6 利 用 外 资

Utilization of Foreign Capital

单位：万美元 (USD 10 000)

年 份 Year	实际利用外资额 Total Amount of Foreign Capital Actually Used	境外筹资转贷款 Overseas Financing transferred loans	外商直接投资 Direct Foreign Investments	外商其他投资额 Other Foreign Investments
1984	178	178		
1985	530			530
1986	664	230	136	298
1987	1120	468	109	543
1988	961	491	337	133
1989	3050	2415	42	593
1990	2530	1199	1064	267
1991	5532	5422	110	
1992	7910	7300	610	
1993	19213	10713	8093	407
1994	29086	17484	11602	
1995	61801	37696	10605	13500
1996	38355	32931	5424	
1997	44209	29076	8433	6700
1998	44253	31771	9082	3400
1999	40133	30683	9450	
2000	54819	43583	11236	
2001	47342	36466	10876	
2002	58211	35410	22801	
2003	66529	29724	36805	
2004	89664	26921	62743	
2005	140007	21430	118577	
2006	196863	22797	174066	
2007	238780	23891	214889	
2008	285556	20482	265074	
2009	318019	19634	298385	
2010	355876	17420	338456	
2011	404125	20298	383827	
2012	417665	23346	394319	
2013	484258	19802	464456	
2014	417182	19434	397748	

注：境外筹资转贷款为2011年修改指标，2010年以前为外债余额。

a)Lending of overseas financing is the revised index of the 2011,Before 2010 was the balance of foreign debts.

17-7 利用外资(按方式分,2014 年)

Utilization of Foreign Capital and Investment(by Pattern 2014)

单位:万美元 (USD 10 000)

指标	Item	实际使用金额 Used Value
总 计	**Total**	**417182**
境外筹资转贷款（年末）	**Overseas Financing transferred loans**	**19434**
经营贷款	Business Loan	
固定资产贷款	Fixed asset loans	19434
用于并购的转贷款	Transferred loans for mergers and acquisitions	
用于贸易融资的转贷款	Transfer loans for trade financing	
外商直接投资	**Foreign Direct Investments**	**397748**
合资经营企业	Joint Ventures Enterprises	120536
合作经营企业	Cooperative Operation Enterprises	
外资企业	Foreign Investment Enterprises	79456
外商投资股份制企业	Foreign Investment Share Enterprises	197756
合作开发	Cooperative Development	
其 他	Others	
外商其他投资	**Other Foreign Investment**	
对外发行股票	Sale Share	
国际租赁	International Lease	
补偿贸易	Compensation Trade	
加工装配	Processing and Assembly	

17-8 按行业分外商实际直接投资额(2014 年)

Actually Used Amount of Foreign Direct Investment by Sector(2014)

单位：万美元 (USD 10 000)

行业	Sector	2014
总计	**Total**	**397748**
农、林、牧、渔业	Farming, Forestry, Animal Husbandry and Fishery	51921
采矿业	Mining	171035
制造业	Manufacturing	107725
电力、燃气及水的生产和供应业	Production & Supply of Electric Power, Gas and Water	6471
建筑业	Construction	
批发和零售业	Wholesale and Retail Trade	7955
交通运输、仓储和邮政业	Transportation, Storage and Postal Services	18384
住宿和餐饮业	Quarters and Catering	
信息传输、软件和信息技术服务业	Information Transmission,Software and IT Services	328
金融业	Banking	
房地产业	Real Estate	2100
租赁和商务服务业	Leasing and Commercial Services	31668
科学研究和技术服务业	Scientific and Technical Services	
水利、环境和公共设施管理业	Water Conservancy, Environment and Public Facilities Administration	
居民服务、修理和其他服务业	Resident Services, Repairs and Other Services	
教育	Education	
卫生和社会工作	Health and Social Work	
文化、体育和娱乐业	Culture, Sports & Recreational Services	161
公共管理、社会保障和社会组织	Public Administration， Social Security and Social Organizations	
国际组织	International Organizations	

17-9 年末登记外商投资企业行业分布(2014年)

Sector Distribution Registered of Foreign-Funded Enterprises(2014)

行业	Sector	企业数(户) Number of Registered Enterprises (unit)	投资总额 (万美元) Total Investment (USD 10 000)	注册资本 (万美元) Registeres Capital (USD 10 000)	#外方 Capital Invested by Foreign Partner
总计	**Total**	**3036**	**2644933**	**1228567**	**834128**
农、林、牧、渔业	Farming, Forestry, Animal Husbandry and Fishery	78	224277	83288	52496
采矿业	Mining	64	170314	104137	72567
制造业	Manufacturing	358	1031530	483873	327332
电力、燃气及水的生产和供应业	Production & Supply of Electric Power, Gas and Water	67	571735	235832	121636
建筑业	Construction	17	8297	4805	1865
批发和零售业	Wholesale and Retail Trade	224	221244	106645	85168
交通运输、仓储和邮政业	Transportation, Storage and Postal Services	45	134626	50464	38281
住宿和餐饮业	Quarters and Catering	103	42331	21252	19305
信息传输、软件和信息技术服务业	Information Transmission, Software and IT Services	989	228	228	119
金融业	Banking	43	3766	2504	2007
房地产业	Real Estate	32	48384	26432	20169
租赁和商务服务业	Leasing and Commercial Services	88	124251	73989	64075
科学研究和技术服务业	Scientific and Technical Services	55	31993	16243	12771
水利、环境和公共设施管理业	Water Conservancy, Environment and Public Facilities Administration	9	10422	6892	6512
居民服务、修理和其他服务业	Resident Services, Repairs and Other Services	33	15744	9820	7710
教育	Education	4	24	21	6
卫生和社会工作	Health and Social Work	1	24	24	20
文化、体育和娱乐业	Culture, Sports & Recreational Services	10	5743	2118	2089
公共管理、社会保障和社会组织	Public Administration，Social Security and Social Organizations				
其他行业	Others	816			

17–10 对外经济合作

Economic Cooperation with Foreign Countries or Territories

年 份 Year	合同数 (份) Number of Contracts (copy)	合同金额 (万美元) Contracted Value (USD 10 000)	完成营业额 (万美元) Value of Business Fulfilled (USD 10 000)
总 计 Total			
1976-1988	2	613	337
1989-1999	1332	74124	40190
2000	80	5157	2549
2001	84	5403	2511
2002	110	7440	5092
2003	120	7510	2742
2004	120	55958	6082
2005	92	18017	6100
2006	109	19800	6710
2007	129	22131	8032
2008	120	18232	7110
2009	41	3889	4776
2010	19	2356	4511
对外承包工程 **Contracted Projects**			
1976-1988			
1989-1999	111	15079	8954
2000	9	1730	404
2001	10	3630	1561
2002	24	5040	2622
2003	16	3366	1385
2004	2	21	735
2005	8	4613	1986
2006	15	13595	4177
2007	3	13645	5057
2008	9	5233	4481
2009	2	701	3126
2010	3	681	3495
对外劳务合作 **Labor Cooperation**			
1976-1988	2	613	337
1989-1999	1207	58111	31054
2000	71	3427	2145
2001	74	1773	950
2002	86	2400	2470
2003	104	4144	1357
2004	118	55937	5347
2005	84	13404	4114
2006	94	6205	2533
2007	126	8486	2975
2008	111	12999	2629
2009	39	3188	1650
2010	16	1675	1016

主要统计指标解释

进出口总额 海关进出口总额指实际进出我国国境的货物总金额。包括对外贸易实际进出口货物，来料加工装配进出口货物，国家间、联合国及国际组织无偿援助物资和赠送品，华侨、港澳台同胞和外籍华人捐赠品，租赁期满归承租人所有的租赁货物，进料加工进出口货物，边境地方贸易及边境地区小额贸易进出口货物(边民互市贸易除外)，中外合资经营企业、中外合作经营企业、外商独资企业进出口货物和公用物品，到日离岸价格在规定限额以上的进出口货样和广告品(无商业价值、无使用价值和免费提供出口的除外)，从保税仓库提取在中国境内销售的进口货物，以及其他进出口货物。进出口总额用以观察一个国家在对外贸易方面的总规模。我国规定出口货物按离岸价格统计，进口货物按到岸价格统计。

商品经营单位所在地进、出口额 指所在地海关注册登记的有进出口经营权的企业实际进、出口额。

利用外资 指我国各级政府、部门、企业和其他经济组织通过对外借款、吸收外商直接投资以及用其他方式筹措的境外现汇、设备、技术等。

对外借款 是我国利用外资的重要部分。指通过对外正式签订借款协议，从境外筹措的资金，包括外国政府贷款、国际金融组织贷款、外国银行商业贷款、出口信贷以及对外发行债券等。1996年及以前还包括对外发行股票。

外商直接投资 指外国企业和经济组织或个人 (包括华侨、港澳台胞以及我国在境外注册的企业)按我国有关政策、法规，用现汇、实物、技术等在我国境内开办外商独资企业、与我国境内的企业或经济组织共同举办中外合资经营企业，合作经营企业或合作开发资源的投资 (包括外商投资收益的再投资)，以及经政府有关部门批准的项目投资总额内企业从境外借入的资金。

外商其他投资 指除对外借款和外商直接投资以外的各种利用外资的形式。包括企业在境内外股票市场公开发行的以外币计价的股票 (目前主要是在香港证券市场发行的H股和在境内证券市场发行的B股)发行价总额，国际租赁进口设备的应付款，补偿贸易中外商提供的进口设备、技术、物料的价款，加工装配贸易中外商提供的进口设备、物料的价款。

对外承包工程 指各对外承包公司以招标议标承包方式承揽的下列业务：(1)承包国外工程建设项目，(2)承包我国对外经援项目，(3)承包我国驻外机构的工程建设项目，(4)承包我国境内利用外资进行建设的工程项目，(5)与外国承包公司合营或联合承包工程项目时我国公司分包部分，(6)对外承包兼营的房屋开发业务。对外承包工程的营业额是以货币表现的本期内完成的对外承包工程的工作量，包括以前年度签订的合同和本年度新签订的合同在报告期内完成的工作量。

对外劳务合作 指以收取工资的形式向业主或承包商提供技术和劳动服务的活动。我国对外承包公司在境外开办的合营企业，中国公司同时又提供劳务的，其劳务部分也纳入劳务合作统计。劳务合作营业额按报告期向雇主提交的结算数(包括工资、加班费和奖金等)统计。

对外设计咨询 指以服务成果向业主收费的技术服务项目。包括承担地形地貌测绘，地质资源勘探与普查，建设区域规划，提供设计文件、图纸、生产工艺技术资料和工程技术经济咨询，工程项目的可行性考察、研究和评估，进行技术指导和培训人员等；也包括承担国(境)内利用外资进行建设的工程项目的上述规定的设计咨询项目的收取外币部分。

Explanatory Notes on Main Statistical Indicators

Total Imports and Exports at Customs refer to the value of commodities imported into and exported from the boundary of China. They include the actual imports and exports through foreign trade, imported and exported goods under the processing and assembling trades and materials, supplies and gifts as aid given gratis between governments and by the United Nation and other international organizations, and contributions donated by over seas Chinese, compatriots in Hong Kong and Macao and Chinese with foreign citizenship, leasing commodities owned by tenant at the expiration of leasing period, the imported and exported commodities processed with imported materials, commodities trading in border areas (excluding mutual exchange goods), the imported and exported commodities and articles for public use of the Sino foreign joint ventures, cooperative enterprises and ventures exclusively with foreign own investment. Also included are import or export of samples and advertising goods for whose CIF or FOB value are beyond the permitted ceiling (excluding goods of no trading or use value and free commodities for export), imported goods sold in China from bonded warehouses and other imported or exported goods. The indicator of the total imports and exports at customs can be used to ob serve the total size of external trade in a country. In accordance with the stipulation of the Chinese government, imports are calculated at CIF, while exports are calculated at FOB

Import and Export Value by Location of China′s Foreign Trade Managing Units refers to actual value of imports and exports carried out by corporations which have been registered by the local customhouse and are vested with right to run import export business.

Utilization of Foreign Capital refers to remittance, equipment and technology financed from abroad, by loans, foreign direct investment and other forms undertaken by the Chinese governments at all levels by various departments, enterprises and other economic units.

Foreign Borrowings an important part of China's utilization of foreign capital, it refers to funds borrowed from abroad through formal signing o f borrowing agreements with foreign institutions, including loans of foreign governments, loans of international financial institutions, commercial loans of foreign banks, export credit, and funds raised by Chinese bonds (and shares before 1996) issued abroad.

Direct Investment by Foreign Entrepreneurs refers to the investments inside China by foreign enterprises and economic organizations or individuals (including overseas Chinese, compatriots from Hong Kong and Macao, and Chinese enterprises registered abroad), following the relevant policies and laws of China, for the establishment of ventures exclusively with foreign own investment, Sino-foreign joint ventures and cooperative enterprises or for co operative exploration of resources with enterprises or economic organizations in China. It includes the re investment of the foreign entrepreneurs with the profits gained fro m the investment an d the funds that enterprises borrow from abroad in the total investment of projects which are approved by the relevant department of the government.

Other Investment by Foreign Entrepreneurs refers to all forms of utilization of foreign capitals other than foreign borrowings and foreign direct investment. It includes the total value of stock shares in foreign currencies issued by enterprises at domestic or foreign stock exchanges (now mainly consisting of H shares issued at Hong Kong Security Market and B shares issued at domestic security markets), rent payable for the imported equipment through international leasing arrangement, cost of imported equipment, technology and materials provided by foreign counterparts in compensation trade and processing and assembly trade.

Contracted Projects with Foreign Countries refer to projects undertaken by Chine se contractors (project contracting companies) through bidding process. They include: (1) overseas civil engineering construction projects financed by foreign investors; (2) overseas projects financed by the Chinese government through its foreign aid programs; (3) construction projects of Chinese diplomatic missions, trade offices and other institutions stationed abroad; (4) construction projects in China financed by foreign investment; (5) subcontracted projects to be taken by Chinese contractors through a joint umbrella project with foreign contractor; (6) housing development projects. The business income from international contracted projects is the work volume of contracted projects completed during the reference period, expressed in monetary terms, including completed work on projects signed in previous years.

Service Cooperation with Foreign Countries refers to the activities of providing technology and labour services to employers or contractors in the forms of receiving salaries and wages. Labour services providing by contractual joint venture s of Chinese international contracting corporations should be included in the statistics of service cooperation with foreign countries. The business income of labour service co-operation is the income in the form of wages and salaries, over time pay, bonuses and other remuneration received from the employers during the reference period.

Overseas Design and Consultation Service refers to projects wit h charges for technical services from overseas operators. It includes geographic and topographic mapping, geological resource prospecting and survey, planning of construction areas, provision of design documents, blueprints, materials on production process and techniques, as well as engineering, technical and economic consultation, and feasibility study, research and evaluation of projects. Also included under this category are the abovementioned services of foreign financed projects in China that are paid in foreign currencies.

2015

NEIMENGGU

十八、旅游

Tourism

资料整理：王亦兵

Arranged By Wang Yibing

18–1 旅游业基本情况
Basic Statistics on Tourism

指标	Item	2000	2005	2010	2014
旅行社总数(个)	**Total Number of Agencies(unit)**	**88**	**404**	**716**	**897**
#组团社	Travel agents	1	10	23	59
边境社	Border community	10	13	15	34
旅行社分社	Travel agencies bureaus			31	188
旅行社职工人数(人)	**Number of Staff and Workers of Travel Agencies(person)**	**1075**	**2051**	**6309**	**6256**
组团社	Travel agents	82	780	920	1598
星级宾馆个数(个)	**Total Number of Stars Hotel(unit)**	**54**	**202**	**263**	**334**
入境旅游人数(人次)	**Total Number of International Tourists Inbound (person-times)**	**391970**	**1001635**	**1428015**	**1671233**
外国人	Foreigners	384000	995007	1400197	1600359
华 侨	Overseas Chinese				
港澳同胞	Compatriots from Hong Kong and Macao	2814	5550	17823	44423
台湾同胞	Compatriots from Taiwan	5156	1078	9995	26451
旅行社组织出境旅游总人数（人次）	**Number of outbound tourism of Travel Agency(person-times)**	**19425**	**25808**	**31100**	**96400**
国内旅游人数(万人次)	**Number of Domestic Tourism (10 000 person times)**	**735**	**2062**	**4478**	**7415**
旅游总收入(亿元人民币)	**Income of Tourism(100 million yuan)**	**42.72**	**208.09**	**732.70**	**1805.29**
国际旅游外汇收入 (万美元)	Earnings from International Tourism (USD 10 000)	12645	35207	60190	100295
国内旅游收入(万元人民币)	Earnings from Domestic Tourism (10 000 yuan)	322300	1797200	6929200	17449700
国内旅游人均花费(元/天)	Per Capita Spending of Domestic Tourism (yuan/day)	272	363	520	740

18-2 接待外国旅游人数

Number of Foreign Tourists by Country

国别(地区)	country(district)	2013	2014
入境旅游人数总计(人次)	**Total Number of Entry Tourists(person times)**	**1616136**	**1671233**
外国人(包括外籍华人)	Foreigners(Including Chinese owning foreign nationality)	1553103	1600359
日 本	Japan	20945	25632
菲 律 宾	Philippines	1565	897
新 加 坡	Sigapore	3288	4150
美 国	United States	13222	15874
加 拿 大	Canada	4215	3834
英 国	United Kingdom	4820	8033
德 国	Federal Republic of Germany	5222	8432
法 国	France	4096	5643
意 大 利	Italy	1861	2138
瑞 士	Switzerland	967	1631
荷 兰	Netherlands	423	2293
澳 大 利 亚	Australia	6952	7260
新 西 兰	New Zealand		
俄 罗 斯	Russia	638583	633389
蒙 古	Mongolia	790118	782449
华 侨	Overseas Chinese		
港澳台同胞	Chinese Compatriots from Hong Kong, Macao and Taiwan	63033	70874
入境旅游者平均逗留天数(天)	**Average Days of Entry Tourist Staying(day)**	**3.55**	**3.77**
外国人(包括外籍华人)	Foreigners(Including Chinese owing foreign nationality)	3.90	4.25
华 侨	Overseas Chinese		
港澳台同胞	Chinese Compatriots from Hong Kong, Macao and Taiwan	3.28	3.39

18-3 入境旅游外汇收入

Foreign Exchange Earnings

项目	Item	2013	2014
旅游外汇收入总额(万美元)	**Foreign Exchange Earnings (USD 10000)**	**96229**	**100295**
长途交通费	Long Distance Transportation	19726	24172
#飞机	Air	13760	17050
火车	Railway	1828	1805
汽车	Highway	4138	5316
住宿	Accommodation	9238	10330
餐饮	Cater	6159	7522
景区游览	Visiting	3465	3510
娱乐	Entertainment	4523	5316
购物	Shopping	38877	33900
市内交通	Local Transportation	3560	2808
邮电通讯	Postal and Communication	2309	2507
其他	Other	8372	10230

18-4 入境旅游情况

Condition of International Tourism

项目	Item	2013	2014
入境旅游总人数(万人次)	**Overseas Visitor Arrivals (10 000 person-times)**	**161.61**	**167.12**
#满洲里	Manzhouli City	53.04	53.87
二连浩特	Erlianhaote City	59.91	60.64
入境旅游创汇(万美元)	**Foreign Exchange Earning (10 000 yuan)**	**96229**	**100295**
#满洲里	Manzhouli City	36566	32117
二连浩特	Erlianhaote City	23269	20496

主要统计指标解释

旅游人数 包括入境国际旅游者人数、出境居民人数和国内旅游者人数。

(1)入境国际旅游者人数:指来中国参观、访问、旅行、探亲、访友、休养、考察、参加会议和从事经济、科技、文化、教育、宗教等活动的外国人、华侨、港澳同胞和台湾同胞的人数。不包括外国在我国的常驻机构,如使领馆、通讯社、企业办事处的工作人员;来我国常住的外国专家、留学生以及在岸逗留不过夜人员。

(2)出境居民人数:指大陆居民因公务活动或私人事务短期出境的人数。公务活动出境居民人数包括在国际交通工具上的中国服务员工,因私出境居民人数不包括在国际交通工具上的中国服务员工。

(3)国内旅游者人数:指我国大陆居民和在我国常住1年以上的外国人、华侨、港澳台同胞离开常住地在境内其他地方的旅游设施内至少停留一夜,最长不超过6个月的人数。

国际旅游(外汇)收入 指入境旅游的外国人、华侨、港澳同胞和台湾同胞在中国大陆旅游过程中发生的一切旅游支出,对于国家来说就是国际旅游(外汇)收入。

国际旅行社 指经营对外招徕并接待外国人、华侨、港澳同胞和台湾同胞来中国、归国或回内地旅游业务的旅行社。

国内旅行社 指负责经营招徕、组团、接待国内旅客的旅游业务,以及不对外招徕,负责经营接待国际旅行社或其它涉外部门组织的外国人、华侨、港澳同胞和台湾同胞来中国、归国或回内地的旅游业务的旅行社。

星级饭店 指已评定星级的饭店。

Explanatory Notes on Main Statistical Indicators

Number of Tourists Include international tourists entering into China, Chinese residents going abroad and domestic tourists.

(1) International tourists refer to foreigners, overseas Chinese, Chinese compatriots from Hong Kong, Macao and Taiwan coming to China for sightseeing, visits, tours, family reunions, vacations, study tours, conferences and other activities of a business, scientific and technological, cultural, educational and religious nature. It does not include representatives and employees of resident institutions of foreign countries in China such as embassies, consulates, news agencies and offices of foreign companies and organizations, nor does it include long term foreign experts or students residing in China, or persons in transition without spending a night in China.

(2) Chinese residents going abroad refer to Chinese residents going abroad for short terms for either public business or private purposes. Chinese employees working on international transport carriers are included in those going abroad for public business purpose, not in those for private purpose.

(3) Domestic tourists refer to residents of the mainland of China who stay for one night at least, but no more than 6 months at tourist facilities in other places than their permanent residence within the territory of the mainland China, including foreigners, overseas Chinese and Chinese compatriots from Hong Kong, Macao and Taiwan who have resided in China for over one year.

Foreign Exchange Earnings from International Tourism refer to the total expenditures of foreigners, overseas Chinese, Chinese compatriots from Hong Kong, Macao and Taiwan during their stay in the mainland of China, which are earnings of foreign exchange from international tourism from the point of view from China.

International Travel Agencies refer to travel agencies engaged in the promotion, solicitation, organization and reception of tours to the mainland of China by foreigners, overseas Chinese, Chinese compatriots from Hong Kong, Macao and Taiwan.

Domestic Travel Agencies refer to travel agencies engaged in the promotion, solicitation, organization and reception of domestic tourists, and in the reception of foreigners, overseas Chinese, Chinese compatriots from Hong Kong, Macao and Taiwan organized by international travel agencies or other departments concerned, without their own promotion and solicitation programs.

Star-hotels refer to hotels rated with stars.

2015
NEIMENGGU

十九、金融和保险

Banking and Insurance

资料整理：蔡雨成
Arranged By Cai Yucheng

19–1 银行业金融机构、人员数(2014年末)

Number of Institutions and Persons Engaged in Finance System(End of 2014)

项 目	Item	机构数(个) Number of Institutions (unit)	年末人数(人) Number of Staff and Workers (person)
总计	**Total**	**4686**	**94363**
政策性银行	**Policy-related Bank**	**85**	**2129**
国家开发银行	State Development Bank	1	153
中国农业发展银行	Agricultural Development Bank of China	84	1976
国有商业银行	**State-owned Commercial Bank**	**1597**	**40939**
中国工商银行	Industrial and Commercial Bank of China	436	12659
中国农业银行	Agricultural Bank of China	592	12800
中国银行	Bank of China	269	6315
中国建设银行	Construction Bank of China	274	8375
交通银行	Bank of Communications	26	790
股份制商业银行	**Joint-stock Commercial Bank**	**128**	**3676**
中信银行	China Citic Bank	30	832
中国光大银行	China Everbright Bank	13	481
华夏银行	Hua Xia Bank	13	422
招商银行	China Merchants Bcmk	16	555
上海浦东发展银行	Shanghai pudong Development Bank	17	408
兴业银行	Industrial Bank	26	557
民生银行	Min Sheng Bank	12	339
渤海银行	China Commercial Bank	1	82
城市商业银行	**City Commercial Bank**	**396**	**12137**
农村合作金融机构	**Rural Cooperative Financial Institutions**	**2306**	**30835**
农村信用社	Rural Credit Cooperatives	1454	17458
农村商业银行	Rural Commercial Bank	714	9369
农村合作银行	Rural Coopeyation Bank	68	777
村镇银行	Rural and Taon Bank	67	3179
贷款公司	Loan Corporation	1	37
农村资金互助社	Rural Fund Cooperation Society	2	15
非银行金融机构	**Non-bank Finance Institutions**	**6**	**472**
企业集团财务公司	Corporate Finance Companies	4	108
信托公司	Trust Corporation	2	364
邮政储蓄银行	**Postal Savings Bank**	**164**	**4044**
资产管理公司	**Asset Management Corporation**	**3**	**104**
外资金融机构	**Foreign Financial Institutions**	**1**	**27**

注：邮政储蓄银行不包括代理营业机构。
a)Postal Savings Bank is not include Agency business organizations.

19-2 金融机构人民币存、贷款年末余额

Saving Deposits and Loans of Financial Institutions at Year-end

单位：万元 (10 000 yuan)

年 份 Year	各项存款余额合计 Depoits	# 企业存款 Depoits of Enterprises	# 城乡储蓄存款 Urban and Rural Savings Deposits	各项贷款余额合计 Loans	# 工业贷款 Loans to Industrial Enterprises	# 商业贷款 Loans to Commercial Enterprises	# 农业贷款 Agricultural Loans
1949	140	120		195	92	91	12
1950	1525	635	119	767	75	459	233
1951	4227	1619	219	3312	402	2163	747
1952	9034	3161	397	7089	593	5017	1479
1953	9937	3543	590	16492	1367	13360	1765
1954	12477	4223	1256	33777	2146	29908	1723
1955	17259	4126	1235	40223	2445	36242	1536
1956	15456	6427	2426	40576	3745	30496	6330
1957	19212	5527	3456	45042	3536	36810	4696
1958	50202	14707	5481	66279	12923	48083	5273
1959	62204	11976	7776	140589	49725	86119	4745
1960	83174	14756	10272	177063	85910	84703	6450
1961	76297	19608	5616	173300	59865	105884	7551
1962	66097	31248	3708	140530	37211	93696	9623
1963	63565	27446	4144	107154	25294	73514	8346
1964	86304	19796	5885	98027	25451	72465	111
1965	76946	22060	6913	102246	24133	77336	777
1966	91036	29410	7386	134554	30299	92977	11278
1967	85323	29687	7814	146590	44634	89084	12872
1968	94204	34411	8380	154190	51580	89045	13565
1969	84049	33112	7068	174312	61467	97906	14939
1970	98931	35109	7844	233001	68242	150137	14622
1971	105614	39136	9504	268530	82034	172315	14181
1972	102931	40288	11994	260678	77738	165836	17104
1973	127154	51746	14163	279108	88418	167532	23158
1974	123097	50332	15959	292432	91734	174258	26440
1975	148439	68452	17464	318410	92559	196711	29140
1976	153865	70737	18552	345268	95167	216124	33977
1977	162209	67821	21908	367586	97370	231722	38494

19-2 续表 continued

单位：万元 (10 000 yuan)

年 份 Year	各项存款余额合计 Deposits	# 企业存款 Deposits of Enterprises	# 城乡储蓄存款 Urban & Rural Savings Deposits	各项贷款余额合计 Loans	# 工业贷款 Loans to Industrial Enterprises	# 商业贷款 Loans to Commercial Enterprises	# 农业贷款 Agricultural Loans	# 基建贷款 Loans for Capital Construction	# 技改贷款 Loans for Technical Innovation
1978	164678	67214	25307	403314	110930	246495	45889		
1979	206997	75522	33092	436393	120396	256689	52236		
1980	231227	82688	48642	492949	129636	289980	67516		5677
1981	296065	103970	63106	558697	141810	330354	68239		14667
1982	364613	114791	84452	620194	148745	355038	73375	15587	26437
1983	442119	121952	112569	710563	175272	402264	75706	24778	28525
1984	500609	169826	155599	809114	219008	434714	86724	24767	32332
1985	560822	165393	210077	905412	275658	490451	89030	22465	42905
1986	782114	291284	290738	1291351	373446	590163	99373	48935	82523
1987	971166	337985	389691	1520239	436267	689530	114882	93458	188982
1988	1198527	401268	508287	1802119	537013	819194	126932	66132	119188
1989	1360860	382088	679584	2127588	681802	944070	139861	78510	139794
1990	1697712	424678	934355	2729173	869405	1272231	158545	109050	158675
1991	2057796	483906	1193618	3268535	1017327	1447576	188438	229244	201602
1992	2628246	783031	1497165	3951616	1153695	1683779	229783	353655	275853
1993	3505394	773581	2321390	5297191	1379014	2033053	427737	603560	327876
1994	4577562	1135970	3183199	6743662	1617514	2290203	229180	1054354	382402
1995	5663419	1303563	4108239	8198675	1879398	2566713	428884	1535360	466283
1996	7037693	1651490	5053804	10029833	2215841	3025593	510457	2011886	547128
1997	8455291	1993334	6050130	11721737	2518926	3467961	582678	2565495	587911
1998	9966107	2233337	7075160	13187511	2813556	3764324	533490	2885535	652933
1999	10923695	2512228	7976283	13641685	2649791	3794411	614282	3005261	636275
2000	12701349	3041165	8757399	13407383	2313181	3565930	692289	2513615	577427
2001	14987869	3750596	9867305	14707493	2570704	3437091	874092	3041254	594685
2002	17352559	4227073	11381038	16497795	2795982	3402539	1041324	4280175	139797
2003	20909846	5442363	13556610	19241312	3264636	3121745	1136558	5342779	222438
2004	25763691	6900717	16038752	22397621	3330576	2956277	1412981	6897652	302228
2005	32981538	8448175	19735996	25885704	3216173	3465313	1750056	8841665	358323
2006	40365605	10326769	22713442	32051943	4561123	3548955	1921286	11503692	259640
2007	49537024	13645713	25419224	37677360	4953807	3763969	2294291	13216458	188389
2008	63410312	17526198	32116628	45278595	5447082	4196462	3138133	15953891	410905
2009	83736999	26590936	39139510	62925233	6408156	4908094	4514951	23102340	668800
2010	102786934	31072851	46181090	79194745					

19-3 金融机构人民币信贷收支

Sources and Uses of Credit Funds of Financial Institutions

单位:万元 (10 000 yuan)

项 目	Item	2014
各项存款	**Deposits**	**162175705.71**
单位存款	Corporate Deposit	70930121.42
#活期存款	Demand	42705930.09
定期存款	Time	13467009.47
通知存款	Call Deposit	975582.40
保证金存款	Margin Deposit	8102737.67
个人存款	Individual Deposit	83173246.65
#储蓄存款	Savings Deposit	80137356.65
保证金存款	Margin Deposit	78417.07
结构性存款	Structured Deposits	2957472.93
财政性存款	Financial Savings	4723646.07
临时性存款	Temporary Deposit	115786.12
委托存款	Entrust Deposit	1103653.27
其他存款	Other Deposit	2129252.19
各项贷款	**Loans**	**149470738.99**
境内贷款	**Domestic Loans**	**149470166.26**
短期贷款	Short-term Loans	59748983.10
#个人贷款及透支	Personal Loans & Overdraw	18778088.91
单位普通贷款及透支	Unit Loans & Overdraw	38839351.23
普通并购贷款	Ordinary Loans	
银团贷款	Syndicated Loans	230510.00
贸易融资	Trade Financing	1901032.96
境外筹资转贷款	Overseas Financing Loans	
中长期贷款	Medium-term & Long-term Loans	85935798.99
个人贷款	Personal Loans & Overdraw	20717938.83
单位普通贷款	Unit Loans & Overdraw	59587038.32
普通并购贷款	Ordinary Loans	686068.78
银团贷款	Syndicated Loans	4778235.07
贸易融资	Trade Financing	166518.00
境外筹资转贷款	Overseas Financing Loans	
融资租赁	Renting by Circulated Fund	
票据融资	Circulated Fund by Bills	3461359.96
#贴现	Discounting	3461359.96
各项垫款	Money Advanced	324024.20
境外贷款	**Foreign Loans**	**572.74**

19-4 国有商业银行人民币信贷收支(年末余额, 2014 年)

Sources and Uses of Credit Funds of Stated-owned Commercial Banks At the End of Year(2014)

单位：万元 (10 000 yuan)

项目	Item	2014
各项存款	**Deposits**	**77888411.44**
单位存款	Corporate Deposit	34111481.47
# 活期存款	Demand	20702081.51
定期存款	Time	7591298.37
通知存款	Call Deposit	563135.11
保证金存款	Margin Deposit	1705594.25
个人存款	Individual Deposit	42855356.43
# 储蓄存款	Savings Deposit	41496542.50
保证金存款	Margin Deposit	35099.10
结构性存款	Structured Deposits	1323714.83
财政性存款	Financial Savings	
临时性存款	Temporary Deposit	19993.54
委托存款	Entrust Deposit	
其他存款	Other Deposit	901580.00
各项贷款	**Loans**	**65466711.79**
境内贷款	**Domestic Loans**	**65466571.05**
短期贷款	Short-term Loans	19594293.18
# 个人贷款及透支	Personal Loans & Overdraw	3148506.38
单位普通贷款及透支	Unit Loans & Overdraw	15199402.69
普通并购贷款	Ordinary Loans	
银团贷款	Syndicated Loans	117000.00
贸易融资	Trade Financing	1129384.11
境外筹资转贷款	Overseas Financing Loans	
中长期贷款	Medium-term & Long-term Loans	44721154.75
个人贷款	Personal Loans & Overdraw	12131413.61
单位普通贷款	Unit Loans & Overdraw	30533066.83
普通并购贷款	Ordinary Loans	312606.28
银团贷款	Syndicated Loans	1744068.03
贸易融资	Trade Financing	
境外筹资转贷款	Overseas Financing Loans	
融资租赁	Renting by Circulated Fund	
票据融资	Circulated Fund by Bills	1115024.14
# 贴现	Discounting	1115024.14
各项垫款	Money Advanced	36098.98
境外贷款	**Foreign Loans**	**140.74**

19–5 金融机构人民币存款基准利率
Legal Interest Rates on Deposits of Financial Institutions

单位：年利率%　　(annual interest rate %)

项 目	Item	2012年6月8日 June. 8,2012	2012年7月6日 July. 6,2012	2014年11月22日 Nov. 22,2014
活期存款	**Demand**	**0.40**	**0.35**	**0.35**
定期存款	**Time**			
#整存整取	Lump-sum time			
三个月	3Months	2.85	2.60	2.35
半年	6Months	3.05	2.80	2.55
一年	1Year	3.25	3.00	2.75
二年	2Years	4.10	3.75	3.35
三年	3Years	4.65	4.25	4.00
五年	5Years	5.10	4.75	4.00
#零存整取、整存零取、存本取息	Installment fixed deposits admission is the entire deposit			
一年	1Year	2.85	2.60	2.35
三年	3Years	3.05	2.80	2.55
五年	5Years	3.25	3.00	2.55
#定活两便	Time-demand Deposit	一年内定期整存整取同档次利率打六折	一年内定期整存整取同档次利率打六折	一年内定期整存整取同档次利率打六折
协定存款	**Negotiated Deposit**	**1.21**	**1.15**	**1.15**
通知存款	**Call Deposit**			
一天	1day	0.85	0.80	0.80
七天	7days	1.39	1.35	1.35

19–6 金融机构人民币贷款基准利率

Legal Interest Rates on Loans of Financial Institutions

单位：年利率%　　　　(annual interest rate%)

项 目	Item	2012年6月8日 June. 8,2012	2012年7月6日 July. 6,2012	2014年11月12日 Nov. 12,2014
短期贷款	**Short-term Loans**			
六个月以内（含六个月）	6 months	5.85	5.60	5.60
六个月至一年（含一年）	6 months to one year	6.31	6.00	5.60
中长期贷款	**Medium-term & Long-term Loans**			
一至三年（含三年）	1 to 3 years	6.40	6.15	6.00
三至五年（含五年）	3 to 5 years	6.65	6.40	6.00
五年以上	More than 5 years	6.80	6.55	6.15
贴现	**Discounting**	以再贴现利率为下限加点确定	以再贴现利率为下限加点确定	以再贴现利率为下限加点确定
个人住房公积金贷款	Personal Housing Accumulation Fund Loan			
五年以下（含五年）	Less than 5 years	4.20	4.00	3.75
五年以上	More than 5 years	4.70	4.50	4.25

19–7 上市公司情况

Summary for Number of Listed Companies

单位：个　　　　(unit)

年 份 Year	全区合计 All Region	上交所 Shanghai Stock Exchange	深交所 Shenzhen Stock Exchange	#仅发A股公司 A share Only	#仅发B股公司 B share Only	H股 H share	增发A股公司 A Share Add
1995	1	1			1		
1996	4	1	3	4			
1997	5	3	2	4	1		
1998	2	2		2			
1999	1	1		1			
2000	5	5		5			
2001	1	1		1			1
2002							2
2003							
2004	2	1		1		1	
2005	1	1		1			
2006							
2007	1		1	1			
2008							
2009							
2010	1		1	1			
2011	2	1	1	2			
2012	2		2	2			
2013	1	1		1			
2014							4

19-8 新上市公司股票发行筹资情况
Issuing Summary for Stocks of New Listed Companies

年份 Year	股票发行量 (万股) Amount Issued (10 000 shares)	A股 A share	B股 B share	A、B股配股 A & B Shares Rights Issued	H股 H share	股票筹资额 (亿元) Raised Capital (100 million yuan)	A股 A share	B股 B share	A、B股配股 A & B Shares Rights Issued	H股 H share
1989	1820	1820				0.5	0.5			
1994	5000	5000				1.95	1.95			
1995	11000		11000			4.38	4.38			
1996	6520	5020		1500		3.46	2.86		0.60	
1997	51800	22200	16600	13000		25.36	10.83	5.61	8.92	
1998	32852	13100	19752	22.72		8.37		14.35		
1999	13095			13095		9.71		9.71		
2000	38230	30800		7430		32.58	24.10		8.48	
2001	44720	43000		1720		33.84	31.57		2.27	
2002	15896	15896				17.95	17.95			
2003	1258			1258		7.84			7.84	
2004	40000	5000			35000	17.78	3.49			14.29
2005	14000	14000				4.68	4.68			
2006										
2007	7800	7800				7.64	7.64			
2008						57.21	57.21			
2009						47.88	47.88			
2010	1900	1900				5.50	5.50			
2011	13900	13900				31.71	31.71			
2012	6159	6159				8.95	8.95			
2013	2500	2500				2.27	2.27			

19-9 中资保险公司业务技术指标(2014 年)

Economic and Technical Indicators of Insurance Companies Funded With Chinese Capital(2014)

项 目	Item	保险金额（亿元）Amount Insured (100 million yuan)	保费收入（万元）Premium (10 000 yuan)	赔款及给付（万元）Claim and Payment (10 000 yuan)
总 计	**Total**	**79606.37**	**3139692.26**	**1104519.51**
财产保险公司	**Property Insurance**	**63526.84**	**1445847.36**	**713229.67**
企业财产险	Enterprise Property Insurance	11744.87	79912.14	27887.52
家庭财产险	Family Property Insurance	520.84	6476.51	2260.92
机动车辆险	Motor Vehicle Insurance	12405.50	913312.27	456412.68
货物运输险	Freight Transport Insurance	540.12	6594.93	1459.25
建筑、安装工程	Construction and Installation Projects	742.15	13509.48	4087.53
其它财产保险	Other Property Insurance	29280.16	64600.59	51751.75
责任险	Liability Insurance	6098.77	32569.42	11895.59
产品责任险	Products Liability Insurance	10.79	525.20	50.96
雇主责任险	Employers Liability Insurance	431.79	6225.06	2802.83
公众责任险	Public Liability Insurance	5178.86	19949.44	6385.88
其它责任险	Other Liability Insurance	477.33	5869.73	2655.92
信用保险	Credit Insurance	131.08	10489.01	7735.78
保证保险	Guarantee Insurance	121.11	18111.09	725.75
农业保险	Agriculture Insurance	1942.25	300271.91	149012.89
人身保险公司	**Life Insurance**	**16079.53**	**1693844.89**	**391289.85**
寿险	Life Insurance	2774.70	1444365.13	320206.85
健康险	Health Insurance	3780.68	209134.29	61128.98
人身意外伤害险	Unforeseen Human Injury Insurance	9524.15	40345.47	9954.02

19-10 财产保险公司业务收入与赔付(2014年)

Premiums and Claim & Payment of Property Insurance(2014)

单位：万元 (10 000 yuan)

项 目	Item	保险金额 Amount Insured	保费收入 Promiums	已决赔款 Indrmnity	未决赔款 Loss Assessment of Unsrttled Claims
财产保险	**Property Insurance**	**635268397**	**1445847**	**670740**	**225622**
# 企业财产险	Enterprise Property	117448695	79912	27094	26630
家庭财产险	Family Property	5208397	6477	2104	315
机动车辆险	Motor Vehicle Insurance	124055034	913312	425869	158075
货物运输保险	Freight Transport Insurance	5401227	6595	1319	506
责任险	Liability Insurance	60987685	32569	10970	8617
# 产品责任险	Products Liability Insurance	107911	525	48	2
雇主责任险	Employers Liability Insurance	4317899	6225	2549	1025
公众责任险	Public Liability Insurance	51788563	19949	5945	6618
其他责任险	Other Liability Insurance	4773312	5870	2428	972
保证保险	Guarantee Insurance	1211057	18111	469	2124
农业保险	Agriculture Insurance	19422518	300272	141683	13450
# 种植业险	Planting Insurance	18862489	267417	129489	12764
养殖业险	Animal Husbandry Insurance	560029	32855	12195	686

19-11 人身保险公司业务收入与赔付(2014年)

Premiums and Claim & Payment of Life Insurance(2014)

项 目	Item	新保承保人数(万人) New Person of Insurance (10 000 persons)	保费收入(万 元) Premiums (10 000 yuan)	赔 款(万 元) Claim (10 000 yuan)	满期给付(万 元) Value of Expiration Payment (10 000 yuan)
总 计	**Total**	**2474**	**1693845**	**156704**	**234586**
寿险	Life Insurance	210	1444365	85777	234430
# 非分红产品	Non-Share out Bonus Products	148	439038	38914	72973
分红产品	Share out Bonus Products	37	981125	40596	159880
投资连接产品	Products Link to Insvestment		206	1	12
万能产品	All-purpose Products	25	23997	6266	1565
意外伤害保险	Unforeseen Human Injury Insurance	1166	40345	9954	
# 一年期以内	Less than one Year	422	2272	474	
一年期	One Year	744	38074	9480	
健康保险	Health Insurance	1099	209134	60973	156
# 一年期(及一年期以内)	One Year(Less than one Year)	1047	36102	32031	
一年期以上	Over One Year	52	173033	28942	156

注:此表未包括财产保险公司中的人身保险业务。

a)Property Insurance Companies´ life insurance is not included in this table.

19-12 银行卡业务基本情况

Basic Conditions of Bank card business

项　目	Item	2013	2014
银行卡累计发放量（万张）	**Total Payment Amount of Bank Card(10 000)**	**8738.79**	**10386.56**
借记卡	Debit Card	8163.21	9623.88
#银联标准卡	Standard Bank Card	6771.72	8039.03
信用卡	Credit Card	575.58	762.68
#银联标准卡	Standard Bank Card	377.19	521.79
银行卡受理商户、机具	**Accepting Bank Card Business, Equipment**		
特约商户（户）	Special Merchant	195333	305074
销售终端（台）	POS	251554	366446
自动柜员机（台）	ATM	9884	12454
银行卡跨行交易量（本年累计）	**Volume of Inter Bank Trading**		
清算笔数（万笔）	Settlement Amount(10 000)	11828.62	15312.85
#ATM交易量	Volume of ATM	3993.31	4992.38
POS机交易量	Volume of POS	7635.10	10170.91
非传统渠道交易量	Volume of Non traditional channel	200.21	149.56
清算金额（亿元）	Amount of Settlement(100 million yuan)	4082.57	5537.62
#ATM交易量	Volume of ATM	470.80	827.03
POS机交易量	Volume of POS	3512.89	4606.05
非传统渠道交易量	Volume of Non traditional channel	98.88	104.53

主要统计指标解释

信贷资金 指金融机构以信用方式积聚和分配的货币资金。金融机构信贷资金的来源有各项存款、对国际金融机构负债、流通中货币、银行自有资金及当年结益等；信贷资金的运用有各项贷款、黄金占款、外汇占款、财政借款及在国际金融机构中的资产等。

存款 指企业、机关、团体或居民根据资金必须收回的原则，把货币资金存入银行或其他信用机构保管并取得一定利息的一种信用活动形式。根据存款对象的不同可划分为企业存款、财政存款、机关团体存款、基本建设存款、城镇储蓄存款、农村存款等科目。它是银行信贷资金的主要来源。

贷款 指银行或其他信用机构根据资金必须归还的原则，按一定利率，为企业、个人等提供资金的一种信用活动形式。我国银行贷款分为流动资金贷款、固定资产贷款、城乡个体工商户贷款以及农业贷款等科目。

中资保险公司 指中国公民、法人或其他组织出资(含外资参股)设立的保险公司。

保险金额 指保险人承担赔偿或者给付保险金责任的最高限额。

保费 指投保人为取得保险人在约定范围内所承担赔偿责任而支付给保险人的费用。

赔款 指保险人根据保险合同的规定，向被保险人支付的赔偿保险责任损失的金额。

给付 包括死伤医疗给付和满期给付。死伤医疗给付是指保险人根据人寿保险及长期健康保险合同的规定，因被保险人在保险期内发生保险责任范围内的保险事故支付给被保险人(或受益人)的金额。满期给付是指被保险人生存期满，保险人按人寿保险合同规定支付给被保险人的满期保险金额。

Explanatory Notes on Main Statistical Indicators

Credit Funds refer to the funds issued as loans by banking institutions. The sources of credit funds of the banking institutions included deposits, Liabilities to international financial institutions, currency in circulation, self-owned funds and current retained profits, etc. The credit funds can be used in forms of loans, gold, foreign exchange, government debt and assets in the international financial institutions.

Deposit is a form of credit by which enterprises, institutions, organizations or households can put money into banks and other credit institutions for safekeeping and interest earning under the principle of free withdrawal. According to different depositors, deposits are divided into enterprise deposits, treasury deposits, deposits of government agencies and organizations, capital construction deposits, urban savings deposits, rural deposits and other deposits. Deposits are major sources of the credit funds of banks.

Loan is a form of credit by which banks and other credit institutions provide funds at certain interest rate to enterprises and individuals in the light of the principle of unconditional repayment. Loans from Chinese banks include circulating capital loans, fixed assets loans, loans to urban and rural individuals engaged in industrial and commercial business and agricultural loans.

Insurance Companies Funded with Chinese Capital refer to insurance companies established with capitals from Chinese citizens, corporate institutions or other organizations (including companies with shares from foreign capital).

Amount Insured refers to the maximum that the insurant will get for the claim of the case insured.

Premium is the fee paid by the insurant to the insurer to obtain the obligation of compensation from the insurance within the agreed terms.

Settled Claim is the compensation paid by the insurer to the insurant in accordance with the insurance contract.

Payment includes payment for death, injury or medical treatment and mature payment. Payment for death, injury or medical treatment refers to the money paid to the insurant (or the beneficiary) in accordance with the life or health insurance contract when the insurant encounters accidents within the insured period covered in the contract. Mature payment refers to the mature payment to the insurant in accordance with the life insurance contract at the end of the insured period.

2015

NEIMENGGU

二十、教育、科技和文化

Education and Culture

资料整理：邰焱燚 程旭嵘

Arranged By Tai Yanyi, Cheng Xurong

20-1 教育事业基本情况
Basic Statistics on Education

项 目	Item	2013	2014
学校数(所)	**Number of Schools(unit)**	**6429**	**6669**
普通高等学校	Regular Institutions of Higher Education	49	50
普通中等学校	Secondary Schools	1290	1261
#中等专业学校	Specialized Secondary Schools	142	141
中等技术学校	Technical Secondary Schools	80	79
中等师范学校	Teacher Secondary Schools	1	1
普通中学	Regular Secondary Schools	1026	1003
职业中学	Vocational Secondary Schools	122	117
小 学	Primary Schools	2308	2174
幼儿园	Kindergartens	2740	3140
特殊教育	Special Schools	42	44
专任教师(人)	**Number of Full time Teachers(person)**	**274772**	**275720**
普通高等学校	Regular Instiutions of Higher Education	24554	25000
普通中等学校	Secondary Schools	119679	109005
#中等专业学校	Specialized Secondary Schools	6354	6044
中等技术学校	Technical Secondary Schools	4494	4176
中等师范学校	Teacher Secondary Schools	86	80
普通中学	Regular Secondary Schools	104838	94360
职业中学	Vocational Secondary Schools	8487	8601
小 学	Primary Schools	100752	107262
幼儿园	Kindergartens	28666	33244
特殊教育	Special Schools	1121	1209
招生数(人)	**New Student Enrollment(person)**	**1052038**	**1043818**
普通高等学校	Regular Institutions of Higher Education	119263	122755
普通中等学校	Secondary Schools	475646	457391
#中等专业学校	Specialized Secondary Schools	44920	48982
中等技术学校	Technical Secondary Schools	36216	41110
中等师范学校	Teacher Secondary Schools	710	807
普通中学	Regular Secondary Schools	391794	374991
职业中学	Vocational Secondary Schools	38932	33418
小 学	Primary Schools	230674	224453
幼儿园	Kindergartens	225963	238489
特殊教育	Special Schools	492	730
在校学生(人)	**Student Enrollment(person)**	**3656657**	**3650947**
普通高等学校	Regular Institutions of Higher Education	399201	406414
普通中等学校	Secondary Schools	1428121	1385564
#中等专业学校	Specialized Secondary Schools	140716	136373
中等技术学校	Technical Secondary Schools	118971	118573
中等师范学校	Teacher Secondary Schools	1812	2012
普通中学	Regular Secondary Schools	1182707	1153699
高 中	Senior Secondary Schools	494243	484042
初 中	Junior Secondary Schools	688464	669657
职业中学	Vocational Secondary Schools	104698	95492
小 学	Primary Schools	1310595	1296454
幼儿园	Kindergartens	515543	559013
特殊教育	Special Schools	3197	3502
毕业生数(人)	**Graduates(person)**	**1046929**	**1005122**
普通高等学校	Regular Institutions of Higher Education	108272	111723
普通中等学校	Secondary Schools	506530	471028
#中等专业学校	Specialized Secondary Schools	56366	49731
中等技术学校	Technical Secondary Schools	45192	39052
中等师范学校	Teacher Secondary Schools	379	487
普通中学	Regular Secondary Schools	411022	389732
高 中	Senior Secondary Schools	161587	162138
初 中	Junior Secondary Schools	249435	227594
职业中学	Vocational Secondary Schools	39142	31565
小 学	Primary Schools	232846	221107
幼儿园	Kindergartens	199034	201007
特殊教育	Special Schools	247	257

注:1.普通中学的高中学校数包括高级中学和完全中学。

2.毕业生数、招生数、在校学生数包括成人高校附设普通班学生数。

a)Number of senior secondary schools in regular secondary schools include senior secondary schools & whole secondary schools.

b)The number of graduates,new student enrollment and student enrollment studiing in general class belonging to adult university.

20-2 在校学生民族构成
Composition of Student Enrollment by Nationality

单位:人 (person)

项　目	Item	2013	2014
普通高等教育	**Regular Institutions of Higher Education**	**399201**	**406414**
蒙古族	Mongolian	93167	93557
其他少数民族	Other Minority Nationality	14123	14321
高等教育中研究生	Postgradate Students Enrollment	16897	17276
蒙古族	Mongolian	4481	4602
其他少数民族	Other Minority Nationality	551	528
中等专业学校	**Specialized Secondary Schools**	**120783**	**120585**
中等技术学校	Technical Schools	118971	118573
蒙古族	Mongolian	20409	19472
其他少数民族	Other Minority Nationality	3170	3845
中等师范学校	Teacher Training Schools Secondary	1812	2012
蒙古族	Mongolian	172	205
其他少数民族	Other Minority Nationality	201	290
普通中学	**Rogular Secondary Schools**	**1182707**	**1153699**
高中	Senior	494243	484042
蒙古族	Mongolian	117943	121980
其他少数民族	Other Minority Nationality	15210	14265
初中	Junior	688464	669657
蒙古族	Mongolian	159544	160267
其他少数民族	Other Minority Nationality	19332	17841
职业中学	**Vocational Secondary Schools**	**104698**	**95492**
蒙古族	Mongalian	22801	16883
其他少数民族	Other Minority Nationality	4010	3742
小学	**Primary Schools**	**1310595**	**1296454**
蒙古族	Mongolian	317891	325443
其他少数民族	Other Minority Nationality	38153	37035

注:1.普通高等教育指普通本专科。

2.本表中中等专业学校不含成人中专。

a)Ordinary higher education refers to Undergraduate and specialist.

b)Secondary specialized school does not contain adult technical secondary school.

20-3 普通高等学校分类情况(2014年)

Basic Statistics of Colleges and Universities by Different Types(2014)

项　目	Item	学校数(所) Number (unit)	毕业生数(人) Graduates (person)	招生数(人) New Student Enrollment (person)	在校学生(人) Student Enrollment (person)
普通高校	**Colleges and Universities**	**50**	**111723**	**122755**	**406414**
综合大学	Comprehensive Universities	20	47468	53357	181979
理工院校	Science and Engineering	16	31945	34509	100630
农业大学	Agricultural Universities	1	7772	8218	31346
医药院校	Medicinal Universities	2	4146	4433	16294
师范院校	Normal Universities	3	10942	11657	41889
语文院校	Language Colleges	1	63	81	218
财经院校	Economics and Finance	3	8861	9515	32108
政法院校	Law Universities	1	296	394	711
体育院校	Physical Universities	1	105	170	468
艺术院校	Arts Universities	2	125	421	771

注：毕业生、在校生数不含成人高校附设普通班学生数。

a)The number of student does not include the number of student who as studing in general class belonging to adult university.

20-3 续表 continued

项目	Item	教职工合计(人) Number of Staff and Workers (person)	#专任教师 Teachers	#正、副教授 Professors and Asso.Prof.	#讲师 Lecturers	#助教、教员 Assistants and Instructors
普通高校	**Universities and Colleges**	**37691**	**25000**	**10212**	**9537**	**5251**
综合大学	Comprehensive Universities	18135	11805	5135	4375	2295
理工院校	Science and Engineering	8939	6484	2210	2609	1665
农业大学	Agricultural Universities	2687	1551	769	568	214
医药院校	Medicinal Universities	1655	1093	492	235	366
师范院校	Normal Universities	3291	2102	844	947	311
语文院校	Language Colleges	128	83	2	57	24
财经院校	Economics & Finance	2149	1416	602	576	238
政法院校	Law Universities	236	131	80	48	3
体育院校	Physical Universities	140	92	14	36	42
艺术院校	Arts Universities	331	243	64	86	93

20-4 普通高等院校基本情况(2014 年)

Basic Statistics of Colleges and Universities(2014)

项　目	Item	毕业生数(人) Graduates (person)	招生数(人) New Student Enrollment (person)	在校生数(人) Student Enrollment (person)
内蒙古大学	Inner Mongolia University	5715	5690	22213
内蒙古科技大学	Inner Mongolia Sci. & Tech. University	11440	11333	44483
内蒙古工业大学	Inner Mongolia Eng. University	5683	5673	22627
内蒙古农业大学	Inner Mongolia Agriculture University	7772	8218	31346
内蒙古医科大学	Inner Mongolia Medical	3290	3230	13244
内蒙古师范大学	Inner Mongolia Normal University	8173	8217	31068
内蒙古民族大学	Inner Mongolia Nationality University	4613	5142	20898
赤峰学院	Chifeng College	2603	3200	11646
内蒙古财经大学	Inner Mongolia Finance University	5172	5229	20458
呼伦贝尔学院	Hulunbeier College	2938	3354	12383
内蒙古建筑职业技术学院	Inner Mongolia Pro. And Tech. College	3039	2967	9088
集宁师范学院	Jining Teacher Training Academy	2769	3044	10133
内蒙古丰州职业学院	Inner Mongolia Fengzhou College	643	823	1975
河套学院	Hetao College	2636	3102	8260
呼和浩特民族学院	Inner Mongolia Nationality Academy	1564	2356	7947
包头职业技术学院	Baotou Pro.& Tech. College	2732	3251	8654
兴安职业技术学院	Xingan Pro. & Tech. College	1060	1443	3824
呼和浩特职业学院	Hohhot Vocational College	4224	4647	12924
包头轻工职业技术学院	Baotou Light Industry Professional and Technical College	2886	3221	8128
内蒙古电子信息职业技术学院	Inner Mongolia Electronics College	3311	3708	10569
内蒙古机电职业技术学院	Inner Mongolia Machinery & Electronics Professional and Technical College	3388	3480	10131
内蒙古化工职业学院	Inner Mongolia Chemical Eng. College	2902	3058	7910
内蒙古商贸职业学院	Inner Mongolia Trade College	3139	3529	10017
锡林郭勒职业学院	Xilingguole Vocational College	2408	2771	6864
内蒙古警察职业学院	Inner Mongolia Police College	296	394	711
内蒙古体育职业学院	Inner Mongolia Sport College	105	170	468
乌兰察布职业学院	Wulanchabu Vocational College	1454	1584	3984
通辽职业学院	Tongliao Vocational College	2169	2089	6100
科尔沁艺术职业学院	Keerqin Arts Vocational College	125	259	450
内蒙古交通职业技术学院	Inner Mongolia Transport Tech College	2184	2467	6973
包头钢铁职业技术学院	Baotou Iron and Steel Vocational College	1634	1683	4700
乌海职业技术学院	Wuhai Vocational College	1335	1183	2821
内蒙古科技职业学院	Inner Mongolia Technical and Vocational College	340	336	927
内蒙古北方职业技术学院	Inner Mongolia North Tech College	632	767	1936
赤峰职业技术学院	Chifeng Vocational College	29		6
内蒙古经贸外语职业学院	Inner Mongolia Trade & Language College	550	757	1633
包头铁道职业技术学院	Baotou Railway Vocational & Tech College	1140	1623	4359
内蒙古大学创业学院	Pioneer College of Inner Mongolia University	1228	1786	6198
内蒙古师范大学鸿德学院	Honder of Inner Mongolia Normal University	1477	2096	7165
乌兰察布医学高等专科学校	Wulanchabu Medicine Academy	856	1203	3050
鄂尔多斯职业学院	Erdos Vocational College	836	703	1546
内蒙古工业职业学院	Inner Mongolia Gongye Vocational College	183	17	861
呼伦贝尔职业技术学院	Hulunbeier Pro.And Tech College	401	954	1928
满洲里俄语职业学院	Manlouli Russian College	63	81	218
内蒙古能源职业学院	Inner Mongolia Energy Vocational College	353	555	1065
赤峰工业职业技术学院	Chifeng College of Industry Technology	182	560	1091
阿拉善职业技术学院	Alashan Pro.And Tech College	51	203	384
内蒙古美术职业学院	Inner Mongolia Vocational College of Fine Arts		162	321
内蒙古民族幼儿师范高等专科学校	Inner Mongolia National Kindergarten Teachers		396	688
鄂尔多斯生态环境职业学院	Erdos Ecological Environment of Career Academy		41	41

注:学生数中不含成人高校附设普通班学生数。

a)The number of student does not include the number of student who was studing in general class belonging toadult university.

20-4 续表 continued

项　目	Item	教职工总数(人) Number of Staff & Workers (person)	#专任教师 Teacher	#中级职称以上教师 Medium over Professional Certification
内蒙古大学	Inner Mongolia University	2768	1682	1542
内蒙古科技大学	Inner Mongolia Sci. & Tech. University	3597	2659	2240
内蒙古工业大学	Inner Mongolia Eng. University	2010	1408	1284
内蒙古农业大学	Inner Mongolia Agriculture University	2687	1551	1337
内蒙古医科大学	Inner Mongolia Medical	1355	905	616
内蒙古师范大学	Inner Mongolia Normal University	2324	1434	1268
内蒙古民族大学	Inner Mongolia Nationality University	1765	1160	936
赤峰学院	Chifeng College	1706	992	883
内蒙古财经大学	Inner Mongolia Finance University	1489	1005	857
呼伦贝尔学院	Hulunbeier College	1133	662	602
内蒙古建筑职业技术学院	Inner Mongolia Pro. And Tech. College	585	436	358
集宁师范学院	Jining Teacher Training Academy	781	518	425
内蒙古丰州职业学院	Inner Mongolia Fengzhou College	85	44	35
河套学院	Hetao College	1025	550	422
呼和浩特民族学院	Inner Mongolia Nationality Academy	570	419	322
包头职业技术学院	Baotou Pro.& Tech. College	812	492	367
兴安职业技术学院	Xingan Pro. & Tech. College	552	387	314
呼和浩特职业学院	Hohhot Vocational College	999	705	602
包头轻工职业技术学院	Baotou Light Industry Professional and Technical College	801	594	436
内蒙古电子信息职业技术学院	Inner Mongolia Electronics College	544	471	351
内蒙古机电职业技术学院	Inner Mongolia Machinery & Electronics Professional and Technical College	589	495	353
内蒙古化工职业学院	Inner Mongolia Chemical Eng. College	498	360	293
内蒙古商贸职业学院	Inner Mongolia Trade College	587	370	304
锡林郭勒职业学院	Xilingguole Vocational College	879	516	311
内蒙古警察职业学院	Inner Mongolia Police College	236	131	128
内蒙古体育职业学院	Inner Mongolia Sport College	140	92	50
乌兰察布职业学院	Wulanchabu Vocational College	496	359	271
通辽职业学院	Tongliao Vocational College	692	499	311
科尔沁艺术职业学院	Keerqin Arts Vocational College	256	190	98
内蒙古交通职业技术学院	Inner Mongolia Transport Tech College	531	438	227
包头钢铁职业技术学院	Baotou Iron and Steel Vocational College	595	324	261
乌海职业技术学院	Wuhai Vocational College	243	219	192
内蒙古科技职业学院	Inner Mongolia Technical and Vocational College	59	18	5
内蒙古北方职业技术学院	Inner Mongolia North Tech College	116	59	25
赤峰职业技术学院	Chifeng Vocational College	53	18	17
内蒙古经贸外语职业学院	Inner Mongolia Trade & Language College	73	41	17
包头铁道职业技术学院	Baotou Railway Vocational & Tech College	607	448	174
内蒙古大学创业学院	Pioneer College of Inner Mongolia University	299	232	99
内蒙古师范大学鸿德学院	Honder of Inner Mongolia Normal University	443	336	234
乌兰察布医学高等专科学校	Wulanchabu Medicine Academy	300	188	111
鄂尔多斯职业学院	Erdos Vocational College	254	195	116
内蒙古工业职业学院	Inner Mongolia Gongye Vocational College	27	4	4
呼伦贝尔职业技术学院	Hulunbeier Pro.And Tech College	519	243	161
满洲里俄语职业学院	Manlouli Russian College	128	83	59
内蒙古能源职业学院	Inner Mongolia Energy Vocational College	82	49	14
赤峰工业职业技术学院	Chifeng College of Industry Technology	484	350	247
阿拉善职业技术学院	Alashan Pro.And Tech College	411	279	179
内蒙古美术职业学院	Inner Mongolia Vocational College of Fine Arts	75	53	52
内蒙古民族幼儿师范高等专科学校	Inner Mongolia National Kindergarten Teachers College	186	150	98
鄂尔多斯生态环境职业学院	Erdos Ecological Environment of Career Academy	245	187	141

20-5 科技活动基本情况(2014年)
Basic Statistics on Scientific and Technological Activities(2014)

项 目	Item	2014
科技活动	**Scientific and Technological Activities**	
科技活动人员(人)	Number of Persons Engaged in Scientific and Technological Activities(person)	78702
# 大学本科及以上学历	Undergraduate college and above	38828
研究与试验发展折合全时人员(人年)	Number of Full-time Persons in Research and Developmeut Activities(person year)	36435
# 研究人员	Researchers	19868
研究与试验发展经费内部支出(万元)	Research and Development Expenses(10 000yuan)	1221346
# 基础研究	Fundamental Research	22368
应用研究	Applied Research	93516
试验发展	Experimental Development	1105462
研究与试验发展经费支出占生产总值比重(%)	Proportion of Research and Development Expenses to GDP(%)	0.68
技术成果和国家奖励	**Achievements in Scientific and Technological Research and National Prizes Won**	
自治区科技进步奖(项)	Number of Major Achievements in Science and Technology(item)	
国家发明奖(项)	Number of National Invention Prizes Awarded(item)	
国家科学技术进步奖(项)	Number of National Scientific and Technological Progress Prizes Awarded(item)	
技术市场成交额(万元)	Transaction Value in Technical Market(10 000 yuan)	1576755
专 利	**Patent**	
申请受理量(件)	Accepted(piece)	6359
发明	Creation and Inventions	1924
实用新型	Utility Models	3562
外观设计	Designs	873
授权量（件）	Granted(piece)	4031
发明	Creation and Inventions	458
实用新型	Utility Models	2908
外观设计	Designs	665

20-6 地方国有单位各类专业技术人员
Special Technical Personnel of State-owned Units

单位:人 (person)

年份 Year	总计 Total	工程技术人员 Engineering	农业技术人员 Agriculture	科学研究人员 Scientific Research	卫生技术人员 Health Care	教学人员 Teaching
1986	298360	50544	16026	1561	43130	137854
1987	344667	58353	17665	1794	44962	166079
1988	385181	66901	18436	1646	47332	158905
1989	428612	71848	18649	1845	49311	175621
1990	442659	75686	19644	1803	51184	180408
1991	453193	78705	20168	1839	53585	184784
1992	461901	79224	20710	2174	54257	187739
1993	454591	77474	18534	2043	54236	192023
1994	463501	77624	19096	2026	54873	199488
1995	471197	78640	18781	1877	56045	205952
1996	476610	78450	18946	1832	56854	214200
1997	477411	77127	19010	1792	60806	218651
1998	476012	74538	18499	1762	60990	223704
1999	504045	78903	19246	1992	65578	242551
2000	509470	77348	19076	2002	68954	250740
2001	497202	69548	18979	2084	69156	257165
2002	486215	64635	18288	1927	68725	260445
2003	514746	68669	22202	2029	72508	274565
2004	532891	65362	26978	2631	80287	286581
2005	534906	62700	27393	2401	81181	291842
2006	536071	59529	27465	1985	81658	300322
2007	553733	70527	27645	2160	82346	303470
2008	559013	67777	32659	2431	86965	302841
2009	556413	64790	32144	2205	88058	305803
2010	543015	60725	27792	1864	87458	304574
2011	559597	63173	33396	2346	90276	306684
2012	559502	65166	31234	2883	92393	308157
2013	553400	63919	28404	3183	90202	311647
2014	545108	64970	24058	3166	89489	302635

20-7 政府属研究机构、人员、经费(2014年)

Number of State-owned Research and Development Institutions, Persons and Funds(2014)

项 目	Item	政府属研究机构合计 State-Owend R&D Institutions	自然科学与技术领域 Natural Sciences and Techonology	社会与人文科学领域 Social Sciences & Humanities	科技信息与文献机构 Scientific Technological Information & Literature Institutions
机构数(个)	Institutions(unit)	92	70	10	12
从业人员数(人)	Staff & workers(person)	7043	6352	486	205
#从事科技活动人员	Scientific & Tech Activities	5582	4931	455	196
#大学本科及以上学历	Scientists & Engineers	2006	1728	177	101
科技经费筹集总额（万元)	Funds For Science and Technology(10 000 yuan)	116568	102829	11429	2310
#政府资金	Government Funds	112820	99741	10949	2130
科技经费内部支出总额（万元)	Intramural Expenditures (10 000 yuan)	120758	103764	14801	2193
#R&D经费支出额	Fands of R&D	44116	39135	4750	231
资产性支出(万元)	Asset Expenditures(10 000 yuan)	15980	15834	115	31
科技活动课题数(个)	Number of Science and Technology Topics(unit)	698	656	27	15
科技活动课题经费内部支出(万元)	Science and Technology Activities Subject Intramural Expenditures(10 000 yuan)	39531	35784	3334	413
# R&D经费支出	Funds of R&D	28014	24661	3271	82
课题投入人员(人年)	Persons of Topics(person-year)	2084	1945	101	38
# R&D课题投入	R&D of Topics	1463	1361	96	6
专利申请受理(项)	Number of Patent Applications Accepted(item)	35	35		
专利授权(项)	Number of Patent Applications Granted(item)	27	27		
科技论文(篇)	Science Papers(piece)	948	857	76	15

注:R&D为研究与发展(Research and Development)的缩写。

a) R&D is abridge of Research and Development.

20-8 政府属自然科学与技术领域研究机构、人员、经费(2014年)

Number of State-Owned Natural Scientific and Technological Institutions, Staff and Expenditure (2014)

项 目	Item	机构数(个) Institutions (unit)	从业人数(人) Staff & workers (person)	# 从事科技活动 Science & Technology	R&D人员 R&D
总 计	**Total**	**70**	**6352**	**4931**	**2248**
按隶属关系分	**Grouped by Level**				
中央部门属	Central Departments	2	352	198	139
自治区属	Autonomous Region	20	2213	1872	961
盟市属	Leaguesand Cities	48	3787	2861	1148
按行政地域分	**Grouped by Region**				
呼和浩特市	Hohhot City	27	3065	2309	1267
包 头 市	Baotou City	3	176	123	79
呼伦贝尔市	Hulunbeier City	8	365	299	127
兴 安 盟	Xingan League	5	87	61	36
通 辽 市	Tongliao City	4	375	228	121
赤 峰 市	Chifeng City	2	305	284	202
锡林郭勒盟	Xilinguole League	2	716	645	49
乌兰察布市	Wulanchabu City	5	261	210	47
鄂尔多斯市	Erdos City	5	388	319	82
巴彦淖尔市	Bayannaoer City	5	523	368	197
乌 海 市	Wuhai City	1	24	24	
阿拉善盟	Alashan League	3	67	61	41

20-8 续表 continued

单位：万元 (10 000 yuan)

项 目	Item	科技经费筹集总额 Funds For Science and Technology	# 政府资金 Government Funds	科技经费内部支出 Intramural Expenditures	R&D经费内部支出 Fands of R&D	资产性支出 Asset Expenditures	课题经费支出 Funds of Topics	# 政府资金 Government Funds
总 计	**Total**	**102829**	**99741**	**103764**	**39135**	**15834**	**35784**	**34082**
按隶属关系分	**Grouped by Level**							
中央部门属	Central Departments	9910	9885	7844	5674	1054	5046	5046
自治区属	Autonomous Region	52716	49787	47455	20206	12020	18445	17488
盟市属	Leaguesand Cities	40203	40069	48465	13255	2760	12293	11548
按行政地域分	**Grouped by Region**							
呼和浩特市	Hohhot City	61024	58069	55262	25818	12245	22373	21153
包 头 市	Baotou City	2248	2238	1653	810	228	687	687
呼伦贝尔市	Hulunbeier City	7612	7567	5266	1545	573	1536	1536
兴 安 盟	Xingan League	1772	1754	1405	531	336	635	635
通 辽 市	Tongliao City	4026	4026	5237	1801	659	1491	1406
赤 峰 市	Chifeng City	3150	3150	3370	2057	223	2447	2447
锡林郭勒盟	Xilinguole League	7240	7240	13725	543	227	385	385
乌兰察布市	Wulanchabu City	2620	2620	2106	446		232	232
鄂尔多斯市	Erdos City	4237	4237	8212	1621	521	1258	861
巴彦淖尔市	Bayannaocr City	7802	7742	6484	3613	786	4194	4194
乌 海 市	Wuhai City	276	276	274		1	115	115
阿拉善盟	Alashan League	822	822	770	350	35	431	431

20-9 大中型工业企业科技活动基本情况

Basic Statistics on Scientific and Technological Activities of Large and Medium-sized Industrial Enterprises

项　目	Item	2013	2014
单位数(个)	**Number of units(unit)**	**852**	**829**
#有R&D活动单位数	Units Having Activities of R&D	134	139
科技活动人员(人)	**Persons Engaged in Sci. & Tech. Activities(person)**	**39558**	**38587**
#大学本科及以上学历	Undergraduate college and above	11974	11952
R&D人员全时当量(人年)	**Persons in R&D into Full-time(person/year)**	**24814**	**23258**
#研究人员	Researchers	13546	11843
基础研究	Fundamental Research	38	10
应用研究	Applied Research	419	1726
试验发展	Experiment and Development	24357	21522
R&D经费内部支出(万元)	**Inter Expenditures of Funds of R&D(10 000 yuan)**	**902149**	**899194**
按活动类型分	According to active type		
基础研究	Fundamental Research	385	143
应用研究	Applied Research	20490	39552
试验发展	Experiment and Development	881274	859499
按支出用途分	According to disbursement and use		
日常性支出	Quotidienne	809012	801794
#人员劳务费	Labor Expenses	198196	192216
资产性支出	Capital Nature	93137	97400
#仪器和设备	Equipment and Facilities	89654	94654

20-10 高等学校科技活动基本情况

Basic Statistics on Scientific and Technological Activities of Colleges and Universities

项　目	Item	2013	2014
单位数(个)	**Number of units(unit)**	**30**	**32**
#有R&D活动单位数	Units Having Activities of R&D	30	32
科技活动人员(人)	**Persons Engaged in Sci. & Tech. Activities(person)**	**18530**	**19004**
#大学本科及以上学历	Undergraduate college and above	16413	17134
R&D人员全时当量(人年)	**Persons in R&D into Full-time(person/year)**	**4168**	**4280**
#研究人员	Researchers	3402	3616
基础研究	Fundamental Research	2095	1455
应用研究	Applied Research	1666	1964
试验发展	Experiment and Development	407	861
R&D经费内部支出(万元)	**Inter Expenditures of Funds of R&D(10 000 yuan)**	**39587**	**40934**
按活动类型分	According to active type		
基础研究	Fundamental Research	14501	10502
应用研究	Applied Research	20173	20512
试验发展	Experiment and Development	4913	9920
按支出用途分	According to disbursement and use		
日常性支出	Quotidienne	35007	37875
#人员劳务费	Labor Expenses	4276	4546
资产性支出	Capital Nature	4580	3059
#仪器和设备	Equipment and Facilities	4580	3059

20-11 科技成果获奖

Number of Achievements in Scientific and Technological Research and National Prizes Won

单位：项 (item)

年份 Year	国家发明奖 Number of National Invention Prizes Awarded	国家科技进步奖 Number of National Scientific & Technological Prizes Awarded	国家自然科学奖 Number of National Natural Sciences Prizes Awarded	自治区科技进步奖 Number of Autonomous Regional Scientific & Technological Prizes Awarded	一等奖 First Class Prize	二等奖 Second Class Prize	三等奖 Third Class Prize
1985	1	4		167	12	36	119
1986				96	8	20	68
1987			1	121	12	35	74
1988	2	3		103	3	22	78
1989		4		102	7	20	75
1990		3		103	5	20	78
1991		2	1	130	6	14	110
1992		4		105	3	15	87
1993	1	3		123	3	18	102
1994				104	4	14	86
1995	1	2		124	7	22	95
1996		3		129	5	21	103
1997		2		115	3	25	87
1998		1		123	4	22	97
1999	1	3	2	142	4	20	118
2000		1		89	5	16	68
2001		1		100	5	20	75
2002				93	4	20	69
2003		1		80	5	18	57
2004		1		83	7	21	55
2005		1		100	8	23	69
2006		1		98	8	24	66
2007		1		100	12	26	62
2008		1		107	14	22	71
2009		1		91	8	21	62
2010		2		100	6	23	71
2011				104	9	25	70
2012		1		101	10	25	66
2013		1		93	8	29	56

注：此表2014年获奖结果未公布。

a)The table data was not annouced in 2014.

20–12 三种专利申请受理量及授权量

Three Types of Patent Applications Accepted and Granted

单位：件 (piece)

年份 Year	申请受理量合计 Number of Patent Applications Accepted	发明 Inventions	实用新型 Utility Models	外观设计 Designs	授权量合计 Number of Patent Applications Granted	发明 Inventions	实用新型 Utility Models	外观设计 Designs
1986	90	31	48	11	17		16	1
1987	154	39	108	7	48	3	36	9
1988	228	46	176	6	63	7	53	3
1989	231	43	179	9	128	10	110	8
1990	347	54	270	23	170	5	158	7
1991	431	86	310	35	153	6	130	17
1992	510	102	366	42	242	14	212	16
1993	601	137	438	26	438	14	381	43
1994	731	124	474	133	337	7	296	34
1995	647	117	449	81	415	8	293	114
1996	859	215	507	137	326	6	265	55
1997	940	244	534	162	372	11	264	97
1998	785	125	519	141	523	12	375	136
1999	971	198	557	216	723	17	521	185
2000	1138	234	602	302	775	60	530	185
2001	1089	185	664	240	743	73	440	230
2002	1202	233	643	326	679	53	428	198
2003	1394	242	716	436	816	82	419	315
2004	1457	286	699	472	831	108	437	286
2005	1455	307	708	440	845	98	452	295
2006	1946	430	915	601	978	108	543	327
2007	2015	565	966	484	1313	120	788	405
2008	2221	695	980	546	1328	140	866	322
2009	2484	719	1266	499	1494	178	762	554
2010	2912	932	1406	574	2096	262	1276	558
2011	3841	1267	2034	540	2262	364	1415	483
2012	4732	1492	2566	674	3090	570	1900	620
2013	6388	1935	3213	1240	3836	549	2494	793
2014	6359	1924	3562	873	4031	458	2908	665

20-13 文化艺术和文物事业机构、人员(2014年)

Number of Institutions and Personnel in Culture, Art and Cultural Relics(2014)

机构类别	Category of Institution	机构数(个) Number of Institutions (unit)	从业人数(人) Number of Persons Engaged (person)
文化事业合计	**Culture**	**1559**	**14718**
艺术事业	Art Institutions	121	5827
艺术表演团体	Art Performance Troupes	102	5500
话剧、儿童剧、滑稽剧团	Drama, Children Plays ,Comedy	2	90
歌舞音乐类	Song and Dance ,Music	17	1738
乌兰牧骑	Ulanmuchi	71	2657
地方戏曲类	Local Opera	4	207
京剧类	Local Beijing Opera Troupes	1	59
曲杂类	QuYi	2	108
综合性艺术表演团体	Comprehensive performing arts	5	641
艺术表演场所	Art Centers	19	327
剧场、影剧院	Theaters and Music Halls	19	327
书场、曲艺场	Storytelling Places, Recitation and Ballad Places		
杂技、马戏场	Acrobatics, Circus Places		
音乐厅	Concert Halls		
图书馆事业	Libraries	116	1964
群众文化事业	Mass Culture	1156	5008
群众艺术馆	Mass Art Centers	13	550
文化馆	Cultural Centers	105	1403
文化站	Cultural Stations	1038	3055
# 乡镇文化站	Township Cultural Stations	859	2410
艺术教育事业	Culture and Education	3	336
其他文化事业	Other Cultural Units	163	1583
艺术创作机构	Art Creation Institutions	6	30
艺术研究机构	Art Research Institutions	11	141
艺术展览机构	Art Exhibition Institutions	22	215
# 美术馆	Art Gallery	6	60
其他	Others	124	1197
文物事业合计	**Cultural Relics**	**173**	**2204**
文物保护管理机构	Agency of Historical Relics Preservation	89	643
文物科研机构	Scientific and Research Historical Relics	2	55
其他文物机构	Other Historical Relics Agency	6	36
博物馆	Museums	75	1470
综合性博物馆	Comprehensive Museum	57	1180
历史类博物馆	Special Museum	16	281
自然科技类博物馆	Nature Science and Technology Museum		
其他博物馆	Memorial Museum	2	9
文物商店	Cultural Relics Agencies	1	

20-14 图书、杂志、报纸出版

Books, Magazines and Newspapers Published

项 目	Item	2013	2014
图 书	**Books Published**		
种 数(种)	Number of Publications(kind)	2836	3417
# 蒙 文(种)	Mongol(kind)	1478	1679
新 出(种)	New Books(kind)	1648	2659
重 印(种)	Republication(kind)	1694	758
总印数(万册)	Total Printed Copies(10 000 copies)	5849.00	6540.27
总印张数(万印张)	Printed Sheets(10 000 sheets)	42904.80	41608.17
定价总金额(万元)	Total of Fixed Price(10 000 yuan)	53761.00	58421.68
杂 志	**Magazines Publised**		
种 数(种)	Number of Publications(kind)	147	147
# 蒙 文(种)	Mongol(kind)	46	46
总印数(万册)	Total Printed Copies(10 000 copies)	2636.00	2216.14
总印张数(万印张)	Printed Sheets(10 000 sheets)	13293.60	11249.14
定价总金额(万元)	Total of Fixed Price(10 000 yuan)	14598.00	12912.52
报 纸	**Newspapers Publised**		
种 数(种)	Number of News Published(kind)	75	74
# 蒙 文(种)	Mongol(kind)	14	16
总印数(万份)	Total Printed Copies(10 000 copies)	27465.00	33599.04
总印张数(万印张)	Printed Signatures(10 000 sheets)	70513.32	85514.15
定价总金额(万元)	Total of Fixed Price(10 000 yuan)	26670.10	31558.54

20–15 广播电视事业

Statistics on Broadcasting and Television Stations

项 目	Item	2013	2014
广 播	**Broadcasting**		
广播电台(座)	Number of Broadcasting Stations(set)	1	1
调频转播发射台座数(座)	Transmission Stations of Frequency Modulation(set)	554	561
中短波转播发射台座数(座)	Transmission Stations of Short and medium Wave(set)	57	56
广播人口覆盖率(%)	Listener Rating(%)	98.25	98.42
节目套数(套)	Number of Programs(set)	125	125
广播节目全年播出情况	**Annual Statistics on Broadcasting**	**669486:43**	**674674:52**
新闻资讯类(小时：分)	News Programs(hour:minute)	111376:45	115502:04
专题服务类(小时：分)	Special Subject Programs(hour:minute)	152973:42	149881:22
综艺类(小时：分)	Programs of Entertainment(hour:minute)	215883:31	213468:15
广播剧类(小时：分)	Radio Play(hour:minute)	45546:10	45976:55
广告类(小时：分)	Programs of Advertisment(hour:minute)	48977:49	53038:30
其他类(小时：分)	Other Programs(hour:minute)	94728:46	96807:46
广播节目全年制作情况	**Annual Statistics on Production of Broadcasting**	**267415:26**	**268903:29**
新闻资讯类(小时：分)	News Programs(hour:minute)	42248:51	43965:24
专题服务类(小时：分)	Special Subject Programs(hour:minute)	94885:57	91414:14
综艺类(小时：分)	Programs of Entertainment(hour:minute)	80092:56	76632:40
广播剧类(小时：分)	Radio Play(hour:minute)	13489:40	15891:00
广告类(小时：分)	Programs of Advertisment(hour:minute)	25985:49	29115:20
其他类(小时：分)	Other Programs(hour:minute)	10712:13	11884:51
电 视	**Television**		
电视台(座)	Number of Television Stations(set)	2	2
电视转播发射台座数(座)	Transmission and Relaying Stations(set)	800	857
卫星地球站(座)	Satellits Television Station(set)	1	1
电视人口覆盖率(%)	Viewer Rating(%)	97.64	98.57
节目套数(套)	Number of Programs(set)	120	121
电视节目全年播出情况	**Annual Statistics on Dissemination of TV Programs**	**638962:49**	**651439:07**
新闻资讯类(小时：分)	News Programs(hour:minute)	81199:45	81960:45
专题服务类(小时：分)	Special Subject Programs(hour:minute)	65249:40	68295:11
综艺益智类(小时：分)	Programs of Entertainment(hour:minute)	52514:58	55627:38
影视剧类(小时：分)	Programs of Film and TV Play (hour:minute)	301535:00	300652:54
广告类(小时：分)	Programs of Advertisment(hour:minute)	66544:10	71557:57
其他类(小时：分)	Other Programs(hour:minute)	71919:16	73344:42
电视节目全年制作情况	**Annual Statistics on Production of TV Programs**	**70073:16**	**71591:39**
新闻资讯类(小时：分)	News Programs(hour:minute)	23559:13	24518:50
专题服务类(小时：分)	Special Subject Programs(hour:minute)	17756:30	17771:01
综艺益智类(小时：分)	Programs of Entertainment(hour:minute)	7815:30	8323:24
影视剧类(小时：分)	Programs of Film and TV Play (hour:minute)	34:15	10:00
广告类(小时：分)	Programs of Advertisment(hour:minute)	16619:03	16890:46
其他类(小时：分)	Other Programs(hour:minute)	4288:45	4077:38
广播电视台(座)	**Number of Broadcasting and Television Stations(set)**	**89**	**89**

主要统计指标解释

普通高等学校 指按照国家规定的设置标准和审批程序批准举办，通过国家统一招生考试，招收高中毕业生为主要培养对象，实施高等教育的全日制大学、独立设置的学院和高等专科学校、短期职业大学。

成人高等学校 指按照国家有关规定审批，招收通过全国成人高教统一招生考试的具有高中毕业或同等学历的在职从业人员，利用脱产、半脱产、业余或函授等多种形式对其实施高等学历教育，培养高等教育专科或本科毕业水平的专门人才，修业年限，课程设置和总学时数均按高等学历教育要求付诸实施的学校。包括广播电视大学、职工高等学校、农民高等学校、管理干部学院、教育学院、独立设备的函授学院等。

小学学龄儿童入学率 指调查范围内已入小学学习的学龄儿童占校内外学龄儿童总数(包括弱智儿童，不包括盲聋哑儿童)的比重。计算公式为：

小学学龄儿童入学率 = 已入学的小学学龄儿童数 / 校内外小学学龄儿童总数 × 100%

科技活动 指在自然科学、农业科学、医药科学、工程与技术科学、人文与社会科学领域(简称科学技术领域)中，与科技知识的产生、发展、传播和应用密切相关的有组织的活动。可分为研究与试验发展(R&D)、研究与试验发展成果应用及相关的科技服务三类活动。该定义是联合国教科文组织考虑成员国特别是发展中国家开展科技统计工作的需要，而对科技活动所作的统计界定。

科技活动人员 指直接从事科技活动、以及专门从事科技活动管理和为科技活动提供直接服务，累计的实际工作时间占全年制度工作时间10%及以上的人员。(1)直接从事科技活动的人员包括：在独立核算的科学研究与技术开发机构、高等学校、各类企业及其他事业单位内设的研究室、实验室、技术开发中心及中试车间(基地)等机构中从事科技活动的研究人员、工程技术人员、技术工人及其它人员；虽不在上述机构工作，但编入科技活动项目(课题)组的人员；科技信息与文献机构中的专业技术人员；从事论文设计的研究生等。(2)专门从事科技活动管理和为科技活动提供直接服务的人员，包括：独立核算的科学研究与技术开发机构、科技信息与文献机构、高等学校、各类企业及其他事业单位主管科技工作的负责人，专门从事科技活动的计划、行政、人事、财务、物资供应、设备维护、图书资料管理等工作的各类人员，但不包括保卫、医疗保健人员、司机、食堂人员、茶炉工、水暖工、清洁工等为科技活动提供间接服务的人员。该指标用来反映投入科技活动人力的规模。

科学家与工程师 指科技活动人员中具有高、中级技术职称(职务)的人员和不具有高、中级技术职称(职务)的大学本科及以上学历人员。该指标用来反映投入科技活动人力的素质。

专业技术人员 指从事专业技术工作和专业技术管理工作的人员，即企事业单位中已经聘任专业技术职务从事专业技术工作和专业技术管理工作的人员，以及未聘任专业技术职务，现在专业技术岗位上工作的人员。包括工程技术人员，农业技术人员，科学研究人员，卫生技术人员，教学人员，经济人员，会计人员，统计人员，翻译人员，图书资料、档案、文博人员，新闻出版人员，律师、公证人员，广播电视播音人员，工艺美术人员，体育人员，艺术人员及企业政治思想工作人员，共十七个专业技术职务类别。用来反映科技人力资源情况。

研究与试验发展(R&D) 指在科学技术领域，为增加知识总量、以及运用这些知识去创造新的应用进行的系统的创造性的活动，包括基础研究、应用研究、试验发展三类活动。国际上通常采用R&D活动的规模和强度指标反映一国的科技实力和核心竞争力。

科技活动经费筹集 指从各种渠道筹集到的计划用于科技活动的经费，包括政府资金、企业资金、事业单位资金、金融机构贷款、国外资金和其他资金等。反映各社会经济主体对促进科技进步所做的努力。

专利 是专利权的简称，是对发明人的发明创造经审查合格后，由专利局依据专利法授予发明人和设计人对该项发明创造享有的专有权。包括发明、实用新型和外观设计。反映拥有自主知识产权的科技和设计成果情况。

发明 是专利法及其实施细则所称的发明，指对有关产品、方法或其改进所提出的新的技术方案。

实用新型 是专利法及其实施细则所称的实用新型，指对产品的形状、构造或者其结合所提出的适于实用的新的技术方案。

外观设计 是专利法及其实施细则所称的外观设计，指对产品的形状、图案、色彩或者其结合所作出的富有美感并适于工业上应用的新设计。

文化事业机构 指从事专业文化工作和为专业文化工作服务的独立建制的单位。不包括这些单位另外举办独立核算的其他机构和各部门的业余文化组织。

艺术表演团体 指从事戏曲、音乐、舞蹈、杂技等专业艺术表演，有独立帐户的单位，不包括半工半艺、半农半艺和民间职业剧团。

电影放映单位 指具有放映机器设备、固定或不固定的放映场所与专职或兼职的放映技术人员，经有关部门登记批准，经常为一定的观众对象放映电影的机构。

艺术表演观众人数(人次) 指售票、包场演出或民族地区免费演出的艺术表演观众人次数，不包括彩排审查和内部观摩演出的观看人次数。

Explanatory Notes on Main Statistical Indicators

Regular Institutions of Higher Learning refer to educational establishments set up according to the government evaluation and approval procedures, enrolling graduates from senior secondary schools and providing higher education courses and training for senior professionals. They include fulltime universities, colleges, high professional schools and short-term professional universities.

Institutions of Higher Learning for Adults refer to educational establishments, set up in line with relevant rules approved by the government, enrolling staff and workers with senior secondary school or equivalent education, and providing higher education courses in many forms of full time, pray time, spare time, or correspondence for adults. Professionals thus trained receive a qualification equivalent to graduates studying regular courses at regular universities, colleges and professional colleges. Institutions of higher learning for adults include Radio and TV universities, schools of high education for staff and workers and peasants, colleges for management cadres, pedagogical colleges, independent correspondence colleges.

Enrollment Rate of Primary School age Children refers to the proportion of school age children enrolled at schools to the total number of school age children both in and outside schools (including retarded children, but excluding blind, deaf and mute children). The formula is: Enrollment Rate of Primary School age Children= (Total Primary School age Children at Schools) ÷ (Total Primary School age Children Both at and Outside Schools) × 100%

Scientific and Technological Activities (S&T Activities) refer to organized activities which are closely related with the creation, development, dissemination and application of the scientific and technical knowledge in t he fields of natural sciences, agricultural science, medical science, engineering and technological science, humanities and social sciences (referred to as scientific and technological fields). S&T activities can be classified in to 3 categories: research and development (R&D) activities, application of R&D results, and related S&T services. This statistical definition is made by UNICHIEF for scientific and technological activities to meet the need of carrying out statistical work in this field for its member countries in particular those developing countries.

Personnel Engaged in S&T Activities refer to personnel directly engaged in S&T activities, in the management of S&T activities, and in providing direct service to S&T activities, who sp end over 10% of the total working hours in a year in S&T activities. (1) Personnel directly engaged in S&T activities include researchers, engineers, technicians and other related personnel engaged in S&T activities in independent-accounting R&D institutions, institutions of higher learning, and in research institutes, laboratories, technology development centers and central experiment workshops under enterprises and institutions. Also included are people working in S&T research project teams, professional and technical personnel working in S&T information archiving institutes, and graduate students working on the design of their thesis. (2) Personnel engaged in the management of S&T activities and in providing direct service to S&T activities include senior management people responsible for S&T activities in independent -accounting R&D institutions, S&T information archiving institutes, institutions of higher learning, and in enterprises and institutions where S&T activities are undertaken. Also included are people responsible for the planning, administration, personnel management, financial management, logistics supply, equipment maintenance, information and library management that are related with S&T activities. People providing indirect services are excluded, such as security, medical service, drivers, plumbers, cleaners and those providing catering and related service. This indicator reflects the size of personnel engaged in S&T activities.

Scientists and Engineers refer to persons engaged in S&T activities who have obtained titles of senior and middle level professional positions, and those without such position but have completed university or higher education. This indicator reflects the quality of personnel engaged in S&T activities.

Professional and Technical Personnel refer to persons engaged in professional and technical work or in the management of professional and technical activities, i. e. , people with professional or technical posit ions who are engaged in professional and technical work or in the management of professional and technical activities, and people without professional or technical positions but are working on professional or technical posts. They include professionals and technicians working in 17 categories of technical occupations including engineering, agriculture, scientific researches, medical service, teaching, economic research and application, accounting, statistics, translation, libraries, archives, cultural and museum service, journalism and publication, lawyers, notarization service, radio and television broadcasting, handicraft and fine arts, sports, performing art, and political workers in enterprises. This indicator reflects the condition of human resources in S&T.

Research and Development (R&D) refers to systematic and creative activities in the field of science and technology aiming at increasing the knowledge and using the knowledge for new application. R&D includes 3 categories of activities: basic research, applied research and experiments and development. The scale and intensity of R&D are widely us ed internationally to reflect the strength of S&T and the core competitiveness of a country in the world.

Funding for S&T Activities refers to funds obtained from various sources for S&T activities, including government funds, self-raised funds by enterprises, self-raised funds by institutions, loans from financial institutions, foreign funds and other funds . This indicator reflects the efforts made by various social economic entities in promoting the development of S&T.

Patent is an abbreviation for the patent right and refers to the exclusive right of ownership by the inventors or designers for the creation or inventions, given from the patent offices after due process of assessment and approval in accordance wit h the Patent Law. Patents are grant ed for inventions, utility model sand designs. This indicator reflects the achievements of S&T and design with in dependent intellectual property.

Inventions refer to the inventions as specified by the patent law and its detailed rules and regulations for implementation. They refer to the new technical proposals to the products or methods or their modifications.

Utility Models refer to the utility models as specified by the patent law and its detailed rules and regulations for implementation. They refer to the practical and new technical proposals on the shape and structure of the product or the combination of both.

Designs refer to the designs as specified by the Patent law and its detailed rules and regulation for implementation. They refer to the aesthetics and industry applicable new designs for the shape, pattern and color of the product, or their combinations.

Cultural Institutions refer to units which have their own organizational system and independent accounting system and specialize in or serve cultural development. They exclude other establishments run by these cultural institutions and amateur cultural groups established by various departments.

Art Troupe refers to the troupe which is engaged in drama, opera, music, dance, acrobatics or other art performance, opens independent accounts with banks and has self supporting accounting system; excluding the troupes which are engaged partly in industrial or agricultural activities, partly in art performance and the professional troupes organized by the people.

Film Projection Units refer to units with film projection equipment, full or part time projectionists, permanent or non permanent places, approved by related administrative departments to show films regularly for certain groups of audience, including those film projection units which have been approved to give commercial shows and run business with independent accounting system as well as those film renting units of the military system.

Number of Spectators at Art performance refers to the number of attendants at commercial shows, completely booked shows or free shows given in minority national areas, and does not include the number of spectators at rehearsals for examination and internal shows for study.

2015

NEIMENGGU

二十一、体育、卫生、社会福利、环境保护和其它

Sports,Pudlic Health, Social Welfare,Environmental Protection and Others

资料整理：程旭嵘

Arranged By Cheng Xurong

21–1 等级运动员分项发展情况(2014年)

Development of Athletes in Grade By Type of Sports(2014)

单位:人 (person)

项 目	Item	合 计 Total	国际级健将 International Master of Sports	国家级运动健将 National Master of Sports	一 级 First Grade Sportsmen	二 级 Second Grade Sportsmen
总 计	**Total**	**1214**	**1**	**60**	**306**	**847**
田 径	Track and Field	168		3	22	143
游 泳	Swimming	17			1	16
跳 水	Diving	1				1
体 操	Gymnastics	13				13
举 重	Weightlifting	8			1	7
拳 击	Boxing	19			6	13
摔 跤	Wrestling	55		6	18	31
中国式摔跤	Chinese-style Wrestling	48		29	17	2
跆拳道	Tackwonde	61		4	23	34
柔 道	Judo	49		9	21	19
射 击	Shooting	7			5	2
射 箭	Archery	1				1
足 球	Football	200			44	156
篮 球	Basketball	141			20	121
排 球	Volleyball	105			38	67
乒乓球	Table Tennis	41			20	21
羽毛球	Badminton	22			10	12
台 球	Billiards					
网 球	Tennis	115				115
软式网球	Soft Tennis					
曲棍球	Hockey	47		4	21	22
速度滑冰	Speed Skating	7		3	3	1
短道速滑	Short Track Speed Skating	10				10
航空模型	Model airplane					
武 术	Wu Shu	33	1	1	5	26
马 术	Horsemanship					
橄榄球	Rugby	45			31	14
国际象棋	Chess					
象 棋	Chinese Chess	1		1		
击 剑	Fencing					
健美操	Aerobics					

21–2 运动员获奖牌情况(2014年)

Medals Won by Athletes(2014)

单位：枚 (piece)

项 目	Item	金 牌 Gold Medal	银 牌 Silver Medal	铜 牌 Copper Medal
总 计	**Total**	**605**	**541**	**674**
国际比赛	International Race	10	10	7
国内比赛	National Race	595	531	667

21-3 等级裁判员分项发展情况(2014 年)

Development of Referees in Grades by Type of Sports(2014)

单位:人 (person)

项 目	Item	合 计 Total	国际裁判 International Referees	国家级 National Referees	一 级 First Grade Referees	二 级 Second Grade Referees
总 计	**Total**	**1936**		**12**	**169**	**1755**
田 径	Track and Field	216		3	15	198
游 泳	Swimming	53			1	52
体 操	Gymnastics					
举 重	Weightlifting	3			3	
拳 击	Boxing	1			1	
摔 跤	Wrestling	8		2	5	1
中国式摔跤	Chinese Wrestling					
跆拳道	Tackwonde	2		2		
柔 道	Judo	2			1	1
射 击	Shooting	16			10	6
射 箭	Archery	7			7	
足 球	Football	523			1	522
篮 球	Basketball	261		1	15	245
排 球	Volleyball	171			2	169
乒乓球	Table Tennis	74		1	18	55
羽毛球	Badminton	113			13	100
网 球	Tennis	46			3	43
曲棍球	Soft Tennis					
速度滑冰	Speed Skating	3			1	2
短道速滑	Short Track Speed Skating	1				1
越野滑雪	Cross-country skiing	6			6	
冬季两项	Biathlon	1			1	
健美操	Aerobics	1			1	
武 术	Wu Shu	52		1	16	35
马 术	Horsemanship	9			9	
自行车	Bicycle	2			2	
围 棋	Encirclement Chess	4			4	
国际象棋	Chess	7			6	1
中国象棋	Chinese Chess	12				12
铁人三项	Triathlon	4			4	
钓 鱼	Fishing	80				80
航空模型	Ariation Model	16				16
台 球	Billiards	41			3	38
藤 球	Sepaktakraw	1			1	
毽 球	Shuttlecock	19		1		18
门 球	Doorball	121			13	108
信 鸽	Pigeon	14		1	6	7
健身气功	Fitness Qigong	14				14
保龄球	Bowling	1			1	
风 筝	Kite	31				31

21-4 医疗卫生事业

Basic Statistics of Public Health

项 目	Item	2013	2014
卫生机构(个)	**Health Institutions(unit)**	**23264**	**23426**
# 医院	Hospitals	566	639
乡镇卫生院	Health Center at Town	1332	1335
社区卫生服务中心（站）	Health Service Center for Community	1148	1180
疗养院、所	Sanatoriums	6	6
门诊部	Clinics	131	181
妇幼保健所、站	Maternity and Child Care Centers	116	117
疾病预防控制机构	CDC(Center for Disease Control)	119	119
专科疾病防治院(所、站)	Disease Prevention Specialist Hospital	53	53
诊所、医务室、卫生所及护理站	Clinics, clinic, clinics and nursing stations	5345	5522
床位(张)	**Beds(unit)**	**120065**	**129011**
# 医院	Hospitals	91604	99050
乡镇卫生院	Health Center at Town	17870	18960
社区卫生服务中心（站）	Health Service Center for Community	6094	6233
疗养院、所	Sanatoriums	640	690
妇幼保健所、站	Maternity and Child Care Centers	3272	3471
专科疾病防治院(所、站)	Disease Prevention Specialist Hospital	304	340
职工人数(人)	**Persons Engaged in Health Institution(person)**	**195943**	**202999**
# 卫生技术人员	Medical Technical Personnel	148176	154483
# 执业医师	Permitted Doctors	52500	52624
执业助理医师	Practicing Physician Assistant	9555	9558
注册护师、护士	Registered Senior and Junior Nurses	52358	56723
药剂人员	Pharmacists	9546	9668
检验人员	Laboratory Technical	5135	5388
其他技术人员	Other Technical Personnel	8053	8457
管理人员	Managerical Personnel	8694	9487
工勤人员	Logistics Workers	11524	12150

注：本表中数据包含村卫生室数据。

a) Data in the table includes the village clinics.

21-5 卫生机构

Number of Health Care Institutions

单位：个 (unit)

年份 Year	总计 Total	医院、卫生院 Hospitals & Public Health Clinic	疗养院所 Sanat-oriums	专科防治所站 Specialized Prevention & Treatment Centers or Stations	疾病预防控制中心 CDC	妇幼保健所站 Maternity & Child Care Centers	每万人口拥有卫生机构数 Number of Health Institutions Per 10000 Population
1952	538	103	9	14	5	93	0.75
1957	2152	136	3	28	59	234	2.30
1965	3820	436	16	18	116	116	2.95
1970	4952	1582	4	4	88	50	3.32
1975	3621	1612	9	8	113	110	2.08
1978	4000	1723	8	26	118	117	2.19
1979	4146	1743	8	34	117	116	2.24
1980	4350	1760	9	39	126	118	2.32
1981	4630	1794	12	42	136	120	2.43
1982	4660	1796	14	43	138	121	2.41
1983	4632	1819	14	45	135	120	2.37
1984	4711	1841	14	53	139	121	2.37
1985	4749	1763	14	55	141	120	2.37
1986	4905	1770	13	57	140	122	2.42
1987	4991	1780	12	60	143	123	2.42
1988	5120	1787	13	61	144	123	2.45
1989	5152	1810	11	62	150	118	2.43
1990	5161	1856	12	64	153	122	2.39
1991	5172	1927	12	66	155	122	2.37
1992	5253	1928	12	61	157	120	2.38
1993	4932	1987	11	64	190	119	2.21
1994	4918	2000	11	65	189	119	2.18
1995	4915	2003	11	64	188	117	2.16
1996	5037	2016	11	53	143	107	2.19
1997	4863	1991	11	63	183	113	2.10
1998	4641	1991	11	63	182	110	1.99
1999	4468	1982	11	63	183	108	1.89
2000	4427	1988	11	63	185	108	1.87
2001	4296	1892	11	61	187	107	1.85
2002	3768	1857	10	58	147	118	1.58
2003	3595	1819	9	57	146	117	1.51
2004	3715	1831	9	54	147	117	1.56
2005	3774	1834	9	54	146	116	1.58
2006	3693	1820	8	51	140	113	1.54
2007	7853	1815	8	54	140	114	3.30
2008	7423	1799	6	54	137	115	3.09
2009	7919	1803	6	50	133	116	3.29
2010	8052	1807	6	50	127	117	3.32
2011	22931	1818	6	50	121	117	9.24
2012	23046	1848	6	52	119	117	9.26
2013	23264	1898	6	53	119	116	9.31
2014	23426	1974	6	53	119	117	9.35

注：卫生机构 2010 年以前不包含村卫生室，下表同。

a)Number of Health Care Institutions does not include the village clinics before 2010,Same in the following tables.

21-6 卫生机构床位

Number of Beds in Health Institutions

单位：张 (unit)

年 份 Year	总 计 Total	医 院、卫生院 Hospitals & Public Health Clinic	疗养院所 Sanat-oriums	专科防治所站 Specialized Prevention & Treatment Centers or Stations	疾病预防控制中心 CDC	妇幼保健所站 Maternity & Child Care Centers	每万人口卫生机构床位数 Number of Public Health Orgon Beds Per 10 000 Population
1949	726	639	70				1.05
1952	2890	1274	1567				1.78
1957	7733	5700	194				6.09
1965	23241	15820	1669				12.20
1970	25614	24833	280				16.66
1975	22198	21089	500				21.87
1978	25023	24079	500				24.23
1979	48769	46495	1290				25.11
1980	49630	47271	1295				25.19
1981	51319	47942	1948				25.19
1982	51002	47339	2270				24.44
1983	52436	48739	2217				24.92
1984	52911	49307	2274				24.84
1985	53572	50567	2194				25.20
1986	54726	51566	2053			344	25.41
1987	57651	54354	1933	6		401	26.30
1988	59414	55867	2143	36		421	26.68
1989	60090	56776	1863	88		402	26.75
1990	60727	57558	1871	87		404	26.62
1991	62929	59268	2182	66	4	452	27.14
1992	64446	60730	2182	66	4	514	27.52
1993	65221	60893	2062	97	12	584	27.28
1994	65464	61425	2007	65		500	27.17
1995	66515	61933	2124	144	15	574	27.25
1996	65247	61667	2260	105	4	716	26.86
1997	65387	61918	2260	123		749	26.73
1998	65794	62499	2080	83		766	26.76
1999	66367	62832	2102	147		740	28.10
2000	66903	63156	1984	176		1000	28.24
2001	66682	63071	1884	191	25	1580	28.75
2002	64742	61909	1773	409	54	1944	27.30
2003	65072	60438	1768	224	26	1920	27.37
2004	66699	61155	1757	174	95	2269	28.00
2005	69440	64002	1554	234	77	2422	29.10
2006	70284	64816	1397	253	150	2388	29.38
2007	73830	65780	1217	202		2441	30.76
2008	81407	73205	670	201	24	2600	33.85
2009	87321	77702	910	246		2921	36.05
2010	97811	87882	640	250		2716	40.38
2011	100805	89954	640	227		2895	40.80
2012	110788	99761	640	286		3075	44.50
2013	120065	109474	640	304		3272	48.07
2014	129011	118010	690	340		3471	51.51

注：医院、卫生院2002年以前为医院口径。

a)The Data about Hospitals and Public Health Clinic Refer to Date of Hospitals before 2002.

21-7 卫生机构人员
Number of Persons Engaged in Health Institutions

单位：人 (person)

年份 Year	总计 Total	卫生技术人员 Medical Technical Personnel	#医生 Doctors			#注册护师、护士 Registered Senior and Junior Nurses	每万人口医生数 Number of Doctors per 10 000 Population
				#执业医师 Certified Doctors	#执业助理医师 Practicing physician assistant		
1952	12233	10727	6097			552	9
1957	21848	18290	10556			1977	11
1965	40695	33215	18027			4664	14
1970	42097	33333	17101			6490	11
1975	60529	47845	22114			7932	13
1978	75123	59277	26724			8225	15
1979	82855	65615	28417			7949	16
1980	88188	70022	31068			9129	17
1981	98165	77647	32184			10426	17
1982	101637	80450	32975			10969	17
1983	104446	82873	33456			11768	17
1984	107234	85185	34903			12264	18
1985	109210	87130	36467			12598	18
1986	112011	89257	38103			13427	19
1987	115164	91437	37781			14458	18
1988	117779	94095	42794			18605	20
1989	119044	94969	44579			21310	21
1990	121443	96764	41453			22123	19
1991	123935	97984	42520			22797	19
1992	126859	100365	46612			23157	21
1993	127494	99878	47171			23425	21
1994	129101	102220	48962			24575	22
1995	129483	102187	49345			24617	22
1996	130368	103606	50263			25313	22
1997	129306	102983	52438			25953	22
1998	129765	104890	56384			26163	24
1999	125632	101312	51602			25766	22
2000	124362	100688	52299			25726	22
2001	131931	109147	53021			26755	22
2002	120628	100665	48866	39901	8965	25740	21
2003	120264	101073	49304	40241	9063	25555	21
2004	120253	101730	50177	41252	8925	26517	21
2005	121180	102587	50308	41646	8662	27052	21
2006	120571	102336	50409	42116	8293	27601	21
2007	126155	105790	48403	40398	8005	29732	20
2008	131879	110042	49806	41990	7816	31652	21
2009	139488	117197	51947	43964	7983	34895	22
2010	146610	123232	54161	46148	8013	37765	22
2011	175563	131806	57214	48399	8815	42522	23
2012	183875	139876	59528	50100	9428	46774	24
2013	195943	148176	62055	52500	9555	52358	25
2014	202999	154483	62182	52624	9558	56723	25

21-8 社会保障基本情况

Basic Statistics on Social Security

项目	Item	2013	2014
一、最低生活保障	**Minimum Standard of Living for Residents**		
城市居民(万人)	Residents in Urban Area(10 000 persons)	78.38	70.58
城市居民(万户)	Housholds in Urban Area(10 000 households)	44.59	41.57
农村居民(万人)	Residents in Rural Area(10 000 persons)	125.31	122.15
农村居民(万户)	Housholds in Rural Area(10 000 households)	96.48	95.90
二、社会福利事业	**Social Welfare**		
收养性单位(个)	Adopting Social Welfare Institutions(unit)	722	727
优抚类单位	Adopting Institution of Social Special Relief	34	31
福利类单位	Adopting Institution of Social Welfare	54	62
城市养老服务机构	Urban Institutions for the Aged	150	232
农村养老服务机构	Rural Institutions for the Aged	483	399
其他社会福利机构	Others	1	3
收养性单位床位数(张)	Adopting Social Welfare Instiutions(bed)	78484	87090
优抚类单位	Adopting Institution of Social Special Relief	3041	2846
福利类单位	Adopting Institution of Social Welfare	11237	12413
城市养老服务机构	Urban Institutions for the Aged	25801	32177
农村养老服务机构	Rural Institutions for the Aged	38325	39442
其他社会福利机构	Others	80	212
年末收养人数(人)	Persons Adopted at the year-end(person)	49811	52949
优抚类单位	Adopting Institution of Social Special Relief	1917	1707
福利类单位	Adopting Institution of Social Welfare	7096	7488
城市养老服务机构	Urban Institutions for the Aged	12939	18400
农村养老服务机构	Rural Institutions for the Aged	27830	25259
其他社会福利机构	Others	29	95
社会福利事业支出(万元)	Expenditure for Social Welfare(10 000 yuan)	1236610	1409253
# 抚恤、离退休和社会福利救济	Pensions and Relief Funds for Social Welfare	1061325	1122935
自然灾害生活救助	Life Salvation of Natural Calamity	38709	48219
三、社区服务	**Community Service**		
城镇社区服务设施(个)	Number of Urban Welfare Facilities(unit)	2122	2789
城镇便民利民服务网点(个)	Number of Urban Service Points for Civilian(unit)	8552	8816

21-8 续表 continued

项目	Item	2013	2014
四、社会保障	**Social Security**		
基本养老保险	**Basic Pension Insurance**		
城镇职工基本养老保险参保人数(万人)	Persons joined(10 000 persons)	497	525
#参加基本养老保险离退休人数(万人)	Retirees joined(10 000 persons)	169	189
城乡居民养老保险参保人数(万人)	Contributors of Urban(10 000 persons)	780	762
城镇职工基本养老保险基金当年支出额(亿元)	Expenses of Insurance Fund(100 million yuan)	488.82	615.66
城乡居民养老保险基金当年支出额(亿元)	Expenses of Insurance Fund(100 million yuan)	44.34	29.34
失业保险	**Unemployment Insurance**		
参加失业保险人数(万人)	Persons joined(10 000 persons)	233.40	236.30
累计领取失业金人数(万人)	Beneficiaries(10 000 persons)	4.96	4.78
失业保险基金当年支出额(亿元)	Expenses of Insurance Fund(100 million yuan)	9.22	8.83
医疗保险	**Basic Medical Insurance**		
参加基本医疗保险人数(万人)	Persons joined(10 000 persons)	986.21	998.12
#参加大病统筹的人数(万人)	Contributors of Comprehensive Arrangement for Serious Disease(10 000 persons)	451.73	457.85
#城镇居民参加基本医疗保险人数(万人)	Persons joined(10 000 persons)	521.71	527.42
城镇职工基本医疗保险基金当年支出额(亿元)	Expenses of Insurance Fund(100 million yuan)	155.79	167.36
城镇居民基本医疗保险基金当年支出额(亿元)	Expenses of Insurance Fund(100 million yuan)	18.74	20.33
农村新型合作医疗参合人数(万人)	Persons joined(10 000 persons)	1262	1289
农村新型合作医疗收入额(亿元)	Revenue of Medical Insurance in Rural(100 million yuan)	47.22	54.00
农村新型合作医疗支出额(亿元)	Expenses of Medical Insurance in Rural(100 million yuan)	45.75	51.00
农村新型合作医疗参合率(%)	Rate of Medical Insurance in Rural(%)	97.00	97.02
工伤保险	**Work Injury Insurance**		
参加工伤保险人数(万人)	Persons joined(10 000 persons)	277	290
#参加工伤保险的农牧民人数(万人)	Farmers and Herdsmen(10 000 persons)		
工伤保险基金当年支出额(亿元)	Expenses of Insurance Fund(100 million yuan)	8.79	10.30
生育保险	**Maternity Insurance**		
参加生育保险人数(万人)	Persons joined(10 000 persons)	285	294
生育保险基金当年支出额(亿元)	Expenses of Insurance Fund(100 million yuan)	4.71	6.20
社会保险基金收支情况			
养老、失业、医疗、工伤、生育保险基金收入(亿元)	Revenue of Pension, Unemployment, Medical, Work injury, Maternity insurance Fun(100 million yuan)	811.91	908.98
养老、失业、医疗、工伤、生育保险基金支出(亿元)	Expenses of Pension, Unemployment, Medical, Work injury, Maternity insurance Fun(100 million yuan)	711.67	873.69
养老、失业、医疗、工伤、生育保险基金累计节余(亿元)	Balance of Pension, Unemployment, Medical, Work injury, Maternity insurance Fun(100 million yuan)	756.06	828.67

注:1.社会保险基金收支情况包含城乡居民养老、医疗保险基金情况。

2.城乡居民养老保险基金当年支出额 2013 年口径较上年有所调整。

a)The balance of social insurance funds including pension, medical insurance fund for urban and rural residents.

b)The scope of Expenses of Insurance Fund in 2013 has been adjusted compared with the previous year.

21-9 社会服务机构基本情况

Basic Statistics on Social Service Institutions

项 目	Item	机 构(个) Number of Institutions or Enterprises(unit)		工作人员(人) Number of Persons Engaged(person)	
		2013	2014	2013	2014
社会服务	**Social**	**27458**	**29242**	**163506**	**172671**
社会工作	**Social Work**	**3183**	**3831**	**29077**	**29992**
提供住宿的社会服务机构	Social Welfare Institutions with Accommodations	785	797	7294	7996
老年人与残疾人服务机构	Institutions for the Aged and Disabled	728	734	5937	6589
智障与精神疾病服务机构	Social Welfare Institutions for Mental Retardation and Meental Diseases	6	7	553	527
儿童收养救助服务机构	Social Welfare Institutions for Children	7	8	270	331
其他提供住宿的服务机构	Other Social Welfare Institutions with Accommodations	44	48	534	549
不提供住宿的社会服务机构	Social Welfare Institutions without Accommodations	2398	3034	21783	21996
成员组织和其他社会服务机构	**Membership Organizations and Othet Social Service**	**24256**	**25386**	**134129**	**142337**
其他	**Others**	**19**	**25**	**300**	**342**

21-10 收养性社会福利事业单位基本情况(2014年)

Basic Statistics on Social Welfare Institutions(2014)

项 目	Item	院 数(个) Homes (unit)	工作人员(人) Staff and Workers (person)	床 位(张) Beds (unit)	年末收养人数(人) Persons Housed year-end (person)
全区总计	**Autonomous Regional Total**	**727**	**7189**	**87090**	**52949**
优抚类收养性单位	Adopting Institutions of the special care	31	608	2846	1707
荣誉军人康复医院	Disable Veteran Hospital	1	73	100	25
复员军人疗养院	Sanatorium of Demobilized Soldier	1	5	120	10
复退军人精神病院	Psychiatric Hospital of Veteran	2	203	602	470
光荣院	Homes for Disabled Veterans	27	327	2024	1202
福利类收养性单位	Adopting Institutions of the welfare	62	1586	12413	7488
社会福利院	Social Welfare Homes	50	933	9424	5685
儿童福利机构	Baby Welfare Homes	7	329	1651	840
社会福利医院	Social Welfare Hospitals	5	324	1338	963
城市养老服务福利机构	The urban old-age service welfare agencies	232	3008	32177	18400
农村养老福利机构	Rural old-age welfare institutions	399	1962	39442	25259
其他社会福利机构	Others	3	25	212	95

21-11 享受补助、救济人员情况

Persons Receiving Subsidies or Relief Funds

单位：人、户、人次 (person)(household)(person-time)

项　　目	Item	2014
传统救济人数	**Number of Persons Receiving Traditional Relief Funds**	**24474**
城市社会救济情况	**Social Relief in Urban Area**	
城市居民最低生活保障人数	Number of Persons Receiving Lowest Cost-of-Living in Urban Area	705833
城市居民最低生活保障家庭数	Number of Households Receiving Lowest Cost-of-Living in Urban Area	415696
城市临时救助家庭人次数	Number of Urban Households Interim Relief	55783
农村社会救济情况	**Social Relief in Rural Area**	
农村居民最低生活保障人数	Number of Persons Receiving Lowest Cost-of-Living in Rural Area	1221501
农村居民最低生活保障家庭数	Number of Housholds Receiving Lowest Cost-of-Living in Rural Area	958970
农村五保救济人数	Number of Persons of Rural Guaranteed Five Aspects	88959
农村临时救助家庭人次数	Number of Rural Households Interim Relief	112234

21-12 城镇社区服务设施

Statistics on Urban Community Service Facilities

单位：个 (unit)

项　　目	Item	2013	2014
社区服务机构数	Number of Urban Welfare Facilities	2122	2789
#社区服务指导中心数	Number of Community Service Facilities	5	4
社区服务中心数	Community Service Guidance Centers	960	982
社区服务站数	Community Service Stations	672	709
其他社区服务机构	Other Community Service Facilities	485	1094
便民利民网点数	Number of Convenience Networks	8552	8816
社区服务机构覆盖率(%)	Coverage Rate of Community Service Facilities(%)	15.8	20.8

21-13 火灾、交通事故情况(2014年)

Basic Statistics on Fires and Traffic Accidents(2014)

项　　目	Item	发生(起) Accured (case)	死亡(人) Death (person)	受伤(人) Injuries (person)	财产损失(万元) Property Loss (10 000 yuan)
一、火灾事故情况	**Fires**	**11408**	**57**	**28**	**12115.1**
特　大	Extraordinarily				
重　大	Serious				
较　大	Larger	3	9	2	81.7
一　般	Ordinary	11405	48	26	12033.4
二、交通事故情况	**Traffic Accidents**	**3404**	**1005**	**3229**	**1491.8**
死亡事故	Deaths	886	1005	555	792.8
伤人事故	Injuries	2175		2674	593.3
财产损失事故	Property Loss	343			105.7

21-14 民间组织管理情况

Statistics on Non Governmental Organizations

单位：个、人　　　　(unit)(person)

项 目	Item	2014
社团管理	**Mass Organizations**	
年末实有社团数	The Number of Mass Organizations at Year-end	7044
社团负责人	The Number of Leaders of Mass Organizations	11706
# 女性	Female	2661
民办非企业单位	**Nonbusinesses Run by Local People**	
年末实有民办非企业单位	Nonbusinesses Run by Local People at Year-end	4655
民办非企业单位负责人	Leaders of Nonbusinesses	6042
# 女性	Female	1753

主要统计指标解释

等级运动员人数 指经考核正式批准授予等级运动员称号的人数。运动员等级分为国际级运动健将,运动健将、一级运动员、二级运动员、三级运动员、少年级运动员。

等级裁判员人数 指经考核正式批准授予等级裁判员称号的人数。裁判员等级分为国际裁判、国家级裁判、一级裁判、二级裁判、三级裁判。

体育场 指有400米跑道(中心含足球场),有固定道牙,跑道6条以上,并有固定看台的室外田径场地。体育场按看台容纳观众人数分为:甲级25000人以上,乙级15000-25000人,丙级5000-15000人,丁级5000人以下。

体育馆 指有固定看台,可供篮球、排球、羽毛球、乒乓球、体操等项目训练比赛活动用的室内运动场地。体育馆按看台容纳观众人数分为:甲级6000人以上,乙级4000-6000人,丙级2000-4000人,丁级2000人以下。

卫生机构 包括医疗机构、疾病预防控制中心(防疫站)、采供血机构、卫生监督及监测(检验)机构、医学科研和在职培训机构、健康教育所等。医疗机构包括医院、社区卫生服务中心(站)、疗养院、卫生院、门诊部、诊所(卫生所、医务室)、妇幼保健院(所、站)、专科疾病防治院(所、站)、急救中心(站)和临床检验中心。医疗机构分为非赢利性医疗机构和赢利性医疗机构。

医院 包括综合医院、中医医院、中西医结合医院、民族医院、各类专科医院和护理院。

卫生技术人员 指卫生机构中医生、护理人员、药剂人员、检验人员等卫生技术人员。

医生 指在医疗、预防保健机构工作且取得《执业医师证书》的执业医师和执业助理医师。

社会福利事业单位 指集中收养社会孤老、残、幼的机构,包括由民政部门管理的社会福利院、儿童福利院、精神病人福利院和城镇集体举办的福利院及农村集体举办的敬老院以及优抚医院和具有收养能力的社区服务中心等。该指标主要反映我国在社会福利性单位投入的水平。

社会福利事业单位收养人数 包括民政部门管理和城镇、农村集体举办的社会福利事业单位中收养的老人、少年儿童、缺乏生活自理能力的残疾人员和精神病人。

社会福利企业单位 指以安置城镇有一定劳动能力的盲、聋、哑和肢体残疾人员就业为目的,享受国家减免税待遇的国有或集体企业。包括福利工厂、福利商业和服务业、假肢厂和安置农场等单位。

农村五保户 指农村中既无劳动能力,又无经济来源的老、弱、孤、残的农民,其生活由集体供养,实行保吃、保穿、保住、保医、保葬(孤儿保教),简称“五保”。享受五保待遇的家庭叫五保户。

基本养老保险

1.参加保险人数:指报告期末按照国家法律、法规和有关政策规定参加基本养老保险的职工人数。包括不能正常缴费、已中断缴费但未终止保险关系的职工人数。

2.社会统筹基金收入:指根据国家规定,由纳入基本养老保险范围的单位,按照国家规定的缴费基数和缴费比例缴纳的社会统筹基金,以及通过其他方式取得的形成基金来源的收入,包括:单位缴纳的社会统筹基金收入、财政补贴收入、利息收入、其他收入。

3. 社会统筹基金支出:指按照国家政策规定的开支范围和开支标准从社会统筹基金中支付给参加基本养老保险的离休、退休、退职人员个人的养老金、丧葬抚恤补助,以及由于保险关系转移、上下级之间调剂资金等原因而发生的支出。包括:基础性养老金、过渡性养老金、离休金、退休金、退职金、补贴、丧葬抚恤补助、其他支出。

4. 社会统筹基金结余:指截止报告期末基本养老保险的社会统筹基金结余金额。包括银行存款、财政专户、债券投资和其他。

基本医疗保险

1. 参加保险人数:指报告期末按国家有关规定参加基本医疗保险的人数。包括参加保险的职工人数和退休人员人数。

2.社会统筹基金收入:指根据国家有关规定,由纳入基本医疗保险范围的缴费单位,按国家规定的缴费基数和缴费比例缴纳的社会统筹基金,以及通过其他方式取得的形成基金来源的款项,包括:单位缴纳的社会统筹基金收入、财政补贴收入、利息收入、其他收入。

3. 社会统筹基金支出:指按照国家政策规定的开支范围和开支标准从社会统筹基金中支付给参加基本医疗保险的职工和退休人员的医疗保险待遇支出及其他支出。包括:住院医疗费用支出、门急诊医疗费用支出、其他支出。

4. 社会统筹基金结余:指截止报告期末基本医疗保险的社会统筹基金结余金额。包括银行存款、财政专户、债券投资和其他。

失业保险

1.参加保险人数:指报告期末按照国家法律、法规和有关政策规定参加了失业保险的城镇企业事业单位的职工及地方政府规定参加失业保险的其他人员的人数。

2. 失业保险金:指为保障失业人员的基本生活而按规定支付的失业保险金金额。保险福利费用总额指各单位在工资以外支付给职工和离休、退休、退职人员个人和用于集体的保险福利费用,不包括用于职工的劳动保护费用,由保险福利费用开支的医务人员工资,集体福利机构工作人员和病伤休息期满6个月以上人员的工资。

保险福利费用总额 指各单位在工资以外支付给职工和离休、退休、退职人员、个人和集体的保险福利费用,不包括用于职工的劳动保护费用,由保险福利费用开支的医务人员工资,具体福利机构工作人员和病伤休息期满6个月以上人员的工资。

离休、退休、退职人员 指正式办理了离休、退休、退职手续,并享受相应的离休、退休、退职待遇的人员。

离休、退休、退职人员保险福利费用 包括:

1. 离休金:指发给离休干部的工资和按1982年国务院《关于老干部离职休养制度的几项规定的通知》发给符合规定的离休干部相当于一至两个月标准工资的生活补贴及1988年增发的生活补贴。

2. 退休金:指按照国家有关规定发给退休职工的退休费和1988年增发的生活补贴。

3.退职生活费:指按照1978年国务院《关于工人退休、退职的暂行办法》发给退职人员的生活费用和1988年增发的生活补贴。

以上离退休、退职人员的离退休金、退职生活费还应包括发给离退休、退职人员的生活补贴和物价补贴。

4.医疗卫生费:指离休、退休、退职人员的医疗费、住院费以及住院伙食补助等费用。

5.其他:指上述费用以外的其他保险福利费用,如丧葬抚恤救济费、交通费补贴、冬季取暖补贴等。

Explanatory Notes on Main Statistical Indicators

Number of Athletes in Grades refers to the number of athletes who have been given titles through examination. The titles of athletes include international masters of sports, masters of sports, first grade, second grade and third grade sportsmen and young athletes.

Number of Referees in Grades refers to the number of referees who have been given titles after examination. They are classified as international referees, national referees and referees of the first, second and third grades.

Stadiums refer to stadiums for track and field events with six lane 400 meter tracks around soccer fields, permanent track marks and permanent bleachers. Stadiums are classified according to seating capacity. They include: Class A stadiums seating 25000 people each. Class B stadiums seating 15000 to 25000 people each. Class C stadiums seating 5000 to 15000 people each, and Class D stadiums seating fewer than 5000 people.

Gymnasiums refer to indoor sports grounds with permanent seats in which basketball, volleyball. Badminton, table tennis and gymnastics competitions can be held. Gymnasiums are classified according to seating capacity. They include Class A gymnasiums seating over 6000 people. Class B gymnasiums seating 4000 to 6000 people. Class C gymnasiums seating 2000 to 4000 people, and Class D gymnasiums seating fewer than 2000 people.

Medical Organizations include: hospitals, health service centers (stations) of communities, nursing homes, health centers, clinics, clinics (health stations and infirmaries) , maternity and child care agencies (centers and stations) , special disease prevention and curing agencies (centers and stations) , first aid centers (stations) and clinical inspection centers. Medical organizations are grouped by two types: profit- making and non- profit- making medical organizations.

Hospitals include: polyclinics, traditional Chinese medical hospitals, hospitals integrated with traditional Chinese therapeutics and western therapeutics, ethical hospitals, various specialties hospitals and nursing hospitals.

Medical Technical Personnel refers to doctors, assistant nurses, pharmacists, and laboratory technicians working in medical institutions.

Doctors refer to certified physicians and certified assistant physicians with certifications working in medical and health care and prevention agencies.

Social Welfare Institutions refer to institutions taking care of old pople without children, handicapped people and orphans. They include social welfare institutions run by civil affairs departments, children welfare institutions, social welfare institutions for mental patients, collective-owned old peoples homes in rural areas, convalescent homes and community service centers with the capaCity of receiving those people. This indicator reflects the input in social welfare institutions.

Number of People Taken in by Social Welfare Institutions refers to the number of old people, children, totally dependent handicapped people and mental patients taken in by social welfare institutions run by civil affairs departments and those run by collective units in urban and rural areas.

Social Welfare Enterprises are collective-owned enterprises which employ the blind, deaf mute, and other handicapped people who are able to work in cities and towns and enjoy exemption from state taxes, including welfare plants, welfare commercial services, artificial limb plants and farms, etc.

Rural Households with Livelihood Guaranteed in Five Aspects refer to the households in which there are old people without child, orphans and handicapped people who are unable to work and without financial resources in rural areas. They are taken care of by the collective units and their food, clothing, housing, medical care, funeral expenses (or schooling for orphans) are guaranteed to be provided for.

Households in the Poor Household Support Program refer to the households of martyrs and disabled servicemen, and poor households, who are able to work but in poor conditions, receiving government or collective relief funds. In this way, the households can get to work and make them break away from poverty.

Basic Endowment Insurance

1. Number of people participating in the insurance program: by the end of reference period, number of staff and workers participating in the insurance program in line with national laws, regulations and related policies, including those who can not make regular payment or interrupt payment but not terminate the insurance program.

2. Revenue of social comprehensive funds: according to national provision, payments made by units covered in basic endowment insurance program, and income from other resources, including: income of social comprehensive funds paid by unites, financial subsidies, interest income and others.

3. Expenditure of social comprehensive funds: refer to payment made to those retired and resigned people covered in endowment insurance program in terms of pens ion or compensation within the expenditure scope and standards according to related national policies, and the expenditure occurred due to shift of the insurance relationship or adjustment funds among agencies, in-

cluding: basic pension, transitional pension, pension for resigned people, pension for retired people, pension for people quitting jobs, subsidies, funeral subsidies and other expenditure.

4. Balance of social comprehensive funds: refer to the balance of basic endowment insurance of social comprehensive funds at the end of the reference period, including: bank savings, special fiscal account, investment in bonds and others.

Basic Medical Care Insurance:

1. Number of people participated in the insurance program: refer to number of people participated in the basic medical care insurance program according to related regulation by the end of reference period, including: number of staff and workers and retired persons participated in this insurance program.

2. Revenue of social comprehensive funds: according to national provision, payments made by units covered in basic medical care insurance program, and income from other resources, including: income of social comprehensive funds paid by unites, financial subsidies, interest income and others.

3. Expenditure of social comprehensive funds: refer to payment made to those retired and resigned people covered in basic medical care insurance within the expenditure scope and standards according to related national policies, including: expenditure on fee-for-service in hospital, expenditure on fee-for-service in clinic and other expenditure.

4. Balance of social comprehensive funds: refer to the balance of medical care insurance of social comprehensive funds at the end of the reference period, including: bank savings, special fiscal account, investment in bonds and others.

Unemployment Insurance

1. Number of people participated in unemployment insurance program: number of staff and workers in urban enterprises or institutions and other people according to local government regulations participated in unemployment insurance program in line with national law, regulations and related policies by the end of the reference period.

2. Sum of Unemployment Insurance: refer to total amount of insurance paid to un-employees to guarantee their basic lives according to related regulations.

Insurance and Welfare Funds refers to labor insurance and welfare fund paid by enterprises, organizations and institutions to their staff and workers as well as retired and resigned persons in addition to their wages and salaries excluding labor protection fees, wages paid to medical workers from insurance and welfare fund and wages paid to staff members working in collective welfare agencies and to people with over 6 months of sick-leave.

Retired or Resigned Personnel refers to the persons who have formally gone through the formalities for their retirement or quitting work and enjoy the corresponding treatments.

Insurance and Welfare Funds for Retired and Resigned Staff and Workers

1. Pensions for retired veteran cadres: They refer to pensions, other subsidies, and additional allowances paid to retired in line with relevant government documents.

2. Pensions for Retirement: They refer to living allowance; other subsidies and additional allowances paid to retired staff and workers in line with the relevant government documents.

3. Resignation Allowances for Living Expenses: They refer to living allowance, and additional allowances subsidies paid to resigned staff and workers in line with relevant government instructions.

It also includes living subsidies and prices subsidies paid to retired and resigned staff and workers.

4. Medical Care Allowance: refer to fee-for-service, cost of medical care and per diem subsidies during hospitalizations of retired and resigned staff and workers.

5. Others: They refer to other expenses, including other types of insurance and welfare fund, fees for funerals, traveling subsidies and heating subsidies during the winter time.

2015

NEIMENGGU

二十二、盟市资料

Statistics of Leagues and Cities

资料整理：李　亮

Arranged By Li Liang

22-1 各盟市行政区域土地面积和城市建设(2014年)

Administrative Areas and Construction in Cities by Region(2014)

地 区	Region	行政区域土地面积(万平方公里) Gross Area (10 000 sq.km)	城市面积(平方公里) Areas of City (sq.km)	城市建成区面积(平方公里) Urban Developed Area (sq.km)	公园个数(个) Parks (unit)	公园面积(公顷) Area of Parks (hectare)	建成区绿化覆盖面积(公顷) Green Coverage Developed Area(hectare)
总 计	**Total**	**118.30**	**6764.56**	**1184.81**	**260**	**12090**	**47148**
呼和浩特市	Hohhot City	1.72	265.05	230.00	46	2918	9263
包 头 市	Baotou City	2.77	885.00	190.46	28	1936	8114
呼伦贝尔市	Hulunbeier City	25.30	2575.84	152.60	17	796	5448
兴 安 盟	Xingan League	5.98	101.50	48.50	9	644	1908
通 辽 市	Tongliao City	5.95	660.63	78.20	13	923	3200
赤 峰 市	Chifeng City	9.00	560.00	104.90	35	528	4076
锡林郭勒盟	Xilinguole League	20.26	454.96	68.00	10	425	2421
乌兰察布市	Wulanchabu City	5.50	85.00	85.00	20	1560	3238
鄂尔多斯市	Erdos City	8.68	196.23	113.23	56	1466	4885
巴彦淖尔市	Bayannaoer City	6.44	698.00	51.00	7	211	1960
乌 海 市	Wuhai City	0.17	282.35	62.92	19	683	2636
阿拉善盟	Alashan League	27.02					

22-2 各盟市年末常住人口(2014年)

Number of Population at Year-end by Region(2014)

地 区	Region	年末常住人口(万人) Total Population(10 000 persons)			出生人口(万人) Birth (10 000 persons)	死亡人口(万人) Death (10 000 persons)
		合 计 Total	男 Male	女 Female		
呼和浩特市	Hohhot City	303.06	154.39	148.67	2.84	1.38
包 头 市	Baotou City	279.92	144.07	135.85	2.39	1.23
呼伦贝尔市	Hulunbeier City	252.95	129.81	123.14	2.02	1.59
兴 安 盟	Xingan League	160.12	81.94	78.18	1.67	0.99
通 辽 市	Tongliao City	312.40	158.60	153.80	3.18	1.91
赤 峰 市	Chifeng City	430.38	220.92	209.46	4.30	2.68
锡林郭勒盟	Xilinguole League	104.04	53.98	50.06	1.00	0.58
乌兰察布市	Wulanchabu City	211.71	107.96	103.75	1.49	1.58
鄂尔多斯市	Erdos City	203.49	114.92	88.57	2.18	1.06
巴彦淖尔市	Bayannaoer City	167.23	88.25	78.98	1.43	1.00
乌 海 市	Wuhai City	55.42	29.10	26.32	0.54	0.27
阿拉善盟	Alashan League	24.09	12.97	11.12	0.25	0.11

22-3 各盟市生产总值(2014年)

Gross Domestic Product by Region(2014)

单位：亿元 (100 million yuan)

地区	Region	生产总值 Gross Domestic Product	第一产业 Primary Industry	第二产业 Secondary Industry	工业 Industry	建筑业 Construction	第三产业 Tertiary Industry	人均生产总值(元) Per Capita GDP(yuan)
呼和浩特市	Hohhot City	2894.05	125.46	848.19	667.29	180.90	1920.40	95961
包头市	Baotou City	3601.23	100.65	1792.29	1579.84	212.95	1708.29	129415
呼伦贝尔市	Hulunbeier City	1522.20	261.92	693.84	594.20	102.71	566.44	60152
兴安盟	Xingan League	460.51	122.46	177.90	142.58	35.35	160.15	28741
通辽市	Tongliao City	1803.89	267.61	926.93	846.61	91.00	609.35	57727
赤峰市	Chifeng City	1778.37	274.39	859.70	731.17	128.73	644.28	41309
锡林郭勒盟	Xilinguole League	940.58	98.49	589.52	522.39	67.13	252.58	90471
乌兰察布市	Wulanchabu City	873.73	131.96	434.64	383.65	50.99	307.13	41213
鄂尔多斯市	Erdos City	4055.49	99.59	2356.26	2093.85	271.80	1599.64	200152
巴彦淖尔市	Bayannaoer City	838.56	168.47	417.22	349.09	68.13	252.87	50170
乌海市	Wuhai City	601.02	4.74	381.07	341.30	41.03	215.21	108556
阿拉善盟	Alashan League	312.63	11.94	215.54	195.17	20.37	85.15	130426

注：本表按当年价格计算。

a)Data in value terms in this table are calculated at current prices.

22-4 各盟市生产总值指数(2014年)

Indices of Gross Domestic Product by Region(2014)

(上年=100) (preceding year=100)

地区	Region	生产总值 Gross Domestic Product	第一产业 Primary Industry	第二产业 Secondary Industry	工业 Industry	建筑业 Construction	第三产业 Tertiary Industry	人均生产总值 Per Capita GDP
呼和浩特市	Hohhot City	108.0	103.1	108.0	109.3	103.4	108.3	106.5
包头市	Baotou City	108.5	103.0	109.9	110.4	105.8	107.2	107.2
呼伦贝尔市	Hulunbeier City	108.4	105.3	110.4	110.5	109.7	107.2	108.5
兴安盟	Xingan League	108.6	105.7	111.0	111.1	111.0	107.9	108.8
通辽市	Tongliao City	108.4	104.3	110.1	110.4	106.7	107.4	108.6
赤峰市	Chifeng City	107.9	104.1	109.7	110.2	106.4	106.6	108.0
锡林郭勒盟	Xilinguole League	108.1	104.6	109.5	109.9	105.9	105.7	108.2
乌兰察布市	Wulanchabu City	107.8	103.4	110.1	110.2	108.9	106.0	108.1
鄂尔多斯市	Erdos City	108.0	104.1	109.8	110.3	105.7	105.1	107.2
巴彦淖尔市	Bayannaoer City	107.7	104.6	109.5	110.5	103.9	106.4	107.6
乌海市	Wuhai City	108.8	103.1	109.3	109.6	106.5	108.0	108.2
阿拉善盟	Alashan League	108.6	104.5	110.0	110.5	104.3	105.4	108.1

注：本表按可比价格计算。

a)The indices in this table are calculated at comparable prices.

22-5 各盟市按三次产业分的年末就业人员(2014 年)

Number of Employed Persons at Year-end by Type of Industry and by Region(2014)

地区	Region	就业人员(万人) Number of Employed Persons (10 000 persons)				构成(合计=100) Composition in Percentage(total=100)		
			第一产业 Primary Industry	第二产业 Secondary Industry	第三产业 Tertiary Industry	第一产业 Primary Industry	第二产业 Secondary Industry	第三产业 Tertiary Industry
呼和浩特市	Hohhot City	176.90	36.50	53.80	86.60	20.6	30.4	49.0
包头市	Baotou City	155.78	22.04	41.21	92.53	14.1	26.5	59.4
呼伦贝尔市	Hulunbeier City	143.80	59.79	20.04	63.97	41.6	13.9	44.5
兴安盟	Xingan League	85.95	51.40	8.38	26.16	59.8	9.7	30.4
通辽市	Tongliao City	175.29	98.00	26.97	50.31	55.9	15.4	28.7
赤峰市	Chifeng City	257.46	131.82	54.45	71.19	51.2	21.1	27.7
锡林郭勒盟	Xilinguole League	58.93	24.79	9.83	24.31	42.1	16.7	41.2
乌兰察布市	Wulanchabu City	113.40	63.70	14.80	34.90	56.2	13.0	30.8
鄂尔多斯市	Erdos City	108.17	27.30	30.91	49.96	25.2	28.6	46.2
巴彦淖尔市	Bayannaoer City	90.00	51.00	11.70	27.30	56.7	13.0	30.3
乌海市	Wuhai City	31.48	0.89	9.36	21.23	2.8	29.7	67.4
阿拉善盟	Alashan League	18.54	4.42	5.29	8.83	23.8	28.6	47.6

22-6 各盟市城镇年末就业人员(2014 年)

Number of Employed Persons at Year-end in Urban Areas by Region(2014)

单位：人 (person)

地区	Region	合计 Total	国有单位 State-owned Units	集体单位 Collective-owned Units	其他单位 Units of Other Types of Ownership
呼和浩特市	Hohhot City	1403560	194704	9050	217710
包头市	Baotou City	1116739	123453	13551	271429
呼伦贝尔市	Hulunbeier City	682295	189835	4399	116696
兴安盟	Xingan League	264559	96864	2718	25537
通辽市	Tongliao City	516206	196302	6054	89465
赤峰市	Chifeng City	660192	200456	10094	146068
锡林郭勒盟	Xilinguole League	382490	86692	2699	48551
乌兰察布市	Wulanchabu City	576959	114280	2534	47802
鄂尔多斯市	Erdos City	690388	150406	3508	157704
巴彦淖尔市	Bayannaoer City	557933	102334	2669	46738
乌海市	Wuhai City	214327	28371	43	71365
阿拉善盟	Alashan League	142726	27619	652	30514
直报单位	Units of Direct Reporting	179334	170029	4885	737

22-6 续表 continued

单位：人 (person)

地 区	Region	# 港澳台商投资单位 Economic Units Funded by Entrepreneurs from H. K,Macao and Taiwan	# 外商投资单位 Foreign Funded Units	私营企业 Private Enterprises	个 体 Self-employed Individuals
呼和浩特市	Hohhot City	8141	17203	351407	630689
包 头 市	Baotou City	2397	7278	450630	257676
呼伦贝尔市	Hulunbeier City	1649	4854	80695	290670
兴 安 盟	Xingan League	522	1416	32502	106938
通 辽 市	Tongliao City	2875	7404	82845	141540
赤 峰 市	Chifeng City	2053	3471	128394	175180
锡林郭勒盟	Xilinguole League	201	495	90915	153633
乌兰察布市	Wulanchabu City	2794	1163	64101	348242
鄂尔多斯市	Erdos City	1807	17760	138879	239891
巴彦淖尔市	Bayannaoer City	237	1357	181798	224394
乌 海 市	Wuhai City	655	664	67353	47195
阿拉善盟	Alashan League	516	79	59170	24771
直报单位	Units of Direct Reporting			3683	

22-7 各盟市登记注册类型年末职工人数(2014 年)

Number of Staff and Workers at Year-end by Status of Registration and by Region(2014)

单位：人 (person)

地 区	Region	合 计 Total	国有单位 State-owned Units	城镇集体单位 Urban Collective-owned Units	其他单位 Units of Other Types of Ownership
呼和浩特市	Hohhot City	412795	193683	9016	210096
包 头 市	Baotou City	385366	118182	12723	254461
呼伦贝尔市	Hulunbeier City	297601	181511	4347	111743
兴 安 盟	Xingan League	119482	93148	2651	23683
通 辽 市	Tongliao City	286469	194116	5976	86377
赤 峰 市	Chifeng City	348893	196860	10032	142001
锡林郭勒盟	Xilinguole League	133896	84584	2593	46719
乌兰察布市	Wulanchabu City	157270	109787	2488	44995
鄂尔多斯市	Erdos City	305340	148993	3479	152868
巴彦淖尔市	Bayannaoer City	150211	101734	2648	45829
乌 海 市	Wuhai City	99652	28356	43	71253
阿拉善盟	Alashan League	57946	27237	633	30076
直报单位	Units of Direct Reporting	171651	168645	2867	139

22-8 各盟市登记注册类型女性年末就业人员(2014 年)

Number of Female Employed by Registration Status and by Region at Year-end(2014)

单位：人 (person)

地 区	Region	合 计 Total	国有单位 State-owned Units	城镇集体单位 Urban Collective-owned Units	其他单位 Units of Other Types of Ownership
呼和浩特市	Hohhot City	179207	88337	4395	86475
包 头 市	Baotou City	143568	58734	5781	79053
呼伦贝尔市	Hulunbeier City	113652	81049	1800	30803
兴 安 盟	Xingan League	51479	42279	1300	7900
通 辽 市	Tongliao City	108889	81532	2813	24544
赤 峰 市	Chifeng City	129530	86764	4470	38296
锡林郭勒盟	Xilinguole League	52760	35779	1295	15686
乌兰察布市	Wulanchabu City	61038	42775	988	17275
鄂尔多斯市	Erdos City	106787	60332	1814	44641
巴彦淖尔市	Bayannaoer City	63369	46840	1404	15125
乌 海 市	Wuhai City	32074	14058	27	17989
阿拉善盟	Alashan League	20941	12012	361	8568
直报单位	Units of Direct Reporting	29404	28426	943	35

22-9 各盟市私营企业年末就业人员(2014 年)

Number of Employed Persons in Private Enterprises at the Year-end by Region(2014)

单位：户、人 (enterprise, person)

地 区	Region	合 计 Total			城 镇 Urban Areas			乡 村 Rural Areas		
		户 数 Enter-prises	就业人数 Employed Persons	# 投资者 Empl-oyers	户 数 Enter-prises	就业人数 Employed Persons	# 投资者 Empl-oyers	户 数 Enter-prises	就业人数 Employed Persons	# 投资者 Empl-oyers
总 计	**Total**	**201710**	**2078854**	**415045**	**169383**	**1732372**	**359040**	**32327**	**346482**	**56005**
自治区本级	**Autonomous Region**	**196**	**3698**	**1460**	**190**	**3683**	**1445**	**6**	**15**	**15**
呼和浩特市	Hohhot City	42016	374599	89382	37515	351407	80544	4501	23192	8838
包 头 市	Baotou City	32035	508972	69710	28146	450630	63570	3889	58342	6140
呼伦贝尔市	Hulunbeier City	14220	109570	30103	10807	80695	23672	3413	28875	6431
兴 安 盟	Xingan League	5143	40791	9395	4214	32502	8123	929	8289	1272
通 辽 市	Tongliao City	14089	114275	24464	10658	82845	20961	3431	31430	3503
赤 峰 市	Chifeng City	21210	186336	37346	15407	128394	28059	5803	57942	9287
锡林郭勒盟	Xilinguole League	11596	100198	20651	10559	90915	19079	1037	9283	1572
乌兰察布市	Wulanchabu City	12813	95998	25263	10232	64101	21311	2581	31897	3952
鄂尔多斯市	Erdos City	28837	174180	60281	24735	138879	51937	4102	35301	8344
巴彦淖尔市	Bayannaoer City	10340	232610	28299	8135	181798	22380	2205	50812	5919
乌 海 市	Wuhai City	5874	67948	12096	5805	67353	12024	69	595	72
阿拉善盟	Alashan League	3341	69679	6595	2980	59170	5935	361	10509	660

注:数据来自自治区工商行政管理局。下表同。

a)Data from the Inner Mongolia Administration For Indllstry & Commerce.The Same as in the following table.

22–10 各盟市年末个体就业人员(2014 年)

Number of Self-Employed Individuals at Year-end by Region(2014)

单位：户、人 (enterprise, person)

地 区	Region	合计 Total		城镇 Urban Areas		乡村 Rural Areas	
		户数 Number of Households	就业人数 Number of Employed Individuals	户数 Number of Households	就业人数 Number of Employed Individuals	户数 Number of Households	就业人数 Number of Employed Individuals
总 计	**Total**	**1221676**	**3148187**	**982787**	**2640819**	**238889**	**507368**
呼和浩特市	Hohhot City	154384	750207	135829	630689	18555	119518
包 头 市	Baotou City	122738	281535	114541	257676	8197	23859
呼伦贝尔市	Hulunbeier City	165405	332715	135061	290670	30344	42045
兴 安 盟	Xingan League	81992	144335	60712	106938	21280	37397
通 辽 市	Tongliao City	134729	227447	92773	141540	41956	85907
赤 峰 市	Chifeng City	174347	257002	116356	175180	57991	81822
锡林郭勒盟	Xilinguole League	73989	161010	69624	153633	4365	7377
乌兰察布市	Wulanchabu City	76768	374737	65069	348242	11699	26495
鄂尔多斯市	Erdos City	127430	293940	98243	239891	29187	54049
巴彦淖尔市	Bayannaoer City	71946	247322	60003	224394	11943	22928
乌 海 市	Wuhai City	20849	47416	20723	47195	126	221
阿拉善盟	Alashan League	17099	30521	13853	24771	3246	5750

22–11 各盟市城镇年末实有登记失业人数

Number of Registered Unemployed Persons at the Year-end in Urban Areas by Region

单位：人 (person)

地 区	Region	1995	2000	2005	2010	2014
总 计	**Total**	**139713**	**126478**	**177483**	**208110**	**247676**
呼和浩特市	Hohhot City	11781	13120	24465	29749	37003
包 头 市	Baotou City	27205	20412	31972	39203	49604
呼伦贝尔市	Hulunbeier City	25887	29283	24601	27855	30059
兴 安 盟	Xingan League	4079	5564	8539	11345	11976
通 辽 市	Tongliao City	12559	8696	15027	16503	17187
赤 峰 市	Chifeng City	14266	14374	21000	25050	28176
锡林郭勒盟	Xilinguole League	4783	4943	7809	9550	11915
乌兰察布市	Wulanchabu City	11337	9155	14271	17039	19410
鄂尔多斯市	Erdos City	5900	3653	9620	7901	19285
巴彦淖尔市	Bayannaoer City	11511	9562	11074	13150	12348
乌 海 市	Wuhai City	8359	5715	6860	7915	7686
阿拉善盟	Alashan League	2046	2001	2245	2850	3027

22-12 各盟市城镇登记失业率

Registered Unemployment Rate in Urban Areas by Region

单位：%

地区	Region	1995	2000	2005	2010	2011	2012	2013	2014
总计	**Total**	**3.17**	**3.34**	**4.26**	**3.90**	**3.80**	**3.73**	**3.66**	**3.59**
呼和浩特市	Hohhot City	2.41	3.01	4.29	3.90	3.70	3.63	3.85	3.54
包头市	Baotou City	3.81	3.44	4.14	3.83	3.87	3.87	3.87	3.87
呼伦贝尔市	Hulunbeier City	4.83	4.24	4.36	4.10	4.08	3.86	3.85	3.84
兴安盟	Xingan League	1.88	2.48	4.30	4.33	4.05	4.10	4.05	4.01
通辽市	Tongliao City	3.14	2.46	4.20	3.93	3.89	3.80	3.60	3.54
赤峰市	Chifeng City	3.13	2.90	4.22	4.18	4.17	3.88	3.87	3.96
锡林郭勒盟	Xilinguole League	2.77	3.25	4.65	3.70	3.42	3.51	3.24	3.20
乌兰察布市	Wulanchabu City	3.63	4.01	4.40	4.10	4.10	3.98	3.87	3.94
鄂尔多斯市	Erdos City	3.13	2.07	3.97	2.21	2.21	2.55	2.74	2.61
巴彦淖尔市	Bayannaoer City	4.49	3.84	4.25	4.10	3.90	3.77	3.65	3.50
乌海市	Wuhai City	5.12	4.40	4.50	4.30	4.30	4.20	3.60	3.25
阿拉善盟	Alashan League	4.00	3.46	4.12	3.95	3.77	3.44	3.40	3.26

22-13 各盟市职工工资总额和指数(2014年)

Total Wages of Staff and Workers and Related Index by Region(2014)

地区	Region	工资总额(万元) Total Wages(10 000 yuan)				指数(上年=100) Index(preceding year=100)			
		合计 Total	国有单位 State-owned Units	城镇集体单位 Urban Collect-iveowned Units	其他单位 Units of Other Types of Owner ship	合计 Total	国有单位 State-owned Units	城镇集体单位 Urban Collect-iveowned Units	其他单位 Units of Other Types of Owner ship
呼和浩特市	Hohhot City	2170163	1031451	39148	1099564	105.9	95.7	111.2	117.4
包头市	Baotou City	2198848	760363	50348	1388138	99.8	93.1	84.2	104.6
呼伦贝尔市	Hulunbeier City	1648241	974693	39635	633913	106.0	102.6	89.4	113.1
兴安盟	Xingan League	561429	430968	14203	116258	110.7	111.4	98.4	110.0
通辽市	Tongliao City	1346024	923758	33057	389209	111.4	114.3	90.5	107.1
赤峰市	Chifeng City	1897276	1137435	59895	699947	103.6	103.9	101.3	103.3
锡林郭勒盟	Xilinguole League	781812	518516	23899	239398	107.4	99.7	108.7	128.9
乌兰察布市	Wulanchabu City	782068	558284	12146	211638	107.5	104.1	71.9	121.5
鄂尔多斯市	Erdos City	2148095	1114187	21350	1012558	101.7	95.8	78.6	109.7
巴彦淖尔市	Bayannaoer City	737941	508234	13988	215719	104.6	108.9	50.3	102.2
乌海市	Wuhai City	646235	152215	148	493872	92.0	98.7	43.4	90.1
阿拉善盟	Alashan League	351574	173483	4597	173494	113.7	106.3	103.3	122.6

22-14 各盟市职工平均工资及指数(2014年)

Average Wage of Staff and Workers and Related Indices by Region(2014)

地 区	Region	平均货币工资(元) Average Money Wage(yuan)				指数(上年=100)Indices (preceding year=100)			
		合 计 Total	国有单位 State-owned Units	城镇集体单位 Urban Collective-owned Units	其他单位 Units of Other Types of Owner ship	合 计 Total	国有单位 State-owned Units	城镇集体单位 Urban Collective-owned Units	其他单位 Units of Other Types of Owner -ship
呼和浩特市	Hohhot City	50467	53245	43692	48366	103.8	101.5	109.0	107.0
包 头 市	Baotou City	56246	64802	39560	53212	105.9	99.9	99.3	109.9
呼伦贝尔市	Hulunbeier City	53562	53911	97767	51591	107.5	105.5	109.3	111.6
兴 安 盟	Xingan League	46968	46324	53962	48705	110.1	109.0	118.6	113.6
通 辽 市	Tongliao City	46971	47797	56229	44522	109.4	111.9	109.3	104.2
赤 峰 市	Chifeng City	52152	58030	59449	44381	109.2	105.9	108.2	113.3
锡林郭勒盟	Xilinguole League	58073	61319	94313	50366	101.9	97.7	124.7	113.9
乌兰察布市	Wulanchabu City	50108	51068	48449	47829	109.9	105.9	110.4	122.3
鄂尔多斯市	Erdos City	69955	75008	63071	65268	102.5	100.7	98.1	105.6
巴彦淖尔市	Bayannaoer City	48092	49971	53410	43918	108.6	107.2	87.0	113.9
乌 海 市	Wuhai City	54129	53994	35976	54179	101.8	102.0	142.8	101.6
阿拉善盟	Alashan League	55498	62836	72272	49423	99.2	103.0	102.5	97.5

22-15 各盟市城乡划分全社会固定资产投资(2014年)

Total Investment in Fixed Assets by Channel of Management and by Region(2014)

单位：万元 (10 000 yuan)

地 区	Region	总 计 Total	城镇 Urban	#房地产开发 Real Estate Development	农村 Rural
呼和浩特市	Hohhot City	13977609	13965249	5631305	12360
包 头 市	Baotou City	22397985	21183468	1978681	1214517
呼伦贝尔市	Hulunbeier City	8030018	7968578	1029075	61440
兴 安 盟	Xingan League	3600432	3575182	305560	25250
通 辽 市	Tongliao City	11128155	9690739	887106	1437416
赤 峰 市	Chifeng City	11012770	9191749	1285905	1821021
锡林郭勒盟	Xilinguole League	5225064	5148626	517860	76438
乌兰察布市	Wulanchabu City	5701618	5701618	251599	
鄂尔多斯市	Erdos City	23904285	22713361	834954	1190924
巴彦淖尔市	Bayannaoer City	5807702	4861407	439032	946295
乌 海 市	Wuhai City	3522030	3522030	487262	
阿拉善盟	Alashan League	3003946	2889418	60464	114528

注：农村未包括农户投资。

a)Investment in Fixed Assets of Rural don´t included investment of Rural Households.

22-16 各盟市按建设性质分的城镇固定资产投资(2014 年)

Investment in Capital Construction in Urban Area by Type of Construction and by Region(2014)

单位：万元 (10 000 yuan)

地 区	Region	投资额 Investment	#新建 New Construction	#扩建 Expansion	#改建 Reconstruction
呼和浩特市	Hohhot City	8333944	4734365	1894712	983374
包 头 市	Baotou City	19204787	10739310	1599044	5558946
呼伦贝尔市	Hulunbeier City	6939503	5832619	277096	750615
兴 安 盟	Xingan League	3269622	2536277	113341	571298
通 辽 市	Tongliao City	8803633	5514286	1393307	1890918
赤 峰 市	Chifeng City	7905844	6812885	632290	283781
锡林郭勒盟	Xilinguole League	4630766	3401502	351950	835751
乌兰察布市	Wulanchabu City	5450019	5237144	157140	50995
鄂尔多斯市	Erdos City	21878407	18966024	2476040	412172
巴彦淖尔市	Bayannaoer City	4422375	1815171	1018625	1569674
乌 海 市	Wuhai City	3034768	2308311	250384	420287
阿拉善盟	Alashan League	2828954	2506764	79709	238281

注:本表不含房地产开发投资。

a)Data in this tabale indude real estate development.

22-17 各盟市城镇固定资产投资、投产项目和新增固定资产(2014 年)

Capital Construction Projects and Put into Use and Newly Increased Fixed Assets by Region(2014)

地 区	Region	施工项目(个) Number of Projects under Construction (unit)	全部建成投产项目(个) Number of Projects Completed & Put into Use (unit)	项目建成投产率(%) Rate of Projects Completed and Put into Use(%)	新增固定资产(万元) Newly Increased Fixed Assets (10 000 yuan)	固定资产交付使用率(%) Rate of Fixed Assets Put into Use(%)
呼和浩特市	Hohhot City	979	642	65.58	7166563	85.99
包 头 市	Baotou City	4012	2778	69.24	14649566	76.28
呼伦贝尔市	Hulunbeier City	1519	932	61.36	6120781	88.20
兴 安 盟	Xingan League	657	463	70.47	2404318	73.54
通 辽 市	Tongliao City	1255	1050	83.67	7441643	84.53
赤 峰 市	Chifeng City	1356	1096	80.83	6197514	78.39
锡林郭勒盟	Xilinguole League	1356	932	68.73	4804889	103.76
乌兰察布市	Wulanchabu City	504	359	71.23	3890046	71.38
鄂尔多斯市	Erdos City	1564	875	55.95	13120224	59.97
巴彦淖尔市	Bayannaoer City	681	483	70.93	4018437	90.87
乌 海 市	Wuhai City	444	322	72.52	4949684	163.10
阿拉善盟	Alashan League	426	175	41.08	1090120	38.53

22-18 各盟市城镇固定资产投资房屋建筑面积(2014 年)

Floor Space of Buildings Through Capital Construction by Region(2014)

单位：万平方米 (10 000 sq.m)

地区	Region	施工面积 Floor Space of Buildings Under Construction	#住宅 Residential Buildings	竣工面积 Floor Space of Buildings Completed	#住宅 Residential Buildings
呼和浩特市	Hohhot City	1129.60	400.22	334.25	162.93
包头市	Baotou City	779.71	167.64	144.34	39.83
呼伦贝尔市	Hulunbeier City	609.29	248.25	244.11	145.05
兴安盟	Xingan League	591.65	202.99	240.24	44.57
通辽市	Tongliao City	477.23	20.22	232.53	16.72
赤峰市	Chifeng City	166.57	55.17	84.67	17.21
锡林郭勒盟	Xilinguole League	252.96	60.65	134.85	49.25
乌兰察布市	Wulanchabu City	105.20	8.89	23.77	1.66
鄂尔多斯市	Erdos City	293.58	59.38	27.49	11.16
巴彦淖尔市	Bayannaoer City	270.38	91.77	69.37	0.01
乌海市	Wuhai City	237.28	38.73	169.71	30.73
阿拉善盟	Alashan League	24.06	1.08	3.99	

注:本表数字不含商品房。

a)Data in this doesn´t include commercial house.

22-19 各盟市按构成分的城镇固定资产投资(2014 年)

Investment in Innovation by Type of Construction and by Region(2014)

单位：万元 (10 000 yuan)

地区	Region	投资额 Investment	建筑工程 Construction Projects	安装工程 Installation Projects	设备工器具购置 Purchase of Equipment and Instruments	其他费用 Others
呼和浩特市	Hohhot City	8333944	4964241	468269	2134562	766872
包头市	Baotou City	19204787	9558189	2836453	5255469	1554676
呼伦贝尔市	Hulunbeier City	6939503	5658313	267950	645032	368208
兴安盟	Xingan League	3269622	2450387	96798	531176	191261
通辽市	Tongliao City	8803633	4911285	701999	2769448	420901
赤峰市	Chifeng City	7905844	5122796	699889	1638799	444360
锡林郭勒盟	Xilinguole League	4630766	2920595	282578	928859	498734
乌兰察布市	Wulanchabu City	5450019	3606685	354587	1285741	203006
鄂尔多斯市	Erdos City	21878407	10707602	1501067	8790129	879609
巴彦淖尔市	Bayannaoer City	4422375	2935411	261163	908825	316976
乌海市	Wuhai City	3034768	1179154	464377	1275293	115944
阿拉善盟	Alashan League	2828954	2290577	502713	26559	9105

22-20 各盟市按资金来源分的城镇固定资产(2014 年)

Number of Innovation Projects Under Construction and Put into Use and Newly Increased Fixed Assets by Region(2014)

单位:万元 (10000 yuan)

地 区	Region	国家预算内资金 State Budgetary	国内贷款 Domestic Loans	利用外资 Foreign Investment	自筹资金 Fund Raising	其他资金 Others
呼和浩特市	Hohhot City	1721572	450674	46010	4594652	172861
包 头 市	Baotou City	459914	4084941		15687164	966418
呼伦贝尔市	Hulunbeier City	560544	220030	4199	5890847	100655
兴 安 盟	Xingan League	453175	65490	9860	2535728	156547
通 辽 市	Tongliao City	450693	1329294		6226332	722131
赤 峰 市	Chifeng City	417312	143549		7333850	255615
锡林郭勒盟	Xilinguole League	270069	444696		3541329	148044
乌兰察布市	Wulanchabu City	88214	903484	2161	4985956	36290
鄂尔多斯市	Erdos City	121296	3453633		18806366	264977
巴彦淖尔市	Bayannaoer City	790877	253113	17000	3420996	248129
乌 海 市	Wuhai City	453823	449019		1477691	19591
阿拉善盟	Alashan League	316333	737141		1748388	53611

22-21 各盟市农村固定资产投资和房屋建筑面积(2014 年)

Investment in Fixed Assets in Rural Area, Floor Space of Buildings by Region(2014)

地 区	Region	投 资 额 (万元) Investment (10 000 yuan)	新增固定资产 (万元) Newly Increased Fixed Assets (10 000 yuan)	房屋建筑面积(万平方米) Floor Space of Buildings(10 000 sq. m)			
				施工面积 Under Construction	# 住 宅 Residential Buildings	竣工面积 Completed	# 住 宅 Residential Buildings
呼和浩特市	Hohhot City	12360	12360	0.48		0.48	
包 头 市	Baotou City	1214517	733989	28.57	1.20	7.07	0.60
呼伦贝尔市	Hulunbeier City	61440	59240	5.81			
兴 安 盟	Xingan League	25250	25250	13.77	13.35	0.42	
通 辽 市	Tongliao City	1437416	1294757	82.31	23.22	69.02	20.35
赤 峰 市	Chifeng City	1821021	1694155	59.84	23.03	28.78	19.91
锡林郭勒盟	Xilinguole League	76438	51160	0.14			
乌兰察布市	Wulanchabu City						
鄂尔多斯市	Erdos City	1190924	838649	76.32	0.24	0.49	0.24
巴彦淖尔市	Bayannaoer City	946295	1159870	25.22	9.72	0.88	0.13
乌 海 市	Wuhai City						
阿拉善盟	Alashan League	114528	93846				

注:本表数据统计范围为农村范围内建设的计划总投资 500 万元以上项目。

a)Frame work in this table is construction projects over 500 million yuan in rural area.

22-22 各盟市城镇集体单位固定资产投资、新增固定资产和房屋建筑面积(2014年)

Investment in Fixed Assets of Urban Collective-Owned Units and Floor Space of Buildings by Region(2014)

地区	Region	投资额(万元) Investment (10 000 yuan)	新增固定资产(万元) Newly Increased Fixed Assets (10 000 yuan)	房屋建筑面积(万平方米) Floor Space of Buildings(10 000 sq. m)			
				施工面积 Under Construction	#住宅 Residential Buildings	竣工面积 Completed	#住宅 Residential Buildings
呼和浩特市	Hohhot City	65364	59382	34.17	10.01	13.08	10.01
包头市	Baotou City	225957	202748	25.55	21.60	21.90	21.60
呼伦贝尔市	Hulunbeier City	8770	8896	2.05		0.63	
兴安盟	Xingan League	1821	1821	0.20			
通辽市	Tongliao City						
赤峰市	Chifeng City	163457	161057	14.42	3.80	9.42	1.80
锡林郭勒盟	Xilinguole League	27355	10276	0.80		0.10	
乌兰察布市	Wulanchabu City	9392	10152	0.80			
鄂尔多斯市	Erdos City	134663	2963				
巴彦淖尔市	Bayannaoer City						
乌海市	Wuhai City						
阿拉善盟	Alashan League	10770	1800				

22-23 各盟市房地产开发企业(单位)个数(2014年)

Number of Enterprises for Real Estate Development by Region(2014)

单位：个 (unit)

地区	Region	企业个数 Number of Enterprises	内资企业 Domestic Funded Enterprises	#国有 State-owned Enterprises	#集体 Collective Owned Enterprises	港、澳、台投资企业 Funded by Entrepreneurs from Hong Kong Macao & Taiwan	外商投资企业 Foreign Funded Enterprises
呼和浩特市	Hohhot City	283	282	1			1
包头市	Baotou City	327	323	4		3	1
呼伦贝尔市	Hulunbeier City	228	228	2			
兴安盟	Xingan League	110	110	1			
通辽市	Tongliao City	159	159	1			
赤峰市	Chifeng City	228	228				
锡林郭勒盟	Xilinguole League	179	179	1			
乌兰察布市	Wulanchabu City	93	93				
鄂尔多斯市	Erdos City	220	219				1
巴彦淖尔市	Bayannaoer City	94	94		1		
乌海市	Wuhai City	118	118				
阿拉善盟	Alashan League	40	40				

22-24 各盟市房地产开发企业(单位)年底从业人员(2014 年)

Number of Employed Persons in Enterprises for Real Estate Development by Region(end of 2014)

单位：人 (person)

地区	Region	年末从业人数 Number of Employed Persons	内资企业 Domestic Funded Enterprises	#国有 State-owned Enterprises	#集体 Collective-owned Enterprises	港、澳、台投资企业 Funded by Entrepreneurs from Hong Kong Macao and Taiwan	外商投资企业 Foreign Funded Enterprises
呼和浩特市	Hohhot City	8444	8364	81			80
包头市	Baotou City	9627	9520	113		9	98
呼伦贝尔市	Hulunbeier City	4392	4392	21			
兴安盟	Xingan League	1413	1413	11			
通辽市	Tongliao City	3694	3694	29			
赤峰市	Chifeng City	4358	4358				
锡林郭勒盟	Xilinguole League	2896	2896	7			
乌兰察布市	Wulanchabu City	1950	1950				
鄂尔多斯市	Erdos City	7222	7135				87
巴彦淖尔市	Bayannaoer City	2584	2584		14		
乌海市	Wuhai City	2358	2358				
阿拉善盟	Alashan League	562	562				

22-25 各盟市按用途分的房地产开发企业(单位)完成投资额(2014 年)

Actually Completed Investment of Enterprises for Real Estate Development by Region and by Use(2014)

单位：万元 (10 000 yuan)

地区	Region	本年完成投资额 Investment Made This Year	住宅 Residential Buildings	#经济适用房屋 Economical Houses	办公楼 Office Buildings	商业营业用房 Houses for Business Use	其他 Others
呼和浩特市	Hohhot City	5631305	4100748		242438	812293	475826
包头市	Baotou City	1978681	1327232		93506	399833	158110
呼伦贝尔市	Hulunbeier City	1029075	702326		11809	172989	141951
兴安盟	Xingan League	305560	217384		387	77362	10427
通辽市	Tongliao City	887106	513317		45019	193458	135312
赤峰市	Chifeng City	1285905	803980		40312	303109	138504
锡林郭勒盟	Xilinguole League	517860	277758		17797	200197	22108
乌兰察布市	Wulanchabu City	251599	178898		5495	50037	17169
鄂尔多斯市	Erdos City	834954	645163		26802	112856	50133
巴彦淖尔市	Bayannaoer City	439032	293826		5925	83573	55708
乌海市	Wuhai City	487262	267266		19440	121071	79485
阿拉善盟	Alashan League	60464	39700		1160	17629	1975

22-26 各盟市商品房建筑面积和造价(2014年)
Floor Space of Buildings and Cost in Commercial House by Region(2014)

地区	Region	施工房屋面积(万平方米) Floor Space of Buildings under Construction (10 000 sq.m)	竣工房屋面积(万平方米) Floor Space of Buildings Completed (10 000 sq.m)	房屋建筑面积竣工率(%) Rate of Floor Space of Buildings Completed (%)	竣工房屋价值(万元) Value of Buildings Completed (10 000 yuan)	竣工房屋造价(元/平方米) Cost of Buildings Completed (yuan/sq.m)
呼和浩特市	Hohhot City	5860.47	461.87	7.88	1686453	3651.36
包头市	Baotou City	2162.32	205.46	9.50	591129	2877.10
呼伦贝尔市	Hulunbeier City	1292.97	241.26	18.66	500450	2074.32
兴安盟	Xingan League	567.60	118.00	20.79	234723	1989.18
通辽市	Tongliao City	879.03	128.74	14.65	241436	1875.38
赤峰市	Chifeng City	1090.78	281.68	25.82	651074	2311.40
锡林郭勒盟	Xilinguole League	616.97	106.16	17.21	231160	2177.47
乌兰察布市	Wulanchabu City	723.45	70.83	9.79	168492	2378.82
鄂尔多斯市	Erdos City	3090.71	142.61	4.61	486835	3413.75
巴彦淖尔市	Bayannaoer City	1327.29	68.49	5.16	138318	2019.54
乌海市	Wuhai City	735.58	179.21	24.36	442247	2467.76
阿拉善盟	Alashan League	127.01	7.78	6.12	15562	2000.26

22-27 各盟市商品房屋销售情况(2014年)
Selling of Commercial Houses by Region(2014)

地区	Region	房屋销售面积(万平方米) Floor Space of Selling House (10 000 sq. m)	#住宅 Residential Buildings	商品房销售额(万元) Total Sales of Commerical Houses (10 000 yuan)	#住宅 Residential Buildings
呼和浩特市	Hohhot City	363.91	306.92	1991921	1581499
包头市	Baotou City	377.43	317.16	1941711	1525817
呼伦贝尔市	Hulunbeier City	548.36	422.88	2024194	1155185
兴安盟	Xingan League	147.56	119.18	500301	352219
通辽市	Tongliao City	137.13	110.28	524738	363733
赤峰市	Chifeng City	293.78	233.17	1164686	852680
锡林郭勒盟	Xilinguole League	49.19	36.82	176631	98350
乌兰察布市	Wulanchabu City	69.13	54.11	208684	156681
鄂尔多斯市	Erdos City	235.69	198.32	1025223	803890
巴彦淖尔市	Bayannaoer City	105.49	96.48	398266	330283
乌海市	Wuhai City	124.45	95.87	677468	418139
阿拉善盟	Alashan League	5.08	4.49	14328	11939

22-28 各盟市公共财政预算收支(2014 年)

Public Budgetary Financial Revenue and Expenditure by Region(2014)

单位：万元 (10 000 yuan)

地 区	Region	公共财政预算收入 Public Finance Budget Revenue	公共财政预算支出 Public Budgetary Financial Expenditure
呼和浩特市	Hohhot City	2115389	3109084
包 头 市	Baotou City	2343186	3546074
呼伦贝尔市	Hulunbeier City	960318	3485100
兴 安 盟	Xingan League	218757	1786207
通 辽 市	Tongliao City	1130563	3182049
赤 峰 市	Chifeng City	980258	3604389
锡林郭勒盟	Xilinguole League	824909	2069878
乌兰察布市	Wulanchabu City	510240	2950751
鄂尔多斯市	Erdos City	4300786	5414263
巴彦淖尔市	Bayannaoer City	620168	1938016
乌 海 市	Wuhai City	751617	945600
阿拉善盟	Alashan League	399301	852455

22-29 各盟市公共财政预算收入(2014 年)

Public Budgetary Financial Revenue by Region(2014)

单位：万元 (10 000 yuan)

地 区	Region	收入合计 Total Revenue	# 增值税 Value-added Tax	# 营业税 Operation Tax	# 企业所得税 Enterprises Income Tax	#契税和耕地占用税 Contract Tax and Tax on The Occupancy of Cultuvated Land
呼和浩特市	Hohhot City	2115389	180294	609565	162288	126815
包 头 市	Baotou City	2343186	145321	371113	115672	389848
呼伦贝尔市	Hulunbeier City	960318	78652	206060	51382	142616
兴 安 盟	Xingan League	218757	17886	70875	17128	18259
通 辽 市	Tongliao City	1130563	52392	153897	32300	210172
赤 峰 市	Chifeng City	980258	67359	243364	65273	121938
锡林郭勒盟	Xilinguole League	824909	80364	148118	57441	146658
乌兰察布市	Wulanchabu City	510240	49539	143752	32172	74897
鄂尔多斯市	Erdos City	4300786	459072	612505	179480	1047459
巴彦淖尔市	Bayannaoer City	620168	47380	138117	37571	68302
乌 海 市	Wuhai City	751617	51227	64347	20461	90421
阿拉善盟	Alashan League	399301	23653	38131	13152	33173

22-30 各盟市公共财政预算支出(2014 年)

Public Budgetary Financial Expenditure by Region(2014)

单位：万元 (10 000 yuan)

地 区	Region	支出合计 Total Expenditure	# 一般公共服务 General Public Services	# 教育支出 Expenditure for Education	#科学技术 Science and Technology
呼和浩特市	Hohhot City	3109084	217956	385566	36005
包 头 市	Baotou City	3546074	263855	425716	52740
呼伦贝尔市	Hulunbeier City	3485100	300504	419538	35378
兴 安 盟	Xingan League	1786207	149142	240349	9071
通 辽 市	Tongliao City	3182049	195419	433885	16106
赤 峰 市	Chifeng City	3604389	261214	715889	17660
锡林郭勒盟	Xilinguole League	2069878	213018	247080	10157
乌兰察布市	Wulanchabu City	2950751	180340	351487	14340
鄂尔多斯市	Erdos City	5414263	345183	564953	24306
巴彦淖尔市	Bayannaoer City	1938016	148954	231844	6021
乌 海 市	Wuhai City	945600	51467	122089	14979
阿拉善盟	Alashan League	852455	84836	64386	6295

22-30 续表 continued

单位：万元 (10 000 yuan)

地 区	Region	#社会保障和就业 Social Security and Employment	# 医疗卫生支出 Expenditure for Medical treatment and Health	#节能环保 Energy saving and environmental protection	# 农林水事务 Expenses of Agriculture, Forestry and Water
呼和浩特市	Hohhot City	358223	177683	101503	461818
包 头 市	Baotou City	583987	165608	113497	321671
呼伦贝尔市	Hulunbeier City	619378	248496	110140	555946
兴 安 盟	Xingan League	317610	124124	42731	357918
通 辽 市	Tongliao City	518601	203696	91026	533462
赤 峰 市	Chifeng City	550049	309988	172807	636025
锡林郭勒盟	Xilinguole League	210716	136773	103979	398454
乌兰察布市	Wulanchabu City	685566	190258	119373	388602
鄂尔多斯市	Erdos City	438213	258546	115831	542183
巴彦淖尔市	Bayannaoer City	328412	154647	99777	407326
乌 海 市	Wuhai City	86857	63270	18680	128429
阿拉善盟	Alashan League	51507	39058	39449	171582

22-31 各盟市金融机构人民币存、贷款余额(2014年末)

Saving Deposits and loans of Financial Institutions by Region(end of 2014)

单位：亿元 (100 million yuan)

地区	Region	金融机构存款 Deposits	#单位存款 Corporatl Deposit	活期 Demand	定期 Time	#个人存款 Indiridual Deposit	储蓄存款 Sarings Deposit
呼和浩特市	Hohhot City	4723.86	2847.21	1699.33	565.66	1591.26	1480.88
包头市	Baotou City	2493.60	959.78	396.26	194.53	1296.20	1218.27
呼伦贝尔市	Hulunbeier City	1156.54	374.32	261.30	86.49	722.30	709.43
兴安盟	Xingan League	394.91	152.61	108.73	30.79	220.42	219.11
通辽市	Tongliao City	711.12	225.95	165.90	27.47	459.03	457.90
赤峰市	Chifeng City	1366.47	382.53	280.92	74.20	936.92	931.80
锡林郭勒盟	Xilinguole League	543.84	185.09	138.51	21.96	334.10	330.07
乌兰察布市	Wulanchabu City	720.21	187.80	138.57	24.98	515.36	512.32
鄂尔多斯市	Erdos City	2494.26	1141.14	653.23	218.64	1327.03	1268.45
巴彦淖尔市	Bayannaoer City	745.82	242.86	175.31	48.69	458.10	453.39
乌海市	Wuhai City	600.43	263.47	152.38	34.37	322.09	298.16
阿拉善盟	Alashan League	266.51	130.26	100.16	18.94	134.51	133.95

22-31 续表 continued

单位：亿元 (100 million yuan)

地区	Region	金融机构贷款 Deposits	#短期贷款 Short-term	个人贷款及透支 Personal Loans & Overdraw	单位普通贷款及透支 Unit Loans & Overdraw	#中长期贷款 Medium-term & Long-term Loans	个人贷款 Personal Loans	单位普通贷款 Unit Loan
呼和浩特市	Hohhot City	5145.89	1216.04	319.66	829.65	3801.73	572.06	2858.59
包头市	Baotou City	1834.09	876.20	196.99	609.01	886.89	387.68	479.14
呼伦贝尔市	Hulunbeier City	733.22	397.27	113.00	268.79	333.58	109.78	201.92
兴安盟	Xingan League	359.26	211.34	68.56	140.89	147.52	53.63	85.22
通辽市	Tongliao City	735.87	381.62	127.38	247.35	347.59	112.80	234.37
赤峰市	Chifeng City	1048.07	532.13	277.80	249.49	503.17	223.13	259.01
锡林郭勒盟	Xilinguole League	579.29	202.93	93.44	107.84	375.45	91.05	277.70
乌兰察布市	Wulanchabu City	494.38	237.07	156.63	75.39	249.44	78.99	141.04
鄂尔多斯市	Erdos City	2588.73	1069.98	224.86	829.21	1466.13	261.40	1127.82
巴彦淖尔市	Bayannaoer City	637.71	445.26	225.52	214.68	190.22	99.36	90.60
乌海市	Wuhai City	540.09	249.37	42.62	199.02	200.99	63.55	134.58
阿拉善盟	Alashan League	250.48	155.70	31.35	112.63	90.89	18.36	68.71

22-32 各盟市中资保险公司业务经济技术指标(2014 年)

Economic and Technical Indicators of Insurance Companies Funded with Chinese Capital by Region(2014)

单位：亿元 (100 million yuan)

地区	Region	保险金额 Amount Insured	财产保险公司 Property Insurance Co	人身保险公司 Accident in Insurance Co	保费 Premium	财产保险公司 Property Insurance Co	人身保险公司 Accident in Insurance Co
呼和浩特市	Hohhot City	15289.10	9453.17	5835.93	63.36	27.07	36.28
包头市	Baotou City	8634.46	6314.07	2320.39	40.08	16.54	23.54
呼伦贝尔市	Hulunbeier City	5666.32	4066.52	1599.80	31.67	14.63	17.04
兴安盟	Xingan League	6246.05	5744.38	501.67	14.34	7.91	6.42
通辽市	Tongliao City	8451.95	7685.46	766.49	25.97	13.66	12.31
赤峰市	Chifeng City	6481.09	5098.51	1382.58	39.05	17.13	21.92
锡林郭勒盟	Xilinguole League	4074.59	3227.77	846.82	11.93	6.09	5.84
乌兰察布市	Wulanchabu City	2265.71	1827.75	437.96	14.87	7.48	7.40
鄂尔多斯市	Erdos City	14055.46	12955.94	1099.52	33.97	17.88	16.09
巴彦淖尔市	Bayannaoer City	5229.53	4388.54	840.99	22.59	8.80	13.80
乌海市	Wuhai City	2178.80	1834.19	344.61	10.92	4.25	6.67
阿拉善盟	Alashan League	1033.31	930.53	102.78	5.21	3.13	2.08

22-32 续表 continued

地区	Region	赔款及给付 Claim and Payment	财产保险公司 Property Insurance Co	人身保险公司 Accident in Insurance Co	机构数(个) Number of Institution (unit)	财产保险公司 Property Insurance Co	人身保险公司 Accident in Insurance Co
呼和浩特市	Hohhot City	21.53	12.71	8.82	227	113	114
包头市	Baotou City	13.20	7.99	5.21	209	134	75
呼伦贝尔市	Hulunbeier City	10.93	6.17	4.75	251	145	106
兴安盟	Xingan League	5.17	3.88	1.30	108	71	37
通辽市	Tongliao City	10.77	8.22	2.55	218	122	96
赤峰市	Chifeng City	15.33	9.70	5.63	336	168	168
锡林郭勒盟	Xilinguole League	4.34	3.06	1.28	144	105	39
乌兰察布市	Wulanchabu City	6.61	3.85	2.76	173	106	67
鄂尔多斯市	Erdos City	10.99	8.29	2.70	218	145	73
巴彦淖尔市	Bayannaoer City	6.64	4.15	2.49	62	96	90
乌海市	Wuhai City	3.35	2.05	1.30	186	38	24
阿拉善盟	Alashan League	1.60	1.25	0.35	33	21	12

22-33 各盟市财产保险业务收入与赔付(2014 年)

Insurance Business Income of Property and Claim & Payment by Region(2014)

单位：万元 (10 000 yuan)

地区	Region	保费收入合计 Total Premium	# 企业财产保险 Enterprise Property Insurance	# 机动车辆保险 Motor Vehicle Insurance	# 货物运输保险 Freight Transport Insurance	# 责任保险 Insurance of Duty	# 农业保险 Agriculture Insurance
呼和浩特市	Hohhot City	270741	15831	190747	1286	5536	24893
包头市	Baotou City	165437	10245	132112	780	3613	8462
呼伦贝尔市	Hulunbeier City	146304	9457	56246	746	2773	70250
兴安盟	Xingan League	79102	1927	33964	218	1065	33150
通辽市	Tongliao City	136606	5486	79585	654	2704	37932
赤峰市	Chifeng City	171342	6170	111190	382	4296	42485
锡林郭勒盟	Xilinguole League	60879	3387	39281	299	2027	9643
乌兰察布市	Wulanchabu City	74790	2431	45358	197	1601	21229
鄂尔多斯市	Erdos City	178828	16737	119593	983	5082	22356
巴彦淖尔市	Bayannaoer City	87995	2530	55312	265	2122	22499
乌海市	Wuhai City	42522	2507	32779	387	798	416
阿拉善盟	Alashan League	31302	3204	17145	399	952	6956

22-33 续表 continued

单位：万元 (10 000 yuan)

地区	Region	赔款支出合计 Claim and Payment	# 企业财产保险 Enterprise Property Insurance	# 机动车辆保险 Motor Vehicle Insurance	# 货物运输保险 Freight Transport Insurance	# 责任保险 Insurance of Duty	# 农业保险 Agriculture Insurance
呼和浩特市	Hohhot City	127117	4285	100278	556	2601	11836
包头市	Baotou City	79855	2666	66403	157	1833	1963
呼伦贝尔市	Hulunbeier City	61729	2270	29652	36	1171	25636
兴安盟	Xingan League	38764	804	17870	5	559	13212
通辽市	Tongliao City	82163	2415	38587	28	688	25000
赤峰市	Chifeng City	97050	3194	58945	117	917	31193
锡林郭勒盟	Xilinguole League	30607	1173	18609	10	872	4500
乌兰察布市	Wulanchabu City	38497	737	22759	42	404	13286
鄂尔多斯市	Erdos City	82904	7410	53698	159	1722	9871
巴彦淖尔市	Bayannaoer City	41506	733	26913	74	775	10042
乌海市	Wuhai City	20539	562	15598	21	149	260
阿拉善盟	Alashan League	12499	1639	7101	254	204	2216

22-34 各盟市人身保险业务收入与赔付(2014 年)

Insurance Business Income and Settled Claim & Payment of Accident in Insurance by Region(2014)

单位：万元 (10 000 yuan)

地区	Region	保费收入 Remium	寿险 Life Insurance Business	意外伤害险 Personal Insurance Accident	健康险 Health Insurance
呼和浩特市	Hohhot City	362829	306837	10604	45388
包头市	Baotou City	235395	198411	4123	32862
呼伦贝尔市	Hulunbeier City	170393	140379	4440	25574
兴安盟	Xingan League	64249	54099	1704	8447
通辽市	Tongliao City	123088	104448	3827	14813
赤峰市	Chifeng City	219192	192002	4907	22283
锡林郭勒盟	Xilinguole League	58422	49730	1901	6791
乌兰察布市	Wulanchabu City	73955	65144	1590	7221
鄂尔多斯市	Erdos City	160852	138206	3146	19500
巴彦淖尔市	Bayannaoer City	137951	117216	2701	18034
乌海市	Wuhai City	66677	59666	914	6098
阿拉善盟	Alashan League	20842	18227	489	2125

22-34 续表 continued

单位：万元 (10 000 yuan)

地区	Region	赔款支出与给付 Benefit Paidand Expenditare of Payment	寿险 Life Insurance Business	意外伤害险 Personal Accident Insurance	健康险 Health Insuranec
呼和浩特市	Hohhot City	88159	67935	1804	18420
包头市	Baotou City	52146	43883	795	7468
呼伦贝尔市	Hulunbeier City	47535	41497	1148	4890
兴安盟	Xingan League	12960	10207	548	2205
通辽市	Tongliao City	25524	21400	1199	2924
赤峰市	Chifeng City	56257	44199	1482	10576
锡林郭勒盟	Xilinguole League	12770	10122	522	2126
乌兰察布市	Wulanchabu City	27579	25558	315	1706
鄂尔多斯市	Erdos City	27033	20716	736	5581
巴彦淖尔市	Bayannaoer City	24865	19755	1017	4094
乌海市	Wuhai City	12998	11806	283	909
阿拉善盟	Alashan League	3465	3130	104	231

22-35 各盟市银行卡跨行交易情况(2014 年)

Inter-bank Bank card transactions by Region(2014)

地区	Region	银行卡跨行清算笔数（万笔）Inter-bank liquidation items(10000 items)		银行卡跨行清算金额（亿元）The amount of Inter-bank liquidation(100 milllion yuan)	
		自动柜员机 ATM	销售终端 POS	自动柜员机 ATM	销售终端 POS
总 计	**Total**	**4992.38**	**10170.91**	**827.03**	**4606.05**
呼和浩特市	Hohhot City	1338.56	4564.71	197.90	2495.45
包 头 市	Baotou City	681.69	1719.96	102.90	762.06
呼伦贝尔市	Hulunbeier City	375.79	440.92	54.28	129.74
兴 安 盟	Xingan League	173.91	137.40	25.78	51.22
通 辽 市	Tongliao City	363.54	284.92	50.46	106.28
赤 峰 市	Chifeng City	500.79	590.00	68.49	182.21
锡林郭勒盟	Xilinguole League	202.32	395.16	35.88	108.49
乌兰察布市	Wulanchabu City	191.26	337.85	33.83	96.97
鄂尔多斯市	Erdos City	648.33	927.71	136.35	402.59
巴彦淖尔市	Bayannaoer City	229.66	404.58	45.81	154.68
乌 海 市	Wuhai City	190.32	239.70	55.83	86.81
阿拉善盟	Alashan League	96.21	128.01	19.52	29.53

22-36 各盟市全体居民人均收入情况(2014 年)

Per Capita Income of All Residents by Region(2014)

单位：元 (yuan)

地区	Region	可支配收入 Disposable income	工资性收入 Income of wage	经营净收入 Operational income	第一产业净收入 Net income of primary industry	农业净收入 Net income of agriculture	牧业净收入 Net income of animal-husbandry
全 区	**Autonomous Regional Total**	**20559**	**10904**	**5104**	**2440**	**1599**	**837**
呼和浩特市	Hohhot City	26106	13819	6008	1028	829	194
包 头 市	Baotou City	30704	16756	4092	470	293	177
呼伦贝尔市	Hulunbeier City	20674	11369	4970	2744	2244	468
兴 安 盟	Xingan League	12945	5215	4428	2960	2326	604
通 辽 市	Tongliao City	15489	6017	6430	4853	4178	675
赤 峰 市	Chifeng City	14948	7774	4555	2498	1892	559
锡林郭勒盟	Xilinguole League	21653	10634	5905	2452	360	2042
乌兰察布市	Wulanchabu City	14791	7049	4611	2265	1458	807
鄂尔多斯市	Erdos City	28339	16621	6176	2058	1098	882
巴彦淖尔市	Bayannaoer City	17957	7550	7647	5635	4467	1128
乌 海 市	Wuhai City	30660	23480	2562	66	2	64
阿拉善盟	Alashan League	26223	13076	7306	1390	451	877

22-36 续表 continued

单位：元 (yuan)

地区	Region	第二产业净收入 Net income of secondary industry	第三产业净收入 Net income of third industry	财产净收入 Net income of property	转移净收入 Net income of transfer
全区	**Autonomous Regional Total**	**379**	**2285**	**1203**	**3348**
呼和浩特市	Hohhot City	1129	3851	2602	3677
包头市	Baotou City	364	3258	2885	6971
呼伦贝尔市	Hulunbeier City	-218	2444	787	3548
兴安盟	Xingan League	174	1294	469	2833
通辽市	Tongliao City	32	1545	635	2407
赤峰市	Chifeng City	485	1572	628	1991
锡林郭勒盟	Xilinguole League	466	2987	875	4238
乌兰察布市	Wulanchabu City	303	2043	499	2632
鄂尔多斯市	Erdos City	479	3639	3659	1883
巴彦淖尔市	Bayannaoer City	146	1866	591	2169
乌海市	Wuhai City	258	2238	1229	3389
阿拉善盟	Alashan League	404	5512	1556	4285

22-37 各盟市全体居民人均消费支出情况(2014年)
Per Capita Expenditure of All Residents by Region(2014)

单位：元 (yuan)

地区	Region	消费支出 Consumer spending	食品 Food	衣着 Clothing	居住 Residence	生活用品及服务 Articles for daily use and service	交通和通讯 Transportation and Communications	交通 Transportation
全区	**Autonomous Regional Total**	**16258**	**4746**	**1688**	**2795**	**1009**	**2405**	**1686**
呼和浩特市	Hohhot City	20394	5266	2230	4264	1067	3095	2268
包头市	Baotou City	22110	6854	3115	3186	2089	2033	1462
呼伦贝尔市	Hulunbeier City	16001	4534	1921	2570	1106	2324	1571
兴安盟	Xingan League	9722	2652	1057	2221	527	1300	826
通辽市	Tongliao City	11700	3282	1246	2202	758	1681	1059
赤峰市	Chifeng City	10820	3125	969	1853	696	1494	943
锡林郭勒盟	Xilinguole League	18867	6713	2053	2913	1224	2459	1678
乌兰察布市	Wulanchabu City	9993	3592	1061	1590	450	1026	525
鄂尔多斯市	Erdos City	22442	5353	2190	4689	1463	4531	3532
巴彦淖尔市	Bayannaoer City	14558	4252	1534	2654	864	2049	1417
乌海市	Wuhai City	24117	6706	3646	3157	1815	3864	2511
阿拉善盟	Alashan League	23465	6381	2243	4218	1339	4254	3203

22-37 续表 continued

单位：元 (yuan)

地区	Region	通讯 Communications	教育文化娱乐 Education, Cultural and Entertainment	教育 Education	文化娱乐 Cultural and Entertainment	医疗保健 Medicine and Medical Service	其它商品和服务 Other Commodities and Services
全 区	**Autonomous Regional Total**	**719**	**1813**	**1121**	**692**	**1320**	**482**
呼和浩特市	Hohhot City	827	2361	1313	1048	1332	779
包 头 市	Baotou City	571	2272	869	1403	1819	742
呼伦贝尔市	Hulunbeier City	753	1614	1083	530	1286	646
兴 安 盟	Xingan League	474	1007	703	304	761	197
通 辽 市	Tongliao City	622	1228	849	380	999	304
赤 峰 市	Chifeng City	551	1325	966	359	1096	262
锡林郭勒盟	Xilinguole League	782	1597	737	860	1327	581
乌兰察布市	Wulanchabu City	501	1028	745	283	1047	199
鄂尔多斯市	Erdos City	999	2032	1182	849	1492	693
巴彦淖尔市	Bayannaoer City	632	1423	997	426	1411	371
乌 海 市	Wuhai City	1353	3088	1162	1926	1100	740
阿拉善盟	Alashan League	1051	2411	1448	962	1690	928

22-38 各盟市城镇常住居民人均收入情况(2014年)
Per Capita Income of Urban Permanent residents by Region(2014)

单位：元 (yuan)

地区	Region	可支配收入 Disposable income	工资性收入 Income of wage	经营净收入 Operational income	第一产业净收入 Net income of primary industry	农业净收入 Net income of agriculture	牧业净收入 Net income of animal-husbandry
全 区	**Autonomous Regional Total**	**28350**	**17406**	**4539**	**374**	**261**	**111**
呼和浩特市	Hohhot City	34723	18833	7180	163	103	60
包 头 市	Baotou City	35506	22422	4067	3	4	
呼伦贝尔市	Hulunbeier City	24787	15482	3735	265	81	175
兴 安 盟	Xingan League	20605	11388	3558	338	203	75
通 辽 市	Tongliao City	23377	12584	5615	2526	2368	130
赤 峰 市	Chifeng City	23199	13933	4789	806	670	106
锡林郭勒盟	Xilinguole League	28053	16247	5273	12	10	2
乌兰察布市	Wulanchabu City	22796	13637	4774	73	55	19
鄂尔多斯市	Erdos City	34983	22957	5428	627	302	332
巴彦淖尔市	Bayannaoer City	22618	13708	4688	1058	960	95
乌 海 市	Wuhai City	31481	24272	2523			
阿拉善盟	Alashan League	29919	16766	7464	183	170	16

22-38 续表 Continued

单位：元 (yuan)

地区	Region	第二产业净收入 Net income of secondary industry	第三产业净收入 Net income of third industry	财产净收入 Net income of property	转移净收入 Net income of transfer
全　区	**Autonomous Regional Total**	**588**	**3577**	**1802**	**4603**
呼和浩特市	Hohhot City	1653	5364	3846	4864
包 头 市	Baotou City	401	3663	3390	5627
呼伦贝尔市	Hulunbeier City	208	3262	903	4667
兴 安 盟	Xingan League	375	2845	812	4847
通 辽 市	Tongliao City	35	3054	985	4193
赤 峰 市	Chifeng City	961	3022	1264	3213
锡林郭勒盟	Xilinguole League	745	4516	1193	5340
乌兰察布市	Wulanchabu City	532	4168	802	3582
鄂尔多斯市	Erdos City	656	4145	4392	2206
巴彦淖尔市	Bayannaoer City	294	3336	897	3325
乌 海 市	Wuhai City	263	2259	1255	3431
阿拉善盟	Alashan League	543	6737	1727	3963

22-39 各盟市城镇常住居民人均消费支出情况(2014 年)

Per Capita Expenditure of Urban Pernanent Residents by Region(2014)

单位：元 (yuan)

地区	Region	消费支出 Consumer spending	食品 Food	衣着 Clothing	居住 Residence	生活用品及服务 Articles for daily use and service	交通和通讯 Transportation and Communications	
								交通 Transportation
全　区	**Autonomous Regional Total**	**20885**	**6003**	**2395**	**3619**	**1437**	**3095**	**2181**
呼和浩特市	Hohhot City	24844	6487	2467	5190	1439	4104	3118
包 头 市	Baotou City	24920	7019	4477	3270	1735	2272	1646
呼伦贝尔市	Hulunbeier City	18194	5305	2371	2843	1334	2724	1865
兴 安 盟	Xingan League	14255	3992	1777	2975	796	1588	829
通 辽 市	Tongliao City	15861	4002	2021	3088	1160	2019	1113
赤 峰 市	Chifeng City	14329	4130	1521	2687	1076	1772	1030
锡林郭勒盟	Xilinguole League	23252	8153	2514	3809	1729	2766	1798
乌兰察布市	Wulanchabu City	14169	4840	1857	2401	786	1379	651
鄂尔多斯市	Erdos City	25944	6255	2759	5241	1776	5278	4084
巴彦淖尔市	Bayannaoer City	16364	4571	2023	2867	1121	2103	1390
乌 海 市	Wuhai City	24647	6843	3770	3194	1863	3962	2574
阿拉善盟	Alashan League	26116	7245	2622	4304	1523	4816	3684

22-39 续表 Continued

单位：元　　　　(yuan)

地区	Region	通讯 Communications	教育文化娱乐 Education, Cultural and Entertainment	教育 Education	文化娱乐 Cultural and Entertainment	医疗保健 Medicine and Medical Service	其它商品和服务 Other Commodities and Services
全　区	**Autonomous Regional Total**	**915**	**2178**	**1135**	**1043**	**1471**	**688**
呼和浩特市	Hohhot City	986	2854	1352	1502	1580	723
包 头 市	Baotou City	626	3119	1158	1961	1898	1130
呼伦贝尔市	Hulunbeier City	859	1596	911	685	1281	740
兴 安 盟	Xingan League	759	1496	888	608	1295	336
通 辽 市	Tongliao City	906	1825	1239	586	1303	443
赤 峰 市	Chifeng City	742	1560	987	573	1201	382
锡林郭勒盟	Xilinguole League	968	2101	820	1281	1400	779
乌兰察布市	Wulanchabu City	728	1506	998	508	1100	301
鄂尔多斯市	Erdos City	1194	2334	1270	1064	1433	868
巴彦淖尔市	Bayannaoer City	713	1584	947	637	1563	531
乌 海 市	Wuhai City	1388	3150	1157	1992	1118	748
阿拉善盟	Alashan League	1132	2812	1675	1138	1725	1069

22-40 各盟市农村牧区常住居民人均收入情况(2014 年)
Per Capita Income of Rural and Pastoral Areas Residents by Region(2014)

单位：元　　　　(yuan)

地区	Region	可支配收入 Disposable income	工资性收入 Income of wage	经营净收入 Operational income	第一产业净收入 Net income of primary industry	农业净收入 Net income of agriculture	牧业净收入 Net income of animal-husbandry
全　区	**Autonomous Regional Total**	**9976**	**2071**	**5872**	**5246**	**3416**	**1823**
呼和浩特市	Hohhot City	12538	6238	4238	2337	1926	398
包 头 市	Baotou City	12713	4202	7204	3842	2289	1465
呼伦贝尔市	Hulunbeier City	10751	1759	7280	7670	6505	1083
兴 安 盟	Xingan League	7275	1007	4669	4076	3067	849
通 辽 市	Tongliao City	9932	1456	7046	6785	5680	1045
赤 峰 市	Chifeng City	8114	2673	4361	3899	2904	935
锡林郭勒盟	Xilinguole League	11306	1745	6866	6321	927	5340
乌兰察布市	Wulanchabu City	7800	1533	4370	4100	2632	1468
鄂尔多斯市	Erdos City	13439	2767	7509	4959	2884	1820
巴彦淖尔市	Bayannaoer City	12481	1338	10074	9750	7613	2060
乌 海 市	Wuhai City	13422	6838	3389	1447	55	1411
阿拉善盟	Alashan League	14477	1741	6091	4708	2439	2151

22-40 续表 Continued

单位：元 (yuan)

地区	Region	第二产业净收入 Net income of secondary industry	第三产业净收入 Net income of third industry	财产净收入 Net income of property	转移净收入 Net income of transfer
全　区	**Autonomous Regional Total**	**96**	**530**	**389**	**1644**
呼和浩特市	Hohhot City	337	1564	722	1340
包 头 市	Baotou City	564	2798	534	773
呼伦贝尔市	Hulunbeier City	-1112	722	518	1194
兴 安 盟	Xingan League	136	457	493	1106
通 辽 市	Tongliao City	29	233	388	1042
赤 峰 市	Chifeng City	91	371	101	979
锡林郭勒盟	Xilinguole League	13	532	383	2312
乌兰察布市	Wulanchabu City	7	263	61	1836
鄂尔多斯市	Erdos City	230	2320	1986	1177
巴彦淖尔市	Bayannaoer City	-4	328	134	935
乌 海 市	Wuhai City	147	1794	692	2503
阿拉善盟	Alashan League	14	1369	898	5747

22-41 各盟市农村牧区常住居民人均消费支出情况(2014年)
Per Capita Expenditure of rural and pastoral areas permanent residents by Region(2014)

单位：元 (yuan)

地区	Region	消费支出 Consumer spending	食品 Food	衣着 Clothing	居住 Residence	生活用品及服务 Articles for daily use and service	交通和通讯 Transportation and Communications	交通 Transportation
全　区	**Autonomous Regional Total**	**9972**	**3039**	**728**	**1676**	**428**	**1468**	**1014**
呼和浩特市	Hohhot City	12232	3420	1028	2864	504	1570	983
包 头 市	Baotou City	9724	3358	1078	1690	648	1212	823
呼伦贝尔市	Hulunbeier City	10745	2772	947	1871	603	1411	910
兴 安 盟	Xingan League	6200	1885	512	1239	284	1081	806
通 辽 市	Tongliao City	8246	2684	602	1467	425	1400	1014
赤 峰 市	Chifeng City	8109	2348	543	1208	403	1280	876
锡林郭勒盟	Xilinguole League	11299	4210	1255	1399	386	1890	1429
乌兰察布市	Wulanchabu City	6695	2749	394	910	168	731	420
鄂尔多斯市	Erdos City	13432	3030	715	3275	656	2608	2112
巴彦淖尔市	Bayannaoer City	12472	3676	979	2482	571	2083	1425
乌 海 市	Wuhai City	12980	3836	1040	2386	818	1812	1179
阿拉善盟	Alashan League	14473	3814	1051	2432	786	3171	2424

22-41 续表 continued

单位：元 （yuan）

地区	Region	通讯 Communications	教育文化娱乐 Education, Cultural and Entertainment	教育 Education	文化娱乐 Cultural and Entertainment	医疗保健 Medicine and Medical Service	其它商品和服务 Other Commodities and Services
全 区	**Autonomous Regional Total**	**454**	**1318**	**1102**	**216**	**1114**	**202**
呼和浩特市	Hohhot City	587	1616	1254	362	956	274
包 头 市	Baotou City	389	841	529	312	710	187
呼伦贝尔市	Hulunbeier City	501	1522	1316	206	1196	423
兴 安 盟	Xingan League	275	592	506	86	488	119
通 辽 市	Tongliao City	386	733	524	209	747	188
赤 峰 市	Chifeng City	404	1143	950	193	1015	169
锡林郭勒盟	Xilinguole League	461	746	579	167	1165	249
乌兰察布市	Wulanchabu City	311	628	534	94	1003	113
鄂尔多斯市	Erdos City	496	1254	961	293	1656	238
巴彦淖尔市	Bayannaoer City	658	1237	1010	227	1205	239
乌 海 市	Wuhai City	633	1787	1254	533	729	572
阿拉善盟	Alashan League	747	1239	763	476	1740	240

22-42 各盟市农村基层组织情况(2014 年)

Basic Conditions of Rural Grassroots Units by Region(2014)

地 区	Region	乡镇数(个) Number of Township & Town Govern-ments (unit)	# 镇数 Town Gover-nments	村民委员会(个) Number of Villagers' Committees (unit)	乡村户数(万户) Number of Households (10 000 households)	乡村人口数(万人) Rural Population (10 000 persons)	乡村从业人员(万人) Number of Rural Employers (10 000 persons)	男 Male	女 Fe-male
呼和浩特市	Hohhot City	40	22	993	34.23	110.09	59.81	34.00	25.81
包 头 市	Baotou City	39	29	638	18.73	54.36	32.77	18.69	14.08
呼伦贝尔市	Hulunbeier City	93	56	786	37.49	112.83	61.43	35.03	26.40
兴 安 盟	Xingan League	53	32	872	33.22	116.38	59.15	32.82	26.33
通 辽 市	Tongliao City	84	55	2085	67.03	239.96	121.84	66.60	55.24
赤 峰 市	Chifeng City	123	76	2056	116.05	361.50	191.44	103.82	87.62
锡林郭勒盟	Xilinguole League	61	25	845	14.92	46.15	29.05	15.27	13.78
乌兰察布市	Wulanchabu City	84	41	1339	46.60	146.78	85.05	47.94	37.10
鄂尔多斯市	Erdos City	42	34	739	20.37	57.27	41.32	22.09	19.23
巴彦淖尔市	Bayannaoer City	53	42	650	30.37	106.35	58.72	31.91	26.82
乌 海 市	Wuhai City	5	5	13	0.87	2.29	1.47	0.85	0.62
阿拉善盟	Alashan League	30	15	198	2.47	7.16	4.54	2.41	2.13

注：本表中各盟市乡镇个数不包括城关镇、城市街道办事处、工矿区。

a)The number of Township in This Table are not including County seats、Street agencies、Mining areas。

22-43 各盟市乡村年末从业人员(2014 年)

Rural Employers Force by Sector at Year-end by Region(2014)

单位：人 (person)

地 区	Region	农林牧渔业 Farming Forestry Animal Husbandry and Fishery	工 业 Industry	建 筑 业 Construction	交通运输仓储业和邮政业 Transportation, Storage and Postal Services	信息传输、计算机服务和软件业 Information Transmission, Computer Service & Computer Software	批发与零售业 Wholesale & Retail Trade	住宿和餐饮业 Quarters and Catering	其他行业 Others
呼和浩特市	Hohhot City	349334	44778	71983	27904	4742	40489	32932	25890
包 头 市	Baotou City	213073	24550	24278	14438	1709	23416	13305	12902
呼伦贝尔市	Hulunbeier City	482812	30428	21552	15209	4094	28981	17314	13885
兴 安 盟	Xingan League	488757	20632	22373	5498	2107	19734	14840	17600
通 辽 市	Tongliao City	915866	53945	97761	15834	5695	49257	36905	43103
赤 峰 市	Chifeng City	1295233	131784	232047	47923	9575	81692	42464	73679
锡林郭勒盟	Xilinguole League	243075	4516	11920	4252	582	6787	8830	10543
乌兰察布市	Wulanchabu City	658295	25362	75327	17590	1932	22156	20111	29703
鄂尔多斯市	Erdos City	304072	21803	20535	19962	2478	20080	18208	6041
巴彦淖尔市	Bayannaoer City	505340	20193	9605	9159	804	23172	9336	9634
乌 海 市	Wuhai City	8898	1606	2040	703	36	462	466	487
阿拉善盟	Alashan League	39273	807	261	956	43	789	1271	2035

22-44 各盟市农林牧渔业总产值(2014 年)

Gross Output Value of Farming, Forestry, Animal Husbandry and Fishery by Region(2014)

单位:万元 (10000 yuan)

地 区	Region	农林牧渔业总产值 Total	农 业 Farming	林 业 Forestry	牧 业 Animal Husbandry	渔 业 Fishery	农林牧渔服务业 Agricultural Services
呼和浩特市	Hohhot City	2230274	773222	28809	1377510	27581	23153
包 头 市	Baotou City	1796369	632897	9232	1121147	11686	21407
呼伦贝尔市	Hulunbeier City	4357781	2474535	288741	1428722	104914	60869
兴 安 盟	Xingan League	2058453	1181469	73075	760067	17387	26455
通 辽 市	Tongliao City	4491125	2638755	120943	1663192	20625	47610
赤 峰 市	Chifeng City	4564077	2850218	187318	1432251	26496	67794
锡林郭勒盟	Xilinguole League	1819218	395012	23350	1371032	2873	26950
乌兰察布市	Wulanchabu City	2301795	1045242	69969	1128547	9959	48078
鄂尔多斯市	Erdos City	1716575	812897	71647	776587	23032	32412
巴彦淖尔市	Bayannaoer City	2829789	1657337	75650	1013360	43195	40247
乌 海 市	Wuhai City	83610	33719	3011	44129	767	1985
阿拉善盟	Alashan League	202750	111480	11464	72467	2171	5169

注:本表绝对数按当年价格计算。

a)Data in value terms in this table are calculated at current prices.

22-45 各盟市造林及农作物播种面积(2014 年)

Afforested Area and Sown Area of Farm Crops by Region(2014)

单位：千公顷　　　　(1 000 hectares)

地 区	Region	造林面积 Afforested Area	农作物总播种面积 Total Sown Area	#粮食作物播种面积 Sown Area of Grain Crops	有效灌溉面积 Irrigated Area
呼和浩特市	Hohhot City	22.05	453.71	328.95	206.54
包 头 市	Baotou City	31.10	335.88	230.32	127.97
呼伦贝尔市	Hulunbeier City	39.87	1590.36	1342.60	221.55
兴 安 盟	Xingan League	40.57	791.94	736.33	300.35
通 辽 市	Tongliao City	90.37	1140.79	934.78	640.32
赤 峰 市	Chifeng City	50.26	1149.98	907.70	406.88
锡林郭勒盟	Xilinguole League	27.61	221.55	152.85	33.18
乌兰察布市	Wulanchabu City	42.47	644.97	483.38	171.38
鄂尔多斯市	Erdos City	67.57	397.60	243.63	244.3
巴彦淖尔市	Bayannaoer City	51.36	575.50	266.60	652.72
乌 海 市	Wuhai City	3.37	7.06	4.65	6.69
阿拉善盟	Alashan League	89.69	46.00	19.21	

注：本表中耕地面积数据均来自国土厅。

a)The Culitiaved Areas are Provided by the Bureau of Land and Resource.

22-46 各盟市农业机械总动力和农村用电量及化肥施用量(2014 年)

Total Power of Agricultural Machinery, Electricity Consumed in Rural Area and Consumption of Chemical Fertilizer by Region(2014)

地 区	Region	农业机械总动力(万千瓦) Total Power of Agricultural Machinery (10 000 kw)	农村用电量(万千瓦小时) Electricity Consumed in Rural Area (10 000 kwh)	农药使用量(吨) Consumption of Pesticide (ton)	化肥施用量(折纯量)(吨) Consumption of Chemical Fertilizer (ton)
呼和浩特市	Hohhot City	246.73	48424	464	119140
包 头 市	Baotou City	160.68	35680	787	77268
呼伦贝尔市	Hulunbeier City	415.23	34152	8796	267044
兴 安 盟	Xingan League	409.18	23073	4657	292216
通 辽 市	Tongliao City	633.25	110548	7976	634672
赤 峰 市	Chifeng City	565.89	229019	3626	346042
锡林郭勒盟	Xilinguole League	143.38	10588	542	18904
乌兰察布市	Wulanchabu City	210.22	27828	838	91649
鄂尔多斯市	Erdos City	302.82	46405	1495	114809
巴彦淖尔市	Bayannaoer City	506.28	44952	1464	242932
乌 海 市	Wuhai City	8.44	3174	30	3618
阿拉善盟	Alashan League	30.46	17385	202	18387

22-47 各盟市主要农产品产量(2014 年)

Yield of Major Farm Crops by Region(2014)

单位：万吨 (10 000 tons)

地区	Region	粮食 Grain	谷物 Cereal	#小麦 Wheat	#玉米 Corn	豆类 Beans	薯类 Tubers	油料 Oil-bearing Crops
呼和浩特市	Hohhot City	132.20	112.82	6.00	101.44	1.51	17.87	8.03
包头市	Baotou City	108.30	92.75	6.02	85.58	0.03	15.52	7.34
呼伦贝尔市	Hulunbeier City	615.65	509.08	117.52	372.00	74.08	32.49	32.56
兴安盟	Xingan League	410.00	393.50	9.66	348.57	9.84	6.65	5.46
通辽市	Tongliao City	663.05	658.46	1.72	624.79	3.16	1.43	10.93
赤峰市	Chifeng City	510.00	487.85	10.00	419.29	4.72	17.43	14.25
锡林郭勒盟	Xilinguole League	35.65	13.41	9.07	3.80	0.12	22.12	2.01
乌兰察布市	Wulanchabu City	102.50	40.78	6.24	30.62	2.41	59.31	6.19
鄂尔多斯市	Erdos City	149.55	135.95	1.97	132.09	0.90	12.70	10.28
巴彦淖尔市	Bayannaoer City	215.55	214.65	21.48	192.86	0.11	0.78	71.12
乌海市	Wuhai City	4.10	4.08	0.27	3.61		0.02	0.16
阿拉善盟	Alashan League	18.00	17.98	0.57	17.27		0.02	1.98

22-48 各盟市大牲畜年中数(2014 年)

Number of Large Animals at the Middle of Year by Region(2014)

单位：万头 (10 000 heads)

地区	Region	大牲畜 Large Animals	牛 Cattle and Buffalos	马 Horses	驴 Donkeys	骡 Mules	骆驼 Camels
呼和浩特市	Hohhot City	64.27	60.61	0.18	1.79	1.68	0.01
包头市	Baotou City	26.41	22.66	1.42	1.44	0.59	0.29
呼伦贝尔市	Hulunbeier City	213.78	190.72	21.39	1.13	0.25	0.28
兴安盟	Xingan League	77.55	68.63	5.84	3.04	0.04	
通辽市	Tongliao City	318.68	274.99	16.13	22.35	5.20	0.02
赤峰市	Chifeng City	343.41	245.52	14.67	73.29	9.81	0.13
锡林郭勒盟	Xilinguole League	148.20	129.58	16.75	0.38	0.01	1.47
乌兰察布市	Wulanchabu City	40.75	34.40	1.38	2.71	1.39	0.87
鄂尔多斯市	Erdos City	35.56	30.58	1.34	1.73	1.35	0.55
巴彦淖尔市	Bayannaoer City	25.43	16.69	1.39	2.40	2.88	2.07
乌海市	Wuhai City	0.45	0.36	0.03	0.05	0.01	
阿拉善盟	Alashan League	14.00	3.79	0.24	0.16	0.02	9.79

22-49 各盟市大牲畜年末数(2014 年)

Number of Large Animals at Year-end by Region(2014)

单位：万头 (10 000 heads)

地 区	Region	大牲畜 Large Animals	牛 Cattle and Buffalos	马 Horses	驴 Donkeys	骡 Mules	骆驼 Camels
呼和浩特市	Hohhot City	63.50	60.85	0.15	1.28	1.16	0.05
包 头 市	Baotou City	30.77	27.48	1.68	1.03	0.32	0.26
呼伦贝尔市	Hulunbeier City	116.86	97.58	17.80	0.91	0.31	0.27
兴 安 盟	Xingan League	60.26	49.60	5.82	4.76	0.07	
通 辽 市	Tongliao City	194.51	150.09	22.52	15.92	5.96	0.02
赤 峰 市	Chifeng City	200.36	114.42	16.08	58.56	11.19	0.11
锡林郭勒盟	Xilinguole League	96.32	80.27	14.37	0.32	0.01	1.34
乌兰察布市	Wulanchabu City	41.56	36.23	0.91	2.16	1.53	0.73
鄂尔多斯市	Erdos City	25.44	21.23	0.95	1.58	1.39	0.29
巴彦淖尔市	Bayannaoer City	22.97	14.86	1.19	2.19	2.80	1.93
乌 海 市	Wuhai City	0.41	0.32	0.03	0.05	0.01	
阿拉善盟	Alashan League	11.57	2.35	0.22	0.16	0.02	8.83

22-50 各盟市羊和猪年中数(2014 年)

Number of Sheep, Goats and Hogs at the Middle of Year by Region(2014)

单位：万只(头) (10 000 heads)

地 区	Region	羊 Sheep and Goats	绵羊 Sheep	山羊 Goats	生猪 Hogs
呼和浩特市	Hohhot City	278.73	214.10	64.63	36.44
包 头 市	Baotou City	364.53	252.50	112.03	35.46
呼伦贝尔市	Hulunbeier City	1554.27	1356.25	198.02	187.35
兴 安 盟	Xingan League	1024.05	851.13	172.91	99.42
通 辽 市	Tongliao City	1148.55	673.36	475.20	539.67
赤 峰 市	Chifeng City	1510.95	1241.97	268.99	360.22
锡林郭勒盟	Xilinguole League	1321.25	1224.73	96.52	7.44
乌兰察布市	Wulanchabu City	638.70	597.72	40.98	85.61
鄂尔多斯市	Erdos City	1089.78	494.98	594.80	102.41
巴彦淖尔市	Bayannaoer City	996.53	755.97	240.56	55.92
乌 海 市	Wuhai City	10.99	4.50	6.49	4.16
阿拉善盟	Alashan League	152.70	49.56	103.14	2.22

22-51 各盟市羊和猪年末数(2014 年)

Number of Sheep, Goats and Hogs at Year-end by Region(2014)

单位：万只(头) (10 000 heads)

地区	Region	羊 Sheep and Goats	绵羊 Sheep	山羊 Goats	生猪 Hogs	肉猪出栏头数 Slaughtered Fattened Hogs
呼和浩特市	Hohhot City	170.89	125.31	45.58	26.82	37.32
包头市	Baotou City	204.59	134.42	70.17	26.23	55.72
呼伦贝尔市	Hulunbeier City	758.06	654.75	103.31	33.82	50.42
兴安盟	Xingan League	539.11	292.44	246.67	69.63	105.24
通辽市	Tongliao City	668.37	367.79	300.58	256.56	327.02
赤峰市	Chifeng City	662.55	489.20	173.35	122.60	166.53
锡林郭勒盟	Xilinguole League	576.07	539.96	36.11	4.89	10.00
乌兰察布市	Wulanchabu City	449.16	423.51	25.65	40.17	54.26
鄂尔多斯市	Erdos City	694.47	276.16	418.31	41.83	72.46
巴彦淖尔市	Bayannaoer City	716.42	526.73	189.69	41.90	38.78
乌海市	Wuhai City	8.48	2.54	5.95	2.86	10.83
阿拉善盟	Alashan League	121.11	36.94	84.16	2.14	2.21

22-52 各盟市主要畜产品产量(2014 年)

Output of Major Livestock Products by Region(2014)

地区	Region	肉类产量(吨) Output of Meat (ton)	# 猪牛羊肉 Output of Pork, Beef and Mutton	猪肉 Pork	牛肉 Beef	羊肉 Mutton	奶类(吨) Milk (ton)	# 牛奶 Cow Milk
呼和浩特市	Hohhot City	103608	95636	27990	33134	34512	2822478	2822118
包头市	Baotou City	162433	154812	46393	40130	68289	1019629	1019523
呼伦贝尔市	Hulunbeier City	262668	244323	38321	98016	107986	1255054	1246785
兴安盟	Xingan League	194747	178462	84722	23423	70317	415300	414665
通辽市	Tongliao City	516225	437707	261615	105203	70889	447454	410118
赤峰市	Chifeng City	460723	318078	130000	98487	89591	371008	370700
锡林郭勒盟	Xilinguole League	260298	252329	8136	116137	128056	564187	545317
乌兰察布市	Wulanchabu City	219648	201072	40694	29411	130967	702182	702132
鄂尔多斯市	Erdos City	157612	152802	55067	15543	82192	158676	134028
巴彦淖尔市	Bayannaoer City	202578	190981	32573	9432	148976	378875	378875
乌海市	Wuhai City	13865	12970	9691	520	2759	1991	1991
阿拉善盟	Alashan League	16276	13868	1820	582	11466	1954	1857

22-52 续表 continued

地 区	Region	绵羊毛 (吨) Sheep Wool (ton)	山羊毛 (吨) Goat Wool (ton)	羊 绒 (吨) Cashmere (ton)	牛皮 (万张) Cattle hide (10 000 pieces)	羊皮 (万张) Sheep skin (10 000 pieces)	禽 蛋 (吨) Poultry Eggs (ton)
呼和浩特市	Hohhot City	4156	303	202	19.49	209.13	32951
包 头 市	Baotou City	3272	315	255	25.46	424.64	26853
呼伦贝尔市	Hulunbeier City	24500	1486	700	55.48	647.03	41509
兴 安 盟	Xingan League	11368	951	790	13.31	421.88	20875
通 辽 市	Tongliao City	10500	4608	1430	58.39	345.85	58831
赤 峰 市	Chifeng City	25149	814	879	57.66	443.40	331165
锡林郭勒盟	Xilinguole League	12053	36	234	44.69	740.97	4903
乌兰察布市	Wulanchabu City	8611	18	85	17.24	703.45	14274
鄂尔多斯市	Erdos City	11878	1517	2678	9.66	441.69	7203
巴彦淖尔市	Bayannaoer City	9483	88	711	6.03	935.64	8542
乌 海 市	Wuhai City	64	87	21	0.30	16.07	3327
阿拉善盟	Alashan League	491	227	298	0.35	43.06	267

22-53 各盟市规模以上工业企业单位数和工业总产值(2014年)
Number of above Designated Size Industrial Enterprises and Their Gross Output Value by Region(2014)

单位：个、万元 (unit)(10 000 yuan)

地 区	Region	规模以上企业 Enterprises above Designated Size		# 国有及国有控股企业 State-owned Enterprises	
		企业单位数 Number of Enterprises	总 产值 (当年价格) Gross Output Value (At Current Prices)	企业单位数 Number of Enterprises	总产值(当年价格) Gross Output Value (At Current Prices)
呼和浩特市	Hohhot City	277	16426373	62	8848069
包 头 市	Baotou City	660	33205186	96	12811938
呼伦贝尔市	Hulunbeier City	423	12956537	77	3966249
兴 安 盟	Xingan League	186	3494498	20	579055
通 辽 市	Tongliao City	593	24790693	57	4117464
赤 峰 市	Chifeng City	569	20569413	72	6726346
锡林郭勒盟	Xilinguole League	385	9742843	76	4088425
乌兰察布市	Wulanchabu City	383	10112468	54	2821670
鄂尔多斯市	Erdos City	372	43757272	72	11977316
巴彦淖尔市	Bayannaoer City	286	9482171	34	1744524
乌 海 市	Wuhai City	153	7351484	18	2609195
阿拉善盟	Alashan League	124	5894823	21	1073797

22-53 续表 1 continued

单位：个、万元 (unit)(10 000 yuan)

地区	Region	# 集体企业 Collective-owned Enterprises		# 股份有限公司 Share Holding Enterprises	
		企业单位数 Number of Enterprises	总产值(当年价格) Gross Output Value (At Current Prices)	企业单位数 Number of Enterprises	总产值(当年价格) Gross Output Value (At Current Prices)
呼和浩特市	Hohhot City	2	5728	26	4813855
包头市	Baotou City	10	39228	55	6210070
呼伦贝尔市	Hulunbeier City			17	604701
兴安盟	Xingan League	4	46393	3	185512
通辽市	Tongliao City	6	99180	38	2102565
赤峰市	Chifeng City	9	209802	40	2603394
锡林郭勒盟	Xilinguole League	1	46424	22	948776
乌兰察布市	Wulanchabu City			17	649712
鄂尔多斯市	Erdos City	5	10562	33	11699899
巴彦淖尔市	Bayannaoer City	1	29673	10	490729
乌海市	Wuhai City			6	245499
阿拉善盟	Alashan League			5	450905

22-53 续表 2 continued

单位：个、万元 (unit)(10 000 yuan)

地区	Region	# 外商投资企业 Foreign Funded Enterprises		# 港澳台商投资企业 Enterprises Funded by Entrepreneurs from Hong Kong, Macao & Taiwan	
		企业单位数 Number of Enterprises	总产值(当年价格) Gross Output Value (At Current Prices)	企业单位数 Number of Enterprises	总产值(当年价格) Gross Output Value (At Current Prices)
呼和浩特市	Hohhot City	15	2212769	14	1079263
包头市	Baotou City	21	806314	11	650737
呼伦贝尔市	Hulunbeier City	13	429291	8	279994
兴安盟	Xingan League	6	204363	1	24722
通辽市	Tongliao City	12	1586010	6	248327
赤峰市	Chifeng City	7	404899	4	156295
锡林郭勒盟	Xilinguole League	3	52653	6	98750
乌兰察布市	Wulanchabu City	7	182308	5	32447
鄂尔多斯市	Erdos City	10	2854213	7	217574
巴彦淖尔市	Bayannaoer City	7	428730	3	470435
乌海市	Wuhai City	2	42828	1	2114
阿拉善盟	Alashan League	2	4133	1	4395

22-53 续表 3 continued

单位：个、万元 (unit)(10 000 yuan)

地区	Region	轻工业 Enterprises of Light Industry		重工业 Enterprises of Heavy Industry	
		企业单位数 Number of Enterprises	总产值(当年价格) Gross Output Value (At Current Prices)	企业单位数 Number of Enterprises	总产值(当年价格) Gross Output Value (At Current Prices)
呼和浩特市	Hohhot City	117	6885642	160	9540731
包头市	Baotou City	83	1906002	577	31299184
呼伦贝尔市	Hulunbeier City	161	4724398	262	8232138
兴安盟	Xingan League	84	1865894	102	1628604
通辽市	Tongliao City	225	9306467	368	15484226
赤峰市	Chifeng City	173	4245298	396	16324115
锡林郭勒盟	Xilinguole League	145	2087544	240	7655300
乌兰察布市	Wulanchabu City	92	1760247	291	8352222
鄂尔多斯市	Erdos City	30	2031270	342	41726002
巴彦淖尔市	Bayannaoer City	114	3811563	172	5670609
乌海市	Wuhai City	7	50563	146	7300922
阿拉善盟	Alashan League	8	198085	116	5696738

22-53 续表 4 continued

单位：个、万元 (unit) (10 000 yuan)

地区	Region	大型企业 Large Enterprises		中型企业 Medium-sized Enterprises		小型企业 Small Enterprises	
		企业单位数 Number of Enterprises	总产值(当年价格) Gross Output Value (At Current Prices)	企业单位数 Number of Enterprises	总产值(当年价格) Gross Output Value (At Current Prices)	企业单位数 Number of Enterprises	总产值(当年价格) Gross Output Value (At Current Prices)
呼和浩特市	Hohhot City	17	8183325	57	5226894	184	2932173
包头市	Baotou City	30	12471579	117	7499456	471	11683527
呼伦贝尔市	Hulunbeier City	11	3551032	53	2322197	336	6870071
兴安盟	Xingan League	1	233304	21	1006979	151	2202602
通辽市	Tongliao City	12	3742457	74	6174725	477	14554687
赤峰市	Chifeng City	16	6048522	89	6301923	439	8075091
锡林郭勒盟	Xilinguole League	8	1861136	36	2326563	278	5125864
乌兰察布市	Wulanchabu City	8	1719911	41	2134300	286	5977236
鄂尔多斯市	Erdos City	36	20029140	80	14200607	239	9199618
巴彦淖尔市	Bayannaoer City	7	1491434	38	2906102	212	4893371
乌海市	Wuhai City	8	2967970	34	1984868	98	2189061
阿拉善盟	Alashan League	4	2487909	31	2442054	66	791916

22-54 各盟市规模以上工业企业主要指标(2014 年)

Main Indicators of Industrial Enterprises above Designed Size by Region(2014)

单位：万元 (10 000 yuan)

地 区	Region	资产合计 Total Assets	负债合计 Total Liabilities	主营业务收入 Revenue of main business	利润总额 Total Profits
呼和浩特市	Hohhot City	25211722	16038447	18456720	936130
包 头 市	Baotou City	44648299	30426590	31612986	1319494
呼伦贝尔市	Hulunbeier City	18466585	11165029	12120195	1125112
兴 安 盟	Xingan League	3338040	2216865	3464534	293564
通 辽 市	Tongliao City	16854046	7295237	24465870	1451279
赤 峰 市	Chifeng City	15572737	9582906	19509426	946443
锡林郭勒盟	Xilinguole League	18126911	14505208	10009031	214507
乌兰察布市	Wulanchabu City	12482360	9213220	9414123	27287
鄂尔多斯市	Erdos City	80850214	46339901	44642491	6888798
巴彦淖尔市	Bayannaoer City	11426313	7582459	8367928	462669
乌 海 市	Wuhai City	15069810	11474078	6280216	510914
阿拉善盟	Alashan League	7754969	6118301	4775224	405906

22-55 各盟市规模以上工业企业主要指标(2014 年)

Main Indicators of Industrial Enterprises above Designed Size by Region(2014)

单位：万元 (10 000 yuan)

地 区	Region	所有者权益 Creditors Equity	利税总额 Total Profits and Taxes	本年应交增值税 Value Added Tax Payable	流动资产合计 Circulating Funds	固定资产合计 Total Fixed Assets
呼和浩特市	Hohhot City	9095311	2327341	582349	9417605	8584841
包 头 市	Baotou City	14222046	2389377	897064	19296109	16102152
呼伦贝尔市	Hulunbeier City	7081326	1877484	618580	5358770	10549641
兴 安 盟	Xingan League	1098058	546866	76928	1055631	1993844
通 辽 市	Tongliao City	9507446	2323446	666276	3853845	11164662
赤 峰 市	Chifeng City	5809767	1409735	332447	4850447	8413847
锡林郭勒盟	Xilinguole League	3909416	839533	456108	4964173	10486597
乌兰察布市	Wulanchabu City	3243120	373244	313317	3671518	7280879
鄂尔多斯市	Erdos City	35448655	10524271	2921393	28145543	33326263
巴彦淖尔市	Bayannaoer City	3836734	695260	181568	3965631	5844111
乌 海 市	Wuhai City	3511918	846230	283385	6923637	4593820
阿拉善盟	Alashan League	1518062	683714	239613	3278935	3615993

22-56 各盟市主要工业产品产量(2014 年)

Output of Major Industrial Products by Region(2014)

地 区	Region	白酒 (千升) Liquor (1000 litres)	糖 (吨) Sugar (ton)	液体乳 (万吨) Milk (10000 tons)	机制纸及纸板(吨) Machine-made Paper and Paperboards (ton)	原 油 (吨) Crude Oil (ton)	原 煤 (万吨) Coal (10 000 tons)	发电量 (亿千瓦小时) Electricity (100 million kwh)
呼和浩特市	Hohhot City	6018.60		137.43	73891		411.95	440.95
包 头 市	Baotou City	8568.00		16.21	192690		2041.62	445.05
呼伦贝尔市	Hulunbeier City	136516.40		0.27	24027	440635	8721.06	341.02
兴 安 盟	Xingan League	51925.00		11.66			107.00	40.90
通 辽 市	Tongliao City	215372.00	313140	10.21			5294.79	311.38
赤 峰 市	Chifeng City	78847.80	97271	10.03			2672.65	224.72
锡林郭勒盟	Xilinguole League	37056.00		8.94		1359254	12134.42	379.46
乌兰察布市	Wulanchabu City	32248.00	100658	24.22				446.79
鄂尔多斯市	Erdos City	29857.10					63119.18	812.63
巴彦淖尔市	Bayannaoer City	19391.70		27.50		123995	3.00	157.47
乌 海 市	Wuhai City	905.00					3412.26	193.00
阿拉善盟	Alashan League						1473.36	64.44

22-56 续表 continued

地 区	Region	焦 炭 (万吨) Coke (10 000 tons)	钢 (万吨) Steel (10 000 tons)	生 铁 (万吨) Pig Iron (10 000 tons)	成品钢材 (万吨) Steel Products (10 000 tons)	水 泥 (万吨) Cement (10 000 tons)	化 肥(万吨) Chemical Fertilizer (10 000 tons)
呼和浩特市	Hohhot City	48.06				845.37	28.77
包 头 市	Baotou City	495.04	1314.97	1183.70	1307.65	532.66	
呼伦贝尔市	Hulunbeier City		6.27			620.94	24.24
兴 安 盟	Xingan League		60.13	58.69	58.41	300.69	
通 辽 市	Tongliao City					982.06	
赤 峰 市	Chifeng City	122.57	223.46		262.84	585.52	14.07
锡林郭勒盟	Xilinguole League					710.33	
乌兰察布市	Wulanchabu City				12.43	919.36	
鄂尔多斯市	Erdos City	772.28	11.87	14.31	78.65	486.42	49.02
巴彦淖尔市	Bayannaoer City	231.41				93.18	9.99
乌 海 市	Wuhai City	1235.02	44.78	53.80	43.19	137.83	
阿拉善盟	Alashan League	541.56		20.21		95.76	

22–57 各盟市建筑业企业情况(2014 年)

Main Indicators on Construction Enterprises by Region(2014)

地 区	Region	企业单位数(个) Enterprises (unit)	# 国有 State-owned	# 集体 Collective owned	从业人员(人) Persons Employed (person)	# 国有 State-owned	# 集体 Collective owned	建筑业总产值(万元) Gross Output Value (10 000 yuan)	# 国有 State-owned	# 集体 Collective owned
呼和浩特市	Hohhot City	180	3		57386	1730		2228057	29152	
包 头 市	Baotou City	100			51473			2218730		
呼伦贝尔市	Hulunbeier City	73			20674			1247816		
兴 安 盟	Xingan League	34			5672			394967		
通 辽 市	Tongliao City	56	1		19040	707		614225	51942	
赤 峰 市	Chifeng City	132		1	60047		22	1813167		150
锡林郭勒盟	Xilinguole League	34			4517			154365		
乌兰察布市	Wulanchabu City	41			11841			447357		
鄂尔多斯市	Erdos City	192	1		65066	158		3629463	8800	
巴彦淖尔市	Bayannaoer City	56			17899			472283		
乌 海 市	Wuhai City	41			21167			704859		
阿拉善盟	Alashan League	21			2244			93832		

22–58 各盟市房屋建筑面积(2014 年)

Floor Space of Building by Region(2014)

单位：万平方米 (10 000 sq.m)

地 区	Region	房屋建筑面积 Floor Space of Building Construction			国 有 State-owned		集 体 Collective-owned	
		施工面积 Floor Space Under Construction	竣工面积 Floor Space Completed	# 住宅 Residential Buildings	施工面积 Floor Space Under Construction	竣工面积 Floor Space Completed	施工面积 Floor Space Under Construction	竣工面积 Floor Space Completed
呼和浩特市	Hohhot City	1527.32	425.99	326.00	11.52	3.05		
包 头 市	Baotou City	1544.87	517.97	411.94				
呼伦贝尔市	Hulunbeier City	700.27	560.45	442.06				
兴 安 盟	Xingan League	316.26	65.85	48.51				
通 辽 市	Tongliao City	419.98	259.01	213.67				
赤 峰 市	Chifeng City	1238.70	800.75	626.70				
锡林郭勒盟	Xilinguole League	112.53	61.13	52.13				
乌兰察布市	Wulanchabu City	655.02	226.60	186.02				
鄂尔多斯市	Erdos City	547.30	323.77	189.16				
巴彦淖尔市	Bayannaoer City	542.37	174.67	121.73				
乌 海 市	Wuhai City	430.25	219.34	208.40				
阿拉善盟	Alashan League	18.55	13.40	10.29				

22-59 各盟市城镇自来水情况(2014 年)

Basic Statistics on Tap Water Supply in Towns and Cities by Region(2014)

地 区	Region	年末供水管道长度(公里) Length of Water Supply Pipelines (year-end)(km)	全年供水总量(万吨) Total Annual Volume of Water Supply (10 000 tons)	# 生产运营用水 For Productive Use	# 生活用水 For Residential Use	用水人口(万人) Number of Residents with Access to Tap water (10 000 persons)
总　计	**Total**	**10619**	**73864**	**30951**	**32268**	**854.20**
呼和浩特市	Hohhot City	790	14876	4844	6091	187.99
包 头 市	Baotou City	1718	17495	9469	5718	182.98
呼伦贝尔市	Hulunbeier City	1032	7396	3546	3355	86.39
兴 安 盟	Xingan League	318	2908	943	1418	26.57
通 辽 市	Tongliao City	938	5948	2458	2675	55.93
赤 峰 市	Chifeng City	1219	10917	6843	3398	96.11
锡林郭勒盟	Xilinguole League	741	1820	599	976	26.68
乌兰察布市	Wulanchabu City	510	2495	696	1401	46.06
鄂尔多斯市	Erdos City	807	3583	593	2620	48.40
巴彦淖尔市	Bayannaoer City	443	2411	249	1793	40.75
乌 海 市	Wuhai City	2105	4016	711	2822	56.34
阿拉善盟	Alashan League					

22-60 各盟市城镇煤气、液化石油气、天然气(2014 年)

Basic Statistics on Supply of Gas, Liquefied Petroleum Gas and Natural Gas in Towns and Cities by Region(2014)

地 区	Region	煤气供气量(万立方米) Coal Gas Supply (10 000 cu.m)	# 家庭用量 For Residential Use	天然气供气量(万立方米) Natural Gas Supply (10 000 cu.m)	# 家庭用量 For Residential Use	液化石油气供气量(吨) Liquefied Petroleum Gas Supply (ton)	# 家庭用量 For Residential Use
总计	**Total**	**3500**	**2944**	**110922**	**18820**	**63069**	**57505**
呼和浩特市	Hohhot City			40809	5582		
包 头 市	Baotou City	3500	2944	38265	5835	9220	9020
呼伦贝尔市	Hulunbeier City			499	294	19870	18657
兴 安 盟	Xingan League			183	109	3549	2290
通 辽 市	Tongliao City			2152	595	2780	2261
赤 峰 市	Chifeng City			890	436	15769	14200
锡林郭勒盟	Xilinguole League			2241	86	4014	3700
乌兰察布市	Wulanchabu City			3413	602	4737	4255
鄂尔多斯市	Erdos City			14814	2544	1800	1800
巴彦淖尔市	Bayannaoer City			974	645		
乌 海 市	Wuhai City			6680	2092	1331	1322
阿拉善盟	Alashan League						

22-61 各盟市城镇市政工程(2014 年)

Basic Statistics on Municipal Engineering in Towns and Cities by Region(2014)

地 区	Region	污水排放量(万吨) Volume of Waste Water Discharged (10 000 tons)	城市污水日处理能力(万吨) Daily Disposal Capacity of Sewage (10 000 tons)	排水管道长度(公里) Length of Sewer Pipelines (km)	生活垃圾清运量(万吨) Volume of Garbage Disposal (10 000 tons)	生活垃圾无害化处理量(万吨) Volume of Garbage Treated (10 000 tons)
总 计	**Total**	**57212**	**189.5**	**12123**	**324.6**	**311.8**
呼和浩特市	Hohhot City	11810	30.0	1996	62.0	61.2
包 头 市	Baotou City	9255	35.2	2087	49.1	47.1
呼伦贝尔市	Hulunbeier City	6621	21.9	1100	34.8	32.4
兴 安 盟	Xingan League	2066	7.0	416	18.5	18.0
通 辽 市	Tongliao City	6917	25.0	1083	19.7	17.7
赤 峰 市	Chifeng City	9246	26.6	761	41.5	40.7
锡林郭勒盟	Xilinguole League	1497	5.5	617	14.6	14.6
乌兰察布市	Wulanchabu City	1858	9.8	540	23.3	22.5
鄂尔多斯市	Erdos City	2573	9.0	2133	20.4	19.4
巴彦淖尔市	Bayannaoer City	2313	11.0	1101	14.6	14.5
乌 海 市	Wuhai City	3056	8.5	290	26.1	23.7
阿拉善盟	Alashan League					

22-62 各盟市年末公路运输线路长度和运量(2014 年)

Length of Highways for Transportation Routes and Traffic by Region(End of 2014)

地 区	Region	公路里程(公里) Total Length of Highways (km)	等级路 Expressway & Class I to IV Highway	等外路 Highway Below Class IV	客运量(万人) Passenger Traffic (10 000 persons)	旅客周转量(万人公里) Passenger-Kilometers (10 000 passenger-km)	货运量(万吨) Freight Traffic (10 000 tons)	货物周转量(万吨公里) Freight Ton-Kilometers (10 000 ton-km)
呼和浩特市	Hohhot City	7258	6959	299	699	151146	16326	2822421
包 头 市	Baotou City	6907	5857	1050	902	172234	28832	4832766
呼伦贝尔市	Hulunbeier City	22249	21037	1213	1523	153941	9769	1711322
兴 安 盟	Xingan League	10703	10487	217	573	85993	3471	625593
通 辽 市	Tongliao City	18485	17068	1416	1792	184007	8984	1550508
赤 峰 市	Chifeng City	24893	24045	848	3872	276152	13117	2398284
锡林郭勒盟	Xilinguole League	19111	18506	605	396	122145	4131	678821
乌兰察布市	Wulanchabu City	13383	13358	25	483	52090	6201	1172516
鄂尔多斯市	Erdos City	18748	17246	1502	1063	209720	16997	1944995
巴彦淖尔市	Bayannaoer City	20745	16146	4598	1919	161880	8651	1759554
乌 海 市	Wuhai City	987	985	2	194	24359	5751	719142
阿拉善盟	Alashan League	8698	8430	268	81	20284	4476	818750

22-63 各盟市邮政业务基本情况(2014 年)

Basic Conditions of Post Services by Region(2014)

地 区	Region	邮政业务总量 (万元) Business Volume of Post Service (10 000 yuan)	函 件 (万件) Number of Letters (10 000 Pcs)	报刊期发数 (万份) Newspapers and Magazines Circulation (10 000 copies)	邮政局所总数 (处) Number of Post and Telecommunications Offices (unit)
呼和浩特市	Hohhot City	71363	892	82	111
包 头 市	Baotou City	19969	75	21	95
呼伦贝尔市	Hulunbeier City	13171	157	20	177
兴 安 盟	Xingan League	6974	24	11	110
通 辽 市	Tongliao City	12952	40	18	129
赤 峰 市	Chifeng City	24225	187	34	297
锡林郭勒盟	Xilinguole League	6583	92	14	119
乌兰察布市	Wulanchabu City	9406	35	13	158
鄂尔多斯市	Erdos City	11957	86	19	118
巴彦淖尔市	Bayannaoer City	10094	33	18	129
乌 海 市	Wuhai City	5734	14	6	30
阿拉善盟	Alashan League	2237	4	5	33

22-64 各盟市社会消费品零售总额(2014 年, 按销售单位所在地分)

Total Retail Sale of Consumer Goods by Location of Retailers by Region(2014)

单位：万元 (10 000 yuan)

地 区	Region	社会消费品零售总额 Total Retail Sales of Consumer Goods	城镇 Cities and towns			乡村 Villages
				城区 Cities	镇区 Towns	
呼和浩特市	Hohhot City	12561000	11510000	10705000	805000	1051000
包 头 市	Baotou City	11847000	11638000	10775000	863000	208000
呼伦贝尔市	Hulunbeier City	5041000	4370000	2624000	1746000	670000
兴 安 盟	Xingan League	1933000	1637000	1040000	597000	296000
通 辽 市	Tongliao City	4354000	3098000	1622000	1476000	1256000
赤 峰 市	Chifeng City	5884000	5082000	4441000	641000	801000
锡林郭勒盟	Xilinguole League	2080000	1674000	896000	779000	406000
乌兰察布市	Wulanchabu City	2692000	1997000	956000	1041000	694000
鄂尔多斯市	Erdos City	6095000	5104000	3870000	1234000	990000
巴彦淖尔市	Bayannaoer City	2161000	1901000	899000	1002000	260000
乌 海 市	Wuhai City	1295000	1295000	616000	679000	
阿拉善盟	Alashan League	633000	573000	337000	236000	60000

22-65 各盟市商品销售额(营业额)(2014年, 按行业分)

Sale of Commodities Goods（Turnover） by Sector by Region(2014)

单位：万元 (10 000 yuan)

地区	Region	批发业 Whole-sale Trade	零售业 Retail Sale Trade	住宿业 Hotels Trade	餐饮业 Catering Trade
呼和浩特市	Hohhot City	31092909	15515922	517363	2061743
包头市	Baotou City	17560865	17703592	384393	2057339
呼伦贝尔市	Hulunbeier City	4872825	4954516	190743	922057
兴安盟	Xingan League	775697	1905686	29223	193303
通辽市	Tongliao City	3781092	4058521	91547	686339
赤峰市	Chifeng City	6995555	5722654	196096	760390
锡林郭勒盟	Xilinguole League	1981869	2268323	81624	258481
乌兰察布市	Wulanchabu City	2242234	2455592	70987	449172
鄂尔多斯市	Erdos City	10790561	7882587	246626	1647598
巴彦淖尔市	Bayannaoer City	1928265	1934037	21550	362920
乌海市	Wuhai City	814477	1081165	70039	157534
阿拉善盟	Alashan League	417483	826983	40606	179513

22-66 各盟市限额以上批发零售贸易、住宿餐饮业法人企业(2014年)

Number of Corporation Units above Designated Size in Wholesale and Retail Sale, Catering Trades (2014)

单位：个 (unit)

地区	Region	合计 Total	批发业 Wholesale Trade	零售业 Retail Trade	住宿业 Hotels	餐饮业 Catering Trade
呼和浩特市	Hohhot City	532	133	246	65	88
包头市	Baotou City	403	104	196	41	62
呼伦贝尔市	Hulunbeier City	330	120	128	42	40
兴安盟	Xingan League	57	16	26	6	9
通辽市	Tongliao City	282	117	132	24	9
赤峰市	Chifeng City	243	77	95	34	37
锡林郭勒盟	Xilinguole League	108	30	38	30	10
乌兰察布市	Wulanchabu City	74	9	28	15	22
鄂尔多斯市	Erdos City	317	29	181	25	82
巴彦淖尔市	Bayannaoer City	93	37	43	1	12
乌海市	Wuhai City	150	58	74	12	6
阿拉善盟	Alashan League	43	9	13	11	10

22-67 各盟市限额以上批发零售贸易、住宿餐饮业产业活动单位及个体户(2014年)

Number of Active Units above Designated Size in Wholesale, Retail Sale, Catering and Trades and Self-Employed (2014)

单位：个 (unit)

地区	Region	合计 Total	批发业 Wholesale Trade	零售业 Retail Trade	住宿业 Hotels	餐饮业 Catering Trade
呼和浩特市	Hohhot City	107	3	8	8	88
包头市	Baotou City	181	3	24	18	136
呼伦贝尔市	Hulunbeier City	217	8	67	35	107
兴安盟	Xingan League	7		5	1	1
通辽市	Tongliao City	72		36	7	29
赤峰市	Chifeng City	155	20	66	16	53
锡林郭勒盟	Xilinguole League	79	1	37	11	30
乌兰察布市	Wulanchabu City	22	2	7	2	11
鄂尔多斯市	Erdos City	172		90	19	63
巴彦淖尔市	Bayannaoer City	10				10
乌海市	Wuhai City	56	1	7	9	39
阿拉善盟	Alashan League	3	1			2

22-68 各盟市限额以上批发零售贸易、住宿餐饮业企业及个体户从业人员(2014年)

Number of Persons Engaged in Enterprises above Designated Size in Wholesale ,Retail Sale and Self-Employed Catering Trades (2014)

单位：人 (person)

地区	Region	合计 Total	批发业 Wholesale Trade	零售业 Retail Trade	住宿业 Hotels	餐饮业 Catering Trade
呼和浩特市	Hohhot City	65057	10204	34010	9761	11082
包头市	Baotou City	35948	4435	17070	5177	9266
呼伦贝尔市	Hulunbeier City	22179	3280	9785	4222	4892
兴安盟	Xingan League	4380	1188	2063	582	547
通辽市	Tongliao City	15718	3503	7811	3015	1389
赤峰市	Chifeng City	31705	9883	13911	3370	4541
锡林郭勒盟	Xilinguole League	9420	782	4918	2046	1674
乌兰察布市	Wulanchabu City	11601	1688	5747	1642	2524
鄂尔多斯市	Erdos City	26921	1917	12352	2103	10549
巴彦淖尔市	Bayannaoer City	9381	3417	3863	45	2056
乌海市	Wuhai City	7346	1564	3205	1066	1511
阿拉善盟	Alashan League	3133	352	875	1190	716

22-69 各盟市限额以上批发零售贸易业企业及个体户商品销售总额(2014 年)

Total Sales of Enterprise above Designated Size in Wholesale ,Retail Sale Trades Self-Employed(2014)

单位：万元 (10 000 yuan)

地区	Region	销售总额 Total Sales	批发 Wholesale Trade	零售 Retail Trade
呼和浩特市	Hohhot City	11995184	6422377	5572806
包头市	Baotou City	8546341	4987509	3558833
呼伦贝尔市	Hulunbeier City	2992767	1888017	1104750
兴安盟	Xingan League	822894	382157	440738
通辽市	Tongliao City	2778425	1228755	1549670
赤峰市	Chifeng City	3371758	1900971	1470787
锡林郭勒盟	Xilinguole League	1609780	1077441	532340
乌兰察布市	Wulanchabu City	817197	487378	329819
鄂尔多斯市	Erdos City	9159527	6015185	3144342
巴彦淖尔市	Bayannaoer City	1455412	991366	464046
乌海市	Wuhai City	1797052	1006123	790928
阿拉善盟	Alashan League	401065	156571	244494

22-70 各盟市限额以上批发零售贸易企业主要财务指标(2014 年)

Main Financial Indicators of Enterprises above Designated Size in Wholesale and Retail by Region(2014)

单位：万元 (10 000 yuan)

地区	Region	商品销售收入 Sales Revenue	商品销售成本 Cost of Sales	商品销售税金及附加 Sales Tax and Extra Changes	销售费用 selling expenses	营业利润 Operating profit
呼和浩特市	Hohhot City	10769599	9875835	97043	297670	193183
包头市	Baotou City	7436599	6870677	45983	260849	24732
呼伦贝尔市	Hulunbeier City	2687927	2506653	18310	114923	2878
兴安盟	Xingan League	773119	716948	6966	37576	-37387
通辽市	Tongliao City	2402220	2201434	14278	70511	52702
赤峰市	Chifeng City	2272366	2091368	18929	82086	15710
锡林郭勒盟	Xilinguole League	1494268	1334805	17664	63278	50098
乌兰察布市	Wulanchabu City	793026	513691	14019	33023	13933
鄂尔多斯市	Erdos City	8575415	7874421	45552	322400	285796
巴彦淖尔市	Bayannaoer City	1335165	1175247	12580	75988	15369
乌海市	Wuhai City	1676850	1337839	9038	67916	212123
阿拉善盟	Alashan League	290558	271779	2364	16671	-7875

22-71 各盟市限额以上住宿和餐饮企业主要财务指标(2014 年)

Main Financial Indicators of Enterprises above Designated Size in Catering Trade by Region(2014)

单位：万元 (10 000 yuan)

地 区	Region	营业收入 Sales Revenue	营业成本 Cost of Sales	营业税金及附加 Business Tax and Surcharges	销售费用 Selling Expenses	营业利润 Operating Profit
呼和浩特市	Hohhot City	231681	100708	11712	68370	-18860
包 头 市	Baotou City	249914	159141	8994	55439	-23205
呼伦贝尔市	Hulunbeier City	75786	31324	4041	23050	-6471
兴 安 盟	Xingan League	10521	5361	410	2924	-742
通 辽 市	Tongliao City	28959	17061	1212	6502	-2065
赤 峰 市	Chifeng City	55303	27015	2860	14864	-5926
锡林郭勒盟	Xilinguole League	26334	15649	1427	7961	-2708
乌兰察布市	Wulanchabu City	25774	11627	1474	8523	-2802
鄂尔多斯市	Erdos City	126632	52879	4606	29651	-10891
巴彦淖尔市	Bayannaoer City	16084	5970	897	6005	-1808
乌 海 市	Wuhai City	14434	6657	1007	6089	-2636
阿拉善盟	Alashan League	18422	9936	1077	3952	-2452

22-72 各盟市入境旅游人数和外汇收入(2014 年)

Number of Foreign Tourists and Foreign Exchange Earnings by Region(2014)

地 区	Region	入境旅游人数(人次) Total Number of International Tourists Inbound (person-times)	# 外国人 Foreigners	旅游外汇收入(万美元) Earnings from International Tourism(USD 10 000)
呼和浩特市	Hohhot City	123037	91815	12480
包 头 市	Baotou City	35867	31727	5142
呼伦贝尔市	Hulunbeier City	656942	651144	41912
兴 安 盟	Xingan League	1423	846	108
通 辽 市	Tongliao City	24363	17034	1902
赤 峰 市	Chifeng City	41500	41066	3377
锡林郭勒盟	Xilinguole League	647288	646294	23913
乌兰察布市	Wulanchabu City	40592	24988	3190
鄂尔多斯市	Erdos City	31059	27407	2507
巴彦淖尔市	Bayannaoer City	31571	31255	2635
乌 海 市	Wuhai City	567	526	47
阿拉善盟	Alashan League	37024	36257	3083

22–73 各地区旅行社单位数和国内旅游情况(2014 年末)

Number of Travel Agencies and Domestic Tourism by Region(End of 2014)

地 区	Region	旅行社数(个) Total Number of Travel Agencies (unit)	国内旅游人数（万人次） Number of Tourists (10 000 person times)	国内旅游收入（亿元） Earnings (10 000 yuan)
全 区	**Autonomous Regional Total**	**897**	**7414.88**	**1744.97**
呼和浩特市	Hohhot City	217	1292.44	373.25
包 头 市	Baotou City	93	934.74	260.32
呼伦贝尔市	Hulunbeier City	231	1227.84	338.96
兴 安 盟	Xingan League	56	202.94	30.38
通 辽 市	Tongliao City	28	364.09	72.66
赤 峰 市	Chifeng City	69	637.17	133.24
锡林郭勒盟	Xilinguole League	43	1181.82	213.46
乌兰察布市	Wulanchabu City	30	378.20	43.64
鄂尔多斯市	Erdos City	74	711.46	195.59
巴彦淖尔市	Bayannaoer City	24	170.97	26.79
乌 海 市	Wuhai City	15	164.22	25.84
阿拉善盟	Alashan League	17	148.99	30.84

22–74 各地区星级宾馆个数(2014 年末)

Number of Stars Hotels by Region(End of 2014)

单位：个 (unit)

地 区	Region	星级宾馆个数 Total Number of Stars Hotels	五星级 Five Stars	四星级 Four Stars	三星级 Three Stars	二星级 Two Stars	一星级 One Stars
全 区	**Autonomous Regional Total**	**334**	**10**	**38**	**135**	**151**	
呼和浩特市	Hohhot City	33	5	8	10	10	
包 头 市	Baotou City	28	2	5	14	7	
呼伦贝尔市	Hulunbeier City	50	1	3	29	17	
兴 安 盟	Xingan League	28		1	8	19	
通 辽 市	Tongliao City	31		2	12	17	
赤 峰 市	Chifeng City	34		6	11	17	
锡林郭勒盟	Xilinguole League	25	1	1	10	13	
乌兰察布市	Wulanchabu City	20		1	5	14	
鄂尔多斯市	Erdos City	32	1	7	19	5	
巴彦淖尔市	Bayannaoer City	24		1	7	16	
乌 海 市	Wuhai City	11		1	3	7	
阿拉善盟	Alashan League	18		2	7	9	

22–75 各盟市普通高等学校基本情况(2014年)
Basic Statistics on Higher Education by Region(2014)

地 区	Region	学校数(所) Number of Schools (unit)	毕业生数(人) Number of Graduates (person)	招生数(人) New Student Enrollment (person)	在校学生数(人) Student Enrollment (person)	教职工数(人) Number of Staff and Teachers (person)	# 专任教师 Full-time Teachers
总 计	**Total**	**50**	**111723**	**122755**	**406414**	**37691**	**25000**
呼和浩特市	Hohhot City	23	63179	67703	232481	18565	12247
包 头 市	Baotou City	5	19832	21111	70324	6412	4517
呼伦贝尔市	Hulunbeier City	3	3402	4389	14529	1780	988
兴 安 盟	Xingan League	1	1060	1443	3824	552	387
通 辽 市	Tongliao City	3	6907	7490	27448	2713	1849
赤 峰 市	Chifeng City	4	4998	6227	19716	2774	1798
锡林郭勒盟	Xilinguole League	1	2408	2771	6864	879	516
乌兰察布市	Wulanchabu City	3	5079	5831	17167	1577	1065
鄂尔多斯市	Erdos City	3	836	1140	2275	685	532
巴彦淖尔市	Bayannaoer City	2	2636	3264	8581	1100	603
乌 海 市	Wuhai City	1	1335	1183	2821	243	219
阿拉善盟	Alashan League	1	51	203	384	411	279

注:毕业生数、招生数、在校学生数包括成人高校附设普通班学生数。

a)Number of graduates and new student enrollment and student enrodment include the number of students of ordinary classes attached adult colleges.

22–76 各盟市成人高等学校基本情况(2014年)
Basic Statistics on Adult Education by Region(2014)

地 区	Region	学校数(所) Number of Schools (unit)	毕业生数(人) Number of Graduates (person)	招生数(人) New Student Enrollment (person)	在校学生数(人) Student Enrollment (person)	教职工数(人) Number of Staff and Teachers (person)	# 专任教师 Full-time Teachers
总 计	**Total**	**1**	**49564**	**49849**	**114718**	**553**	**239**
呼和浩特市	Hohhot City	1	16929	23189	52308	553	239
包 头 市	Baotou City		8414	8325	20006		
呼伦贝尔市	Hulunbeier City		3361	2787	5355		
兴 安 盟	Xingan League		136	90	220		
通 辽 市	Tongliao City		9329	6606	15571		
赤 峰 市	Chifeng City		7464	6039	15209		
锡林郭勒盟	Xilinguole League		660	330	680		
乌兰察布市	Wulanchabu City		2073	1660	3573		
鄂尔多斯市	Erdos City						
巴彦淖尔市	Bayannaoer City		565	505	1057		
乌 海 市	Wuhai City		579	236	637		
阿拉善盟	Alashan League		54	82	102		

注:毕业生数、招生数,在校学生数中包含普通高校附设成人班学生数。

a)Number of graduates and new student enrollment and student enrodment include the number of students of ordinary classes attached adult colleges.

22-77 各盟市中等专业学校基本情况(2014 年)

Basic Statistics on Specialized Secondary Schools by Region(2014)

地区	Region	学校数(所) Number of Schools (unit)	毕业生数(人) Number of Graduates (person)	招生数(人) New Student Enrollment (person)	在校学生数(人) Student Enrollment (person)	教职工数(人) Number of Staff and Teachers (person)	# 专任教师 Full-time Teacher
总计	**Total**	**80**	**39539**	**41917**	**120585**	**6509**	**4256**
呼和浩特市	Hohhot City	37	11084	11874	34423	1979	1132
包头市	Baotou City	14	9601	10263	24299	1586	1096
呼伦贝尔市	Hulunbeier City	8	3272	3162	9898	898	592
兴安盟	Xingan League	2	646	712	2126	99	52
通辽市	Tongliao City	4	1346	1222	4294	200	139
赤峰市	Chifeng City	2	3635	4697	16868	412	324
锡林郭勒盟	Xilinguole League		2630	2559	6341		
乌兰察布市	Wulanchabu City	3	671	1257	3621	306	194
鄂尔多斯市	Erdos City	3	2815	2993	8059	410	291
巴彦淖尔市	Bayannaoer City	6	1800	1313	4191	388	270
乌海市	Wuhai City	1	1196	1273	4412	231	166
阿拉善盟	Alashan League		843	592	2053		

注:本表数据不包含成人中专。

a)Date in the Table doesn´t include Adult secondary schools.

22-78 各盟市普通中学基本情况(2014 年)

Basic Statistics on Regular Secondary Schools by Region(2014)

地区	Region	学校数(所) Number of Schools (unit)	毕业生数(人) Number of Graduates (person)			招生数(人) New Student Enrollment (person)		
				初中 Junior Secondary Schools	高中 Senior Secondary Schools		初中 Junior Secondary Schools	高中 Senior Secondary Schools
总计	**Total**	**1003**	**389732**	**227594**	**162138**	**374991**	**219734**	**155257**
呼和浩特市	Hohhot City	110	49774	29629	20145	50234	30317	19917
包头市	Baotou City	94	42519	23777	18742	39380	23543	15837
呼伦贝尔市	Hulunbeier City	163	31653	19785	11868	30059	17117	12942
兴安盟	Xingan League	82	21268	12483	8785	22023	13085	8938
通辽市	Tongliao City	136	49885	30169	19716	54532	31701	22831
赤峰市	Chifeng City	151	77563	43084	34479	70557	40429	30128
锡林郭勒盟	Xilinguole League	39	16442	10124	6318	17473	10162	7311
乌兰察布市	Wulanchabu City	71	32062	17090	14972	27957	15626	12331
鄂尔多斯市	Erdos City	66	28428	17248	11180	28206	17697	10509
巴彦淖尔市	Bayannaoer City	51	27700	17003	10697	22747	13218	9529
乌海市	Wuhai City	23	8756	4973	3783	8253	4742	3511
阿拉善盟	Alashan League	17	3682	2229	1453	3570	2097	1473

22-78 续表 continued

地 区	Region	在校学生数(人) Student Enrollment (person)	初 中 Junior Secondary Schools	高 中 Senior Secondary Schools	教职工数(人) Number of Staff and Teachers (person)	# 专任教师 Full-time Teacher
总 计	**Total**	**1153699**	**669657**	**484042**	**131663**	**94360**
呼和浩特市	Hohhot City	150807	89877	60930	14213	9629
包 头 市	Baotou City	125433	73147	52286	12582	9825
呼伦贝尔市	Hulunbeier City	98131	56291	41840	16337	11062
兴 安 盟	Xingan League	64220	37264	26956	9576	6583
通 辽 市	Tongliao City	158546	93733	64813	16707	12112
赤 峰 市	Chifeng City	221483	122785	98698	23295	17843
锡林郭勒盟	Xilinguole League	52690	30679	22011	5518	4300
乌兰察布市	Wulanchabu City	85904	47275	38629	10506	6774
鄂尔多斯市	Erdos City	83748	51617	32131	10209	7558
巴彦淖尔市	Bayannaoer City	75508	45361	30147	7866	5175
乌 海 市	Wuhai City	25861	14926	10935	3089	2313
阿拉善盟	Alashan League	11368	6702	4666	1765	1186

22-79 各盟市职业中学基本情况(2014 年)
Basic Statistics on Vocational Secondary Schools by Region(2014)

地 区	Region	学校数(所) Number of Schools (unit)	毕业生数(人) Number of Graduates (person)	招生数(人) New Student Enrollment (person)	在校学生数(人) Student Enrollment (person)	教职工数(人) Number of Staff and Teachers (person)	# 专任教师 Full-time Teacher
总 计	**Total**	**117**	**31565**	**33418**	**95492**	**10963**	**8601**
呼和浩特市	Hohhot City	15	3482	3492	9136	1260	830
包 头 市	Baotou City	2	528	1510	3244	193	169
呼伦贝尔市	Hulunbeier City	12	1570	1986	5744	913	731
兴 安 盟	Xingan League	10	1520	1870	4797	689	516
通 辽 市	Tongliao City	14	5818	3124	11431	891	733
赤 峰 市	Chifeng City	30	9644	9131	27568	2483	2046
锡林郭勒盟	Xilinguole League	9	572	721	1941	905	702
乌兰察布市	Wulanchabu City	10	1895	2828	7367	1230	985
鄂尔多斯市	Erdos City	8	3305	3324	10359	1284	985
巴彦淖尔市	Bayannaoer City	5	3140	5329	13691	1062	854
乌 海 市	Wuhai City		67	66	124		
阿拉善盟	Alashan League	2	24	37	90	53	50

注:本表中职业中学指职业高中。

a)In the table Vocational Secondary Schools refer to Vocational high schools.

22-80 各盟市小学基本情况(2014 年)

Basic Statistics on Primary Schools by Region(2014)

地区	Region	学校数(所) Number of Schools (unit)	毕业生数(人) Number of Graduates (person)	招生数(人) New Student Enrollment (person)	在校学生数(人) Student Enrollment (person)	教职工数(人) Number of Staff and Teachers (person)	# 专任教师 Full-time Teacher
总计	**Total**	**2174**	**221107**	**224453**	**1296454**	**122202**	**107262**
呼和浩特市	Hohhot City	218	28975	29979	168693	11161	9890
包头市	Baotou City	153	23597	22833	131676	9009	8727
呼伦贝尔市	Hulunbeier City	185	17121	18112	106221	11874	11847
兴安盟	Xingan League	125	13022	14315	82823	9728	8843
通辽市	Tongliao City	495	32678	30309	183675	17613	16172
赤峰市	Chifeng City	501	41037	41488	247289	26364	21085
锡林郭勒盟	Xilinguole League	71	10489	10122	57197	5787	4772
乌兰察布市	Wulanchabu City	170	15752	14222	86039	10879	8764
鄂尔多斯市	Erdos City	122	18009	23130	116065	9459	7588
巴彦淖尔市	Bayannaoer City	93	13312	12755	74543	7330	6221
乌海市	Wuhai City	25	5000	5194	30094	2102	2243
阿拉善盟	Alashan League	16	2115	1994	12139	896	1110

22-81 各盟市幼儿园基本情况(2014 年)

Basic Statistics on Kindergartens by Region(2014)

地区	Region	园数(所) Number of Kindergartens (unit)	幼儿数(人) Student Enrollment (person)	教职工数(人) Number of Staff and Teachers (person)	# 教师 Teachers
总计	**Total**	**3140**	**559013**	**53135**	**33244**
呼和浩特市	Hohhot City	287	57225	6878	3804
包头市	Baotou City	277	55161	6725	4077
呼伦贝尔市	Hulunbeier City	349	46072	4765	2929
兴安盟	Xingan League	257	35190	2377	1476
通辽市	Tongliao City	519	73401	6459	4034
赤峰市	Chifeng City	801	113437	8925	5580
锡林郭勒盟	Xilinguole League	79	20467	2146	1343
乌兰察布市	Wulanchabu City	97	22378	1727	1188
鄂尔多斯市	Erdos City	286	81570	8599	5989
巴彦淖尔市	Bayannaoer City	121	35988	2301	1380
乌海市	Wuhai City	44	11864	1522	921
阿拉善盟	Alashan League	23	6260	711	523

22-82 各盟市文化艺术、文物事业单位数(2014 年)

Number of Institutions for Culture, Art and Cultural Relics by Region(2014)

单位：个 (unit)

地 区	Region	艺术表演团体 Art Performance Troupes	艺术表演场所 Art Performance Places	文 化 馆 Cultural Centers	公共图书馆 Public Libraries	博 物 馆 Museums
总 计	**Total**	**102**	**19**	**105**	**116**	**75**
呼和浩特市	Hohhot City	4	1	9	9	4
包 头 市	Baotou City	5	3	10	10	3
呼伦贝尔市	Hulunbeier City	14	1	14	15	19
兴 安 盟	Xingan League	6	2	6	7	3
通 辽 市	Tongliao City	9		8	9	5
赤 峰 市	Chifeng City	10		12	14	10
锡林郭勒盟	Xilinguole League	13	1	13	14	8
乌兰察布市	Wulanchabu City	14	4	12	12	7
鄂尔多斯市	Erdos City	9	4	8	9	6
巴彦淖尔市	Bayannaoer City	7		7	8	5
乌 海 市	Wuhai City	1	1	3	4	3
阿拉善盟	Alashan League	4	1	3	4	1
自治区直属	Units Attached to Autonomous Region	6	1		1	1

22-83 各盟市县以上政府属研究机构及科技信息与文献机构、人员(2013 年)

State-owned R & D and Information Literature Institutions at Above County Level & Persons Engaged by Region(2014)

地 区	Region	合 计 Total Number			自然科学技术领域研究机构 Field of Natural Sciences & Technology		
		机 构 (个) Institutions (unit)	从业人员 (人) Employees (person)	# 科技活动人员 S&T personnel	机 构 (个) Institutions (unit)	从业人员 (人) Employees (person)	# 科技活动人员 S&T personnel
总 计	**Total**	**92**	**7043**	**5582**	**70**	**6352**	**4931**
呼和浩特市	Hohhot City	38	3565	2777	27	3065	2309
包 头 市	Baotou City	4	196	143	3	176	123
呼伦贝尔市	Hulunbeier City	9	377	311	8	365	299
兴 安 盟	Xingan League	6	98	71	5	87	61
通 辽 市	Tongliao City	6	399	250	4	375	228
赤 峰 市	Chifeng City	2	305	284	2	305	284
锡林郭勒盟	Xilinguole League	2	716	645	2	716	645
乌兰察布市	Wulanchabu City	6	295	242	5	261	210
鄂尔多斯市	Erdos City	7	441	368	5	388	319
巴彦淖尔市	Bayannaoer City	6	541	386	5	523	368
乌 海 市	Wuhai City	2	33	35	1	24	24
阿拉善盟	Alashan League	4	77	70	3	67	61

22-83 续表 continued

地区	Region	社会、人文科学技术领域 Field of Social Sciences & Humanities			科技信息和文献机构 Technical Information & Literature Institutions		
		机构 (个) Institutions (unit)	从业人员 (人) Employees (person)	# 科技活动人员 S&T personnel	机构 (个) Institutions (unit)	从业人员 (人) Employees (person)	# 科技活动人员 S&T personnel
总 计	**Total**	**10**	**486**	**455**	**12**	**205**	**196**
呼和浩特市	Hohhot City	8	435	406	3	65	62
包 头 市	Baotou City				1	20	20
呼伦贝尔市	Hulunbeier City				1	12	12
兴 安 盟	Xingan League				1	11	10
通 辽 市	Tongliao City	1	9	9	1	15	13
赤 峰 市	Chifeng City						
锡林郭勒盟	Xilinguole League						
乌兰察布市	Wulanchabu City				1	34	32
鄂尔多斯市	Erdos City	1	42	40	1	11	9
巴彦淖尔市	Bayannaoer City				1	18	18
乌 海 市	Wuhai City				1	9	11
阿拉善盟	Alashan League				1	10	9

22-84 各盟市旗县以上政府属研究机构及科技信息与文献机构科技活动收入和科技经费支出总额(2014 年)

Total Funds & Expenditures of State-Owned Research & Technical Information and Literature Institutions above County Level by Region(2014)

单位：万元 (10 000 yuan)

地区	Region	合计 Total				自然科学技术领域研究机构 Field of Natural Sciences & Tech & Trasformed Institution			
		科技经费筹集总额 Funds For Science and Technology	# 政府资金 Government Funds	科技经费内部支出总额 Intramural Expenditures	R&D经费支出 Funds of R&D	科技经费筹集总额 Funds For Science and Technology	# 政府资金 Government Funds	科技经费内部支出总额 Intramural Expenditures	R&D经费支出 Funds of R&D
总 计	**Total**	**116568**	**112820**	**120758**	**44116**	**102829**	**99741**	**103764**	**39135**
呼和浩特市	Hohhot City	72639	69025	70296	30799	61024	58069	55262	25818
包 头 市	Baotou City	2393	2383	1810	810	2248	2238	1653	810
呼伦贝尔市	Hulunbeier City	7740	7695	5373	1545	7612	7567	5266	1545
兴 安 盟	Xingan League	1913	1895	1552	531	1772	1754	1405	531
通 辽 市	Tongliao City	4267	4267	5415	1801	4026	4026	5237	1801
赤 峰 市	Chifeng City	3150	3150	3370	2057	3150	3150	3370	2057
锡林郭勒盟	Xilinguole League	7240	7240	13725	543	7240	7240	13725	543
乌兰察布市	Wulanchabu City	2910	2910	2353	446	2620	2620	2106	446
鄂尔多斯市	Erdos City	5020	5019	9043	1621	4237	4237	8212	1621
巴彦淖尔市	Bayannaoer City	8000	7940	6611	3613	7802	7742	6484	3613
乌 海 市	Wuhai City	368	368	360		276	276	274	
阿拉善盟	Alashan League	928	928	850	350	822	822	770	350

22-84 续表 continued

单位：万元 (10 000 yuan)

地区	Region	社会、人文科学技术领域 Field of Social Sciences and Humanities				科技信息和文献机构 Scientific Technical Information and Literature Institutions			
		科技经费筹集总额 Funds For Science and Technology	# 政府资金 Government Funds	科技经费内部支出总额 Intramural Expenditures	R&D经费支出 Funds of R&D	科技经费筹集总额 Funds For Science and Technology	# 政府资金 Government Funds	科技经费内部支出总额 Intramural Expenditures	R&D经费支出 Funds of R&D
总 计	**Total**	**11429**	**10949**	**14801**	**4750**	**2310**	**2130**	**2193**	**231**
呼和浩特市	Hohhot City	10707	10228	14158	4750	908	728	876	231
包 头 市	Baotou City					145	145	157	
呼伦贝尔市	Hulunbeier City					128	128	107	
兴 安 盟	Xingan League					141	141	147	
通 辽 市	Tongliao City	146	146	91		95	95	87	
赤 峰 市	Chifeng City								
锡林郭勒盟	Xilinguole League								
乌兰察布市	Wulanchabu City					290	290	247	
鄂尔多斯市	Erdos City	576	575	552		207	207	279	
巴彦淖尔市	Bayannaoer City					198	198	127	
乌 海 市	Wuhai City					92	92	86	
阿拉善盟	Alashan League					106	106	80	

22-85 各盟市卫生机构、床位(2014 年)

Number of Health Institutions, Beds by Region(2014)

地 区	Region	机构数(个) Health Institutions (unit)	# 医院、卫生院 Hospital	#疾病预防控制中心 CDC	# 妇幼保健所、站 Maternity and Child Care Centers	床位合计(张) Beds Total (unit)	# 医院、卫生院 Hospital
总 计	**Total**	**23426**	**1974**	**119**	**117**	**129011**	**118010**
呼和浩特市	Hohhot City	1879	161	12	11	15974	14493
包 头 市	Baotou City	1607	116	11	12	15382	14279
呼伦贝尔市	Hulunbeier City	1934	228	17	15	14345	13393
兴 安 盟	Xingan League	1667	124	7	7	7909	7402
通 辽 市	Tongliao City	4628	234	10	9	14346	13288
赤 峰 市	Chifeng City	4542	322	11	13	24821	23265
锡林郭勒盟	Xilinguole League	1265	154	14	14	4068	3795
乌兰察布市	Wulanchabu City	2115	231	12	12	7612	6664
鄂尔多斯市	Erdos City	1545	164	9	9	10280	9300
巴彦淖尔市	Bayannaoer City	1613	160	8	8	9463	8123
乌 海 市	Wuhai City	308	26	4	3	3746	3027
阿拉善盟	Alashan League	323	54	4	4	1065	981

22-86 各盟市卫生机构人员(2014 年)

Number of Persons Engaged in Health Institutions by Region(2014)

单位：人 (person)

地 区	Region	卫生机构人员 Total	卫生技术人员 Medical Technical Personnel	执业医师、执业助理医师 Doctors	# 执业医师 Physician	注册护师、护士 Registered Senior and Junior Nurses
总 计	**Total**	**202999**	**154483**	**62182**	**52624**	**56723**
呼和浩特市	Hohhot City	27000	20160	8326	7536	8020
包 头 市	Baotou City	24418	19774	7302	6790	8748
呼伦贝尔市	Hulunbeier City	24017	18902	7282	5972	7230
兴 安 盟	Xingan League	12310	9223	3551	2684	3017
通 辽 市	Tongliao City	22513	15326	6558	5405	4908
赤 峰 市	Chifeng City	36258	26819	10888	8781	9560
锡林郭勒盟	Xilinguole League	8346	6407	2751	2396	2092
乌兰察布市	Wulanchabu City	12248	8539	3966	2987	2515
鄂尔多斯市	Erdos City	14919	12410	4740	4195	4438
巴彦淖尔市	Bayannaoer City	13111	10540	4332	3677	3810
乌 海 市	Wuhai City	5380	4449	1620	1477	1736
阿拉善盟	Alashan League	2479	1934	866	724	649

注：本表数据包含村卫生室数。

a)Date in the Table include the Village clinics.

22-87 各盟市交通事故(2014 年)

Basic Statistics on Traffic Accidents by Region(2014)

地 区	Region	发生数(起) Number of Traffic Accidents (case)	死亡人数(人) Number of Deaths (person)	受伤人数(人) Number of Injuries (person)	直接经济损失(元) Direct Losses (yuan)
总 计	**Total**	**3404**	**1005**	**3229**	**14917720**
呼和浩特市	Hohhot City	655	106	682	1416270
包 头 市	Baotou City	1095	70	1237	1064600
呼伦贝尔市	Hulunbeier City	117	101	109	525250
兴 安 盟	Xingan League	110	52	126	724400
通 辽 市	Tongliao City	527	106	280	1412700
赤 峰 市	Chifeng City	157	151	67	393000
锡林郭勒盟	Xilinguole League	76	49	97	1289750
乌兰察布市	Wulanchabu City	116	87	125	757300
鄂尔多斯市	Erdos City	230	122	216	1063600
巴彦淖尔市	Bayannaoer City	80	61	41	149000
乌 海 市	Wuhai City	39	30	19	168750
阿拉善盟	Alashan League	138	26	134	1099900
高速公路支队	Expressway Detachment	64	44	96	4853200

22-88 各盟市火灾事故(2014年)

Basic Statistics on Fires by Region(2014)

地区	Region	发生数(起) Number of Traffic Accidents (case)	死亡人数(人) Number of Deaths (person)	受伤人数(人) Number of Injuries (person)	直接经济损失(元) Direct Losses (yuan)
总计	**Total**	**11408**	**57**	**28**	**121151198**
呼和浩特市	Hohhot City	2926	7	8	11472202
包头市	Baotou City	1880	3	2	4803725
呼伦贝尔市	Hulunbeier City	1270	19	9	41722474
兴安盟	Xingan League	158	2		5829685
通辽市	Tongliao City	1018	6	1	11628954
赤峰市	Chifeng City	1281	4	1	10231310
锡林郭勒盟	Xilinguole League	517	7	1	6939550
乌兰察布市	Wulanchabu City	411	3	1	10061423
鄂尔多斯市	Erdos City	1011		1	5102891
巴彦淖尔市	Bayannaoer City	392	2	4	5406689
乌海市	Wuhai City	472	2		2589164
阿拉善盟	Alashan League	58	2		5021331
内蒙古森工集团	Inner Mongolia Forest Industry Group	14			341800

22-89 各盟市能源消费(2014年)

Consumption of Energy By Region(2014)

地区	Region	能源消费总量(万吨标准煤) Total Consumption of Energy (10 000 tons of SCE)	能源消费比上年增长(%) Growth Rate of Energy Consumption over Preceding Year (%)	单位GDP能耗变化率(±%) Change rate of Energy Consumption Per Unit of GDP (±%)
呼和浩特市	Hohhot City	1479.73	6.19	-1.65
包头市	Baotou City	3936.91	3.60	-4.55
呼伦贝尔市	Hulunbeier City	1220.83	6.12	-2.10
兴安盟	Xingan League	344.74	3.75	-4.47
通辽市	Tongliao City	1559.61	3.48	-4.55
赤峰市	Chifeng City	1565.36	2.35	-5.20
锡林郭勒盟	Xilinguole League	859.88	-0.39	-7.90
乌兰察布市	Wulanchabu City	1357.33	4.52	-3.00
鄂尔多斯市	Erdos City	3295.76	3.03	-4.58
巴彦淖尔市	Bayannaoer City	905.91	3.03	-4.35
乌海市	Wuhai City	1581.18	6.09	-2.50
阿拉善盟	Alashan League	629.01	3.74	-4.48

注：各盟市单位GDP能耗采用2010年不变价GDP计算。

a)The Energy Consumption Per Unit of GDP of 2011 is calculated at 2010 constant prices.

2015

NEIMENGGU

二十三、旗县区资料

Statistics of Banners,Counties and Districts

资料整理：李　亮　王艳伟

Arranged By Li Liang , Wang Yanwei

23-1 各旗县(区)按年末总人口排序(2014 年)

Banners, Counties and Districts Ranked by Population (Year end of 2014)

单位：人 (person)

位次 Order	旗县(区)名称	Name of Banners, Counties and Districts	年末总人口 Total Population at the Year-end
1	通辽市科尔沁区	Keerqin District in Tongliao City	843555
2	包头市昆都仑区	Kundulun District in Baotou City	767900
3	赤峰市宁城县	Ningcheng County in Chifeng City	615237
4	赤峰市敖汉旗	Aohan Banner in Chifeng City	610723
5	赤峰市松山区	Songshan District in Chifeng City	571291
6	包头市东河区	Donghe District in Baotou City	541300
7	巴彦淖尔市临河区	Linhe District in Bayannaoer City	533495
8	通辽市科尔沁左翼中旗	Keerqinzuoyizhong Banner in Tongliao City	532546
9	包头市青山区	Qingshan District in Baotou City	509800
10	赤峰市翁牛特旗	Wengniute Banner in Chifeng City	482114
11	呼和浩特市赛罕区	Saihan District in Hohhot City	449793
12	通辽市奈曼旗	Naiman Banner in Tongliao City	445052
13	呼伦贝尔市扎兰屯市	Zhalantun City in Hulunbeier City	421528
14	通辽市科尔沁左翼后旗	Keerqinzuoyihou Banner in Tongliao City	408563
15	通辽市开鲁县	Kailu County in Tongliao City	398081
16	兴安盟扎赉特旗	Zhalaite Banner in Xingan League	391989
17	呼和浩特市新城区	Xincheng District in Hohhot City	385274
18	呼和浩特市土默特左旗	Tumotezuo Banner in Hohhot City	370335
19	鄂尔多斯市达拉特旗	Dalate Banner in Erdos City	363746
20	赤峰市红山区	Hongshan District in Chifeng City	360220
21	赤峰市巴林左旗	Balinzuo Banner in Chifeng City	357702
22	赤峰市喀喇沁旗	Kalaqin Banner in Chifeng City	353586
23	呼伦贝尔市牙克石市	Yakeshi City in Hulunbeier City	347061
24	巴彦淖尔市乌拉特前旗	Wulateqian Banner in Bayannaoer City	344691
25	乌兰察布市商都县	Shangdu County in Wulanchabu City	341258
26	乌兰察布市丰镇市	Fengzhen City in Wulanchabu City	338457
27	兴安盟科尔沁右翼前旗	Keerqinyouyiqian Banner in Xingan League	337405
28	呼伦贝尔市阿荣旗	Arong Banner in Hulunbeier City	331604
29	乌兰察布市兴和县	Xinghe County in Wulanchabu City	331257
30	呼伦贝尔市莫力达瓦达斡尔族自治旗	Molidawadawoer National Autonomous Banner in Hulunbeier City	327757
31	赤峰市元宝山区	Yuanbaoshan District in Chifeng City	326392
32	兴安盟乌兰浩特市	Wulanhaote City in Xingan League	322360
33	鄂尔多斯市准格尔旗	Zhungeer Banner in Erdos City	320396
34	乌兰察布市集宁区	Jining District in Wulanchabu City	315428

23-1 续表 1 continued

单位：人 (person)

位次 Order	旗县(区)名称	Name of Banners, Counties and Districts	年末总人口 Total Population at the Year-end
35	兴安盟突泉县	Tuquan County in Xingan League	313185
36	乌海市海勃湾区	Haibowan District in Wuhai City	311300
37	巴彦淖尔市杭锦后旗	Hangjinhou Banner in Bayannaoer City	305467
38	通辽市扎鲁特旗	Zhalute Banner in Tongliao City	304487
39	赤峰市阿鲁科尔沁旗	Alukeerqin Banner in Chifeng City	301346
40	包头市土默特右旗	Tumoteyou Banner in Baotou City	286500
41	巴彦淖尔市五原县	Wuyuan County in Bayannaoer City	281408
42	呼伦贝尔市海拉尔区	Hailaer District in Hulunbeier City	281298
43	鄂尔多斯市东胜区	Dongsheng District in Erdos City	274148
44	呼伦贝尔市鄂伦春自治旗	Elunchun National Autonomous Banner in Hulunbeier City	261896
45	兴安盟科尔沁右翼中旗	Keerqinyouyizhong Banner in Xingan League	261159
46	赤峰市克什克腾旗	Keshiketeng Banner in Chifeng City	252992
47	乌兰察布市凉城县	Liangcheng County in Wulanchabu City	243125
48	赤峰市林西县	Linxi County in Chifeng City	240879
49	呼和浩特市回民区	Huimin District in Hohhot City	240518
50	乌兰察布市察哈尔右翼中旗	Chahaeryouyizhong Banner in Wulanchabu City	222367
51	乌兰察布市察哈尔右翼前旗	Chahaeryouyiqian Banner in Wulanchabu City	221245
52	包头市九原区	Jiuyuan District in Baotou City	216100
53	乌兰察布市四子王旗	Siziwang Banner in Wulanchabu City	214823
54	乌兰察布市察哈尔右翼后旗	Chahaeryouyihou Banner in Wulanchabu City	213584
55	锡林郭勒盟太仆寺旗	Taipusi Banner in Xilinguole League	211843
56	乌兰察布市卓资县	Zhuozi County in Wulanchabu City	211301
57	呼和浩特市托克托县	Tuoketuo County in Hohhot City	206900
58	呼和浩特市和林格尔县	Helingeer County in Hohhot City	204796
59	呼和浩特市玉泉区	Yuquan District in Hohhot City	202488
60	赤峰市巴林右旗	Balinyou Banner in Chifeng City	186377
61	锡林郭勒盟锡林浩特市	Xilinhaote City in Xilinguole League	183087
62	通辽市库伦旗	Kulun Banner in Tongliao City	180095
63	呼和浩特市武川县	Wuchuan County in Hohhot City	175490
64	乌兰察布市化德县	Huade County in Wulanchabu City	174125
65	呼伦贝尔市满洲里市	Manzhouli City in Hulunbeier City	173102
66	鄂尔多斯市伊金霍洛旗	Yijinhuoluo Banner in Erdos City	171561
67	包头市固阳县	Guyang County in Baotou City	170500
68	呼伦贝尔市根河市	Genhe City in Hulunbeier City	150845

23-1 续表 2 continued

单位：人 (person)

位次 Order	旗县(区)名称	Name of Banners, Counties and Districts	年末总人口 Total Population at the Year-end
69	呼和浩特市清水河县	Qingshuihe County in Hohhot City	144233
70	巴彦淖尔市乌拉特中旗	Wulatezhong Banner in Bayannaoer City	144165
71	阿拉善盟阿拉善左旗	Alashanzuo Banner in Alashan League	143347
72	呼伦贝尔市鄂温克族自治旗	Ewenke National Autonomous Banner in Hulunbeier City	142967
73	鄂尔多斯市杭锦旗	Hangjin Banner in Erdos City	142613
74	乌海市乌达区	Wuda District in Wuhai City	136200
75	巴彦淖尔市磴口县	Dengkou County in Bayannaoer City	116779
76	鄂尔多斯市乌审旗	Wushen Banner in Erdos City	110523
77	锡林郭勒盟多伦县	Duolun County in Xilinguole League	110348
78	乌海市海南区	Hainan District in Wuhai City	106700
79	包头市达尔罕茂明安联合旗	Daerhanmaomingan Union Banner in Baotou City	97800
80	鄂尔多斯市鄂托克旗	Etuoke Banner in Erdos City	97697
81	呼伦贝尔市满洲里扎赉诺尔区	Zhalainuoer District of Manzhouli City in Hulunbeier City	86017
82	锡林郭勒盟正蓝旗	Zhenglan Banner in Xilinguole League	83762
83	呼伦贝尔市额尔古纳市	Eerguna City in Hulunbeier City	83166
84	通辽市霍林郭勒市	Huolinguole City in Tongliao City	81897
85	锡林郭勒盟东乌珠穆沁旗	Dongwuzhumuqin Banner in Xilinguole League	81014
86	锡林郭勒盟西乌珠穆沁旗	xiwuzhumuqin Banner in Xilinguole League	80103
87	鄂尔多斯市鄂托克前旗	Etuokeqian Banner in Erdos City	78320
88	锡林郭勒盟正镶白旗	Zhengxiangbai Banner in Xilinguole League	72892
89	锡林郭勒盟苏尼特右旗	Suniteyou Banner in Xilinguole League	69006
90	巴彦淖尔市乌拉特后旗	Wulatehou Banner in Bayannaoer City	60041
91	呼伦贝尔市陈巴尔虎旗	Chenbaerhu Banner in Hulunbeier City	58711
92	兴安盟阿尔山市	Aershan City in Xingan League	48318
93	锡林郭勒盟阿巴嘎旗	Abaga Banner in Xilinguole League	45116
94	呼伦贝尔市新巴尔虎左旗	Xinbaerhuzuo Banner in Hulunbeier City	43043
95	包头市石拐区	Shiguai District in Baotou City	38100
96	呼伦贝尔市新巴尔虎右旗	Xinbaerhuyou Banner in Hulunbeier City	35650
97	锡林郭勒盟苏尼特左旗	Sunitezuo Banner in Xilinguole League	34610
98	锡林郭勒盟镶黄旗	Xianghuang Banner in Xilinguole League	31353
99	锡林郭勒盟二连浩特市	Erlianhaote City in Xilinguole League	29733
100	包头市白云矿区	Baiyun Mineral District in Baotou City	27300
101	阿拉善盟阿拉善右旗	Alashanyou Banner in Alashan League	25531
102	阿拉善盟额济纳旗	Ejina Banner in Alashan League	18276

23-2 各旗县(区)按生产总值排序(2014年)

Banners, Counties and Districts Ranked by Gross Domestic Product(2014)

单位：万元 (10 000 yuan)

位次 Order	旗县(区)名称	Name of Banners, Counties and Districts	生产总值 GDP
1	鄂尔多斯市准格尔旗	Zhungeer Banner in Erdos City	11066700
2	包头市昆都仑区	Kundulun District in Baotou City	10580100
3	鄂尔多斯市东胜区	Dongsheng District in Erdos City	8567700
4	包头市青山区	Qingshan District in Baotou City	8403600
5	鄂尔多斯市伊金霍洛旗	Yijinhuoluo Banner in Erdos City	6755200
6	通辽市科尔沁区	Keerqin District in Tongliao City	6614482
7	呼和浩特市新城区	Xincheng District in Hohhot City	6191455
8	呼和浩特市赛罕区	Saihan District in Hohhot City	5730522
9	鄂尔多斯市达拉特旗	Dalate Banner in Erdos City	4950000
10	包头市东河区	Donghe District in Baotou City	4913700
11	鄂尔多斯市鄂托克旗	Etuoke Banner in Erdos City	4594200
12	鄂尔多斯市乌审旗	Wushen Banner in Erdos City	4035200
13	阿拉善盟阿拉善左旗	Alashanzuo Banner in Alashan League	3714830
14	呼和浩特市回民区	Huimin District in Hohhot City	3423469
15	包头市土默特右旗	Tumoteyou Banner in Baotou City	3343100
16	包头市九原区	Jiuyuan District in Baotou City	3304000
17	赤峰市红山区	Hongshan District in Chifeng City	2845641
18	呼伦贝尔市海拉尔区	Hailaer District in Hulunbeier City	2744229
19	巴彦淖尔市临河区	Linhe District in Bayannaoer City	2733300
20	呼和浩特市玉泉区	Yuquan District in Hohhot City	2721208
21	通辽市霍林郭勒市	Huolinguole City in Tongliao City	2652503
22	乌海市海勃湾区	Haibowan District in Wuhai City	2454881
23	赤峰市元宝山区	Yuanbaoshan District in Chifeng City	2403693
24	赤峰市松山区	Songshan District in Chifeng City	2372400
25	呼和浩特市托克托县	Tuoketuo County in Hohhot City	2364208
26	呼伦贝尔市牙克石市	Yakeshi City in Hulunbeier City	2271352
27	呼和浩特市土默特左旗	Tumotezuo Banner in Hohhot City	2147954
28	呼伦贝尔市满洲里市	Manzhouli City in Hulunbeier City	2124403
29	锡林郭勒盟锡林浩特市	Xilinhaote City in Xilinguole League	2075007
30	通辽市开鲁县	Kailu County in Tongliao City	2058400
31	包头市达尔罕茂明安联合旗	Daerhanmaomingan Union Banner in Baotou City	2023900
32	通辽市扎鲁特旗	Zhalute Banner in Tongliao City	1879976
33	乌海市乌达区	Wuda District in Wuhai City	1866585
34	呼伦贝尔市扎兰屯市	Zhalantun City in Hulunbeier City	1780117

23-2 续表 1 continued

单位：万元 (10 000 yuan)

位次 Order	旗县(区)名称	Name of Banners, Counties and Districts	生产总值 GDP
35	乌海市海南区	Hainan District in Wuhai City	1779584
36	乌兰察布市集宁区	Jining District in Wulanchabu City	1623769
37	赤峰市宁城县	Ningcheng County in Chifeng City	1590307
38	呼伦贝尔市阿荣旗	Arong Banner in Hulunbeier City	1571789
39	赤峰市敖汉旗	Aohan Banner in Chifeng City	1565296
40	通辽市科尔沁左翼后旗	Keerqinzuoyihou Banner in Tongliao City	1547400
41	通辽市科尔沁左翼中旗	Keerqinzuoyizhong Banner in Tongliao City	1522527
42	兴安盟乌兰浩特市	Wulanhaote City in Xingan League	1475701
43	通辽市奈曼旗	Naiman Banner in Tongliao City	1441800
44	呼和浩特市和林格尔县	Helingeer County in Hohhot City	1409811
45	锡林郭勒盟东乌珠穆沁旗	Dongwuzhumuqin Banner in Xilinguole League	1408020
46	赤峰市克什克腾旗	Keshiketeng Banner in Chifeng City	1399455
47	赤峰市翁牛特旗	Wengniute Banner in Chifeng City	1387946
48	乌兰察布市丰镇市	Fengzhen City in Wulanchabu City	1382038
49	巴彦淖尔市乌拉特前旗	Wulateqian Banner in Bayannaoer City	1358503
50	巴彦淖尔市杭锦后旗	Hangjinhou Banner in Bayannaoer City	1305841
51	鄂尔多斯市鄂托克前旗	Etuokeqian Banner in Erdos City	1273400
52	赤峰市巴林左旗	Balinzuo Banner in Chifeng City	1188409
53	包头市固阳县	Guyang County in Baotou City	1161100
54	呼伦贝尔市鄂温克族自治旗	Ewenke National Autonomous Banner in Hulunbeier City	1090309
55	巴彦淖尔市五原县	Wuyuan County in Bayannaoer City	1076400
56	锡林郭勒盟西乌珠穆沁旗	xiwuzhumuqin Banner in Xilinguole League	1038045
57	呼伦贝尔市莫力达瓦达斡尔族自治旗	Molidawadawoer National Autonomous Banner in Hulunbeier City	1036428
58	赤峰市阿鲁科尔沁旗	Alukeerqin Banner in Chifeng City	1012728
59	包头市石拐区	Shiguai District in Baotou City	1009300
60	巴彦淖尔市乌拉特中旗	Wulatezhong Banner in Bayannaoer City	980685
61	乌兰察布市察哈尔右翼前旗	Chahaeryouyiqian Banner in Wulanchabu City	897955
62	呼伦贝尔市陈巴尔虎旗	Chenbaerhu Banner in Hulunbeier City	890371
63	兴安盟科尔沁右翼前旗	Keerqinyouyiqian Banner in Xingan League	888182
64	锡林郭勒盟二连浩特市	Erlianhaote City in Xilinguole League	883962
65	鄂尔多斯市杭锦旗	Hangjin Banner in Erdos City	842300
66	兴安盟扎赉特旗	Zhalaite Banner in Xingan League	840115
67	呼和浩特市武川县	Wuchuan County in Hohhot City	782477
68	呼伦贝尔市新巴尔虎右旗	Xinbaerhuyou Banner in Hulunbeier City	771554

23-2 续表 2 continued

单位：万元 (10 000 yuan)

位 次 Order	旗县(区)名称	Name of Banners, Counties and Districts	生产总值 GDP
69	乌兰察布市察哈尔右翼后旗	Chahaeryouyihou Banner in Wulanchabu City	756229
70	锡林郭勒盟多伦县	Duolun County in Xilinguole League	744641
71	乌兰察布市凉城县	Liangcheng County in Wulanchabu City	735273
72	赤峰市巴林右旗	Balinyou Banner in Chifeng City	720589
73	赤峰市林西县	Linxi County in Chifeng City	708893
74	赤峰市喀喇沁旗	Kalaqin Banner in Chifeng City	672466
75	锡林郭勒盟正蓝旗	Zhenglan Banner in Xilinguole League	671071
76	兴安盟突泉县	Tuquan County in Xingan League	663594
77	巴彦淖尔市乌拉特后旗	Wulatehou Banner in Bayannaoer City	660700
78	通辽市库伦旗	Kulun Banner in Tongliao City	656393
79	呼和浩特市清水河县	Qingshuihe County in Hohhot City	644247
80	呼伦贝尔市鄂伦春自治旗	Elunchun National Autonomous Banner in Hulunbeier City	642464
81	乌兰察布市商都县	Shangdu County in Wulanchabu City	625167
82	乌兰察布市卓资县	Zhuozi County in Wulanchabu City	614272
83	锡林郭勒盟阿巴嘎旗	Abaga Banner in Xilinguole League	610151
84	乌兰察布市兴和县	Xinghe County in Wulanchabu City	602079
85	巴彦淖尔市磴口县	Dengkou County in Bayannaoer City	599600
86	呼伦贝尔市满洲里扎赉诺尔区	Zhalainuoer District of Manzhouli City in Hulunbeier City	579635
87	兴安盟科尔沁右翼中旗	Keerqinyouyizhong Banner in Xingan League	575523
88	锡林郭勒盟苏尼特右旗	Suniteyou Banner in Xilinguole League	542597
89	乌兰察布市四子王旗	Siziwang Banner in Wulanchabu City	535806
90	阿拉善盟额济纳旗	Ejina Banner in Alashan League	491896
91	锡林郭勒盟镶黄旗	Xianghuang Banner in Xilinguole League	483028
92	乌兰察布市察哈尔右翼中旗	Chahaeryouyizhong Banner in Wulanchabu City	478601
93	乌兰察布市化德县	Huade County in Wulanchabu City	470234
94	锡林郭勒盟太仆寺旗	Taipusi Banner in Xilinguole League	454053
95	锡林郭勒盟苏尼特左旗	Sunitezuo Banner in Xilinguole League	448430
96	呼伦贝尔市额尔古纳市	Eerguna City in Hulunbeier City	442736
97	呼伦贝尔市根河市	Genhe City in Hulunbeier City	400463
98	阿拉善盟阿拉善右旗	Alashanyou Banner in Alashan League	372043
99	包头市白云矿区	Baiyun Mineral District in Baotou City	367000
100	呼伦贝尔市新巴尔虎左旗	Xinbaerhuzuo Banner in Hulunbeier City	349660
101	锡林郭勒盟正镶白旗	Zhengxiangbai Banner in Xilinguole League	278959
102	兴安盟阿尔山市	Aershan City in Xingan League	151419

23-3 各旗县(区)按粮食产量排序(2014年)

Banners, Counties and Districts Ranked by Output of Grain （2014）

单位：吨 (ton)

位 次 Order	旗县(区)名称	Name of Banners, Counties and Districts	粮食产量 Output of Grain
1	通辽市科尔沁左翼中旗	Keerqinzuoyizhong Banner in Tongliao City	1693506
2	呼伦贝尔市莫力达瓦达斡尔族自治旗	Molidawadawoer National Autonomous Banner in Hulunbeier City	1659500
3	呼伦贝尔市阿荣旗	Arong Banner in Hulunbeier City	1566000
4	兴安盟扎赉特旗	Zhalaite Banner in Xingan League	1112123
5	通辽市科尔沁区	Keerqin District in Tongliao City	1108223
6	呼伦贝尔市扎兰屯市	Zhalantun City in Hulunbeier City	1083153
7	兴安盟科尔沁右翼前旗	Keerqinyouyiqian Banner in Xingan League	1032542
8	通辽市开鲁县	Kailu County in Tongliao City	1020140
9	兴安盟突泉县	Tuquan County in Xingan League	1007839
10	通辽市科尔沁左翼后旗	Keerqinzuoyihou Banner in Tongliao City	1007520
11	巴彦淖尔市乌拉特前旗	Wulateqian Banner in Bayannaoer City	844087
12	赤峰市松山区	Songshan District in Chifeng City	780189
13	赤峰市敖汉旗	Aohan Banner in Chifeng City	773482
14	包头市土默特右旗	Tumoteyou Banner in Baotou City	759532
15	通辽市奈曼旗	Naiman Banner in Tongliao City	750510
16	赤峰市宁城县	Ningcheng County in Chifeng City	740245
17	巴彦淖尔市临河区	Linhe District in Bayannaoer City	731507
18	赤峰市翁牛特旗	Wengniute Banner in Chifeng City	715068
19	兴安盟科尔沁右翼中旗	Keerqinyouyizhong Banner in Xingan League	650031
20	鄂尔多斯市达拉特旗	Dalate Banner in Erdos City	586923
21	呼伦贝尔市牙克石市	Yakeshi City in Hulunbeier City	568000
22	呼伦贝尔市鄂伦春自治旗	Elunchun National Autonomous Banner in Hulunbeier City	561500
23	巴彦淖尔市杭锦后旗	Hangjinhou Banner in Bayannaoer City	535605
24	通辽市扎鲁特旗	Zhalute Banner in Tongliao City	525017
25	呼和浩特市土默特左旗	Tumotezuo Banner in Hohhot City	524365
26	通辽市库伦旗	Kulun Banner in Tongliao City	515024
27	赤峰市阿鲁科尔沁旗	Alukeerqin Banner in Chifeng City	510502
28	巴彦淖尔市五原县	Wuyuan County in Bayannaoer City	498335
29	赤峰市巴林左旗	Balinzuo Banner in Chifeng City	445188
30	呼伦贝尔市额尔古纳市	Eerguna City in Hulunbeier City	435000
31	鄂尔多斯市杭锦旗	Hangjin Banner in Erdos City	388616
32	巴彦淖尔市乌拉特中旗	Wulatezhong Banner in Bayannaoer City	342738
33	赤峰市喀喇沁旗	Kalaqin Banner in Chifeng City	313500
34	赤峰市林西县	Linxi County in Chifeng City	255065

23-3 续表 1 continued

单位：吨 (ton)

位 次 Order	旗县(区)名称	Name of Banners, Counties and Districts	粮食产量 Output of Grain
35	乌兰察布市凉城县	Liangcheng County in Wulanchabu City	254220
36	呼和浩特市托克托县	Tuoketuo County in Hohhot City	253791
37	巴彦淖尔市磴口县	Dengkou County in Bayannaoer City	238375
38	兴安盟乌兰浩特市	Wulanhaote City in Xingan League	234900
39	呼和浩特市武川县	Wuchuan County in Hohhot City	203852
40	赤峰市克什克腾旗	Keshiketeng Banner in Chifeng City	179500
41	呼和浩特市和林格尔县	Helingeer County in Hohhot City	174662
42	赤峰市巴林右旗	Balinyou Banner in Chifeng City	174500
43	锡林郭勒盟太仆寺旗	Taipusi Banner in Xilinguole League	166004
44	阿拉善盟阿拉善左旗	Alashanzuo Banner in Alashan League	163020
45	赤峰市元宝山区	Yuanbaoshan District in Chifeng City	159574
46	鄂尔多斯市乌审旗	Wushen Banner in Erdos City	126341
47	呼伦贝尔市陈巴尔虎旗	Chenbaerhu Banner in Hulunbeier City	124701
48	乌兰察布市四子王旗	Siziwang Banner in Wulanchabu City	113992
49	包头市固阳县	Guyang County in Baotou City	112826
50	鄂尔多斯市鄂托克旗	Etuoke Banner in Erdos City	104465
51	鄂尔多斯市鄂托克前旗	Etuokeqian Banner in Erdos City	99464
52	包头市达尔罕茂明安联合旗	Daerhanmaomingan Union Banner in Baotou City	97564
53	乌兰察布市察哈尔右翼后旗	Chahaeryouyihou Banner in Wulanchabu City	96901
54	鄂尔多斯市伊金霍洛旗	Yijinhuoluo Banner in Erdos City	92074
55	乌兰察布市丰镇市	Fengzhen City in Wulanchabu City	91915
56	乌兰察布市察哈尔右翼前旗	Chahaeryouyiqian Banner in Wulanchabu City	90678
57	乌兰察布市察哈尔右翼中旗	Chahaeryouyizhong Banner in Wulanchabu City	89243
58	鄂尔多斯市准格尔旗	Zhungeer Banner in Erdos City	85429
59	乌兰察布市商都县	Shangdu County in Wulanchabu City	82394
60	呼伦贝尔市新巴尔虎左旗	Xinbaerhuzuo Banner in Hulunbeier City	78261
61	乌兰察布市兴和县	Xinghe County in Wulanchabu City	75580
62	锡林郭勒盟东乌珠穆沁旗	Dongwuzhumuqin Banner in Xilinguole League	75569
63	呼伦贝尔市海拉尔区	Hailaer District in Hulunbeier City	71002
64	乌兰察布市卓资县	Zhuozi County in Wulanchabu City	70961
65	呼和浩特市清水河县	Qingshuihe County in Hohhot City	70352
66	巴彦淖尔市乌拉特后旗	Wulatehou Banner in Bayannaoer City	69965
67	兴安盟阿尔山市	Aershan City in Xingan League	62565
68	呼和浩特市赛罕区	Saihan District in Hohhot City	61704

23-3 续表 2 continued

单位：吨 (ton)

位次 Order	旗县(区)名称	Name of Banners, Counties and Districts	粮食产量 Output of Grain
69	包头市九原区	Jiuyuan District in Baotou City	54858
70	赤峰市红山区	Hongshan District in Chifeng City	53187
71	乌兰察布市化德县	Huade County in Wulanchabu City	49791
72	锡林郭勒盟多伦县	Duolun County in Xilinguole League	49480
73	包头市东河区	Donghe District in Baotou City	34740
74	锡林郭勒盟锡林浩特市	Xilinhaote City in Xilinguole League	33717
75	锡林郭勒盟正蓝旗	Zhenglan Banner in Xilinguole League	31500
76	呼和浩特市玉泉区	Yuquan District in Hohhot City	27544
77	乌海市海南区	Hainan District in Wuhai City	27433
78	呼伦贝尔市鄂温克族自治旗	Ewenke National Autonomous Banner in Hulunbeier City	20669
79	阿拉善盟阿拉善右旗	Alashanyou Banner in Alashan League	15537
80	鄂尔多斯市东胜区	Dongsheng District in Erdos City	12188
81	乌海市海勃湾区	Haibowan District in Wuhai City	11400
82	通辽市霍林郭勒市	Huolinguole City in Tongliao City	10560
83	乌兰察布市集宁区	Jining District in Wulanchabu City	9325
84	包头市昆都仑区	Kundulun District in Baotou City	9127
85	呼伦贝尔市新巴尔虎右旗	Xinbaerhuyou Banner in Hulunbeier City	8556
86	包头市石拐区	Shiguai District in Baotou City	5994
87	包头市青山区	Qingshan District in Baotou City	3573
88	呼和浩特市新城区	Xincheng District in Hohhot City	3150
89	锡林郭勒盟正镶白旗	Zhengxiangbai Banner in Xilinguole League	3088
90	呼伦贝尔市根河市	Genhe City in Hulunbeier City	2797
91	呼和浩特市回民区	Huimin District in Hohhot City	2580
92	乌海市乌达区	Wuda District in Wuhai City	2167
93	阿拉善盟额济纳旗	Ejina Banner in Alashan League	1943
94	呼伦贝尔市满洲里市	Manzhouli City in Hulunbeier City	1259
95	锡林郭勒盟镶黄旗	Xianghuang Banner in Xilinguole League	299
96	锡林郭勒盟苏尼特右旗	Suniteyou Banner in Xilinguole League	298
97	呼伦贝尔市满洲里扎赉诺尔区	Zhalainuoer District of Manzhouli City in Hulunbeier City	141
98	锡林郭勒盟西乌珠穆沁旗	xiwuzhumuqin Banner in Xilinguole League	45
99	包头市白云矿区	Baiyun Mineral District in Baotou City	
100	锡林郭勒盟二连浩特市	Erlianhaote City in Xilinguole League	
101	锡林郭勒盟阿巴嘎旗	Abaga Banner in Xilinguole League	
102	锡林郭勒盟苏尼特左旗	Sunitezuo Banner in Xilinguole League	

23-4 各旗县(区)按年末牲畜存栏头数排序(2014年)

Banners, Counties and Districts Ranked by Number of Livestock (Year end of 2014)

单位：万头（只） (10 000 heads)

位次 Order	旗县(区)名称	Name of Banners, Counties and Districts	年末牲畜存栏头数 Number of Livestock at the Year-end
1	兴安盟科尔沁右翼前旗	Keerqinyouyiqian Banner in Xingan League	248.68
2	通辽市扎鲁特旗	Zhalute Banner in Tongliao City	243.95
3	锡林郭勒盟东乌珠穆沁旗	Dongwuzhumuqin Banner in Xilinguole League	217.47
4	鄂尔多斯市达拉特旗	Dalate Banner in Erdos City	204.27
5	通辽市开鲁县	Kailu County in Tongliao City	196.32
6	巴彦淖尔市临河区	Linhe District in Bayannaoer City	176.51
7	呼伦贝尔市阿荣旗	Arong Banner in Hulunbeier City	173.65
8	兴安盟科尔沁右翼中旗	Keerqinyouyizhong Banner in Xingan League	172.70
9	通辽市科尔沁区	Keerqin District in Tongliao City	167.03
10	通辽市科尔沁左翼中旗	Keerqinzuoyizhong Banner in Tongliao City	166.79
11	赤峰市敖汉旗	Aohan Banner in Chifeng City	144.81
12	巴彦淖尔市五原县	Wuyuan County in Bayannaoer City	141.79
13	鄂尔多斯市杭锦旗	Hangjin Banner in Erdos City	140.27
14	通辽市奈曼旗	Naiman Banner in Tongliao City	137.42
15	赤峰市阿鲁科尔沁旗	Alukeerqin Banner in Chifeng City	136.39
16	兴安盟扎赉特旗	Zhalaite Banner in Xingan League	136.24
17	呼伦贝尔市莫力达瓦达斡尔族自治旗	Molidawadawoer National Autonomous Banner in Hulunbeier City	135.04
18	巴彦淖尔市乌拉特中旗	Wulatezhong Banner in Bayannaoer City	134.53
19	赤峰市翁牛特旗	Wengniute Banner in Chifeng City	134.12
20	呼伦贝尔市扎兰屯市	Zhalantun City in Hulunbeier City	132.96
21	巴彦淖尔市乌拉特前旗	Wulateqian Banner in Bayannaoer City	125.44
22	巴彦淖尔市杭锦后旗	Hangjinhou Banner in Bayannaoer City	123.82
23	通辽市科尔沁左翼后旗	Keerqinzuoyihou Banner in Tongliao City	114.95
24	呼伦贝尔市新巴尔虎右旗	Xinbaerhuyou Banner in Hulunbeier City	113.82
25	鄂尔多斯市鄂托克旗	Etuoke Banner in Erdos City	113.14
26	鄂尔多斯市乌审旗	Wushen Banner in Erdos City	112.21
27	赤峰市巴林左旗	Balinzuo Banner in Chifeng City	110.60
28	赤峰市巴林右旗	Balinyou Banner in Chifeng City	106.41
29	包头市土默特右旗	Tumoteyou Banner in Baotou City	104.09
30	锡林郭勒盟西乌珠穆沁旗	xiwuzhumuqin Banner in Xilinguole League	103.44
31	赤峰市克什克腾旗	Keshiketeng Banner in Chifeng City	103.20
32	阿拉善盟阿拉善左旗	Alashanzuo Banner in Alashan League	102.74
33	呼伦贝尔市新巴尔虎左旗	Xinbaerhuzuo Banner in Hulunbeier City	102.43
34	鄂尔多斯市鄂托克前旗	Etuokeqian Banner in Erdos City	91.16

23-4 续表 1 continued

单位：万头（只） (10 000 heads)

位次 Order	旗县(区)名称	Name of Banners, Counties and Districts	年末牲畜存栏头数 Number of Livestock at the Year-end
35	锡林郭勒盟苏尼特右旗	Suniteyou Banner in Xilinguole League	88.11
36	乌兰察布市四子王旗	Siziwang Banner in Wulanchabu City	86.96
37	锡林郭勒盟阿巴嘎旗	Abaga Banner in Xilinguole League	86.92
38	赤峰市松山区	Songshan District in Chifeng City	83.20
39	通辽市库伦旗	Kulun Banner in Tongliao City	78.36
40	乌兰察布市察哈尔右翼后旗	Chahaeryouyihou Banner in Wulanchabu City	77.00
41	呼伦贝尔市鄂温克族自治旗	Ewenke National Autonomous Banner in Hulunbeier City	76.71
42	锡林郭勒盟苏尼特左旗	Sunitezuo Banner in Xilinguole League	74.29
43	呼和浩特市土默特左旗	Tumotezuo Banner in Hohhot City	73.75
44	锡林郭勒盟锡林浩特市	Xilinhaote City in Xilinguole League	71.05
45	呼伦贝尔市陈巴尔虎旗	Chenbaerhu Banner in Hulunbeier City	67.54
46	兴安盟突泉县	Tuquan County in Xingan League	66.34
47	赤峰市林西县	Linxi County in Chifeng City	61.23
48	包头市达尔罕茂明安联合旗	Daerhanmaomingan Union Banner in Baotou City	59.44
49	乌兰察布市兴和县	Xinghe County in Wulanchabu City	57.62
50	包头市固阳县	Guyang County in Baotou City	56.47
51	乌兰察布市察哈尔右翼中旗	Chahaeryouyizhong Banner in Wulanchabu City	55.48
52	呼和浩特市和林格尔县	Helingeer County in Hohhot City	54.12
53	乌兰察布市丰镇市	Fengzhen City in Wulanchabu City	51.06
54	乌兰察布市察哈尔右翼前旗	Chahaeryouyiqian Banner in Wulanchabu City	50.26
55	鄂尔多斯市准格尔旗	Zhungeer Banner in Erdos City	48.61
56	乌兰察布市商都县	Shangdu County in Wulanchabu City	46.35
57	赤峰市宁城县	Ningcheng County in Chifeng City	45.70
58	呼伦贝尔市鄂伦春自治旗	Elunchun National Autonomous Banner in Hulunbeier City	45.15
59	巴彦淖尔市磴口县	Dengkou County in Bayannaoer City	44.80
60	乌兰察布市凉城县	Liangcheng County in Wulanchabu City	41.99
61	呼和浩特市托克托县	Tuoketuo County in Hohhot City	41.62
62	锡林郭勒盟正蓝旗	Zhenglan Banner in Xilinguole League	41.00
63	鄂尔多斯市伊金霍洛旗	Yijinhuoluo Banner in Erdos City	40.76
64	赤峰市喀喇沁旗	Kalaqin Banner in Chifeng City	38.80
65	乌兰察布市卓资县	Zhuozi County in Wulanchabu City	37.65
66	呼伦贝尔市额尔古纳市	Eerguna City in Hulunbeier City	35.83
67	巴彦淖尔市乌拉特后旗	Wulatehou Banner in Bayannaoer City	34.41
68	呼和浩特市武川县	Wuchuan County in Hohhot City	33.52

23–4 续表 2 continued

单位：万头（只） (10 000 heads)

位次 Order	旗县(区)名称	Name of Banners, Counties and Districts	年末牲畜存栏头数 Number of Livestock at the Year-end
69	呼伦贝尔市牙克石市	Yakeshi City in Hulunbeier City	31.54
70	兴安盟乌兰浩特市	Wulanhaote City in Xingan League	30.08
71	锡林郭勒盟太仆寺旗	Taipusi Banner in Xilinguole League	29.71
72	锡林郭勒盟多伦县	Duolun County in Xilinguole League	27.67
73	锡林郭勒盟正镶白旗	Zhengxiangbai Banner in Xilinguole League	26.84
74	呼和浩特市清水河县	Qingshuihe County in Hohhot City	24.69
75	锡林郭勒盟镶黄旗	Xianghuang Banner in Xilinguole League	24.14
76	包头市九原区	Jiuyuan District in Baotou City	23.20
77	乌兰察布市化德县	Huade County in Wulanchabu City	22.09
78	呼和浩特市赛罕区	Saihan District in Hohhot City	21.16
79	阿拉善盟阿拉善右旗	Alashanyou Banner in Alashan League	21.11
80	赤峰市元宝山区	Yuanbaoshan District in Chifeng City	15.19
81	兴安盟阿尔山市	Aershan City in Xingan League	14.96
82	通辽市霍林郭勒市	Huolinguole City in Tongliao City	14.62
83	呼伦贝尔市海拉尔区	Hailaer District in Hulunbeier City	12.71
84	鄂尔多斯市东胜区	Dongsheng District in Erdos City	11.28
85	阿拉善盟额济纳旗	Ejina Banner in Alashan League	9.62
86	呼伦贝尔市满洲里市	Manzhouli City in Hulunbeier City	8.93
87	乌海市海南区	Hainan District in Wuhai City	6.68
88	包头市东河区	Donghe District in Baotou City	6.06
89	赤峰市红山区	Hongshan District in Chifeng City	5.83
90	呼和浩特市新城区	Xincheng District in Hohhot City	5.70
91	呼和浩特市玉泉区	Yuquan District in Hohhot City	5.68
92	锡林郭勒盟二连浩特市	Erlianhaote City in Xilinguole League	4.83
93	乌兰察布市集宁区	Jining District in Wulanchabu City	4.44
94	包头市昆都仑区	Kundulun District in Baotou City	3.82
95	乌海市海勃湾区	Haibowan District in Wuhai City	3.76
96	包头市石拐区	Shiguai District in Baotou City	3.46
97	包头市青山区	Qingshan District in Baotou City	2.80
98	呼伦贝尔市满洲里扎赉诺尔区	Zhalainuoer District of Manzhouli City in Hulunbeier City	2.50
99	呼伦贝尔市根河市	Genhe City in Hulunbeier City	1.94
100	乌海市乌达区	Wuda District in Wuhai City	1.31
101	呼和浩特市回民区	Huimin District in Hohhot City	0.96
102	包头市白云矿区	Baiyun Mineral District in Baotou City	0.16

23-5 各旗县(区)按全体居民人均可支配收入排序(2014年)

Banners, Counties and Districts Ranked by The per capita disposable income of all residents （2014）

单位：元 (yuan)

位次 Order	旗县(区)名称	Name of Banners, Counties and Districts	全体居民人均可支配收入 The per capita disposable income of all residents
1	包头市昆都仑区	Kundulun District in Baotou City	38221
1	包头市青山区	Qingshan District in Baotou City	38221
3	包头市白云矿区	Baiyun Mineral District in Baotou City	38203
4	锡林郭勒盟二连浩特市	Erlianhaote City in Xilinguole League	36580
5	鄂尔多斯市东胜区	Dongsheng District in Erdos City	34156
6	呼和浩特市新城区	Xincheng District in Hohhot City	32607
7	通辽市霍林郭勒市	Huolinguole City in Tongliao City	32604
8	乌海市海勃湾区	Haibowan District in Wuhai City	31873
9	锡林郭勒盟锡林浩特市	Xilinhaote City in Xilinguole League	31845
10	呼和浩特市回民区	Huimin District in Hohhot City	31603
11	包头市东河区	Donghe District in Baotou City	30891
12	乌海市乌达区	Wuda District in Wuhai City	30500
13	包头市九原区	Jiuyuan District in Baotou City	30406
14	呼和浩特市赛罕区	Saihan District in Hohhot City	30235
15	呼和浩特市玉泉区	Yuquan District in Hohhot City	29418
16	鄂尔多斯市伊金霍洛旗	Yijinhuoluo Banner in Erdos City	28466
17	鄂尔多斯市准格尔旗	Zhungeer Banner in Erdos City	28061
18	呼伦贝尔市海拉尔区	Hailaer District in Hulunbeier City	27583
19	阿拉善盟额济纳旗	Ejina Banner in Alashan League	27525
20	呼伦贝尔市满洲里市	Manzhouli City in Hulunbeier City	27337
21	乌海市海南区	Hainan District in Wuhai City	27325
22	阿拉善盟阿拉善右旗	Alashanyou Banner in Alashan League	26583
23	包头市石拐区	Shiguai District in Baotou City	25975
24	阿拉善盟阿拉善左旗	Alashanzuo Banner in Alashan League	25933
25	鄂尔多斯市鄂托克旗	Etuoke Banner in Erdos City	25882
26	锡林郭勒盟东乌珠穆沁旗	Dongwuzhumuqin Banner in Xilinguole League	25416
27	赤峰市红山区	Hongshan District in Chifeng City	25325
28	呼伦贝尔市满洲里扎赉诺尔区	Zhalainuoer District of Manzhouli City in Hulunbeier City	25316
29	呼伦贝尔市牙克石市	Yakeshi City in Hulunbeier City	24114
30	鄂尔多斯市鄂托克前旗	Etuokeqian Banner in Erdos City	24082
31	鄂尔多斯市乌审旗	Wushen Banner in Erdos City	23942
32	乌兰察布市集宁区	Jining District in Wulanchabu City	23476
33	锡林郭勒盟西乌珠穆沁旗	xiwuzhumuqin Banner in Xilinguole League	23253
34	锡林郭勒盟阿巴嘎旗	Abaga Banner in Xilinguole League	23036

23-5 续表 1 continued

单位：元 (yuan)

位 次 Order	旗县(区)名称	Name of Banners, Counties and Districts	全体居民人均可支配收入 The per capita disposable income of all residents
35	鄂尔多斯市达拉特旗	Dalate Banner in Erdos City	22768
36	鄂尔多斯市杭锦旗	Hangjin Banner in Erdos City	22433
37	呼伦贝尔市陈巴尔虎旗	Chenbaerhu Banner in Hulunbeier City	22359
38	呼伦贝尔市鄂温克族自治旗	Ewenke National Autonomous Banner in Hulunbeier City	22357
39	赤峰市元宝山区	Yuanbaoshan District in Chifeng City	21966
40	锡林郭勒盟镶黄旗	Xianghuang Banner in Xilinguole League	21637
41	锡林郭勒盟苏尼特右旗	Suniteyou Banner in Xilinguole League	21273
42	兴安盟乌兰浩特市	Wulanhaote City in Xingan League	21221
43	通辽市科尔沁区	Keerqin District in Tongliao City	21129
44	包头市达尔罕茂明安联合旗	Daerhanmaomingan Union Banner in Baotou City	21006
45	呼伦贝尔市额尔古纳市	Eerguna City in Hulunbeier City	20395
46	巴彦淖尔市临河区	Linhe District in Bayannaoer City	20051
47	锡林郭勒盟多伦县	Duolun County in Xilinguole League	19668
48	巴彦淖尔市五原县	Wuyuan County in Bayannaoer City	19558
49	锡林郭勒盟正蓝旗	Zhenglan Banner in Xilinguole League	19546
50	巴彦淖尔市杭锦后旗	Hangjinhou Banner in Bayannaoer City	19394
51	呼伦贝尔市新巴尔虎右旗	Xinbaerhuyou Banner in Hulunbeier City	19241
52	锡林郭勒盟苏尼特左旗	Sunitezuo Banner in Xilinguole League	19188
53	包头市土默特右旗	Tumoteyou Banner in Baotou City	18940
54	兴安盟阿尔山市	Aershan City in Xingan League	17737
55	呼伦贝尔市扎兰屯市	Zhalantun City in Hulunbeier City	17713
56	呼伦贝尔市根河市	Genhe City in Hulunbeier City	17683
57	呼伦贝尔市新巴尔虎左旗	Xinbaerhuzuo Banner in Hulunbeier City	17579
58	呼和浩特市托克托县	Tuoketuo County in Hohhot City	17295
59	赤峰市松山区	Songshan District in Chifeng City	17241
60	乌兰察布市丰镇市	Fengzhen City in Wulanchabu City	16643
61	巴彦淖尔市乌拉特中旗	Wulatezhong Banner in Bayannaoer City	16463
62	巴彦淖尔市乌拉特后旗	Wulatehou Banner in Bayannaoer City	16431
63	巴彦淖尔市乌拉特前旗	Wulateqian Banner in Bayannaoer City	16183
64	巴彦淖尔市磴口县	Dengkou County in Bayannaoer City	16176
65	呼伦贝尔市阿荣旗	Arong Banner in Hulunbeier City	16057
66	呼和浩特市土默特左旗	Tumotezuo Banner in Hohhot City	15972
67	呼和浩特市和林格尔县	Helingeer County in Hohhot City	15304
68	呼伦贝尔市鄂伦春自治旗	Elunchun National Autonomous Banner in Hulunbeier City	15255

23-5 续表 2 continued

单位：元 (yuan)

位次 Order	旗县(区)名称	Name of Banners, Counties and Districts	全体居民人均可支配收入 The per capita disposable income of all residents
69	包头市固阳县	Guyang County in Baotou City	14677
70	锡林郭勒盟正镶白旗	Zhengxiangbai Banner in Xilinguole League	14565
71	乌兰察布市化德县	Huade County in Wulanchabu City	14489
72	锡林郭勒盟太仆寺旗	Taipusi Banner in Xilinguole League	14344
73	通辽市开鲁县	Kailu County in Tongliao City	14018
74	赤峰市克什克腾旗	Keshiketeng Banner in Chifeng City	13996
75	乌兰察布市卓资县	Zhuozi County in Wulanchabu City	13728
76	赤峰市林西县	Linxi County in Chifeng City	13688
77	赤峰市巴林右旗	Balinyou Banner in Chifeng City	13687
78	通辽市扎鲁特旗	Zhalute Banner in Tongliao City	13378
79	乌兰察布市察哈尔右翼后旗	Chahaeryouyihou Banner in Wulanchabu City	13358
80	乌兰察布市凉城县	Liangcheng County in Wulanchabu City	12994
81	呼和浩特市武川县	Wuchuan County in Hohhot City	12824
82	赤峰市喀喇沁旗	Kalaqin Banner in Chifeng City	12751
83	乌兰察布市四子王旗	Siziwang Banner in Wulanchabu City	12172
84	通辽市科尔沁左翼后旗	Keerqinzuoyihou Banner in Tongliao City	12151
85	通辽市科尔沁左翼中旗	Keerqinzuoyizhong Banner in Tongliao City	11742
86	赤峰市翁牛特旗	Wengniute Banner in Chifeng City	11725
87	乌兰察布市商都县	Shangdu County in Wulanchabu City	11559
88	通辽市库伦旗	Kulun Banner in Tongliao City	11515
89	赤峰市巴林左旗	Balinzuo Banner in Chifeng City	11407
90	呼和浩特市清水河县	Qingshuihe County in Hohhot City	11360
91	赤峰市宁城县	Ningcheng County in Chifeng City	11230
92	通辽市奈曼旗	Naiman Banner in Tongliao City	11139
93	兴安盟科尔沁右翼中旗	Keerqinyouyizhong Banner in Xingan League	11103
94	赤峰市敖汉旗	Aohan Banner in Chifeng City	10995
95	赤峰市阿鲁科尔沁旗	Alukeerqin Banner in Chifeng City	10968
96	乌兰察布市察哈尔右翼前旗	Chahaeryouyiqian Banner in Wulanchabu City	10930
97	兴安盟扎赉特旗	Zhalaite Banner in Xingan League	10766
98	呼伦贝尔市莫力达瓦达斡尔族自治旗	Molidawadawoer National Autonomous Banner in Hulunbeier City	10617
99	兴安盟突泉县	Tuquan County in Xingan League	10567
100	乌兰察布市兴和县	Xinghe County in Wulanchabu City	10334
101	乌兰察布市察哈尔右翼中旗	Chahaeryouyizhong Banner in Wulanchabu City	10071
102	兴安盟科尔沁右翼前旗	Keerqinyouyiqian Banner in Xingan League	9463

23-6 各旗县(区)按城镇常住居民人均可支配收入排序(2014年)

Banners, Counties and Districts Ranked by The per capita disposable income of urban permanent residents （2014）

单位：元 (yuan)

位次 Order	旗县(区)名称	Name of Banners, Counties and Districts	城镇常住居民人均可支配收入 The per capita disposable income of urban permanent residents
1	呼和浩特市新城区	Xincheng District in Hohhot City	39253
2	呼和浩特市赛罕区	Saihan District in Hohhot City	38355
3	包头市昆都仑区	Kundulun District in Baotou City	38221
3	包头市青山区	Qingshan District in Baotou City	38221
5	包头市白云矿区	Baiyun Mineral District in Baotou City	38203
6	包头市九原区	Jiuyuan District in Baotou City	36711
7	锡林郭勒盟二连浩特市	Erlianhaote City in Xilinguole League	36580
8	鄂尔多斯市东胜区	Dongsheng District in Erdos City	36302
9	鄂尔多斯市准格尔旗	Zhungeer Banner in Erdos City	36234
10	鄂尔多斯市伊金霍洛旗	Yijinhuoluo Banner in Erdos City	36193
11	呼和浩特市回民区	Huimin District in Hohhot City	34619
12	鄂尔多斯市鄂托克旗	Etuoke Banner in Erdos City	34294
13	乌兰察布市化德县	Huade County in Wulanchabu City	33737
14	呼和浩特市玉泉区	Yuquan District in Hohhot City	33561
15	锡林郭勒盟锡林浩特市	Xilinhaote City in Xilinguole League	33461
16	鄂尔多斯市乌审旗	Wushen Banner in Erdos City	33287
17	鄂尔多斯市鄂托克前旗	Etuokeqian Banner in Erdos City	33096
18	通辽市霍林郭勒市	Huolinguole City in Tongliao City	32604
19	包头市东河区	Donghe District in Baotou City	32490
20	乌海市海勃湾区	Haibowan District in Wuhai City	32190
21	鄂尔多斯市达拉特旗	Dalate Banner in Erdos City	31589
22	鄂尔多斯市杭锦旗	Hangjin Banner in Erdos City	31510
23	乌海市海南区	Hainan District in Wuhai City	30594
24	阿拉善盟阿拉善右旗	Alashanyou Banner in Alashan League	30582
25	阿拉善盟额济纳旗	Ejina Banner in Alashan League	30566
26	乌海市乌达区	Wuda District in Wuhai City	30500
27	包头市石拐区	Shiguai District in Baotou City	29843
28	阿拉善盟阿拉善左旗	Alashanzuo Banner in Alashan League	29724
29	包头市达尔罕茂明安联合旗	Daerhanmaomingan Union Banner in Baotou City	29687
30	锡林郭勒盟西乌珠穆沁旗	xiwuzhumuqin Banner in Xilinguole League	28436
31	呼伦贝尔市海拉尔区	Hailaer District in Hulunbeier City	28324
32	锡林郭勒盟东乌珠穆沁旗	Dongwuzhumuqin Banner in Xilinguole League	28241
33	锡林郭勒盟镶黄旗	Xianghuang Banner in Xilinguole League	28218
34	锡林郭勒盟多伦县	Duolun County in Xilinguole League	28171

23-6 续表 1 continued

单位：元 (yuan)

位 次 Order	旗县(区)名称	Name of Banners, Counties and Districts	城镇常住居民人均可支配收入 The per capita disposable income of urban permanent residents
35	呼和浩特市托克托县	Tuoketuo County in Hohhot City	28091
36	锡林郭勒盟苏尼特左旗	Sunitezuo Banner in Xilinguole League	27761
37	锡林郭勒盟阿巴嘎旗	Abaga Banner in Xilinguole League	27702
38	锡林郭勒盟正蓝旗	Zhenglan Banner in Xilinguole League	27690
39	包头市土默特右旗	Tumoteyou Banner in Baotou City	27517
40	呼伦贝尔市满洲里市	Manzhouli City in Hulunbeier City	27337
41	锡林郭勒盟苏尼特右旗	Suniteyou Banner in Xilinguole League	27184
42	呼和浩特市和林格尔县	Helingeer County in Hohhot City	26973
43	呼和浩特市土默特左旗	Tumotezuo Banner in Hohhot City	26500
44	锡林郭勒盟太仆寺旗	Taipusi Banner in Xilinguole League	25815
45	赤峰市红山区	Hongshan District in Chifeng City	25807
46	通辽市科尔沁区	Keerqin District in Tongliao City	25492
47	赤峰市元宝山区	Yuanbaoshan District in Chifeng City	25391
48	呼伦贝尔市满洲里扎赉诺尔区	Zhalainuoer District of Manzhouli City in Hulunbeier City	25316
49	锡林郭勒盟正镶白旗	Zhengxiangbai Banner in Xilinguole League	25058
50	呼伦贝尔市扎兰屯市	Zhalantun City in Hulunbeier City	24989
51	乌兰察布市集宁区	Jining District in Wulanchabu City	24550
52	赤峰市松山区	Songshan District in Chifeng City	24339
53	呼伦贝尔市牙克石市	Yakeshi City in Hulunbeier City	24114
54	呼伦贝尔市陈巴尔虎旗	Chenbaerhu Banner in Hulunbeier City	23635
55	包头市固阳县	Guyang County in Baotou City	23609
56	呼伦贝尔市鄂温克族自治旗	Ewenke National Autonomous Banner in Hulunbeier City	23226
57	巴彦淖尔市乌拉特中旗	Wulatezhong Banner in Bayannaoer City	23203
58	巴彦淖尔市乌拉特后旗	Wulatehou Banner in Bayannaoer City	23030
59	呼伦贝尔市阿荣旗	Arong Banner in Hulunbeier City	23028
60	巴彦淖尔市临河区	Linhe District in Bayannaoer City	23012
61	呼伦贝尔市新巴尔虎右旗	Xinbaerhuyou Banner in Hulunbeier City	22834
62	兴安盟乌兰浩特市	Wulanhaote City in Xingan League	22667
63	巴彦淖尔市杭锦后旗	Hangjinhou Banner in Bayannaoer City	22635
64	巴彦淖尔市五原县	Wuyuan County in Bayannaoer City	22533
65	赤峰市宁城县	Ningcheng County in Chifeng City	22352
66	乌兰察布市卓资县	Zhuozi County in Wulanchabu City	22203
67	巴彦淖尔市乌拉特前旗	Wulateqian Banner in Bayannaoer City	22038
68	巴彦淖尔市磴口县	Dengkou County in Bayannaoer City	22031

23-6 续表 2 continued

单位：元 (yuan)

位次 Order	旗县(区)名称	Name of Banners, Counties and Districts	城镇常住居民人均可支配收入 The per capita disposable income of urban permanent residents
69	乌兰察布市凉城县	Liangcheng County in Wulanchabu City	22005
70	乌兰察布市丰镇市	Fengzhen City in Wulanchabu City	21789
71	乌兰察布市察哈尔右翼后旗	Chahaeryouyihou Banner in Wulanchabu City	21736
72	乌兰察布市察哈尔右翼前旗	Chahaeryouyiqian Banner in Wulanchabu City	21635
73	通辽市开鲁县	Kailu County in Tongliao City	21322
74	呼伦贝尔市额尔古纳市	Eerguna City in Hulunbeier City	21205
74	乌兰察布市四子王旗	Siziwang Banner in Wulanchabu City	21205
76	呼和浩特市清水河县	Qingshuihe County in Hohhot City	21192
77	赤峰市克什克腾旗	Keshiketeng Banner in Chifeng City	21049
78	通辽市扎鲁特旗	Zhalute Banner in Tongliao City	20857
79	赤峰市喀喇沁旗	Kalaqin Banner in Chifeng City	20657
80	赤峰市巴林左旗	Balinzuo Banner in Chifeng City	20655
81	赤峰市敖汉旗	Aohan Banner in Chifeng City	20620
82	乌兰察布市察哈尔右翼中旗	Chahaeryouyizhong Banner in Wulanchabu City	20502
83	赤峰市翁牛特旗	Wengniute Banner in Chifeng City	20395
84	兴安盟阿尔山市	Aershan City in Xingan League	20359
85	赤峰市林西县	Linxi County in Chifeng City	20328
86	乌兰察布市商都县	Shangdu County in Wulanchabu City	20299
87	呼和浩特市武川县	Wuchuan County in Hohhot City	20144
88	乌兰察布市兴和县	Xinghe County in Wulanchabu City	20106
89	呼伦贝尔市根河市	Genhe City in Hulunbeier City	19896
90	呼伦贝尔市新巴尔虎左旗	Xinbaerhuzuo Banner in Hulunbeier City	19795
91	通辽市科尔沁左翼后旗	Keerqinzuoyihou Banner in Tongliao City	19584
92	通辽市奈曼旗	Naiman Banner in Tongliao City	19407
93	通辽市科尔沁左翼中旗	Keerqinzuoyizhong Banner in Tongliao City	19354
94	兴安盟扎赉特旗	Zhalaite Banner in Xingan League	19247
95	兴安盟科尔沁右翼前旗	Keerqinyouyiqian Banner in Xingan League	19244
96	赤峰市阿鲁科尔沁旗	Alukeerqin Banner in Chifeng City	19026
97	赤峰市巴林右旗	Balinyou Banner in Chifeng City	19025
98	呼伦贝尔市鄂伦春自治旗	Elunchun National Autonomous Banner in Hulunbeier City	18891
99	兴安盟突泉县	Tuquan County in Xingan League	18733
100	通辽市库伦旗	Kulun Banner in Tongliao City	18651
101	兴安盟科尔沁右翼中旗	Keerqinyouyizhong Banner in Xingan League	18450
102	呼伦贝尔市莫力达瓦达斡尔族自治旗	Molidawadawoer National Autonomous Banner in Hulunbeier City	17458

23-7 各旗县(区)按农村牧区常住居民人均可支配收入排序(2014年)

Banners, Counties and Districts Ranked by The per capita disposable income of permanent residents of rural and pastoral areas （2014）

单位：元 (yuan)

位次 Order	旗县(区)名称	Name of Banners, Counties and Districts	农村牧区常住居民人均可支配收入 The per capita disposable income of permanent residents of rural and pastoral areas
1	锡林郭勒盟东乌珠穆沁旗	Dongwuzhumuqin Banner in Xilinguole League	21935
2	呼伦贝尔市海拉尔区	Hailaer District in Hulunbeier City	20488
3	锡林郭勒盟锡林浩特市	Xilinhaote City in Xilinguole League	19036
4	呼伦贝尔市额尔古纳市	Eerguna City in Hulunbeier City	18833
5	锡林郭勒盟西乌珠穆沁旗	xiwuzhumuqin Banner in Xilinguole League	18749
6	锡林郭勒盟阿巴嘎旗	Abaga Banner in Xilinguole League	18588
7	阿拉善盟额济纳旗	Ejina Banner in Alashan League	16800
8	包头市东河区	Donghe District in Baotou City	16525
9	呼伦贝尔市鄂温克族自治旗	Ewenke National Autonomous Banner in Hulunbeier City	16264
10	呼伦贝尔市陈巴尔虎旗	Chenbaerhu Banner in Hulunbeier City	15868
11	阿拉善盟阿拉善右旗	Alashanyou Banner in Alashan League	15817
12	呼和浩特市回民区	Huimin District in Hohhot City	15808
13	呼伦贝尔市新巴尔虎右旗	Xinbaerhuyou Banner in Hulunbeier City	15671
14	呼伦贝尔市新巴尔虎左旗	Xinbaerhuzuo Banner in Hulunbeier City	15570
15	包头市九原区	Jiuyuan District in Baotou City	15483
16	呼和浩特市新城区	Xincheng District in Hohhot City	15181
17	呼和浩特市玉泉区	Yuquan District in Hohhot City	15122
18	乌海市海勃湾区	Haibowan District in Wuhai City	14614
19	呼和浩特市赛罕区	Saihan District in Hohhot City	14323
20	赤峰市红山区	Hongshan District in Chifeng City	13783
21	阿拉善盟阿拉善左旗	Alashanzuo Banner in Alashan League	13701
22	赤峰市元宝山区	Yuanbaoshan District in Chifeng City	13593
23	鄂尔多斯市鄂托克前旗	Etuokeqian Banner in Erdos City	13477
24	鄂尔多斯市准格尔旗	Zhungeer Banner in Erdos City	13450
24	鄂尔多斯市伊金霍洛旗	Yijinhuoluo Banner in Erdos City	13450
26	鄂尔多斯市鄂托克旗	Etuoke Banner in Erdos City	13437
26	鄂尔多斯市乌审旗	Wushen Banner in Erdos City	13437
28	鄂尔多斯市达拉特旗	Dalate Banner in Erdos City	13378
29	通辽市科尔沁区	Keerqin District in Tongliao City	13368
30	鄂尔多斯市杭锦旗	Hangjin Banner in Erdos City	13313
31	巴彦淖尔市临河区	Linhe District in Bayannaoer City	13250
32	巴彦淖尔市五原县	Wuyuan County in Bayannaoer City	13156
33	巴彦淖尔市杭锦后旗	Hangjinhou Banner in Bayannaoer City	13129
34	呼伦贝尔市阿荣旗	Arong Banner in Hulunbeier City	12966

23-7 续表 1 continued

单位：元 (yuan)

位次 Order	旗县(区)名称	Name of Banners, Counties and Districts	农村牧区常住居民人均可支配收入 The per capita disposable income of permanent residents of rural and pastoral areas
35	包头市土默特右旗	Tumoteyou Banner in Baotou City	12832
36	巴彦淖尔市磴口县	Dengkou County in Bayannaoer City	12744
37	乌海市海南区	Hainan District in Wuhai City	12726
38	锡林郭勒盟正蓝旗	Zhenglan Banner in Xilinguole League	12664
39	巴彦淖尔市乌拉特前旗	Wulateqian Banner in Bayannaoer City	12459
40	呼和浩特市土默特左旗	Tumotezuo Banner in Hohhot City	12219
41	呼伦贝尔市扎兰屯市	Zhalantun City in Hulunbeier City	12138
42	巴彦淖尔市乌拉特中旗	Wulatezhong Banner in Bayannaoer City	12064
43	呼和浩特市托克托县	Tuoketuo County in Hohhot City	11849
44	乌兰察布市集宁区	Jining District in Wulanchabu City	11844
45	通辽市开鲁县	Kailu County in Tongliao City	11127
46	包头市达尔罕茂明安联合旗	Daerhanmaomingan Union Banner in Baotou City	10942
47	锡林郭勒盟苏尼特左旗	Sunitezuo Banner in Xilinguole League	10919
48	巴彦淖尔市乌拉特后旗	Wulatehou Banner in Bayannaoer City	10896
49	通辽市扎鲁特旗	Zhalute Banner in Tongliao City	10881
50	兴安盟乌兰浩特市	Wulanhaote City in Xingan League	10645
51	赤峰市松山区	Songshan District in Chifeng City	10557
52	包头市石拐区	Shiguai District in Baotou City	10446
53	锡林郭勒盟镶黄旗	Xianghuang Banner in Xilinguole League	10382
54	锡林郭勒盟多伦县	Duolun County in Xilinguole League	10195
55	呼伦贝尔市根河市	Genhe City in Hulunbeier City	10069
56	包头市固阳县	Guyang County in Baotou City	9967
57	呼和浩特市和林格尔县	Helingeer County in Hohhot City	9522
58	乌兰察布市丰镇市	Fengzhen City in Wulanchabu City	9242
59	通辽市科尔沁左翼后旗	Keerqinzuoyihou Banner in Tongliao City	8798
60	乌兰察布市凉城县	Liangcheng County in Wulanchabu City	8763
61	锡林郭勒盟太仆寺旗	Taipusi Banner in Xilinguole League	8408
62	通辽市科尔沁左翼中旗	Keerqinzuoyizhong Banner in Tongliao City	8304
63	乌兰察布市察哈尔右翼后旗	Chahaeryouyihou Banner in Wulanchabu City	8156
64	乌兰察布市察哈尔右翼前旗	Chahaeryouyiqian Banner in Wulanchabu City	8055
65	通辽市奈曼旗	Naiman Banner in Tongliao City	8043
66	赤峰市克什克腾旗	Keshiketeng Banner in Chifeng City	8021
67	赤峰市喀喇沁旗	Kalaqin Banner in Chifeng City	8007
68	赤峰市敖汉旗	Aohan Banner in Chifeng City	8005

23-7 续表 2 continued

单位：元 (yuan)

位次 Order	旗县(区)名称	Name of Banners, Counties and Districts	农村牧区常住居民人均可支配收入 The per capita disposable income of permanent residents of rural and pastoral areas
69	乌兰察布市卓资县	Zhuozi County in Wulanchabu City	7879
70	乌兰察布市四子王旗	Siziwang Banner in Wulanchabu City	7806
71	通辽市库伦旗	Kulun Banner in Tongliao City	7796
72	赤峰市宁城县	Ningcheng County in Chifeng City	7791
73	锡林郭勒盟苏尼特右旗	Suniteyou Banner in Xilinguole League	7739
74	锡林郭勒盟正镶白旗	Zhengxiangbai Banner in Xilinguole League	7598
75	赤峰市巴林右旗	Balinyou Banner in Chifeng City	7436
76	呼伦贝尔市莫力达瓦达斡尔族自治旗	Molidawadawoer National Autonomous Banner in Hulunbeier City	7419
77	赤峰市翁牛特旗	Wengniute Banner in Chifeng City	7406
78	乌兰察布市商都县	Shangdu County in Wulanchabu City	7330
79	兴安盟阿尔山市	Aershan City in Xingan League	7280
80	兴安盟科尔沁右翼前旗	Keerqinyouyiqian Banner in Xingan League	7250
81	赤峰市巴林左旗	Balinzuo Banner in Chifeng City	7240
82	兴安盟扎赉特旗	Zhalaite Banner in Xingan League	7172
83	乌兰察布市兴和县	Xinghe County in Wulanchabu City	7030
84	兴安盟突泉县	Tuquan County in Xingan League	6976
85	呼伦贝尔市鄂伦春自治旗	Elunchun National Autonomous Banner in Hulunbeier City	6905
86	赤峰市阿鲁科尔沁旗	Alukeerqin Banner in Chifeng City	6830
87	赤峰市林西县	Linxi County in Chifeng City	6818
88	兴安盟科尔沁右翼中旗	Keerqinyouyizhong Banner in Xingan League	6751
89	乌兰察布市化德县	Huade County in Wulanchabu City	6522
90	乌兰察布市察哈尔右翼中旗	Chahaeryouyizhong Banner in Wulanchabu City	6403
91	呼和浩特市清水河县	Qingshuihe County in Hohhot City	6104
92	呼和浩特市武川县	Wuchuan County in Hohhot City	5911
93	包头市昆都仑区	Kundulun District in Baotou City	
94	包头市青山区	Qingshan District in Baotou City	
95	包头市白云矿区	Baiyun Mineral District in Baotou City	
96	呼伦贝尔市满洲里市	Manzhouli City in Hulunbeier City	
97	呼伦贝尔市满洲里扎赉诺尔区	Zhalainuoer District of Manzhouli City in Hulunbeier City	
98	呼伦贝尔市牙克石市	Yakeshi City in Hulunbeier City	
99	通辽市霍林郭勒市	Huolinguole City in Tongliao City	
100	锡林郭勒盟二连浩特市	Erlianhaote City in Xilinguole League	
101	鄂尔多斯市东胜区	Dongsheng District in Erdos City	
102	乌海市乌达区	Wuda District in Wuhai City	

23-8 各旗县(区)按在岗职工平均工资排序(2014年)

Banners, Counties and Districts Ranked by Average Wage of Staff and Workers Employed in（2014）

单位：元　　(yuan)

位次 Order	旗县(区)名称	Name of Banners, Counties and Districts	职工平均工资 Average Wage
1	通辽市科尔沁区	Keerqin District in Tongliao City	97082
2	鄂尔多斯市伊金霍洛旗	Yijinhuoluo Banner in Erdos City	78580
3	鄂尔多斯市准格尔旗	Zhungeer Banner in Erdos City	74720
4	鄂尔多斯市东胜区	Dongsheng District in Erdos City	74499
5	锡林郭勒盟多伦县	Duolun County in Xilinguole League	73464
6	呼伦贝尔市鄂温克族自治旗	Ewenke National Autonomous Banner in Hulunbeier City	68815
7	包头市白云矿区	Baiyun Mineral District in Baotou City	68609
8	锡林郭勒盟西乌珠穆沁旗	xiwuzhumuqin Banner in Xilinguole League	67033
9	呼伦贝尔市陈巴尔虎旗	Chenbaerhu Banner in Hulunbeier City	66800
10	包头市石拐区	Shiguai District in Baotou City	64228
11	锡林郭勒盟二连浩特市	Erlianhaote City in Xilinguole League	63829
12	鄂尔多斯市乌审旗	Wushen Banner in Erdos City	61727
13	鄂尔多斯市鄂托克前旗	Etuokeqian Banner in Erdos City	61551
14	阿拉善盟额济纳旗	Ejina Banner in Alashan League	60186
15	呼伦贝尔市满洲里市	Manzhouli City in Hulunbeier City	60146
16	包头市九原区	Jiuyuan District in Baotou City	59963
17	包头市达尔罕茂明安联合旗	Daerhanmaomingan Union Banner in Baotou City	59961
18	锡林郭勒盟苏尼特左旗	Sunitezuo Banner in Xilinguole League	59960
19	呼伦贝尔市满洲里扎赉诺尔区	Zhalainuoer District of Manzhouli City in Hulunbeier City	59871
20	包头市青山区	Qingshan District in Baotou City	59728
21	锡林郭勒盟正蓝旗	Zhenglan Banner in Xilinguole League	59282
22	鄂尔多斯市鄂托克旗	Etuoke Banner in Erdos City	59101
23	鄂尔多斯市杭锦旗	Hangjin Banner in Erdos City	58841
24	乌兰察布市凉城县	Liangcheng County in Wulanchabu City	58508
25	锡林郭勒盟阿巴嘎旗	Abaga Banner in Xilinguole League	58387
26	呼伦贝尔市海拉尔区	Hailaer District in Hulunbeier City	58362
27	乌兰察布市四子王旗	Siziwang Banner in Wulanchabu City	58155
28	赤峰市元宝山区	Yuanbaoshan District in Chifeng City	58036
29	乌海市海南区	Hainan District in Wuhai City	57811
30	鄂尔多斯市达拉特旗	Dalate Banner in Erdos City	57539
31	包头市昆都仑区	Kundulun District in Baotou City	57081
32	通辽市霍林郭勒市	Huolinguole City in Tongliao City	57059
33	锡林郭勒盟镶黄旗	Xianghuang Banner in Xilinguole League	56979
34	锡林郭勒盟正镶白旗	Zhengxiangbai Banner in Xilinguole League	56020

23-8 续表 1 continued

单位：元 (yuan)

位次 Order	旗县(区)名称	Name of Banners, Counties and Districts	职工平均工资 Average Wage
35	乌兰察布市察哈尔右翼中旗	Chahaeryouyizhong Banner in Wulanchabu City	55450
36	锡林郭勒盟锡林浩特市	Xilinhaote City in Xilinguole League	55391
37	阿拉善盟阿拉善左旗	Alashanzuo Banner in Alashan League	55262
38	阿拉善盟阿拉善右旗	Alashanyou Banner in Alashan League	54672
39	乌海市海勃湾区	Haibowan District in Wuhai City	54567
40	兴安盟乌兰浩特市	Wulanhaote City in Xingan League	54467
41	呼伦贝尔市额尔古纳市	Eerguna City in Hulunbeier City	54371
42	呼和浩特市赛罕区	Saihan District in Hohhot City	53971
43	赤峰市松山区	Songshan District in Chifeng City	53835
44	锡林郭勒盟苏尼特右旗	Suniteyou Banner in Xilinguole League	53779
45	包头市土默特右旗	Tumoteyou Banner in Baotou City	53758
46	乌兰察布市丰镇市	Fengzhen City in Wulanchabu City	53582
47	赤峰市红山区	Hongshan District in Chifeng City	52934
48	赤峰市敖汉旗	Aohan Banner in Chifeng City	52639
48	锡林郭勒盟太仆寺旗	Taipusi Banner in Xilinguole League	52639
50	乌兰察布市商都县	Shangdu County in Wulanchabu City	52334
51	赤峰市巴林左旗	Balinzuo Banner in Chifeng City	52311
52	通辽市扎鲁特旗	Zhalute Banner in Tongliao City	52245
53	呼伦贝尔市新巴尔虎右旗	Xinbaerhuyou Banner in Hulunbeier City	52235
54	乌兰察布市卓资县	Zhuozi County in Wulanchabu City	52220
55	赤峰市阿鲁科尔沁旗	Alukeerqin Banner in Chifeng City	51881
56	呼和浩特市新城区	Xincheng District in Hohhot City	50965
57	呼伦贝尔市根河市	Genhe City in Hulunbeier City	50811
57	呼伦贝尔市新巴尔虎左旗	Xinbaerhuzuo Banner in Hulunbeier City	50811
59	包头市固阳县	Guyang County in Baotou City	50794
60	赤峰市翁牛特旗	Wengniute Banner in Chifeng City	50617
61	赤峰市喀喇沁旗	Kalaqin Banner in Chifeng City	50568
62	乌兰察布市察哈尔右翼前旗	Chahaeryouyiqian Banner in Wulanchabu City	50495
63	巴彦淖尔市乌拉特中旗	Wulatezhong Banner in Bayannaoer City	50465
64	赤峰市克什克腾旗	Keshiketeng Banner in Chifeng City	50160
65	赤峰市林西县	Linxi County in Chifeng City	49938
66	兴安盟阿尔山市	Aershan City in Xingan League	49649
67	呼和浩特市托克托县	Tuoketuo County in Hohhot City	49477
68	巴彦淖尔市临河区	Linhe District in Bayannaoer City	49025

23-8 续表 2 continued

单位：元 (yuan)

位次 Order	旗县(区)名称	Name of Banners, Counties and Districts	职工平均工资 Average Wage
69	呼和浩特市土默特左旗	Tumotezuo Banner in Hohhot City	48935
70	巴彦淖尔市乌拉特后旗	Wulatehou Banner in Bayannaoer City	48855
71	呼伦贝尔市牙克石市	Yakeshi City in Hulunbeier City	48810
72	锡林郭勒盟东乌珠穆沁旗	Dongwuzhumuqin Banner in Xilinguole League	48700
73	赤峰市宁城县	Ningcheng County in Chifeng City	48492
74	呼和浩特市清水河县	Qingshuihe County in Hohhot City	48435
75	巴彦淖尔市乌拉特前旗	Wulateqian Banner in Bayannaoer City	47826
76	呼和浩特市回民区	Huimin District in Hohhot City	47774
77	乌兰察布市集宁区	Jining District in Wulanchabu City	47762
78	乌海市乌达区	Wuda District in Wuhai City	47743
79	乌兰察布市化德县	Huade County in Wulanchabu City	47116
80	呼和浩特市玉泉区	Yuquan District in Hohhot City	46826
81	通辽市奈曼旗	Naiman Banner in Tongliao City	46783
82	呼伦贝尔市阿荣旗	Arong Banner in Hulunbeier City	46682
83	巴彦淖尔市杭锦后旗	Hangjinhou Banner in Bayannaoer City	46362
84	乌兰察布市察哈尔右翼后旗	Chahaeryouyihou Banner in Wulanchabu City	46329
85	呼和浩特市和林格尔县	Helingeer County in Hohhot City	46187
86	包头市东河区	Donghe District in Baotou City	45661
87	赤峰市巴林右旗	Balinyou Banner in Chifeng City	45432
88	巴彦淖尔市五原县	Wuyuan County in Bayannaoer City	45157
89	兴安盟扎赉特旗	Zhalaite Banner in Xingan League	44791
90	通辽市科尔沁左翼后旗	Keerqinzuoyihou Banner in Tongliao City	44147
91	呼伦贝尔市扎兰屯市	Zhalantun City in Hulunbeier City	44080
92	通辽市科尔沁左翼中旗	Keerqinzuoyizhong Banner in Tongliao City	43710
93	乌兰察布市兴和县	Xinghe County in Wulanchabu City	43393
94	呼伦贝尔市莫力达瓦达斡尔族自治旗	Molidawadawoer National Autonomous Banner in Hulunbeier City	43241
95	通辽市库伦旗	Kulun Banner in Tongliao City	42988
96	呼伦贝尔市鄂伦春自治旗	Elunchun National Autonomous Banner in Hulunbeier City	42751
97	通辽市开鲁县	Kailu County in Tongliao City	42715
98	兴安盟突泉县	Tuquan County in Xingan League	42684
99	兴安盟科尔沁右翼前旗	Keerqinyouyiqian Banner in Xingan League	41604
100	巴彦淖尔市磴口县	Dengkou County in Bayannaoer City	41343
101	呼和浩特市武川县	Wuchuan County in Hohhot City	40830
102	兴安盟科尔沁右翼中旗	Keerqinyouyizhong Banner in Xingan League	40179

23-9 各旗县(区)按公共财政预算收入排序(2014年)

Banners, Counties and Districts Ranked by Public Budgetary Financial Revenue(2014)

单位：万元 (10 000 yuan)

位次 Order	旗县(区)名称	Name of Banners, Counties and Districts	公共财政预算收入 Public Budgetary Financial Revenue
1	鄂尔多斯市东胜区	Dongsheng District in Erdos City	891717
2	鄂尔多斯市准格尔旗	Zhungeer Banner in Erdos City	767109
3	鄂尔多斯市伊金霍洛旗	Yijinhuoluo Banner in Erdos City	750075
4	包头市昆都仑区	Kundulun District in Baotou City	415480
5	通辽市科尔沁区	Keerqin District in Tongliao City	409052
6	呼和浩特市赛罕区	Saihan District in Hohhot City	398477
7	包头市青山区	Qingshan District in Baotou City	392008
8	呼和浩特市新城区	Xincheng District in Hohhot City	365324
9	鄂尔多斯市鄂托克旗	Etuoke Banner in Erdos City	330475
10	通辽市霍林郭勒市	Huolinguole City in Tongliao City	304845
11	乌海市海勃湾区	Haibowan District in Wuhai City	256149
12	锡林郭勒盟锡林浩特市	Xilinhaote City in Xilinguole League	245309
13	鄂尔多斯市乌审旗	Wushen Banner in Erdos City	239903
14	阿拉善盟阿拉善左旗	Alashanzuo Banner in Alashan League	203111
15	鄂尔多斯市达拉特旗	Dalate Banner in Erdos City	201919
16	赤峰市红山区	Hongshan District in Chifeng City	200117
17	包头市土默特右旗	Tumoteyou Banner in Baotou City	193150
18	巴彦淖尔市临河区	Linhe District in Bayannaoer City	188285
19	锡林郭勒盟西乌珠穆沁旗	xiwuzhumuqin Banner in Xilinguole League	176426
20	包头市九原区	Jiuyuan District in Baotou City	174789
21	乌兰察布市集宁区	Jining District in Wulanchabu City	152332
22	鄂尔多斯市鄂托克前旗	Etuokeqian Banner in Erdos City	146998
23	通辽市扎鲁特旗	Zhalute Banner in Tongliao City	146087
24	包头市达尔罕茂明安联合旗	Daerhanmaomingan Union Banner in Baotou City	144147
25	呼和浩特市回民区	Huimin District in Hohhot City	143914
26	包头市东河区	Donghe District in Baotou City	142648
27	呼和浩特市玉泉区	Yuquan District in Hohhot City	141404
28	呼伦贝尔市满洲里市	Manzhouli City in Hulunbeier City	139291
29	呼伦贝尔市海拉尔区	Hailaer District in Hulunbeier City	136556
30	锡林郭勒盟东乌珠穆沁旗	Dongwuzhumuqin Banner in Xilinguole League	127912
31	鄂尔多斯市杭锦旗	Hangjin Banner in Erdos City	120201
32	呼和浩特市土默特左旗	Tumotezuo Banner in Hohhot City	113316
33	赤峰市元宝山区	Yuanbaoshan District in Chifeng City	112166
34	呼和浩特市托克托县	Tuoketuo County in Hohhot City	111890

23-9 续表 1 continued

单位：万元 (10 000 yuan)

位次 Order	旗县(区)名称	Name of Banners, Counties and Districts	公共财政预算收入 Public Budgetary Financial Revenue
35	乌海市海南区	Hainan District in Wuhai City	111551
36	呼和浩特市和林格尔县	Helingeer County in Hohhot City	98425
37	乌海市乌达区	Wuda District in Wuhai City	93784
38	赤峰市松山区	Songshan District in Chifeng City	91306
39	巴彦淖尔市乌拉特前旗	Wulateqian Banner in Bayannaoer City	88490
40	巴彦淖尔市乌拉特中旗	Wulatezhong Banner in Bayannaoer City	84333
41	呼伦贝尔市鄂温克族自治旗	Ewenke National Autonomous Banner in Hulunbeier City	81065
42	赤峰市克什克腾旗	Keshiketeng Banner in Chifeng City	72000
43	兴安盟乌兰浩特市	Wulanhaote City in Xingan League	71722
44	巴彦淖尔市乌拉特后旗	Wulatehou Banner in Bayannaoer City	69386
45	赤峰市宁城县	Ningcheng County in Chifeng City	61887
46	巴彦淖尔市杭锦后旗	Hangjinhou Banner in Bayannaoer City	60451
47	呼伦贝尔市牙克石市	Yakeshi City in Hulunbeier City	56194
48	呼伦贝尔市陈巴尔虎旗	Chenbaerhu Banner in Hulunbeier City	55397
49	巴彦淖尔市五原县	Wuyuan County in Bayannaoer City	54248
50	赤峰市敖汉旗	Aohan Banner in Chifeng City	51888
51	呼伦贝尔市阿荣旗	Arong Banner in Hulunbeier City	51885
52	通辽市奈曼旗	Naiman Banner in Tongliao City	50842
53	呼伦贝尔市新巴尔虎右旗	Xinbaerhuyou Banner in Hulunbeier City	48034
54	锡林郭勒盟正蓝旗	Zhenglan Banner in Xilinguole League	47205
55	赤峰市巴林左旗	Balinzuo Banner in Chifeng City	46538
56	阿拉善盟额济纳旗	Ejina Banner in Alashan League	46510
57	呼伦贝尔市扎兰屯市	Zhalantun City in Hulunbeier City	45727
58	乌兰察布市丰镇市	Fengzhen City in Wulanchabu City	44882
59	赤峰市喀喇沁旗	Kalaqin Banner in Chifeng City	44018
60	锡林郭勒盟二连浩特市	Erlianhaote City in Xilinguole League	43780
61	通辽市开鲁县	Kailu County in Tongliao City	42265
62	包头市石拐区	Shiguai District in Baotou City	41022
63	通辽市科尔沁左翼后旗	Keerqinzuoyihou Banner in Tongliao City	40142
64	赤峰市翁牛特旗	Wengniute Banner in Chifeng City	39490
65	赤峰市巴林右旗	Balinyou Banner in Chifeng City	38748
66	呼伦贝尔市满洲里扎赉诺尔区	Zhalainuoer District of Manzhouli City in Hulunbeier City	36566
67	包头市固阳县	Guyang County in Baotou City	34218
68	通辽市科尔沁左翼中旗	Keerqinzuoyizhong Banner in Tongliao City	33795

23-9 续表 2 continued

单位：万元 (10 000 yuan)

位次 Order	旗县(区)名称	Name of Banners, Counties and Districts	公共财政预算收入 Public Budgetary Financial Revenue
69	赤峰市林西县	Linxi County in Chifeng City	33500
70	乌兰察布市凉城县	Liangcheng County in Wulanchabu City	33200
71	赤峰市阿鲁科尔沁旗	Alukeerqin Banner in Chifeng City	32500
72	乌兰察布市察哈尔右翼前旗	Chahaeryouyiqian Banner in Wulanchabu City	31882
73	乌兰察布市兴和县	Xinghe County in Wulanchabu City	31174
74	通辽市库伦旗	Kulun Banner in Tongliao City	30232
75	锡林郭勒盟多伦县	Duolun County in Xilinguole League	30209
76	包头市白云矿区	Baiyun Mineral District in Baotou City	30057
77	呼伦贝尔市莫力达瓦达斡尔族自治旗	Molidawadawoer National Autonomous Banner in Hulunbeier City	28231
78	呼和浩特市清水河县	Qingshuihe County in Hohhot City	27918
79	锡林郭勒盟苏尼特右旗	Suniteyou Banner in Xilinguole League	27206
80	兴安盟科尔沁右翼前旗	Keerqinyouyiqian Banner in Xingan League	25129
81	乌兰察布市卓资县	Zhuozi County in Wulanchabu City	25125
82	呼和浩特市武川县	Wuchuan County in Hohhot City	24513
83	乌兰察布市察哈尔右翼后旗	Chahaeryouyihou Banner in Wulanchabu City	23314
84	呼伦贝尔市额尔古纳市	Eerguna City in Hulunbeier City	22862
85	巴彦淖尔市磴口县	Dengkou County in Bayannaoer City	22010
86	锡林郭勒盟镶黄旗	Xianghuang Banner in Xilinguole League	21664
87	锡林郭勒盟苏尼特左旗	Sunitezuo Banner in Xilinguole League	20205
88	锡林郭勒盟阿巴嘎旗	Abaga Banner in Xilinguole League	18411
89	兴安盟科尔沁右翼中旗	Keerqinyouyizhong Banner in Xingan League	17924
90	乌兰察布市四子王旗	Siziwang Banner in Wulanchabu City	16870
91	呼伦贝尔市根河市	Genhe City in Hulunbeier City	16833
92	呼伦贝尔市鄂伦春自治旗	Elunchun National Autonomous Banner in Hulunbeier City	16633
93	乌兰察布市化德县	Huade County in Wulanchabu City	16194
94	兴安盟扎赉特旗	Zhalaite Banner in Xingan League	15612
95	乌兰察布市商都县	Shangdu County in Wulanchabu City	15491
96	呼伦贝尔市新巴尔虎左旗	Xinbaerhuzuo Banner in Hulunbeier City	12984
97	乌兰察布市察哈尔右翼中旗	Chahaeryouyizhong Banner in Wulanchabu City	12608
98	锡林郭勒盟正镶白旗	Zhengxiangbai Banner in Xilinguole League	11432
99	阿拉善盟阿拉善右旗	Alashanyou Banner in Alashan League	10393
100	锡林郭勒盟太仆寺旗	Taipusi Banner in Xilinguole League	10338
101	兴安盟突泉县	Tuquan County in Xingan League	9344
102	兴安盟阿尔山市	Aershan City in Xingan League	8975

23-10 呼和浩特市新城区

指　标	Item	2013	2014	2014年比上年增长% Increase Rate in 2014 Over 2013(%)
行政区域土地面积(平方公里)	**Area of Administration(Sq.km)**	**661**	**661**	**0.0**
人口和就业	**Population & Employment**			
年末总人口(人)	Total Population Year-end(person)	376866	385274	2.2
#男性(人)	Male(person)	186511	190266	2.0
#乡村人口(人)	Rural(person)	50436	51191	1.5
年末总户数(户)	Total Number of Households at the Year-end(Household)	135629	140254	3.4
#乡村户数(户)	Number of Rural Household(Household)	23822	24869	4.4
出生人口(人)	Births(person)	4285	5139	19.9
死亡人口(人)	Deaths(person)	2040	2334	14.4
全社会就业人员(人)	Employment(person)	315654	324199	2.7
第一产业(人)	Primary Industry(person)	15230	10252	-32.7
第二产业(人)	Secondary Industry(person)	90074	92596	2.8
第三产业(人)	Tertiary Industry(person)	210350	221351	5.2
在岗职工人数(人)	Number of Staff & Workers Employed in(person)	119117	111078	-6.7
乡村劳动力(人)	Number of Rural Laborers(person)	36742	37175	1.2
#农林牧渔业(人)	Farming,Forestry,Animal Husbandry & Fishery(person)	15230	10252	-32.7
国民经济综合指标	**Summary Item on the National Economy**			
生产总值(万元)	Gross Domestic Product(10 000 yuan)	5673173	6191455	8.1
第一产业(万元)	Primary Industry(10 000 yuan)	23684	22098	3.1
第二产业(万元)	Secondary Industry(10 000 yuan)	717403	738114	5.2
#工业(万元)	Industry(10 000 yuan)	322621	343414	10.1
第三产业(万元)	Tertiary Industry(10 000 yuan)	4932086	5431243	8.5
人均生产总值(元)	Per Capita GDP(yuan)	95275	141459	48.5
全社会固定资产投资(万元)	Total Investment in Fixed Assets(10 000 yuan)	1693521	1876421	10.8
按登记注册类型分	Grouped by Registered Type			
#国有(万元)	State-owned Enterprises(10 000 yuan)	832450	960823	15.4
集体(万元)	Collective-owned Enterprises(10 000 yuan)		5874	
有限责任公司(万元)	Limited Liability Corporations(10 000 yuan)	424563	437660	3.1
股份有限公司(万元)	Share Holding Enterprises(10 000 yuan)	255093	282762	10.8
私营企业(万元)	Private Enterprises(10 000 yuan)	180433	189302	4.9
外商及港澳台投资企业(万元)	Funds from HK,Macao,Taiwan & Foreign(10 000 yuan)			
按城乡渠道分	Grouped by Urban and Rural Area			
城镇(万元)	Urban(10 000 yuan)			
农村(万元)	Rural(10 000 yuan)			
公共财政预算收入(万元)	Public Budgetary Financial Revenue(10 000 yuan)	326583	365324	11.9
公共财政预算支出(万元)	Public Budgetary Financial Expenditure(10 000 yuan)	176995	191447	8.2
个人储蓄存款余额(万元)	The balance of savings deposits of individuals(10 000 yuan)	3799046	4259824	12.1
在岗职工工资总额(万元)	Total Wages of Staff & Workers Employed in(10 000 yuan)	595856	588830	-1.2
在岗职工平均工资(元)	Average Wage of Staff & Workers Employed in(yuan)	49981	50965	2.0
全体居民人均可支配收入(元)	The per capita disposable income of all residents(yuan)	29946	32607	8.9
城镇常住居民人均可支配收入(元)	The per capita disposable income of urban permanent residents(yuan)	36429	39253	7.8
农村牧区常住居民人均可支配收入(元)	The per capita disposable income of permanent residents of rural and pastoral areas(yuan)	13769	15181	10.3
农村牧区经济	**Economic Development in Rural & Pastoral Area**			
农作物总播种面积(公顷)	Total Sown Area(hectare)	2456	1643	-33.1
#粮食作物播种面积(公顷)	Sown Area of Grain Crops(hectare)	1827	1267	-30.7
农牧业机械总动力(万千瓦)	Total Power of Agricultural Machinery(10 000 kw)	5.38	3.50	-34.9
化肥施用折纯量(吨)	Consumption of Chemical Fertilizer(ton)	148	136	-8.1
农村用电量(万千瓦小时)	Electricity Consumed in Rural Area(10 000 kwh)	1588	1662	4.7
农林牧渔业总产值(万元)	Gross Output of Farming,Forestry,Animal Husbandry & Fishery(10 000 yuan)	41994	40154	-4.4
粮食产量(吨)	Yield of Grain(ton)	4514	3150	-30.2
油料产量(吨)	Yield of Oil-bearing Grops(ton)	172	109	-36.6
甜菜产量(吨)	Yield of Beetroots(ton)			
猪牛羊肉产量(吨)	Output of Pork, Beef & Mutton(ton)	1940	2314	19.3
#猪肉产量(吨)	Output of Pork(ton)	1182	1562	32.2
牛肉产量(吨)	Output of Beef(ton)	238	240	0.8
羊肉产量(吨)	Output of Mutton(ton)	520	512	-1.5
羊毛产量(吨)	Output of Wool(ton)	85	83	-2.4

23-10 Xincheng District in Hohhot City

指　标	Item	2013	2014	2014年比上年增长% Increase Rate in 2014 Over 2013(%)
年末牲畜存栏头数(万头只)	Total Livestock at the Year-end(10 000 heads)	5.90	5.70	-3.4
# 大牲畜(万头只)	Large Animals(10 000 heads)	0.50	0.42	-16.0
羊(万只)	Sheep & Goats(10 000 heads)	4.00	4.27	6.8
猪(万头)	Hogs(10 000 heads)	1.40	1.00	-28.6
规模以上工业	**Industrial Enterprises above Designated size**			
工业企业单位数(个)	Number of Industrial Enterprises(unit)	25	24	-4.0
# 内资企业(个)	Civil Funded Enterprises(unit)	25	24	-4.0
工业总产值(万元)	Gross Industrial Output Value(10 000 yuan)	660739	847742	28.3
内资企业(万元)	Civil Funded Enterprises(10 000 yuan)	660739	847742	28.3
国有企业(万元)	State-owned Enterprises(10 000 yuan)			
集体企业(万元)	Collective-owned Enterprises(10 000 yuan)			
股份合作企业(万元)	Share Holding Enterprises(10 000 yuan)			
联营企业(万元)	Joint Owned Enterprises(10 000 yuan)			
有限责任公司(万元)	Limited Company(10 000 yuan)	455762	486794	6.8
股份有限公司(万元)	Share Holding Limited Company(10 000 yuan)	144096	300518	108.6
私营企业(万元)	Privately Owned Enterprises(10 000 yuan)	60881	60431	-0.7
其他企业(万元)	Enterprises of Other Ownership(10 000 yuan)			
港澳台商投资企业(万元)	Funds from HK,Macao & Taiwan(10 000 yuan)			
外商投资企业(万元)	Foreign Funded Enterprises(10 000 yuan)			
工业企业增加值(万元)	Value Added of Industrial Enterprises(10 000 yuan)			10.9
工业企业资产总计(万元)	Total Assets of Industrial Enterprises(10 000 yuan)	567670	625680	10.2
工业企业负债合计(万元)	Total Liabilities of Industrial Enterprises(10 000 yuan)	489604	545348	11.4
工业企业营业收入(万元)	Sales of Revenue Industrial Enterprises(10 000 yuan)	662759	845043	27.5
工业企业利润总额(万元)	Total Profits of Industrial Enterprises(10 000 yuan)	303985	334088	9.9
建筑业	**Construction**			
建筑企业单位数(个)	Number of Construction Enterprises(unit)	69	67	-2.9
建筑企业从业人员(人)	Number of Employee in Construction Enterprises(person)	21646	17130	-20.9
建筑业总产值(万元)	Gross Construction Output Value(10 000 yuan)	1019841	630244	-38.2
交通运输邮电通信业	**Transportation,Post & Telecommunications**			
公路里程(公里)	Total Length of Highways(km)			
邮电业务总量(万元)	Business Volume of Post & Telecoms(10 000 yuan)			
本地电话用户(户)	Number of Subscribers of Local Telephone(Household)			
国内贸易	**Domestic Trade**			
社会消费品零售总额(万元)	Total Retail Sales of Consumer Goods(10 000 yuan)	3385930	3727524	10.1
城镇(万元)	Town(10 000 yuan)	3385930	3727524	10.1
乡村(万元)	Village(10 000 yuan)			
科技教育卫生	**Science,Education & Public Health**			
各类专业技术人员(人)	Special Technical Personnel(person)	4004	3628	-9.4
幼儿园数(所)	Number of Kindergartens(unit)	33	37	12.1
学龄儿童入学率(%)	Percentage of School-Age Children Enrolled(%)	100.0	100.0	0.0
小学学校数(所)	Number of Primary Schools(unit)	42	31	-26.2
小学专任教师数(人)	Number of Full-time Teachers of Primary Schools(person)	1907	2113	10.8
小学在校学生数(人)	Number of Student Enrollment of Primary Schools(person)	40866	40181	-1.7
普通中学学校数(所)	Number of Regular Secondary Schools(unit)	22	15	-31.8
普通中学专任教师数(人)	Number of Teachers of Secondary Shools(person)	2210	1166	-47.2
初中在校学生数(人)	Number of Student in Junior Secondary Schools(person)	19732	19858	0.6
高中在校学生数(人)	Number of Student in Senior Secondary Schools(person)	14594	13525	-7.3
卫生机构数(所)	Number of Health Institutions(unit)	21	20	-4.8
# 医院(所)	Hospitals(unit)	19	18	-5.3
卫生院(所)	Township Hospitals(unit)	2	2	0.0
床位数(张)	Number of Beds(unit)	2140	2392	11.8
# 医院(张)	Hospitals(unit)	2090	2332	11.6
卫生院(张)	Township Hospitals(unit)	50	60	20.0
卫生技术人员(人)	Medical Technical Presonnel(person)	2832	1827	-35.5
# 医院(人)	Hospitals(person)	2803	1779	-36.5
卫生院(人)	Township Hospitals(person)	29	48	65.5

23-11 呼和浩特市回民区

指　标	Item	2013	2014	2014年比上年增长% Increase Rate in 2014 Over 2013(%)
行政区域土地面积(平方公里)	**Area of Administration(Sq.km)**	**194**	**194**	**0.0**
人口和就业	**Population & Employment**			
年末总人口(人)	Total Population Year-end(person)	237714	240518	1.2
#男性(人)	Male(person)	118884	120076	1.0
#乡村人口(人)	Rural(person)	37626	38675	2.8
年末总户数(户)	Total Number of Households at the Year-end(Household)	88599	90409	2.0
#乡村户数(户)	Number of Rural Household(Household)	17541	18399	4.9
出生人口(人)	Births(person)	2430	3000	23.5
死亡人口(人)	Deaths(person)	1844	1765	-4.3
全社会就业人员(人)	Employment(person)	181120	189814	4.8
第一产业(人)	Primary Industry(person)	4329	3974	-8.2
第二产业(人)	Secondary Industry(person)	50150	45887	-8.5
第三产业(人)	Tertiary Industry(person)	126641	139953	10.5
在岗职工人数(人)	Number of Staff & Workers Employed in(person)	47154	51793	9.8
乡村劳动力(人)	Number of Rural Laborers(person)	13578	15111	11.3
#农林牧渔业(人)	Farming,Forestry,Animal Husbandry & Fishery(person)	2252		
国民经济综合指标	**Summary Item on the National Economy**			
生产总值(万元)	Gross Domestic Product(10 000 yuan)	3133010	3423469	8.0
第一产业(万元)	Primary Industry(10 000 yuan)	5848	5343	3.2
第二产业(万元)	Secondary Industry(10 000 yuan)	397359	416658	7.0
#工业(万元)	Industry(10 000 yuan)	183861	186258	4.8
第三产业(万元)	Tertiary Industry(10 000 yuan)	2729803	3001468	8.1
人均生产总值(元)	Per Capita GDP(yuan)	74172	80212	8.1
全社会固定资产投资(万元)	Total Investment in Fixed Assets(10 000 yuan)	888789	1044618	17.5
按登记注册类型分	Grouped by Registered Type			
#国有(万元)	State-owned Enterprises(10 000 yuan)	61029	70064	14.8
集体(万元)	Collective-owned Enterprises(10 000 yuan)	4908		
有限责任公司(万元)	Limited Liability Corporations(10 000 yuan)	774740	938248	21.1
股份有限公司(万元)	Share Holding Enterprises(10 000 yuan)	4645	1960	-57.8
私营企业(万元)	Private Enterprises(10 000 yuan)	23578		
外商及港澳台投资企业(万元)	Funds from HK,Macao,Taiwan & Foreign(10 000 yuan)	14870	34346	131.0
按城乡渠道分	Grouped by Urban and Rural Area			
城镇(万元)	Urban(10 000 yuan)			
农村(万元)	Rural(10 000 yuan)			
公共财政预算收入(万元)	Public Budgetary Financial Revenue(10 000 yuan)	141477	143914	1.7
公共财政预算支出(万元)	Public Budgetary Financial Expenditure(10 000 yuan)	134388	139504	3.8
个人储蓄存款余额(万元)	The balance of savings deposits of individuals(10 000 yuan)	2406062	2659313	10.5
在岗职工工资总额(万元)	Total Wages of Staff & Workers Employed in(10 000 yuan)	250501	246870	-1.4
在岗职工平均工资(元)	Average Wage of Staff & Workers Employed in(yuan)	46343	47774	3.1
全体居民人均可支配收入(元)	The per capita disposable income of all residents(yuan)	28900	31603	9.4
城镇常住居民人均可支配收入(元)	The per capita disposable income of urban permanent residents(yuan)	31892	34619	8.6
农村牧区常住居民人均可支配收入(元)	The per capita disposable income of permanent residents of rural and pastoral areas(yuan)	14325	15808	10.4
农村牧区经济	**Economic Development in Rural & Pastoral Area**			
农作物总播种面积(公顷)	Total Sown Area(hectare)	856	707	-17.4
#粮食作物播种面积(公顷)	Sown Area of Grain Crops(hectare)	775	647	-16.5
农牧业机械总动力(万千瓦)	Total Power of Agricultural Machinery(10 000 kw)	1.00	0.71	-29.0
化肥施用折纯量(吨)	Consumption of Chemical Fertilizer(ton)	115	135	17.4
农村用电量(万千瓦小时)	Electricity Consumed in Rural Area(10 000 kwh)	664	354	-46.7
农林牧渔业总产值(万元)	Gross Output of Farming,Forestry,Animal	10400	9994	-3.9
粮食产量(吨)	Yield of Grain(ton)	3465	2580	-25.5
油料产量(吨)	Yield of Oil-bearing Grops(ton)	14	20	233.3
甜菜产量(吨)	Yield of Beetroots(ton)			
猪牛羊肉产量(吨)	Output of Pork, Beef & Mutton(ton)	447	544	21.7
#猪肉产量(吨)	Output of Pork(ton)	353	458	29.7
牛肉产量(吨)	Output of Beef(ton)	14	13	-7.1
羊肉产量(吨)	Output of Mutton(ton)	80	73	-8.8
羊毛产量(吨)	Output of Wool(ton)	3		

23-11 Huimin District in Hohhot City

指　标	Item	2013	2014	2014年比上年增长% Increase Rate in 2014 Over 2013(%)
年末牲畜存栏头数(万头只)	Total Livestock at the Year-end(10 000 heads)	0.91	0.96	5.5
# 大牲畜(万头只)	Large Animals(10 000 heads)	0.02	0.01	-50.0
羊(万只)	Sheep & Goats(10 000 heads)	0.41	0.48	17.1
猪(万头)	Hogs(10 000 heads)	0.48	0.47	-2.1
规模以上工业	**Industrial Enterprises above Designated size**			
工业企业单位数(个)	Number of Industrial Enterprises(unit)	17	14	-17.6
# 内资企业(个)	Civil Funded Enterprises(unit)	14	11	-21.4
工业总产值(万元)	Gross Industrial Output Value(10 000 yuan)	433193	401471	-7.3
内资企业(万元)	Civil Funded Enterprises(10 000 yuan)	206231	203879	-1.1
国有企业(万元)	State-owned Enterprises(10 000 yuan)			
集体企业(万元)	Collective-owned Enterprises(10 000 yuan)			
股份合作企业(万元)	Share Holding Enterprises(10 000 yuan)			
联营企业(万元)	Joint Owned Enterprises(10 000 yuan)			
有限责任公司(万元)	Limited Company(10 000 yuan)	141825	143522	1.2
股份有限公司(万元)	Share Holding Limited Company(10 000 yuan)			
私营企业(万元)	Privately Owned Enterprises(10 000 yuan)	64406	60357	-6.3
其他企业(万元)	Enterprises of Other Ownership(10 000 yuan)			
港澳台商投资企业(万元)	Funds from HK,Macao & Taiwan(10 000 yuan)	223521	195415	-12.6
外商投资企业(万元)	Foreign Funded Enterprises(10 000 yuan)	3441	2177	-36.7
工业企业增加值(万元)	Value Added of Industrial Enterprises(10 000 yuan)			4.5
工业企业资产总计(万元)	Total Assets of Industrial Enterprises(10 000 yuan)	998400	947239	-5.1
工业企业负债合计(万元)	Total Liabilities of Industrial Enterprises(10 000 yuan)	882872	861009	-2.5
工业企业产品销售收入(万元)	Sales of Revenue Industrial Enterprises(10 000 yuan)	427538	369893	-13.5
工业企业利润总额(万元)	Total Profits of Industrial Enterprises(10 000 yuan)	-9787	-21713	
建筑业	**Construction**			
建筑企业单位数(个)	Number of Construction Enterprises(unit)	42	39	-7.1
建筑企业从业人员(人)	Number of Employee in Construction Enterprises(person)	10474	8777	-16.2
建筑业总产值(万元)	Gross Construction Output Value(10 000 yuan)	441411	445371	-0.9
交通运输邮电通信业	**Transportation,Post & Telecommunications**			
公路里程(公里)	Total Length of Highways(km)			
邮电业务总量(万元)	Business Volume of Post & Telecoms(10 000 yuan)			
本地电话用户(户)	Number of Subscribers of Local Telephone(Household)			
国内贸易	**Domestic Trade**			
社会消费品零售总额(万元)	Total Retail Sales of Consumer Goods(10 000 yuan)	3508744	3859817	10.0
城镇(万元)	Town(10 000 yuan)			
乡村(万元)	Village(10 000 yuan)			
科技教育卫生	**Science,Education & Public Health**			
各类专业技术人员(人)	Special Technical Personnel(person)	7277	8964	23.2
幼儿园数(所)	Number of Kindergartens(unit)	54	54	0.0
学龄儿童入学率(%)	Percentage of School-Age Children Enrolled(%)	100.0	100.0	0.0
小学学校数(所)	Number of Primary Schools(unit)	31	31	0.0
小学专任教师数(人)	Number of Full-time Teachers of Primary Schools(person)	1154	928	-19.6
小学在校学生数(人)	Number of Student Enrollment of Primary Schools(person)	22775	23361	2.6
普通中学学校数(所)	Number of Regular Secondary Schools(unit)	16	22	37.5
普通中学专任教师数(人)	Number of Teachers of Secondary Shools(person)	1710	1809	5.8
初中在校学生数(人)	Number of Student in Junior Secondary Schools(person)	14501	15984	10.2
高中在校学生数(人)	Number of Student in Senior Secondary Schools(person)	7547	13430	78.0
卫生机构数(所)	Number of Health Institutions(unit)	180	165	-8.3
# 医院(所)	Hospitals(unit)	20	21	5.0
卫生院(所)	Township Hospitals(unit)	1	1	0.0
床位数(张)	Number of Beds(unit)	3439	4509	31.1
# 医院(张)	Hospitals(unit)	3414	4484	31.3
卫生院(张)	Township Hospitals(unit)	25	25	0.0
卫生技术人员(人)	Medical Technical Presonnel(person)	4413	6227	41.1
# 医院(人)	Hospitals(person)	4399	6213	41.2
卫生院(人)	Township Hospitals(person)	14	14	0.0

23-12 呼和浩特市玉泉区

指　标	Item	2013	2014	2014年比上年增长% Increase Rate in 2014 Over 2013(%)
行政区域土地面积(平方公里)	**Area of Administration(Sq.km)**	**207**	**207**	**0.0**
人口和就业	**Population & Employment**			
年末总人口(人)	Total Population Year-end(person)	200284	202488	1.1
#男性(人)	Male(person)	100343	101210	0.9
#乡村人口(人)	Rural(person)	48547	50392	3.8
年末总户数(户)	Total Number of Households at the Year-end(Household)	81054	83092	2.5
#乡村户数(户)	Number of Rural Household(Household)	15403	16242	5.4
出生人口(人)	Births(person)	2301	2981	29.6
死亡人口(人)	Deaths(person)	1250	1238	-1.0
全社会就业人员(人)	Employment(person)	98963	98972	0.0
第一产业(人)	Primary Industry(person)	12840	10609	-17.4
第二产业(人)	Secondary Industry(person)	29738	27838	-6.4
第三产业(人)	Tertiary Industry(person)	56385	60525	7.3
在岗职工人数(人)	Number of Staff & Workers Employed in(person)	28232	26253	-7.0
乡村劳动力(人)	Number of Rural Laborers(person)	21309	20442	-4.1
#农林牧渔业(人)	Farming,Forestry,Animal Husbandry & Fishery(person)	12840	10609	-17.4
国民经济综合指标	**Summary Item on the National Economy**			
生产总值(万元)	Gross Domestic Product(10 000 yuan)	2508937	2721208	8.3
第一产业(万元)	Primary Industry(10 000 yuan)	35757	32446	3.2
第二产业(万元)	Secondary Industry(10 000 yuan)	757546	808341	9.8
#工业(万元)	Industry(10 000 yuan)	567174	607841	10.8
第三产业(万元)	Tertiary Industry(10 000 yuan)	1715634	1880421	7.8
人均生产总值(元)	Per Capita GDP(yuan)	62865	66934	6.3
全社会固定资产投资(万元)	Total Investment in Fixed Assets(10 000 yuan)	1027478	1176023	14.5
按登记注册类型分	Grouped by Registered Type			
#国有(万元)	State-owned Enterprises(10 000 yuan)	22193	22000	-0.9
集体(万元)	Collective-owned Enterprises(10 000 yuan)			
有限责任公司(万元)	Limited Liability Corporations(10 000 yuan)	760850	954653	25.5
股份有限公司(万元)	Share Holding Enterprises(10 000 yuan)	16141	13460	-16.6
私营企业(万元)	Private Enterprises(10 000 yuan)	228294	185910	-18.6
外商及港澳台投资企业(万元)	Funds from HK,Macao,Taiwan & Foreign(10 000 yuan)			
按城乡渠道分	Grouped by Urban and Rural Area			
城镇(万元)	Urban(10 000 yuan)			
农村(万元)	Rural(10 000 yuan)			
公共财政预算收入(万元)	Public Budgetary Financial Revenue(10 000 yuan)	129517	141404	9.2
公共财政预算支出(万元)	Public Budgetary Financial Expenditure(10 000 yuan)	108087	130937	21.1
个人储蓄存款余额(万元)	The balance of savings deposits of individuals(10 000 yuan)	2026158	2240244	10.6
在岗职工工资总额(万元)	Total Wages of Staff & Workers Employed in(10 000 yuan)	145001	150265	3.6
在岗职工平均工资(元)	Average Wage of Staff & Workers Employed in(yuan)	46041	46826	1.7
全体居民人均可支配收入(元)	The per capita disposable income of all residents(yuan)	26883	29418	9.4
城镇常住居民人均可支配收入(元)	The per capita disposable income of urban permanent residents(yuan)	30917	33561	8.6
农村牧区常住居民人均可支配收入(元)	The per capita disposable income of permanent residents of rural and pastoral areas(yuan)	13728	15122	10.2
农村牧区经济	**Economic Development in Rural & Pastoral Area**			
农作物总播种面积(公顷)	Total Sown Area(hectare)	4895	4778	-2.4
#粮食作物播种面积(公顷)	Sown Area of Grain Crops(hectare)	3988	3912	-1.9
农牧业机械总动力(万千瓦)	Total Power of Agricultural Machinery(10 000 kw)	6.90	7.52	9.0
化肥施用折纯量(吨)	Consumption of Chemical Fertilizer(ton)	2825	2799	-0.9
农村用电量(万千瓦小时)	Electricity Consumed in Rural Area(10 000 kwh)	1120	1137	1.5
农林牧渔业总产值(万元)	Gross Output of Farming,Forestry,Animal	60555	56548	-6.6
粮食产量(吨)	Yield of Grain(ton)	37350	27544	-26.3
油料产量(吨)	Yield of Oil-bearing Grops(ton)	68	70	2.9
甜菜产量(吨)	Yield of Beetroots(ton)			
猪牛羊肉产量(吨)	Output of Pork, Beef & Mutton(ton)	1530	2122	38.7
#猪肉产量(吨)	Output of Pork(ton)	769	931	21.1
牛肉产量(吨)	Output of Beef(ton)	459	845	84.1
羊肉产量(吨)	Output of Mutton(ton)	302	346	14.6
羊毛产量(吨)	Output of Wool(ton)	48	54	12.5

23-12 Yuquan District in Hohhot City

指　标	Item	2013	2014	2014年比上年增长% Increase Rate in 2014Over 2013(%)
年末牲畜存栏头数(万头只)	Total Livestock at the Year-end(10 000 heads)	5.09	5.68	5.1
# 大牲畜(万头只)	Large Animals(10 000 heads)	1.40	3.56	1.4
羊(万只)	Sheep & Goats(10 000 heads)	2.5	2.58	2.5
猪(万头)	Hogs(10 000 heads)	1.25	2.12	1.3
规模以上工业	**Industrial Enterprises above Designated size**			
工业企业单位数(个)	Number of Industrial Enterprises(unit)	15	17	13.3
# 内资企业(个)	Civil Funded Enterprises(unit)	15	17	13.3
工业总产值(万元)	Gross Industrial Output Value(10 000 yuan)	118833	147535	24.2
内资企业(万元)	Civil Funded Enterprises(10 000 yuan)	118833	147535	24.2
国有企业(万元)	State-owned Enterprises(10 000 yuan)			
集体企业(万元)	Collective-owned Enterprises(10 000 yuan)			
股份合作企业(万元)	Share Holding Enterprises(10 000 yuan)			
联营企业(万元)	Joint Owned Enterprises(10 000 yuan)			
有限责任公司(万元)	Limited Company(10 000 yuan)	14502	16486	13.7
股份有限公司(万元)	Share Holding Limited Company(10 000 yuan)	57497	78986	37.4
私营企业(万元)	Privately Owned Enterprises(10 000 yuan)	46834	52063	11.2
其他企业(万元)	Enterprises of Other Ownership(10 000 yuan)			
港澳台商投资企业(万元)	Funds from HK,Macao & Taiwan(10 000 yuan)			
外商投资企业(万元)	Foreign Funded Enterprises(10 000 yuan)			
工业企业增加值(万元)	Value Added of Industrial Enterprises(10 000 yuan)			11.8
工业企业资产总计(万元)	Total Assets of Industrial Enterprises(10 000 yuan)	154780	199439	28.9
工业企业负债合计(万元)	Total Liabilities of Industrial Enterprises(10 000 yuan)	98504	80392	-18.4
工业企业产品销售收入(万元)	Sales of Revenue Industrial Enterprises(10 000 yuan)	120852	172813	43.0
工业企业利润总额(万元)	Total Profits of Industrial Enterprises(10 000 yuan)	25386	55233	117.6
建筑业	**Construction**			
建筑企业单位数(个)	Number of Construction Enterprises(unit)	28	28	0.0
建筑企业从业人员(人)	Number of Employee in Construction Enterprises(person)	10902	8451	-22.5
建筑业总产值(万元)	Gross Construction Output Value(10 000 yuan)	362440	271870	-25.0
交通运输邮电通信业	**Transportation,Post & Telecommunications**			
公路里程(公里)	Total Length of Highways(km)			
邮电业务总量(万元)	Business Volume of Post & Telecoms(10 000 yuan)			
本地电话用户(户)	Number of Subscribers of Local Telephone(Household)			
国内贸易	**Domestic Trade**			
社会消费品零售总额(万元)	Total Retail Sales of Consumer Goods(10 000 yuan)	1795461	1977656	10.1
城镇(万元)	Town(10 000 yuan)			
乡村(万元)	Village(10 000 yuan)			
科技教育卫生	**Science,Education & Public Health**			
各类专业技术人员(人)	Special Technical Personnel(person)	2380	2604	9.4
幼儿园数(所)	Number of Kindergartens(unit)	33	35	6.1
学龄儿童入学率(%)	Percentage of School-Age Children Enrolled(%)	100.0	100.0	0.0
小学学校数(所)	Number of Primary Schools(unit)	35	34	-2.9
小学专任教师数(人)	Number of Full-time Teachers of Primary Schools(person)	1029	1086	5.5
小学在校学生数(人)	Number of Student Enrollment of Primary Schools(person)	22859	22789	-0.3
普通中学学校数(所)	Number of Regular Secondary Schools(unit)	11	10	-9.1
普通中学专任教师数(人)	Number of Teachers of Secondary Shools(person)	508	665	30.9
初中在校学生数(人)	Number of Student in Junior Secondary Schools(person)	7361	7405	0.6
高中在校学生数(人)	Number of Student in Senior Secondary Schools(person)	3871	3813	-1.5
卫生机构数(所)	Number of Health Institutions(unit)	236	245	3.8
# 医院(所)	Hospitals(unit)	19	22	15.8
卫生院(所)	Township Hospitals(unit)	2	2	0.0
床位数(张)	Number of Beds(unit)	740	800	8.1
# 医院(张)	Hospitals(unit)	690	750	8.7
卫生院(张)	Township Hospitals(unit)	50	50	0.0
卫生技术人员(人)	Medical Technical Presonnel(person)	755	848	12.3
# 医院(人)	Hospitals(person)	735	804	9.4
卫生院(人)	Township Hospitals(person)	20	44	120.0

23-13 呼和浩特市赛罕区

指　标	Item	2013	2014	2014年比上年增长% Increase Rate in 2014 Over 2013(%)
行政区域土地面积(平方公里)	**Area of Administration(Sq.km)**	**1003**	**1003**	**0.0**
人口和就业	**Population & Employment**			
年末总人口(人)	Total Population Year-end(person)	430773	449793	4.4
＃男性(人)	Male(person)	215630	224336	4.0
＃乡村人口(人)	Rural(person)	124395	144328	16.0
年末总户数(户)	Total Number of Households at the Year-end(Household)	154536	165282	7.0
＃乡村户数(户)	Number of Rural Household(Household)	43188	44112	2.1
出生人口(人)	Births(person)	5808	7908	36.2
死亡人口(人)	Deaths(person)	1708	1958	14.6
全社会就业人员(人)	Employment(person)	174650	181120	3.7
第一产业(人)	Primary Industry(person)	45964	47530	3.4
第二产业(人)	Secondary Industry(person)	31112	32560	4.7
第三产业(人)	Tertiary Industry(person)	97574	101030	3.5
在岗职工人数(人)	Number of Staff & Workers Employed in(person)	136761	137191	3.1
乡村劳动力(人)	Number of Rural Laborers(person)	88682	88881	0.2
＃农林牧渔业(人)	Farming,Forestry,Animal Husbandry & Fishery(person)	45964	43535	-5.3
国民经济综合指标	**Summary Item on the National Economy**			
生产总值(万元)	Gross Domestic Product(10 000 yuan)	5384480	5730522	8.0
第一产业(万元)	Primary Industry(10 000 yuan)	217853	205161	3.3
第二产业(万元)	Secondary Industry(10 000 yuan)	1845847	1905048	10.0
＃工业(万元)	Industry(10 000 yuan)	1448715	1485876	11.0
第三产业(万元)	Tertiary Industry(10 000 yuan)	3320780	3620313	7.1
人均生产总值(元)	Per Capita GDP(yuan)	80478	84130	4.5
全社会固定资产投资(万元)	Total Investment in Fixed Assets(10 000 yuan)	2458920	2798764	13.8
按登记注册类型分	Grouped by Registered Type			
＃国有(万元)	State-owned Enterprises(10 000 yuan)	174434	160792	-7.8
集体(万元)	Collective-owned Enterprises(10 000 yuan)	75330		
有限责任公司(万元)	Limited Liability Corporations(10 000 yuan)	1986324	2447172	23.2
股份有限公司(万元)	Share Holding Enterprises(10 000 yuan)	125634	125614	0.0
私营企业(万元)	Private Enterprises(10 000 yuan)	93290		
外商及港澳台投资企业(万元)	Funds from HK,Macao,Taiwan & Foreign(10 000 yuan)		64152	
按城乡渠道分	Grouped by Urban and Rural Area			
城镇(万元)	Urban(10 000 yuan)			
农村(万元)	Rural(10 000 yuan)			
公共财政预算收入(万元)	Public Budgetary Financial Revenue(10 000 yuan)	356872	398477	11.7
公共财政预算支出(万元)	Public Budgetary Financial Expenditure(10 000 yuan)	284577	302318	6.2
个人储蓄存款余额(万元)	The balance of savings deposits of individuals(10 000 yuan)	4432220	4971772	12.2
在岗职工工资总额(万元)	Total Wages of Staff & Workers Employed in(10 000 yuan)	716142	770022	7.5
在岗职工平均工资(元)	Average Wage of Staff & Workers Employed in(yuan)	50295	53971	7.3
全体居民人均可支配收入(元)	The per capita disposable income of all residents(yuan)	27659	30235	9.3
城镇常住居民人均可支配收入(元)	The per capita disposable income of urban permanent	35366	38355	8.5
农村牧区常住居民人均可支配收入(元)	The per capita disposable income of permanent residents of rural and pastoral areas(yuan)	13014	14323	10.1
农村牧区经济	**Economic Development in Rural & Pastoral Area**			
农作物总播种面积(公顷)	Total Sown Area(hectare)	32337	32343	0.0
＃粮食作物播种面积(公顷)	Sown Area of Grain Crops(hectare)	24495	24953	1.9
农牧业机械总动力(万千瓦)	Total Power of Agricultural Machinery(10 000 kw)	16.60	30.28	82.4
化肥施用折纯量(吨)	Consumption of Chemical Fertilizer(ton)	10233	10569	3.3
农村用电量(万千瓦小时)	Electricity Consumed in Rural Area(10 000 kwh)	11430	11208	-1.9
农林牧渔业总产值(万元)	Gross Output of Farming,Forestry,Animal	389118	373308	-4.1
粮食产量(吨)	Yield of Grain(ton)	84504	61704	-27.0
油料产量(吨)	Yield of Oil-bearing Grops(ton)	2244	1809	-19.4
甜菜产量(吨)	Yield of Beetroots(ton)	500	200	-60.0
猪牛羊肉产量(吨)	Output of Pork, Beef & Mutton(ton)	9166	10831	18.2
＃猪肉产量(吨)	Output of Pork(ton)	3887	3535	-9.1
牛肉产量(吨)	Output of Beef(ton)	4578	6547	43.0
羊肉产量(吨)	Output of Mutton(ton)	701	749	6.8
羊毛产量(吨)	Output of Wool(ton)	86	98	14.0

23-13 Saihan District in Hohhot City

指　标	Item	2013	2014	2014年比上年增长% Increase Rate in 2014 Over 2013(%)
年末牲畜存栏头数(万头只)	Total Livestock at the Year-end(10 000 heads)	20.61	21.16	2.7
# 大牲畜(万头只)	Large Animals(10 000 heads)	11.70	11.67	-0.3
羊(万只)	Sheep & Goats(10 000 heads)	5.21	5.07	-2.7
猪(万头)	Hogs(10 000 heads)	3.70	4.42	19.5
规模以上工业	**Industrial Enterprises above Designated size**			
工业企业单位数(个)	Number of Industrial Enterprises(unit)	26	32	23.1
# 内资企业(个)	Civil Funded Enterprises(unit)	23	29	26.1
工业总产值(万元)	Gross Industrial Output Value(10 000 yuan)	3731126	4556632	22.1
内资企业(万元)	Civil Funded Enterprises(10 000 yuan)	3671804	4479747	22.0
国有企业(万元)	State-owned Enterprises(10 000 yuan)	41788	56615	35.5
集体企业(万元)	Collective-owned Enterprises(10 000 yuan)	2622	1817	-30.7
股份合作企业(万元)	Share Holding Enterprises(10 000 yuan)			
联营企业(万元)	Joint Owned Enterprises(10 000 yuan)			
有限责任公司(万元)	Limited Company(10 000 yuan)	490064	1188471	142.5
股份有限公司(万元)	Share Holding Limited Company(10 000 yuan)	3116397	3213119	3.1
私营企业(万元)	Privately Owned Enterprises(10 000 yuan)	20933	19724	-5.8
其他企业(万元)	Enterprises of Other Ownership(10 000 yuan)			
港澳台商投资企业(万元)	Funds from HK,Macao & Taiwan(10 000 yuan)	2050	2010	-2.0
外商投资企业(万元)	Foreign Funded Enterprises(10 000 yuan)	57272	74875	30.7
工业企业增加值(万元)	Value Added of Industrial Enterprises(10 000 yuan)			9.5
工业企业资产总计(万元)	Total Assets of Industrial Enterprises(10 000 yuan)	3668239	7382622	101.3
工业企业负债合计(万元)	Total Liabilities of Industrial Enterprises(10 000 yuan)	2173868	4664904	114.6
工业企业产品销售收入(万元)	Sales of Revenue Industrial Enterprises(10 000 yuan)	3749246	4204342	12.1
工业企业利润总额(万元)	Total Profits of Industrial Enterprises(10 000 yuan)	25172	-716602	
建筑业	**Construction**			
建筑企业单位数(个)	Number of Construction Enterprises(unit)	71	64	-9.9
建筑企业从业人员(人)	Number of Employee in Construction Enterprises(person)	21216	19301	-9.0
建筑业总产值(万元)	Gross Construction Output Value(10 000 yuan)	745603	655222	-12.1
交通运输邮电通信业	**Transportation,Post & Telecommunications**			
公路里程(公里)	Total Length of Highways(km)			
邮电业务总量(万元)	Business Volume of Post & Telecoms(10 000 yuan)			
本地电话用户(户)	Number of Subscribers of Local Telephone(Household)			
国内贸易	**Domestic Trade**			
社会消费品零售总额(万元)	Total Retail Sales of Consumer Goods(10 000 yuan)	1574541	1736012	10.3
城镇(万元)	Town(10 000 yuan)			
乡村(万元)	Village(10 000 yuan)			
科技教育卫生	**Science,Education & Public Health**			
各类专业技术人员(人)	Special Technical Personnel(person)	30453	31452	3.3
幼儿园数(所)	Number of Kindergartens(unit)	41	50	22.0
学龄儿童入学率(%)	Percentage of School-Age Children Enrolled(%)	100.0	100	0.0
小学学校数(所)	Number of Primary Schools(unit)	39	39	0.0
小学专任教师数(人)	Number of Full-time Teachers of Primary Schools(person)	1572	1669	6.2
小学在校学生数(人)	Number of Student Enrollment of Primary Schools(person)	38459	38865	1.1
普通中学学校数(所)	Number of Regular Secondary Schools(unit)	21	21	0.0
普通中学专任教师数(人)	Number of Teachers of Secondary Shools(person)	2612	2874	10.0
初中在校学生数(人)	Number of Student in Junior Secondary Schools(person)	23368	23507	0.6
高中在校学生数(人)	Number of Student in Senior Secondary Schools(person)	11677	12626	8.1
卫生机构数(所)	Number of Health Institutions(unit)	46	46	0.0
# 医院(所)	Hospitals(unit)	22	22	0.0
卫生院(所)	Township Hospitals(unit)	7	6	-14.3
床位数(张)	Number of Beds(unit)	2810	2896	3.1
# 医院(张)	Hospitals(unit)	2771	2856	3.1
卫生院(张)	Township Hospitals(unit)	39	40	2.3
卫生技术人员(人)	Medical Technical Presonnel(person)	3681	3701	0.5
# 医院(人)	Hospitals(person)	2971	2988	0.6
卫生院(人)	Township Hospitals(person)	44	43	-2.3

23-14 呼和浩特市土默特左旗

指　标	Item	2013	2014	2014年比上年增长% Increase Rate in 2014 Over 2013(%)
行政区域土地面积(平方公里)	**Area of Administration(Sq.km)**	**2765**	**2765**	**0.0**
人口和就业	**Population & Employment**			
年末总人口(人)	Total Population Year-end(person)	364859	370335	1.5
#男性(人)	Male(person)	190396	192553	1.1
#乡村人口(人)	Rural(person)	317875	322700	1.5
年末总户数(户)	Total Number of Households at the Year-end(Household)	126682	139112	9.8
#乡村户数(户)	Number of Rural Household(Household)	110369	121218	9.8
出生人口(人)	Births(person)	4701	5042	7.3
死亡人口(人)	Deaths(person)	742	1720	131.8
全社会就业人员(人)	Employment(person)	183456	185319	1.0
第一产业(人)	Primary Industry(person)	87312	82712	-5.3
第二产业(人)	Secondary Industry(person)	52754	51213	-2.9
第三产业(人)	Tertiary Industry(person)	43390	51394	18.4
在岗职工人数(人)	Number of Staff & Workers Employed in(person)	35011	35192	5.2
乡村劳动力(人)	Number of Rural Laborers(person)	183048	185828	1.5
#农林牧渔业(人)	Farming,Forestry,Animal Husbandry & Fishery(person)	87312	82712	-5.3
国民经济综合指标	**Summary Item on the National Economy**			
生产总值(万元)	Gross Domestic Product(10 000 yuan)	2068913	2147954	8.0
第一产业(万元)	Primary Industry(10 000 yuan)	410790	385854	3.3
第二产业(万元)	Secondary Industry(10 000 yuan)	790790	795779	9.0
#工业(万元)	Industry(10 000 yuan)	678911	683779	10.3
第三产业(万元)	Tertiary Industry(10 000 yuan)	867333	966321	9.0
人均生产总值(元)	Per Capita GDP(yuan)	57101	67718	7.6
全社会固定资产投资(万元)	Total Investment in Fixed Assets(10 000 yuan)	592006	633769	7.1
按登记注册类型分	Grouped by Registered Type			
#国有(万元)	State-owned Enterprises(10 000 yuan)	275956	304558	10.4
集体(万元)	Collective-owned Enterprises(10 000 yuan)			
有限责任公司(万元)	Limited Liability Corporations(10 000 yuan)	224892	208774	-7.2
股份有限公司(万元)	Share Holding Enterprises(10 000 yuan)	65492	74100	13.1
私营企业(万元)	Private Enterprises(10 000 yuan)	25665	21761	-15.2
外商及港澳台投资企业(万元)	Funds from HK,Macao,Taiwan & Foreign(10 000 yuan)			
按城乡渠道分	Grouped by Urban and Rural Area			
城镇(万元)	Urban(10 000 yuan)			
农村(万元)	Rural(10 000 yuan)			
公共财政预算收入(万元)	Public Budgetary Financial Revenue(10 000 yuan)	93904	113316	20.7
公共财政预算支出(万元)	Public Budgetary Financial Expenditure(10 000 yuan)	242350	244482	0.9
个人储蓄存款余额(万元)	The balance of savings deposits of individuals(10 000 yuan)	485660	539541	11.1
在岗职工工资总额(万元)	Total Wages of Staff & Workers Employed in(10 000 yuan)	163297	169370	3.7
在岗职工平均工资(元)	Average Wage of Staff & Workers Employed in(yuan)	46515	48935	5.2
全体居民人均可支配收入(元)	The per capita disposable income of all residents(yuan)	14532	15972	9.9
城镇常住居民人均可支配收入(元)	The per capita disposable income of urban permanent residents(yuan)	24639	26500	7.6
农村牧区常住居民人均可支配收入(元)	The per capita disposable income of permanent residents of rural and pastoral areas(yuan)	11113	12219	10.0
农村牧区经济	**Economic Development in Rural & Pastoral Area**			
农作物总播种面积(公顷)	Total Sown Area(hectare)	90586	104919	15.8
#粮食作物播种面积(公顷)	Sown Area of Grain Crops(hectare)	62410	66155	6.0
农牧业机械总动力(万千瓦)	Total Power of Agricultural Machinery(10 000 kw)	66.60	68.95	3.5
化肥施用折纯量(吨)	Consumption of Chemical Fertilizer(ton)	29786	32807	10.1
农村用电量(万千瓦小时)	Electricity Consumed in Rural Area(10 000 kwh)	11650	12927	11.0
农林牧渔业总产值(万元)	Gross Output of Farming,Forestry,Animal Husbandry & Fishery(10 000 yuan)	725838	694149	-4.4
粮食产量(吨)	Yield of Grain(ton)	526708	524365	-0.4
油料产量(吨)	Yield of Oil-bearing Grops(ton)	20040	26090	30.2
甜菜产量(吨)	Yield of Beetroots(ton)	13785	5538	-59.8
猪牛羊肉产量(吨)	Output of Pork, Beef & Mutton(ton)	27502	31127	13.2
#猪肉产量(吨)	Output of Pork(ton)	9532	11292	18.5
牛肉产量(吨)	Output of Beef(ton)	11096	11726	5.7
羊肉产量(吨)	Output of Mutton(ton)	6874	8109	18.0
羊毛产量(吨)	Output of Wool(ton)	676	1024	51.5

23-14 Tumotezuo Banner in Hohhot City

指　标	Item	2013	2014	2014年比上年增长% Increase Rate in 2014 Over 2013(%)
年末牲畜存栏头数(万头只)	Total Livestock at the Year-end(10 000 heads)	64.37	73.75	14.6
# 大牲畜(万头只)	Large Animals(10 000 heads)	23.64	24.39	3.2
羊(万只)	Sheep & Goats(10 000 heads)	30.17	40.22	33.3
猪(万头)	Hogs(10 000 heads)	10.56	9.14	-13.5
规模以上工业	**Industrial Enterprises above Designated size**			
工业企业单位数(个)	Number of Industrial Enterprises(unit)	37	38	2.7
# 内资企业(个)	Civil Funded Enterprises(unit)	33	34	3.0
工业总产值(万元)	Gross Industrial Output Value(10 000 yuan)	892059	937240	5.1
内资企业(万元)	Civil Funded Enterprises(10 000 yuan)	740584	691156	-6.7
国有企业(万元)	State-owned Enterprises(10 000 yuan)			
集体企业(万元)	Collective-owned Enterprises(10 000 yuan)			
股份合作企业(万元)	Share Holding Enterprises(10 000 yuan)			
联营企业(万元)	Joint Owned Enterprises(10 000 yuan)			
有限责任公司(万元)	Limited Company(10 000 yuan)	519446	540705	4.1
股份有限公司(万元)	Share Holding Limited Company(10 000 yuan)	30566	2582	-91.6
私营企业(万元)	Privately Owned Enterprises(10 000 yuan)	190572	147870	-22.4
其他企业(万元)	Enterprises of Other Ownership(10 000 yuan)			
港澳台商投资企业(万元)	Funds from HK,Macao & Taiwan(10 000 yuan)			
外商投资企业(万元)	Foreign Funded Enterprises(10 000 yuan)	151475	246084	62.5
工业企业增加值(万元)	Value Added of Industrial Enterprises(10 000 yuan)			11.1
工业企业资产总计(万元)	Total Assets of Industrial Enterprises(10 000 yuan)	1477240	1746048	18.2
工业企业负债合计(万元)	Total Liabilities of Industrial Enterprises(10 000 yuan)	891009	1083017	21.5
工业企业产品销售收入(万元)	Sales of Revenue Industrial Enterprises(10 000 yuan)	891769	953122	6.9
工业企业利润总额(万元)	Total Profits of Industrial Enterprises(10 000 yuan)	68077	34150	-49.8
建筑业	**Construction**			
建筑企业单位数(个)	Number of Construction Enterprises(unit)	3	3	0.0
建筑企业从业人员(人)	Number of Employee in Construction Enterprises(person)	954	1620	69.8
建筑业总产值(万元)	Gross Construction Output Value(10 000 yuan)	41941	28828	-31.3
交通运输邮电通信业	**Transportation,Post & Telecommunications**			
公路里程(公里)	Total Length of Highways(km)	1314	1375	4.6
邮电业务总量(万元)	Business Volume of Post & Telecoms(10 000 yuan)	16987		
本地电话用户(户)	Number of Subscribers of Local Telephone(Household)	21625	28017	29.6
国内贸易	**Domestic Trade**			
社会消费品零售总额(万元)	Total Retail Sales of Consumer Goods(10 000 yuan)	307061	347662	13.2
城镇(万元)	Town(10 000 yuan)	199143	225475	13.2
乡村(万元)	Village(10 000 yuan)	107918	122187	13.2
科技教育卫生	**Science,Education & Public Health**			
各类专业技术人员(人)	Special Technical Personnel(person)	4224	3960	-6.3
幼儿园数(所)	Number of Kindergartens(unit)	24	58	141.7
学龄儿童入学率(%)	Percentage of School-Age Children Enrolled(%)	100.0	100.0	0.0
小学学校数(所)	Number of Primary Schools(unit)	25	28	12.0
小学专任教师数(人)	Number of Full-time Teachers of Primary Schools(person)	1426	1360	-4.6
小学在校学生数(人)	Number of Student Enrollment of Primary Schools(person)	13059	12559	-3.8
普通中学学校数(所)	Number of Regular Secondary Schools(unit)	14	13	-7.1
普通中学专任教师数(人)	Number of Teachers of Secondary Shools(person)	786	794	1.0
初中在校学生数(人)	Number of Student in Junior Secondary Schools(person)	6128	5806	-5.3
高中在校学生数(人)	Number of Student in Senior Secondary Schools(person)	4427	4261	-3.7
卫生机构数(所)	Number of Health Institutions(unit)	330	330	0.0
# 医院(所)	Hospitals(unit)	2	2	0.0
卫生院(所)	Township Hospitals(unit)	16	16	0.0
床位数(张)	Number of Beds(unit)	589	589	0.0
# 医院(张)	Hospitals(unit)	380	380	0.0
卫生院(张)	Township Hospitals(unit)	209	209	0.0
卫生技术人员(人)	Medical Technical Presonnel(person)	1238	1242	0.3
# 医院(人)	Hospitals(person)	425	427	0.5
卫生院(人)	Township Hospitals(person)	125	127	1.6

23-15 呼和浩特市托克托县

指　　标	Item	2013	2014	2014年比上年增长% Increase Rate in 2014 Over 2013(%)
行政区域土地面积(平方公里)	**Area of Administration(Sq.km)**	**1408**	**1408**	**0.0**
人口和就业	**Population & Employment**			
年末总人口(人)	Total Population Year-end(person)	207912	206900	-0.5
#男性(人)	Male(person)	106098	105376	-0.7
#乡村人口(人)	Rural(person)	151692	152502	0.5
年末总户数(户)	Total Number of Households at the Year-end(Household)	82732	87972	6.3
#乡村户数(户)	Number of Rural Household(Household)	41466	41805	0.8
出生人口(人)	Births(person)	2933	2826	-3.6
死亡人口(人)	Deaths(person)	496	918	85.0
全社会就业人员(人)	Employment(person)	104744	105287	0.5
第一产业(人)	Primary Industry(person)	53716	53319	-0.7
第二产业(人)	Secondary Industry(person)	33010	33971	-2.9
第三产业(人)	Tertiary Industry(person)	18018	17997	-0.1
在岗职工人数(人)	Number of Staff & Workers Employed in(person)	12419	12201	-1.8
乡村劳动力(人)	Number of Rural Laborers(person)	99914	100521	0.6
#农林牧渔业(人)	Farming,Forestry,Animal Husbandry & Fishery(person)	53716	53319	-0.7
国民经济综合指标	**Summary Item on the National Economy**			
生产总值(万元)	Gross Domestic Product(10 000 yuan)	2366221	2364208	10.0
第一产业(万元)	Primary Industry(10 000 yuan)	223573	209908	3.3
第二产业(万元)	Secondary Industry(10 000 yuan)	1720160	1693085	11.6
#工业(万元)	Industry(10 000 yuan)	1620340	1591985	12.1
第三产业(万元)	Tertiary Industry(10 000 yuan)	422488	461215	7.2
人均生产总值(元)	Per Capita GDP(yuan)	115679	114237	10.4
全社会固定资产投资(万元)	Total Investment in Fixed Assets(10 000 yuan)	513870	679988	32.3
按登记注册类型分	Grouped by Registered Type			
#国有(万元)	State-owned Enterprises(10 000 yuan)	141802	185220	30.6
集体(万元)	Collective-owned Enterprises(10 000 yuan)			
有限责任公司(万元)	Limited Liability Corporations(10 000 yuan)	300368	379237	26.3
股份有限公司(万元)	Share Holding Enterprises(10 000 yuan)	2536	5000	97.2
私营企业(万元)	Private Enterprises(10 000 yuan)	62653	70245	12.1
外商及港澳台投资企业(万元)	Funds from HK,Macao,Taiwan & Foreign(10 000 yuan)	6511	5500	-15.5
按城乡渠道分	Grouped by Urban and Rural Area			
城镇(万元)	Urban(10 000 yuan)			
农村(万元)	Rural(10 000 yuan)			
公共财政预算收入(万元)	Public Budgetary Financial Revenue(10 000 yuan)	103292	111890	8.3
公共财政预算支出(万元)	Public Budgetary Financial Expenditure(10 000 yuan)	217633	233399	7.2
个人储蓄存款余额(万元)	The balance of savings deposits of individuals(10 000 yuan)	371634	395286	6.4
在岗职工工资总额(万元)	Total Wages of Staff & Workers Employed in(10 000 yuan)	64382	63944	-0.7
在岗职工平均工资(元)	Average Wage of Staff & Workers Employed in(yuan)	48118	49477	2.8
全体居民人均可支配收入(元)	The per capita disposable income of all residents(yuan)	15696	17295	10.2
城镇常住居民人均可支配收入(元)	The per capita disposable income of urban permanent residents(yuan)	26021	28091	8.0
农村牧区常住居民人均可支配收入(元)	The per capita disposable income of permanent residents of rural and pastoral areas(yuan)	10718	11849	10.6
农村牧区经济	**Economic Development in Rural & Pastoral Area**			
农作物总播种面积(公顷)	Total Sown Area(hectare)	55901	55391	-0.9
#粮食作物播种面积(公顷)	Sown Area of Grain Crops(hectare)	38835	39107	0.7
农牧业机械总动力(万千瓦)	Total Power of Agricultural Machinery(10 000 kw)	43.25	45.34	4.8
化肥施用折纯量(吨)	Consumption of Chemical Fertilizer(ton)	35971	36493	1.5
农村用电量(万千瓦小时)	Electricity Consumed in Rural Area(10 000 kwh)	6269	6396	2.0
农林牧渔业总产值(万元)	Gross Output of Farming,Forestry,Animal	391642	372265	-4.9
粮食产量(吨)	Yield of Grain(ton)	250344	253791	1.4
油料产量(吨)	Yield of Oil-bearing Grops(ton)	7561	5981	-20.9
甜菜产量(吨)	Yield of Beetroots(ton)	8111	6841	-15.7
猪牛羊肉产量(吨)	Output of Pork, Beef & Mutton(ton)	14580	13247	-9.1
#猪肉产量(吨)	Output of Pork(ton)	4968	3320	-33.2
牛肉产量(吨)	Output of Beef(ton)	5197	5376	3.4
羊肉产量(吨)	Output of Mutton(ton)	4415	4551	3.1
羊毛产量(吨)	Output of Wool(ton)	1077	1119	3.9

23-15 Tuoketuo County in Hohhot City

指　标	Item	2013	2014	2014年比上年增长% Increase Rate in 2014 Over 2013(%)
年末牲畜存栏头数(万头只)	Total Livestock at the Year-end(10 000 heads)	32.00	41.62	30.1
# 大牲畜(万头只)	Large Animals(10 000 heads)	10.30	10.39	0.9
羊(万只)	Sheep & Goats(10 000 heads)	18.57	28.80	55.1
猪(万头)	Hogs(10 000 heads)	3.03	2.44	-19.5
规模以上工业	**Industrial Enterprises above Designated size**			
工业企业单位数(个)	Number of Industrial Enterprises(unit)	33	35	6.1
# 内资企业(个)	Civil Funded Enterprises(unit)	30	32	6.7
工业总产值(万元)	Gross Industrial Output Value(10 000 yuan)	2935332	3429263	16.8
内资企业(万元)	Civil Funded Enterprises(10 000 yuan)	2813967	3047333	8.3
国有企业(万元)	State-owned Enterprises(10 000 yuan)			
集体企业(万元)	Collective-owned Enterprises(10 000 yuan)			
股份合作企业(万元)	Share Holding Enterprises(10 000 yuan)	8507	10855	27.6
联营企业(万元)	Joint Owned Enterprises(10 000 yuan)			
有限责任公司(万元)	Limited Company(10 000 yuan)	1892813	2249906	18.9
股份有限公司(万元)	Share Holding Limited Company(10 000 yuan)		65380	
私营企业(万元)	Privately Owned Enterprises(10 000 yuan)	912647	721192	-21.0
其他企业(万元)	Enterprises of Other Ownership(10 000 yuan)			
港澳台商投资企业(万元)	Funds from HK,Macao & Taiwan(10 000 yuan)	121365	381931	214.7
外商投资企业(万元)	Foreign Funded Enterprises(10 000 yuan)			
工业企业增加值(万元)	Value Added of Industrial Enterprises(10 000 yuan)			16.6
工业企业资产总计(万元)	Total Assets of Industrial Enterprises(10 000 yuan)	3658482	3812698	4.2
工业企业负债合计(万元)	Total Liabilities of Industrial Enterprises(10 000 yuan)	2600232	2592039	-0.3
工业企业产品销售收入(万元)	Sales of Revenue Industrial Enterprises(10 000 yuan)	2881483	2954125	2.5
工业企业利润总额(万元)	Total Profits of Industrial Enterprises(10 000 yuan)	342824	346096	1.0
建筑业	**Construction**			
建筑企业单位数(个)	Number of Construction Enterprises(unit)	10	9	-10.0
建筑企业从业人员(人)	Number of Employee in Construction Enterprises(person)	1298	1495	15.2
建筑业总产值(万元)	Gross Construction Output Value(10 000 yuan)	55837	53946	-3.4
交通运输邮电通信业	**Transportation,Post & Telecommunications**			
公路里程(公里)	Total Length of Highways(km)	955		
邮电业务总量(万元)	Business Volume of Post & Telecoms(10 000 yuan)	10495		
本地电话用户(户)	Number of Subscribers of Local Telephone(Household)	11686		
国内贸易	**Domestic Trade**			
社会消费品零售总额(万元)	Total Retail Sales of Consumer Goods(10 000 yuan)	236187	271677	11.7
城镇(万元)	Town(10 000 yuan)			
乡村(万元)	Village(10 000 yuan)			
科技教育卫生	**Science,Education & Public Health**			
各类专业技术人员(人)	Special Technical Personnel(person)	3163		
幼儿园数(所)	Number of Kindergartens(unit)	22		
学龄儿童入学率(%)	Percentage of School-Age Children Enrolled(%)	100.0	100.0	0.0
小学学校数(所)	Number of Primary Schools(unit)	17	17	0.0
小学专任教师数(人)	Number of Full-time Teachers of Primary Schools(person)	654	674	3.1
小学在校学生数(人)	Number of Student Enrollment of Primary Schools(person)	12289	11885	-3.3
普通中学学校数(所)	Number of Regular Secondary Schools(unit)	5	5	0.0
普通中学专任教师数(人)	Number of Teachers of Secondary Shools(person)	674	670	-0.6
初中在校学生数(人)	Number of Student in Junior Secondary Schools(person)	6147	6190	0.7
高中在校学生数(人)	Number of Student in Senior Secondary Schools(person)	4420	4137	-6.4
卫生机构数(所)	Number of Health Institutions(unit)	158	158	0.0
# 医院(所)	Hospitals(unit)	2	2	0.0
卫生院(所)	Township Hospitals(unit)	10	10	0.0
床位数(张)	Number of Beds(unit)	466	455	-2.4
# 医院(张)	Hospitals(unit)	430	430	0.0
卫生院(张)	Township Hospitals(unit)	36	25	-30.6
卫生技术人员(人)	Medical Technical Presonnel(person)	503	549	9.1
# 医院(人)	Hospitals(person)	265	317	19.6
卫生院(人)	Township Hospitals(person)	155	149	-3.9

23-16 呼和浩特市和林格尔县

指　标	Item	2013	2014	2014年比上年增长% Increase Rate in 2014 Over 2013(%)
行政区域土地面积(平方公里)	**Area of Administration(Sq.km)**	**3448**	**3448**	**0.0**
人口和就业	**Population & Employment**			
年末总人口(人)	Total Population Year-end(person)	202067	204796	1.4
#男性(人)	Male(person)	105463	106437	0.9
#乡村人口(人)	Rural(person)	141994	145220	2.3
年末总户数(户)	Total Number of Households at the Year-end(Household)	79153	84265	6.5
#乡村户数(户)	Number of Rural Household(Household)	39125	41943	7.2
出生人口(人)	Births(person)	3498	4039	15.5
死亡人口(人)	Deaths(person)	482	891	84.9
全社会就业人员(人)	Employment(person)	119788	120750	0.8
第一产业(人)	Primary Industry(person)	64207	62166	-3.2
第二产业(人)	Secondary Industry(person)	22875	24315	6.3
第三产业(人)	Tertiary Industry(person)	32706	34269	4.8
在岗职工人数(人)	Number of Staff & Workers Employed in(person)	7785	22538	189.5
乡村劳动力(人)	Number of Rural Laborers(person)	84431	83022	-1.7
#农林牧渔业(人)	Farming,Forestry,Animal Husbandry & Fishery(person)	64207	62166	-3.2
国民经济综合指标	**Summary Item on the National Economy**			
生产总值(万元)	Gross Domestic Product(10 000 yuan)	1406910	1409811	2.2
第一产业(万元)	Primary Industry(10 000 yuan)	240562	221052	0.7
第二产业(万元)	Secondary Industry(10 000 yuan)	701048	674402	-1.0
#工业(万元)	Industry(10 000 yuan)	592376	556402	-2.9
第三产业(万元)	Tertiary Industry(10 000 yuan)	465300	514357	7.9
人均生产总值(元)	Per Capita GDP(yuan)	81230	80931	-0.4
全社会固定资产投资(万元)	Total Investment in Fixed Assets(10 000 yuan)	771158	923704	19.8
按登记注册类型分	Grouped by Registered Type			
#国有(万元)	State-owned Enterprises(10 000 yuan)	490723	617787	25.9
集体(万元)	Collective-owned Enterprises(10 000 yuan)	10996	22078	100.8
有限责任公司(万元)	Limited Liability Corporations(10 000 yuan)	269439	205351	-23.8
股份有限公司(万元)	Share Holding Enterprises(10 000 yuan)			
私营企业(万元)	Private Enterprises(10 000 yuan)			
外商及港澳台投资企业(万元)	Funds from HK,Macao,Taiwan & Foreign(10 000 yuan)		78488	
按城乡渠道分	Grouped by Urban and Rural Area			
城镇(万元)	Urban(10 000 yuan)			
农村(万元)	Rural(10 000 yuan)			
公共财政预算收入(万元)	Public Budgetary Financial Revenue(10 000 yuan)	93510	98425	5.3
公共财政预算支出(万元)	Public Budgetary Financial Expenditure(10 000 yuan)	216333	193593	-10.5
个人储蓄存款余额(万元)	The balance of savings deposits of individuals(10 000 yuan)	336983	335000	-0.6
在岗职工工资总额(万元)	Total Wages of Staff & Workers Employed in(10 000 yuan)	39301	102490	160.8
在岗职工平均工资(元)	Average Wage of Staff & Workers Employed in(yuan)	51260	46187	-9.9
全体居民人均可支配收入(元)	The per capita disposable income of all residents(yuan)	13930	15304	9.9
城镇常住居民人均可支配收入(元)	The per capita disposable income of urban permanent residents(yuan)	25102	26973	7.5
农村牧区常住居民人均可支配收入(元)	The per capita disposable income of permanent residents of rural and pastoral areas(yuan)	8641	9522	10.2
农村牧区经济	**Economic Development in Rural & Pastoral Area**			
农作物总播种面积(公顷)	Total Sown Area(hectare)	69632	65577	-5.8
#粮食作物播种面积(公顷)	Sown Area of Grain Crops(hectare)	51104	51513	0.8
农牧业机械总动力(万千瓦)	Total Power of Agricultural Machinery(10 000 kw)	37.98	39.14	3.1
化肥施用折纯量(吨)	Consumption of Chemical Fertilizer(ton)	9284	9124	-1.7
农村用电量(万千瓦小时)	Electricity Consumed in Rural Area(10 000 kwh)	12085	10640	-12.0
农林牧渔业总产值(万元)	Gross Output of Farming,Forestry,Animal Husbandry & Fishery(10 000 yuan)	430259	405564	-5.7
粮食产量(吨)	Yield of Grain(ton)	181552	174662	-3.8
油料产量(吨)	Yield of Oil-bearing Grops(ton)	3514	2302	-34.5
甜菜产量(吨)	Yield of Beetroots(ton)	3868	1425	-63.2
猪牛羊肉产量(吨)	Output of Pork, Beef & Mutton(ton)	22171	20954	-5.5
#猪肉产量(吨)	Output of Pork(ton)	3172	3266	3.0
牛肉产量(吨)	Output of Beef(ton)	9253	7476	-19.2
羊肉产量(吨)	Output of Mutton(ton)	9746	10212	4.8
羊毛产量(吨)	Output of Wool(ton)	860	892	3.7

23-16 Helingeer County in Hohhot City

指 标	Item	2013	2014	2014年比上年增长% Increase Rate in 2014Over 2013(%)
年末牲畜存栏头数(万头只)	Total Livestock at the Year-end(10 000 heads)	59.45	54.12	-9.0
# 大牲畜(万头只)	Large Animals(10 000 heads)	13.37	13.08	-2.2
羊(万只)	Sheep & Goats(10 000 heads)	42.18	37.18	-11.9
猪(万头)	Hogs(10 000 heads)	3.90	3.87	-0.8
规模以上工业	**Industrial Enterprises above Designated size**			
工业企业单位数(个)	Number of Industrial Enterprises(unit)	42	42	0.0
# 内资企业(个)	Civil Funded Enterprises(unit)	37	37	0.0
工业总产值(万元)	Gross Industrial Output Value(10 000 yuan)	1782511	1846827	3.6
内资企业(万元)	Civil Funded Enterprises(10 000 yuan)	489012	780725	59.7
国有企业(万元)	State-owned Enterprises(10 000 yuan)			
集体企业(万元)	Collective-owned Enterprises(10 000 yuan)			
股份合作企业(万元)	Share Holding Enterprises(10 000 yuan)			
联营企业(万元)	Joint Owned Enterprises(10 000 yuan)			
有限责任公司(万元)	Limited Company(10 000 yuan)	243176	446775	83.7
股份有限公司(万元)	Share Holding Limited Company(10 000 yuan)	133228	169586	27.3
私营企业(万元)	Privately Owned Enterprises(10 000 yuan)	112607	164364	46.0
其他企业(万元)	Enterprises of Other Ownership(10 000 yuan)			
港澳台商投资企业(万元)	Funds from HK,Macao & Taiwan(10 000 yuan)	104777	112219	7.1
外商投资企业(万元)	Foreign Funded Enterprises(10 000 yuan)	1188723	953883	-19.8
工业企业增加值(万元)	Value Added of Industrial Enterprises(10 000 yuan)			-3.7
工业企业资产总计(万元)	Total Assets of Industrial Enterprises(10 000 yuan)	2664589	2970350	11.5
工业企业负债合计(万元)	Total Liabilities of Industrial Enterprises(10 000 yuan)	1761580	1763218	0.1
工业企业产品销售收入(万元)	Sales of Revenue Industrial Enterprises(10 000 yuan)	4310575	4690406	8.8
工业企业利润总额(万元)	Total Profits of Industrial Enterprises(10 000 yuan)	153769	316064	105.5
建筑业	**Construction**			
建筑企业单位数(个)	Number of Construction Enterprises(unit)	4	4	0.0
建筑企业从业人员(人)	Number of Employee in Construction Enterprises(person)	984	710	-27.9
建筑业总产值(万元)	Gross Construction Output Value(10 000 yuan)	77461	110854	43.1
交通运输邮电通信业	**Transportation,Post & Telecommunications**			
公路里程(公里)	Total Length of Highways(km)	910	1030	13.2
邮电业务总量(万元)	Business Volume of Post & Telecoms(10 000 yuan)	9796	13601	16.0
本地电话用户(户)	Number of Subscribers of Local Telephone(Household)	13600	17261	26.9
国内贸易	**Domestic Trade**			
社会消费品零售总额(万元)	Total Retail Sales of Consumer Goods(10 000 yuan)	211114	243847	15.5
城镇(万元)	Town(10 000 yuan)	187891	217023	15.5
乡村(万元)	Village(10 000 yuan)	23223	26824	15.5
科技教育卫生	**Science,Education & Public Health**			
各类专业技术人员(人)	Special Technical Personnel(person)	2559	2579	0.8
幼儿园数(所)	Number of Kindergartens(unit)	12	13	8.3
学龄儿童入学率(%)	Percentage of School-Age Children Enrolled(%)	100.0	100.0	0.0
小学学校数(所)	Number of Primary Schools(unit)	30	30	0.0
小学专任教师数(人)	Number of Full-time Teachers of Primary Schools(person)	570	535	-6.1
小学在校学生数(人)	Number of Student Enrollment of Primary Schools(person)	8085	8202	1.4
普通中学学校数(所)	Number of Regular Secondary Schools(unit)	6	6	0.0
普通中学专任教师数(人)	Number of Teachers of Secondary Shools(person)	640	594	-7.2
初中在校学生数(人)	Number of Student in Junior Secondary Schools(person)	5327	5088	-4.5
高中在校学生数(人)	Number of Student in Senior Secondary Schools(person)	4329	3989	-7.9
卫生机构数(所)	Number of Health Institutions(unit)	177	177	0.0
# 医院(所)	Hospitals(unit)	1	1	0.0
卫生院(所)	Township Hospitals(unit)	12	13	8.3
床位数(张)	Number of Beds(unit)	315	350	11.1
# 医院(张)	Hospitals(unit)	150	200	33.3
卫生院(张)	Township Hospitals(unit)	165	150	-9.1
卫生技术人员(人)	Medical Technical Presonnel(person)	584	435	-25.5
# 医院(人)	Hospitals(person)	129	130	0.8
卫生院(人)	Township Hospitals(person)	133	89	-33.1

23-17 呼和浩特市清水河县

指　标	Item	2013	2014	2014年比上年增长% Increase Rate in 2014 Over 2013(%)
行政区域土地面积(平方公里)	**Area of Administration(Sq.km)**	**2818**	**2818**	**0.0**
人口和就业	**Population & Employment**			
年末总人口(人)	Total Population Year-end(person)	144285	144233	0.0
#男性(人)	Male(person)	75029	75031	0.0
#乡村人口(人)	Rural(person)	80063	76745	-4.1
年末总户数(户)	Total Number of Households at the Year-end(Household)	56270	59027	4.9
#乡村户数(户)	Number of Rural Household(Household)	23642	24188	2.3
出生人口(人)	Births(person)	2097	2438	16.3
死亡人口(人)	Deaths(person)	458	958	109.2
全社会就业人员(人)	Employment(person)	50546	50060	-1
第一产业(人)	Primary Industry(person)	29121	28635	-1.7
第二产业(人)	Secondary Industry(person)	10073	10073	0.0
第三产业(人)	Tertiary Industry(person)	11352	11352	0.0
在岗职工人数(人)	Number of Staff & Workers Employed in(person)	7434	7393	-0.6
乡村劳动力(人)	Number of Rural Laborers(person)	47019	46373	-1.4
#农林牧渔业(人)	Farming,Forestry,Animal Husbandry & Fishery(person)	29121	28635	-1.7
国民经济综合指标	**Summary Item on the National Economy**			
生产总值(万元)	Gross Domestic Product(10 000 yuan)	616361	644247	6.8
第一产业(万元)	Primary Industry(10 000 yuan)	81647	73111	2.3
第二产业(万元)	Secondary Industry(10 000 yuan)	278607	288330	6.6
#工业(万元)	Industry(10 000 yuan)	231823	239130	6.7
第三产业(万元)	Tertiary Industry(10 000 yuan)	256108	282806	8.3
人均生产总值(元)	Per Capita GDP(yuan)	42849	44659	6.5
全社会固定资产投资(万元)	Total Investment in Fixed Assets(10 000 yuan)	250470	304642	21.6
按登记注册类型分	Grouped by Registered Type			
#国有(万元)	State-owned Enterprises(10 000 yuan)	139331	143284	2.8
集体(万元)	Collective-owned Enterprises(10 000 yuan)	400		
有限责任公司(万元)	Limited Liability Corporations(10 000 yuan)	89886	126803	41.1
股份有限公司(万元)	Share Holding Enterprises(10 000 yuan)		12754	
私营企业(万元)	Private Enterprises(10 000 yuan)	20853	21501	3.1
外商及港澳台投资企业(万元)	Funds from HK,Macao,Taiwan & Foreign(10 000 yuan)			
按城乡渠道分	Grouped by Urban and Rural Area			
城镇(万元)	Urban(10 000 yuan)			
农村(万元)	Rural(10 000 yuan)			
公共财政预算收入(万元)	Public Budgetary Financial Revenue(10 000 yuan)	30850	27918	-9.5
公共财政预算支出(万元)	Public Budgetary Financial Expenditure(10 000 yuan)	122933	140304	14.1
个人储蓄存款余额(万元)	The balance of savings deposits of individuals(10 000 yuan)	225346	248222	10.2
在岗职工工资总额(万元)	Total Wages of Staff & Workers Employed in(10 000 yuan)	33590	35590	6.0
在岗职工平均工资(元)	Average Wage of Staff & Workers Employed in(yuan)	45380	48435	6.7
全体居民人均可支配收入(元)	The per capita disposable income of all residents(yuan)	12714	11360	-10.6
城镇常住居民人均可支配收入(元)	The per capita disposable income of urban permanent residents(yuan)	20037	21192	5.8
农村牧区常住居民人均可支配收入(元)	The per capita disposable income of permanent residents of rural and pastoral areas(yuan)	5597	6104	9.1
农村牧区经济	**Economic Development in Rural & Pastoral Area**			
农作物总播种面积(公顷)	Total Sown Area(hectare)	61148	54430	-11.0
#粮食作物播种面积(公顷)	Sown Area of Grain Crops(hectare)	42242	42429	0.4
农牧业机械总动力(万千瓦)	Total Power of Agricultural Machinery(10 000 kw)	17.10	18.03	5.4
化肥施用折纯量(吨)	Consumption of Chemical Fertilizer(ton)	11243	10821	-3.8
农村用电量(万千瓦小时)	Electricity Consumed in Rural Area(10 000 kwh)	1120	1199	7.1
农林牧渔业总产值(万元)	Gross Output of Farming,Forestry,Animal Husbandry & Fishery(10 000 yuan)	132254	120421	-8.9
粮食产量(吨)	Yield of Grain(ton)	80303	70352	-12.4
油料产量(吨)	Yield of Oil-bearing Grops(ton)	11508	11731	1.9
甜菜产量(吨)	Yield of Beetroots(ton)			
猪牛羊肉产量(吨)	Output of Pork, Beef & Mutton(ton)	10000	8899	-11.0
#猪肉产量(吨)	Output of Pork(ton)	2344	2092	-10.8
牛肉产量(吨)	Output of Beef(ton)	470	460	-2.1
羊肉产量(吨)	Output of Mutton(ton)	7186	6347	-11.7
羊毛产量(吨)	Output of Wool(ton)	656	565	-13.9

23-17 Qingshuihe County in Hohhot City

指　　标	Item	2013	2014	2014年比上年增长% Increase Rate in 2014 Over 2013(%)
年末牲畜存栏头数(万头只)	Total Livestock at the Year-end(10 000 heads)	30.06	24.69	-17.9
# 大牲畜(万头只)	Large Animals(10 000 heads)	2.25	2.12	-5.8
羊(万只)	Sheep & Goats(10 000 heads)	24.56	20.30	-17.3
猪(万头)	Hogs(10 000 heads)	3.24	2.30	-30.3
规模以上工业	**Industrial Enterprises above Designated size**			
工业企业单位数(个)	Number of Industrial Enterprises(unit)	14	15	7.1
# 内资企业(个)	Civil Funded Enterprises(unit)	14	15	7.1
工业总产值(万元)	Gross Industrial Output Value(10 000 yuan)	306134	226923	-25.9
内资企业(万元)	Civil Funded Enterprises(10 000 yuan)	306134	226923	-25.9
国有企业(万元)	State-owned Enterprises(10 000 yuan)			
集体企业(万元)	Collective-owned Enterprises(10 000 yuan)	2632		
股份合作企业(万元)	Share Holding Enterprises(10 000 yuan)			
联营企业(万元)	Joint Owned Enterprises(10 000 yuan)			
有限责任公司(万元)	Limited Company(10 000 yuan)	197221	145383	-26.3
股份有限公司(万元)	Share Holding Limited Company(10 000 yuan)	55022	46794	-15.0
私营企业(万元)	Privately Owned Enterprises(10 000 yuan)	51259	34747	-32.2
其他企业(万元)	Enterprises of Other Ownership(10 000 yuan)			
港澳台商投资企业(万元)	Funds from HK,Macao & Taiwan(10 000 yuan)			
外商投资企业(万元)	Foreign Funded Enterprises(10 000 yuan)			
工业企业增加值(万元)	Value Added of Industrial Enterprises(10 000 yuan)			4.4
工业企业资产总计(万元)	Total Assets of Industrial Enterprises(10 000 yuan)	451011	476267	5.6
工业企业负债合计(万元)	Total Liabilities of Industrial Enterprises(10 000 yuan)	307301	354896	15.5
工业企业产品销售收入(万元)	Sales of Revenue Industrial Enterprises(10 000 yuan)	293103	212836	-27.4
工业企业利润总额(万元)	Total Profits of Industrial Enterprises(10 000 yuan)	11620	-2877	
建筑业	**Construction**			
建筑企业单位数(个)	Number of Construction Enterprises(unit)	1	1	0.0
建筑企业从业人员(人)	Number of Employee in Construction Enterprises(person)	105	120	14.29
建筑业总产值(万元)	Gross Construction Output Value(10 000 yuan)	3260	3398	4.23
交通运输邮电通信业	**Transportation,Post & Telecommunications**			
公路里程(公里)	Total Length of Highways(km)	1112	1112	0.0
邮电业务总量(万元)	Business Volume of Post & Telecoms(10 000 yuan)	7202	7416	3.0
本地电话用户(户)	Number of Subscribers of Local Telephone(Household)	6349	6360	0.2
国内贸易	**Domestic Trade**			
社会消费品零售总额(万元)	Total Retail Sales of Consumer Goods(10 000 yuan)	62320	71937	15.4
城镇(万元)	Town(10 000 yuan)	45182	51958	15.0
乡村(万元)	Village(10 000 yuan)	17138	19979	16.6
科技教育卫生	**Science,Education & Public Health**			
各类专业技术人员(人)	Special Technical Personnel(person)	1691	1772	4.8
幼儿园数(所)	Number of Kindergartens(unit)	7	7	0.0
学龄儿童入学率(%)	Percentage of School-Age Children Enrolled(%)	100.0	100	0.0
小学学校数(所)	Number of Primary Schools(unit)	19	19	0.0
小学专任教师数(人)	Number of Full-time Teachers of Primary Schools(person)	427	536	25.5
小学在校学生数(人)	Number of Student Enrollment of Primary Schools(person)	5257	5036	-4.2
普通中学学校数(所)	Number of Regular Secondary Schools(unit)	4	4	0.0
普通中学专任教师数(人)	Number of Teachers of Secondary Shools(person)	302	475	57.3
初中在校学生数(人)	Number of Student in Junior Secondary Schools(person)	2858	2510	-12.2
高中在校学生数(人)	Number of Student in Senior Secondary Schools(person)	3037	3013	-0.8
卫生机构数(所)	Number of Health Institutions(unit)	121	116	-4.1
# 医院(所)	Hospitals(unit)	1	1	0.0
卫生院(所)	Township Hospitals(unit)	14	14	0.0
床位数(张)	Number of Beds(unit)	262	342	30.5
# 医院(张)	Hospitals(unit)	130	200	53.8
卫生院(张)	Township Hospitals(unit)	132	132	0.0
卫生技术人员(人)	Medical Technical Presonnel(person)	421	418	-0.7
# 医院(人)	Hospitals(person)	108	103	-4.6
卫生院(人)	Township Hospitals(person)	66	66	0.0

23-18 呼和浩特市武川县

指　　标	Item	2013	2014	2014年比上年增长% Increase Rate in 2014 Over 2013(%)
行政区域土地面积(平方公里)	**Area of Administration(Sq.km)**	**4682**	**4682**	**0.0**
人口和就业	**Population & Employment**			
年末总人口(人)	Total Population Year-end(person)	174837	175490	0.4
#男性(人)	Male(person)	92048	92156	0.1
#乡村人口(人)	Rural(person)	130622	142287	8.9
年末总户数(户)	Total Number of Households at the Year-end(Household)	68624	72308	5.4
#乡村户数(户)	Number of Rural Household(Household)	38188	46711	22.3
出生人口(人)	Births(person)	1766	2225	26.0
死亡人口(人)	Deaths(person)	547	673	23.0
全社会就业人员(人)	Employment(person)	93924	95846	2.0
第一产业(人)	Primary Industry(person)	54565	55438	1.6
第二产业(人)	Secondary Industry(person)	12540	13451	7.3
第三产业(人)	Tertiary Industry(person)	26819	26957	0.5
在岗职工人数(人)	Number of Staff & Workers Employed in(person)	9385	9156	-2.4
乡村劳动力(人)	Number of Rural Laborers(person)	81191	84801	4.4
#农林牧渔业(人)	Farming,Forestry,Animal Husbandry & Fishery(person)	54565	55438	1.6
国民经济综合指标	**Summary Item on the National Economy**			
生产总值(万元)	Gross Domestic Product(10 000 yuan)	809403	782477	10.1
第一产业(万元)	Primary Industry(10 000 yuan)	107490	99654	8.4
第二产业(万元)	Secondary Industry(10 000 yuan)	473249	432936	12.0
#工业(万元)	Industry(10 000 yuan)	405045	364636	14.2
第三产业(万元)	Tertiary Industry(10 000 yuan)	228664	249887	7.3
人均生产总值(元)	Per Capita GDP(yuan)	75575	73266	10.1
全社会固定资产投资(万元)	Total Investment in Fixed Assets(10 000 yuan)	366921	411557	12.2
按登记注册类型分	Grouped by Registered Type			
#国有(万元)	State-owned Enterprises(10 000 yuan)	185312	190098	2.6
集体(万元)	Collective-owned Enterprises(10 000 yuan)	29238	25342	-13.3
有限责任公司(万元)	Limited Liability Corporations(10 000 yuan)	111170	142495	28.2
股份有限公司(万元)	Share Holding Enterprises(10 000 yuan)	10000		
私营企业(万元)	Private Enterprises(10 000 yuan)	26200	52554	100.6
外商及港澳台投资企业(万元)	Funds from HK,Macao,Taiwan & Foreign(10 000 yuan)	5000		
按城乡渠道分	Grouped by Urban and Rural Area			
城镇(万元)	Urban(10 000 yuan)			
农村(万元)	Rural(10 000 yuan)			
公共财政预算收入(万元)	Public Budgetary Financial Revenue(10 000 yuan)	36010	24513	-31.9
公共财政预算支出(万元)	Public Budgetary Financial Expenditure(10 000 yuan)	137621	149119	8.4
个人储蓄存款余额(万元)	The balance of savings deposits of individuals(10 000 yuan)	249172	262798	5.5
在岗职工工资总额(万元)	Total Wages of Staff & Workers Employed in(10 000 yuan)	37509	36943	-1.5
在岗职工平均工资(元)	Average Wage of Staff & Workers Employed in(yuan)	39955	40830	2.2
全体居民人均可支配收入(元)	The per capita disposable income of all residents(yuan)	11926	12824	7.5
城镇常住居民人均可支配收入(元)	The per capita disposable income of urban permanent residents(yuan)	19136	20144	5.3
农村牧区常住居民人均可支配收入(元)	The per capita disposable income of permanent residents of rural and pastoral areas(yuan)	5385	5911	9.8
农村牧区经济	**Economic Development in Rural & Pastoral Area**			
农作物总播种面积(公顷)	Total Sown Area(hectare)	131803	133922	1.6
#粮食作物播种面积(公顷)	Sown Area of Grain Crops(hectare)	100990	98970	-2.0
农牧业机械总动力(万千瓦)	Total Power of Agricultural Machinery(10 000 kw)	30.59	33.25	8.7
化肥施用折纯量(吨)	Consumption of Chemical Fertilizer(ton)	15836	16256	2.7
农村用电量(万千瓦小时)	Electricity Consumed in Rural Area(10 000 kwh)	2270	2901	27.8
农林牧渔业总产值(万元)	Gross Output of Farming,Forestry,Animal Husbandry & Fishery(10 000 yuan)	168541	157871	-6.3
粮食产量(吨)	Yield of Grain(ton)	200260	203852	1.8
油料产量(吨)	Yield of Oil-bearing Grops(ton)	33449	32431	-3.0
甜菜产量(吨)	Yield of Beetroots(ton)	1560		
猪牛羊肉产量(吨)	Output of Pork, Beef & Mutton(ton)	5830	5598	-4.0
#猪肉产量(吨)	Output of Pork(ton)	1783	1534	-14.0
牛肉产量(吨)	Output of Beef(ton)	752	451	-40.0
羊肉产量(吨)	Output of Mutton(ton)	3295	3613	9.7
羊毛产量(吨)	Output of Wool(ton)	542	643	18.6

23-18 Wuchuan County in Hohhot City

指　标	Item	2013	2014	2014年比上年增长% Increase Rate in 2014 Over 2013(%)
年末牲畜存栏头数(万头只)	Total Livestock at the Year-end(10 000 heads)	35.66	33.52	-6.0
# 大牲畜(万头只)	Large Animals(10 000 heads)	0.45	0.43	-4.4
羊(万只)	Sheep & Goats(10 000 heads)	33.71	31.99	-5.1
猪(万头)	Hogs(10 000 heads)	1.50	1.10	-26.7
规模以上工业	**Industrial Enterprises above Designated size**			
工业企业单位数(个)	Number of Industrial Enterprises unit)	21	15	-28.6
# 内资企业(个)	Civil Funded Enterprises unit)	21	15	-28.6
工业总产值(万元)	Gross Industrial Output Value(10 000 Yuan)	451743	480549	6.4
内资企业(万元)	Civil Funded Enterprises(10 000 Yuan)	451743	480549	6.4
国有企业(万元)	State-owned Enterprises(10 000 Yuan)			
集体企业(万元)	Collective-owned Enterprises(10 000 Yuan)			
股份合作企业(万元)	Share Holding Enterprises(10 000 Yuan)			
联营企业(万元)	Joint Owned Enterprises(10 000 Yuan)			
有限责任公司(万元)	Limited Company(10 000 Yuan)	128289	116374	-9.3
股份有限公司(万元)	Share Holding Limited Company(10 000 Yuan)			
私营企业(万元)	Privately Owned Enterprises(10 000 Yuan)	323454	364175	12.6
其他企业(万元)	Enterprises of Other Ownership(10 000 Yuan)			
港澳台商投资企业(万元)	Funds from HK,Macao & Taiwan(10 000 yuan)			
外商投资企业(万元)	Foreign Funded Enterprises(10 000 yuan)			
工业企业增加值(万元)	Value Added of Industrial Enterprises(10 000 yuan)			17.2
工业企业资产总计(万元)	Total Assets of Industrial Enterprises(10 000 yuan)	963442	1302211	35.2
工业企业负债合计(万元)	Total Liabilities of Industrial Enterprises(10 000 yuan)	646185	850967	31.7
工业企业产品销售收入(万元)	Sales of Revenue Industrial Enterprises(10 000 yuan)	535257	663870	24.0
工业企业利润总额(万元)	Total Profits of Industrial Enterprises(10 000 yuan)	104984	135079	28.7
建筑业	**Construction**			
建筑企业单位数(个)	Number of Construction Enterprises(unit)	1	1	0.0
建筑企业从业人员(人)	Number of Employee in Construction Enterprises(person)	52	25	-51.9
建筑业总产值(万元)	Gross Construction Output Value(10 000 yuan)	814	265	-67.4
交通运输邮电通信业	**Transportation,Post & Telecommunications**			
公路里程(公里)	Total Length of Highways(km)	1045	1017	-2.7
邮电业务总量(万元)	Business Volume of Post & Telecoms(10 000 yuan)	4550		
本地电话用户(户)	Number of Subscribers of Local Telephone(Household)	20433	6121	-70.0
国内贸易	**Domestic Trade**			
社会消费品零售总额(万元)	Total Retail Sales of Consumer Goods(10 000 yuan)	92801	107902	16.3
城镇(万元)	Town(10 000 yuan)	64411	76073	18.1
乡村(万元)	Village(10 000 yuan)	28390	31829	12.1
科技教育卫生	**Science,Education & Public Health**			
各类专业技术人员(人)	Special Technical Personnel(person)	2713	2755	1.5
幼儿园数(所)	Number of Kindergartens(unit)	15	14	-6.7
学龄儿童入学率(%)	Percentage of School-Age Children Enrolled(%)	100.0	100.0	0.0
小学学校数(所)	Number of Primary Schools(unit)	18	12	-33.3
小学专任教师数(人)	Number of Full-time Teachers of Primary Schools(person)	657	534	-18.7
小学在校学生数(人)	Number of Student Enrollment of Primary Schools(person)	5488	5229	-4.7
普通中学学校数(所)	Number of Regular Secondary Schools(unit)	6	4	-33.3
普通中学专任教师数(人)	Number of Teachers of Secondary Shools(person)	433	303	-30.0
初中在校学生数(人)	Number of Student in Junior Secondary Schools(person)	3272	2941	-10.1
高中在校学生数(人)	Number of Student in Senior Secondary Schools(person)	2835	2660	-6.2
卫生机构数(所)	Number of Health Institutions(unit)	130	150	15.4
# 医院(所)	Hospitals(unit)	2	2	0.0
卫生院(所)	Township Hospitals(unit)	19	19	0.0
床位数(张)	Number of Beds(unit)	303	400	32.0
# 医院(张)	Hospitals(unit)	200	250	25.0
卫生院(张)	Township Hospitals(unit)	103	150	45.6
卫生技术人员(人)	Medical Technical Presonnel(person)	668	596	-10.8
# 医院(人)	Hospitals(person)	210	165	-21.4
卫生院(人)	Township Hospitals(person)	294	290	-1.4

23-19 包头市东河区

指　标	Item	2013	2014	2014年比上年增长% Increase Rate in 2014 Over 2013(%)
行政区域土地面积(平方公里)	**Area of Administration(Sq.km)**	**470**	**470**	**0.0**
人口和就业	**Population & Employment**			
年末总人口(人)	Total Population Year-end(person)	538300	541300	0.6
# 男性(人)	Male(person)	273000	274400	0.5
# 乡村人口(人)	Rural(person)	57759	54000	-6.5
年末总户数(户)	Total Number of Households at the Year-end(Household)	203900	205040	0.6
# 乡村户数(户)	Number of Rural Household(Household)	21367	20007	-6.4
出生人口(人)	Births(person)	3264	2998	-8.1
死亡人口(人)	Deaths(person)	1630	1216	-25.4
全社会就业人员(人)	Employment(person)	269111	260463	-3.2
第一产业(人)	Primary Industry(person)	9000	9210	2.3
第二产业(人)	Secondary Industry(person)	60021	52299	-12.9
第三产业(人)	Tertiary Industry(person)	200090	198954	-0.6
在岗职工人数(人)	Number of Staff & Workers Employed in(person)	56761	54517	-4.0
乡村劳动力(人)	Number of Rural Laborers(person)	41044	38523	-6.1
# 农林牧渔业(人)	Farming,Forestry,Animal Husbandry & Fishery(person)	11950	11479	-3.9
国民经济综合指标	**Summary Item on the National Economy**			
生产总值(万元)	Gross Domestic Product(10 000 yuan)	4560500	4913700	7.0
第一产业(万元)	Primary Industry(10 000 yuan)	69900	70600	2.2
第二产业(万元)	Secondary Industry(10 000 yuan)	1544700	1646600	7.6
# 工业(万元)	Industry(10 000 yuan)	1186700	1256600	7.0
第三产业(万元)	Tertiary Industry(10 000 yuan)	2945900	3196500	7.0
人均生产总值(元)	Per Capita GDP(yuan)	85299	91028	6.1
全社会固定资产投资(万元)	Total Investment in Fixed Assets(10 000 yuan)	2599800	3015907	16.0
按登记注册类型分	Grouped by Registered Type			
# 国有(万元)	State-owned Enterprises(10 000 yuan)	171833	1048538	510.2
集体(万元)	Collective-owned Enterprises(10 000 yuan)	28290	66420	134.8
有限责任公司(万元)	Limited Liability Corporations(10 000 yuan)	1765876	1231636	-30.3
股份有限公司(万元)	Share Holding Enterprises(10 000 yuan)	33051	46120	39.5
私营企业(万元)	Private Enterprises(10 000 yuan)	499794	597873	19.6
外商及港澳台投资企业(万元)	Funds from HK,Macao,Taiwan & Foreign(10 000 yuan)			
按城乡渠道分	Grouped by Urban and Rural Area			
城镇(万元)	Urban(10 000 yuan)	2599800	3015907	16.0
农村(万元)	Rural(10 000 yuan)			
公共财政预算收入(万元)	Public Budgetary Financial Revenue(10 000 yuan)	126795	142648	12.5
公共财政预算支出(万元)	Public Budgetary Financial Expenditure(10 000 yuan)	245089	182629	-25.5
个人储蓄存款余额(万元)	The balance of savings deposits of individuals(10 000 yuan)			
在岗职工工资总额(万元)	Total Wages of Staff & Workers Employed in(10 000 yuan)	253966	250147	-1.5
在岗职工平均工资(元)	Average Wage of Staff & Workers Employed in(yuan)	44928	45661	1.6
全体居民人均可支配收入(元)	The per capita disposable income of all residents(yuan)	28451	30891	8.6
城镇常住居民人均可支配收入(元)	The per capita disposable income of urban permanent residents(yuan)	29945	32490	8.5
农村牧区常住居民人均可支配收入(元)	The per capita disposable income of permanent residents of rural and pastoral areas(yuan)	15023	16525	10.0
农村牧区经济	**Economic Development in Rural & Pastoral Area**			
农作物总播种面积(公顷)	Total Sown Area(hectare)	8431	9543	13.2
# 粮食作物播种面积(公顷)	Sown Area of Grain Crops(hectare)	4822	5825	20.8
农牧业机械总动力(万千瓦)	Total Power of Agricultural Machinery(10 000 kw)	21.01	21.00	-0.1
化肥施用折纯量(吨)	Consumption of Chemical Fertilizer(ton)	4238	3857	-9.0
农村用电量(万千瓦小时)	Electricity Consumed in Rural Area(10 000 kwh)	3976	3656	-8.0
农林牧渔业总产值(万元)	Gross Output of Farming,Forestry,Animal Husbandry & Fishery(10 000 yuan)	120749	122408	2.2
粮食产量(吨)	Yield of Grain(ton)	41130	34740	-15.5
油料产量(吨)	Yield of Oil-bearing Grops(ton)	564	142	-74.8
甜菜产量(吨)	Yield of Beetroots(ton)	700		
猪牛羊肉产量(吨)	Output of Pork, Beef & Mutton(ton)	3753	3421	-8.8
# 猪肉产量(吨)	Output of Pork(ton)	1294	1294	0.0
牛肉产量(吨)	Output of Beef(ton)	2097	1752	-16.5
羊肉产量(吨)	Output of Mutton(ton)	362	375	3.6
羊毛产量(吨)	Output of Wool(ton)	43	43	0.0

23-19 Donghe District in Baotou City

指　标	Item	2013	2014	2014年比上年增长% Increase Rate in 2014 Over 2013(%)
年末牲畜存栏头数(万头只)	Total Livestock at the Year-end(10 000 heads)	6.32	6.06	-4.1
#大牲畜(万头只)	Large Animals(10 000 heads)	1.82	0.67	-63.2
羊(万只)	Sheep & Goats(10 000 heads)	3.36	4.37	30.1
猪(万头)	Hogs(10 000 heads)	1.14	1.02	-10.5
规模以上工业	**Industrial Enterprises above Designated size**			
工业企业单位数(个)	Number of Industrial Enterprises(unit)	104	88	-15.4
#内资企业(个)	Civil Funded Enterprises(unit)	97	84	-13.4
工业总产值(万元)	Gross Industrial Output Value(10 000 yuan)	3225754	3198679	-0.8
内资企业(万元)	Civil Funded Enterprises(10 000 yuan)	3066705	3061318	-0.2
国有企业(万元)	State-owned Enterprises(10 000 yuan)	95521	96360	0.9
集体企业(万元)	Collective-owned Enterprises(10 000 yuan)	10059	21083	109.6
股份合作企业(万元)	Share Holding Enterprises(10 000 yuan)	2157	2000	-7.3
联营企业(万元)	Joint Owned Enterprises(10 000 yuan)			
有限责任公司(万元)	Limited Company(10 000 yuan)	516932	578560	11.9
股份有限公司(万元)	Share Holding Limited Company(10 000 yuan)	628824	662936	5.4
私营企业(万元)	Privately Owned Enterprises(10 000 yuan)	1813212	1700379	-6.2
其他企业(万元)	Enterprises of Other Ownership(10 000 yuan)			
港澳台商投资企业(万元)	Funds from HK,Macao & Taiwan(10 000 yuan)	63855	51704	-19.0
外商投资企业(万元)	Foreign Funded Enterprises(10 000 yuan)	95194	85657	-10.0
工业企业增加值(万元)	Value Added of Industrial Enterprises(10 000 yuan)			7.5
工业企业资产总计(万元)	Total Assets of Industrial Enterprises(10 000 yuan)	2696036	2871840	6.5
工业企业负债合计(万元)	Total Liabilities of Industrial Enterprises(10 000 yuan)	1435063	1477508	3.0
工业企业产品销售收入(万元)	Sales of Revenue Industrial Enterprises(10 000 yuan)	3194704	3197628	0.1
工业企业利润总额(万元)	Total Profits of Industrial Enterprises(10 000 yuan)	647864	295719	-54.4
建筑业	**Construction**			
建筑企业单位数(个)	Number of Construction Enterprises(unit)	16	16	0.0
建筑企业从业人员(人)	Number of Employee in Construction Enterprises(person)	8666	9577	10.5
建筑业总产值(万元)	Gross Construction Output Value(10 000 yuan)	354013	355299	0.4
交通运输邮电通信业	**Transportation,Post & Telecommunications**			
公路里程(公里)	Total Length of Highways(km)	151	168	11.3
邮电业务总量(万元)	Business Volume of Post & Telecoms(10 000 yuan)	30660	38004	24.0
本地电话用户(户)	Number of Subscribers of Local Telephone(Household)	75650	68501	-9.5
国内贸易	**Domestic Trade**			
社会消费品零售总额(万元)	Total Retail Sales of Consumer Goods(10 000 yuan)	2218800	2417016	8.9
城镇(万元)	Town(10 000 yuan)	2218800	2417016	8.9
乡村(万元)	Village(10 000 yuan)			
科技教育卫生	**Science,Education & Public Health**			
各类专业技术人员(人)	Special Technical Personnel(person)	12045	12089	0.4
幼儿园数(所)	Number of Kindergartens(unit)	35	38	8.6
学龄儿童入学率(%)	Percentage of School-Age Children Enrolled(%)	100.0	100.0	0.0
小学学校数(所)	Number of Primary Schools(unit)	40	39	-2.5
小学专任教师数(人)	Number of Full-time Teachers of Primary Schools(person)	1541	1558	1.1
小学在校学生数(人)	Number of Student Enrollment of Primary Schools(person)	22757	21989	-3.4
普通中学学校数(所)	Number of Regular Secondary Schools(unit)	21	21	0.0
普通中学专任教师数(人)	Number of Teachers of Secondary Shools(person)	1945	1947	0.1
初中在校学生数(人)	Number of Student in Junior Secondary Schools(person)	13550	13386	-1.2
高中在校学生数(人)	Number of Student in Senior Secondary Schools(person)	10992	10938	-0.5
卫生机构数(所)	Number of Health Institutions(unit)	326	323	-0.9
#医院(所)	Hospitals(unit)	13	15	15.4
卫生院(所)	Township Hospitals(unit)	3	3	0.0
床位数(张)	Number of Beds(unit)	3797	3903	2.8
#医院(张)	Hospitals(unit)	3284	3452	5.1
卫生院(张)	Township Hospitals(unit)	70	72	2.9
卫生技术人员(人)	Medical Technical Presonnel(person)	3892	4698	20.7
#医院(人)	Hospitals(person)	2545	3592	41.1
卫生院(人)	Township Hospitals(person)	102	91	-10.8

23-20 包头市昆都仑区

指 标	Item	2013	2014	2014年比上年增长% Increase Rate in 2014 Over 2013(%)
行政区域土地面积(平方公里)	**Area of Administration(Sq.km)**	**301**	**301**	**0.0**
人口和就业	**Population & Employment**			
年末总人口(人)	Total Population Year-end(person)	759800	767900	1.1
#男性(人)	Male(person)	393300	397500	1.1
#乡村人口(人)	Rural(person)	26441	25800	-2.4
年末总户数(户)	Total Number of Households at the Year-end(Household)	287800	290870	1.1
#乡村户数(户)	Number of Rural Household(Household)	10169	9923	-2.4
出生人口(人)	Births(person)	5356	6053	13.0
死亡人口(人)	Deaths(person)	1768	2368	33.9
全社会就业人员(人)	Employment(person)	462502	463890	0.3
第一产业(人)	Primary Industry(person)	13009	13010	0.0
第二产业(人)	Secondary Industry(person)	120821	110914	-8.2
第三产业(人)	Tertiary Industry(person)	328672	339966	3.4
在岗职工人数(人)	Number of Staff & Workers Employed in(person)	125271	115423	-7.9
乡村劳动力(人)	Number of Rural Laborers(person)	24607	24613	0.0
#农林牧渔业(人)	Farming,Forestry,Animal Husbandry & Fishery(person)	3584	3104	-13.4
国民经济综合指标	**Summary Item on the National Economy**			
生产总值(万元)	Gross Domestic Product(10 000 yuan)	9911400	10580100	7.2
第一产业(万元)	Primary Industry(10 000 yuan)	31400	31800	2.2
第二产业(万元)	Secondary Industry(10 000 yuan)	4230900	4358700	6.5
#工业(万元)	Industry(10 000 yuan)	3976600	4108100	6.8
第三产业(万元)	Tertiary Industry(10 000 yuan)	5649100	6189600	7.5
人均生产总值(元)	Per Capita GDP(yuan)	131225	138510	6.0
全社会固定资产投资(万元)	Total Investment in Fixed Assets(10 000 yuan)	3472843	3993803	15.0
按登记注册类型分	Grouped by Registered Type			
#国有(万元)	State-owned Enterprises(10 000 yuan)	212909	178234	-16.3
集体(万元)	Collective-owned Enterprises(10 000 yuan)	249902	42699	-82.9
有限责任公司(万元)	Limited Liability Corporations(10 000 yuan)	2872152	3520586	22.6
股份有限公司(万元)	Share Holding Enterprises(10 000 yuan)	5780	18860	226.3
私营企业(万元)	Private Enterprises(10 000 yuan)	80227	224158	179.4
外商及港澳台投资企业(万元)	Funds from HK,Macao,Taiwan & Foreign(10 000 yuan)	1500	1988	32.5
按城乡渠道分	Grouped by Urban and Rural Area			
城镇(万元)	Urban(10 000 yuan)	3472843	3993803	15.0
农村(万元)	Rural(10 000 yuan)			
公共财政预算收入(万元)	Public Budgetary Financial Revenue(10 000 yuan)	382942	415480	8.5
公共财政预算支出(万元)	Public Budgetary Financial Expenditure(10 000 yuan)	392118	419151	6.9
个人储蓄存款余额(万元)	The balance of savings deposits of individuals(10 000 yuan)			
在岗职工工资总额(万元)	Total Wages of Staff & Workers Employed in(10 000 yuan)	689228	663501	-3.7
在岗职工平均工资(元)	Average Wage of Staff & Workers Employed in(yuan)	54550	57081	4.6
全体居民人均可支配收入(元)	The per capita disposable income of all residents(yuan)	35227	38221	8.5
城镇常住居民人均可支配收入(元)	The per capita disposable income of urban permanent residents(yuan)	35227	38221	8.5
农村牧区常住居民人均可支配收入(元)	The per capita disposable income of permanent residents of rural and pastoral areas(yuan)			
农村牧区经济	**Economic Development in Rural & Pastoral Area**			
农作物总播种面积(公顷)	Total Sown Area(hectare)	1794	1315	-26.7
#粮食作物播种面积(公顷)	Sown Area of Grain Crops(hectare)	1619	1152	-28.8
农牧业机械总动力(万千瓦)	Total Power of Agricultural Machinery(10 000 kw)	1.47	1.45	-1.4
化肥施用折纯量(吨)	Consumption of Chemical Fertilizer(ton)	1134	1128	-0.5
农村用电量(万千瓦小时)	Electricity Consumed in Rural Area(10 000 kwh)	2335	2203	-5.7
农林牧渔业总产值(万元)	Gross Output of Farming,Forestry,Animal Husbandry & Fishery(10 000 yuan)	50430	50809	2.2
粮食产量(吨)	Yield of Grain(ton)	9542	9127	-4.3
油料产量(吨)	Yield of Oil-bearing Grops(ton)	76	77	1.3
甜菜产量(吨)	Yield of Beetroots(ton)			
猪牛羊肉产量(吨)	Output of Pork, Beef & Mutton(ton)	1848	1605	-13.1
#猪肉产量(吨)	Output of Pork(ton)	517	517	0.0
牛肉产量(吨)	Output of Beef(ton)	590	330	-44.1
羊肉产量(吨)	Output of Mutton(ton)	741	758	2.3
羊毛产量(吨)	Output of Wool(ton)	5	5	0.0

23-20 Kundulun District in Baotou City

指　标	Item	2013	2014	2014年比上年增长% Increase Rate in 2014 Over 2013(%)
年末牲畜存栏头数(万头只)	Total Livestock at the Year-end(10 000 heads)	4.42	3.82	-13.6
# 大牲畜(万头只)	Large Animals(10 000 heads)	0.23	0.24	4.3
羊(万只)	Sheep & Goats(10 000 heads)	3.18	2.48	-22.0
猪(万头)	Hogs(10 000 heads)	1.01	1.10	8.9
规模以上工业	**Industrial Enterprises above Designated size**			
工业企业单位数(个)	Number of Industrial Enterprises(unit)	79	82	3.8
# 内资企业(个)	Civil Funded Enterprises(unit)	74	77	4.1
工业总产值(万元)	Gross Industrial Output Value(10 000 yuan)	7641132	6280238	-17.8
内资企业(万元)	Civil Funded Enterprises(10 000 yuan)	6914612	5910785	-14.5
国有企业(万元)	State-owned Enterprises(10 000 yuan)	70430	39975	-43.2
集体企业(万元)	Collective-owned Enterprises(10 000 yuan)	74635	60611	-18.8
股份合作企业(万元)	Share Holding Enterprises(10 000 yuan)	43157	24402	-43.5
联营企业(万元)	Joint Owned Enterprises(10 000 yuan)			
有限责任公司(万元)	Limited Company(10 000 yuan)	1539298	1584175	2.9
股份有限公司(万元)	Share Holding Limited Company(10 000 yuan)	4539406	3650423	-19.6
私营企业(万元)	Privately Owned Enterprises(10 000 yuan)	426681	403139	-5.5
其他企业(万元)	Enterprises of Other Ownership(10 000 yuan)	221006	148060	-33.0
港澳台商投资企业(万元)	Funds from HK,Macao & Taiwan(10 000 yuan)			
外商投资企业(万元)	Foreign Funded Enterprises(10 000 yuan)	726520	369454	-49.1
工业企业增加值(万元)	Value Added of Industrial Enterprises(10 000 yuan)			7.2
工业企业资产总计(万元)	Total Assets of Industrial Enterprises(10 000 yuan)	16135474	17193528	6.6
工业企业负债合计(万元)	Total Liabilities of Industrial Enterprises(10 000 yuan)	11769520	12954492	10.1
工业企业产品销售收入(万元)	Sales of Revenue Industrial Enterprises(10 000 yuan)	7482301	6323169	-15.5
工业企业利润总额(万元)	Total Profits of Industrial Enterprises(10 000 yuan)	127819	13479	-89.5
建筑业	**Construction**			
建筑企业单位数(个)	Number of Construction Enterprises(unit)	24	27	12.5
建筑企业从业人员(人)	Number of Employee in Construction Enterprises(person)	13367	12012	-10.1
建筑业总产值(万元)	Gross Construction Output Value(10 000 yuan)	461467	360659	-21.8
交通运输邮电通信业	**Transportation,Post & Telecommunications**			
公路里程(公里)	Total Length of Highways(km)	418	434	3.8
邮电业务总量(万元)	Business Volume of Post & Telecoms(10 000 yuan)	173800	217019	24.9
本地电话用户(户)	Number of Subscribers of Local Telephone(Household)	174740	158456	-9.3
国内贸易	**Domestic Trade**			
社会消费品零售总额(万元)	Total Retail Sales of Consumer Goods(10 000 yuan)	3595051	3925346	9.2
城镇(万元)	Town(10 000 yuan)	3595051	3925346	9.2
乡村(万元)	Village(10 000 yuan)			
科技教育卫生	**Science,Education & Public Health**			
各类专业技术人员(人)	Special Technical Personnel(person)	30611	30756	0.5
幼儿园数(所)	Number of Kindergartens(unit)	45	54	20.0
学龄儿童入学率(%)	Percentage of School-Age Children Enrolled(%)	100.0	100.0	0.0
小学学校数(所)	Number of Primary Schools(unit)	34	35	2.9
小学专任教师数(人)	Number of Full-time Teachers of Primary Schools(person)	2277	2206	-3.1
小学在校学生数(人)	Number of Student Enrollment of Primary	43893	43916	0.1
普通中学学校数(所)	Number of Regular Secondary Schools(unit)	28	26	-7.1
普通中学专任教师数(人)	Number of Teachers of Secondary Shools(person)	2770	2798	1.0
初中在校学生数(人)	Number of Student in Junior Secondary Schools(person)	24849	24113	-3.0
高中在校学生数(人)	Number of Student in Senior Secondary Schools(person)	17704	15446	-12.8
卫生机构数(所)	Number of Health Institutions(unit)	403	396	-1.7
# 医院(所)	Hospitals(unit)	9	13	44.4
卫生院(所)	Township Hospitals(unit)	3	3	0.0
床位数(张)	Number of Beds(unit)	4653	4689	0.8
# 医院(张)	Hospitals(unit)	4412	4373	-0.9
卫生院(张)	Township Hospitals(unit)	37	53	43.2
卫生技术人员(人)	Medical Technical Presonnel(person)	6730	6361	-5.5
# 医院(人)	Hospitals(person)	5017	4749	-5.3
卫生院(人)	Township Hospitals(person)	39	39	0.0

23-21 包头市青山区

指 标	Item	2013	2014	2014年比上年增长% Increase Rate in 2014 Over 2013(%)
行政区域土地面积(平方公里)	**Area of Administration(Sq.km)**	**280**	**280**	**0.0**
人口和就业	**Population & Employment**			
年末总人口(人)	Total Population Year-end(person)	504200	509800	1.1
# 男性(人)	Male(person)	257300	260200	1.1
# 乡村人口(人)	Rural(person)	10200	9700	-4.9
年末总户数(户)	Total Number of Households at the Year-end(Household)	196950	199140	1.1
# 乡村户数(户)	Number of Rural Household(Household)	3923	3731	-4.9
出生人口(人)	Births(person)	3398	3861	13.6
死亡人口(人)	Deaths(person)	1655	1290	-22.1
全社会就业人员(人)	Employment(person)	270679	273386	1.0
第一产业(人)	Primary Industry(person)	6954	6967	0.2
第二产业(人)	Secondary Industry(person)	109913	110902	0.9
第三产业(人)	Tertiary Industry(person)	153812	155517	1.1
在岗职工人数(人)	Number of Staff & Workers Employed in(person)	107005	100444	-6.1
乡村劳动力(人)	Number of Rural Laborers(person)	12803	12870	0.5
# 农林牧渔业(人)	Farming,Forestry,Animal Husbandry & Fishery(person)	4910	5002	1.9
国民经济综合指标	**Summary Item on the National Economy**			
生产总值(万元)	Gross Domestic Product(10 000 yuan)	7687400	8403600	10.5
第一产业(万元)	Primary Industry(10 000 yuan)	32400	32900	2.9
第二产业(万元)	Secondary Industry(10 000 yuan)	3280800	3597600	13.2
# 工业(万元)	Industry(10 000 yuan)	2890800	3177600	13.7
第三产业(万元)	Tertiary Industry(10 000 yuan)	4374200	4773100	7.5
人均生产总值(元)	Per Capita GDP(yuan)	153426	165751	9.2
全社会固定资产投资(万元)	Total Investment in Fixed Assets(10 000 yuan)	3250011	3772299	16.1
按登记注册类型分	Grouped by Registered Type			
# 国有(万元)	State-owned Enterprises(10 000 yuan)	1155375	1293322	11.9
集体(万元)	Collective-owned Enterprises(10 000 yuan)	63551	21168	-66.7
有限责任公司(万元)	Limited Liability Corporations(10 000 yuan)	1193477	782306	-34.5
股份有限公司(万元)	Share Holding Enterprises(10 000 yuan)	63263	68173	7.8
私营企业(万元)	Private Enterprises(10 000 yuan)	690152	1438111	108.4
外商及港澳台投资企业(万元)	Funds from HK,Macao,Taiwan & Foreign(10 000 yuan)	10752	52700	390.2
按城乡渠道分	Grouped by Urban and Rural Area			
城镇(万元)	Urban(10 000 yuan)	3245931	3772299	16.2
农村(万元)	Rural(10 000 yuan)	4080		
公共财政预算收入(万元)	Public Budgetary Financial Revenue(10 000 yuan)	363051	392008	8.0
公共财政预算支出(万元)	Public Budgetary Financial Expenditure(10 000 yuan)	363229	373239	2.8
个人储蓄存款余额(万元)	The balance of savings deposits of individuals(10 000 yuan)			
在岗职工工资总额(万元)	Total Wages of Staff & Workers Employed in(10 000 yuan)	599457	611333	2.0
在岗职工平均工资(元)	Average Wage of Staff & Workers Employed in(yuan)	55918	59728	6.8
全体居民人均可支配收入(元)	The per capita disposable income of all residents(yuan)	35227	38221	8.5
城镇常住居民人均可支配收入(元)	The per capita disposable income of urban permanent residents(yuan)	35227	38221	8.5
农村牧区常住居民人均可支配收入(元)	The per capita disposable income of permanent residents of rural and pastoral areas(yuan)			
农村牧区经济	**Economic Development in Rural & Pastoral Area**			
农作物总播种面积(公顷)	Total Sown Area(hectare)	766	553	-27.8
# 粮食作物播种面积(公顷)	Sown Area of Grain Crops(hectare)	713	509	-28.6
农牧业机械总动力(万千瓦)	Total Power of Agricultural Machinery(10 000 kw)			
化肥施用折纯量(吨)	Consumption of Chemical Fertilizer(ton)	244	245	0.4
农村用电量(万千瓦小时)	Electricity Consumed in Rural Area(10 000 kwh)	1618	1620	0.1
农林牧渔业总产值(万元)	Gross Output of Farming,Forestry,Animal Husbandry & Fishery(10 000 yuan)	50860	51543	2.9
粮食产量(吨)	Yield of Grain(ton)	3988	3573	-10.4
油料产量(吨)	Yield of Oil-bearing Grops(ton)			
甜菜产量(吨)	Yield of Beetroots(ton)			
猪牛羊肉产量(吨)	Output of Pork, Beef & Mutton(ton)	367	377	2.7
# 猪肉产量(吨)	Output of Pork(ton)	81	83	2.5
牛肉产量(吨)	Output of Beef(ton)	36	37	2.8
羊肉产量(吨)	Output of Mutton(ton)	250	257	2.8
羊毛产量(吨)	Output of Wool(ton)	12	52	333.3

23-21 Qingshan District in Baotou City

指　标	Item	2013	2014	2014年比上年增长% Increase Rate in 2014 Over 2013(%)
年末牲畜存栏头数(万头只)	Total Livestock at the Year-end(10 000 heads)	1.65	2.80	69.7
# 大牲畜(万头只)	Large Animals(10 000 heads)	0.08	0.11	37.5
羊(万只)	Sheep & Goats(10 000 heads)	1.56	2.55	63.5
猪(万头)	Hogs(10 000 heads)	0.01	0.13	1200.0
规模以上工业	**Industrial Enterprises above Designated size**			
工业企业单位数(个)	Number of Industrial Enterprises(unit)	85	95	11.8
# 内资企业(个)	Civil Funded Enterprises(unit)	83	93	12.0
工业总产值(万元)	Gross Industrial Output Value(10 000 yuan)	7064911	7364799	4.2
内资企业(万元)	Civil Funded Enterprises(10 000 yuan)	6972226	7278426	4.4
国有企业(万元)	State-owned Enterprises(10 000 yuan)	1409498	1390746	-1.3
集体企业(万元)	Collective-owned Enterprises(10 000 yuan)	7226	7689	6.4
股份合作企业(万元)	Share Holding Enterprises(10 000 yuan)	83886		
联营企业(万元)	Joint Owned Enterprises(10 000 yuan)			
有限责任公司(万元)	Limited Company(10 000 yuan)	4576406	4749411	3.8
股份有限公司(万元)	Share Holding Limited Company(10 000 yuan)	94066	100556	6.9
私营企业(万元)	Privately Owned Enterprises(10 000 yuan)	801144	998913	24.7
其他企业(万元)	Enterprises of Other Ownership(10 000 yuan)		31111	
港澳台商投资企业(万元)	Funds from HK,Macao & Taiwan(10 000 yuan)	1931	364	-81.1
外商投资企业(万元)	Foreign Funded Enterprises(10 000 yuan)	90754	86009	-5.2
工业企业增加值(万元)	Value Added of Industrial Enterprises(10 000 yuan)			14.8
工业企业资产总计(万元)	Total Assets of Industrial Enterprises(10 000 yuan)	6869860	7623452	11.0
工业企业负债合计(万元)	Total Liabilities of Industrial Enterprises(10 000 yuan)	5148392	5784833	12.4
工业企业产品销售收入(万元)	Sales of Revenue Industrial Enterprises(10 000 yuan)	5421214	6141135	13.3
工业企业利润总额(万元)	Total Profits of Industrial Enterprises(10 000 yuan)	-48560	-41600	
建筑业	**Construction**			
建筑企业单位数(个)	Number of Construction Enterprises(unit)	31	31	0.0
建筑企业从业人员(人)	Number of Employee in Construction Enterprises(person)	12830	12271	-4.4
建筑业总产值(万元)	Gross Construction Output Value(10 000 yuan)	750135	684589	-8.7
交通运输邮电通信业	**Transportation,Post & Telecommunications**			
公路里程(公里)	Total Length of Highways(km)	270	284	5.2
邮电业务总量(万元)	Business Volume of Post & Telecoms(10 000 yuan)	24500	36156	47.6
本地电话用户(户)	Number of Subscribers of Local Telephone(Household)	69100	62825	-9.1
国内贸易	**Domestic Trade**			
社会消费品零售总额(万元)	Total Retail Sales of Consumer Goods(10 000 yuan)	2966304	3238811	9.2
城镇(万元)	Town(10 000 yuan)	2966304	3238811	9.2
乡村(万元)	Village(10 000 yuan)			
科技教育卫生	**Science,Education & Public Health**			
各类专业技术人员(人)	Special Technical Personnel(person)	41816	42359	1.3
幼儿园数(所)	Number of Kindergartens(unit)	46	60	30.4
学龄儿童入学率(%)	Percentage of School-Age Children Enrolled(%)	100.0	100.0	0.0
小学学校数(所)	Number of Primary Schools(unit)	20	20	0.0
小学专任教师数(人)	Number of Full-time Teachers of Primary Schools(person)	1458	1440	-1.2
小学在校学生数(人)	Number of Student Enrollment of Primary Schools(person)	25085	24904	-0.7
普通中学学校数(所)	Number of Regular Secondary Schools(unit)	18	18	0.0
普通中学专任教师数(人)	Number of Teachers of Secondary Shools(person)	1982	2009	1.4
初中在校学生数(人)	Number of Student in Junior Secondary Schools(person)	14300	14361	0.4
高中在校学生数(人)	Number of Student in Senior Secondary Schools(person)	16723	14975	-10.5
卫生机构数(所)	Number of Health Institutions(unit)	312	341	9.3
# 医院(所)	Hospitals(unit)	13	16	23.1
卫生院(所)	Township Hospitals(unit)	2	2	0.0
床位数(张)	Number of Beds(unit)	4025	3994	-0.8
# 医院(张)	Hospitals(unit)	3812	3727	-2.2
卫生院(张)	Township Hospitals(unit)	31	14	-54.8
卫生技术人员(人)	Medical Technical Presonnel(person)	5419	5607	3.5
# 医院(人)	Hospitals(person)	4035	4090	1.4
卫生院(人)	Township Hospitals(person)	4	5	25.0

23-22 包头市九原区

指　标	Item	2013	2014	2014年比上年增长% Increase Rate in 2014 Over 2013(%)
行政区域土地面积(平方公里)	**Area of Administration(Sq.km)**	**734**	**734**	**0.0**
人口和就业	**Population & Employment**			
年末总人口(人)	Total Population Year-end(person)	212800	216100	1.6
#男性(人)	Male(person)	109600	111300	1.6
#乡村人口(人)	Rural(person)	63200	64200	1.6
年末总户数(户)	Total Number of Households at the Year-end(Household)	80300	81550	1.6
#乡村户数(户)	Number of Rural Household(Household)	23582	23955	1.6
出生人口(人)	Births(person)	2182	2136	-2.1
死亡人口(人)	Deaths(person)	523	499	-4.6
全社会就业人员(人)	Employment(person)	131800	133800	1.5
第一产业(人)	Primary Industry(person)	41800	42400	1.4
第二产业(人)	Secondary Industry(person)	34000	34500	1.5
第三产业(人)	Tertiary Industry(person)	56000	56900	1.6
在岗职工人数(人)	Number of Staff & Workers Employed in(person)	16513	15806	-4.3
乡村劳动力(人)	Number of Rural Laborers(person)	43375	43283	-0.2
#农林牧渔业(人)	Farming,Forestry,Animal Husbandry & Fishery(person)	26160	26139	-0.1
国民经济综合指标	**Summary Item on the National Economy**			
生产总值(万元)	Gross Domestic Product(10 000 yuan)	3166700	3304000	8.0
第一产业(万元)	Primary Industry(10 000 yuan)	126700	129700	3.5
第二产业(万元)	Secondary Industry(10 000 yuan)	1758700	1847900	8.3
#工业(万元)	Industry(10 000 yuan)	1576700	1669900	9.5
第三产业(万元)	Tertiary Industry(10 000 yuan)	1281300	1326400	7.2
人均生产总值(元)	Per Capita GDP(yuan)	150437	154069	5.7
全社会固定资产投资(万元)	Total Investment in Fixed Assets(10 000 yuan)	1469740	1694730	15.3
按登记注册类型分	Grouped by Registered Type			
#国有(万元)	State-owned Enterprises(10 000 yuan)	448393	708890	58.1
集体(万元)	Collective-owned Enterprises(10 000 yuan)	21504	6350	-70.5
有限责任公司(万元)	Limited Liability Corporations(10 000 yuan)	626972	433632	-30.8
股份有限公司(万元)	Share Holding Enterprises(10 000 yuan)	49468	79948	61.6
私营企业(万元)	Private Enterprises(10 000 yuan)	272073	407150	49.6
外商及港澳台投资企业(万元)	Funds from HK,Macao,Taiwan & Foreign(10 000 yuan)			
按城乡渠道分	Grouped by Urban and Rural Area			
城镇(万元)	Urban(10 000 yuan)	1469630	1694730	15.3
农村(万元)	Rural(10 000 yuan)	110		
公共财政预算收入(万元)	Public Budgetary Financial Revenue(10 000 yuan)	157797	174789	10.8
公共财政预算支出(万元)	Public Budgetary Financial Expenditure(10 000 yuan)	191686	214449	11.9
个人储蓄存款余额(万元)	The balance of savings deposits of individuals(10 000 yuan)			
在岗职工工资总额(万元)	Total Wages of Staff & Workers Employed in(10 000 yuan)	110159	103646	-5.9
在岗职工平均工资(元)	Average Wage of Staff & Workers Employed in(yuan)	58156	59963	3.1
全体居民人均可支配收入(元)	The per capita disposable income of all residents(yuan)	27945	30406	8.8
城镇常住居民人均可支配收入(元)	The per capita disposable income of urban permanent residents(yuan)	33804	36711	8.6
农村牧区常住居民人均可支配收入(元)	The per capita disposable income of permanent residents of rural and pastoral areas(yuan)	14075	15483	10.0
农村牧区经济	**Economic Development in Rural & Pastoral Area**			
农作物总播种面积(公顷)	Total Sown Area(hectare)	17107	18644	9.0
#粮食作物播种面积(公顷)	Sown Area of Grain Crops(hectare)	10141	11643	14.8
农牧业机械总动力(万千瓦)	Total Power of Agricultural Machinery(10 000 kw)	17.91	18.42	2.8
化肥施用折纯量(吨)	Consumption of Chemical Fertilizer(ton)	4813	4965	3.2
农村用电量(万千瓦小时)	Electricity Consumed in Rural Area(10 000 kwh)	6567	6581	0.2
农林牧渔业总产值(万元)	Gross Output of Farming,Forestry,Animal Husbandry & Fishery(10 000 yuan)	234077	238400	3.5
粮食产量(吨)	Yield of Grain(ton)	65802	54858	-16.6
油料产量(吨)	Yield of Oil-bearing Grops(ton)	1654	1657	0.2
甜菜产量(吨)	Yield of Beetroots(ton)	363	363	0.0
猪牛羊肉产量(吨)	Output of Pork, Beef & Mutton(ton)	25217	26327	4.4
#猪肉产量(吨)	Output of Pork(ton)	7632	7632	0.0
牛肉产量(吨)	Output of Beef(ton)	12606	13479	6.9
羊肉产量(吨)	Output of Mutton(ton)	4979	5216	4.8
羊毛产量(吨)	Output of Wool(ton)	295	370	25.4

23-22 Jiuyuan District in Baotou City

指　标	Item	2013	2014	2014年比上年增长% Increase Rate in 2014 Over 2013(%)
年末牲畜存栏头数(万头只)	Total Livestock at the Year-end(10 000 heads)	22.25	23.20	4.3
#大牲畜(万头只)	Large Animals(10 000 heads)	7.18	7.02	-2.2
羊(万只)	Sheep & Goats(10 000 heads)	9.77	10.85	11.1
猪(万头)	Hogs(10 000 heads)	5.30	5.33	0.6
规模以上工业	**Industrial Enterprises above Designated size**			
工业企业单位数(个)	Number of Industrial Enterprises(unit)	44	45	2.3
#内资企业(个)	Civil Funded Enterprises(unit)	43	43	0.0
工业总产值(万元)	Gross Industrial Output Value(10 000 yuan)	1924747	2072267	7.7
内资企业(万元)	Civil Funded Enterprises(10 000 yuan)	1811349	1983902	9.5
国有企业(万元)	State-owned Enterprises(10 000 yuan)	692795		
集体企业(万元)	Collective-owned Enterprises(10 000 yuan)			
股份合作企业(万元)	Share Holding Enterprises(10 000 yuan)			
联营企业(万元)	Joint Owned Enterprises(10 000 yuan)			
有限责任公司(万元)	Limited Company(10 000 yuan)	500607	1339861	167.6
股份有限公司(万元)	Share Holding Limited Company(10 000 yuan)	5537	5498	-0.7
私营企业(万元)	Privately Owned Enterprises(10 000 yuan)	612410	638543	4.3
其他企业(万元)	Enterprises of Other Ownership(10 000 yuan)			
港澳台商投资企业(万元)	Funds from HK,Macao & Taiwan(10 000 yuan)	113398	85818	-24.3
外商投资企业(万元)	Foreign Funded Enterprises(10 000 yuan)		2547	
工业企业增加值(万元)	Value Added of Industrial Enterprises(10 000 yuan)			10.6
工业企业资产总计(万元)	Total Assets of Industrial Enterprises(10 000 yuan)	2861910	3126765	9.3
工业企业负债合计(万元)	Total Liabilities of Industrial Enterprises(10 000 yuan)	1906396	2001647	5.0
工业企业产品销售收入(万元)	Sales of Revenue Industrial Enterprises(10 000 yuan)	1909545	2083784	9.1
工业企业利润总额(万元)	Total Profits of Industrial Enterprises(10 000 yuan)	213006	191934	-9.9
建筑业	**Construction**			
建筑企业单位数(个)	Number of Construction Enterprises(unit)	6	6	0.0
建筑企业从业人员(人)	Number of Employee in Construction Enterprises(person)	546	623	14.1
建筑业总产值(万元)	Gross Construction Output Value(10 000 yuan)	48924	36303	-25.8
交通运输邮电通信业	**Transportation,Post & Telecommunications**			
公路里程(公里)	Total Length of Highways(km)	1185	1185	0.0
邮电业务总量(万元)	Business Volume of Post & Telecoms(10 000 yuan)	15000	18954	26.4
本地电话用户(户)	Number of Subscribers of Local Telephone(Household)	25027	24905	-0.5
国内贸易	**Domestic Trade**			
社会消费品零售总额(万元)	Total Retail Sales of Consumer Goods(10 000 yuan)	539873	587683	8.9
城镇(万元)	Town(10 000 yuan)	529288	577252	9.1
乡村(万元)	Village(10 000 yuan)	10585	10430	-1.5
科技教育卫生	**Science,Education & Public Health**			
各类专业技术人员(人)	Special Technical Personnel(person)	2315	2390	3.2
幼儿园数(所)	Number of Kindergartens(unit)	32	42	31.3
学龄儿童入学率(%)	Percentage of School-Age Children Enrolled(%)	100.0	100.0	0.0
小学学校数(所)	Number of Primary Schools(unit)	16	16	0.0
小学专任教师数(人)	Number of Full-time Teachers of Primary Schools(person)	829	852	2.8
小学在校学生数(人)	Number of Student Enrollment of Primary Schools(person)	11644	11742	0.8
普通中学学校数(所)	Number of Regular Secondary Schools(unit)	6	6	0.0
普通中学专任教师数(人)	Number of Teachers of Secondary Shools(person)	715	718	0.4
初中在校学生数(人)	Number of Student in Junior Secondary Schools(person)	5326	5023	-5.7
高中在校学生数(人)	Number of Student in Senior Secondary Schools(person)	2795	2592	-7.3
卫生机构数(所)	Number of Health Institutions(unit)	100	90	-10.0
#医院(所)	Hospitals(unit)	5	6	20.0
卫生院(所)	Township Hospitals(unit)	5	5	0.0
床位数(张)	Number of Beds(unit)	915	1056	15.4
#医院(张)	Hospitals(unit)	735	797	8.4
卫生院(张)	Township Hospitals(unit)	76	165	117.1
卫生技术人员(人)	Medical Technical Presonnel(person)	1128	1170	3.7
#医院(人)	Hospitals(person)	678	742	9.4
卫生院(人)	Township Hospitals(person)	91	100	9.9

23-23 包头市石拐区

指　标	Item	2013	2014	2014年比上年增长% Increase Rate in 2014 Over 2013(%)
行政区域土地面积(平方公里)	**Area of Administration(Sq.km)**	**761**	**761**	**0.0**
人口和就业	**Population & Employment**			
年末总人口(人)	Total Population Year-end(person)	33600	38100	13.4
# 男性(人)	Male(person)	17600	19900	13.1
# 乡村人口(人)	Rural(person)	6700	7400	10.4
年末总户数(户)	Total Number of Households at the Year-end(Household)	14610	16420	12.4
# 乡村户数(户)	Number of Rural Household(Household)	2792	3085	10.5
出生人口(人)	Births(person)	111	123	10.8
死亡人口(人)	Deaths(person)	149	94	-36.9
全社会就业人员(人)	Employment(person)	22495	22754	1.2
第一产业(人)	Primary Industry(person)	3695	3800	2.8
第二产业(人)	Secondary Industry(person)	12100	12154	0.4
第三产业(人)	Tertiary Industry(person)	6700	6800	1.5
在岗职工人数(人)	Number of Staff & Workers Employed in(person)	7380	6090	-17.5
乡村劳动力(人)	Number of Rural Laborers(person)	11681	10711	-8.3
# 农林牧渔业(人)	Farming,Forestry,Animal Husbandry & Fishery(person)	5695	5735	0.7
国民经济综合指标	**Summary Item on the National Economy**			
生产总值(万元)	Gross Domestic Product(10 000 yuan)	926600	1009300	11.0
第一产业(万元)	Primary Industry(10 000 yuan)	8500	8600	2.1
第二产业(万元)	Secondary Industry(10 000 yuan)	810300	885400	11.5
# 工业(万元)	Industry(10 000 yuan)	778300	855400	12.1
第三产业(万元)	Tertiary Industry(10 000 yuan)	107800	115300	6.3
人均生产总值(元)	Per Capita GDP(yuan)	280363	281534	2.2
全社会固定资产投资(万元)	Total Investment in Fixed Assets(10 000 yuan)	487804	563070	15.4
按登记注册类型分	Grouped by Registered Type			
# 国有(万元)	State-owned Enterprises(10 000 yuan)	74192	123302	66.2
集体(万元)	Collective-owned Enterprises(10 000 yuan)			
有限责任公司(万元)	Limited Liability Corporations(10 000 yuan)	210560	163740	-22.2
股份有限公司(万元)	Share Holding Enterprises(10 000 yuan)	68053	17553	-74.2
私营企业(万元)	Private Enterprises(10 000 yuan)	98712	156701	58.7
外商及港澳台投资企业(万元)	Funds from HK,Macao,Taiwan & Foreign(10 000 yuan)			
按城乡渠道分	Grouped by Urban and Rural Area			
城镇(万元)	Urban(10 000 yuan)	487804	563070	15.4
农村(万元)	Rural(10 000 yuan)			
公共财政预算收入(万元)	Public Budgetary Financial Revenue(10 000 yuan)	38145	41022	7.5
公共财政预算支出(万元)	Public Budgetary Financial Expenditure(10 000 yuan)	84524	102746	21.6
个人储蓄存款余额(万元)	The balance of savings deposits of individuals(10 000 yuan)		47364	
在岗职工工资总额(万元)	Total Wages of Staff & Workers Employed in(10 000 yuan)	41481	39487	-4.8
在岗职工平均工资(元)	Average Wage of Staff & Workers Employed in(yuan)	56124	64228	14.4
全体居民人均可支配收入(元)	The per capita disposable income of all residents(yuan)	23805	25975	9.1
城镇常住居民人均可支配收入(元)	The per capita disposable income of urban permanent residents(yuan)	27379	29843	9.0
农村牧区常住居民人均可支配收入(元)	The per capita disposable income of permanent residents of rural and pastoral areas(yuan)	9454	10446	10.5
农村牧区经济	**Economic Development in Rural & Pastoral Area**			
农作物总播种面积(公顷)	Total Sown Area(hectare)	2772	2837	2.3
# 粮食作物播种面积(公顷)	Sown Area of Grain Crops(hectare)	2439	2503	2.6
农牧业机械总动力(万千瓦)	Total Power of Agricultural Machinery(10 000 kw)	1.76	1.88	6.8
化肥施用折纯量(吨)	Consumption of Chemical Fertilizer(ton)	1344	1189	-11.5
农村用电量(万千瓦小时)	Electricity Consumed in Rural Area(10 000 kwh)	503	513	2.0
农林牧渔业总产值(万元)	Gross Output of Farming,Forestry,Animal Husbandry & Fishery(10 000 yuan)	14012	14131	2.1
粮食产量(吨)	Yield of Grain(ton)	6529	5994	-8.2
油料产量(吨)	Yield of Oil-bearing Grops(ton)	79	110	39.2
甜菜产量(吨)	Yield of Beetroots(ton)			
猪牛羊肉产量(吨)	Output of Pork, Beef & Mutton(ton)	478	485	1.5
# 猪肉产量(吨)	Output of Pork(ton)	177	177	0.0
牛肉产量(吨)	Output of Beef(ton)	49	52	6.1
羊肉产量(吨)	Output of Mutton(ton)	252	256	1.6
羊毛产量(吨)	Output of Wool(ton)	36	31	-13.9

23-23 Shiguai District in Baotou City

指　标	Item	2013	2014	2014年比上年增长% Increase Rate in 2014 Over 2013(%)
年末牲畜存栏头数(万头只)	Total Livestock at the Year-end(10 000 heads)	3.50	3.46	-1.1
#大牲畜(万头只)	Large Animals(10 000 heads)	0.17	0.15	-11.8
羊(万只)	Sheep & Goats(10 000 heads)	3.11	3.08	-1.0
猪(万头)	Hogs(10 000 heads)	0.22	0.23	4.5
规模以上工业	**Industrial Enterprises above Designated size**			
工业企业单位数(个)	Number of Industrial Enterprises(unit)	54	63	16.7
#内资企业(个)	Civil Funded Enterprises(unit)	53	62	17.0
工业总产值(万元)	Gross Industrial Output Value(10 000 yuan)	1961457	1908143	-2.7
内资企业(万元)	Civil Funded Enterprises(10 000 yuan)	1959354	1906039	-2.7
国有企业(万元)	State-owned Enterprises(10 000 yuan)	215387	144909	-32.7
集体企业(万元)	Collective-owned Enterprises(10 000 yuan)			
股份合作企业(万元)	Share Holding Enterprises(10 000 yuan)			
联营企业(万元)	Joint Owned Enterprises(10 000 yuan)			
有限责任公司(万元)	Limited Company(10 000 yuan)	80370	234763	192.1
股份有限公司(万元)	Share Holding Limited Company(10 000 yuan)			
私营企业(万元)	Privately Owned Enterprises(10 000 yuan)	1584593	1526367	-3.7
其他企业(万元)	Enterprises of Other Ownership(10 000 yuan)	79004		
港澳台商投资企业(万元)	Funds from HK,Macao & Taiwan(10 000 yuan)			
外商投资企业(万元)	Foreign Funded Enterprises(10 000 yuan)	2103	2103	0.0
工业企业增加值(万元)	Value Added of Industrial Enterprises(10 000 yuan)			12.3
工业企业资产总计(万元)	Total Assets of Industrial Enterprises(10 000 yuan)	1100369	1052653	-4.3
工业企业负债合计(万元)	Total Liabilities of Industrial Enterprises(10 000 yuan)	713236	684235	-4.1
工业企业产品销售收入(万元)	Sales of Revenue Industrial Enterprises(10 000 yuan)	1950858	1900633	-2.6
工业企业利润总额(万元)	Total Profits of Industrial Enterprises(10 000 yuan)	-25761	-36431	
建筑业	**Construction**			
建筑企业单位数(个)	Number of Construction Enterprises(unit)	1	1	0.0
建筑企业从业人员(人)	Number of Employee in Construction Enterprises(person)	393	397	1.0
建筑业总产值(万元)	Gross Construction Output Value(10 000 yuan)	8900	6930	-22.1
交通运输邮电通信业	**Transportation,Post & Telecommunications**			
公路里程(公里)	Total Length of Highways(km)	315	339	7.6
邮电业务总量(万元)	Business Volume of Post & Telecoms(10 000 yuan)	854	795	-6.9
本地电话用户(户)	Number of Subscribers of Local Telephone(Household)	2180	2080	-4.6
国内贸易	**Domestic Trade**			
社会消费品零售总额(万元)	Total Retail Sales of Consumer Goods(10 000 yuan)	50446	54648	8.3
城镇(万元)	Town(10 000 yuan)	50446	54648	8.3
乡村(万元)	Village(10 000 yuan)			
科技教育卫生	**Science,Education & Public Health**			
各类专业技术人员(人)	Special Technical Personnel(person)	1625	1409	-13.3
幼儿园数(所)	Number of Kindergartens(unit)	1	2	100.0
学龄儿童入学率(%)	Percentage of School-Age Children Enrolled(%)	100.0	100.0	0.0
小学学校数(所)	Number of Primary Schools(unit)	2	2	0.0
小学专任教师数(人)	Number of Full-time Teachers of Primary Schools(person)	89	76	-14.6
小学在校学生数(人)	Number of Student Enrollment of Primary	416	419	0.7
普通中学学校数(所)	Number of Regular Secondary Schools(unit)	2	2	0.0
普通中学专任教师数(人)	Number of Teachers of Secondary Shools(person)	112	111	-0.9
初中在校学生数(人)	Number of Student in Junior Secondary Schools(person)	347	334	-3.7
高中在校学生数(人)	Number of Student in Senior Secondary Schools(person)	334	478	43.1
卫生机构数(所)	Number of Health Institutions(unit)	24	18	-25.0
#医院(所)	Hospitals(unit)	1	1	0.0
卫生院(所)	Township Hospitals(unit)	2	2	0.0
床位数(张)	Number of Beds(unit)	385	51	-86.8
#医院(张)	Hospitals(unit)	334		
卫生院(张)	Township Hospitals(unit)	18	18	0.0
卫生技术人员(人)	Medical Technical Presonnel(person)	319	35	-89.0
#医院(人)	Hospitals(person)	221		
卫生院(人)	Township Hospitals(person)	9	11	22.2

23-24 包头市白云矿区

指　标	Item	2013	2014	2014年比上年增长% Increase Rate in 2014 Over 2013(%)
行政区域土地面积(平方公里)	**Area of Administration(Sq.km)**	**303**	**303**	**0.0**
人口和就业	**Population & Employment**			
年末总人口(人)	Total Population Year-end(person)	27000	27300	1.1
# 男性(人)	Male(person)	14300	14500	1.4
# 乡村人口(人)	Rural(person)			
年末总户数(户)	Total Number of Households at the Year-end(Household)	10800	10920	1.1
# 乡村户数(户)	Number of Rural Household(Household)			
出生人口(人)	Births(person)	184	205	11.4
死亡人口(人)	Deaths(person)	97	53	-45.4
全社会就业人员(人)	Employment(person)	13441	13444	0.0
第一产业(人)	Primary Industry(person)	77	80	3.9
第二产业(人)	Secondary Industry(person)	7768	7770	0.0
第三产业(人)	Tertiary Industry(person)	5596	5594	0.0
在岗职工人数(人)	Number of Staff & Workers Employed in(person)	8286	8271	-0.2
乡村劳动力(人)	Number of Rural Laborers(person)			
# 农林牧渔业(人)	Farming,Forestry,Animal Husbandry & Fishery(person)			
国民经济综合指标	**Summary Item on the National Economy**			
生产总值(万元)	Gross Domestic Product(10 000 yuan)	348000	367000	8.0
第一产业(万元)	Primary Industry(10 000 yuan)	500	600	2.1
第二产业(万元)	Secondary Industry(10 000 yuan)	266300	278700	8.1
# 工业(万元)	Industry(10 000 yuan)	254800	266900	8.3
第三产业(万元)	Tertiary Industry(10 000 yuan)	81200	87700	6.3
人均生产总值(元)	Per Capita GDP(yuan)	129368	135175	6.7
全社会固定资产投资(万元)	Total Investment in Fixed Assets(10 000 yuan)	274720	315994	15.0
按登记注册类型分	Grouped by Registered Type			
# 国有(万元)	State-owned Enterprises(10 000 yuan)	242568	209589	-13.6
集体(万元)	Collective-owned Enterprises(10 000 yuan)			
有限责任公司(万元)	Limited Liability Corporations(10 000 yuan)	14430	72535	402.7
股份有限公司(万元)	Share Holding Enterprises(10 000 yuan)		12693	
私营企业(万元)	Private Enterprises(10 000 yuan)	14809	12176	-17.8
外商及港澳台投资企业(万元)	Funds from HK,Macao,Taiwan & Foreign(10 000 yuan)			
按城乡渠道分	Grouped by Urban and Rural Area			
城镇(万元)	Urban(10 000 yuan)	274720	315994	15.0
农村(万元)	Rural(10 000 yuan)			
公共财政预算收入(万元)	Public Budgetary Financial Revenue(10 000 yuan)	34502	30057	-12.9
公共财政预算支出(万元)	Public Budgetary Financial Expenditure(10 000 yuan)	50885	46335	-8.9
个人储蓄存款余额(万元)	The balance of savings deposits of individuals(10 000 yuan)			
在岗职工工资总额(万元)	Total Wages of Staff & Workers Employed in(10 000 yuan)	50337	55607	10.5
在岗职工平均工资(元)	Average Wage of Staff & Workers Employed in(yuan)	61267	68609	12.0
全体居民人均可支配收入(元)	The per capita disposable income of all residents(yuan)	35178	38203	8.6
城镇常住居民人均可支配收入(元)	The per capita disposable income of urban permanent residents(yuan)	35178	38203	8.6
农村牧区常住居民人均可支配收入(元)	The per capita disposable income of permanent residents of rural and pastoral areas(yuan)			
农村牧区经济	**Economic Development in Rural & Pastoral Area**			
农作物总播种面积(公顷)	Total Sown Area(hectare)			
# 粮食作物播种面积(公顷)	Sown Area of Grain Crops(hectare)			
农牧业机械总动力(万千瓦)	Total Power of Agricultural Machinery(10 000 kw)			
化肥施用折纯量(吨)	Consumption of Chemical Fertilizer(ton)			
农村用电量(万千瓦小时)	Electricity Consumed in Rural Area(10 000 kwh)			
农林牧渔业总产值(万元)	Gross Output of Farming,Forestry,Animal Husbandry & Fishery(10 000 yuan)	936	940	2.1
粮食产量(吨)	Yield of Grain(ton)			
油料产量(吨)	Yield of Oil-bearing Grops(ton)			
甜菜产量(吨)	Yield of Beetroots(ton)			
猪牛羊肉产量(吨)	Output of Pork, Beef & Mutton(ton)	124	117	-5.6
# 猪肉产量(吨)	Output of Pork(ton)	112	110	-1.8
牛肉产量(吨)	Output of Beef(ton)	7	6	-14.3
羊肉产量(吨)	Output of Mutton(ton)	5	1	-80.0
羊毛产量(吨)	Output of Wool(ton)	1	1	0.0

23-24 Baiyun Mineral District in Baotou City

指　　标	Item	2013	2014	2014年比上年增长% Increase Rate in 2014 Over 2013(%)
年末牲畜存栏头数(万头只)	Total Livestock at the Year-end(10 000 heads)	0.14	0.16	14.3
#大牲畜(万头只)	Large Animals(10 000 heads)	0.01	0.01	0.0
羊(万只)	Sheep & Goats(10 000 heads)	0.02	0.04	100.0
猪(万头)	Hogs(10 000 heads)	0.11	0.11	0.0
规模以上工业	**Industrial Enterprises above Designated size**			
工业企业单位数(个)	Number of Industrial Enterprises(unit)	10	10	0.0
#内资企业(个)	Civil Funded Enterprises(unit)	10	10	0.0
工业总产值(万元)	Gross Industrial Output Value(10 000 yuan)	155218	181550	17.0
内资企业(万元)	Civil Funded Enterprises(10 000 yuan)	155218	181550	17.0
国有企业(万元)	State-owned Enterprises(10 000 yuan)			
集体企业(万元)	Collective-owned Enterprises(10 000 yuan)			
股份合作企业(万元)	Share Holding Enterprises(10 000 yuan)			
联营企业(万元)	Joint Owned Enterprises(10 000 yuan)			
有限责任公司(万元)	Limited Company(10 000 yuan)	109675	154212	40.6
股份有限公司(万元)	Share Holding Limited Company(10 000 yuan)	20203	14718	-27.2
私营企业(万元)	Privately Owned Enterprises(10 000 yuan)	25340	12621	-50.2
其他企业(万元)	Enterprises of Other Ownership(10 000 yuan)			
港澳台商投资企业(万元)	Funds from HK,Macao & Taiwan(10 000 yuan)			
外商投资企业(万元)	Foreign Funded Enterprises(10 000 yuan)			
工业企业增加值(万元)	Value Added of Industrial Enterprises(10 000 yuan)			10.9
工业企业资产总计(万元)	Total Assets of Industrial Enterprises(10 000 yuan)	272527	285854	4.9
工业企业负债合计(万元)	Total Liabilities of Industrial Enterprises(10 000 yuan)	159360	189577	19.0
工业企业产品销售收入(万元)	Sales of Revenue Industrial Enterprises(10 000 yuan)	149134	178738	19.9
工业企业利润总额(万元)	Total Profits of Industrial Enterprises(10 000 yuan)	8638	3294	-61.9
建筑业	**Construction**			
建筑企业单位数(个)	Number of Construction Enterprises(unit)			
建筑企业从业人员(人)	Number of Employee in Construction Enterprises(person)			
建筑业总产值(万元)	Gross Construction Output Value(10 000 yuan)			
交通运输邮电通信业	**Transportation,Post & Telecommunications**			
公路里程(公里)	Total Length of Highways(km)	79	79	0.0
邮电业务总量(万元)	Business Volume of Post & Telecoms(10 000 yuan)	1454	1439	-1.0
本地电话用户(户)	Number of Subscribers of Local Telephone(Household)	27099	30027	10.8
国内贸易	**Domestic Trade**			
社会消费品零售总额(万元)	Total Retail Sales of Consumer Goods(10 000 yuan)	61691	67078	8.7
城镇(万元)	Town(10 000 yuan)	61691	67078	8.7
乡村(万元)	Village(10 000 yuan)			
科技教育卫生	**Science,Education & Public Health**			
各类专业技术人员(人)	Special Technical Personnel(person)	1412	1409	-0.2
幼儿园数(所)	Number of Kindergartens(unit)	2	2	0.0
学龄儿童入学率(%)	Percentage of School-Age Children Enrolled(%)	100.0	100.0	0.0
小学学校数(所)	Number of Primary Schools(unit)	3	3	0.0
小学专任教师数(人)	Number of Full-time Teachers of Primary Schools(person)	129	135	4.7
小学在校学生数(人)	Number of Student Enrollment of Primary Schools(person)	1437	1311	-8.8
普通中学学校数(所)	Number of Regular Secondary Schools(unit)	2	2	0.0
普通中学专任教师数(人)	Number of Teachers of Secondary Shools(person)	117	121	3.4
初中在校学生数(人)	Number of Student in Junior Secondary Schools(person)	678	614	-9.4
高中在校学生数(人)	Number of Student in Senior Secondary Schools(person)	488	433	-11.3
卫生机构数(所)	Number of Health Institutions(unit)	14	12	-14.3
#医院(所)	Hospitals(unit)	2	2	0.0
卫生院(所)	Township Hospitals(unit)			
床位数(张)	Number of Beds(unit)	110	110	0.0
#医院(张)	Hospitals(unit)	110	110	0.0
卫生院(张)	Township Hospitals(unit)			
卫生技术人员(人)	Medical Technical Presonnel(person)	164	156	-4.9
#医院(人)	Hospitals(person)	111	131	18.0
卫生院(人)	Township Hospitals(person)			

23-25 包头市土默特右旗

指　标	Item	2013	2014	2014年比上年增长% Increase Rate in 2014 Over 2013(%)
行政区域土地面积(平方公里)	**Area of Administration(Sq.km)**	**2368**	**2368**	**0.0**
人口和就业	**Population & Employment**			
年末总人口(人)	Total Population Year-end(person)	280100	286500	2.3
#男性(人)	Male(person)	147100	150500	2.3
#乡村人口(人)	Rural(person)	139800	138800	-0.7
年末总户数(户)	Total Number of Households at the Year-end(Household)	107320	109810	2.3
#乡村户数(户)	Number of Rural Household(Household)	52754	52406	-0.7
出生人口(人)	Births(person)	2818	2951	4.7
死亡人口(人)	Deaths(person)	1436	1569	9.3
全社会就业人员(人)	Employment(person)	238605	241065	1.0
第一产业(人)	Primary Industry(person)	107615	105862	-1.6
第二产业(人)	Secondary Industry(person)	54160	55514	2.5
第三产业(人)	Tertiary Industry(person)	76830	79689	3.7
在岗职工人数(人)	Number of Staff & Workers Employed in(person)	16804	16850	0.3
乡村劳动力(人)	Number of Rural Laborers(person)	123184	130394	5.9
#农林牧渔业(人)	Farming,Forestry,Animal Husbandry & Fishery(person)	78147	86517	10.7
国民经济综合指标	**Summary Item on the National Economy**			
生产总值(万元)	Gross Domestic Product(10 000 yuan)	3160900	3343100	9.0
第一产业(万元)	Primary Industry(10 000 yuan)	395100	403000	3.1
第二产业(万元)	Secondary Industry(10 000 yuan)	1812600	1942000	10.5
#工业(万元)	Industry(10 000 yuan)	1627600	1760800	11.9
第三产业(万元)	Tertiary Industry(10 000 yuan)	953200	998100	7.2
人均生产总值(元)	Per Capita GDP(yuan)	113172	118006	7.1
全社会固定资产投资(万元)	Total Investment in Fixed Assets(10 000 yuan)	1924534	2213179	15.0
按登记注册类型分	Grouped by Registered Type			
#国有(万元)	State-owned Enterprises(10 000 yuan)	749058	1366409	82.4
集体(万元)	Collective-owned Enterprises(10 000 yuan)	62080	54292	-12.5
有限责任公司(万元)	Limited Liability Corporations(10 000 yuan)	127483	80459	-36.9
股份有限公司(万元)	Share Holding Enterprises(10 000 yuan)			
私营企业(万元)	Private Enterprises(10 000 yuan)	768173	677059	-11.9
外商及港澳台投资企业(万元)	Funds from HK,Macao,Taiwan & Foreign(10 000 yuan)			
按城乡渠道分	Grouped by Urban and Rural Area			
城镇(万元)	Urban(10 000 yuan)	1577514	2154157	36.6
农村(万元)	Rural(10 000 yuan)	347020	59022	-83.0
公共财政预算收入(万元)	Public Budgetary Financial Revenue(10 000 yuan)	178607	193150	8.1
公共财政预算支出(万元)	Public Budgetary Financial Expenditure(10 000 yuan)	270115	290085	7.4
个人储蓄存款余额(万元)	The balance of savings deposits of individuals(10 000 yuan)	589526	634850	7.7
在岗职工工资总额(万元)	Total Wages of Staff & Workers Employed in(10 000 yuan)	95387	95566	0.2
在岗职工平均工资(元)	Average Wage of Staff & Workers Employed in(yuan)	53912	53758	-0.3
全体居民人均可支配收入(元)	The per capita disposable income of all residents(yuan)	17307	18940	9.4
城镇常住居民人均可支配收入(元)	The per capita disposable income of urban permanent residents(yuan)	25245	27517	9.0
农村牧区常住居民人均可支配收入(元)	The per capita disposable income of permanent residents of rural and pastoral areas(yuan)	11655	12832	10.1
农村牧区经济	**Economic Development in Rural & Pastoral Area**			
农作物总播种面积(公顷)	Total Sown Area(hectare)	109088	110483	1.3
#粮食作物播种面积(公顷)	Sown Area of Grain Crops(hectare)	83727	87913	5.0
农牧业机械总动力(万千瓦)	Total Power of Agricultural Machinery(10 000 kw)	52.01	56.81	9.2
化肥施用折纯量(吨)	Consumption of Chemical Fertilizer(ton)	38295	39416	2.9
农村用电量(万千瓦小时)	Electricity Consumed in Rural Area(10 000 kwh)	9038	9643	6.7
农林牧渔业总产值(万元)	Gross Output of Farming,Forestry,Animal Husbandry & Fishery(10 000 yuan)	721156	731525	3.1
粮食产量(吨)	Yield of Grain(ton)	758322	759532	0.2
油料产量(吨)	Yield of Oil-bearing Grops(ton)	20937	18227	-12.9
甜菜产量(吨)	Yield of Beetroots(ton)	204		
猪牛羊肉产量(吨)	Output of Pork, Beef & Mutton(ton)	65285	67071	2.7
#猪肉产量(吨)	Output of Pork(ton)	21308	21308	0.0
牛肉产量(吨)	Output of Beef(ton)	12981	13463	3.7
羊肉产量(吨)	Output of Mutton(ton)	30996	32300	4.2
羊毛产量(吨)	Output of Wool(ton)	935	1038	11.0

23-25 Tumoteyou Banner in Baotou City

指 标	Item	2013	2014	2014年比上年增长% Increase Rate in 2014 Over 2013(%)
年末牲畜存栏头数(万头只)	Total Livestock at the Year-end(10 000 heads)	102.20	104.09	1.8
# 大牲畜(万头只)	Large Animals(10 000 heads)	16.66	12.41	-25.5
羊(万只)	Sheep & Goats(10 000 heads)	73.49	80.59	9.7
猪(万头)	Hogs(10 000 heads)	12.05	11.09	-8.0
规模以上工业	**Industrial Enterprises above Designated size**			
工业企业单位数(个)	Number of Industrial Enterprises(unit)	48	50	4.2
# 内资企业(个)	Civil Funded Enterprises(unit)	46	48	4.3
工业总产值(万元)	Gross Industrial Output Value(10 000 yuan)	3011025	2989564	-0.7
内资企业(万元)	Civil Funded Enterprises(10 000 yuan)	2962162	2940385	-0.7
国有企业(万元)	State-owned Enterprises(10 000 yuan)	171671	26258	-84.7
集体企业(万元)	Collective-owned Enterprises(10 000 yuan)			
股份合作企业(万元)	Share Holding Enterprises(10 000 yuan)			
联营企业(万元)	Joint Owned Enterprises(10 000 yuan)			
有限责任公司(万元)	Limited Company(10 000 yuan)	306540	534281	74.3
股份有限公司(万元)	Share Holding Limited Company(10 000 yuan)			
私营企业(万元)	Privately Owned Enterprises(10 000 yuan)	2444111	2379846	-2.6
其他企业(万元)	Enterprises of Other Ownership(10 000 yuan)	39840		
港澳台商投资企业(万元)	Funds from HK,Macao & Taiwan(10 000 yuan)	48864	31337	-35.9
外商投资企业(万元)	Foreign Funded Enterprises(10 000 yuan)		17842	
工业企业增加值(万元)	Value Added of Industrial Enterprises(10 000 yuan)			14.8
工业企业资产总计(万元)	Total Assets of Industrial Enterprises(10 000 yuan)	2187451	2552472	16.7
工业企业负债合计(万元)	Total Liabilities of Industrial Enterprises(10 000 yuan)	1071244	1466026	36.9
工业企业产品销售收入(万元)	Sales of Revenue Industrial Enterprises(10 000 yuan)	3063078	3135419	2.4
工业企业利润总额(万元)	Total Profits of Industrial Enterprises(10 000 yuan)	447389	452566	1.2
建筑业	**Construction**			
建筑企业单位数(个)	Number of Construction Enterprises(unit)	6	6	0.0
建筑企业从业人员(人)	Number of Employee in Construction Enterprises(person)	8097	6249	-22.8
建筑业总产值(万元)	Gross Construction Output Value(10 000 yuan)	92871	82060	-11.6
交通运输邮电通信业	**Transportation,Post & Telecommunications**			
公路里程(公里)	Total Length of Highways(km)	2142	2142	0.0
邮电业务总量(万元)	Business Volume of Post & Telecoms(10 000 yuan)	11820	11580	-2.0
本地电话用户(户)	Number of Subscribers of Local Telephone(Household)	18103	16651	-8.0
国内贸易	**Domestic Trade**			
社会消费品零售总额(万元)	Total Retail Sales of Consumer Goods(10 000 yuan)	371230	404821	9.0
城镇(万元)	Town(10 000 yuan)	264510	294430	11.3
乡村(万元)	Village(10 000 yuan)	106720	110391	3.4
科技教育卫生	**Science,Education & Public Health**			
各类专业技术人员(人)	Special Technical Personnel(person)	4440	4506	1.5
幼儿园数(所)	Number of Kindergartens(unit)	18	28	55.6
学龄儿童入学率(%)	Percentage of School-Age Children Enrolled(%)	100.0	100.0	0.0
小学学校数(所)	Number of Primary Schools(unit)	21	21	0.0
小学专任教师数(人)	Number of Full-time Teachers of Primary Schools(person)	767	997	30.0
小学在校学生数(人)	Number of Student Enrollment of Primary Schools(person)	12781	12352	-3.4
普通中学学校数(所)	Number of Regular Secondary Schools(unit)	7	7	0.0
普通中学专任教师数(人)	Number of Teachers of Secondary Shools(person)	653	729	11.6
初中在校学生数(人)	Number of Student in Junior Secondary Schools(person)	6790	6775	-0.2
高中在校学生数(人)	Number of Student in Senior Secondary Schools(person)	2787	2624	-5.8
卫生机构数(所)	Number of Health Institutions(unit)	262	242	-7.6
# 医院(所)	Hospitals(unit)	2	4	100.0
卫生院(所)	Township Hospitals(unit)	20	20	0.0
床位数(张)	Number of Beds(unit)	846	846	0.0
# 医院(张)	Hospitals(unit)	260	260	0.0
卫生院(张)	Township Hospitals(unit)	492	492	0.0
卫生技术人员(人)	Medical Technical Presonnel(person)	968	818	-15.5
# 医院(人)	Hospitals(person)	389	350	-10.0
卫生院(人)	Township Hospitals(person)	340	239	-29.7

23-26 包头市固阳县

指 标	Item	2013	2014	2014年比上年增长% Increase Rate in 2014 Over 2013(%)
行政区域土地面积(平方公里)	**Area of Administration(Sq.km)**	**5025**	**5025**	**0.0**
人口和就业	**Population & Employment**			
年末总人口(人)	Total Population Year-end(person)	172900	170500	-1.4
# 男性(人)	Male(person)	90400	89100	-1.4
# 乡村人口(人)	Rural(person)	113200	110700	-2.2
年末总户数(户)	Total Number of Households at the Year-end(Household)	59620	58790	-1.4
# 乡村户数(户)	Number of Rural Household(Household)	38373	37525	-2.2
出生人口(人)	Births(person)	712	783	10.0
死亡人口(人)	Deaths(person)	299	362	21.1
全社会就业人员(人)	Employment(person)	113854	112892	-0.8
第一产业(人)	Primary Industry(person)	65316	63453	-2.9
第二产业(人)	Secondary Industry(person)	29897	30217	1.1
第三产业(人)	Tertiary Industry(person)	18641	19222	3.1
在岗职工人数(人)	Number of Staff & Workers Employed in(person)	8925	9086	1.8
乡村劳动力(人)	Number of Rural Laborers(person)	67345	69134	2.7
# 农林牧渔业(人)	Farming,Forestry,Animal Husbandry & Fishery(person)	47030	49287	4.8
国民经济综合指标	**Summary Item on the National Economy**			
生产总值(万元)	Gross Domestic Product(10 000 yuan)	1123100	1161100	6.0
第一产业(万元)	Primary Industry(10 000 yuan)	137300	140600	3.5
第二产业(万元)	Secondary Industry(10 000 yuan)	785500	805500	5.8
# 工业(万元)	Industry(10 000 yuan)	699500	717500	6.1
第三产业(万元)	Tertiary Industry(10 000 yuan)	200300	215000	6.5
人均生产总值(元)	Per Capita GDP(yuan)	64769	67624	6.7
全社会固定资产投资(万元)	Total Investment in Fixed Assets(10 000 yuan)	927952	1030162	11.0
按登记注册类型分	Grouped by Registered Type			
# 国有(万元)	State-owned Enterprises(10 000 yuan)	71372	69332	-2.9
集体(万元)	Collective-owned Enterprises(10 000 yuan)	15029	15890	5.7
有限责任公司(万元)	Limited Liability Corporations(10 000 yuan)	107890	68145	-36.8
股份有限公司(万元)	Share Holding Enterprises(10 000 yuan)		17700	
私营企业(万元)	Private Enterprises(10 000 yuan)	752891	774959	2.9
外商及港澳台投资企业(万元)	Funds from HK,Macao,Taiwan & Foreign(10 000 yuan)		11474	
按城乡渠道分	Grouped by Urban and Rural Area			
城镇(万元)	Urban(10 000 yuan)	927952	1029362	10.9
农村(万元)	Rural(10 000 yuan)		800	
公共财政预算收入(万元)	Public Budgetary Financial Revenue(10 000 yuan)	35471	34218	-3.5
公共财政预算支出(万元)	Public Budgetary Financial Expenditure(10 000 yuan)	140217	152744	8.9
个人储蓄存款余额(万元)	The balance of savings deposits of individuals(10 000 yuan)	225725	259548	15.0
在岗职工工资总额(万元)	Total Wages of Staff & Workers Employed in(10 000 yuan)	50462	47447	-6.0
在岗职工平均工资(元)	Average Wage of Staff & Workers Employed in(yuan)	54377	50794	-6.6
全体居民人均可支配收入(元)	The per capita disposable income of all residents(yuan)	13487	14677	8.8
城镇常住居民人均可支配收入(元)	The per capita disposable income of urban permanent residents(yuan)	21800	23609	8.3
农村牧区常住居民人均可支配收入(元)	The per capita disposable income of permanent residents of rural and pastoral areas(yuan)	9103	9967	9.5
农村牧区经济	**Economic Development in Rural & Pastoral Area**			
农作物总播种面积(公顷)	Total Sown Area(hectare)	115318	130750	13.4
# 粮食作物播种面积(公顷)	Sown Area of Grain Crops(hectare)	81767	75388	-7.8
农牧业机械总动力(万千瓦)	Total Power of Agricultural Machinery(10 000 kw)	32.56	30.54	-6.2
化肥施用折纯量(吨)	Consumption of Chemical Fertilizer(ton)	16144	16890	4.6
农村用电量(万千瓦小时)	Electricity Consumed in Rural Area(10 000 kwh)	7548	7569	0.3
农林牧渔业总产值(万元)	Gross Output of Farming,Forestry,Animal Husbandry & Fishery(10 000 yuan)	250256	255127	3.5
粮食产量(吨)	Yield of Grain(ton)	121360	112826	-7.0
油料产量(吨)	Yield of Oil-bearing Grops(ton)	15475	37702	143.6
甜菜产量(吨)	Yield of Beetroots(ton)			
猪牛羊肉产量(吨)	Output of Pork, Beef & Mutton(ton)	31201	32139	3.0
# 猪肉产量(吨)	Output of Pork(ton)	13027	13027	0.0
牛肉产量(吨)	Output of Beef(ton)	2210	2360	6.8
羊肉产量(吨)	Output of Mutton(ton)	15964	16752	4.9
羊毛产量(吨)	Output of Wool(ton)	1020	1006	-1.4

23-26 Guyang County in Baotou City

指　标	Item	2013	2014	2014年比上年增长% Increase Rate in 2014 Over 2013(%)
年末牲畜存栏头数(万头只)	Total Livestock at the Year-end(10 000 heads)	54.57	56.47	3.5
#大牲畜(万头只)	Large Animals(10 000 heads)	1.70	1.77	4.1
羊(万只)	Sheep & Goats(10 000 heads)	48.27	50.00	3.6
猪(万头)	Hogs(10 000 heads)	4.60	4.70	2.2
规模以上工业	**Industrial Enterprises above Designated size**			
工业企业单位数(个)	Number of Industrial Enterprises(unit)	40	44	10.0
#内资企业(个)	Civil Funded Enterprises(unit)	40	44	10.0
工业总产值(万元)	Gross Industrial Output Value(10 000 yuan)	1310438	1243591	-5.1
内资企业(万元)	Civil Funded Enterprises(10 000 yuan)	1310438	1243591	-5.1
国有企业(万元)	State-owned Enterprises(10 000 yuan)	5384	5038	-6.4
集体企业(万元)	Collective-owned Enterprises(10 000 yuan)			
股份合作企业(万元)	Share Holding Enterprises(10 000 yuan)			
联营企业(万元)	Joint Owned Enterprises(10 000 yuan)			
有限责任公司(万元)	Limited Company(10 000 yuan)	1173506	1083160	-7.7
股份有限公司(万元)	Share Holding Limited Company(10 000 yuan)	5457	7863	44.1
私营企业(万元)	Privately Owned Enterprises(10 000 yuan)	116408	135708	16.6
其他企业(万元)	Enterprises of Other Ownership(10 000 yuan)	9682	11822	22.1
港澳台商投资企业(万元)	Funds from HK,Macao & Taiwan(10 000 yuan)			
外商投资企业(万元)	Foreign Funded Enterprises(10 000 yuan)			
工业企业增加值(万元)	Value Added of Industrial Enterprises(10 000 yuan)			6.9
工业企业资产总计(万元)	Total Assets of Industrial Enterprises(10 000 yuan)	837664	836013	-0.2
工业企业负债合计(万元)	Total Liabilities of Industrial Enterprises(10 000 yuan)	633640	632085	-0.2
工业企业产品销售收入(万元)	Sales of Revenue Industrial Enterprises(10 000 yuan)	1275026	1249912	-2.0
工业企业利润总额(万元)	Total Profits of Industrial Enterprises(10 000 yuan)	14678	12220	-16.8
建筑业	**Construction**			
建筑企业单位数(个)	Number of Construction Enterprises(unit)	1	1	0.0
建筑企业从业人员(人)	Number of Employee in Construction Enterprises(person)	1654	1655	0.1
建筑业总产值(万元)	Gross Construction Output Value(10 000 yuan)	31166	34283	10.0
交通运输邮电通信业	**Transportation,Post & Telecommunications**			
公路里程(公里)	Total Length of Highways(km)	1260	1260	0.0
邮电业务总量(万元)	Business Volume of Post & Telecoms(10 000 yuan)	3471	3480	0.3
本地电话用户(户)	Number of Subscribers of Local Telephone(Household)	5270	5200	-1.3
国内贸易	**Domestic Trade**			
社会消费品零售总额(万元)	Total Retail Sales of Consumer Goods(10 000 yuan)	166868	181375	8.7
城镇(万元)	Town(10 000 yuan)	129218	143995	11.4
乡村(万元)	Village(10 000 yuan)	37650	37380	-0.7
科技教育卫生	**Science,Education & Public Health**			
各类专业技术人员(人)	Special Technical Personnel(person)	3219	3226	0.2
幼儿园数(所)	Number of Kindergartens(unit)	9	13	44.4
学龄儿童入学率(%)	Percentage of School-Age Children Enrolled(%)	100.0	100.0	0.0
小学学校数(所)	Number of Primary Schools(unit)	5	5	0.0
小学专任教师数(人)	Number of Full-time Teachers of Primary Schools(person)	631	659	4.4
小学在校学生数(人)	Number of Student Enrollment of Primary Schools(person)	5395	5351	-0.8
普通中学学校数(所)	Number of Regular Secondary Schools(unit)	3	3	0.0
普通中学专任教师数(人)	Number of Teachers of Secondary Shools(person)	521	526	1.0
初中在校学生数(人)	Number of Student in Junior Secondary Schools(person)	2943	2823	-4.1
高中在校学生数(人)	Number of Student in Senior Secondary Schools(person)	2372	2159	-9.0
卫生机构数(所)	Number of Health Institutions(unit)	106	107	0.9
#医院(所)	Hospitals(unit)	2	2	0.0
卫生院(所)	Township Hospitals(unit)	12	12	0.0
床位数(张)	Number of Beds(unit)	347	373	7.5
#医院(张)	Hospitals(unit)	180	190	5.6
卫生院(张)	Township Hospitals(unit)	153	183	19.6
卫生技术人员(人)	Medical Technical Presonnel(person)	479	469	-2.1
#医院(人)	Hospitals(person)	179	177	-1.1
卫生院(人)	Township Hospitals(person)	195	153	-21.5

23-27 包头市达尔罕茂明安联合旗

指　标	Item	2013	2014	2014年比上年增长% Increase Rate in 2014 Over 2013(%)
行政区域土地面积(平方公里)	**Area of Administration(Sq.km)**	**17410**	**17410**	**0.0**
人口和就业	**Population & Employment**			
年末总人口(人)	Total Population Year-end(person)	98900	97800	-1.1
#男性(人)	Male(person)	51600	51000	-1.2
#乡村人口(人)	Rural(person)	45800	50900	11.1
年末总户数(户)	Total Number of Households at the Year-end(Household)	36630	36240	-1.1
#乡村户数(户)	Number of Rural Household(Household)	16655	16419	-1.4
出生人口(人)	Births(person)	736	726	-1.4
死亡人口(人)	Deaths(person)	270	211	-21.9
全社会就业人员(人)	Employment(person)	60455	60138	-0.5
第一产业(人)	Primary Industry(person)	31758	31347	-1.3
第二产业(人)	Secondary Industry(person)	8542	8536	-0.1
第三产业(人)	Tertiary Industry(person)	20155	20255	0.5
在岗职工人数(人)	Number of Staff & Workers Employed in(person)	7574	7693	1.6
乡村劳动力(人)	Number of Rural Laborers(person)	40219	40046	-0.4
#农林牧渔业(人)	Farming,Forestry,Animal Husbandry & Fishery(person)	22628	21947	-3.0
国民经济综合指标	**Summary Item on the National Economy**			
生产总值(万元)	Gross Domestic Product(10 000 yuan)	1892200	2023900	9.0
第一产业(万元)	Primary Industry(10 000 yuan)	148700	152200	3.5
第二产业(万元)	Secondary Industry(10 000 yuan)	1331400	1428500	10.7
#工业(万元)	Industry(10 000 yuan)	1181400	1278000	11.9
第三产业(万元)	Tertiary Industry(10 000 yuan)	412100	443200	6.6
人均生产总值(元)	Per Capita GDP(yuan)	190171	205785	10.6
全社会固定资产投资(万元)	Total Investment in Fixed Assets(10 000 yuan)	1445211	1690302	17.0
按登记注册类型分	Grouped by Registered Type			
#国有(万元)	State-owned Enterprises(10 000 yuan)	564358	644214	14.1
集体(万元)	Collective-owned Enterprises(10 000 yuan)	8111	20700	155.2
有限责任公司(万元)	Limited Liability Corporations(10 000 yuan)	269125	242581	-9.9
股份有限公司(万元)	Share Holding Enterprises(10 000 yuan)	615782	78814	-87.2
私营企业(万元)	Private Enterprises(10 000 yuan)	181363	668093	268.4
外商及港澳台投资企业(万元)	Funds from HK,Macao,Taiwan & Foreign(10 000 yuan)			
按城乡渠道分	Grouped by Urban and Rural Area			
城镇(万元)	Urban(10 000 yuan)	1344612	1594923	18.6
农村(万元)	Rural(10 000 yuan)	100599	95379	-5.2
公共财政预算收入(万元)	Public Budgetary Financial Revenue(10 000 yuan)	133622	144147	7.9
公共财政预算支出(万元)	Public Budgetary Financial Expenditure(10 000 yuan)	224590	248122	10.5
个人储蓄存款余额(万元)	The balance of savings deposits of individuals(10 000 yuan)	202624	226796	11.9
在岗职工工资总额(万元)	Total Wages of Staff & Workers Employed in(10 000 yuan)	42570	46038	8.1
在岗职工平均工资(元)	Average Wage of Staff & Workers Employed in(yuan)	56980	59961	5.2
全体居民人均可支配收入(元)	The per capita disposable income of all residents(yuan)	19261	21006	9.1
城镇常住居民人均可支配收入(元)	The per capita disposable income of urban permanent residents(yuan)	27311	29687	8.7
农村牧区常住居民人均可支配收入(元)	The per capita disposable income of permanent residents of rural and pastoral areas(yuan)	9929	10942	10.2
农村牧区经济	**Economic Development in Rural & Pastoral Area**			
农作物总播种面积(公顷)	Total Sown Area(hectare)	57445	59853	4.2
#粮食作物播种面积(公顷)	Sown Area of Grain Crops(hectare)	42830	44317	3.5
农牧业机械总动力(万千瓦)	Total Power of Agricultural Machinery(10 000 kw)	28.04	27.98	-0.2
化肥施用折纯量(吨)	Consumption of Chemical Fertilizer(ton)	9021	8848	-1.9
农村用电量(万千瓦小时)	Electricity Consumed in Rural Area(10 000 kwh)	2243	2039	-9.1
农林牧渔业总产值(万元)	Gross Output of Farming,Forestry,Animal Husbandry & Fishery(10 000 yuan)	268532	273471	3.5
粮食产量(吨)	Yield of Grain(ton)	105317	97564	-7.4
油料产量(吨)	Yield of Oil-bearing Grops(ton)	13732	15228	10.9
甜菜产量(吨)	Yield of Beetroots(ton)			
猪牛羊肉产量(吨)	Output of Pork, Beef & Mutton(ton)	21734	22611	4.0
#猪肉产量(吨)	Output of Pork(ton)	2101	2101	0.0
牛肉产量(吨)	Output of Beef(ton)	7686	8180	6.4
羊肉产量(吨)	Output of Mutton(ton)	11947	12330	3.2
羊毛产量(吨)	Output of Wool(ton)	1120	1260	12.5

23-27 Daerhanmaomingan Union Banner in Baotou City

指　标	Item	2013	2014	2014年比上年增长% Increase Rate in 2014 Over 2013(%)
年末牲畜存栏头数(万头只)	Total Livestock at the Year-end(10 000 heads)	57.79	59.44	2.9
# 大牲畜(万头只)	Large Animals(10 000 heads)	7.78	7.83	0.6
羊(万只)	Sheep & Goats(10 000 heads)	47.63	49.22	3.3
猪(万头)	Hogs(10 000 heads)	2.38	2.39	0.4
规模以上工业	**Industrial Enterprises above Designated size**			
工业企业单位数(个)	Number of Industrial Enterprises(unit)	45	46	2.2
# 内资企业(个)	Civil Funded Enterprises(unit)	43	44	2.3
工业总产值(万元)	Gross Industrial Output Value(10 000 yuan)	2323953	2692996	15.9
内资企业(万元)	Civil Funded Enterprises(10 000 yuan)	2293756	2664723	16.2
国有企业(万元)	State-owned Enterprises(10 000 yuan)	40369	39760	-1.5
集体企业(万元)	Collective-owned Enterprises(10 000 yuan)			
股份合作企业(万元)	Share Holding Enterprises(10 000 yuan)			
联营企业(万元)	Joint Owned Enterprises(10 000 yuan)			
有限责任公司(万元)	Limited Company(10 000 yuan)	788856	973501	23.4
股份有限公司(万元)	Share Holding Limited Company(10 000 yuan)			
私营企业(万元)	Privately Owned Enterprises(10 000 yuan)	1464531	1644340	12.3
其他企业(万元)	Enterprises of Other Ownership(10 000 yuan)		7121	
港澳台商投资企业(万元)	Funds from HK,Macao & Taiwan(10 000 yuan)	11206	11681	4.2
外商投资企业(万元)	Foreign Funded Enterprises(10 000 yuan)	18991	16593	-12.6
工业企业增加值(万元)	Value Added of Industrial Enterprises(10 000 yuan)			13.9
工业企业资产总计(万元)	Total Assets of Industrial Enterprises(10 000 yuan)	2698387	2818291	4.4
工业企业负债合计(万元)	Total Liabilities of Industrial Enterprises(10 000 yuan)	1486489	1512393	1.7
工业企业产品销售收入(万元)	Sales of Revenue Industrial Enterprises(10 000 yuan)	2412178	2685811	11.3
工业企业利润总额(万元)	Total Profits of Industrial Enterprises(10 000 yuan)	354351	320364	-9.6
建筑业	**Construction**			
建筑企业单位数(个)	Number of Construction Enterprises(unit)	1	1	0.0
建筑企业从业人员(人)	Number of Employee in Construction Enterprises(person)	275	275	0.0
建筑业总产值(万元)	Gross Construction Output Value(10 000 yuan)	10017	10199	1.8
交通运输邮电通信业	**Transportation,Post & Telecommunications**			
公路里程(公里)	Total Length of Highways(km)	2308	2308	0.0
邮电业务总量(万元)	Business Volume of Post & Telecoms(10 000 yuan)	1210	1130	-6.6
本地电话用户(户)	Number of Subscribers of Local Telephone(Household)	6285	5900	-6.1
国内贸易	**Domestic Trade**			
社会消费品零售总额(万元)	Total Retail Sales of Consumer Goods(10 000 yuan)	179346	195881	9.2
城镇(万元)	Town(10 000 yuan)	127754	145633	14.0
乡村(万元)	Village(10 000 yuan)	51592	50248	-2.6
科技教育卫生	**Science,Education & Public Health**			
各类专业技术人员(人)	Special Technical Personnel(person)	1956	1981	1.3
幼儿园数(所)	Number of Kindergartens(unit)	11	13	18.2
学龄儿童入学率(%)	Percentage of School-Age Children Enrolled(%)	100.0	100.0	0.0
小学学校数(所)	Number of Primary Schools(unit)	5	5	0.0
小学专任教师数(人)	Number of Full-time Teachers of Primary Schools(person)	439	341	-22.3
小学在校学生数(人)	Number of Student Enrollment of Primary Schools(person)	3503	3322	-5.2
普通中学学校数(所)	Number of Regular Secondary Schools(unit)	4	3	-25.0
普通中学专任教师数(人)	Number of Teachers of Secondary Shools(person)	313	251	-19.8
初中在校学生数(人)	Number of Student in Junior Secondary Schools(person)	1731	1730	-0.1
高中在校学生数(人)	Number of Student in Senior Secondary Schools(person)	450	462	2.7
卫生机构数(所)	Number of Health Institutions(unit)	89	91	2.2
# 医院(所)	Hospitals(unit)	2	2	0.0
卫生院(所)	Township Hospitals(unit)	21	21	0.0
床位数(张)	Number of Beds(unit)	382	420	9.9
# 医院(张)	Hospitals(unit)	200	200	0.0
卫生院(张)	Township Hospitals(unit)	147	173	17.7
卫生技术人员(人)	Medical Technical Presonnel(person)	429	460	7.2
# 医院(人)	Hospitals(person)	203	199	-2.0
卫生院(人)	Township Hospitals(person)	110	108	-1.8

23-28 呼伦贝尔市海拉尔区

指　标	Item	2013	2014	2014年比上年增长% Increase Rate in 2014 Over 2013(%)
行政区域土地面积(平方公里)	**Area of Administration(Sq.km)**	**1440**	**1440**	**0.0**
人口和就业	**Population & Employment**			
年末总人口(人)	Total Population Year-end(person)	278288	281298	1.1
#男性(人)	Male(person)	138832	136867	-1.4
#乡村人口(人)	Rural(person)	17435	18132	4.0
年末总户数(户)	Total Number of Households at the Year-end(Household)	85411	86263	1.0
#乡村户数(户)	Number of Rural Household(Household)	6240	6551	5.0
出生人口(人)	Births(person)	2176	2725	25.2
死亡人口(人)	Deaths(person)	1554	1598	2.8
全社会就业人员(人)	Employment(person)	142254	173299	21.8
第一产业(人)	Primary Industry(person)	11198	8946	-20.1
第二产业(人)	Secondary Industry(person)	21436	20958	-2.2
第三产业(人)	Tertiary Industry(person)	109620	143395	30.8
在岗职工人数(人)	Number of Staff & Workers Employed in(person)	63066	61346	-2.7
乡村劳动力(人)	Number of Rural Laborers(person)	9790	11378	16.2
#农林牧渔业(人)	Farming,Forestry,Animal Husbandry & Fishery(person)	6417	7411	15.5
国民经济综合指标	**Summary Item on the National Economy**			
生产总值(万元)	Gross Domestic Product(10 000 yuan)	2537417	2744229	9.1
第一产业(万元)	Primary Industry(10 000 yuan)	86410	91033	5.0
第二产业(万元)	Secondary Industry(10 000 yuan)	1259712	1358742	11.3
#工业(万元)	Industry(10 000 yuan)	1120199	1206255	11.4
第三产业(万元)	Tertiary Industry(10 000 yuan)	1191295	1294454	6.9
人均生产总值(元)	Per Capita GDP(yuan)	91612	98081	8.0
全社会固定资产投资(万元)	Total Investment in Fixed Assets(10 000 yuan)	1703743	2078567	22.0
按登记注册类型分	Grouped by Registered Type			
#国有(万元)	State-owned Enterprises(10 000 yuan)	464846	711633	53.1
集体(万元)	Collective-owned Enterprises(10 000 yuan)	78	450	476.9
有限责任公司(万元)	Limited Liability Corporations(10 000 yuan)	916170	849748	-7.2
股份有限公司(万元)	Share Holding Enterprises(10 000 yuan)	7757	21488	177.0
私营企业(万元)	Private Enterprises(10 000 yuan)	34587	73801	113.4
外商及港澳台投资企业(万元)	Funds from HK,Macao,Taiwan & Foreign(10 000 yuan)			
按城乡渠道分	Grouped by Urban and Rural Area			
城镇（万元）	Urban(10 000 yuan)	1703743	2078567	22.0
农村（万元）	Rural(10 000 yuan)			
公共财政预算收入(万元)	Public Budgetary Financial Revenue(10 000 yuan)	111117	136556	22.9
公共财政预算支出(万元)	Public Budgetary Financial Expenditure(10 000 yuan)	194466	267065	37.3
个人储蓄存款余额(万元)	The balance of savings deposits of individuals(10 000yuan)	1757149	1831599	4.2
在岗职工工资总额(万元)	Total Wages of Staff & Workers Employed in(10 000 yuan)	342945	360778	5.2
在岗职工平均工资(元)	Average Wage of Staff & Workers Employed in(yuan)	54848	58362	6.4
全体居民人均可支配收入(元)	The per capita disposable income of all residents(yuan)	24894	27583	10.8
城镇常住居民人均可支配收入(元)	The per capita disposable income of urban permanent residents(yuan)	25656	28324	10.4
农村牧区常住居民人均可支配收入(元)	The per capita disposable income of permanent residents of rural and pastoral areas(yuan)	18083	20488	13.3
农村牧区经济	**Economic Development in Rural & Pastoral Area**			
农作物总播种面积(公顷)	Total Sown Area(hectare)	27506	26195	-4.8
#粮食作物播种面积(公顷)	Sown Area of Grain Crops(hectare)	15636	14643	-6.4
农牧业机械总动力(万千瓦)	Total Power of Agricultural Machinery(10 000 kw)	10.92	11.80	8.1
化肥施用折纯量(吨)	Consumption of Chemical Fertilizer(ton)	6607	4882	-26.1
农村用电量(万千瓦小时)	Electricity Consumed in Rural Area(10 000 kwh)	864	1191	37.8
农林牧渔业总产值(万元)	Gross Output of Farming,Forestry,Animal Husbandry & Fishery(10 000 yuan)	140711	149701	6.0
粮食产量(吨)	Yield of Grain(ton)	70552	71002	0.6
油料产量(吨)	Yield of Oil-bearing Grops(ton)	9797	13258	35.3
甜菜产量(吨)	Yield of Beetroots(ton)			
猪牛羊肉产量(吨)	Output of Pork, Beef & Mutton(ton)	5822	5742	-1.4
#猪肉产量(吨)	Output of Pork(ton)	1820	1840	1.1
牛肉产量(吨)	Output of Beef(ton)	3416	3373	-1.3
羊肉产量(吨)	Output of Mutton(ton)	586	529	-9.7
羊毛产量(吨)	Output of Wool(ton)	107	118	10.3

23-28 Hailaer District in Hulunbeier City

指　标	Item	2013	2014	2014年比上年增长% Increase Rate in 2014 Over 2013(%)
年末牲畜存栏头数(万头只)	Total Livestock at the Year-end(10 000 heads)	10.28	12.71	23.6
# 大牲畜(万头只)	Large Animals(10 000 heads)	4.63	4.75	2.6
羊(万只)	Sheep & Goats(10 000 heads)	3.89	6.27	61.2
猪(万头)	Hogs(10 000 heads)	1.76	1.69	-4.0
规模以上工业	**Industrial Enterprises above Designated size**			
工业企业单位数(个)	Number of Industrial Enterprises(unit)	63	61	-3.2
# 内资企业(个)	Civil Funded Enterprises(unit)	60	59	-1.7
工业总产值(万元)	Gross Industrial Output Value(10 000 yuan)	1435305	1667591	16.2
内资企业(万元)	Civil Funded Enterprises(10 000 yuan)	1326894	1573291	18.6
国有企业(万元)	State-owned Enterprises(10 000 yuan)	277926	308190	10.9
集体企业(万元)	Collective-owned Enterprises(10 000 yuan)			
股份合作企业(万元)	Share Holding Enterprises(10 000 yuan)			
联营企业(万元)	Joint Owned Enterprises(10 000 yuan)			
有限责任公司(万元)	Limited Company(10 000 yuan)	1048968	1265101	20.6
股份有限公司(万元)	Share Holding Limited Company(10 000 yuan)			
私营企业(万元)	Privately Owned Enterprises(10 000 yuan)			
其他企业(万元)	Enterprises of Other Ownership(10 000 yuan)			
港澳台商投资企业(万元)	Funds from HK,Macao & Taiwan(10 000 yuan)			
外商投资企业(万元)	Foreign Funded Enterprises(10 000 yuan)	108412	94300	-13.0
工业企业增加值(万元)	Value Added of Industrial Enterprises(10 000 yuan)			12.0
工业企业资产总计(万元)	Total Assets of Industrial Enterprises(10 000 yuan)	2977201	3854255	29.5
工业企业负债合计(万元)	Total Liabilities of Industrial Enterprises(10 000 yuan)	1968112	2421748	23.0
工业企业产品销售收入(万元)	Sales of Revenue Industrial Enterprises(10 000 yuan)	1440549	1618545	12.4
工业企业利润总额(万元)	Total Profits of Industrial Enterprises(10 000 yuan)	122924	93346	-24.1
建筑业	**Construction**			
建筑企业单位数(个)	Number of Construction Enterprises(unit)	32	32	0.0
建筑企业从业人员(人)	Number of Employee in Construction Enterprises(person)	4992	5117	2.5
建筑业总产值(万元)	Gross Construction Output Value(10 000 yuan)	257913	305734	18.6
交通运输邮电通信业	**Transportation,Post & Telecommunications**			
公路里程(公里)	Total Length of Highways(km)	503	538	7.0
邮电业务总量(万元)	Business Volume of Post & Telecoms(10 000 yuan)	47531	50485	6.2
本地电话用户(户)	Number of Subscribers of Local Telephone(Household)	768550	726194	-5.5
国内贸易	**Domestic Trade**			
社会消费品零售总额(万元)	Total Retail Sales of Consumer Goods(10 000 yuan)	1136500	1259266	10.8
城镇(万元)	Town(10 000 yuan)	1136500	1259266	10.8
乡村(万元)	Village(10 000 yuan)			
科技教育卫生	**Science,Education & Public Health**			
各类专业技术人员(人)	Special Technical Personnel(person)	3681	3621	-1.6
幼儿园数(所)	Number of Kindergartens(unit)	6	6	0.0
学龄儿童入学率(%)	Percentage of School-Age Children Enrolled(%)	100.0	100.0	0.0
小学学校数(所)	Number of Primary Schools(unit)	15	15	0.0
小学专任教师数(人)	Number of Full-time Teachers of Primary Schools(person)	863	879	1.9
小学在校学生数(人)	Number of Student Enrollment of Primary Schools(person)	13362	12446	-6.9
普通中学学校数(所)	Number of Regular Secondary Schools(unit)	19	19	0.0
普通中学专任教师数(人)	Number of Teachers of Secondary Shools(person)	1661	1499	-9.8
初中在校学生数(人)	Number of Student in Junior Secondary Schools(person)	9029	8509	-5.8
高中在校学生数(人)	Number of Student in Senior Secondary Schools(person)	11559	11330	-2.0
卫生机构数(所)	Number of Health Institutions(unit)	146	138	-5.5
# 医院(所)	Hospitals(unit)	14	14	0.0
卫生院(所)	Township Hospitals(unit)	27	27	0.0
床位数(张)	Number of Beds(unit)	2774	2831	2.1
# 医院(张)	Hospitals(unit)	2616	2656	1.5
卫生院(张)	Township Hospitals(unit)	100	76	-24.0
卫生技术人员(人)	Medical Technical Presonnel(person)	3868	4016	3.8
# 医院(人)	Hospitals(person)	3183	3310	4.0
卫生院(人)	Township Hospitals(person)	244	234	-4.1

23-29 呼伦贝尔市满洲里市

指 标	Item	2013	2014	2014年比上年增长% Increase Rate in 2014 Over 2013(%)
行政区域土地面积(平方公里)	**Area of Administration(Sq.km)**	**735**	**735**	**0.0**
人口和就业	**Population & Employment**			
年末总人口(人)	Total Population Year-end(person)	171573	173102	0.9
# 男性(人)	Male(person)	85738	86394	0.8
# 乡村人口(人)	Rural(person)			
年末总户数(户)	Total Number of Households at the Year-end(Household)	72954	73946	1.4
# 乡村户数(户)	Number of Rural Household(Household)			
出生人口(人)	Births(person)	1158	1364	17.8
死亡人口(人)	Deaths(person)	876	894	2.1
全社会就业人员(人)	Employment(person)	88981	102360	15.0
第一产业(人)	Primary Industry(person)	949	781	-17.7
第二产业(人)	Secondary Industry(person)	18417	17633	-4.3
第三产业(人)	Tertiary Industry(person)	69615	83946	20.6
在岗职工人数(人)	Number of Staff & Workers Employed in(person)	35425	35480	0.2
乡村劳动力(人)	Number of Rural Laborers(person)			
# 农林牧渔业(人)	Farming,Forestry,Animal Husbandry & Fishery(person)			
国民经济综合指标	**Summary Item on the National Economy**			
生产总值(万元)	Gross Domestic Product(10 000 yuan)	1949719	2124403	8.5
第一产业(万元)	Primary Industry(10 000 yuan)	36193	37936	4.5
第二产业(万元)	Secondary Industry(10 000 yuan)	538931	572004	9.4
# 工业(万元)	Industry(10 000 yuan)	473711	503470	9.9
第三产业(万元)	Tertiary Industry(10 000 yuan)	1374595	1514463	8.3
人均生产总值(元)	Per Capita GDP(yuan)	77989	84976	8.9
全社会固定资产投资(万元)	Total Investment in Fixed Assets(10 000 yuan)	852336	943536	10.7
按登记注册类型分	Grouped by Registered Type			
# 国有(万元)	State-owned Enterprises(10 000 yuan)	385404	346864	-10.0
集体(万元)	Collective-owned Enterprises(10 000 yuan)			
有限责任公司(万元)	Limited Liability Corporations(10 000 yuan)	317131	418613	32.0
股份有限公司(万元)	Share Holding Enterprises(10 000 yuan)	14359	11200	-22.0
私营企业(万元)	Private Enterprises(10 000 yuan)	52680	80062	52.0
外商及港澳台投资企业 (万元)	Funds from HK,Macao,Taiwan & Foreign(10 000 yuan)	2380	4760	100.0
按城乡渠道分	Grouped by Urban and Rural Area			
城镇(万元)	Urban(10 000 yuan)	852336	943536	10.7
农村(万元)	Rural(10 000 yuan)			
公共财政预算收入(万元)	Public Budgetary Financial Revenue(10 000 yuan)	128086	139291	8.7
公共财政预算支出(万元)	Public Budgetary Financial Expenditure(10 000 yuan)	369826	383600	3.7
个人储蓄存款余额(万元)	The balance of savings deposits of individuals(10	1127737	1163009	3.1
在岗职工工资总额(万元)	Total Wages of Staff & Workers Employed in(10 000	196414	213723	8.8
在岗职工平均工资(元)	Average Wage of Staff & Workers Employed in(yuan)	56193	60146	7.0
全体居民人均可支配收入(元)	The per capita disposable income of all residents(yuan)	25383	27337	7.7
城镇常住居民人均可支配收入(元)	The per capita disposable income of urban permanent residents(yuan)	25383	27337	7.7
农村牧区常住居民人均可支配收入(元)	The per capita disposable income of permanent residents of rural and pastoral areas(yuan)			
农村牧区经济	**Economic Development in Rural & Pastoral Area**			
农作物总播种面积(公顷)	Total Sown Area(hectare)	1149	1269	10.4
# 粮食作物播种面积(公顷)	Sown Area of Grain Crops(hectare)	234	240	2.6
农牧业机械总动力(万千瓦)	Total Power of Agricultural Machinery(10 000 kw)	2.00	2.00	0.0
化肥施用折纯量(吨)	Consumption of Chemical Fertilizer(ton)	96	96	0.0
农村用电量(万千瓦小时)	Electricity Consumed in Rural Area(10 000 kwh)	100	100	0.0
农林牧渔业总产值(万元)	Gross Output of Farming,Forestry,Animal Husbandry & Fishery(10 000 yuan)	58354	62384	6.5
粮食产量(吨)	Yield of Grain(ton)	1228	1259	2.5
油料产量(吨)	Yield of Oil-bearing Grops(ton)			
甜菜产量(吨)	Yield of Beetroots(ton)			
猪牛羊肉产量(吨)	Output of Pork, Beef & Mutton(ton)	3100	3143	1.4
# 猪肉产量(吨)	Output of Pork(ton)	2017	2060	2.1
牛肉产量(吨)	Output of Beef(ton)	260	260	0.0
羊肉产量(吨)	Output of Mutton(ton)	823	823	0.0
羊毛产量(吨)	Output of Wool(ton)	92	92	0.0

23-29 Manzhouli City in Hulunbeier City

指 标	Item	2013	2014	2014年比上年增长% Increase Rate in 2014 Over 2013(%)
年末牲畜存栏头数(万头只)	Total Livestock at the Year-end(10 000 heads)	10.36	8.93	-13.8
# 大牲畜(万头只)	Large Animals(10 000 heads)	0.27	0.33	22.2
羊(万只)	Sheep & Goats(10 000 heads)	4.72	3.27	-30.7
猪(万头)	Hogs(10 000 heads)	5.37	5.33	-0.7
规模以上工业	**Industrial Enterprises above Designated size**			
工业企业单位数(个)	Number of Industrial Enterprises(unit)	84	90	7.1
# 内资企业(个)	Civil Funded Enterprises(unit)	78	85	9.0
工业总产值(万元)	Gross Industrial Output Value(10 000 yuan)	1342405	1477671	10.1
内资企业(万元)	Civil Funded Enterprises(10 000 yuan)	1159095	1247756	7.6
国有企业(万元)	State-owned Enterprises(10 000 yuan)	251601	237359	-5.7
集体企业(万元)	Collective-owned Enterprises(10 000 yuan)			
股份合作企业(万元)	Share Holding Enterprises(10 000 yuan)			
联营企业(万元)	Joint Owned Enterprises(10 000 yuan)			
有限责任公司(万元)	Limited Company(10 000 yuan)	132983	138297	4.0
股份有限公司(万元)	Share Holding Limited Company(10 000 yuan)	2035	2011	-1.2
私营企业(万元)	Privately Owned Enterprises(10 000 yuan)	772476	870089	12.6
其他企业(万元)	Enterprises of Other Ownership(10 000 yuan)			
港澳台商投资企业(万元)	Funds from HK,Macao & Taiwan(10 000 yuan)	39623	46040	16.2
外商投资企业(万元)	Foreign Funded Enterprises(10 000 yuan)	143687	183875	28.0
工业企业增加值(万元)	Value Added of Industrial Enterprises(10 000 yuan)			12.0
工业企业资产总计(万元)	Total Assets of Industrial Enterprises(10 000 yuan)	1766529	1989801	12.6
工业企业负债合计(万元)	Total Liabilities of Industrial Enterprises(10 000 yuan)	1082608	1139563	5.3
工业企业产品销售收入(万元)	Sales of Revenue Industrial Enterprises(10 000 yuan)	1328112	1490614	12.2
工业企业利润总额(万元)	Total Profits of Industrial Enterprises(10 000 yuan)	194808	184717	-5.2
建筑业	**Construction**			
建筑企业单位数(个)	Number of Construction Enterprises(unit)	10	9	-10.0
建筑企业从业人员(人)	Number of Employee in Construction Enterprises(person)	2344	1409	-39.9
建筑业总产值(万元)	Gross Construction Output Value(10 000 yuan)	33600	34500	2.7
交通运输邮电通信业	**Transportation,Post & Telecommunications**			
公路里程(公里)	Total Length of Highways(km)	440	451	2.5
邮电业务总量(万元)	Business Volume of Post & Telecoms(10 000 yuan)	35000	36220	3.5
本地电话用户(户)	Number of Subscribers of Local Telephone(Household)	29800	27800	-6.7
国内贸易	**Domestic Trade**			
社会消费品零售总额(万元)	Total Retail Sales of Consumer Goods(10 000 yuan)	1102054	1227258	11.4
城镇(万元)	Town(10 000 yuan)	1102054	1227258	11.4
乡村(万元)	Village(10 000 yuan)			
科技教育卫生	**Science,Education & Public Health**			
各类专业技术人员(人)	Special Technical Personnel(person)	4010	3988	-0.5
幼儿园数(所)	Number of Kindergartens(unit)	44	45	2.3
学龄儿童入学率(%)	Percentage of School-Age Children Enrolled(%)	100.0	100.0	0.0
小学学校数(所)	Number of Primary Schools(unit)	13	12	-7.7
小学专任教师数(人)	Number of Full-time Teachers of Primary	759	656	-13.6
小学在校学生数(人)	Number of Student Enrollment of Primary	8129	8535	5.0
普通中学学校数(所)	Number of Regular Secondary Schools(unit)	14	14	0.0
普通中学专任教师数(人)	Number of Teachers of Secondary Shools(person)	1139	1116	-2.0
初中在校学生数(人)	Number of Student in Junior Secondary Schools(person)	7302	6640	-9.1
高中在校学生数(人)	Number of Student in Senior Secondary Schools(person)	3517	4279	21.7
卫生机构数(所)	Number of Health Institutions(unit)	92	91	-1.1
# 医院(所)	Hospitals(unit)	8	8	0.0
卫生院(所)	Township Hospitals(unit)	1	1	0.0
床位数(张)	Number of Beds(unit)	826	915	10.8
# 医院(张)	Hospitals(unit)	815	905	11.0
卫生院(张)	Township Hospitals(unit)	10	10	0.0
卫生技术人员(人)	Medical Technical Presonnel(person)	1816	2010	10.7
# 医院(人)	Hospitals(person)	1386	1532	10.5
卫生院(人)	Township Hospitals(person)	26	26	0.0

23-30 呼伦贝尔市满洲里扎赉诺尔区

指 标	Item	2013	2014	2014年比上年增长% Increase Rate in 2014 Over 2013(%)
行政区域土地面积(平方公里)	**Area of Administration(Sq.km)**	**312**	**312**	**0.0**
人口和就业	**Population & Employment**			
年末总人口(人)	Total Population Year-end(person)	90614	86017	-5.1
#男性(人)	Male(person)	45624	43323	-5.0
#乡村人口(人)	Rural(person)			
年末总户数(户)	Total Number of Households at the Year-end(Household)	42047	40208	-4.4
#乡村户数(户)	Number of Rural Household(Household)			
出生人口(人)	Births(person)	433	517	19.4
死亡人口(人)	Deaths(person)	538	541	0.6
全社会就业人员(人)	Employment(person)			
第一产业(人)	Primary Industry(person)			
第二产业(人)	Secondary Industry(person)			
第三产业(人)	Tertiary Industry(person)			
在岗职工人数(人)	Number of Staff & Workers Employed in(person)	16432	19547	19.0
乡村劳动力(人)	Number of Rural Laborers(person)			
#农林牧渔业(人)	Farming,Forestry,Animal Husbandry & Fishery(person)			
国民经济综合指标	**Summary Item on the National Economy**			
生产总值(万元)	Gross Domestic Product(10 000 yuan)	552673	579635	8.2
第一产业(万元)	Primary Industry(10 000 yuan)	19237	15213	3.8
第二产业(万元)	Secondary Industry(10 000 yuan)	223253	219690	9.1
#工业(万元)	Industry(10 000 yuan)	194655	182097	9.4
第三产业(万元)	Tertiary Industry(10 000 yuan)	310183	344732	8.2
人均生产总值(元)	Per Capita GDP(yuan)	60992	67379	8.5
全社会固定资产投资(万元)	Total Investment in Fixed Assets(10 000 yuan)	315590	350621	11.1
按登记注册类型分	Grouped by Registered Type			
#国有(万元)	State-owned Enterprises(10 000 yuan)	207779	108045	-48.0
集体(万元)	Collective-owned Enterprises(10 000 yuan)			
有限责任公司(万元)	Limited Liability Corporations(10 000 yuan)	107303	216215	101.5
股份有限公司(万元)	Share Holding Enterprises(10 000 yuan)			
私营企业(万元)	Private Enterprises(10 000 yuan)	508	2141	321.5
外商及港澳台投资企业(万元)	Funds from HK,Macao,Taiwan & Foreign(10 000 yuan)		24220	
按城乡渠道分	Grouped by Urban and Rural Area			
城镇(万元)	Urban(10 000 yuan)	315590	350621	11.1
农村(万元)	Rural(10 000 yuan)			
公共财政预算收入(万元)	Public Budgetary Financial Revenue(10 000 yuan)	30606	36566	19.5
公共财政预算支出(万元)	Public Budgetary Financial Expenditure(10 000 yuan)	45428	52579	15.7
个人储蓄存款余额(万元)	The balance of savings deposits of individuals(10	293999	366232	24.6
在岗职工工资总额(万元)	Total Wages of Staff & Workers Employed in(10 000	89099	117109	31.4
在岗职工平均工资(元)	Average Wage of Staff & Workers Employed in(yuan)	54223	59871	10.4
全体居民人均可支配收入(元)	The per capita disposable income of all residents(yuan)	23549	25316	7.5
城镇常住居民人均可支配收入(元)	The per capita disposable income of urban permanent residents(yuan)	23549	25316	7.5
农村牧区常住居民人均可支配收入(元)	The per capita disposable income of permanent residents of rural and pastoral areas(yuan)			
农村牧区经济	**Economic Development in Rural & Pastoral Area**			
农作物总播种面积(公顷)	Total Sown Area(hectare)	117	117	0.0
#粮食作物播种面积(公顷)	Sown Area of Grain Crops(hectare)	27	27	0.0
农牧业机械总动力(万千瓦)	Total Power of Agricultural Machinery(10 000 kw)	0.20	0.20	0.0
化肥施用折纯量(吨)	Consumption of Chemical Fertilizer(ton)	10	10	0.0
农村用电量(万千瓦小时)	Electricity Consumed in Rural Area(10 000 kwh)			
农林牧渔业总产值(万元)	Gross Output of Farming,Forestry,Animal Husbandry & Fishery(10 000 yuan)	24262	25015	2.9
粮食产量(吨)	Yield of Grain(ton)	138	141	2.2
油料产量(吨)	Yield of Oil-bearing Grops(ton)			
甜菜产量(吨)	Yield of Beetroots(ton)			
猪牛羊肉产量(吨)	Output of Pork, Beef & Mutton(ton)	2132	1946	-8.7
#猪肉产量(吨)	Output of Pork(ton)	1830	1647	-10.0
牛肉产量(吨)	Output of Beef(ton)	60	59	-1.7
羊肉产量(吨)	Output of Mutton(ton)	242	240	-0.8
羊毛产量(吨)	Output of Wool(ton)	45	45	0.0

23-30 Zhalainuoer District of Manzhouli City in Hulunbeier City

指 标	Item	2013	2014	2014年比上年增长% Increase Rate in 2014 Over 2013(%)
年末牲畜存栏头数(万头只)	Total Livestock at the Year-end(10 000 heads)	5.20	2.50	-51.9
# 大牲畜(万头只)	Large Animals(10 000 heads)	0.10	0.10	0.0
羊(万只)	Sheep & Goats(10 000 heads)	1.60	1.10	-31.3
猪(万头)	Hogs(10 000 heads)	3.50	1.30	-62.9
规模以上工业	**Industrial Enterprises above Designated size**			
工业企业单位数(个)	Number of Industrial Enterprises(unit)	13	19	46.2
# 内资企业(个)	Civil Funded Enterprises(unit)	12	18	50.0
工业总产值(万元)	Gross Industrial Output Value(10 000 yuan)	324023	319461	-1.4
内资企业(万元)	Civil Funded Enterprises(10 000 yuan)	319143	315690	-1.1
国有企业(万元)	State-owned Enterprises(10 000 yuan)	233949	221669	-5.2
集体企业(万元)	Collective-owned Enterprises(10 000 yuan)			
股份合作企业(万元)	Share Holding Enterprises(10 000 yuan)			
联营企业(万元)	Joint Owned Enterprises(10 000 yuan)			
有限责任公司(万元)	Limited Company(10 000 yuan)	72273	87933	21.7
股份有限公司(万元)	Share Holding Limited Company(10 000 yuan)	2035	2011	-1.2
私营企业(万元)	Privately Owned Enterprises(10 000 yuan)	10886	4077	-62.5
其他企业(万元)	Enterprises of Other Ownership(10 000 yuan)			
港澳台商投资企业(万元)	Funds from HK,Macao & Taiwan(10 000 yuan)	4880	3771	-22.7
外商投资企业(万元)	Foreign Funded Enterprises(10 000 yuan)			
工业企业增加值(万元)	Value Added of Industrial Enterprises(10 000 yuan)			12.2
工业企业资产总计(万元)	Total Assets of Industrial Enterprises(10 000 yuan)	1170773	1118191	-4.5
工业企业负债合计(万元)	Total Liabilities of Industrial Enterprises(10 000 yuan)	871074	888964	2.1
工业企业产品销售收入(万元)	Sales of Revenue Industrial Enterprises(10 000 yuan)	323003	339200	5.0
工业企业利润总额(万元)	Total Profits of Industrial Enterprises(10 000 yuan)	-46433	-75649	
建筑业	**Construction**			
建筑企业单位数(个)	Number of Construction Enterprises(unit)	2	2	0.0
建筑企业从业人员(人)	Number of Employee in Construction Enterprises(person)	1241	582	-53.1
建筑业总产值(万元)	Gross Construction Output Value(10 000 yuan)	9569	5820	-39.2
交通运输邮电通信业	**Transportation,Post & Telecommunications**			
公路里程(公里)	Total Length of Highways(km)	52	115	121.2
邮电业务总量(万元)	Business Volume of Post & Telecoms(10 000 yuan)	7494	4166	-44.4
本地电话用户(户)	Number of Subscribers of Local Telephone(Household)	16303	12828	-21.3
国内贸易	**Domestic Trade**			
社会消费品零售总额(万元)	Total Retail Sales of Consumer Goods(10 000 yuan)	354898	401143	13.0
城镇(万元)	Town(10 000 yuan)	354898	401143	13.0
乡村(万元)	Village(10 000 yuan)			
科技教育卫生	**Science,Education & Public Health**			
各类专业技术人员(人)	Special Technical Personnel(person)	1679	1811	7.9
幼儿园数(所)	Number of Kindergartens(unit)	29	30	3.4
学龄儿童入学率(%)	Percentage of School-Age Children Enrolled(%)	100.0	100.0	0.0
小学学校数(所)	Number of Primary Schools(unit)	7	7	0.0
小学专任教师数(人)	Number of Full-time Teachers of Primary Schools(person)	449	307	-31.6
小学在校学生数(人)	Number of Student Enrollment of Primary Schools(person)	2615	2619	0.2
普通中学学校数(所)	Number of Regular Secondary Schools(unit)	5	5	0.0
普通中学专任教师数(人)	Number of Teachers of Secondary Shools(person)	489	426	-12.9
初中在校学生数(人)	Number of Student in Junior Secondary Schools(person)	2775	2353	-15.2
高中在校学生数(人)	Number of Student in Senior Secondary Schools(person)	1103	1415	28.3
卫生机构数(所)	Number of Health Institutions(unit)	44	44	0.0
# 医院(所)	Hospitals(unit)	3	3	0.0
卫生院(所)	Township Hospitals(unit)			
床位数(张)	Number of Beds(unit)	336	356	6.0
# 医院(张)	Hospitals(unit)	336	356	6.0
卫生院(张)	Township Hospitals(unit)			
卫生技术人员(人)	Medical Technical Presonnel(person)	687	609	-11.4
# 医院(人)	Hospitals(person)	378	313	-17.2
卫生院(人)	Township Hospitals(person)			

23-31 呼伦贝尔市扎兰屯市

指 标	Item	2013	2014	2014年比上年增长% Increase Rate in 2014 Over 2013(%)
行政区域土地面积(平方公里)	**Area of Administration(Sq.km)**	**16800**	**16800**	**0.0**
人口和就业	**Population & Employment**			
年末总人口(人)	Total Population Year-end(person)	421793	421528	-0.1
#男性(人)	Male(person)	216349	216206	-0.1
#乡村人口(人)	Rural(person)	205444	254811	24.0
年末总户数(户)	Total Number of Households at the Year-end(Household)	162863	169048	3.8
#乡村户数(户)	Number of Rural Household(Household)	106061	102453	-3.4
出生人口(人)	Births(person)	3666	3839	4.7
死亡人口(人)	Deaths(person)	2096	2193	4.6
全社会就业人员(人)	Employment(person)	176732	221748	25.5
第一产业(人)	Primary Industry(person)	115673	139221	20.4
第二产业(人)	Secondary Industry(person)	20123	23693	17.7
第三产业(人)	Tertiary Industry(person)	40936	58834	43.7
在岗职工人数(人)	Number of Staff & Workers Employed in(person)	30076	30269	0.6
乡村劳动力(人)	Number of Rural Laborers(person)	179855	187410	4.2
#农林牧渔业(人)	Farming,Forestry,Animal Husbandry & Fishery(person)	128653	129908	1.0
国民经济综合指标	**Summary Item on the National Economy**			
生产总值(万元)	Gross Domestic Product(10 000 yuan)	1656746	1780117	8.9
第一产业(万元)	Primary Industry(10 000 yuan)	423419	448790	5.6
第二产业(万元)	Secondary Industry(10 000 yuan)	867417	925865	10.0
#工业(万元)	Industry(10 000 yuan)	724851	773605	10.4
第三产业(万元)	Tertiary Industry(10 000 yuan)	365910	405462	9.5
人均生产总值(元)	Per Capita GDP(yuan)	39298	42217	8.8
全社会固定资产投资(万元)	Total Investment in Fixed Assets(10 000 yuan)	921590	1020200	10.7
按登记注册类型分	Grouped by Registered Type			
#国有(万元)	State-owned Enterprises(10 000 yuan)	591733	649723	9.8
集体(万元)	Collective-owned Enterprises(10 000 yuan)			
有限责任公司(万元)	Limited Liability Corporations(10 000 yuan)	189690	277508	46.3
股份有限公司(万元)	Share Holding Enterprises(10 000 yuan)	113367	78079	-31.1
私营企业(万元)	Private Enterprises(10 000 yuan)	26800	14890	-44.4
外商及港澳台投资企业(万元)	Funds from HK,Macao,Taiwan & Foreign(10 000 yuan)			
按城乡渠道分	Grouped by Urban and Rural Area			
城镇(万元)	Urban(10 000 yuan)	921590	1020200	10.7
农村(万元)	Rural(10 000 yuan)			
公共财政预算收入(万元)	Public Budgetary Financial Revenue(10 000 yuan)	45410	45727	0.7
公共财政预算支出(万元)	Public Budgetary Financial Expenditure(10 000 yuan)	237129	299088	26.1
个人储蓄存款余额(万元)	The balance of savings deposits of individuals(10 000yuan)	610784	669395	9.6
在岗职工工资总额(万元)	Total Wages of Staff & Workers Employed in(10 000 yuan)	139770	168955	20.9
在岗职工平均工资(元)	Average Wage of Staff & Workers Employed in(yuan)	37367	44080	18.0
全体居民人均可支配收入(元)	The per capita disposable income of all residents(yuan)	16059	17713	10.3
城镇常住居民人均可支配收入(元)	The per capita disposable income of urban permanent residents(yuan)	22759	24989	9.8
农村牧区常住居民人均可支配收入(元)	The per capita disposable income of permanent residents of rural and pastoral areas(yuan)	10770	12138	12.7
农村牧区经济	**Economic Development in Rural & Pastoral Area**			
农作物总播种面积(公顷)	Total Sown Area(hectare)	209670	209166	-0.2
#粮食作物播种面积(公顷)	Sown Area of Grain Crops(hectare)	191840	192051	0.1
农牧业机械总动力(万千瓦)	Total Power of Agricultural Machinery(10 000 kw)	61.00	63.50	4.1
化肥施用折纯量(吨)	Consumption of Chemical Fertilizer(ton)	46310	57782	24.8
农村用电量(万千瓦小时)	Electricity Consumed in Rural Area(10 000 kwh)	5482	5947	8.5
农林牧渔业总产值(万元)	Gross Output of Farming,Forestry,Animal Husbandry & Fishery(10 000 yuan)	694427	738040	5.9
粮食产量(吨)	Yield of Grain(ton)	1067653	1083153	1.5
油料产量(吨)	Yield of Oil-bearing Grops(ton)	26206	24020	-8.3
甜菜产量(吨)	Yield of Beetroots(ton)			
猪牛羊肉产量(吨)	Output of Pork, Beef & Mutton(ton)	47628	49682	4.3
#猪肉产量(吨)	Output of Pork(ton)	5053	5196	2.8
牛肉产量(吨)	Output of Beef(ton)	19630	20291	3.4
羊肉产量(吨)	Output of Mutton(ton)	22945	24195	5.4
羊毛产量(吨)	Output of Wool(ton)	6652	6671	0.3

23-31 Zhalantun City in Hulunbeier City

指 标	Item	2013	2014	2014年比上年增长% Increase Rate in 2014 Over 2013(%)
年末牲畜存栏头数(万头只)	Total Livestock at the Year-end(10 000 heads)	124.38	132.96	6.9
#大牲畜(万头只)	Large Animals(10 000 heads)	15.85	15.30	-3.5
羊(万只)	Sheep & Goats(10 000 heads)	100.54	109.99	9.4
猪(万头)	Hogs(10 000 heads)	7.99	7.68	-3.9
规模以上工业	**Industrial Enterprises above Designated size**			
工业企业单位数(个)	Number of Industrial Enterprises(unit)	59	60	1.7
#内资企业(个)	Civil Funded Enterprises(unit)	56	57	1.8
工业总产值(万元)	Gross Industrial Output Value(10 000 yuan)	1888198	2201328	16.6
内资企业(万元)	Civil Funded Enterprises(10 000 yuan)	1809456	2107634	16.5
国有企业(万元)	State-owned Enterprises(10 000 yuan)	63029	73056	15.9
集体企业(万元)	Collective-owned Enterprises(10 000 yuan)			
股份合作企业(万元)	Share Holding Enterprises(10 000 yuan)	67955	80104	17.9
联营企业(万元)	Joint Owned Enterprises(10 000 yuan)			
有限责任公司(万元)	Limited Company(10 000 yuan)	432237	446411	3.3
股份有限公司(万元)	Share Holding Limited Company(10 000 yuan)	445409	572774	28.6
私营企业(万元)	Privately Owned Enterprises(10 000 yuan)	800826	935289	16.8
其他企业(万元)	Enterprises of Other Ownership(10 000 yuan)			
港澳台商投资企业(万元)	Funds from HK,Macao & Taiwan(10 000 yuan)	30093	35327	17.4
外商投资企业(万元)	Foreign Funded Enterprises(10 000 yuan)	48649	58367	20.0
工业企业增加值(万元)	Value Added of Industrial Enterprises(10 000 yuan)			11.0
工业企业资产总计(万元)	Total Assets of Industrial Enterprises(10 000 yuan)	766910	854083	11.4
工业企业负债合计(万元)	Total Liabilities of Industrial Enterprises(10 000 yuan)	520913	586464	12.6
工业企业产品销售收入(万元)	Sales of Revenue Industrial Enterprises(10 000 yuan)	2062319	2132353	3.4
工业企业利润总额(万元)	Total Profits of Industrial Enterprises(10 000 yuan)	21501	49306	129.3
建筑业	**Construction**			
建筑企业单位数(个)	Number of Construction Enterprises(unit)	9	9	0.0
建筑企业从业人员(人)	Number of Employee in Construction Enterprises(person)	1467	1540	5.0
建筑业总产值(万元)	Gross Construction Output Value(10 000 yuan)	198512	238029	19.9
交通运输邮电通信业	**Transportation,Post & Telecommunications**			
公路里程(公里)	Total Length of Highways(km)	2706	2707	0.0
邮电业务总量(万元)	Business Volume of Post & Telecoms(10 000 yuan)	5656	7093	25.4
本地电话用户(户)	Number of Subscribers of Local Telephone(Household)	31105	35061	12.7
国内贸易	**Domestic Trade**			
社会消费品零售总额(万元)	Total Retail Sales of Consumer Goods(10 000 yuan)	503047	562910	11.9
城镇(万元)	Town(10 000 yuan)	455910	510619	12.0
乡村(万元)	Village(10 000 yuan)	47137	52291	10.9
科技教育卫生	**Science,Education & Public Health**			
各类专业技术人员(人)	Special Technical Personnel(person)	9236	8941	-3.2
幼儿园数(所)	Number of Kindergartens(unit)	71	72	1.4
学龄儿童入学率(%)	Percentage of School-Age Children Enrolled(%)	100.0	100.0	0.0
小学学校数(所)	Number of Primary Schools(unit)	34	44	29.4
小学专任教师数(人)	Number of Full-time Teachers of Primary Schools(person)	1728	1657	-4.1
小学在校学生数(人)	Number of Student Enrollment of Primary Schools(person)	17208	17559	2.0
普通中学学校数(所)	Number of Regular Secondary Schools(unit)	21	21	0.0
普通中学专任教师数(人)	Number of Teachers of Secondary Shools(person)	1476	1486	0.7
初中在校学生数(人)	Number of Student in Junior Secondary Schools(person)	8554	8221	-3.9
高中在校学生数(人)	Number of Student in Senior Secondary Schools(person)	3385	3971	17.3
卫生机构数(所)	Number of Health Institutions(unit)	296	295	-0.3
#医院(所)	Hospitals(unit)	9	9	0.0
卫生院(所)	Township Hospitals(unit)	21	21	0.0
床位数(张)	Number of Beds(unit)	1708	1786	4.6
#医院(张)	Hospitals(unit)	1344	1378	2.5
卫生院(张)	Township Hospitals(unit)	342	297	-13.2
卫生技术人员(人)	Medical Technical Presonnel(person)	2150	2261	5.2
#医院(人)	Hospitals(person)	1296	1343	3.6
卫生院(人)	Township Hospitals(person)	705	752	6.7

23-32 呼伦贝尔市牙克石市

指　标	Item	2013	2014	2014年比上年增长% Increase Rate in 2014 Over 2013(%)
行政区域土地面积(平方公里)	**Area of Administration(Sq.km)**	**27803**	**27803**	**0.0**
人口和就业	**Population & Employment**			
年末总人口(人)	Total Population Year-end(person)	350775	347061	-1.1
#男性(人)	Male(person)	176713	174581	-1.2
#乡村人口(人)	Rural(person)	4036	4028	-0.2
年末总户数(户)	Total Number of Households at the Year-end(Household)	141423	141574	0.1
#乡村户数(户)	Number of Rural Household(Household)	1264	1264	0.0
出生人口(人)	Births(person)	1456	1842	26.5
死亡人口(人)	Deaths(person)	2852	2953	3.5
全社会就业人员(人)	Employment(person)	109335	118036	8.0
第一产业(人)	Primary Industry(person)	38012	36024	-5.2
第二产业(人)	Secondary Industry(person)	16347	18696	14.4
第三产业(人)	Tertiary Industry(person)	54976	63316	15.2
在岗职工人数(人)	Number of Staff & Workers Employed in(person)	32794	33396	1.8
乡村劳动力(人)	Number of Rural Laborers(person)	2534	2546	0.5
#农林牧渔业(人)	Farming,Forestry,Animal Husbandry & Fishery(person)	1962	1964	0.1
国民经济综合指标	**Summary Item on the National Economy**			
生产总值(万元)	Gross Domestic Product(10 000 yuan)	2120248	2271352	8.4
第一产业(万元)	Primary Industry(10 000 yuan)	374239	395862	5.4
第二产业(万元)	Secondary Industry(10 000 yuan)	1048344	1129930	11.1
#工业(万元)	Industry(10 000 yuan)	894284	967858	11.9
第三产业(万元)	Tertiary Industry(10 000 yuan)	697665	745560	5.8
人均生产总值(元)	Per Capita GDP(yuan)	60160	65097	9.4
全社会固定资产投资(万元)	Total Investment in Fixed Assets(10 000 yuan)	963636	1060000	10.0
按登记注册类型分	Grouped by Registered Type			
#国有(万元)	State-owned Enterprises(10 000 yuan)	53418	58635	9.8
集体(万元)	Collective-owned Enterprises(10 000 yuan)			
有限责任公司(万元)	Limited Liability Corporations(10 000 yuan)	729555	819017	12.3
股份有限公司(万元)	Share Holding Enterprises(10 000 yuan)	7645	24395	219.1
私营企业(万元)	Private Enterprises(10 000 yuan)	11970	29010	142.4
外商及港澳台投资企业(万元)	Funds from HK,Macao,Taiwan & Foreign(10 000 yuan)			
按城乡渠道分	Grouped by Urban and Rural Area			
城镇(万元)	Urban(10 000 yuan)	963636	1060000	10.0
农村(万元)	Rural(10 000 yuan)			
公共财政预算收入(万元)	Public Budgetary Financial Revenue(10 000 yuan)	52268	56194	7.5
公共财政预算支出(万元)	Public Budgetary Financial Expenditure(10 000 yuan)	211228	245415	16.2
个人储蓄存款余额(万元)	The balance of savings deposits of individuals(10 000yuan)	969539	1054986	8.8
在岗职工工资总额(万元)	Total Wages of Staff & Workers Employed in(10 000 yuan)	157250	166678	6.0
在岗职工平均工资(元)	Average Wage of Staff & Workers Employed in(yuan)	47818	48810	2.1
全体居民人均可支配收入(元)	The per capita disposable income of all residents(yuan)	21982	24114	9.7
城镇常住居民人均可支配收入(元)	The per capita disposable income of urban permanent residents(yuan)	21982	24114	9.7
农村牧区常住居民人均可支配收入(元)	The per capita disposable income of permanent residents of rural and pastoral areas(yuan)			
农村牧区经济	**Economic Development in Rural & Pastoral Area**			
农作物总播种面积(公顷)	Total Sown Area(hectare)	125491	125816	0.3
#粮食作物播种面积(公顷)	Sown Area of Grain Crops(hectare)	83092	83873	0.9
农牧业机械总动力(万千瓦)	Total Power of Agricultural Machinery(10 000 kw)	34.00	34.20	0.6
化肥施用折纯量(吨)	Consumption of Chemical Fertilizer(ton)	14321	10413	-27.3
农村用电量(万千瓦小时)	Electricity Consumed in Rural Area(10 000 kwh)	2133	1820	-14.7
农林牧渔业总产值(万元)	Gross Output of Farming,Forestry,Animal Husbandry & Fishery(10 000 yuan)	613290	651000	7.5
粮食产量(吨)	Yield of Grain(ton)	555500	568000	2.3
油料产量(吨)	Yield of Oil-bearing Grops(ton)	48892	54486	11.4
甜菜产量(吨)	Yield of Beetroots(ton)			
猪牛羊肉产量(吨)	Output of Pork, Beef & Mutton(ton)	21054	25214	19.8
#猪肉产量(吨)	Output of Pork(ton)	8095	9814	21.2
牛肉产量(吨)	Output of Beef(ton)	8855	10228	15.5
羊肉产量(吨)	**Output of Mutton(ton)**	4104	5172	26.0
羊毛产量(吨)	Output of Wool(ton)	269	285	5.9

23-32 Yakeshi City in Hulunbeier City

指　标	Item	2013	2014	2014年比上年增长% Increase Rate in 2014 Over 2013(%)
年末牲畜存栏头数(万头只)	Total Livestock at the Year-end(10 000 heads)	30.58	31.54	3.1
# 大牲畜(万头只)	Large Animals(10 000 heads)	5.04	5.78	14.7
羊(万只)	Sheep & Goats(10 000 heads)	22.64	22.62	-0.1
猪(万头)	Hogs(10 000 heads)	2.90	3.14	8.3
规模以上工业	**Industrial Enterprises above Designated size**			
工业企业单位数(个)	Number of Industrial Enterprises(unit)	63	63	0.0
# 内资企业(个)	Civil Funded Enterprises(unit)	61	61	0.0
工业总产值(万元)	Gross Industrial Output Value(10 000 yuan)	2549403	2581686	1.3
内资企业(万元)	Civil Funded Enterprises(10 000 yuan)	2488538	2531205	1.7
国有企业(万元)	State-owned Enterprises(10 000 yuan)	134994	125850	-6.8
集体企业(万元)	Collective-owned Enterprises(10 000 yuan)			
股份合作企业(万元)	Share Holding Enterprises(10 000 yuan)	48896		
联营企业(万元)	Joint Owned Enterprises(10 000 yuan)			
有限责任公司(万元)	Limited Company(10 000 yuan)	800195	868148	8.5
股份有限公司(万元)	Share Holding Limited Company(10 000 yuan)	283961	312644	10.1
私营企业(万元)	Privately Owned Enterprises(10 000 yuan)	1152192	1188544	3.2
其他企业(万元)	Enterprises of Other Ownership(10 000 yuan)	68300	36019	-47.3
港澳台商投资企业(万元)	Funds from HK,Macao & Taiwan(10 000 yuan)	48973	50481	3.1
外商投资企业(万元)	Foreign Funded Enterprises(10 000 yuan)	11892		
工业企业增加值(万元)	Value Added of Industrial Enterprises(10 000 yuan)			13.5
工业企业资产总计(万元)	Total Assets of Industrial Enterprises(10 000 yuan)	1472105	1709158	16.1
工业企业负债合计(万元)	Total Liabilities of Industrial Enterprises(10 000 yuan)	744836	978445	31.4
工业企业产品销售收入(万元)	Sales of Revenue Industrial Enterprises(10 000 yuan)	2397059	2537660	5.9
工业企业利润总额(万元)	Total Profits of Industrial Enterprises(10 000 yuan)	297851	372148	24.9
建筑业	**Construction**			
建筑企业单位数(个)	Number of Construction Enterprises(unit)	7	7	0.0
建筑企业从业人员(人)	Number of Employee in Construction Enterprises(person)	2319	2334	0.6
建筑业总产值(万元)	Gross Construction Output Value(10 000 yuan)	135106	153323	13.5
交通运输邮电通信业	**Transportation,Post & Telecommunications**			
公路里程(公里)	Total Length of Highways(km)	2068	2068	0.0
邮电业务总量(万元)	Business Volume of Post & Telecoms(10 000 yuan)	24623	22183	-9.9
本地电话用户(户)	Number of Subscribers of Local Telephone(Household)	344000	294000	-14.5
国内贸易	**Domestic Trade**			
社会消费品零售总额(万元)	Total Retail Sales of Consumer Goods(10 000 yuan)	486867	544804	11.9
城镇(万元)	Town(10 000 yuan)	380893	411363	8.0
乡村(万元)	Village(10 000 yuan)	105974	133441	25.9
科技教育卫生	**Science,Education & Public Health**			
各类专业技术人员(人)	Special Technical Personnel(person)	6410	6152	-4.0
幼儿园数(所)	Number of Kindergartens(unit)	32	39	21.9
学龄儿童入学率(%)	Percentage of School-Age Children Enrolled(%)	100.0	100.0	0. 0
小学学校数(所)	Number of Primary Schools(unit)	13	16	23.1
小学专任教师数(人)	Number of Full-time Teachers of Primary Schools(person)	1379	1152	-16.5
小学在校学生数(人)	Number of Student Enrollment of Primary Schools(person)	8823	8371	-5.1
普通中学学校数(所)	Number of Regular Secondary Schools(unit)	25	21	-16.0
普通中学专任教师数(人)	Number of Teachers of Secondary Shools(person)	1690	1468	-13.1
初中在校学生数(人)	Number of Student in Junior Secondary Schools(person)	6616	5864	-11.4
高中在校学生数(人)	Number of Student in Senior Secondary Schools(person)	7312	7820	6.9
卫生机构数(所)	Number of Health Institutions(unit)	197	214	8.6
# 医院(所)	Hospitals(unit)	20	20	0.0
卫生院(所)	Township Hospitals(unit)	16	16	0.0
床位数(张)	Number of Beds(unit)	3521	3523	0.1
# 医院(张)	Hospitals(unit)	3147	3120	-0.9
卫生院(张)	Township Hospitals(unit)	186	184	-1.1
卫生技术人员(人)	Medical Technical Presonnel(person)	3159	3462	9.6
# 医院(人)	Hospitals(person)	2595	2746	5.8
卫生院(人)	Township Hospitals(person)	194	185	-4.6

23-33 呼伦贝尔市额尔古纳市

指　标	Item	2013	2014	2014年比上年增长% Increase Rate in 2014 Over 2013(%)
行政区域土地面积(平方公里)	**Area of Administration(Sq.km)**	**28958**	**28958**	**0.0**
人口和就业	**Population & Employment**			
年末总人口(人)	Total Population Year-end(person)	83406	83166	-0.3
#男性(人)	Male(person)	42336	42142	-0.5
#乡村人口(人)	Rural(person)	2031	2048	0.8
年末总户数(户)	Total Number of Households at the Year-end(Household)	32233	33047	2.5
#乡村户数(户)	Number of Rural Household(Household)	685	701	2.3
出生人口(人)	Births(person)	446	531	19.1
死亡人口(人)	Deaths(person)	437	502	14.9
全社会就业人员(人)	Employment(person)	48832	49444	1.3
第一产业(人)	Primary Industry(person)	23734	18437	-22.3
第二产业(人)	Secondary Industry(person)	6514	6692	2.7
第三产业(人)	Tertiary Industry(person)	18584	24315	30.8
在岗职工人数(人)	Number of Staff & Workers Employed in(person)	14905	14853	-0.3
乡村劳动力(人)	Number of Rural Laborers(person)	1154	1221	5.8
#农林牧渔业(人)	Farming,Forestry,Animal Husbandry & Fishery(person)	993	991	-0.2
国民经济综合指标	**Summary Item on the National Economy**			
生产总值(万元)	Gross Domestic Product(10 000 yuan)	409188	442736	8.4
第一产业(万元)	Primary Industry(10 000 yuan)	145395	155663	6.6
第二产业(万元)	Secondary Industry(10 000 yuan)	118273	127829	11.2
#工业(万元)	Industry(10 000 yuan)	95086	102625	11.6
第三产业(万元)	Tertiary Industry(10 000 yuan)	145520	159244	7.7
人均生产总值(元)	Per Capita GDP(yuan)	49010	53159	8.6
全社会固定资产投资(万元)	Total Investment in Fixed Assets(10 000 yuan)	195000	240000	23.1
按登记注册类型分	Grouped by Registered Type			
#国有(万元)	State-owned Enterprises(10 000 yuan)	97589	167269	71.4
集体(万元)	Collective-owned Enterprises(10 000 yuan)			
有限责任公司(万元)	Limited Liability Corporations(10 000 yuan)	35892	31154	-13.2
股份有限公司(万元)	Share Holding Enterprises(10 000 yuan)	12654	16638	31.5
私营企业(万元)	Private Enterprises(10 000 yuan)	39500	15642	-60.4
外商及港澳台投资企业(万元)	Funds from HK,Macao,Taiwan & Foreign(10 000 yuan)	1247	1097	-12.0
按城乡渠道分	Grouped by Urban and Rural Area			
城镇(万元)	Urban(10 000 yuan)	195000	240000	23.1
农村(万元)	Rural(10 000 yuan)			
公共财政预算收入(万元)	Public Budgetary Financial Revenue(10 000 yuan)	21566	22862	6.0
公共财政预算支出(万元)	Public Budgetary Financial Expenditure(10 000 yuan)	117402	123519	5.2
个人储蓄存款余额(万元)	The balance of savings deposits of individuals(10 000yuan)	230561	252141	9.4
在岗职工工资总额(万元)	Total Wages of Staff & Workers Employed in(10 000 yuan)	70641	79697	12.8
在岗职工平均工资(元)	Average Wage of Staff & Workers Employed in(yuan)	49162	54371	10.6
全体居民人均可支配收入(元)	The per capita disposable income of all residents(yuan)	18440	20395	10.6
城镇常住居民人均可支配收入(元)	The per capita disposable income of urban permanent residents(yuan)	19260	21205	10.1
农村牧区常住居民人均可支配收入(元)	The per capita disposable income of permanent residents of rural and pastoral areas(yuan)	16696	18833	12.8
农村牧区经济	**Economic Development in Rural & Pastoral Area**			
农作物总播种面积(公顷)	Total Sown Area(hectare)	150124	154667	3.0
#粮食作物播种面积(公顷)	Sown Area of Grain Crops(hectare)	62574	65703	5.0
农牧业机械总动力(万千瓦)	Total Power of Agricultural Machinery(10 000 kw)	21.28	21.80	2.4
化肥施用折纯量(吨)	Consumption of Chemical Fertilizer(ton)	18745	23602	25.9
农村用电量(万千瓦小时)	Electricity Consumed in Rural Area(10 000 kwh)	3561	3823	7.4
农林牧渔业总产值(万元)	Gross Output of Farming,Forestry,Animal Husbandry & Fishery(10 000 yuan)	239357	255982	6.5
粮食产量(吨)	Yield of Grain(ton)	401000	435000	8.5
油料产量(吨)	Yield of Oil-bearing Grops(ton)	126478	141970	12.2
甜菜产量(吨)	Yield of Beetroots(ton)			
猪牛羊肉产量(吨)	Output of Pork, Beef & Mutton(ton)	6153	6884	11.9
#猪肉产量(吨)	Output of Pork(ton)	890	1010	13.5
牛肉产量(吨)	Output of Beef(ton)	3458	3763	8.8
羊肉产量(吨)	Output of Mutton(ton)	1805	2111	17.0
羊毛产量(吨)	Output of Wool(ton)	623	1027	64.9

23-33 Eerguna City in Hulunbeier City

指　标	Item	2013	2014	2014年比上年增长% Increase Rate in 2014 Over 2013(%)
年末牲畜存栏头数(万头只)	Total Livestock at the Year-end(10 000 heads)	29.42	35.83	21.8
#大牲畜(万头只)	Large Animals(10 000 heads)	9.31	9.70	4.2
羊(万只)	Sheep & Goats(10 000 heads)	19.01	25.14	32.2
猪(万头)	Hogs(10 000 heads)	1.10	0.98	-10.9
规模以上工业	**Industrial Enterprises above Designated size**			
工业企业单位数(个)	Number of Industrial Enterprises(unit)	12	12	0.0
#内资企业(个)	Civil Funded Enterprises(unit)	11	11	0.0
工业总产值(万元)	Gross Industrial Output Value(10 000 yuan)	244008	287335	17.8
内资企业(万元)	Civil Funded Enterprises(10 000 yuan)	186573	187029	0.2
国有企业(万元)	State-owned Enterprises(10 000 yuan)	6878	7709	12.1
集体企业(万元)	Collective-owned Enterprises(10 000 yuan)			
股份合作企业(万元)	Share Holding Enterprises(10 000 yuan)	179695	179320	-0.2
联营企业(万元)	Joint Owned Enterprises(10 000 yuan)			
有限责任公司(万元)	Limited Company(10 000 yuan)			
股份有限公司(万元)	Share Holding Limited Company(10 000 yuan)			
私营企业(万元)	Privately Owned Enterprises(10 000 yuan)			
其他企业(万元)	Enterprises of Other Ownership(10 000 yuan)			
港澳台商投资企业(万元)	Funds from HK,Macao & Taiwan(10 000 yuan)			
外商投资企业(万元)	Foreign Funded Enterprises(10 000 yuan)	57435	100306	74.6
工业企业增加值(万元)	Value Added of Industrial Enterprises(10 000 yuan)			12.0
工业企业资产总计(万元)	Total Assets of Industrial Enterprises(10 000 yuan)	309848	336350	8.6
工业企业负债合计(万元)	Total Liabilities of Industrial Enterprises(10 000 yuan)	199046	237703	19.4
工业企业产品销售收入(万元)	Sales of Revenue Industrial Enterprises(10 000 yuan)	241892	250909	3.7
工业企业利润总额(万元)	Total Profits of Industrial Enterprises(10 000 yuan)	3243	7960	145.5
建筑业	**Construction**			
建筑企业单位数(个)	Number of Construction Enterprises(unit)	4	4	0.0
建筑企业从业人员(人)	Number of Employee in Construction Enterprises(person)	2100	2609	24.2
建筑业总产值(万元)	Gross Construction Output Value(10 000 yuan)	37296	45048	20.8
交通运输邮电通信业	**Transportation,Post & Telecommunications**			
公路里程(公里)	Total Length of Highways(km)	2050	2141	4.4
邮电业务总量(万元)	Business Volume of Post & Telecoms(10 000 yuan)	7518	8080	7.5
本地电话用户(户)	Number of Subscribers of Local Telephone(Household)	15143	14848	-1.9
国内贸易	**Domestic Trade**			
社会消费品零售总额(万元)	Total Retail Sales of Consumer Goods(10 000 yuan)	115806	129240	11.6
城镇(万元)	Town(10 000 yuan)	99783	111390	11.6
乡村(万元)	Village(10 000 yuan)	16023	17850	11.4
科技教育卫生	**Science,Education & Public Health**			
各类专业技术人员(人)	Special Technical Personnel(person)	2650	2650	0.0
幼儿园数(所)	Number of Kindergartens(unit)	9	9	0.0
学龄儿童入学率(%)	Percentage of School-Age Children Enrolled(%)	100.0	100.0	0.0
小学学校数(所)	Number of Primary Schools(unit)	10	10	0.0
小学专任教师数(人)	Number of Full-time Teachers of Primary Schools(person)	626	397	-36.6
小学在校学生数(人)	Number of Student Enrollment of Primary Schools(person)	3473	3242	-6.7
普通中学学校数(所)	Number of Regular Secondary Schools(unit)	6	5	-16.7
普通中学专任教师数(人)	Number of Teachers of Secondary Shools(person)	558	311	-44.3
初中在校学生数(人)	Number of Student in Junior Secondary Schools(person)	2267	2104	-7.2
高中在校学生数(人)	Number of Student in Senior Secondary Schools(person)	957	1350	41.1
卫生机构数(所)	Number of Health Institutions(unit)	103	94	-8.7
#医院(所)	Hospitals(unit)	7	7	0.0
卫生院(所)	Township Hospitals(unit)	3	3	0.0
床位数(张)	Number of Beds(unit)	454	448	-1.3
#医院(张)	Hospitals(unit)	399	393	-1.5
卫生院(张)	Township Hospitals(unit)	48	48	0.0
卫生技术人员(人)	Medical Technical Presonnel(person)	636	618	-2.8
#医院(人)	Hospitals(person)	384	366	-4.7
卫生院(人)	Township Hospitals(person)	49	48	-2.0

23-34 呼伦贝尔市根河市

指　标	Item	2013	2014	2014年比上年增长% Increase Rate in 2014 Over 2013(%)
行政区域土地面积(平方公里)	**Area of Administration(Sq.km)**	**20010**	**20010**	**0.0**
人口和就业	**Population & Employment**			
年末总人口(人)	Total Population Year-end(person)	153257	150845	-1.6
#男性(人)	Male(person)	77920	76570	-1.7
#乡村人口(人)	Rural(person)			
年末总户数(户)	Total Number of Households at the Year-end(Household)	55465	55527	0.1
#乡村户数(户)	Number of Rural Household(Household)			
出生人口(人)	Births(person)	496	510	2.8
死亡人口(人)	Deaths(person)	1285	1254	-2.4
全社会就业人员(人)	Employment(person)	56804	57649	1.5
第一产业(人)	Primary Industry(person)	9175	10350	12.8
第二产业(人)	Secondary Industry(person)	11293	12437	10.1
第三产业(人)	Tertiary Industry(person)	36336	34862	-4.1
在岗职工人数(人)	Number of Staff & Workers Employed in(person)	12408	12784	3.0
乡村劳动力(人)	Number of Rural Laborers(person)			
#农林牧渔业(人)	Farming,Forestry,Animal Husbandry & Fishery(person)			
国民经济综合指标	**Summary Item on the National Economy**			
生产总值(万元)	Gross Domestic Product(10 000 yuan)	376482	400463	6.5
第一产业(万元)	Primary Industry(10 000 yuan)	104403	109989	5.0
第二产业(万元)	Secondary Industry(10 000 yuan)	104168	109137	8.0
#工业(万元)	Industry(10 000 yuan)	91725	95188	7.3
第三产业(万元)	Tertiary Industry(10 000 yuan)	167911	181337	6.5
人均生产总值(元)	Per Capita GDP(yuan)	24407	26337	8.1
全社会固定资产投资(万元)	Total Investment in Fixed Assets(10 000 yuan)	122861	150136	22.2
按登记注册类型分	Grouped by Registered Type			
#国有(万元)	State-owned Enterprises(10 000 yuan)	100104	110615	10.5
集体(万元)	Collective-owned Enterprises(10 000 yuan)			
有限责任公司(万元)	Limited Liability Corporations(10 000 yuan)	10903	9071	-16.8
股份有限公司(万元)	Share Holding Enterprises(10 000 yuan)	2890	1500	-48.1
私营企业(万元)	Private Enterprises(10 000 yuan)	7560	23920	216.4
外商及港澳台投资企业(万元)	Funds from HK,Macao,Taiwan & Foreign(10 000 yuan)			
按城乡渠道分	Grouped by Urban and Rural Area			
城镇(万元)	Urban(10 000 yuan)	122861	150136	22.2
农村(万元)	Rural(10 000 yuan)			
公共财政预算收入(万元)	Public Budgetary Financial Revenue(10 000 yuan)	13491	16833	24.8
公共财政预算支出(万元)	Public Budgetary Financial Expenditure(10 000 yuan)	113392	125408	10.6
个人储蓄存款余额(万元)	The balance of savings deposits of individuals(10 000yuan)	428345	474066	10.7
在岗职工工资总额(万元)	Total Wages of Staff & Workers Employed in(10 000 yuan)	59343	64748	9.1
在岗职工平均工资(元)	Average Wage of Staff & Workers Employed in(yuan)	46471	50811	9.3
全体居民人均可支配收入(元)	The per capita disposable income of all residents(yuan)	16373	17683	8.0
城镇常住居民人均可支配收入(元)	The per capita disposable income of urban permanent residents(yuan)	18422	19896	8.0
农村牧区常住居民人均可支配收入(元)	The per capita disposable income of permanent residents of rural and pastoral areas(yuan)	9323	10069	8.0
农村牧区经济	**Economic Development in Rural & Pastoral Area**			
农作物总播种面积(公顷)	Total Sown Area(hectare)	3042	3322	9.2
#粮食作物播种面积(公顷)	Sown Area of Grain Crops(hectare)	1864	1925	3.3
农牧业机械总动力(万千瓦)	Total Power of Agricultural Machinery(10 000 kw)	3.10	3.10	0.0
化肥施用折纯量(吨)	Consumption of Chemical Fertilizer(ton)	334	412	23.4
农村用电量(万千瓦小时)	Electricity Consumed in Rural Area(10 000 kwh)			
农林牧渔业总产值(万元)	Gross Output of Farming,Forestry,Animal Husbandry & Fishery(10 000 yuan)	168815	180872	6.7
粮食产量(吨)	Yield of Grain(ton)	2197	2797	27.3
油料产量(吨)	Yield of Oil-bearing Grops(ton)	1284	1600	24.6
甜菜产量(吨)	Yield of Beetroots(ton)			
猪牛羊肉产量(吨)	Output of Pork, Beef & Mutton(ton)	2793	2881	3.2
#猪肉产量(吨)	Output of Pork(ton)	2116	2136	0.9
牛肉产量(吨)	Output of Beef(ton)	502	503	0.2
羊肉产量(吨)	Output of Mutton(ton)	175	242	38.3
羊毛产量(吨)	Output of Wool(ton)	8	2	-75.0

23-34 Genhe City in Hulunbeier City

指　标	Item	2013	2014	2014年比上年增长% Increase Rate in 2014 Over 2013(%)
年末牲畜存栏头数(万头只)	Total Livestock at the Year-end(10 000 heads)	1.61	1.94	20.5
#大牲畜(万头只)	Large Animals(10 000 heads)	0.20	0.19	-5.0
羊(万只)	Sheep & Goats(10 000 heads)	0.47	0.71	51.1
猪(万头)	Hogs(10 000 heads)	0.94	1.04	10.6
规模以上工业	**Industrial Enterprises above Designated size**			
工业企业单位数(个)	Number of Industrial Enterprises(unit)	13	13	0.0
#内资企业(个)	Civil Funded Enterprises(unit)	13	13	0.0
工业总产值(万元)	Gross Industrial Output Value(10 000 yuan)	176525	190215	7.8
内资企业(万元)	Civil Funded Enterprises(10 000 yuan)	176525	190215	7.8
国有企业(万元)	State-owned Enterprises(10 000 yuan)	10787	11581	7.4
集体企业(万元)	Collective-owned Enterprises(10 000 yuan)			
股份合作企业(万元)	Share Holding Enterprises(10 000 yuan)			
联营企业(万元)	Joint Owned Enterprises(10 000 yuan)			
有限责任公司(万元)	Limited Company(10 000 yuan)			
股份有限公司(万元)	Share Holding Limited Company(10 000 yuan)	165737	178634	7.8
私营企业(万元)	Privately Owned Enterprises(10 000 yuan)			
其他企业(万元)	Enterprises of Other Ownership(10 000 yuan)			
港澳台商投资企业(万元)	Funds from HK,Macao & Taiwan(10 000 yuan)			
外商投资企业(万元)	Foreign Funded Enterprises(10 000 yuan)			
工业企业增加值(万元)	Value Added of Industrial Enterprises(10 000 yuan)			7.5
工业企业资产总计(万元)	Total Assets of Industrial Enterprises(10 000 yuan)	189024	215040	13.8
工业企业负债合计(万元)	Total Liabilities of Industrial Enterprises(10 000 yuan)	156730	183037	16.8
工业企业产品销售收入(万元)	Sales of Revenue Industrial Enterprises(10 000 yuan)	178899	183960	2.8
工业企业利润总额(万元)	Total Profits of Industrial Enterprises(10 000 yuan)	26717	29575	10.7
建筑业	**Construction**			
建筑企业单位数(个)	Number of Construction Enterprises(unit)	9	10	11.1
建筑企业从业人员(人)	Number of Employee in Construction Enterprises(person)	1427	2031	42.3
建筑业总产值(万元)	Gross Construction Output Value(10 000 yuan)	46075	63701	38.3
交通运输邮电通信业	**Transportation,Post & Telecommunications**			
公路里程(公里)	Total Length of Highways(km)	979	979	0.0
邮电业务总量(万元)	Business Volume of Post & Telecoms(10 000 yuan)	7120	7581	6.5
本地电话用户(户)	Number of Subscribers of Local Telephone(Household)	17316	17493	1.0
国内贸易	**Domestic Trade**			
社会消费品零售总额(万元)	Total Retail Sales of Consumer Goods(10 000 yuan)	162302	181129	11.6
城镇(万元)	Town(10 000 yuan)	162302	181129	11.6
乡村(万元)	Village(10 000 yuan)			
科技教育卫生	**Science,Education & Public Health**			
各类专业技术人员(人)	Special Technical Personnel(person)	7047	6766	-4.0
幼儿园数(所)	Number of Kindergartens(unit)	8	8	0.0
学龄儿童入学率(%)	Percentage of School-Age Children Enrolled(%)	100.0	100.0	0.0
小学学校数(所)	Number of Primary Schools(unit)	7	7	0.0
小学专任教师数(人)	Number of Full-time Teachers of Primary Schools(person)	718	638	-11.1
小学在校学生数(人)	Number of Student Enrollment of Primary Schools(person)	2940	2675	-9.0
普通中学学校数(所)	Number of Regular Secondary Schools(unit)	8	8	0.0
普通中学专任教师数(人)	Number of Teachers of Secondary Shools(person)	683	549	-19.6
初中在校学生数(人)	Number of Student in Junior Secondary Schools(person)	2425	2114	-12.8
高中在校学生数(人)	Number of Student in Senior Secondary Schools(person)	1718	1571	-8.6
卫生机构数(所)	Number of Health Institutions(unit)	72	56	-22.2
#医院(所)	Hospitals(unit)	2	4	100.0
卫生院(所)	Township Hospitals(unit)	6	6	0.0
床位数(张)	Number of Beds(unit)	518	608	17.4
#医院(张)	Hospitals(unit)	320	410	28.1
卫生院(张)	Township Hospitals(unit)	184	168	-8.7
卫生技术人员(人)	Medical Technical Presonnel(person)	1122	1354	20.7
#医院(人)	Hospitals(person)	365	473	29.6
卫生院(人)	Township Hospitals(person)	433	542	25.2

23-35 呼伦贝尔市阿荣旗

指 标	Item	2013	2014	2014年比上年增长% Increase Rate in 2014 Over 2013(%)
行政区域土地面积(平方公里)	**Area of Administration(Sq.km)**	**12063**	**12063**	**0.0**
人口和就业	**Population & Employment**			
年末总人口(人)	Total Population Year-end(person)	331146	331604	0.1
#男性(人)	Male(person)	170689	172823	1.3
#乡村人口(人)	Rural(person)	228349	227812	-0.2
年末总户数(户)	Total Number of Households at the Year-end(Household)	117953	129483	9.8
#乡村户数(户)	Number of Rural Household(Household)	68735	84024	22.2
出生人口(人)	Births(person)	3041	3271	7.6
死亡人口(人)	Deaths(person)	1993	1989	-0.2
全社会就业人员(人)	Employment(person)	162996	174812	7.2
第一产业(人)	Primary Industry(person)	113376	123179	8.6
第二产业(人)	Secondary Industry(person)	17434	18224	4.5
第三产业(人)	Tertiary Industry(person)	32186	33409	3.8
在岗职工人数(人)	Number of Staff & Workers Employed in(person)	23668	24422	3.2
乡村劳动力(人)	Number of Rural Laborers(person)	113376	123179	8.6
#农林牧渔业(人)	Farming,Forestry,Animal Husbandry & Fishery(person)	100269	106795	6.5
国民经济综合指标	**Summary Item on the National Economy**			
生产总值(万元)	Gross Domestic Product(10 000 yuan)	1456822	1571789	8.9
第一产业(万元)	Primary Industry(10 000 yuan)	478400	507065	5.6
第二产业(万元)	Secondary Industry(10 000 yuan)	655607	708819	11.3
#工业(万元)	Industry(10 000 yuan)	501159	530895	9.5
第三产业(万元)	Tertiary Industry(10 000 yuan)	322815	355905	8.9
人均生产总值(元)	Per Capita GDP(yuan)	44042	47432	8.7
全社会固定资产投资(万元)	Total Investment in Fixed Assets(10 000 yuan)	746288	913457	22.4
按登记注册类型分	Grouped by Registered Type			
#国有(万元)	State-owned Enterprises(10 000 yuan)	402996	568885	41.2
集体(万元)	Collective-owned Enterprises(10 000 yuan)			
有限责任公司(万元)	Limited Liability Corporations(10 000 yuan)	238812	133935	-43.9
股份有限公司(万元)	Share Holding Enterprises(10 000 yuan)	101495	177890	75.3
私营企业(万元)	Private Enterprises(10 000 yuan)	2985	32747	997.0
外商及港澳台投资企业(万元)	Funds from HK,Macao,Taiwan & Foreign(10 000 yuan)			
按城乡渠道分	Grouped by Urban and Rural Area			
城镇(万元)	Urban(10 000 yuan)	746288	913457	22.4
农村(万元)	Rural(10 000 yuan)			
公共财政预算收入(万元)	Public Budgetary Financial Revenue(10 000 yuan)	47544	51885	9.1
公共财政预算支出(万元)	Public Budgetary Financial Expenditure(10 000 yuan)	230800	236353	2.4
个人储蓄存款余额(万元)	The balance of savings deposits of individuals(10 000yuan)	297273	345736	16.3
在岗职工工资总额(万元)	Total Wages of Staff & Workers Employed in(10 000 yuan)	108720	116873	7.5
在岗职工平均工资(元)	Average Wage of Staff & Workers Employed in(yuan)	44515	46682	4.9
全体居民人均可支配收入(元)	The per capita disposable income of all residents(yuan)	14544	16057	10.4
城镇常住居民人均可支配收入(元)	The per capita disposable income of urban permanent residents(yuan)	20973	23028	9.8
农村牧区常住居民人均可支配收入(元)	The per capita disposable income of permanent residents of rural and pastoral areas(yuan)	11505	12966	12.7
农村牧区经济	**Economic Development in Rural & Pastoral Area**			
农作物总播种面积(公顷)	Total Sown Area(hectare)	290518	292335	0.6
#粮食作物播种面积(公顷)	Sown Area of Grain Crops(hectare)	268983	269225	0.1
农牧业机械总动力(万千瓦)	Total Power of Agricultural Machinery(10 000 kw)	72.63	79.01	8.8
化肥施用折纯量(吨)	Consumption of Chemical Fertilizer(ton)	18948	19558	3.2
农村用电量(万千瓦小时)	Electricity Consumed in Rural Area(10 000 kwh)	7811	8328	6.6
农林牧渔业总产值(万元)	Gross Output of Farming,Forestry,Animal Husbandry & Fishery(10 000 yuan)	782272	833852	6.2
粮食产量(吨)	Yield of Grain(ton)	1544400	1566000	1.4
油料产量(吨)	Yield of Oil-bearing Grops(ton)	33551	19946	-40.6
甜菜产量(吨)	Yield of Beetroots(ton)			
猪牛羊肉产量(吨)	Output of Pork, Beef & Mutton(ton)	39873	43015	7.9
#猪肉产量(吨)	Output of Pork(ton)	5787	5807	0.3
牛肉产量(吨)	Output of Beef(ton)	13043	15000	15.0
羊肉产量(吨)	Output of Mutton(ton)	21043	22208	5.5
羊毛产量(吨)	Output of Wool(ton)	6321	8795	39.1

23-35 Arong Banner in Hulunbeier City

指　标	Item	2013	2014	2014年比上年增长% Increase Rate in 2014 Over 2013(%)
年末牲畜存栏头数(万头只)	Total Livestock at the Year-end(10 000 heads)	171.61	173.65	1.2
#大牲畜(万头只)	Large Animals(10 000 heads)	16.42	16.38	-0.2
羊(万只)	Sheep & Goats(10 000 heads)	149.24	151.47	1.5
猪(万头)	Hogs(10 000 heads)	5.95	5.81	-2.4
规模以上工业	**Industrial Enterprises above Designated size**			
工业企业单位数(个)	Number of Industrial Enterprises(unit)	30	37	23.3
#内资企业(个)	Civil Funded Enterprises(unit)	30	37	23.3
工业总产值(万元)	Gross Industrial Output Value(10 000 yuan)	1033390	1200178	16.1
内资企业(万元)	Civil Funded Enterprises(10 000 yuan)	1033390	1200178	16.1
国有企业(万元)	State-owned Enterprises(10 000 yuan)	18745	21630	15.4
集体企业(万元)	Collective-owned Enterprises(10 000 yuan)			
股份合作企业(万元)	Share Holding Enterprises(10 000 yuan)			
联营企业(万元)	Joint Owned Enterprises(10 000 yuan)			
有限责任公司(万元)	Limited Company(10 000 yuan)	1014645	1178548	16.2
股份有限公司(万元)	Share Holding Limited Company(10 000 yuan)			
私营企业(万元)	Privately Owned Enterprises(10 000 yuan)			
其他企业(万元)	Enterprises of Other Ownership(10 000 yuan)			
港澳台商投资企业(万元)	Funds from HK,Macao & Taiwan(10 000 yuan)			
外商投资企业(万元)	Foreign Funded Enterprises(10 000 yuan)			
工业企业增加值(万元)	Value Added of Industrial Enterprises(10 000 yuan)			11.0
工业企业资产总计(万元)	Total Assets of Industrial Enterprises(10 000 yuan)	402019	477748	18.8
工业企业负债合计(万元)	Total Liabilities of Industrial Enterprises(10 000 yuan)	181068	211396	16.7
工业企业产品销售收入(万元)	Sales of Revenue Industrial Enterprises(10 000 yuan)	985839	1172900	19.0
工业企业利润总额(万元)	Total Profits of Industrial Enterprises(10 000 yuan)	406137	522775	28.7
建筑业	**Construction**			
建筑企业单位数(个)	Number of Construction Enterprises(unit)	4	6	50.0
建筑企业从业人员(人)	Number of Employee in Construction Enterprises(person)	3938	4014	1.9
建筑业总产值(万元)	Gross Construction Output Value(10 000 yuan)	90010	157260	74.7
交通运输邮电通信业	**Transportation,Post & Telecommunications**			
公路里程(公里)	Total Length of Highways(km)	2476	2476	0.0
邮电业务总量(万元)	Business Volume of Post & Telecoms(10 000 yuan)	17797	16919	-4.9
本地电话用户(户)	Number of Subscribers of Local Telephone(Household)	295492	255288	-13.6
国内贸易	**Domestic Trade**			
社会消费品零售总额(万元)	Total Retail Sales of Consumer Goods(10 000 yuan)	280400	300421	7.1
城镇(万元)	Town(10 000 yuan)	177600	190744	7.4
乡村(万元)	Village(10 000 yuan)	102800	109677	6.7
科技教育卫生	**Science,Education & Public Health**			
各类专业技术人员(人)	Special Technical Personnel(person)	4218	4326	2.6
幼儿园数(所)	Number of Kindergartens(unit)	33	42	27.3
学龄儿童入学率(%)	Percentage of School-Age Children Enrolled(%)	100.0	100.0	0.0
小学学校数(所)	Number of Primary Schools(unit)	21	21	0.0
小学专任教师数(人)	Number of Full-time Teachers of Primary Schools(person)	1363	1368	0.4
小学在校学生数(人)	Number of Student Enrollment of Primary Schools(person)	16759	17272	3.1
普通中学学校数(所)	Number of Regular Secondary Schools(unit)	17	18	5.9
普通中学专任教师数(人)	Number of Teachers of Secondary Shools(person)	1225	1179	-3.8
初中在校学生数(人)	Number of Student in Junior Secondary Schools(person)	6644	6527	-1.8
高中在校学生数(人)	Number of Student in Senior Secondary Schools(person)	3242	3317	2.3
卫生机构数(所)	Number of Health Institutions(unit)	313	296	-5.4
#医院(所)	Hospitals(unit)	6	6	0.0
卫生院(所)	Township Hospitals(unit)	18	18	0.0
床位数(张)	Number of Beds(unit)	950	928	-2.3
#医院(张)	Hospitals(unit)	761	761	0.0
卫生院(张)	Township Hospitals(unit)	147	147	0.0
卫生技术人员(人)	Medical Technical Presonnel(person)	791	881	11.4
#医院(人)	Hospitals(person)	397	400	0.8
卫生院(人)	Township Hospitals(person)	233	245	5.2

23-36 呼伦贝尔市莫力达瓦达斡尔族自治旗

指　标	Item	2013	2014	2014年比上年增长% Increase Rate in 2014 Over 2013(%)
行政区域土地面积(平方公里)	**Area of Administration(Sq.km)**	**10356**	**10356**	**0.0**
人口和就业	**Population & Employment**			
年末总人口(人)	Total Population Year-end(person)	330527	327757	-0.8
# 男性(人)	Male(person)	170473	168941	-0.9
# 乡村人口(人)	Rural(person)	264053	274054	3.8
年末总户数(户)	Total Number of Households at the Year-end(Household)	121665	122383	0.6
# 乡村户数(户)	Number of Rural Household(Household)	71663	76257	6.4
出生人口(人)	Births(person)	3305	3504	6.0
死亡人口(人)	Deaths(person)	1155	1689	46.2
全社会就业人员(人)	Employment(person)	150904	162824	7.9
第一产业(人)	Primary Industry(person)	125261	133482	6.6
第二产业(人)	Secondary Industry(person)	4718	6749	43.0
第三产业(人)	Tertiary Industry(person)	20925	22593	8.0
在岗职工人数(人)	Number of Staff & Workers Employed in(person)	20790	20660	-0.6
乡村劳动力(人)	Number of Rural Laborers(person)	142425	160481	12.7
# 农林牧渔业(人)	Farming,Forestry,Animal Husbandry & Fishery(person)	118832	124425	4.7
国民经济综合指标	**Summary Item on the National Economy**			
生产总值(万元)	Gross Domestic Product(10 000 yuan)	970038	1036428	7.0
第一产业(万元)	Primary Industry(10 000 yuan)	466698	494913	5.7
第二产业(万元)	Secondary Industry(10 000 yuan)	231754	245802	8.9
# 工业(万元)	Industry(10 000 yuan)	164030	171510	8.1
第三产业(万元)	Tertiary Industry(10 000 yuan)	271586	295713	7.4
人均生产总值(元)	Per Capita GDP(yuan)	29439	31489	7.1
全社会固定资产投资(万元)	Total Investment in Fixed Assets(10 000 yuan)	202646	280259	38.3
按登记注册类型分	Grouped by Registered Type			
# 国有(万元)	State-owned Enterprises(10 000 yuan)	111701	207428	85.7
集体(万元)	Collective-owned Enterprises(10 000 yuan)		600	
有限责任公司(万元)	Limited Liability Corporations(10 000 yuan)			
股份有限公司(万元)	Share Holding Enterprises(10 000 yuan)		2500	
私营企业(万元)	Private Enterprises(10 000 yuan)	79967	69731	-12.8
外商及港澳台投资企业(万元)	Funds from HK,Macao,Taiwan & Foreign(10 000 yuan)			
按城乡渠道分	Grouped by Urban and Rural Area			
城镇(万元)	Urban(10 000 yuan)	202646	280259	38.3
农村(万元)	Rural(10 000 yuan)			
公共财政预算收入(万元)	Public Budgetary Financial Revenue(10 000 yuan)	24380	28231	15.8
公共财政预算支出(万元)	Public Budgetary Financial Expenditure(10 000 yuan)	224225	262436	17.0
个人储蓄存款余额(万元)	The balance of savings deposits of individuals(10 000yuan)	235957	247576	4.9
在岗职工工资总额(万元)	Total Wages of Staff & Workers Employed in(10 000 yuan)	84941	88981	4.8
在岗职工平均工资(元)	Average Wage of Staff & Workers Employed in(yuan)	40874	43241	5.8
全体居民人均可支配收入(元)	The per capita disposable income of all residents(yuan)	9661	10617	9.9
城镇常住居民人均可支配收入(元)	The per capita disposable income of urban permanent residents(yuan)	15914	17458	9.7
农村牧区常住居民人均可支配收入(元)	The per capita disposable income of permanent residents of rural and pastoral areas(yuan)	6714	7419	10.5
农村牧区经济	**Economic Development in Rural & Pastoral Area**			
农作物总播种面积(公顷)	Total Sown Area(hectare)	463204	447362	-3.4
# 粮食作物播种面积(公顷)	Sown Area of Grain Crops(hectare)	439390	439829	0.1
农牧业机械总动力(万千瓦)	Total Power of Agricultural Machinery(10 000 kw)	77.00	81.09	5.3
化肥施用折纯量(吨)	Consumption of Chemical Fertilizer(ton)	90899	101306	11.4
农村用电量(万千瓦小时)	Electricity Consumed in Rural Area(10 000 kwh)	7600	7353	-3.3
农林牧渔业总产值(万元)	Gross Output of Farming,Forestry,Animal Husbandry & Fishery(10 000 yuan)	759165	813868	6.7
粮食产量(吨)	Yield of Grain(ton)	1612500	1659500	2.9
油料产量(吨)	Yield of Oil-bearing Grops(ton)	3677	1620	-55.9
甜菜产量(吨)	Yield of Beetroots(ton)	450		
猪牛羊肉产量(吨)	Output of Pork, Beef & Mutton(ton)	29193	31213	6.9
# 猪肉产量(吨)	Output of Pork(ton)	5882	5902	0.3
牛肉产量(吨)	Output of Beef(ton)	10435	11368	8.9
羊肉产量(吨)	Output of Mutton(ton)	12876	13943	8.3
羊毛产量(吨)	Output of Wool(ton)	1688	1674	-0.8

23-36 Molidawadawoer National Autonomous Banner in Hulunbeier City

指 标	Item	2013	2014	2014年比上年增长% Increase Rate in 2014 Over 2013(%)
年末牲畜存栏头数(万头只)	Total Livestock at the Year-end(10 000 heads)	131.24	135.04	2.9
# 大牲畜(万头只)	Large Animals(10 000 heads)	14.39	14.29	-0.7
羊(万只)	Sheep & Goats(10 000 heads)	110.93	114.45	3.2
猪(万头)	Hogs(10 000 heads)	5.92	6.30	6.4
规模以上工业	**Industrial Enterprises above Designated size**			
工业企业单位数(个)	Number of Industrial Enterprises(unit)	18	16	-11.1
# 内资企业(个)	Civil Funded Enterprises(unit)	17	15	-11.8
工业总产值(万元)	Gross Industrial Output Value(10 000 yuan)	442162	289856	-34.4
内资企业(万元)	Civil Funded Enterprises(10 000 yuan)	412951	261847	-36.6
国有企业(万元)	State-owned Enterprises(10 000 yuan)	30060	27296	-9.2
集体企业(万元)	Collective-owned Enterprises(10 000 yuan)			
股份合作企业(万元)	Share Holding Enterprises(10 000 yuan)			
联营企业(万元)	Joint Owned Enterprises(10 000 yuan)			
有限责任公司(万元)	Limited Company(10 000 yuan)			
股份有限公司(万元)	Share Holding Limited Company(10 000 yuan)			
私营企业(万元)	Privately Owned Enterprises(10 000 yuan)	382891	234551	-38.7
其他企业(万元)	Enterprises of Other Ownership(10 000 yuan)			
港澳台商投资企业(万元)	Funds from HK,Macao & Taiwan(10 000 yuan)	29211	28009	-4.1
外商投资企业(万元)	Foreign Funded Enterprises(10 000 yuan)			
工业企业增加值(万元)	Value Added of Industrial Enterprises(10 000 yuan)			8.7
工业企业资产总计(万元)	Total Assets of Industrial Enterprises(10 000 yuan)	288126	240284	-16.6
工业企业负债合计(万元)	Total Liabilities of Industrial Enterprises(10 000 yuan)	134500	113647	-15.5
工业企业产品销售收入(万元)	Sales of Revenue Industrial Enterprises(10 000 yuan)	446316	293615	-34.2
工业企业利润总额(万元)	Total Profits of Industrial Enterprises(10 000 yuan)	50854	35570	-30.1
建筑业	**Construction**			
建筑企业单位数(个)	Number of Construction Enterprises(unit)	6	6	0.0
建筑企业从业人员(人)	Number of Employee in Construction Enterprises(person)	5144	4080	-20.7
建筑业总产值(万元)	Gross Construction Output Value(10 000 yuan)	36753	40324	9.7
交通运输邮电通信业	**Transportation,Post & Telecommunications**			
公路里程(公里)	Total Length of Highways(km)	1973	1973	0.0
邮电业务总量(万元)	Business Volume of Post & Telecoms(10 000 yuan)	12790	12854	0.5
本地电话用户(户)	Number of Subscribers of Local Telephone(Household)	23384	21061	-9.9
国内贸易	**Domestic Trade**			
社会消费品零售总额(万元)	Total Retail Sales of Consumer Goods(10 000 yuan)	264157	293214	11.0
城镇(万元)	Town(10 000 yuan)	184910	205250	11.0
乡村(万元)	Village(10 000 yuan)	79247	87964	11.0
科技教育卫生	**Science,Education & Public Health**			
各类专业技术人员(人)	Special Technical Personnel(person)	8239	8467	2.8
幼儿园数(所)	Number of Kindergartens(unit)	17	17	0.0
学龄儿童入学率(%)	Percentage of School-Age Children Enrolled(%)	100.0	100.0	0.0
小学学校数(所)	Number of Primary Schools(unit)	14	14	0.0
小学专任教师数(人)	Number of Full-time Teachers of Primary Schools(person)	1703	1743	2.3
小学在校学生数(人)	Number of Student Enrollment of Primary Schools(person)	15233	15152	-0.5
普通中学学校数(所)	Number of Regular Secondary Schools(unit)	25	25	0.0
普通中学专任教师数(人)	Number of Teachers of Secondary Shools(person)	1173	1169	-0.3
初中在校学生数(人)	Number of Student in Junior Secondary Schools(person)	6524	6424	-1.5
高中在校学生数(人)	Number of Student in Senior Secondary Schools(person)	3193	3256	2.0
卫生机构数(所)	Number of Health Institutions(unit)	344	356	3.5
# 医院(所)	Hospitals(unit)	7	7	0.0
卫生院(所)	Township Hospitals(unit)	18	18	0.0
床位数(张)	Number of Beds(unit)	920	952	3.5
# 医院(张)	Hospitals(unit)	600	640	6.7
卫生院(张)	Township Hospitals(unit)	275	267	-2.9
卫生技术人员(人)	Medical Technical Presonnel(person)	1106	1170	5.8
# 医院(人)	Hospitals(person)	627	648	3.3
卫生院(人)	Township Hospitals(person)	245	244	-0.4

23-37 呼伦贝尔市鄂伦春自治旗

指　标	Item	2013	2014	2014年比上年增长% Increase Rate in 2014 Over 2013(%)
行政区域土地面积(平方公里)	**Area of Administration(Sq.km)**	**59880**	**59880**	**0.0**
人口和就业	**Population & Employment**			
年末总人口(人)	Total Population Year-end(person)	263904	261896	-0.8
#男性(人)	Male(person)	135587	134588	-0.7
#乡村人口(人)	Rural(person)	69036	60695	-12.1
年末总户数(户)	Total Number of Households at the Year-end(Household)	104659	105516	0.8
#乡村户数(户)	Number of Rural Household(Household)	20136	18692	-7.2
出生人口(人)	Births(person)	1665	1820	9.3
死亡人口(人)	Deaths(person)	1546	1853	19.9
全社会就业人员(人)	Employment(person)	83302	89075	6.9
第一产业(人)	Primary Industry(person)	39981	50140	25.4
第二产业(人)	Secondary Industry(person)	13895	5305	-61.8
第三产业(人)	Tertiary Industry(person)	29426	33630	14.3
在岗职工人数(人)	Number of Staff & Workers Employed in(person)	17976	17787	-1.1
乡村劳动力(人)	Number of Rural Laborers(person)	39747	37125	-6.6
#农林牧渔业(人)	Farming,Forestry,Animal Husbandry & Fishery(person)	37919	34488	-9.0
国民经济综合指标	**Summary Item on the National Economy**			
生产总值(万元)	Gross Domestic Product(10 000 yuan)	591075	642464	8.3
第一产业(万元)	Primary Industry(10 000 yuan)	229841	245334	6.3
第二产业(万元)	Secondary Industry(10 000 yuan)	77161	83078	10.8
#工业(万元)	Industry(10 000 yuan)	62431	67051	11.1
第三产业(万元)	Tertiary Industry(10 000 yuan)	284073	314052	9.1
人均生产总值(元)	Per Capita GDP(yuan)	22331	24438	9.0
全社会固定资产投资(万元)	Total Investment in Fixed Assets(10 000 yuan)	147919	199838	35.1
按登记注册类型分	Grouped by Registered Type			
#国有(万元)	State-owned Enterprises(10 000 yuan)	63809	84547	32.5
集体(万元)	Collective-owned Enterprises(10 000 yuan)	1441		
有限责任公司(万元)	Limited Liability Corporations(10 000 yuan)	80118	105035	31.1
股份有限公司(万元)	Share Holding Enterprises(10 000 yuan)			
私营企业(万元)	Private Enterprises(10 000 yuan)	2551	10256	302.0
外商及港澳台投资企业(万元)	Funds from HK,Macao,Taiwan & Foreign(10 000 yuan)			
按城乡渠道分	Grouped by Urban and Rural Area			
城镇(万元)	Urban(10 000 yuan)	145867	199838	37.0
农村(万元)	Rural(10 000 yuan)	2052		
公共财政预算收入(万元)	Public Budgetary Financial Revenue(10 000 yuan)	15130	16633	9.9
公共财政预算支出(万元)	Public Budgetary Financial Expenditure(10 000 yuan)	193647	223750	15.5
个人储蓄存款余额(万元)	The balance of savings deposits of individuals(10 000yuan)	421801	485102	15.0
在岗职工工资总额(万元)	Total Wages of Staff & Workers Employed in(10 000 yuan)	76267	78956	3.5
在岗职工平均工资(元)	Average Wage of Staff & Workers Employed in(yuan)	40821	42751	4.7
全体居民人均可支配收入(元)	The per capita disposable income of all residents(yuan)	14060	15255	8.5
城镇常住居民人均可支配收入(元)	The per capita disposable income of urban permanent residents(yuan)	17411	18891	8.5
农村牧区常住居民人均可支配收入(元)	The per capita disposable income of permanent residents of rural and pastoral areas(yuan)	6364	6905	8.5
农村牧区经济	**Economic Development in Rural & Pastoral Area**			
农作物总播种面积(公顷)	Total Sown Area(hectare)	285733	291861	2.1
#粮食作物播种面积(公顷)	Sown Area of Grain Crops(hectare)	282082	288394	2.2
农牧业机械总动力(万千瓦)	Total Power of Agricultural Machinery(10 000 kw)	46.90	52.14	11.2
化肥施用折纯量(吨)	Consumption of Chemical Fertilizer(ton)	31289	33532	7.2
农村用电量(万千瓦小时)	Electricity Consumed in Rural Area(10 000 kwh)	2339	2366	1.2
农林牧渔业总产值(万元)	Gross Output of Farming,Forestry,Animal Husbandry & Fishery(10 000 yuan)	376127	403443	6.8
粮食产量(吨)	Yield of Grain(ton)	543500	561500	3.3
油料产量(吨)	Yield of Oil-bearing Grops(ton)	655	815	24.4
甜菜产量(吨)	Yield of Beetroots(ton)			
猪牛羊肉产量(吨)	Output of Pork, Beef & Mutton(ton)	7999	8723	9.1
#猪肉产量(吨)	Output of Pork(ton)	3034	3054	0.7
牛肉产量(吨)	Output of Beef(ton)	3179	3325	4.6
羊肉产量(吨)	Output of Mutton(ton)	1786	2344	31.2
羊毛产量(吨)	Output of Wool(ton)	1154	1184	2.6

23-37 Elunchun National Autonomous Banner in Hulunbeier City

指　标	Item	2013	2014	2014年比上年增长% Increase Rate in 2014 Over 2013(%)
年末牲畜存栏头数(万头只)	Total Livestock at the Year-end(10 000 heads)	39.70	45.15	13.7
#大牲畜(万头只)	Large Animals(10 000 heads)	3.28	3.34	1.8
羊(万只)	Sheep & Goats(10 000 heads)	32.38	37.53	15.9
猪(万头)	Hogs(10 000 heads)	4.04	4.28	5.9
规模以上工业	**Industrial Enterprises above Designated size**			
工业企业单位数(个)	Number of Industrial Enterprises(unit)	7	7	0.0
#内资企业(个)	Civil Funded Enterprises(unit)	7	6	-14.3
工业总产值(万元)	Gross Industrial Output Value(10 000 yuan)	52406	70753	35.0
内资企业(万元)	Civil Funded Enterprises(10 000 yuan)	52406	57953	10.6
国有企业(万元)	State-owned Enterprises(10 000 yuan)			
集体企业(万元)	Collective-owned Enterprises(10 000 yuan)			
股份合作企业(万元)	Share Holding Enterprises(10 000 yuan)			
联营企业(万元)	Joint Owned Enterprises(10 000 yuan)			
有限责任公司(万元)	Limited Company(10 000 yuan)	47445	57953	22.1
股份有限公司(万元)	Share Holding Limited Company(10 000 yuan)			
私营企业(万元)	Privately Owned Enterprises(10 000 yuan)	4961		
其他企业(万元)	Enterprises of Other Ownership(10 000 yuan)			
港澳台商投资企业(万元)	Funds from HK,Macao & Taiwan(10 000 yuan)		12800	
外商投资企业(万元)	Foreign Funded Enterprises(10 000 yuan)			
工业企业增加值(万元)	Value Added of Industrial Enterprises(10 000 yuan)			12.0
工业企业资产总计(万元)	Total Assets of Industrial Enterprises(10 000 yuan)	136264	156129	14.6
工业企业负债合计(万元)	Total Liabilities of Industrial Enterprises(10 000 yuan)	120425	122416	1.7
工业企业产品销售收入(万元)	Sales of Revenue Industrial Enterprises(10 000 yuan)	50496	68810	36.3
工业企业利润总额(万元)	Total Profits of Industrial Enterprises(10 000 yuan)	-4010	-3231	
建筑业	**Construction**			
建筑企业单位数(个)	Number of Construction Enterprises(unit)	7	7	0.0
建筑企业从业人员(人)	Number of Employee in Construction Enterprises(person)	245	336	37.1
建筑业总产值(万元)	Gross Construction Output Value(10 000 yuan)	21135	26883	27.2
交通运输邮电通信业	**Transportation,Post & Telecommunications**			
公路里程(公里)	Total Length of Highways(km)	2797	2797	0.0
邮电业务总量(万元)	Business Volume of Post & Telecoms(10 000 yuan)	14512	13593	-6.3
本地电话用户(户)	Number of Subscribers of Local Telephone(Household)	224759	222142	-1.2
国内贸易	**Domestic Trade**			
社会消费品零售总额(万元)	Total Retail Sales of Consumer Goods(10 000 yuan)	210641	235075	11.6
城镇(万元)	Town(10 000 yuan)	128628	143230	11.4
乡村(万元)	Village(10 000 yuan)	82013	91845	12.0
科技教育卫生	**Science,Education & Public Health**			
各类专业技术人员(人)	Special Technical Personnel(person)	4895	4745	-3.1
幼儿园数(所)	Number of Kindergartens(unit)	25	24	-4.0
学龄儿童入学率(%)	Percentage of School-Age Children Enrolled(%)	100.0	100.0	0.0
小学学校数(所)	Number of Primary Schools(unit)	27	25	-7.4
小学专任教师数(人)	Number of Full-time Teachers of Primary Schools(person)	1505	1437	-4.5
小学在校学生数(人)	Number of Student Enrollment of Primary Schools(person)	9419	9360	-0.6
普通中学学校数(所)	Number of Regular Secondary Schools(unit)	12	10	-16.7
普通中学专任教师数(人)	Number of Teachers of Secondary Shools(person)	1130	927	-18.0
初中在校学生数(人)	Number of Student in Junior Secondary Schools(person)	5299	4897	-7.6
高中在校学生数(人)	Number of Student in Senior Secondary Schools(person)	3826	3571	-6.7
卫生机构数(所)	Number of Health Institutions(unit)	184	173	-6.0
#医院(所)	Hospitals(unit)	9	5	-44.4
卫生院(所)	Township Hospitals(unit)	9	9	0.0
床位数(张)	Number of Beds(unit)	781	902	15.5
#医院(张)	Hospitals(unit)	491	554	12.8
卫生院(张)	Township Hospitals(unit)	262	248	-5.3
卫生技术人员(人)	Medical Technical Presonnel(person)	1242	1384	11.4
#医院(人)	Hospitals(person)	629	532	-15.4
卫生院(人)	Township Hospitals(person)	475	462	-2.7

23-38 呼伦贝尔市鄂温克族自治旗

指　标	Item	2013	2014	2014年比上年增长% Increase Rate in 2014 Over 2013(%)
行政区域土地面积(平方公里)	**Area of Administration(Sq.km)**	**19111**	**19111**	**0.0**
人口和就业	**Population & Employment**			
年末总人口(人)	Total Population Year-end(person)	143415	142967	-0.3
# 男性(人)	Male(person)	74077	73639	-0.6
# 乡村人口(人)	Rural(person)	29391	29536	0.5
年末总户数(户)	Total Number of Households at the Year-end(Household)	53719	54139	0.8
# 乡村户数(户)	Number of Rural Household(Household)	8983	9016	0.4
出生人口(人)	Births(person)	1148	1179	2.7
死亡人口(人)	Deaths(person)	902	989	9.6
全社会就业人员(人)	Employment(person)	64084	71620	11.8
第一产业(人)	Primary Industry(person)	16939	17122	1.1
第二产业(人)	Secondary Industry(person)	19251	19171	-0.4
第三产业(人)	Tertiary Industry(person)	27894	35327	26.6
在岗职工人数(人)	Number of Staff & Workers Employed in(person)	28893	28878	-0.1
乡村劳动力(人)	Number of Rural Laborers(person)	18343	18427	0.5
# 农林牧渔业(人)	Farming,Forestry,Animal Husbandry & Fishery(person)	14957	14916	-0.3
国民经济综合指标	**Summary Item on the National Economy**			
生产总值(万元)	Gross Domestic Product(10 000 yuan)	1019368	1090309	9.0
第一产业(万元)	Primary Industry(10 000 yuan)	79078	83250	4.9
第二产业(万元)	Secondary Industry(10 000 yuan)	705117	754643	10.4
# 工业(万元)	Industry(10 000 yuan)	634877	678304	10.5
第三产业(万元)	Tertiary Industry(10 000 yuan)	235173	252416	5.8
人均生产总值(元)	Per Capita GDP(yuan)	71064	76144	9.2
全社会固定资产投资(万元)	Total Investment in Fixed Assets(10 000 yuan)	434796	490015	12.7
按登记注册类型分	Grouped by Registered Type			
# 国有(万元)	State-owned Enterprises(10 000 yuan)	130860	101635	-22.3
集体(万元)	Collective-owned Enterprises(10 000 yuan)	7264		
有限责任公司(万元)	Limited Liability Corporations(10 000 yuan)	184361	314326	70.5
股份有限公司(万元)	Share Holding Enterprises(10 000 yuan)	82438	31461	-61.8
私营企业(万元)	Private Enterprises(10 000 yuan)	19227	42247	119.7
外商及港澳台投资企业(万元)	Funds from HK,Macao,Taiwan & Foreign(10 000 yuan)	10646	346	-96.7
按城乡渠道分	Grouped by Urban and Rural Area			
城镇(万元)	Urban(10 000 yuan)	434796	490015	12.7
农村(万元)	Rural(10 000 yuan)			
公共财政预算收入(万元)	Public Budgetary Financial Revenue(10 000 yuan)	73533	81065	10.2
公共财政预算支出(万元)	Public Budgetary Financial Expenditure(10 000 yuan)	183359	180606	-1.5
个人储蓄存款余额(万元)	The balance of savings deposits of individuals(10 000yuan)	409934	437606	6.8
在岗职工工资总额(万元)	Total Wages of Staff & Workers Employed in(10 000 yuan)	195363	202935	3.9
在岗职工平均工资(元)	Average Wage of Staff & Workers Employed in(yuan)	63345	68815	8.6
全体居民人均可支配收入(元)	The per capita disposable income of all residents(yuan)	20196	22357	10.7
城镇常住居民人均可支配收入(元)	The per capita disposable income of urban permanent residents(yuan)	21038	23226	10.4
农村牧区常住居民人均可支配收入(元)	The per capita disposable income of permanent residents of rural and pastoral areas(yuan)	14355	16264	13.3
农村牧区经济	**Economic Development in Rural & Pastoral Area**			
农作物总播种面积(公顷)	Total Sown Area(hectare)	15078	22408	48.6
# 粮食作物播种面积(公顷)	Sown Area of Grain Crops(hectare)	8596	12661	47.3
农牧业机械总动力(万千瓦)	Total Power of Agricultural Machinery(10 000 kw)	18.59	15.55	-16.4
化肥施用折纯量(吨)	Consumption of Chemical Fertilizer(ton)	3903	3933	0.8
农村用电量(万千瓦小时)	Electricity Consumed in Rural Area(10 000 kwh)	907	945	4.2
农林牧渔业总产值(万元)	Gross Output of Farming,Forestry,Animal Husbandry & Fishery(10 000 yuan)	131054	136902	4.9
粮食产量(吨)	Yield of Grain(ton)	20119	20669	2.7
油料产量(吨)	Yield of Oil-bearing Grops(ton)	3580	5819	62.5
甜菜产量(吨)	Yield of Beetroots(ton)			
猪牛羊肉产量(吨)	Output of Pork, Beef & Mutton(ton)	17468	17621	0.9
# 猪肉产量(吨)	Output of Pork(ton)	3239	2888	-10.8
牛肉产量(吨)	Output of Beef(ton)	8028	11475	42.9
羊肉产量(吨)	Output of Mutton(ton)	6201	3258	-47.5
羊毛产量(吨)	Output of Wool(ton)	1257	1265	0.6

23-38 Ewenke National Autonomous Banner in Hulunbeier City

指　标	Item	2013	2014	2014年比上年增长% Increase Rate in 2014 Over 2013(%)
年末牲畜存栏头数(万头只)	Total Livestock at the Year-end(10 000 heads)	61.14	76.71	25.5
#大牲畜(万头只)	Large Animals(10 000 heads)	12.96	14.53	12.1
羊(万只)	Sheep & Goats(10 000 heads)	47.05	60.73	29.1
猪(万头)	Hogs(10 000 heads)	1.12	1.45	29.5
规模以上工业	**Industrial Enterprises above Designated size**			
工业企业单位数(个)	Number of Industrial Enterprises(unit)	15	15	0.0
# 内资企业(个)	Civil Funded Enterprises(unit)	14	14	0.0
工业总产值(万元)	Gross Industrial Output Value(10 000 yuan)	1095800	1062707	-3.0
内资企业(万元)	Civil Funded Enterprises(10 000 yuan)	1088300	1056305	-2.9
国有企业(万元)	State-owned Enterprises(10 000 yuan)			
集体企业(万元)	Collective-owned Enterprises(10 000 yuan)			
股份合作企业(万元)	Share Holding Enterprises(10 000 yuan)			
联营企业(万元)	Joint Owned Enterprises(10 000 yuan)			
有限责任公司(万元)	Limited Company(10 000 yuan)	1074900	1035591	-3.7
股份有限公司(万元)	Share Holding Limited Company(10 000 yuan)			
私营企业(万元)	Privately Owned Enterprises(10 000 yuan)	13400	20714	54.6
其他企业(万元)	Enterprises of Other Ownership(10 000 yuan)			
港澳台商投资企业(万元)	Funds from HK,Macao & Taiwan(10 000 yuan)			
外商投资企业(万元)	Foreign Funded Enterprises(10 000 yuan)	7500	6402	-14.6
工业企业增加值(万元)	Value Added of Industrial Enterprises(10 000 yuan)			11.0
工业企业资产总计(万元)	Total Assets of Industrial Enterprises(10 000 yuan)	3669200	2318603	-36.8
工业企业负债合计(万元)	Total Liabilities of Industrial Enterprises(10 000 yuan)	2541600	2456622	-3.3
工业企业产品销售收入(万元)	Sales of Revenue Industrial Enterprises(10 000 yuan)	981300	848027	-13.6
工业企业利润总额(万元)	Total Profits of Industrial Enterprises(10 000 yuan)	115800	41110	-64.5
建筑业	**Construction**			
建筑企业单位数(个)	Number of Construction Enterprises(unit)	6	4	-33.3
建筑企业从业人员(人)	Number of Employee in Construction Enterprises(person)	2854	1952	-31.6
建筑业总产值(万元)	Gross Construction Output Value(10 000 yuan)	158525	190248	20.0
交通运输邮电通信业	**Transportation,Post & Telecommunications**			
公路里程(公里)	Total Length of Highways(km)	1109	1109	0.0
邮电业务总量(万元)	Business Volume of Post & Telecoms(10 000 yuan)	1286	1380	7.3
本地电话用户(户)	Number of Subscribers of Local Telephone(Household)	25599	20202	-21.1
国内贸易	**Domestic Trade**			
社会消费品零售总额(万元)	Total Retail Sales of Consumer Goods(10 000 yuan)	131096	146828	12.0
城镇(万元)	Town(10 000 yuan)	114405	128706	12.5
乡村(万元)	Village(10 000 yuan)	16691	18122	8.6
科技教育卫生	**Science,Education & Public Health**			
各类专业技术人员(人)	Special Technical Personnel(person)	3041	2950	-3.0
幼儿园数(所)	Number of Kindergartens(unit)	20	26	30.0
学龄儿童入学率(%)	Percentage of School-Age Children Enrolled(%)	100.0	100.0	0.0
小学学校数(所)	Number of Primary Schools(unit)	10	10	0.0
小学专任教师数(人)	Number of Full-time Teachers of Primary Schools(person)	627	591	-5.7
小学在校学生数(人)	Number of Student Enrollment of Primary Schools(person)	5022	4927	-1.9
普通中学学校数(所)	Number of Regular Secondary Schools(unit)	11	11	0.0
普通中学专任教师数(人)	Number of Teachers of Secondary Shools(person)	737	727	-1.4
初中在校学生数(人)	Number of Student in Junior Secondary Schools(person)	2711	2517	-7.2
高中在校学生数(人)	Number of Student in Senior Secondary Schools(person)	1432	1375	-4.0
卫生机构数(所)	Number of Health Institutions(unit)	96	103	7.3
# 医院(所)	Hospitals(unit)	6	6	0.0
卫生院(所)	Township Hospitals(unit)	8	8	0.0
床位数(张)	Number of Beds(unit)	846	797	-5.8
# 医院(张)	Hospitals(unit)	615	599	-2.6
卫生院(张)	Township Hospitals(unit)	111	108	-2.7
卫生技术人员(人)	Medical Technical Presonnel(person)	824	895	8.6
# 医院(人)	Hospitals(person)	528	549	4.0
卫生院(人)	Township Hospitals(person)	196	209	6.6

23-39 呼伦贝尔市新巴尔虎右旗

指　标	Item	2013	2014	2014年比上年增长% Increase Rate in 2014 Over 2013(%)
行政区域土地面积(平方公里)	**Area of Administration(Sq.km)**	**24839**	**24839**	**0.0**
人口和就业	**Population & Employment**			
年末总人口(人)	Total Population Year-end(person)	35201	35650	1.3
#男性(人)	Male(person)	17957	17575	-2.1
#乡村人口(人)	Rural(person)	16888	16936	0.3
年末总户数(户)	Total Number of Households at the Year-end(Household)	14864	14725	-0.9
#乡村户数(户)	Number of Rural Household(Household)	5530	5546	0.3
出生人口(人)	Births(person)	378	439	16.1
死亡人口(人)	Deaths(person)	234	237	1.3
全社会就业人员(人)	Employment(person)	25004	25614	2.4
第一产业(人)	Primary Industry(person)	9280	11227	21.0
第二产业(人)	Secondary Industry(person)	5398	5553	2.9
第三产业(人)	Tertiary Industry(person)	10326	8834	-14.4
在岗职工人数(人)	Number of Staff & Workers Employed in(person)	4409	4653	5.5
乡村劳动力(人)	Number of Rural Laborers(person)	11499	11670	1.5
#农林牧渔业(人)	Farming,Forestry,Animal Husbandry & Fishery(person)	8954	9068	1.3
国民经济综合指标	**Summary Item on the National Economy**			
生产总值(万元)	Gross Domestic Product(10 000 yuan)	729440	771554	8.3
第一产业(万元)	Primary Industry(10 000 yuan)	45965	48129	4.4
第二产业(万元)	Secondary Industry(10 000 yuan)	579327	608366	8.5
#工业(万元)	Industry(10 000 yuan)	567074	595317	8.6
第三产业(万元)	Tertiary Industry(10 000 yuan)	104148	115059	8.8
人均生产总值(元)	Per Capita GDP(yuan)	206798	217796	7.9
全社会固定资产投资(万元)	Total Investment in Fixed Assets(10 000 yuan)	182451	242112	32.7
按登记注册类型分	Grouped by Registered Type			
#国有(万元)	State-owned Enterprises(10 000 yuan)	79178	192129	142.7
集体(万元)	Collective-owned Enterprises(10 000 yuan)			
有限责任公司(万元)	Limited Liability Corporations(10 000 yuan)	46603	36226	-22.3
股份有限公司(万元)	Share Holding Enterprises(10 000 yuan)			
私营企业(万元)	Private Enterprises(10 000 yuan)	41613	11485	-72.4
外商及港澳台投资企业(万元)	Funds from HK,Macao,Taiwan & Foreign(10 000 yuan)			
按城乡渠道分	Grouped by Urban and Rural Area			
城镇(万元)	Urban(10 000 yuan)	182451	242112	32.7
农村(万元)	Rural(10 000 yuan)			
公共财政预算收入(万元)	Public Budgetary Financial Revenue(10 000 yuan)	46438	48034	3.4
公共财政预算支出(万元)	Public Budgetary Financial Expenditure(10 000 yuan)	112755	112999	0.2
个人储蓄存款余额(万元)	The balance of savings deposits of individuals(10 000yuan)	65339	69218	5.9
在岗职工工资总额(万元)	Total Wages of Staff & Workers Employed in(10 000 yuan)	22244	23840	7.2
在岗职工平均工资(元)	Average Wage of Staff & Workers Employed in(yuan)	50213	52235	4.0
全体居民人均可支配收入(元)	The per capita disposable income of all residents(yuan)	17444	19241	10.3
城镇常住居民人均可支配收入(元)	The per capita disposable income of urban permanent residents(yuan)	20834	22834	9.6
农村牧区常住居民人均可支配收入(元)	The per capita disposable income of permanent residents of rural and pastoral areas(yuan)	14055	15671	11.5
农村牧区经济	**Economic Development in Rural & Pastoral Area**			
农作物总播种面积(公顷)	Total Sown Area(hectare)	2352	2133	-9.3
#粮食作物播种面积(公顷)	Sown Area of Grain Crops(hectare)	880	1043	18.5
农牧业机械总动力(万千瓦)	Total Power of Agricultural Machinery(10 000 kw)	5.00	5.96	19.2
化肥施用折纯量(吨)	Consumption of Chemical Fertilizer(ton)	45	49	8.9
农村用电量(万千瓦小时)	Electricity Consumed in Rural Area(10 000 kwh)	195	169	-13.3
农林牧渔业总产值(万元)	Gross Output of Farming,Forestry,Animal Husbandry & Fishery(10 000 yuan)	75886	79147	4.0
粮食产量(吨)	Yield of Grain(ton)	5750	8556	48.8
油料产量(吨)	Yield of Oil-bearing Grops(ton)	7	9	28.6
甜菜产量(吨)	Yield of Beetroots(ton)			
猪牛羊肉产量(吨)	Output of Pork, Beef & Mutton(ton)	21033	16603	-21.1
#猪肉产量(吨)	Output of Pork(ton)	45	57	26.7
牛肉产量(吨)	Output of Beef(ton)	3168	2290	-27.7
羊肉产量(吨)	Output of Mutton(ton)	17820	14256	-20.0
羊毛产量(吨)	Output of Wool(ton)	1550	754	-51.4

23-39 Xinbaerhuyou Banner in Hulunbeier City

指　标	Item	2013	2014	2014年比上年增长% Increase Rate in 2014 Over 2013(%)
年末牲畜存栏头数(万头只)	Total Livestock at the Year-end(10 000 heads)	128.42	113.82	-11.4
# 大牲畜(万头只)	Large Animals(10 000 heads)	6.84	6.00	-12.3
羊(万只)	Sheep & Goats(10 000 heads)	121.51	107.75	-11.3
猪(万头)	Hogs(10 000 heads)	0.07	0.07	0.0
规模以上工业	**Industrial Enterprises above Designated size**			
工业企业单位数(个)	Number of Industrial Enterprises(unit)	15	15	0.0
# 内资企业(个)	Civil Funded Enterprises(unit)	14	14	0.0
工业总产值(万元)	Gross Industrial Output Value(10 000 yuan)	735327	899620	22.3
内资企业(万元)	Civil Funded Enterprises(10 000 yuan)	732381	897368	22.5
国有企业(万元)	State-owned Enterprises(10 000 yuan)			
集体企业(万元)	Collective-owned Enterprises(10 000 yuan)			
股份合作企业(万元)	Share Holding Enterprises(10 000 yuan)			
联营企业(万元)	Joint Owned Enterprises(10 000 yuan)			
有限责任公司(万元)	Limited Company(10 000 yuan)	608346	675099	11.0
股份有限公司(万元)	Share Holding Limited Company(10 000 yuan)			
私营企业(万元)	Privately Owned Enterprises(10 000 yuan)	124035	222269	79.2
其他企业(万元)	Enterprises of Other Ownership(10 000 yuan)			
港澳台商投资企业(万元)	Funds from HK,Macao & Taiwan(10 000 yuan)			
外商投资企业(万元)	Foreign Funded Enterprises(10 000 yuan)	2946	2252	-23.5
工业企业增加值(万元)	Value Added of Industrial Enterprises(10 000 yuan)			8.8
工业企业资产总计(万元)	Total Assets of Industrial Enterprises(10 000 yuan)	1882575	2188204	16.2
工业企业负债合计(万元)	Total Liabilities of Industrial Enterprises(10 000 yuan)	802479	920469	14.7
工业企业产品销售收入(万元)	Sales of Revenue Industrial Enterprises(10 000 yuan)	686909	847720	23.4
工业企业利润总额(万元)	Total Profits of Industrial Enterprises(10 000 yuan)	156674	86471	-44.8
建筑业	**Construction**			
建筑企业单位数(个)	Number of Construction Enterprises(unit)			
建筑企业从业人员(人)	Number of Employee in Construction Enterprises(person)			
建筑业总产值(万元)	Gross Construction Output Value(10 000 yuan)			
交通运输邮电通信业	**Transportation,Post & Telecommunications**			
公路里程(公里)	Total Length of Highways(km)	1078	1078	0.0
邮电业务总量(万元)	Business Volume of Post & Telecoms(10 000 yuan)	5185	5445	5.0
本地电话用户(户)	Number of Subscribers of Local Telephone(Household)	6627	6688	0.9
国内贸易	**Domestic Trade**			
社会消费品零售总额(万元)	Total Retail Sales of Consumer Goods(10 000 yuan)	50155	55722	11.1
城镇(万元)	Town(10 000 yuan)	33102	36776	11.1
乡村(万元)	Village(10 000 yuan)	17052	18946	11.1
科技教育卫生	**Science,Education & Public Health**			
各类专业技术人员(人)	Special Technical Personnel(person)	1291	1291	0.0
幼儿园数(所)	Number of Kindergartens(unit)	6	6	0.0
学龄儿童入学率(%)	Percentage of School-Age Children Enrolled(%)	100.0	100.0	0.0
小学学校数(所)	Number of Primary Schools(unit)	2	2	0.0
小学专任教师数(人)	Number of Full-time Teachers of Primary Schools(person)	218	171	-21.6
小学在校学生数(人)	Number of Student Enrollment of Primary Schools(person)	1661	1674	0.8
普通中学学校数(所)	Number of Regular Secondary Schools(unit)	2	2	0.0
普通中学专任教师数(人)	Number of Teachers of Secondary Shools(person)	151	117	-22.5
初中在校学生数(人)	Number of Student in Junior Secondary Schools(person)	709	670	-5.5
高中在校学生数(人)	Number of Student in Senior Secondary Schools(person)	101	79	-21.8
卫生机构数(所)	Number of Health Institutions(unit)	29	28	-3.4
# 医院(所)	Hospitals(unit)	2	2	0.0
卫生院(所)	Township Hospitals(unit)	12	12	0.0
床位数(张)	Number of Beds(unit)	181	168	-7.2
# 医院(张)	Hospitals(unit)	130	160	23.1
卫生院(张)	Township Hospitals(unit)			
卫生技术人员(人)	Medical Technical Presonnel(person)	316	336	6.3
# 医院(人)	Hospitals(person)	159	191	20.1
卫生院(人)	Township Hospitals(person)	92	89	-3.3

23-40 呼伦贝尔市新巴尔虎左旗

指　标	Item	2013	2014	2014年比上年增长% Increase Rate in 2014 Over 2013(%)
行政区域土地面积(平方公里)	**Area of Administration(Sq.km)**	**21634**	**21634**	**0.0**
人口和就业	**Population & Employment**			
年末总人口(人)	Total Population Year-end(person)	42592	43043	1.1
#男性(人)	Male(person)	21221	21353	0.6
#乡村人口(人)	Rural(person)	19150	19261	0.6
年末总户数(户)	Total Number of Households at the Year-end(Household)	19299	19610	1.6
#乡村户数(户)	Number of Rural Household(Household)	5861	5895	0.6
出生人口(人)	Births(person)	429	474	10.5
死亡人口(人)	Deaths(person)	278	337	21.2
全社会就业人员(人)	Employment(person)	23882	24561	2.8
第一产业(人)	Primary Industry(person)	12777	11476	-10.2
第二产业(人)	Secondary Industry(person)	2462	2488	1.1
第三产业(人)	Tertiary Industry(person)	8643	10597	22.6
在岗职工人数(人)	Number of Staff & Workers Employed in(person)	4545	4537	-0.2
乡村劳动力(人)	Number of Rural Laborers(person)	13069	13145	0.6
#农林牧渔业(人)	Farming,Forestry,Animal Husbandry & Fishery(person)	10366	10426	0.6
国民经济综合指标	**Summary Item on the National Economy**			
生产总值(万元)	Gross Domestic Product(10 000 yuan)	327562	349660	7.6
第一产业(万元)	Primary Industry(10 000 yuan)	70200	73580	4.5
第二产业(万元)	Secondary Industry(10 000 yuan)	163760	174864	9.9
#工业(万元)	Industry(10 000 yuan)	108851	113432	7.8
第三产业(万元)	Tertiary Industry(10 000 yuan)	93602	101216	6.5
人均生产总值(元)	Per Capita GDP(yuan)	77282	81663	6.5
全社会固定资产投资(万元)	Total Investment in Fixed Assets(10 000 yuan)	132873	230003	73.1
按登记注册类型分	Grouped by Registered Type			
#国有(万元)	State-owned Enterprises(10 000 yuan)	86102	184009	113.7
集体(万元)	Collective-owned Enterprises(10 000 yuan)			
有限责任公司(万元)	Limited Liability Corporations(10 000 yuan)	8637	4000	-53.7
股份有限公司(万元)	Share Holding Enterprises(10 000 yuan)	31092	8981	-71.1
私营企业(万元)	Private Enterprises(10 000 yuan)	7042	33013	368.8
外商及港澳台投资企业(万元)	Funds from HK,Macao,Taiwan & Foreign(10 000 yuan)			
按城乡渠道分	Grouped by Urban and Rural Area			
城镇(万元)	Urban(10 000 yuan)	132873	230003	73.1
农村(万元)	Rural(10 000 yuan)			
公共财政预算收入(万元)	Public Budgetary Financial Revenue(10 000 yuan)	13065	12984	-0.6
公共财政预算支出(万元)	Public Budgetary Financial Expenditure(10 000 yuan)	87543	88051	0.6
个人储蓄存款余额(万元)	The balance of savings deposits of individuals(10 000yuan)	47476	47787	0.7
在岗职工工资总额(万元)	Total Wages of Staff & Workers Employed in(10 000 yuan)	21470	23160	7.9
在岗职工平均工资(元)	Average Wage of Staff & Workers Employed in(yuan)	47828	50811	6.2
全体居民人均可支配收入(元)	The per capita disposable income of all residents(yuan)	15937	17579	10.3
城镇常住居民人均可支配收入(元)	The per capita disposable income of urban permanent residents(yuan)	18045	19795	9.7
农村牧区常住居民人均可支配收入(元)	The per capita disposable income of permanent residents of rural and pastoral areas(yuan)	13952	15570	11.6
农村牧区经济	**Economic Development in Rural & Pastoral Area**			
农作物总播种面积(公顷)	Total Sown Area(hectare)	27626	26521	-4.0
#粮食作物播种面积(公顷)	Sown Area of Grain Crops(hectare)	20452	20897	2.2
农牧业机械总动力(万千瓦)	Total Power of Agricultural Machinery(10 000 kw)	18.10	18.82	4.0
化肥施用折纯量(吨)	Consumption of Chemical Fertilizer(ton)	642	650	1.2
农村用电量(万千瓦小时)	Electricity Consumed in Rural Area(10 000 kwh)	520	530	1.9
农林牧渔业总产值(万元)	Gross Output of Farming,Forestry,Animal Husbandry & Fishery(10 000 yuan)	115299	121000	4.6
粮食产量(吨)	Yield of Grain(ton)	56500	78261	38.5
油料产量(吨)	Yield of Oil-bearing Grops(ton)	8916	11353	27.3
甜菜产量(吨)	Yield of Beetroots(ton)			
猪牛羊肉产量(吨)	Output of Pork, Beef & Mutton(ton)	26175	21161	-19.2
#猪肉产量(吨)	Output of Pork(ton)	116	59	-49.1
牛肉产量(吨)	Output of Beef(ton)	8399	7244	-13.8
羊肉产量(吨)	Output of Mutton(ton)	17660	13858	-21.5
羊毛产量(吨)	Output of Wool(ton)	2481	2751	10.9

23-40 Xinbaerhuzuo Banner in Hulunbeier City

指　标	Item	2013	2014	2014年比上年增长% Increase Rate in 2014 Over 2013(%)
年末牲畜存栏头数(万头只)	Total Livestock at the Year-end(10 000 heads)	87.15	102.43	17.5
# 大牲畜(万头只)	Large Animals(10 000 heads)	15.70	16.82	7.1
羊(万只)	Sheep & Goats(10 000 heads)	71.37	85.50	19.8
猪(万头)	Hogs(10 000 heads)	0.08	0.11	37.5
规模以上工业	**Industrial Enterprises above Designated size**			
工业企业单位数(个)	Number of Industrial Enterprises(unit)	8	9	12.5
# 内资企业(个)	Civil Funded Enterprises(unit)	7	8	14.3
工业总产值(万元)	Gross Industrial Output Value(10 000 yuan)	51938	49796	-4.1
内资企业(万元)	Civil Funded Enterprises(10 000 yuan)	48628	47294	-2.7
国有企业(万元)	State-owned Enterprises(10 000 yuan)	8130	8011	-1.5
集体企业(万元)	Collective-owned Enterprises(10 000 yuan)			
股份合作企业(万元)	Share Holding Enterprises(10 000 yuan)			
联营企业(万元)	Joint Owned Enterprises(10 000 yuan)			
有限责任公司(万元)	Limited Company(10 000 yuan)	40498	39283	-3.0
股份有限公司(万元)	Share Holding Limited Company(10 000 yuan)			
私营企业(万元)	Privately Owned Enterprises(10 000 yuan)			
其他企业(万元)	Enterprises of Other Ownership(10 000 yuan)			
港澳台商投资企业(万元)	Funds from HK,Macao & Taiwan(10 000 yuan)			
外商投资企业(万元)	Foreign Funded Enterprises(10 000 yuan)	3310	2502	-24.4
工业企业增加值(万元)	Value Added of Industrial Enterprises(10 000 yuan)			8.0
工业企业资产总计(万元)	Total Assets of Industrial Enterprises(10 000 yuan)	391146	388917	-0.6
工业企业负债合计(万元)	Total Liabilities of Industrial Enterprises(10 000 yuan)	107242	118135	10.2
工业企业产品销售收入(万元)	Sales of Revenue Industrial Enterprises(10 000 yuan)	51197	47914	-6.4
工业企业利润总额(万元)	Total Profits of Industrial Enterprises(10 000 yuan)	-16324	-21906	
建筑业	**Construction**			
建筑企业单位数(个)	Number of Construction Enterprises(unit)			
建筑企业从业人员(人)	Number of Employee in Construction Enterprises(person)			
建筑业总产值(万元)	Gross Construction Output Value(10 000 yuan)			
交通运输邮电通信业	**Transportation,Post & Telecommunications**			
公路里程(公里)	Total Length of Highways(km)	1853	1927	4.0
邮电业务总量(万元)	Business Volume of Post & Telecoms(10 000 yuan)	242	245	1.3
本地电话用户(户)	Number of Subscribers of Local Telephone(Household)	6523	5222	-19.9
国内贸易	**Domestic Trade**			
社会消费品零售总额(万元)	Total Retail Sales of Consumer Goods(10 000 yuan)	56100	58684	4.6
城镇(万元)	Town(10 000 yuan)	41110	43213	5.1
乡村(万元)	Village(10 000 yuan)	14990	15471	3.2
科技教育卫生	**Science,Education & Public Health**			
各类专业技术人员(人)	Special Technical Personnel(person)	1105	1161	5.1
幼儿园数(所)	Number of Kindergartens(unit)	7	7	0.0
学龄儿童入学率(%)	Percentage of School-Age Children Enrolled(%)	100.0	100.0	0.0
小学学校数(所)	Number of Primary Schools(unit)	2	2	0.0
小学专任教师数(人)	Number of Full-time Teachers of Primary Schools(person)	263	201	-23.6
小学在校学生数(人)	Number of Student Enrollment of Primary Schools(person)	1787	1819	1.8
普通中学学校数(所)	Number of Regular Secondary Schools(unit)	4	4	0.0
普通中学专任教师数(人)	Number of Teachers of Secondary Shools(person)	156	144	-7.7
初中在校学生数(人)	Number of Student in Junior Secondary Schools(person)	661	651	-1.5
高中在校学生数(人)	Number of Student in Senior Secondary Schools(person)			
卫生机构数(所)	Number of Health Institutions(unit)	21	21	0.0
# 医院(所)	Hospitals(unit)	2	2	0.0
卫生院(所)	Township Hospitals(unit)	12	12	0.0
床位数(张)	Number of Beds(unit)	151	153	1.3
# 医院(张)	Hospitals(unit)	78	80	2.6
卫生院(张)	Township Hospitals(unit)	56	56	0.0
卫生技术人员(人)	Medical Technical Presonnel(person)	313	330	5.4
# 医院(人)	Hospitals(person)	157	171	8.9
卫生院(人)	Township Hospitals(person)	81	76	-6.2

23-41 呼伦贝尔市陈巴尔虎旗

指　标	Item	2013	2014	2014年比上年增长% Increase Rate in 2014 Over 2013(%)
行政区域土地面积(平方公里)	**Area of Administration(Sq.km)**	**17458**	**17458**	**0.0**
人口和就业	**Population & Employment**			
年末总人口(人)	Total Population Year-end(person)	58732	58711	0.0
#男性(人)	Male(person)	30114	30071	-0.1
#乡村人口(人)	Rural(person)	14152	14136	-0.1
年末总户数(户)	Total Number of Households at the Year-end(Household)	24378	23495	-3.6
#乡村户数(户)	Number of Rural Household(Household)	4598	4593	-0.1
出生人口(人)	Births(person)	452	544	20.4
死亡人口(人)	Deaths(person)	366	419	14.5
全社会就业人员(人)	Employment(person)	34378	32813	-4.6
第一产业(人)	Primary Industry(person)	14899	14431	-3.1
第二产业(人)	Secondary Industry(person)	7791	7498	-3.8
第三产业(人)	Tertiary Industry(person)	11688	10884	-6.9
在岗职工人数(人)	Number of Staff & Workers Employed in(person)	13697	11274	-17.7
乡村劳动力(人)	Number of Rural Laborers(person)	7361	7038	-4.4
#农林牧渔业(人)	Farming,Forestry,Animal Husbandry & Fishery(person)	6784	6826	0.6
国民经济综合指标	**Summary Item on the National Economy**			
生产总值(万元)	Gross Domestic Product(10 000 yuan)	836650	890371	8.6
第一产业(万元)	Primary Industry(10 000 yuan)	96765	102252	5.3
第二产业(万元)	Secondary Industry(10 000 yuan)	569366	605295	9.9
#工业(万元)	Industry(10 000 yuan)	533657	571315	10.7
第三产业(万元)	Tertiary Industry(10 000 yuan)	170518	182823	5.5
人均生产总值(元)	Per Capita GDP(yuan)	142616	151626	8.5
全社会固定资产投资(万元)	Total Investment in Fixed Assets(10 000 yuan)	423394	176000	-58.4
按登记注册类型分	Grouped by Registered Type			
#国有(万元)	State-owned Enterprises(10 000 yuan)	239477	53875	-77.5
集体(万元)	Collective-owned Enterprises(10 000 yuan)			
有限责任公司(万元)	Limited Liability Corporations(10 000 yuan)	5537		
股份有限公司(万元)	Share Holding Enterprises(10 000 yuan)			
私营企业(万元)	Private Enterprises(10 000 yuan)	37490	16545	-55.9
外商及港澳台投资企业(万元)	Funds from HK,Macao,Taiwan & Foreign(10 000 yuan)	140890	105580	-25.1
按城乡渠道分	Grouped by Urban and Rural Area			
城镇(万元)	Urban(10 000 yuan)	423394	176000	-58.4
农村(万元)	Rural(10 000 yuan)			
公共财政预算收入(万元)	Public Budgetary Financial Revenue(10 000 yuan)	48888	55397	13.3
公共财政预算支出(万元)	Public Budgetary Financial Expenditure(10 000 yuan)	121602	124719	2.6
个人储蓄存款余额(万元)	The balance of savings deposits of individuals(10 000yuan)	119984	131029	9.2
在岗职工工资总额(万元)	Total Wages of Staff & Workers Employed in(10 000 yuan)	85325	73213	-14.2
在岗职工平均工资(元)	Average Wage of Staff & Workers Employed in(yuan)	63472	66800	5.2
全体居民人均可支配收入(元)	The per capita disposable income of all residents(yuan)	20216	22359	10.6
城镇常住居民人均可支配收入(元)	The per capita disposable income of urban permanent residents(yuan)	21467	23635	10.1
农村牧区常住居民人均可支配收入(元)	The per capita disposable income of permanent residents of rural and pastoral areas(yuan)	14080	15868	12.7
农村牧区经济	**Economic Development in Rural & Pastoral Area**			
农作物总播种面积(公顷)	Total Sown Area(hectare)	79106	81649	3.2
#粮食作物播种面积(公顷)	Sown Area of Grain Crops(hectare)	46312	43360	-6.4
农牧业机械总动力(万千瓦)	Total Power of Agricultural Machinery(10 000 kw)	21.00	21.50	2.4
化肥施用折纯量(吨)	Consumption of Chemical Fertilizer(ton)	7310	10829	48.1
农村用电量(万千瓦小时)	Electricity Consumed in Rural Area(10 000 kwh)	1895	2051	8.2
农林牧渔业总产值(万元)	Gross Output of Farming,Forestry,Animal Husbandry & Fishery(10 000 yuan)	158626	168150	5.3
粮食产量(吨)	Yield of Grain(ton)	124001	124701	0.6
油料产量(吨)	Yield of Oil-bearing Grops(ton)	46455	50984	9.7
甜菜产量(吨)	Yield of Beetroots(ton)			
猪牛羊肉产量(吨)	Output of Pork, Beef & Mutton(ton)	17391	17512	0.7
#猪肉产量(吨)	Output of Pork(ton)	487	469	-3.7
牛肉产量(吨)	Output of Beef(ton)	11994	11327	-5.6
羊肉产量(吨)	Output of Mutton(ton)	4910	5716	16.4
羊毛产量(吨)	Output of Wool(ton)	1161	1180	1.6

23-41 Chenbaerhu Banner in Hulunbeier City

指　标	Item	2013	2014	2014年比上年增长% Increase Rate in 2014 Over 2013(%)
年末牲畜存栏头数(万头只)	Total Livestock at the Year-end(10 000 heads)	66.51	67.54	1.5
#大牲畜(万头只)	Large Animals(10 000 heads)	13.32	14.25	7.0
羊(万只)	Sheep & Goats(10 000 heads)	52.73	52.83	0.2
猪(万头)	Hogs(10 000 heads)	0.46	0.46	0.0
规模以上工业	**Industrial Enterprises above Designated size**			
工业企业单位数(个)	Number of Industrial Enterprises(unit)	16	17	6.3
#内资企业(个)	Civil Funded Enterprises(unit)	14	15	7.1
工业总产值(万元)	Gross Industrial Output Value(10 000 yuan)	987124	909954	-7.8
内资企业(万元)	Civil Funded Enterprises(10 000 yuan)	938564	845041	-10.0
国有企业(万元)	State-owned Enterprises(10 000 yuan)	18516	17116	-7.6
集体企业(万元)	Collective-owned Enterprises(10 000 yuan)			
股份合作企业(万元)	Share Holding Enterprises(10 000 yuan)			
联营企业(万元)	Joint Owned Enterprises(10 000 yuan)			
有限责任公司(万元)	Limited Company(10 000 yuan)			
股份有限公司(万元)	Share Holding Limited Company(10 000 yuan)	868236	816829	-5.9
私营企业(万元)	Privately Owned Enterprises(10 000 yuan)			
其他企业(万元)	Enterprises of Other Ownership(10 000 yuan)	51812	11096	-78.6
港澳台商投资企业(万元)	Funds from HK,Macao & Taiwan(10 000 yuan)	46169	62663	35.7
外商投资企业(万元)	Foreign Funded Enterprises(10 000 yuan)	2391	2250	-5.9
工业企业增加值(万元)	Value Added of Industrial Enterprises(10 000 yuan)			10.7
工业企业资产总计(万元)	Total Assets of Industrial Enterprises(10 000 yuan)	2218526	2268495	2.3
工业企业负债合计(万元)	Total Liabilities of Industrial Enterprises(10 000 yuan)	1365940	1546873	13.2
工业企业产品销售收入(万元)	Sales of Revenue Industrial Enterprises(10 000 yuan)	930160	843881	-9.3
工业企业利润总额(万元)	Total Profits of Industrial Enterprises(10 000 yuan)	185974	126266	-32.1
建筑业	**Construction**			
建筑企业单位数(个)	Number of Construction Enterprises(unit)	1	1	0.0
建筑企业从业人员(人)	Number of Employee in Construction Enterprises(person)	78	78	0.0
建筑业总产值(万元)	Gross Construction Output Value(10 000 yuan)	956	1234	29.1
交通运输邮电通信业	**Transportation,Post & Telecommunications**			
公路里程(公里)	Total Length of Highways(km)	1366	1388	1.6
邮电业务总量(万元)	Business Volume of Post & Telecoms(10 000 yuan)	7476	7451	-0.3
本地电话用户(户)	Number of Subscribers of Local Telephone(Household)	78389	81143	3.5
国内贸易	**Domestic Trade**			
社会消费品零售总额(万元)	Total Retail Sales of Consumer Goods(10 000 yuan)	46868	52305	11.6
城镇(万元)	Town(10 000 yuan)	32200	35755	11.0
乡村(万元)	Village(10 000 yuan)	14668	16550	12.8
科技教育卫生	**Science,Education & Public Health**			
各类专业技术人员(人)	Special Technical Personnel(person)	1552	1461	-5.9
幼儿园数(所)	Number of Kindergartens(unit)	2	2	0.0
学龄儿童入学率(%)	Percentage of School-Age Children Enrolled(%)	100.0	100.0	0.0
小学学校数(所)	Number of Primary Schools(unit)	7	7	0.0
小学专任教师数(人)	Number of Full-time Teachers of Primary Schools(person)	429	420	-2.1
小学在校学生数(人)	Number of Student Enrollment of Primary Schools(person)	2407	2199	-8.6
普通中学学校数(所)	Number of Regular Secondary Schools(unit)	3	3	0.0
普通中学专任教师数(人)	Number of Teachers of Secondary Shools(person)	258	251	-2.7
初中在校学生数(人)	Number of Student in Junior Secondary Schools(person)	1329	1153	-13.2
高中在校学生数(人)	Number of Student in Senior Secondary Schools(person)			
卫生机构数(所)	Number of Health Institutions(unit)	16	16	0.0
#医院(所)	Hospitals(unit)	6	6	0.0
卫生院(所)	Township Hospitals(unit)	7	7	0.0
床位数(张)	Number of Beds(unit)	290	290	0.0
#医院(张)	Hospitals(unit)	210	210	0.0
卫生院(张)	Township Hospitals(unit)	80	80	0.0
卫生技术人员(人)	Medical Technical Presonnel(person)	326	355	8.9
#医院(人)	Hospitals(person)	235	235	0.0
卫生院(人)	Township Hospitals(person)	91	99	8.8

23-42 兴安盟乌兰浩特市

指 标	Item	2013	2014	2014年比上年增长% Increase Rate in 2014 Over 2013(%)
行政区域土地面积(平方公里)	**Area of Administration(Sq.km)**	**2728**	**2728**	**0.0**
人口和就业	**Population & Employment**			
年末总人口(人)	Total Population Year-end(person)	323677	322360	-0.4
# 男性(人)	Male(person)	159884	159134	-0.5
# 乡村人口(人)	Rural(person)	78880	80200	1.7
年末总户数(户)	Total Number of Households at the Year-end(Household)	129399	129084	-0.2
# 乡村户数(户)	Number of Rural Household(Household)	23551	24567	4.3
出生人口(人)	Births(person)	2856	3093	8.3
死亡人口(人)	Deaths(person)	1397	2179	56.0
全社会就业人员(人)	Employment(person)	178888	149100	-16.7
第一产业(人)	Primary Industry(person)	34636	34999	1.0
第二产业(人)	Secondary Industry(person)	21136	20599	-2.5
第三产业(人)	Tertiary Industry(person)	123116	93502	-24.1
在岗职工人数(人)	Number of Staff & Workers Employed in(person)	41741	41822	0.2
乡村劳动力(人)	Number of Rural Laborers(person)	42041	42089	0.1
# 农林牧渔业(人)	Farming,Forestry,Animal Husbandry & Fishery(person)	31716	32231	1.6
国民经济综合指标	**Summary Item on the National Economy**			
生产总值(万元)	Gross Domestic Product(10 000 yuan)	1361940	1475701	7.8
第一产业(万元)	Primary Industry(10 000 yuan)	90693	95940	6.0
第二产业(万元)	Secondary Industry(10 000 yuan)	638840	693645	8.0
# 工业(万元)	Industry(10 000 yuan)	536248	583438	7.9
第三产业(万元)	Tertiary Industry(10 000 yuan)	632407	686116	7.8
人均生产总值(元)	Per Capita GDP(yuan)	41173	44535	7.6
全社会固定资产投资(万元)	Total Investment in Fixed Assets(10 000 yuan)	810951	965032	19.0
按登记注册类型分	Grouped by Registered Type			
# 国有(万元)	State-owned Enterprises(10 000 yuan)	484712	708715	46.2
集体(万元)	Collective-owned Enterprises(10 000 yuan)		1821	
有限责任公司(万元)	Limited Liability Corporations(10 000 yuan)	11347	4087	-64.0
股份有限公司(万元)	Share Holding Enterprises(10 000 yuan)	5241	8010	52.8
私营企业(万元)	Private Enterprises(10 000 yuan)	2479	1370	-44.7
外商及港澳台投资企业(万元)	Funds from HK,Macao,Taiwan & Foreign(10 000 yuan)			
按城乡渠道分	Grouped by Urban and Rural Area			
城镇(万元)	Urban(10 000 yuan)	810951	965032	19.0
农村(万元)	Rural(10 000 yuan)			
公共财政预算收入(万元)	Public Budgetary Financial Revenue(10 000 yuan)	72644	71722	-1.3
公共财政预算支出(万元)	Public Budgetary Financial Expenditure(10 000 yuan)	246343	253273	2.8
个人储蓄存款余额(万元)	The balance of savings deposits of individuals(10 000 yuan)	949158	1014775	6.9
在岗职工工资总额(万元)	Total Wages of Staff & Workers Employed in(10 000 yuan)	200371	227144	13.4
在岗职工平均工资(元)	Average Wage of Staff & Workers Employed in(yuan)	48475	54467	12.4
全体居民人均可支配收入(元)	The per capita disposable income of all residents(yuan)	19049	21221	11.4
城镇常住居民人均可支配收入(元)	The per capita disposable income of urban permanent residents(yuan)	20588	22667	10.1
农村牧区常住居民人均可支配收入(元)	The per capita disposable income of permanent residents of rural and pastoral areas(yuan)	9346	10645	13.9
农村牧区经济	**Economic Development in Rural & Pastoral Area**			
农作物总播种面积(公顷)	Total Sown Area(hectare)	41817	42228	1.0
# 粮食作物播种面积(公顷)	Sown Area of Grain Crops(hectare)	38435	38605	0.4
农牧业机械总动力(万千瓦)	Total Power of Agricultural Machinery(10 000 kw)	24.07	26.78	11.3
化肥施用折纯量(吨)	Consumption of Chemical Fertilizer(ton)	12958	16832	29.9
农村用电量(万千瓦小时)	Electricity Consumed in Rural Area(10 000 kwh)	3566	4584	28.5
农林牧渔业总产值(万元)	Gross Output of Farming,Forestry,Animal Husbandry & Fishery(10 000 yuan)	162171	171115	5.8
粮食产量(吨)	Yield of Grain(ton)	230000	234900	2.1
油料产量(吨)	Yield of Oil-bearing Grops(ton)	1828	1567	-14.3
甜菜产量(吨)	Yield of Beetroots(ton)			
猪牛羊肉产量(吨)	Output of Pork, Beef & Mutton(ton)	11102	11255	1.4
# 猪肉产量(吨)	Output of Pork(ton)	3659	3691	0.9
牛肉产量(吨)	Output of Beef(ton)	5299	5377	1.5
羊肉产量(吨)	Output of Mutton(ton)	2144	2187	2.0
羊毛产量(吨)	Output of Wool(ton)	475	400	-15.8

23-42 Wulanhaote City in Xingan League

指 标	Item	2013	2014	2014年比上年增长% Increase Rate in 2014 Over 2013(%)
年末牲畜存栏头数(万头只)	Total Livestock at the Year-end(10 000 heads)	28.09	30.08	7.1
# 大牲畜(万头只)	Large Animals(10 000 heads)	5.40	5.41	0.1
羊(万只)	Sheep & Goats(10 000 heads)	19.78	21.74	9.9
猪(万头)	Hogs(10 000 heads)	2.90	2.93	1.0
规模以上工业	**Industrial Enterprises above Designated size**			
工业企业单位数(个)	Number of Industrial Enterprises(unit)	59	50	-15.3
# 内资企业(个)	Civil Funded Enterprises(unit)	54	46	-14.8
工业总产值(万元)	Gross Industrial Output Value(10 000 yuan)	1255160	1247231	-0.6
内资企业(万元)	Civil Funded Enterprises(10 000 yuan)	1038505	1027973	-1.0
国有企业(万元)	State-owned Enterprises(10 000 yuan)			
集体企业(万元)	Collective-owned Enterprises(10 000 yuan)	2675	2546	-4.8
股份合作企业(万元)	Share Holding Enterprises(10 000 yuan)			
联营企业(万元)	Joint Owned Enterprises(10 000 yuan)			
有限责任公司(万元)	Limited Company(10 000 yuan)	921422	918748	-0.3
股份有限公司(万元)	Share Holding Limited Company(10 000 yuan)	1572		
私营企业(万元)	Privately Owned Enterprises(10 000 yuan)	112836	106678	-5.5
其他企业(万元)	Enterprises of Other Ownership(10 000 yuan)			
港澳台商投资企业(万元)	Funds from HK,Macao & Taiwan(10 000 yuan)	21243	24722	16.4
外商投资企业(万元)	Foreign Funded Enterprises(10 000 yuan)	195412	194536	-0.4
工业企业增加值(万元)	Value Added of Industrial Enterprises(10 000 yuan)			6.3
工业企业资产总计(万元)	Total Assets of Industrial Enterprises(10 000 yuan)	894784	943740	5.5
工业企业负债合计(万元)	Total Liabilities of Industrial Enterprises(10 000 yuan)	666687	737419	10.6
工业企业产品销售收入(万元)	Sales of Revenue Industrial Enterprises(10 000 yuan)	1136516	1198752	5.5
工业企业利润总额(万元)	Total Profits of Industrial Enterprises(10 000 yuan)	61465	60992	-0.8
建筑业	**Construction**			
建筑企业单位数(个)	Number of Construction Enterprises(unit)	28	26	-7.1
建筑企业从业人员(人)	Number of Employee in Construction Enterprises(person)	7941	5459	-31.3
建筑业总产值(万元)	Gross Construction Output Value(10 000 yuan)	208459	213280	2.3
交通运输邮电通信业	**Transportation,Post & Telecommunications**			
公路里程(公里)	Total Length of Highways(km)	478	570	19.2
邮电业务总量(万元)	Business Volume of Post & Telecoms(10 000 yuan)	40491	45651	12.7
本地电话用户(户)	Number of Subscribers of Local Telephone(Household)	66220	62333	-5.9
国内贸易	**Domestic Trade**			
社会消费品零售总额(万元)	Total Retail Sales of Consumer Goods(10 000 yuan)	869504	1011192	16.3
城镇(万元)	Town(10 000 yuan)	869504	1011192	16.3
乡村(万元)	Village(10 000 yuan)			
科技教育卫生	**Science,Education & Public Health**			
各类专业技术人员(人)	Special Technical Personnel(person)	8349	8605	3.1
幼儿园数(所)	Number of Kindergartens(unit)	50	60	20.0
学龄儿童入学率(%)	Percentage of School-Age Children Enrolled(%)	100.0	100.0	0.0
小学学校数(所)	Number of Primary Schools(unit)	24	23	-4.2
小学专任教师数(人)	Number of Full-time Teachers of Primary Schools(person)	1371	1426	4.0
小学在校学生数(人)	Number of Student Enrollment of Primary Schools(person)	19206	19212	0.0
普通中学学校数(所)	Number of Regular Secondary Schools(unit)	17	18	5.9
普通中学专任教师数(人)	Number of Teachers of Secondary Shools(person)	1848	1836	-0.6
初中在校学生数(人)	Number of Student in Junior Secondary Schools(person)	11167	11058	-1.0
高中在校学生数(人)	Number of Student in Senior Secondary Schools(person)	12457	11802	-5.3
卫生机构数(所)	Number of Health Institutions(unit)	288	292	1.4
# 医院(所)	Hospitals(unit)	13	16	23.1
卫生院(所)	Township Hospitals(unit)	7	7	0.0
床位数(张)	Number of Beds(unit)	2410	2790	15.8
# 医院(张)	Hospitals(unit)	2115	2305	9.0
卫生院(张)	Township Hospitals(unit)	120	120	0.0
卫生技术人员(人)	Medical Technical Presonnel(person)	3439	3710	7.9
# 医院(人)	Hospitals(person)	2494	2761	10.7
卫生院(人)	Township Hospitals(person)	90	86	-4.4

23-43 兴安盟阿尔山市

指 标	Item	2013	2014	2014年比上年增长% Increase Rate in 2014 Over 2013(%)
行政区域土地面积(平方公里)	**Area of Administration(Sq.km)**	**7409**	**7409**	**0.0**
人口和就业	**Population & Employment**			
年末总人口(人)	Total Population Year-end(person)	48516	48318	-0.4
#男性(人)	Male(person)	24330	24125	-0.8
#乡村人口(人)	Rural(person)	10009	10042	0.3
年末总户数(户)	Total Number of Households at the Year-end(Household)	22971	22456	-2.2
#乡村户数(户)	Number of Rural Household(Household)	3415	3426	0.3
出生人口(人)	Births(person)	283	312	10.2
死亡人口(人)	Deaths(person)	256	459	79.3
全社会就业人员(人)	Employment(person)	22084	23911	8.3
第一产业(人)	Primary Industry(person)	8732	8538	-2.2
第二产业(人)	Secondary Industry(person)	1901	2166	13.9
第三产业(人)	Tertiary Industry(person)	11451	13207	15.3
在岗职工人数(人)	Number of Staff & Workers Employed in(person)	5910	6119	3.5
乡村劳动力(人)	Number of Rural Laborers(person)	4001	4016	0.4
#农林牧渔业(人)	Farming,Forestry,Animal Husbandry & Fishery(person)	3249	3170	-2.4
国民经济综合指标	**Summary Item on the National Economy**			
生产总值(万元)	Gross Domestic Product(10 000 yuan)	138167	151419	8.2
第一产业(万元)	Primary Industry(10 000 yuan)	24930	25900	3.7
第二产业(万元)	Secondary Industry(10 000 yuan)	34053	37384	9.6
#工业(万元)	Industry(10 000 yuan)	6200	7168	9.9
第三产业(万元)	Tertiary Industry(10 000 yuan)	79184	88135	8.8
人均生产总值(元)	Per Capita GDP(yuan)	20112	22030	8.1
全社会固定资产投资(万元)	Total Investment in Fixed Assets(10 000 yuan)	258509	308143	19.2
按登记注册类型分	Grouped by Registered Type			
#国有(万元)	State-owned Enterprises(10 000 yuan)	170298	202995	19.2
集体(万元)	Collective-owned Enterprises(10 000 yuan)			
有限责任公司(万元)	Limited Liability Corporations(10 000 yuan)	53041	47444	-10.6
股份有限公司(万元)	Share Holding Enterprises(10 000 yuan)	6048	9862	63.1
私营企业(万元)	Private Enterprises(10 000 yuan)			
外商及港澳台投资企业(万元)	Funds from HK,Macao,Taiwan & Foreign(10 000 yuan)			
按城乡渠道分	Grouped by Urban and Rural Area			
城镇(万元)	Urban(10 000 yuan)	258509	308143	19.2
农村(万元)	Rural(10 000 yuan)			
公共财政预算收入(万元)	Public Budgetary Financial Revenue(10 000 yuan)	10137	8975	-11.5
公共财政预算支出(万元)	Public Budgetary Financial Expenditure(10 000 yuan)	108167	149021	37.8
个人储蓄存款余额(万元)	The balance of savings deposits of individuals(10 000 yuan)	94171	126900	34.8
在岗职工工资总额(万元)	Total Wages of Staff & Workers Employed in(10 000 yuan)	25391	29949	17.9
在岗职工平均工资(元)	Average Wage of Staff & Workers Employed in(yuan)	42956	49649	15.6
全体居民人均可支配收入(元)	The per capita disposable income of all residents(yuan)	15894	17737	11.6
城镇常住居民人均可支配收入(元)	The per capita disposable income of urban permanent residents(yuan)	18508	20359	10.0
农村牧区常住居民人均可支配收入(元)	The per capita disposable income of permanent residents of rural and pastoral areas(yuan)	6397	7280	13.8
农村牧区经济	**Economic Development in Rural & Pastoral Area**			
农作物总播种面积(公顷)	Total Sown Area(hectare)	17253	18603	7.8
#粮食作物播种面积(公顷)	Sown Area of Grain Crops(hectare)	12382	12605	1.8
农牧业机械总动力(万千瓦)	Total Power of Agricultural Machinery(10 000 kw)	5.22	5.43	4.1
化肥施用折纯量(吨)	Consumption of Chemical Fertilizer(ton)	2415	2456	1.7
农村用电量(万千瓦小时)	Electricity Consumed in Rural Area(10 000 kwh)	69	90	30.4
农林牧渔业总产值(万元)	Gross Output of Farming,Forestry,Animal Husbandry & Fishery(10 000 yuan)	39777	41218	3.4
粮食产量(吨)	Yield of Grain(ton)	60000	62565	4.3
油料产量(吨)	Yield of Oil-bearing Grops(ton)	2874	4368	52.0
甜菜产量(吨)	Yield of Beetroots(ton)			
猪牛羊肉产量(吨)	Output of Pork, Beef & Mutton(ton)	1586	1660	4.7
#猪肉产量(吨)	Output of Pork(ton)	327	340	4.0
牛肉产量(吨)	Output of Beef(ton)	408	424	3.9
羊肉产量(吨)	Output of Mutton(ton)	851	896	5.3
羊毛产量(吨)	Output of Wool(ton)	532	209	-60.7

23-43 Aershan City in Xingan League

指 标	Item	2013	2014	2014年比上年增长% Increase Rate in 2014 Over 2013(%)
年末牲畜存栏头数(万头只)	Total Livestock at the Year-end(10 000 heads)	14.62	14.96	2.3
# 大牲畜(万头只)	Large Animals(10 000 heads)	0.75	0.76	1.1
羊(万只)	Sheep & Goats(10 000 heads)	13.63	13.95	2.3
猪(万头)	Hogs(10 000 heads)	0.24	0.26	5.9
规模以上工业	**Industrial Enterprises above Designated size**			
工业企业单位数(个)	Number of Industrial Enterprises(unit)	2	2	0.0
# 内资企业(个)	Civil Funded Enterprises(unit)	2	2	0.0
工业总产值(万元)	Gross Industrial Output Value(10 000 yuan)	6520	14568	123.4
内资企业(万元)	Civil Funded Enterprises(10 000 yuan)	6520	14568	123.4
国有企业(万元)	State-owned Enterprises(10 000 yuan)			
集体企业(万元)	Collective-owned Enterprises(10 000 yuan)			
股份合作企业(万元)	Share Holding Enterprises(10 000 yuan)			
联营企业(万元)	Joint Owned Enterprises(10 000 yuan)			
有限责任公司(万元)	Limited Company(10 000 yuan)	6520	14568	123.4
股份有限公司(万元)	Share Holding Limited Company(10 000 yuan)			
私营企业(万元)	Privately Owned Enterprises(10 000 yuan)			
其他企业(万元)	Enterprises of Other Ownership(10 000 yuan)			
港澳台商投资企业(万元)	Funds from HK,Macao & Taiwan(10 000 yuan)			
外商投资企业(万元)	Foreign Funded Enterprises(10 000 yuan)			
工业企业增加值(万元)	Value Added of Industrial Enterprises(10 000 yuan)			14.0
工业企业资产总计(万元)	Total Assets of Industrial Enterprises(10 000 yuan)	87181	104092	19.4
工业企业负债合计(万元)	Total Liabilities of Industrial Enterprises(10 000 yuan)	78321	94414	20.5
工业企业产品销售收入(万元)	Sales of Revenue Industrial Enterprises(10 000 yuan)	5915	15459	161.4
工业企业利润总额(万元)	Total Profits of Industrial Enterprises(10 000 yuan)	-302	-771	
建筑业	**Construction**			
建筑企业单位数(个)	Number of Construction Enterprises(unit)	1	1	0.0
建筑企业从业人员(人)	Number of Employee in Construction Enterprises(person)	292	280	-4.1
建筑业总产值(万元)	Gross Construction Output Value(10 000 yuan)	4601	5100	10.8
交通运输邮电通信业	**Transportation,Post & Telecommunications**			
公路里程(公里)	Total Length of Highways(km)	796	795	-0.1
邮电业务总量(万元)	Business Volume of Post & Telecoms(10 000 yuan)	4779	4951	3.6
本地电话用户(户)	Number of Subscribers of Local Telephone(Household)	8857	7219	-18.5
国内贸易	**Domestic Trade**			
社会消费品零售总额(万元)	Total Retail Sales of Consumer Goods(10 000 yuan)	55444	62625	13.0
城镇(万元)	Town(10 000 yuan)	55444	62625	13.0
乡村(万元)	Village(10 000 yuan)			
科技教育卫生	**Science,Education & Public Health**			
各类专业技术人员(人)	Special Technical Personnel(person)	1286	1310	1.9
幼儿园数(所)	Number of Kindergartens(unit)	3	4	33.3
学龄儿童入学率(%)	Percentage of School-Age Children Enrolled(%)	100.0	100.0	0.0
小学学校数(所)	Number of Primary Schools(unit)	5	4	-20.0
小学专任教师数(人)	Number of Full-time Teachers of Primary Schools(person)	194	185	-4.6
小学在校学生数(人)	Number of Student Enrollment of Primary Schools(person)	1314	1234	-6.1
普通中学学校数(所)	Number of Regular Secondary Schools(unit)	3	2	-33.3
普通中学专任教师数(人)	Number of Teachers of Secondary Shools(person)	186	155	-16.7
初中在校学生数(人)	Number of Student in Junior Secondary Schools(person)	545	500	-8.3
高中在校学生数(人)	Number of Student in Senior Secondary Schools(person)	223	169	-24.2
卫生机构数(所)	Number of Health Institutions(unit)	40	42	5.0
# 医院(所)	Hospitals(unit)	2	2	0.0
卫生院(所)	Township Hospitals(unit)	4	4	0.0
床位数(张)	Number of Beds(unit)	244	323	32.4
# 医院(张)	Hospitals(unit)	114	114	0.0
卫生院(张)	Township Hospitals(unit)	44	38	-13.6
卫生技术人员(人)	Medical Technical Presonnel(person)	293	296	1.0
# 医院(人)	Hospitals(person)	129	119	-7.8
卫生院(人)	Township Hospitals(person)	48	50	4.2

23-44 兴安盟科尔沁右翼前旗

指 标	Item	2013	2014	2014年比上年增长% Increase Rate in 2014 Over 2013(%)
行政区域土地面积(平方公里)	**Area of Administration(Sq.km)**	**17428**	**17428**	**0.0**
人口和就业	**Population & Employment**			
年末总人口(人)	Total Population Year-end(person)	339099	337405	-0.5
# 男性(人)	Male(person)	175168	174243	-0.5
# 乡村人口(人)	Rural(person)	310088	310161	0.0
年末总户数(户)	Total Number of Households at the Year-end(Household)	123332	121726	-1.3
# 乡村户数(户)	Number of Rural Household(Household)	91107	91176	0.1
出生人口(人)	Births(person)	3610	4098	13.5
死亡人口(人)	Deaths(person)	2243	2505	11.7
全社会就业人员(人)	Employment(person)	185508	181020	-2.4
第一产业(人)	Primary Industry(person)	124294	124461	0.1
第二产业(人)	Secondary Industry(person)	18151	15597	-14.1
第三产业(人)	Tertiary Industry(person)	43063	40962	-4.9
在岗职工人数(人)	Number of Staff & Workers Employed in(person)	18131	19127	5.5
乡村劳动力(人)	Number of Rural Laborers(person)	147776	142535	-3.5
# 农林牧渔业(人)	Farming,Forestry,Animal Husbandry & Fishery(person)	118785	118907	0.1
国民经济综合指标	**Summary Item on the National Economy**			
生产总值(万元)	Gross Domestic Product(10 000 yuan)	813697	888182	8.7
第一产业(万元)	Primary Industry(10 000 yuan)	323743	339913	5.1
第二产业(万元)	Secondary Industry(10 000 yuan)	262690	300680	14.0
# 工业(万元)	Industry(10 000 yuan)	211649	243799	14.4
第三产业(万元)	Tertiary Industry(10 000 yuan)	227264	247589	6.8
人均生产总值(元)	Per Capita GDP(yuan)	27391	29964	8.8
全社会固定资产投资(万元)	Total Investment in Fixed Assets(10 000 yuan)	717813	875733	22.0
按登记注册类型分	Grouped by Registered Type			
# 国有(万元)	State-owned Enterprises(10 000 yuan)	409883	581738	41.9
集体(万元)	Collective-owned Enterprises(10 000 yuan)			
有限责任公司(万元)	Limited Liability Corporations(10 000 yuan)	220381	249976	13.4
股份有限公司(万元)	Share Holding Enterprises(10 000 yuan)	5760	3500	-39.2
私营企业(万元)	Private Enterprises(10 000 yuan)			
外商及港澳台投资企业(万元)	Funds from HK,Macao,Taiwan & Foreign(10 000 yuan)			
按城乡渠道分	Grouped by Urban and Rural Area			
城镇(万元)	Urban(10 000 yuan)	717813	875733	22.0
农村(万元)	Rural(10 000 yuan)			
公共财政预算收入(万元)	Public Budgetary Financial Revenue(10 000 yuan)	28541	25129	-12.0
公共财政预算支出(万元)	Public Budgetary Financial Expenditure(10 000 yuan)	272800	272850	0.0
个人储蓄存款余额(万元)	The balance of savings deposits of individuals(10 000 yuan)	149208	174934	17.2
在岗职工工资总额(万元)	Total Wages of Staff & Workers Employed in(10 000 yuan)	75826	81640	7.7
在岗职工平均工资(元)	Average Wage of Staff & Workers Employed in(yuan)	40434	41604	2.9
全体居民人均可支配收入(元)	The per capita disposable income of all residents(yuan)	8472	9463	11.7
城镇常住居民人均可支配收入(元)	The per capita disposable income of urban permanent residents(yuan)	17558	19244	9.6
农村牧区常住居民人均可支配收入(元)	The per capita disposable income of permanent residents of rural and pastoral areas(yuan)	6360	7250	14.0
农村牧区经济	**Economic Development in Rural & Pastoral Area**			
农作物总播种面积(公顷)	Total Sown Area(hectare)	204521	185936	-9.1
# 粮食作物播种面积(公顷)	Sown Area of Grain Crops(hectare)	176395	177453	0.6
农牧业机械总动力(万千瓦)	Total Power of Agricultural Machinery(10 000 kw)	91.70	94.86	3.4
化肥施用折纯量(吨)	Consumption of Chemical Fertilizer(ton)	60000	79560	32.6
农村用电量(万千瓦小时)	Electricity Consumed in Rural Area(10 000 kwh)	3871	5065	30.8
农林牧渔业总产值(万元)	Gross Output of Farming,Forestry,Animal Husbandry & Fishery(10 000 yuan)	545389	571393	4.3
粮食产量(吨)	Yield of Grain(ton)	1029990	1032542	0.2
油料产量(吨)	Yield of Oil-bearing Grops(ton)	5380	8365	55.5
甜菜产量(吨)	Yield of Beetroots(ton)	8778	1305	-85.1
猪牛羊肉产量(吨)	Output of Pork, Beef & Mutton(ton)	50119	52694	5.1
# 猪肉产量(吨)	Output of Pork(ton)	7573	7673	1.3
牛肉产量(吨)	Output of Beef(ton)	5521	5608	1.6
羊肉产量(吨)	Output of Mutton(ton)	37025	39413	6.4
羊毛产量(吨)	Output of Wool(ton)	4992	8041	61.1

23-44 Keerqinyouyiqian Banner in Xingan League

指 标	Item	2013	2014	2014年比上年增长% Increase Rate in 2014 Over 2013(%)
年末牲畜存栏头数(万头只)	Total Livestock at the Year-end(10 000 heads)	225.49	248.68	10.3
#大牲畜(万头只)	Large Animals(10 000 heads)	12.77	12.34	-3.4
羊(万只)	Sheep & Goats(10 000 heads)	204.97	228.28	11.4
猪(万头)	Hogs(10 000 heads)	7.74	8.06	4.1
规模以上工业	**Industrial Enterprises above Designated size**			
工业企业单位数(个)	Number of Industrial Enterprises(unit)	33	35	6.1
#内资企业(个)	Civil Funded Enterprises(unit)	32	34	6.3
工业总产值(万元)	Gross Industrial Output Value(10 000 yuan)	631579	670560	6.2
内资企业(万元)	Civil Funded Enterprises(10 000 yuan)	631103	670560	6.3
国有企业(万元)	State-owned Enterprises(10 000 yuan)	22566		
集体企业(万元)	Collective-owned Enterprises(10 000 yuan)	27363	30302	10.7
股份合作企业(万元)	Share Holding Enterprises(10 000 yuan)			
联营企业(万元)	Joint Owned Enterprises(10 000 yuan)			
有限责任公司(万元)	Limited Company(10 000 yuan)	310317	333083	7.3
股份有限公司(万元)	Share Holding Limited Company(10 000 yuan)			
私营企业(万元)	Privately Owned Enterprises(10 000 yuan)	241694	307175	27.1
其他企业(万元)	Enterprises of Other Ownership(10 000 yuan)	29163		
港澳台商投资企业(万元)	Funds from HK,Macao & Taiwan(10 000 yuan)			
外商投资企业(万元)	Foreign Funded Enterprises(10 000 yuan)	476		
工业企业增加值(万元)	Value Added of Industrial Enterprises(10 000 yuan)			14.6
工业企业资产总计(万元)	Total Assets of Industrial Enterprises(10 000 yuan)	404689	394185	-2.6
工业企业负债合计(万元)	Total Liabilities of Industrial Enterprises(10 000 yuan)	261900	290536	10.9
工业企业产品销售收入(万元)	Sales of Revenue Industrial Enterprises(10 000 yuan)	627124	700409	11.7
工业企业利润总额(万元)	Total Profits of Industrial Enterprises(10 000 yuan)	11081	30419	174.5
建筑业	**Construction**			
建筑企业单位数(个)	Number of Construction Enterprises(unit)	2	3	50.0
建筑企业从业人员(人)	Number of Employee in Construction Enterprises(person)	230	1742	657.4
建筑业总产值(万元)	Gross Construction Output Value(10 000 yuan)	16595	28239	70.2
交通运输邮电通信业	**Transportation,Post & Telecommunications**			
公路里程(公里)	Total Length of Highways(km)	2790	2988	7.1
邮电业务总量(万元)	Business Volume of Post & Telecoms(10 000 yuan)	14113	14116	0.0
本地电话用户(户)	Number of Subscribers of Local Telephone(Household)	11660	11577	-0.7
国内贸易	**Domestic Trade**			
社会消费品零售总额(万元)	Total Retail Sales of Consumer Goods(10 000 yuan)	212139	237641	12.0
城镇(万元)	Town(10 000 yuan)	113279	134553	18.8
乡村(万元)	Village(10 000 yuan)	98859	103088	4.3
科技教育卫生	**Science,Education & Public Health**			
各类专业技术人员(人)	Special Technical Personnel(person)	7032	7234	2.9
幼儿园数(所)	Number of Kindergartens(unit)	12	39	225.0
学龄儿童入学率(%)	Percentage of School-Age Children Enrolled(%)	100.0	100.0	0.0
小学学校数(所)	Number of Primary Schools(unit)	25	25	0.0
小学专任教师数(人)	Number of Full-time Teachers of Primary Schools(person)	2116	2095	-1.0
小学在校学生数(人)	Number of Student Enrollment of Primary Schools(person)	13782	14723	6.8
普通中学学校数(所)	Number of Regular Secondary Schools(unit)	23	24	4.3
普通中学专任教师数(人)	Number of Teachers of Secondary Shools(person)	1625	1492	-8.2
初中在校学生数(人)	Number of Student in Junior Secondary Schools(person)	5888	5902	0.2
高中在校学生数(人)	Number of Student in Senior Secondary Schools(person)	3157	2960	-6.2
卫生机构数(所)	Number of Health Institutions(unit)	453	439	-3.1
#医院(所)	Hospitals(unit)	1	1	0.0
卫生院(所)	Township Hospitals(unit)	25	25	0.0
床位数(张)	Number of Beds(unit)	1146	1165	1.7
#医院(张)	Hospitals(unit)	540	540	0.0
卫生院(张)	Township Hospitals(unit)	556	562	1.1
卫生技术人员(人)	Medical Technical Presonnel(person)	1574	1559	-1.0
#医院(人)	Hospitals(person)	464	479	3.2
卫生院(人)	Township Hospitals(person)	660	633	-4.1

23-45 兴安盟科尔沁右翼中旗

指 标	Item	2013	2014	2014年比上年增长% Increase Rate in 2014 Over 2013(%)
行政区域土地面积(平方公里)	**Area of Administration(Sq.km)**	**15613**	**15613**	**0.0**
人口和就业	**Population & Employment**			
年末总人口(人)	Total Population Year-end(person)	260276	261159	0.3
#男性(人)	Male(person)	132422	132376	0.0
#乡村人口(人)	Rural(person)	189068	188807	-0.1
年末总户数(户)	Total Number of Households at the Year-end(Household)	83226	86065	3.4
#乡村户数(户)	Number of Rural Household(Household)	52234	54965	5.2
出生人口(人)	Births(person)	2492	2695	8.1
死亡人口(人)	Deaths(person)	1571	1394	-11.3
全社会就业人员(人)	Employment(person)	142442	137722	-3.3
第一产业(人)	Primary Industry(person)	98712	92467	-6.3
第二产业(人)	Secondary Industry(person)	8795	9974	13.4
第三产业(人)	Tertiary Industry(person)	34935	35281	1.0
在岗职工人数(人)	Number of Staff & Workers Employed in(person)	18568	18423	-0.8
乡村劳动力(人)	Number of Rural Laborers(person)	105598	100613	-4.7
#农林牧渔业(人)	Farming,Forestry,Animal Husbandry & Fishery(person)	93971	87277	-7.1
国民经济综合指标	**Summary Item on the National Economy**			
生产总值(万元)	Gross Domestic Product(10 000 yuan)	519289	575523	8.3
第一产业(万元)	Primary Industry(10 000 yuan)	166180	178823	6.4
第二产业(万元)	Secondary Industry(10 000 yuan)	176564	205602	11.7
#工业(万元)	Industry(10 000 yuan)	127873	151722	11.7
第三产业(万元)	Tertiary Industry(10 000 yuan)	176545	191098	6.2
人均生产总值(元)	Per Capita GDP(yuan)	20807	23127	8.6
全社会固定资产投资(万元)	Total Investment in Fixed Assets(10 000 yuan)	396118	475342	20.0
按登记注册类型分	Grouped by Registered Type			
#国有(万元)	State-owned Enterprises(10 000 yuan)	120439	183559	52.4
集体(万元)	Collective-owned Enterprises(10 000 yuan)	2796		
有限责任公司(万元)	Limited Liability Corporations(10 000 yuan)	157831	146566	-7.1
股份有限公司(万元)	Share Holding Enterprises(10 000 yuan)	1398	8000	472.2
私营企业(万元)	Private Enterprises(10 000 yuan)	100706	23741	-76.4
外商及港澳台投资企业(万元)	Funds from HK,Macao,Taiwan & Foreign(10 000 yuan)			
按城乡渠道分	Grouped by Urban and Rural Area			
城镇(万元)	Urban(10 000 yuan)	396118	475342	20.0
农村(万元)	Rural(10 000 yuan)			
公共财政预算收入(万元)	Public Budgetary Financial Revenue(10 000 yuan)	20537	17924	-12.7
公共财政预算支出(万元)	Public Budgetary Financial Expenditure(10 000 yuan)	215032	219627	2.1
个人储蓄存款余额(万元)	The balance of savings deposits of individuals(10 000 yuan)	149571	170186	13.8
在岗职工工资总额(万元)	Total Wages of Staff & Workers Employed in(10 000 yuan)	66863	73600	10.1
在岗职工平均工资(元)	Average Wage of Staff & Workers Employed in(yuan)	36109	40179	11.3
全体居民人均可支配收入(元)	The per capita disposable income of all residents(yuan)	9967	11103	11.4
城镇常住居民人均可支配收入(元)	The per capita disposable income of urban permanent residents(yuan)	16849	18450	9.5
农村牧区常住居民人均可支配收入(元)	The per capita disposable income of permanent residents of rural and pastoral areas(yuan)	5917	6751	14.1
农村牧区经济	**Economic Development in Rural & Pastoral Area**			
农作物总播种面积(公顷)	Total Sown Area(hectare)	162038	140795	-13.1
#粮食作物播种面积(公顷)	Sown Area of Grain Crops(hectare)	115160	118500	2.9
农牧业机械总动力(万千瓦)	Total Power of Agricultural Machinery(10 000 kw)	55.57	61.35	10.4
化肥施用折纯量(吨)	Consumption of Chemical Fertilizer(ton)	40435	50600	25.1
农村用电量(万千瓦小时)	Electricity Consumed in Rural Area(10 000 kwh)	5273	6755	28.1
农林牧渔业总产值(万元)	Gross Output of Farming,Forestry,Animal Husbandry & Fishery(10 000 yuan)	287611	308547	7.8
粮食产量(吨)	Yield of Grain(ton)	565010	650031	15.0
油料产量(吨)	Yield of Oil-bearing Grops(ton)	24676	26273	6.5
甜菜产量(吨)	Yield of Beetroots(ton)	900		
猪牛羊肉产量(吨)	Output of Pork, Beef & Mutton(ton)	27325	28655	4.9
#猪肉产量(吨)	Output of Pork(ton)	5881	5898	0.3
牛肉产量(吨)	Output of Beef(ton)	5523	5909	7.0
羊肉产量(吨)	Output of Mutton(ton)	15921	16848	5.8
羊毛产量(吨)	Output of Wool(ton)	3253	2537	-22.0

23-45 Keerqinyouyizhong Banner in Xingan League

指 标	Item	2013	2014	2014年比上年增长% Increase Rate in 2014 Over 2013(%)
年末牲畜存栏头数(万头只)	Total Livestock at the Year-end(10 000 heads)	163.47	172.70	5.6
# 大牲畜(万头只)	Large Animals(10 000 heads)	14.35	14.01	-2.4
羊(万只)	Sheep & Goats(10 000 heads)	140.11	150.99	7.8
猪(万头)	Hogs(10 000 heads)	9.01	7.70	-14.6
规模以上工业	**Industrial Enterprises above Designated size**			
工业企业单位数(个)	Number of Industrial Enterprises(unit)	27	34	25.9
# 内资企业(个)	Civil Funded Enterprises(unit)	26	32	23.1
工业总产值(万元)	Gross Industrial Output Value(10 000 yuan)	316672	415426	31.2
内资企业(万元)	Civil Funded Enterprises(10 000 yuan)	312851	405599	29.6
国有企业(万元)	State-owned Enterprises(10 000 yuan)	42818	45790	6.9
集体企业(万元)	Collective-owned Enterprises(10 000 yuan)	11177	13544	21.2
股份合作企业(万元)	Share Holding Enterprises(10 000 yuan)	14974		
联营企业(万元)	Joint Owned Enterprises(10 000 yuan)			
有限责任公司(万元)	Limited Company(10 000 yuan)	167783	258532	54.1
股份有限公司(万元)	Share Holding Limited Company(10 000 yuan)			
私营企业(万元)	Privately Owned Enterprises(10 000 yuan)	66197	87733	32.5
其他企业(万元)	Enterprises of Other Ownership(10 000 yuan)	9902		
港澳台商投资企业(万元)	Funds from HK,Macao & Taiwan(10 000 yuan)			
外商投资企业(万元)	Foreign Funded Enterprises(10 000 yuan)	3821	9827	157.2
工业企业增加值(万元)	Value Added of Industrial Enterprises(10 000 yuan)			14.0
工业企业资产总计(万元)	Total Assets of Industrial Enterprises(10 000 yuan)	667807	744054	11.4
工业企业负债合计(万元)	Total Liabilities of Industrial Enterprises(10 000 yuan)	464184	515139	11.0
工业企业产品销售收入(万元)	Sales of Revenue Industrial Enterprises(10 000 yuan)	297942	396497	33.1
工业企业利润总额(万元)	Total Profits of Industrial Enterprises(10 000 yuan)	12259	16503	34.6
建筑业	**Construction**			
建筑企业单位数(个)	Number of Construction Enterprises(unit)		1	
建筑企业从业人员(人)	Number of Employee in Construction Enterprises(person)		300	
建筑业总产值(万元)	Gross Construction Output Value(10 000 yuan)		7700	
交通运输邮电通信业	**Transportation,Post & Telecommunications**			
公路里程(公里)	Total Length of Highways(km)	1969	2183	10.9
邮电业务总量(万元)	Business Volume of Post & Telecoms(10 000 yuan)	16647	16506	-0.8
本地电话用户(户)	Number of Subscribers of Local Telephone(Household)	16837	15108	-10.3
国内贸易	**Domestic Trade**			
社会消费品零售总额(万元)	Total Retail Sales of Consumer Goods(10 000 yuan)	150011	168337	12.2
城镇(万元)	Town(10 000 yuan)	132432	150073	13.3
乡村(万元)	Village(10 000 yuan)	17579	18265	3.9
科技教育卫生	**Science,Education & Public Health**			
各类专业技术人员(人)	Special Technical Personnel(person)	6187	6281	1.5
幼儿园数(所)	Number of Kindergartens(unit)	10	21	110.0
学龄儿童入学率(%)	Percentage of School-Age Children Enrolled(%)	100.0	100.0	0.0
小学学校数(所)	Number of Primary Schools(unit)	27	27	0.0
小学专任教师数(人)	Number of Full-time Teachers of Primary Schools(person)	1731	1760	1.7
小学在校学生数(人)	Number of Student Enrollment of Primary Schools(person)	15361	14952	-2.7
普通中学学校数(所)	Number of Regular Secondary Schools(unit)	12	12	0.0
普通中学专任教师数(人)	Number of Teachers of Secondary Shools(person)	1170	1079	-7.8
初中在校学生数(人)	Number of Student in Junior Secondary Schools(person)	6691	6602	-1.3
高中在校学生数(人)	Number of Student in Senior Secondary Schools(person)	3853	4130	7.2
卫生机构数(所)	Number of Health Institutions(unit)	216	220	1.9
# 医院(所)	Hospitals(unit)	4	4	0.0
卫生院(所)	Township Hospitals(unit)	23	23	0.0
床位数(张)	Number of Beds(unit)	1354	1478	9.2
# 医院(张)	Hospitals(unit)	1007	1110	10.2
卫生院(张)	Township Hospitals(unit)	313	324	3.5
卫生技术人员(人)	Medical Technical Presonnel(person)	1481	1484	0.2
# 医院(人)	Hospitals(person)	822	858	4.4
卫生院(人)	Township Hospitals(person)	439	416	-5.2

23-46 兴安盟扎赉特旗

指 标	Item	2013	2014	2014年比上年增长% Increase Rate in 2014 Over 2013(%)
行政区域土地面积(平方公里)	**Area of Administration(Sq.km)**	**11837**	**11837**	**0.0**
人口和就业	**Population & Employment**			
年末总人口(人)	Total Population Year-end(person)	397489	391989	-1.4
#男性(人)	Male(person)	204915	202217	-1.3
#乡村人口(人)	Rural(person)	322855	326655	1.2
年末总户数(户)	Total Number of Households at the Year-end(Household)	151779	152322	0.4
#乡村户数(户)	Number of Rural Household(Household)	83021	84125	1.3
出生人口(人)	Births(person)	4621	4794	3.7
死亡人口(人)	Deaths(person)	3277	3567	8.8
全社会就业人员(人)	Employment(person)	195459	197649	1.1
第一产业(人)	Primary Industry(person)	142474	134425	-5.6
第二产业(人)	Secondary Industry(person)	15102	19126	26.6
第三产业(人)	Tertiary Industry(person)	37883	44098	16.4
在岗职工人数(人)	Number of Staff & Workers Employed in(person)	21137	21674	2.5
乡村劳动力(人)	Number of Rural Laborers(person)	169408	159742	-5.7
#农林牧渔业(人)	Farming,Forestry,Animal Husbandry & Fishery(person)	153487	129952	-15.3
国民经济综合指标	**Summary Item on the National Economy**			
生产总值(万元)	Gross Domestic Product(10 000 yuan)	762618	840115	8.9
第一产业(万元)	Primary Industry(10 000 yuan)	327758	355091	6.9
第二产业(万元)	Secondary Industry(10 000 yuan)	221093	255417	13.2
#工业(万元)	Industry(10 000 yuan)	192806	223693	13.2
第三产业(万元)	Tertiary Industry(10 000 yuan)	213767	229607	7.2
人均生产总值(元)	Per Capita GDP(yuan)	19527	21575	9.2
全社会固定资产投资(万元)	Total Investment in Fixed Assets(10 000 yuan)	276693	336182	21.5
按登记注册类型分	Grouped by Registered Type			
#国有(万元)	State-owned Enterprises(10 000 yuan)	160259	137553	-14.2
集体(万元)	Collective-owned Enterprises(10 000 yuan)			
有限责任公司(万元)	Limited Liability Corporations(10 000 yuan)	13340	60996	357.2
股份有限公司(万元)	Share Holding Enterprises(10 000 yuan)	60132	54410	-9.5
私营企业(万元)	Private Enterprises(10 000 yuan)	39978	16168	-59.6
外商及港澳台投资企业(万元)	Funds from HK,Macao,Taiwan & Foreign(10 000 yuan)			
按城乡渠道分	Grouped by Urban and Rural Area			
城镇(万元)	Urban(10 000 yuan)	276693	336182	21.5
农村(万元)	Rural(10 000 yuan)			
公共财政预算收入(万元)	Public Budgetary Financial Revenue(10 000 yuan)	15333	15612	1.8
公共财政预算支出(万元)	Public Budgetary Financial Expenditure(10 000 yuan)	253347	261606	3.3
个人储蓄存款余额(万元)	The balance of savings deposits of individuals(10 000 yuan)	265120	289810	9.3
在岗职工工资总额(万元)	Total Wages of Staff & Workers Employed in(10 000 yuan)	87563	97197	11.0
在岗职工平均工资(元)	Average Wage of Staff & Workers Employed in(yuan)	41313	44791	8.4
全体居民人均可支配收入(元)	The per capita disposable income of all residents(yuan)	9621	10766	11.9
城镇常住居民人均可支配收入(元)	The per capita disposable income of urban permanent residents(yuan)	17545	19247	9.7
农村牧区常住居民人均可支配收入(元)	The per capita disposable income of permanent residents of rural and pastoral areas(yuan)	6280	7172	14.2
农村牧区经济	**Economic Development in Rural & Pastoral Area**			
农作物总播种面积(公顷)	Total Sown Area(hectare)	266030	257286	-3.3
#粮食作物播种面积(公顷)	Sown Area of Grain Crops(hectare)	249505	250004	0.2
农牧业机械总动力(万千瓦)	Total Power of Agricultural Machinery(10 000 kw)	153.30	147.37	-3.9
化肥施用折纯量(吨)	Consumption of Chemical Fertilizer(ton)	79420	100198	26.2
农村用电量(万千瓦小时)	Electricity Consumed in Rural Area(10 000 kwh)	4780	6169	29.1
农林牧渔业总产值(万元)	Gross Output of Farming,Forestry,Animal Husbandry & Fishery(10 000 yuan)	548013	592772	7.5
粮食产量(吨)	Yield of Grain(ton)	1109980	1112123	0.2
油料产量(吨)	Yield of Oil-bearing Grops(ton)	6087	6573	8.0
甜菜产量(吨)	Yield of Beetroots(ton)	900	268	-70.2
猪牛羊肉产量(吨)	Output of Pork, Beef & Mutton(ton)	68930	69517	0.9
#猪肉产量(吨)	Output of Pork(ton)	60702	60522	-0.3
牛肉产量(吨)	Output of Beef(ton)	3354	3497	4.3
羊肉产量(吨)	Output of Mutton(ton)	4874	5498	12.8
羊毛产量(吨)	Output of Wool(ton)	2299	1087	-52.7

23-46 Zhalaite Banner in Xingan League

指 标	Item	2013	2014	2014年比上年增长% Increase Rate in 2014 Over 2013(%)
年末牲畜存栏头数(万头只)	Total Livestock at the Year-end(10 000 heads)	125.77	136.24	8.3
#大牲畜(万头只)	Large Animals(10 000 heads)	20.11	20.71	3.0
羊(万只)	Sheep & Goats(10 000 heads)	60.90	70.85	16.3
猪(万头)	Hogs(10 000 heads)	44.77	44.67	-0.2
规模以上工业	**Industrial Enterprises above Designated size**			
工业企业单位数(个)	Number of Industrial Enterprises(unit)	27	31	14.8
#内资企业(个)	Civil Funded Enterprises(unit)	27	31	14.8
工业总产值(万元)	Gross Industrial Output Value(10 000 yuan)	477504	604810	26.7
内资企业(万元)	Civil Funded Enterprises(10 000 yuan)	477504	604810	26.7
国有企业(万元)	State-owned Enterprises(10 000 yuan)			
集体企业(万元)	Collective-owned Enterprises(10 000 yuan)			
股份合作企业(万元)	Share Holding Enterprises(10 000 yuan)			
联营企业(万元)	Joint Owned Enterprises(10 000 yuan)			
有限责任公司(万元)	Limited Company(10 000 yuan)	323521	406539	25.7
股份有限公司(万元)	Share Holding Limited Company(10 000 yuan)		10666	
私营企业(万元)	Privately Owned Enterprises(10 000 yuan)	153983	187605	21.8
其他企业(万元)	Enterprises of Other Ownership(10 000 yuan)			
港澳台商投资企业(万元)	Funds from HK,Macao & Taiwan(10 000 yuan)			
外商投资企业(万元)	Foreign Funded Enterprises(10 000 yuan)			
工业企业增加值(万元)	Value Added of Industrial Enterprises(10 000 yuan)			15.4
工业企业资产总计(万元)	Total Assets of Industrial Enterprises(10 000 yuan)	383841	622407	62.2
工业企业负债合计(万元)	Total Liabilities of Industrial Enterprises(10 000 yuan)	193387	271717	40.5
工业企业产品销售收入(万元)	Sales of Revenue Industrial Enterprises(10 000 yuan)	465096	589304	26.7
工业企业利润总额(万元)	Total Profits of Industrial Enterprises(10 000 yuan)	105471	125982	19.4
建筑业	**Construction**			
建筑企业单位数(个)	Number of Construction Enterprises(unit)	1	2	100.0
建筑企业从业人员(人)	Number of Employee in Construction Enterprises(person)	1210	4256	251.7
建筑业总产值(万元)	Gross Construction Output Value(10 000 yuan)	25889	88793	243.0
交通运输邮电通信业	**Transportation,Post & Telecommunications**			
公路里程(公里)	Total Length of Highways(km)	2254	2320	2.9
邮电业务总量(万元)	Business Volume of Post & Telecoms(10 000 yuan)	22602	22693	0.4
本地电话用户(户)	Number of Subscribers of Local Telephone(Household)	15614	13406	-14.1
国内贸易	**Domestic Trade**			
社会消费品零售总额(万元)	Total Retail Sales of Consumer Goods(10 000 yuan)	234460	263478	12.4
城镇(万元)	Town(10 000 yuan)	139649	160917	15.2
乡村(万元)	Village(10 000 yuan)	94811	102561	8.2
科技教育卫生	**Science,Education & Public Health**			
各类专业技术人员(人)	Special Technical Personnel(person)	7274	7416	2.0
幼儿园数(所)	Number of Kindergartens(unit)	41	58	41.5
学龄儿童入学率(%)	Percentage of School-Age Children Enrolled(%)	100.0	100.0	0.0
小学学校数(所)	Number of Primary Schools(unit)	30	26	-13.3
小学专任教师数(人)	Number of Full-time Teachers of Primary Schools(person)	2017	2060	2.1
小学在校学生数(人)	Number of Student Enrollment of Primary Schools(person)	18847	19447	3.2
普通中学学校数(所)	Number of Regular Secondary Schools(unit)	16	16	0.0
普通中学专任教师数(人)	Number of Teachers of Secondary Shools(person)	1621	1024	-36.8
初中在校学生数(人)	Number of Student in Junior Secondary Schools(person)	7469	7364	-1.4
高中在校学生数(人)	Number of Student in Senior Secondary Schools(person)	3664	3945	7.7
卫生机构数(所)	Number of Health Institutions(unit)	352	338	-4.0
#医院(所)	Hospitals(unit)	5	5	0.0
卫生院(所)	Township Hospitals(unit)	23	23	0.0
床位数(张)	Number of Beds(unit)	1158	1123	-3.0
#医院(张)	Hospitals(unit)	635	635	0.0
卫生院(张)	Township Hospitals(unit)	467	447	-4.3
卫生技术人员(人)	Medical Technical Presonnel(person)	1071	1195	11.6
#医院(人)	Hospitals(person)	493	575	16.6
卫生院(人)	Township Hospitals(person)	302	311	3.0

23-47 兴安盟突泉县

指 标	Item	2013	2014	2014年比上年增长% Increase Rate in 2014 Over 2013(%)
行政区域土地面积(平方公里)	**Area of Administration(Sq.km)**	**4800**	**4800**	**0.0**
人口和就业	**Population & Employment**			
年末总人口(人)	Total Population Year-end(person)	314678	313185	-0.5
#男性(人)	Male(person)	161141	160291	-0.5
#乡村人口(人)	Rural(person)	238409	247909	4.0
年末总户数(户)	Total Number of Households at the Year-end(Household)	118743	125310	5.5
#乡村户数(户)	Number of Rural Household(Household)	73409	73901	0.7
出生人口(人)	Births(person)	2233	3200	43.3
死亡人口(人)	Deaths(person)	1116	2482	122.4
全社会就业人员(人)	Employment(person)	170066	170059	0.0
第一产业(人)	Primary Industry(person)	117857	119109	1.1
第二产业(人)	Secondary Industry(person)	18931	16365	-13.6
第三产业(人)	Tertiary Industry(person)	33278	34585	3.9
在岗职工人数(人)	Number of Staff & Workers Employed in(person)	13759	12317	-10.5
乡村劳动力(人)	Number of Rural Laborers(person)	142326	142546	0.2
#农林牧渔业(人)	Farming,Forestry,Animal Husbandry & Fishery(person)	115644	117220	1.4
国民经济综合指标	**Summary Item on the National Economy**			
生产总值(万元)	Gross Domestic Product(10 000 yuan)	605850	663594	8.6
第一产业(万元)	Primary Industry(10 000 yuan)	218263	228931	4.5
第二产业(万元)	Secondary Industry(10 000 yuan)	250919	286307	12.8
#工业(万元)	Industry(10 000 yuan)	187947	215932	12.8
第三产业(万元)	Tertiary Industry(10 000 yuan)	136668	148356	6.4
人均生产总值(元)	Per Capita GDP(yuan)	22548	24802	9.0
全社会固定资产投资(万元)	Total Investment in Fixed Assets(10 000 yuan)	464730	560000	20.5
按登记注册类型分	Grouped by Registered Type			
#国有(万元)	State-owned Enterprises(10 000 yuan)	193418	257246	33.0
集体(万元)	Collective-owned Enterprises(10 000 yuan)			
有限责任公司(万元)	Limited Liability Corporations(10 000 yuan)			
股份有限公司(万元)	Share Holding Enterprises(10 000 yuan)	229064	221489	-3.3
私营企业(万元)	Private Enterprises(10 000 yuan)			
外商及港澳台投资企业(万元)	Funds from HK,Macao,Taiwan & Foreign(10 000 yuan)			
按城乡渠道分	Grouped by Urban and Rural Area			
城镇(万元)	Urban(10 000 yuan)	464730	560000	20.5
农村(万元)	Rural(10 000 yuan)			
公共财政预算收入(万元)	Public Budgetary Financial Revenue(10 000 yuan)	9697	9344	-3.6
公共财政预算支出(万元)	Public Budgetary Financial Expenditure(10 000 yuan)	206827	201235	-2.7
个人储蓄存款余额(万元)	The balance of savings deposits of individuals(10 000 yuan)	245685	274112	11.6
在岗职工工资总额(万元)	Total Wages of Staff & Workers Employed in(10 000 yuan)	50997	51900	1.8
在岗职工平均工资(元)	Average Wage of Staff & Workers Employed in(yuan)	38740	42684	10.2
全体居民人均可支配收入(元)	The per capita disposable income of all residents(yuan)	9452	10567	11.8
城镇常住居民人均可支配收入(元)	The per capita disposable income of urban permanent residents(yuan)	17108	18733	9.5
农村牧区常住居民人均可支配收入(元)	The per capita disposable income of permanent residents of rural and pastoral areas(yuan)	6119	6976	14.0
农村牧区经济	**Economic Development in Rural & Pastoral Area**			
农作物总播种面积(公顷)	Total Sown Area(hectare)	151765	147091	-3.1
#粮食作物播种面积(公顷)	Sown Area of Grain Crops(hectare)	138610	139164	0.4
农牧业机械总动力(万千瓦)	Total Power of Agricultural Machinery(10 000 kw)	51.62	55.40	7.3
化肥施用折纯量(吨)	Consumption of Chemical Fertilizer(ton)	33008	42570	29.0
农村用电量(万千瓦小时)	Electricity Consumed in Rural Area(10 000 kwh)	318	410	28.9
农林牧渔业总产值(万元)	Gross Output of Farming,Forestry,Animal Husbandry & Fishery(10 000 yuan)	356806	373408	3.2
粮食产量(吨)	Yield of Grain(ton)	1005020	1007839	0.3
油料产量(吨)	Yield of Oil-bearing Grops(ton)	6883	7447	8.2
甜菜产量(吨)	Yield of Beetroots(ton)			
猪牛羊肉产量(吨)	Output of Pork, Beef & Mutton(ton)	14367	14681	2.2
#猪肉产量(吨)	Output of Pork(ton)	6578	6598	0.3
牛肉产量(吨)	Output of Beef(ton)	2552	2608	2.2
羊肉产量(吨)	Output of Mutton(ton)	5237	5475	4.5
羊毛产量(吨)	Output of Wool(ton)	1102	835	-24.2

23-47 Tuquan County in Xingan League

指 标	Item	2013	2014	2014年比上年增长% Increase Rate in 2014 Over 2013(%)
年末牲畜存栏头数(万头只)	Total Livestock at the Year-end(10 000 heads)	65.91	66.34	0.6
# 大牲畜(万头只)	Large Animals(10 000 heads)	8.02	7.03	-12.4
羊(万只)	Sheep & Goats(10 000 heads)	51.22	53.30	4.1
猪(万头)	Hogs(10 000 heads)	6.67	6.01	-9.9
规模以上工业	**Industrial Enterprises above Designated size**			
工业企业单位数(个)	Number of Industrial Enterprises(unit)	31	34	9.7
# 内资企业(个)	Civil Funded Enterprises(unit)	31	34	9.7
工业总产值(万元)	Gross Industrial Output Value(10 000 yuan)	465014	541902	16.5
内资企业(万元)	Civil Funded Enterprises(10 000 yuan)	465014	541902	16.5
国有企业(万元)	State-owned Enterprises(10 000 yuan)	26383	15900	-39.7
集体企业(万元)	Collective-owned Enterprises(10 000 yuan)	7545		
股份合作企业(万元)	Share Holding Enterprises(10 000 yuan)			
联营企业(万元)	Joint Owned Enterprises(10 000 yuan)			
有限责任公司(万元)	Limited Company(10 000 yuan)	40497	38575	-4.7
股份有限公司(万元)	Share Holding Limited Company(10 000 yuan)	4433	4915	10.9
私营企业(万元)	Privately Owned Enterprises(10 000 yuan)	386156	482512	25.0
其他企业(万元)	Enterprises of Other Ownership(10 000 yuan)			
港澳台商投资企业(万元)	Funds from HK,Macao & Taiwan(10 000 yuan)			
外商投资企业(万元)	Foreign Funded Enterprises(10 000 yuan)			
工业企业增加值(万元)	Value Added of Industrial Enterprises(10 000 yuan)			14.3
工业企业资产总计(万元)	Total Assets of Industrial Enterprises(10 000 yuan)	464052	529562	14.1
工业企业负债合计(万元)	Total Liabilities of Industrial Enterprises(10 000 yuan)	259271	307640	18.7
工业企业产品销售收入(万元)	Sales of Revenue Industrial Enterprises(10 000 yuan)	460621	564113	22.5
工业企业利润总额(万元)	Total Profits of Industrial Enterprises(10 000 yuan)	38918	60439	55.3
建筑业	**Construction**			
建筑企业单位数(个)	Number of Construction Enterprises(unit)	1	1	0.0
建筑企业从业人员(人)	Number of Employee in Construction Enterprises(person)	2200	3600	63.6
建筑业总产值(万元)	Gross Construction Output Value(10 000 yuan)	30300	51854	71.1
交通运输邮电通信业	**Transportation,Post & Telecommunications**			
公路里程(公里)	Total Length of Highways(km)	1745	1847	5.8
邮电业务总量(万元)	Business Volume of Post & Telecoms(10 000 yuan)	15432	15576	0.9
本地电话用户(户)	Number of Subscribers of Local Telephone(Household)	15931	13700	-14.0
国内贸易	**Domestic Trade**			
社会消费品零售总额(万元)	Total Retail Sales of Consumer Goods(10 000 yuan)	168765	189511	12.3
城镇(万元)	Town(10 000 yuan)	108513	122834	13.2
乡村(万元)	Village(10 000 yuan)	60252	66677	10.7
科技教育卫生	**Science,Education & Public Health**			
各类专业技术人员(人)	Special Technical Personnel(person)	4528	4624	2.1
幼儿园数(所)	Number of Kindergartens(unit)	68	75	10.3
学龄儿童入学率(%)	Percentage of School-Age Children Enrolled(%)	100.0	100.0	0.0
小学学校数(所)	Number of Primary Schools(unit)	20	20	0.0
小学专任教师数(人)	Number of Full-time Teachers of Primary Schools(person)	1345	1317	-2.1
小学在校学生数(人)	Number of Student Enrollment of Primary Schools(person)	12989	13255	2.0
普通中学学校数(所)	Number of Regular Secondary Schools(unit)	10	10	0.0
普通中学专任教师数(人)	Number of Teachers of Secondary Shools(person)	1122	997	-11.1
初中在校学生数(人)	Number of Student in Junior Secondary Schools(person)	5801	5838	0.6
高中在校学生数(人)	Number of Student in Senior Secondary Schools(person)	4159	3950	-5.0
卫生机构数(所)	Number of Health Institutions(unit)	341	336	-1.5
# 医院(所)	Hospitals(unit)	2	2	0.0
卫生院(所)	Township Hospitals(unit)	12	12	0.0
床位数(张)	Number of Beds(unit)	793	766	-3.4
# 医院(张)	Hospitals(unit)	600	580	-3.3
卫生院(张)	Township Hospitals(unit)	159	142	-10.7
卫生技术人员(人)	Medical Technical Presonnel(person)	983	979	-0.4
# 医院(人)	Hospitals(person)	469	478	1.9
卫生院(人)	Township Hospitals(person)	195	189	-3.1

23-48 通辽市科尔沁区

指　标	Item	2013	2014	2014年比上年增长% Increase Rate in 2014 Over 2013(%)
行政区域土地面积(平方公里)	**Area of Administration(Sq.km)**	**3516**	**3516**	**0.0**
人口和就业	**Population & Employment**			
年末总人口(人)	Total Population Year-end(person)	856726	843555	-1.5
#男性(人)	Male(person)	429713	422449	-1.7
#乡村人口(人)	Rural(person)	476916	474944	-0.4
年末总户数(户)	Total Number of Households at the Year-end(Household)	302655	312902	3.4
#乡村户数(户)	Number of Rural Household(Household)	140239	138243	-1.4
出生人口(人)	Births(person)	7792	7323	-6.0
死亡人口(人)	Deaths(person)	3375	5271	56.2
全社会就业人员(人)	Employment(person)	444062	460198	3.6
第一产业(人)	Primary Industry(person)	162145	171474	5.8
第二产业(人)	Secondary Industry(person)	112657	101910	-9.5
第三产业(人)	Tertiary Industry(person)	169260	186814	10.4
在岗职工人数(人)	Number of Staff & Workers Employed in(person)	111269	109589	-1.5
乡村劳动力(人)	Number of Rural Laborers(person)	278732	286871	2.9
#农林牧渔业(人)	Farming,Forestry,Animal Husbandry & Fishery(person)	154975	161000	3.9
国民经济综合指标	**Summary Item on the National Economy**			
生产总值(万元)	Gross Domestic Product(10 000 yuan)	6209700	6614482	8.3
第一产业(万元)	Primary Industry(10 000 yuan)	560800	589175	4.3
第二产业(万元)	Secondary Industry(10 000 yuan)	3190100	3328434	9.3
#工业(万元)	Industry(10 000 yuan)	2762100	2886029	10.2
第三产业(万元)	Tertiary Industry(10 000 yuan)	2458800	2696873	7.7
人均生产总值(元)	Per Capita GDP(yuan)	220059	233130	7.5
全社会固定资产投资(万元)	Total Investment in Fixed Assets(10 000 yuan)	4225176	4599439	8.9
按登记注册类型分	Grouped by Registered Type			
#国有(万元)	State-owned Enterprises(10 000 yuan)	3521158	3897176	10.7
集体(万元)	Collective-owned Enterprises(10 000 yuan)	100358		
有限责任公司(万元)	Limited Liability Corporations(10 000 yuan)	542520	663297	22.3
股份有限公司(万元)	Share Holding Enterprises(10 000 yuan)	12289	14669	19.4
私营企业(万元)	Private Enterprises(10 000 yuan)	5575	6210	11.4
外商及港澳台投资企业(万元)	Funds from HK,Macao,Taiwan & Foreign(10 000 yuan)	19977		
按城乡渠道分	Grouped by Urban and Rural Area			
城镇(万元)	Urban(10 000 yuan)	3953434	4289894	8.5
农村(万元)	Rural(10 000 yuan)	271742	309544	13.9
公共财政预算收入(万元)	Public Budgetary Financial Revenue(10 000 yuan)	344484	409052	18.7
公共财政预算支出(万元)	Public Budgetary Financial Expenditures(10 000 yuan)	511322	598763	17.1
个人储蓄存款余额(万元)	The balance of savings deposits of individuals(10 000 yuan)	2394281	2690849	12.4
在岗职工工资总额(万元)	Total Wages of Staff & Workers Employed in(10 000 yuan)	480511	509201	6.0
在岗职工平均工资(元)	Average Wage of Staff & Workers Employed in(yuan)	78252	97082	24.1
全体居民人均可支配收入(元)	The per capita disposable income of all residents(yuan)	19226	21129	9.9
城镇常住居民人均可支配收入(元)	The per capita disposable income of urban permanent residents(yuan)	23376	25492	9.1
农村牧区常住居民人均可支配收入(元)	The per capita disposable income of permanent residents of rural and pastoral areas(yuan)	12059	13368	10.9
农村牧区经济	**Economic Development in Rural & Pastoral Area**			
农作物总播种面积(公顷)	Total Sown Area(hectare)	152611	155920	2.2
#粮食作物播种面积(公顷)	Sown Area of Grain Crops(hectare)	125111	125890	0.6
农牧业机械总动力(万千瓦)	Total Power of Agricultural Machinery(10 000 kw)	100.69	104.10	3.4
化肥施用折纯量(吨)	Consumption of Chemical Fertilizer(ton)	112764	130582	15.8
农村用电量(万千瓦小时)	Electricity Consumed in Rural Area(10 000 kwh)	33799	33944	0.4
农林牧渔业总产值(万元)	Gross Output of Farming,Forestry,Animal Husbandry & Fishery(10 000 yuan)	974615	993728	4.7
粮食产量(吨)	Yield of Grain(ton)	1108088	1108223	0.0
油料产量(吨)	Yield of Oil-bearing Grops(ton)	6174	4251	-31.1
甜菜产量(吨)	Yield of Beetroots(ton)	2748	463	-83.2
猪牛羊肉产量(吨)	Output of Pork, Beef & Mutton(ton)	106822	107378	0.5
#猪肉产量(吨)	Output of Pork(ton)	73204	73204	0.0
牛肉产量(吨)	Output of Beef(ton)	28396	28370	-0.1
羊肉产量(吨)	Output of Mutton(ton)	5223	5804	11.1
羊毛产量(吨)	Output of Wool(ton)	1239	1209	-2.4

23-48 Keerqin District in Tongliao City

指　标	Item	2013	2014	2014年比上年增长% Increase Rate in 2014 Over 2013(%)
年末牲畜存栏头数(万头只)	Total Livestock at the Year-end(10 000 heads)	164	167	1.7
# 大牲畜(万头只)	Large Animals(10 000 heads)	32	34	4.0
羊(万只)	Sheep & Goats(10 000 heads)	60	63	4.6
猪(万头)	Hogs(10 000 heads)	72	71	-1.7
规模以上工业	**Industrial Enterprises above Designated size**			
工业企业单位数(个)	Number of Industrial Enterprises(unit)	204	199	-2.5
# 内资企业(个)	Civil Funded Enterprises(unit)	195	190	-2.6
工业总产值(万元)	Gross Industrial Output Value(10 000 yuan)	11020406	8718419	-20.9
内资企业(万元)	Civil Funded Enterprises(10 000 yuan)	9297347	8084594	-13.0
国有企业(万元)	State-owned Enterprises(10 000 yuan)	963130	220888	-77.1
集体企业(万元)	Collective-owned Enterprises(10 000 yuan)	56851	65718	15.6
股份合作企业(万元)	Share Holding Enterprises(10 000 yuan)			
联营企业(万元)	Joint Owned Enterprises(10 000 yuan)			
有限责任公司(万元)	Limited Company(10 000 yuan)	4682242	4966295	6.1
股份有限公司(万元)	Share Holding Limited Company(10 000 yuan)	474382	580617	22.4
私营企业(万元)	Privately Owned Enterprises(10 000 yuan)	3109818	2251076	-27.6
其他企业(万元)	Enterprises of Other Ownership(10 000 yuan)	10924		
港澳台商投资企业(万元)	Funds from HK,Macao & Taiwan(10 000 yuan)	101407	102212	0.8
外商投资企业(万元)	Foreign Funded Enterprises(10 000 yuan)	1621652	531613	-67.2
工业企业增加值(万元)	Value Added of Industrial Enterprises(10 000 yuan)			11.0
工业企业资产总计(万元)	Total Assets of Industrial Enterprises(10 000 yuan)	4426313	4640859	4.8
工业企业负债合计(万元)	Total Liabilities of Industrial Enterprises(10 000 yuan)	2140000	2232521	4.3
工业企业产品销售收入(万元)	Sales of Revenue Industrial Enterprises(10 000 yuan)	10783091	8571866	-20.5
工业企业利润总额(万元)	Total Profits of Industrial Enterprises(10 000 yuan)	715191	518706	-27.5
建筑业	**Construction**			
建筑企业单位数(个)	Number of Construction Enterprises(unit)	31	31	0.0
建筑企业从业人员(人)	Number of Employee in Construction Enterprises(person)	19240	12028	-37.5
建筑业总产值(万元)	Gross Construction Output Value(10 000 yuan)	397241	413116	4.0
交通运输邮电通信业	**Transportation,Post & Telecommunications**			
公路里程(公里)	Total Length of Highways(km)	1705	1719	0.8
邮电业务总量(万元)	Business Volume of Post & Telecoms(10 000 yuan)	2877	3378	17.4
本地电话用户(户)	Number of Subscribers of Local Telephone(Household)	633545	752362	18.8
国内贸易	**Domestic Trade**			
社会消费品零售总额(万元)	Total Retail Sales of Consumer Goods(10 000 yuan)	1894767	2162998	14.2
城镇(万元)	Town(10 000 yuan)	1622727	1864472	14.9
乡村(万元)	Village(10 000 yuan)	272039	298526	9.7
科技教育卫生	**Science,Education & Public Health**			
各类专业技术人员(人)	Special Technical Personnel(person)	10018	10692	6.7
幼儿园数(所)	Number of Kindergartens(unit)	139	144	3.6
学龄儿童入学率(%)	Percentage of School-Age Children Enrolled(%)	100.0	100.0	0.0
小学学校数(所)	Number of Primary Schools(unit)	66	62	-6.1
小学专任教师数(人)	Number of Full-time Teachers of Primary Schools(person)	3895	3883	-0.3
小学在校学生数(人)	Number of Student Enrollment of Primary	60469	53679	-11.2
普通中学学校数(所)	Number of Regular Secondary Schools(unit)	30	33	10.0
普通中学专任教师数(人)	Number of Teachers of Secondary Shools(person)	3781	3888	2.8
初中在校学生数(人)	Number of Student in Junior Secondary Schools(person)	34465	32449	-5.8
高中在校学生数(人)	Number of Student in Senior Secondary Schools(person)	27002	27170	0.6
卫生机构数(所)	Number of Health Institutions(unit)	1079	1085	0.6
#医院(所)	Hospitals(unit)	32	40	25.0
卫生院(所)	Township Hospitals(unit)	23	23	0.0
床位数(张)	Number of Beds(unit)	6676	7839	17.4
#医院(张)	Hospitals(unit)	5532	6713	21.3
卫生院(张)	Township Hospitals(unit)	593	601	1.3
卫生技术人员(人)	Medical Technical Presonnel(person)	7741	8056	4.1
#医院(人)	Hospitals(person)	4992	5611	12.4
卫生院(人)	Township Hospitals(person)	676	675	-0.1

23-49 通辽市霍林郭勒市

指　标	Item	2013	2014	2014年比上年增长% Increase Rate in 2014 Over 2013(%)
行政区域土地面积(平方公里)	**Area of Administration(Sq.km)**	**585**	**585**	**0.0**
人口和就业	**Population & Employment**			
年末总人口(人)	Total Population Year-end(person)	82154	81897	-0.3
# 男性(人)	Male(person)	42749	42335	-1.0
# 乡村人口(人)	Rural(person)			
年末总户数(户)	Total Number of Households at the Year-end(Household)	27851	28462	2.2
# 乡村户数(户)	Number of Rural Household(Household)			
出生人口(人)	Births(person)	1177	1279	8.7
死亡人口(人)	Deaths(person)	294	417	41.8
全社会就业人员(人)	Employment(person)	34141	42648	24.9
第一产业(人)	Primary Industry(person)	174	194	11.5
第二产业(人)	Secondary Industry(person)	17827	22493	26.2
第三产业(人)	Tertiary Industry(person)	16140	19961	23.7
在岗职工人数(人)	Number of Staff & Workers Employed in(person)	23133	29006	25.4
乡村劳动力(人)	Number of Rural Laborers(person)			
# 农林牧渔业(人)	Farming,Forestry,Animal Husbandry & Fishery(person)			
国民经济综合指标	**Summary Item on the National Economy**			
生产总值(万元)	Gross Domestic Product(10 000 yuan)	2486600	2652503	9.9
第一产业(万元)	Primary Industry(10 000 yuan)	30400	31982	3.8
第二产业(万元)	Secondary Industry(10 000 yuan)	1629400	1712937	10.5
# 工业(万元)	Industry(10 000 yuan)	1557300	1637041	10.7
第三产业(万元)	Tertiary Industry(10 000 yuan)	826800	907584	9.0
人均生产总值(元)	Per Capita GDP(yuan)	241300	256029	9.3
全社会固定资产投资(万元)	Total Investment in Fixed Assets(10 000 yuan)	1188413	1603215	34.9
按登记注册类型分	Grouped by Registered Type			
# 国有(万元)	State-owned Enterprises(10 000 yuan)	152444	189400	24.2
集体(万元)	Collective-owned Enterprises(10 000 yuan)			
有限责任公司(万元)	Limited Liability Corporations(10 000 yuan)	375398	506314	34.9
股份有限公司(万元)	Share Holding Enterprises(10 000 yuan)	656525	902451	37.5
私营企业(万元)	Private Enterprises(10 000 yuan)	4046	5050	24.8
外商及港澳台投资企业(万元)	Funds from HK,Macao,Taiwan & Foreign(10 000 yuan)			
按城乡渠道分	Grouped by Urban and Rural Area			
城镇(万元)	Urban(10 000 yuan)	1188413	1603215	34.9
农村(万元)	Rural(10 000 yuan)			
公共财政预算收入(万元)	Public Budgetary Financial Revenue(10 000 yuan)	259528	304845	17.5
公共财政预算支出(万元)	Public Budgetary Financial Expenditures(10 000 yuan)	318270	356098	11.9
个人储蓄存款余额(万元)	The balance of savings deposits of individuals(10 000 yuan)	414315	425276	2.6
在岗职工工资总额(万元)	Total Wages of Staff & Workers Employed in(10 000 yuan)	149314	167867	12.4
在岗职工平均工资(元)	Average Wage of Staff & Workers Employed in(yuan)	58834	57059	-3.0
全体居民人均可支配收入(元)	The per capita disposable income of all residents(yuan)	30005	32604	8.7
城镇常住居民人均可支配收入(元)	The per capita disposable income of urban permanent residents(yuan)	30005	32604	8.7
农村牧区常住居民人均可支配收入(元)	The per capita disposable income of permanent residents of rural and pastoral areas(yuan)			
农村牧区经济	**Economic Development in Rural & Pastoral Area**			
农作物总播种面积(公顷)	Total Sown Area(hectare)	12586	10095	-19.8
# 粮食作物播种面积(公顷)	Sown Area of Grain Crops(hectare)	5096	5100	0.1
农牧业机械总动力(万千瓦)	Total Power of Agricultural Machinery(10 000 kw)	2.00	2.30	15.0
化肥施用折纯量(吨)	Consumption of Chemical Fertilizer(ton)	1952	1995	2.2
农村用电量(万千瓦小时)	Electricity Consumed in Rural Area(10 000 kwh)	4610	4650	0.9
农林牧渔业总产值(万元)	Gross Output of Farming,Forestry,Animal Husbandry & Fishery(10 000 yuan)	53841	56554	4.6
粮食产量(吨)	Yield of Grain(ton)	10414	10560	1.4
油料产量(吨)	Yield of Oil-bearing Grops(ton)	10770	8939	-17.0
甜菜产量(吨)	Yield of Beetroots(ton)			
猪牛羊肉产量(吨)	Output of Pork, Beef & Mutton(ton)	5485	5942	8.3
# 猪肉产量(吨)	Output of Pork(ton)	1724	1724	0.0
牛肉产量(吨)	Output of Beef(ton)	500	525	5.0
羊肉产量(吨)	Output of Mutton(ton)	3261	3693	13.3
羊毛产量(吨)	Output of Wool(ton)	420	400	-4.8

23-49 Huolinguole City in Tongliao City

指　标	Item	2013	2014	2014年比上年增长% Increase Rate in 2014 Over 2013(%)
年末牲畜存栏头数(万头只)	Total Livestock at the Year-end(10 000 heads)	13.60	14.62	7.5
# 大牲畜(万头只)	Large Animals(10 000 heads)	0.19	0.18	-5.3
羊(万只)	Sheep & Goats(10 000 heads)	12.80	13.89	8.5
猪(万头)	Hogs(10 000 heads)	0.61	0.55	-9.8
规模以上工业	**Industrial Enterprises above Designated size**			
工业企业单位数(个)	Number of Industrial Enterprises(unit)	58	67	15.5
# 内资企业(个)	Civil Funded Enterprises(unit)	54	63	16.7
工业总产值(万元)	Gross Industrial Output Value(10 000 yuan)	5416950	4462873	-17.6
内资企业(万元)	Civil Funded Enterprises(10 000 yuan)	4156032	3463932	-16.7
国有企业(万元)	State-owned Enterprises(10 000 yuan)	136134	146917	7.9
集体企业(万元)	Collective-owned Enterprises(10 000 yuan)			
股份合作企业(万元)	Share Holding Enterprises(10 000 yuan)			
联营企业(万元)	Joint Owned Enterprises(10 000 yuan)			
有限责任公司(万元)	Limited Company(10 000 yuan)	2645695	2454459	-7.2
股份有限公司(万元)	Share Holding Limited Company(10 000 yuan)	595561	350476	-41.2
私营企业(万元)	Privately Owned Enterprises(10 000 yuan)	778642	512081	-34.2
其他企业(万元)	Enterprises of Other Ownership(10 000 yuan)			
港澳台商投资企业(万元)	Funds from HK,Macao & Taiwan(10 000 yuan)	141675		
外商投资企业(万元)	Foreign Funded Enterprises(10 000 yuan)	1119243	998941	-10.7
工业企业增加值(万元)	Value Added of Industrial Enterprises(10 000 yuan)			11.1
工业企业资产总计(万元)	Total Assets of Industrial Enterprises(10 000 yuan)	5416950	5542540	2.3
工业企业负债合计(万元)	Total Liabilities of Industrial Enterprises(10 000 yuan)	2227700	2951738	32.5
工业企业产品销售收入(万元)	Sales of Revenue Industrial Enterprises(10 000 yuan)	5464902	4585172	-16.1
工业企业利润总额(万元)	Total Profits of Industrial Enterprises(10 000 yuan)	210213	93773	-55.4
建筑业	**Construction**			
建筑企业单位数(个)	Number of Construction Enterprises(unit)	6	6	0.0
建筑企业从业人员(人)	Number of Employee in Construction Enterprises(person)	1318	1245	-5.5
建筑业总产值(万元)	Gross Construction Output Value(10 000 yuan)	58102	48077	-17.3
交通运输邮电通信业	**Transportation,Post & Telecommunications**			
公路里程(公里)	Total Length of Highways(km)	267	265	-0.8
邮电业务总量(万元)	Business Volume of Post & Telecoms(10 000 yuan)	32188	34763	8.0
本地电话用户(户)	Number of Subscribers of Local Telephone(Household)	145000	190300	31.2
国内贸易	**Domestic Trade**			
社会消费品零售总额(万元)	Total Retail Sales of Consumer Goods(10 000 yuan)	301823	333916	10.6
城镇(万元)	Town(10 000 yuan)	301823	333916	10.6
乡村(万元)	Village(10 000 yuan)			
科技教育卫生	**Science,Education & Public Health**			
各类专业技术人员(人)	Special Technical Personnel(person)	2061	2065	0.2
幼儿园数(所)	Number of Kindergartens(unit)	43	46	7.0
学龄儿童入学率(%)	Percentage of School-Age Children Enrolled(%)	100.0	100.0	0.0
小学学校数(所)	Number of Primary Schools(unit)	7	7	0.0
小学专任教师数(人)	Number of Full-time Teachers of Primary Schools(person)	386	419	8.5
小学在校学生数(人)	Number of Student Enrollment of Primary Schools(person)	7368	7357	-0.1
普通中学学校数(所)	Number of Regular Secondary Schools(unit)	7	7	0.0
普通中学专任教师数(人)	Number of Teachers of Secondary Shools(person)	530	564	6.4
初中在校学生数(人)	Number of Student in Junior Secondary Schools(person)	3185	3305	3.8
高中在校学生数(人)	Number of Student in Senior Secondary Schools(person)	2992	2907	-2.8
卫生机构数(所)	Number of Health Institutions(unit)	53	52	-1.9
# 医院(所)	Hospitals(unit)	2	2	0.0
卫生院(所)	Township Hospitals(unit)			
床位数(张)	Number of Beds(unit)	684	684	0.0
# 医院(张)	Hospitals(unit)	650	650	0.0
卫生院(张)	Township Hospitals(unit)			
卫生技术人员(人)	Medical Technical Presonnel(person)	465	489	5.2
# 医院(人)	Hospitals(person)	308	301	-2.3
卫生院(人)	Township Hospitals(person)			

23-50 通辽市科尔沁左翼中旗

指　标	Item	2013	2014	2014年比上年增长% Increase Rate in 2014 Over 2013(%)
行政区域土地面积(平方公里)	**Area of Administration(Sq.km)**	**9573**	**9573**	**0.0**
人口和就业	**Population & Employment**			
年末总人口(人)	Total Population Year-end(person)	533834	532546	-0.2
#男性(人)	Male(person)	272958	272427	-0.2
#乡村人口(人)	Rural(person)	464033	464093	0.0
年末总户数(户)	Total Number of Households at the Year-end(Household)	187675	198291	5.7
#乡村户数(户)	Number of Rural Household(Household)	106756	106781	0.0
出生人口(人)	Births(person)	4705	5712	21.4
死亡人口(人)	Deaths(person)	1791	3154	76.1
全社会就业人员(人)	Employment(person)	292584	299862	2.5
第一产业(人)	Primary Industry(person)	194081	183715	-5.3
第二产业(人)	Secondary Industry(person)	42726	48353	13.2
第三产业(人)	Tertiary Industry(person)	55777	67794	21.5
在岗职工人数(人)	Number of Staff & Workers Employed in(person)	34678	34735	0.2
乡村劳动力(人)	Number of Rural Laborers(person)	251858	251787	0.0
#农林牧渔业(人)	Farming,Forestry,Animal Husbandry & Fishery(person)	180009	169500	-5.8
国民经济综合指标	**Summary Item on the National Economy**			
生产总值(万元)	Gross Domestic Product(10 000 yuan)	1427900	1522527	8.1
第一产业(万元)	Primary Industry(10 000 yuan)	374600	393472	4.2
第二产业(万元)	Secondary Industry(10 000 yuan)	566900	593802	10.0
#工业(万元)	Industry(10 000 yuan)	546700	572582	10.2
第三产业(万元)	Tertiary Industry(10 000 yuan)	486400	535253	8.7
人均生产总值(元)	Per Capita GDP(yuan)	27921	29871	8.5
全社会固定资产投资(万元)	Total Investment in Fixed Assets(10 000 yuan)	743755	752925	1.2
按登记注册类型分	Grouped by Registered Type			
#国有(万元)	State-owned Enterprises(10 000 yuan)	350057	354460	1.3
集体(万元)	Collective-owned Enterprises(10 000 yuan)	828	945	14.1
有限责任公司(万元)	Limited Liability Corporations(10 000 yuan)	200035	217000	8.5
股份有限公司(万元)	Share Holding Enterprises(10 000 yuan)	57921	58320	0.7
私营企业(万元)	Private Enterprises(10 000 yuan)	90059	89555	-0.6
外商及港澳台投资企业(万元)	Funds from HK,Macao,Taiwan & Foreign(10 000 yuan)			
按城乡渠道分	Grouped by Urban and Rural Area			
城镇(万元)	Urban(10 000 yuan)	665881	674025	1.2
农村(万元)	Rural(10 000 yuan)	77874	78900	1.3
公共财政预算收入(万元)	Public Budgetary Financial Revenue(10 000 yuan)	29110	33795	16.1
公共财政预算支出(万元)	Public Budgetary Financial Expenditures(10 000 yuan)	265327	307071	15.7
个人储蓄存款余额(万元)	The balance of savings deposits of individuals(10 000 yuan)	211689	221886	4.8
在岗职工工资总额(万元)	Total Wages of Staff & Workers Employed in(10 000 yuan)	135239	150601	11.4
在岗职工平均工资(元)	Average Wage of Staff & Workers Employed in(yuan)	39023	43710	12.0
全体居民人均可支配收入(元)	The per capita disposable income of all residents(yuan)	10584	11742	10.9
城镇常住居民人均可支配收入(元)	The per capita disposable income of urban permanent residents(yuan)	17641	19354	9.7
农村牧区常住居民人均可支配收入(元)	The per capita disposable income of permanent residents of rural and pastoral areas(yuan)	7435	8304	11.7
农村牧区经济	**Economic Development in Rural & Pastoral Area**			
农作物总播种面积(公顷)	Total Sown Area(hectare)	248606	245638	-1.2
#粮食作物播种面积(公顷)	Sown Area of Grain Crops(hectare)	224970	226095	0.5
农牧业机械总动力(万千瓦)	Total Power of Agricultural Machinery(10 000 kw)	122.00	126.00	3.3
化肥施用折纯量(吨)	Consumption of Chemical Fertilizer(ton)	110442	110641	0.2
农村用电量(万千瓦小时)	Electricity Consumed in Rural Area(10 000 kwh)	9910	10083	1.7
农林牧渔业总产值(万元)	Gross Output of Farming,Forestry,Animal Husbandry & Fishery(10 000 yuan)	603749	639173	4.7
粮食产量(吨)	Yield of Grain(ton)	1693312	1693506	0.0
油料产量(吨)	Yield of Oil-bearing Grops(ton)	34212	24858	-27.3
甜菜产量(吨)	Yield of Beetroots(ton)	60469	5415	-91.0
猪牛羊肉产量(吨)	Output of Pork, Beef & Mutton(ton)	63995	64577	0.9
#猪肉产量(吨)	Output of Pork(ton)	37502	37502	0.0
牛肉产量(吨)	Output of Beef(ton)	16152	16400	1.5
羊肉产量(吨)	Output of Mutton(ton)	10342	10675	3.2
羊毛产量(吨)	Output of Wool(ton)	2128	2037	-4.3

23-50 Keerqinzuoyizhong Banner in Tongliao City

指　标	Item	2013	2014	2014年比上年增长% Increase Rate in 2014 Over 2013(%)
年末牲畜存栏头数(万头只)	Total Livestock at the Year-end(10 000 heads)	167.30	166.79	-0.3
# 大牲畜(万头只)	Large Animals(10 000 heads)	33.67	34.29	1.8
羊(万只)	Sheep & Goats(10 000 heads)	87.34	87.50	0.2
猪(万头)	Hogs(10 000 heads)	46.30	45.00	-2.8
规模以上工业	**Industrial Enterprises above Designated size**			
工业企业单位数(个)	Number of Industrial Enterprises(unit)	63	55	-12.7
# 内资企业(个)	Civil Funded Enterprises(unit)	62	54	-12.9
工业总产值(万元)	Gross Industrial Output Value(10 000 yuan)	2122734	1819972	-14.3
内资企业(万元)	Civil Funded Enterprises(10 000 yuan)	2092586	1787962	-14.6
国有企业(万元)	State-owned Enterprises(10 000 yuan)	107530	103262	-4.0
集体企业(万元)	Collective-owned Enterprises(10 000 yuan)	113415	33462	-70.5
股份合作企业(万元)	Share Holding Enterprises(10 000 yuan)	35425		
联营企业(万元)	Joint Owned Enterprises(10 000 yuan)			
有限责任公司(万元)	Limited Company(10 000 yuan)	517800	509826	-1.5
股份有限公司(万元)	Share Holding Limited Company(10 000 yuan)	235327	182457	-22.5
私营企业(万元)	Privately Owned Enterprises(10 000 yuan)	1062428	958955	-9.7
其他企业(万元)	Enterprises of Other Ownership(10 000 yuan)	20661		
港澳台商投资企业(万元)	Funds from HK,Macao & Taiwan(10 000 yuan)			
外商投资企业(万元)	Foreign Funded Enterprises(10 000 yuan)	30148	32010	6.2
工业企业增加值(万元)	Value Added of Industrial Enterprises(10 000 yuan)			10.9
工业企业资产总计(万元)	Total Assets of Industrial Enterprises(10 000 yuan)	1332056	1397488	4.9
工业企业负债合计(万元)	Total Liabilities of Industrial Enterprises(10 000 yuan)	27318	37756	38.2
工业企业产品销售收入(万元)	Sales of Revenue Industrial Enterprises(10 000 yuan)	2053264	1739041	-15.3
工业企业利润总额(万元)	Total Profits of Industrial Enterprises(10 000 yuan)	251629	179424	-28.7
建筑业	**Construction**			
建筑企业单位数(个)	Number of Construction Enterprises(unit)	2	2	0.0
建筑企业从业人员(人)	Number of Employee in Construction Enterprises(person)	1660	805	-51.5
建筑业总产值(万元)	Gross Construction Output Value(10 000 yuan)	7509	10948	45.8
交通运输邮电通信业	**Transportation,Post & Telecommunications**			
公路里程(公里)	Total Length of Highways(km)	3195	3196	0.0
邮电业务总量(万元)	Business Volume of Post & Telecoms(10 000 yuan)	22247	25792	15.9
本地电话用户(户)	Number of Subscribers of Local Telephone(Household)	412695	403340	-2.3
国内贸易	**Domestic Trade**			
社会消费品零售总额(万元)	Total Retail Sales of Consumer Goods(10 000 yuan)	272582	408212	11.0
城镇(万元)	Town(10 000 yuan)	127422	198652	15.6
乡村(万元)	Village(10 000 yuan)	145160	209561	7.0
科技教育卫生	**Science,Education & Public Health**			
各类专业技术人员(人)	Special Technical Personnel(person)	5531	5979	8.1
幼儿园数(所)	Number of Kindergartens(unit)	62	89	43.5
学龄儿童入学率(%)	Percentage of School-Age Children Enrolled(%)	100.0	100.0	0.0
小学学校数(所)	Number of Primary Schools(unit)	76	76	0.0
小学专任教师数(人)	Number of Full-time Teachers of Primary Schools(person)	2772	2414	-12.9
小学在校学生数(人)	Number of Student Enrollment of Primary Schools(person)	25796	25166	-2.4
普通中学学校数(所)	Number of Regular Secondary Schools(unit)	17	12	-29.4
普通中学专任教师数(人)	Number of Teachers of Secondary Shools(person)	1438	1368	-4.9
初中在校学生数(人)	Number of Student in Junior Secondary Schools(person)	9899	10303	4.1
高中在校学生数(人)	Number of Student in Senior Secondary Schools(person)	4320	4722	9.3
卫生机构数(所)	Number of Health Institutions(unit)	579	595	2.8
# 医院(所)	Hospitals(unit)	3	3	0.0
卫生院(所)	Township Hospitals(unit)	30	30	0.0
床位数(张)	Number of Beds(unit)	956	1001	4.7
# 医院(张)	Hospitals(unit)	542	542	0.0
卫生院(张)	Township Hospitals(unit)	365	455	24.7
卫生技术人员(人)	Medical Technical Presonnel(person)	919	1144	24.5
# 医院(人)	Hospitals(person)	303	391	29.0
卫生院(人)	Township Hospitals(person)	439	581	32.3

23-51 通辽市科尔沁左翼后旗

指　标	Item	2013	2014	2014年比上年增长% Increase Rate in 2014 Over 2013(%)
行政区域土地面积(平方公里)	**Area of Administration(Sq.km)**	**11500**	**11500**	**0.0**
人口和就业	**Population & Employment**			
年末总人口(人)	Total Population Year-end(person)	405657	408563	0.7
#男性(人)	Male(person)	207829	209033	0.6
#乡村人口(人)	Rural(person)	353930	356693	0.8
年末总户数(户)	Total Number of Households at the Year-end(Household)	144687	148912	2.9
#乡村户数(户)	Number of Rural Household(Household)	93822	94378	0.6
出生人口(人)	Births(person)	3553	4186	17.8
死亡人口(人)	Deaths(person)	1287	1882	46.2
全社会就业人员(人)	Employment(person)	189199	195234	3.2
第一产业(人)	Primary Industry(person)	129076	128676	-0.3
第二产业(人)	Secondary Industry(person)	17376	18303	5.3
第三产业(人)	Tertiary Industry(person)	42747	48255	12.9
在岗职工人数(人)	Number of Staff & Workers Employed in(person)	29280	29235	-0.2
乡村劳动力(人)	Number of Rural Laborers(person)	165936	168047	1.3
#农林牧渔业(人)	Farming,Forestry,Animal Husbandry & Fishery(person)	117721	117026	-0.6
国民经济综合指标	**Summary Item on the National Economy**			
生产总值(万元)	Gross Domestic Product(10 000 yuan)	1456600	1547400	8.6
第一产业(万元)	Primary Industry(10 000 yuan)	333100	337000	4.3
第二产业(万元)	Secondary Industry(10 000 yuan)	599000	628900	10.0
#工业(万元)	Industry(10 000 yuan)	560600	589200	10.2
第三产业(万元)	Tertiary Industry(10 000 yuan)	524500	581500	9.2
人均生产总值(元)	Per Capita GDP(yuan)	39040	41686	9.1
全社会固定资产投资(万元)	Total Investment in Fixed Assets(10 000 yuan)	655007	758602	15.8
按登记注册类型分	Grouped by Registered Type			
#国有(万元)	State-owned Enterprises(10 000 yuan)	456223	558558	22.4
集体(万元)	Collective-owned Enterprises(10 000 yuan)			
有限责任公司(万元)	Limited Liability Corporations(10 000 yuan)	155326	174919	12.6
股份有限公司(万元)	Share Holding Enterprises(10 000 yuan)	12226		
私营企业(万元)	Private Enterprises(10 000 yuan)	5673	6523	15.0
外商及港澳台投资企业(万元)	Funds from HK,Macao,Taiwan & Foreign(10 000 yuan)			
按城乡渠道分	Grouped by Urban and Rural Area			
城镇(万元)	Urban(10 000 yuan)	616087	740000	20.1
农村(万元)	Rural(10 000 yuan)	38920		
公共财政预算收入(万元)	Public Budgetary Financial Revenue(10 000 yuan)	36483	40142	10.0
公共财政预算支出(万元)	Public Budgetary Financial Expenditures(10 000 yuan)	254723	275491	8.2
个人储蓄存款余额(万元)	The balance of savings deposits of individuals(10 000 yuan)	233252	253506	8.7
在岗职工工资总额(万元)	Total Wages of Staff & Workers Employed in(10 000 yuan)	118815	128481	8.1
在岗职工平均工资(元)	Average Wage of Staff & Workers Employed in(yuan)	40600	44147	8.7
全体居民人均可支配收入(元)	The per capita disposable income of all residents(yuan)	10985	12151	10.6
城镇常住居民人均可支配收入(元)	The per capita disposable income of urban permanent residents(yuan)	17793	19584	10.1
农村牧区常住居民人均可支配收入(元)	The per capita disposable income of permanent residents of rural and pastoral areas(yuan)	7894	8798	11.5
农村牧区经济	**Economic Development in Rural & Pastoral Area**			
农作物总播种面积(公顷)	Total Sown Area(hectare)	222849	225435	1.2
#粮食作物播种面积(公顷)	Sown Area of Grain Crops(hectare)	186998	187574	0.3
农牧业机械总动力(万千瓦)	Total Power of Agricultural Machinery(10 000 kw)	118.26	120.00	1.5
化肥施用折纯量(吨)	Consumption of Chemical Fertilizer(ton)	149000	176223	18.3
农村用电量(万千瓦小时)	Electricity Consumed in Rural Area(10 000 kwh)	8500	11294	32.9
农林牧渔业总产值(万元)	Gross Output of Farming,Forestry,Animal Husbandry & Fishery(10 000 yuan)	531668	568460	4.8
粮食产量(吨)	Yield of Grain(ton)	1007518	1007520	0.0
油料产量(吨)	Yield of Oil-bearing Grops(ton)	18492	28386	53.5
甜菜产量(吨)	Yield of Beetroots(ton)			
猪牛羊肉产量(吨)	Output of Pork, Beef & Mutton(ton)	37710	40577	7.6
#猪肉产量(吨)	Output of Pork(ton)	18766	18766	0.0
牛肉产量(吨)	Output of Beef(ton)	15257	17517	14.8
羊肉产量(吨)	Output of Mutton(ton)	3688	4294	16.4
羊毛产量(吨)	Output of Wool(ton)	2300	2220	-3.5

23-51 Keerqinzuoyihou Banner in Tongliao City

指　标	Item	2013	2014	2014年比上年增长% Increase Rate in 2014 Over 2013(%)
年末牲畜存栏头数(万头只)	Total Livestock at the Year-end(10 000 heads)	108.34	114.95	6.1
#大牲畜(万头只)	Large Animals(10 000 heads)	42.76	43.19	1.0
羊(万只)	Sheep & Goats(10 000 heads)	42.01	49.54	17.9
猪(万头)	Hogs(10 000 heads)	23.57	22.22	-5.7
规模以上工业	**Industrial Enterprises above Designated size**			
工业企业单位数(个)	Number of Industrial Enterprises(unit)	63	65	3.2
#内资企业(个)	Civil Funded Enterprises(unit)	63	65	3.2
工业总产值(万元)	Gross Industrial Output Value(10 000 yuan)	2015810	2005586	-0.5
内资企业(万元)	Civil Funded Enterprises(10 000 yuan)	2015810	2005586	-0.5
国有企业(万元)	State-owned Enterprises(10 000 yuan)	237173	174186	-26.6
集体企业(万元)	Collective-owned Enterprises(10 000 yuan)			
股份合作企业(万元)	Share Holding Enterprises(10 000 yuan)			
联营企业(万元)	Joint Owned Enterprises(10 000 yuan)			
有限责任公司(万元)	Limited Company(10 000 yuan)	323393	482551	49.2
股份有限公司(万元)	Share Holding Limited Company(10 000 yuan)	66563	47591	-28.5
私营企业(万元)	Privately Owned Enterprises(10 000 yuan)	1388681	1301259	-6.3
其他企业(万元)	Enterprises of Other Ownership(10 000 yuan)			
港澳台商投资企业(万元)	Funds from HK,Macao & Taiwan(10 000 yuan)			
外商投资企业(万元)	Foreign Funded Enterprises(10 000 yuan)			
工业企业增加值(万元)	Value Added of Industrial Enterprises(10 000 yuan)			10.9
工业企业资产总计(万元)	Total Assets of Industrial Enterprises(10 000 yuan)	871128	944817	8.5
工业企业负债合计(万元)	Total Liabilities of Industrial Enterprises(10 000 yuan)	497191	483543	-2.7
工业企业产品销售收入(万元)	Sales of Revenue Industrial Enterprises(10 000 yuan)	2014387	1956320	-2.9
工业企业利润总额(万元)	Total Profits of Industrial Enterprises(10 000 yuan)	115266	113189	-1.8
建筑业	**Construction**			
建筑企业单位数(个)	Number of Construction Enterprises(unit)	2	2	0.0
建筑企业从业人员(人)	Number of Employee in Construction Enterprises(person)	20	21	5.0
建筑业总产值(万元)	Gross Construction Output Value(10 000 yuan)	8349	11085	32.8
交通运输邮电通信业	**Transportation,Post & Telecommunications**			
公路里程(公里)	Total Length of Highways(km)	3687	3686	0.0
邮电业务总量(万元)	Business Volume of Post & Telecoms(10 000 yuan)	23400	19500	-16.7
本地电话用户(户)	Number of Subscribers of Local Telephone(Household)	31000	32000	3.2
国内贸易	**Domestic Trade**			
社会消费品零售总额(万元)	Total Retail Sales of Consumer Goods(10 000 yuan)	277533	329320	11.1
城镇(万元)	Town(10 000 yuan)	186034	211177	10.5
乡村(万元)	Village(10 000 yuan)	91500	118144	24.4
科技教育卫生	**Science,Education & Public Health**			
各类专业技术人员(人)	Special Technical Personnel(person)	6725	6557	-2.5
幼儿园数(所)	Number of Kindergartens(unit)	54	73	35.2
学龄儿童入学率(%)	Percentage of School-Age Children Enrolled(%)	100.0	100.0	0.0
小学学校数(所)	Number of Primary Schools(unit)	34	34	0.0
小学专任教师数(人)	Number of Full-time Teachers of Primary Schools(person)	1987	1948	-2.0
小学在校学生数(人)	Number of Student Enrollment of Primary Schools(person)	23381	23552	0.7
普通中学学校数(所)	Number of Regular Secondary Schools(unit)	16	15	-6.3
普通中学专任教师数(人)	Number of Teachers of Secondary Shools(person)	1476	1430	-3.1
初中在校学生数(人)	Number of Student in Junior Secondary Schools(person)	10434	10217	-2.1
高中在校学生数(人)	Number of Student in Senior Secondary Schools(person)	4989	5526	10.8
卫生机构数(所)	Number of Health Institutions(unit)	714	708	-0.8
#医院(所)	Hospitals(unit)	3	4	33.3
卫生院(所)	Township Hospitals(unit)	29	29	0.0
床位数(张)	Number of Beds(unit)	850	1029	21.1
#医院(张)	Hospitals(unit)	312	372	19.2
卫生院(张)	Township Hospitals(unit)	386	485	25.6
卫生技术人员(人)	Medical Technical Presonnel(person)	1154	1178	2.1
#医院(人)	Hospitals(person)	418	462	10.5
卫生院(人)	Township Hospitals(person)	390	384	-1.5

23-52 通辽市开鲁县

指 标	Item	2013	2014	2014年比上年增长% Increase Rate in 2014 Over 2013(%)
行政区域土地面积(平方公里)	**Area of Administration(Sq.km)**	**4353**	**4353**	**0.0**
人口和就业	**Population & Employment**			
年末总人口(人)	Total Population Year-end(person)	398078	398081	0.0
#男性(人)	Male(person)	201832	201732	0.0
#乡村人口(人)	Rural(person)	339009	328608	-3.1
年末总户数(户)	Total Number of Households at the Year-end(Household)	138353	144261	4.3
#乡村户数(户)	Number of Rural Household(Household)	98406	95434	-3.0
出生人口(人)	Births(person)	3001	3170	5.6
死亡人口(人)	Deaths(person)	1297	1734	33.7
全社会就业人员(人)	Employment(person)	227740	224196	-1.6
第一产业(人)	Primary Industry(person)	156915	143532	-8.5
第二产业(人)	Secondary Industry(person)	22684	26437	16.5
第三产业(人)	Tertiary Industry(person)	48141	54227	12.6
在岗职工人数(人)	Number of Staff & Workers Employed in(person)	22811	23382	2.5
乡村劳动力(人)	Number of Rural Laborers(person)	216529	204612	-5.5
#农林牧渔业(人)	Farming,Forestry,Animal Husbandry & Fishery(person)	134247	135066	0.6
国民经济综合指标	**Summary Item on the National Economy**			
生产总值(万元)	Gross Domestic Product(10 000 yuan)	1930800	2058400	8.6
第一产业(万元)	Primary Industry(10 000 yuan)	487900	512500	4.2
第二产业(万元)	Secondary Industry(10 000 yuan)	848000	894800	11.2
#工业(万元)	Industry(10 000 yuan)	791900	835900	11.6
第三产业(万元)	Tertiary Industry(10 000 yuan)	594900	651100	8.3
人均生产总值(元)	Per Capita GDP(yuan)	48931	52410	9.1
全社会固定资产投资(万元)	Total Investment in Fixed Assets(10 000 yuan)	946184	1016847	7.5
按登记注册类型分	Grouped by Registered Type			
#国有(万元)	State-owned Enterprises(10 000 yuan)	740585	742560	0.3
集体(万元)	Collective-owned Enterprises(10 000 yuan)			
有限责任公司(万元)	Limited Liability Corporations(10 000 yuan)		64772	
股份有限公司(万元)	Share Holding Enterprises(10 000 yuan)			
私营企业(万元)	Private Enterprises(10 000 yuan)	183182	193200	5.5
外商及港澳台投资企业 (万元)	Funds from HK,Macao,Taiwan & Foreign(10 000 yuan)			
按城乡渠道分	Grouped by Urban and Rural Area			
城镇(万元)	Urban(10 000 yuan)	878767	948297	7.9
农村(万元)	Rural(10 000 yuan)	67417	68550	1.7
公共财政预算收入(万元)	Public Budgetary Financial Revenue(10 000 yuan)	37954	42265	11.4
公共财政预算支出(万元)	Public Budgetary Financial Expenditures(10 000 yuan)	228201	246568	8.0
个人储蓄存款余额(万元)	The balance of savings deposits of individuals(10 000 yuan)	361789	413541	14.3
在岗职工工资总额(万元)	Total Wages of Staff & Workers Employed in(10 000 yuan)	79438	99338	25.1
在岗职工平均工资(元)	Average Wage of Staff & Workers Employed in(yuan)	35026	42715	22.0
全体居民人均可支配收入(元)	The per capita disposable income of all residents(yuan)	12697	14018	10.4
城镇常住居民人均可支配收入(元)	The per capita disposable income of urban permanent residents(yuan)	19387	21322	10.0
农村牧区常住居民人均可支配收入(元)	The per capita disposable income of permanent residents of rural and pastoral areas(yuan)	9985	11127	11.4
农村牧区经济	**Economic Development in Rural & Pastoral Area**			
农作物总播种面积(公顷)	Total Sown Area(hectare)	125177	136880	9.3
#粮食作物播种面积(公顷)	Sown Area of Grain Crops(hectare)	93965	94717	0.8
农牧业机械总动力(万千瓦)	Total Power of Agricultural Machinery(10 000 kw)	103.83	111.30	7.2
化肥施用折纯量(吨)	Consumption of Chemical Fertilizer(ton)	30871	30980	0.4
农村用电量(万千瓦小时)	Electricity Consumed in Rural Area(10 000 kwh)	20167	20355	0.9
农林牧渔业总产值(万元)	Gross Output of Farming,Forestry,Animal Husbandry & Fishery(10 000 yuan)	844882	887458	4.7
粮食产量(吨)	Yield of Grain(ton)	1020135	1020140	0.0
油料产量(吨)	Yield of Oil-bearing Grops(ton)	8040	3804	-52.7
甜菜产量(吨)	Yield of Beetroots(ton)	1575	3015	91.4
猪牛羊肉产量(吨)	Output of Pork, Beef & Mutton(ton)	81730	82500	0.9
#猪肉产量(吨)	Output of Pork(ton)	65680	65680	0.0
牛肉产量(吨)	Output of Beef(ton)	6553	6944	6.0
羊肉产量(吨)	Output of Mutton(ton)	9497	9876	4.0
羊毛产量(吨)	Output of Wool(ton)	3168	3091	-2.4

23-52 Kailu County in Tongliao City

指　标	Item	2013	2014	2014年比上年增长% Increase Rate in 2014Over 2013(%)
年末牲畜存栏头数(万头只)	Total Livestock at the Year-end(10 000 heads)	189.92	196.32	3.4
# 大牲畜(万头只)	Large Animals(10 000 heads)	22.99	23.92	4.0
羊(万只)	Sheep & Goats(10 000 heads)	121.55	127.06	4.5
猪(万头)	Hogs(10 000 heads)	45.38	45.34	-0.1
规模以上工业	**Industrial Enterprises above Designated size**			
工业企业单位数(个)	Number of Industrial Enterprises(unit)	69	69	0.0
# 内资企业(个)	Civil Funded Enterprises(unit)	68	68	0.0
工业总产值(万元)	Gross Industrial Output Value(10 000 yuan)	3430054	3086367	-10.0
内资企业(万元)	Civil Funded Enterprises(10 000 yuan)	3309340	2944631	-11.0
国有企业(万元)	State-owned Enterprises(10 000 yuan)	59892	69054	15.3
集体企业(万元)	Collective-owned Enterprises(10 000 yuan)			
股份合作企业(万元)	Share Holding Enterprises(10 000 yuan)			
联营企业(万元)	Joint Owned Enterprises(10 000 yuan)			
有限责任公司(万元)	Limited Company(10 000 yuan)	307853	173985	-43.5
股份有限公司(万元)	Share Holding Limited Company(10 000 yuan)			
私营企业(万元)	Privately Owned Enterprises(10 000 yuan)	2941595	2701593	-8.2
其他企业(万元)	Enterprises of Other Ownership(10 000 yuan)			
港澳台商投资企业(万元)	Funds from HK,Macao & Taiwan(10 000 yuan)	120714	141735	17.4
外商投资企业(万元)	Foreign Funded Enterprises(10 000 yuan)			
工业企业增加值(万元)	Value Added of Industrial Enterprises(10 000 yuan)			10.9
工业企业资产总计(万元)	Total Assets of Industrial Enterprises(10 000 yuan)	2044994	2212888	8.2
工业企业负债合计(万元)	Total Liabilities of Industrial Enterprises(10 000 yuan)	298194	325772	9.2
工业企业产品销售收入(万元)	Sales of Revenue Industrial Enterprises(10 000 yuan)	3587591	3111100	-13.3
工业企业利润总额(万元)	Total Profits of Industrial Enterprises(10 000 yuan)	390600	359823	-7.9
建筑业	**Construction**			
建筑企业单位数(个)	Number of Construction Enterprises(unit)	4	4	0.0
建筑企业从业人员(人)	Number of Employee in Construction Enterprises(person)	1564	1570	0.4
建筑业总产值(万元)	Gross Construction Output Value(10 000 yuan)	37908	36855	-2.8
交通运输邮电通信业	**Transportation,Post & Telecommunications**			
公路里程(公里)	Total Length of Highways(km)	2038	2042	0.2
邮电业务总量(万元)	Business Volume of Post & Telecoms(10 000 yuan)	26218	26689	1.8
本地电话用户(户)	Number of Subscribers of Local Telephone(Household)	406766	401036	-1.4
国内贸易	**Domestic Trade**			
社会消费品零售总额(万元)	Total Retail Sales of Consumer Goods(10 000 yuan)	310765	355952	11.3
城镇(万元)	Town(10 000 yuan)	198820	216105	16.6
乡村(万元)	Village(10 000 yuan)	111946	139847	11.5
科技教育卫生	**Science,Education & Public Health**			
各类专业技术人员(人)	Special Technical Personnel(person)	5663	5600	-1.1
幼儿园数(所)	Number of Kindergartens(unit)	35	43	22.9
学龄儿童入学率(%)	Percentage of School-Age Children Enrolled(%)	100.0	100.0	0.0
小学学校数(所)	Number of Primary Schools(unit)	134	138	3.0
小学专任教师数(人)	Number of Full-time Teachers of Primary Schools(person)	2147	1970	-8.2
小学在校学生数(人)	Number of Student Enrollment of Primary Schools(person)	22193	21585	-2.7
普通中学学校数(所)	Number of Regular Secondary Schools(unit)	21	21	0.0
普通中学专任教师数(人)	Number of Teachers of Secondary Shools(person)	1602	1538	-4.0
初中在校学生数(人)	Number of Student in Junior Secondary Schools(person)	11366	11483	1.0
高中在校学生数(人)	Number of Student in Senior Secondary Schools(person)	7151	7058	-1.3
卫生机构数(所)	Number of Health Institutions(unit)	664	636	-4.2
# 医院(所)	Hospitals(unit)	4	5	25.0
卫生院(所)	Township Hospitals(unit)	20	20	0.0
床位数(张)	Number of Beds(unit)	1003	1203	19.9
# 医院(张)	Hospitals(unit)	523	573	9.6
卫生院(张)	Township Hospitals(unit)	430	570	32.6
卫生技术人员(人)	Medical Technical Presonnel(person)	1055	1101	4.4
# 医院(人)	Hospitals(person)	494	536	8.5
卫生院(人)	Township Hospitals(person)	389	392	0.8

23-53 通辽市库伦旗

指 标	Item	2013	2014	2014年比上年增长% Increase Rate in 2014 Over 2013(%)
行政区域土地面积(平方公里)	**Area of Administration(Sq.km)**	**4709**	**4709**	**0.0**
人口和就业	**Population & Employment**			
年末总人口(人)	Total Population Year-end(person)	180366	180095	-0.2
#男性(人)	Male(person)	92833	92620	-0.2
#乡村人口(人)	Rural(person)	144142	146995	2.0
年末总户数(户)	Total Number of Households at the Year-end(Household)	63602	67135	5.6
#乡村户数(户)	Number of Rural Household(Household)	38029	42093	10.7
出生人口(人)	Births(person)	1584	1777	12.2
死亡人口(人)	Deaths(person)	1042	1314	26.1
全社会就业人员(人)	Employment(person)	104850	109965	4.9
第一产业(人)	Primary Industry(person)	76279	74298	-2.6
第二产业(人)	Secondary Industry(person)	9146	10993	20.2
第三产业(人)	Tertiary Industry(person)	19425	24674	27.0
在岗职工人数(人)	Number of Staff & Workers Employed in(person)	13916	14326	2.9
乡村劳动力(人)	Number of Rural Laborers(person)	80348	84590	5.3
#农林牧渔业(人)	Farming,Forestry,Animal Husbandry & Fishery(person)	73690	71550	-2.9
国民经济综合指标	**Summary Item on the National Economy**			
生产总值(万元)	Gross Domestic Product(10 000 yuan)	611000	656393.01	8.5
第一产业(万元)	Primary Industry(10 000 yuan)	167800	176200	4.2
第二产业(万元)	Secondary Industry(10 000 yuan)	240300	256093.01	10.0
#工业(万元)	Industry(10 000 yuan)	222800	237639	10.3
第三产业(万元)	Tertiary Industry(10 000 yuan)	202900	224100	9.8
人均生产总值(元)	Per Capita GDP(yuan)	37086	40134	9.3
全社会固定资产投资(万元)	Total Investment in Fixed Assets(10 000 yuan)	449260	558688	24.4
按登记注册类型分	Grouped by Registered Type			
#国有(万元)	State-owned Enterprises(10 000 yuan)	197761	239585	21.1
集体(万元)	Collective-owned Enterprises(10 000 yuan)			
有限责任公司(万元)	Limited Liability Corporations(10 000 yuan)	202352	259815	28.4
股份有限公司(万元)	Share Holding Enterprises(10 000 yuan)		3564	
私营企业(万元)	Private Enterprises(10 000 yuan)	32887	43890	33.5
外商及港澳台投资企业(万元)	Funds from HK,Macao,Taiwan & Foreign(10 000 yuan)			
按城乡渠道分	Grouped by Urban and Rural Area			
城镇(万元)	Urban(10 000 yuan)	282390	351281	24.4
农村(万元)	Rural(10 000 yuan)	166870	207407	24.3
公共财政预算收入(万元)	Public Budgetary Financial Revenue(10 000 yuan)	27015	30232	11.9
公共财政预算支出(万元)	Public Budgetary Financial Expenditures(10 000 yuan)	148161	151395	2.2
个人储蓄存款余额(万元)	The balance of savings deposits of individuals(10 000 yuan)	136289	144763	6.2
在岗职工工资总额(万元)	Total Wages of Staff & Workers Employed in(10 000 yuan)	55622	61305	10.2
在岗职工平均工资(元)	Average Wage of Staff & Workers Employed in(yuan)	39970	42988	7.6
全体居民人均可支配收入(元)	The per capita disposable income of all residents(yuan)	10361	11515	11.1
城镇常住居民人均可支配收入(元)	The per capita disposable income of urban permanent residents(yuan)	16928	18651	10.2
农村牧区常住居民人均可支配收入(元)	The per capita disposable income of permanent residents of rural and pastoral areas(yuan)	6972	7796	11.8
农村牧区经济	**Economic Development in Rural & Pastoral Area**			
农作物总播种面积(公顷)	Total Sown Area(hectare)	92420	91068	-1.5
#粮食作物播种面积(公顷)	Sown Area of Grain Crops(hectare)	82610	82952	0.4
农牧业机械总动力(万千瓦)	Total Power of Agricultural Machinery(10 000 kw)	31.80	35.52	11.7
化肥施用折纯量(吨)	Consumption of Chemical Fertilizer(ton)	28668	26483	-7.6
农村用电量(万千瓦小时)	Electricity Consumed in Rural Area(10 000 kwh)	3233	2788	-13.8
农林牧渔业总产值(万元)	Gross Output of Farming,Forestry,Animal Husbandry & Fishery(10 000 yuan)	264793	278136	4.5
粮食产量(吨)	Yield of Grain(ton)	515013	515024	0.0
油料产量(吨)	Yield of Oil-bearing Grops(ton)	8058	2945	-63.5
甜菜产量(吨)	Yield of Beetroots(ton)			
猪牛羊肉产量(吨)	Output of Pork, Beef & Mutton(ton)	27510	28813	4.7
#猪肉产量(吨)	Output of Pork(ton)	14424	14424	0.0
牛肉产量(吨)	Output of Beef(ton)	8507	8536	0.3
羊肉产量(吨)	Output of Mutton(ton)	4579	5853	27.8
羊毛产量(吨)	Output of Wool(ton)	396	360	-9.1

23-53 Kulun Banner in Tongliao City

指　标	Item	2013	2014	2014年比上年增长% Increase Rate in 2014 Over 2013(%)
年末牲畜存栏头数(万头只)	Total Livestock at the Year-end(10 000 heads)	78.72	78.36	-0.5
#大牲畜(万头只)	Large Animals(10 000 heads)	19.55	20.05	2.6
羊(万只)	Sheep & Goats(10 000 heads)	41.11	41.15	0.1
猪(万头)	Hogs(10 000 heads)	18.05	17.16	-4.9
规模以上工业	**Industrial Enterprises above Designated size**			
工业企业单位数(个)	Number of Industrial Enterprises(unit)	23	25	8.7
#内资企业(个)	Civil Funded Enterprises(unit)	23	25	8.7
工业总产值(万元)	Gross Industrial Output Value(10 000 yuan)	697899	815137	16.8
内资企业(万元)	Civil Funded Enterprises(10 000 yuan)	697899	815137	16.8
国有企业(万元)	State-owned Enterprises(10 000 yuan)	24701	30485	23.4
集体企业(万元)	Collective-owned Enterprises(10 000 yuan)			
股份合作企业(万元)	Share Holding Enterprises(10 000 yuan)			
联营企业(万元)	Joint Owned Enterprises(10 000 yuan)			
有限责任公司(万元)	Limited Company(10 000 yuan)	648552	756955	16.7
股份有限公司(万元)	Share Holding Limited Company(10 000 yuan)			
私营企业(万元)	Privately Owned Enterprises(10 000 yuan)	24645	27697	12.4
其他企业(万元)	Enterprises of Other Ownership(10 000 yuan)			
港澳台商投资企业(万元)	Funds from HK,Macao & Taiwan(10 000 yuan)			
外商投资企业(万元)	Foreign Funded Enterprises(10 000 yuan)			
工业企业增加值(万元)	Value Added of Industrial Enterprises(10 000 yuan)			11.0
工业企业资产总计(万元)	Total Assets of Industrial Enterprises(10 000 yuan)	264881	301751	13.9
工业企业负债合计(万元)	Total Liabilities of Industrial Enterprises(10 000 yuan)	168680	191657	13.6
工业企业产品销售收入(万元)	Sales of Revenue Industrial Enterprises(10 000 yuan)	687311	802137	16.7
工业企业利润总额(万元)	Total Profits of Industrial Enterprises(10 000 yuan)	46127	57443	24.5
建筑业	**Construction**			
建筑企业单位数(个)	Number of Construction Enterprises(unit)	1	1	0.0
建筑企业从业人员(人)	Number of Employee in Construction Enterprises(person)	270	228	-15.6
建筑业总产值(万元)	Gross Construction Output Value(10 000 yuan)	2700	2700	0.0
交通运输邮电通信业	**Transportation,Post & Telecommunications**			
公路里程(公里)	Total Length of Highways(km)	1683	1682.917	0.0
邮电业务总量(万元)	Business Volume of Post & Telecoms(10 000 yuan)	9949	10736	7.9
本地电话用户(户)	Number of Subscribers of Local Telephone(Household)	148571	195465	31.6
国内贸易	**Domestic Trade**			
社会消费品零售总额(万元)	Total Retail Sales of Consumer Goods(10 000 yuan)	123668	137865	11.5
城镇(万元)	Town(10 000 yuan)	96606	109500	13.3
乡村(万元)	Village(10 000 yuan)	27062	28365	4.8
科技教育卫生	**Science,Education & Public Health**			
各类专业技术人员(人)	Special Technical Personnel(person)	3777	3493	-7.5
幼儿园数(所)	Number of Kindergartens(unit)	19	19	0.0
学龄儿童入学率(%)	Percentage of School-Age Children Enrolled(%)	100.0	100.0	0.0
小学学校数(所)	Number of Primary Schools(unit)	10	10	0.0
小学专任教师数(人)	Number of Full-time Teachers of Primary Schools(person)	1200	1216	1.3
小学在校学生数(人)	Number of Student Enrollment of Primary Schools(person)	10689	10618	-0.7
普通中学学校数(所)	Number of Regular Secondary Schools(unit)	14	15	7.1
普通中学专任教师数(人)	Number of Teachers of Secondary Shools(person)	770	718	-6.8
初中在校学生数(人)	Number of Student in Junior Secondary Schools(person)	4243	4538	7.0
高中在校学生数(人)	Number of Student in Senior Secondary Schools(person)	2297	2539	10.5
卫生机构数(所)	Number of Health Institutions(unit)	283	284	0.4
#医院(所)	Hospitals(unit)	3	3	0.0
卫生院(所)	Township Hospitals(unit)	16	16	0.0
床位数(张)	Number of Beds(unit)	482	552	14.5
#医院(张)	Hospitals(unit)	297	345	16.2
卫生院(张)	Township Hospitals(unit)	144	166	15.3
卫生技术人员(人)	Medical Technical Presonnel(person)	726	733	1.0
#医院(人)	Hospitals(person)	342	401	17.3
卫生院(人)	Township Hospitals(person)	128	130	1.6

23-54 通辽市奈曼旗

指　标	Item	2013	2014	2014年比上年增长% Increase Rate in 2014 Over 2013(%)
行政区域土地面积(平方公里)	**Area of Administration(Sq.km)**	**8135**	**8135**	**0.0**
人口和就业	**Population & Employment**			
年末总人口(人)	Total Population Year-end(person)	447759	445052	-0.6
# 男性(人)	Male(person)	228847	227368	-0.6
# 乡村人口(人)	Rural(person)	383903	392833	2.3
年末总户数(户)	Total Number of Households at the Year-end(Household)	152393	152999	0.4
# 乡村户数(户)	Number of Rural Household(Household)	106807	111305	4.2
出生人口(人)	Births(person)	4964	5591	12.6
死亡人口(人)	Deaths(person)	1405	3336	137.4
全社会就业人员(人)	Employment(person)	245837	256002	4.1
第一产业(人)	Primary Industry(person)	166990	167139	0.1
第二产业(人)	Secondary Industry(person)	28528	30571	7.2
第三产业(人)	Tertiary Industry(person)	50319	58292	15.8
在岗职工人数(人)	Number of Staff & Workers Employed in(person)	21541	22375	3.9
乡村劳动力(人)	Number of Rural Laborers(person)	228179	243456	6.7
# 农林牧渔业(人)	Farming,Forestry,Animal Husbandry & Fishery(person)	163160	162765	-0.2
国民经济综合指标	**Summary Item on the National Economy**			
生产总值(万元)	Gross Domestic Product(10 000 yuan)	1336800	1441800	8.3
第一产业(万元)	Primary Industry(10 000 yuan)	269600	296000	4.3
第二产业(万元)	Secondary Industry(10 000 yuan)	624300	654200	9.7
# 工业(万元)	Industry(10 000 yuan)	559900	586200	10.1
第三产业(万元)	Tertiary Industry(10 000 yuan)	442900	491600	8.5
人均生产总值(元)	Per Capita GDP(yuan)	33895	36856	9.2
全社会固定资产投资(万元)	Total Investment in Fixed Assets(10 000 yuan)	719518	849950	18.1
按登记注册类型分	Grouped by Registered Type			
# 国有(万元)	State-owned Enterprises(10 000 yuan)	363656	440857	21.2
集体(万元)	Collective-owned Enterprises(10 000 yuan)			
有限责任公司(万元)	Limited Liability Corporations(10 000 yuan)	121385	152890	26.0
股份有限公司(万元)	Share Holding Enterprises(10 000 yuan)	14667		
私营企业(万元)	Private Enterprises(10 000 yuan)	199197	241200	21.1
外商及港澳台投资企业(万元)	Funds from HK,Macao,Taiwan & Foreign(10 000 yuan)			
按城乡渠道分	Grouped by Urban and Rural Area			
城镇(万元)	Urban(10 000 yuan)	572269	695554	21.5
农村(万元)	Rural(10 000 yuan)	147249	154396	4.9
公共财政预算收入(万元)	Public Budgetary Financial Revenue(10 000 yuan)	46884	50842	8.4
公共财政预算支出(万元)	Public Budgetary Financial Expenditures(10 000 yuan)	261300	281548	7.7
个人储蓄存款余额(万元)	The balance of savings deposits of individuals(10 000 yuan)	357621	473200	32.3
在岗职工工资总额(万元)	Total Wages of Staff & Workers Employed in(10 000 yuan)	94886	105333	11.0
在岗职工平均工资(元)	Average Wage of Staff & Workers Employed in(yuan)	43256	46783	8.2
全体居民人均可支配收入(元)	The per capita disposable income of all residents(yuan)	10049	11139	10.8
城镇常住居民人均可支配收入(元)	The per capita disposable income of urban permanent residents(yuan)	17658	19407	9.9
农村牧区常住居民人均可支配收入(元)	The per capita disposable income of permanent residents of rural and pastoral areas(yuan)	7209	8043	11.6
农村牧区经济	**Economic Development in Rural & Pastoral Area**			
农作物总播种面积(公顷)	Total Sown Area(hectare)	127241	128919	1.3
# 粮食作物播种面积(公顷)	Sown Area of Grain Crops(hectare)	99286	99988	0.7
农牧业机械总动力(万千瓦)	Total Power of Agricultural Machinery(10 000 kw)	82.75	90.35	9.2
化肥施用折纯量(吨)	Consumption of Chemical Fertilizer(ton)	103813	112754	8.6
农村用电量(万千瓦小时)	Electricity Consumed in Rural Area(10 000 kwh)	19325	18560	-4.0
农林牧渔业总产值(万元)	Gross Output of Farming,Forestry,Animal Husbandry & Fishery(10 000 yuan)	464336	487734	4.7
粮食产量(吨)	Yield of Grain(ton)	750513	750510	0.0
油料产量(吨)	Yield of Oil-bearing Grops(ton)	12726	14076	10.6
甜菜产量(吨)	Yield of Beetroots(ton)	53760	54000	0.4
猪牛羊肉产量(吨)	Output of Pork, Beef & Mutton(ton)	38300	38018	-0.7
# 猪肉产量(吨)	Output of Pork(ton)	26138	26138	0.0
牛肉产量(吨)	Output of Beef(ton)	6532	6540	0.1
羊肉产量(吨)	Output of Mutton(ton)	5630	5340	-5.2
羊毛产量(吨)	Output of Wool(ton)	2570	2300	-10.5

23-54 Naiman Banner in Tongliao City

指　标	Item	2013	2014	2014年比上年增长% Increase Rate in 2014 Over 2013(%)
年末牲畜存栏头数(万头只)	Total Livestock at the Year-end(10 000 heads)	138.84	137.42	-1.0
# 大牲畜(万头只)	Large Animals(10 000 heads)	19.78	18.82	-4.9
羊(万只)	Sheep & Goats(10 000 heads)	84.45	84.50	0.1
猪(万头)	Hogs(10 000 heads)	34.61	34.10	-1.5
规模以上工业	**Industrial Enterprises above Designated size**			
工业企业单位数(个)	Number of Industrial Enterprises(unit)	47	47	0.0
# 内资企业(个)	Civil Funded Enterprises(unit)	46	46	0.0
工业总产值(万元)	Gross Industrial Output Value(10 000 yuan)	2151252	1406460	-34.6
内资企业(万元)	Civil Funded Enterprises(10 000 yuan)	2089966	1385160	-33.7
国有企业(万元)	State-owned Enterprises(10 000 yuan)	51541	63480	23.2
集体企业(万元)	Collective-owned Enterprises(10 000 yuan)	37465		
股份合作企业(万元)	Share Holding Enterprises(10 000 yuan)			
联营企业(万元)	Joint Owned Enterprises(10 000 yuan)			
有限责任公司(万元)	Limited Company(10 000 yuan)	975377	816894	-16.2
股份有限公司(万元)	Share Holding Limited Company(10 000 yuan)			
私营企业(万元)	Privately Owned Enterprises(10 000 yuan)	1025582	504786	-50.8
其他企业(万元)	Enterprises of Other Ownership(10 000 yuan)			
港澳台商投资企业(万元)	Funds from HK,Macao & Taiwan(10 000 yuan)	61286		
外商投资企业(万元)	Foreign Funded Enterprises(10 000 yuan)		21300	
工业企业增加值(万元)	Value Added of Industrial Enterprises(10 000 yuan)			10.9
工业企业资产总计(万元)	Total Assets of Industrial Enterprises(10 000 yuan)	441303	706608	60.1
工业企业负债合计(万元)	Total Liabilities of Industrial Enterprises(10 000 yuan)	332749	513098	54.2
工业企业产品销售收入(万元)	Sales of Revenue Industrial Enterprises(10 000 yuan)	1833458	1394985	-23.9
工业企业利润总额(万元)	Total Profits of Industrial Enterprises(10 000 yuan)	14179	28763	102.8
建筑业	**Construction**			
建筑企业单位数(个)	Number of Construction Enterprises(unit)	8	8	0.0
建筑企业从业人员(人)	Number of Employee in Construction Enterprises(person)	2231	2142	-4.0
建筑业总产值(万元)	Gross Construction Output Value(10 000 yuan)	57419	58687	2.2
交通运输邮电通信业	**Transportation,Post & Telecommunications**			
公路里程(公里)	Total Length of Highways(km)	3219	3219	0.0
邮电业务总量(万元)	Business Volume of Post & Telecoms(10 000 yuan)	11667	12950	11.0
本地电话用户(户)	Number of Subscribers of Local Telephone(Household)	400400	415800	3.8
国内贸易	**Domestic Trade**			
社会消费品零售总额(万元)	Total Retail Sales of Consumer Goods(10 000 yuan)	289622	343450	11.7
城镇(万元)	Town(10 000 yuan)	211529	223243	10.0
乡村(万元)	Village(10 000 yuan)	78093	120208	18.0
科技教育卫生	**Science,Education & Public Health**			
各类专业技术人员(人)	Special Technical Personnel(person)	7034	6636	-5.7
幼儿园数(所)	Number of Kindergartens(unit)	40	63	57.5
学龄儿童入学率(%)	Percentage of School-Age Children Enrolled(%)	100.0	100.0	0.0
小学学校数(所)	Number of Primary Schools(unit)	141	140	-0.7
小学专任教师数(人)	Number of Full-time Teachers of Primary Schools(person)	2184	2122	-2.8
小学在校学生数(人)	Number of Student Enrollment of Primary Schools(person)	25182	25174	0.0
普通中学学校数(所)	Number of Regular Secondary Schools(unit)	21	21	0.0
普通中学专任教师数(人)	Number of Teachers of Secondary Shools(person)	1446	1409	-2.6
初中在校学生数(人)	Number of Student in Junior Secondary Schools(person)	12740	12488	-2.0
高中在校学生数(人)	Number of Student in Senior Secondary Schools(person)	8487	9116	7.4
卫生机构数(所)	Number of Health Institutions(unit)	827	823	-0.5
# 医院(所)	Hospitals(unit)	8	8	0.0
卫生院(所)	Township Hospitals(unit)	21	21	0.0
床位数(张)	Number of Beds(unit)	1259	1243	-1.3
# 医院(张)	Hospitals(unit)	642	632	-1.6
卫生院(张)	Township Hospitals(unit)	425	423	-0.5
卫生技术人员(人)	Medical Technical Presonnel(person)	1603	1524	-4.9
# 医院(人)	Hospitals(person)	607	588	-3.1
卫生院(人)	Township Hospitals(person)	534	516	-3.4

23-55 通辽市扎鲁特旗

指　　标	Item	2013	2014	2014年比上年增长% Increase Rate in 2014 Over 2013(%)
行政区域土地面积(平方公里)	**Area of Administration(Sq.km)**	**16492**	**16492**	**0.0**
人口和就业	**Population & Employment**			
年末总人口(人)	Total Population Year-end(person)	307149	304487	-0.9
#男性(人)	Male(person)	155463	153998	-0.9
#乡村人口(人)	Rural(person)	232616	235474	1.2
年末总户数(户)	Total Number of Households at the Year-end(Household)	130859	135959	3.9
#乡村户数(户)	Number of Rural Household(Household)	76475	82033	7.3
出生人口(人)	Births(person)	4964	8050	62.2
死亡人口(人)	Deaths(person)	1144	1332	16.4
全社会就业人员(人)	Employment(person)	156359	164591	5.3
第一产业(人)	Primary Industry(person)	108226	111124	2.7
第二产业(人)	Secondary Industry(person)	12076	10952	-9.3
第三产业(人)	Tertiary Industry(person)	36057	42515	17.9
在岗职工人数(人)	Number of Staff & Workers Employed in(person)	23253	23821	2.4
乡村劳动力(人)	Number of Rural Laborers(person)	128260	134681	5.0
#农林牧渔业(人)	Farming,Forestry,Animal Husbandry & Fishery(person)	99543	102266	2.7
国民经济综合指标	**Summary Item on the National Economy**			
生产总值(万元)	Gross Domestic Product(10 000 yuan)	1776700	1879976	8.1
第一产业(万元)	Primary Industry(10 000 yuan)	323600	343500	4.5
第二产业(万元)	Secondary Industry(10 000 yuan)	969700	1011754	9.8
#工业(万元)	Industry(10 000 yuan)	904700	943204	10.1
第三产业(万元)	Tertiary Industry(10 000 yuan)	483400	524721	6.9
人均生产总值(元)	Per Capita GDP(yuan)	64725	69012	9.0
全社会固定资产投资(万元)	Total Investment in Fixed Assets(10 000 yuan)	899432	1129467	25.6
按登记注册类型分	Grouped by Registered Type			
#国有(万元)	State-owned Enterprises(10 000 yuan)	538780	657542	22.0
集体(万元)	Collective-owned Enterprises(10 000 yuan)	4348		
有限责任公司(万元)	Limited Liability Corporations(10 000 yuan)	184591	204524	10.8
股份有限公司(万元)	Share Holding Enterprises(10 000 yuan)		86391	
私营企业(万元)	Private Enterprises(10 000 yuan)	132359	152368	15.1
外商及港澳台投资企业(万元)	Funds from HK,Macao,Taiwan & Foreign(10 000 yuan)			
按城乡渠道分	Grouped by Urban and Rural Area			
城镇(万元)	Urban(10 000 yuan)	860078	910050	5.8
农村(万元)	Rural(10 000 yuan)		219417	
公共财政预算收入(万元)	Public Budgetary Financial Revenue(10 000 yuan)	116840	146087	25.0
公共财政预算支出(万元)	Public Budgetary Financial Expenditures(10 000 yuan)	295443	350515	18.6
个人储蓄存款余额(万元)	The balance of savings deposits of individuals(10 000 yuan)	276685	289663	4.7
在岗职工工资总额(万元)	Total Wages of Staff & Workers Employed in(10 000 yuan)	94419	123898	31.2
在岗职工平均工资(元)	Average Wage of Staff & Workers Employed in(yuan)	40691	52245	28.4
全体居民人均可支配收入(元)	The per capita disposable income of all residents(yuan)	12093	13378	10.6
城镇常住居民人均可支配收入(元)	The per capita disposable income of urban permanent residents(yuan)	18996	20857	9.8
农村牧区常住居民人均可支配收入(元)	The per capita disposable income of permanent residents of rural and pastoral areas(yuan)	9778	10881	11.3
农村牧区经济	**Economic Development in Rural & Pastoral Area**			
农作物总播种面积(公顷)	Total Sown Area(hectare)	147092	146837	-0.2
#粮食作物播种面积(公顷)	Sown Area of Grain Crops(hectare)	112091	112461	0.3
农牧业机械总动力(万千瓦)	Total Power of Agricultural Machinery(10 000 kw)	66.20	65.50	-1.1
化肥施用折纯量(吨)	Consumption of Chemical Fertilizer(ton)	30938	45104	45.8
农村用电量(万千瓦小时)	Electricity Consumed in Rural Area(10 000 kwh)	8549	8874	3.8
农林牧渔业总产值(万元)	Gross Output of Farming,Forestry,Animal	537780	579882	4.9
粮食产量(吨)	Yield of Grain(ton)	525007	525017	0.0
油料产量(吨)	Yield of Oil-bearing Grops(ton)	15054	22012	46.2
甜菜产量(吨)	Yield of Beetroots(ton)			
猪牛羊肉产量(吨)	Output of Pork, Beef & Mutton(ton)	69229	69902	1.0
#猪肉产量(吨)	Output of Pork(ton)	24177	24177	0.0
牛肉产量(吨)	Output of Beef(ton)	19525	20371	4.3
羊肉产量(吨)	Output of Mutton(ton)	25526	25354	-0.7
羊毛产量(吨)	Output of Wool(ton)	3956	3485	-11.9

23-55 Zhalute Banner in Tongliao City

指　标	Item	2013	2014	2014年比上年增长% Increase Rate in 2014 Over 2013(%)
年末牲畜存栏头数(万头只)	Total Livestock at the Year-end(10 000 heads)	218.52	243.95	11.6
# 大牲畜(万头只)	Large Animals(10 000 heads)	20.74	20.48	-1.3
羊(万只)	Sheep & Goats(10 000 heads)	175.08	202.09	15.4
猪(万头)	Hogs(10 000 heads)	22.70	21.38	-5.8
规模以上工业	**Industrial Enterprises above Designated size**			
工业企业单位数(个)	Number of Industrial Enterprises(unit)	74	66	-10.8
# 内资企业(个)	Civil Funded Enterprises(unit)	72	64	-11.1
工业总产值(万元)	Gross Industrial Output Value(10 000 yuan)	2795079	2475878	-11.4
内资企业(万元)	Civil Funded Enterprises(10 000 yuan)	2785164	2469352	-11.3
国有企业(万元)	State-owned Enterprises(10 000 yuan)	18329	21345	16.5
集体企业(万元)	Collective-owned Enterprises(10 000 yuan)			
股份合作企业(万元)	Share Holding Enterprises(10 000 yuan)			
联营企业(万元)	Joint Owned Enterprises(10 000 yuan)			
有限责任公司(万元)	Limited Company(10 000 yuan)	425025	333073	-21.6
股份有限公司(万元)	Share Holding Limited Company(10 000 yuan)			
私营企业(万元)	Privately Owned Enterprises(10 000 yuan)	2341809	2114934	-9.7
其他企业(万元)	Enterprises of Other Ownership(10 000 yuan)			
港澳台商投资企业(万元)	Funds from HK,Macao & Taiwan(10 000 yuan)	4988	4380	-12.2
外商投资企业(万元)	Foreign Funded Enterprises(10 000 yuan)	4927	2146	-56.4
工业企业增加值(万元)	Value Added of Industrial Enterprises(10 000 yuan)			11.0
工业企业资产总计(万元)	Total Assets of Industrial Enterprises(10 000 yuan)	1074338	1107096	3.0
工业企业负债合计(万元)	Total Liabilities of Industrial Enterprises(10 000 yuan)	536472	559153	4.2
工业企业产品销售收入(万元)	Sales of Revenue Industrial Enterprises(10 000 yuan)	2698822	2430018	-10.0
工业企业利润总额(万元)	Total Profits of Industrial Enterprises(10 000 yuan)	124655	100159	-19.7
建筑业	**Construction**			
建筑企业单位数(个)	Number of Construction Enterprises(unit)	3	3	0.0
建筑企业从业人员(人)	Number of Employee in Construction Enterprises(person)	980	1036	5.7
建筑业总产值(万元)	Gross Construction Output Value(10 000 yuan)	38723	32757	-15.4
交通运输邮电通信业	**Transportation,Post & Telecommunications**			
公路里程(公里)	Total Length of Highways(km)	2676	2675	0.0
邮电业务总量(万元)	Business Volume of Post & Telecoms(10 000 yuan)	13972	19864	42.2
本地电话用户(户)	Number of Subscribers of Local Telephone(Household)	276844	279030	0.8
国内贸易	**Domestic Trade**			
社会消费品零售总额(万元)	Total Retail Sales of Consumer Goods(10 000 yuan)	252779	282732	11.8
城镇(万元)	Town(10 000 yuan)	178905	202239	13.0
乡村(万元)	Village(10 000 yuan)	73875	80494	9.0
科技教育卫生	**Science,Education & Public Health**			
各类专业技术人员(人)	Special Technical Personnel(person)	6987	7212	3.2
幼儿园数(所)	Number of Kindergartens(unit)	24	42	75.0
学龄儿童入学率(%)	Percentage of School-Age Children Enrolled(%)	100.0	100.0	0.0
小学学校数(所)	Number of Primary Schools(unit)	58	28	-51.7
小学专任教师数(人)	Number of Full-time Teachers of Primary Schools(person)	2692	2200	-18.3
小学在校学生数(人)	Number of Student Enrollment of Primary Schools(person)	16858	16544	-1.9
普通中学学校数(所)	Number of Regular Secondary Schools(unit)	12	12	0.0
普通中学专任教师数(人)	Number of Teachers of Secondary Shools(person)	1126	1197	6.3
初中在校学生数(人)	Number of Student in Junior Secondary Schools(person)	8875	8950	0.8
高中在校学生数(人)	Number of Student in Senior Secondary Schools(person)	5549	5775	4.1
卫生机构数(所)	Number of Health Institutions(unit)	444	445	0.2
# 医院(所)	Hospitals(unit)	4	4	0.0
卫生院(所)	Township Hospitals(unit)	26	26	0.0
床位数(张)	Number of Beds(unit)	854	795	-6.9
# 医院(张)	Hospitals(unit)	545	545	0.0
卫生院(张)	Township Hospitals(unit)	221	216	-2.3
卫生技术人员(人)	Medical Technical Presonnel(person)	1069	1101	3.0
# 医院(人)	Hospitals(person)	472	490	3.8
卫生院(人)	Township Hospitals(person)	341	388	13.8

23-56 赤峰市红山区

指　标	Item	2013	2014	2014年比上年增长% Increase Rate in 2014 Over 2013(%)
行政区域土地面积(平方公里)	**Area of Administration(Sq.km)**	**506**	**506**	**0.0**
人口和就业	**Population & Employment**			
年末总人口(人)	Total Population Year-end(person)	359003	360220	0.3
#男性(人)	Male(person)	178068	178682	0.3
#乡村人口(人)	Rural(person)	89608	90558	1.1
年末总户数(户)	Total Number of Households at the Year-end(Household)	143054	147249	2.9
#乡村户数(户)	Number of Rural Household(Household)	28583	33689	17.9
出生人口(人)	Births(person)	2689	3904	45.2
死亡人口(人)	Deaths(person)	862	1090	26.5
全社会就业人员(人)	Employment(person)	222429	220665	-0.8
第一产业(人)	Primary Industry(person)	19431	20162	3.8
第二产业(人)	Secondary Industry(person)	43155	42194	-2.2
第三产业(人)	Tertiary Industry(person)	159843	158309	-1.0
在岗职工人数(人)	Number of Staff & Workers Employed in(person)	66576	64896	-2.5
乡村劳动力(人)	Number of Rural Laborers(person)	40044	43924	9.7
#农林牧渔业(人)	Farming,Forestry,Animal Husbandry & Fishery(person)	19431	20162	3.8
国民经济综合指标	**Summary Item on the National Economy**			
生产总值(万元)	Gross Domestic Product(10 000 yuan)	2701062	2845641	7.9
第一产业(万元)	Primary Industry(10 000 yuan)	72531	69417	3.8
第二产业(万元)	Secondary Industry(10 000 yuan)	1276881	1311373	8.9
#工业(万元)	Industry(10 000 yuan)	1129577	1148182	8.0
第三产业(万元)	Tertiary Industry(10 000 yuan)	1351650	1464851	6.8
人均生产总值(元)	Per Capita GDP(yuan)	59462	62281	7.2
全社会固定资产投资(万元)	Total Investment in Fixed Assets(10 000 yuan)	1155273	1349360	16.8
按登记注册类型分	Grouped by Registered Type			
#国有(万元)	State-owned Enterprises(10 000 yuan)	184227	147400	-20.0
集体(万元)	Collective-owned Enterprises(10 000 yuan)			
有限责任公司(万元)	Limited Liability Corporations(10 000 yuan)	550679	865667	57.2
股份有限公司(万元)	Share Holding Enterprises(10 000 yuan)	263463	92739	-64.8
私营企业(万元)	Private Enterprises(10 000 yuan)			
外商及港澳台投资企业(万元)	Funds from HK,Macao,Taiwan & Foreign(10 000 yuan)			
按城乡渠道分	Grouped by Urban and Rural Area			
城镇(万元)	Urban(10 000 yuan)	1154503	1348311	16.8
农村(万元)	Rural(10 000 yuan)	770	1049	36.2
公共财政预算收入(万元)	Public Budgetary Financial Revenue(10 000 yuan)	181646	200117	10.2
公共财政预算支出(万元)	Public Budgetary Financial Expenditures(10 000 yuan)	231800	260018	12.2
个人储蓄存款余额(万元)	The balance of savings deposits of individuals(10 000 yuan)			
在岗职工工资总额(万元)	Total Wages of Staff & Workers Employed in(10 000 yuan)	322583	345072	7.0
在岗职工平均工资(元)	Average Wage of Staff & Workers Employed in(yuan)	48413	52934	9.3
全体居民人均可支配收入(元)	The per capita disposable income of all residents(yuan)	23078	25325	9.7
城镇常住居民人均可支配收入(元)	The per capita disposable income of urban permanent residents(yuan)	23525	25807	9.7
农村牧区常住居民人均可支配收入(元)	The per capita disposable income of permanent residents of rural and pastoral areas(yuan)	12372	13783	11.4
农村牧区经济	**Economic Development in Rural & Pastoral Area**			
农作物总播种面积(公顷)	Total Sown Area(hectare)	13062	13028	-0.3
#粮食作物播种面积(公顷)	Sown Area of Grain Crops(hectare)	11388	11272	-1.0
农牧业机械总动力(万千瓦)	Total Power of Agricultural Machinery(10 000 kw)	8.97	8.99	0.2
化肥施用折纯量(吨)	Consumption of Chemical Fertilizer(ton)	5615	5919	5.4
农村用电量(万千瓦小时)	Electricity Consumed in Rural Area(10 000 kwh)	3330	3084	-7.4
农林牧渔业总产值(万元)	Gross Output of Farming,Forestry,Animal Husbandry & Fishery(10 000 yuan)	119732	125057	3.4
粮食产量(吨)	Yield of Grain(ton)	53464	53187	-0.5
油料产量(吨)	Yield of Oil-bearing Grops(ton)	549	518	-5.6
甜菜产量(吨)	Yield of Beetroots(ton)			
猪牛羊肉产量(吨)	Output of Pork, Beef & Mutton(ton)	4175	3860	-7.5
#猪肉产量(吨)	Output of Pork(ton)	1400	2532	80.9
牛肉产量(吨)	Output of Beef(ton)	2475	1084	-56.2
羊肉产量(吨)	Output of Mutton(ton)	300	244	-18.7
羊毛产量(吨)	Output of Wool(ton)	62	76	22.6

23-56 Hongshan District in Chifeng City

指　标	Item	2013	2014	2014年比上年增长% Increase Rate in 2014 Over 2013(%)
年末牲畜存栏头数(万头只)	Total Livestock at the Year-end(10 000 heads)	5.58	5.83	4.5
# 大牲畜(万头只)	Large Animals(10 000 heads)	1.68	1.10	-34.8
羊(万只)	Sheep & Goats(10 000 heads)	2.57	3.48	35.6
猪(万头)	Hogs(10 000 heads)	1.34	1.26	-6.0
规模以上工业	**Industrial Enterprises above Designated size**			
工业企业单位数(个)	Number of Industrial Enterprises(unit)	67	76	13.4
# 内资企业(个)	Civil Funded Enterprises(unit)	62	71	14.5
工业总产值(万元)	Gross Industrial Output Value(10 000 yuan)	4409395	3739769	-15.2
内资企业(万元)	Civil Funded Enterprises(10 000 yuan)	4044374	3350932	-17.1
国有企业(万元)	State-owned Enterprises(10 000 yuan)	471779	78334	-83.4
集体企业(万元)	Collective-owned Enterprises(10 000 yuan)			
股份合作企业(万元)	Share Holding Enterprises(10 000 yuan)			
联营企业(万元)	Joint Owned Enterprises(10 000 yuan)			
有限责任公司(万元)	Limited Company(10 000 yuan)	3273122	2962826	-9.5
股份有限公司(万元)	Share Holding Limited Company(10 000 yuan)	72879	78087	7.1
私营企业(万元)	Privately Owned Enterprises(10 000 yuan)	208724	221641	6.2
其他企业(万元)	Enterprises of Other Ownership(10 000 yuan)	17870	10042	-43.8
港澳台商投资企业(万元)	Funds from HK,Macao & Taiwan(10 000 yuan)	53363	40105	-24.8
外商投资企业(万元)	Foreign Funded Enterprises(10 000 yuan)	311658	348733	11.9
工业企业增加值(万元)	Value Added of Industrial Enterprises(10 000 yuan)			8.5
工业企业资产总计(万元)	Total Assets of Industrial Enterprises(10 000 yuan)	2377337	2454335	3.2
工业企业负债合计(万元)	Total Liabilities of Industrial Enterprises(10 000 yuan)	1528188	1530473	0.1
工业企业产品销售收入(万元)	Sales of Revenue Industrial Enterprises(10 000 yuan)	4434640	3819309	-13.9
工业企业利润总额(万元)	Total Profits of Industrial Enterprises(10 000 yuan)	432213	214534	-50.4
建筑业	**Construction**			
建筑企业单位数(个)	Number of Construction Enterprises(unit)	22	27	22.7
建筑企业从业人员(人)	Number of Employee in Construction Enterprises(person)	21273	12470	-41.4
建筑业总产值(万元)	Gross Construction Output Value(10 000 yuan)	421063	426857	1.4
交通运输邮电通信业	**Transportation,Post & Telecommunications**			
公路里程(公里)	Total Length of Highways(km)	430	468	8.8
邮电业务总量(万元)	Business Volume of Post & Telecoms(10 000 yuan)			
本地电话用户(户)	Number of Subscribers of Local Telephone(Household)	52608	51003	-3.1
国内贸易	**Domestic Trade**			
社会消费品零售总额(万元)	Total Retail Sales of Consumer Goods(10 000 yuan)	1050729	1175135	11.8
城镇(万元)	Town(10 000 yuan)	1050729	1175135	11.8
乡村(万元)	Village(10 000 yuan)			
科技教育卫生	**Science,Education & Public Health**			
各类专业技术人员(人)	Special Technical Personnel(person)	5604	5324	-5.0
幼儿园数(所)	Number of Kindergartens(unit)	72	78	8.3
学龄儿童入学率(%)	Percentage of School-Age Children Enrolled(%)	100.0	100.0	0.0
小学学校数(所)	Number of Primary Schools(unit)	38	38	0.0
小学专任教师数(人)	Number of Full-time Teachers of Primary Schools(person)	1740	1713	-1.6
小学在校学生数(人)	Number of Student Enrollment of Primary Schools(person)	25154	24340	-3.2
普通中学学校数(所)	Number of Regular Secondary Schools(unit)	16	16	0.0
普通中学专任教师数(人)	Number of Teachers of Secondary Shools(person)	1773	1797	1.4
初中在校学生数(人)	Number of Student in Junior Secondary Schools(person)	12510	12335	-1.4
高中在校学生数(人)	Number of Student in Senior Secondary Schools(person)	7731	7908	2.3
卫生机构数(所)	Number of Health Institutions(unit)	430	443	3.0
# 医院(所)	Hospitals(unit)	26	24	-7.7
卫生院(所)	Township Hospitals(unit)	3	3	0.0
床位数(张)	Number of Beds(unit)	7262	8128	11.9
# 医院(张)	Hospitals(unit)	6884	7654	11.2
卫生院(张)	Township Hospitals(unit)	54	66	22.2
卫生技术人员(人)	Medical Technical Presonnel(person)	8002	8750	9.3
# 医院(人)	Hospitals(person)	6363	6982	9.7
卫生院(人)	Township Hospitals(person)	72	86	19.4

23-57 赤峰市元宝山区

指　　标	Item	2013	2014	2014年比上年增长% Increase Rate in 2014 Over 2013(%)
行政区域土地面积(平方公里)	**Area of Administration(Sq.km)**	**952**	**952**	**0.0**
人口和就业	**Population & Employment**			
年末总人口(人)	Total Population Year-end(person)	326595	326392	-0.1
#男性(人)	Male(person)	165510	165400	-0.1
#乡村人口(人)	Rural(person)	165208	168007	1.7
年末总户数(户)	Total Number of Households at the Year-end(Household)	112668	113666	0.9
#乡村户数(户)	Number of Rural Household(Household)	44911	46308	3.1
出生人口(人)	Births(person)	1929	1762	-8.7
死亡人口(人)	Deaths(person)	1185	1068	-9.9
全社会就业人员(人)	Employment(person)	170591	164571	-3.5
第一产业(人)	Primary Industry(person)	40949	39006	-4.7
第二产业(人)	Secondary Industry(person)	63734	59216	-7.1
第三产业(人)	Tertiary Industry(person)	65908	66349	0.7
在岗职工人数(人)	Number of Staff & Workers Employed in(person)	50849	47161	-7.3
乡村劳动力(人)	Number of Rural Laborers(person)	96967	97371	0.4
#农林牧渔业(人)	Farming,Forestry,Animal Husbandry & Fishery(person)	40839	39006	-4.5
国民经济综合指标	**Summary Item on the National Economy**			
生产总值(万元)	Gross Domestic Product(10 000 yuan)	2303593	2403693	7.7
第一产业(万元)	Primary Industry(10 000 yuan)	170045	174661	3.8
第二产业(万元)	Secondary Industry(10 000 yuan)	1274644	1289877	8.4
#工业(万元)	Industry(10 000 yuan)	1130639	1158961	9.9
第三产业(万元)	Tertiary Industry(10 000 yuan)	858904	939155	7.2
人均生产总值(元)	Per Capita GDP(yuan)	69291	72289	7.6
全社会固定资产投资(万元)	Total Investment in Fixed Assets(10 000 yuan)	1262876	1488931	17.9
按登记注册类型分	Grouped by Registered Type			
#国有(万元)	State-owned Enterprises(10 000 yuan)	140113	261178	86.4
集体(万元)	Collective-owned Enterprises(10 000 yuan)	201069	86697	-56.9
有限责任公司(万元)	Limited Liability Corporations(10 000 yuan)	401666	378862	-5.7
股份有限公司(万元)	Share Holding Enterprises(10 000 yuan)	51108	8300	-83.8
私营企业(万元)	Private Enterprises(10 000 yuan)	88911	268900	202.4
外商及港澳台投资企业(万元)	Funds from HK,Macao,Taiwan & Foreign(10 000 yuan)			
按城乡渠道分	Grouped by Urban and Rural Area			
城镇(万元)	Urban(10 000 yuan)	820869	1093063	33.2
农村(万元)	Rural(10 000 yuan)	442007	395868	-10.4
公共财政预算收入(万元)	Public Budgetary Financial Revenue(10 000 yuan)	129138	112166	-13.1
公共财政预算支出(万元)	Public Budgetary Financial Expenditures(10 000 yuan)	210166	207866	-1.1
个人储蓄存款余额(万元)	The balance of savings deposits of individuals(10 000 yuan)	1027406	1158295	12.7
在岗职工工资总额(万元)	Total Wages of Staff & Workers Employed in(10 000 yuan)	277589	280924	1.2
在岗职工平均工资(元)	Average Wage of Staff & Workers Employed in(yuan)	54732	58036	6.0
全体居民人均可支配收入(元)	The per capita disposable income of all residents(yuan)	20058	21966	9.5
城镇常住居民人均可支配收入(元)	The per capita disposable income of urban permanent residents(yuan)	23254	25391	9.2
农村牧区常住居民人均可支配收入(元)	The per capita disposable income of permanent residents of rural and pastoral areas(yuan)	12240	13593	11.1
农村牧区经济	**Economic Development in Rural & Pastoral Area**			
农作物总播种面积(公顷)	Total Sown Area(hectare)	28601	28970	1.3
#粮食作物播种面积(公顷)	Sown Area of Grain Crops(hectare)	19987	20077	0.5
农牧业机械总动力(万千瓦)	Total Power of Agricultural Machinery(10 000 kw)	13.20	14.10	6.8
化肥施用折纯量(吨)	Consumption of Chemical Fertilizer(ton)	12775	12637	-1.1
农村用电量(万千瓦小时)	Electricity Consumed in Rural Area(10 000 kwh)	24463	24575	0.5
农林牧渔业总产值(万元)	Gross Output of Farming,Forestry,Animal Husbandry & Fishery(10 000 yuan)	280706	286075	3.5
粮食产量(吨)	Yield of Grain(ton)	159743	159574	-0.1
油料产量(吨)	Yield of Oil-bearing Grops(ton)	746	811	8.7
甜菜产量(吨)	Yield of Beetroots(ton)	6812	7139	4.8
猪牛羊肉产量(吨)	Output of Pork, Beef & Mutton(ton)	9955	9618	-3.4
#猪肉产量(吨)	Output of Pork(ton)	3300	3140	-4.8
牛肉产量(吨)	Output of Beef(ton)	5400	5160	-4.4
羊肉产量(吨)	Output of Mutton(ton)	1255	1318	5.0
羊毛产量(吨)	Output of Wool(ton)	214	228	6.5

23-57 Yuanbaoshan District in Chifeng City

指　标	Item	2013	2014	2014年比上年增长% Increase Rate in 2014 Over 2013(%)
年末牲畜存栏头数(万头只)	Total Livestock at the Year-end(10 000 heads)	15.45	15.19	-1.7
# 大牲畜(万头只)	Large Animals(10 000 heads)	7.90	7.47	-5.4
羊(万只)	Sheep & Goats(10 000 heads)	3.89	4.19	7.7
猪(万头)	Hogs(10 000 heads)	3.66	3.53	-3.6
规模以上工业	**Industrial Enterprises above Designated size**			
工业企业单位数(个)	Number of Industrial Enterprises(unit)	65	63	-3.1
# 内资企业(个)	Civil Funded Enterprises(unit)	65	63	-3.1
工业总产值(万元)	Gross Industrial Output Value(10 000 yuan)	2284716	2296291	0.5
内资企业(万元)	Civil Funded Enterprises(10 000 yuan)	2284716	2296291	0.5
国有企业(万元)	State-owned Enterprises(10 000 yuan)	14025	15626	11.4
集体企业(万元)	Collective-owned Enterprises(10 000 yuan)	155924	151684	-2.7
股份合作企业(万元)	Share Holding Enterprises(10 000 yuan)			
联营企业(万元)	Joint Owned Enterprises(10 000 yuan)			
有限责任公司(万元)	Limited Company(10 000 yuan)	1984390	1965413	-1.0
股份有限公司(万元)	Share Holding Limited Company(10 000 yuan)			
私营企业(万元)	Privately Owned Enterprises(10 000 yuan)	130380	163568	25.5
其他企业(万元)	Enterprises of Other Ownership(10 000 yuan)			
港澳台商投资企业(万元)	Funds from HK,Macao & Taiwan(10 000 yuan)			
外商投资企业(万元)	Foreign Funded Enterprises(10 000 yuan)			
工业企业增加值(万元)	Value Added of Industrial Enterprises(10 000 yuan)			10.5
工业企业资产总计(万元)	Total Assets of Industrial Enterprises(10 000 yuan)	3057674	3564839	16.6
工业企业负债合计(万元)	Total Liabilities of Industrial Enterprises(10 000 yuan)	1970888	2615930	32.7
工业企业产品销售收入(万元)	Sales of Revenue Industrial Enterprises(10 000 yuan)	2142151	2080196	-2.9
工业企业利润总额(万元)	Total Profits of Industrial Enterprises(10 000 yuan)	-26440	27238	
建筑业	**Construction**			
建筑企业单位数(个)	Number of Construction Enterprises(unit)	11	10	-9.1
建筑企业从业人员(人)	Number of Employee in Construction Enterprises(person)	11128	8807	-20.9
建筑业总产值(万元)	Gross Construction Output Value(10 000 yuan)	166702	106550	-36.1
交通运输邮电通信业	**Transportation,Post & Telecommunications**			
公路里程(公里)	Total Length of Highways(km)	788	788	0.0
邮电业务总量(万元)	Business Volume of Post & Telecoms(10 000 yuan)	22333	22589	1.1
本地电话用户(户)	Number of Subscribers of Local Telephone(Household)	35305	43541	23.3
国内贸易	**Domestic Trade**			
社会消费品零售总额(万元)	Total Retail Sales of Consumer Goods(10 000 yuan)	667824	742620	11.2
城镇(万元)	Town(10 000 yuan)	667824	742620	11.2
乡村(万元)	Village(10 000 yuan)			
科技教育卫生	**Science,Education & Public Health**			
各类专业技术人员(人)	Special Technical Personnel(person)	5755	5926	3.0
幼儿园数(所)	Number of Kindergartens(unit)	78	78	0.0
学龄儿童入学率(%)	Percentage of School-Age Children Enrolled(%)	100.0	100.0	0.0
小学学校数(所)	Number of Primary Schools(unit)	17	17	0.0
小学专任教师数(人)	Number of Full-time Teachers of Primary Schools(person)	1527	1538	0.7
小学在校学生数(人)	Number of Student Enrollment of Primary Schools(person)	17872	17648	-1.3
普通中学学校数(所)	Number of Regular Secondary Schools(unit)	11	11	0.0
普通中学专任教师数(人)	Number of Teachers of Secondary Shools(person)	1519	1483	-2.4
初中在校学生数(人)	Number of Student in Junior Secondary Schools(person)	9878	10134	2.6
高中在校学生数(人)	Number of Student in Senior Secondary Schools(person)	11644	9966	-14.4
卫生机构数(所)	Number of Health Institutions(unit)	182	184	1.1
# 医院(所)	Hospitals(unit)	13	13	0.0
卫生院(所)	Township Hospitals(unit)	11	11	0.0
床位数(张)	Number of Beds(unit)	1993	1999	0.3
# 医院(张)	Hospitals(unit)	1676	1682	0.4
卫生院(张)	Township Hospitals(unit)	255	255	0.0
卫生技术人员(人)	Medical Technical Presonnel(person)	2085	2000	-4.1
# 医院(人)	Hospitals(person)	1510	1439	-4.7
卫生院(人)	Township Hospitals(person)	183	179	-2.2

23-58 赤峰市松山区

指　标	Item	2013	2014	2014年比上年增长% Increase Rate in 2014 Over 2013(%)
行政区域土地面积(平方公里)	**Area of Administration(Sq.km)**	**5618**	**5618**	**0.0**
人口和就业	**Population & Employment**			
年末总人口(人)	Total Population Year-end(person)	561090	571291	1.8
#男性(人)	Male(person)	291412	296292	1.7
#乡村人口(人)	Rural(person)	442534	440445	-0.5
年末总户数(户)	Total Number of Households at the Year-end(Household)	199504	210160	5.3
#乡村户数(户)	Number of Rural Household(Household)	127942	130896	2.3
出生人口(人)	Births(person)	5627	4328	-23.1
死亡人口(人)	Deaths(person)	1062	1232	16.0
全社会就业人员(人)	Employment(person)	332553	323008	-2.9
第一产业(人)	Primary Industry(person)	160053	152076	-5.0
第二产业(人)	Secondary Industry(person)	86083	83581	-2.9
第三产业(人)	Tertiary Industry(person)	86417	87351	1.1
在岗职工人数(人)	Number of Staff & Workers Employed in(person)	42176	40451	-4.1
乡村劳动力(人)	Number of Rural Laborers(person)	275213	268285	-2.5
#农林牧渔业(人)	Farming,Forestry,Animal Husbandry & Fishery(person)	158170	150230	-5.0
国民经济综合指标	**Summary Item on the National Economy**			
生产总值(万元)	Gross Domestic Product(10 000 yuan)	2266945	2372400	8.5
第一产业(万元)	Primary Industry(10 000 yuan)	396420	408870	4.5
第二产业(万元)	Secondary Industry(10 000 yuan)	1193824	1227486	10.3
#工业(万元)	Industry(10 000 yuan)	1025645	1047257	10.6
第三产业(万元)	Tertiary Industry(10 000 yuan)	676701	736044	6.7
人均生产总值(元)	Per Capita GDP(yuan)	38557	40159	7.9
全社会固定资产投资(万元)	Total Investment in Fixed Assets(10 000 yuan)	1346614	1576885	17.1
按登记注册类型分	Grouped by Registered Type			
#国有(万元)	State-owned Enterprises(10 000 yuan)	321707	378452	17.6
集体(万元)	Collective-owned Enterprises(10 000 yuan)	175598	189226	7.8
有限责任公司(万元)	Limited Liability Corporations(10 000 yuan)			
股份有限公司(万元)	Share Holding Enterprises(10 000 yuan)			
私营企业(万元)	Private Enterprises(10 000 yuan)	849309	1009207	18.8
外商及港澳台投资企业(万元)	Funds from HK,Macao,Taiwan & Foreign(10 000 yuan)			
按城乡渠道分	Grouped by Urban and Rural Area			
城镇(万元)	Urban(10 000 yuan)	1198487	1411312	17.8
农村(万元)	Rural(10 000 yuan)	148127	165573	11.8
公共财政预算收入(万元)	Public Budgetary Financial Revenue(10 000 yuan)	84131	91306	8.5
公共财政预算支出(万元)	Public Budgetary Financial Expenditures(10 000 yuan)	287592	310534	8.0
个人储蓄存款余额(万元)	The balance of savings deposits of individuals(10 000 yuan)	966975	1047939	8.4
在岗职工工资总额(万元)	Total Wages of Staff & Workers Employed in(10 000 yuan)	269805	264798	-1.9
在岗职工平均工资(元)	Average Wage of Staff & Workers Employed in(yuan)	47102	53835	14.3
全体居民人均可支配收入(元)	The per capita disposable income of all residents(yuan)	15601	17241	10.5
城镇常住居民人均可支配收入(元)	The per capita disposable income of urban permanent residents(yuan)	22126	24339	10.0
农村牧区常住居民人均可支配收入(元)	The per capita disposable income of permanent residents of rural and pastoral areas(yuan)	9457	10557	11.6
农村牧区经济	**Economic Development in Rural & Pastoral Area**			
农作物总播种面积(公顷)	Total Sown Area(hectare)	155215	142249	-8.4
#粮食作物播种面积(公顷)	Sown Area of Grain Crops(hectare)	107984	101835	-5.7
农牧业机械总动力(万千瓦)	Total Power of Agricultural Machinery(10 000 kw)	76.2	80.0	5.0
化肥施用折纯量(吨)	Consumption of Chemical Fertilizer(ton)	39818	42703	7.3
农村用电量(万千瓦小时)	Electricity Consumed in Rural Area(10 000 kwh)	22602	25171	11.4
农林牧渔业总产值(万元)	Gross Output of Farming,Forestry,Animal Husbandry & Fishery(10 000 yuan)	651411	679381	3.9
粮食产量(吨)	Yield of Grain(ton)	810500	780189	-3.7
油料产量(吨)	Yield of Oil-bearing Grops(ton)	25144	18169	-27.7
甜菜产量(吨)	Yield of Beetroots(ton)	185602	104987	-43.4
猪牛羊肉产量(吨)	Output of Pork, Beef & Mutton(ton)	59004	70523	19.5
#猪肉产量(吨)	Output of Pork(ton)	32609	38400	17.8
牛肉产量(吨)	Output of Beef(ton)	21121	24712	17.0
羊肉产量(吨)	Output of Mutton(ton)	5274	7411	40.5
羊毛产量(吨)	Output of Wool(ton)	721	665	-7.8

23-58 Songshan District in Chifeng City

指　标	Item	2013	2014	2014年比上年增长% Increase Rate in 2014 Over 2013(%)
年末牲畜存栏头数(万头只)	Total Livestock at the Year-end(10 000 heads)	71.36	83.20	16.6
# 大牲畜(万头只)	Large Animals(10 000 heads)	20.19	21.30	5.5
羊(万只)	Sheep & Goats(10 000 heads)	22.77	34.10	49.8
猪(万头)	Hogs(10 000 heads)	28.40	27.80	-2.1
规模以上工业	**Industrial Enterprises above Designated size**			
工业企业单位数(个)	Number of Industrial Enterprises(unit)	54	57	5.6
# 内资企业(个)	Civil Funded Enterprises(unit)	50	53	6.0
工业总产值(万元)	Gross Industrial Output Value(10 000 yuan)	2506046	1957657	-21.9
内资企业(万元)	Civil Funded Enterprises(10 000 yuan)	2383547	1855963	-22.1
国有企业(万元)	State-owned Enterprises(10 000 yuan)	152715	127648	-16.4
集体企业(万元)	Collective-owned Enterprises(10 000 yuan)	13444	9679	-28.0
股份合作企业(万元)	Share Holding Enterprises(10 000 yuan)			
联营企业(万元)	Joint Owned Enterprises(10 000 yuan)			
有限责任公司(万元)	Limited Company(10 000 yuan)	967044	653180	-32.5
股份有限公司(万元)	Share Holding Limited Company(10 000 yuan)			
私营企业(万元)	Privately Owned Enterprises(10 000 yuan)	1250344	1065456	-14.8
其他企业(万元)	Enterprises of Other Ownership(10 000 yuan)			
港澳台商投资企业(万元)	Funds from HK,Macao & Taiwan(10 000 yuan)	74039	58395	-21.1
外商投资企业(万元)	Foreign Funded Enterprises(10 000 yuan)	48460	43299	-10.7
工业企业增加值(万元)	Value Added of Industrial Enterprises(10 000 yuan)			-5.6
工业企业资产总计(万元)	Total Assets of Industrial Enterprises(10 000 yuan)	1822201	1958464	7.5
工业企业负债合计(万元)	Total Liabilities of Industrial Enterprises(10 000 yuan)	1122247	1194181	6.4
工业企业产品销售收入(万元)	Sales of Revenue Industrial Enterprises(10 000 yuan)	2496930	1977125	-20.8
工业企业利润总额(万元)	Total Profits of Industrial Enterprises(10 000 yuan)	92839	90279	-2.8
建筑业	**Construction**			
建筑企业单位数(个)	Number of Construction Enterprises(unit)	28	33	17.9
建筑企业从业人员(人)	Number of Employee in Construction Enterprises(person)	7412	7826	5.6
建筑业总产值(万元)	Gross Construction Output Value(10 000 yuan)	439997	447735	1.8
交通运输邮电通信业	**Transportation,Post & Telecommunications**			
公路里程(公里)	Total Length of Highways(km)	1900	1810	-4.8
邮电业务总量(万元)	Business Volume of Post & Telecoms(10 000 yuan)			
本地电话用户(户)	Number of Subscribers of Local Telephone(Household)	79522	64302	-19.1
国内贸易	**Domestic Trade**			
社会消费品零售总额(万元)	Total Retail Sales of Consumer Goods(10 000 yuan)	900170	1004500	11.6
城镇(万元)	Town(10 000 yuan)	900170	1004500	11.6
乡村(万元)	Village(10 000 yuan)			
科技教育卫生	**Science,Education & Public Health**			
各类专业技术人员(人)	Special Technical Personnel(person)	11634	11984	3.0
幼儿园数(所)	Number of Kindergartens(unit)	12	12	0.0
学龄儿童入学率(%)	Percentage of School-Age Children Enrolled(%)	100.0	100.0	0.0
小学学校数(所)	Number of Primary Schools(unit)	65	61	-6.2
小学专任教师数(人)	Number of Full-time Teachers of Primary Schools(person)	2459	2356	-4.2
小学在校学生数(人)	Number of Student Enrollment of Primary Schools(person)	35242	35258	0.1
普通中学学校数(所)	Number of Regular Secondary Schools(unit)	26	19	-26.9
普通中学专任教师数(人)	Number of Teachers of Secondary Shools(person)	2205	2205	0.0
初中在校学生数(人)	Number of Student in Junior Secondary Schools(person)	18579	16176	-12.9
高中在校学生数(人)	Number of Student in Senior Secondary Schools(person)	19563	14185	-27.5
卫生机构数(所)	Number of Health Institutions(unit)	590	624	5.8
# 医院(所)	Hospitals(unit)	7	6	-14.3
卫生院(所)	Township Hospitals(unit)	29	29	0.0
床位数(张)	Number of Beds(unit)	1598	1679	5.1
# 医院(张)	Hospitals(unit)	742	812	9.4
卫生院(张)	Township Hospitals(unit)	698	692	-0.9
卫生技术人员(人)	Medical Technical Presonnel(person)	2011	1706	-15.2
# 医院(人)	Hospitals(person)	817	861	5.4
卫生院(人)	Township Hospitals(person)	602	584	-3.0

23-59 赤峰市阿鲁科尔沁旗

指标	Item	2013	2014	2014年比上年增长% Increase Rate in 2014 Over 2013(%)
行政区域土地面积(平方公里)	**Area of Administration(Sq.km)**	**14555**	**14555**	**0.0**
人口和就业	**Population & Employment**			
年末总人口(人)	Total Population Year-end(person)	300161	301346	0.4
# 男性(人)	Male(person)	152519	152972	0.3
# 乡村人口(人)	Rural(person)	260002	257962	-0.8
年末总户数(户)	Total Number of Households at the Year-end(Household)	132721	138494	4.3
# 乡村户数(户)	Number of Rural Household(Household)	91515	96020	4.9
出生人口(人)	Births(person)	1830	2505	36.9
死亡人口(人)	Deaths(person)	1071	1162	8.5
全社会就业人员(人)	Employment(person)	191161	196311	2.7
第一产业(人)	Primary Industry(person)	117756	122747	4.2
第二产业(人)	Secondary Industry(person)	22285	22355	0.3
第三产业(人)	Tertiary Industry(person)	51120	51209	0.2
在岗职工人数(人)	Number of Staff & Workers Employed in(person)	20412	20935	2.6
乡村劳动力(人)	Number of Rural Laborers(person)	158980	160581	1.0
# 农林牧渔业(人)	Farming,Forestry,Animal Husbandry & Fishery(person)	117756	122747	4.2
国民经济综合指标	**Summary Item on the National Economy**			
生产总值(万元)	Gross Domestic Product(10 000 yuan)	1000903	1012728	7.5
第一产业(万元)	Primary Industry(10 000 yuan)	174683	181437	4.0
第二产业(万元)	Secondary Industry(10 000 yuan)	487953	468262	9.8
# 工业(万元)	Industry(10 000 yuan)	427697	399442	9.1
第三产业(万元)	Tertiary Industry(10 000 yuan)	338267	363029	5.4
人均生产总值(元)	Per Capita GDP(yuan)	37305	37873	7.8
全社会固定资产投资(万元)	Total Investment in Fixed Assets(10 000 yuan)	429010	495935	15.6
按登记注册类型分	Grouped by Registered Type			
# 国有(万元)	State-owned Enterprises(10 000 yuan)	295584	341695	15.6
集体(万元)	Collective-owned Enterprises(10 000 yuan)			
有限责任公司(万元)	Limited Liability Corporations(10 000 yuan)	18862	21805	15.6
股份有限公司(万元)	Share Holding Enterprises(10 000 yuan)			
私营企业(万元)	Private Enterprises(10 000 yuan)	40519	46840	15.6
外商及港澳台投资企业 (万元)	Funds from HK,Macao,Taiwan & Foreign(10 000 yuan)			
按城乡渠道分	Grouped by Urban and Rural Area			
城镇(万元)	Urban(10 000 yuan)	204810	234742	14.8
农村(万元)	Rural(10 000 yuan)	224200	261193	16.5
公共财政预算收入(万元)	Public Budgetary Financial Revenue(10 000 yuan)	30276	32500	7.3
公共财政预算支出(万元)	Public Budgetary Financial Expenditures(10 000 yuan)	254981	243719	-4.4
个人储蓄存款余额(万元)	The balance of savings deposits of individuals(10 000 yuan)	272999	283074	3.7
在岗职工工资总额(万元)	Total Wages of Staff & Workers Employed in(10 000 yuan)	105428	106106	0.6
在岗职工平均工资(元)	Average Wage of Staff & Workers Employed in(yuan)	51703	51881	0.3
全体居民人均可支配收入(元)	The per capita disposable income of all residents(yuan)	9940	10968	10.3
城镇常住居民人均可支配收入(元)	The per capita disposable income of urban permanent residents(yuan)	17301	19026	10.0
农村牧区常住居民人均可支配收入(元)	The per capita disposable income of permanent residents of rural and pastoral areas(yuan)	6160	6830	10.9
农村牧区经济	**Economic Development in Rural & Pastoral Area**			
农作物总播种面积(公顷)	Total Sown Area(hectare)	139563	147947	6.0
# 粮食作物播种面积(公顷)	Sown Area of Grain Crops(hectare)	113463	114030	0.5
农牧业机械总动力(万千瓦)	Total Power of Agricultural Machinery(10 000 kw)	54.00	58.00	7.4
化肥施用折纯量(吨)	Consumption of Chemical Fertilizer(ton)	20070	20248	0.9
农村用电量(万千瓦小时)	Electricity Consumed in Rural Area(10 000 kwh)	9510	9872	3.8
农林牧渔业总产值(万元)	Gross Output of Farming,Forestry,Animal Husbandry & Fishery(10 000 yuan)	288354	301178	4.4
粮食产量(吨)	Yield of Grain(ton)	510258	510502	0.0
油料产量(吨)	Yield of Oil-bearing Grops(ton)	4648	6003	29.2
甜菜产量(吨)	Yield of Beetroots(ton)	21578	5430	-74.8
猪牛羊肉产量(吨)	Output of Pork, Beef & Mutton(ton)	20568	19706	-4.2
# 猪肉产量(吨)	Output of Pork(ton)	5068	4341	-14.3
牛肉产量(吨)	Output of Beef(ton)	9800	8980	-8.4
羊肉产量(吨)	Output of Mutton(ton)	5700	6385	12.0
羊毛产量(吨)	Output of Wool(ton)	1244	3130	151.6

23-59 Alukeerqin Banner in Chifeng City

指 标	Item	2013	2014	2014年比上年增长% Increase Rate in 2014 Over 2013(%)
年末牲畜存栏头数(万头只)	Total Livestock at the Year-end(10 000 heads)	129.11	136.39	5.6
# 大牲畜(万头只)	Large Animals(10 000 heads)	26.36	26.21	-0.6
羊(万只)	Sheep & Goats(10 000 heads)	96.05	103.76	8.0
猪(万头)	Hogs(10 000 heads)	6.70	6.42	-4.2
规模以上工业	**Industrial Enterprises above Designated size**			
工业企业单位数(个)	Number of Industrial Enterprises(unit)	33	33	0.0
# 内资企业(个)	Civil Funded Enterprises(unit)	33	33	0.0
工业总产值(万元)	Gross Industrial Output Value(10 000 yuan)	976901	1003782	2.8
内资企业(万元)	Civil Funded Enterprises(10 000 yuan)	976901	1003782	2.8
国有企业(万元)	State-owned Enterprises(10 000 yuan)	127405	115976	-9.0
集体企业(万元)	Collective-owned Enterprises(10 000 yuan)			
股份合作企业(万元)	Share Holding Enterprises(10 000 yuan)			
联营企业(万元)	Joint Owned Enterprises(10 000 yuan)			
有限责任公司(万元)	Limited Company(10 000 yuan)	188583	426228	126.0
股份有限公司(万元)	Share Holding Limited Company(10 000 yuan)			
私营企业(万元)	Privately Owned Enterprises(10 000 yuan)	660913	461578	-30.2
其他企业(万元)	Enterprises of Other Ownership(10 000 yuan)			
港澳台商投资企业(万元)	Funds from HK,Macao & Taiwan(10 000 yuan)			
外商投资企业(万元)	Foreign Funded Enterprises(10 000 yuan)			
工业企业增加值(万元)	Value Added of Industrial Enterprises(10 000 yuan)			10.8
工业企业资产总计(万元)	Total Assets of Industrial Enterprises(10 000 yuan)	497268	570658	14.8
工业企业负债合计(万元)	Total Liabilities of Industrial Enterprises(10 000 yuan)	296956	355189	19.6
工业企业产品销售收入(万元)	Sales of Revenue Industrial Enterprises(10 000 yuan)	866625	822770	-5.1
工业企业利润总额(万元)	Total Profits of Industrial Enterprises(10 000 yuan)	8781	6685	-23.9
建筑业	**Construction**			
建筑企业单位数(个)	Number of Construction Enterprises(unit)	3	4	33.3
建筑企业从业人员(人)	Number of Employee in Construction Enterprises(person)	1214	1551	27.8
建筑业总产值(万元)	Gross Construction Output Value(10 000 yuan)	20932	35984	71.9
交通运输邮电通信业	**Transportation,Post & Telecommunications**			
公路里程(公里)	Total Length of Highways(km)	3280	3512	7.1
邮电业务总量(万元)	Business Volume of Post & Telecoms(10 000 yuan)	15075	16681	10.7
本地电话用户(户)	Number of Subscribers of Local Telephone(Household)	27595	25951	-6.0
国内贸易	**Domestic Trade**			
社会消费品零售总额(万元)	Total Retail Sales of Consumer Goods(10 000 yuan)	248914	278038	11.7
城镇(万元)	Town(10 000 yuan)	190017	210918	11.0
乡村(万元)	Village(10 000 yuan)	58897	67120	14.0
科技教育卫生	**Science,Education & Public Health**			
各类专业技术人员(人)	Special Technical Personnel(person)	8245	6452	-21.7
幼儿园数(所)	Number of Kindergartens(unit)	20	19	-5.0
学龄儿童入学率(%)	Percentage of School-Age Children Enrolled(%)	100.0	100.0	0.0
小学学校数(所)	Number of Primary Schools(unit)	31	31	0.0
小学专任教师数(人)	Number of Full-time Teachers of Primary Schools(person)	1748	1636	-6.4
小学在校学生数(人)	Number of Student Enrollment of Primary Schools(person)	16685	15275	-8.5
普通中学学校数(所)	Number of Regular Secondary Schools(unit)	7	7	0.0
普通中学专任教师数(人)	Number of Teachers of Secondary Shools(person)	1059	1362	28.6
初中在校学生数(人)	Number of Student in Junior Secondary Schools(person)	8642	7356	-14.9
高中在校学生数(人)	Number of Student in Senior Secondary Schools(person)	5687	5751	1.1
卫生机构数(所)	Number of Health Institutions(unit)	482	509	5.6
# 医院(所)	Hospitals(unit)	4	4	0.0
卫生院(所)	Township Hospitals(unit)	22	22	0.0
床位数(张)	Number of Beds(unit)	1485	1415	-4.7
# 医院(张)	Hospitals(unit)	1080	1118	3.5
卫生院(张)	Township Hospitals(unit)	274	277	1.1
卫生技术人员(人)	Medical Technical Presonnel(person)	1241	1232	-0.7
# 医院(人)	Hospitals(person)	801	899	12.2
卫生院(人)	Township Hospitals(person)	212	226	6.6

23-60 赤峰市巴林左旗

指　标	Item	2013	2014	2014年比上年增长% Increase Rate in 2014 Over 2013(%)
行政区域土地面积(平方公里)	**Area of Administration(Sq.km)**	**6644**	**6644**	**0.0**
人口和就业	**Population & Employment**			
年末总人口(人)	Total Population Year-end(person)	357185	357702	0.1
#男性(人)	Male(person)	181595	181899	0.2
#乡村人口(人)	Rural(person)	300292	301792	0.5
年末总户数(户)	Total Number of Households at the Year-end(Household)	144549	149382	3.3
#乡村户数(户)	Number of Rural Household(Household)	87759	100398	14.4
出生人口(人)	Births(person)	2736	2982	9.0
死亡人口(人)	Deaths(person)	606	693	14.4
全社会就业人员(人)	Employment(person)	214499	217365	1.3
第一产业(人)	Primary Industry(person)	117699	118251	0.5
第二产业(人)	Secondary Industry(person)	47522	48471	2.0
第三产业(人)	Tertiary Industry(person)	49278	50643	2.8
在岗职工人数(人)	Number of Staff & Workers Employed in(person)	25592	24212	-5.4
乡村劳动力(人)	Number of Rural Laborers(person)	171348	174511	1.8
#农林牧渔业(人)	Farming,Forestry,Animal Husbandry & Fishery(person)	99632	112268	12.7
国民经济综合指标	**Summary Item on the National Economy**			
生产总值(万元)	Gross Domestic Product(10 000 yuan)	1106930	1188409	8.9
第一产业(万元)	Primary Industry(10 000 yuan)	208029	215708	3.9
第二产业(万元)	Secondary Industry(10 000 yuan)	579629	631584	12.2
#工业(万元)	Industry(10 000 yuan)	473292	516363	12.8
第三产业(万元)	Tertiary Industry(10 000 yuan)	319272	341117	5.0
人均生产总值(元)	Per Capita GDP(yuan)	34425	37178	9.5
全社会固定资产投资(万元)	Total Investment in Fixed Assets(10 000 yuan)	754367	884873	17.3
按登记注册类型分	Grouped by Registered Type			
#国有(万元)	State-owned Enterprises(10 000 yuan)	215680	332702	54.3
集体(万元)	Collective-owned Enterprises(10 000 yuan)	3510	6805	93.9
有限责任公司(万元)	Limited Liability Corporations(10 000 yuan)	195800	259400	32.5
股份有限公司(万元)	Share Holding Enterprises(10 000 yuan)	35890	40090	11.7
私营企业(万元)	Private Enterprises(10 000 yuan)	288020	207039	-28.1
外商及港澳台投资企业(万元)	Funds from HK,Macao,Taiwan & Foreign(10 000 yuan)			
按城乡渠道分	Grouped by Urban and Rural Area			
城镇(万元)	Urban(10 000 yuan)	739279	869540	17.6
农村(万元)	Rural(10 000 yuan)	15088	15333	1.6
公共财政预算收入(万元)	Public Budgetary Financial Revenue(10 000 yuan)	42743	46538	8.9
公共财政预算支出(万元)	Public Budgetary Financial Expenditures(10 000 yuan)	232656	240007	3.2
个人储蓄存款余额(万元)	The balance of savings deposits of individuals(10 000 yuan)	371588	432123	16.3
在岗职工工资总额(万元)	Total Wages of Staff & Workers Employed in(10 000 yuan)	115014	129562	12.6
在岗职工平均工资(元)	Average Wage of Staff & Workers Employed in(yuan)	42077	52311	24.3
全体居民人均可支配收入(元)	The per capita disposable income of all residents(yuan)	10340	11407	10.3
城镇常住居民人均可支配收入(元)	The per capita disposable income of urban permanent residents(yuan)	18829	20655	9.7
农村牧区常住居民人均可支配收入(元)	The per capita disposable income of permanent residents of rural and pastoral areas(yuan)	6515	7240	11.1
农村牧区经济	**Economic Development in Rural & Pastoral Area**			
农作物总播种面积(公顷)	Total Sown Area(hectare)	120592	110973	-8.0
#粮食作物播种面积(公顷)	Sown Area of Grain Crops(hectare)	98533	99195	0.7
农牧业机械总动力(万千瓦)	Total Power of Agricultural Machinery(10 000 kw)	42.64	47.83	12.2
化肥施用折纯量(吨)	Consumption of Chemical Fertilizer(ton)	20456	21749	6.3
农村用电量(万千瓦小时)	Electricity Consumed in Rural Area(10 000 kwh)	9983	8900	-10.8
农林牧渔业总产值(万元)	Gross Output of Farming,Forestry,Animal Husbandry & Fishery(10 000 yuan)	343409	354099	3.1
粮食产量(吨)	Yield of Grain(ton)	465000	445188	-4.3
油料产量(吨)	Yield of Oil-bearing Grops(ton)	13405	14410	7.5
甜菜产量(吨)	Yield of Beetroots(ton)	62050	46969	-24.3
猪牛羊肉产量(吨)	Output of Pork, Beef & Mutton(ton)	19763	15386	-22.1
#猪肉产量(吨)	Output of Pork(ton)	9533	6700	-29.7
牛肉产量(吨)	Output of Beef(ton)	2560	2396	-6.4
羊肉产量(吨)	Output of Mutton(ton)	7670	6290	-18.0
羊毛产量(吨)	Output of Wool(ton)	1061	1141	7.5

23-60 Balinzuo Banner in Chifeng City

指　　标	Item	2013	2014	2014年比上年增长% Increase Rate in 2014 Over 2013(%)
年末牲畜存栏头数(万头只)	Total Livestock at the Year-end(10 000 heads)	108.17	110.60	2.3
#大牲畜(万头只)	Large Animals(10 000 heads)	17.18	19.91	15.9
羊(万只)	Sheep & Goats(10 000 heads)	81.51	81.52	0.0
猪(万头)	Hogs(10 000 heads)	9.48	9.17	-3.3
规模以上工业	**Industrial Enterprises above Designated size**			
工业企业单位数(个)	Number of Industrial Enterprises(unit)	54	52	-3.7
#内资企业(个)	Civil Funded Enterprises(unit)	53	51	-3.8
工业总产值(万元)	Gross Industrial Output Value(10 000 yuan)	1707878	1886517	10.5
内资企业(万元)	Civil Funded Enterprises(10 000 yuan)	1656086	1828722	10.4
国有企业(万元)	State-owned Enterprises(10 000 yuan)	115709	129933	12.3
集体企业(万元)	Collective-owned Enterprises(10 000 yuan)			
股份合作企业(万元)	Share Holding Enterprises(10 000 yuan)			
联营企业(万元)	Joint Owned Enterprises(10 000 yuan)			
有限责任公司(万元)	Limited Company(10 000 yuan)	715080	755866	5.7
股份有限公司(万元)	Share Holding Limited Company(10 000 yuan)	763848	876395	14.7
私营企业(万元)	Privately Owned Enterprises(10 000 yuan)	45773	48085	5.1
其他企业(万元)	Enterprises of Other Ownership(10 000 yuan)	15676	18444	17.7
港澳台商投资企业(万元)	Funds from HK,Macao & Taiwan(10 000 yuan)	51792	57795	11.6
外商投资企业(万元)	Foreign Funded Enterprises(10 000 yuan)			
工业企业增加值(万元)	Value Added of Industrial Enterprises(10 000 yuan)			12.8
工业企业资产总计(万元)	Total Assets of Industrial Enterprises(10 000 yuan)	1101390	1242081	12.8
工业企业负债合计(万元)	Total Liabilities of Industrial Enterprises(10 000 yuan)	333595	426921	28.0
工业企业产品销售收入(万元)	Sales of Revenue Industrial Enterprises(10 000 yuan)	1497969	1626132	8.6
工业企业利润总额(万元)	Total Profits of Industrial Enterprises(10 000 yuan)	235380	214025	-9.1
建筑业	**Construction**			
建筑企业单位数(个)	Number of Construction Enterprises(unit)	6	6	0.0
建筑企业从业人员(人)	Number of Employee in Construction Enterprises(person)	4174	2669	-36.1
建筑业总产值(万元)	Gross Construction Output Value(10 000 yuan)	68602	75506	10.1
交通运输邮电通信业	**Transportation,Post & Telecommunications**			
公路里程(公里)	Total Length of Highways(km)	1795	1795	
邮电业务总量(万元)	Business Volume of Post & Telecoms(10 000 yuan)	14850	18365	23.7
本地电话用户(户)	Number of Subscribers of Local Telephone(Household)	31960	27826	-12.9
国内贸易	**Domestic Trade**			
社会消费品零售总额(万元)	Total Retail Sales of Consumer Goods(10 000 yuan)	322000	357280	11.0
城镇(万元)	Town(10 000 yuan)	229012	255779	11.7
乡村(万元)	Village(10 000 yuan)	92988	101501	9.2
科技教育卫生	**Science,Education & Public Health**			
各类专业技术人员(人)	Special Technical Personnel(person)	8381	8481	1.2
幼儿园数(所)	Number of Kindergartens(unit)	44	57	29.5
学龄儿童入学率(%)	Percentage of School-Age Children Enrolled(%)	100.0	100.0	0.0
小学学校数(所)	Number of Primary Schools(unit)	26	26	0.0
小学专任教师数(人)	Number of Full-time Teachers of Primary Schools(person)	1707	1750	2.5
小学在校学生数(人)	Number of Student Enrollment of Primary Schools(person)	19562	19748	1.0
普通中学学校数(所)	Number of Regular Secondary Schools(unit)	8	8	0.0
普通中学专任教师数(人)	Number of Teachers of Secondary Shools(person)	1275	1243	-2.5
初中在校学生数(人)	Number of Student in Junior Secondary Schools(person)	9128	9056	-0.8
高中在校学生数(人)	Number of Student in Senior Secondary Schools(person)	7415	7215	-2.7
卫生机构数(所)	Number of Health Institutions(unit)	287	304	5.9
#医院(所)	Hospitals(unit)	2	5	150.0
卫生院(所)	Township Hospitals(unit)	22	22	0.0
床位数(张)	Number of Beds(unit)	1254	1399	11.6
#医院(张)	Hospitals(unit)	773	910	17.7
卫生院(张)	Township Hospitals(unit)	461	364	-21.0
卫生技术人员(人)	Medical Technical Presonnel(person)	1290	1411	9.4
#医院(人)	Hospitals(person)	638	738	15.7
卫生院(人)	Township Hospitals(person)	524	324	-38.2

23-61 赤峰市巴林右旗

指　标	Item	2013	2014	2014年比上年增长% Increase Rate in 2014 Over 2013(%)
行政区域土地面积(平方公里)	**Area of Administration(Sq.km)**	**9837**	**9837**	**0.0**
人口和就业	**Population & Employment**			
年末总人口(人)	Total Population Year-end(person)	185683	186377	0.4
#男性(人)	Male(person)	94261	94595	0.4
#乡村人口(人)	Rural(person)	127203	132339	4.0
年末总户数(户)	Total Number of Households at the Year-end(Household)	83493	85819	2.8
#乡村户数(户)	Number of Rural Household(Household)	39538	41972	6.2
出生人口(人)	Births(person)	1249	1193	-4.5
死亡人口(人)	Deaths(person)	477	435	-8.8
全社会就业人员(人)	Employment(person)	92992	91128	-2.0
第一产业(人)	Primary Industry(person)	45985	44112	-4.1
第二产业(人)	Secondary Industry(person)	14434	14354	-0.6
第三产业(人)	Tertiary Industry(person)	32573	32662	0.3
在岗职工人数(人)	Number of Staff & Workers Employed in(person)	18261	16515	-9.6
乡村劳动力(人)	Number of Rural Laborers(person)	54672	53634	-1.9
#农林牧渔业(人)	Farming,Forestry,Animal Husbandry & Fishery(person)	45985	44112	-4.1
国民经济综合指标	**Summary Item on the National Economy**			
生产总值(万元)	Gross Domestic Product(10 000 yuan)	672000	720589	8.4
第一产业(万元)	Primary Industry(10 000 yuan)	107321	111257	3.7
第二产业(万元)	Secondary Industry(10 000 yuan)	380561	409137	10.8
#工业(万元)	Industry(10 000 yuan)	308057	335575	12.7
第三产业(万元)	Tertiary Industry(10 000 yuan)	184118	200195	6.4
人均生产总值(元)	Per Capita GDP(yuan)	38699	41640	8.8
全社会固定资产投资(万元)	Total Investment in Fixed Assets(10 000 yuan)	444741	539471	21.3
按登记注册类型分	Grouped by Registered Type			
#国有(万元)	State-owned Enterprises(10 000 yuan)	358624	450785	25.7
集体(万元)	Collective-owned Enterprises(10 000 yuan)			
有限责任公司(万元)	Limited Liability Corporations(10 000 yuan)	86117	88686	3.0
股份有限公司(万元)	Share Holding Enterprises(10 000 yuan)			
私营企业(万元)	Private Enterprises(10 000 yuan)			
外商及港澳台投资企业(万元)	Funds from HK,Macao,Taiwan & Foreign(10 000 yuan)			
按城乡渠道分	Grouped by Urban and Rural Area			
城镇(万元)	Urban(10 000 yuan)	444741	539471	21.3
农村(万元)	Rural(10 000 yuan)			
公共财政预算收入(万元)	Public Budgetary Financial Revenue(10 000 yuan)	36011	38748	7.6
公共财政预算支出(万元)	Public Budgetary Financial Expenditures(10 000 yuan)	195400	201127	2.9
个人储蓄存款余额(万元)	The balance of savings deposits of individuals(10 000 yuan)	244859	267454	9.2
在岗职工工资总额(万元)	Total Wages of Staff & Workers Employed in(10 000 yuan)	100465	89455	-11.0
在岗职工平均工资(元)	Average Wage of Staff & Workers Employed in(yuan)	41484	45432	9.5
全体居民人均可支配收入(元)	The per capita disposable income of all residents(yuan)	12398	13687	10.4
城镇常住居民人均可支配收入(元)	The per capita disposable income of urban permanent residents(yuan)	17288	19025	10.1
农村牧区常住居民人均可支配收入(元)	The per capita disposable income of permanent residents of rural and pastoral areas(yuan)	6671	7436	11.5
农村牧区经济	**Economic Development in Rural & Pastoral Area**			
农作物总播种面积(公顷)	Total Sown Area(hectare)	62648	63561	1.5
#粮食作物播种面积(公顷)	Sown Area of Grain Crops(hectare)	48366	48666	0.6
农牧业机械总动力(万千瓦)	Total Power of Agricultural Machinery(10 000 kw)	34.20	36.90	7.9
化肥施用折纯量(吨)	Consumption of Chemical Fertilizer(ton)	5749	6439	12.0
农村用电量(万千瓦小时)	Electricity Consumed in Rural Area(10 000 kwh)	2722	3063	12.5
农林牧渔业总产值(万元)	Gross Output of Farming,Forestry,Animal Husbandry & Fishery(10 000 yuan)	177163	185042	3.5
粮食产量(吨)	Yield of Grain(ton)	175000	174500	-0.3
油料产量(吨)	Yield of Oil-bearing Grops(ton)	13676	7512	-45.1
甜菜产量(吨)	Yield of Beetroots(ton)	4383	2352	-46.3
猪牛羊肉产量(吨)	Output of Pork, Beef & Mutton(ton)	25362	29909	17.9
#猪肉产量(吨)	Output of Pork(ton)	2827	2810	-0.6
牛肉产量(吨)	Output of Beef(ton)	9035	10460	15.8
羊肉产量(吨)	Output of Mutton(ton)	13500	16639	23.3
羊毛产量(吨)	Output of Wool(ton)	3310	4810	45.3

23-61 Balinyou Banner in Chifeng City

指　标	Item	2013	2014	2014年比上年增长% Increase Rate in 2014 Over 2013(%)
年末牲畜存栏头数(万头只)	Total Livestock at the Year-end(10 000 heads)	88.67	106.41	20.0
#大牲畜(万头只)	Large Animals(10 000 heads)	11.51	10.42	-9.5
羊(万只)	Sheep & Goats(10 000 heads)	74.49	93.42	25.4
猪(万头)	Hogs(10 000 heads)	2.67	2.57	-3.9
规模以上工业	**Industrial Enterprises above Designated size**			
工业企业单位数(个)	Number of Industrial Enterprises(unit)	23	23	0.0
#内资企业(个)	Civil Funded Enterprises(unit)	23	23	0.0
工业总产值(万元)	Gross Industrial Output Value(10 000 yuan)	1003382	1149502	14.6
内资企业(万元)	Civil Funded Enterprises(10 000 yuan)	1003382	1149502	14.6
国有企业(万元)	State-owned Enterprises(10 000 yuan)	11618	11647	0.3
集体企业(万元)	Collective-owned Enterprises(10 000 yuan)			
股份合作企业(万元)	Share Holding Enterprises(10 000 yuan)			
联营企业(万元)	Joint Owned Enterprises(10 000 yuan)			
有限责任公司(万元)	Limited Company(10 000 yuan)	687525	773092	12.4
股份有限公司(万元)	Share Holding Limited Company(10 000 yuan)	273083	325869	19.3
私营企业(万元)	Privately Owned Enterprises(10 000 yuan)	31156	38894	24.8
其他企业(万元)	Enterprises of Other Ownership(10 000 yuan)			
港澳台商投资企业(万元)	Funds from HK,Macao & Taiwan(10 000 yuan)			
外商投资企业(万元)	Foreign Funded Enterprises(10 000 yuan)			
工业企业增加值(万元)	Value Added of Industrial Enterprises(10 000 yuan)			12.7
工业企业资产总计(万元)	Total Assets of Industrial Enterprises(10 000 yuan)	685663	740788	8.0
工业企业负债合计(万元)	Total Liabilities of Industrial Enterprises(10 000 yuan)	561482	535560	-4.6
工业企业产品销售收入(万元)	Sales of Revenue Industrial Enterprises(10 000 yuan)	1002167	1138955	13.7
工业企业利润总额(万元)	Total Profits of Industrial Enterprises(10 000 yuan)	198277	170318	-14.1
建筑业	**Construction**			
建筑企业单位数(个)	Number of Construction Enterprises(unit)	8	8	0.0
建筑企业从业人员(人)	Number of Employee in Construction Enterprises(person)	2950	5806	96.8
建筑业总产值(万元)	Gross Construction Output Value(10 000 yuan)	128882	104840	-18.7
交通运输邮电通信业	**Transportation,Post & Telecommunications**			
公路里程(公里)	Total Length of Highways(km)	2266	2283	0.8
邮电业务总量(万元)	Business Volume of Post & Telecoms(10 000 yuan)	11374	11791	3.7
本地电话用户(户)	Number of Subscribers of Local Telephone(Household)	13000	12000	-7.7
国内贸易	**Domestic Trade**			
社会消费品零售总额(万元)	Total Retail Sales of Consumer Goods(10 000 yuan)	185971	206800	11.2
城镇(万元)	Town(10 000 yuan)	117384	130541	11.2
乡村(万元)	Village(10 000 yuan)	68587	76259	11.2
各类专业技术人员(人)	Special Technical Personnel(person)	5156	4413	-14.4
幼儿园数(所)	Number of Kindergartens(unit)	23	30	30.4
学龄儿童入学率(%)	Percentage of School-Age Children Enrolled(%)	100.0	100.0	0.0
小学学校数(所)	Number of Primary Schools(unit)	22	24	9.1
小学专任教师数(人)	Number of Full-time Teachers of Primary Schools(person)	1363	1311	-3.8
小学在校学生数(人)	Number of Student Enrollment of Primary Schools(person)	10119	9504	-6.1
普通中学学校数(所)	Number of Regular Secondary Schools(unit)	5	5	0.0
普通中学专任教师数(人)	Number of Teachers of Secondary Shools(person)	811	792	-2.3
初中在校学生数(人)	Number of Student in Junior Secondary Schools(person)	5384	5099	-5.3
高中在校学生数(人)	Number of Student in Senior Secondary Schools(person)	3760	3893	3.5
卫生机构数(所)	Number of Health Institutions(unit)	180	171	-5.0
#医院(所)	Hospitals(unit)	2	3	50.0
卫生院(所)	Township Hospitals(unit)	15	15	0.0
床位数(张)	Number of Beds(unit)	594	669	12.6
#医院(张)	Hospitals(unit)	365	430	17.8
卫生院(张)	Township Hospitals(unit)	139	133	-4.3
卫生技术人员(人)	Medical Technical Presonnel(person)	1122	948	-15.5
#医院(人)	Hospitals(person)	390	400	2.6
卫生院(人)	Township Hospitals(person)	170	181	6.5

23-62 赤峰市林西县

指　标	Item	2013	2014	2014年比上年增长% Increase Rate in 2014 Over 2013(%)
行政区域土地面积(平方公里)	**Area of Administration(Sq.km)**	**3933**	**3933**	**0.0**
人口和就业	**Population & Employment**			
年末总人口(人)	Total Population Year-end(person)	240906	240879	0.0
#男性(人)	Male(person)	121660	121656	0.0
#乡村人口(人)	Rural(person)	191778	196241	2.3
年末总户数(户)	Total Number of Households at the Year-end(Household)	104013	108916	4.7
#乡村户数(户)	Number of Rural Household(Household)	63165	71493	13.2
出生人口(人)	Births(person)	1492	1289	-13.6
死亡人口(人)	Deaths(person)	486	476	-2.1
全社会就业人员(人)	Employment(person)	121327	127358	5.0
第一产业(人)	Primary Industry(person)	78511	76154	-3.0
第二产业(人)	Secondary Industry(person)	17851	18376	2.9
第三产业(人)	Tertiary Industry(person)	24965	32828	31.5
在岗职工人数(人)	Number of Staff & Workers Employed in(person)	21936	22190	1.2
乡村劳动力(人)	Number of Rural Laborers(person)	108431	117022	7.9
#农林牧渔业(人)	Farming,Forestry,Animal Husbandry & Fishery(person)	75969	74277	-2.2
国民经济综合指标	**Summary Item on the National Economy**			
生产总值(万元)	Gross Domestic Product(10 000 yuan)	661062	708893	7.2
第一产业(万元)	Primary Industry(10 000 yuan)	118727	122001	2.8
第二产业(万元)	Secondary Industry(10 000 yuan)	313096	336191	7.4
#工业(万元)	Industry(10 000 yuan)	254442	278280	9.4
第三产业(万元)	Tertiary Industry(10 000 yuan)	229239	250701	9.4
人均生产总值(元)	Per Capita GDP(yuan)	33070	35453	7.2
全社会固定资产投资(万元)	Total Investment in Fixed Assets(10 000 yuan)	507428	602824	18.8
按登记注册类型分	Grouped by Registered Type			
#国有(万元)	State-owned Enterprises(10 000 yuan)	190793	226885	18.9
集体(万元)	Collective-owned Enterprises(10 000 yuan)			
有限责任公司(万元)	Limited Liability Corporations(10 000 yuan)	193837	230123	18.7
股份有限公司(万元)	Share Holding Enterprises(10 000 yuan)			
私营企业(万元)	Private Enterprises(10 000 yuan)	84233	100279	19.0
外商及港澳台投资企业(万元)	Funds from HK,Macao,Taiwan & Foreign(10 000 yuan)	23849	28300	18.7
按城乡渠道分	Grouped by Urban and Rural Area			
城镇(万元)	Urban(10 000 yuan)	496772	590324	18.8
农村(万元)	Rural(10 000 yuan)	10656	12500	17.3
公共财政预算收入(万元)	Public Budgetary Financial Revenue(10 000 yuan)	31283	33500	7.1
公共财政预算支出(万元)	Public Budgetary Financial Expenditures(10 000 yuan)	206666	204560	-1.0
个人储蓄存款余额(万元)	The balance of savings deposits of individuals(10 000 yuan)	320392	358427	11.9
在岗职工工资总额(万元)	Total Wages of Staff & Workers Employed in(10 000 yuan)	98543	110365	12.0
在岗职工平均工资(元)	Average Wage of Staff & Workers Employed in(yuan)	44606	49938	12.0
全体居民人均可支配收入(元)	The per capita disposable income of all residents(yuan)	12435	13688	10.1
城镇常住居民人均可支配收入(元)	The per capita disposable income of urban permanent residents(yuan)	18512	20328	9.8
农村牧区常住居民人均可支配收入(元)	The per capita disposable income of permanent residents of rural and pastoral areas(yuan)	6148	6818	10.9
农村牧区经济	**Economic Development in Rural & Pastoral Area**			
农作物总播种面积(公顷)	Total Sown Area(hectare)	72418	71047	-1.9
#粮食作物播种面积(公顷)	Sown Area of Grain Crops(hectare)	47085	47320	0.5
农牧业机械总动力(万千瓦)	Total Power of Agricultural Machinery(10 000 kw)	28.80	31.20	8.3
化肥施用折纯量(吨)	Consumption of Chemical Fertilizer(ton)	10609	10358	-2.4
农村用电量(万千瓦小时)	Electricity Consumed in Rural Area(10 000 kwh)	10292	10437	1.4
农林牧渔业总产值(万元)	Gross Output of Farming,Forestry,Animal Husbandry & Fishery(10 000 yuan)	195882	204593	4.4
粮食产量(吨)	Yield of Grain(ton)	255035	255065	0.0
油料产量(吨)	Yield of Oil-bearing Grops(ton)	17996	18770	4.3
甜菜产量(吨)	Yield of Beetroots(ton)	279163	271573	-2.7
猪牛羊肉产量(吨)	Output of Pork, Beef & Mutton(ton)	20265	20238	6.8
#猪肉产量(吨)	Output of Pork(ton)	7366	7371	0.1
牛肉产量(吨)	Output of Beef(ton)	5069	4648	-8.3
羊肉产量(吨)	Output of Mutton(ton)	7830	8219	5.0
羊毛产量(吨)	Output of Wool(ton)	1218	1233	1.2

23-62 Linxi County in Chifeng City

指　标	Item	2013	2014	2014年比上年增长% Increase Rate in 2014 Over 2013(%)
年末牲畜存栏头数(万头只)	Total Livestock at the Year-end(10 000 heads)	61.19	61.23	0.1
#大牲畜(万头只)	Large Animals(10 000 heads)	13.04	13.20	1.2
羊(万只)	Sheep & Goats(10 000 heads)	37.76	37.84	0.2
猪(万头)	Hogs(10 000 heads)	10.39	10.20	-1.8
规模以上工业	**Industrial Enterprises above Designated size**			
工业企业单位数(个)	Number of Industrial Enterprises(unit)	32	30	-6.3
#内资企业(个)	Civil Funded Enterprises(unit)	31	29	-6.5
工业总产值(万元)	Gross Industrial Output Value(10 000 yuan)	974861	1080590	10.8
内资企业(万元)	Civil Funded Enterprises(10 000 yuan)	961135	1067723	11.1
国有企业(万元)	State-owned Enterprises(10 000 yuan)	128943	155300	20.4
集体企业(万元)	Collective-owned Enterprises(10 000 yuan)			
股份合作企业(万元)	Share Holding Enterprises(10 000 yuan)			
联营企业(万元)	Joint Owned Enterprises(10 000 yuan)			
有限责任公司(万元)	Limited Company(10 000 yuan)	715871	813758	13.7
股份有限公司(万元)	Share Holding Limited Company(10 000 yuan)			
私营企业(万元)	Privately Owned Enterprises(10 000 yuan)	116321	98664	-15.2
其他企业(万元)	Enterprises of Other Ownership(10 000 yuan)			
港澳台商投资企业(万元)	Funds from HK,Macao & Taiwan(10 000 yuan)			
外商投资企业(万元)	Foreign Funded Enterprises(10 000 yuan)	13726	12868	-6.3
工业企业增加值(万元)	Value Added of Industrial Enterprises(10 000 yuan)			13.5
工业企业资产总计(万元)	Total Assets of Industrial Enterprises(10 000 yuan)	417191	460510	10.4
工业企业负债合计(万元)	Total Liabilities of Industrial Enterprises(10 000 yuan)	256816	278577	8.5
工业企业产品销售收入(万元)	Sales of Revenue Industrial Enterprises(10 000 yuan)	931947	1070395	14.9
工业企业利润总额(万元)	Total Profits of Industrial Enterprises(10 000 yuan)	69993	78194	11.7
建筑业	**Construction**			
建筑企业单位数(个)	Number of Construction Enterprises(unit)	4	4	0.0
建筑企业从业人员(人)	Number of Employee in Construction Enterprises(person)	852	956	12.2
建筑业总产值(万元)	Gross Construction Output Value(10 000 yuan)	201850	142422	-29.4
交通运输邮电通信业	**Transportation,Post & Telecommunications**			
公路里程(公里)	Total Length of Highways(km)	1392	1436	3.2
邮电业务总量(万元)	Business Volume of Post & Telecoms(10 000 yuan)	11817	12550	6.2
本地电话用户(户)	Number of Subscribers of Local Telephone(Household)	17398	17377	-0.1
国内贸易	**Domestic Trade**			
社会消费品零售总额(万元)	Total Retail Sales of Consumer Goods(10 000 yuan)	246074	273880	11.3
城镇(万元)	Town(10 000 yuan)	159356	186875	17.3
乡村(万元)	Village(10 000 yuan)	86718	87006	0.3
科技教育卫生	**Science,Education & Public Health**			
各类专业技术人员(人)	Special Technical Personnel(person)	5059	5398	6.7
幼儿园数(所)	Number of Kindergartens(unit)	27	27	0.0
学龄儿童入学率(%)	Percentage of School-Age Children Enrolled(%)	100.0	100.0	0.0
小学学校数(所)	Number of Primary Schools(unit)	16	16	0.0
小学专任教师数(人)	Number of Full-time Teachers of Primary Schools(person)	1174	1695	44.4
小学在校学生数(人)	Number of Student Enrollment of Primary Schools(person)	13592	10861	-20.1
普通中学学校数(所)	Number of Regular Secondary Schools(unit)	5	5	0.0
普通中学专任教师数(人)	Number of Teachers of Secondary Shools(person)	1043	1020	-2.2
初中在校学生数(人)	Number of Student in Junior Secondary Schools(person)	6577	6120	-6.9
高中在校学生数(人)	Number of Student in Senior Secondary Schools(person)	4600	3872	-15.8
卫生机构数(所)	Number of Health Institutions(unit)	35	35	0.0
#医院(所)	Hospitals(unit)	3	3	0.0
卫生院(所)	Township Hospitals(unit)	18	18	0.0
床位数(张)	Number of Beds(unit)	1185	1185	0.0
#医院(张)	Hospitals(unit)	888	888	0.0
卫生院(张)	Township Hospitals(unit)	267	267	0.0
卫生技术人员(人)	Medical Technical Presonnel(person)	1129	1111	-1.6
#医院(人)	Hospitals(person)	743	723	-2.7
卫生院(人)	Township Hospitals(person)	232	232	0.0

23-63 赤峰市克什克腾旗

指　标	Item	2013	2014	2014年比上年增长% Increase Rate in 2014 Over 2013(%)
行政区域土地面积(平方公里)	**Area of Administration(Sq.km)**	**20673**	**20673**	**0.0**
人口和就业	**Population & Employment**			
年末总人口(人)	Total Population Year-end(person)	253143	252992	-0.1
#男性(人)	Male(person)	129246	128971	-0.2
#乡村人口(人)	Rural(person)	198431	198155	-0.1
年末总户数(户)	Total Number of Households at the Year-end(Household)	104260	109015	4.6
#乡村户数(户)	Number of Rural Household(Household)	75955	76933	1.3
出生人口(人)	Births(person)	1860	1487	-20.1
死亡人口(人)	Deaths(person)	557	816	46.5
全社会就业人员(人)	Employment(person)	152102	152848	0.5
第一产业(人)	Primary Industry(person)	87695	88461	0.9
第二产业(人)	Secondary Industry(person)	18306	18425	0.7
第三产业(人)	Tertiary Industry(person)	46101	45962	-0.3
在岗职工人数(人)	Number of Staff & Workers Employed in(person)	15237	14740	-3.3
乡村劳动力(人)	Number of Rural Laborers(person)	131192	121456	-7.4
#农林牧渔业(人)	Farming,Forestry,Animal Husbandry & Fishery(person)	88822	79356	-10.7
国民经济综合指标	**Summary Item on the National Economy**			
生产总值(万元)	Gross Domestic Product(10 000 yuan)	1337727	1399455	7.6
第一产业(万元)	Primary Industry(10 000 yuan)	169500	175999	3.9
第二产业(万元)	Secondary Industry(10 000 yuan)	889235	925412	8.8
#工业(万元)	Industry(10 000 yuan)	777620	835439	12.4
第三产业(万元)	Tertiary Industry(10 000 yuan)	278992	298044	5.5
人均生产总值(元)	Per Capita GDP(yuan)	66438	69851	8.2
全社会固定资产投资(万元)	Total Investment in Fixed Assets(10 000 yuan)	880917	714450	-23.3
按登记注册类型分	Grouped by Registered Type			
#国有(万元)	State-owned Enterprises(10 000 yuan)	379954	405232	6.6
集体(万元)	Collective-owned Enterprises(10 000 yuan)			
有限责任公司(万元)	Limited Liability Corporations(10 000 yuan)	384967	220131	-42.8
股份有限公司(万元)	Share Holding Enterprises(10 000 yuan)	85540	73057	-14.6
私营企业(万元)	Private Enterprises(10 000 yuan)	30456	16030	-47.4
外商及港澳台投资企业(万元)	Funds from HK,Macao,Taiwan & Foreign(10 000 yuan)			
按城乡渠道分	Grouped by Urban and Rural Area			
城镇(万元)	Urban(10 000 yuan)	836871	691190	-17.4
农村(万元)	Rural(10 000 yuan)	44046	23260	-47.2
公共财政预算收入(万元)	Public Budgetary Financial Revenue(10 000 yuan)	70972	72000	1.4
公共财政预算支出(万元)	Public Budgetary Financial Expenditures(10 000 yuan)	231000	241000	4.3
个人储蓄存款余额(万元)	The balance of savings deposits of individuals(10 000 yuan)	463308	498149	7.5
在岗职工工资总额(万元)	Total Wages of Staff & Workers Employed in(10 000 yuan)	74310	73936	-0.5
在岗职工平均工资(元)	Average Wage of Staff & Workers Employed in(yuan)	49933	50160	0.5
全体居民人均可支配收入(元)	The per capita disposable income of all residents(yuan)	12774	13996	9.6
城镇常住居民人均可支配收入(元)	The per capita disposable income of urban permanent residents(yuan)	19311	21049	9.0
农村牧区常住居民人均可支配收入(元)	The per capita disposable income of permanent residents of rural and pastoral areas(yuan)	7236	8021	10.8
农村牧区经济	**Economic Development in Rural & Pastoral Area**			
农作物总播种面积(公顷)	Total Sown Area(hectare)	75209	76538	1.8
#粮食作物播种面积(公顷)	Sown Area of Grain Crops(hectare)	57973	58273	0.5
农牧业机械总动力(万千瓦)	Total Power of Agricultural Machinery(10 000 kw)	39.60	44.80	13.1
化肥施用折纯量(吨)	Consumption of Chemical Fertilizer(ton)	7295	7306	0.2
农村用电量(万千瓦小时)	Electricity Consumed in Rural Area(10 000 kwh)	5665	6190	9.3
农林牧渔业总产值(万元)	Gross Output of Farming,Forestry,Animal Husbandry & Fishery(10 000 yuan)	279807	292251	4.4
粮食产量(吨)	Yield of Grain(ton)	180500	179500	-0.6
油料产量(吨)	Yield of Oil-bearing Grops(ton)	12500	12094	-3.2
甜菜产量(吨)	Yield of Beetroots(ton)	12700	17062	34.3
猪牛羊肉产量(吨)	Output of Pork, Beef & Mutton(ton)	18800	18037	-4.1
#猪肉产量(吨)	Output of Pork(ton)	3500	3166	-9.5
牛肉产量(吨)	Output of Beef(ton)	6900	7574	9.8
羊肉产量(吨)	Output of Mutton(ton)	8400	7297	-13.1
羊毛产量(吨)	Output of Wool(ton)	4303	4569	6.2

23-63 Keshiketeng Banner in Chifeng City

指　标	Item	2013	2014	2014年比上年增长% Increase Rate in 2014 Over 2013(%)
年末牲畜存栏头数(万头只)	Total Livestock at the Year-end(10 000 heads)	102.30	103.20	0.9
#大牲畜(万头只)	Large Animals(10 000 heads)	18.90	19.00	0.5
羊(万只)	Sheep & Goats(10 000 heads)	78.90	80.06	1.5
猪(万头)	Hogs(10 000 heads)	4.50	4.19	-6.9
规模以上工业	**Industrial Enterprises above Designated size**			
工业企业单位数(个)	Number of Industrial Enterprises(unit)	33	32	-3.0
#内资企业(个)	Civil Funded Enterprises(unit)	33	32	-3.0
工业总产值(万元)	Gross Industrial Output Value(10 000 yuan)	1875976	2043335	8.9
内资企业(万元)	Civil Funded Enterprises(10 000 yuan)	1875976	2043335	8.9
国有企业(万元)	State-owned Enterprises(10 000 yuan)	34176	35757	4.6
集体企业(万元)	Collective-owned Enterprises(10 000 yuan)			
股份合作企业(万元)	Share Holding Enterprises(10 000 yuan)			
联营企业(万元)	Joint Owned Enterprises(10 000 yuan)			
有限责任公司(万元)	Limited Company(10 000 yuan)	1624789	1759209	8.3
股份有限公司(万元)	Share Holding Limited Company(10 000 yuan)	115451	130306	12.9
私营企业(万元)	Privately Owned Enterprises(10 000 yuan)	101560	118063	16.2
其他企业(万元)	Enterprises of Other Ownership(10 000 yuan)			
港澳台商投资企业(万元)	Funds from HK,Macao & Taiwan(10 000 yuan)			
外商投资企业(万元)	Foreign Funded Enterprises(10 000 yuan)			
工业企业增加值(万元)	Value Added of Industrial Enterprises(10 000 yuan)			13.0
工业企业资产总计(万元)	Total Assets of Industrial Enterprises(10 000 yuan)	1257850	1543776	22.7
工业企业负债合计(万元)	Total Liabilities of Industrial Enterprises(10 000 yuan)	597454	919363	53.9
工业企业产品销售收入(万元)	Sales of Revenue Industrial Enterprises(10 000 yuan)	1848826	1923866	4.1
工业企业利润总额(万元)	Total Profits of Industrial Enterprises(10 000 yuan)	219971	143791	-34.6
建筑业	**Construction**			
建筑企业单位数(个)	Number of Construction Enterprises(unit)	4	4	0.0
建筑企业从业人员(人)	Number of Employee in Construction Enterprises(person)	2371	2301	-3.0
建筑业总产值(万元)	Gross Construction Output Value(10 000 yuan)	73238	51408	-29.8
交通运输邮电通信业	**Transportation,Post & Telecommunications**			
公路里程(公里)	Total Length of Highways(km)	3375	3554	5.3
邮电业务总量(万元)	Business Volume of Post & Telecoms(10 000 yuan)	4398	4520	2.8
本地电话用户(户)	Number of Subscribers of Local Telephone(Household)	12000	17000	41.7
国内贸易	**Domestic Trade**			
社会消费品零售总额(万元)	Total Retail Sales of Consumer Goods(10 000 yuan)	249636	277346	11.1
城镇(万元)	Town(10 000 yuan)	186041	209119	12.4
乡村(万元)	Village(10 000 yuan)	63595	68227	7.3
科技教育卫生	**Science,Education & Public Health**			
各类专业技术人员(人)	Special Technical Personnel(person)	8931	9065	1.5
幼儿园数(所)	Number of Kindergartens(unit)	1	2	100.0
学龄儿童入学率(%)	Percentage of School-Age Children Enrolled(%)	100.0	100.0	0.0
小学学校数(所)	Number of Primary Schools(unit)	29	29	0.0
小学专任教师数(人)	Number of Full-time Teachers of Primary Schools(person)	1066	1066	0.0
小学在校学生数(人)	Number of Student Enrollment of Primary Schools(person)	10645	9270	-12.9
普通中学学校数(所)	Number of Regular Secondary Schools(unit)	12	12	0.0
普通中学专任教师数(人)	Number of Teachers of Secondary Shools(person)	832	832	0.0
初中在校学生数(人)	Number of Student in Junior Secondary Schools(person)	6235	5351	-14.2
高中在校学生数(人)	Number of Student in Senior Secondary Schools(person)	4269	4104	-3.9
卫生机构数(所)	Number of Health Institutions(unit)	232	232	0.0
#医院(所)	Hospitals(unit)	2	2	0.0
卫生院(所)	Township Hospitals(unit)	21	21	0.0
床位数(张)	Number of Beds(unit)	1335	1399	4.8
#医院(张)	Hospitals(unit)	620	657	6.0
卫生院(张)	Township Hospitals(unit)	406	436	7.4
卫生技术人员(人)	Medical Technical Presonnel(person)	1314	1554	18.3
#医院(人)	Hospitals(person)	644	635	-1.4
卫生院(人)	Township Hospitals(person)	331	278	-16.0

23-64 赤峰市翁牛特旗

指　标	Item	2013	2014	2014年比上年增长% Increase Rate in 2014 Over 2013(%)
行政区域土地面积(平方公里)	**Area of Administration(Sq.km)**	**11882**	**11882**	**0.0**
人口和就业	**Population & Employment**			
年末总人口(人)	Total Population Year-end(person)	486983	482114	-0.1
#男性(人)	Male(person)	251980	250058	-0.8
#乡村人口(人)	Rural(person)	416365	412868	-0.8
年末总户数(户)	Total Number of Households at the Year-end(Household)	184268	194896	5.8
#乡村户数(户)	Number of Rural Household(Household)	126752	127430	0.5
出生人口(人)	Births(person)	4048	3072	-24.1
死亡人口(人)	Deaths(person)	2605	1296	-50.2
全社会就业人员(人)	Employment(person)	248097	238671	-3.8
第一产业(人)	Primary Industry(person)	139444	155986	11.9
第二产业(人)	Secondary Industry(person)	54630	39913	-26.9
第三产业(人)	Tertiary Industry(person)	54023	42772	-20.8
在岗职工人数(人)	Number of Staff & Workers Employed in(person)	29837	29175	-2.2
乡村劳动力(人)	Number of Rural Laborers(person)	242168	238438	-1.5
#农林牧渔业(人)	Farming,Forestry,Animal Husbandry & Fishery(person)	139444	155986	11.9
国民经济综合指标	**Summary Item on the National Economy**			
生产总值(万元)	Gross Domestic Product(10 000 yuan)	1302586	1387946	7.6
第一产业(万元)	Primary Industry(10 000 yuan)	387794	406260	4.2
第二产业(万元)	Secondary Industry(10 000 yuan)	595103	638393	10.6
#工业(万元)	Industry(10 000 yuan)	499965	538031	11.3
第三产业(万元)	Tertiary Industry(10 000 yuan)	319689	343293	5.6
人均生产总值(元)	Per Capita GDP(yuan)	30959	33109	8.0
全社会固定资产投资(万元)	Total Investment in Fixed Assets(10 000 yuan)	742408	884950	19.2
按登记注册类型分	Grouped by Registered Type			
#国有(万元)	State-owned Enterprises(10 000 yuan)	217470	268576	23.5
集体(万元)	Collective-owned Enterprises(10 000 yuan)			
有限责任公司(万元)	Limited Liability Corporations(10 000 yuan)	29358	52580	79.1
股份有限公司(万元)	Share Holding Enterprises(10 000 yuan)	44981	71700	59.4
私营企业(万元)	Private Enterprises(10 000 yuan)	290302	366651	26.3
外商及港澳台投资企业(万元)	Funds from HK,Macao,Taiwan & Foreign(10 000 yuan)			
按城乡渠道分	Grouped by Urban and Rural Area			
城镇(万元)	Urban(10 000 yuan)	640795	624820	-2.5
农村(万元)	Rural(10 000 yuan)	101613	260130	156.0
公共财政预算收入(万元)	Public Budgetary Financial Revenue(10 000 yuan)	36808	39490	7.3
公共财政预算支出(万元)	Public Budgetary Financial Expenditures(10 000 yuan)	291651	302075	3.6
个人储蓄存款余额(万元)	The balance of savings deposits of individuals(10 000 yuan)	453297	495071	9.2
在岗职工工资总额(万元)	Total Wages of Staff & Workers Employed in(10 000 yuan)	149936	146794	-2.1
在岗职工平均工资(元)	Average Wage of Staff & Workers Employed in(yuan)	48578	50617	4.2
全体居民人均可支配收入(元)	The per capita disposable income of all residents(yuan)	10574	11725	10.9
城镇常住居民人均可支配收入(元)	The per capita disposable income of urban permanent residents(yuan)	18536	20395	10.0
农村牧区常住居民人均可支配收入(元)	The per capita disposable income of permanent residents of rural and pastoral areas(yuan)	6608	7406	12.1
农村牧区经济	**Economic Development in Rural & Pastoral Area**			
农作物总播种面积(公顷)	Total Sown Area(hectare)	145443	141370	-2.8
#粮食作物播种面积(公顷)	Sown Area of Grain Crops(hectare)	101196	101753	0.6
农牧业机械总动力(万千瓦)	Total Power of Agricultural Machinery(10 000 kw)	69.50	74.80	7.6
化肥施用折纯量(吨)	Consumption of Chemical Fertilizer(ton)	38069	39045	2.6
农村用电量(万千瓦小时)	Electricity Consumed in Rural Area(10 000 kwh)	19366	16564	-14.5
农林牧渔业总产值(万元)	Gross Output of Farming,Forestry,Animal Husbandry & Fishery(10 000 yuan)	640161	666631	4.1
粮食产量(吨)	Yield of Grain(ton)	750000	715068	-4.7
油料产量(吨)	Yield of Oil-bearing Grops(ton)	44689	50807	13.7
甜菜产量(吨)	Yield of Beetroots(ton)	335555	180024	-46.4
猪牛羊肉产量(吨)	Output of Pork, Beef & Mutton(ton)	34156	33797	-1.1
#猪肉产量(吨)	Output of Pork(ton)	15124	14175	-6.3
牛肉产量(吨)	Output of Beef(ton)	11175	11252	0.7
羊肉产量(吨)	Output of Mutton(ton)	7857	8370	6.5
羊毛产量(吨)	Output of Wool(ton)	2541	2528	-0.5

23-64 Wengniute Banner in Chifeng City

指　标	Item	2013	2014	2014年比上年增长% Increase Rate in 2014 Over 2013(%)
年末牲畜存栏头数(万头只)	Total Livestock at the Year-end(10 000 heads)	129.90	134.12	3.2
#大牲畜(万头只)	Large Animals(10 000 heads)	25.20	25.10	-0.4
羊(万只)	Sheep & Goats(10 000 heads)	94.40	95.20	0.8
猪(万头)	Hogs(10 000 heads)	10.30	13.80	34.0
规模以上工业	**Industrial Enterprises above Designated size**			
工业企业单位数(个)	Number of Industrial Enterprises(unit)	57	60	5.3
#内资企业(个)	Civil Funded Enterprises(unit)	57	60	5.3
工业总产值(万元)	Gross Industrial Output Value(10 000 yuan)	1826470	2075412	13.6
内资企业(万元)	Civil Funded Enterprises(10 000 yuan)	1826470	2075412	13.6
国有企业(万元)	State-owned Enterprises(10 000 yuan)	25744	29960	16.4
集体企业(万元)	Collective-owned Enterprises(10 000 yuan)			
股份合作企业(万元)	Share Holding Enterprises(10 000 yuan)			
联营企业(万元)	Joint Owned Enterprises(10 000 yuan)			
有限责任公司(万元)	Limited Company(10 000 yuan)	1095726	1208339	10.3
股份有限公司(万元)	Share Holding Limited Company(10 000 yuan)	40358	54812	35.8
私营企业(万元)	Privately Owned Enterprises(10 000 yuan)	664642	782301	17.7
其他企业(万元)	Enterprises of Other Ownership(10 000 yuan)			
港澳台商投资企业(万元)	Funds from HK,Macao & Taiwan(10 000 yuan)			
外商投资企业(万元)	Foreign Funded Enterprises(10 000 yuan)			
工业企业增加值(万元)	Value Added of Industrial Enterprises(10 000 yuan)			7.6
工业企业资产总计(万元)	Total Assets of Industrial Enterprises(10 000 yuan)	962255	1055246	9.7
工业企业负债合计(万元)	Total Liabilities of Industrial Enterprises(10 000 yuan)	358842	382859	6.7
工业企业产品销售收入(万元)	Sales of Revenue Industrial Enterprises(10 000 yuan)	1827523	2078526	13.7
工业企业利润总额(万元)	Total Profits of Industrial Enterprises(10 000 yuan)	109999	129669	17.9
建筑业	**Construction**			
建筑企业单位数(个)	Number of Construction Enterprises(unit)	6	8	33.3
建筑企业从业人员(人)	Number of Employee in Construction Enterprises(person)	5332	7887	47.9
建筑业总产值(万元)	Gross Construction Output Value(10 000 yuan)	145305	140077	-3.6
交通运输邮电通信业	**Transportation,Post & Telecommunications**			
公路里程(公里)	Total Length of Highways(km)	3584	3611	0.8
邮电业务总量(万元)	Business Volume of Post & Telecoms(10 000 yuan)	18657	20689	10.9
本地电话用户(户)	Number of Subscribers of Local Telephone(Household)	21289	18706	-12.1
国内贸易	**Domestic Trade**			
社会消费品零售总额(万元)	Total Retail Sales of Consumer Goods(10 000 yuan)	334971	373962	11.6
城镇(万元)	Town(10 000 yuan)	199478	229472	15.0
乡村(万元)	Village(10 000 yuan)	135493	144490	6.6
科技教育卫生	**Science,Education & Public Health**			
各类专业技术人员(人)	Special Technical Personnel(person)	9825	9398	-4.3
幼儿园数(所)	Number of Kindergartens(unit)	59	63	6.8
学龄儿童入学率(%)	Percentage of School-Age Children Enrolled(%)	100.0	100.0	
小学学校数(所)	Number of Primary Schools(unit)	62	63	1.6
小学专任教师数(人)	Number of Full-time Teachers of Primary Schools(person)	2340	2756	17.8
小学在校学生数(人)	Number of Student Enrollment of Primary Schools(person)	21398	20651	-3.5
普通中学学校数(所)	Number of Regular Secondary Schools(unit)	12	12	
普通中学专任教师数(人)	Number of Teachers of Secondary Shools(person)	1618	1533	-5.3
初中在校学生数(人)	Number of Student in Junior Secondary Schools(person)	10480	10039	-4.2
高中在校学生数(人)	Number of Student in Senior Secondary Schools(person)	7986	7778	-2.6
卫生机构数(所)	Number of Health Institutions(unit)	326	352	8.0
#医院(所)	Hospitals(unit)	3	2	-33.3
卫生院(所)	Township Hospitals(unit)	28	29	3.6
床位数(张)	Number of Beds(unit)	1162	1131	-2.7
#医院(张)	Hospitals(unit)	745	675	-9.4
卫生院(张)	Township Hospitals(unit)	417	410	-1.7
卫生技术人员(人)	Medical Technical Presonnel(person)	1732	1284	-25.9
#医院(人)	Hospitals(person)	732	587	-19.8
卫生院(人)	Township Hospitals(person)	518	513	-1.0

23-65 赤峰市喀喇沁旗

指　　标	Item	2013	2014	2014年比上年增长% Increase Rate in 2014 Over 2013(%)
行政区域土地面积(平方公里)	**Area of Administration(Sq.km)**	**3050**	**3050**	**0.0**
人口和就业	**Population & Employment**			
年末总人口(人)	Total Population Year-end(person)	352642	353586	0.3
#男性(人)	Male(person)	183524	183817	0.2
#乡村人口(人)	Rural(person)	306918	307780	0.3
年末总户数(户)	Total Number of Households at the Year-end(Household)	135518	140539	3.7
#乡村户数(户)	Number of Rural Household(Household)	94647	99864	5.5
出生人口(人)	Births(person)	2915	2323	-20.3
死亡人口(人)	Deaths(person)	743	1268	70.7
全社会就业人员(人)	Employment(person)	179171	183770	2.6
第一产业(人)	Primary Industry(person)	100182	101478	1.3
第二产业(人)	Secondary Industry(person)	36415	36797	1.0
第三产业(人)	Tertiary Industry(person)	42574	45495	6.9
在岗职工人数(人)	Number of Staff & Workers Employed in(person)	18163	16785	-7.6
乡村劳动力(人)	Number of Rural Laborers(person)	163898	173741	6.0
#农林牧渔业(人)	Farming,Forestry,Animal Husbandry & Fishery(person)	98964	104744	5.8
国民经济综合指标	**Summary Item on the National Economy**			
生产总值(万元)	Gross Domestic Product(10 000 yuan)	640461	672466	7.0
第一产业(万元)	Primary Industry(10 000 yuan)	122032	127794	3.9
第二产业(万元)	Secondary Industry(10 000 yuan)	281162	289418	8.3
#工业(万元)	Industry(10 000 yuan)	188721	196655	10.6
第三产业(万元)	Tertiary Industry(10 000 yuan)	237267	255254	6.5
人均生产总值(元)	Per Capita GDP(yuan)	22715	23944	5.4
全社会固定资产投资(万元)	Total Investment in Fixed Assets(10 000 yuan)	458966	501007	9.2
按登记注册类型分	Grouped by Registered Type			
#国有(万元)	State-owned Enterprises(10 000 yuan)	45600	63931	40.2
集体(万元)	Collective-owned Enterprises(10 000 yuan)	13910	13270	-4.6
有限责任公司(万元)	Limited Liability Corporations(10 000 yuan)	166983	128744	-22.9
股份有限公司(万元)	Share Holding Enterprises(10 000 yuan)	354		
私营企业(万元)	Private Enterprises(10 000 yuan)	201862	221807	9.9
外商及港澳台投资企业(万元)	Funds from HK,Macao,Taiwan & Foreign(10 000 yuan)			
按城乡渠道分	Grouped by Urban and Rural Area			
城镇(万元)	Urban(10 000 yuan)	332560	122142	-63.3
农村(万元)	Rural(10 000 yuan)	126406	378865	199.7
公共财政预算收入(万元)	Public Budgetary Financial Revenue(10 000 yuan)	46915	44018	-6.2
公共财政预算支出(万元)	Public Budgetary Financial Expenditures(10 000 yuan)	207110	213577	3.1
个人储蓄存款余额(万元)	The balance of savings deposits of individuals(10 000 yuan)	470614	547574	16.4
在岗职工工资总额(万元)	Total Wages of Staff & Workers Employed in(10 000 yuan)	92797	89535	-3.5
在岗职工平均工资(元)	Average Wage of Staff & Workers Employed in(yuan)	48923	50568	3.4
全体居民人均可支配收入(元)	The per capita disposable income of all residents(yuan)	11573	12751	10.2
城镇常住居民人均可支配收入(元)	The per capita disposable income of urban permanent residents(yuan)	18851	20657	9.6
农村牧区常住居民人均可支配收入(元)	The per capita disposable income of permanent residents of rural and pastoral areas(yuan)	7206	8007	11.1
农村牧区经济	**Economic Development in Rural & Pastoral Area**			
农作物总播种面积(公顷)	Total Sown Area(hectare)	51615	51924	0.6
#粮食作物播种面积(公顷)	Sown Area of Grain Crops(hectare)	39717	40155	1.1
农牧业机械总动力(万千瓦)	Total Power of Agricultural Machinery(10 000 kw)	32.90	35.10	6.7
化肥施用折纯量(吨)	Consumption of Chemical Fertilizer(ton)	11216	12376	10.3
农村用电量(万千瓦小时)	Electricity Consumed in Rural Area(10 000 kwh)	7452	6947	-6.8
农林牧渔业总产值(万元)	Gross Output of Farming,Forestry,Animal Husbandry & Fishery(10 000 yuan)	205115	214237	4.4
粮食产量(吨)	Yield of Grain(ton)	315000	313500	-0.5
油料产量(吨)	Yield of Oil-bearing Grops(ton)	1407	1500	6.6
甜菜产量(吨)	Yield of Beetroots(ton)	4760	2956	-37.9
猪牛羊肉产量(吨)	Output of Pork, Beef & Mutton(ton)	17997	18804	4.5
#猪肉产量(吨)	Output of Pork(ton)	7896	7900	0.1
牛肉产量(吨)	Output of Beef(ton)	5882	6043	2.7
羊肉产量(吨)	Output of Mutton(ton)	4219	4861	15.2
羊毛产量(吨)	Output of Wool(ton)	987	1234	25.0

23-65 Kalaqin Banner in Chifeng City

指　标	Item	2013	2014	2014年比上年增长% Increase Rate in 2014 Over 2013(%)
年末牲畜存栏头数(万头只)	Total Livestock at the Year-end(10 000 heads)	37.14	38.80	4.5
# 大牲畜(万头只)	Large Animals(10 000 heads)	8.40	8.96	6.7
羊(万只)	Sheep & Goats(10 000 heads)	22.17	23.50	6.0
猪(万头)	Hogs(10 000 heads)	6.57	6.34	-3.5
规模以上工业	**Industrial Enterprises above Designated size**			
工业企业单位数(个)	Number of Industrial Enterprises(unit)	15	15	0.0
# 内资企业(个)	Civil Funded Enterprises(unit)	15	15	0.0
工业总产值(万元)	Gross Industrial Output Value(10 000 yuan)	648169	702219	8.3
内资企业(万元)	Civil Funded Enterprises(10 000 yuan)	648169	702219	8.3
国有企业(万元)	State-owned Enterprises(10 000 yuan)	18900	21201	12.2
集体企业(万元)	Collective-owned Enterprises(10 000 yuan)			
股份合作企业(万元)	Share Holding Enterprises(10 000 yuan)			
联营企业(万元)	Joint Owned Enterprises(10 000 yuan)			
有限责任公司(万元)	Limited Company(10 000 yuan)	617769	670401	8.5
股份有限公司(万元)	Share Holding Limited Company(10 000 yuan)			
私营企业(万元)	Privately Owned Enterprises(10 000 yuan)	11500	10617	-7.7
其他企业(万元)	Enterprises of Other Ownership(10 000 yuan)			
港澳台商投资企业(万元)	Funds from HK,Macao & Taiwan(10 000 yuan)			
外商投资企业(万元)	Foreign Funded Enterprises(10 000 yuan)			
工业企业增加值(万元)	Value Added of Industrial Enterprises(10 000 yuan)			12.2
工业企业资产总计(万元)	Total Assets of Industrial Enterprises(10 000 yuan)	434737	438215	0.8
工业企业负债合计(万元)	Total Liabilities of Industrial Enterprises(10 000 yuan)	238381	223030	-6.4
工业企业产品销售收入(万元)	Sales of Revenue Industrial Enterprises(10 000 yuan)	744480	702901	-5.6
工业企业利润总额(万元)	Total Profits of Industrial Enterprises(10 000 yuan)	16020	20145	25.7
建筑业	**Construction**			
建筑企业单位数(个)	Number of Construction Enterprises(unit)	14	16	14.3
建筑企业从业人员(人)	Number of Employee in Construction Enterprises(person)	4430	4694	6.0
建筑业总产值(万元)	Gross Construction Output Value(10 000 yuan)	100834	81534	-19.1
交通运输邮电通信业	**Transportation,Post & Telecommunications**			
公路里程(公里)	Total Length of Highways(km)	1333	1348	1.1
邮电业务总量(万元)	Business Volume of Post & Telecoms(10 000 yuan)	15899	17760	11.7
本地电话用户(户)	Number of Subscribers of Local Telephone(Household)	22120	26366	19.2
国内贸易	**Domestic Trade**			
社会消费品零售总额(万元)	Total Retail Sales of Consumer Goods(10 000 yuan)	238528	266293	11.6
城镇(万元)	Town(10 000 yuan)	166844	182756	9.5
乡村(万元)	Village(10 000 yuan)	71684	83537	16.5
科技教育卫生	**Science,Education & Public Health**			
各类专业技术人员(人)	Special Technical Personnel(person)	6500	6500	0.0
幼儿园数(所)	Number of Kindergartens(unit)	125	111	-11.2
学龄儿童入学率(%)	Percentage of School-Age Children Enrolled(%)	100.0	100.0	0.0
小学学校数(所)	Number of Primary Schools(unit)	110	104	-5.5
小学专任教师数(人)	Number of Full-time Teachers of Primary Schools(person)	1879	2016	7.3
小学在校学生数(人)	Number of Student Enrollment of Primary Schools(person)	17996	18263	1.5
普通中学学校数(所)	Number of Regular Secondary Schools(unit)	10	8	-20.0
普通中学专任教师数(人)	Number of Teachers of Secondary Shools(person)	1297	1334	2.9
初中在校学生数(人)	Number of Student in Junior Secondary Schools(person)	8826	8536	-3.3
高中在校学生数(人)	Number of Student in Senior Secondary Schools(person)	7151	6814	-4.7
卫生机构数(所)	Number of Health Institutions(unit)	340	348	2.4
# 医院(所)	Hospitals(unit)	4	4	0.0
卫生院(所)	Township Hospitals(unit)	16	16	0.0
床位数(张)	Number of Beds(unit)	1005	1005	0.0
# 医院(张)	Hospitals(unit)	430	510	18.6
卫生院(张)	Township Hospitals(unit)	308	410	33.1
卫生技术人员(人)	Medical Technical Presonnel(person)	1152	1243	7.9
# 医院(人)	Hospitals(person)	358	455	27.1
卫生院(人)	Township Hospitals(person)	384	323	-15.9

23-66 赤峰市宁城县

指 标	Item	2013	2014	2014年比上年增长% Increase Rate in 2014 Over 2013(%)
行政区域土地面积(平方公里)	**Area of Administration(Sq.km)**	**4305**	**4305**	**0.0**
人口和就业	**Population & Employment**			
年末总人口(人)	Total Population Year-end(person)	612140	615237	0.5
# 男性(人)	Male(person)	320071	321695	0.5
# 乡村人口(人)	Rural(person)	536509	534310	-0.4
年末总户数(户)	Total Number of Households at the Year-end(Household)	217664	223245	2.6
# 乡村户数(户)	Number of Rural Household(Household)	152317	156785	2.9
出生人口(人)	Births(person)	5595	4744	-15.2
死亡人口(人)	Deaths(person)	979	1207	23.3
全社会就业人员(人)	Employment(person)	302448	300687	-0.6
第一产业(人)	Primary Industry(person)	146708	182917	24.7
第二产业(人)	Secondary Industry(person)	76752	61982	-19.2
第三产业(人)	Tertiary Industry(person)	78988	55788	-29.4
在岗职工人数(人)	Number of Staff & Workers Employed in(person)	28762	29222	1.6
乡村劳动力(人)	Number of Rural Laborers(person)	322815	314731	-2.5
# 农林牧渔业(人)	Farming,Forestry,Animal Husbandry & Fishery(person)	175869	182600	3.8
国民经济综合指标	**Summary Item on the National Economy**			
生产总值(万元)	Gross Domestic Product(10 000 yuan)	1493069	1590307	8.4
第一产业(万元)	Primary Industry(10 000 yuan)	327521	346238	4.5
第二产业(万元)	Secondary Industry(10 000 yuan)	650727	693112	11.4
# 工业(万元)	Industry(10 000 yuan)	547380	581995	11.8
第三产业(万元)	Tertiary Industry(10 000 yuan)	514821	550957	6.4
人均生产总值(元)	Per Capita GDP(yuan)	27955	29854	8.7
全社会固定资产投资(万元)	Total Investment in Fixed Assets(10 000 yuan)	691196	815611	18.0
按登记注册类型分	Grouped by Registered Type			
# 国有(万元)	State-owned Enterprises(10 000 yuan)	53859	79169	47.0
集体(万元)	Collective-owned Enterprises(10 000 yuan)	54600	48720	-10.8
有限责任公司(万元)	Limited Liability Corporations(10 000 yuan)	572863	633901	10.7
股份有限公司(万元)	Share Holding Enterprises(10 000 yuan)	8834	9900	12.1
私营企业(万元)	Private Enterprises(10 000 yuan)	1040	43921	4223.2
外商及港澳台投资企业 (万元)	Funds from HK,Macao,Taiwan & Foreign(10 000 yuan)			
按城乡渠道分	Grouped by Urban and Rural Area			
城镇(万元)	Urban(10 000 yuan)	574641	676911	17.8
农村(万元)	Rural(10 000 yuan)	116555	138700	19.0
公共财政预算收入(万元)	Public Budgetary Financial Revenue(10 000 yuan)	54788	61887	13.0
公共财政预算支出(万元)	Public Budgetary Financial Expenditures(10 000 yuan)	292000	292000	0.0
个人储蓄存款余额(万元)	The balance of savings deposits of individuals(10 000 yuan)	962822	1046718	8.7
在岗职工工资总额(万元)	Total Wages of Staff & Workers Employed in(10 000 yuan)	135854	147901	8.9
在岗职工平均工资(元)	Average Wage of Staff & Workers Employed in(yuan)	44069	48492	10.0
全体居民人均可支配收入(元)	The per capita disposable income of all residents(yuan)	10118	11230	11.0
城镇常住居民人均可支配收入(元)	The per capita disposable income of urban permanent residents(yuan)	20374	22352	9.7
农村牧区常住居民人均可支配收入(元)	The per capita disposable income of permanent residents of rural and pastoral areas(yuan)	6947	7791	12.1
农村牧区经济	**Economic Development in Rural & Pastoral Area**			
农作物总播种面积(公顷)	Total Sown Area(hectare)	106026	104547	-1.4
#粮食作物播种面积(公顷)	Sown Area of Grain Crops(hectare)	84558	85065	0.6
农牧业机械总动力(万千瓦)	Total Power of Agricultural Machinery(10 000 kw)	49.30	52.94	7.4
化肥施用折纯量(吨)	Consumption of Chemical Fertilizer(ton)	31297	32818	4.9
农村用电量(万千瓦小时)	Electricity Consumed in Rural Area(10 000 kwh)	46527	54935	18.1
农林牧渔业总产值(万元)	Gross Output of Farming,Forestry,Animal Husbandry & Fishery(10 000 yuan)	548890	578301	5.4
粮食产量(吨)	Yield of Grain(ton)	770000	740245	-3.9
油料产量(吨)	Yield of Oil-bearing Grops(ton)	1750	1394	-20.3
甜菜产量(吨)	Yield of Beetroots(ton)	11785	11873	0.7
猪牛羊肉产量(吨)	Output of Pork, Beef & Mutton(ton)	24297	24672	1.5
# 猪肉产量(吨)	Output of Pork(ton)	10344	10282	-0.6
牛肉产量(吨)	Output of Beef(ton)	8848	9090	2.7
羊肉产量(吨)	Output of Mutton(ton)	5105	5300	3.8
羊毛产量(吨)	Output of Wool(ton)	1183	1450	22.6

23-66 Ningcheng County in Chifeng City

指　　标	Item	2013	2014	2014年比上年增长% Increase Rate in 2014 Over 2013(%)
年末牲畜存栏头数(万头只)	Total Livestock at the Year-end(10 000 heads)	44.52	45.70	2.7
#大牲畜(万头只)	Large Animals(10 000 heads)	16.57	16.88	1.9
羊(万只)	Sheep & Goats(10 000 heads)	18.18	19.34	6.4
猪(万头)	Hogs(10 000 heads)	9.77	9.48	-3.0
规模以上工业	**Industrial Enterprises above Designated size**			
工业企业单位数(个)	Number of Industrial Enterprises(unit)	68	70	2.9
#内资企业(个)	Civil Funded Enterprises(unit)	68	70	2.9
工业总产值(万元)	Gross Industrial Output Value(10 000 yuan)	1662979	1735914	4.4
内资企业(万元)	Civil Funded Enterprises(10 000 yuan)	1662979	1735914	4.4
国有企业(万元)	State-owned Enterprises(10 000 yuan)	52900	57008	7.8
集体企业(万元)	Collective-owned Enterprises(10 000 yuan)	41451	48439	16.9
股份合作企业(万元)	Share Holding Enterprises(10 000 yuan)			
联营企业(万元)	Joint Owned Enterprises(10 000 yuan)			
有限责任公司(万元)	Limited Company(10 000 yuan)	798170	745324	-6.6
股份有限公司(万元)	Share Holding Limited Company(10 000 yuan)	89633	114238	27.5
私营企业(万元)	Privately Owned Enterprises(10 000 yuan)	680825	770904	13.2
其他企业(万元)	Enterprises of Other Ownership(10 000 yuan)			
港澳台商投资企业(万元)	Funds from HK,Macao & Taiwan(10 000 yuan)			
外商投资企业(万元)	Foreign Funded Enterprises(10 000 yuan)			
工业企业增加值(万元)	Value Added of Industrial Enterprises(10 000 yuan)			12.4
工业企业资产总计(万元)	Total Assets of Industrial Enterprises(10 000 yuan)	896100	979474	9.3
工业企业负债合计(万元)	Total Liabilities of Industrial Enterprises(10 000 yuan)	708545	713965	0.8
工业企业产品销售收入(万元)	Sales of Revenue Industrial Enterprises(10 000 yuan)	1460716	1652521	13.1
工业企业利润总额(万元)	Total Profits of Industrial Enterprises(10 000 yuan)	24531	12607	-48.6
建筑业	**Construction**			
建筑企业单位数(个)	Number of Construction Enterprises(unit)	17	17	0.0
建筑企业从业人员(人)	Number of Employee in Construction Enterprises(person)	8193	7113	-13.2
建筑业总产值(万元)	Gross Construction Output Value(10 000 yuan)	215848	217943	1.0
交通运输邮电通信业	**Transportation,Post & Telecommunications**			
公路里程(公里)	Total Length of Highways(km)	2094	2092	-0.1
邮电业务总量(万元)	Business Volume of Post & Telecoms(10 000 yuan)	27000	28834	6.8
本地电话用户(户)	Number of Subscribers of Local Telephone(Household)	54459	58000	6.5
国内贸易	**Domestic Trade**			
社会消费品零售总额(万元)	Total Retail Sales of Consumer Goods(10 000 yuan)	477219	533245	11.7
城镇(万元)	Town(10 000 yuan)	377332	421603	11.7
乡村(万元)	Village(10 000 yuan)	99887	111642	11.8
科技教育卫生	**Science,Education & Public Health**			
各类专业技术人员(人)	Special Technical Personnel(person)	20454	20566	0.5
幼儿园数(所)	Number of Kindergartens(unit)	71	102	43.7
学龄儿童入学率(%)	Percentage of School-Age Children Enrolled(%)	100.0	100.0	0.0
小学学校数(所)	Number of Primary Schools(unit)	66	56	-15.2
小学专任教师数(人)	Number of Full-time Teachers of Primary Schools(person)	2272	2119	-6.7
小学在校学生数(人)	Number of Student Enrollment of Primary Schools(person)	32063	33491	4.5
普通中学学校数(所)	Number of Regular Secondary Schools(unit)	13	14	7.7
普通中学专任教师数(人)	Number of Teachers of Secondary Shools(person)	1787	2332	30.5
初中在校学生数(人)	Number of Student in Junior Secondary Schools(person)	15422	14651	-5.0
高中在校学生数(人)	Number of Student in Senior Secondary Schools(person)	10975	10845	-1.2
卫生机构数(所)	Number of Health Institutions(unit)	590	591	0.2
#医院(所)	Hospitals(unit)	4	5	25.0
卫生院(所)	Township Hospitals(unit)	27	27	0.0
床位数(张)	Number of Beds(unit)	2559	2639	3.1
#医院(张)	Hospitals(unit)	2300	2369	3.0
卫生院(张)	Township Hospitals(unit)	120	140	16.7
卫生技术人员(人)	Medical Technical Presonnel(person)	2738	2761	0.8
#医院(人)	Hospitals(person)	2077	2093	0.8
卫生院(人)	Township Hospitals(person)	580	586	1.0

23-67 赤峰市敖汉旗

指　标	Item	2013	2014	2014年比上年增长% Increase Rate in 2014 Over 2013(%)
行政区域土地面积(平方公里)	**Area of Administration(Sq.km)**	**8294**	**8294**	**0.0**
人口和就业	**Population & Employment**			
年末总人口(人)	Total Population Year-end(person)	607422	610723	0.5
#男性(人)	Male(person)	316101	317760	0.5
#乡村人口(人)	Rural(person)	535260	538592	0.6
年末总户数(户)	Total Number of Households at the Year-end(Household)	224705	238521	6.1
#乡村户数(户)	Number of Rural Household(Household)	166638	190368	14.2
出生人口(人)	Births(person)	6614	4662	-29.5
死亡人口(人)	Deaths(person)	1260	1012	-19.7
全社会就业人员(人)	Employment(person)	335598	328373	-2.2
第一产业(人)	Primary Industry(person)	220806	214681	-2.8
第二产业(人)	Secondary Industry(person)	45358	46513	2.5
第三产业(人)	Tertiary Industry(person)	69434	67179	-3.2
在岗职工人数(人)	Number of Staff & Workers Employed in(person)	19272	21225	10.1
乡村劳动力(人)	Number of Rural Laborers(person)	335598	328373	-2.2
#农林牧渔业(人)	Farming,Forestry,Animal Husbandry & Fishery(person)	220806	214681	-2.8
国民经济综合指标	**Summary Item on the National Economy**			
生产总值(万元)	Gross Domestic Product(10 000 yuan)	1500881	1565296	7.6
第一产业(万元)	Primary Industry(10 000 yuan)	387091	404226	4.2
第二产业(万元)	Secondary Industry(10 000 yuan)	728971	700442	11.3
#工业(万元)	Industry(10 000 yuan)	641117	601774	11.0
第三产业(万元)	Tertiary Industry(10 000 yuan)	384819	460628	4.1
人均生产总值(元)	Per Capita GDP(yuan)	28191	29439	8.0
全社会固定资产投资(万元)	Total Investment in Fixed Assets(10 000 yuan)	816924	950083	16.3
按登记注册类型分	Grouped by Registered Type			
#国有(万元)	State-owned Enterprises(10 000 yuan)	135892	147713	8.7
集体(万元)	Collective-owned Enterprises(10 000 yuan)	293	300	2.4
有限责任公司(万元)	Limited Liability Corporations(10 000 yuan)	360303	261900	-27.3
股份有限公司(万元)	Share Holding Enterprises(10 000 yuan)	110452	49300	-55.4
私营企业(万元)	Private Enterprises(10 000 yuan)	82926	119866	44.5
外商及港澳台投资企业(万元)	Funds from HK,Macao,Taiwan & Foreign(10 000 yuan)			
按城乡渠道分	Grouped by Urban and Rural Area			
城镇（万元）	Urban(10 000 yuan)	718783	835946	16.3
农村（万元）	Rural(10 000 yuan)	98141	114137	16.3
公共财政预算收入(万元)	Public Budgetary Financial Revenue(10 000 yuan)	45801	51888	13.3
公共财政预算支出(万元)	Public Budgetary Financial Expenditures(10 000 yuan)	283509	297868	5.1
个人储蓄存款余额(万元)	The balance of savings deposits of individuals(10 000 yuan)	626401	678561	8.3
在岗职工工资总额(万元)	Total Wages of Staff & Workers Employed in(10 000 yuan)	88693	105079	18.5
在岗职工平均工资(元)	Average Wage of Staff & Workers Employed in(yuan)	46106	52639	14.2
全体居民人均可支配收入(元)	The per capita disposable income of all residents(yuan)	10167	10995	8.1
城镇常住居民人均可支配收入(元)	The per capita disposable income of urban permanent residents(yuan)	18231	20620	13.1
农村牧区常住居民人均可支配收入(元)	The per capita disposable income of permanent residents of rural and pastoral areas(yuan)	7661	8005	4.5
农村牧区经济	**Economic Development in Rural & Pastoral Area**			
农作物总播种面积(公顷)	Total Sown Area(hectare)	189937	191170	0.6
#粮食作物播种面积(公顷)	Sown Area of Grain Crops(hectare)	172016	173392	0.8
农牧业机械总动力(万千瓦)	Total Power of Agricultural Machinery(10 000 kw)	70.10	82.57	17.8
化肥施用折纯量(吨)	Consumption of Chemical Fertilizer(ton)	115418	112951	-2.1
农村用电量(万千瓦小时)	Electricity Consumed in Rural Area(10 000 kwh)	52626	56930	8.2
农林牧渔业总产值(万元)	Gross Output of Farming,Forestry,Animal Husbandry & Fishery(10 000 yuan)	387091	404226	4.4
粮食产量(吨)	Yield of Grain(ton)	806500	773482	-4.1
油料产量(吨)	Yield of Oil-bearing Grops(ton)	12735	10548	-17.2
甜菜产量(吨)	Yield of Beetroots(ton)	138004	107684	-22.0
猪牛羊肉产量(吨)	Output of Pork, Beef & Mutton(ton)	57006	53528	-6.1
#猪肉产量(吨)	Output of Pork(ton)	31034	29183	-6.0
牛肉产量(吨)	Output of Beef(ton)	7076	7088	0.2
羊肉产量(吨)	Output of Mutton(ton)	18896	17257	-8.7
羊毛产量(吨)	Output of Wool(ton)	5337	5349	0.2

23-67 Aohan Banner in Chifeng City

指　标	Item	2013	2014	2014年比上年增长% Increase Rate in 2014 Over 2013(%)
年末牲畜存栏头数(万头只)	Total Livestock at the Year-end(10 000 heads)	149.62	144.81	-3.2
#大牲畜(万头只)	Large Animals(10 000 heads)	31.34	30.77	-1.8
羊(万只)	Sheep & Goats(10 000 heads)	86.28	86.22	-0.1
猪(万头)	Hogs(10 000 heads)	31.99	27.82	-13.0
规模以上工业	**Industrial Enterprises above Designated size**			
工业企业单位数(个)	Number of Industrial Enterprises(unit)	61	59	-3.3
#内资企业(个)	Civil Funded Enterprises(unit)	61	59	-3.3
工业总产值(万元)	Gross Industrial Output Value(10 000 yuan)	794083	831420	4.7
内资企业(万元)	Civil Funded Enterprises(10 000 yuan)	794083	831420	4.7
国有企业(万元)	State-owned Enterprises(10 000 yuan)	29108	30476	4.7
集体企业(万元)	Collective-owned Enterprises(10 000 yuan)			
股份合作企业(万元)	Share Holding Enterprises(10 000 yuan)			
联营企业(万元)	Joint Owned Enterprises(10 000 yuan)			
有限责任公司(万元)	Limited Company(10 000 yuan)	218190	228450	4.7
股份有限公司(万元)	Share Holding Limited Company(10 000 yuan)	64761	67806	4.7
私营企业(万元)	Privately Owned Enterprises(10 000 yuan)	482024	504688	4.7
其他企业(万元)	Enterprises of Other Ownership(10 000 yuan)			
港澳台商投资企业(万元)	Funds from HK,Macao & Taiwan(10 000 yuan)			
外商投资企业(万元)	Foreign Funded Enterprises(10 000 yuan)			
工业企业增加值(万元)	Value Added of Industrial Enterprises(10 000 yuan)	641117	601774	-6.1
工业企业资产总计(万元)	Total Assets of Industrial Enterprises(10 000 yuan)	520351	588072	13.0
工业企业负债合计(万元)	Total Liabilities of Industrial Enterprises(10 000 yuan)	368331	408998	11.0
工业企业产品销售收入(万元)	Sales of Revenue Industrial Enterprises(10 000 yuan)	711721	664710	-6.6
工业企业利润总额(万元)	Total Profits of Industrial Enterprises(10 000 yuan)	25459	10600	-58.4
建筑业	**Construction**			
建筑企业单位数(个)	Number of Construction Enterprises(unit)	6	8	33.3
建筑企业从业人员(人)	Number of Employee in Construction Enterprises(person)	5053	5638	11.6
建筑业总产值(万元)	Gross Construction Output Value(10 000 yuan)	94789	98668	4.1
交通运输邮电通信业	**Transportation,Post & Telecommunications**			
公路里程(公里)	Total Length of Highways(km)	2616	2733	4.5
邮电业务总量(万元)	Business Volume of Post & Telecoms(10 000 yuan)	23883	27696	16.0
本地电话用户(户)	Number of Subscribers of Local Telephone(Household)	138947	136987	-1.4
国内贸易	**Domestic Trade**			
社会消费品零售总额(万元)	Total Retail Sales of Consumer Goods(10 000 yuan)	345415	394792	14.3
城镇(万元)	Town(10 000 yuan)	320203	365977	14.3
乡村(万元)	Village(10 000 yuan)	25212	28816	14.3
科技教育卫生	**Science,Education & Public Health**			
各类专业技术人员(人)	Special Technical Personnel(person)	8900	8911	0.1
幼儿园数(所)	Number of Kindergartens(unit)	101	101	0.0
学龄儿童入学率(%)	Percentage of School-Age Children Enrolled(%)	100.0	100.0	0.0
小学学校数(所)	Number of Primary Schools(unit)	61	60	-1.6
小学专任教师数(人)	Number of Full-time Teachers of Primary Schools(person)	2262	2261	0.0
小学在校学生数(人)	Number of Student Enrollment of Primary Schools(person)	32114	32006	-0.3
普通中学学校数(所)	Number of Regular Secondary Schools(unit)	29	28	-3.4
普通中学专任教师数(人)	Number of Teachers of Secondary Shools(person)	2574	2239	-13.0
初中在校学生数(人)	Number of Student in Junior Secondary Schools(person)	15624	15016	-3.9
高中在校学生数(人)	Number of Student in Senior Secondary Schools(person)	13063	12035	-7.9
卫生机构数(所)	Number of Health Institutions(unit)	33	35	6.1
#医院(所)	Hospitals(unit)	2	2	0.0
卫生院(所)	Township Hospitals(unit)	28	29	3.6
床位数(张)	Number of Beds(unit)	1735	1932	11.4
#医院(张)	Hospitals(unit)	800	950	18.8
卫生院(张)	Township Hospitals(unit)	607	917	51.1
卫生技术人员(人)	Medical Technical Presonnel(person)	1431	1486	3.8
#医院(人)	Hospitals(person)	702	760	8.3
卫生院(人)	Township Hospitals(person)	608	604	-0.7

23-68 锡林郭勒盟二连浩特市

指　标	Item	2013	2014	2014年比上年增长% Increase Rate in 2014 Over 2013(%)
行政区域土地面积(平方公里)	**Area of Administration(Sq.km)**	**4013**	**4013**	**0.0**
人口和就业	**Population & Employment**			
年末总人口(人)	Total Population Year-end(person)	27052	29733	9.9
#男性(人)	Male(person)	13784	14987	8.7
#乡村人口(人)	Rural(person)	2206	2255	2.2
年末总户数(户)	Total Number of Households at the Year-end(Household)	9830	11154	13.5
#乡村户数(户)	Number of Rural Household(Household)	790	811	2.7
出生人口(人)	Births(person)	391	402	2.8
死亡人口(人)	Deaths(person)	46	56	21.7
全社会就业人员(人)	Employment(person)	33984	35437	4.3
第一产业(人)	Primary Industry(person)	1091	985	-9.7
第二产业(人)	Secondary Industry(person)	4246	4350	2.4
第三产业(人)	Tertiary Industry(person)	28647	30102	5.1
在岗职工人数(人)	Number of Staff & Workers Employed in(person)	6915	6897	-0.3
乡村劳动力(人)	Number of Rural Laborers(person)	1152	1173	1.8
#农林牧渔业(人)	Farming,Forestry,Animal Husbandry & Fishery(person)	1091	985	-9.7
国民经济综合指标	**Summary Item on the National Economy**			
生产总值(万元)	Gross Domestic Product(10 000 yuan)	790402	883962	8.9
第一产业(万元)	Primary Industry(10 000 yuan)	5006	6005	4.0
第二产业(万元)	Secondary Industry(10 000 yuan)	310619	328776	10.2
#工业(万元)	Industry(10 000 yuan)	266919	284776	11.7
第三产业(万元)	Tertiary Industry(10 000 yuan)	474777	549181	8.2
人均生产总值(元)	Per Capita GDP(yuan)	104967	119132	10.5
全社会固定资产投资(万元)	Total Investment in Fixed Assets(10 000 yuan)	277399	328440	18.4
按登记注册类型分	Grouped by Registered Type			
#国有(万元)	State-owned Enterprises(10 000 yuan)	69902	90873	30.0
集体(万元)	Collective-owned Enterprises(10 000 yuan)			
有限责任公司(万元)	Limited Liability Corporations(10 000 yuan)		3000	
股份有限公司(万元)	Share Holding Enterprises(10 000 yuan)		15000	
私营企业(万元)	Private Enterprises(10 000 yuan)	172095	182076	5.8
外商及港澳台投资企业(万元)	Funds from HK,Macao,Taiwan & Foreign(10 000 yuan)		1200	
按城乡渠道分	Grouped by Urban and Rural Area			
城镇(万元)	Urban(10 000 yuan)	277399	328440	18.4
农村(万元)	Rural(10 000 yuan)			
公共财政预算收入(万元)	Public Budgetary Financial Revenue(10 000 yuan)	40241	43780	8.8
公共财政预算支出(万元)	Public Budgetary Financial Expenditure(10 000 yuan)	123702	172733	39.6
个人储蓄存款余额(万元)	The balance of savings deposits of individuals(10 000 yuan)	337603	372005	10.2
在岗职工工资总额(万元)	Total Wages of Staff & Workers Employed in(10 000 yuan)	43231	44055	1.9
在岗职工平均工资(元)	Average Wage of Staff & Workers Employed in(yuan)	63166	63829	1.0
全体居民人均可支配收入(元)	The per capita disposable income of all residents(yuan)	35600	36580	2.8
城镇常住居民人均可支配收入(元)	The per capita disposable income of urban permanent residents(yuan)	36574	36580	0.0
农村牧区常住居民人均可支配收入(元)	The per capita disposable income of permanent residents of rural and pastoral areas(yuan)			
农村牧区经济	**Economic Development in Rural & Pastoral Area**			
农作物总播种面积(公顷)	Total Sown Area(hectare)	226	226	0.0
#粮食作物播种面积(公顷)	Sown Area of Grain Crops(hectare)	53		
农牧业机械总动力(万千瓦)	Total Power of Agricultural Machinery(10 000 kw)			
化肥施用折纯量(吨)	Consumption of Chemical Fertilizer(ton)	100	100	0.0
农村用电量(万千瓦小时)	Electricity Consumed in Rural Area(10 000 kwh)	315	589	87.0
农林牧渔业总产值(万元)	Gross Output of Farming,Forestry,Animal Husbandry & Fishery(10 000 yuan)	9054	9735	3.8
粮食产量(吨)	Yield of Grain(ton)	360		
油料产量(吨)	Yield of Oil-bearing Grops(ton)			
甜菜产量(吨)	Yield of Beetroots(ton)			
猪牛羊肉产量(吨)	Output of Pork, Beef & Mutton(ton)	1296	1256	-3.1
#猪肉产量(吨)	Output of Pork(ton)	76	73	-3.9
牛肉产量(吨)	Output of Beef(ton)	554	277	-50.0
羊肉产量(吨)	Output of Mutton(ton)	666	906	36.0
羊毛产量(吨)	Output of Wool(ton)	138	270	95.7

23-68 Erlianhaote City in Xilinguole League

指　标	Item	2013	2014	2014年比上年增长% Increase Rate in 2014 Over 2013(%)
年末牲畜存栏头数(万头只)	Total Livestock at the Year-end(10 000 heads)	4.75	4.83	1.7
# 大牲畜(万头只)	Large Animals(10 000 heads)	0.56	0.55	-1.8
羊(万只)	Sheep & Goats(10 000 heads)	4.15	4.24	2.2
猪(万头)	Hogs(10 000 heads)	0.05	0.04	-20.0
规模以上工业	**Industrial Enterprises above Designated size**			
工业企业单位数(个)	Number of Industrial Enterprises(unit)	31	30	-3.2
# 内资企业(个)	Civil Funded Enterprises(unit)	30	30	0.0
工业总产值(万元)	Gross Industrial Output Value(10 000 yuan)	509526	590899	16.0
内资企业(万元)	Civil Funded Enterprises(10 000 yuan)	507846	590899	16.4
国有企业(万元)	State-owned Enterprises(10 000 yuan)	35286	42284	19.8
集体企业(万元)	Collective-owned Enterprises(10 000 yuan)			
股份合作企业(万元)	Share Holding Enterprises(10 000 yuan)			
联营企业(万元)	Joint Owned Enterprises(10 000 yuan)			
有限责任公司(万元)	Limited Company(10 000 yuan)	77420	64107	-17.2
股份有限公司(万元)	Share Holding Limited Company(10 000 yuan)			
私营企业(万元)	Privately Owned Enterprises(10 000 yuan)	395140	484509	22.6
其他企业(万元)	Enterprises of Other Ownership(10 000 yuan)			
港澳台商投资企业(万元)	Funds from HK,Macao & Taiwan(10 000 yuan)	1679		
外商投资企业(万元)	Foreign Funded Enterprises(10 000 yuan)			
工业企业增加值(万元)	Value Added of Industrial Enterprises(10 000 yuan)			11.7
工业企业资产总计(万元)	Total Assets of Industrial Enterprises(10 000 yuan)	450498	446738	-0.8
工业企业负债合计(万元)	Total Liabilities of Industrial Enterprises(10 000 yuan)	348133	364145	4.6
工业企业产品销售收入(万元)	Sales of Revenue Industrial Enterprises(10 000 yuan)	449335	410225	-8.7
工业企业利润总额(万元)	Total Profits of Industrial Enterprises(10 000 yuan)	35567	31025	-12.8
建筑业	**Construction**			
建筑企业单位数(个)	Number of Construction Enterprises(unit)	2	2	0.0
建筑企业从业人员(人)	Number of Employee in Construction Enterprises(person)	4	495	12275.0
建筑业总产值(万元)	Gross Construction Output Value(10 000 yuan)		10600	
交通运输邮电通信业	**Transportation,Post & Telecommunications**			
公路里程(公里)	Total Length of Highways(km)	320	404	26.3
邮电业务总量(万元)	Business Volume of Post & Telecoms(10 000 yuan)	11001	11719	6.5
本地电话用户(户)	Number of Subscribers of Local Telephone(Household)	122058	125316	2.7
国内贸易	**Domestic Trade**			
社会消费品零售总额(万元)	Total Retail Sales of Consumer Goods(10 000 yuan)	257097	287299	11.7
城镇(万元)	Town(10 000 yuan)	257097	287299	11.7
乡村(万元)	Village(10 000 yuan)			
科技教育卫生	**Science,Education & Public Health**			
各类专业技术人员(人)	Special Technical Personnel(person)	1442	1161	-19.5
幼儿园数(所)	Number of Kindergartens(unit)	8	8	0.0
学龄儿童入学率(%)	Percentage of School-Age Children Enrolled(%)	100.0	100.0	0.0
小学学校数(所)	Number of Primary Schools(unit)	5	4	-20.0
小学专任教师数(人)	Number of Full-time Teachers of Primary Schools(person)	326	270	-17.2
小学在校学生数(人)	Number of Student Enrollment of Primary Schools(person)	5403	5307	-1.8
普通中学学校数(所)	Number of Regular Secondary Schools(unit)	3	3	0.0
普通中学专任教师数(人)	Number of Teachers of Secondary Shools(person)	425	364	-14.4
初中在校学生数(人)	Number of Student in Junior Secondary Schools(person)	2119	2325	9.7
高中在校学生数(人)	Number of Student in Senior Secondary Schools(person)	1247	1439	15.4
卫生机构数(所)	Number of Health Institutions(unit)	46	50	8.7
# 医院(所)	Hospitals(unit)	3	2	-33.3
卫生院(所)	Township Hospitals(unit)	1	1	0.0
床位数(张)	Number of Beds(unit)	178	163	-8.4
# 医院(张)	Hospitals(unit)	138	138	0.0
卫生院(张)	Township Hospitals(unit)	2	2	0.0
卫生技术人员(人)	Medical Technical Presonnel(person)	394	419	6.3
# 医院(人)	Hospitals(person)	235	247	5.1
卫生院(人)	Township Hospitals(person)	6	6	0.0

23-69 锡林郭勒盟锡林浩特市

指　标	Item	2013	2014	2014年比上年增长% Increase Rate in 2014 Over 2013(%)
行政区域土地面积(平方公里)	**Area of Administration(Sq.km)**	**14780**	**14780**	**0.0**
人口和就业	**Population & Employment**			
年末总人口(人)	Total Population Year-end(person)	179353	183087	2.1
#男性(人)	Male(person)	89685	91339	1.8
#乡村人口(人)	Rural(person)	7828	8008	2.3
年末总户数(户)	Total Number of Households at the Year-end(Household)	71390	73831	3.4
#乡村户数(户)	Number of Rural Household(Household)	2315	4417	90.8
出生人口(人)	Births(person)	995	2265	127.6
死亡人口(人)	Deaths(person)	466	577	23.8
全社会就业人员(人)	Employment(person)	101406	107296	5.8
第一产业(人)	Primary Industry(person)	6775	7085	4.6
第二产业(人)	Secondary Industry(person)	24186	26716	10.5
第三产业(人)	Tertiary Industry(person)	70445	73495	4.3
在岗职工人数(人)	Number of Staff & Workers Employed in(person)	50356	55726	10.7
乡村劳动力(人)	Number of Rural Laborers(person)	6034	6297	4.4
#农林牧渔业(人)	Farming,Forestry,Animal Husbandry & Fishery(person)	5095	5433	6.6
国民经济综合指标	**Summary Item on the National Economy**			
生产总值(万元)	Gross Domestic Product(10 000 yuan)	2064748	2075007	8.0
第一产业(万元)	Primary Industry(10 000 yuan)	115835	142000	4.7
第二产业(万元)	Secondary Industry(10 000 yuan)	1296522	1201722	8.8
#工业(万元)	Industry(10 000 yuan)	1152522	1051122	9.2
第三产业(万元)	Tertiary Industry(10 000 yuan)	652391	731285	6.8
人均生产总值(元)	Per Capita GDP(yuan)	82032	81118	6.3
全社会固定资产投资(万元)	Total Investment in Fixed Assets(10 000 yuan)	1067743	1222566	14.5
按登记注册类型分	Grouped by Registered Type			
#国有(万元)	State-owned Enterprises(10 000 yuan)	362914	655060	80.5
集体(万元)	Collective-owned Enterprises(10 000 yuan)			
有限责任公司(万元)	Limited Liability Corporations(10 000 yuan)	290204	99540	-65.7
股份有限公司(万元)	Share Holding Enterprises(10 000 yuan)	55882	27438	-50.9
私营企业(万元)	Private Enterprises(10 000 yuan)	40066	21355	-46.7
外商及港澳台投资企业(万元)	Funds from HK,Macao,Taiwan & Foreign(10 000 yuan)			
按城乡渠道分	Grouped by Urban and Rural Area			
城镇(万元)	Urban(10 000 yuan)	1067743	1222566	14.5
农村(万元)	Rural(10 000 yuan)			
公共财政预算收入(万元)	Public Budgetary Financial Revenue(10 000 yuan)	224869	245309	9.1
公共财政预算支出(万元)	Public Budgetary Financial Expenditure(10 000 yuan)	278294	274057	-1.5
个人储蓄存款余额(万元)	The balance of savings deposits of individuals(10 000 yuan)	1049979	1170200	11.4
在岗职工工资总额(万元)	Total Wages of Staff & Workers Employed in(10 000 yuan)	277465	310899	12.0
在岗职工平均工资(元)	Average Wage of Staff & Workers Employed in(yuan)	54460	55391	1.7
全体居民人均可支配收入(元)	The per capita disposable income of all residents(yuan)	29111	31845	9.4
城镇常住居民人均可支配收入(元)	The per capita disposable income of urban permanent residents(yuan)	30670	33461	9.1
农村牧区常住居民人均可支配收入(元)	The per capita disposable income of permanent residents of rural and pastoral areas(yuan)	16787	19036	13.4
农村牧区经济	**Economic Development in Rural & Pastoral Area**			
农作物总播种面积(公顷)	Total Sown Area(hectare)	22828	20892	-8.5
#粮食作物播种面积(公顷)	Sown Area of Grain Crops(hectare)	14647	14746	0.7
农牧业机械总动力(万千瓦)	Total Power of Agricultural Machinery(10 000 kw)	13.34	14.19	6.4
化肥施用折纯量(吨)	Consumption of Chemical Fertilizer(ton)	3334	3149	-5.5
农村用电量(万千瓦小时)	Electricity Consumed in Rural Area(10 000 kwh)	1814	1850	2.0
农林牧渔业总产值(万元)	Gross Output of Farming,Forestry,Animal Husbandry & Fishery(10 000 yuan)	217059	233945	4.1
粮食产量(吨)	Yield of Grain(ton)	34744	33717	-3.0
油料产量(吨)	Yield of Oil-bearing Grops(ton)	1732	375	-78.3
甜菜产量(吨)	Yield of Beetroots(ton)			
猪牛羊肉产量(吨)	Output of Pork, Beef & Mutton(ton)	18857	19255	2.1
#猪肉产量(吨)	Output of Pork(ton)	511	703	37.6
牛肉产量(吨)	Output of Beef(ton)	6427	5590	-13.0
羊肉产量(吨)	Output of Mutton(ton)	11919	12962	8.8
羊毛产量(吨)	Output of Wool(ton)	938	1132	20.7

23-69 Xilinhaote City in Xilinguole League

指　标	Item	2013	2014	2014年比上年增长% Increase Rate in 2014 Over 2013(%)
年末牲畜存栏头数(万头只)	Total Livestock at the Year-end(10 000 heads)	62.87	71.05	13.0
# 大牲畜(万头只)	Large Animals(10 000 heads)	6.43	6.71	4.4
羊(万只)	Sheep & Goats(10 000 heads)	55.65	63.53	14.2
猪(万头)	Hogs(10 000 heads)	0.79	0.81	2.5
规模以上工业	**Industrial Enterprises above Designated size**			
工业企业单位数(个)	Number of Industrial Enterprises(unit)	81	79	-2.5
# 内资企业(个)	Civil Funded Enterprises(unit)	78	76	-2.6
工业总产值(万元)	Gross Industrial Output Value(10 000 yuan)	2019200	1655136	-18.0
内资企业(万元)	Civil Funded Enterprises(10 000 yuan)	1984123	1618586	-18.4
国有企业(万元)	State-owned Enterprises(10 000 yuan)	62503	39305	-37.1
集体企业(万元)	Collective-owned Enterprises(10 000 yuan)			
股份合作企业(万元)	Share Holding Enterprises(10 000 yuan)			
联营企业(万元)	Joint Owned Enterprises(10 000 yuan)	117412		
有限责任公司(万元)	Limited Company(10 000 yuan)	791279	691219	-12.6
股份有限公司(万元)	Share Holding Limited Company(10 000 yuan)	481686	440649	-8.5
私营企业(万元)	Privately Owned Enterprises(10 000 yuan)	524844	447414	-14.8
其他企业(万元)	Enterprises of Other Ownership(10 000 yuan)	6399		
港澳台商投资企业(万元)	Funds from HK,Macao & Taiwan(10 000 yuan)	23590	23431	-0.7
外商投资企业(万元)	Foreign Funded Enterprises(10 000 yuan)	11487	13119	14.2
工业企业增加值(万元)	Value Added of Industrial Enterprises(10 000 yuan)			9.2
工业企业资产总计(万元)	Total Assets of Industrial Enterprises(10 000 yuan)	3872189	5822756	50.4
工业企业负债合计(万元)	Total Liabilities of Industrial Enterprises(10 000 yuan)	2636166	4653954	76.5
工业企业产品销售收入(万元)	Sales of Revenue Industrial Enterprises(10 000 yuan)	1884713	1389679	-26.3
工业企业利润总额(万元)	Total Profits of Industrial Enterprises(10 000 yuan)	348798	112438	-67.8
建筑业	**Construction**			
建筑企业单位数(个)	Number of Construction Enterprises(unit)	21	20	-4.8
建筑企业从业人员(人)	Number of Employee in Construction Enterprises(person)	3474	4360	25.5
建筑业总产值(万元)	Gross Construction Output Value(10 000 yuan)	136158	120526	-11.5
交通运输邮电通信业	**Transportation,Post & Telecommunications**			
公路里程(公里)	Total Length of Highways(km)	1339	1350	0.8
邮电业务总量(万元)	Business Volume of Post & Telecoms(10 000 yuan)	72450	77419	6.9
本地电话用户(户)	Number of Subscribers of Local Telephone(Household)	53684	62000	15.5
国内贸易	**Domestic Trade**			
社会消费品零售总额(万元)	Total Retail Sales of Consumer Goods(10 000 yuan)	474614	531024	11.9
城镇(万元)	Town(10 000 yuan)	363177	467200	28.6
乡村(万元)	Village(10 000 yuan)	111437	63824	-42.7
科技教育卫生	**Science,Education & Public Health**			
各类专业技术人员(人)	Special Technical Personnel(person)	3135	3552	13.3
幼儿园数(所)	Number of Kindergartens(unit)	17	19	11.8
学龄儿童入学率(%)	Percentage of School-Age Children Enrolled(%)	100.0	100.0	0.0
小学学校数(所)	Number of Primary Schools(unit)	12	12	0.0
小学专任教师数(人)	Number of Full-time Teachers of Primary Schools(person)	1044	1129	8.1
小学在校学生数(人)	Number of Student Enrollment of Primary Schools(person)	16498	16623	0.8
普通中学学校数(所)	Number of Regular Secondary Schools(unit)	9	9	0.0
普通中学专任教师数(人)	Number of Teachers of Secondary Shools(person)	1556	1711	10.0
初中在校学生数(人)	Number of Student in Junior Secondary Schools(person)	11001	10745	-2.3
高中在校学生数(人)	Number of Student in Senior Secondary Schools(person)	10870	11305	4.0
卫生机构数(所)	Number of Health Institutions(unit)	239	258	7.9
# 医院(所)	Hospitals(unit)	3	5	66.7
卫生院(所)	Township Hospitals(unit)	11	11	0.0
床位数(张)	Number of Beds(unit)	953	1372	44.0
# 医院(张)	Hospitals(unit)	710	1226	72.7
卫生院(张)	Township Hospitals(unit)	64	64	0.0
卫生技术人员(人)	Medical Technical Presonnel(person)	2080	2565	23.3
# 医院(人)	Hospitals(person)	1057	1536	45.3
卫生院(人)	Township Hospitals(person)	71	68	-4.2

23-70 锡林郭勒盟阿巴嘎旗

指 标	Item	2013	2014	2014年比上年增长% Increase Rate in 2014 Over 2013(%)
行政区域土地面积(平方公里)	**Area of Administration(Sq.km)**	**27474**	**27474**	**0.0**
人口和就业	**Population & Employment**			
年末总人口(人)	Total Population Year-end(person)	45323	45116	-0.5
#男性(人)	Male(person)	22907	22761	-0.6
#乡村人口(人)	Rural(person)	17693	17914	1.2
年末总户数(户)	Total Number of Households at the Year-end(Household)	17051	17427	2.2
#乡村户数(户)	Number of Rural Household(Household)	5302	5312	0.2
出生人口(人)	Births(person)	460	446	-3.0
死亡人口(人)	Deaths(person)	196	233	18.9
全社会就业人员(人)	Employment(person)	22645	23158	2.3
第一产业(人)	Primary Industry(person)	11395	11398	0.0
第二产业(人)	Secondary Industry(person)	3712	3786	2.0
第三产业(人)	Tertiary Industry(person)	7538	7973	5.8
在岗职工人数(人)	Number of Staff & Workers Employed in(person)	4570	4575	0.1
乡村劳动力(人)	Number of Rural Laborers(person)	11650	11653	0.0
#农林牧渔业(人)	Farming,Forestry,Animal Husbandry & Fishery(person)	11395	11398	0.0
国民经济综合指标	**Summary Item on the National Economy**			
生产总值(万元)	Gross Domestic Product(10 000 yuan)	538121	610151	13.3
第一产业(万元)	Primary Industry(10 000 yuan)	66461	74011	5.4
第二产业(万元)	Secondary Industry(10 000 yuan)	394045	448502	15.8
#工业(万元)	Industry(10 000 yuan)	346045	398752	17.3
第三产业(万元)	Tertiary Industry(10 000 yuan)	77615	87638	6.0
人均生产总值(元)	Per Capita GDP(yuan)	123706	141566	14.4
全社会固定资产投资(万元)	Total Investment in Fixed Assets(10 000 yuan)	311236	380331	22.2
按登记注册类型分	Grouped by Registered Type			
#国有(万元)	State-owned Enterprises(10 000 yuan)	156823	231314	47.5
集体(万元)	Collective-owned Enterprises(10 000 yuan)	23181	10756	-53.6
有限责任公司(万元)	Limited Liability Corporations(10 000 yuan)	25480	26703	4.8
股份有限公司(万元)	Share Holding Enterprises(10 000 yuan)			
私营企业(万元)	Private Enterprises(10 000 yuan)	311236	380331	22.2
外商及港澳台投资企业(万元)	Funds from HK,Macao,Taiwan & Foreign(10 000 yuan)			
按城乡渠道分	Grouped by Urban and Rural Area			
城镇(万元)	Urban(10 000 yuan)	433864	530331	22.2
农村(万元)	Rural(10 000 yuan)			
公共财政预算收入(万元)	Public Budgetary Financial Revenue(10 000 yuan)	16786	18411	9.7
公共财政预算支出(万元)	Public Budgetary Financial Expenditure(10 000 yuan)	73439	86629	18.0
个人储蓄存款余额(万元)	The balance of savings deposits of individuals(10 000	93575	101500	8.5
在岗职工工资总额(万元)	Total Wages of Staff & Workers Employed in(10 000	25405	27179	7.0
在岗职工平均工资(元)	Average Wage of Staff & Workers Employed in(yuan)	55096	58387	6.0
全体居民人均可支配收入(元)	The per capita disposable income of all residents(yuan)	20905	23036	10.2
城镇常住居民人均可支配收入(元)	The per capita disposable income of urban permanent residents(yuan)	25253	27702	9.7
农村牧区常住居民人均可支配收入(元)	The per capita disposable income of permanent residents of rural and pastoral areas(yuan)	16406	18588	13.3
农村牧区经济	**Economic Development in Rural & Pastoral Area**			
农作物总播种面积(公顷)	Total Sown Area(hectare)	1569	443	-71.8
#粮食作物播种面积(公顷)	Sown Area of Grain Crops(hectare)			
农牧业机械总动力(万千瓦)	Total Power of Agricultural Machinery(10 000 kw)	6.00	5.92	-1.3
化肥施用折纯量(吨)	Consumption of Chemical Fertilizer(ton)			
农村用电量(万千瓦小时)	Electricity Consumed in Rural Area(10 000 kwh)	544	725	33.3
农林牧渔业总产值(万元)	Gross Output of Farming,Forestry,Animal Husbandry & Fishery(10 000 yuan)	121199	130784	4.2
粮食产量(吨)	Yield of Grain(ton)			
油料产量(吨)	Yield of Oil-bearing Grops(ton)			
甜菜产量(吨)	Yield of Beetroots(ton)			
猪牛羊肉产量(吨)	Output of Pork, Beef & Mutton(ton)	31711	36140	14.0
#猪肉产量(吨)	Output of Pork(ton)	10	68	580.0
牛肉产量(吨)	Output of Beef(ton)	17036	10941	-35.8
羊肉产量(吨)	Output of Mutton(ton)	14665	25131	71.4
羊毛产量(吨)	Output of Wool(ton)	958	1014	5.8

23-70 Abaga Banner in Xilinguole League

指　标	Item	2013	2014	2014年比上年增长% Increase Rate in 2014 Over 2013(%)
年末牲畜存栏头数(万头只)	Total Livestock at the Year-end(10 000 heads)	75.77	86.92	14.7
# 大牲畜(万头只)	Large Animals(10 000 heads)	16.45	16.77	1.9
羊(万只)	Sheep & Goats(10 000 heads)	59.25	69.98	18.1
猪(万头)	Hogs(10 000 heads)	0.08	0.17	112.5
规模以上工业	**Industrial Enterprises above Designated size**			
工业企业单位数(个)	Number of Industrial Enterprises(unit)	31	31	0.0
# 内资企业(个)	Civil Funded Enterprises(unit)	30	30	0.0
工业总产值(万元)	Gross Industrial Output Value(10 000 yuan)	649124	683320	5.3
内资企业(万元)	Civil Funded Enterprises(10 000 yuan)	635576	667942	5.1
国有企业(万元)	State-owned Enterprises(10 000 yuan)	157376	130702	-16.9
集体企业(万元)	Collective-owned Enterprises(10 000 yuan)	38720	46424	19.9
股份合作企业(万元)	Share Holding Enterprises(10 000 yuan)			
联营企业(万元)	Joint Owned Enterprises(10 000 yuan)			
有限责任公司(万元)	Limited Company(10 000 yuan)	241916	299745	23.9
股份有限公司(万元)	Share Holding Limited Company(10 000 yuan)			
私营企业(万元)	Privately Owned Enterprises(10 000 yuan)	197565	191072	-3.3
其他企业(万元)	Enterprises of Other Ownership(10 000 yuan)			
港澳台商投资企业(万元)	Funds from HK,Macao & Taiwan(10 000 yuan)	13548	15378	13.5
外商投资企业(万元)	Foreign Funded Enterprises(10 000 yuan)			
工业企业增加值(万元)	Value Added of Industrial Enterprises(10 000 yuan)			17.3
工业企业资产总计(万元)	Total Assets of Industrial Enterprises(10 000 yuan)	969438	948114	-2.2
工业企业负债合计(万元)	Total Liabilities of Industrial Enterprises(10 000 yuan)	688865	670286	-2.7
工业企业产品销售收入(万元)	Sales of Revenue Industrial Enterprises(10 000 yuan)	625841	650730	4.0
工业企业利润总额(万元)	Total Profits of Industrial Enterprises(10 000 yuan)	39846	33769	-15.3
建筑业	**Construction**			
建筑企业单位数(个)	Number of Construction Enterprises(unit)	1	1	0.0
建筑企业从业人员(人)	Number of Employee in Construction Enterprises(person)	23	27	17.4
建筑业总产值(万元)	Gross Construction Output Value(10 000 yuan)	510	92	-82.0
交通运输邮电通信业	**Transportation,Post & Telecommunications**			
公路里程(公里)	Total Length of Highways(km)	1595	1948	22.1
邮电业务总量(万元)	Business Volume of Post & Telecoms(10 000 yuan)	4342	4289	-1.2
本地电话用户(户)	Number of Subscribers of Local Telephone(Household)	50730	51900	2.3
国内贸易	**Domestic Trade**			
社会消费品零售总额(万元)	Total Retail Sales of Consumer Goods(10 000 yuan)	84921	94641	11.4
城镇(万元)	Town(10 000 yuan)	67167	72898	8.5
乡村(万元)	Village(10 000 yuan)	17754	21743	22.5
科技教育卫生	**Science,Education & Public Health**			
各类专业技术人员(人)	Special Technical Personnel(person)	1035	983	-5.0
幼儿园数(所)	Number of Kindergartens(unit)	4	4	0.0
学龄儿童入学率(%)	Percentage of School-Age Children Enrolled(%)	100.0	100.0	0.0
小学学校数(所)	Number of Primary Schools(unit)	3	3	0.0
小学专任教师数(人)	Number of Full-time Teachers of Primary Schools(person)	200	258	29.0
小学在校学生数(人)	Number of Student Enrollment of Primary Schools(person)	1949	1724	-11.5
普通中学学校数(所)	Number of Regular Secondary Schools(unit)	2	2	0.0
普通中学专任教师数(人)	Number of Teachers of Secondary Shools(person)	173	172	-0.6
初中在校学生数(人)	Number of Student in Junior Secondary Schools(person)	890	999	12.2
高中在校学生数(人)	Number of Student in Senior Secondary Schools(person)	73	108	47.9
卫生机构数(所)	Number of Health Institutions(unit)	67	68	1.5
# 医院(所)	Hospitals(unit)	2	2	0.0
卫生院(所)	Township Hospitals(unit)	11	11	0.0
床位数(张)	Number of Beds(unit)	203	203	0.0
# 医院(张)	Hospitals(unit)	100	100	0.0
卫生院(张)	Township Hospitals(unit)	86	84	-2.3
卫生技术人员(人)	Medical Technical Presonnel(person)	282	299	6.0
# 医院(人)	Hospitals(person)	126	122	-3.2
卫生院(人)	Township Hospitals(person)	69	69	0.0

23-71 锡林郭勒盟苏尼特左旗

指　标	Item	2013	2014	2014年比上年增长% Increase Rate in 2014 Over 2013(%)
行政区域土地面积(平方公里)	**Area of Administration(Sq.km)**	**34240**	**34240**	**0.0**
人口和就业	**Population & Employment**			
年末总人口(人)	Total Population Year-end(person)	34503	34610	0.3
# 男性(人)	Male(person)	17224	17250	0.2
# 乡村人口(人)	Rural(person)	19596	19700	0.5
年末总户数(户)	Total Number of Households at the Year-end(Household)	11487	11396	-0.8
# 乡村户数(户)	Number of Rural Household(Household)	5698	5699	0.0
出生人口(人)	Births(person)	439	400	-8.9
死亡人口(人)	Deaths(person)	161	178	10.6
全社会就业人员(人)	Employment(person)	23759	24999	5.2
第一产业(人)	Primary Industry(person)	11626	12010	3.3
第二产业(人)	Secondary Industry(person)	3072	3496	13.8
第三产业(人)	Tertiary Industry(person)	9061	9493	4.8
在岗职工人数(人)	Number of Staff & Workers Employed in(person)	3015	3101	2.9
乡村劳动力(人)	Number of Rural Laborers(person)	13214	13936	5.5
# 农林牧渔业(人)	Farming,Forestry,Animal Husbandry & Fishery(person)	11626	12010	3.3
国民经济综合指标	**Summary Item on the National Economy**			
生产总值(万元)	Gross Domestic Product(10 000 yuan)	403077	448430	14.3
第一产业(万元)	Primary Industry(10 000 yuan)	49031	57094	4.8
第二产业(万元)	Secondary Industry(10 000 yuan)	274441	304518	18.6
# 工业(万元)	Industry(10 000 yuan)	233341	261518	21.2
第三产业(万元)	Tertiary Industry(10 000 yuan)	79605	86818	5.7
人均生产总值(元)	Per Capita GDP(yuan)	119963	134866	15.5
全社会固定资产投资(万元)	Total Investment in Fixed Assets(10 000 yuan)	248989	26822	7.7
按登记注册类型分	Grouped by Registered Type			
# 国有(万元)	State-owned Enterprises(10 000 yuan)	93149	189371	103.3
集体(万元)	Collective-owned Enterprises(10 000 yuan)			
有限责任公司(万元)	Limited Liability Corporations(10 000 yuan)			
股份有限公司(万元)	Share Holding Enterprises(10 000 yuan)			
私营企业(万元)	Private Enterprises(10 000 yuan)	92289	64510	-30.1
外商及港澳台投资企业(万元)	Funds from HK,Macao,Taiwan & Foreign(10 000 yuan)	36252	10971	-69.7
按城乡渠道分	Grouped by Urban and Rural Area			
城镇(万元)	Urban(10 000 yuan)	248989	268229	7.7
农村(万元)	Rural(10 000 yuan)			
公共财政预算收入(万元)	Public Budgetary Financial Revenue(10 000 yuan)	18464	20205	9.4
公共财政预算支出(万元)	Public Budgetary Financial Expenditure(10 000 yuan)	79085	93210	17.9
个人储蓄存款余额(万元)	The balance of savings deposits of individuals(10 000 yuan)	73049	82266	12.6
在岗职工工资总额(万元)	Total Wages of Staff & Workers Employed in(10 000 yuan)	17798	18486	3.9
在岗职工平均工资(元)	Average Wage of Staff & Workers Employed in(yuan)	59032	59960	1.6
全体居民人均可支配收入(元)	The per capita disposable income of all residents(yuan)	17375	19188	10.4
城镇常住居民人均可支配收入(元)	The per capita disposable income of urban permanent residents(yuan)	25214	27761	10.1
农村牧区常住居民人均可支配收入(元)	The per capita disposable income of permanent residents of rural and pastoral areas(yuan)	9680	10919	12.8
农村牧区经济	**Economic Development in Rural & Pastoral Area**			
农作物总播种面积(公顷)	Total Sown Area(hectare)			
# 粮食作物播种面积(公顷)	Sown Area of Grain Crops(hectare)			
农牧业机械总动力(万千瓦)	Total Power of Agricultural Machinery(10 000 kw)	4.76	4.62	-2.9
化肥施用折纯量(吨)	Consumption of Chemical Fertilizer(ton)	30	30	0.0
农村用电量(万千瓦小时)	Electricity Consumed in Rural Area(10 000 kwh)	159	176	10.7
农林牧渔业总产值(万元)	Gross Output of Farming,Forestry,Animal Husbandry & Fishery(10 000 yuan)	90618	97742	4.2
粮食产量(吨)	Yield of Grain(ton)			
油料产量(吨)	Yield of Oil-bearing Grops(ton)			
甜菜产量(吨)	Yield of Beetroots(ton)			
猪牛羊肉产量(吨)	Output of Pork, Beef & Mutton(ton)	18140	17963	-1.0
# 猪肉产量(吨)	Output of Pork(ton)	22	64	190.9
牛肉产量(吨)	Output of Beef(ton)	5433	5055	-7.0
羊肉产量(吨)	Output of Mutton(ton)	12685	12844	1.3
羊毛产量(吨)	Output of Wool(ton)	814	957	17.6

23-71 Sunitezuo Banner in Xilinguole League

指　标	Item	2013	2014	2014年比上年增长% Increase Rate in 2014 Over 2013(%)
年末牲畜存栏头数(万头只)	Total Livestock at the Year-end(10 000 heads)	68.97	74.29	7.7
#大牲畜(万头只)	Large Animals(10 000 heads)	7.18	7.98	11.1
羊(万只)	Sheep & Goats(10 000 heads)	61.71	66.27	7.4
猪(万头)	Hogs(10 000 heads)	0.08	0.04	-50.0
规模以上工业	**Industrial Enterprises above Designated size**			
工业企业单位数(个)	Number of Industrial Enterprises(unit)	14	14	0.0
#内资企业(个)	Civil Funded Enterprises(unit)	13	13	0.0
工业总产值(万元)	Gross Industrial Output Value(10 000 yuan)	353341	399921	13.2
内资企业(万元)	Civil Funded Enterprises(10 000 yuan)	319207	364490	14.2
国有企业(万元)	State-owned Enterprises(10 000 yuan)			
集体企业(万元)	Collective-owned Enterprises(10 000 yuan)			
股份合作企业(万元)	Share Holding Enterprises(10 000 yuan)			
联营企业(万元)	Joint Owned Enterprises(10 000 yuan)			
有限责任公司(万元)	Limited Company(10 000 yuan)	201166	189874	-5.6
股份有限公司(万元)	Share Holding Limited Company(10 000 yuan)			
私营企业(万元)	Privately Owned Enterprises(10 000 yuan)	118041	174616	47.9
其他企业(万元)	Enterprises of Other Ownership(10 000 yuan)			
港澳台商投资企业(万元)	Funds from HK,Macao & Taiwan(10 000 yuan)			
外商投资企业(万元)	Foreign Funded Enterprises(10 000 yuan)	34134	35431	3.8
工业企业增加值(万元)	Value Added of Industrial Enterprises(10 000 yuan)			24.6
工业企业资产总计(万元)	Total Assets of Industrial Enterprises(10 000 yuan)	321974	332441	3.3
工业企业负债合计(万元)	Total Liabilities of Industrial Enterprises(10 000 yuan)	226453	221009	-2.4
工业企业产品销售收入(万元)	Sales of Revenue Industrial Enterprises(10 000 yuan)	353744	388041	9.7
工业企业利润总额(万元)	Total Profits of Industrial Enterprises(10 000 yuan)	17569	11612	-33.9
建筑业	**Construction**			
建筑企业单位数(个)	Number of Construction Enterprises(unit)	2	2	0.0
建筑企业从业人员(人)	Number of Employee in Construction Enterprises(person)	57	218	282.5
建筑业总产值(万元)	Gross Construction Output Value(10 000 yuan)	3050	2159	-29.2
交通运输邮电通信业	**Transportation,Post & Telecommunications**			
公路里程(公里)	Total Length of Highways(km)	2364	2295	-2.9
邮电业务总量(万元)	Business Volume of Post & Telecoms(10 000 yuan)	3898	3997	2.5
本地电话用户(户)	Number of Subscribers of Local Telephone(Household)	48648	50721	4.3
国内贸易	**Domestic Trade**			
社会消费品零售总额(万元)	Total Retail Sales of Consumer Goods(10 000 yuan)	55070	61318	11.3
城镇(万元)	Town(10 000 yuan)	43895	47632	8.5
乡村(万元)	Village(10 000 yuan)	11175	13686	22.5
科技教育卫生	**Science,Education & Public Health**			
各类专业技术人员(人)	Special Technical Personnel(person)	851	990	16.3
幼儿园数(所)	Number of Kindergartens(unit)	2	3	50.0
学龄儿童入学率(%)	Percentage of School-Age Children Enrolled(%)	100.0	100.0	0.0
小学学校数(所)	Number of Primary Schools(unit)	3	3	0.0
小学专任教师数(人)	Number of Full-time Teachers of Primary Schools(person)	196	197	0.5
小学在校学生数(人)	Number of Student Enrollment of Primary Schools(person)	1685	1622	-3.7
普通中学学校数(所)	Number of Regular Secondary Schools(unit)	3	2	-33.3
普通中学专任教师数(人)	Number of Teachers of Secondary Shools(person)	165	109	-33.9
初中在校学生数(人)	Number of Student in Junior Secondary Schools(person)	977	918	-6.0
高中在校学生数(人)	Number of Student in Senior Secondary Schools(person)	125	162	29.6
卫生机构数(所)	Number of Health Institutions(unit)	80	81	1.3
#医院(所)	Hospitals(unit)	2	2	0.0
卫生院(所)	Township Hospitals(unit)	11	11	0.0
床位数(张)	Number of Beds(unit)	119	121	1.7
#医院(张)	Hospitals(unit)	86	86	0.0
卫生院(张)	Township Hospitals(unit)	29	29	0.0
卫生技术人员(人)	Medical Technical Presonnel(person)	215	228	6.0
#医院(人)	Hospitals(person)	89	99	11.2
卫生院(人)	Township Hospitals(person)	65	65	0.0

23-72 锡林郭勒盟苏尼特右旗

指　标	Item	2013	2014	2014年比上年增长% Increase Rate in 2014 Over 2013(%)
行政区域土地面积(平方公里)	**Area of Administration(Sq.km)**	**22455**	**22455**	0.0
人口和就业	**Population & Employment**			
年末总人口(人)	Total Population Year-end(person)	69435	69006	-0.6
#男性(人)	Male(person)	34831	34576	-0.7
#乡村人口(人)	Rural(person)	26634	22402	-15.9
年末总户数(户)	Total Number of Households at the Year-end(Household)	27927	28356	1.5
#乡村户数(户)	Number of Rural Household(Household)	9412	8438	-10.3
出生人口(人)	Births(person)	570	644	13.0
死亡人口(人)	Deaths(person)	277	438	58.1
全社会就业人员(人)	Employment(person)	37049	37104	0.1
第一产业(人)	Primary Industry(person)	16414	15942	-2.9
第二产业(人)	Secondary Industry(person)	7879	7779	-1.3
第三产业(人)	Tertiary Industry(person)	12756	13383	4.9
在岗职工人数(人)	Number of Staff & Workers Employed in(person)	8321	7566	-9.1
乡村劳动力(人)	Number of Rural Laborers(person)	18668	16384	-12.2
#农林牧渔业(人)	Farming,Forestry,Animal Husbandry & Fishery(person)	16414	15942	-2.9
国民经济综合指标	**Summary Item on the National Economy**			
生产总值(万元)	Gross Domestic Product(10 000 yuan)	492945	542597	8.4
第一产业(万元)	Primary Industry(10 000 yuan)	45094	48847	4.7
第二产业(万元)	Secondary Industry(10 000 yuan)	331497	363987	9.5
#工业(万元)	Industry(10 000 yuan)	296597	326987	9.7
第三产业(万元)	Tertiary Industry(10 000 yuan)	116354	129763	5.7
人均生产总值(元)	Per Capita GDP(yuan)	69185	76746	9.2
全社会固定资产投资(万元)	Total Investment in Fixed Assets(10 000 yuan)	212898	261896	23.0
按登记注册类型分	Grouped by Registered Type			
#国有(万元)	State-owned Enterprises(10 000 yuan)	76579	90781	18.5
集体(万元)	Collective-owned Enterprises(10 000 yuan)			
有限责任公司(万元)	Limited Liability Corporations(10 000 yuan)	52375	35773	-31.7
股份有限公司(万元)	Share Holding Enterprises(10 000 yuan)	14124	1300	-90.8
私营企业(万元)	Private Enterprises(10 000 yuan)	59578	134042	125.0
外商及港澳台投资企业(万元)	Funds from HK,Macao,Taiwan & Foreign(10 000 yuan)			
按城乡渠道分	Grouped by Urban and Rural Area			
城镇(万元)	Urban(10 000 yuan)	212898	261896	23.0
农村(万元)	Rural(10 000 yuan)			
公共财政预算收入(万元)	Public Budgetary Financial Revenue(10 000 yuan)	25362	27206	7.3
公共财政预算支出(万元)	Public Budgetary Financial Expenditure(10 000 yuan)	110534	139325	26.0
个人储蓄存款余额(万元)	The balance of savings deposits of individuals(10 000 yuan)	177349	198258	11.8
在岗职工工资总额(万元)	Total Wages of Staff & Workers Employed in(10 000 yuan)	43207	41399	-4.2
在岗职工平均工资(元)	Average Wage of Staff & Workers Employed in(yuan)	49692	53779	8.2
全体居民人均可支配收入(元)	The per capita disposable income of all residents(yuan)	19324	21273	10.1
城镇常住居民人均可支配收入(元)	The per capita disposable income of urban permanent residents(yuan)	24713	27184	10.0
农村牧区常住居民人均可支配收入(元)	The per capita disposable income of permanent residents of rural and pastoral areas(yuan)	6910	7739	12.0
农村牧区经济	**Economic Development in Rural & Pastoral Area**			
农作物总播种面积(公顷)	Total Sown Area(hectare)	3070	701	-77.2
#粮食作物播种面积(公顷)	Sown Area of Grain Crops(hectare)	355	355	0.0
农牧业机械总动力(万千瓦)	Total Power of Agricultural Machinery(10 000 kw)	6.00	5.29	-11.8
化肥施用折纯量(吨)	Consumption of Chemical Fertilizer(ton)	348	316	-9.2
农村用电量(万千瓦小时)	Electricity Consumed in Rural Area(10 000 kwh)	374	412	10.2
农林牧渔业总产值(万元)	Gross Output of Farming,Forestry,Animal Husbandry & Fishery(10 000 yuan)	81559	88042	4.2
粮食产量(吨)	Yield of Grain(ton)	443	298	-32.7
油料产量(吨)	Yield of Oil-bearing Grops(ton)	397	262	-34.0
甜菜产量(吨)	Yield of Beetroots(ton)			
猪牛羊肉产量(吨)	Output of Pork, Beef & Mutton(ton)	16417	19439	18.4
#猪肉产量(吨)	Output of Pork(ton)	249	25	-90.0
牛肉产量(吨)	Output of Beef(ton)	1455	2472	69.9
羊肉产量(吨)	Output of Mutton(ton)	14713	16942	15.1
羊毛产量(吨)	Output of Wool(ton)	978	1099	12.4

23-72 Suniteyou Banner in Xilinguole League

指　标	Item	2013	2014	2014年比上年增长% Increase Rate in 2014 Over 2013(%)
年末牲畜存栏头数(万头只)	Total Livestock at the Year-end(10 000 heads)	85.47	88.11	3.1
# 大牲畜(万头只)	Large Animals(10 000 heads)	3.52	4.30	22.2
羊(万只)	Sheep & Goats(10 000 heads)	81.89	83.72	2.2
猪(万头)	Hogs(10 000 heads)	0.06	0.09	50.0
规模以上工业	**Industrial Enterprises above Designated size**			
工业企业单位数(个)	Number of Industrial Enterprises(unit)	38	39	2.6
# 内资企业(个)	Civil Funded Enterprises(unit)	37	38	2.7
工业总产值(万元)	Gross Industrial Output Value(10 000 yuan)	564100	642669	13.9
内资企业(万元)	Civil Funded Enterprises(10 000 yuan)	551100	626589	13.7
国有企业(万元)	State-owned Enterprises(10 000 yuan)	22600	23105	2.2
集体企业(万元)	Collective-owned Enterprises(10 000 yuan)			
股份合作企业(万元)	Share Holding Enterprises(10 000 yuan)			
联营企业(万元)	Joint Owned Enterprises(10 000 yuan)			
有限责任公司(万元)	Limited Company(10 000 yuan)	188200	167351	-11.1
股份有限公司(万元)	Share Holding Limited Company(10 000 yuan)			
私营企业(万元)	Privately Owned Enterprises(10 000 yuan)	319100	426753	33.7
其他企业(万元)	Enterprises of Other Ownership(10 000 yuan)	21200	9380	-55.8
港澳台商投资企业(万元)	Funds from HK,Macao & Taiwan(10 000 yuan)	13000	16080	23.7
外商投资企业(万元)	Foreign Funded Enterprises(10 000 yuan)			
工业企业增加值(万元)	Value Added of Industrial Enterprises(10 000 yuan)			10.5
工业企业资产总计(万元)	Total Assets of Industrial Enterprises(10 000 yuan)	783633	901807	15.1
工业企业负债合计(万元)	Total Liabilities of Industrial Enterprises(10 000 yuan)	462203	597160	29.2
工业企业产品销售收入(万元)	Sales of Revenue Industrial Enterprises(10 000 yuan)	541449	635162	17.3
工业企业利润总额(万元)	Total Profits of Industrial Enterprises(10 000 yuan)	94024	89682	-4.6
建筑业	**Construction**			
建筑企业单位数(个)	Number of Construction Enterprises(unit)	2	1	-50.0
建筑企业从业人员(人)	Number of Employee in Construction Enterprises(person)	76	3	-96.1
建筑业总产值(万元)	Gross Construction Output Value(10 000 yuan)	3240		
交通运输邮电通信业	**Transportation,Post & Telecommunications**			
公路里程(公里)	Total Length of Highways(km)	1908	2185	14.5
邮电业务总量(万元)	Business Volume of Post & Telecoms(10 000 yuan)	7900	8310	5.2
本地电话用户(户)	Number of Subscribers of Local Telephone(Household)	73500	75200	2.3
国内贸易	**Domestic Trade**			
社会消费品零售总额(万元)	Total Retail Sales of Consumer Goods(10 000 yuan)	132386	147672	11.5
城镇(万元)	Town(10 000 yuan)	98178	105778	7.7
乡村(万元)	Village(10 000 yuan)	34208	41894	22.5
科技教育卫生	**Science,Education & Public Health**			
各类专业技术人员(人)	Special Technical Personnel(person)	1588	1627	2.5
幼儿园数(所)	Number of Kindergartens(unit)	5	6	20.0
学龄儿童入学率(%)	Percentage of School-Age Children Enrolled(%)	100.0	100.0	0.0
小学学校数(所)	Number of Primary Schools(unit)	7	7	0.0
小学专任教师数(人)	Number of Full-time Teachers of Primary Schools(person)	418	391	-6.5
小学在校学生数(人)	Number of Student Enrollment of Primary Schools(person)	3624	3435	-5.2
普通中学学校数(所)	Number of Regular Secondary Schools(unit)	3	3	0.0
普通中学专任教师数(人)	Number of Teachers of Secondary Shools(person)	226	262	15.9
初中在校学生数(人)	Number of Student in Junior Secondary Schools(person)	2040	1908	-6.5
高中在校学生数(人)	Number of Student in Senior Secondary Schools(person)	1144	1055	-7.8
卫生机构数(所)	Number of Health Institutions(unit)	95	95	0.0
# 医院(所)	Hospitals(unit)	2	2	0.0
卫生院(所)	Township Hospitals(unit)	12	12	0.0
床位数(张)	Number of Beds(unit)	156	156	0.0
# 医院(张)	Hospitals(unit)	111	111	0.0
卫生院(张)	Township Hospitals(unit)	39	39	0.0
卫生技术人员(人)	Medical Technical Presonnel(person)	359	364	1.4
# 医院(人)	Hospitals(person)	175	203	16.0
卫生院(人)	Township Hospitals(person)	71	75	5.6

23-73 锡林郭勒盟东乌珠穆沁旗

指　标	Item	2013	2014	2014年比上年增长% Increase Rate in 2014 Over 2013(%)
行政区域土地面积(平方公里)	**Area of Administration(Sq.km)**	**45575**	**45575**	**0.0**
人口和就业	**Population & Employment**			
年末总人口(人)	Total Population Year-end(person)	80380	81014	0.8
#男性(人)	Male(person)	40382	40689	0.8
#乡村人口(人)	Rural(person)	33448	31707	-5.2
年末总户数(户)	Total Number of Households at the Year-end(Household)	26674	27310	2.4
#乡村户数(户)	Number of Rural Household(Household)	8305	7677	-7.6
出生人口(人)	Births(person)	1067	1092	2.3
死亡人口(人)	Deaths(person)	332	359	8.1
全社会就业人员(人)	Employment(person)	52087	54246	4.1
第一产业(人)	Primary Industry(person)	23207	23141	-0.3
第二产业(人)	Secondary Industry(person)	10294	11064	7.5
第三产业(人)	Tertiary Industry(person)	18586	20041	7.8
在岗职工人数(人)	Number of Staff & Workers Employed in(person)	11877	10932	-8.0
乡村劳动力(人)	Number of Rural Laborers(person)	22586	22732	0.6
#农林牧渔业(人)	Farming,Forestry,Animal Husbandry & Fishery(person)	21832	21720	-0.5
国民经济综合指标	**Summary Item on the National Economy**			
生产总值(万元)	Gross Domestic Product(10 000 yuan)	1476836	1408020	12.9
第一产业(万元)	Primary Industry(10 000 yuan)	183267	197006	5.3
第二产业(万元)	Secondary Industry(10 000 yuan)	1112786	1006835	15.2
#工业(万元)	Industry(10 000 yuan)	995686	886435	16.5
第三产业(万元)	Tertiary Industry(10 000 yuan)	180783	204179	5.5
人均生产总值(元)	Per Capita GDP(yuan)	153837	147437	13.6
全社会固定资产投资(万元)	Total Investment in Fixed Assets(10 000 yuan)	640613	738761	15.3
按登记注册类型分	Grouped by Registered Type			
#国有(万元)	State-owned Enterprises(10 000 yuan)	495731	319251	-35.6
集体(万元)	Collective-owned Enterprises(10 000 yuan)			
有限责任公司(万元)	Limited Liability Corporations(10 000 yuan)	30646	262155	755.4
股份有限公司(万元)	Share Holding Enterprises(10 000 yuan)	56149	67660	20.5
私营企业(万元)	Private Enterprises(10 000 yuan)	33363	29860	-10.5
外商及港澳台投资企业(万元)	Funds from HK,Macao,Taiwan & Foreign(10 000 yuan)		43188	
按城乡渠道分	Grouped by Urban and Rural Area			
城镇（万元）	Urban(10 000 yuan)	640613	738761	15.3
农村（万元）	Rural(10 000 yuan)			
公共财政预算收入(万元)	Public Budgetary Financial Revenue(10 000 yuan)	116871	127912	9.4
公共财政预算支出(万元)	Public Budgetary Financial Expenditure(10 000 yuan)	193085	193946	0.4
个人储蓄存款余额(万元)	The balance of savings deposits of individuals(10 000 yuan)	247696	271091	9.4
在岗职工工资总额(万元)	Total Wages of Staff & Workers Employed in(10 000 yuan)	63800	58108	-8.9
在岗职工平均工资(元)	Average Wage of Staff & Workers Employed in(yuan)	54598	48700	-10.8
全体居民人均可支配收入(元)	The per capita disposable income of all residents(yuan)	22928	25416	10.9
城镇常住居民人均可支配收入(元)	The per capita disposable income of urban permanent residents(yuan)	25697	28241	9.9
农村牧区常住居民人均可支配收入(元)	The per capita disposable income of permanent residents of rural and pastoral areas(yuan)	19241	21935	14.0
农村牧区经济	**Economic Development in Rural & Pastoral Area**			
农作物总播种面积(公顷)	Total Sown Area(hectare)	27950	42456	51.9
#粮食作物播种面积(公顷)	Sown Area of Grain Crops(hectare)	21412	21228	-0.9
农牧业机械总动力(万千瓦)	Total Power of Agricultural Machinery(10 000 kw)	21.32	24.06	12.9
化肥施用折纯量(吨)	Consumption of Chemical Fertilizer(ton)	5845	8126	39.0
农村用电量(万千瓦小时)	Electricity Consumed in Rural Area(10 000 kwh)	913	1304	42.8
农林牧渔业总产值(万元)	Gross Output of Farming,Forestry,Animal Husbandry & Fishery(10 000 yuan)	331465	357352	4.1
粮食产量(吨)	Yield of Grain(ton)	75634	75569	-0.1
油料产量(吨)	Yield of Oil-bearing Grops(ton)	8417	5552	-34.0
甜菜产量(吨)	Yield of Beetroots(ton)			
猪牛羊肉产量(吨)	Output of Pork, Beef & Mutton(ton)	59555	51802	-13.0
#猪肉产量(吨)	Output of Pork(ton)	241	316	31.1
牛肉产量(吨)	Output of Beef(ton)	19515	15793	-19.1
羊肉产量(吨)	Output of Mutton(ton)	39799	35693	-10.3
羊毛产量(吨)	Output of Wool(ton)	2220	1966	-11.4

23-73 Dongwuzhumuqin Banner in Xilinguole League

指　标	Item	2013	2014	2014年比上年增长% Increase Rate in 2014 Over 2013(%)
年末牲畜存栏头数(万头只)	Total Livestock at the Year-end(10 000 heads)	190.26	217.47	14.3
#大牲畜(万头只)	Large Animals(10 000 heads)	12.49	13.33	6.7
羊(万只)	Sheep & Goats(10 000 heads)	177.44	203.87	14.9
猪(万头)	Hogs(10 000 heads)	0.33	0.27	-18.2
规模以上工业	**Industrial Enterprises above Designated size**			
工业企业单位数(个)	Number of Industrial Enterprises(unit)	50	55	10.0
#内资企业(个)	Civil Funded Enterprises(unit)	49	55	12.2
工业总产值(万元)	Gross Industrial Output Value(10 000 yuan)	1695200	1765371	4.1
内资企业(万元)	Civil Funded Enterprises(10 000 yuan)	1602200	1765371	10.2
国有企业(万元)	State-owned Enterprises(10 000 yuan)	54100	46716	-13.6
集体企业(万元)	Collective-owned Enterprises(10 000 yuan)			
股份合作企业(万元)	Share Holding Enterprises(10 000 yuan)			
联营企业(万元)	Joint Owned Enterprises(10 000 yuan)			
有限责任公司(万元)	Limited Company(10 000 yuan)	800500	729575	-8.9
股份有限公司(万元)	Share Holding Limited Company(10 000 yuan)			
私营企业(万元)	Privately Owned Enterprises(10 000 yuan)	747600	989080	32.3
其他企业(万元)	Enterprises of Other Ownership(10 000 yuan)			
港澳台商投资企业(万元)	Funds from HK,Macao & Taiwan(10 000 yuan)			
外商投资企业(万元)	Foreign Funded Enterprises(10 000 yuan)	93000		
工业企业增加值(万元)	Value Added of Industrial Enterprises(10 000 yuan)			19.8
工业企业资产总计(万元)	Total Assets of Industrial Enterprises(10 000 yuan)	1004834	1291948	28.6
工业企业负债合计(万元)	Total Liabilities of Industrial Enterprises(10 000 yuan)	606504	843625	39.1
工业企业产品销售收入(万元)	Sales of Revenue Industrial Enterprises(10 000 yuan)	1630792	1690359	3.7
工业企业利润总额(万元)	Total Profits of Industrial Enterprises(10 000 yuan)	95535	83664	-12.4
建筑业	**Construction**			
建筑企业单位数(个)	Number of Construction Enterprises(unit)	1	1	0.0
建筑企业从业人员(人)	Number of Employee in Construction Enterprises(person)	48	185	285.4
建筑业总产值(万元)	Gross Construction Output Value(10 000 yuan)	5000	2836	-43.3
交通运输邮电通信业	**Transportation,Post & Telecommunications**			
公路里程(公里)	Total Length of Highways(km)	3006	3181	5.8
邮电业务总量(万元)	Business Volume of Post & Telecoms(10 000 yuan)	8549	9554	11.8
本地电话用户(户)	Number of Subscribers of Local Telephone(Household)	70750	76100	7.6
国内贸易	**Domestic Trade**			
社会消费品零售总额(万元)	Total Retail Sales of Consumer Goods(10 000 yuan)	218308	243855	11.7
城镇(万元)	Town(10 000 yuan)	174517	190230	9.0
乡村(万元)	Village(10 000 yuan)	43791	53625	22.5
科技教育卫生	**Science,Education & Public Health**			
各类专业技术人员(人)	Special Technical Personnel(person)	1736	2060	18.7
幼儿园数(所)	Number of Kindergartens(unit)	12	12	0.0
学龄儿童入学率(%)	Percentage of School-Age Children Enrolled(%)	100.0	100.0	0.0
小学学校数(所)	Number of Primary Schools(unit)	7	7	0.0
小学专任教师数(人)	Number of Full-time Teachers of Primary Schools(person)	415	447	7.7
小学在校学生数(人)	Number of Student Enrollment of Primary Schools(person)	6149	5940	-3.4
普通中学学校数(所)	Number of Regular Secondary Schools(unit)	4	4	0.0
普通中学专任教师数(人)	Number of Teachers of Secondary Shools(person)	289	276	-4.5
初中在校学生数(人)	Number of Student in Junior Secondary Schools(person)	2729	2835	3.9
高中在校学生数(人)	Number of Student in Senior Secondary Schools(person)	912	1118	22.6
卫生机构数(所)	Number of Health Institutions(unit)	93	94	1.1
#医院(所)	Hospitals(unit)	3	3	0.0
卫生院(所)	Township Hospitals(unit)	17	17	0.0
床位数(张)	Number of Beds(unit)	319	295	-7.5
#医院(张)	Hospitals(unit)	220	185	-15.9
卫生院(张)	Township Hospitals(unit)	69	74	7.2
卫生技术人员(人)	Medical Technical Presonnel(person)	501	483	-3.6
#医院(人)	Hospitals(person)	253	305	20.6
卫生院(人)	Township Hospitals(person)	124	141	13.7

23-74 锡林郭勒盟西乌珠穆沁旗

指　标	Item	2013	2014	2014年比上年增长% Increase Rate in 2014 Over 2013(%)
行政区域土地面积(平方公里)	**Area of Administration(Sq.km)**	**22459**	**22459**	0.0
人口和就业	**Population & Employment**			
年末总人口(人)	Total Population Year-end(person)	79720	80103	0.5
#男性(人)	Male(person)	39899	40081	0.5
#乡村人口(人)	Rural(person)	38521	41074	6.6
年末总户数(户)	Total Number of Households at the Year-end(Household)	30073	30544	1.6
#乡村户数(户)	Number of Rural Household(Household)	12643	13803	9.2
出生人口(人)	Births(person)	844	1135	34.5
死亡人口(人)	Deaths(person)	444	553	24.5
全社会就业人员(人)	Employment(person)	48390	50127	3.6
第一产业(人)	Primary Industry(person)	21842	22507	3.0
第二产业(人)	Secondary Industry(person)	11095	10659	-3.9
第三产业(人)	Tertiary Industry(person)	15453	16961	9.8
在岗职工人数(人)	Number of Staff & Workers Employed in(person)	11056	12625	14.2
乡村劳动力(人)	Number of Rural Laborers(person)	25500	25681	0.7
# 农林牧渔业(人)	Farming,Forestry,Animal Husbandry & Fishery(person)	21842	22507	3.0
国民经济综合指标	Summary Item on the National Economy			
生产总值(万元)	Gross Domestic Product(10 000 yuan)	1120048	1038045	11
第一产业(万元)	Primary Industry(10 000 yuan)	129438	146037	5.5
第二产业(万元)	Secondary Industry(10 000 yuan)	864512	753546	12.2
#工业(万元)	Industry(10 000 yuan)	760512	643546	12.8
第三产业(万元)	Tertiary Industry(10 000 yuan)	126098	138462	6.0
人均生产总值(元)	Per Capita GDP(yuan)	124588	115595	11.0
全社会固定资产投资(万元)	Total Investment in Fixed Assets(10 000 yuan)	610341	668934	9.6
按登记注册类型分	Grouped by Registered Type			
#国有(万元)	State-owned Enterprises(10 000 yuan)	380936	320748	-15.8
集体(万元)	Collective-owned Enterprises(10 000 yuan)			
有限责任公司(万元)	Limited Liability Corporations(10 000 yuan)	143428	103125	-28.1
股份有限公司(万元)	Share Holding Enterprises(10 000 yuan)	23296	148208	536.2
私营企业(万元)	Private Enterprises(10 000 yuan)	31374	46550	48.4
外商及港澳台投资企业(万元)	Funds from HK,Macao,Taiwan & Foreign(10 000 yuan)	19980	20000	0.1
按城乡渠道分	Grouped by Urban and Rural Area			
城镇(万元)	Urban(10 000 yuan)	610341	668934	9.6
农村(万元)	Rural(10 000 yuan)			
公共财政预算收入(万元)	Public Budgetary Financial Revenue(10 000 yuan)	161972	176426	8.9
公共财政预算支出(万元)	Public Budgetary Financial Expenditure(10 000 yuan)	190335	200328	5.3
个人储蓄存款余额(万元)	The balance of savings deposits of individuals(10 000 yuan)	193802	209414	8.1
在岗职工工资总额(万元)	Total Wages of Staff & Workers Employed in(10 000 yuan)	67033	83483	24.5
在岗职工平均工资(元)	Average Wage of Staff & Workers Employed in(yuan)	61106	67033	9.7
全体居民人均可支配收入(元)	The per capita disposable income of all residents(yuan)	21125	23253	10.1
城镇常住居民人均可支配收入(元)	The per capita disposable income of urban permanent residents(yuan)	25945	28436	9.6
农村牧区常住居民人均可支配收入(元)	The per capita disposable income of permanent residents of rural and pastoral areas(yuan)	16475	18749	13.8
农村牧区经济	**Economic Development in Rural & Pastoral Area**			
农作物总播种面积(公顷)	Total Sown Area(hectare)	4445	364	-91.8
#粮食作物播种面积(公顷)	Sown Area of Grain Crops(hectare)	27	24	-9.8
农牧业机械总动力(万千瓦)	Total Power of Agricultural Machinery(10 000 kw)	10.14	12.04	18.7
化肥施用折纯量(吨)	Consumption of Chemical Fertilizer(ton)	156	160	2.6
农村用电量(万千瓦小时)	Electricity Consumed in Rural Area(10 000 kwh)	759	776	2.2
农林牧渔业总产值(万元)	Gross Output of Farming,Forestry,Animal Husbandry & Fishery(10 000 yuan)	238019	256953	4.3
粮食产量(吨)	Yield of Grain(ton)	85	45	-47.1
油料产量(吨)	Yield of Oil-bearing Grops(ton)			
甜菜产量(吨)	Yield of Beetroots(ton)			
猪牛羊肉产量(吨)	Output of Pork, Beef & Mutton(ton)	32471	32811	1.0
#猪肉产量(吨)	Output of Pork(ton)	99		
牛肉产量(吨)	Output of Beef(ton)	15768	10203	-35.3
羊肉产量(吨)	Output of Mutton(ton)	16604	22608	36.2
羊毛产量(吨)	Output of Wool(ton)	1374	1429	4.0

23-74 xiwuzhumuqin Banner in Xilinguole League

指　标	Item	2013	2014	2014年比上年增长% Increase Rate in 2014 Over 2013(%)
年末牲畜存栏头数(万头只)	Total Livestock at the Year-end(10 000 heads)	100.17	103.44	3.3
#大牲畜(万头只)	Large Animals(10 000 heads)	13.17	15.53	17.9
羊(万只)	Sheep & Goats(10 000 heads)	87.00	87.91	1.0
猪(万头)	Hogs(10 000 heads)			
规模以上工业	**Industrial Enterprises above Designated size**			
工业企业单位数(个)	Number of Industrial Enterprises(unit)	29	29	0.0
#内资企业(个)	Civil Funded Enterprises(unit)	27	28	3.7
工业总产值(万元)	Gross Industrial Output Value(10 000 yuan)	1321394	1048679	-20.6
内资企业(万元)	Civil Funded Enterprises(10 000 yuan)	1312465	1044738	-20.4
国有企业(万元)	State-owned Enterprises(10 000 yuan)	460056	388316	-15.6
集体企业(万元)	Collective-owned Enterprises(10 000 yuan)			
股份合作企业(万元)	Share Holding Enterprises(10 000 yuan)			
联营企业(万元)	Joint Owned Enterprises(10 000 yuan)			
有限责任公司(万元)	Limited Company(10 000 yuan)	426802	373234	-12.6
股份有限公司(万元)	Share Holding Limited Company(10 000 yuan)	319319	217964	-31.7
私营企业(万元)	Privately Owned Enterprises(10 000 yuan)	106288	65225	-38.6
其他企业(万元)	Enterprises of Other Ownership(10 000 yuan)			
港澳台商投资企业(万元)	Funds from HK,Macao & Taiwan(10 000 yuan)	8930	3941	-55.9
外商投资企业(万元)	Foreign Funded Enterprises(10 000 yuan)			
工业企业增加值(万元)	Value Added of Industrial Enterprises(10 000 yuan)			12.8
工业企业资产总计(万元)	Total Assets of Industrial Enterprises(10 000 yuan)	3341208	3147807	-5.8
工业企业负债合计(万元)	Total Liabilities of Industrial Enterprises(10 000 yuan)	2545614	2771477	8.9
工业企业产品销售收入(万元)	Sales of Revenue Industrial Enterprises(10 000 yuan)	1277104	999844	-21.7
工业企业利润总额(万元)	Total Profits of Industrial Enterprises(10 000 yuan)	26664	48429	81.6
建筑业	**Construction**			
建筑企业单位数(个)	Number of Construction Enterprises(unit)	2	2	0.0
建筑企业从业人员(人)	Number of Employee in Construction Enterprises(person)	492	232	-52.8
建筑业总产值(万元)	Gross Construction Output Value(10 000 yuan)	5564	6649	19.5
交通运输邮电通信业	**Transportation,Post & Telecommunications**			
公路里程(公里)	Total Length of Highways(km)	1779	1883	5.9
邮电业务总量(万元)	Business Volume of Post & Telecoms(10 000 yuan)	8984	8418	-6.3
本地电话用户(户)	Number of Subscribers of Local Telephone(Household)	4610	8142	76.6
国内贸易	**Domestic Trade**			
社会消费品零售总额(万元)	Total Retail Sales of Consumer Goods(10 000 yuan)	154770	172641	11.5
城镇(万元)	Town(10 000 yuan)	124563	135647	8.9
乡村(万元)	Village(10 000 yuan)	30207	36994	22.5
科技教育卫生	**Science,Education & Public Health**			
各类专业技术人员(人)	Special Technical Personnel(person)	1525	1628	6.8
幼儿园数(所)	Number of Kindergartens(unit)	9	9	0.0
学龄儿童入学率(%)	Percentage of School-Age Children Enrolled(%)	100.0	100.0	0.0
小学学校数(所)	Number of Primary Schools(unit)	5	5	0.0
小学专任教师数(人)	Number of Full-time Teachers of Primary Schools(person)	295	435	47.5
小学在校学生数(人)	Number of Student Enrollment of Primary Schools(person)	4716	5080	7.7
普通中学学校数(所)	Number of Regular Secondary Schools(unit)	3	2	-33.3
普通中学专任教师数(人)	Number of Teachers of Secondary Shools(person)	285	178	-37.5
初中在校学生数(人)	Number of Student in Junior Secondary Schools(person)	2024	1990	-1.7
高中在校学生数(人)	Number of Student in Senior Secondary Schools(person)	858	1150	34.0
卫生机构数(所)	Number of Health Institutions(unit)	81	90	11.1
#医院(所)	Hospitals(unit)	2	2	0.0
卫生院(所)	Township Hospitals(unit)	14	14	0.0
床位数(张)	Number of Beds(unit)	390	338	-13.3
#医院(张)	Hospitals(unit)	310	260	-16.1
卫生院(张)	Township Hospitals(unit)	70	68	-2.9
卫生技术人员(人)	Medical Technical Presonnel(person)	377	374	-0.8
#医院(人)	Hospitals(person)	167	161	-3.6
卫生院(人)	Township Hospitals(person)	119	118	-0.8

23-75 锡林郭勒盟太仆寺旗

指　　标	Item	2013	2014	2014年比上年增长% Increase Rate in 2014 Over 2013(%)
行政区域土地面积(平方公里)	**Area of Administration(Sq.km)**	**3426**	**3426**	**0.0**
人口和就业	**Population & Employment**			
年末总人口(人)	Total Population Year-end(person)	212064	211843	-0.1
# 男性(人)	Male(person)	108772	108469	-0.3
# 乡村人口(人)	Rural(person)	110369	120105	8.8
年末总户数(户)	Total Number of Households at the Year-end(Household)	90828	91712	1.0
# 乡村户数(户)	Number of Rural Household(Household)	32813	35094	7.0
出生人口(人)	Births(person)	1897	2879	51.8
死亡人口(人)	Deaths(person)	855	2057	140.6
全社会就业人员(人)	Employment(person)	85178	87340	0.0
第一产业(人)	Primary Industry(person)	57416	61336	0.1
第二产业(人)	Secondary Industry(person)	7325	5053	-0.3
第三产业(人)	Tertiary Industry(person)	20437	20951	0.0
在岗职工人数(人)	Number of Staff & Workers Employed in(person)	7434	8045	0.1
乡村劳动力(人)	Number of Rural Laborers(person)	79394	80775	0.0
# 农林牧渔业(人)	Farming,Forestry,Animal Husbandry & Fishery(person)	57416	61336	6.8
国民经济综合指标	Summary Item on the National Economy			
生产总值(万元)	Gross Domestic Product(10 000 yuan)	413372	454053	8.0
第一产业(万元)	Primary Industry(10 000 yuan)	110939	123145	4.0
第二产业(万元)	Secondary Industry(10 000 yuan)	166133	183979	12.8
# 工业(万元)	Industry(10 000 yuan)	136333	153619	15.1
第三产业(万元)	Tertiary Industry(10 000 yuan)	136300	146929	5.4
人均生产总值(元)	Per Capita GDP(yuan)	37157	40814	8.0
全社会固定资产投资(万元)	Total Investment in Fixed Assets(10 000 yuan)	222730	250571	12.5
按登记注册类型分	Grouped by Registered Type			
# 国有(万元)	State-owned Enterprises(10 000 yuan)	102229	89348	-12.6
集体(万元)	Collective-owned Enterprises(10 000 yuan)			
有限责任公司(万元)	Limited Liability Corporations(10 000 yuan)	38557	31270	-18.9
股份有限公司(万元)	Share Holding Enterprises(10 000 yuan)	3286	6495	97.7
私营企业(万元)	Private Enterprises(10 000 yuan)	58649	81487	38.9
外商及港澳台投资企业(万元)	Funds from HK,Macao,Taiwan & Foreign(10 000 yuan)			
按城乡渠道分	Grouped by Urban and Rural Area			
城镇(万元)	Urban(10 000 yuan)	222730	250571	12.5
农村(万元)	Rural(10 000 yuan)			
公共财政预算收入(万元)	Public Budgetary Financial Revenue(10 000 yuan)	9316	10338	11.0
公共财政预算支出(万元)	Public Budgetary Financial Expenditure(10 000 yuan)	124387	168950	35.8
个人储蓄存款余额(万元)	The balance of savings deposits of individuals(10 000 yuan)	249706	283859	13.7
在岗职工工资总额(万元)	Total Wages of Staff & Workers Employed in(10 000 yuan)	47372	43175	-8.9
在岗职工平均工资(元)	Average Wage of Staff & Workers Employed in(yuan)	63595	52639	-17.2
全体居民人均可支配收入(元)	The per capita disposable income of all residents(yuan)	12917	14344	11.0
城镇常住居民人均可支配收入(元)	The per capita disposable income of urban permanent residents(yuan)	23619	25815	9.3
农村牧区常住居民人均可支配收入(元)	The per capita disposable income of permanent residents of rural and pastoral areas(yuan)	7494	8408	12.2
农村牧区经济	**Economic Development in Rural & Pastoral Area**			
农作物总播种面积(公顷)	Total Sown Area(hectare)	94467	83186	-11.9
# 粮食作物播种面积(公顷)	Sown Area of Grain Crops(hectare)	68058	55243	-18.8
农牧业机械总动力(万千瓦)	Total Power of Agricultural Machinery(10 000 kw)	22.61	24.44	8.1
化肥施用折纯量(吨)	Consumption of Chemical Fertilizer(ton)	2895	2866	-1.0
农村用电量(万千瓦小时)	Electricity Consumed in Rural Area(10 000 kwh)	691	687	-0.6
农林牧渔业总产值(万元)	Gross Output of Farming,Forestry,Animal Husbandry & Fishery(10 000 yuan)	207115	221614	3.3
粮食产量(吨)	Yield of Grain(ton)	320490	166004	-48.2
油料产量(吨)	Yield of Oil-bearing Grops(ton)	9407	4473	-52.5
甜菜产量(吨)	Yield of Beetroots(ton)	12158	21595	77.6
猪牛羊肉产量(吨)	Output of Pork, Beef & Mutton(ton)	13561	14977	10.4
# 猪肉产量(吨)	Output of Pork(ton)	4922	5125	4.1
牛肉产量(吨)	Output of Beef(ton)	7295	8210	12.5
羊肉产量(吨)	Output of Mutton(ton)	1344	1642	22.2
羊毛产量(吨)	Output of Wool(ton)	230	640	178.3

23-75 Taipusi Banner in Xilinguole League

指　标	Item	2013	2014	2014年比上年增长% Increase Rate in 2014 Over 2013(%)
年末牲畜存栏头数(万头只)	Total Livestock at the Year-end(10 000 heads)	20.90	29.71	42.2
# 大牲畜(万头只)	Large Animals(10 000 heads)	7.03	7.53	7.1
羊(万只)	Sheep & Goats(10 000 heads)	12.44	20.69	66.3
猪(万头)	Hogs(10 000 heads)	1.43	1.49	4.2
规模以上工业	**Industrial Enterprises above Designated size**			
工业企业单位数(个)	Number of Industrial Enterprises(unit)	25	25	0.0
# 内资企业(个)	Civil Funded Enterprises(unit)	24	24	0.0
工业总产值(万元)	Gross Industrial Output Value(10 000 yuan)	211034	257146	21.9
内资企业(万元)	Civil Funded Enterprises(10 000 yuan)	206458	253042	22.6
国有企业(万元)	State-owned Enterprises(10 000 yuan)	10068		
集体企业(万元)	Collective-owned Enterprises(10 000 yuan)			
股份合作企业(万元)	Share Holding Enterprises(10 000 yuan)			
联营企业(万元)	Joint Owned Enterprises(10 000 yuan)			
有限责任公司(万元)	Limited Company(10 000 yuan)	87550	108662	24.1
股份有限公司(万元)	Share Holding Limited Company(10 000 yuan)			
私营企业(万元)	Privately Owned Enterprises(10 000 yuan)	98060	130741	33.3
其他企业(万元)	Enterprises of Other Ownership(10 000 yuan)	10780	13640	26.5
港澳台商投资企业(万元)	Funds from HK,Macao & Taiwan(10 000 yuan)			
外商投资企业(万元)	Foreign Funded Enterprises(10 000 yuan)	4576	4103	-10.3
工业企业增加值（万元）	Value Added of Industrial Enterprises(10 000 yuan)			15.1
工业企业资产总计(万元)	Total Assets of Industrial Enterprises(10 000 yuan)	312316	317425	1.6
工业企业负债合计(万元)	Total Liabilities of Industrial Enterprises(10 000 yuan)	208624	200689	-3.8
工业企业产品销售收入(万元)	Sales of Revenue Industrial Enterprises(10 000 yuan)	206383	251238	21.7
工业企业利润总额(万元)	Total Profits of Industrial Enterprises(10 000 yuan)	9451	9453	0.0
建筑业	**Construction**			
建筑企业单位数(个)	Number of Construction Enterprises(unit)	3	3	0.0
建筑企业从业人员(人)	Number of Employee in Construction Enterprises(person)	321	414	29.0
建筑业总产值(万元)	Gross Construction Output Value(10 000 yuan)	7870	11275	43.3
交通运输邮电通信业	**Transportation,Post & Telecommunications**			
公路里程(公里)	Total Length of Highways(km)	1386	1394	0.6
邮电业务总量(万元)	Business Volume of Post & Telecoms(10 000 yuan)	6588	8490	28.9
本地电话用户(户)	Number of Subscribers of Local Telephone(Household)	108068	112774	4.4
国内贸易	**Domestic Trade**			
社会消费品零售总额(万元)	Total Retail Sales of Consumer Goods(10 000 yuan)	149472	167181	11.8
城镇(万元)	Town(10 000 yuan)	107565	115858	7.7
乡村(万元)	Village(10 000 yuan)	41907	51323	22.5
科技教育卫生	**Science,Education & Public Health**			
各类专业技术人员(人)	Special Technical Personnel(person)	2709	2570	-5.1
幼儿园数(所)	Number of Kindergartens(unit)	1	1	0.0
学龄儿童入学率(%)	Percentage of School-Age Children Enrolled(%)	100.0	100.0	0.0
小学学校数(所)	Number of Primary Schools(unit)	5	5	0.0
小学专任教师数(人)	Number of Full-time Teachers of Primary Schools(person)	676	998	47.6
小学在校学生数(人)	Number of Student Enrollment of Primary Schools(person)	4888	4678	-4.3
普通中学学校数(所)	Number of Regular Secondary Schools(unit)	5	5	0.0
普通中学专任教师数(人)	Number of Teachers of Secondary Shools(person)	535	510	-4.7
初中在校学生数(人)	Number of Student in Junior Secondary Schools(person)	3186	3058	-4.0
高中在校学生数(人)	Number of Student in Senior Secondary Schools(person)	2600	2674	2.8
卫生机构数(所)	Number of Health Institutions(unit)	209	177	-15.3
# 医院(所)	Hospitals(unit)	2	2	0.0
卫生院(所)	Township Hospitals(unit)	11	11	0.0
床位数(张)	Number of Beds(unit)	352	360	2.3
# 医院(张)	Hospitals(unit)	223	236	5.8
卫生院(张)	Township Hospitals(unit)	107	102	-4.7
卫生技术人员(人)	Medical Technical Presonnel(person)	424	451	6.4
# 医院(人)	Hospitals(person)	201	226	12.4
卫生院(人)	Township Hospitals(person)	76	75	-1.3

23-76 锡林郭勒盟镶黄旗

指　标	Item	2013	2014	2014年比上年增长% Increase Rate in 2014 Over 2013(%)
行政区域土地面积(平方公里)	**Area of Administration(Sq.km)**	**5137**	**5137**	**0.0**
人口和就业	**Population & Employment**			
年末总人口(人)	Total Population Year-end(person)	31378	31353	-0.1
#男性(人)	Male(person)	15505	15468	-0.2
#乡村人口(人)	Rural(person)	17779	18174	2.2
年末总户数(户)	Total Number of Households at the Year-end(Household)	12648	12683	0.3
#乡村户数(户)	Number of Rural Household(Household)	5772	6165	6.8
出生人口(人)	Births(person)	282	364	29.1
死亡人口(人)	Deaths(person)	142	228	60.6
全社会就业人员(人)	Employment(person)	24405	25391	4.0
第一产业(人)	Primary Industry(person)	12710	12689	-0.2
第二产业(人)	Secondary Industry(person)	3862	4533	17.4
第三产业(人)	Tertiary Industry(person)	7833	8168	4.3
在岗职工人数(人)	Number of Staff & Workers Employed in(person)	3934	3522	-10.5
乡村劳动力(人)	Number of Rural Laborers(person)	14403	14430	0.2
#农林牧渔业(人)	Farming,Forestry,Animal Husbandry & Fishery(person)	12170	12689	4.3
国民经济综合指标	Summary Item on the National Economy			
生产总值(万元)	Gross Domestic Product(10 000 yuan)	444589	483028	9.1
第一产业(万元)	Primary Industry(10 000 yuan)	29314	32105	4.2
第二产业(万元)	Secondary Industry(10 000 yuan)	341650	369564	9.7
#工业(万元)	Industry(10 000 yuan)	324750	352564	10
第三产业(万元)	Tertiary Industry(10 000 yuan)	73625	81359	8.2
人均生产总值(元)	Per Capita GDP(yuan)	152436	165989	9.1
全社会固定资产投资(万元)	Total Investment in Fixed Assets(10 000 yuan)	92635	111810	20.7
按登记注册类型分	Grouped by Registered Type			
#国有(万元)	State-owned Enterprises(10 000 yuan)	21237	28638	127.9
集体(万元)	Collective-owned Enterprises(10 000 yuan)			
有限责任公司(万元)	Limited Liability Corporations(10 000 yuan)	55754	58211	4.4
股份有限公司(万元)	Share Holding Enterprises(10 000 yuan)	10847	14435	33.1
私营企业(万元)	Private Enterprises(10 000 yuan)			
外商及港澳台投资企业(万元)	Funds from HK,Macao,Taiwan & Foreign(10 000 yuan)			
按城乡渠道分	Grouped by Urban and Rural Area			
城镇(万元)	Urban(10 000 yuan)	92635	111810	20.7
农村(万元)	Rural(10 000 yuan)			
公共财政预算收入(万元)	Public Budgetary Financial Revenue(10 000 yuan)	20140	21664	7.6
公共财政预算支出(万元)	Public Budgetary Financial Expenditure(10 000 yuan)	69410	82818	19.3
个人储蓄存款余额(万元)	The balance of savings deposits of individuals(10 000 yuan)	57522	63803	10.9
在岗职工工资总额(万元)	Total Wages of Staff & Workers Employed in(10 000 yuan)	20089	201022	0.1
在岗职工平均工资(元)	Average Wage of Staff & Workers Employed in(yuan)	54889	56979	3.8
全体居民人均可支配收入(元)	The per capita disposable income of all residents(yuan)	19713	21637	9.8
城镇常住居民人均可支配收入(元)	The per capita disposable income of urban permanent residents(yuan)	25817	28218	9.3
农村牧区常住居民人均可支配收入(元)	The per capita disposable income of permanent residents of rural and pastoral areas(yuan)	9228	10382	12.5
农村牧区经济	**Economic Development in Rural & Pastoral Area**			
农作物总播种面积(公顷)	Total Sown Area(hectare)	3318	2323	-30.0
#粮食作物播种面积(公顷)	Sown Area of Grain Crops(hectare)	1588	593	-62.7
农牧业机械总动力(万千瓦)	Total Power of Agricultural Machinery(10 000 kw)	4.20	3.56	-15.2
化肥施用折纯量(吨)	Consumption of Chemical Fertilizer(ton)	10	12	20.0
农村用电量(万千瓦小时)	Electricity Consumed in Rural Area(10 000 kwh)	17	18	5.9
农林牧渔业总产值(万元)	Gross Output of Farming,Forestry,Animal Husbandry & Fishery(10 000 yuan)	54311	58637	4.4
粮食产量(吨)	Yield of Grain(ton)	2197	299	-86.4
油料产量(吨)	Yield of Oil-bearing Grops(ton)	8	6	-25.0
甜菜产量(吨)	Yield of Beetroots(ton)			
猪牛羊肉产量(吨)	Output of Pork, Beef & Mutton(ton)	6655	7572	13.8
#猪肉产量(吨)	Output of Pork(ton)	14	18	28.6
牛肉产量(吨)	Output of Beef(ton)	1655	1993	20.4
羊肉产量(吨)	Output of Mutton(ton)	4986	5561	11.5
羊毛产量(吨)	Output of Wool(ton)	835	843	1.0

23-76 Xianghuang Banner in Xilinguole League

指　标	Item	2013	2014	2014年比上年增长% Increase Rate in 2014 Over 2013(%)
年末牲畜存栏头数(万头只)	Total Livestock at the Year-end(10 000 heads)	23.46	24.14	2.9
# 大牲畜(万头只)	Large Animals(10 000 heads)	1.71	1.65	-3.5
羊(万只)	Sheep & Goats(10 000 heads)	21.72	22.48	3.5
猪(万头)	Hogs(10 000 heads)	0.03	0.02	-33.3
规模以上工业	**Industrial Enterprises above Designated size**			
工业企业单位数(个)	Number of Industrial Enterprises(unit)	26	29	11.5
# 内资企业(个)	Civil Funded Enterprises(unit)	26	29	11.5
工业总产值(万元)	Gross Industrial Output Value(10 000 yuan)	603500	675717	12.0
内资企业(万元)	Civil Funded Enterprises(10 000 yuan)	603500	675717	12.0
国有企业(万元)	State-owned Enterprises(10 000 yuan)			
集体企业(万元)	Collective-owned Enterprises(10 000 yuan)			
股份合作企业(万元)	Share Holding Enterprises(10 000 yuan)			
联营企业(万元)	Joint Owned Enterprises(10 000 yuan)			
有限责任公司(万元)	Limited Company(10 000 yuan)	23200	22411	-4.6
股份有限公司(万元)	Share Holding Limited Company(10 000 yuan)			
私营企业(万元)	Privately Owned Enterprises(10 000 yuan)	580300	653306	12.6
其他企业(万元)	Enterprises of Other Ownership(10 000 yuan)			
港澳台商投资企业(万元)	Funds from HK,Macao & Taiwan(10 000 yuan)			
外商投资企业(万元)	Foreign Funded Enterprises(10 000 yuan)			
工业企业增加值(万元)	Value Added of Industrial Enterprises(10 000 yuan)			10.0
工业企业资产总计(万元)	Total Assets of Industrial Enterprises(10 000 yuan)	370123	467822	26.4
工业企业负债合计(万元)	Total Liabilities of Industrial Enterprises(10 000 yuan)	160951	170948	6.2
工业企业产品销售收入(万元)	Sales of Revenue Industrial Enterprises(10 000 yuan)	583369	650809	11.6
工业企业利润总额(万元)	Total Profits of Industrial Enterprises(10 000 yuan)	95845	61577	-35.8
建筑业	**Construction**			
建筑企业单位数(个)	Number of Construction Enterprises(unit)	1		
建筑企业从业人员(人)	Number of Employee in Construction Enterprises(person)			
建筑业总产值(万元)	Gross Construction Output Value(10 000 yuan)			
交通运输邮电通信业	**Transportation,Post & Telecommunications**			
公路里程(公里)	Total Length of Highways(km)	860	920	7.0
邮电业务总量(万元)	Business Volume of Post & Telecoms(10 000 yuan)	3604	3760	4.3
本地电话用户(户)	Number of Subscribers of Local Telephone(Household)	1670	1300	-22.2
国内贸易	**Domestic Trade**			
社会消费品零售总额(万元)	Total Retail Sales of Consumer Goods(10 000 yuan)	46848	52210	11.4
城镇(万元)	Town(10 000 yuan)	38438	41911	9.0
乡村(万元)	Village(10 000 yuan)	8410	10299	22.5
科技教育卫生	Science,Education & Public Health			
各类专业技术人员(人)	Special Technical Personnel(person)	1355	904	-33.3
幼儿园数(所)	Number of Kindergartens(unit)	1	1	0.0
学龄儿童入学率(%)	Percentage of School-Age Children Enrolled(%)	100	100	0.0
小学学校数(所)	Number of Primary Schools(unit)	2	2	0.0
小学专任教师数(人)	Number of Full-time Teachers of Primary Schools(person)	131	153	16.8
小学在校学生数(人)	Number of Student Enrollment of Primary Schools(person)	1507	1357	-10.0
普通中学学校数(所)	Number of Regular Secondary Schools(unit)	2	2	0.0
普通中学专任教师数(人)	Number of Teachers of Secondary Shools(person)	152	126	-17.1
初中在校学生数(人)	Number of Student in Junior Secondary Schools(person)	830	965	16.3
高中在校学生数(人)	Number of Student in Senior Secondary Schools(person)	293	336	14.7
卫生机构数(所)	Number of Health Institutions(unit)	61	63	3.3
# 医院(所)	Hospitals(unit)	2	2	0.0
卫生院(所)	Township Hospitals(unit)	3	3	0.0
床位数(张)	Number of Beds(unit)	146	221	51.4
# 医院(张)	Hospitals(unit)	110	180	63.6
卫生院(张)	Township Hospitals(unit)	20	20	0.0
卫生技术人员(人)	Medical Technical Presonnel(person)	244	248	1.6
# 医院(人)	Hospitals(person)	113	111	-1.8
卫生院(人)	Township Hospitals(person)	47	47	0.0

23-77 锡林郭勒盟正镶白旗

指 标	Item	2013	2014	2014年比上年增长% Increase Rate in 2014 Over 2013(%)
行政区域土地面积(平方公里)	**Area of Administration(Sq.km)**	**6215**	**6215**	**0.0**
人口和就业	**Population & Employment**			
年末总人口(人)	Total Population Year-end(person)	74659	72892	-2.4
#男性(人)	Male(person)	38046	37114	-2.4
#乡村人口(人)	Rural(person)	54872	54887	0.0
年末总户数(户)	Total Number of Households at the Year-end(Household)	30977	31452	1.5
#乡村户数(户)	Number of Rural Household(Household)	22206	22659	2.0
出生人口(人)	Births(person)	578	555	-4.0
死亡人口(人)	Deaths(person)	293	503	71.7
全社会就业人员(人)	Employment(person)	37666	37810	0.4
第一产业(人)	Primary Industry(person)	26533	26214	-1.2
第二产业(人)	Secondary Industry(person)	2728	3040	11.4
第三产业(人)	Tertiary Industry(person)	8405	8557	1.8
在岗职工人数(人)	Number of Staff & Workers Employed in(person)	3821	3889	1.8
乡村劳动力(人)	Number of Rural Laborers(person)	28449	26733	-6.0
#农林牧渔业(人)	Farming,Forestry,Animal Husbandry & Fishery(person)	26533	26214	-1.2
国民经济综合指标	**Summary Item on the National Economy**			
生产总值(万元)	Gross Domestic Product(10 000 yuan)	251801	278959	8.0
第一产业(万元)	Primary Industry(10 000 yuan)	43276	47103	4.1
第二产业(万元)	Secondary Industry(10 000 yuan)	130391	143767	9.5
#工业(万元)	Industry(10 000 yuan)	109191	120767	9.5
第三产业(万元)	Tertiary Industry(10 000 yuan)	78134	88089	5.6
人均生产总值(元)	Per Capita GDP(yuan)	46847	52289	8.3
全社会固定资产投资(万元)	Total Investment in Fixed Assets(10 000 yuan)	150690	191231	26.9
按登记注册类型分	Grouped by Registered Type			
#国有(万元)	State-owned Enterprises(10 000 yuan)	67916	63977	-5.8
集体(万元)	Collective-owned Enterprises(10 000 yuan)			
有限责任公司(万元)	Limited Liability Corporations(10 000 yuan)	16066	15552	-3.2
股份有限公司(万元)	Share Holding Enterprises(10 000 yuan)	38600	22200	-42.5
私营企业(万元)	Private Enterprises(10 000 yuan)	25885	88873	243.3
外商及港澳台投资企业(万元)	Funds from HK,Macao,Taiwan & Foreign(10 000 yuan)			
按城乡渠道分	Grouped by Urban and Rural Area			
城镇(万元)	Urban(10 000 yuan)	150690	191231	26.9
农村(万元)	Rural(10 000 yuan)			
公共财政预算收入(万元)	Public Budgetary Financial Revenue(10 000 yuan)	9841	11432	16.2
公共财政预算支出(万元)	Public Budgetary Financial Expenditure(10 000 yuan)	86048	94492	9.8
个人储蓄存款余额(万元)	The balance of savings deposits of individuals(10 000 yuan)	84721	102774	21.3
在岗职工工资总额(万元)	Total Wages of Staff & Workers Employed in(10 000 yuan)	20482	22357	9.2
在岗职工平均工资(元)	Average Wage of Staff & Workers Employed in(yuan)	53409	56020	4.9
全体居民人均可支配收入(元)	The per capita disposable income of all residents(yuan)	13055	14565	11.6
城镇常住居民人均可支配收入(元)	The per capita disposable income of urban permanent residents(yuan)	22474	25058	11.5
农村牧区常住居民人均可支配收入(元)	The per capita disposable income of permanent residents of rural and pastoral areas(yuan)	6760	7598	12.4
农村牧区经济	**Economic Development in Rural & Pastoral Area**			
农作物总播种面积(公顷)	Total Sown Area(hectare)	15502	14850	-4.2
#粮食作物播种面积(公顷)	Sown Area of Grain Crops(hectare)	7867	7918	0.6
农牧业机械总动力(万千瓦)	Total Power of Agricultural Machinery(10 000 kw)	10.59	11.18	5.6
化肥施用折纯量(吨)	Consumption of Chemical Fertilizer(ton)	382	340	-11.0
农村用电量(万千瓦小时)	Electricity Consumed in Rural Area(10 000 kwh)	407	477	17.2
农林牧渔业总产值(万元)	Gross Output of Farming,Forestry,Animal Husbandry & Fishery(10 000 yuan)	79580	85650	3.9
粮食产量(吨)	Yield of Grain(ton)	7765	3088	-60.2
油料产量(吨)	Yield of Oil-bearing Grops(ton)	1827	40	-97.8
甜菜产量(吨)	Yield of Beetroots(ton)			
猪牛羊肉产量(吨)	Output of Pork, Beef & Mutton(ton)	13402	10776	-19.6
#猪肉产量(吨)	Output of Pork(ton)	192	220	14.6
牛肉产量(吨)	Output of Beef(ton)	9099	5627	-38.2
羊肉产量(吨)	Output of Mutton(ton)	4111	4929	19.9
羊毛产量(吨)	Output of Wool(ton)	703	701	-0.3

23-77 Zhengxiangbai Banner in Xilinguole League

指　标	Item	2013	2014	2014年比上年增长% Increase Rate in 2014 Over 2013(%)
年末牲畜存栏头数(万头只)	Total Livestock at the Year-end(10 000 heads)	26.32	26.84	2.0
#大牲畜(万头只)	Large Animals(10 000 heads)	5.61	6.44	14.8
羊(万只)	Sheep & Goats(10 000 heads)	20.58	20.35	-1.1
猪(万头)	Hogs(10 000 heads)	0.13	0.05	-61.5
规模以上工业	**Industrial Enterprises above Designated size**			
工业企业单位数(个)	Number of Industrial Enterprises(unit)	15	18	20.0
#内资企业(个)	Civil Funded Enterprises(unit)	15	18	20.0
工业总产值(万元)	Gross Industrial Output Value(10 000 yuan)	142400	171585	20.5
内资企业(万元)	Civil Funded Enterprises(10 000 yuan)	142400	171585	20.5
国有企业(万元)	State-owned Enterprises(10 000 yuan)	6900		
集体企业(万元)	Collective-owned Enterprises(10 000 yuan)			
股份合作企业(万元)	Share Holding Enterprises(10 000 yuan)			
联营企业(万元)	Joint Owned Enterprises(10 000 yuan)			
有限责任公司(万元)	Limited Company(10 000 yuan)	61300	50731	-17.2
股份有限公司(万元)	Share Holding Limited Company(10 000 yuan)		5849	
私营企业(万元)	Privately Owned Enterprises(10 000 yuan)	74200	115005	55.0
其他企业(万元)	Enterprises of Other Ownership(10 000 yuan)			
港澳台商投资企业(万元)	Funds from HK,Macao & Taiwan(10 000 yuan)			
外商投资企业(万元)	Foreign Funded Enterprises(10 000 yuan)			
工业企业增加值（万元）	Value Added of Industrial Enterprises(10 000 yuan)			10.1
工业企业资产总计(万元)	Total Assets of Industrial Enterprises(10 000 yuan)	270529	280309	3.6
工业企业负债合计(万元)	Total Liabilities of Industrial Enterprises(10 000 yuan)	192207	247725	28.9
工业企业产品销售收入(万元)	Sales of Revenue Industrial Enterprises(10 000 yuan)	122616	147109	20.0
工业企业利润总额(万元)	Total Profits of Industrial Enterprises(10 000 yuan)	-605	2432	
建筑业	**Construction**			
建筑企业单位数(个)	Number of Construction Enterprises(unit)	1	1	0.0
建筑企业从业人员(人)	Number of Employee in Construction Enterprises(person)	30	37	23.3
建筑业总产值(万元)	Gross Construction Output Value(10 000 yuan)	66	228	245.5
交通运输邮电通信业	**Transportation,Post & Telecommunications**			
公路里程(公里)	Total Length of Highways(km)	917	956	4.3
邮电业务总量(万元)	Business Volume of Post & Telecoms(10 000 yuan)	4652	4667	0.3
本地电话用户(户)	Number of Subscribers of Local Telephone(Household)	61930	60281	-2.7
国内贸易	**Domestic Trade**			
社会消费品零售总额(万元)	Total Retail Sales of Consumer Goods(10 000 yuan)	64254	71609	11.4
城镇(万元)	Town(10 000 yuan)	51986	56584	8.8
乡村(万元)	Village(10 000 yuan)	12268	15025	22.5
科技教育卫生	**Science,Education & Public Health**			
各类专业技术人员(人)	Special Technical Personnel(person)	1358	1564	15.2
幼儿园数(所)	Number of Kindergartens(unit)	7	7	0.0
学龄儿童入学率(%)	Percentage of School-Age Children Enrolled(%)	100.0	100.0	0.0
小学学校数(所)	Number of Primary Schools(unit)	3	3	0.0
小学专任教师数(人)	Number of Full-time Teachers of Primary Schools(person)	271	260	-4.1
小学在校学生数(人)	Number of Student Enrollment of Primary Schools(person)	2361	2216	-6.1
普通中学学校数(所)	Number of Regular Secondary Schools(unit)	2	2	0.0
普通中学专任教师数(人)	Number of Teachers of Secondary Shools(person)	215	208	-3.3
初中在校学生数(人)	Number of Student in Junior Secondary Schools(person)	747	764	2.3
高中在校学生数(人)	Number of Student in Senior Secondary Schools(person)	331	303	-8.5
卫生机构数(所)	Number of Health Institutions(unit)	84	94	11.9
#医院(所)	Hospitals(unit)	2	2	0.0
卫生院(所)	Township Hospitals(unit)	7	7	0.0
床位数(张)	Number of Beds(unit)	185	205	10.8
#医院(张)	Hospitals(unit)	140	160	14.3
卫生院(张)	Township Hospitals(unit)	34	27	-20.6
卫生技术人员(人)	Medical Technical Presonnel(person)	255	236	-7.5
#医院(人)	Hospitals(person)	146	135	-7.5
卫生院(人)	Township Hospitals(person)	34	28	-17.6

23-78 锡林郭勒盟正蓝旗

指　标	Item	2013	2014	2014年比上年增长% Increase Rate in 2014 Over 2013(%)
行政区域土地面积(平方公里)	**Area of Administration(Sq.km)**	**10206**	**10206**	**0.0**
人口和就业	**Population & Employment**			
年末总人口(人)	Total Population Year-end(person)	83192	83762	0.7
#男性(人)	Male(person)	41814	42041	0.5
#乡村人口(人)	Rural(person)	52703	52691	0.0
年末总户数(户)	Total Number of Households at the Year-end(Household)	35684	36356	1.9
#乡村户数(户)	Number of Rural Household(Household)	18128	18126	0.0
出生人口(人)	Births(person)	817	775	-5.1
死亡人口(人)	Deaths(person)	317	290	-8.5
全社会就业人员(人)	Employment(person)	43421	43690	0.6
第一产业(人)	Primary Industry(person)	22110	21286	-3.7
第二产业(人)	Secondary Industry(person)	6521	6669	2.3
第三产业(人)	Tertiary Industry(person)	14790	15736	6.4
在岗职工人数(人)	Number of Staff & Workers Employed in(person)	8999	9844	9.4
乡村劳动力(人)	Number of Rural Laborers(person)	38530	33067	-14.2
#农林牧渔业(人)	Farming,Forestry,Animal Husbandry & Fishery(person)	20762	19526	-6.0
国民经济综合指标	**Summary Item on the National Economy**			
生产总值(万元)	Gross Domestic Product(10 000 yuan)	600638	671071	8.0
第一产业(万元)	Primary Industry(10 000 yuan)	59350	65059	4.0
第二产业(万元)	Secondary Industry(10 000 yuan)	423226	473570	9.3
#工业(万元)	Industry(10 000 yuan)	388526	432870	8.5
第三产业(万元)	Tertiary Industry(10 000 yuan)	118062	132442	5.6
人均生产总值(元)	Per Capita GDP(yuan)	71976	80658	8.3
全社会固定资产投资(万元)	Total Investment in Fixed Assets(10 000 yuan)	344682	422988	22.7
按登记注册类型分	Grouped by Registered Type			
#国有(万元)	State-owned Enterprises(10 000 yuan)	254199	270026	6.2
集体(万元)	Collective-owned Enterprises(10 000 yuan)			
有限责任公司(万元)	Limited Liability Corporations(10 000 yuan)	30531	102661	236.2
股份有限公司(万元)	Share Holding Enterprises(10 000 yuan)	9324	5490	-41.1
私营企业(万元)	Private Enterprises(10 000 yuan)	32637	26186	-19.8
外商及港澳台投资企业(万元)	Funds from HK,Macao,Taiwan & Foreign(10 000 yuan)			
按城乡渠道分	Grouped by Urban and Rural Area			
城镇(万元)	Urban(10 000 yuan)	344682	422988	22.7
农村(万元)	Rural(10 000 yuan)			
公共财政预算收入(万元)	Public Budgetary Financial Revenue(10 000 yuan)	41804	47205	12.9
公共财政预算支出(万元)	Public Budgetary Financial Expenditure(10 000 yuan)	105846	123524	16.7
个人储蓄存款余额(万元)	The balance of savings deposits of individuals(10 000 yuan)	167524	185772	10.9
在岗职工工资总额(万元)	Total Wages of Staff & Workers Employed in(10 000 yuan)	51835	60124	16.0
在岗职工平均工资(元)	Average Wage of Staff & Workers Employed in(yuan)	58320	59282	1.6
全体居民人均可支配收入(元)	The per capita disposable income of all residents(yuan)	17808	19546	9.8
城镇常住居民人均可支配收入(元)	The per capita disposable income of urban permanent residents(yuan)	25311	27690	9.4
农村牧区常住居民人均可支配收入(元)	The per capita disposable income of permanent residents of rural and pastoral areas(yuan)	11197	12664	13.1
农村牧区经济	**Economic Development in Rural & Pastoral Area**			
农作物总播种面积(公顷)	Total Sown Area(hectare)	18011	17155	-4.8
#粮食作物播种面积(公顷)	Sown Area of Grain Crops(hectare)	11667	11704	0.3
农牧业机械总动力(万千瓦)	Total Power of Agricultural Machinery(10 000 kw)	14.97	15.89	6.1
化肥施用折纯量(吨)	Consumption of Chemical Fertilizer(ton)	540	1270	135.2
农村用电量(万千瓦小时)	Electricity Consumed in Rural Area(10 000 kwh)	1096	2805	155.9
农林牧渔业总产值(万元)	Gross Output of Farming,Forestry,Animal Husbandry & Fishery(10 000 yuan)	108621	117045	4.1
粮食产量(吨)	Yield of Grain(ton)	39722	31500	-20.7
油料产量(吨)	Yield of Oil-bearing Grops(ton)	589	150	-74.5
甜菜产量(吨)	Yield of Beetroots(ton)	5001		
猪牛羊肉产量(吨)	Output of Pork, Beef & Mutton(ton)	22649	39958	76.4
#猪肉产量(吨)	Output of Pork(ton)	427	345	-19.2
牛肉产量(吨)	Output of Beef(ton)	18170	23764	30.8
羊肉产量(吨)	Output of Mutton(ton)	4052	15849	291.1
羊毛产量(吨)	Output of Wool(ton)	847	1153	36.1

23-78 Zhenglan Banner in Xilinguole League

指 标	Item	2013	2014	2014年比上年增长% Increase Rate in 2014 Over 2013(%)
年末牲畜存栏头数(万头只)	Total Livestock at the Year-end(10 000 heads)	37.86	41.00	8.3
# 大牲畜(万头只)	Large Animals(10 000 heads)	16.99	18.97	11.7
羊(万只)	Sheep & Goats(10 000 heads)	20.72	21.88	5.6
猪(万头)	Hogs(10 000 heads)	0.15	0.15	0.0
规模以上工业	**Industrial Enterprises above Designated size**			
工业企业单位数(个)	Number of Industrial Enterprises(unit)	9	11	0.0
# 内资企业(个)	Civil Funded Enterprises(unit)	9	11	0.0
工业总产值(万元)	Gross Industrial Output Value(10 000 yuan)	744400	753933	1.3
内资企业(万元)	Civil Funded Enterprises(10 000 yuan)	744400	753933	1.3
国有企业(万元)	State-owned Enterprises(10 000 yuan)			
集体企业(万元)	Collective-owned Enterprises(10 000 yuan)			
股份合作企业(万元)	Share Holding Enterprises(10 000 yuan)			
联营企业(万元)	Joint Owned Enterprises(10 000 yuan)			
有限责任公司(万元)	Limited Company(10 000 yuan)	704200	721710	2.5
股份有限公司(万元)	Share Holding Limited Company(10 000 yuan)	36700	22143	-39.7
私营企业(万元)	Privately Owned Enterprises(10 000 yuan)	3500	10080	188.0
其他企业(万元)	Enterprises of Other Ownership(10 000 yuan)			
港澳台商投资企业(万元)	Funds from HK,Macao & Taiwan(10 000 yuan)			
外商投资企业(万元)	Foreign Funded Enterprises(10 000 yuan)			
工业企业增加值(万元)	Value Added of Industrial Enterprises(10 000 yuan)			8.9
工业企业资产总计(万元)	Total Assets of Industrial Enterprises(10 000 yuan)	1484579	1436359	-3.2
工业企业负债合计(万元)	Total Liabilities of Industrial Enterprises(10 000 yuan)	958172	924757	-3.5
工业企业产品销售收入(万元)	Sales of Revenue Industrial Enterprises(10 000 yuan)	647779	667399	3.0
工业企业利润总额(万元)	Total Profits of Industrial Enterprises(10 000 yuan)	155877	152181	-2.4
建筑业	**Construction**			
建筑企业单位数(个)	Number of Construction Enterprises(unit)	1	1	0.0
建筑企业从业人员(人)	Number of Employee in Construction Enterprises(person)	5		
建筑业总产值(万元)	Gross Construction Output Value(10 000 yuan)			
交通运输邮电通信业	**Transportation,Post & Telecommunications**			
公路里程(公里)	Total Length of Highways(km)	1565	1661	6.1
邮电业务总量(万元)	Business Volume of Post & Telecoms(10 000 yuan)	7572	8307	9.7
本地电话用户(户)	Number of Subscribers of Local Telephone(Household)	102123	101915	-0.2
国内贸易	**Domestic Trade**			
社会消费品零售总额(万元)	Total Retail Sales of Consumer Goods(10 000 yuan)	103658	115731	11.6
城镇(万元)	Town(10 000 yuan)	71599	76468	6.8
乡村(万元)	Village(10 000 yuan)	32059	39263	22.5
科技教育卫生	**Science,Education & Public Health**			
各类专业技术人员(人)	Special Technical Personnel(person)	1423	1291	-9.3
幼儿园数(所)	Number of Kindergartens(unit)	2	4	100.0
学龄儿童入学率(%)	Percentage of School-Age Children Enrolled(%)	100.0	100.0	0.0
小学学校数(所)	Number of Primary Schools(unit)	6	6	0.0
小学专任教师数(人)	Number of Full-time Teachers of Primary Schools(person)	322	346	7.5
小学在校学生数(人)	Number of Student Enrollment of Primary Schools(person)	3082	3235	5.0
普通中学学校数(所)	Number of Regular Secondary Schools(unit)	2	2	0.0
普通中学专任教师数(人)	Number of Teachers of Secondary Shools(person)	218	203	-6.9
初中在校学生数(人)	Number of Student in Junior Secondary Schools(person)	928	1221	31.6
高中在校学生数(人)	Number of Student in Senior Secondary Schools(person)	364	616	69.2
卫生机构数(所)	Number of Health Institutions(unit)	107	100	-6.5
# 医院(所)	Hospitals(unit)	2	2	0.0
卫生院(所)	Township Hospitals(unit)	13	13	0.0
床位数(张)	Number of Beds(unit)	281	281	0.0
# 医院(张)	Hospitals(unit)	170	170	0.0
卫生院(张)	Township Hospitals(unit)	95	95	0.0
卫生技术人员(人)	Medical Technical Presonnel(person)	294	290	-1.4
# 医院(人)	Hospitals(person)	145	141	-2.8
卫生院(人)	Township Hospitals(person)	58	58	0.0

23-79 锡林郭勒盟多伦县

指　标	Item	2013	2014	2014年比上年增长% Increase Rate in 2014 Over 2013(%)
行政区域土地面积(平方公里)	**Area of Administration(Sq.km)**	**3864**	**3864**	**0.0**
人口和就业	**Population & Employment**			
年末总人口(人)	Total Population Year-end(person)	110308	110348	0.0
#男性(人)	Male(person)	56479	56436	-0.1
#乡村人口(人)	Rural(person)	69454	70216	1.1
年末总户数(户)	Total Number of Households at the Year-end(Household)	47326	49701	5.0
#乡村户数(户)	Number of Rural Household(Household)	19918	20138	1.1
出生人口(人)	Births(person)	1504	1458	-3.1
死亡人口(人)	Deaths(person)	446	643	44.2
全社会就业人员(人)	Employment(person)	59558	62670	5.2
第一产业(人)	Primary Industry(person)	32313	33315	3.1
第二产业(人)	Secondary Industry(person)	10063	11157	10.9
第三产业(人)	Tertiary Industry(person)	17182	18198	5.9
在岗职工人数(人)	Number of Staff & Workers Employed in(person)	7117	7174	0.8
乡村劳动力(人)	Number of Rural Laborers(person)	42124	41028	-2.6
#农林牧渔业(人)	Farming,Forestry,Animal Husbandry & Fishery(person)	32313	33315	3.1
国民经济综合指标	**Summary Item on the National Economy**			
生产总值(万元)	Gross Domestic Product(10 000 yuan)	731067	744641	3.7
第一产业(万元)	Primary Industry(10 000 yuan)	82350	87115	4.1
第二产业(万元)	Secondary Industry(10 000 yuan)	527546	521738	3.2
#工业(万元)	Industry(10 000 yuan)	480046	473738	3.3
第三产业(万元)	Tertiary Industry(10 000 yuan)	121171	135788	5.7
人均生产总值(元)	Per Capita GDP(yuan)	72455	74167	4.2
全社会固定资产投资(万元)	Total Investment in Fixed Assets(10 000 yuan)	336818	378900	12.5
按登记注册类型分	Grouped by Registered Type			
#国有(万元)	State-owned Enterprises(10 000 yuan)	253327	280433	10.7
集体(万元)	Collective-owned Enterprises(10 000 yuan)			
有限责任公司(万元)	Limited Liability Corporations(10 000 yuan)	5370	1749	-67.4
股份有限公司(万元)	Share Holding Enterprises(10 000 yuan)	5400	4900	-9.3
私营企业(万元)	Private Enterprises(10 000 yuan)	47578	54171	13.9
外商及港澳台投资企业(万元)	Funds from HK,Macao,Taiwan & Foreign(10 000 yuan)			
按城乡渠道分	Grouped by Urban and Rural Area			
城镇(万元)	Urban(10 000 yuan)	336818	378900	12.5
农村（万元）	Rural(10 000 yuan)			
公共财政预算收入(万元)	Public Budgetary Financial Revenue(10 000 yuan)	30051	30209	0.5
公共财政预算支出(万元)	Public Budgetary Financial Expenditure(10 000 yuan)	94597	135024	42.7
个人储蓄存款余额(万元)	The balance of savings deposits of individuals(10 000 yuan)	186360	211032	13.2
在岗职工工资总额(万元)	Total Wages of Staff & Workers Employed in(10 000 yuan)	50016	52446	4.9
在岗职工平均工资(元)	Average Wage of Staff & Workers Employed in(yuan)	70405	73464	4.3
全体居民人均可支配收入(元)	The per capita disposable income of all residents(yuan)	16098	19668	22.2
城镇常住居民人均可支配收入(元)	The per capita disposable income of urban permanent residents(yuan)	25797	28171	9.2
农村牧区常住居民人均可支配收入(元)	The per capita disposable income of permanent residents of rural and pastoral areas(yuan)	9046	10195	12.7
农村牧区经济	**Economic Development in Rural & Pastoral Area**			
农作物总播种面积(公顷)	Total Sown Area(hectare)	50720	50377	-0.7
#粮食作物播种面积(公顷)	Sown Area of Grain Crops(hectare)	44367	44375	0.0
农牧业机械总动力(万千瓦)	Total Power of Agricultural Machinery(10 000 kw)	20.37	22.22	9.1
化肥施用折纯量(吨)	Consumption of Chemical Fertilizer(ton)	2679	2845	6.2
农村用电量(万千瓦小时)	Electricity Consumed in Rural Area(10 000 kwh)	1043	1084	3.9
农林牧渔业总产值(万元)	Gross Output of Farming,Forestry,Animal Husbandry & Fishery(10 000 yuan)	150645	161719	3.7
粮食产量(吨)	Yield of Grain(ton)	47553	49480	4.1
油料产量(吨)	Yield of Oil-bearing Grops(ton)	511	797	56.0
甜菜产量(吨)	Yield of Beetroots(ton)			
猪牛羊肉产量(吨)	Output of Pork, Beef & Mutton(ton)	19576	20405	4.2
#猪肉产量(吨)	Output of Pork(ton)	3443	3456	0.4
牛肉产量(吨)	Output of Beef(ton)	15715	15849	0.9
羊肉产量(吨)	Output of Mutton(ton)	418	1100	163.2
羊毛产量(吨)	Output of Wool(ton)	113	240	112.4

23-79 Duolun County in Xilinguole League

指　标	Item	2013	2014	2014年比上年增长% Increase Rate in 2014 Over 2013(%)
年末牲畜存栏头数(万头只)	Total Livestock at the Year-end(10 000 heads)	21.99	27.67	25.8
#大牲畜(万头只)	Large Animals(10 000 heads)	12.17	11.31	-7.1
羊(万只)	Sheep & Goats(10 000 heads)	7.49	14.07	87.9
猪(万头)	Hogs(10 000 heads)	2.33	2.29	-1.7
规模以上工业	**Industrial Enterprises above Designated size**			
工业企业单位数(个)	Number of Industrial Enterprises(unit)	24	25	4.2
#内资企业(个)	Civil Funded Enterprises(unit)	23	24	4.3
工业总产值(万元)	Gross Industrial Output Value(10 000 yuan)	925300	938643	1.4
内资企业(万元)	Civil Funded Enterprises(10 000 yuan)	893000	898723	0.6
国有企业(万元)	State-owned Enterprises(10 000 yuan)		137103	
集体企业(万元)	Collective-owned Enterprises(10 000 yuan)			
股份合作企业(万元)	Share Holding Enterprises(10 000 yuan)			
联营企业(万元)	Joint Owned Enterprises(10 000 yuan)			
有限责任公司(万元)	Limited Company(10 000 yuan)	399000	91842	-77.0
股份有限公司(万元)	Share Holding Limited Company(10 000 yuan)			
私营企业(万元)	Privately Owned Enterprises(10 000 yuan)	494000	669778	35.6
其他企业(万元)	Enterprises of Other Ownership(10 000 yuan)			
港澳台商投资企业(万元)	Funds from HK,Macao & Taiwan(10 000 yuan)	32300	39920	23.6
外商投资企业(万元)	Foreign Funded Enterprises(10 000 yuan)			
工业企业增加值(万元)	Value Added of Industrial Enterprises(10 000 yuan)			2.6
工业企业资产总计(万元)	Total Assets of Industrial Enterprises(10 000 yuan)	2989980	2733384	-8.6
工业企业负债合计(万元)	Total Liabilities of Industrial Enterprises(10 000 yuan)	2612733	2839436	8.7
工业企业产品销售收入(万元)	Sales of Revenue Industrial Enterprises(10 000 yuan)	846885	869680	2.7
工业企业利润总额(万元)	Total Profits of Industrial Enterprises(10 000 yuan)	-159228	-421713	
建筑业	**Construction**			
建筑企业单位数(个)	Number of Construction Enterprises(unit)			
建筑企业从业人员(人)	Number of Employee in Construction Enterprises(person)			
建筑业总产值(万元)	Gross Construction Output Value(10 000 yuan)			
交通运输邮电通信业	**Transportation,Post & Telecommunications**			
公路里程(公里)	Total Length of Highways(km)	893	933	4.5
邮电业务总量(万元)	Business Volume of Post & Telecoms(10 000 yuan)	6860	6970	1.6
本地电话用户(户)	Number of Subscribers of Local Telephone(Household)	77288	78892	2.1
国内贸易	**Domestic Trade**			
社会消费品零售总额(万元)	Total Retail Sales of Consumer Goods(10 000 yuan)	120668	134843	11.7
城镇(万元)	Town(10 000 yuan)	90678	98114	8.2
乡村(万元)	Village(10 000 yuan)	29990	36728	22.5
科技教育卫生	**Science,Education & Public Health**			
各类专业技术人员(人)	Special Technical Personnel(person)	1661	1667	0.4
幼儿园数(所)	Number of Kindergartens(unit)	5	5	0.0
学龄儿童入学率(%)	Percentage of School-Age Children Enrolled(%)	100.0	100.0	0.0
小学学校数(所)	Number of Primary Schools(unit)	14	14	0.0
小学专任教师数(人)	Number of Full-time Teachers of Primary Schools(person)	446	462	3.6
小学在校学生数(人)	Number of Student Enrollment of Primary Schools(person)	5711	5980	4.7
普通中学学校数(所)	Number of Regular Secondary Schools(unit)	3	3	0.0
普通中学专任教师数(人)	Number of Teachers of Secondary Shools(person)	313	310	-1.0
初中在校学生数(人)	Number of Student in Junior Secondary Schools(person)	3116	2951	-5.3
高中在校学生数(人)	Number of Student in Senior Secondary Schools(person)	1853	1745	-5.8
卫生机构数(所)	Number of Health Institutions(unit)	93	95	2.2
#医院(所)	Hospitals(unit)	2	2	0.0
卫生院(所)	Township Hospitals(unit)	9	9	0.0
床位数(张)	Number of Beds(unit)	345	353	2.3
#医院(张)	Hospitals(unit)	260	260	0.0
卫生院(张)	Township Hospitals(unit)	70	77	10.0
卫生技术人员(人)	Medical Technical Presonnel(person)	408	450	10.3
#医院(人)	Hospitals(person)	216	256	18.5
卫生院(人)	Township Hospitals(person)	63	60	-4.8

23-80 乌兰察布市集宁区

指　标	Item	2013	2014	2014年比上年增长% Increase Rate in 2014 Over 2013(%)
行政区域土地面积(平方公里)	**Area of Administration(Sq.km)**	**418**	**418**	**0.0**
人口和就业	**Population & Employment**			
年末总人口(人)	Total Population Year-end(person)	314297	315428	0.4
#男性(人)	Male(person)	157724	157836	0.1
#乡村人口(人)	Rural(person)	42828	42631	-0.5
年末总户数(户)	Total Number of Households at the Year-end(Household)	113188	113456	0.2
#乡村户数(户)	Number of Rural Household(Household)	14276	14126	-1.1
出生人口(人)	Births(person)	2622	2647	1.0
死亡人口(人)	Deaths(person)	763	781	2.4
全社会就业人员(人)	Employment(person)	130420	130376	0.0
第一产业(人)	Primary Industry(person)	12638	12657	0.2
第二产业(人)	Secondary Industry(person)	35291	35354	0.2
第三产业(人)	Tertiary Industry(person)	82491	82365	-0.2
在岗职工人数(人)	Number of Staff & Workers Employed in(person)	59200	57729	-2.5
乡村劳动力(人)	Number of Rural Laborers(person)	36988	37741	2.0
#农林牧渔业(人)	Farming,Forestry,Animal Husbandry & Fishery(person)	20945	21016	0.3
国民经济综合指标	**Summary Item on the National Economy**			
生产总值(万元)	Gross Domestic Product(10 000 yuan)	1543449	1623769	7.5
第一产业(万元)	Primary Industry(10 000 yuan)	46463	43411	3.7
第二产业(万元)	Secondary Industry(10 000 yuan)	757728	790265	10.3
#工业(万元)	Industry(10 000 yuan)	633018	648826	10.9
第三产业(万元)	Tertiary Industry(10 000 yuan)	739257	790093	4.6
人均生产总值(元)	Per Capita GDP(yuan)	48550	51664	6.4
全社会固定资产投资(万元)	Total Investment in Fixed Assets(10 000 yuan)	1319527	1335361	1.2
按登记注册类型分	Grouped by Registered Type			
#国有(万元)	State-owned Enterprises(10 000 yuan)	540211	737929	36.6
集体(万元)	Collective-owned Enterprises(10 000 yuan)	3633		
有限责任公司(万元)	Limited Liability Corporations(10 000 yuan)	7120	6565	-7.8
股份有限公司(万元)	Share Holding Enterprises(10 000 yuan)	123539	14000	-88.7
私营企业(万元)	Private Enterprises(10 000 yuan)	519591	392002	-24.6
外商及港澳台投资企业(万元)	Funds from HK,Macao,Taiwan & Foreign(10 000 yuan)	18168		
按城乡渠道分	Grouped by Urban and Rural Area			
城镇(万元)	Urban(10 000 yuan)	1163286	1313953	13.0
农村(万元)	Rural(10 000 yuan)	156241	21408	-86.3
公共财政预算收入(万元)	Public Budgetary Financial Revenue(10 000 yuan)	148483	152332	2.6
公共财政预算支出(万元)	Public Budgetary Financial Expenditure(10 000 yuan)	274893	317623	15.5
个人储蓄存款余额(万元)	The balance of savings deposits of individuals(10 000 yuan)	1913655	1982365	3.6
在岗职工工资总额(万元)	Total Wages of Staff & Workers Employed in(10 000 yuan)	243255	269893	11.0
在岗职工平均工资(元)	Average Wage of Staff & Workers Employed in(yuan)	41655	47762	14.7
全体居民人均可支配收入(元)	The per capita disposable income of all residents(yuan)	21549	23476	8.9
城镇常住居民人均可支配收入(元)	The per capita disposable income of urban permanent residents(yuan)	22569	24550	8.8
农村牧区常住居民人均可支配收入(元)	The per capita disposable income of permanent residents of rural and pastoral areas(yuan)	10664	11844	11.1
农村牧区经济	**Economic Development in Rural & Pastoral Area**			
农作物总播种面积(公顷)	Total Sown Area(hectare)	5882	6441	9.5
#粮食作物播种面积(公顷)	Sown Area of Grain Crops(hectare)	3694	3940	6.7
农牧业机械总动力(万千瓦)	Total Power of Agricultural Machinery(10 000 kw)	2.10	1.91	-9.0
化肥施用折纯量(吨)	Consumption of Chemical Fertilizer(ton)	2401	2460	2.5
农村用电量(万千瓦小时)	Electricity Consumed in Rural Area(10 000 kwh)	2237	2450	9.5
农林牧渔业总产值(万元)	Gross Output of Farming,Forestry,Animal Husbandry & Fishery(10 000 yuan)	65642	66707	1.6
粮食产量(吨)	Yield of Grain(ton)	12061	9325	-22.7
油料产量(吨)	Yield of Oil-bearing Grops(ton)	1052	1900	80.6
甜菜产量(吨)	Yield of Beetroots(ton)	7500	2250	-70.0
猪牛羊肉产量(吨)	Output of Pork, Beef & Mutton(ton)	3321	3240	-2.4
#猪肉产量(吨)	Output of Pork(ton)	1489	1430	-4.0
牛肉产量(吨)	Output of Beef(ton)	1255	1120	-10.8
羊肉产量(吨)	Output of Mutton(ton)	577	690	19.6
羊毛产量(吨)	Output of Wool(ton)	58	130	124.1

23-80 Jining District in Wulanchabu City

指　　标	Item	2013	2014	2014年比上年增长% Increase Rate in 2014 Over 2013(%)
年末牲畜存栏头数(万头只)	Total Livestock at the Year-end(10 000 heads)	4.44	4.44	0.0
#大牲畜(万头只)	Large Animals(10 000 heads)	1.23	0.53	-56.9
羊(万只)	Sheep & Goats(10 000 heads)	1.89	2.60	37.6
猪(万头)	Hogs(10 000 heads)	1.32	1.30	-1.5
规模以上工业	**Industrial Enterprises above Designated size**			
工业企业单位数(个)	Number of Industrial Enterprises(unit)	43	40	-7.0
#内资企业(个)	Civil Funded Enterprises(unit)	39	38	-2.6
工业总产值(万元)	Gross Industrial Output Value(10 000 yuan)	1244256	1225787	-1.5
内资企业(万元)	Civil Funded Enterprises(10 000 yuan)	1213819	1195208	-1.5
国有企业(万元)	State-owned Enterprises(10 000 yuan)	748415	67007	-91.0
集体企业(万元)	Collective-owned Enterprises(10 000 yuan)			
股份合作企业(万元)	Share Holding Enterprises(10 000 yuan)			
联营企业(万元)	Joint Owned Enterprises(10 000 yuan)			
有限责任公司(万元)	Limited Company(10 000 yuan)	429438	1013338	136.0
股份有限公司(万元)	Share Holding Limited Company(10 000 yuan)		32787	
私营企业(万元)	Privately Owned Enterprises(10 000 yuan)		82076	
其他企业(万元)	Enterprises of Other Ownership(10 000 yuan)	35966		
港澳台商投资企业(万元)	Funds from HK,Macao & Taiwan(10 000 yuan)	30437	9231	-69.7
外商投资企业(万元)	Foreign Funded Enterprises(10 000 yuan)		21348	
工业企业增加值(万元)	Value Added of Industrial Enterprises(10 000 yuan)			
工业企业资产总计(万元)	Total Assets of Industrial Enterprises(10 000 yuan)	1088795	1139929	4.7
工业企业负债合计(万元)	Total Liabilities of Industrial Enterprises(10 000 yuan)	922282	974822	5.7
工业企业产品销售收入(万元)	Sales of Revenue Industrial Enterprises(10 000 yuan)	478928	465766	-2.7
工业企业利润总额(万元)	Total Profits of Industrial Enterprises(10 000 yuan)	715	9174	1183.1
建筑业	**Construction**			
建筑企业单位数(个)	Number of Construction Enterprises(unit)	24	24	0.0
建筑企业从业人员(人)	Number of Employee in Construction Enterprises(person)	6184	6906	11.7
建筑业总产值(万元)	Gross Construction Output Value(10 000 yuan)	287863	294678	2.4
交通运输邮电通信业	**Transportation,Post & Telecommunications**			
公路里程(公里)	Total Length of Highways(km)	483	521	7.9
邮电业务总量(万元)	Business Volume of Post & Telecoms(10 000 yuan)	21028	22214	5.6
本地电话用户(户)	Number of Subscribers of Local Telephone(Household)	10984	11236	2.3
国内贸易	**Domestic Trade**			
社会消费品零售总额(万元)	Total Retail Sales of Consumer Goods(10 000 yuan)	655869	725011	10.5
城镇(万元)	Town(10 000 yuan)	655869	725011	10.5
乡村(万元)	Village(10 000 yuan)			
科技教育卫生	**Science,Education & Public Health**			
各类专业技术人员(人)	Special Technical Personnel(person)	2104	2251	7.0
幼儿园数(所)	Number of Kindergartens(unit)	10	10	0.0
学龄儿童入学率(%)	Percentage of School-Age Children Enrolled(%)	100.0	100.0	0.0
小学学校数(所)	Number of Primary Schools(unit)	26	24	-7.7
小学专任教师数(人)	Number of Full-time Teachers of Primary Schools(person)	1322	1239	-6.3
小学在校学生数(人)	Number of Student Enrollment of Primary Schools(person)	21694	21184	-2.4
普通中学学校数(所)	Number of Regular Secondary Schools(unit)	18	18	0.0
普通中学专任教师数(人)	Number of Teachers of Secondary Shools(person)	2130	2178	2.3
初中在校学生数(人)	Number of Student in Junior Secondary Schools(person)	14546	13166	-9.5
高中在校学生数(人)	Number of Student in Senior Secondary Schools(person)	19992	19831	-0.8
卫生机构数(所)	Number of Health Institutions(unit)	334	363	8.7
#医院(所)	Hospitals(unit)	12	19	58.3
卫生院(所)	Township Hospitals(unit)	6	6	0.0
床位数(张)	Number of Beds(unit)	2389	2977	24.6
#医院(张)	Hospitals(unit)	1912	2410	26.0
卫生院(张)	Township Hospitals(unit)	57	95	66.7
卫生技术人员(人)	Medical Technical Presonnel(person)	3396	3632	6.9
#医院(人)	Hospitals(person)	2104	2220	5.5
卫生院(人)	Township Hospitals(person)	65	69	6.2

23-81 乌兰察布市丰镇市

指　标	Item	2013	2014	2014年比上年增长% Increase Rate in 2014 Over 2013(%)
行政区域土地面积(平方公里)	**Area of Administration(Sq.km)**	**2704**	**2704**	**0.0**
人口和就业	**Population & Employment**			
年末总人口(人)	Total Population Year-end(person)	338260	338457	0.1
# 男性(人)	Male(person)	175018	175214	0.1
# 乡村人口(人)	Rural(person)	174592	175218	0.4
年末总户数(户)	Total Number of Households at the Year-end(Household)	147207	147352	0.1
# 乡村户数(户)	Number of Rural Household(Household)	55852	55932	0.1
出生人口(人)	Births(person)	3463	3487	0.7
死亡人口(人)	Deaths(person)	934	951	1.8
全社会就业人员(人)	Employment(person)	170580	170067	-0.3
第一产业(人)	Primary Industry(person)	65385	65428	0.1
第二产业(人)	Secondary Industry(person)	34241	34314	0.2
第三产业(人)	Tertiary Industry(person)	70954	70325	-0.9
在岗职工人数(人)	Number of Staff & Workers Employed in(person)	15781	15443	-2.1
乡村劳动力(人)	Number of Rural Laborers(person)	82356	94950	15.3
# 农林牧渔业(人)	Farming,Forestry,Animal Husbandry & Fishery(person)	40175	45498	13.2
国民经济综合指标	**Summary Item on the National Economy**			
生产总值(万元)	Gross Domestic Product(10 000 yuan)	1325693	1382038	9.3
第一产业(万元)	Primary Industry(10 000 yuan)	163637	168865	3.9
第二产业(万元)	Secondary Industry(10 000 yuan)	798884	818640	11.3
# 工业(万元)	Industry(10 000 yuan)	758406	767640	11.5
第三产业(万元)	Tertiary Industry(10 000 yuan)	363173	394533	6.6
人均生产总值(元)	Per Capita GDP(yuan)	39122	40857	4.4
全社会固定资产投资(万元)	Total Investment in Fixed Assets(10 000 yuan)	466151	581066	24.7
按登记注册类型分	Grouped by Registered Type			
# 国有(万元)	State-owned Enterprises(10 000 yuan)	179243	135417	-24.5
集体(万元)	Collective-owned Enterprises(10 000 yuan)	1301		
有限责任公司(万元)	Limited Liability Corporations(10 000 yuan)	13192	4459	-66.2
股份有限公司(万元)	Share Holding Enterprises(10 000 yuan)	44235		
私营企业(万元)	Private Enterprises(10 000 yuan)	186051	437140	135.0
外商及港澳台投资企业(万元)	Funds from HK,Macao,Taiwan & Foreign(10 000 yuan)	6507		
按城乡渠道分	Grouped by Urban and Rural Area			
城镇(万元)	Urban(10 000 yuan)	425988	517149	21.4
农村(万元)	Rural(10 000 yuan)	40163	63917	59.1
公共财政预算收入(万元)	Public Budgetary Financial Revenue(10 000 yuan)	45380	44882	-1.1
公共财政预算支出(万元)	Public Budgetary Financial Expenditure(10 000 yuan)	227433	242838	6.8
个人储蓄存款余额(万元)	The balance of savings deposits of individuals(10 000 yuan)	492252	494125	0.4
在岗职工工资总额(万元)	Total Wages of Staff & Workers Employed in(10 000 yuan)	82552	84369	2.2
在岗职工平均工资(元)	Average Wage of Staff & Workers Employed in(yuan)	50233	53582	6.7
全体居民人均可支配收入(元)	The per capita disposable income of all residents(yuan)	15848	16643	5.0
城镇常住居民人均可支配收入(元)	The per capita disposable income of urban permanent residents(yuan)	21125	21789	3.1
农村牧区常住居民人均可支配收入(元)	The per capita disposable income of permanent residents of rural and pastoral areas(yuan)	8298	9242	11.4
农村牧区经济	**Economic Development in Rural & Pastoral Area**			
农作物总播种面积(公顷)	Total Sown Area(hectare)	51157	50668	-1.0
# 粮食作物播种面积(公顷)	Sown Area of Grain Crops(hectare)	43910	42667	-2.8
农牧业机械总动力(万千瓦)	Total Power of Agricultural Machinery(10 000 kw)	19.66	19.01	-3.3
化肥施用折纯量(吨)	Consumption of Chemical Fertilizer(ton)	20527	13473	-34.4
农村用电量(万千瓦小时)	Electricity Consumed in Rural Area(10 000 kwh)	1278	1291	1.0
农林牧渔业总产值(万元)	Gross Output of Farming,Forestry,Animal Husbandry & Fishery(10 000 yuan)	257063	267362	4.0
粮食产量(吨)	Yield of Grain(ton)	88003	91915	4.4
油料产量(吨)	Yield of Oil-bearing Grops(ton)	1700	1800	5.9
甜菜产量(吨)	Yield of Beetroots(ton)		23369	
猪牛羊肉产量(吨)	Output of Pork, Beef & Mutton(ton)	20823	22129	6.3
# 猪肉产量(吨)	Output of Pork(ton)	4299	4244	-1.3
牛肉产量(吨)	Output of Beef(ton)	2735	3300	20.7
羊肉产量(吨)	Output of Mutton(ton)	13789	14585	5.8
羊毛产量(吨)	Output of Wool(ton)	1100	1023	-7.0

23-81 Fengzhen City in Wulanchabu City

指　标	Item	2013	2014	2014年比上年增长% Increase Rate in 2014 Over 2013(%)
年末牲畜存栏头数(万头只)	Total Livestock at the Year-end(10 000 heads)	51.28	51.06	-0.4
#大牲畜(万头只)	Large Animals(10 000 heads)	4.01	3.79	-5.5
羊(万只)	Sheep & Goats(10 000 heads)	43.53	43.53	0.0
猪(万头)	Hogs(10 000 heads)	3.74	3.74	0.0
规模以上工业	**Industrial Enterprises above Designated size**			
工业企业单位数(个)	Number of Industrial Enterprises(unit)	46	44	-4.3
#内资企业(个)	Civil Funded Enterprises(unit)	45	43	-4.4
工业总产值(万元)	Gross Industrial Output Value(10 000 yuan)	2280223	1995430	-12.5
内资企业(万元)	Civil Funded Enterprises(10 000 yuan)	2055213	1909405	-7.1
国有企业(万元)	State-owned Enterprises(10 000 yuan)		31656	
集体企业(万元)	Collective-owned Enterprises(10 000 yuan)	25312		
股份合作企业(万元)	Share Holding Enterprises(10 000 yuan)	6575		
联营企业(万元)	Joint Owned Enterprises(10 000 yuan)			
有限责任公司(万元)	Limited Company(10 000 yuan)		1229727	
股份有限公司(万元)	Share Holding Limited Company(10 000 yuan)	1898634	122459	-93.6
私营企业(万元)	Privately Owned Enterprises(10 000 yuan)		525563	
其他企业(万元)	Enterprises of Other Ownership(10 000 yuan)	124692		
港澳台商投资企业(万元)	Funds from HK,Macao & Taiwan(10 000 yuan)			
外商投资企业(万元)	Foreign Funded Enterprises(10 000 yuan)	225010	86025	-61.8
工业企业增加值(万元)	Value Added of Industrial Enterprises(10 000 yuan)			
工业企业资产总计(万元)	Total Assets of Industrial Enterprises(10 000 yuan)	1542348	17173813	1013.5
工业企业负债合计(万元)	Total Liabilities of Industrial Enterprises(10 000 yuan)	1485028	1580013	6.4
工业企业产品销售收入(万元)	Sales of Revenue Industrial Enterprises(10 000 yuan)	2196189	1966162	-10.5
工业企业利润总额(万元)	Total Profits of Industrial Enterprises(10 000 yuan)	-8534	-9902	16.0
建筑业	**Construction**			
建筑企业单位数(个)	Number of Construction Enterprises(unit)	3	3	0.0
建筑企业从业人员(人)	Number of Employee in Construction Enterprises(person)	128	130	1.6
建筑业总产值(万元)	Gross Construction Output Value(10 000 yuan)	11323	11295	-0.2
交通运输邮电通信业	**Transportation,Post & Telecommunications**			
公路里程(公里)	Total Length of Highways(km)	658	694	5.5
邮电业务总量(万元)	Business Volume of Post & Telecoms(10 000 yuan)	7721	7851	1.7
本地电话用户(户)	Number of Subscribers of Local Telephone(Household)	44928	45104	0.4
国内贸易	**Domestic Trade**			
社会消费品零售总额(万元)	Total Retail Sales of Consumer Goods(10 000 yuan)	291561	323326	10.9
城镇(万元)	Town(10 000 yuan)	220614	241492	9.5
乡村(万元)	Village(10 000 yuan)	70948	81834	15.3
科技教育卫生	**Science,Education & Public Health**			
各类专业技术人员(人)	Special Technical Personnel(person)	1245	1368	9.9
幼儿园数(所)	Number of Kindergartens(unit)	3	5	66.7
学龄儿童入学率(%)	Percentage of School-Age Children Enrolled(%)	100.0	100.0	0.0
小学学校数(所)	Number of Primary Schools(unit)	15	15	0.0
小学专任教师数(人)	Number of Full-time Teachers of Primary Schools(person)	1464	1490	1.8
小学在校学生数(人)	Number of Student Enrollment of Primary Schools(person)	10513	10437	-0.7
普通中学学校数(所)	Number of Regular Secondary Schools(unit)	11	11	0.0
普通中学专任教师数(人)	Number of Teachers of Secondary Shools(person)	741	749	1.1
初中在校学生数(人)	Number of Student in Junior Secondary Schools(person)	4844	4895	1.1
高中在校学生数(人)	Number of Student in Senior Secondary Schools(person)	2737	2713	-0.9
卫生机构数(所)	Number of Health Institutions(unit)	124	133	7.3
#医院(所)	Hospitals(unit)	3	3	0.0
卫生院(所)	Township Hospitals(unit)	16	16	0.0
床位数(张)	Number of Beds(unit)	482	515	6.8
#医院(张)	Hospitals(unit)	346	395	14.2
卫生院(张)	Township Hospitals(unit)	104	104	0.0
卫生技术人员(人)	Medical Technical Presonnel(person)	724	796	9.9
#医院(人)	Hospitals(person)	369	451	22.2
卫生院(人)	Township Hospitals(person)	107	108	0.9

23-82 乌兰察布市卓资县

指　标	Item	2013	2014	2014年比上年增长% Increase Rate in 2014 Over 2013(%)
行政区域土地面积(平方公里)	**Area of Administration(Sq.km)**	**3119**	**3119**	**0.0**
人口和就业	**Population & Employment**			
年末总人口(人)	Total Population Year-end(person)	214158	211301	-1.3
#男性(人)	Male(person)	114133	113547	-0.5
#乡村人口(人)	Rural(person)	88457		
年末总户数(户)	Total Number of Households at the Year-end(Household)	96669	96635	0.0
#乡村户数(户)	Number of Rural Household(Household)	29879	29714	-0.6
出生人口(人)	Births(person)	1905	1720	-9.7
死亡人口(人)	Deaths(person)	770	831	7.9
全社会就业人员(人)	Employment(person)	147920	147084	-0.6
第一产业(人)	Primary Industry(person)	66912	66328	-0.9
第二产业(人)	Secondary Industry(person)	25687	25732	0.2
第三产业(人)	Tertiary Industry(person)	55321	55024	-0.5
在岗职工人数(人)	Number of Staff & Workers Employed in(person)	7359	7572	2.9
乡村劳动力(人)	Number of Rural Laborers(person)	65760	65620	-0.2
#农林牧渔业(人)	Farming,Forestry,Animal Husbandry & Fishery(person)	36874	37309	1.2
国民经济综合指标	**Summary Item on the National Economy**			
生产总值(万元)	Gross Domestic Product(10 000 yuan)	568841	614272	9.2
第一产业(万元)	Primary Industry(10 000 yuan)	89221	91622	3.7
第二产业(万元)	Secondary Industry(10 000 yuan)	284187	311183	12.9
#工业(万元)	Industry(10 000 yuan)	251193	275996	13.6
第三产业(万元)	Tertiary Industry(10 000 yuan)	195433	211467	5.7
人均生产总值(元)	Per Capita GDP(yuan)	26507	28683	8.2
全社会固定资产投资(万元)	Total Investment in Fixed Assets(10 000 yuan)	335223	336674	0.4
按登记注册类型分	Grouped by Registered Type			
#国有(万元)	State-owned Enterprises(10 000 yuan)	109175	108957	-0.2
集体(万元)	Collective-owned Enterprises(10 000 yuan)	910		
有限责任公司(万元)	Limited Liability Corporations(10 000 yuan)	79196	161710	104.2
股份有限公司(万元)	Share Holding Enterprises(10 000 yuan)	10950		
私营企业(万元)	Private Enterprises(10 000 yuan)	130173	66007	-49.3
外商及港澳台投资企业(万元)	Funds from HK,Macao,Taiwan & Foreign(10 000 yuan)	4819		
按城乡渠道分	Grouped by Urban and Rural Area			
城镇(万元)	Urban(10 000 yuan)	306380	299640	-2.2
农村(万元)	Rural(10 000 yuan)	28843	37034	28.4
公共财政预算收入(万元)	Public Budgetary Financial Revenue(10 000 yuan)	27162	25125	-7.5
公共财政预算支出(万元)	Public Budgetary Financial Expenditure(10 000 yuan)	167481	177404	5.9
个人储蓄存款余额(万元)	The balance of savings deposits of individuals(10 000 yuan)	219143	221472	1.1
在岗职工工资总额(万元)	Total Wages of Staff & Workers Employed in(10 000 yuan)	36900	38093	3.2
在岗职工平均工资(元)	Average Wage of Staff & Workers Employed in(yuan)	49484	52220	5.5
全体居民人均可支配收入(元)	The per capita disposable income of all residents(yuan)	12993	13728	5.7
城镇常住居民人均可支配收入(元)	The per capita disposable income of urban permanent residents(yuan)	21527	22203	3.1
农村牧区常住居民人均可支配收入(元)	The per capita disposable income of permanent residents of rural and pastoral areas(yuan)	7021	7879	12.2
农村牧区经济	**Economic Development in Rural & Pastoral Area**			
农作物总播种面积(公顷)	Total Sown Area(hectare)	41677	40350	-3.2
#粮食作物播种面积(公顷)	Sown Area of Grain Crops(hectare)	33199	30245	-8.9
农牧业机械总动力(万千瓦)	Total Power of Agricultural Machinery(10 000 kw)	10.22	10.49	2.6
化肥施用折纯量(吨)	Consumption of Chemical Fertilizer(ton)	2975	2962	-0.4
农村用电量(万千瓦小时)	Electricity Consumed in Rural Area(10 000 kwh)	815	823	1.0
农林牧渔业总产值(万元)	Gross Output of Farming,Forestry,Animal Husbandry & Fishery(10 000 yuan)	154315	157699	2.2
粮食产量(吨)	Yield of Grain(ton)	75870	70961	-6.5
油料产量(吨)	Yield of Oil-bearing Grops(ton)	3226	3847	19.2
甜菜产量(吨)	Yield of Beetroots(ton)	18130	15750	-13.1
猪牛羊肉产量(吨)	Output of Pork, Beef & Mutton(ton)	14959	15383	2.8
#猪肉产量(吨)	Output of Pork(ton)	3589	3680	2.5
牛肉产量(吨)	Output of Beef(ton)	3479	3380	-2.8
羊肉产量(吨)	Output of Mutton(ton)	7891	8323	5.5
羊毛产量(吨)	Output of Wool(ton)	552	550	-0.4

23-82 Zhuozi County in Wulanchabu City

指　标	Item	2013	2014	2014年比上年增长% Increase Rate in 2014 Over 2013(%)
年末牲畜存栏头数(万头只)	Total Livestock at the Year-end(10 000 heads)	35.99	37.65	4.6
#大牲畜(万头只)	Large Animals(10 000 heads)	3.43	3.42	-0.3
羊(万只)	Sheep & Goats(10 000 heads)	28.79	30.43	5.7
猪(万头)	Hogs(10 000 heads)	3.78	3.80	0.5
规模以上工业	**Industrial Enterprises above Designated size**			
工业企业单位数(个)	Number of Industrial Enterprises(unit)	30	24	-20.0
#内资企业(个)	Civil Funded Enterprises(unit)	30	24	-20.0
工业总产值(万元)	Gross Industrial Output Value(10 000 yuan)	721845	819812	13.6
内资企业(万元)	Civil Funded Enterprises(10 000 yuan)	721845	819812	13.6
国有企业(万元)	State-owned Enterprises(10 000 yuan)	27127	18830	-30.6
集体企业(万元)	Collective-owned Enterprises(10 000 yuan)			
股份合作企业(万元)	Share Holding Enterprises(10 000 yuan)	60240		
联营企业(万元)	Joint Owned Enterprises(10 000 yuan)			
有限责任公司(万元)	Limited Company(10 000 yuan)	594096	550322	-7.4
股份有限公司(万元)	Share Holding Limited Company(10 000 yuan)		7726	
私营企业(万元)	Privately Owned Enterprises(10 000 yuan)		242934	
其他企业(万元)	Enterprises of Other Ownership(10 000 yuan)	40383		
港澳台商投资企业(万元)	Funds from HK,Macao & Taiwan(10 000 yuan)			
外商投资企业(万元)	Foreign Funded Enterprises(10 000 yuan)			
工业企业增加值(万元)	Value Added of Industrial Enterprises(10 000 yuan)			
工业企业资产总计(万元)	Total Assets of Industrial Enterprises(10 000 yuan)	1223857	1782354	45.6
工业企业负债合计(万元)	Total Liabilities of Industrial Enterprises(10 000 yuan)	843126	1224204	45.2
工业企业产品销售收入(万元)	Sales of Revenue Industrial Enterprises(10 000 yuan)	667881	712671	6.7
工业企业利润总额(万元)	Total Profits of Industrial Enterprises(10 000 yuan)	25976	-111935	
建筑业	**Construction**			
建筑企业单位数(个)	Number of Construction Enterprises(unit)	2	2	0.0
建筑企业从业人员(人)	Number of Employee in Construction Enterprises(person)	624	606	-2.9
建筑业总产值(万元)	Gross Construction Output Value(10 000 yuan)	9953	11346	14.0
交通运输邮电通信业	**Transportation,Post & Telecommunications**			
公路里程(公里)	Total Length of Highways(km)	973	1007	3.5
邮电业务总量(万元)	Business Volume of Post & Telecoms(10 000 yuan)	2743	2758	0.5
本地电话用户(户)	Number of Subscribers of Local Telephone(Household)	12687	12741	0.4
国内贸易	**Domestic Trade**			
社会消费品零售总额(万元)	Total Retail Sales of Consumer Goods(10 000 yuan)	137466	152156	10.7
城镇(万元)	Town(10 000 yuan)	92335	101013	9.4
乡村(万元)	Village(10 000 yuan)	45130	51143	13.3
科技教育卫生	**Science,Education & Public Health**			
各类专业技术人员(人)	Special Technical Personnel(person)	704	781	10.9
幼儿园数(所)	Number of Kindergartens(unit)	14	14	0.0
学龄儿童入学率(%)	Percentage of School-Age Children Enrolled(%)	100.0	100.0	0.0
小学学校数(所)	Number of Primary Schools(unit)	17	17	0.0
小学专任教师数(人)	Number of Full-time Teachers of Primary Schools(person)	541	557	3.0
小学在校学生数(人)	Number of Student Enrollment of Primary Schools(person)	5781	3070	-46.9
普通中学学校数(所)	Number of Regular Secondary Schools(unit)	6	6	0.0
普通中学专任教师数(人)	Number of Teachers of Secondary Shools(person)	528	537	1.7
初中在校学生数(人)	Number of Student in Junior Secondary Schools(person)	4896	4873	-0.5
高中在校学生数(人)	Number of Student in Senior Secondary Schools(person)	1668	1641	-1.6
卫生机构数(所)	Number of Health Institutions(unit)	161	157	-2.5
#医院(所)	Hospitals(unit)	2	3	50.0
卫生院(所)	Township Hospitals(unit)	18	17	-5.6
床位数(张)	Number of Beds(unit)	259	309	19.3
#医院(张)	Hospitals(unit)	118	165	39.8
卫生院(张)	Township Hospitals(unit)	128	132	3.1
卫生技术人员(人)	Medical Technical Presonnel(person)	337	345	2.4
#医院(人)	Hospitals(person)	89	93	4.5
卫生院(人)	Township Hospitals(person)	124	105	-15.3

23-83 乌兰察布市化德县

指　标	Item	2013	2014	2014年比上年增长% Increase Rate in 2014 Over 2013(%)
行政区域土地面积(平方公里)	**Area of Administration(Sq.km)**	**2534**	**2534**	**0.0**
人口和就业	**Population & Employment**			
年末总人口(人)	Total Population Year-end(person)	173362	174125	0.4
#男性(人)	Male(person)	87823	87932	0.1
#乡村人口(人)	Rural(person)	141015	142504	1.1
年末总户数(户)	Total Number of Households at the Year-end(Household)	76005	76327	0.4
#乡村户数(户)	Number of Rural Household(Household)	27661	28042	1.4
出生人口(人)	Births(person)	1396	1421	1.8
死亡人口(人)	Deaths(person)	562	578	2.8
全社会就业人员(人)	Employment(person)	78831	78891	0.1
第一产业(人)	Primary Industry(person)	46832	46721	-0.2
第二产业(人)	Secondary Industry(person)	7214	7258	0.6
第三产业(人)	Tertiary Industry(person)	24785	24912	0.5
在岗职工人数(人)	Number of Staff & Workers Employed in(person)	7743	7981	3.1
乡村劳动力(人)	Number of Rural Laborers(person)	42117	48774	15.8
#农林牧渔业(人)	Farming,Forestry,Animal Husbandry & Fishery(person)	35976	36002	0.1
国民经济综合指标	**Summary Item on the National Economy**			
生产总值(万元)	Gross Domestic Product(10 000 yuan)	425601	470234	8.4
第一产业(万元)	Primary Industry(10 000 yuan)	78549	78246	3.1
第二产业(万元)	Secondary Industry(10 000 yuan)	240082	272879	10.3
#工业(万元)	Industry(10 000 yuan)	220610	236700	11.0
第三产业(万元)	Tertiary Industry(10 000 yuan)	106970	119109	6.9
人均生产总值(元)	Per Capita GDP(yuan)	24303	27124	11.6
全社会固定资产投资(万元)	Total Investment in Fixed Assets(10 000 yuan)	328061	235383	-28.3
按登记注册类型分	Grouped by Registered Type			
#国有(万元)	State-owned Enterprises(10 000 yuan)	16578	76451	361.2
集体(万元)	Collective-owned Enterprises(10 000 yuan)	941	8942	850.3
有限责任公司(万元)	Limited Liability Corporations(10 000 yuan)	81922	10465	-87.2
股份有限公司(万元)	Share Holding Enterprises(10 000 yuan)	32015		
私营企业(万元)	Private Enterprises(10 000 yuan)	134654	126068	-6.4
外商及港澳台投资企业(万元)	Funds from HK,Macao,Taiwan & Foreign(10 000 yuan)	4711		
按城乡渠道分	Grouped by Urban and Rural Area			
城镇(万元)	Urban(10 000 yuan)	300130	209491	-30.2
农村(万元)	Rural(10 000 yuan)	27931	25892	-7.3
公共财政预算收入(万元)	Public Budgetary Financial Revenue(10 000 yuan)	17019	16194	-4.8
公共财政预算支出(万元)	Public Budgetary Financial Expenditure(10 000 yuan)	148479	178452	20.2
个人储蓄存款余额(万元)	The balance of savings deposits of individuals(10 000	160319	161326	0.6
在岗职工工资总额(万元)	Total Wages of Staff & Workers Employed in(10 000 yuan)	37476	38093	1.6
在岗职工平均工资(元)	Average Wage of Staff & Workers Employed in(yuan)	47498	47116	-0.8
全体居民人均可支配收入(元)	The per capita disposable income of all residents(yuan)	13558	14489	6.9
城镇常住居民人均可支配收入(元)	The per capita disposable income of urban permanent residents(yuan)	20802	33737	62.2
农村牧区常住居民人均可支配收入(元)	The per capita disposable income of permanent residents of rural and pastoral areas(yuan)	5786	6522	12.7
农村牧区经济	**Economic Development in Rural & Pastoral Area**			
农作物总播种面积(公顷)	Total Sown Area(hectare)	46383	46981	1.3
#粮食作物播种面积(公顷)	Sown Area of Grain Crops(hectare)	37534	36920	-1.6
农牧业机械总动力(万千瓦)	Total Power of Agricultural Machinery(10 000 kw)	13.03	13.28	1.9
化肥施用折纯量(吨)	Consumption of Chemical Fertilizer(ton)	4170	4025	-3.5
农村用电量(万千瓦小时)	Electricity Consumed in Rural Area(10 000 kwh)	2008	2193	9.2
农林牧渔业总产值(万元)	Gross Output of Farming,Forestry,Animal Husbandry & Fishery(10 000 yuan)	140074	142655	1.8
粮食产量(吨)	Yield of Grain(ton)	65453	49791	-23.9
油料产量(吨)	Yield of Oil-bearing Grops(ton)	1484	1200	-19.1
甜菜产量(吨)	Yield of Beetroots(ton)	63472	63496	0.0
猪牛羊肉产量(吨)	Output of Pork, Beef & Mutton(ton)	13923	11360	-18.4
#猪肉产量(吨)	Output of Pork(ton)	2894	2810	-2.9
牛肉产量(吨)	Output of Beef(ton)	2559	2900	13.3
羊肉产量(吨)	Output of Mutton(ton)	8470	5650	-33.3
羊毛产量(吨)	Output of Wool(ton)	622	426	-31.5

23-83 Huade County in Wulanchabu City

指　　标	Item	2013	2014	2014年比上年增长% Increase Rate in 2014 Over 2013(%)
年末牲畜存栏头数(万头只)	Total Livestock at the Year-end(10 000 heads)	24.43	22.09	-9.6
#大牲畜(万头只)	Large Animals(10 000 heads)	2.36	2.02	-14.4
羊(万只)	Sheep & Goats(10 000 heads)	18.41	17.09	-7.2
猪(万头)	Hogs(10 000 heads)	3.65	2.99	-18.1
规模以上工业	**Industrial Enterprises above Designated size**			
工业企业单位数(个)	Number of Industrial Enterprises(unit)	34	29	-14.7
#内资企业(个)	Civil Funded Enterprises(unit)	33	28	-15.2
工业总产值(万元)	Gross Industrial Output Value(10 000 yuan)	559236	718213	28.4
内资企业(万元)	Civil Funded Enterprises(10 000 yuan)	548781	621893	13.3
国有企业(万元)	State-owned Enterprises(10 000 yuan)	65974		
集体企业(万元)	Collective-owned Enterprises(10 000 yuan)			
股份合作企业(万元)	Share Holding Enterprises(10 000 yuan)			
联营企业(万元)	Joint Owned Enterprises(10 000 yuan)			
有限责任公司(万元)	Limited Company(10 000 yuan)		204857	
股份有限公司(万元)	Share Holding Limited Company(10 000 yuan)	340247	41636	-87.8
私营企业(万元)	Privately Owned Enterprises(10 000 yuan)		375400	
其他企业(万元)	Enterprises of Other Ownership(10 000 yuan)	142560		
港澳台商投资企业(万元)	Funds from HK,Macao & Taiwan(10 000 yuan)	10455		
外商投资企业(万元)	Foreign Funded Enterprises(10 000 yuan)		96320	
工业企业增加值(万元)	Value Added of Industrial Enterprises(10 000 yuan)			
工业企业资产总计(万元)	Total Assets of Industrial Enterprises(10 000 yuan)	648083	692183	6.8
工业企业负债合计(万元)	Total Liabilities of Industrial Enterprises(10 000 yuan)	393076	427999	8.9
工业企业产品销售收入(万元)	Sales of Revenue Industrial Enterprises(10 000 yuan)	527294	606328	15.0
工业企业利润总额(万元)	Total Profits of Industrial Enterprises(10 000 yuan)	23756	15954	-32.8
建筑业	**Construction**			
建筑企业单位数(个)	Number of Construction Enterprises(unit)	2	2	0.0
建筑企业从业人员(人)	Number of Employee in Construction Enterprises(person)	642	678	5.6
建筑业总产值(万元)	Gross Construction Output Value(10 000 yuan)	12085	12159	0.6
交通运输邮电通信业	**Transportation,Post & Telecommunications**			
公路里程(公里)	Total Length of Highways(km)	1346	1378	2.4
邮电业务总量(万元)	Business Volume of Post & Telecoms(10 000 yuan)	3214	3297	2.6
本地电话用户(户)	Number of Subscribers of Local Telephone(Household)	16854	16924	0.4
国内贸易	**Domestic Trade**			
社会消费品零售总额(万元)	Total Retail Sales of Consumer Goods(10 000 yuan)	117305	130874	11.6
城镇(万元)	Town(10 000 yuan)	79317	87029	9.7
乡村(万元)	Village(10 000 yuan)	37988	43844	15.4
科技教育卫生	**Science,Education & Public Health**			
各类专业技术人员(人)	Special Technical Personnel(person)	674	704	4.5
幼儿园数(所)	Number of Kindergartens(unit)	11	14	27.3
学龄儿童入学率(%)	Percentage of School-Age Children Enrolled(%)	100.0	100.0	0.0
小学学校数(所)	Number of Primary Schools(unit)	13	13	0.0
小学专任教师数(人)	Number of Full-time Teachers of Primary Schools(person)	532	502	-5.6
小学在校学生数(人)	Number of Student Enrollment of Primary Schools(person)	5060	4789	-5.4
普通中学学校数(所)	Number of Regular Secondary Schools(unit)	3	3	0.0
普通中学专任教师数(人)	Number of Teachers of Secondary Shools(person)	294	302	2.7
初中在校学生数(人)	Number of Student in Junior Secondary Schools(person)	3278	3124	-4.7
高中在校学生数(人)	Number of Student in Senior Secondary Schools(person)	2296	2214	-3.6
卫生机构数(所)	Number of Health Institutions(unit)	129	130	0.8
#医院(所)	Hospitals(unit)	2	2	0.0
卫生院(所)	Township Hospitals(unit)	12	11	-8.3
床位数(张)	Number of Beds(unit)	334	408	22.2
#医院(张)	Hospitals(unit)	184	251	36.4
卫生院(张)	Township Hospitals(unit)	87	82	-5.7
卫生技术人员(人)	Medical Technical Presonnel(person)	392	443	13.0
#医院(人)	Hospitals(person)	131	176	34.4
卫生院(人)	Township Hospitals(person)	79	68	-13.9

23-84 乌兰察布市商都县

指　标	Item	2013	2014	2014年比上年增长% Increase Rate in 2014 Over 2013(%)
行政区域土地面积(平方公里)	**Area of Administration(Sq.km)**	**4304**	**4304**	**0.0**
人口和就业	**Population & Employment**			
年末总人口(人)	Total Population Year-end(person)	342850	341258	-0.5
#男性(人)	Male(person)	175494	174652	-0.5
#乡村人口(人)	Rural(person)	284127	285123	0.4
年末总户数(户)	Total Number of Households at the Year-end(Household)	145317	144852	-0.3
#乡村户数(户)	Number of Rural Household(Household)	44826	44253	-1.3
出生人口(人)	Births(person)	2979	2865	-3.8
死亡人口(人)	Deaths(person)	1583	1532	-3.2
全社会就业人员(人)	Employment(person)	186851	185900	-0.5
第一产业(人)	Primary Industry(person)	108452	107245	-1.1
第二产业(人)	Secondary Industry(person)	17041	17128	0.5
第三产业(人)	Tertiary Industry(person)	61358	61527	0.3
在岗职工人数(人)	Number of Staff & Workers Employed in(person)	9914	10234	3.2
乡村劳动力(人)	Number of Rural Laborers(person)	93690	98606	5.2
#农林牧渔业(人)	Farming,Forestry,Animal Husbandry & Fishery(person)	73561	77468	5.3
国民经济综合指标	**Summary Item on the National Economy**			
生产总值(万元)	Gross Domestic Product(10 000 yuan)	580235	625167	8.9
第一产业(万元)	Primary Industry(10 000 yuan)	141962	136764	2.1
第二产业(万元)	Secondary Industry(10 000 yuan)	266088	294974	13.8
#工业(万元)	Industry(10 000 yuan)	239443	264154	14.1
第三产业(万元)	Tertiary Industry(10 000 yuan)	172184	193429	5.6
人均生产总值(元)	Per Capita GDP(yuan)	16922	18234	7.8
全社会固定资产投资(万元)	Total Investment in Fixed Assets(10 000 yuan)	181820	253822	39.6
按登记注册类型分	Grouped by Registered Type			
#国有(万元)	State-owned Enterprises(10 000 yuan)	75412	55649	-26.2
集体(万元)	Collective-owned Enterprises(10 000 yuan)	762		
有限责任公司(万元)	Limited Liability Corporations(10 000 yuan)	66351	1300	-98.0
股份有限公司(万元)	Share Holding Enterprises(10 000 yuan)	25930	41448	59.8
私营企业(万元)	Private Enterprises(10 000 yuan)	9060	81287	797.2
外商及港澳台投资企业(万元)	Funds from HK,Macao,Taiwan & Foreign(10 000 yuan)	3817		
按城乡渠道分	Grouped by Urban and Rural Area			
城镇(万元)	Urban(10 000 yuan)	164282	222602	35.5
农村(万元)	Rural(10 000 yuan)	17538	31220	78.0
公共财政预算收入(万元)	Public Budgetary Financial Revenue(10 000 yuan)	15543	15491	-0.3
公共财政预算支出(万元)	Public Budgetary Financial Expenditure(10 000 yuan)	192037	227731	18.6
个人储蓄存款余额(万元)	The balance of savings deposits of individuals(10 000	234211	23514	-90.0
在岗职工工资总额(万元)	Total Wages of Staff & Workers Employed in(10 000 yuan)	46155	53846	16.7
在岗职工平均工资(元)	Average Wage of Staff & Workers Employed in(yuan)	46141	52334	13.4
全体居民人均可支配收入(元)	The per capita disposable income of all residents(yuan)	10586	11559	9.2
城镇常住居民人均可支配收入(元)	The per capita disposable income of urban permanent residents(yuan)	18811	20299	7.9
农村牧区常住居民人均可支配收入(元)	The per capita disposable income of permanent residents of rural and pastoral areas(yuan)	6544	7330	12.0
农村牧区经济	**Economic Development in Rural & Pastoral Area**			
农作物总播种面积(公顷)	Total Sown Area(hectare)	79212	90460	14.2
#粮食作物播种面积(公顷)	Sown Area of Grain Crops(hectare)	55512	61828	11.4
农牧业机械总动力(万千瓦)	Total Power of Agricultural Machinery(10 000 kw)	24.26	23.58	-2.8
化肥施用折纯量(吨)	Consumption of Chemical Fertilizer(ton)	10222	10499	2.7
农村用电量(万千瓦小时)	Electricity Consumed in Rural Area(10 000 kwh)	4106	4540	10.6
农林牧渔业总产值(万元)	Gross Output of Farming,Forestry,Animal Husbandry & Fishery(10 000 yuan)	254254	257137	1.1
粮食产量(吨)	Yield of Grain(ton)	117857	82394	-30.1
油料产量(吨)	Yield of Oil-bearing Grops(ton)	7597	7355	-3.2
甜菜产量(吨)	Yield of Beetroots(ton)	103647	243375	134.8
猪牛羊肉产量(吨)	Output of Pork, Beef & Mutton(ton)	20800	21810	4.9
#猪肉产量(吨)	Output of Pork(ton)	4502	4300	-4.5
牛肉产量(吨)	Output of Beef(ton)	1976	1680	-15.0
羊肉产量(吨)	Output of Mutton(ton)	14322	15830	10.5
羊毛产量(吨)	Output of Wool(ton)	1062	980	-7.7

23-84 Shangdu County in Wulanchabu City

指 标	Item	2013	2014	2014年比上年增长% Increase Rate in 2014 Over 2013(%)
年末牲畜存栏头数(万头只)	Total Livestock at the Year-end(10 000 heads)	45.52	46.35	1.8
# 大牲畜(万头只)	Large Animals(10 000 heads)	2.86	2.54	-11.2
羊(万只)	Sheep & Goats(10 000 heads)	37.86	39.24	3.6
猪(万头)	Hogs(10 000 heads)	4.80	4.57	-4.8
规模以上工业	**Industrial Enterprises above Designated size**			
工业企业单位数(个)	Number of Industrial Enterprises(unit)	31	34	9.7
# 内资企业(个)	Civil Funded Enterprises(unit)	30	33	10.0
工业总产值(万元)	Gross Industrial Output Value(10 000 yuan)	762965	676081	-11.4
内资企业(万元)	Civil Funded Enterprises(10 000 yuan)	751983	672305	-10.6
国有企业(万元)	State-owned Enterprises(10 000 yuan)	45985		
集体企业(万元)	Collective-owned Enterprises(10 000 yuan)			
股份合作企业(万元)	Share Holding Enterprises(10 000 yuan)			
联营企业(万元)	Joint Owned Enterprises(10 000 yuan)			
有限责任公司(万元)	Limited Company(10 000 yuan)		209526	
股份有限公司(万元)	Share Holding Limited Company(10 000 yuan)	705999		
私营企业(万元)	Privately Owned Enterprises(10 000 yuan)		462779	
其他企业(万元)	Enterprises of Other Ownership(10 000 yuan)			
港澳台商投资企业(万元)	Funds from HK,Macao & Taiwan(10 000 yuan)		3776	
外商投资企业(万元)	Foreign Funded Enterprises(10 000 yuan)	10982		
工业企业增加值(万元)	Value Added of Industrial Enterprises(10 000 yuan)			
工业企业资产总计(万元)	Total Assets of Industrial Enterprises(10 000 yuan)	496702	579006	16.6
工业企业负债合计(万元)	Total Liabilities of Industrial Enterprises(10 000 yuan)	239966	443326	84.7
工业企业产品销售收入(万元)	Sales of Revenue Industrial Enterprises(10 000 yuan)	736110	636658	-13.5
工业企业利润总额(万元)	Total Profits of Industrial Enterprises(10 000 yuan)	14764	-10977	-174.3
建筑业	**Construction**			
建筑企业单位数(个)	Number of Construction Enterprises(unit)	2	2	0.0
建筑企业从业人员(人)	Number of Employee in Construction Enterprises(person)	195	258	32.3
建筑业总产值(万元)	Gross Construction Output Value(10 000 yuan)	13132	19763	50.5
交通运输邮电通信业	**Transportation,Post & Telecommunications**			
公路里程(公里)	Total Length of Highways(km)	1623	1684	3.8
邮电业务总量(万元)	Business Volume of Post & Telecoms(10 000 yuan)	2932	3012	2.7
本地电话用户(户)	Number of Subscribers of Local Telephone(Household)	32785	32865	0.2
国内贸易	**Domestic Trade**			
社会消费品零售总额(万元)	Total Retail Sales of Consumer Goods(10 000 yuan)	248588	276625	11.3
城镇(万元)	Town(10 000 yuan)	166187	182479	9.8
乡村(万元)	Village(10 000 yuan)	82401	94145	14.3
科技教育卫生	**Science,Education & Public Health**			
各类专业技术人员(人)	Special Technical Personnel(person)	997	1015	1.8
幼儿园数(所)	Number of Kindergartens(unit)	4	4	0.0
学龄儿童入学率(%)	Percentage of School-Age Children Enrolled(%)	100.0	100.0	0.0
小学学校数(所)	Number of Primary Schools(unit)	16	17	6.3
小学专任教师数(人)	Number of Full-time Teachers of Primary Schools(person)	653	648	-0.8
小学在校学生数(人)	Number of Student Enrollment of Primary Schools(person)	9583	9391	-2.0
普通中学学校数(所)	Number of Regular Secondary Schools(unit)	10	10	0.0
普通中学专任教师数(人)	Number of Teachers of Secondary Shools(person)	570	581	1.9
初中在校学生数(人)	Number of Student in Junior Secondary Schools(person)	5529	5539	0.2
高中在校学生数(人)	Number of Student in Senior Secondary Schools(person)	2123	2214	4.3
卫生机构数(所)	Number of Health Institutions(unit)	259	263	1.5
# 医院(所)	Hospitals(unit)	3	3	0.0
卫生院(所)	Township Hospitals(unit)	17	17	0.0
床位数(张)	Number of Beds(unit)	484	535	10.5
# 医院(张)	Hospitals(unit)	310	342	10.3
卫生院(张)	Township Hospitals(unit)	96	99	3.1
卫生技术人员(人)	Medical Technical Presonnel(person)	476	479	0.6
# 医院(人)	Hospitals(person)	241	226	-6.2
卫生院(人)	Township Hospitals(person)	119	109	-8.4

23-85 乌兰察布市兴和县

指　标	Item	2013	2014	2014年比上年增长% Increase Rate in 2014 Over 2013(%)
行政区域土地面积(平方公里)	**Area of Administration(Sq.km)**	**3519**	**3519**	**0.0**
人口和就业	**Population & Employment**			
年末总人口(人)	Total Population Year-end(person)	330798	331257	0.1
#男性(人)	Male(person)	169898	169258	-0.4
#乡村人口(人)	Rural(person)	261218	260351	-0.3
年末总户数(户)	Total Number of Households at the Year-end(Household)	133802	133921	0.1
#乡村户数(户)	Number of Rural Household(Household)	55923	55638	-0.5
出生人口(人)	Births(person)	4076	4256	4.4
死亡人口(人)	Deaths(person)	1295	1387	7.1
全社会就业人员(人)	Employment(person)	190761	190700	0.0
第一产业(人)	Primary Industry(person)	92245	92158	-0.1
第二产业(人)	Secondary Industry(person)	25147	25014	-0.5
第三产业(人)	Tertiary Industry(person)	73369	73528	0.2
在岗职工人数(人)	Number of Staff & Workers Employed in(person)	11784	10279	-12.8
乡村劳动力(人)	Number of Rural Laborers(person)	130365	130162	-0.2
#农林牧渔业(人)	Farming,Forestry,Animal Husbandry & Fishery(person)	92681	93061	0.4
国民经济综合指标	**Summary Item on the National Economy**			
生产总值(万元)	Gross Domestic Product(10 000 yuan)	591131	602079	6.6
第一产业(万元)	Primary Industry(10 000 yuan)	113471	115856	2.8
第二产业(万元)	Secondary Industry(10 000 yuan)	276864	272706	9.4
#工业(万元)	Industry(10 000 yuan)	244091	228032	9.3
第三产业(万元)	Tertiary Industry(10 000 yuan)	200796	213517	4.2
人均生产总值(元)	Per Capita GDP(yuan)	17873	18201	1.8
全社会固定资产投资(万元)	Total Investment in Fixed Assets(10 000 yuan)	233005	299830	28.7
按登记注册类型分	Grouped by Registered Type			
#国有(万元)	State-owned Enterprises(10 000 yuan)	57971	550	-99.1
集体(万元)	Collective-owned Enterprises(10 000 yuan)	1121		
有限责任公司(万元)	Limited Liability Corporations(10 000 yuan)	67580	147148	117.7
股份有限公司(万元)	Share Holding Enterprises(10 000 yuan)	38134	53000	39.0
私营企业(万元)	Private Enterprises(10 000 yuan)	60391	83415	38.1
外商及港澳台投资企业(万元)	Funds from HK,Macao,Taiwan & Foreign(10 000 yuan)	5611		
按城乡渠道分	Grouped by Urban and Rural Area			
城镇(万元)	Urban(10 000 yuan)	212968	266849	25.3
农村(万元)	Rural(10 000 yuan)	20037	32981	64.6
公共财政预算收入(万元)	Public Budgetary Financial Revenue(10 000 yuan)	28503	31174	9.4
公共财政预算支出(万元)	Public Budgetary Financial Expenditure(10 000 yuan)	197581	253261	28.2
个人储蓄存款余额(万元)	The balance of savings deposits of individuals(10 000 yuan)	225694	226319	0.3
在岗职工工资总额(万元)	Total Wages of Staff & Workers Employed in(10 000 yuan)	45929	44265	-3.6
在岗职工平均工资(元)	Average Wage of Staff & Workers Employed in(yuan)	39086	43393	11.0
全体居民人均可支配收入(元)	The per capita disposable income of all residents(yuan)	9381	10334	10.2
城镇常住居民人均可支配收入(元)	The per capita disposable income of urban permanent residents(yuan)	18143	20106	10.8
农村牧区常住居民人均可支配收入(元)	The per capita disposable income of permanent residents of rural and pastoral areas(yuan)	6267	7030	12.2
农村牧区经济	**Economic Development in Rural & Pastoral Area**			
农作物总播种面积(公顷)	Total Sown Area(hectare)	75584	70515	-6.7
#粮食作物播种面积(公顷)	Sown Area of Grain Crops(hectare)	55105	51582	-6.4
农牧业机械总动力(万千瓦)	Total Power of Agricultural Machinery(10 000 kw)	17.97	18.88	5.1
化肥施用折纯量(吨)	Consumption of Chemical Fertilizer(ton)	12040	12490	3.7
农村用电量(万千瓦小时)	Electricity Consumed in Rural Area(10 000 kwh)	2972	2980	0.3
农林牧渔业总产值(万元)	Gross Output of Farming,Forestry,Animal Husbandry & Fishery(10 000 yuan)	204600	206895	1.1
粮食产量(吨)	Yield of Grain(ton)	109775	75580	-31.2
油料产量(吨)	Yield of Oil-bearing Grops(ton)	6360	7136	12.2
甜菜产量(吨)	Yield of Beetroots(ton)	60000	19995	-66.7
猪牛羊肉产量(吨)	Output of Pork, Beef & Mutton(ton)	22144	22781	2.9
#猪肉产量(吨)	Output of Pork(ton)	5274	5200	-1.4
牛肉产量(吨)	Output of Beef(ton)	3183	3150	-1.0
羊肉产量(吨)	Output of Mutton(ton)	13687	14431	5.4
羊毛产量(吨)	Output of Wool(ton)	612	701	14.5

23-85 Xinghe County in Wulanchabu City

指 标	Item	2013	2014	2014年比上年增长% Increase Rate in 2014 Over 2013(%)
年末牲畜存栏头数(万头只)	Total Livestock at the Year-end(10 000 heads)	56.78	57.62	1.5
#大牲畜(万头只)	Large Animals(10 000 heads)	5.05	5.09	0.8
羊(万只)	Sheep & Goats(10 000 heads)	44.91	45.83	2.0
猪(万头)	Hogs(10 000 heads)	6.82	6.70	-1.8
规模以上工业	**Industrial Enterprises above Designated size**			
工业企业单位数(个)	Number of Industrial Enterprises(unit)	21	27	28.6
#内资企业(个)	Civil Funded Enterprises(unit)	19	25	31.6
工业总产值(万元)	Gross Industrial Output Value(10 000 yuan)	719682	484599	-32.7
内资企业(万元)	Civil Funded Enterprises(10 000 yuan)	625448	428269	-31.5
国有企业(万元)	State-owned Enterprises(10 000 yuan)	21251		
集体企业(万元)	Collective-owned Enterprises(10 000 yuan)			
股份合作企业(万元)	Share Holding Enterprises(10 000 yuan)			
联营企业(万元)	Joint Owned Enterprises(10 000 yuan)		1212	
有限责任公司(万元)	Limited Company(10 000 yuan)		195174	
股份有限公司(万元)	Share Holding Limited Company(10 000 yuan)	360346		
私营企业(万元)	Privately Owned Enterprises(10 000 yuan)		231883	
其他企业(万元)	Enterprises of Other Ownership(10 000 yuan)	243852		
港澳台商投资企业(万元)	Funds from HK,Macao & Taiwan(10 000 yuan)			
外商投资企业(万元)	Foreign Funded Enterprises(10 000 yuan)	94234	56330	-40.2
工业企业增加值(万元)	Value Added of Industrial Enterprises(10 000 yuan)			
工业企业资产总计(万元)	Total Assets of Industrial Enterprises(10 000 yuan)	895224	761419	-14.9
工业企业负债合计(万元)	Total Liabilities of Industrial Enterprises(10 000 yuan)	214197	429856	100.7
工业企业产品销售收入(万元)	Sales of Revenue Industrial Enterprises(10 000 yuan)	567211	395347	-30.3
工业企业利润总额(万元)	Total Profits of Industrial Enterprises(10 000 yuan)	-4092	4089	-199.9
建筑业	**Construction**			
建筑企业单位数(个)	Number of Construction Enterprises(unit)	1	1	0.0
建筑企业从业人员(人)	Number of Employee in Construction Enterprises(person)	415	398	-4.1
建筑业总产值(万元)	Gross Construction Output Value(10 000 yuan)	37018	38310	3.5
交通运输邮电通信业	**Transportation,Post & Telecommunications**			
公路里程(公里)	Total Length of Highways(km)	1478	1532	3.7
邮电业务总量(万元)	Business Volume of Post & Telecoms(10 000 yuan)	1502	1578	5.1
本地电话用户(户)	Number of Subscribers of Local Telephone(Household)	16235	16331	0.6
国内贸易	**Domestic Trade**			
社会消费品零售总额(万元)	Total Retail Sales of Consumer Goods(10 000 yuan)	230196	254562	10.6
城镇(万元)	Town(10 000 yuan)	180055	196906	9.4
乡村(万元)	Village(10 000 yuan)	50141	57656	15.0
科技教育卫生	**Science,Education & Public Health**			
各类专业技术人员(人)	Special Technical Personnel(person)	1048	1152	9.9
幼儿园数(所)	Number of Kindergartens(unit)	2	2	0.0
学龄儿童入学率(%)	Percentage of School-Age Children Enrolled(%)	100.0	100.0	0.0
小学学校数(所)	Number of Primary Schools(unit)	26	24	-7.7
小学专任教师数(人)	Number of Full-time Teachers of Primary Schools(person)	942	857	-9.0
小学在校学生数(人)	Number of Student Enrollment of Primary Schools(person)	9883	9742	-1.4
普通中学学校数(所)	Number of Regular Secondary Schools(unit)	6	6	0.0
普通中学专任教师数(人)	Number of Teachers of Secondary Shools(person)	448	451	0.7
初中在校学生数(人)	Number of Student in Junior Secondary Schools(person)	4255	4166	-2.1
高中在校学生数(人)	Number of Student in Senior Secondary Schools(person)	1465	1528	4.3
卫生机构数(所)	Number of Health Institutions(unit)	169	175	3.6
#医院(所)	Hospitals(unit)	2	2	0.0
卫生院(所)	Township Hospitals(unit)	14	14	0.0
床位数(张)	Number of Beds(unit)	431	644	49.4
#医院(张)	Hospitals(unit)	231	430	86.1
卫生院(张)	Township Hospitals(unit)	116	123	6.0
卫生技术人员(人)	Medical Technical Presonnel(person)	501	471	-6.0
#医院(人)	Hospitals(person)	194	181	-6.7
卫生院(人)	Township Hospitals(person)	130	125	-3.8

23-86 乌兰察布市凉城县

指　标	Item	2013	2014	2014年比上年增长% Increase Rate in 2014 Over 2013(%)
行政区域土地面积(平方公里)	**Area of Administration(Sq.km)**	**3451**	**3451**	**0.0**
人口和就业	**Population & Employment**			
年末总人口(人)	Total Population Year-end(person)	244364	243125	-0.5
#男性(人)	Male(person)	128862	128354	-0.4
#乡村人口(人)	Rural(person)	195193	194358	-0.4
年末总户数(户)	Total Number of Households at the Year-end(Household)	104884	103854	-1.0
#乡村户数(户)	Number of Rural Household(Household)	52478	52361	-0.2
出生人口(人)	Births(person)	2392	2451	2.5
死亡人口(人)	Deaths(person)	828	912	10.1
全社会就业人员(人)	Employment(person)	194344	194791	0.2
第一产业(人)	Primary Industry(person)	80145	80235	0.1
第二产业(人)	Secondary Industry(person)	29874	29965	0.3
第三产业(人)	Tertiary Industry(person)	84325	84591	0.3
在岗职工人数(人)	Number of Staff & Workers Employed in(person)	9551	9227	-3.4
乡村劳动力(人)	Number of Rural Laborers(person)	132181	132988	0.6
#农林牧渔业(人)	Farming,Forestry,Animal Husbandry & Fishery(person)	83207	85433	2.7
国民经济综合指标	**Summary Item on the National Economy**			
生产总值(万元)	Gross Domestic Product(10 000 yuan)	761612	735273	5.3
第一产业(万元)	Primary Industry(10 000 yuan)	173124	179145	4.1
第二产业(万元)	Secondary Industry(10 000 yuan)	392320	344980	5.8
#工业(万元)	Industry(10 000 yuan)	331948	328744	5.5
第三产业(万元)	Tertiary Industry(10 000 yuan)	196168	211148	5.3
人均生产总值(元)	Per Capita GDP(yuan)	31095	30089	-3.2
全社会固定资产投资(万元)	Total Investment in Fixed Assets(10 000 yuan)	143614	211500	47.3
按登记注册类型分	Grouped by Registered Type			
#国有(万元)	State-owned Enterprises(10 000 yuan)	72201	71000	-1.7
集体(万元)	Collective-owned Enterprises(10 000 yuan)	401		
有限责任公司(万元)	Limited Liability Corporations(10 000 yuan)	34876	98166	181.5
股份有限公司(万元)	Share Holding Enterprises(10 000 yuan)			
私营企业(万元)	Private Enterprises(10 000 yuan)	30325	40134	32.3
外商及港澳台投资企业(万元)	Funds from HK,Macao,Taiwan & Foreign(10 000 yuan)	2006		
按城乡渠道分	Grouped by Urban and Rural Area			
城镇(万元)	Urban(10 000 yuan)	131265	188235	43.4
农村(万元)	Rural(10 000 yuan)	12349	23265	88.4
公共财政预算收入(万元)	Public Budgetary Financial Revenue(10 000 yuan)	35188	33200	-5.6
公共财政预算支出(万元)	Public Budgetary Financial Expenditure(10 000 yuan)	160725	188012	17.0
个人储蓄存款余额(万元)	The balance of savings deposits of individuals(10 000 yuan)	286307	288125	0.6
在岗职工工资总额(万元)	Total Wages of Staff & Workers Employed in(10 000 yuan)	52192	53628	2.8
在岗职工平均工资(元)	Average Wage of Staff & Workers Employed in(yuan)	54378	58508	7.6
全体居民人均可支配收入(元)	The per capita disposable income of all residents(yuan)	11875	12994	9.4
城镇常住居民人均可支配收入(元)	The per capita disposable income of urban permanent residents(yuan)	20151	22005	9.2
农村牧区常住居民人均可支配收入(元)	The per capita disposable income of permanent residents of rural and pastoral areas(yuan)	7824	8763	12.0
农村牧区经济	**Economic Development in Rural & Pastoral Area**			
农作物总播种面积(公顷)	Total Sown Area(hectare)	63717	63966	0.4
#粮食作物播种面积(公顷)	Sown Area of Grain Crops(hectare)	54320	54621	0.6
农牧业机械总动力(万千瓦)	Total Power of Agricultural Machinery(10 000 kw)	24.43	24.90	1.9
化肥施用折纯量(吨)	Consumption of Chemical Fertilizer(ton)	11300	15493	37.1
农村用电量(万千瓦小时)	Electricity Consumed in Rural Area(10 000 kwh)	2989	3110	4.0
农林牧渔业总产值(万元)	Gross Output of Farming,Forestry,Animal Husbandry & Fishery(10 000 yuan)	287029	294490	2.6
粮食产量(吨)	Yield of Grain(ton)	255000	254220	-0.3
油料产量(吨)	Yield of Oil-bearing Grops(ton)	3073	4252	38.4
甜菜产量(吨)	Yield of Beetroots(ton)	162792	76590	-53.0
猪牛羊肉产量(吨)	Output of Pork, Beef & Mutton(ton)	22924	25280	10.3
#猪肉产量(吨)	Output of Pork(ton)	4558	4600	0.9
牛肉产量(吨)	Output of Beef(ton)	4348	3750	-13.8
羊肉产量(吨)	Output of Mutton(ton)	14018	16930	20.8
羊毛产量(吨)	Output of Wool(ton)	683	768	12.4

23-86 Liangcheng County in Wulanchabu City

指　标	Item	2013	2014	2014年比上年增长% Increase Rate in 2014 Over 2013(%)
年末牲畜存栏头数(万头只)	Total Livestock at the Year-end(10 000 heads)	38.18	41.99	10.0
#大牲畜(万头只)	Large Animals(10 000 heads)	8.55	7.49	-12.4
羊(万只)	Sheep & Goats(10 000 heads)	26.01	30.95	19.0
猪(万头)	Hogs(10 000 heads)	3.63	3.55	-2.2
规模以上工业	**Industrial Enterprises above Designated size**			
工业企业单位数(个)	Number of Industrial Enterprises(unit)	12	10	-16.7
#内资企业(个)	Civil Funded Enterprises(unit)	12	10	-16.7
工业总产值(万元)	Gross Industrial Output Value(10 000 yuan)	558034	505908	-9.3
内资企业(万元)	Civil Funded Enterprises(10 000 yuan)	558034	505908	-9.3
国有企业(万元)	State-owned Enterprises(10 000 yuan)	7423		
集体企业(万元)	Collective-owned Enterprises(10 000 yuan)			
股份合作企业(万元)	Share Holding Enterprises(10 000 yuan)	17657		
联营企业(万元)	Joint Owned Enterprises(10 000 yuan)			
有限责任公司(万元)	Limited Company(10 000 yuan)	473323	438563	-7.3
股份有限公司(万元)	Share Holding Limited Company(10 000 yuan)			
私营企业(万元)	Privately Owned Enterprises(10 000 yuan)		67345	
其他企业(万元)	Enterprises of Other Ownership(10 000 yuan)	59631		
港澳台商投资企业(万元)	Funds from HK,Macao & Taiwan(10 000 yuan)			
外商投资企业(万元)	Foreign Funded Enterprises(10 000 yuan)			
工业企业增加值(万元)	Value Added of Industrial Enterprises(10 000 yuan)			
工业企业资产总计(万元)	Total Assets of Industrial Enterprises(10 000 yuan)	954064	949695	-0.5
工业企业负债合计(万元)	Total Liabilities of Industrial Enterprises(10 000 yuan)	570491	564978	-1.0
工业企业产品销售收入(万元)	Sales of Revenue Industrial Enterprises(10 000 yuan)	553359	503859	-8.9
工业企业利润总额(万元)	Total Profits of Industrial Enterprises(10 000 yuan)	120819	108609	-10.1
建筑业	**Construction**			
建筑企业单位数(个)	Number of Construction Enterprises(unit)	2	2	0.0
建筑企业从业人员(人)	Number of Employee in Construction Enterprises(person)	466	254	-45.5
建筑业总产值(万元)	Gross Construction Output Value(10 000 yuan)	4240	4303	1.5
交通运输邮电通信业	**Transportation,Post & Telecommunications**			
公路里程(公里)	Total Length of Highways(km)	1678	1697	1.1
邮电业务总量(万元)	Business Volume of Post & Telecoms(10 000 yuan)	239	245	2.5
本地电话用户(户)	Number of Subscribers of Local Telephone(Household)	18475	18523	0.3
国内贸易	**Domestic Trade**			
社会消费品零售总额(万元)	Total Retail Sales of Consumer Goods(10 000 yuan)	156281	173295	10.9
城镇(万元)	Town(10 000 yuan)	111215	121717	9.4
乡村(万元)	Village(10 000 yuan)	45066	51578	14.4
科技教育卫生	**Science,Education & Public Health**			
各类专业技术人员(人)	Special Technical Personnel(person)	201	245	21.9
幼儿园数(所)	Number of Kindergartens(unit)	7	7	0.0
学龄儿童入学率(%)	Percentage of School-Age Children Enrolled(%)	100.0	100.0	0.0
小学学校数(所)	Number of Primary Schools(unit)	18	18	0.0
小学专任教师数(人)	Number of Full-time Teachers of Primary Schools(person)	716	698	-2.5
小学在校学生数(人)	Number of Student Enrollment of Primary Schools(person)	6872	6628	-3.6
普通中学学校数(所)	Number of Regular Secondary Schools(unit)	6	6	0.0
普通中学专任教师数(人)	Number of Teachers of Secondary Shools(person)	517	521	0.8
初中在校学生数(人)	Number of Student in Junior Secondary Schools(person)	4498	4402	-2.1
高中在校学生数(人)	Number of Student in Senior Secondary Schools(person)	2942	2863	-2.7
卫生机构数(所)	Number of Health Institutions(unit)	170	171	0.6
#医院(所)	Hospitals(unit)	2	3	50.0
卫生院(所)	Township Hospitals(unit)	20	19	-5.0
床位数(张)	Number of Beds(unit)	391	414	5.9
#医院(张)	Hospitals(unit)	271	292	7.7
卫生院(张)	Township Hospitals(unit)	116	115	-0.9
卫生技术人员(人)	Medical Technical Presonnel(person)	392	462	17.9
#医院(人)	Hospitals(person)	185	259	40.0
卫生院(人)	Township Hospitals(person)	110	116	5.5

23-87 乌兰察布市察哈尔右翼前旗

指　标	Item	2013	2014	2014年比上年增长% Increase Rate in 2014 Over 2013(%)
行政区域土地面积(平方公里)	**Area of Administration(Sq.km)**	**2734**	**2734**	**0.0**
人口和就业	**Population & Employment**			
年末总人口(人)	Total Population Year-end(person)	221177	221245	0.0
#男性(人)	Male(person)	113874	113742	-0.1
#乡村人口(人)	Rural(person)	182954	183257	0.2
年末总户数(户)	Total Number of Households at the Year-end(Household)	102299	102158	-0.1
#乡村户数(户)	Number of Rural Household(Household)	42686	42536	-0.4
出生人口(人)	Births(person)	2089	2145	2.7
死亡人口(人)	Deaths(person)	521	467	-10.4
全社会就业人员(人)	Employment(person)	122971	123939	0.8
第一产业(人)	Primary Industry(person)	68201	68325	0.2
第二产业(人)	Secondary Industry(person)	20458	21157	3.4
第三产业(人)	Tertiary Industry(person)	34312	34457	0.4
在岗职工人数(人)	Number of Staff & Workers Employed in(person)	11629	10771	-7.4
乡村劳动力(人)	Number of Rural Laborers(person)	87431	78161	-10.6
#农林牧渔业(人)	Farming,Forestry,Animal Husbandry & Fishery(person)	66405	57888	-12.8
国民经济综合指标	**Summary Item on the National Economy**			
生产总值(万元)	Gross Domestic Product(10 000 yuan)	900872	897955	5.1
第一产业(万元)	Primary Industry(10 000 yuan)	141678	141849	3.9
第二产业(万元)	Secondary Industry(10 000 yuan)	559164	532489	4.7
#工业(万元)	Industry(10 000 yuan)	504346	479030	4.4
第三产业(万元)	Tertiary Industry(10 000 yuan)	200029	223617	7.0
人均生产总值(元)	Per Capita GDP(yuan)	39662	40599	2.4
全社会固定资产投资(万元)	Total Investment in Fixed Assets(10 000 yuan)	426470	532593	24.9
按登记注册类型分	Grouped by Registered Type			
#国有(万元)	State-owned Enterprises(10 000 yuan)			
集体(万元)	Collective-owned Enterprises(10 000 yuan)	1361		
有限责任公司(万元)	Limited Liability Corporations(10 000 yuan)	118421	206506	74.4
股份有限公司(万元)	Share Holding Enterprises(10 000 yuan)	46279		
私营企业(万元)	Private Enterprises(10 000 yuan)	194646	310732	59.6
外商及港澳台投资企业(万元)	Funds from HK,Macao,Taiwan & Foreign(10 000 yuan)	6807	15355	125.6
按城乡渠道分	Grouped by Urban and Rural Area			
城镇(万元)	Urban(10 000 yuan)	389809	474008	21.6
农村(万元)	Rural(10 000 yuan)	36661	58585	59.8
公共财政预算收入(万元)	Public Budgetary Financial Revenue(10 000 yuan)	29937	31882	6.5
公共财政预算支出(万元)	Public Budgetary Financial Expenditure(10 000 yuan)	191163	221896	16.1
个人储蓄存款余额(万元)	The balance of savings deposits of individuals(10 000	223908	224138	0.1
在岗职工工资总额(万元)	Total Wages of Staff & Workers Employed in(10 000	52838	54262	2.7
在岗职工平均工资(元)	Average Wage of Staff & Workers Employed in(yuan)	44526	50495	13.4
全体居民人均可支配收入(元)	The per capita disposable income of all residents(yuan)	9963	10930	9.7
城镇常住居民人均可支配收入(元)	The per capita disposable income of urban permanent residents(yuan)	20307	21635	6.5
农村牧区常住居民人均可支配收入(元)	The per capita disposable income of permanent residents of rural and pastoral areas(yuan)	7160	8055	12.5
农村牧区经济	**Economic Development in Rural & Pastoral Area**			
农作物总播种面积(公顷)	Total Sown Area(hectare)	46313	44959	-2.9
#粮食作物播种面积(公顷)	Sown Area of Grain Crops(hectare)	28853	29027	0.6
农牧业机械总动力(万千瓦)	Total Power of Agricultural Machinery(10 000 kw)	20.79	20.09	-3.4
化肥施用折纯量(吨)	Consumption of Chemical Fertilizer(ton)	6686	7221	8.0
农村用电量(万千瓦小时)	Electricity Consumed in Rural Area(10 000 kwh)	1921	1586	-17.4
农林牧渔业总产值(万元)	Gross Output of Farming,Forestry,Animal Husbandry & Fishery(10 000 yuan)	253884	261070	2.8
粮食产量(吨)	Yield of Grain(ton)	105240	90678	-13.8
油料产量(吨)	Yield of Oil-bearing Grops(ton)	1812	1934	6.7
甜菜产量(吨)	Yield of Beetroots(ton)	167400	142800	-14.7
猪牛羊肉产量(吨)	Output of Pork, Beef & Mutton(ton)	18005	18900	5.0
#猪肉产量(吨)	Output of Pork(ton)	4664	4700	0.8
牛肉产量(吨)	Output of Beef(ton)	2329	2400	3.0
羊肉产量(吨)	Output of Mutton(ton)	11012	11800	7.2
羊毛产量(吨)	Output of Wool(ton)	382	615	61.0

23-87 Chahaeryouyiqian Banner in Wulanchabu City

指　标	Item	2013	2014	2014年比上年增长% Increase Rate in 2014 Over 2013(%)
年末牲畜存栏头数(万头只)	Total Livestock at the Year-end(10 000 heads)	48.27	50.26	4.1
# 大牲畜(万头只)	Large Animals(10 000 heads)	6.14	5.87	-4.4
羊(万只)	Sheep & Goats(10 000 heads)	35.32	37.84	7.1
猪(万头)	Hogs(10 000 heads)	6.81	6.55	-3.8
规模以上工业	**Industrial Enterprises above Designated size**			
工业企业单位数(个)	Number of Industrial Enterprises(unit)	72	60	-16.7
# 内资企业(个)	Civil Funded Enterprises(unit)	72	60	-16.7
工业总产值(万元)	Gross Industrial Output Value(10 000 yuan)	1756201	1130172	-35.6
内资企业(万元)	Civil Funded Enterprises(10 000 yuan)	1722419	1130172	-34.4
国有企业(万元)	State-owned Enterprises(10 000 yuan)	28564		
集体企业(万元)	Collective-owned Enterprises(10 000 yuan)	24632		
股份合作企业(万元)	Share Holding Enterprises(10 000 yuan)	142796		
联营企业(万元)	Joint Owned Enterprises(10 000 yuan)			
有限责任公司(万元)	Limited Company(10 000 yuan)		477962	
股份有限公司(万元)	Share Holding Limited Company(10 000 yuan)	1332908	136106	-89.8
私营企业(万元)	Privately Owned Enterprises(10 000 yuan)		516104	
其他企业(万元)	Enterprises of Other Ownership(10 000 yuan)	193519		
港澳台商投资企业(万元)	Funds from HK,Macao & Taiwan(10 000 yuan)	33782		
外商投资企业(万元)	Foreign Funded Enterprises(10 000 yuan)			
工业企业增加值(万元)	Value Added of Industrial Enterprises(10 000 yuan)			
工业企业资产总计(万元)	Total Assets of Industrial Enterprises(10 000 yuan)	930448	1016533	9.3
工业企业负债合计(万元)	Total Liabilities of Industrial Enterprises(10 000 yuan)	721663	888760	23.2
工业企业产品销售收入(万元)	Sales of Revenue Industrial Enterprises(10 000 yuan)	1706810	999817	-41.4
工业企业利润总额(万元)	Total Profits of Industrial Enterprises(10 000 yuan)	15261	7877	-48.4
建筑业	**Construction**			
建筑企业单位数(个)	Number of Construction Enterprises(unit)	1	1	0.0
建筑企业从业人员(人)	Number of Employee in Construction Enterprises(person)	285	284	-0.4
建筑业总产值(万元)	Gross Construction Output Value(10 000 yuan)	4150	5102	22.9
交通运输邮电通信业	**Transportation,Post & Telecommunications**			
公路里程(公里)	Total Length of Highways(km)	1021	1136	11.3
邮电业务总量(万元)	Business Volume of Post & Telecoms(10 000 yuan)	2413	2485	3.0
本地电话用户(户)	Number of Subscribers of Local Telephone(Household)	11028	11137	1.0
国内贸易	**Domestic Trade**			
社会消费品零售总额(万元)	Total Retail Sales of Consumer Goods(10 000 yuan)	124474	138485	11.3
城镇(万元)	Town(10 000 yuan)	77734	85086	9.5
乡村(万元)	Village(10 000 yuan)	46739	53399	14.2
科技教育卫生	**Science,Education & Public Health**			
各类专业技术人员(人)	Special Technical Personnel(person)	1121	1179	5.2
幼儿园数(所)	Number of Kindergartens(unit)	12	12	0.0
学龄儿童入学率(%)	Percentage of School-Age Children Enrolled(%)	100.0	100.0	0.0
小学学校数(所)	Number of Primary Schools(unit)	19	19	0.0
小学专任教师数(人)	Number of Full-time Teachers of Primary Schools(person)	670	678	1.2
小学在校学生数(人)	Number of Student Enrollment of Primary Schools(person)	4247	3986	-6.1
普通中学学校数(所)	Number of Regular Secondary Schools(unit)	5	5	0.0
普通中学专任教师数(人)	Number of Teachers of Secondary Shools(person)	524	531	1.3
初中在校学生数(人)	Number of Student in Junior Secondary Schools(person)	4102	4009	-2.3
高中在校学生数(人)	Number of Student in Senior Secondary Schools(person)	2481	2385	-3.9
卫生机构数(所)	Number of Health Institutions(unit)	157	156	-0.6
# 医院(所)	Hospitals(unit)	1	2	100.0
卫生院(所)	Township Hospitals(unit)	19	18	-5.3
床位数(张)	Number of Beds(unit)	312	350	12.2
# 医院(张)	Hospitals(unit)	81	140	72.8
卫生院(张)	Township Hospitals(unit)	167	157	-6.0
卫生技术人员(人)	Medical Technical Presonnel(person)	419	461	10.0
# 医院(人)	Hospitals(person)	112	178	58.9
卫生院(人)	Township Hospitals(person)	151	137	-9.3

23-88 乌兰察布市察哈尔右翼中旗

指　标	Item	2013	2014	2014年比上年增长% Increase Rate in 2014 Over 2013(%)
行政区域土地面积(平方公里)	**Area of Administration(Sq.km)**	**4200**	**4200**	**0.0**
人口和就业	**Population & Employment**			
年末总人口(人)	Total Population Year-end(person)	223643	222367	-0.6
#男性(人)	Male(person)	117752	116325	-1.2
#乡村人口(人)	Rural(person)	198764	199735	0.5
年末总户数(户)	Total Number of Households at the Year-end(Household)	97235	97134	-0.1
#乡村户数(户)	Number of Rural Household(Household)	40598	40951	0.9
出生人口(人)	Births(person)	1561	1874	20.1
死亡人口(人)	Deaths(person)	2395	2168	-9.5
全社会就业人员(人)	Employment(person)	126706	126410	-0.2
第一产业(人)	Primary Industry(person)	78632	78421	-0.3
第二产业(人)	Secondary Industry(person)	11053	11162	1.0
第三产业(人)	Tertiary Industry(person)	37021	36827	-0.5
在岗职工人数(人)	Number of Staff & Workers Employed in(person)	6994	7052	0.8
乡村劳动力(人)	Number of Rural Laborers(person)	91298	117830	29.1
#农林牧渔业(人)	Farming,Forestry,Animal Husbandry & Fishery(person)	75189	81480	8.4
国民经济综合指标	**Summary Item on the National Economy**			
生产总值(万元)	Gross Domestic Product(10 000 yuan)	436741	478601	9.3
第一产业(万元)	Primary Industry(10 000 yuan)	129853	132916	3.8
第二产业(万元)	Secondary Industry(10 000 yuan)	165911	192581	15.7
#工业(万元)	Industry(10 000 yuan)	144059	161970	16.3
第三产业(万元)	Tertiary Industry(10 000 yuan)	140978	153103	5.4
人均生产总值(元)	Per Capita GDP(yuan)	19143	21400	11.8
全社会固定资产投资(万元)	Total Investment in Fixed Assets(10 000 yuan)	253498	374380	47.7
按登记注册类型分	Grouped by Registered Type			
#国有(万元)	State-owned Enterprises(10 000 yuan)	72629	171513	136.1
集体(万元)	Collective-owned Enterprises(10 000 yuan)	750	783	4.4
有限责任公司(万元)	Limited Liability Corporations(10 000 yuan)	35299	65300	85.0
股份有限公司(万元)	Share Holding Enterprises(10 000 yuan)	25519	25634	0.5
私营企业(万元)	Private Enterprises(10 000 yuan)	107330	107450	0.1
外商及港澳台投资企业(万元)	Funds from HK,Macao,Taiwan & Foreign(10 000 yuan)	3755	3700	-1.5
按城乡渠道分	Grouped by Urban and Rural Area			
城镇(万元)	Urban(10 000 yuan)	231709	333198	43.8
农村（万元）	Rural(10 000 yuan)	21789	41182	89.0
公共财政预算收入(万元)	Public Budgetary Financial Revenue(10 000 yuan)	12888	12608	-2.2
公共财政预算支出(万元)	Public Budgetary Financial Expenditure(10 000 yuan)	151410	174204	15.1
个人储蓄存款余额(万元)	The balance of savings deposits of individuals(10 000 yuan)	139223	142563	2.4
在岗职工工资总额(万元)	Total Wages of Staff & Workers Employed in(10 000 yuan)	35694	39153	9.7
在岗职工平均工资(元)	Average Wage of Staff & Workers Employed in(yuan)	51226	55450	8.2
全体居民人均可支配收入(元)	The per capita disposable income of all residents(yuan)	9011	10071	11.8
城镇常住居民人均可支配收入(元)	The per capita disposable income of urban permanent residents(yuan)	19095	20502	7.4
农村牧区常住居民人均可支配收入(元)	The per capita disposable income of permanent residents of rural and pastoral areas(yuan)	5676	6403	12.8
农村牧区经济	**Economic Development in Rural & Pastoral Area**			
农作物总播种面积(公顷)	Total Sown Area(hectare)	71853	85209	18.6
#粮食作物播种面积(公顷)	Sown Area of Grain Crops(hectare)	61952	69838	12.7
农牧业机械总动力(万千瓦)	Total Power of Agricultural Machinery(10 000 kw)	23.45	23.67	0.9
化肥施用折纯量(吨)	Consumption of Chemical Fertilizer(ton)	7634	9947	30.3
农村用电量(万千瓦小时)	Electricity Consumed in Rural Area(10 000 kwh)	3051	4118	35.0
农林牧渔业总产值(万元)	Gross Output of Farming,Forestry,Animal Husbandry & Fishery(10 000 yuan)	256725	262342	2.2
粮食产量(吨)	Yield of Grain(ton)	104551	89243	-14.6
油料产量(吨)	Yield of Oil-bearing Grops(ton)	6103	8993	47.4
甜菜产量(吨)	Yield of Beetroots(ton)	25758	198	-99.2
猪牛羊肉产量(吨)	Output of Pork, Beef & Mutton(ton)	16178	22391	38.4
#猪肉产量(吨)	Output of Pork(ton)	2799	2930	4.7
牛肉产量(吨)	Output of Beef(ton)	2894	3161	9.2
羊肉产量(吨)	Output of Mutton(ton)	10485	16300	55.5
羊毛产量(吨)	Output of Wool(ton)	908	992	9.3

23-88 Chahaeryouyizhong Banner in Wulanchabu City

指　标	Item	2013	2014	2014年比上年增长% Increase Rate in 2014 Over 2013(%)
年末牲畜存栏头数(万头只)	Total Livestock at the Year-end(10 000 heads)	40.94	55.48	35.5
#大牲畜(万头只)	Large Animals(10 000 heads)	3.47	3.77	8.6
羊(万只)	Sheep & Goats(10 000 heads)	34.15	48.38	41.7
猪(万头)	Hogs(10 000 heads)	3.33	3.33	0.0
规模以上工业	**Industrial Enterprises above Designated size**			
工业企业单位数(个)	Number of Industrial Enterprises(unit)	20	23	15.0
#内资企业(个)	Civil Funded Enterprises(unit)	20	22	10.0
工业总产值(万元)	Gross Industrial Output Value(10 000 yuan)	365869	416995	14.0
内资企业(万元)	Civil Funded Enterprises(10 000 yuan)	365869	412650	12.8
国有企业(万元)	State-owned Enterprises(10 000 yuan)	14202		
集体企业(万元)	Collective-owned Enterprises(10 000 yuan)			
股份合作企业(万元)	Share Holding Enterprises(10 000 yuan)	1176		
联营企业(万元)	Joint Owned Enterprises(10 000 yuan)			
有限责任公司(万元)	Limited Company(10 000 yuan)		289941	
股份有限公司(万元)	Share Holding Limited Company(10 000 yuan)	291180	32326	-88.9
私营企业(万元)	Privately Owned Enterprises(10 000 yuan)		90383	
其他企业(万元)	Enterprises of Other Ownership(10 000 yuan)	59310		
港澳台商投资企业(万元)	Funds from HK,Macao & Taiwan(10 000 yuan)			
外商投资企业(万元)	Foreign Funded Enterprises(10 000 yuan)		4345	
工业企业增加值(万元)	Value Added of Industrial Enterprises(10 000 yuan)			
工业企业资产总计(万元)	Total Assets of Industrial Enterprises(10 000 yuan)	154553	1885975	1120.3
工业企业负债合计(万元)	Total Liabilities of Industrial Enterprises(10 000 yuan)	1143737	364759	-68.1
工业企业产品销售收入(万元)	Sales of Revenue Industrial Enterprises(10 000 yuan)	353693	14538	-95.9
工业企业利润总额(万元)	Total Profits of Industrial Enterprises(10 000 yuan)	6482		
建筑业	**Construction**			
建筑企业单位数(个)	Number of Construction Enterprises(unit)	1	1	0.0
建筑企业从业人员(人)	Number of Employee in Construction Enterprises(person)	58	158	172.4
建筑业总产值(万元)	Gross Construction Output Value(10 000 yuan)	5410	5200	-3.9
交通运输邮电通信业	**Transportation,Post & Telecommunications**			
公路里程(公里)	Total Length of Highways(km)	1523	1587	4.2
邮电业务总量(万元)	Business Volume of Post & Telecoms(10 000 yuan)	3597	3603	0.2
本地电话用户(户)	Number of Subscribers of Local Telephone(Household)	22876	22963	0.4
国内贸易	**Domestic Trade**			
社会消费品零售总额(万元)	Total Retail Sales of Consumer Goods(10 000 yuan)	96664	107053	10.7
城镇(万元)	Town(10 000 yuan)	67398	73939	9.7
乡村(万元)	Village(10 000 yuan)	29266	33114	13.1
科技教育卫生	**Science,Education & Public Health**			
各类专业技术人员(人)	Special Technical Personnel(person)	1132	1158	2.3
幼儿园数(所)	Number of Kindergartens(unit)	2	2	0.0
学龄儿童入学率(%)	Percentage of School-Age Children Enrolled(%)	100.0	100.0	0.0
小学学校数(所)	Number of Primary Schools(unit)	18	14	-22.2
小学专任教师数(人)	Number of Full-time Teachers of Primary Schools(person)	602	594	-1.3
小学在校学生数(人)	Number of Student Enrollment of Primary Schools(person)	4484	3994	-10.9
普通中学学校数(所)	Number of Regular Secondary Schools(unit)	3	3	0.0
普通中学专任教师数(人)	Number of Teachers of Secondary Shools(person)	401	421	5.0
初中在校学生数(人)	Number of Student in Junior Secondary Schools(person)	4482	4125	-8.0
高中在校学生数(人)	Number of Student in Senior Secondary Schools(person)	2010	1996	-0.7
卫生机构数(所)	Number of Health Institutions(unit)	217	216	-0.5
#医院(所)	Hospitals(unit)	2	2	0.0
卫生院(所)	Township Hospitals(unit)	25	25	0.0
床位数(张)	Number of Beds(unit)	321	381	18.7
#医院(张)	Hospitals(unit)	131	190	45.0
卫生院(张)	Township Hospitals(unit)	104	163	56.7
卫生技术人员(人)	Medical Technical Presonnel(person)	261	297	13.8
#医院(人)	Hospitals(person)	100	131	31.0
卫生院(人)	Township Hospitals(person)	68	96	41.2

23-89 乌兰察布市察哈尔右翼后旗

指　标	Item	2013	2014	2014年比上年增长% Increase Rate in 2014 Over 2013(%)
行政区域土地面积(平方公里)	**Area of Administration(Sq.km)**	**3803**	**3803**	**0.0**
人口和就业	**Population & Employment**			
年末总人口(人)	Total Population Year-end(person)	214698	213584	-0.5
#男性(人)	Male(person)	109505	109127	-0.3
#乡村人口(人)	Rural(person)	179821	178354	-0.8
年末总户数(户)	Total Number of Households at the Year-end(Household)	86418	86376	0.0
#乡村户数(户)	Number of Rural Household(Household)	33827	33681	-0.4
出生人口(人)	Births(person)	2083	2157	3.6
死亡人口(人)	Deaths(person)	649	526	-19.0
全社会就业人员(人)	Employment(person)	92563	92310	-0.3
第一产业(人)	Primary Industry(person)	49832	49562	-0.5
第二产业(人)	Secondary Industry(person)	13485	13381	-0.8
第三产业(人)	Tertiary Industry(person)	29246	29367	0.4
在岗职工人数(人)	Number of Staff & Workers Employed in(person)	11822	13219	11.8
乡村劳动力(人)	Number of Rural Laborers(person)	63055	62074	-1.6
#农林牧渔业(人)	Farming,Forestry,Animal Husbandry & Fishery(person)	41013	39020	-4.9
国民经济综合指标	**Summary Item on the National Economy**			
生产总值(万元)	Gross Domestic Product(10 000 yuan)	706333	756229	8.4
第一产业(万元)	Primary Industry(10 000 yuan)	106722	108593	3.3
第二产业(万元)	Secondary Industry(10 000 yuan)	453756	488358	10.0
#工业(万元)	Industry(10 000 yuan)	417853	443912	9.9
第三产业(万元)	Tertiary Industry(10 000 yuan)	145855	159278	6.3
人均生产总值(元)	Per Capita GDP(yuan)	32654	35223	7.9
全社会固定资产投资(万元)	Total Investment in Fixed Assets(10 000 yuan)	531050	443813	-16.4
按登记注册类型分	Grouped by Registered Type			
#国有(万元)	State-owned Enterprises(10 000 yuan)	253033	59965	-76.3
集体(万元)	Collective-owned Enterprises(10 000 yuan)	1100		
有限责任公司(万元)	Limited Liability Corporations(10 000 yuan)	75712	165351	118.4
股份有限公司(万元)	Share Holding Enterprises(10 000 yuan)	37405	114337	205.7
私营企业(万元)	Private Enterprises(10 000 yuan)	157320	42549	-73.0
外商及港澳台投资企业(万元)	Funds from HK,Macao,Taiwan & Foreign(10 000 yuan)	5503	33107	501.6
按城乡渠道分	Grouped by Urban and Rural Area			
城镇(万元)	Urban(10 000 yuan)	502601	394994	-21.4
农村(万元)	Rural(10 000 yuan)	28449	48819	71.6
公共财政预算收入(万元)	Public Budgetary Financial Revenue(10 000 yuan)	24117	23314	-3.3
公共财政预算支出(万元)	Public Budgetary Financial Expenditure(10 000 yuan)	157840	183094	16.0
个人储蓄存款余额(万元)	The balance of savings deposits of individuals(10 000	214786	215932	0.5
在岗职工工资总额(万元)	Total Wages of Staff & Workers Employed in(10 000 yuan)	56964	60417	6.1
在岗职工平均工资(元)	Average Wage of Staff & Workers Employed in(yuan)	44403	46329	4.3
全体居民人均可支配收入(元)	The per capita disposable income of all residents(yuan)	12153	13358	9.9
城镇常住居民人均可支配收入(元)	The per capita disposable income of urban permanent residents(yuan)	19275	21736	12.8
农村牧区常住居民人均可支配收入(元)	The per capita disposable income of permanent residents of rural and pastoral areas(yuan)	7282	8156	12.0
农村牧区经济	**Economic Development in Rural & Pastoral Area**			
农作物总播种面积(公顷)	Total Sown Area(hectare)	45568	45535	-0.1
#粮食作物播种面积(公顷)	Sown Area of Grain Crops(hectare)	35727	34113	-4.5
农牧业机械总动力(万千瓦)	Total Power of Agricultural Machinery(10 000 kw)	16.42	16.86	2.7
化肥施用折纯量(吨)	Consumption of Chemical Fertilizer(ton)	4975	5249	5.5
农村用电量(万千瓦小时)	Electricity Consumed in Rural Area(10 000 kwh)	2930	3125	6.7
农林牧渔业总产值(万元)	Gross Output of Farming,Forestry,Animal Husbandry & Fishery(10 000 yuan)	160068	164304	2.6
粮食产量(吨)	Yield of Grain(ton)	100233	96901	-3.3
油料产量(吨)	Yield of Oil-bearing Grops(ton)	821	3794	362.1
甜菜产量(吨)	Yield of Beetroots(ton)	11000	4726	-57.0
猪牛羊肉产量(吨)	Output of Pork, Beef & Mutton(ton)	12460	12815	2.8
#猪肉产量(吨)	Output of Pork(ton)	3299	3300	0.0
牛肉产量(吨)	Output of Beef(ton)	2080	2440	17.3
羊肉产量(吨)	Output of Mutton(ton)	7081	7075	-0.1
羊毛产量(吨)	Output of Wool(ton)	962	800	-16.8

23-89 Chahaeryouyihou Banner in Wulanchabu City

指　标	Item	2013	2014	2014年比上年增长% Increase Rate in 2014 Over 2013(%)
年末牲畜存栏头数(万头只)	Total Livestock at the Year-end(10 000 heads)	61.78	77.00	24.6
#大牲畜(万头只)	Large Animals(10 000 heads)	3.12	3.22	3.2
羊(万只)	Sheep & Goats(10 000 heads)	56.96	81.28	42.7
猪(万头)	Hogs(10 000 heads)	1.70	1.85	8.8
规模以上工业	**Industrial Enterprises above Designated size**			
工业企业单位数(个)	Number of Industrial Enterprises(unit)	53	53	0.0
#内资企业(个)	Civil Funded Enterprises(unit)	52	52	0.0
工业总产值(万元)	Gross Industrial Output Value(10 000 yuan)	1480116	1610644	8.8
内资企业(万元)	Civil Funded Enterprises(10 000 yuan)	1467504	1599637	9.0
国有企业(万元)	State-owned Enterprises(10 000 yuan)	220428		
集体企业(万元)	Collective-owned Enterprises(10 000 yuan)			
股份合作企业(万元)	Share Holding Enterprises(10 000 yuan)			
联营企业(万元)	Joint Owned Enterprises(10 000 yuan)			
有限责任公司(万元)	Limited Company(10 000 yuan)		410218	
股份有限公司(万元)	Share Holding Limited Company(10 000 yuan)	952243	160320	-83.2
私营企业(万元)	Privately Owned Enterprises(10 000 yuan)		1029099	
其他企业(万元)	Enterprises of Other Ownership(10 000 yuan)	294832		
港澳台商投资企业(万元)	Funds from HK,Macao & Taiwan(10 000 yuan)	12612	11007	-12.7
外商投资企业(万元)	Foreign Funded Enterprises(10 000 yuan)			
工业企业增加值(万元)	Value Added of Industrial Enterprises(10 000 yuan)			
工业企业资产总计(万元)	Total Assets of Industrial Enterprises(10 000 yuan)	849882	1041937	22.6
工业企业负债合计(万元)	Total Liabilities of Industrial Enterprises(10 000 yuan)	554805	707877	27.6
工业企业产品销售收入(万元)	Sales of Revenue Industrial Enterprises(10 000 yuan)	1375264	1531419	11.4
工业企业利润总额(万元)	Total Profits of Industrial Enterprises(10 000 yuan)	18367	-8742	-147.6
建筑业	**Construction**			
建筑企业单位数(个)	Number of Construction Enterprises(unit)	4	4	0.0
建筑企业从业人员(人)	Number of Employee in Construction Enterprises(person)	2034	2096	3.0
建筑业总产值(万元)	Gross Construction Output Value(10 000 yuan)	37357	39389	5.4
交通运输邮电通信业	**Transportation,Post & Telecommunications**			
公路里程(公里)	Total Length of Highways(km)	1497	1528	2.1
邮电业务总量(万元)	Business Volume of Post & Telecoms(10 000 yuan)	2596	2631	1.3
本地电话用户(户)	Number of Subscribers of Local Telephone(Household)	7531	7598	0.9
国内贸易	**Domestic Trade**			
社会消费品零售总额(万元)	Total Retail Sales of Consumer Goods(10 000 yuan)	196988	219149	11.2
城镇(万元)	Town(10 000 yuan)	111287	122004	9.6
乡村(万元)	Village(10 000 yuan)	85702	97145	13.4
科技教育卫生	**Science,Education & Public Health**			
各类专业技术人员(人)	Special Technical Personnel(person)	814	858	5.4
幼儿园数(所)	Number of Kindergartens(unit)	3	3	0.0
学龄儿童入学率(%)	Percentage of School-Age Children Enrolled(%)	100.0	100.0	0.0
小学学校数(所)	Number of Primary Schools(unit)	12	9	-25.0
小学专任教师数(人)	Number of Full-time Teachers of Primary Schools(person)	541	538	-0.6
小学在校学生数(人)	Number of Student Enrollment of Primary Schools(person)	7021	6832	-2.7
普通中学学校数(所)	Number of Regular Secondary Schools(unit)	4	4	0.0
普通中学专任教师数(人)	Number of Teachers of Secondary Shools(person)	324	341	5.2
初中在校学生数(人)	Number of Student in Junior Secondary Schools(person)	3248	3189	-1.8
高中在校学生数(人)	Number of Student in Senior Secondary Schools(person)	1502	1498	-0.3
卫生机构数(所)	Number of Health Institutions(unit)	159	161	1.3
#医院(所)	Hospitals(unit)	2	3	50.0
卫生院(所)	Township Hospitals(unit)	19	17	-10.5
床位数(张)	Number of Beds(unit)	346	433	25.1
#医院(张)	Hospitals(unit)	211	247	17.1
卫生院(张)	Township Hospitals(unit)	93	130	39.8
卫生技术人员(人)	Medical Technical Presonnel(person)	474	486	2.5
#医院(人)	Hospitals(person)	178	176	-1.1
卫生院(人)	Township Hospitals(person)	131	128	-2.3

23-90 乌兰察布市四子王旗

指　标	Item	2013	2014	2014年比上年增长% Increase Rate in 2014 Over 2013(%)
行政区域土地面积(平方公里)	**Area of Administration(Sq.km)**	**24016**	**24016**	**0.0**
人口和就业	**Population & Employment**			
年末总人口(人)	Total Population Year-end(person)	215092	214823	-0.1
#男性(人)	Male(person)	110838	110321	-0.5
#乡村人口(人)	Rural(person)	158519	158200	-0.2
年末总户数(户)	Total Number of Households at the Year-end(Household)	87446	87318	-0.1
#乡村户数(户)	Number of Rural Household(Household)	41025	41039	0.0
出生人口(人)	Births(person)	2193	2104	-4.1
死亡人口(人)	Deaths(person)	591	603	2.0
全社会就业人员(人)	Employment(person)	109409	109193	-0.2
第一产业(人)	Primary Industry(person)	78321	78027	-0.4
第二产业(人)	Secondary Industry(person)	7736	7685	-0.7
第三产业(人)	Tertiary Industry(person)	23352	23481	0.6
在岗职工人数(人)	Number of Staff & Workers Employed in(person)	6430	7763	20.7
乡村劳动力(人)	Number of Rural Laborers(person)	102771	102775	0.0
#农林牧渔业(人)	Farming,Forestry,Animal Husbandry & Fishery(person)	84110	84120	0.0
国民经济综合指标	**Summary Item on the National Economy**			
生产总值(万元)	Gross Domestic Product(10 000 yuan)	497437	535806	8.4
第一产业(万元)	Primary Industry(10 000 yuan)	151902	155495	2.8
第二产业(万元)	Secondary Industry(10 000 yuan)	176160	194670	13.7
#工业(万元)	Industry(10 000 yuan)	153161	168784	14.0
第三产业(万元)	Tertiary Industry(10 000 yuan)	169375	185641	7.1
人均生产总值(元)	Per Capita GDP(yuan)	23183	24911	7.5
全社会固定资产投资(万元)	Total Investment in Fixed Assets(10 000 yuan)	234390	330976	41.2
按登记注册类型分	Grouped by Registered Type			
#国有(万元)	State-owned Enterprises(10 000 yuan)	147323	94083	-36.1
集体(万元)	Collective-owned Enterprises(10 000 yuan)	640		
有限责任公司(万元)	Limited Liability Corporations(10 000 yuan)	55726	154635	177.5
股份有限公司(万元)	Share Holding Enterprises(10 000 yuan)	21778	13000	-40.3
私营企业(万元)	Private Enterprises(10 000 yuan)	1596	55058	3349.7
外商及港澳台投资企业(万元)	Funds from HK,Macao,Taiwan & Foreign(10 000 yuan)	3205		
按城乡渠道分	Grouped by Urban and Rural Area			
城镇(万元)	Urban(10 000 yuan)	214232	294569	37.5
农村(万元)	Rural(10 000 yuan)	20158	36407	80.6
公共财政预算收入(万元)	Public Budgetary Financial Revenue(10 000 yuan)	18132	16870	-7.0
公共财政预算支出(万元)	Public Budgetary Financial Expenditure(10 000 yuan)	214888	258198	20.2
个人储蓄存款余额(万元)	The balance of savings deposits of individuals(10 000 yuan)	211533	2126254	905.2
在岗职工工资总额(万元)	Total Wages of Staff & Workers Employed in(10 000 yuan)	37676	44901	19.2
在岗职工平均工资(元)	Average Wage of Staff & Workers Employed in(yuan)	58795	58155	-1.1
全体居民人均可支配收入(元)	The per capita disposable income of all residents(yuan)	11160	12172	9.1
城镇常住居民人均可支配收入(元)	The per capita disposable income of urban permanent residents(yuan)	19401	21205	9.3
农村牧区常住居民人均可支配收入(元)	The per capita disposable income of permanent residents of rural and pastoral areas(yuan)	6924	7806	12.7
农村牧区经济	**Economic Development in Rural & Pastoral Area**			
农作物总播种面积(公顷)	Total Sown Area(hectare)	98944	99886	1.0
#粮食作物播种面积(公顷)	Sown Area of Grain Crops(hectare)	69734	68594	-1.6
农牧业机械总动力(万千瓦)	Total Power of Agricultural Machinery(10 000 kw)	35.35	36.55	3.4
化肥施用折纯量(吨)	Consumption of Chemical Fertilizer(ton)	7814	7830	0.2
农村用电量(万千瓦小时)	Electricity Consumed in Rural Area(10 000 kwh)	1605	1611	0.4
农林牧渔业总产值(万元)	Gross Output of Farming,Forestry,Animal Husbandry & Fishery(10 000 yuan)	267276	272128	1.8
粮食产量(吨)	Yield of Grain(ton)	150957	113992	-24.5
油料产量(吨)	Yield of Oil-bearing Grops(ton)	15746	19724	25.3
甜菜产量(吨)	Yield of Beetroots(ton)			
猪牛羊肉产量(吨)	Output of Pork, Beef & Mutton(ton)	26857	24983	-7.0
#猪肉产量(吨)	Output of Pork(ton)	3327	3500	5.2
牛肉产量(吨)	Output of Beef(ton)	1494	2130	42.6
羊肉产量(吨)	Output of Mutton(ton)	22036	19353	-12.2
羊毛产量(吨)	Output of Wool(ton)	1880	1626	-13.5

23-90 Siziwang Banner in Wulanchabu City

指　标	Item	2013	2014	2014年比上年增长% Increase Rate in 2014 Over 2013(%)
年末牲畜存栏头数(万头只)	Total Livestock at the Year-end(10 000 heads)	96.36	86.96	-9.8
#大牲畜(万头只)	Large Animals(10 000 heads)	3.11	3.83	23.2
羊(万只)	Sheep & Goats(10 000 heads)	91.70	81.28	-11.4
猪(万头)	Hogs(10 000 heads)	1.55	1.85	19.4
规模以上工业	**Industrial Enterprises above Designated size**			
工业企业单位数(个)	Number of Industrial Enterprises(unit)	37	39	5.4
#内资企业(个)	Civil Funded Enterprises(unit)	34	36	5.9
工业总产值(万元)	Gross Industrial Output Value(10 000 yuan)	503118	593974	18.1
内资企业(万元)	Civil Funded Enterprises(10 000 yuan)	486474	589346	21.1
国有企业(万元)	State-owned Enterprises(10 000 yuan)	25836		
集体企业(万元)	Collective-owned Enterprises(10 000 yuan)			
股份合作企业(万元)	Share Holding Enterprises(10 000 yuan)			
联营企业(万元)	Joint Owned Enterprises(10 000 yuan)			
有限责任公司(万元)	Limited Company(10 000 yuan)		85371	
股份有限公司(万元)	Share Holding Limited Company(10 000 yuan)	451055		
私营企业(万元)	Privately Owned Enterprises(10 000 yuan)		495542	
其他企业(万元)	Enterprises of Other Ownership(10 000 yuan)	9584	8433	-12.0
港澳台商投资企业(万元)	Funds from HK,Macao & Taiwan(10 000 yuan)	16644		
外商投资企业(万元)	Foreign Funded Enterprises(10 000 yuan)		4628	
工业企业增加值(万元)	Value Added of Industrial Enterprises(10 000 yuan)			
工业企业资产总计(万元)	Total Assets of Industrial Enterprises(10 000 yuan)	635823	919805	44.7
工业企业负债合计(万元)	Total Liabilities of Industrial Enterprises(10 000 yuan)	396396	605409	52.7
工业企业产品销售收入(万元)	Sales of Revenue Industrial Enterprises(10 000 yuan)	430216	497790	15.7
工业企业利润总额(万元)	Total Profits of Industrial Enterprises(10 000 yuan)	12774	7572	-40.7
建筑业	**Construction**			
建筑企业单位数(个)	Number of Construction Enterprises(unit)	1	1	0.0
建筑企业从业人员(人)	Number of Employee in Construction Enterprises(person)	65	68	4.6
建筑业总产值(万元)	Gross Construction Output Value(10 000 yuan)	2856	5812	103.5
交通运输邮电通信业	**Transportation,Post & Telecommunications**			
公路里程(公里)	Total Length of Highways(km)	2432	2495	2.6
邮电业务总量(万元)	Business Volume of Post & Telecoms(10 000 yuan)	2314	2376	2.7
本地电话用户(户)	Number of Subscribers of Local Telephone(Household)	12307	12416	0.9
国内贸易	**Domestic Trade**			
社会消费品零售总额(万元)	Total Retail Sales of Consumer Goods(10 000 yuan)	173254	191335	10.4
城镇(万元)	Town(10 000 yuan)	99383	109846	10.5
乡村(万元)	Village(10 000 yuan)	73872	81489	10.3
科技教育卫生	**Science,Education & Public Health**			
各类专业技术人员(人)	Special Technical Personnel(person)	807	846	4.8
幼儿园数(所)	Number of Kindergartens(unit)	8	8	0.0
学龄儿童入学率(%)	Percentage of School-Age Children Enrolled(%)	100.0	100.0	0.0
小学学校数(所)	Number of Primary Schools(unit)	13	11	-15.4
小学专任教师数(人)	Number of Full-time Teachers of Primary Schools(person)	759	784	3.3
小学在校学生数(人)	Number of Student Enrollment of Primary Schools(person)	6877	6780	-1.4
普通中学学校数(所)	Number of Regular Secondary Schools(unit)	3	3	0.0
普通中学专任教师数(人)	Number of Teachers of Secondary Shools(person)	528	541	2.5
初中在校学生数(人)	Number of Student in Junior Secondary Schools(person)	3991	3879	-2.8
高中在校学生数(人)	Number of Student in Senior Secondary Schools(person)	4423	4387	-0.8
卫生机构数(所)	Number of Health Institutions(unit)	183	190	3.8
#医院(所)	Hospitals(unit)	2	4	100.0
卫生院(所)	Township Hospitals(unit)	25	25	0.0
床位数(张)	Number of Beds(unit)	551	646	17.2
#医院(张)	Hospitals(unit)	258	410	58.9
卫生院(张)	Township Hospitals(unit)	257	192	-25.3
卫生技术人员(人)	Medical Technical Presonnel(person)	512	667	30.3
#医院(人)	Hospitals(person)	231	343	48.5
卫生院(人)	Township Hospitals(person)	91	87	-4.4

23-91 鄂尔多斯市东胜区

指　标	Item	2013	2014	2014年比上年增长% Increase Rate in 2014 Over 2013(%)
行政区域土地面积(平方公里)	**Area of Administration(Sq.km)**	**2526**	**2526**	**0.0**
人口和就业	**Population & Employment**			
年末总人口(人)	Total Population Year-end(person)	268908	274148	1.9
#男性(人)	Male(person)	134972	137531	1.9
#乡村人口(人)	Rural(person)	42126	40927	-2.8
年末总户数(户)	Total Number of Households at the Year-end(Household)	93330	98100	5.1
#乡村户数(户)	Number of Rural Household(Household)	14291	14512	1.5
出生人口(人)	Births(person)	3402	4149	22.0
死亡人口(人)	Deaths(person)	654	1100	68.2
全社会就业人员(人)	Employment(person)	281544	282732	0.4
第一产业(人)	Primary Industry(person)	5744	8485	47.7
第二产业(人)	Secondary Industry(person)	108644	103389	-4.8
第三产业(人)	Tertiary Industry(person)	167156	170858	2.2
在岗职工人数(人)	Number of Staff & Workers Employed in(person)	84296	88093	4.5
乡村劳动力(人)	Number of Rural Laborers(person)	22256	26597	19.5
#农林牧渔业(人)	Farming,Forestry,Animal Husbandry & Fishery(person)	6656	7558	13.6
国民经济综合指标	**Summary Item on the National Economy**			
生产总值(万元)	Gross Domestic Product(10 000 yuan)	8802777	8567700	6.3
第一产业(万元)	Primary Industry(10 000 yuan)	14800	15500	4.9
第二产业(万元)	Secondary Industry(10 000 yuan)	3282877	3239700	7.4
#工业(万元)	Industry(10 000 yuan)	2701600	2667935	7.7
第三产业(万元)	Tertiary Industry(10 000 yuan)	5505100	5312500	5.5
人均生产总值(元)	Per Capita GDP(yuan)	145742	153502	6.0
全社会固定资产投资(万元)	Total Investment in Fixed Assets(10 000 yuan)	4119862	4404133	6.9
按登记注册类型分	Grouped by Registered Type			
#国有(万元)	State-owned Enterprises(10 000 yuan)	809562	544173	-32.8
集体(万元)	Collective-owned Enterprises(10 000 yuan)			
有限责任公司(万元)	Limited Liability Corporations(10 000 yuan)	2115852.	3032537	43.3
股份有限公司(万元)	Share Holding Enterprises(10 000 yuan)	163106	60365	-63.0
私营企业(万元)	Private Enterprises(10 000 yuan)	31293	110331	252.6
外商及港澳台投资企业(万元)	Funds from HK,Macao,Taiwan & Foreign(10 000 yuan)		46401	
按城乡渠道分	Grouped by Urban and Rural Area			
城镇(万元)	Urban(10 000 yuan)	4119862	4404133	6.9
农村(万元)	Rural(10 000 yuan)			
公共财政预算收入(万元)	Public Budgetary Financial Revenue(10 000 yuan)	966700	891717	-7.8
公共财政预算支出(万元)	Public Budgetary Financial Expenditure(10 000 yuan)	930501	1059268	13.8
个人储蓄存款余额(万元)	The balance of savings deposits of individuals(10 000 yuan)	5555529	5860420	5.5
在岗职工工资总额(万元)	Total Wages of Staff & Workers Employed in(10 000 yuan)	614388	655419	6.7
在岗职工平均工资(元)	Average Wage of Staff & Workers Employed in(yuan)	71123	74499	4.7
全体居民人均可支配收入(元)	The per capita disposable income of all residents(yuan)	28601	34156	19.4
城镇常住居民人均可支配收入(元)	The per capita disposable income of urban permanent residents(yuan)	33707	36302	7.7
农村牧区常住居民人均可支配收入(元)	The per capita disposable income of permanent residents of rural and pastoral areas(yuan)			
农村牧区经济	**Economic Development in Rural & Pastoral Area**			
农作物总播种面积(公顷)	Total Sown Area(hectare)	2019	2267	12.3
#粮食作物播种面积(公顷)	Sown Area of Grain Crops(hectare)	2022	2100	3.9
农牧业机械总动力(万千瓦)	Total Power of Agricultural Machinery(10 000 kw)	11.00	11.27	2.5
化肥施用折纯量(吨)	Consumption of Chemical Fertilizer(ton)	716	712	-0.6
农村用电量(万千瓦小时)	Electricity Consumed in Rural Area(10 000 kwh)	752	731	-2.8
农林牧渔业总产值(万元)	Gross Output of Farming,Forestry,Animal Husbandry & Fishery(10 000 yuan)	25703	26386	3.0
粮食产量(吨)	Yield of Grain(ton)	11687	12188	4.3
油料产量(吨)	Yield of Oil-bearing Grops(ton)	30	20	-33.3
甜菜产量(吨)	Yield of Beetroots(ton)			
猪牛羊肉产量(吨)	Output of Pork, Beef & Mutton(ton)	1930	1714	-11.2
#猪肉产量(吨)	Output of Pork(ton)	820	720	-12.2
牛肉产量(吨)	Output of Beef(ton)	181	190	5.0
羊肉产量(吨)	Output of Mutton(ton)	929	804	-13.5
羊毛产量(吨)	Output of Wool(ton)	121	120	-0.8

23-91 Dongsheng District in Erdos City

指　　标	Item	2013	2014	2014年比上年增长% Increase Rate in 2014 Over 2013(%)
年末牲畜存栏头数(万头只)	Total Livestock at the Year-end(10 000 heads)	8.00	11.28	41.0
# 大牲畜(万头只)	Large Animals(10 000 heads)	0.41	0.40	-2.4
羊(万只)	Sheep & Goats(10 000 heads)	6.68	9.97	49.3
猪(万头)	Hogs(10 000 heads)	0.92	0.91	-1.1
规模以上工业	**Industrial Enterprises above Designated size**			
工业企业单位数(个)	Number of Industrial Enterprises(unit)	62	57	-8.1
# 内资企业(个)	Civil Funded Enterprises(unit)	59	55	-6.8
工业总产值(万元)	Gross Industrial Output Value(10 000 yuan)	4711281	4523937	-4.0
内资企业(万元)	Civil Funded Enterprises(10 000 yuan)	3783294	3762681	-0.5
国有企业(万元)	State-owned Enterprises(10 000 yuan)	495834	174761	-64.8
集体企业(万元)	Collective-owned Enterprises(10 000 yuan)			
股份合作企业(万元)	Share Holding Enterprises(10 000 yuan)			
联营企业(万元)	Joint Owned Enterprises(10 000 yuan)			
有限责任公司(万元)	Limited Company(10 000 yuan)	2610167	2852079	9.3
股份有限公司(万元)	Share Holding Limited Company(10 000 yuan)	477735	407992	-14.6
私营企业(万元)	Privately Owned Enterprises(10 000 yuan)	43638	20368	-53.3
其他企业(万元)	Enterprises of Other Ownership(10 000 yuan)	155922	307483	97.2
港澳台商投资企业(万元)	Funds from HK,Macao & Taiwan(10 000 yuan)	5987	3396	-43.3
外商投资企业(万元)	Foreign Funded Enterprises(10 000 yuan)	922000	757860	-17.8
工业企业增加值(万元)	Value Added of Industrial Enterprises(10 000 yuan)			6.1
工业企业资产总计(万元)	Total Assets of Industrial Enterprises(10 000 yuan)	12353200	16381891	32.6
工业企业负债合计(万元)	Total Liabilities of Industrial Enterprises(10 000 yuan)	7574100	10557969	39.4
工业企业产品销售收入(万元)	Sales of Revenue Industrial Enterprises(10 000 yuan)	6464700	6351049	-1.8
工业企业利润总额(万元)	Total Profits of Industrial Enterprises(10 000 yuan)	1267100	387563	-69.4
建筑业	**Construction**			
建筑企业单位数(个)	Number of Construction Enterprises(unit)	166	157	-5.4
建筑企业从业人员(人)	Number of Employee in Construction Enterprises(person)	68727	52557	-23.5
建筑业总产值(万元)	Gross Construction Output Value(10 000 yuan)	3665478	2838252	-22.6
交通运输邮电通信业	**Transportation,Post & Telecommunications**			
公路里程(公里)	Total Length of Highways(km)	1135	1208	6.4
邮电业务总量(万元)	Business Volume of Post & Telecoms(10 000 yuan)	139352	140745	1.0
本地电话用户(户)	Number of Subscribers of Local Telephone(Household)	85045	86700	1.9
国内贸易	**Domestic Trade**			
社会消费品零售总额(万元)	Total Retail Sales of Consumer Goods(10 000 yuan)	2709798	2952829	9.0
城镇(万元)	Town(10 000 yuan)	2709798	2952829	9.0
乡村(万元)	Village(10 000 yuan)			
科技教育卫生	**Science,Education & Public Health**			
各类专业技术人员(人)	Special Technical Personnel(person)	9257	9209	-0.5
幼儿园数(所)	Number of Kindergartens(unit)	62	79	27.4
学龄儿童入学率(%)	Percentage of School-Age Children Enrolled(%)	100.0	100.0	0.0
小学学校数(所)	Number of Primary Schools(unit)	34	35	2.9
小学专任教师数(人)	Number of Full-time Teachers of Primary Schools(person)	1914	2103	9.9
小学在校学生数(人)	Number of Student Enrollment of Primary Schools(person)	33230	35545	7.0
普通中学学校数(所)	Number of Regular Secondary Schools(unit)	16	20	25.0
普通中学专任教师数(人)	Number of Teachers of Secondary Shools(person)	2427	2507	3.3
初中在校学生数(人)	Number of Student in Junior Secondary Schools(person)	15526	16139	3.9
高中在校学生数(人)	Number of Student in Senior Secondary Schools(person)	13942	13932	-0.1
卫生机构数(所)	Number of Health Institutions(unit)	431	427	-0.9
# 医院(所)	Hospitals(unit)	36	38	5.6
卫生院(所)	Township Hospitals(unit)	6	8	33.3
床位数(张)	Number of Beds(unit)	4101	3964	-3.3
# 医院(张)	Hospitals(unit)	4000	3811	-4.7
卫生院(张)	Township Hospitals(unit)	73	69	-5.5
卫生技术人员(人)	Medical Technical Presonnel(person)	6192	7002	13.1
# 医院(人)	Hospitals(person)	4061	5773	42.2
卫生院(人)	Township Hospitals(person)	81	73	-9.9

23-92 鄂尔多斯市达拉特旗

指　标	Item	2013	2014	2014年比上年增长% Increase Rate in 2014 Over 2013(%)
行政区域土地面积(平方公里)	**Area of Administration(Sq.km)**	**8241**	**8241**	**0.0**
人口和就业	**Population & Employment**			
年末总人口(人)	Total Population Year-end(person)	362444	363746	0.4
#男性(人)	Male(person)	184933	185199	0.1
#乡村人口(人)	Rural(person)	144784	153984	6.4
年末总户数(户)	Total Number of Households at the Year-end(Household)	156936	159703	1.8
#乡村户数(户)	Number of Rural Household(Household)	51035	55125	8.0
出生人口(人)	Births(person)	5644	4678	-17.1
死亡人口(人)	Deaths(person)	1884	2158	14.5
全社会就业人员(人)	Employment(person)	237639	242770	2.2
第一产业(人)	Primary Industry(person)	66702	66731	0.0
第二产业(人)	Secondary Industry(person)	51830	53133	2.5
第三产业(人)	Tertiary Industry(person)	119107	122906	3.2
在岗职工人数(人)	Number of Staff & Workers Employed in(person)	31188	31384	0.6
乡村劳动力(人)	Number of Rural Laborers(person)	99442	105760	6.4
#农林牧渔业(人)	Farming,Forestry,Animal Husbandry & Fishery(person)	74131	79992	7.9
国民经济综合指标	**Summary Item on the National Economy**			
生产总值(万元)	Gross Domestic Product(10 000 yuan)	4802980	4950000	6.0
第一产业(万元)	Primary Industry(10 000 yuan)	313000	323800	4.7
第二产业(万元)	Secondary Industry(10 000 yuan)	2978099	3022000	6.8
#工业(万元)	Industry(10 000 yuan)	2745188	2781300	7.0
第三产业(万元)	Tertiary Industry(10 000 yuan)	1511881	1604400	4.5
人均生产总值(元)	Per Capita GDP(yuan)	145943	149689	5.5
全社会固定资产投资(万元)	Total Investment in Fixed Assets(10 000 yuan)	1682458	1899832	12.9
按登记注册类型分	Grouped by Registered Type			
#国有(万元)	State-owned Enterprises(10 000 yuan)	631559	648388	2.7
集体(万元)	Collective-owned Enterprises(10 000 yuan)	6313	6313	0.0
有限责任公司(万元)	Limited Liability Corporations(10 000 yuan)	856639	887725	3.6
股份有限公司(万元)	Share Holding Enterprises(10 000 yuan)	129537	192086	48.3
私营企业(万元)	Private Enterprises(10 000 yuan)	15641	24774	58.4
外商及港澳台投资企业(万元)	Funds from HK,Macao,Taiwan & Foreign(10 000 yuan)			
按城乡渠道分	Grouped by Urban and Rural Area			
城镇(万元)	Urban(10 000 yuan)	1680373	1882521	12.0
农村(万元)	Rural(10 000 yuan)	2085	17311	730.3
公共财政预算收入(万元)	Public Budgetary Financial Revenue(10 000 yuan)	190800	201919	5.8
公共财政预算支出(万元)	Public Budgetary Financial Expenditure(10 000 yuan)	374465	388069	3.6
个人储蓄存款余额(万元)	The balance of savings deposits of individuals(10 000 yuan)	895841	1007149	12.4
在岗职工工资总额(万元)	Total Wages of Staff & Workers Employed in(10 000 yuan)	174054	180092	3.5
在岗职工平均工资(元)	Average Wage of Staff & Workers Employed in(yuan)	55628	57539	3.4
全体居民人均可支配收入(元)	The per capita disposable income of all residents(yuan)	20642	22768	10.3
城镇常住居民人均可支配收入(元)	The per capita disposable income of urban permanent residents(yuan)	28928	31589	9.2
农村牧区常住居民人均可支配收入(元)	The per capita disposable income of permanent residents of rural and pastoral areas(yuan)	12020	13378	11.3
农村牧区经济	**Economic Development in Rural & Pastoral Area**			
农作物总播种面积(公顷)	Total Sown Area(hectare)	124507	132015	6.0
#粮食作物播种面积(公顷)	Sown Area of Grain Crops(hectare)	81620	82273	0.8
农牧业机械总动力(万千瓦)	Total Power of Agricultural Machinery(10 000 kw)	86.00	92.29	7.3
化肥施用折纯量(吨)	Consumption of Chemical Fertilizer(ton)	39788	47234	18.7
农村用电量(万千瓦小时)	Electricity Consumed in Rural Area(10 000 kwh)	23852	24152	1.3
农林牧渔业总产值(万元)	Gross Output of Farming,Forestry,Animal Husbandry & Fishery(10 000 yuan)	527425	552058	5.0
粮食产量(吨)	Yield of Grain(ton)	609500	586923	-3.7
油料产量(吨)	Yield of Oil-bearing Grops(ton)	18734	25240	34.7
甜菜产量(吨)	Yield of Beetroots(ton)	94068	97000	3.1
猪牛羊肉产量(吨)	Output of Pork, Beef & Mutton(ton)	38430	37442	-2.6
#猪肉产量(吨)	Output of Pork(ton)	12076	12000	-0.6
牛肉产量(吨)	Output of Beef(ton)	3296	2091	-36.6
羊肉产量(吨)	Output of Mutton(ton)	23058	23351	1.3
羊毛产量(吨)	Output of Wool(ton)	4867	4528	-7.0

23-92 Dalate Banner in Erdos City

指　标	Item	2013	2014	2014年比上年增长% Increase Rate in 2014 Over 2013(%)
年末牲畜存栏头数(万头只)	Total Livestock at the Year-end(10 000 heads)	201.07	204.27	1.6
# 大牲畜(万头只)	Large Animals(10 000 heads)	5.87	5.93	1.0
羊(万只)	Sheep & Goats(10 000 heads)	189.05	192.41	1.8
猪(万头)	Hogs(10 000 heads)	6.15	5.93	-3.6
规模以上工业	**Industrial Enterprises above Designated size**			
工业企业单位数(个)	Number of Industrial Enterprises(unit)	56	55	-1.8
# 内资企业(个)	Civil Funded Enterprises(unit)	53	52	-1.9
工业总产值(万元)	Gross Industrial Output Value(10 000 yuan)	6092084	6243048	2.5
内资企业(万元)	Civil Funded Enterprises(10 000 yuan)	5866450	6086818	3.8
国有企业(万元)	State-owned Enterprises(10 000 yuan)	29173		
集体企业(万元)	Collective-owned Enterprises(10 000 yuan)			
股份合作企业(万元)	Share Holding Enterprises(10 000 yuan)			
联营企业(万元)	Joint Owned Enterprises(10 000 yuan)			
有限责任公司(万元)	Limited Company(10 000 yuan)	3975044	3951662	-0.6
股份有限公司(万元)	Share Holding Limited Company(10 000 yuan)	603105	530992	-12.0
私营企业(万元)	Privately Owned Enterprises(10 000 yuan)	1081528	1338395	23.8
其他企业(万元)	Enterprises of Other Ownership(10 000 yuan)	177599	265769	49.6
港澳台商投资企业(万元)	Funds from HK,Macao & Taiwan(10 000 yuan)	18686	10182	-45.5
外商投资企业(万元)	Foreign Funded Enterprises(10 000 yuan)	206948	146048	-29.4
工业企业增加值(万元)	Value Added of Industrial Enterprises(10 000 yuan)			16.1
工业企业资产总计(万元)	Total Assets of Industrial Enterprises(10 000 yuan)	4627900	5797646	25.3
工业企业负债合计(万元)	Total Liabilities of Industrial Enterprises(10 000 yuan)	2721100	3193486	17.4
工业企业产品销售收入(万元)	Sales of Revenue Industrial Enterprises(10 000 yuan)	6141100	6174982	0.6
工业企业利润总额(万元)	Total Profits of Industrial Enterprises(10 000 yuan)	1609700	1330069	-17.4
建筑业	**Construction**			
建筑企业单位数(个)	Number of Construction Enterprises(unit)	13	13	0.0
建筑企业从业人员(人)	Number of Employee in Construction Enterprises(person)	2703	2441	-9.7
建筑业总产值(万元)	Gross Construction Output Value(10 000 yuan)	508961	384939	-24.4
交通运输邮电通信业	**Transportation,Post & Telecommunications**			
公路里程(公里)	Total Length of Highways(km)	2376	2517	5.9
邮电业务总量(万元)	Business Volume of Post & Telecoms(10 000 yuan)	33408	28540	-14.6
本地电话用户(户)	Number of Subscribers of Local Telephone(Household)	24000	22261	-7.2
国内贸易	**Domestic Trade**			
社会消费品零售总额(万元)	Total Retail Sales of Consumer Goods(10 000 yuan)	500002	540503	8.1
城镇(万元)	Town(10 000 yuan)	314949	348078	10.5
乡村(万元)	Village(10 000 yuan)	185052	192425	4.0
科技教育卫生	**Science,Education & Public Health**			
各类专业技术人员(人)	Special Technical Personnel(person)	6095	5916	-2.9
幼儿园数(所)	Number of Kindergartens(unit)	70	80	14.3
学龄儿童入学率(%)	Percentage of School-Age Children Enrolled(%)	100.0	100.0	0.0
小学学校数(所)	Number of Primary Schools(unit)	22	23	4.5
小学专任教师数(人)	Number of Full-time Teachers of Primary Schools(person)	1094	1147	4.8
小学在校学生数(人)	Number of Student Enrollment of Primary Schools(person)	19344	19536	1.0
普通中学学校数(所)	Number of Regular Secondary Schools(unit)	9	9	0.0
普通中学专任教师数(人)	Number of Teachers of Secondary Shools(person)	1104	1068	-3.3
初中在校学生数(人)	Number of Student in Junior Secondary Schools(person)	9369	9161	-2.2
高中在校学生数(人)	Number of Student in Senior Secondary Schools(person)	5866	5427	-7.5
卫生机构数(所)	Number of Health Institutions(unit)	298	314	5.4
# 医院(所)	Hospitals(unit)	8	8	0.0
卫生院(所)	Township Hospitals(unit)	22	23	4.5
床位数(张)	Number of Beds(unit)	1260	1410	11.9
# 医院(张)	Hospitals(unit)	901	974	8.1
卫生院(张)	Township Hospitals(unit)	308	353	14.6
卫生技术人员(人)	Medical Technical Presonnel(person)	1933	2218	14.7
# 医院(人)	Hospitals(person)	882	930	5.4
卫生院(人)	Township Hospitals(person)	231	302	30.7

23-93 鄂尔多斯市准格尔旗

指　标	Item	2013	2014	2014年比上年增长% Increase Rate in 2014 Over 2013(%)
行政区域土地面积(平方公里)	**Area of Administration(Sq.km)**	**7551**	**7551**	**0.0**
人口和就业	**Population & Employment**			
年末总人口(人)	Total Population Year-end(person)	314673	320396	1.8
#男性(人)	Male(person)	159925	162422	1.6
#乡村人口(人)	Rural(person)	98216	98512	0.3
年末总户数(户)	Total Number of Households at the Year-end(Household)	137741	142529	3.5
#乡村户数(户)	Number of Rural Household(Household)	35113	35618	1.4
出生人口(人)	Births(person)	4966	4592	-7.5
死亡人口(人)	Deaths(person)	1163	1412	21.4
全社会就业人员(人)	Employment(person)	192134	195322	1.7
第一产业(人)	Primary Industry(person)	35104	35001	-0.3
第二产业(人)	Secondary Industry(person)	67329	68419	1.6
第三产业(人)	Tertiary Industry(person)	89701	91902	2.5
在岗职工人数(人)	Number of Staff & Workers Employed in(person)	62020	59209	-4.5
乡村劳动力(人)	Number of Rural Laborers(person)	79599	79656	0.1
#农林牧渔业(人)	Farming,Forestry,Animal Husbandry & Fishery(person)	45184	45216	0.1
国民经济综合指标	**Summary Item on the National Economy**			
生产总值(万元)	Gross Domestic Product(10 000 yuan)	10505364	11066700	8.0
第一产业(万元)	Primary Industry(10 000 yuan)	92600	93700	3.8
第二产业(万元)	Secondary Industry(10 000 yuan)	6573939	6930000	9.9
#工业(万元)	Industry(10 000 yuan)	6042271	6360000	10.0
第三产业(万元)	Tertiary Industry(10 000 yuan)	3838825	4043000	4.7
人均生产总值(元)	Per Capita GDP(yuan)	285511	298790	7.3
全社会固定资产投资(万元)	Total Investment in Fixed Assets(10 000 yuan)	3889999	4451373	14.4
按登记注册类型分	Grouped by Registered Type			
#国有(万元)	State-owned Enterprises(10 000 yuan)	743440	458696	-38.3
集体(万元)	Collective-owned Enterprises(10 000 yuan)			
有限责任公司(万元)	Limited Liability Corporations(10 000 yuan)	2680258	3868475	44.3
股份有限公司(万元)	Share Holding Enterprises(10 000 yuan)	52078	52078	0.0
私营企业(万元)	Private Enterprises(10 000 yuan)			
外商及港澳台投资企业(万元)	Funds from HK,Macao,Taiwan & Foreign(10 000 yuan)			
按城乡渠道分	Grouped by Urban and Rural Area			
城镇(万元)	Urban(10 000 yuan)	3879990	4431100	14.2
农村(万元)	Rural(10 000 yuan)	10050	20273	101.7
公共财政预算收入(万元)	Public Budgetary Financial Revenue(10 000 yuan)	738600	767109	3.9
公共财政预算支出(万元)	Public Budgetary Financial Expenditure(10 000 yuan)	726677	874444	20.3
个人储蓄存款余额(万元)	The balance of savings deposits of individuals(10 000 yuan)	2222063	2399648	8.0
在岗职工工资总额(万元)	Total Wages of Staff & Workers Employed in(10 000 yuan)	469733	453803	-3.4
在岗职工平均工资(元)	Average Wage of Staff & Workers Employed in(yuan)	74589	74720	0.2
全体居民人均可支配收入(元)	The per capita disposable income of all residents(yuan)	25768	28061	8.9
城镇常住居民人均可支配收入(元)	The per capita disposable income of urban permanent residents(yuan)	33612	36234	7.8
农村牧区常住居民人均可支配收入(元)	The per capita disposable income of permanent residents of rural and pastoral areas(yuan)	12128	13450	10.9
农村牧区经济	**Economic Development in Rural & Pastoral Area**			
农作物总播种面积(公顷)	Total Sown Area(hectare)	65123	65287	0.3
#粮食作物播种面积(公顷)	Sown Area of Grain Crops(hectare)	37510	37587	0.2
农牧业机械总动力(万千瓦)	Total Power of Agricultural Machinery(10 000 kw)	28.00	28.40	1.4
化肥施用折纯量(吨)	Consumption of Chemical Fertilizer(ton)	9785	9790	0.1
农村用电量(万千瓦小时)	Electricity Consumed in Rural Area(10 000 kwh)	3689	3752	1.7
农林牧渔业总产值(万元)	Gross Output of Farming,Forestry,Animal Husbandry & Fishery(10 000 yuan)	156273	160912	3.3
粮食产量(吨)	Yield of Grain(ton)	87669	85429	-2.6
油料产量(吨)	Yield of Oil-bearing Grops(ton)	3012	3254	8.0
甜菜产量(吨)	Yield of Beetroots(ton)	517	543	5.0
猪牛羊肉产量(吨)	Output of Pork, Beef & Mutton(ton)	11620	12358	6.4
#猪肉产量(吨)	Output of Pork(ton)	6681	5800	-13.2
牛肉产量(吨)	Output of Beef(ton)	305	323	5.9
羊肉产量(吨)	Output of Mutton(ton)	4634	6235	34.5
羊毛产量(吨)	Output of Wool(ton)	543	448	-17.6

23-93 Zhungeer Banner in Erdos City

指　标	Item	2013	2014	2014年比上年增长% Increase Rate in 2014 Over 2013(%)
年末牲畜存栏头数(万头只)	Total Livestock at the Year-end(10 000 heads)	54.15	48.61	-10.2
# 大牲畜(万头只)	Large Animals(10 000 heads)	1.30	1.20	-7.7
羊(万只)	Sheep & Goats(10 000 heads)	47.63	42.37	-11.0
猪(万头)	Hogs(10 000 heads)	5.22	5.04	-3.4
规模以上工业	**Industrial Enterprises above Designated size**			
工业企业单位数(个)	Number of Industrial Enterprises(unit)	114	102	-10.5
# 内资企业(个)	Civil Funded Enterprises(unit)	108	97	-10.2
工业总产值(万元)	Gross Industrial Output Value(10 000 yuan)	11336948	10770944	-5.0
内资企业(万元)	Civil Funded Enterprises(10 000 yuan)	11203769	10616187	-5.2
国有企业(万元)	State-owned Enterprises(10 000 yuan)	2488316	2556621	2.7
集体企业(万元)	Collective-owned Enterprises(10 000 yuan)	9918	8022	-19.1
股份合作企业(万元)	Share Holding Enterprises(10 000 yuan)			
联营企业(万元)	Joint Owned Enterprises(10 000 yuan)			
有限责任公司(万元)	Limited Company(10 000 yuan)	4841480	4366706	-9.8
股份有限公司(万元)	Share Holding Limited Company(10 000 yuan)	3414203	3264454	-4.4
私营企业(万元)	Privately Owned Enterprises(10 000 yuan)	449853	420385	-6.6
其他企业(万元)	Enterprises of Other Ownership(10 000 yuan)			
港澳台商投资企业(万元)	Funds from HK,Macao & Taiwan(10 000 yuan)	83199	95453	14.7
外商投资企业(万元)	Foreign Funded Enterprises(10 000 yuan)	49980	59304	18.7
工业企业增加值(万元)	Value Added of Industrial Enterprises(10 000 yuan)			10.5
工业企业资产总计(万元)	Total Assets of Industrial Enterprises(10 000 yuan)	23140700	24975760	7.9
工业企业负债合计(万元)	Total Liabilities of Industrial Enterprises(10 000 yuan)	12563000	13716211	9.2
工业企业产品销售收入(万元)	Sales of Revenue Industrial Enterprises(10 000 yuan)	11860900	10020165	-15.5
工业企业利润总额(万元)	Total Profits of Industrial Enterprises(10 000 yuan)	2926600	1803539	-38.4
建筑业	**Construction**			
建筑企业单位数(个)	Number of Construction Enterprises(unit)	12	12	0.0
建筑企业从业人员(人)	Number of Employee in Construction Enterprises(person)	3091	2542	-17.8
建筑业总产值(万元)	Gross Construction Output Value(10 000 yuan)	72356	75141	3.8
交通运输邮电通信业	**Transportation,Post & Telecommunications**			
公路里程(公里)	Total Length of Highways(km)	2675	2863	7.0
邮电业务总量(万元)	Business Volume of Post & Telecoms(10 000 yuan)	107800	145300	34.8
本地电话用户(户)	Number of Subscribers of Local Telephone(Household)	60265	60265	0.0
国内贸易	**Domestic Trade**			
社会消费品零售总额(万元)	Total Retail Sales of Consumer Goods(10 000 yuan)	840374	910126	8.3
城镇(万元)	Town(10 000 yuan)	562463	600076	6.7
乡村(万元)	Village(10 000 yuan)	277912	310050	11.6
科技教育卫生	**Science,Education & Public Health**			
各类专业技术人员(人)	Special Technical Personnel(person)	7188	7328	1.9
幼儿园数(所)	Number of Kindergartens(unit)	53	39	-26.4
学龄儿童入学率(%)	Percentage of School-Age Children Enrolled(%)	100.0	100.0	0.0
小学学校数(所)	Number of Primary Schools(unit)	25	23	-8.0
小学专任教师数(人)	Number of Full-time Teachers of Primary Schools(person)	1390	1465	5.4
小学在校学生数(人)	Number of Student Enrollment of Primary Schools(person)	22755	23169	1.8
普通中学学校数(所)	Number of Regular Secondary Schools(unit)	12	12	0.0
普通中学专任教师数(人)	Number of Teachers of Secondary Shools(person)	1431	1453	1.5
初中在校学生数(人)	Number of Student in Junior Secondary Schools(person)	10676	10653	-0.2
高中在校学生数(人)	Number of Student in Senior Secondary Schools(person)	5557	5344	-3.8
卫生机构数(所)	Number of Health Institutions(unit)	257	271	5.4
# 医院(所)	Hospitals(unit)	9	8	-11.1
卫生院(所)	Township Hospitals(unit)	14	15	7.1
床位数(张)	Number of Beds(unit)	1716	1619	-5.7
# 医院(张)	Hospitals(unit)	1455	1350	-7.2
卫生院(张)	Township Hospitals(unit)	255	254	-0.4
卫生技术人员(人)	Medical Technical Presonnel(person)	2459	2668	8.5
# 医院(人)	Hospitals(person)	836	1381	65.2
卫生院(人)	Township Hospitals(person)	274	250	-8.8

23-94 鄂尔多斯市鄂托克前旗

指　标	Item	2013	2014	2014年比上年增长% Increase Rate in 2014 Over 2013(%)
行政区域土地面积(平方公里)	**Area of Administration(Sq.km)**	**12221**	**12221**	**0.0**
人口和就业	**Population & Employment**			
年末总人口(人)	Total Population Year-end(person)	77147	78320	1.5
#男性(人)	Male(person)	39059	39534	1.2
#乡村人口(人)	Rural(person)	35587	37853	6.4
年末总户数(户)	Total Number of Households at the Year-end(Household)	27799	27836	0.1
#乡村户数(户)	Number of Rural Household(Household)	12407	13299	7.2
出生人口(人)	Births(person)	1214	1641	35.2
死亡人口(人)	Deaths(person)	381	438	15.0
全社会就业人员(人)	Employment(person)	50785	52953	4.3
第一产业(人)	Primary Industry(person)	19847	24056	21.2
第二产业(人)	Secondary Industry(person)	13114	13134	0.2
第三产业(人)	Tertiary Industry(person)	17824	15763	-11.6
在岗职工人数(人)	Number of Staff & Workers Employed in(person)	10707	7972	-25.5
乡村劳动力(人)	Number of Rural Laborers(person)	23792	25323	6.4
#农林牧渔业(人)	Farming,Forestry,Animal Husbandry & Fishery(person)	19675	20207	2.7
国民经济综合指标	**Summary Item on the National Economy**			
生产总值(万元)	Gross Domestic Product(10 000 yuan)	1182505	1273400	7.7
第一产业(万元)	Primary Industry(10 000 yuan)	111100	113100	4.0
第二产业(万元)	Secondary Industry(10 000 yuan)	740809	803200	9.3
#工业(万元)	Industry(10 000 yuan)	597510	645500	8.8
第三产业(万元)	Tertiary Industry(10 000 yuan)	330597	357100	5.9
人均生产总值(元)	Per Capita GDP(yuan)	170390	180624	6.1
全社会固定资产投资(万元)	Total Investment in Fixed Assets(10 000 yuan)	1649831	2001245	21.3
按登记注册类型分	Grouped by Registered Type			
#国有(万元)	State-owned Enterprises(10 000 yuan)	1300130	1495149	15.0
集体(万元)	Collective-owned Enterprises(10 000 yuan)			
有限责任公司(万元)	Limited Liability Corporations(10 000 yuan)	245784	177702	-27.7
股份有限公司(万元)	Share Holding Enterprises(10 000 yuan)	9180		
私营企业(万元)	Private Enterprises(10 000 yuan)			
外商及港澳台投资企业(万元)	Funds from HK,Macao,Taiwan & Foreign(10 000 yuan)			
按城乡渠道分	Grouped by Urban and Rural Area			
城镇(万元)	Urban(10 000 yuan)	1649831	2001245	21.3
农村(万元)	Rural(10 000 yuan)			
公共财政预算收入(万元)	Public Budgetary Financial Revenue(10 000 yuan)	116600	146998	26.1
公共财政预算支出(万元)	Public Budgetary Financial Expenditure(10 000 yuan)	264972	235305	-11.2
个人储蓄存款余额(万元)	The balance of savings deposits of individuals(10 000 yuan)	193303	218262	12.9
在岗职工工资总额(万元)	Total Wages of Staff & Workers Employed in(10 000 yuan)	59158	48822	-17.5
在岗职工平均工资(元)	Average Wage of Staff & Workers Employed in(yuan)	53551	61551	14.9
全体居民人均可支配收入(元)	The per capita disposable income of all residents(yuan)	21813	24082	10.4
城镇常住居民人均可支配收入(元)	The per capita disposable income of urban permanent residents(yuan)	30225	33096	9.5
农村牧区常住居民人均可支配收入(元)	The per capita disposable income of permanent residents of rural and pastoral areas(yuan)	12163	13477	10.8
农村牧区经济	**Economic Development in Rural & Pastoral Area**			
农作物总播种面积(公顷)	Total Sown Area(hectare)	26327	26974	2.5
#粮食作物播种面积(公顷)	Sown Area of Grain Crops(hectare)	17321	17621	1.7
农牧业机械总动力(万千瓦)	Total Power of Agricultural Machinery(10 000 kw)	25.00	25.76	3.0
化肥施用折纯量(吨)	Consumption of Chemical Fertilizer(ton)	19056	19154	0.5
农村用电量(万千瓦小时)	Electricity Consumed in Rural Area(10 000 kwh)	3822	4083	6.8
农林牧渔业总产值(万元)	Gross Output of Farming,Forestry,Animal	188656	195343	3.9
粮食产量(吨)	Yield of Grain(ton)	104464	99464	-4.8
油料产量(吨)	Yield of Oil-bearing Grops(ton)	2974	3260	9.6
甜菜产量(吨)	Yield of Beetroots(ton)			
猪牛羊肉产量(吨)	Output of Pork, Beef & Mutton(ton)	18384	17855	-2.9
#猪肉产量(吨)	Output of Pork(ton)	4012	3800	-5.3
牛肉产量(吨)	Output of Beef(ton)	2783	3066	10.2
羊肉产量(吨)	Output of Mutton(ton)	11589	10989	-5.2
羊毛产量(吨)	Output of Wool(ton)	1768	1900	7.5

23-94 Etuokeqian Banner in Erdos City

指　　标	Item	2013	2014	2014年比上年增长% Increase Rate in 2014 Over 2013(%)
年末牲畜存栏头数(万头只)	Total Livestock at the Year-end(10 000 heads)	90.06	91.16	1.2
# 大牲畜(万头只)	Large Animals(10 000 heads)	3.50	3.49	-0.3
羊(万只)	Sheep & Goats(10 000 heads)	80.68	82.00	1.6
猪(万头)	Hogs(10 000 heads)	5.87	5.67	-3.4
规模以上工业	**Industrial Enterprises above Designated size**			
工业企业单位数(个)	Number of Industrial Enterprises(unit)	15	15	0.0
# 内资企业(个)	Civil Funded Enterprises(unit)	15	15	0.0
工业总产值(万元)	Gross Industrial Output Value(10 000 yuan)	1454480	1643405	13.0
内资企业(万元)	Civil Funded Enterprises(10 000 yuan)	1454480	1643405	13.0
国有企业(万元)	State-owned Enterprises(10 000 yuan)			
集体企业(万元)	Collective-owned Enterprises(10 000 yuan)			
股份合作企业(万元)	Share Holding Enterprises(10 000 yuan)			
联营企业(万元)	Joint Owned Enterprises(10 000 yuan)			
有限责任公司(万元)	Limited Company(10 000 yuan)	848218	774782	-8.7
股份有限公司(万元)	Share Holding Limited Company(10 000 yuan)	29126	22665	-22.2
私营企业(万元)	Privately Owned Enterprises(10 000 yuan)	577135	845959	46.6
其他企业(万元)	Enterprises of Other Ownership(10 000 yuan)			
港澳台商投资企业(万元)	Funds from HK,Macao & Taiwan(10 000 yuan)			
外商投资企业(万元)	Foreign Funded Enterprises(10 000 yuan)			
工业企业增加值(万元)	Value Added of Industrial Enterprises(10 000 yuan)			9.2
工业企业资产总计(万元)	Total Assets of Industrial Enterprises(10 000 yuan)	1744100	1521783	-12.7
工业企业负债合计(万元)	Total Liabilities of Industrial Enterprises(10 000 yuan)	990500	1036278	4.6
工业企业产品销售收入(万元)	Sales of Revenue Industrial Enterprises(10 000 yuan)	1310400	1477086	12.7
工业企业利润总额(万元)	Total Profits of Industrial Enterprises(10 000 yuan)	27700	-52591	
建筑业	**Construction**			
建筑企业单位数(个)	Number of Construction Enterprises(unit)	6	6	0.0
建筑企业从业人员(人)	Number of Employee in Construction Enterprises(person)	4815	3267	-32.1
建筑业总产值(万元)	Gross Construction Output Value(10 000 yuan)	151472	136557	-9.8
交通运输邮电通信业	**Transportation,Post & Telecommunications**			
公路里程(公里)	Total Length of Highways(km)	2031	2025	-0.3
邮电业务总量(万元)	Business Volume of Post & Telecoms(10 000 yuan)	7743	7635	-1.4
本地电话用户(户)	Number of Subscribers of Local Telephone(Household)	6284	7200	14.6
国内贸易	**Domestic Trade**			
社会消费品零售总额(万元)	Total Retail Sales of Consumer Goods(10 000 yuan)	160001	190241	18.9
城镇(万元)	Town(10 000 yuan)	103777	126699	22.1
乡村(万元)	Village(10 000 yuan)	56224	63542	13.0
科技教育卫生	**Science,Education & Public Health**			
各类专业技术人员(人)	Special Technical Personnel(person)	2251	2269	0.8
幼儿园数(所)	Number of Kindergartens(unit)	8	8	0.0
学龄儿童入学率(%)	Percentage of School-Age Children Enrolled(%)	100.0	100.0	0.0
小学学校数(所)	Number of Primary Schools(unit)	5	5	0.0
小学专任教师数(人)	Number of Full-time Teachers of Primary Schools(person)	356	304	-14.6
小学在校学生数(人)	Number of Student Enrollment of Primary Schools(person)	4561	4690	2.8
普通中学学校数(所)	Number of Regular Secondary Schools(unit)	3	3	0.0
普通中学专任教师数(人)	Number of Teachers of Secondary Shools(person)	319	274	-14.1
初中在校学生数(人)	Number of Student in Junior Secondary Schools(person)	2333	2227	-4.5
高中在校学生数(人)	Number of Student in Senior Secondary Schools(person)	981	961	-2.0
卫生机构数(所)	Number of Health Institutions(unit)	112	120	7.1
# 医院(所)	Hospitals(unit)	3	3	0.0
卫生院(所)	Township Hospitals(unit)	7	8	14.3
床位数(张)	Number of Beds(unit)	365	359	-1.6
# 医院(张)	Hospitals(unit)	240	265	10.4
卫生院(张)	Township Hospitals(unit)	105	74	-29.5
卫生技术人员(人)	Medical Technical Presonnel(person)	622	637	2.4
# 医院(人)	Hospitals(person)	178	189	6.2
卫生院(人)	Township Hospitals(person)	79	76	-3.8

23-95 鄂尔多斯市鄂托克旗

指　标	Item	2013	2014	2014年比上年增长% Increase Rate in 2014 Over 2013(%)
行政区域土地面积(平方公里)	**Area of Administration(Sq.km)**	**20367**	**20367**	**0.0**
人口和就业	**Population & Employment**			
年末总人口(人)	Total Population Year-end(person)	97023	97697	0.7
# 男性(人)	Male(person)	48958	49219	0.5
# 乡村人口(人)	Rural(person)	35382	38882	9.9
年末总户数(户)	Total Number of Households at the Year-end(Household)	40221	40716	1.2
# 乡村户数(户)	Number of Rural Household(Household)	11217	11244	0.2
出生人口(人)	Births(person)	1234	1993	61.5
死亡人口(人)	Deaths(person)	435	516	18.6
全社会就业人员(人)	Employment(person)	93291	84096	-9.9
第一产业(人)	Primary Industry(person)	25696	28799	12.1
第二产业(人)	Secondary Industry(person)	36318	24133	-33.6
第三产业(人)	Tertiary Industry(person)	31277	31164	-0.4
在岗职工人数(人)	Number of Staff & Workers Employed in(person)	40090	41282	3.0
乡村劳动力(人)	Number of Rural Laborers(person)	24389	27833	14.1
# 农林牧渔业(人)	Farming,Forestry,Animal Husbandry & Fishery(person)	21304	21151	-0.7
国民经济综合指标	**Summary Item on the National Economy**			
生产总值(万元)	Gross Domestic Product(10 000 yuan)	4301329	4594200	10.1
第一产业(万元)	Primary Industry(10 000 yuan)	75100	76200	4.0
第二产业(万元)	Secondary Industry(10 000 yuan)	3382307	3619200	11.5
# 工业(万元)	Industry(10 000 yuan)	382712	3306000	12.1
第三产业(万元)	Tertiary Industry(10 000 yuan)	843923	898800	4.6
人均生产总值(元)	Per Capita GDP(yuan)	272408	287857	8.9
全社会固定资产投资(万元)	Total Investment in Fixed Assets(10 000 yuan)	2260553	2650724	17.3
按登记注册类型分	Grouped by Registered Type			
# 国有(万元)	State-owned Enterprises(10 000 yuan)	120302	298951	148.5
集体(万元)	Collective-owned Enterprises(10 000 yuan)			
有限责任公司(万元)	Limited Liability Corporations(10 000 yuan)	2044472	2234608	9.3
股份有限公司(万元)	Share Holding Enterprises(10 000 yuan)	21871	9798	-55.2
私营企业(万元)	Private Enterprises(10 000 yuan)	96473	106707	10.3
外商及港澳台投资企业(万元)	Funds from HK,Macao,Taiwan & Foreign(10 000 yuan)			
按城乡渠道分	Grouped by Urban and Rural Area			
城镇(万元)	Urban(10 000 yuan)	2169140	2613592	20.5
农村(万元)	Rural(10 000 yuan)	91413	37132	-59.4
公共财政预算收入(万元)	Public Budgetary Financial Revenue(10 000 yuan)	271700	330475	21.6
公共财政预算支出(万元)	Public Budgetary Financial Expenditure(10 000 yuan)	366247	410089	12.0
个人储蓄存款余额(万元)	The balance of savings deposits of individuals(10 000 yuan)	618256	695652	6.7
在岗职工工资总额(万元)	Total Wages of Staff & Workers Employed in(10 000 yuan)	240665	244765	1.7
在岗职工平均工资(元)	Average Wage of Staff & Workers Employed in(yuan)	59790	59101	-1.2
全体居民人均可支配收入(元)	The per capita disposable income of all residents(yuan)	23465	25882	10.3
城镇常住居民人均可支配收入(元)	The per capita disposable income of urban permanent residents(yuan)	31205	34294	9.9
农村牧区常住居民人均可支配收入(元)	The per capita disposable income of permanent residents of rural and pastoral areas(yuan)	12084	13437	11.2
农村牧区经济	**Economic Development in Rural & Pastoral Area**			
农作物总播种面积(公顷)	Total Sown Area(hectare)	23159	24557	6.0
# 粮食作物播种面积(公顷)	Sown Area of Grain Crops(hectare)	17913	18071	0.9
农牧业机械总动力(万千瓦)	Total Power of Agricultural Machinery(10 000 kw)	18.00	18.12	0.7
化肥施用折纯量(吨)	Consumption of Chemical Fertilizer(ton)	4458	4359	-2.2
农村用电量(万千瓦小时)	Electricity Consumed in Rural Area(10 000 kwh)	930	892	-4.1
农林牧渔业总产值(万元)	Gross Output of Farming,Forestry,Animal Husbandry & Fishery(10 000 yuan)	132829	136433	3.1
粮食产量(吨)	Yield of Grain(ton)	110465	104465	-5.4
油料产量(吨)	Yield of Oil-bearing Grops(ton)	6243	6260	0.3
甜菜产量(吨)	Yield of Beetroots(ton)			
猪牛羊肉产量(吨)	Output of Pork, Beef & Mutton(ton)	20789	21360	2.7
# 猪肉产量(吨)	Output of Pork(ton)	4638	4326	-6.7
牛肉产量(吨)	Output of Beef(ton)	2102	2530	20.4
羊肉产量(吨)	Output of Mutton(ton)	14049	14504	3.2
羊毛产量(吨)	Output of Wool(ton)	601	674	12.1

23-95 Etuoke Banner in Erdos City

指　标	Item	2013	2014	2014年比上年增长% Increase Rate in 2014 Over 2013(%)
年末牲畜存栏头数(万头只)	Total Livestock at the Year-end(10 000 heads)	109.92	113.14	2.9
#大牲畜(万头只)	Large Animals(10 000 heads)	2.80	2.70	-3.6
羊(万只)	Sheep & Goats(10 000 heads)	103.06	106.41	3.3
猪(万头)	Hogs(10 000 heads)	4.06	4.03	-0.7
规模以上工业	**Industrial Enterprises above Designated size**			
工业企业单位数(个)	Number of Industrial Enterprises(unit)	51	49	-3.9
#内资企业(个)	Civil Funded Enterprises(unit)	47	45	-4.3
工业总产值(万元)	Gross Industrial Output Value(10 000 yuan)	5410084	6016458	11.2
内资企业(万元)	Civil Funded Enterprises(10 000 yuan)	3544256	4237869	19.6
国有企业(万元)	State-owned Enterprises(10 000 yuan)	138381	387029	179.7
集体企业(万元)	Collective-owned Enterprises(10 000 yuan)	1795	1988	10.7
股份合作企业(万元)	Share Holding Enterprises(10 000 yuan)			
联营企业(万元)	Joint Owned Enterprises(10 000 yuan)			
有限责任公司(万元)	Limited Company(10 000 yuan)	2143524	2612645	21.9
股份有限公司(万元)	Share Holding Limited Company(10 000 yuan)	746008	566367	-24.1
私营企业(万元)	Privately Owned Enterprises(10 000 yuan)	476840	659714	38.4
其他企业(万元)	Enterprises of Other Ownership(10 000 yuan)	37709	10128	-73.1
港澳台商投资企业(万元)	Funds from HK,Macao & Taiwan(10 000 yuan)			
外商投资企业(万元)	Foreign Funded Enterprises(10 000 yuan)	1865828	1778589	-4.7
工业企业增加值(万元)	Value Added of Industrial Enterprises(10 000 yuan)			13.2
工业企业资产总计(万元)	Total Assets of Industrial Enterprises(10 000 yuan)	10076500	12412007	23.2
工业企业负债合计(万元)	Total Liabilities of Industrial Enterprises(10 000 yuan)	6686500	8585805	28.4
工业企业产品销售收入(万元)	Sales of Revenue Industrial Enterprises(10 000 yuan)	4952200	5541928	11.9
工业企业利润总额(万元)	Total Profits of Industrial Enterprises(10 000 yuan)	215700	136753	-36.6
建筑业	**Construction**			
建筑企业单位数(个)	Number of Construction Enterprises(unit)	5	5	0.0
建筑企业从业人员(人)	Number of Employee in Construction Enterprises(person)	1231	1245	1.1
建筑业总产值(万元)	Gross Construction Output Value(10 000 yuan)	46270	31611	-31.7
交通运输邮电通信业	**Transportation,Post & Telecommunications**			
公路里程(公里)	Total Length of Highways(km)	3642	3822	4.9
邮电业务总量(万元)	Business Volume of Post & Telecoms(10 000 yuan)	20932	17919	-14.4
本地电话用户(户)	Number of Subscribers of Local Telephone(Household)	18000	18000	0.0
国内贸易	**Domestic Trade**			
社会消费品零售总额(万元)	Total Retail Sales of Consumer Goods(10 000 yuan)	320245	361236	12.8
城镇(万元)	Town(10 000 yuan)	205439	251578	22.5
乡村(万元)	Village(10 000 yuan)	114806	109658	-4.5
科技教育卫生	**Science,Education & Public Health**			
各类专业技术人员(人)	Special Technical Personnel(person)	3580	3580	0.0
幼儿园数(所)	Number of Kindergartens(unit)	21	19	-9.5
学龄儿童入学率(%)	Percentage of School-Age Children Enrolled(%)	100.0	100.0	0.0
小学学校数(所)	Number of Primary Schools(unit)	8	8	0.0
小学专任教师数(人)	Number of Full-time Teachers of Primary Schools(person)	735	729	-0.8
小学在校学生数(人)	Number of Student Enrollment of Primary Schools(person)	8926	9218	3.3
普通中学学校数(所)	Number of Regular Secondary Schools(unit)	5	5	0.0
普通中学专任教师数(人)	Number of Teachers of Secondary Shools(person)	587	553	-5.8
初中在校学生数(人)	Number of Student in Junior Secondary Schools(person)	3731	3616	-3.1
高中在校学生数(人)	Number of Student in Senior Secondary Schools(person)	1650	1509	-8.5
卫生机构数(所)	Number of Health Institutions(unit)	163	175	7.4
#医院(所)	Hospitals(unit)	7	7	0.0
卫生院(所)	Township Hospitals(unit)	11	11	0.0
床位数(张)	Number of Beds(unit)	827	731	-11.6
#医院(张)	Hospitals(unit)	666	606	-9.0
卫生院(张)	Township Hospitals(unit)	126	105	-16.7
卫生技术人员(人)	Medical Technical Presonnel(person)	943	1010	7.1
#医院(人)	Hospitals(person)	429	487	13.5
卫生院(人)	Township Hospitals(person)	101	93	-7.9

23-96 鄂尔多斯市杭锦旗

指　标	Item	2013	2014	2014年比上年增长% Increase Rate in 2014 Over 2013(%)
行政区域土地面积(平方公里)	**Area of Administration(Sq.km)**	**18814**	**18814**	**0.0**
人口和就业	**Population & Employment**			
年末总人口(人)	Total Population Year-end(person)	143264	142613	-0.5
#男性(人)	Male(person)	73252	72811	-0.6
#乡村人口(人)	Rural(person)	75044	72870	-2.9
年末总户数(户)	Total Number of Households at the Year-end(Household)	63477	63903	0.7
#乡村户数(户)	Number of Rural Household(Household)	26212	25017	-4.6
出生人口(人)	Births(person)	1839	1785	-2.9
死亡人口(人)	Deaths(person)	1221	911	-25.4
全社会就业人员(人)	Employment(person)	82125	82809	0.8
第一产业(人)	Primary Industry(person)	49163	47683	-3.0
第二产业(人)	Secondary Industry(person)	14708	16258	10.5
第三产业(人)	Tertiary Industry(person)	18254	18868	3.4
在岗职工人数(人)	Number of Staff & Workers Employed in(person)	10723	10807	0.8
乡村劳动力(人)	Number of Rural Laborers(person)	59005	56931	-3.5
#农林牧渔业(人)	Farming,Forestry,Animal Husbandry & Fishery(person)	49163	47683	-3.0
国民经济综合指标	**Summary Item on the National Economy**			
生产总值(万元)	Gross Domestic Product(10 000 yuan)	770320	842300	10.0
第一产业(万元)	Primary Industry(10 000 yuan)	172800	177300	3.8
第二产业(万元)	Secondary Industry(10 000 yuan)	290946	316500	12.7
#工业(万元)	Industry(10 000 yuan)	205145	239000	16.5
第三产业(万元)	Tertiary Industry(10 000 yuan)	306573	348500	6.3
人均生产总值(元)	Per Capita GDP(yuan)	68748	74540	9.1
全社会固定资产投资(万元)	Total Investment in Fixed Assets(10 000 yuan)	1246245	1357909	9.0
按登记注册类型分	Grouped by Registered Type			
#国有(万元)	State-owned Enterprises(10 000 yuan)	61169	94614	54.7
集体(万元)	Collective-owned Enterprises(10 000 yuan)			
有限责任公司(万元)	Limited Liability Corporations(10 000 yuan)	1175447	1254206	6.7
股份有限公司(万元)	Share Holding Enterprises(10 000 yuan)			
私营企业(万元)	Private Enterprises(10 000 yuan)			
外商及港澳台投资企业(万元)	Funds from HK,Macao,Taiwan & Foreign(10 000 yuan)			
按城乡渠道分	Grouped by Urban and Rural Area			
城镇(万元)	Urban(10 000 yuan)	1221861	1281303	4.9
农村(万元)	Rural(10 000 yuan)	24384	76606	214.2
公共财政预算收入(万元)	Public Budgetary Financial Revenue(10 000 yuan)	96400	120201	24.7
公共财政预算支出(万元)	Public Budgetary Financial Expenditure(10 000 yuan)	274239	279264	1.8
个人储蓄存款余额(万元)	The balance of savings deposits of individuals(10 000 yuan)	282371	314716	11.5
在岗职工工资总额(万元)	Total Wages of Staff & Workers Employed in(10 000 yuan)	60923	63719	4.6
在岗职工平均工资(元)	Average Wage of Staff & Workers Employed in(yuan)	55893	58841	5.3
全体居民人均可支配收入(元)	The per capita disposable income of all residents(yuan)	20301	22433	10.5
城镇常住居民人均可支配收入(元)	The per capita disposable income of urban permanent residents(yuan)	28829	31510	9.3
农村牧区常住居民人均可支配收入(元)	The per capita disposable income of permanent residents of rural and pastoral areas(yuan)	11951	13313	11.4
农村牧区经济	**Economic Development in Rural & Pastoral Area**			
农作物总播种面积(公顷)	Total Sown Area(hectare)	68501	74308	8.5
#粮食作物播种面积(公顷)	Sown Area of Grain Crops(hectare)	41980	42307	0.8
农牧业机械总动力(万千瓦)	Total Power of Agricultural Machinery(10 000 kw)	44.00	46.53	5.8
化肥施用折纯量(吨)	Consumption of Chemical Fertilizer(ton)	21918	23302	6.3
农村用电量(万千瓦小时)	Electricity Consumed in Rural Area(10 000 kwh)	4722	5384	14.0
农林牧渔业总产值(万元)	Gross Output of Farming,Forestry,Animal Husbandry & Fishery(10 000 yuan)	287783	298239	4.0
粮食产量(吨)	Yield of Grain(ton)	398800	388616	-2.6
油料产量(吨)	Yield of Oil-bearing Grops(ton)	54960	63232	15.1
甜菜产量(吨)	Yield of Beetroots(ton)			
猪牛羊肉产量(吨)	Output of Pork, Beef & Mutton(ton)	19484	20300	4.2
#猪肉产量(吨)	Output of Pork(ton)	2230	2100	-5.8
牛肉产量(吨)	Output of Beef(ton)	1459	1500	2.8
羊肉产量(吨)	Output of Mutton(ton)	15795	16700	5.7
羊毛产量(吨)	Output of Wool(ton)	4845	4900	1.1

23-96 Hangjin Banner in Erdos City

指　标	Item	2013	2014	2014年比上年增长% Increase Rate in 2014 Over 2013(%)
年末牲畜存栏头数(万头只)	Total Livestock at the Year-end(10 000 heads)	147.14	140.27	-4.7
#大牲畜(万头只)	Large Animals(10 000 heads)	2.09	1.97	-5.7
羊(万只)	Sheep & Goats(10 000 heads)	141.61	135.10	-4.6
猪(万头)	Hogs(10 000 heads)	3.44	3.20	-7.0
规模以上工业	**Industrial Enterprises above Designated size**			
工业企业单位数(个)	Number of Industrial Enterprises(unit)	20	17	-15.0
#内资企业(个)	Civil Funded Enterprises(unit)	20	17	-15.0
工业总产值(万元)	Gross Industrial Output Value(10 000 yuan)	157683	208336	32.1
内资企业(万元)	Civil Funded Enterprises(10 000 yuan)	157683	208336	32.1
国有企业(万元)	State-owned Enterprises(10 000 yuan)	17687	23885	35.0
集体企业(万元)	Collective-owned Enterprises(10 000 yuan)			
股份合作企业(万元)	Share Holding Enterprises(10 000 yuan)			
联营企业(万元)	Joint Owned Enterprises(10 000 yuan)			
有限责任公司(万元)	Limited Company(10 000 yuan)	42209	70472	67.0
股份有限公司(万元)	Share Holding Limited Company(10 000 yuan)	48163	55506	15.2
私营企业(万元)	Privately Owned Enterprises(10 000 yuan)	37101	58473	57.6
其他企业(万元)	Enterprises of Other Ownership(10 000 yuan)	12523		
港澳台商投资企业(万元)	Funds from HK,Macao & Taiwan(10 000 yuan)			
外商投资企业(万元)	Foreign Funded Enterprises(10 000 yuan)			
工业企业增加值(万元)	Value Added of Industrial Enterprises(10 000 yuan)			14.3
工业企业资产总计(万元)	Total Assets of Industrial Enterprises(10 000 yuan)	465600	605973	30.1
工业企业负债合计(万元)	Total Liabilities of Industrial Enterprises(10 000 yuan)	389400	511644	31.4
工业企业产品销售收入(万元)	Sales of Revenue Industrial Enterprises(10 000 yuan)	173800	221434	27.4
工业企业利润总额(万元)	Total Profits of Industrial Enterprises(10 000 yuan)	17100	1312	-92.3
建筑业	**Construction**			
建筑企业单位数(个)	Number of Construction Enterprises(unit)	4	4	0.0
建筑企业从业人员(人)	Number of Employee in Construction Enterprises(person)	437	353	-19.2
建筑业总产值(万元)	Gross Construction Output Value(10 000 yuan)	10761	25068	133.0
交通运输邮电通信业	**Transportation,Post & Telecommunications**			
公路里程(公里)	Total Length of Highways(km)	2786	3822	37.2
邮电业务总量(万元)	Business Volume of Post & Telecoms(10 000 yuan)	11936	17919	50.1
本地电话用户(户)	Number of Subscribers of Local Telephone(Household)	12430	18000	44.8
国内贸易	**Domestic Trade**			
社会消费品零售总额(万元)	Total Retail Sales of Consumer Goods(10 000 yuan)	300000	340500	13.5
城镇(万元)	Town(10 000 yuan)	197234	230715	17.0
乡村(万元)	Village(10 000 yuan)	102767	109785	6.8
科技教育卫生	**Science,Education & Public Health**			
各类专业技术人员(人)	Special Technical Personnel(person)	3646	3487	-4.4
幼儿园数(所)	Number of Kindergartens(unit)	14	13	-7.1
学龄儿童入学率(%)	Percentage of School-Age Children Enrolled(%)	100.0	100.0	0.0
小学学校数(所)	Number of Primary Schools(unit)	4	4	0.0
小学专任教师数(人)	Number of Full-time Teachers of Primary Schools(person)	470	461	-1.9
小学在校学生数(人)	Number of Student Enrollment of Primary Schools(person)	5726	5773	0.8
普通中学学校数(所)	Number of Regular Secondary Schools(unit)	5	5	0.0
普通中学专任教师数(人)	Number of Teachers of Secondary Shools(person)	585	570	-2.6
初中在校学生数(人)	Number of Student in Junior Secondary Schools(person)	3389	3118	-8.0
高中在校学生数(人)	Number of Student in Senior Secondary Schools(person)	1553	1529	-1.5
卫生机构数(所)	Number of Health Institutions(unit)	173	182	5.2
#医院(所)	Hospitals(unit)	2	2	0.0
卫生院(所)	Township Hospitals(unit)	12	13	8.3
床位数(张)	Number of Beds(unit)	440	440	0.0
#医院(张)	Hospitals(unit)	230	230	0.0
卫生院(张)	Township Hospitals(unit)	180	180	0.0
卫生技术人员(人)	Medical Technical Presonnel(person)	787	842	7.0
#医院(人)	Hospitals(person)	223	302	35.4
卫生院(人)	Township Hospitals(person)	161	149	-7.5

23–97 鄂尔多斯市乌审旗

指　标	Item	2013	2014	2014年比上年增长% Increase Rate in 2014 Over 2013(%)
行政区域土地面积(平方公里)	**Area of Administration(Sq.km)**	**11674**	**11674**	**0.0**
人口和就业	**Population & Employment**			
年末总人口(人)	Total Population Year-end(person)	109706	110523	0.7
#男性(人)	Male(person)	55772	56075	0.5
#乡村人口(人)	Rural(person)	50325	50925	1.2
年末总户数(户)	Total Number of Households at the Year-end(Household)	41429	42239	2.0
#乡村户数(户)	Number of Rural Household(Household)	18149	18349	1.1
出生人口(人)	Births(person)	1908	1925	0.9
死亡人口(人)	Deaths(person)	1394	619	-55.6
全社会就业人员(人)	Employment(person)	85825	88977	3.7
第一产业(人)	Primary Industry(person)	37035	38261	3.3
第二产业(人)	Secondary Industry(person)	13938	14874	6.7
第三产业(人)	Tertiary Industry(person)	34852	35842	2.8
在岗职工人数(人)	Number of Staff & Workers Employed in(person)	13415	14274	6.4
乡村劳动力(人)	Number of Rural Laborers(person)	39869	40069	0.5
#农林牧渔业(人)	Farming,Forestry,Animal Husbandry & Fishery(person)	32584	32684	0.3
国民经济综合指标	**Summary Item on the National Economy**			
生产总值(万元)	Gross Domestic Product(10 000 yuan)	3780018	4035200	9.8
第一产业(万元)	Primary Industry(10 000 yuan)	124600	127300	4.2
第二产业(万元)	Secondary Industry(10 000 yuan)	3013616	3127800	11.3
#工业(万元)	Industry(10 000 yuan)	2737375	2922600	11.6
第三产业(万元)	Tertiary Industry(10 000 yuan)	641802	780100	5.6
人均生产总值(元)	Per Capita GDP(yuan)	285177	300798	8.5
全社会固定资产投资(万元)	Total Investment in Fixed Assets(10 000 yuan)	2735642	3304655	20.8
按登记注册类型分	Grouped by Registered Type			
#国有(万元)	State-owned Enterprises(10 000 yuan)	1945735	2624761	34.9
集体(万元)	Collective-owned Enterprises(10 000 yuan)			
有限责任公司(万元)	Limited Liability Corporations(10 000 yuan)	720537	369049	-48.8
股份有限公司(万元)	Share Holding Enterprises(10 000 yuan)	47978	35505	-26.0
私营企业(万元)	Private Enterprises(10 000 yuan)	143290	268386	87.3
外商及港澳台投资企业(万元)	Funds from HK,Macao,Taiwan & Foreign(10 000 yuan)			
按城乡渠道分	Grouped by Urban and Rural Area			
城镇(万元)	Urban(10 000 yuan)	2720288	3285796	20.8
农村(万元)	Rural(10 000 yuan)	15354	18859	22.8
公共财政预算收入(万元)	Public Budgetary Financial Revenue(10 000 yuan)	185400	239903	29.4
公共财政预算支出(万元)	Public Budgetary Financial Expenditure(10 000 yuan)	285124	356431	25.0
个人储蓄存款余额(万元)	The balance of savings deposits of individuals(10 000 yuan)	341850	395568	15.7
在岗职工工资总额(万元)	Total Wages of Staff & Workers Employed in(10 000 yuan)	76616	88183	15.1
在岗职工平均工资(元)	Average Wage of Staff & Workers Employed in(yuan)	56731	61727	8.8
全体居民人均可支配收入(元)	The per capita disposable income of all residents(yuan)	21726	23942	10.2
城镇常住居民人均可支配收入(元)	The per capita disposable income of urban permanent residents(yuan)	30316	33287	9.8
农村牧区常住居民人均可支配收入(元)	The per capita disposable income of permanent residents of rural and pastoral areas(yuan)	12122	13437	10.8
农村牧区经济	**Economic Development in Rural & Pastoral Area**			
农作物总播种面积(公顷)	Total Sown Area(hectare)	42364	42366	0.0
#粮食作物播种面积(公顷)	Sown Area of Grain Crops(hectare)	21750	21750	0.0
农牧业机械总动力(万千瓦)	Total Power of Agricultural Machinery(10 000 kw)	50.00	51.69	3.4
化肥施用折纯量(吨)	Consumption of Chemical Fertilizer(ton)	6842	6854	0.2
农村用电量(万千瓦小时)	Electricity Consumed in Rural Area(10 000 kwh)	1563	1587	1.5
农林牧渔业总产值(万元)	Gross Output of Farming,Forestry,Animal Husbandry & Fishery(10 000 yuan)	215411	223262	4.0
粮食产量(吨)	Yield of Grain(ton)	133341	126341	-5.2
油料产量(吨)	Yield of Oil-bearing Grops(ton)	1501	1501	0.0
甜菜产量(吨)	Yield of Beetroots(ton)			
猪牛羊肉产量(吨)	Output of Pork, Beef & Mutton(ton)	37000	36314	-1.9
#猪肉产量(吨)	Output of Pork(ton)	24607	24821	0.9
牛肉产量(吨)	Output of Beef(ton)	4912	5565	13.3
羊肉产量(吨)	Output of Mutton(ton)	7481	5928	-20.8
羊毛产量(吨)	Output of Wool(ton)	3201	3285	2.6

23-97 Wushen Banner in Erdos City

指　标	Item	2013	2014	2014年比上年增长% Increase Rate in 2014 Over 2013(%)
年末牲畜存栏头数(万头只)	Total Livestock at the Year-end(10 000 heads)	108.01	112.21	3.9
#大牲畜(万头只)	Large Animals(10 000 heads)	8.61	8.69	0.9
羊(万只)	Sheep & Goats(10 000 heads)	85.14	89.27	4.9
猪(万头)	Hogs(10 000 heads)	14.27	14.25	-0.1
规模以上工业	**Industrial Enterprises above Designated size**			
工业企业单位数(个)	Number of Industrial Enterprises(unit)	15	21	40.0
#内资企业(个)	Civil Funded Enterprises(unit)	14	19	35.7
工业总产值(万元)	Gross Industrial Output Value(10 000 yuan)	5659708	6310919	11.5
内资企业(万元)	Civil Funded Enterprises(10 000 yuan)	5530873	6168895	11.5
国有企业(万元)	State-owned Enterprises(10 000 yuan)	27363	35903	31.2
集体企业(万元)	Collective-owned Enterprises(10 000 yuan)			
股份合作企业(万元)	Share Holding Enterprises(10 000 yuan)			
联营企业(万元)	Joint Owned Enterprises(10 000 yuan)			
有限责任公司(万元)	Limited Company(10 000 yuan)	238383	261868	9.9
股份有限公司(万元)	Share Holding Limited Company(10 000 yuan)	5242793	5810574	10.8
私营企业(万元)	Privately Owned Enterprises(10 000 yuan)	22335	60550	171.1
其他企业(万元)	Enterprises of Other Ownership(10 000 yuan)			
港澳台商投资企业(万元)	Funds from HK,Macao & Taiwan(10 000 yuan)		29611	
外商投资企业(万元)	Foreign Funded Enterprises(10 000 yuan)	128835	112413	-12.7
工业企业增加值(万元)	Value Added of Industrial Enterprises(10 000 yuan)			11.6
工业企业资产总计(万元)	Total Assets of Industrial Enterprises(10 000 yuan)	1824500	4334543	137.6
工业企业负债合计(万元)	Total Liabilities of Industrial Enterprises(10 000 yuan)	1202400	4250691	253.5
工业企业产品销售收入(万元)	Sales of Revenue Industrial Enterprises(10 000 yuan)	5812100	6407366	10.2
工业企业利润总额(万元)	Total Profits of Industrial Enterprises(10 000 yuan)	805700	767908	-4.7
建筑业	**Construction**			
建筑企业单位数(个)	Number of Construction Enterprises(unit)	5	5	0.0
建筑企业从业人员(人)	Number of Employee in Construction Enterprises(person)	1319	1252	-5.1
建筑业总产值(万元)	Gross Construction Output Value(10 000 yuan)	54370	35334	-35.0
交通运输邮电通信业	**Transportation,Post & Telecommunications**			
公路里程(公里)	Total Length of Highways(km)	2018	2605	29.1
邮电业务总量(万元)	Business Volume of Post & Telecoms(10 000 yuan)	15624	14076	-9.9
本地电话用户(户)	Number of Subscribers of Local Telephone(Household)	11800	15890	34.7
国内贸易	**Domestic Trade**			
社会消费品零售总额(万元)	Total Retail Sales of Consumer Goods(10 000 yuan)	301703	352389	16.8
城镇(万元)	Town(10 000 yuan)	252859	282523	11.7
乡村(万元)	Village(10 000 yuan)	48844	69866	43.0
科技教育卫生	**Science,Education & Public Health**			
各类专业技术人员(人)	Special Technical Personnel(person)	2874	3029	5.4
幼儿园数(所)	Number of Kindergartens(unit)	16	23	43.8
学龄儿童入学率(%)	Percentage of School-Age Children Enrolled(%)	100.0	100.0	0.0
小学学校数(所)	Number of Primary Schools(unit)	6	7	16.7
小学专任教师数(人)	Number of Full-time Teachers of Primary Schools(person)	607	554	-8.7
小学在校学生数(人)	Number of Student Enrollment of Primary Schools(person)	7152	7749	8.3
普通中学学校数(所)	Number of Regular Secondary Schools(unit)	5	5	0.0
普通中学专任教师数(人)	Number of Teachers of Secondary Shools(person)	449	438	-2.4
初中在校学生数(人)	Number of Student in Junior Secondary Schools(person)	2743	2723	-0.7
高中在校学生数(人)	Number of Student in Senior Secondary Schools(person)	1604	1374	-14.3
卫生机构数(所)	Number of Health Institutions(unit)	120	125	4.2
#医院(所)	Hospitals(unit)	6	6	0.0
卫生院(所)	Township Hospitals(unit)	8	8	0.0
床位数(张)	Number of Beds(unit)	390	385	-1.3
#医院(张)	Hospitals(unit)	212	250	17.9
卫生院(张)	Township Hospitals(unit)	132	122	-7.6
卫生技术人员(人)	Medical Technical Presonnel(person)	748	867	15.9
#医院(人)	Hospitals(person)	263	325	23.6
卫生院(人)	Township Hospitals(person)	126	138	9.5

23–98 鄂尔多斯市伊金霍洛旗

指　标	Item	2013	2014	2014年比上年增长% Increase Rate in 2014 Over 2013(%)
行政区域土地面积(平方公里)	**Area of Administration(Sq.km)**	**5487**	**5487**	**0.0**
人口和就业	**Population & Employment**			
年末总人口(人)	Total Population Year-end(person)	170210	171561	0.8
# 男性(人)	Male(person)	86330	86972	0.7
# 乡村人口(人)	Rural(person)	72575	78768	8.5
年末总户数(户)	Total Number of Households at the Year-end(Household)	73474	74138	0.9
# 乡村户数(户)	Number of Rural Household(Household)	30417	30500	0.3
出生人口(人)	Births(person)	2539	2580	1.6
死亡人口(人)	Deaths(person)	650	863	32.8
全社会就业人员(人)	Employment(person)	178204	177181	-0.6
第一产业(人)	Primary Industry(person)	38883	48780	25.5
第二产业(人)	Secondary Industry(person)	72640	67637	-6.9
第三产业(人)	Tertiary Industry(person)	66681	60764	-8.9
在岗职工人数(人)	Number of Staff & Workers Employed in(person)	52028	52208	0.3
乡村劳动力(人)	Number of Rural Laborers(person)	51921	61638	18.7
# 农林牧渔业(人)	Farming,Forestry,Animal Husbandry & Fishery(person)	38883	49581	27.5
国民经济综合指标	**Summary Item on the National Economy**			
生产总值(万元)	Gross Domestic Product(10 000 yuan)	6455676	6755200	7.5
第一产业(万元)	Primary Industry(10 000 yuan)	71000	70200	3.4
第二产业(万元)	Secondary Industry(10 000 yuan)	3937476	4083800	9.1
# 工业(万元)	Industry(10 000 yuan)	3563900	3686300	9.2
第三产业(万元)	Tertiary Industry(10 000 yuan)	2447200	2601200	5.0
人均生产总值(元)	Per Capita GDP(yuan)	271363	148709	5.5
全社会固定资产投资(万元)	Total Investment in Fixed Assets(10 000 yuan)	2966445	3452942	16.4
按登记注册类型分	Grouped by Registered Type			
# 国有(万元)	State-owned Enterprises(10 000 yuan)	1184503	2314949	95.4
集体(万元)	Collective-owned Enterprises(10 000 yuan)			
有限责任公司(万元)	Limited Liability Corporations(10 000 yuan)	997924	786746	-21.2
股份有限公司(万元)	Share Holding Enterprises(10 000 yuan)	248394	130868	-47.3
私营企业(万元)	Private Enterprises(10 000 yuan)	32931	32791	-0.4
外商及港澳台投资企业(万元)	Funds from HK,Macao,Taiwan & Foreign(10 000 yuan)			
按城乡渠道分	Grouped by Urban and Rural Area			
城镇(万元)	Urban(10 000 yuan)	2930425	3416922	16.6
农村(万元)	Rural(10 000 yuan)	36020	36020	0.0
公共财政预算收入(万元)	Public Budgetary Financial Revenue(10 000 yuan)	751100	750075	-0.1
公共财政预算支出(万元)	Public Budgetary Financial Expenditure(10 000 yuan)	882568	737789	-16.4
个人储蓄存款余额(万元)	The balance of savings deposits of individuals(10 000 yuan)	1684697	1829072	8.6
在岗职工工资总额(万元)	Total Wages of Staff & Workers Employed in(10 000 yuan)	417564	413293	-1.0
在岗职工平均工资(元)	Average Wage of Staff & Workers Employed in(yuan)	78278	78580	0.4
全体居民人均可支配收入(元)	The per capita disposable income of all residents(yuan)	26164	28466	8.8
城镇常住居民人均可支配收入(元)	The per capita disposable income of urban permanent residents(yuan)	33605	36193	7.7
农村牧区常住居民人均可支配收入(元)	The per capita disposable income of permanent residents of rural and pastoral areas(yuan)	12128	13450	10.9
农村牧区经济	**Economic Development in Rural & Pastoral Area**			
农作物总播种面积(公顷)	Total Sown Area(hectare)	31187	29824	-4.4
# 粮食作物播种面积(公顷)	Sown Area of Grain Crops(hectare)	21818	21918	0.5
农牧业机械总动力(万千瓦)	Total Power of Agricultural Machinery(10 000 kw)	28.00	28.76	2.7
化肥施用折纯量(吨)	Consumption of Chemical Fertilizer(ton)	3042	3404	11.9
农村用电量(万千瓦小时)	Electricity Consumed in Rural Area(10 000 kwh)	5818	5820	0.0
农林牧渔业总产值(万元)	Gross Output of Farming,Forestry,Animal Husbandry & Fishery(10 000 yuan)	121023	123902	2.7
粮食产量(吨)	Yield of Grain(ton)	94574	92074	-2.6
油料产量(吨)	Yield of Oil-bearing Grops(ton)	35	35	0.0
甜菜产量(吨)	Yield of Beetroots(ton)			
猪牛羊肉产量(吨)	Output of Pork, Beef & Mutton(ton)	7882	5454	-30.8
# 猪肉产量(吨)	Output of Pork(ton)	3079	1500	-51.3
牛肉产量(吨)	Output of Beef(ton)	534	270	-49.4
羊肉产量(吨)	Output of Mutton(ton)	4269	3684	-13.7
羊毛产量(吨)	Output of Wool(ton)	177	181	2.3

23-98 Yijinhuoluo Banner in Erdos City

指　标	Item	2013	2014	2014年比上年增长% Increase Rate in 2014 Over 2013(%)
年末牲畜存栏头数(万头只)	Total Livestock at the Year-end(10 000 heads)	40.00	40.76	1.9
# 大牲畜(万头只)	Large Animals(10 000 heads)	0.92	1.00	8.7
羊(万只)	Sheep & Goats(10 000 heads)	36.23	36.96	2.0
猪(万头)	Hogs(10 000 heads)	2.86	2.80	-2.1
规模以上工业	**Industrial Enterprises above Designated size**			
工业企业单位数(个)	Number of Industrial Enterprises(unit)	57	56	-1.8
# 内资企业(个)	Civil Funded Enterprises(unit)	56	55	-1.8
工业总产值(万元)	Gross Industrial Output Value(10 000 yuan)	7857086	8040224	2.3
内资企业(万元)	Civil Funded Enterprises(10 000 yuan)	7750547	7961293	2.7
国有企业(万元)	State-owned Enterprises(10 000 yuan)	1044428	969000	-7.2
集体企业(万元)	Collective-owned Enterprises(10 000 yuan)	28636	552	-98.1
股份合作企业(万元)	Share Holding Enterprises(10 000 yuan)	9619	20511	113.2
联营企业(万元)	Joint Owned Enterprises(10 000 yuan)			
有限责任公司(万元)	Limited Company(10 000 yuan)	5786020	5903634	2.0
股份有限公司(万元)	Share Holding Limited Company(10 000 yuan)	178112	157699	-11.5
私营企业(万元)	Privately Owned Enterprises(10 000 yuan)	672181	837944	24.7
其他企业(万元)	Enterprises of Other Ownership(10 000 yuan)	31551	71952	128.1
港澳台商投资企业(万元)	Funds from HK,Macao & Taiwan(10 000 yuan)	106539	78932	-25.9
外商投资企业(万元)	Foreign Funded Enterprises(10 000 yuan)			
工业企业增加值(万元)	Value Added of Industrial Enterprises(10 000 yuan)			9.0
工业企业资产总计(万元)	Total Assets of Industrial Enterprises(10 000 yuan)	12759900	14820611	16.1
工业企业负债合计(万元)	Total Liabilities of Industrial Enterprises(10 000 yuan)	3756500	4487818	19.5
工业企业产品销售收入(万元)	Sales of Revenue Industrial Enterprises(10 000 yuan)	7358100	7445417	1.2
工业企业利润总额(万元)	Total Profits of Industrial Enterprises(10 000 yuan)	2155100	1700297	-21.1
建筑业	**Construction**			
建筑企业单位数(个)	Number of Construction Enterprises(unit)	10	9	-10.0
建筑企业从业人员(人)	Number of Employee in Construction Enterprises(person)	2269	2388	5.2
建筑业总产值(万元)	Gross Construction Output Value(10 000 yuan)	208353	106068	-49.1
交通运输邮电通信业	**Transportation,Post & Telecommunications**			
公路里程(公里)	Total Length of Highways(km)	1812	2936	62.0
邮电业务总量(万元)	Business Volume of Post & Telecoms(10 000 yuan)	667	670	0.4
本地电话用户(户)	Number of Subscribers of Local Telephone(Household)	48755	47926	-1.7
国内贸易	**Domestic Trade**			
社会消费品零售总额(万元)	Total Retail Sales of Consumer Goods(10 000 yuan)	406016	447023	10.1
城镇(万元)	Town(10 000 yuan)	261271	292126	11.8
乡村(万元)	Village(10 000 yuan)	144745	154898	7.0
科技教育卫生	**Science,Education & Public Health**			
各类专业技术人员(人)	Special Technical Personnel(person)	6887	6892	0.1
幼儿园数(所)	Number of Kindergartens(unit)	25	25	0.0
学龄儿童入学率(%)	Percentage of School-Age Children Enrolled(%)	100.0	100.0	0.0
小学学校数(所)	Number of Primary Schools(unit)	16	17	6.3
小学专任教师数(人)	Number of Full-time Teachers of Primary Schools(person)	830	825	-0.6
小学在校学生数(人)	Number of Student Enrollment of Primary Schools(person)	9832	10385	5.6
普通中学学校数(所)	Number of Regular Secondary Schools(unit)	7	7	0.0
普通中学专任教师数(人)	Number of Teachers of Secondary Shools(person)	690	695	0.7
初中在校学生数(人)	Number of Student in Junior Secondary Schools(person)	3949	3980	0.8
高中在校学生数(人)	Number of Student in Senior Secondary Schools(person)	2106	2055	-2.4
卫生机构数(所)	Number of Health Institutions(unit)	206	219	6.3
#医院(所)	Hospitals(unit)	10	10	0.0
卫生院(所)	Township Hospitals(unit)	14	15	7.1
床位数(张)	Number of Beds(unit)	773	1122	45.1
# 医院(张)	Hospitals(unit)	558	657	17.7
卫生院(张)	Township Hospitals(unit)	190	380	100.0
卫生技术人员(人)	Medical Technical Presonnel(person)	1344	1451	8.0
# 医院(人)	Hospitals(person)	311	461	48.2
卫生院(人)	Township Hospitals(person)	276	270	-2.2

23-99 巴彦淖尔市临河区

指　标	Item	2013	2014	2014年比上年增长% Increase Rate in 2014 Over 2013(%)
行政区域土地面积(平方公里)	**Area of Administration(Sq.km)**	**2354**	**2354**	**0.0**
人口和就业	**Population & Employment**			
年末总人口(人)	Total Population Year-end(person)	555995	533495	-4.0
#男性(人)	Male(person)	276933	266540	-3.8
#乡村人口(人)	Rural(person)	314250	299229	-4.8
年末总户数(户)	Total Number of Households at the Year-end(Household)	195761	200214	2.3
#乡村户数(户)	Number of Rural Household(Household)	60869	62254	2.3
出生人口(人)	Births(person)	5557	5260	-5.3
死亡人口(人)	Deaths(person)	1736	1728	-0.5
全社会就业人员(人)	Employment(person)	334568	342236	2.3
第一产业(人)	Primary Industry(person)	117247	124560	6.2
第二产业(人)	Secondary Industry(person)	39124	39323	0.5
第三产业(人)	Tertiary Industry(person)	178197	178353	0.1
在岗职工人数(人)	Number of Staff & Workers Employed in(person)	70535	71197	0.9
乡村劳动力(人)	Number of Rural Laborers(person)	172261	183033	6.3
#农林牧渔业(人)	Farming,Forestry,Animal Husbandry & Fishery(person)	117247	130402	11.2
国民经济综合指标	**Summary Item on the National Economy**			
生产总值(万元)	Gross Domestic Product(10 000 yuan)	2644317	2733300	7.7
第一产业(万元)	Primary Industry(10 000 yuan)	422451	445600	4.7
第二产业(万元)	Secondary Industry(10 000 yuan)	1394523	1401400	9.7
#工业(万元)	Industry(10 000 yuan)	1221015	1223400	10.5
第三产业(万元)	Tertiary Industry(10 000 yuan)	827343	886300	5.5
人均生产总值(元)	Per Capita GDP(yuan)	48166	49723	7.5
全社会固定资产投资(万元)	Total Investment in Fixed Assets(10 000 yuan)	1208250	1400362	15.9
按登记注册类型分	Grouped by Registered Type			
#国有(万元)	State-owned Enterprises(10 000 yuan)	575957	519701	-9.8
集体(万元)	Collective-owned Enterprises(10 000 yuan)			
有限责任公司(万元)	Limited Liability Corporations(10 000 yuan)	460565	531032	15.3
股份有限公司(万元)	Share Holding Enterprises(10 000 yuan)	13271	16483	24.2
私营企业(万元)	Private Enterprises(10 000 yuan)	107609	83391	-22.5
外商及港澳台投资企业(万元)	Funds from HK,Macao,Taiwan & Foreign(10 000 yuan)	50848	31248	-38.5
按城乡渠道分	Grouped by Urban and Rural Area			
城镇(万元)	Urban(10 000 yuan)	1208250	1400362	15.9
农村(万元)	Rural(10 000 yuan)			
公共财政预算收入(万元)	Public Budgetary Financial Revenue(10 000 yuan)	171258	188285	9.9
公共财政预算支出(万元)	Public Budgetary Financial Expenditure(10 000 yuan)	353879	301810	-14.7
个人储蓄存款余额(万元)	The balance of savings deposits of individuals(10 000 yuan)	1942086	2110360	8.7
在岗职工工资总额(万元)	Total Wages of Staff & Workers Employed in(10 000 yuan)	349786	358263	2.4
在岗职工平均工资(元)	Average Wage of Staff & Workers Employed in(yuan)	44750	49025	9.6
全体居民人均可支配收入(元)	The per capita disposable income of all residents(yuan)	18079	20051	10.9
城镇常住居民人均可支配收入(元)	The per capita disposable income of urban permanent residents(yuan)	21035	23012	9.4
农村牧区常住居民人均可支配收入(元)	The per capita disposable income of permanent residents of rural and pastoral areas(yuan)	11705	13250	13.2
农村牧区经济	**Economic Development in Rural & Pastoral Area**			
农作物总播种面积(公顷)	Total Sown Area(hectare)	138757	136611	-1.5
#粮食作物播种面积(公顷)	Sown Area of Grain Crops(hectare)	72322	67924	-6.1
农牧业机械总动力(万千瓦)	Total Power of Agricultural Machinery(10 000 kw)	88.10	109.29	24.1
化肥施用折纯量(吨)	Consumption of Chemical Fertilizer(ton)	50600	49130	-2.9
农村用电量(万千瓦小时)	Electricity Consumed in Rural Area(10 000 kwh)	9653	9812	1.6
农林牧渔业总产值(万元)	Gross Output of Farming,Forestry,Animal Husbandry & Fishery(10 000 yuan)	726400	765000	5.3
粮食产量(吨)	Yield of Grain(ton)	658255	731507	11.1
油料产量(吨)	Yield of Oil-bearing Grops(ton)	182633	180976	-0.9
甜菜产量(吨)	Yield of Beetroots(ton)			
猪牛羊肉产量(吨)	Output of Pork, Beef & Mutton(ton)	53204	55924	5.1
#猪肉产量(吨)	Output of Pork(ton)	8626	8626	0.0
牛肉产量(吨)	Output of Beef(ton)	1358	1430	5.3
羊肉产量(吨)	Output of Mutton(ton)	43220	45868	6.1
羊毛产量(吨)	Output of Wool(ton)	1881	1878	-0.1

23-99 Linhe District in Bayannaoer City

指　标	Item	2013	2014	2014年比上年增长% Increase Rate in 2014 Over 2013(%)
年末牲畜存栏头数(万头只)	Total Livestock at the Year-end(10 000 heads)	167.89	176.51	5.1
# 大牲畜(万头只)	Large Animals(10 000 heads)	5.50	4.50	-18.2
羊(万只)	Sheep & Goats(10 000 heads)	151.75	161.63	6.5
猪(万头)	Hogs(10 000 heads)	10.65	10.38	-2.5
规模以上工业	**Industrial Enterprises above Designated size**			
工业企业单位数(个)	Number of Industrial Enterprises(unit)	78	77	-1.3
# 内资企业(个)	Civil Funded Enterprises(unit)	75	74	-1.3
工业总产值(万元)	Gross Industrial Output Value(10 000 yuan)	2713003	2996435	10.4
内资企业(万元)	Civil Funded Enterprises(10 000 yuan)	2285870	2573127	12.6
国有企业(万元)	State-owned Enterprises(10 000 yuan)	353849	389704	10.1
集体企业(万元)	Collective-owned Enterprises(10 000 yuan)			
股份合作企业(万元)	Share Holding Enterprises(10 000 yuan)			
联营企业(万元)	Joint Owned Enterprises(10 000 yuan)			
有限责任公司(万元)	Limited Company(10 000 yuan)	1419018	1568987	10.6
股份有限公司(万元)	Share Holding Limited Company(10 000 yuan)	12666	15393	21.5
私营企业(万元)	Privately Owned Enterprises(10 000 yuan)	500337	599042	19.7
其他企业(万元)	Enterprises of Other Ownership(10 000 yuan)			
港澳台商投资企业(万元)	Funds from HK,Macao & Taiwan(10 000 yuan)	343540	333260	-3.0
外商投资企业(万元)	Foreign Funded Enterprises(10 000 yuan)	83594	90048	7.7
工业企业增加值(万元)	Value Added of Industrial Enterprises(10 000 yuan)			10.8
工业企业资产总计(万元)	Total Assets of Industrial Enterprises(10 000 yuan)	2684480	2854528	6.3
工业企业负债合计(万元)	Total Liabilities of Industrial Enterprises(10 000 yuan)	2144491	2218156	3.4
工业企业产品销售收入(万元)	Sales of Revenue Industrial Enterprises(10 000 yuan)	2345511	2512443	7.1
工业企业利润总额(万元)	Total Profits of Industrial Enterprises(10 000 yuan)	304671	367815	20.7
建筑业	**Construction**			
建筑企业单位数(个)	Number of Construction Enterprises(unit)	38	41	7.9
建筑企业从业人员(人)	Number of Employee in Construction Enterprises(person)	24068	19269	-19.9
建筑业总产值(万元)	Gross Construction Output Value(10 000 yuan)	464649	374651	-19.4
交通运输邮电通信业	**Transportation,Post & Telecommunications**			
公路里程(公里)	Total Length of Highways(km)	3437	2079	-39.5
邮电业务总量(万元)	Business Volume of Post & Telecoms(10 000 yuan)	38881	81000	108.3
本地电话用户(户)	Number of Subscribers of Local Telephone(Household)	124100	110000	-11.4
国内贸易	**Domestic Trade**			
社会消费品零售总额(万元)	Total Retail Sales of Consumer Goods(10 000 yuan)	893718	996049	11.5
城镇(万元)	Town(10 000 yuan)	832452	947812	13.9
乡村(万元)	Village(10 000 yuan)	61266	48237	-21.3
科技教育卫生	**Science,Education & Public Health**			
各类专业技术人员(人)	Special Technical Personnel(person)	8632	8590	-0.5
幼儿园数(所)	Number of Kindergartens(unit)	38	38	0.0
学龄儿童入学率(%)	Percentage of School-Age Children Enrolled(%)	100.0	100	0.0
小学学校数(所)	Number of Primary Schools(unit)	29	26	-10.3
小学专任教师数(人)	Number of Full-time Teachers of Primary Schools(person)	2249	2055	-8.6
小学在校学生数(人)	Number of Student Enrollment of Primary Schools(person)	28637	28524	-0.4
普通中学学校数(所)	Number of Regular Secondary Schools(unit)	19	19	0.0
普通中学专任教师数(人)	Number of Teachers of Secondary Shools(person)	1601	1993	24.5
初中在校学生数(人)	Number of Student in Junior Secondary Schools(person)	18894	21484	13.7
高中在校学生数(人)	Number of Student in Senior Secondary Schools(person)	7217	8207	13.7
卫生机构数(所)	Number of Health Institutions(unit)	619	624	0.8
# 医院(所)	Hospitals(unit)	23	29	26.1
卫生院(所)	Township Hospitals(unit)	18	18	0.0
床位数(张)	Number of Beds(unit)	4224	4477	6.0
# 医院(张)	Hospitals(unit)	3086	3271	6.0
卫生院(张)	Township Hospitals(unit)	486	515	6.0
卫生技术人员(人)	Medical Technical Presonnel(person)	6206	5345	-13.9
# 医院(人)	Hospitals(person)	3136	2701	-13.9
卫生院(人)	Township Hospitals(person)	377	325	-13.8

23-100 巴彦淖尔市五原县

指　标	Item	2013	2014	2014年比上年增长% Increase Rate in 2014 Over 2013(%)
行政区域土地面积(平方公里)	**Area of Administration(Sq.km)**	**2493**	**2493**	**0.0**
人口和就业	**Population & Employment**			
年末总人口(人)	Total Population Year-end(person)	291549	281408	-3.5
# 男性(人)	Male(person)	148782	144102	-3.1
# 乡村人口(人)	Rural(person)	195140	220315	12.9
年末总户数(户)	Total Number of Households at the Year-end(Household)	97183	114458	17.8
# 乡村户数(户)	Number of Rural Household(Household)	45753	88047	92.4
出生人口(人)	Births(person)	1987	2016	1.5
死亡人口(人)	Deaths(person)	1178	984	-16.5
全社会就业人员(人)	Employment(person)	143672	144024	0.2
第一产业(人)	Primary Industry(person)	111398	111518	0.1
第二产业(人)	Secondary Industry(person)	6673	5963	-10.6
第三产业(人)	Tertiary Industry(person)	25601	26543	3.7
在岗职工人数(人)	Number of Staff & Workers Employed in(person)	13188	12772	-3.2
乡村劳动力(人)	Number of Rural Laborers(person)	133318	134390	0.8
# 农林牧渔业(人)	Farming,Forestry,Animal Husbandry & Fishery(person)	101439	102423	1.0
国民经济综合指标	**Summary Item on the National Economy**			
生产总值(万元)	Gross Domestic Product(10 000 yuan)	1020767	1076400	7.1
第一产业(万元)	Primary Industry(10 000 yuan)	282017	296500	4.4
第二产业(万元)	Secondary Industry(10 000 yuan)	455036	463800	8.8
# 工业(万元)	Industry(10 000 yuan)	369394	375900	9.9
第三产业(万元)	Tertiary Industry(10 000 yuan)	283714	316100	6.9
人均生产总值(元)	Per Capita GDP(yuan)	39796	41957	7.0
全社会固定资产投资(万元)	Total Investment in Fixed Assets(10 000 yuan)	516351	600000	16.2
按登记注册类型分	Grouped by Registered Type			
# 国有(万元)	State-owned Enterprises(10 000 yuan)	268326	371632	38.5
集体(万元)	Collective-owned Enterprises(10 000 yuan)			
有限责任公司(万元)	Limited Liability Corporations(10 000 yuan)	224704	216615	-3.6
股份有限公司(万元)	Share Holding Enterprises(10 000 yuan)			
私营企业(万元)	Private Enterprises(10 000 yuan)	23321	11753	-49.6
外商及港澳台投资企业(万元)	Funds from HK,Macao,Taiwan & Foreign(10 000 yuan)			
按城乡渠道分	Grouped by Urban and Rural Area			
城镇(万元)	Urban(10 000 yuan)	516351	600000	16.2
农村(万元)	Rural(10 000 yuan)			
公共财政预算收入(万元)	Public Budgetary Financial Revenue(10 000 yuan)	50009	54248	8.5
公共财政预算支出(万元)	Public Budgetary Financial Expenditure(10 000 yuan)	208240	232605	11.7
个人储蓄存款余额(万元)	The balance of savings deposits of individuals(10 000 yuan)	432761	501468	15.9
在岗职工工资总额(万元)	Total Wages of Staff & Workers Employed in(10 000 yuan)	54718	59837	9.4
在岗职工平均工资(元)	Average Wage of Staff & Workers Employed in(yuan)	41869	45157	7.9
全体居民人均可支配收入(元)	The per capita disposable income of all residents(yuan)	17679	19558	10.6
城镇常住居民人均可支配收入(元)	The per capita disposable income of urban permanent residents(yuan)	20635	22533	9.2
农村牧区常住居民人均可支配收入(元)	The per capita disposable income of permanent residents of rural and pastoral areas(yuan)	11632	13156	13.1
农村牧区经济	**Economic Development in Rural & Pastoral Area**			
农作物总播种面积(公顷)	Total Sown Area(hectare)	153333	137600	-10.3
# 粮食作物播种面积(公顷)	Sown Area of Grain Crops(hectare)	55880	54600	-2.3
农牧业机械总动力(万千瓦)	Total Power of Agricultural Machinery(10 000 kw)	98.00	100.53	2.6
化肥施用折纯量(吨)	Consumption of Chemical Fertilizer(ton)	60216	61294	1.8
农村用电量(万千瓦小时)	Electricity Consumed in Rural Area(10 000 kwh)	5238	4478	-14.5
农林牧渔业总产值(万元)	Gross Output of Farming,Forestry,Animal Husbandry & Fishery(10 000 yuan)	476940	500610	5.0
粮食产量(吨)	Yield of Grain(ton)	458033	498335	8.8
油料产量(吨)	Yield of Oil-bearing Grops(ton)	247545	237444	-4.1
甜菜产量(吨)	Yield of Beetroots(ton)	15200	16745	10.2
猪牛羊肉产量(吨)	Output of Pork, Beef & Mutton(ton)	41481	35428	-14.6
# 猪肉产量(吨)	Output of Pork(ton)	15923	9071	-43.0
牛肉产量(吨)	Output of Beef(ton)	581	621	6.9
羊肉产量(吨)	Output of Mutton(ton)	24977	25736	3.0
羊毛产量(吨)	Output of Wool(ton)	1152	1262	9.5

23-100 Wuyuan County in Bayannaoer City

指　标	Item	2013	2014	2014年比上年增长% Increase Rate in 2014 Over 2013(%)
年末牲畜存栏头数(万头只)	Total Livestock at the Year-end(10 000 heads)	130.14	141.79	9.0
#大牲畜(万头只)	Large Animals(10 000 heads)	2.31	2.28	-1.3
羊(万只)	Sheep & Goats(10 000 heads)	111.27	123.40	10.9
猪(万头)	Hogs(10 000 heads)	16.56	16.11	-2.7
规模以上工业	**Industrial Enterprises above Designated size**			
工业企业单位数(个)	Number of Industrial Enterprises(unit)	42	43	2.4
#内资企业(个)	Civil Funded Enterprises(unit)	42	43	2.4
工业总产值(万元)	Gross Industrial Output Value(10 000 yuan)	717943	821757	14.5
内资企业(万元)	Civil Funded Enterprises(10 000 yuan)	717943	821757	14.5
国有企业(万元)	State-owned Enterprises(10 000 yuan)			
集体企业(万元)	Collective-owned Enterprises(10 000 yuan)			
股份合作企业(万元)	Share Holding Enterprises(10 000 yuan)			
联营企业(万元)	Joint Owned Enterprises(10 000 yuan)			
有限责任公司(万元)	Limited Company(10 000 yuan)			
股份有限公司(万元)	Share Holding Limited Company(10 000 yuan)	385097	443003	15.0
私营企业(万元)	Privately Owned Enterprises(10 000 yuan)	329166	378754	15.1
其他企业(万元)	Enterprises of Other Ownership(10 000 yuan)			
港澳台商投资企业(万元)	Funds from HK,Macao & Taiwan(10 000 yuan)			
外商投资企业(万元)	Foreign Funded Enterprises(10 000 yuan)			
工业企业增加值(万元)	Value Added of Industrial Enterprises(10 000 yuan)			10.6
工业企业资产总计(万元)	Total Assets of Industrial Enterprises(10 000 yuan)	466849	472309	1.2
工业企业负债合计(万元)	Total Liabilities of Industrial Enterprises(10 000 yuan)	308488	316070	2.5
工业企业产品销售收入(万元)	Sales of Revenue Industrial Enterprises(10 000 yuan)	567539	639527	12.7
工业企业利润总额(万元)	Total Profits of Industrial Enterprises(10 000 yuan)	-3718	-1509	
建筑业	**Construction**			
建筑企业单位数(个)	Number of Construction Enterprises(unit)	5	5	0.0
建筑企业从业人员(人)	Number of Employee in Construction Enterprises(person)	1466	1057	-27.9
建筑业总产值(万元)	Gross Construction Output Value(10 000 yuan)	45210	47827	5.8
交通运输邮电通信业	**Transportation,Post & Telecommunications**			
公路里程(公里)	Total Length of Highways(km)	2880	2880	0.0
邮电业务总量(万元)	Business Volume of Post & Telecoms(10 000 yuan)	1234	1350	9.4
本地电话用户(户)	Number of Subscribers of Local Telephone(Household)	30626	25185	-17.8
国内贸易	**Domestic Trade**			
社会消费品零售总额(万元)	Total Retail Sales of Consumer Goods(10 000 yuan)	218553	243362	11.4
城镇(万元)	Town(10 000 yuan)	173288	193599	11.7
乡村(万元)	Village(10 000 yuan)	45265	49763	9.9
科技教育卫生	**Science,Education & Public Health**			
各类专业技术人员(人)	Special Technical Personnel(person)	4156	4175	0.5
幼儿园数(所)	Number of Kindergartens(unit)	18	17	-5.6
学龄儿童入学率(%)	Percentage of School-Age Children Enrolled(%)	100.0	100.0	0.0
小学学校数(所)	Number of Primary Schools(unit)	20	20	0.0
小学专任教师数(人)	Number of Full-time Teachers of Primary Schools(person)	886	841	-5.1
小学在校学生数(人)	Number of Student Enrollment of Primary Schools(person)	12314	12138	-1.4
普通中学学校数(所)	Number of Regular Secondary Schools(unit)	6	6	0.0
普通中学专任教师数(人)	Number of Teachers of Secondary Shools(person)	954	705	-26.1
初中在校学生数(人)	Number of Student in Junior Secondary Schools(person)	8426	7609	-9.7
高中在校学生数(人)	Number of Student in Senior Secondary Schools(person)	6259	6441	2.9
卫生机构数(所)	Number of Health Institutions(unit)	191	198	3.7
#医院(所)	Hospitals(unit)	5	5	0.0
卫生院(所)	Township Hospitals(unit)	19	19	0.0
床位数(张)	Number of Beds(unit)	1071	916	-14.5
#医院(张)	Hospitals(unit)	593	551	-7.1
卫生院(张)	Township Hospitals(unit)	366	305	-16.7
卫生技术人员(人)	Medical Technical Presonnel(person)	1029	1392	35.3
#医院(人)	Hospitals(person)	647	848	31.1
卫生院(人)	Township Hospitals(person)	114	133	16.7

23-101 巴彦淖尔市磴口县

指　标	Item	2013	2014	2014年比上年增长% Increase Rate in 2014 Over 2013(%)
行政区域土地面积(平方公里)	**Area of Administration(Sq.km)**	**4167**	**4167**	**0.0**
人口和就业	**Population & Employment**			
年末总人口(人)	Total Population Year-end(person)	122482	116779	-4.7
#男性(人)	Male(person)	62441	59753	-4.3
#乡村人口(人)	Rural(person)	68510	77040	12.5
年末总户数(户)	Total Number of Households at the Year-end(Household)	45043	46371	2.9
#乡村户数(户)	Number of Rural Household(Household)	16273	31429	93.1
出生人口(人)	Births(person)	1001	633	-36.8
死亡人口(人)	Deaths(person)	451	432	-4.2
全社会就业人员(人)	Employment(person)	66239	64069	-3.3
第一产业(人)	Primary Industry(person)	43822	40050	-8.6
第二产业(人)	Secondary Industry(person)	4792	5016	4.7
第三产业(人)	Tertiary Industry(person)	17625	19003	7.8
在岗职工人数(人)	Number of Staff & Workers Employed in(person)	10811	10932	1.1
乡村劳动力(人)	Number of Rural Laborers(person)	52883	49984	-5.5
#农林牧渔业(人)	Farming,Forestry,Animal Husbandry & Fishery(person)	34127	40050	17.4
国民经济综合指标	**Summary Item on the National Economy**			
生产总值(万元)	Gross Domestic Product(10 000 yuan)	563071	599600	7.3
第一产业(万元)	Primary Industry(10 000 yuan)	90700	94900	4.2
第二产业(万元)	Secondary Industry(10 000 yuan)	377910	402800	9.0
#工业(万元)	Industry(10 000 yuan)	339911	363400	9.7
第三产业(万元)	Tertiary Industry(10 000 yuan)	94461	101900	4.9
人均生产总值(元)	Per Capita GDP(yuan)	48793	51936	7.2
全社会固定资产投资(万元)	Total Investment in Fixed Assets(10 000 yuan)	245499	300000	22.2
按登记注册类型分	Grouped by Registered Type			
#国有(万元)	State-owned Enterprises(10 000 yuan)	52820	111345	110.8
集体(万元)	Collective-owned Enterprises(10 000 yuan)			
有限责任公司(万元)	Limited Liability Corporations(10 000 yuan)	118696	99509	-16.2
股份有限公司(万元)	Share Holding Enterprises(10 000 yuan)	9980	19591	96.3
私营企业(万元)	Private Enterprises(10 000 yuan)	64003	69555	8.7
外商及港澳台投资企业(万元)	Funds from HK,Macao,Taiwan & Foreign(10 000 yuan)			
按城乡渠道分	Grouped by Urban and Rural Area			
城镇(万元)	Urban(10 000 yuan)	245499	300000	22.2
农村(万元)	Rural(10 000 yuan)			
公共财政预算收入(万元)	Public Budgetary Financial Revenue(10 000 yuan)	18951	22010	16.1
公共财政预算支出(万元)	Public Budgetary Financial Expenditure(10 000 yuan)	111152	112314	1.0
个人储蓄存款余额(万元)	The balance of savings deposits of individuals(10 000 yuan)	237120	255756	7.9
在岗职工工资总额(万元)	Total Wages of Staff & Workers Employed in(10 000 yuan)	41466	45126	8.8
在岗职工平均工资(元)	Average Wage of Staff & Workers Employed in(yuan)	37146	41343	11.3
全体居民人均可支配收入(元)	The per capita disposable income of all residents(yuan)	15834	16176	2.2
城镇常住居民人均可支配收入(元)	The per capita disposable income of urban permanent residents(yuan)	20301	22031	8.5
农村牧区常住居民人均可支配收入(元)	The per capita disposable income of permanent residents of rural and pastoral areas(yuan)	11268	12744	13.1
农村牧区经济	**Economic Development in Rural & Pastoral Area**			
农作物总播种面积(公顷)	Total Sown Area(hectare)	45422	47206	3.9
#粮食作物播种面积(公顷)	Sown Area of Grain Crops(hectare)	22909	23750	3.7
农牧业机械总动力(万千瓦)	Total Power of Agricultural Machinery(10 000 kw)	42.42	47.02	10.8
化肥施用折纯量(吨)	Consumption of Chemical Fertilizer(ton)	33036	32222	-2.5
农村用电量(万千瓦小时)	Electricity Consumed in Rural Area(10 000 kwh)	1392	2722	95.5
农林牧渔业总产值(万元)	Gross Output of Farming,Forestry,Animal Husbandry & Fishery(10 000 yuan)	138838	145044	4.5
粮食产量(吨)	Yield of Grain(ton)	210345	238375	13.3
油料产量(吨)	Yield of Oil-bearing Grops(ton)	51850	43641	-15.8
甜菜产量(吨)	Yield of Beetroots(ton)			
猪牛羊肉产量(吨)	Output of Pork, Beef & Mutton(ton)	10460	10958	4.8
#猪肉产量(吨)	Output of Pork(ton)	1737	1737	0.0
牛肉产量(吨)	Output of Beef(ton)	2656	2665	0.3
羊肉产量(吨)	Output of Mutton(ton)	6067	6556	8.1
羊毛产量(吨)	Output of Wool(ton)	498	562	12.9

23-101 Dengkou County in Bayannaoer City

指　标	Item	2013	2014	2014年比上年增长% Increase Rate in 2014 Over 2013(%)
年末牲畜存栏头数(万头只)	Total Livestock at the Year-end(10 000 heads)	42.20	44.80	6.2
# 大牲畜(万头只)	Large Animals(10 000 heads)	4.10	4.56	11.2
羊(万只)	Sheep & Goats(10 000 heads)	36.44	38.47	5.6
猪(万头)	Hogs(10 000 heads)	1.66	1.76	6.0
规模以上工业	**Industrial Enterprises above Designated size**			
工业企业单位数(个)	Number of Industrial Enterprises(unit)	14	15	7.1
# 内资企业(个)	Civil Funded Enterprises(unit)	12	13	8.3
工业总产值(万元)	Gross Industrial Output Value(10 000 yuan)	447747	532068	18.8
内资企业(万元)	Civil Funded Enterprises(10 000 yuan)	313507	361126	15.2
国有企业(万元)	State-owned Enterprises(10 000 yuan)	43990	14472	-67.1
集体企业(万元)	Collective-owned Enterprises(10 000 yuan)			
股份合作企业(万元)	Share Holding Enterprises(10 000 yuan)			
联营企业(万元)	Joint Owned Enterprises(10 000 yuan)			
有限责任公司(万元)	Limited Company(10 000 yuan)	223192	301111	34.9
股份有限公司(万元)	Share Holding Limited Company(10 000 yuan)	27458	23173	-15.6
私营企业(万元)	Privately Owned Enterprises(10 000 yuan)	18867	22370	18.6
其他企业(万元)	Enterprises of Other Ownership(10 000 yuan)			
港澳台商投资企业(万元)	Funds from HK,Macao & Taiwan(10 000 yuan)			
外商投资企业(万元)	Foreign Funded Enterprises(10 000 yuan)	134240	170941	27.3
工业企业增加值(万元)	Value Added of Industrial Enterprises(10 000 yuan)			10.6
工业企业资产总计(万元)	Total Assets of Industrial Enterprises(10 000 yuan)	429809	551974	28.4
工业企业负债合计(万元)	Total Liabilities of Industrial Enterprises(10 000 yuan)	279566	338959	21.2
工业企业产品销售收入(万元)	Sales of Revenue Industrial Enterprises(10 000 yuan)	450572	468099	3.9
工业企业利润总额(万元)	Total Profits of Industrial Enterprises(10 000 yuan)	19654	34539	75.7
建筑业	**Construction**			
建筑企业单位数(个)	Number of Construction Enterprises(unit)	1	1	0.0
建筑企业从业人员(人)	Number of Employee in Construction Enterprises(person)	72	72	0.0
建筑业总产值(万元)	Gross Construction Output Value(10 000 yuan)	1930	1960	1.6
交通运输邮电通信业	**Transportation,Post & Telecommunications**			
公路里程(公里)	Total Length of Highways(km)	1831	1831	0.0
邮电业务总量(万元)	Business Volume of Post & Telecoms(10 000 yuan)	7529	8456	12.3
本地电话用户(户)	Number of Subscribers of Local Telephone(Household)	23010	21825	-5.1
国内贸易	**Domestic Trade**			
社会消费品零售总额(万元)	Total Retail Sales of Consumer Goods(10 000 yuan)	115649	128718	11.3
城镇(万元)	Town(10 000 yuan)	101690	113264	11.4
乡村(万元)	Village(10 000 yuan)	13959	15454	10.7
科技教育卫生	**Science,Education & Public Health**			
各类专业技术人员(人)	Special Technical Personnel(person)	3447	3528	2.3
幼儿园数(所)	Number of Kindergartens(unit)	7	7	0.0
学龄儿童入学率(%)	Percentage of School-Age Children Enrolled(%)	104.0	103.0	-1.0
小学学校数(所)	Number of Primary Schools(unit)	7	8	14.3
小学专任教师数(人)	Number of Full-time Teachers of Primary Schools(person)	478	388	-18.8
小学在校学生数(人)	Number of Student Enrollment of Primary Schools(person)	4061	3925	-3.3
普通中学学校数(所)	Number of Regular Secondary Schools(unit)	2	2	0.0
普通中学专任教师数(人)	Number of Teachers of Secondary Shools(person)	263	287	9.1
初中在校学生数(人)	Number of Student in Junior Secondary Schools(person)	2352	2196	-6.6
高中在校学生数(人)	Number of Student in Senior Secondary Schools(person)	1932	1862	-3.6
卫生机构数(所)	Number of Health Institutions(unit)	125	12	-90.4
# 医院(所)	Hospitals(unit)	3	3	0.0
卫生院(所)	Township Hospitals(unit)	7	7	0.0
床位数(张)	Number of Beds(unit)	546	987	80.8
# 医院(张)	Hospitals(unit)	360	560	55.6
卫生院(张)	Township Hospitals(unit)	94	90	-4.3
卫生技术人员(人)	Medical Technical Presonnel(person)	548	748	36.5
# 医院(人)	Hospitals(person)	306	506	65.4
卫生院(人)	Township Hospitals(person)	49	50	2.0

23-102 巴彦淖尔市乌拉特前旗

指　标	Item	2013	2014	2014年比上年增长% Increase Rate in 2014 Over 2013(%)
行政区域土地面积(平方公里)	**Area of Administration(Sq.km)**	**7476**	**7476**	**0.0**
人口和就业	**Population & Employment**			
年末总人口(人)	Total Population Year-end(person)	344182	344691	0.1
#男性(人)	Male(person)	176065	176011	0.0
#乡村人口(人)	Rural(person)	249565	203954	-18.3
年末总户数(户)	Total Number of Households at the Year-end(Household)	133988	147069	9.8
#乡村户数(户)	Number of Rural Household(Household)	68417	68983	0.8
出生人口(人)	Births(person)	3366	4588	36.3
死亡人口(人)	Deaths(person)	843	1257	49.1
全社会就业人员(人)	Employment(person)	140274	148832	6.1
第一产业(人)	Primary Industry(person)	98149	101166	3.1
第二产业(人)	Secondary Industry(person)	7885	8819	11.8
第三产业(人)	Tertiary Industry(person)	34240	38847	13.5
在岗职工人数(人)	Number of Staff & Workers Employed in(person)	19451	21343	9.7
乡村劳动力(人)	Number of Rural Laborers(person)	118775	121334	2.2
#农林牧渔业(人)	Farming,Forestry,Animal Husbandry & Fishery(person)	89394	93320	4.4
国民经济综合指标	**Summary Item on the National Economy**			
生产总值(万元)	Gross Domestic Product(10 000 yuan)	1323431	1358503	7.1
第一产业(万元)	Primary Industry(10 000 yuan)	309307	326288	4.7
第二产业(万元)	Secondary Industry(10 000 yuan)	668634	656202	9.1
#工业(万元)	Industry(10 000 yuan)	571561	556516	10.0
第三产业(万元)	Tertiary Industry(10 000 yuan)	345490	376013	4.8
人均生产总值(元)	Per Capita GDP(yuan)	45045	46207	7.0
全社会固定资产投资(万元)	Total Investment in Fixed Assets(10 000 yuan)	773914	903932	16.8
按登记注册类型分	Grouped by Registered Type			
#国有(万元)	State-owned Enterprises(10 000 yuan)	370757	339984	-8.3
集体(万元)	Collective-owned Enterprises(10 000 yuan)			
有限责任公司(万元)	Limited Liability Corporations(10 000 yuan)			
股份有限公司(万元)	Share Holding Enterprises(10 000 yuan)			
私营企业(万元)	Private Enterprises(10 000 yuan)	352337	509831	44.7
外商及港澳台投资企业(万元)	Funds from HK,Macao,Taiwan & Foreign(10 000 yuan)			
按城乡渠道分	Grouped by Urban and Rural Area			
城镇(万元)	Urban(10 000 yuan)	773914	903932	16.8
农村(万元)	Rural(10 000 yuan)			
公共财政预算收入(万元)	Public Budgetary Financial Revenue(10 000 yuan)	83528	88490	5.9
公共财政预算支出(万元)	Public Budgetary Financial Expenditure(10 000 yuan)	232134	227037	-2.2
个人储蓄存款余额(万元)	The balance of savings deposits of individuals(10 000 yuan)	640544	701061	9.4
在岗职工工资总额(万元)	Total Wages of Staff & Workers Employed in(10 000 yuan)	92214	102076	10.7
在岗职工平均工资(元)	Average Wage of Staff & Workers Employed in(yuan)	46301	47826	3.3
全体居民人均可支配收入(元)	The per capita disposable income of all residents(yuan)	14619	16183	10.7
城镇常住居民人均可支配收入(元)	The per capita disposable income of urban permanent residents(yuan)	20163	22038	9.3
农村牧区常住居民人均可支配收入(元)	The per capita disposable income of permanent residents of rural and pastoral areas(yuan)	11026	12459	13.0
农村牧区经济	**Economic Development in Rural & Pastoral Area**			
农作物总播种面积(公顷)	Total Sown Area(hectare)	142847	147003	2.9
#粮食作物播种面积(公顷)	Sown Area of Grain Crops(hectare)	79560	83410	4.8
农牧业机械总动力(万千瓦)	Total Power of Agricultural Machinery(10 000 kw)	94.66	108.88	15.0
化肥施用折纯量(吨)	Consumption of Chemical Fertilizer(ton)	32934	34189	3.8
农村用电量(万千瓦小时)	Electricity Consumed in Rural Area(10 000 kwh)	13876	13885	0.1
农林牧渔业总产值(万元)	Gross Output of Farming,Forestry,Animal Husbandry & Fishery(10 000 yuan)	514407	541774	5.3
粮食产量(吨)	Yield of Grain(ton)	769823	844087	9.6
油料产量(吨)	Yield of Oil-bearing Grops(ton)	117715	128812	9.4
甜菜产量(吨)	Yield of Beetroots(ton)	44815	29090	-35.1
猪牛羊肉产量(吨)	Output of Pork, Beef & Mutton(ton)	29858	27297	-8.6
#猪肉产量(吨)	Output of Pork(ton)	7786	4435	-43.0
牛肉产量(吨)	Output of Beef(ton)	768	793	3.3
羊肉产量(吨)	Output of Mutton(ton)	21304	22069	3.6
羊毛产量(吨)	Output of Wool(ton)	1355	1626	20.0

23-102 Wulateqian Banner in Bayannaoer City

指　标	Item	2013	2014	2014年比上年增长% Increase Rate in 2014 Over 2013(%)
年末牲畜存栏头数(万头只)	Total Livestock at the Year-end(10 000 heads)	117.33	125.44	6.9
# 大牲畜(万头只)	Large Animals(10 000 heads)	1.26	1.32	4.8
羊(万只)	Sheep & Goats(10 000 heads)	111.23	119.33	7.3
猪(万头)	Hogs(10 000 heads)	4.84	4.79	-1.0
规模以上工业	**Industrial Enterprises above Designated size**			
工业企业单位数(个)	Number of Industrial Enterprises(unit)	39	48	23.1
# 内资企业(个)	Civil Funded Enterprises(unit)	38	47	23.7
工业总产值(万元)	Gross Industrial Output Value(10 000 yuan)	916584	1037228	13.2
内资企业(万元)	Civil Funded Enterprises(10 000 yuan)	914297	1030228	12.7
国有企业(万元)	State-owned Enterprises(10 000 yuan)			
集体企业(万元)	Collective-owned Enterprises(10 000 yuan)			
股份合作企业(万元)	Share Holding Enterprises(10 000 yuan)			
联营企业(万元)	Joint Owned Enterprises(10 000 yuan)			
有限责任公司(万元)	Limited Company(10 000 yuan)	355268	431953	21.6
股份有限公司(万元)	Share Holding Limited Company(10 000 yuan)			
私营企业(万元)	Privately Owned Enterprises(10 000 yuan)	559029	598275	7.0
其他企业(万元)	Enterprises of Other Ownership(10 000 yuan)			
港澳台商投资企业(万元)	Funds from HK,Macao & Taiwan(10 000 yuan)			
外商投资企业(万元)	Foreign Funded Enterprises(10 000 yuan)	2288	7000	205.9
工业企业增加值(万元)	Value Added of Industrial Enterprises(10 000 yuan)			10.7
工业企业资产总计(万元)	Total Assets of Industrial Enterprises(10 000 yuan)	1384966	1433011	3.5
工业企业负债合计(万元)	Total Liabilities of Industrial Enterprises(10 000 yuan)	985078	1038448	5.4
工业企业产品销售收入(万元)	Sales of Revenue Industrial Enterprises(10 000 yuan)	875697	996784	13.8
工业企业利润总额(万元)	Total Profits of Industrial Enterprises(10 000 yuan)	-28754	-63677	
建筑业	**Construction**			
建筑企业单位数(个)	Number of Construction Enterprises(unit)	5	5	0.0
建筑企业从业人员(人)	Number of Employee in Construction Enterprises(person)	613	598	-2.4
建筑业总产值(万元)	Gross Construction Output Value(10 000 yuan)	24373	26478	8.6
交通运输邮电通信业	**Transportation,Post & Telecommunications**			
公路里程(公里)	Total Length of Highways(km)	4428	4711	6.4
邮电业务总量(万元)	Business Volume of Post & Telecoms(10 000 yuan)	28921	29040	0.4
本地电话用户(户)	Number of Subscribers of Local Telephone(Household)	22280	24042	7.9
国内贸易	**Domestic Trade**			
社会消费品零售总额(万元)	Total Retail Sales of Consumer Goods(10 000 yuan)	256271	284900	11.2
城镇(万元)	Town(10 000 yuan)	212459	236706	11.4
乡村(万元)	Village(10 000 yuan)	43812	48194	10.0
科技教育卫生	**Science,Education & Public Health**			
各类专业技术人员(人)	Special Technical Personnel(person)	7680	7566	-1.5
幼儿园数(所)	Number of Kindergartens(unit)	26	24	-7.7
学龄儿童入学率(%)	Percentage of School-Age Children Enrolled(%)	99.3	100.0	0.7
小学学校数(所)	Number of Primary Schools(unit)	17	17	0.0
小学专任教师数(人)	Number of Full-time Teachers of Primary Schools(person)	1284	1232	-4.0
小学在校学生数(人)	Number of Student Enrollment of Primary Schools(person)	13059	12763	-2.3
普通中学学校数(所)	Number of Regular Secondary Schools(unit)	11	11	0.0
普通中学专任教师数(人)	Number of Teachers of Secondary Shools(person)	1040	912	-12.3
初中在校学生数(人)	Number of Student in Junior Secondary Schools(person)	9084	8440	-7.1
高中在校学生数(人)	Number of Student in Senior Secondary Schools(person)	5921	5199	-12.2
卫生机构数(所)	Number of Health Institutions(unit)	256	257	0.4
# 医院(所)	Hospitals(unit)	5	5	0.0
卫生院(所)	Township Hospitals(unit)	20	21	5.0
床位数(张)	Number of Beds(unit)	1225	1241	1.3
# 医院(张)	Hospitals(unit)	802	802	0.0
卫生院(张)	Township Hospitals(unit)	294	300	2.0
卫生技术人员(人)	Medical Technical Presonnel(person)	1411	1493	5.8
# 医院(人)	Hospitals(person)	695	793	14.1
卫生院(人)	Township Hospitals(person)	267	258	-3.4

23-103 巴彦淖尔市乌拉特中旗

指　　标	Item	2013	2014	2014年比上年增长% Increase Rate in 2014 Over 2013(%)
行政区域土地面积(平方公里)	**Area of Administration(Sq.km)**	**23096**	**23096**	**0.0**
人口和就业	**Population & Employment**			
年末总人口(人)	Total Population Year-end(person)	144541	144165	-0.3
#男性(人)	Male(person)	73461	73164	-0.4
#乡村人口(人)	Rural(person)	94542	94866	0.3
年末总户数(户)	Total Number of Households at the Year-end(Household)	62954	68590	9.0
#乡村户数(户)	Number of Rural Household(Household)	27704	27838	0.5
出生人口(人)	Births(person)	1533	1670	8.9
死亡人口(人)	Deaths(person)	572	496	-13.3
全社会就业人员(人)	Employment(person)	71613	73891	3.2
第一产业(人)	Primary Industry(person)	46240	45780	-1.0
第二产业(人)	Secondary Industry(person)	7013	6622	-5.6
第三产业(人)	Tertiary Industry(person)	18360	21489	17.0
在岗职工人数(人)	Number of Staff & Workers Employed in(person)	10959	12321	12.4
乡村劳动力(人)	Number of Rural Laborers(person)	63834	63616	-0.3
#农林牧渔业(人)	Farming,Forestry,Animal Husbandry & Fishery(person)	46240	45780	-1.0
国民经济综合指标	**Summary Item on the National Economy**			
生产总值(万元)	Gross Domestic Product(10 000 yuan)	912263	980685	8.1
第一产业(万元)	Primary Industry(10 000 yuan)	160045	167401	4.1
第二产业(万元)	Secondary Industry(10 000 yuan)	659300	712139	9.3
#工业(万元)	Industry(10 000 yuan)	548214	597873	10.6
第三产业(万元)	Tertiary Industry(10 000 yuan)	92918	101145	4.8
人均生产总值(元)	Per Capita GDP(yuan)	68283	73371	8.0
全社会固定资产投资(万元)	Total Investment in Fixed Assets(10 000 yuan)	1024664	1201931	17.3
按登记注册类型分	Grouped by Registered Type			
#国有(万元)	State-owned Enterprises(10 000 yuan)	333405	886856	166.0
集体(万元)	Collective-owned Enterprises(10 000 yuan)			
有限责任公司(万元)	Limited Liability Corporations(10 000 yuan)	607107	243450	-59.9
股份有限公司(万元)	Share Holding Enterprises(10 000 yuan)			
私营企业(万元)	Private Enterprises(10 000 yuan)	313	494	57.8
外商及港澳台投资企业(万元)	Funds from HK,Macao,Taiwan & Foreign(10 000 yuan)	34140	64320	88.4
按城乡渠道分	Grouped by Urban and Rural Area			
城镇(万元)	Urban(10 000 yuan)	1024664	1201931	17.3
农村(万元)	Rural(10 000 yuan)			
公共财政预算收入(万元)	Public Budgetary Financial Revenue(10 000 yuan)	82114	84333	2.7
公共财政预算支出(万元)	Public Budgetary Financial Expenditure(10 000 yuan)	215170	232519	8.1
个人储蓄存款余额(万元)	The balance of savings deposits of individuals(10 000 yuan)	257472	278097	8.0
在岗职工工资总额(万元)	Total Wages of Staff & Workers Employed in(10 000 yuan)	50826	61456	20.9
在岗职工平均工资(元)	Average Wage of Staff & Workers Employed in(yuan)	47394	50465	6.5
全体居民人均可支配收入(元)	The per capita disposable income of all residents(yuan)	14818	16463	11.1
城镇常住居民人均可支配收入(元)	The per capita disposable income of urban permanent residents(yuan)	21190	23203	9.5
农村牧区常住居民人均可支配收入(元)	The per capita disposable income of permanent residents of rural and pastoral areas(yuan)	10686	12064	12.9
农村牧区经济	**Economic Development in Rural & Pastoral Area**			
农作物总播种面积(公顷)	Total Sown Area(hectare)	87736	86703	-1.2
#粮食作物播种面积(公顷)	Sown Area of Grain Crops(hectare)	47610	47429	-0.4
农牧业机械总动力(万千瓦)	Total Power of Agricultural Machinery(10 000 kw)	32.83	39.50	20.3
化肥施用折纯量(吨)	Consumption of Chemical Fertilizer(ton)	9435	10550	11.8
农村用电量(万千瓦小时)	Electricity Consumed in Rural Area(10 000 kwh)	7747	8592	10.9
农林牧渔业总产值(万元)	Gross Output of Farming,Forestry,Animal Husbandry & Fishery(10 000 yuan)	254595	265797	4.4
粮食产量(吨)	Yield of Grain(ton)	325865	342738	5.2
油料产量(吨)	Yield of Oil-bearing Grops(ton)	77809	80222	3.1
甜菜产量(吨)	Yield of Beetroots(ton)			
猪牛羊肉产量(吨)	Output of Pork, Beef & Mutton(ton)	14937	16002	7.1
#猪肉产量(吨)	Output of Pork(ton)	1098	1098	0.0
牛肉产量(吨)	Output of Beef(ton)	652	682	4.6
羊肉产量(吨)	Output of Mutton(ton)	13187	14222	7.8
羊毛产量(吨)	Output of Wool(ton)	1147	1654	44.2

23-103 Wulatezhong Banner in Bayannaoer City

指　标	Item	2013	2014	2014年比上年增长% Increase Rate in 2014 Over 2013(%)
年末牲畜存栏头数(万头只)	Total Livestock at the Year-end(10 000 heads)	128.63	134.53	4.6
# 大牲畜(万头只)	Large Animals(10 000 heads)	1.71	1.67	-2.3
羊(万只)	Sheep & Goats(10 000 heads)	125.57	131.55	4.8
猪(万头)	Hogs(10 000 heads)	1.35	1.31	-3.0
规模以上工业	**Industrial Enterprises above Designated size**			
工业企业单位数(个)	Number of Industrial Enterprises(unit)	41	33	-19.5
# 内资企业(个)	Civil Funded Enterprises(unit)	38	31	-18.4
工业总产值(万元)	Gross Industrial Output Value(10 000 yuan)	1504911	1575089	4.7
内资企业(万元)	Civil Funded Enterprises(10 000 yuan)	1368254	1424562	4.1
国有企业(万元)	State-owned Enterprises(10 000 yuan)			
集体企业(万元)	Collective-owned Enterprises(10 000 yuan)	26728	29673	11.0
股份合作企业(万元)	Share Holding Enterprises(10 000 yuan)			
联营企业(万元)	Joint Owned Enterprises(10 000 yuan)			
有限责任公司(万元)	Limited Company(10 000 yuan)	1244078	1286834	3.4
股份有限公司(万元)	Share Holding Limited Company(10 000 yuan)	43548	51458	18.2
私营企业(万元)	Privately Owned Enterprises(10 000 yuan)	53900	56597	5.0
其他企业(万元)	Enterprises of Other Ownership(10 000 yuan)			
港澳台商投资企业(万元)	Funds from HK,Macao & Taiwan(10 000 yuan)			
外商投资企业(万元)	Foreign Funded Enterprises(10 000 yuan)	136657	150527	10.1
工业企业增加值(万元)	Value Added of Industrial Enterprises(10 000 yuan)			10.7
工业企业资产总计(万元)	Total Assets of Industrial Enterprises(10 000 yuan)	2429417	2751923	13.3
工业企业负债合计(万元)	Total Liabilities of Industrial Enterprises(10 000 yuan)	1576209	1666742	5.7
工业企业产品销售收入(万元)	Sales of Revenue Industrial Enterprises(10 000 yuan)	1426293	1476067	3.5
工业企业利润总额(万元)	Total Profits of Industrial Enterprises(10 000 yuan)	62253	46436	-25.4
建筑业	**Construction**			
建筑企业单位数(个)	Number of Construction Enterprises(unit)	2	2	0.0
建筑企业从业人员(人)	Number of Employee in Construction Enterprises(person)	103	100	-2.9
建筑业总产值(万元)	Gross Construction Output Value(10 000 yuan)	5032	3898	-22.5
交通运输邮电通信业	**Transportation,Post & Telecommunications**			
公路里程(公里)	Total Length of Highways(km)	4273	4369	2.2
邮电业务总量(万元)	Business Volume of Post & Telecoms(10 000 yuan)	3218	3427	6.5
本地电话用户(户)	Number of Subscribers of Local Telephone(Household)	10000	13350	33.5
国内贸易	**Domestic Trade**			
社会消费品零售总额(万元)	Total Retail Sales of Consumer Goods(10 000 yuan)	118955	132397	11.3
城镇(万元)	Town(10 000 yuan)	76024	86032	13.2
乡村(万元)	Village(10 000 yuan)	42930	46365	8.0
科技教育卫生	**Science,Education & Public Health**			
各类专业技术人员(人)	Special Technical Personnel(person)	2249	2303	2.4
幼儿园数(所)	Number of Kindergartens(unit)	10	10	0.0
学龄儿童入学率(%)	Percentage of School-Age Children Enrolled(%)	100.0	100.0	0.0
小学学校数(所)	Number of Primary Schools(unit)	5	4	-20.0
小学专任教师数(人)	Number of Full-time Teachers of Primary Schools(person)	369	453	22.8
小学在校学生数(人)	Number of Student Enrollment of Primary Schools(person)	4434	4384	-1.1
普通中学学校数(所)	Number of Regular Secondary Schools(unit)	5	5	0.0
普通中学专任教师数(人)	Number of Teachers of Secondary Shools(person)	524	387	-26.1
初中在校学生数(人)	Number of Student in Junior Secondary Schools(person)	2448	2243	-8.4
高中在校学生数(人)	Number of Student in Senior Secondary Schools(person)	1242	1738	39.9
卫生机构数(所)	Number of Health Institutions(unit)	113	120	6.2
# 医院(所)	Hospitals(unit)	2	3	50.0
卫生院(所)	Township Hospitals(unit)	16	16	0.0
床位数(张)	Number of Beds(unit)	453	440	-2.9
# 医院(张)	Hospitals(unit)	230	320	39.1
卫生院(张)	Township Hospitals(unit)	120	120	0.0
卫生技术人员(人)	Medical Technical Presonnel(person)	491	494	0.6
# 医院(人)	Hospitals(person)	186	356	91.4
卫生院(人)	Township Hospitals(person)	109	128	17.4

23-104 巴彦淖尔市乌拉特后旗

指　标	Item	2013	2014	2014年比上年增长% Increase Rate in 2014 Over 2013(%)
行政区域土地面积(平方公里)	**Area of Administration(Sq.km)**	**24925**	**24925**	**0.0**
人口和就业	**Population & Employment**			
年末总人口(人)	Total Population Year-end(person)	63908	60041	-6.1
#男性(人)	Male(person)	32456	30489	-6.1
#乡村人口(人)	Rural(person)	25762	29552	14.7
年末总户数(户)	Total Number of Households at the Year-end(Household)	25440	25463	0.1
#乡村户数(户)	Number of Rural Household(Household)	8734	8743	0.1
出生人口(人)	Births(person)	616	565	-8.3
死亡人口(人)	Deaths(person)	252	230	-8.7
全社会就业人员(人)	Employment(person)	31392	31455	0.2
第一产业(人)	Primary Industry(person)	9498	9518	0.2
第二产业(人)	Secondary Industry(person)	12073	11893	-1.5
第三产业(人)	Tertiary Industry(person)	9821	10044	2.3
在岗职工人数(人)	Number of Staff & Workers Employed in(person)	9638	12124	25.8
乡村劳动力(人)	Number of Rural Laborers(person)	17206	17206	0.0
#农林牧渔业(人)	Farming,Forestry,Animal Husbandry & Fishery(person)	9498	9518	0.2
国民经济综合指标	**Summary Item on the National Economy**			
生产总值(万元)	Gross Domestic Product(10 000 yuan)	614825	660700	8.7
第一产业(万元)	Primary Industry(10 000 yuan)	35241	36900	4.1
第二产业(万元)	Secondary Industry(10 000 yuan)	492219	526800	9.5
#工业(万元)	Industry(10 000 yuan)	430147	462600	10.3
第三产业(万元)	Tertiary Industry(10 000 yuan)	87365	97000	5.9
人均生产总值(元)	Per Capita GDP(yuan)	94010	100947	8.6
全社会固定资产投资(万元)	Total Investment in Fixed Assets(10 000 yuan)	665557	800000	20.2
按登记注册类型分	Grouped by Registered Type			
#国有(万元)	State-owned Enterprises(10 000 yuan)	307376	327663	6.6
集体(万元)	Collective-owned Enterprises(10 000 yuan)			
有限责任公司(万元)	Limited Liability Corporations(10 000 yuan)	333790	351815	5.4
股份有限公司(万元)	Share Holding Enterprises(10 000 yuan)		69905	
私营企业(万元)	Private Enterprises(10 000 yuan)	6815	15824	132.2
外商及港澳台投资企业(万元)	Funds from HK,Macao,Taiwan & Foreign(10 000 yuan)		31989	
按城乡渠道分	Grouped by Urban and Rural Area			
城镇(万元)	Urban(10 000 yuan)	665557	800000	20.2
农村(万元)	Rural(10 000 yuan)			
公共财政预算收入(万元)	Public Budgetary Financial Revenue(10 000 yuan)	63545	69386	9.2
公共财政预算支出(万元)	Public Budgetary Financial Expenditure(10 000 yuan)	145076	143778	-0.9
个人储蓄存款余额(万元)	The balance of savings deposits of individuals(10 000 yuan)	121181	139609	15.2
在岗职工工资总额(万元)	Total Wages of Staff & Workers Employed in(10 000 yuan)	44346	60548	36.5
在岗职工平均工资(元)	Average Wage of Staff & Workers Employed in(yuan)	46768	48855	4.5
全体居民人均可支配收入(元)	The per capita disposable income of all residents(yuan)	14789	16431	11.1
城镇常住居民人均可支配收入(元)	The per capita disposable income of urban permanent residents(yuan)	21051	23030	9.4
农村牧区常住居民人均可支配收入(元)	The per capita disposable income of permanent residents of rural and pastoral areas(yuan)	9617	10896	13.3
农村牧区经济	**Economic Development in Rural & Pastoral Area**			
农作物总播种面积(公顷)	Total Sown Area(hectare)	11765	12046	2.4
#粮食作物播种面积(公顷)	Sown Area of Grain Crops(hectare)	7070	7789	10.2
农牧业机械总动力(万千瓦)	Total Power of Agricultural Machinery(10 000 kw)	8.50	10.77	26.7
化肥施用折纯量(吨)	Consumption of Chemical Fertilizer(ton)	5998	6144	2.4
农村用电量(万千瓦小时)	Electricity Consumed in Rural Area(10 000 kwh)	1482	1557	5.0
农林牧渔业总产值(万元)	Gross Output of Farming,Forestry,Animal Husbandry & Fishery(10 000 yuan)	49600	51783	4.4
粮食产量(吨)	Yield of Grain(ton)	60960	69965	14.8
油料产量(吨)	Yield of Oil-bearing Grops(ton)	10523	9293	-11.9
甜菜产量(吨)	Yield of Beetroots(ton)			
猪牛羊肉产量(吨)	Output of Pork, Beef & Mutton(ton)	4769	5091	6.8
#猪肉产量(吨)	Output of Pork(ton)	134	134	0.0
牛肉产量(吨)	Output of Beef(ton)	487	508	4.3
羊肉产量(吨)	Output of Mutton(ton)	4148	4449	7.3
羊毛产量(吨)	Output of Wool(ton)	153	212	38.6

23-104 Wulatehou Banner in Bayannaoer City

指 标	Item	2013	2014	2014年比上年增长% Increase Rate in 2014 Over 2013(%)
年末牲畜存栏头数(万头只)	Total Livestock at the Year-end(10 000 heads)	33.54	34.41	2.6
#大牲畜(万头只)	Large Animals(10 000 heads)	2.59	2.54	-1.9
羊(万只)	Sheep & Goats(10 000 heads)	30.81	31.75	3.1
猪(万头)	Hogs(10 000 heads)	0.13	0.12	-7.7
规模以上工业	**Industrial Enterprises above Designated size**			
工业企业单位数(个)	Number of Industrial Enterprises(unit)	31	34	9.7
#内资企业(个)	Civil Funded Enterprises(unit)	28	32	14.3
工业总产值(万元)	Gross Industrial Output Value(10 000 yuan)	1110888	1199461	8.0
内资企业(万元)	Civil Funded Enterprises(10 000 yuan)	938688	1052071	12.1
国有企业(万元)	State-owned Enterprises(10 000 yuan)	52726	10814	-79.5
集体企业(万元)	Collective-owned Enterprises(10 000 yuan)			
股份合作企业(万元)	Share Holding Enterprises(10 000 yuan)			
联营企业(万元)	Joint Owned Enterprises(10 000 yuan)			
有限责任公司(万元)	Limited Company(10 000 yuan)	885962	1035475	16.9
股份有限公司(万元)	Share Holding Limited Company(10 000 yuan)			
私营企业(万元)	Privately Owned Enterprises(10 000 yuan)		5782	
其他企业(万元)	Enterprises of Other Ownership(10 000 yuan)			
港澳台商投资企业(万元)	Funds from HK,Macao & Taiwan(10 000 yuan)	172200	137175	-20.3
外商投资企业(万元)	Foreign Funded Enterprises(10 000 yuan)		10215	
工业企业增加值(万元)	Value Added of Industrial Enterprises(10 000 yuan)			10.6
工业企业资产总计(万元)	Total Assets of Industrial Enterprises(10 000 yuan)	2451284	2643766	7.9
工业企业负债合计(万元)	Total Liabilities of Industrial Enterprises(10 000 yuan)	1318326	1647669	25.0
工业企业产品销售收入(万元)	Sales of Revenue Industrial Enterprises(10 000 yuan)	1105287	1146785	3.8
工业企业利润总额(万元)	Total Profits of Industrial Enterprises(10 000 yuan)	75129	64664	-13.9
建筑业	**Construction**			
建筑企业单位数(个)	Number of Construction Enterprises(unit)			
建筑企业从业人员(人)	Number of Employee in Construction Enterprises(person)			
建筑业总产值(万元)	Gross Construction Output Value(10 000 yuan)			
交通运输邮电通信业	**Transportation,Post & Telecommunications**			
公路里程(公里)	Total Length of Highways(km)	1901	2024	6.5
邮电业务总量(万元)	Business Volume of Post & Telecoms(10 000 yuan)	498	510	2.4
本地电话用户(户)	Number of Subscribers of Local Telephone(Household)	4044	6130	51.6
国内贸易	**Domestic Trade**			
社会消费品零售总额(万元)	Total Retail Sales of Consumer Goods(10 000 yuan)	63923	71071	11.2
城镇(万元)	Town(10 000 yuan)	47962	53673	11.9
乡村(万元)	Village(10 000 yuan)	15961	17398	9.0
科技教育卫生	**Science,Education & Public Health**			
各类专业技术人员(人)	Special Technical Personnel(person)	2700	2710	0.4
幼儿园数(所)	Number of Kindergartens(unit)	8	8	0.0
学龄儿童入学率(%)	Percentage of School-Age Children Enrolled(%)	100.0	100.0	0.0
小学学校数(所)	Number of Primary Schools(unit)	5	5	0.0
小学专任教师数(人)	Number of Full-time Teachers of Primary Schools(person)	329	299	-9.1
小学在校学生数(人)	Number of Student Enrollment of Primary Schools(person)	2718	2704	-0.5
普通中学学校数(所)	Number of Regular Secondary Schools(unit)	3	3	0.0
普通中学专任教师数(人)	Number of Teachers of Secondary Shools(person)	214	232	8.4
初中在校学生数(人)	Number of Student in Junior Secondary Schools(person)	1366	1806	32.2
高中在校学生数(人)	Number of Student in Senior Secondary Schools(person)	624	615	-1.4
卫生机构数(所)	Number of Health Institutions(unit)	68	73	7.4
#医院(所)	Hospitals(unit)	2	2	0.0
卫生院(所)	Township Hospitals(unit)	10	10	0.0
床位数(张)	Number of Beds(unit)	258	210	-18.6
#医院(张)	Hospitals(unit)	150	150	0.0
卫生院(张)	Township Hospitals(unit)	75	60	-20.0
卫生技术人员(人)	Medical Technical Presonnel(person)	306	353	15.4
#医院(人)	Hospitals(person)	133	121	-9.0
卫生院(人)	Township Hospitals(person)	58	82	41.4

23-105 巴彦淖尔市杭锦后旗

指　标	Item	2013	2014	2014年比上年增长% Increase Rate in 2014 Over 2013(%)
行政区域土地面积(平方公里)	**Area of Administration(Sq.km)**	**1752**	**1752**	**0.0**
人口和就业	**Population & Employment**			
年末总人口(人)	Total Population Year-end(person)	309764	305467	-1.4
#男性(人)	Male(person)	157628	155531	-1.3
#乡村人口(人)	Rural(person)	194422	196314	1.0
年末总户数(户)	Total Number of Households at the Year-end(Household)	110282	122552	11.1
#乡村户数(户)	Number of Rural Household(Household)	49874	51277	2.8
出生人口(人)	Births(person)	2866	3047	6.3
死亡人口(人)	Deaths(person)	709	804	13.4
全社会就业人员(人)	Employment(person)	147898	143636	-2.9
第一产业(人)	Primary Industry(person)	86502	83847	-3.1
第二产业(人)	Secondary Industry(person)	14494	11902	-17.9
第三产业(人)	Tertiary Industry(person)	46902	47887	2.1
在岗职工人数(人)	Number of Staff & Workers Employed in(person)	16662	9522	-42.9
乡村劳动力(人)	Number of Rural Laborers(person)	117106	116229	-0.7
#农林牧渔业(人)	Farming,Forestry,Animal Husbandry & Fishery(person)	86502	83847	-3.1
国民经济综合指标	**Summary Item on the National Economy**			
生产总值(万元)	Gross Domestic Product(10 000 yuan)	1270190	1305841	7.5
第一产业(万元)	Primary Industry(10 000 yuan)	322505	340841	4.9
第二产业(万元)	Secondary Industry(10 000 yuan)	647376	637900	9.4
#工业(万元)	Industry(10 000 yuan)	552157	540000	10.4
第三产业(万元)	Tertiary Industry(10 000 yuan)	300309	327100	5.7
人均生产总值(元)	Per Capita GDP(yuan)	49520	50879	7.4
全社会固定资产投资(万元)	Total Investment in Fixed Assets(10 000 yuan)	514523	601477	16.9
按登记注册类型分	Grouped by Registered Type			
#国有(万元)	State-owned Enterprises(10 000 yuan)	196744	233338	18.6
集体(万元)	Collective-owned Enterprises(10 000 yuan)			
有限责任公司(万元)	Limited Liability Corporations(10 000 yuan)	148832	192142	29.1
股份有限公司(万元)	Share Holding Enterprises(10 000 yuan)	35347	22410	-37.6
私营企业(万元)	Private Enterprises(10 000 yuan)	122662	138117	12.6
外商及港澳台投资企业(万元)	Funds from HK,Macao,Taiwan & Foreign(10 000 yuan)			
按城乡渠道分	Grouped by Urban and Rural Area			
城镇(万元)	Urban(10 000 yuan)	514523	601477	16.9
农村(万元)	Rural(10 000 yuan)			
公共财政预算收入(万元)	Public Budgetary Financial Revenue(10 000 yuan)	57503	60451	5.1
公共财政预算支出(万元)	Public Budgetary Financial Expenditure(10 000 yuan)	145150	220885	52.2
个人储蓄存款余额(万元)	The balance of savings deposits of individuals(10 000	487433	559422	14.8
在岗职工工资总额(万元)	Total Wages of Staff & Workers Employed in(10 000 yuan)	76322	50635	-33.7
在岗职工平均工资(元)	Average Wage of Staff & Workers Employed in(yuan)	44013	46362	5.3
全体居民人均可支配收入(元)	The per capita disposable income of all residents(yuan)	17535	19394	10.6
城镇常住居民人均可支配收入(元)	The per capita disposable income of urban permanent residents(yuan)	20747	22635	9.1
农村牧区常住居民人均可支配收入(元)	The per capita disposable income of permanent residents of rural and pastoral areas(yuan)	11598	13129	13.2
农村牧区经济	**Economic Development in Rural & Pastoral Area**			
农作物总播种面积(公顷)	Total Sown Area(hectare)	88040	85414	-3.0
#粮食作物播种面积(公顷)	Sown Area of Grain Crops(hectare)	59016	58758	-0.4
农牧业机械总动力(万千瓦)	Total Power of Agricultural Machinery(10 000 kw)	86.52	90.25	4.3
化肥施用折纯量(吨)	Consumption of Chemical Fertilizer(ton)	55728	49403	-11.3
农村用电量(万千瓦小时)	Electricity Consumed in Rural Area(10 000 kwh)	3859	3906	1.2
农林牧渔业总产值(万元)	Gross Output of Farming,Forestry,Animal Husbandry & Fishery(10 000 yuan)	530582	559715	5.5
粮食产量(吨)	Yield of Grain(ton)	531420	535605	0.8
油料产量(吨)	Yield of Oil-bearing Grops(ton)	52120	59095	13.4
甜菜产量(吨)	Yield of Beetroots(ton)			
猪牛羊肉产量(吨)	Output of Pork, Beef & Mutton(ton)	38095	40284	5.7
#猪肉产量(吨)	Output of Pork(ton)	7472	7472	0.0
牛肉产量(吨)	Output of Beef(ton)	2644	2735	3.4
羊肉产量(吨)	Output of Mutton(ton)	27979	30077	7.5
羊毛产量(吨)	Output of Wool(ton)	2267	2386	5.2

23-105 Hangjinhou Banner in Bayannaoer City

指　标	Item	2013	2014	2014年比上年增长% Increase Rate in 2014 Over 2013(%)
年末牲畜存栏头数(万头只)	Total Livestock at the Year-end(10 000 heads)	116.09	123.82	6.7
# 大牲畜(万头只)	Large Animals(10 000 heads)	6.45	6.11	-5.3
羊(万只)	Sheep & Goats(10 000 heads)	101.98	110.28	8.1
猪(万头)	Hogs(10 000 heads)	7.66	7.43	-3.0
规模以上工业	**Industrial Enterprises above Designated size**			
工业企业单位数(个)	Number of Industrial Enterprises(unit)	37	36	-2.7
# 内资企业(个)	Civil Funded Enterprises(unit)	37	36	-2.7
工业总产值(万元)	Gross Industrial Output Value(10 000 yuan)	1182852	1320134	11.6
内资企业(万元)	Civil Funded Enterprises(10 000 yuan)	1182852	1320134	11.6
国有企业(万元)	State-owned Enterprises(10 000 yuan)			
集体企业(万元)	Collective-owned Enterprises(10 000 yuan)			
股份合作企业(万元)	Share Holding Enterprises(10 000 yuan)			
联营企业(万元)	Joint Owned Enterprises(10 000 yuan)			
有限责任公司(万元)	Limited Company(10 000 yuan)	728447	812731	11.6
股份有限公司(万元)	Share Holding Limited Company(10 000 yuan)	169610	191341	12.8
私营企业(万元)	Privately Owned Enterprises(10 000 yuan)	284796	316062	11.0
其他企业(万元)	Enterprises of Other Ownership(10 000 yuan)			
港澳台商投资企业(万元)	Funds from HK,Macao & Taiwan(10 000 yuan)			
外商投资企业(万元)	Foreign Funded Enterprises(10 000 yuan)			
工业企业增加值(万元)	Value Added of Industrial Enterprises(10 000 yuan)			10.8
工业企业资产总计(万元)	Total Assets of Industrial Enterprises(10 000 yuan)	688102	718802	4.5
工业企业负债合计(万元)	Total Liabilities of Industrial Enterprises(10 000 yuan)	373887	356416	-4.7
工业企业产品销售收入(万元)	Sales of Revenue Industrial Enterprises(10 000 yuan)	1121257	1128223	0.6
工业企业利润总额(万元)	Total Profits of Industrial Enterprises(10 000 yuan)	12612	14443	14.5
建筑业	**Construction**			
建筑企业单位数(个)	Number of Construction Enterprises(unit)	3	3	0.0
建筑企业从业人员(人)	Number of Employee in Construction Enterprises(person)	193	260	34.7
建筑业总产值(万元)	Gross Construction Output Value(10 000 yuan)	17320	18689	7.9
交通运输邮电通信业	**Transportation,Post & Telecommunications**			
公路里程(公里)	Total Length of Highways(km)	1701	1774	4.3
邮电业务总量(万元)	Business Volume of Post & Telecoms(10 000 yuan)	22520	23640	5.0
本地电话用户(户)	Number of Subscribers of Local Telephone(Household)	33532	31522	-6.0
国内贸易	**Domestic Trade**			
社会消费品零售总额(万元)	Total Retail Sales of Consumer Goods(10 000 yuan)	237620	264384	11.3
城镇(万元)	Town(10 000 yuan)	210946	235043	11.4
乡村(万元)	Village(10 000 yuan)	26674	29341	10.0
科技教育卫生	**Science,Education & Public Health**			
各类专业技术人员(人)	Special Technical Personnel(person)	3666	3411	-7.0
幼儿园数(所)	Number of Kindergartens(unit)	16	17	6.3
学龄儿童入学率(%)	Percentage of School-Age Children Enrolled(%)	100.0	100.0	0.0
小学学校数(所)	Number of Primary Schools(unit)	17	16	-5.9
小学专任教师数(人)	Number of Full-time Teachers of Primary Schools(person)	1157	845	-27.0
小学在校学生数(人)	Number of Student Enrollment of Primary Schools(person)	10296	10105	-1.9
普通中学学校数(所)	Number of Regular Secondary Schools(unit)	5	5	0.0
普通中学专任教师数(人)	Number of Teachers of Secondary Shools(person)	691	697	0.9
初中在校学生数(人)	Number of Student in Junior Secondary Schools(person)	7044	6304	-10.5
高中在校学生数(人)	Number of Student in Senior Secondary Schools(person)	4787	4382	-8.5
卫生机构数(所)	Number of Health Institutions(unit)	208	212	1.9
# 医院(所)	Hospitals(unit)	4	4	0.0
卫生院(所)	Township Hospitals(unit)	19	19	0.0
床位数(张)	Number of Beds(unit)	1118	1201	7.4
# 医院(张)	Hospitals(unit)	530	620	17.0
卫生院(张)	Township Hospitals(unit)	385	385	0.0
卫生技术人员(人)	Medical Technical Presonnel(person)	1251	1301	4.0
# 医院(人)	Hospitals(person)	555	578	4.1
卫生院(人)	Township Hospitals(person)	230	227	-1.3

23-106 乌海市海勃湾区

指　标	Item	2013	2014	2014年比上年增长% Increase Rate in 2014 Over 2013(%)
行政区域土地面积(平方公里)	**Area of Administration(Sq.km)**	**529**	**529**	**0.0**
人口和就业	**Population & Employment**			
年末总人口(人)	Total Population Year-end(person)	310600	311300	0.2
#男性(人)	Male(person)	164600	164900	0.2
#乡村人口(人)	Rural(person)	19600	19700	0.5
年末总户数(户)	Total Number of Households at the Year-end(Household)	110142	111502	1.2
#乡村户数(户)	Number of Rural Household(Household)	6950	6986	0.5
出生人口(人)	Births(person)	2802	2860	2.1
死亡人口(人)	Deaths(person)	1381	1410	2.1
全社会就业人员(人)	Employment(person)	158800	169700	6.9
第一产业(人)	Primary Industry(person)	3400	3600	5.9
第二产业(人)	Secondary Industry(person)	45700	42100	-7.9
第三产业(人)	Tertiary Industry(person)	109700	124000	13.0
在岗职工人数(人)	Number of Staff & Workers Employed in(person)	76438	82126	7.4
乡村劳动力(人)	Number of Rural Laborers(person)	7600	7590	-0.1
#农林牧渔业(人)	Farming,Forestry,Animal Husbandry & Fishery(person)	3770	4143	9.9
国民经济综合指标	**Summary Item on the National Economy**			
生产总值(万元)	Gross Domestic Product(10 000 yuan)	2267215	2454881	9.6
第一产业(万元)	Primary Industry(10 000 yuan)	19096	17530	3.4
第二产业(万元)	Secondary Industry(10 000 yuan)	1257077	1337371	9.8
#工业(万元)	Industry(10 000 yuan)	1102683	1179701	10.6
第三产业(万元)	Tertiary Industry(10 000 yuan)	991042	1099980	9.4
人均生产总值(元)	Per Capita GDP(yuan)	73290	78948	9.0
全社会固定资产投资(万元)	Total Investment in Fixed Assets(10 000 yuan)	1456561	1707860	17.3
按登记注册类型分	Grouped by Registered Type			
#国有(万元)	State-owned Enterprises(10 000 yuan)	564190	612817	8.6
集体(万元)	Collective-owned Enterprises(10 000 yuan)			
有限责任公司(万元)	Limited Liability Corporations(10 000 yuan)	432392	174983	-59.5
股份有限公司(万元)	Share Holding Enterprises(10 000 yuan)	112654	50377	-55.3
私营企业(万元)	Private Enterprises(10 000 yuan)	298052	401066	34.6
外商及港澳台投资企业(万元)	Funds from HK,Macao,Taiwan & Foreign(10 000 yuan)	17922		
按城乡渠道分	Grouped by Urban and Rural Area			
城镇(万元)	Urban(10 000 yuan)	1456561	1707860	17.3
农村(万元)	Rural(10 000 yuan)			
公共财政预算收入(万元)	Public Budgetary Financial Revenue(10 000 yuan)	246195	256149	4.0
公共财政预算支出(万元)	Public Budgetary Financial Expenditure(10 000 yuan)	182325	216461	18.7
个人储蓄存款余额(万元)	The balance of savings deposits of individuals(10 000 yuan)	2106221	2218061	5.3
在岗职工工资总额(万元)	Total Wages of Staff & Workers Employed in(10 000 yuan)	501131	543495	8.5
在岗职工平均工资(元)	Average Wage of Staff & Workers Employed in(yuan)	54161	54567	0.7
全体居民人均可支配收入(元)	The per capita disposable income of all residents(yuan)	28797	31873	10.7
城镇常住居民人均可支配收入(元)	The per capita disposable income of urban permanent residents(yuan)	29401	32190	9.5
农村牧区常住居民人均可支配收入(元)	The per capita disposable income of permanent residents of rural and pastoral areas(yuan)	12887	14614	13.4
农村牧区经济	**Economic Development in Rural & Pastoral Area**			
农作物总播种面积(公顷)	Total Sown Area(hectare)	2195	2310	5.2
#粮食作物播种面积(公顷)	Sown Area of Grain Crops(hectare)	1300	1335	2.7
农牧业机械总动力(万千瓦)	Total Power of Agricultural Machinery(10 000 kw)	3.50	3.50	0.0
化肥施用折纯量(吨)	Consumption of Chemical Fertilizer(ton)	1289	1302	1.0
农村用电量(万千瓦小时)	Electricity Consumed in Rural Area(10 000 kwh)	1560	1650	5.8
农林牧渔业总产值(万元)	Gross Output of Farming,Forestry,Animal Husbandry & Fishery(10 000 yuan)	32789	30936	-5.7
粮食产量(吨)	Yield of Grain(ton)	10682	11400	6.7
油料产量(吨)	Yield of Oil-bearing Grops(ton)	563	616	9.4
甜菜产量(吨)	Yield of Beetroots(ton)			
猪牛羊肉产量(吨)	Output of Pork, Beef & Mutton(ton)	4254	4259	0.1
#猪肉产量(吨)	Output of Pork(ton)	3121	3107	-0.4
牛肉产量(吨)	Output of Beef(ton)	163	167	2.5
羊肉产量(吨)	Output of Mutton(ton)	970	985	1.5
羊毛产量(吨)	Output of Wool(ton)	30	34	13.7

23-106 Haibowan District in Wuhai City

指　标	Item	2013	2014	2014年比上年增长% Increase Rate in 2014 Over 2013(%)
年末牲畜存栏头数(万头只)	Total Livestock at the Year-end(10 000 heads)	3.13	3.76	20.1
#大牲畜(万头只)	Large Animals(10 000 heads)	0.07	0.09	20.8
羊(万只)	Sheep & Goats(10 000 heads)	2.06	2.23	8.3
猪(万头)	Hogs(10 000 heads)	1.00	1.44	44.3
规模以上工业	**Industrial Enterprises above Designated size**			
工业企业单位数(个)	Number of Industrial Enterprises(unit)	51	52	2.0
#内资企业(个)	Civil Funded Enterprises(unit)	50	51	2.0
工业总产值(万元)	Gross Industrial Output Value(10 000 yuan)	2465686	2597142	5.3
内资企业(万元)	Civil Funded Enterprises(10 000 yuan)	2443166	2573224	5.3
国有企业(万元)	State-owned Enterprises(10 000 yuan)	482047	19580	-95.9
集体企业(万元)	Collective-owned Enterprises(10 000 yuan)			
股份合作企业(万元)	Share Holding Enterprises(10 000 yuan)	4055		
联营企业(万元)	Joint Owned Enterprises(10 000 yuan)			
有限责任公司(万元)	Limited Company(10 000 yuan)			
股份有限公司(万元)	Share Holding Limited Company(10 000 yuan)	1941186	2530993	30.4
私营企业(万元)	Privately Owned Enterprises(10 000 yuan)			
其他企业(万元)	Enterprises of Other Ownership(10 000 yuan)	15878	22650	42.7
港澳台商投资企业(万元)	Funds from HK,Macao & Taiwan(10 000 yuan)			
外商投资企业(万元)	Foreign Funded Enterprises(10 000 yuan)	22520	23918	6.2
工业企业增加值(万元)	Value Added of Industrial Enterprises(10 000 yuan)			12.1
工业企业资产总计(万元)	Total Assets of Industrial Enterprises(10 000 yuan)	5266757	6132490	16.4
工业企业负债合计(万元)	Total Liabilities of Industrial Enterprises(10 000 yuan)	4377293	5197449	18.7
工业企业产品销售收入(万元)	Sales of Revenue Industrial Enterprises(10 000 yuan)	2427167	2017209	-16.9
工业企业利润总额(万元)	Total Profits of Industrial Enterprises(10 000 yuan)	313363	161556	-48.4
建筑业	**Construction**			
建筑企业单位数(个)	Number of Construction Enterprises(unit)	40	40	0.0
建筑企业从业人员(人)	Number of Employee in Construction Enterprises(person)	18758	20566	9.6
建筑业总产值(万元)	Gross Construction Output Value(10 000 yuan)	622179	609092	-2.1
交通运输邮电通信业	**Transportation,Post & Telecommunications**			
公路里程(公里)	Total Length of Highways(km)	502	502	0.0
邮电业务总量(万元)	Business Volume of Post & Telecoms(10 000 yuan)	54227	52328	-3.5
本地电话用户(户)	Number of Subscribers of Local Telephone(Household)	102154	122864	20.3
国内贸易	**Domestic Trade**			
社会消费品零售总额(万元)	Total Retail Sales of Consumer Goods(10 000 yuan)	963979	1078119	11.8
城镇(万元)	Town(10 000 yuan)	963979	1078119	11.8
乡村(万元)	Village(10 000 yuan)			
科技教育卫生	**Science,Education & Public Health**			
各类专业技术人员(人)	Special Technical Personnel(person)	14670	20581	40.3
幼儿园数(所)	Number of Kindergartens(unit)	17	20	17.6
学龄儿童入学率(%)	Percentage of School-Age Children Enrolled(%)	100.0	100.0	0.0
小学学校数(所)	Number of Primary Schools(unit)	14	14	0.0
小学专任教师数(人)	Number of Full-time Teachers of Primary Schools(person)	1118	1112	-0.5
小学在校学生数(人)	Number of Student Enrollment of Primary Schools(person)	17262	17445	1.1
普通中学学校数(所)	Number of Regular Secondary Schools(unit)	11	11	0.0
普通中学专任教师数(人)	Number of Teachers of Secondary Shools(person)	1407	1316	-6.5
初中在校学生数(人)	Number of Student in Junior Secondary Schools(person)	8811	8593	-2.5
高中在校学生数(人)	Number of Student in Senior Secondary Schools(person)	7738	7432	-4.0
卫生机构数(所)	Number of Health Institutions(unit)	194	192	-1.0
#医院(所)	Hospitals(unit)	13	14	7.7
卫生院(所)	Township Hospitals(unit)	1	1	0.0
床位数(张)	Number of Beds(unit)	2197	2392	8.9
#医院(张)	Hospitals(unit)	1967	1853	-5.8
卫生院(张)	Township Hospitals(unit)	50	61	22.0
卫生技术人员(人)	Medical Technical Presonnel(person)	4008	3222	-19.6
#医院(人)	Hospitals(person)	2531	2135	-15.6
卫生院(人)	Township Hospitals(person)	32	26	-18.8

23-107 乌海市海南区

指　标	Item	2013	2014	2014年比上年增长% Increase Rate in 2014 Over 2013(%)
行政区域土地面积(平方公里)	**Area of Administration(Sq.km)**	**1005**	**1005**	**0.0**
人口和就业	**Population & Employment**			
年末总人口(人)	Total Population Year-end(person)	106500	106700	0.2
# 男性(人)	Male(person)	58600	58700	0.2
# 乡村人口(人)	Rural(person)	10300	10400	1.0
年末总户数(户)	Total Number of Households at the Year-end(Household)	38823	38637	-0.5
# 乡村户数(户)	Number of Rural Household(Household)	4002	3838	-4.1
出生人口(人)	Births(person)	1394	1410	1.1
死亡人口(人)	Deaths(person)	617	640	3.7
全社会就业人员(人)	Employment(person)	62800	66900	6.5
第一产业(人)	Primary Industry(person)	3900	4400	12.8
第二产业(人)	Secondary Industry(person)	32500	29500	-9.2
第三产业(人)	Tertiary Industry(person)	26400	33000	25.0
在岗职工人数(人)	Number of Staff & Workers Employed in(person)	8404	7798	-7.2
乡村劳动力(人)	Number of Rural Laborers(person)	8231	8054	-2.2
# 农林牧渔业(人)	Farming,Forestry,Animal Husbandry & Fishery(person)	4836	4755	-1.7
国民经济综合指标	**Summary Item on the National Economy**			
生产总值(万元)	Gross Domestic Product(10 000 yuan)	1697449	1779584	7.1
第一产业(万元)	Primary Industry(10 000 yuan)	21160	19426	3.7
第二产业(万元)	Secondary Industry(10 000 yuan)	1246065	1299503	7.6
# 工业(万元)	Industry(10 000 yuan)	1147345	1191592	7.4
第三产业(万元)	Tertiary Industry(10 000 yuan)	430224	460655	5.4
人均生产总值(元)	Per Capita GDP(yuan)	160364	166940	6.3
全社会固定资产投资(万元)	Total Investment in Fixed Assets(10 000 yuan)	879283	1025112	16.6
按登记注册类型分	Grouped by Registered Type			
# 国有(万元)	State-owned Enterprises(10 000 yuan)	138247	98898	-28.5
集体(万元)	Collective-owned Enterprises(10 000 yuan)			
有限责任公司(万元)	Limited Liability Corporations(10 000 yuan)	83968	195883	133.3
股份有限公司(万元)	Share Holding Enterprises(10 000 yuan)	31494	23000	-27.0
私营企业(万元)	Private Enterprises(10 000 yuan)	624269	706068	13.1
外商及港澳台投资企业(万元)	Funds from HK,Macao,Taiwan & Foreign(10 000 yuan)			
按城乡渠道分	Grouped by Urban and Rural Area			
城镇(万元)	Urban(10 000 yuan)	879283	1025112	16.6
农村(万元)	Rural(10 000 yuan)			
公共财政预算收入(万元)	Public Budgetary Financial Revenue(10 000 yuan)	120081	111551	-7.1
公共财政预算支出(万元)	Public Budgetary Financial Expenditure(10 000 yuan)	113733	87185	-23.3
个人储蓄存款余额(万元)	The balance of savings deposits of individuals(10 000 yuan)	345566	386791	11.9
在岗职工工资总额(万元)	Total Wages of Staff & Workers Employed in(10 000 yuan)	48166	47486	-1.4
在岗职工平均工资(元)	Average Wage of Staff & Workers Employed in(yuan)	54695	57811	5.7
全体居民人均可支配收入(元)	The per capita disposable income of all residents(yuan)	24998	27325	9.3
城镇常住居民人均可支配收入(元)	The per capita disposable income of urban permanent residents(yuan)	28068	30594	9.0
农村牧区常住居民人均可支配收入(元)	The per capita disposable income of permanent residents of rural and pastoral areas(yuan)	11289	12726	12.7
农村牧区经济	**Economic Development in Rural & Pastoral Area**			
农作物总播种面积(公顷)	Total Sown Area(hectare)	3688	4047	9.7
# 粮食作物播种面积(公顷)	Sown Area of Grain Crops(hectare)	3075	3085	0.3
农牧业机械总动力(万千瓦)	Total Power of Agricultural Machinery(10 000 kw)	3.43	3.76	9.6
化肥施用折纯量(吨)	Consumption of Chemical Fertilizer(ton)	1682	2026	20.5
农村用电量(万千瓦小时)	Electricity Consumed in Rural Area(10 000 kwh)	1197	1264	5.6
农林牧渔业总产值(万元)	Gross Output of Farming,Forestry,Animal Husbandry & Fishery(10 000 yuan)	36333	34280	-5.7
粮食产量(吨)	Yield of Grain(ton)	28215	27433	-2.8
油料产量(吨)	Yield of Oil-bearing Grops(ton)	285	517	81.4
甜菜产量(吨)	Yield of Beetroots(ton)			
猪牛羊肉产量(吨)	Output of Pork, Beef & Mutton(ton)	6780	6860	1.2
# 猪肉产量(吨)	Output of Pork(ton)	5144	5150	0.1
牛肉产量(吨)	Output of Beef(ton)	302	303	0.3
羊肉产量(吨)	Output of Mutton(ton)	1333	1407	5.5
羊毛产量(吨)	Output of Wool(ton)	106	109	2.8

23-107 Hainan District in Wuhai City

指　标	Item	2013	2014	2014年比上年增长% Increase Rate in 2014 Over 2013(%)
年末牲畜存栏头数(万头只)	Total Livestock at the Year-end(10 000 heads)	7.51	6.68	-11.1
#大牲畜(万头只)	Large Animals(10 000 heads)	0.25	0.28	12.0
羊(万只)	Sheep & Goats(10 000 heads)	5.87	5.39	-8.2
猪(万头)	Hogs(10 000 heads)	1.39	1.00	-28.1
规模以上工业	**Industrial Enterprises above Designated size**			
工业企业单位数(个)	Number of Industrial Enterprises(unit)	58	59	1.7
#内资企业(个)	Civil Funded Enterprises(unit)	57	58	1.8
工业总产值(万元)	Gross Industrial Output Value(10 000 yuan)	2649564	2626863	-0.9
内资企业(万元)	Civil Funded Enterprises(10 000 yuan)	2649564	2607952	-1.6
国有企业(万元)	State-owned Enterprises(10 000 yuan)	969815	8607	-99.1
集体企业(万元)	Collective-owned Enterprises(10 000 yuan)			
股份合作企业(万元)	Share Holding Enterprises(10 000 yuan)			
联营企业(万元)	Joint Owned Enterprises(10 000 yuan)			
有限责任公司(万元)	Limited Company(10 000 yuan)			
股份有限公司(万元)	Share Holding Limited Company(10 000 yuan)	1650175	2599345	57.5
私营企业(万元)	Privately Owned Enterprises(10 000 yuan)			
其他企业(万元)	Enterprises of Other Ownership(10 000 yuan)	29574		
港澳台商投资企业(万元)	Funds from HK,Macao & Taiwan(10 000 yuan)			
外商投资企业(万元)	Foreign Funded Enterprises(10 000 yuan)		18911	
工业企业增加值(万元)	Value Added of Industrial Enterprises(10 000 yuan)			8.3
工业企业资产总计(万元)	Total Assets of Industrial Enterprises(10 000 yuan)	4241469	5100268	20.2
工业企业负债合计(万元)	Total Liabilities of Industrial Enterprises(10 000 yuan)	3125285	3793670	21.4
工业企业产品销售收入(万元)	Sales of Revenue Industrial Enterprises(10 000 yuan)	2466290	2226415	-9.7
工业企业利润总额(万元)	Total Profits of Industrial Enterprises(10 000 yuan)	128856	28906	-77.6
建筑业	**Construction**			
建筑企业单位数(个)	Number of Construction Enterprises(unit)	6	6	0.0
建筑企业从业人员(人)	Number of Employee in Construction Enterprises(person)	705	612	-13.2
建筑业总产值(万元)	Gross Construction Output Value(10 000 yuan)	21530	17236	-19.9
交通运输邮电通信业	**Transportation,Post & Telecommunications**			
公路里程(公里)	Total Length of Highways(km)	295	295	0.0
邮电业务总量(万元)	Business Volume of Post & Telecoms(10 000 yuan)	12082	11808	-2.3
本地电话用户(户)	Number of Subscribers of Local Telephone(Household)	12732	15313	20.3
国内贸易	**Domestic Trade**			
社会消费品零售总额(万元)	Total Retail Sales of Consumer Goods(10 000 yuan)	64935	71393	9.9
城镇(万元)	Town(10 000 yuan)	64935	71393	9.9
乡村(万元)	Village(10 000 yuan)			
科技教育卫生	**Science,Education & Public Health**			
各类专业技术人员(人)	Special Technical Personnel(person)	3135	4398	40.3
幼儿园数(所)	Number of Kindergartens(unit)	12	16	33.3
学龄儿童入学率(%)	Percentage of School-Age Children Enrolled(%)	100.0	100.0	0.0
小学学校数(所)	Number of Primary Schools(unit)	6	5	-16.7
小学专任教师数(人)	Number of Full-time Teachers of Primary Schools(person)	470	468	-0.4
小学在校学生数(人)	Number of Student Enrollment of Primary Schools(person)	6242	6064	-2.9
普通中学学校数(所)	Number of Regular Secondary Schools(unit)	4	7	75.0
普通中学专任教师数(人)	Number of Teachers of Secondary Shools(person)	261	360	37.9
初中在校学生数(人)	Number of Student in Junior Secondary Schools(person)	2791	4043	44.9
高中在校学生数(人)	Number of Student in Senior Secondary Schools(person)			
卫生机构数(所)	Number of Health Institutions(unit)	63	56	-11.1
#医院(所)	Hospitals(unit)	2	2	0.0
卫生院(所)	Township Hospitals(unit)	1	1	0.0
床位数(张)	Number of Beds(unit)	480	474	-1.3
#医院(张)	Hospitals(unit)	156	340	117.9
卫生院(张)	Township Hospitals(unit)	20	20	0.0
卫生技术人员(人)	Medical Technical Presonnel(person)	380	383	0.8
#医院(人)	Hospitals(person)	171	205	19.9
卫生院(人)	Township Hospitals(person)	18	12	-33.3

23-108 乌海市乌达区

指　　标	Item	2013	2014	2014年比上年增长% Increase Rate in 2014 Over 2013(%)
行政区域土地面积(平方公里)	**Area of Administration(Sq.km)**	**220**	**220**	**0.0**
人口和就业	**Population & Employment**			
年末总人口(人)	Total Population Year-end(person)	136000	136200	0.1
#男性(人)	Male(person)	71100	71200	0.1
#乡村人口(人)	Rural(person)			
年末总户数(户)	Total Number of Households at the Year-end(Household)	48571	48817	0.5
#乡村户数(户)	Number of Rural Household(Household)			
出生人口(人)	Births(person)	1104	1130	2.4
死亡人口(人)	Deaths(person)	602	650	8.0
全社会就业人员(人)	Employment(person)	74100	78200	5.5
第一产业(人)	Primary Industry(person)	900	900	0.0
第二产业(人)	Secondary Industry(person)	24300	22000	-9.5
第三产业(人)	Tertiary Industry(person)	48900	55300	13.1
在岗职工人数(人)	Number of Staff & Workers Employed in(person)	9324	9728	4.3
乡村劳动力(人)	Number of Rural Laborers(person)			
#农林牧渔业(人)	Farming,Forestry,Animal Husbandry & Fishery(person)			
国民经济综合指标	**Summary Item on the National Economy**			
生产总值(万元)	Gross Domestic Product(10 000 yuan)	1736636	1866585	9.7
第一产业(万元)	Primary Industry(10 000 yuan)	11354	10423	1.9
第二产业(万元)	Secondary Industry(10 000 yuan)	1248930	1338321	10.7
#工业(万元)	Industry(10 000 yuan)	1158156	1241469	10.9
第三产业(万元)	Tertiary Industry(10 000 yuan)	476352	517841	7.0
人均生产总值(元)	Per Capita GDP(yuan)	128118	137148	9.3
全社会固定资产投资(万元)	Total Investment in Fixed Assets(10 000 yuan)	674109	789058	17.1
按登记注册类型分	Grouped by Registered Type			
#国有(万元)	State-owned Enterprises(10 000 yuan)	85802	101096	17.8
集体(万元)	Collective-owned Enterprises(10 000 yuan)			
有限责任公司(万元)	Limited Liability Corporations(10 000 yuan)	513137	473959	-7.6
股份有限公司(万元)	Share Holding Enterprises(10 000 yuan)	17766	7030	-60.4
私营企业(万元)	Private Enterprises(10 000 yuan)	31404	171591	446.4
外商及港澳台投资企业(万元)	Funds from HK,Macao,Taiwan & Foreign(10 000 yuan)	26000		
按城乡渠道分	Grouped by Urban and Rural Area			
城镇(万元)	Urban(10 000 yuan)	674109	789058	17.1
农村(万元)	Rural(10 000 yuan)			
公共财政预算收入(万元)	Public Budgetary Financial Revenue(10 000 yuan)	82138	93784	14.2
公共财政预算支出(万元)	Public Budgetary Financial Expenditure(10 000 yuan)	87761	84938	-3.2
个人储蓄存款余额(万元)	The balance of savings deposits of individuals(10 000	538778	616093	14.4
在岗职工工资总额(万元)	Total Wages of Staff & Workers Employed in(10 000	53593	55253	3.1
在岗职工平均工资(元)	Average Wage of Staff & Workers Employed in(yuan)	44129	47743	8.2
全体居民人均可支配收入(元)	The per capita disposable income of all residents(yuan)	27963	30500	9.1
城镇常住居民人均可支配收入(元)	The per capita disposable income of urban permanent residents(yuan)	27963	30500	9.1
农村牧区常住居民人均可支配收入(元)	The per capita disposable income of permanent residents of rural and pastoral areas(yuan)			
农村牧区经济	**Economic Development in Rural & Pastoral Area**			
农作物总播种面积(公顷)	Total Sown Area(hectare)	707	703	-0.6
#粮食作物播种面积(公顷)	Sown Area of Grain Crops(hectare)	238	230	-3.4
农牧业机械总动力(万千瓦)	Total Power of Agricultural Machinery(10 000 kw)	1.11	1.11	0.0
化肥施用折纯量(吨)	Consumption of Chemical Fertilizer(ton)	325	290	-10.8
农村用电量(万千瓦小时)	Electricity Consumed in Rural Area(10 000 kwh)	300	260	-13.3
农林牧渔业总产值(万元)	Gross Output of Farming,Forestry,Animal Husbandry & Fishery(10 000 yuan)	19496	18394	-5.7
粮食产量(吨)	Yield of Grain(ton)	2103	2167	3.0
油料产量(吨)	Yield of Oil-bearing Grops(ton)	675	483	-28.4
甜菜产量(吨)	Yield of Beetroots(ton)			
猪牛羊肉产量(吨)	Output of Pork, Beef & Mutton(ton)	1805	1851	2.5
#猪肉产量(吨)	Output of Pork(ton)	1426	1434	0.6
牛肉产量(吨)	Output of Beef(ton)	35	50	42.9
羊肉产量(吨)	Output of Mutton(ton)	344	367	6.7
羊毛产量(吨)	Output of Wool(ton)	22	28	29.4

23-108 Wuda District in Wuhai City

指　标	Item	2013	2014	2014年比上年增长% Increase Rate in 2014 Over 2013(%)
年末牲畜存栏头数(万头只)	Total Livestock at the Year-end(10 000 heads)	1.03	1.31	27.2
#大牲畜(万头只)	Large Animals(10 000 heads)	0.03	0.04	12.5
羊(万只)	Sheep & Goats(10 000 heads)	0.40	0.86	115.0
猪(万头)	Hogs(10 000 heads)	0.60	0.42	-30.0
规模以上工业	**Industrial Enterprises above Designated size**			
工业企业单位数(个)	Number of Industrial Enterprises(unit)	47	43	-8.5
#内资企业(个)	Civil Funded Enterprises(unit)	46	42	-8.7
工业总产值(万元)	Gross Industrial Output Value(10 000 yuan)	1936366	2174102	12.3
内资企业(万元)	Civil Funded Enterprises(10 000 yuan)	1934303	2171988	12.3
国有企业(万元)	State-owned Enterprises(10 000 yuan)	515251	5877	-98.9
集体企业(万元)	Collective-owned Enterprises(10 000 yuan)			
股份合作企业(万元)	Share Holding Enterprises(10 000 yuan)			
联营企业(万元)	Joint Owned Enterprises(10 000 yuan)			
有限责任公司(万元)	Limited Company(10 000 yuan)			
股份有限公司(万元)	Share Holding Limited Company(10 000 yuan)	1331685	2166111	62.7
私营企业(万元)	Privately Owned Enterprises(10 000 yuan)			
其他企业(万元)	Enterprises of Other Ownership(10 000 yuan)	87367		
港澳台商投资企业(万元)	Funds from HK,Macao & Taiwan(10 000 yuan)	2063	2114	2.5
外商投资企业(万元)	Foreign Funded Enterprises(10 000 yuan)			
工业企业增加值(万元)	Value Added of Industrial Enterprises(10 000 yuan)			12.3
工业企业资产总计(万元)	Total Assets of Industrial Enterprises(10 000 yuan)	3288095	3861150	17.4
工业企业负债合计(万元)	Total Liabilities of Industrial Enterprises(10 000 yuan)	2165224	2501019	15.5
工业企业产品销售收入(万元)	Sales of Revenue Industrial Enterprises(10 000 yuan)	2038520	2025345	-0.6
工业企业利润总额(万元)	Total Profits of Industrial Enterprises(10 000 yuan)	273816	315723	15.3
建筑业	**Construction**			
建筑企业单位数(个)	Number of Construction Enterprises(unit)	4	4	0.0
建筑企业从业人员(人)	Number of Employee in Construction Enterprises(person)	1315	570	-56.7
建筑业总产值(万元)	Gross Construction Output Value(10 000 yuan)	55879	75894	35.8
交通运输邮电通信业	**Transportation,Post & Telecommunications**			
公路里程(公里)	Total Length of Highways(km)	124	124	0.0
邮电业务总量(万元)	Business Volume of Post & Telecoms(10 000 yuan)	16570	15262	-7.9
本地电话用户(户)	Number of Subscribers of Local Telephone(Household)	16814	20223	20.3
国内贸易	**Domestic Trade**			
社会消费品零售总额(万元)	Total Retail Sales of Consumer Goods(10 000 yuan)	108353	120696	11.4
城镇(万元)	Town(10 000 yuan)	108353	120696	11.4
乡村(万元)	Village(10 000 yuan)			
科技教育卫生	**Science,Education & Public Health**			
各类专业技术人员(人)	Special Technical Personnel(person)	4384	6150	40.3
幼儿园数(所)	Number of Kindergartens(unit)	12	8	-33.3
学龄儿童入学率(%)	Percentage of School-Age Children Enrolled(%)	100.0	100.0	0.0
小学学校数(所)	Number of Primary Schools(unit)	7	6	-14.3
小学专任教师数(人)	Number of Full-time Teachers of Primary Schools(person)	677	641	-5.3
小学在校学生数(人)	Number of Student Enrollment of Primary Schools(person)	6784	6585	-2.9
普通中学学校数(所)	Number of Regular Secondary Schools(unit)	8	8	0.0
普通中学专任教师数(人)	Number of Teachers of Secondary Shools(person)	698	732	4.9
初中在校学生数(人)	Number of Student in Junior Secondary Schools(person)	3550	3445	-3.0
高中在校学生数(人)	Number of Student in Senior Secondary Schools(person)	3483	3310	-5.0
卫生机构数(所)	Number of Health Institutions(unit)	60	57	-5.0
#医院(所)	Hospitals(unit)	6	7	16.7
卫生院(所)	Township Hospitals(unit)	1	1	0.0
床位数(张)	Number of Beds(unit)	642	743	15.7
#医院(张)	Hospitals(unit)	599	681	13.7
卫生院(张)	Township Hospitals(unit)	10	13	30.0
卫生技术人员(人)	Medical Technical Presonnel(person)	788	610	-22.6
#医院(人)	Hospitals(person)	560	563	0.5
卫生院(人)	Township Hospitals(person)	5	4	-20.0

23-109 阿拉善盟阿拉善左旗

指　标	Item	2013	2014	2014年比上年增长% Increase Rate in 2014 Over 2013(%)
行政区域土地面积(平方公里)	**Area of Administration(Sq.km)**	**80412**	**80412**	**0.0**
人口和就业	**Population & Employment**			
年末总人口(人)	Total Population Year-end(person)	142898	143347	0.3
#男性(人)	Male(person)	72312	72248	-0.1
#乡村人口(人)	Rural(person)	55073	56352	2.3
年末总户数(户)	Total Number of Households at the Year-	60022	61325	2.2
#乡村户数(户)	Number of Rural Household(Household)	18594	19167	3.1
出生人口(人)	Births(person)	1184	1683	42.1
死亡人口(人)	Deaths(person)	622	729	17.2
全社会就业人员(人)	Employment(person)	151133	149964	-0.8
第一产业(人)	Primary Industry(person)	33486	34848	4.1
第二产业(人)	Secondary Industry(person)	47344	43943	-7.2
第三产业(人)	Tertiary Industry(person)	70303	71173	1.2
在岗职工人数(人)	Number of Staff & Workers Employed in(person)	44871	46398	3.4
乡村劳动力(人)	Number of Rural Laborers(person)	38365	38892	1.4
#农林牧渔业(人)	Farming,Forestry,Animal Husbandry &	30372	30547	0.6
国民经济综合指标	**Summary Item on the National Economy**			
生产总值(万元)	Gross Domestic Product(10 000 yuan)	3613470	3714830	8.9
第一产业(万元)	Primary Industry(10 000 yuan)	77008	79230	5.0
第二产业(万元)	Secondary Industry(10 000 yuan)	3051334	3116811	9.6
#工业(万元)	Industry(10 000 yuan)	2891244	2951811	9.9
第三产业(万元)	Tertiary Industry(10 000 yuan)	485128	518789	5.0
人均生产总值(元)	Per Capita GDP(yuan)	192588	193352	5.8
全社会固定资产投资(万元)	Total Investment in Fixed Assets(10 000 yuan)	1925854	2383033	23.7
按登记注册类型分	Grouped by Registered Type			
#国有(万元)	State-owned Enterprises(10 000 yuan)	370497	627415	69.3
集体(万元)	Collective-owned Enterprises(10 000 yuan)	5030	10770	114.1
有限责任公司(万元)	Limited Liability Corporations(10 000 yuan)	960675	1273298	32.5
股份有限公司(万元)	Share Holding Enterprises(10 000 yuan)	301987	177380	-41.3
私营企业(万元)	Private Enterprises(10 000 yuan)	269522	294170	9.1
外商及港澳台投资企业(万元)	Funds from HK,Macao,Taiwan & Foreign(10 000			
按城乡渠道分	Grouped by Urban and Rural Area			
城镇(万元)	Urban(10 000 yuan)	1925854	2383033	23.7
农村(万元)	Rural(10 000 yuan)	23230		
公共财政预算收入(万元)	Public Budgetary Financial Revenue(10 000 yuan)	238994	203111	-15.0
公共财政预算支出(万元)	Public Budgetary Financial Expenditure(10 000 yuan)	457386	451489	-1.3
个人储蓄存款余额(万元)	The balance of savings deposits of individuals(10 000	990303	1147335	15.9
在岗职工工资总额(万元)	Total Wages of Staff & Workers Employed in(10 000	248229	286149	15.3
在岗职工平均工资(元)	Average Wage of Staff & Workers Employed in(yuan)	55618	55262	-0.6
全体居民人均可支配收入(元)	The per capita disposable income of all residents(yuan)	23554	25933	10.1
城镇常住居民人均可支配收入(元)	The per capita disposable income of urban permanent residents(yuan)	27217	29724	9.2
农村牧区常住居民人均可支配收入(元)	The per capita disposable income of permanent residents of rural and pastoral areas(yuan)	12179	13701	12.5
农村牧区经济	**Economic Development in Rural & Pastoral Area**			
农作物总播种面积(公顷)	Total Sown Area(hectare)	24964	23846	-4.5
#粮食作物播种面积(公顷)	Sown Area of Grain Crops(hectare)	17429	17421	-0.1
农牧业机械总动力(万千瓦)	Total Power of Agricultural Machinery(10 000 kw)	22.35	22.76	1.8
化肥施用折纯量(吨)	Consumption of Chemical Fertilizer(ton)	11780	12254	4.0
农村用电量(万千瓦小时)	Electricity Consumed in Rural Area(10 000 kwh)	16402	16183	-1.3
农林牧渔业总产值(万元)	Gross Output of Farming,Forestry,Animal Husbandry & Fishery(10 000 yuan)	129089	134400	3.8
粮食产量(吨)	Yield of Grain(ton)	168506	163020	-3.3
油料产量(吨)	Yield of Oil-bearing Grops(ton)	17331	17750	2.4
甜菜产量(吨)	Yield of Beetroots(ton)			
猪牛羊肉产量(吨)	Output of Pork, Beef & Mutton(ton)	10655	10618	-0.3
#猪肉产量(吨)	Output of Pork(ton)	919	961	4.5
牛肉产量(吨)	Output of Beef(ton)	436	428	-1.8
羊肉产量(吨)	Output of Mutton(ton)	9300	9229	-0.8
羊毛产量(吨)	Output of Wool(ton)	597	588	-1.5

23-109 Alashanzuo Banner in Alashan League

指 标	Item	2013	2014	2014年比上年增长% Increase Rate in 2014 Over 2013(%)
年末牲畜存栏头数(万头只)	Total Livestock at the Year-end(10 000 heads)	104.56	102.74	-1.7
# 大牲畜(万头只)	Large Animals(10 000 heads)	6.38	6.02	-5.7
羊(万只)	Sheep & Goats(10 000 heads)	96.13	94.83	-1.4
猪(万头)	Hogs(10 000 heads)	2.05	1.89	-7.8
规模以上工业	**Industrial Enterprises above Designated size**			
工业企业单位数(个)	Number of Industrial Enterprises(unit)	102	97	-4.9
# 内资企业(个)	Civil Funded Enterprises(unit)	99	94	-5.1
工业总产值(万元)	Gross Industrial Output Value(10 000 yuan)	4592200	5002765	8.9
内资企业(万元)	Civil Funded Enterprises(10 000 yuan)	4552700	4994237	9.7
国有企业(万元)	State-owned Enterprises(10 000 yuan)	246600	27855	-88.7
集体企业(万元)	Collective-owned Enterprises(10 000 yuan)			
股份合作企业(万元)	Share Holding Enterprises(10 000 yuan)			
联营企业(万元)	Joint Owned Enterprises(10 000 yuan)			
有限责任公司(万元)	Limited Company(10 000 yuan)	2727500	2714070	-0.5
股份有限公司(万元)	Share Holding Limited Company(10 000 yuan)	261300	244162	-6.6
私营企业(万元)	Privately Owned Enterprises(10 000 yuan)	1310000	2005163	53.1
其他企业(万元)	Enterprises of Other Ownership(10 000 yuan)	7300	2987	-59.1
港澳台商投资企业(万元)	Funds from HK,Macao & Taiwan(10 000 yuan)	27400	4395	-84.0
外商投资企业(万元)	Foreign Funded Enterprises(10 000 yuan)	12200	4133	-66.1
工业企业增加值(万元)	Value Added of Industrial Enterprises(10 000 yuan)			10.9
工业企业资产总计(万元)	Total Assets of Industrial Enterprises(10 000 yuan)	5930200	6976745	17.6
工业企业负债合计(万元)	Total Liabilities of Industrial Enterprises(10 000 yuan)	4884200	5512013	12.9
工业企业产品销售收入(万元)	Sales of Revenue Industrial Enterprises(10 000 yuan)	3737600	3971408	6.3
工业企业利润总额(万元)	Total Profits of Industrial Enterprises(10 000 yuan)	77800	229188	194.6
建筑业	**Construction**			
建筑企业单位数(个)	Number of Construction Enterprises(unit)	20	20	0.0
建筑企业从业人员(人)	Number of Employee in Construction Enterprises(person)	2102	2295	9.2
建筑业总产值(万元)	Gross Construction Output Value(10 000 yuan)	117785	165000	40.1
交通运输邮电通信业	**Transportation,Post & Telecommunications**			
公路里程(公里)	Total Length of Highways(km)	3891	3924	0.8
邮电业务总量(万元)	Business Volume of Post & Telecoms(10 000 yuan)	33967	29700	-12.6
本地电话用户(户)	Number of Subscribers of Local Telephone(Household)	345824	385645	11.5
国内贸易	**Domestic Trade**			
社会消费品零售总额(万元)	Total Retail Sales of Consumer Goods(10 000 yuan)	400955	445446	11.1
城镇(万元)	Town(10 000 yuan)	381898	421928	10.5
乡村(万元)	Village(10 000 yuan)	19057	23518	23.4
科技教育卫生	**Science,Education & Public Health**			
各类专业技术人员(人)	Special Technical Personnel(person)	11330	11236	-0.8
幼儿园数(所)	Number of Kindergartens(unit)	16	18	12.5
学龄儿童入学率(%)	Percentage of School-Age Children Enrolled(%)	100.0	100.0	0.0
小学学校数(所)	Number of Primary Schools(unit)	11	11	0.0
小学专任教师数(人)	Number of Full-time Teachers of Primary Schools(person)	564	579	2.7
小学在校学生数(人)	Number of Student Enrollment of Primary Schools(person)	10137	9970	-1.6
普通中学学校数(所)	Number of Regular Secondary Schools(unit)	13	13	0.0
普通中学专任教师数(人)	Number of Teachers of Secondary Shools(person)	1238	1213	-2.0
初中在校学生数(人)	Number of Student in Junior Secondary Schools(person)	5813	5587	-3.9
高中在校学生数(人)	Number of Student in Senior Secondary Schools(person)	3759	3765	0.2
卫生机构数(所)	Number of Health Institutions(unit)	232	229	-1.3
# 医院(所)	Hospitals(unit)	12	11	-8.3
卫生院(所)	Township Hospitals(unit)	23	23	0.0
床位数(张)	Number of Beds(unit)	764	764	0.0
# 医院(张)	Hospitals(unit)	567	575	1.4
卫生院(张)	Township Hospitals(unit)	116	120	3.4
卫生技术人员(人)	Medical Technical Presonnel(person)	1526	1509	-1.1
# 医院(人)	Hospitals(person)	915	898	-1.9
卫生院(人)	Township Hospitals(person)	168	168	0.0

23-110 阿拉善盟阿拉善右旗

指　标	Item	2013	2014	2014年比上年增长% Increase Rate in 2014 Over 2013(%)
行政区域土地面积(平方公里)	**Area of Administration(Sq.km)**	**75226**	**75226**	**0.0**
人口和就业	**Population & Employment**			
年末总人口(人)	Total Population Year-end(person)	25492	25531	0.2
# 男性(人)	Male(person)	12646	12646	0.0
# 乡村人口(人)	Rural(person)	9864	8411	-14.7
年末总户数(户)	Total Number of Households at the Year-end(Household)	10193	10258	0.6
# 乡村户数(户)	Number of Rural Household(Household)	3333	3249	-2.5
出生人口(人)	Births(person)	201	400	99.0
死亡人口(人)	Deaths(person)	111	149	34.2
全社会就业人员(人)	Employment(person)	16476	17986	9.2
第一产业(人)	Primary Industry(person)	5053	4798	-5.0
第二产业(人)	Secondary Industry(person)	5264	5817	10.5
第三产业(人)	Tertiary Industry(person)	6159	7371	19.7
在岗职工人数(人)	Number of Staff & Workers Employed in(person)	6858	7650	11.5
乡村劳动力(人)	Number of Rural Laborers(person)	6598	6035	-8.5
# 农林牧渔业(人)	Farming,Forestry,Animal Husbandry & Fishery(person)	4747	4411	-7.1
国民经济综合指标	**Summary Item on the National Economy**			
生产总值(万元)	Gross Domestic Product(10 000 yuan)	359615	372043	8.6
第一产业(万元)	Primary Industry(10 000 yuan)	23146	23400	4.4
第二产业(万元)	Secondary Industry(10 000 yuan)	264789	270730	9.5
# 工业(万元)	Industry(10 000 yuan)	253489	258430	9.5
第三产业(万元)	Tertiary Industry(10 000 yuan)	71680	77913	5.8
人均生产总值(元)	Per Capita GDP(yuan)	136934	140539	6.9
全社会固定资产投资(万元)	Total Investment in Fixed Assets(10 000 yuan)	198563	251377	26.6
按登记注册类型分	Grouped by Registered Type			
# 国有(万元)	State-owned Enterprises(10 000 yuan)	58941	75208	27.6
集体(万元)	Collective-owned Enterprises(10 000 yuan)			
有限责任公司(万元)	Limited Liability Corporations(10 000 yuan)	111205	174069	56.5
股份有限公司(万元)	Share Holding Enterprises(10 000 yuan)	10000		
私营企业(万元)	Private Enterprises(10 000 yuan)	18417	2100	-88.6
外商及港澳台投资企业(万元)	Funds from HK,Macao,Taiwan & Foreign(10 000 yuan)			
按城乡渠道分	Grouped by Urban and Rural Area			
城镇(万元)	Urban(10 000 yuan)			
农村(万元)	Rural(10 000 yuan)			
公共财政预算收入(万元)	Public Budgetary Financial Revenue(10 000 yuan)	10366	10393	0.3
公共财政预算支出(万元)	Public Budgetary Financial Expenditure(10 000 yuan)	89953	104484	16.2
个人储蓄存款余额(万元)	The balance of savings deposits of individuals(10 000 yuan)	106136	96599	-9.0
在岗职工工资总额(万元)	Total Wages of Staff & Workers Employed in(10 000 yuan)	37943	41687	9.9
在岗职工平均工资(元)	Average Wage of Staff & Workers Employed in(yuan)	55692	54672	-1.8
全体居民人均可支配收入(元)	The per capita disposable income of all residents(yuan)	24151	26583	10.1
城镇常住居民人均可支配收入(元)	The per capita disposable income of urban permanent residents(yuan)	27997	30582	9.2
农村牧区常住居民人均可支配收入(元)	The per capita disposable income of permanent residents of rural and pastoral areas(yuan)	14131	15817	11.9
农村牧区经济	**Economic Development in Rural & Pastoral Area**			
农作物总播种面积(公顷)	Total Sown Area(hectare)	2933	2937	0.1
# 粮食作物播种面积(公顷)	Sown Area of Grain Crops(hectare)	1473	1477	0.2
农牧业机械总动力(万千瓦)	Total Power of Agricultural Machinery(10 000 kw)	2.70	2.80	3.7
化肥施用折纯量(吨)	Consumption of Chemical Fertilizer(ton)	850	847	-0.4
农村用电量(万千瓦小时)	Electricity Consumed in Rural Area(10 000 kwh)	736	744	1.1
农林牧渔业总产值(万元)	Gross Output of Farming,Forestry,Animal Husbandry & Fishery(10 000 yuan)	38793	39700	3.3
粮食产量(吨)	Yield of Grain(ton)	15500	15537	0.2
油料产量(吨)	Yield of Oil-bearing Grops(ton)	2097	2141	2.1
甜菜产量(吨)	Yield of Beetroots(ton)			
猪牛羊肉产量(吨)	Output of Pork, Beef & Mutton(ton)	2147	1923	-10.4
# 猪肉产量(吨)	Output of Pork(ton)	395	58	-85.3
牛肉产量(吨)	Output of Beef(ton)	80	146	82.5
羊肉产量(吨)	Output of Mutton(ton)	1672	1719	2.8
羊毛产量(吨)	Output of Wool(ton)	90	86	-4.4

23-110 Alashanyou Banner in Alashan League

指　标	Item	2013	2014	2014年比上年增长% Increase Rate in 2014 Over 2013(%)
年末牲畜存栏头数(万头只)	Total Livestock at the Year-end(10 000 heads)	22.51	21.11	-6.2
# 大牲畜(万头只)	Large Animals(10 000 heads)	3.30	3.64	10.5
羊(万只)	Sheep & Goats(10 000 heads)	19.07	17.42	-8.6
猪(万头)	Hogs(10 000 heads)	0.14	0.05	-64.2
规模以上工业	**Industrial Enterprises above Designated size**			
工业企业单位数(个)	Number of Industrial Enterprises(unit)	17	19	11.8
# 内资企业(个)	Civil Funded Enterprises(unit)	17	19	11.8
工业总产值(万元)	Gross Industrial Output Value(10 000 yuan)	401300	447474	11.5
内资企业(万元)	Civil Funded Enterprises(10 000 yuan)	401300	447474	11.5
国有企业(万元)	State-owned Enterprises(10 000 yuan)			
集体企业(万元)	Collective-owned Enterprises(10 000 yuan)			
股份合作企业(万元)	Share Holding Enterprises(10 000 yuan)	12100	12638	4.4
联营企业(万元)	Joint Owned Enterprises(10 000 yuan)			
有限责任公司(万元)	Limited Company(10 000 yuan)	277200	322376	16.3
股份有限公司(万元)	Share Holding Limited Company(10 000 yuan)			
私营企业(万元)	Privately Owned Enterprises(10 000 yuan)	111900	112460	0.5
其他企业(万元)	Enterprises of Other Ownership(10 000 yuan)			
港澳台商投资企业(万元)	Funds from HK,Macao & Taiwan(10 000 yuan)			
外商投资企业(万元)	Foreign Funded Enterprises(10 000 yuan)			
工业企业增加值(万元)	Value Added of Industrial Enterprises(10 000 yuan)			10.5
工业企业资产总计(万元)	Total Assets of Industrial Enterprises(10 000 yuan)	431500	583225	35.2
工业企业负债合计(万元)	Total Liabilities of Industrial Enterprises(10 000 yuan)	325300	464926	42.9
工业企业产品销售收入(万元)	Sales of Revenue Industrial Enterprises(10 000 yuan)	384300	401464	4.5
工业企业利润总额(万元)	Total Profits of Industrial Enterprises(10 000 yuan)	11700	25516	118.1
建筑业	**Construction**			
建筑企业单位数(个)	Number of Construction Enterprises(unit)	1	1	0.0
建筑企业从业人员(人)	Number of Employee in Construction Enterprises(person)	20	20	0.0
建筑业总产值(万元)	Gross Construction Output Value(10 000 yuan)	150	250	66.7
交通运输邮电通信业	**Transportation,Post & Telecommunications**			
公路里程(公里)	Total Length of Highways(km)	2472	2023	-18.2
邮电业务总量(万元)	Business Volume of Post & Telecoms(10 000 yuan)	3559	3475	-2.4
本地电话用户(户)	Number of Subscribers of Local Telephone(Household)	44650	39011	-12.6
国内贸易	**Domestic Trade**			
社会消费品零售总额(万元)	Total Retail Sales of Consumer Goods(10 000 yuan)	55984	62087	10.9
城镇(万元)	Town(10 000 yuan)	44064	49268	11.8
乡村(万元)	Village(10 000 yuan)	11919	12819	7.6
科技教育卫生	**Science,Education & Public Health**			
各类专业技术人员(人)	Special Technical Personnel(person)	1101	1058	-3.9
幼儿园数(所)	Number of Kindergartens(unit)	2	2	0.0
学龄儿童入学率(%)	Percentage of School-Age Children Enrolled(%)	100.0	100.0	0.0
小学学校数(所)	Number of Primary Schools(unit)	4	4	0.0
小学专任教师数(人)	Number of Full-time Teachers of Primary Schools(person)	160	170	6.3
小学在校学生数(人)	Number of Student Enrollment of Primary Schools(person)	1058	1021	-3.5
普通中学学校数(所)	Number of Regular Secondary Schools(unit)	2	2	0.0
普通中学专任教师数(人)	Number of Teachers of Secondary Shools(person)	127	134	5.5
初中在校学生数(人)	Number of Student in Junior Secondary Schools(person)	636	641	0.8
高中在校学生数(人)	Number of Student in Senior Secondary Schools(person)	543	523	-3.7
卫生机构数(所)	Number of Health Institutions(unit)	56	54	-3.6
# 医院(所)	Hospitals(unit)	2	2	0.0
卫生院(所)	Township Hospitals(unit)	8	8	0.0
床位数(张)	Number of Beds(unit)	102	102	0.0
# 医院(张)	Hospitals(unit)	57	57	0.0
卫生院(张)	Township Hospitals(unit)	40	40	0.0
卫生技术人员(人)	Medical Technical Presonnel(person)	206	196	-4.9
# 医院(人)	Hospitals(person)	102	104	2.0
卫生院(人)	Township Hospitals(person)	73	71	-2.7

23-111 阿拉善盟额济纳旗

指　标	Item	2013	2014	2014年比上年增长% Increase Rate in 2014 Over 2013(%)
行政区域土地面积(平方公里)	**Area of Administration(Sq.km)**	**114606**	**114606**	**0.0**
人口和就业	**Population & Employment**			
年末总人口(人)	Total Population Year-end(person)	18013	18276	1.5
#男性(人)	Male(person)	8928	9028	1.1
#乡村人口(人)	Rural(person)	6089	5498	-9.7
年末总户数(户)	Total Number of Households at the Year-end(Household)	7825	8094	3.4
#乡村户数(户)	Number of Rural Household(Household)	2307	2303	-0.2
出生人口(人)	Births(person)	154	210	36.4
死亡人口(人)	Deaths(person)	90	101	12.2
全社会就业人员(人)	Employment(person)	16302	17358	6.5
第一产业(人)	Primary Industry(person)	4624	4523	-2.2
第二产业(人)	Secondary Industry(person)	2807	3108	10.7
第三产业(人)	Tertiary Industry(person)	8871	9727	9.6
在岗职工人数(人)	Number of Staff & Workers Employed in(person)	3881	3898	0.4
乡村劳动力(人)	Number of Rural Laborers(person)	5058	4403	-12.9
#农林牧渔业(人)	Farming,Forestry,Animal Husbandry & Fishery(person)	4459	4315	-3.2
国民经济综合指标	**Summary Item on the National Economy**			
生产总值(万元)	Gross Domestic Product(10 000 yuan)	471314	491896	8.0
第一产业(万元)	Primary Industry(10 000 yuan)	16358	16800	3.3
第二产业(万元)	Secondary Industry(10 000 yuan)	276135	284532	10.1
#工业(万元)	Industry(10 000 yuan)	250325	258132	10.8
第三产业(万元)	Tertiary Industry(10 000 yuan)	178820	190564	4.7
人均生产总值(元)	Per Capita GDP(yuan)	261405	269148	8.5
全社会固定资产投资(万元)	Total Investment in Fixed Assets(10 000 yuan)	391656	492396	25.7
按登记注册类型分	Grouped by Registered Type			
#国有(万元)	State-owned Enterprises(10 000 yuan)	216951	171977	-20.7
集体(万元)	Collective-owned Enterprises(10 000 yuan)			
有限责任公司(万元)	Limited Liability Corporations(10 000 yuan)	128635	240906	87.3
股份有限公司(万元)	Share Holding Enterprises(10 000 yuan)	9600	40000	316.7
私营企业(万元)	Private Enterprises(10 000 yuan)	30400	6543	-78.5
外商及港澳台投资企业(万元)	Funds from HK,Macao,Taiwan & Foreign(10 000 yuan)			
按城乡渠道分	Grouped by Urban and Rural Area			
城镇(万元)	Urban(10 000 yuan)	343234	492396	43.5
农村(万元)	Rural(10 000 yuan)	48928		
公共财政预算收入(万元)	Public Budgetary Financial Revenue(10 000 yuan)	58302	46510	-20.2
公共财政预算支出(万元)	Public Budgetary Financial Expenditure(10 000 yuan)	135743	119279	-12.1
个人储蓄存款余额(万元)	The balance of savings deposits of individuals(10 000 yuan)	114548	117880	2.9
在岗职工工资总额(万元)	Total Wages of Staff & Workers Employed in(10 000 yuan)	23035	23737	3.0
在岗职工平均工资(元)	Average Wage of Staff & Workers Employed in(yuan)	59831	60186	0.6
全体居民人均可支配收入(元)	The per capita disposable income of all residents(yuan)	25393	27525	8.4
城镇常住居民人均可支配收入(元)	The per capita disposable income of urban permanent residents(yuan)	27992	30566	9.2
农村牧区常住居民人均可支配收入(元)	The per capita disposable income of permanent residents of rural and pastoral areas(yuan)	15011	16800	11.9
农村牧区经济	**Economic Development in Rural & Pastoral Area**			
农作物总播种面积(公顷)	Total Sown Area(hectare)	4440	4881	9.9
#粮食作物播种面积(公顷)	Sown Area of Grain Crops(hectare)	311	315	1.4
农牧业机械总动力(万千瓦)	Total Power of Agricultural Machinery(10 000 kw)	3.30	4.90	48.5
化肥施用折纯量(吨)	Consumption of Chemical Fertilizer(ton)	4287	4000	-6.7
农村用电量(万千瓦小时)	Electricity Consumed in Rural Area(10 000 kwh)	324	651	100.9
农林牧渔业总产值(万元)	Gross Output of Farming,Forestry,Animal Husbandry & Fishery(10 000 yuan)	27418	28600	2.7
粮食产量(吨)	Yield of Grain(ton)	1994	1943	-2.6
油料产量(吨)	Yield of Oil-bearing Grops(ton)	21		
甜菜产量(吨)	Yield of Beetroots(ton)			
猪牛羊肉产量(吨)	Output of Pork, Beef & Mutton(ton)	1294	1377	6.4
#猪肉产量(吨)	Output of Pork(ton)	786	801	1.9
牛肉产量(吨)	Output of Beef(ton)	14	8	-45.0
羊肉产量(吨)	Output of Mutton(ton)	494	568	15.1
羊毛产量(吨)	Output of Wool(ton)	44	43	-3.0

23-111 Ejina Banner in Alashan League

指　标	Item	2013	2014	2014年比上年增长% Increase Rate in 2014 Over 2013(%)
年末牲畜存栏头数(万头只)	Total Livestock at the Year-end(10 000 heads)	8.15	9.62	18.0
# 大牲畜(万头只)	Large Animals(10 000 heads)	1.76	1.80	2.1
羊(万只)	Sheep & Goats(10 000 heads)	6.22	7.62	22.6
猪(万头)	Hogs(10 000 heads)	0.17	0.19	10.0
规模以上工业	**Industrial Enterprises above Designated size**			
工业企业单位数(个)	Number of Industrial Enterprises(unit)	8	8	0.0
# 内资企业(个)	Civil Funded Enterprises(unit)	8	8	0.0
工业总产值(万元)	Gross Industrial Output Value(10 000 yuan)	421100	444585	5.6
内资企业(万元)	Civil Funded Enterprises(10 000 yuan)	421100	444585	5.6
国有企业(万元)	State-owned Enterprises(10 000 yuan)			
集体企业(万元)	Collective-owned Enterprises(10 000 yuan)			
股份合作企业(万元)	Share Holding Enterprises(10 000 yuan)			
联营企业(万元)	Joint Owned Enterprises(10 000 yuan)			
有限责任公司(万元)	Limited Company(10 000 yuan)	98600	108296	9.8
股份有限公司(万元)	Share Holding Limited Company(10 000 yuan)	226800	206743	-8.8
私营企业(万元)	Privately Owned Enterprises(10 000 yuan)	95700	129546	35.4
其他企业(万元)	Enterprises of Other Ownership(10 000 yuan)			
港澳台商投资企业(万元)	Funds from HK,Macao & Taiwan(10 000 yuan)			
外商投资企业(万元)	Foreign Funded Enterprises(10 000 yuan)			
工业企业增加值(万元)	Value Added of Industrial Enterprises(10 000 yuan)			8.5
工业企业资产总计(万元)	Total Assets of Industrial Enterprises(10 000 yuan)	178700	194999	9.1
工业企业负债合计(万元)	Total Liabilities of Industrial Enterprises(10 000 yuan)	135400	141362	4.4
工业企业产品销售收入(万元)	Sales of Revenue Industrial Enterprises(10 000 yuan)	419200	402353	-4.0
工业企业利润总额(万元)	Total Profits of Industrial Enterprises(10 000 yuan)	66200	155502	134.9
建筑业	**Construction**			
建筑企业单位数(个)	Number of Construction Enterprises(unit)	2	1	-50.0
建筑企业从业人员(人)	Number of Employee in Construction Enterprises(person)	300	80	-73.3
建筑业总产值(万元)	Gross Construction Output Value(10 000 yuan)	2200	130	-94.1
交通运输邮电通信业	**Transportation,Post & Telecommunications**			
公路里程(公里)	Total Length of Highways(km)	1872	2375	26.9
邮电业务总量(万元)	Business Volume of Post & Telecoms(10 000 yuan)	3740	4523	20.9
本地电话用户(户)	Number of Subscribers of Local Telephone(Household)	64075	42106	-34.3
国内贸易	**Domestic Trade**			
社会消费品零售总额(万元)	Total Retail Sales of Consumer Goods(10 000 yuan)	104937	115956	10.5
城镇(万元)	Town(10 000 yuan)	81859	91856	12.2
乡村(万元)	Village(10 000 yuan)	23078	24100	4.4
科技教育卫生	**Science,Education & Public Health**			
各类专业技术人员(人)	Special Technical Personnel(person)	1059	1196	12.9
幼儿园数(所)	Number of Kindergartens(unit)	3	4	33.3
学龄儿童入学率(%)	Percentage of School-Age Children Enrolled(%)	100.0	100.0	0.0
小学学校数(所)	Number of Primary Schools(unit)	1	2	100.0
小学专任教师数(人)	Number of Full-time Teachers of Primary Schools(person)	74	78	5.4
小学在校学生数(人)	Number of Student Enrollment of Primary Schools(person)	1149	1148	-0.1
普通中学学校数(所)	Number of Regular Secondary Schools(unit)	2	2	0.0
普通中学专任教师数(人)	Number of Teachers of Secondary Shools(person)	132	135	2.3
初中在校学生数(人)	Number of Student in Junior Secondary Schools(person)	499	474	-5.0
高中在校学生数(人)	Number of Student in Senior Secondary Schools(person)	359	411	14.5
卫生机构数(所)	Number of Health Institutions(unit)	31	14	-54.8
# 医院(所)	Hospitals(unit)	2	2	0.0
卫生院(所)	Township Hospitals(unit)	6	8	33.3
床位数(张)	Number of Beds(unit)	184	215	16.8
# 医院(张)	Hospitals(unit)	119	150	26.1
卫生院(张)	Township Hospitals(unit)	55	65	18.2
卫生技术人员(人)	Medical Technical Presonnel(person)	184	162	-12.0
# 医院(人)	Hospitals(person)	91	97	6.6
卫生院(人)	Township Hospitals(person)	30	40	33.3

2015

NEIMENGGU

二十四、附录

Appendix

资料整理：蔡雨成

Arranged By Cai Yucheng

24-1 内蒙古自治区国民经济主要指标占全国的比重(2014年)

Inner Mongolia Main Indicators of National Economy as Percentage of Whole Nation(2014)

指标	Item	全国 Whole Nation	内蒙古 Inner Mongolia	内蒙古所占比重(%) Percentage (%)
土地面积(万平方公里)	Land Area(10 000 sq.km)	960.0	118.3	12.3
年末总人口数(万人)	Population at the Year-end(10 000 persons)	136782	2505	1.8
社会就业人员(万人)	Employment(10 000 persons)	77253.0	1485.4	1.9
生产总值(当年价)(亿元)	Gross Domestic Product(current pirces) (100 million yuan)	636462.7	17770.2	2.8
第一产业	Primary Industry	58331.6	1627.9	2.8
第二产业	Secondray industry	271392.4	9119.8	3.4
# 工业	Industry	227991.0	7904.4	3.5
第三产业	Tertiary Industry	306738.7	7022.6	2.3
规模以上工业企业单位数(万个)	Number of Industry above Designated Size (unit)	36.10	0.44	1.2
规模以上工业利润总额(亿元)	Total Profits of Industry(100 million yuan)	64715.3	1299.3	2.0
能源生产总量(万吨标准煤)	Total Production of Energy(10000 tons of SCE)	360000.0	60205.8	16.7
能源消费总量(万吨标准煤)	Total Consumption of Energy(10000 tons of SCE)	426000.0	18309.1	4.3
农林牧渔业总产值(当年价)(亿元)	Gross Output Value of Farming, Forestry, Animal Husbandry & Fishery (current prices)(100 million yuan)	102226.1	2779.8	2.7
农业	Farming	54771.5	1408.4	2.6
林业	Forestry	4256.0	96.4	2.3
牧业	Animal Husbandry	28956.3	1205.7	4.2
渔业	Fishery	10334.3	29.1	0.3
工农业主要产品产量	Output of Major Farm & Industrial Products			
粗钢(万吨)	Steel(10 000 tons)	82269.8	1661.5	2.0
原煤(亿吨)	Coal(100 million tons)	38.74	9.94	25.7
发电量(亿千瓦小时)	Electricity(10 000 million Kwh)	56495.8	3857.8	6.8
水泥(万吨)	Cement(10000 tons)	247613.5	6310.1	2.5
粮食(万吨)	Grain(10 000 ton)	60703	2753	4.5
油料(万吨)	Oil-bearing Crops(10 000 tons)	3507.4	170.3	4.9
货运量(亿吨)	Total Freight Traffic(100 milion tons)	438.11	19.19	4.4
客运量(亿人)	Total Passenger Traffic(100 million Person)	220.94	1.83	0.8
邮电业务总量(亿元)	Total Business Revenue of Postal & Telecommunication Services(100 million yuan)	21845.6	337.8	1.5
社会消费品零售总额(亿元)	Retail Sales of Consumer Goods (100 million yuan)	271896.1	5657.6	2.1
海关进出口总额(亿美元)	Total Imports and Exports(USD 100 million)	43030.4	145.5	0.3
全社会固定资产投资(亿元)	Total Investment in Fixed Assets (100 million yuan)	512760.7	17585.0	3.4
#房地产开发	Real Estate Development	95035.6	1370.9	1.4
商品房销售面积(万平方米)	Floor Space of Selling House(10 000 sq.m)	120649	2457	2.0
商品房销售额(亿元)	Total Sales Of Commercial House (10 000 yuan)	76292.4	1064.8	1.4
公共财政预算收入（亿元）	Public Finance Budget Revenue(100 million yuan)	75859.7	1843.7	2.4
年末个人人民币存款余额(亿元)	Year-end Saving Deposits of Urban & Rural Residents(100 million yuan)	502504.0	8317.3	1.7

24-2 西部地区国民经济和社会发展主要指标(2014 年)

指标	Item	内蒙古 Inner Mongolia	广 西 Guangxi	重庆 Chongqing
土地面积(万平方公里)	Land Area(10 000 sq.km)	118.3	23.7	8.2
年末总人口(万人)	Population at the Year-end(10 000 persons)	2505	4754	2991
年末城镇人口比重(%)	Proportion of Urban Population at Year-end(%)	59.51	46.01	59.60
人口密度(人/平方公里)	Population Density (persons/sq.km)	21.2	200.6	364.8
生产总值(亿元)	Gross Domestic Product(100 million yuan)	17770.2	15673.0	14265.4
第一产业	Primary Industry	1627.9	2412.2	1061.0
第二产业	Secondray industry	9119.8	7335.6	6531.9
# 工业	Industry	7904.4	6065.3	5175.8
第三产业	Tertiary Industry	7022.6	5925.2	6672.5
#交通运输、仓储和邮政业	Transportation and Postal Services	1499.9	714.4	705.8
生产总值指数(上年=100)	Indices of Gross Domestic Product (preceding year=100)	107.8	108.5	110.9
人均生产总值(元)	Per Capita GDP(yuan)	71044	33090	47859
人均生产总值指数(上年=100)	Indices of Per Capita GDP(preceding year=100)	107.5	107.7	110.0
全社会固定资产投资(亿元)	Total Investment in Fixed Assets (100 million yuan)	17585.0	13843.2	12281.1
#房地产开发	Real Estate Development	1370.9	1838.5	3630.2
农林牧渔业总产值(亿元)	Gross Output Value of Farming,Forestry,Animal Husbandry and Fishery(100 million yuan)	2779.8	3947.7	1595.0
农林牧渔业总产值指数(上年=100)	Indices of Gross Output Value of Farming,Forestry,Animal Husbandry and Fishery(Preceding year=100)	103.1	103.7	104.3
粮食产量(万吨)	Grain(10 000 tons)	2753.0	1534.4	1144.5
油料产量(万吨)	Oil-bearing Crops(10 000 tons)	170.3	61.3	56.9
糖料产量(万吨)	Sugar(10 000 tons)	160.2	7952.6	10.3
肉类总产量(万吨)	Output of Meat(10 000 tons)	252.3	420.0	214.2
# 猪肉	Pork	73.3	266.3	158.5
牛肉	Beef	54.5	14.4	8.4
羊肉	Mutton	93.3	3.2	3.4
奶类产量(万吨)	Milk(10 000 tons)	797.1	9.7	5.7
规模以上工业企业主营业务收入(亿元)	Revenue of Industry above Designated Size(100 million yuan)	19064.0	18455.1	18057.1
规模以上工业产品税金总额(亿元)	Total Tax of Industry above Designated Size(100 million yuan)	967.8	911.1	937.6
规模以上工业产品利润总额(亿元)	Total profit of Industry above Designated Size(100 million yuan)	1294.4	963.8	1160.5

Main Indicators of National Economic and Social Development of Western Region(2014)

四川 Sichuan	贵州 Guizhou	云南 Yunnan	西藏 Tibet	陕西 Shanxi	甘肃 Gansu	青海 Qinghai	宁夏 Ningxia	新疆 Xinjiang
48.5	17.6	39.4	122.8	20.6	45.4	72.1	5.2	166.0
8140	3508	4714	318	3775	2591	583	662	2298
46.30	40.01	41.73	25.75	52.57	41.68	49.78	53.61	46.07
167.8	199.3	119.6	2.6	183.3	57.1	8.1	127.3	13.8
28536.7	9251.0	12814.6	920.8	17689.9	6835.3	2301.1	2752.1	9264.1
3531.1	1275.5	1991.2	91.6	1564.9	900.8	215.9	216.8	1538.6
14519.4	3847.1	5281.8	336.8	9689.8	2924.9	1232.1	1343.1	3927.8
12409.0	3140.9	3899.0	66.2	8090.4	2263.2	954.3	973.5	3179.6
10486.2	4128.5	5541.6	492.4	6435.2	3009.6	853.1	1192.1	3797.7
828.0	828.7	288.5	30.4	675.0	280.7	81.7	199.0	483.7
108.5	110.8	108.1	110.8	109.7	108.9	109.2	108.0	110.0
35128	26393	27264	29252	46929	26427	39633	41834	40607
108.1	110.4	107.5	109.1	109.4	108.6	108.2	106.8	108.4
23318.7	9025.7	11498.6	1069.2	17192.1	7884.1	2861.2	3173.8	9438.3
4380.1	2187.7	2846.7	52.9	2426.5	721.5	308.3	654.8	1014.8
5888.1	2118.5	3263.3	138.7	2741.8	1618.8	327.5	445.5	2744.0
104.0	106.6	106.2	104.2	105.1	105.4	105.4	106.1	106.8
3374.9	1138.5	1860.7	98.0	1197.8	1158.7	104.8	377.9	1414.5
300.8	98.0	64.7	6.4	62.3	72.4	31.5	16.5	59.3
55.8	168.3	2110.4		0.1	26.4	0.1		471.9
714.7	201.8	378.5	26.4	116.7	95.5	33.4	28.5	149.3
527.2	165.6	292.4	1.5	91.8	52.7	10.5	7.7	33.9
33.4	14.7	33.6	16.0	7.7	18.1	10.6	8.8	39.2
25.3	3.8	14.6	7.9	7.5	17.9	10.9	9.5	53.6
71.3	5.7	64.6	34.3	192.3	40.3	31.3	135.7	155.6
37559.7	8108.0	10041.6	113.5	18313.6	9092.6	2249.8	3468.9	9005.0
1851.0	658.3	1283.4	11.7	1600.9	543.8	144.6	163.5	823.2
2046.3	530.5	478.9	12.4	1706.5	233.2	98.9	102.5	661.2

24-2 续表

指 标	Item	内蒙古 Inner Mongolia	广 西 Guangxi	重 庆 Chongqing
发电量(亿千瓦时)	Electricity(100 million Kwh)	3857.8	1310.0	675.8
粗钢(万吨)	Stee(10 000 tons)	1661.5	2084.3	785.6
生铁(万吨)	Pig Iron(10 000 tons)	1330.7	1231.7	444.6
钢材(万吨)	Steel Products(10 000 tons)	1763.2	3262.6	1322.0
水泥(万吨)	Cement(10 000 tons)	6294.0	10706.5	6688.8
农用化肥(万吨)	Chemical Fertilizer(10 000 tons)	126.1	111.5	215.2
汽车(万辆)	Motor Vehicles(10 000 vehicles)	2.4	209.2	231.4
建筑业总产值(亿元)	Gross Output Value (100 million yuan)	1402.9	2608.9	5552.2
建筑业企业个数(个)	Number of Construction Enterprises(unit)	863	1079	2426
建筑业施工面积(万平方米)	Floor Space under Construction(10 000 sq.m)	8053.4	21168.1	32889.5
建筑业竣工面积(万平方米)	Floor Space Completed(10 000 sq.m)	3648.9	6733.0	12815.6
交通运输货运量(万吨)	Total Freight Troffic(10 000 tons)	191869	163023	97377
# 铁路	Railway	65165	6684	2054
公路	Highway	126704	134330	81206
交通运输客运量(万人)	Passenger Traffic(10 000 persons)	18283	51905	68399
# 铁路	Railway	4789	4770	4057
公路	Highway	13494	46623	63630
社会消费品零售总额(亿元)	Retail Sales of Goods(100 million yuan)	5657.6	5772.8	5710.7
货物进出口总额(亿美元)	Total Imports and Exports(USD 100 million)	145.5	405.5	954.5
# 出口总额	Imports	63.9	243.3	634.1
居民消费价格指数(上年=100)	General Consumer Price Index(preceding year=100)	101.6	102.1	101.8
在岗职工平均工资(元)	Annual Average Wages of Staff and Wokrers at Post(yuan)	54460	46846	56852
全体居民人均可支配收入(元)	Disposable income of All Residents(yuan)	20559	15557	18352
全体居民人均消费支出(元)	Consumer spending of All Residents(yuan)	16258	10274	13811
城镇居民人均可支配收入(元)	Urban Households Per Capita Average Disposable Income(yuan)	28350	24669	25147
城镇居民人均消费支出(元)	Urban Households Per Capita Expen -ditures for Consumptiom(yuan)	20885	15045	18280
农村牧区居民人均可支配收入(元)	Disposable incomeof Residents In Rural Areas(yuan)	9976	8683	9490
农村牧区居民人均消费支出(元)	Rural Households Per Capita Expen -ditures for Consumption(yuan)	9972	6675	7983

continued

四 川 Sichuan	贵 州 Guizhou	云 南 Yunnan	西 藏 Tibet	陕 西 Shanxi	甘 肃 Gansu	青 海 Qinghai	宁 夏 Ningxia	新 疆 Xinjiang
3079.4	1747.7	2550.0	32.3	1620.8	1241.1	580.3	1156.6	2090.9
2243.0	551.6	1689.1		1038.3	1074.0	144.3	161.5	1213.4
1931.4	498.6	1704.9		884.0	898.8	127.0	201.7	1337.5
2935.2	552.4	1935.1	1.1	1683.9	1108.1	131.4	165.6	1489.5
14612.7	9456.4	9596.9	342.2	9129.7	4931.5	1859.6	1793.9	4974.6
453.6	529.2	318.4		179.2	50.2	504.9	46.5	323.6
32.4		11.0		37.5	0.7			1.1
8066.7	1640.2	3054.7	71.3	4557.7	1814.5	432.9	625.2	2306.3
3415	708	2304	172	1656	1281	391	524	1009
53362.6	13889.7	15824.4	225.2	23031.3	11531.1	1072.8	4355.2	14340.2
19544.3	2800.8	7246.6	157.5	6917.8	4172.0	479.4	1493.2	6115.4
159034	85672	108544	1914	157012	57239	14638	41308	72168
8541	6317	4823	43	37483	6448	3608	6990	7410
142132	78017	103161	1871	119343	50781	11030	34318	64758
138274	86571	49080	1571	74188	38985	5444	9187	37176
8905	4409	3479	163	7077	2672	615	657	2329
126691	80231	44502	1408	66720	36224	4769	8311	34847
12393.0	2936.9	4632.9	364.5	5918.7	2668.3	620.8	737.2	2436.5
702.5	108.1	296.2	22.5	274.1	86.5	17.2	54.4	276.7
448.5	94.0	188.0	21.0	139.3	53.3	11.3	43.0	234.8
101.6	102.4	102.4	102.9	101.6	102.1	102.8	101.9	102.1
53722	54685	47802	68059	52119	48470	57804	56811	54407
15749	12371	13772	10730	15837	12185	14374	15907	15097
12368	9303	9870	7317	12204	9875	12605	12485	11904
24234	22548	24299	22016	24366	21804	22307	23285	23214
17760	15255	16268	15669	17546	15942	17493	17216	17685
9348	6671	7456	7359	7932	6277	7283	8410	8724
8301	5970	6030	4822	7252	6148	8235	7677	7365

24–3 上市公司发展基本情况(2014 年)

上 市 公 司 名 称	Name of Listed Companies
内蒙古蒙电华能热电股份有限公司(内蒙华电)	Inner Mongolia Meng Dian Hua Neng Co.,Ltd
鄂尔多斯资源股份有限公司(鄂绒 B 股)	Inner Mongolia Erdos Resources Co.,Ltd
鄂尔多斯资源股份有限公司(鄂尔多斯)	Inner Mongolia Erdos Resources Co.,Ltd
内蒙古伊利实业股份有限公司(伊利股份)	Inner Mongolia YiLi Industrial Group Co.,Ltd
内蒙古兴业矿业股份有限公司(兴业矿业)	Inner Mongolia Xingye Mining Co.,Ltd
内蒙古远兴能源股份有限公司(远兴能源)	Inner Mongolia Yuan Xing Energy Co.,Ltd
内蒙古平庄能源股份有限公司(平庄能源)	Inner Mongolia PingZhuang Energy Co.,Ltd
包头明天科技股份有限公司(ST 明科)	Baotou Tomorrow Technology Co.,Ltd
内蒙古伊泰煤炭股份有限公司(伊泰 B 股)	Inner Mongolia Yi Tai Coal Industry Co.,Ltd
中国北方稀土(集团)高科技股份有限公司(北方稀土)	China Northern Rare Earth (Group) High–Tech Co.,Ltd
包头华资实业股份有限公司(华资实业)	Baotou Hua Zi Industry Sale–Holding Co.,Ltd
内蒙古金宇集团股份有限公司(金宇集团)	Inner Mongolia Jin Yu Group Co.,Ltd
北方重型汽车股份有限公司(北方股份)	North Heavy–duty Automobile Co.,Ltd
内蒙古亿利能源股份有限公司(亿利能源)	Inner Mongolia YiLi Energy Co.,Ltd
内蒙古西水创业股份有限公司(西水股份)	Xishui Strong Year Co.,Ltd Inner Mongolia
内蒙古兰太实业股份有限公司(兰太实业)	Inner Mongolia LanTai Industrial Co.,Ltd
内蒙古包钢钢联股份有限公司(包钢股份)	Inner Mongolia Baotou Steel Union Co.,Ltd
内蒙古敕勒川科技发展股份有限公司(内蒙发展)	The Inner Mongolia CHILECHUAN Technology& Development Co.,Ltd.
包头北方创业股份有限公司(北方创业)	Baotou Beifang Chuangye Co.,Ltd
内蒙古霍林河露天煤业股份有限公司(露天煤业)	Inner Mongolia Huolinhe Opencut Coal Industry Co., Ltd
内蒙古福瑞医疗科技股份有限公司(福瑞股份)	Inner Mongolia Furui Medical Technology Co.,Ltd.
内蒙古君正能源化工股份有限公司(内蒙君正)	Inner Mongolia Junzheng Energy & Chemical Industry Co.,Ltd.
包头东宝生物技术股份有限公司(东宝生物)	Baotou Dongbao Bio–Tech Co.,Ltd.
内蒙古和信园蒙草抗旱绿化股份有限公司(蒙草抗旱)	Inner Mongolia Hotision & Monsod Drought Resistance Greening Co., Ltd.
金河生物科技股份有限公司(金河生物)	Jinhe Biotechnology Co ., Ltd
赤峰吉隆黄金矿业股份有限公司(赤峰黄金)	Chifeng Jilong Gold Mining Co.,Ltd.

Inner Mongolia Autonomous Regional Development of Listed Companies(2014)

股票类别	Classification of Shares	行业划分	Classification of Industries
上证 A 股	A Shares of Shanghai Stock Exchange	电力、煤气及水的生产和供应业	Production & Supply of Elec. Power Gas & Water
上证 B 股	B Shares of Shanghai Stock Exchange	金属、非金属	Metal and Nonmetal
上证 A 股	A Shares of Shanghai Stock Exchange		
上证 A 股	A Shares of Shanghai Stock Exchange	食品、饮料	Foodstuff, Drinks
深证 A 股	A Shares of Shenzhen Stock Exchange	采掘业	Mining
深证 A 股	A Shares of Shenzhen Stock Exchange	石油、化学、塑胶、塑料	Petroleum, Chemical, Synthetic Resin Plastics
深证 A 股	A Shares of Shenzhen Stock Exchange	采掘业	Mining
上证 A 股	A Shares of Shanghai Stock Exchange	石油、化学、塑胶、塑料	Petroleum, Chemical, Synthetic Resin Plastics
上证 B 股	B Shares of Shanghai Stock Exchange	采掘业	Mining
上证 A 股	A Shares of Shanghai Stock Exchange	金属、非金属	Metal and Nonmetal
上证 A 股	A Shares of Shanghai Stock Exchange	食品、饮料	Foodstuff, Drinks
上证 A 股	A Shares of Shanghai Stock Exchange	医药、生物制品	Biological Pharmacy
上证 A 股	A Shares of Shanghai Stock Exchange	机械、设备、仪表	Machinery, Equipment and Meter
上证 A 股	A Shares of Shanghai Stock Exchange	石油、化学、塑胶、塑料	Petroleum, Chemical, Synthetic Resin Plastics
上证 A 股	A Shares of Shanghai Stock Exchange	金属、非金属	Metal and Nonmetal
上证 A 股	A Shares of Shanghai Stock Exchange	石油、化学、塑胶、塑料	Petroleum, Chemical, Synthetic Resin Plastics
上证 A 股	A Shares of Shanghai Stock Exchange	金属、非金属	Metal and Nonmetal
深证 A 股	A Shares of Shenzhen Stock Exchange	纺织业	Textile Clothes
上证 A 股	A Shares of Shanghai Stock Exchange	机械、设备、仪表	Machinery, Equipment and Meter
深证 A 股	A Shares of Shenzhen Stock Exchange	采掘业	Mining
深证 A 股	A Shares of Shenzhen Stock Exchange	医药、生物制品	Biological Pharmacy
上证 A 股	A Shares of Shanghai Stock Exchange	石油、化学、塑胶、塑料	Petroleum, Chemical, Synthetic Resin Plastics
深证 A 股	A Shares of Shenzhen Stock Exchange	医药、生物制品	Biological Pharmacy
深证 A 股	A Shares of Shenzhen Stock Exchange	建筑建材	Building materials
深证 A 股	A Shares of Shenzhen Stock Exchange	医药、生物制品	Biological Pharmacy
上证 A 股	A Shares of Shanghai Stock Exchange	采矿业	the mining industry

24-3 续表 1

上市公司名称	Name of Listed Companies
总计	**Total**
内蒙古蒙电华能热电股份有限公司(内蒙华电)	Inner Mongolia Meng Dian Hua Neng Co.,Ltd
鄂尔多斯资源股份有限公司(鄂绒B股)	Inner Mongolia Erdos Resources Co.,Ltd
鄂尔多斯资源股份有限公司(鄂尔多斯)	Inner Mongolia Erdos Resources Co.,Ltd
内蒙古伊利实业股份有限公司伊利股份)	Inner Mongolia YiLi Industrial Group Co.,Ltd
内蒙古伊利实业股份有限公司(伊利股份)	Inner Mongolia YiLi Industrial Group Co.,Ltd
内蒙古兴业矿业股份有限公司(兴业矿业)	Inner Mongolia Xingye Mining Co.,Ltd
内蒙古远兴能源股份有限公司(远兴能源)	Inner Mongolia Yuan Xing Energy Co.,Ltd
内蒙古远兴能源股份有限公司(远兴能源)	Inner Mongolia Yuan Xing Energy Co.,Ltd
内蒙古远兴能源股份有限公司(远兴能源)	Inner Mongolia Yuan Xing Energy Co.,Ltd
内蒙古平庄能源股份有限公司(平庄能源)	Inner Mongolia PingZhuang Energy Co.,Ltd
包头明天科技股份有限公司(ST明科)	Baotou Tomorrow Technology Co.,Ltd
包头明天科技股份有限公司(ST明科)	Baotou Tomorrow Technology Co.,Ltd
内蒙古伊泰煤炭股份有限公司(伊泰B股)	Inner Mongolia Yi Tai Coal Industry Co.,Ltd
中国北方稀土(集团)高科技股份有限公司(北方稀土)	China Northern Rare Earth (Group) High-Tech Co.,Ltd
包头华资实业股份有限公司(华资实业)	Baotou Hua Zi Industry Co.,Ltd
内蒙古金宇集团股份有限公司(金宇集团)	Inner Mongolia JinYu Group Co.,Ltd
北方重型汽车股份有限公司(北方股份)	North Heavy duty Automobile Co.,Ltd
内蒙古亿利能源股份有限公司(亿利能源)	Inner Mongolia YiLi Energy Co.,Ltd
内蒙古亿利能源股份有限公司(亿利能源)	Inner Mongolia YiLi Energy Co.,Ltd
内蒙古西水创业股份有限公司(西水股份)	Xishui Strong Year Co.,Ltd Inner Mongolia
内蒙古兰太实业股份有限公司(兰太实业)	Inner Mongolia LanTai Industrial Co.,Ltd
内蒙古包钢钢联股份有限公司(包钢股份)	Inner Mongolia Baotou Steel Union Co.,Ltd
内蒙古敕勒川科技发展股份有限公司(内蒙发展)	The Inner Mongolia CHILECHUAN Technology& Development Co.,Ltd.
包头北方创业股份有限公司(北方创业)	Baotou Beifang Chuangye Co.Ltd
包头北方创业股份有限公司(北方创业)	Baotou Beifang Chuangye Co.Ltd
内蒙古霍林河露天煤业股份有限公司(露天煤业)	Inner Mongolia Huolinhe Opencut Coal Industry Co., Ltd
内蒙古霍林河露天煤业股份有限公司(露天煤业)	Inner Mongolia Huolinhe Opencut Coal Industry Co., Ltd
内蒙古福瑞医疗科技股份有限公司(福瑞股份)	Inner Mongolia Furui Medical Technology Co.,Ltd.
内蒙古君正能源化工股份有限公司(内蒙君正)	Inner Mongolia Junzheng Energy & Chemical Industry Co.,Ltd.
包头东宝生物技术股份有限公司(东宝生物)	Baotou Dongbao Bio-Tech Co.,Ltd.
内蒙古和信园蒙草抗旱绿化股份有限公司(蒙草抗旱)	Inner Mongolia Hotision & Monsod Drought Resistance Greening Co., Ltd.
内蒙古和信园蒙草抗旱绿化股份有限公司(蒙草抗旱)	Inner Mongolia Hotision & Monsod Drought Resistance Greening Co., Ltd.
内蒙古和信园蒙草抗旱绿化股份有限公司(蒙草抗旱)	Inner Mongolia Hotision & Monsod Drought Resistance Greening Co., Ltd.
金河生物科技股份有限公司(金河生物)	Jinhe Biotechnology Co ., Ltd
赤峰吉隆黄金矿业股份有限公司(赤峰黄金)	Chifeng Jilong Gold Mining Co.,Ltd.

continued

2014年末股本结构(万股) Composition of Capital at the End of 2014 (10 000 shares)		股票发行情况 Issuing Summary for Stocks			
总股本 Total Issued Capital	流通股 Negotiable Shares	发行日期 Issuing Date	发行价格(元/股) Price of Issuing (yuan/share)	发行量(万股) Amount Issued (10 000 shares)	股票发行筹资额(亿元) Raised Capital (100 million yuan)
4507642	**3719803**				
580775	263910	1994-03-30	3.90	5000	1.95
103200	103200	1995-09-25	3.98	11000	4.38
103200	103200	2001-03-26	16.80	8000	13.44
306437	300782	1996-01-25	5.98	1800	1.02
		2002-08-28	16.85	增发A股4896	8.25
59694	46051	1996-08-01	5.88	1370	0.81
139055	76781	1997-01-13	5.11	6500	3.32
		2008-04-08	15.16	4288	6.33
		2014-09-19	5.06	增发62274	31.51
101431	101431	1997-05-19	5.66	4000	2.16
33653	33653	1997-06-13	5.28	3700	1.95
		2002-06-06	8.82	增发A股11000	9.70
325401	165401	1997-07-18	3.38	16600	5.24
242204	147947	1997-08-28	4.43	8000	3.40
48493	48493	1998-11-02	4.30	5600	3.01
28585	28081	1998-12-02	6.83	3500	2.39
17000	17000	2000-06-09	8.00	5500	4.40
208959	208959	2000-07-04	8.88	5800	5.15
		2008-10-22	11.20	42749	47.88
38400	38400	2000-07-13	6.38	6000	3.83
35912	35912	2000-11-30	7.88	6000	4.52
1600518	1574202	2001-02-14	5.18	35000	17.57
32182	31906	1996-09-20	6.48	1850	1.20
82283	77303	2004-04-26	7.20	5000	3.49
		2008-06-06	7.24	4323	3.00
163438	132668	2007-04-18	9.80	7800	7.64
		2014-12-10	6.50	增发30769	20.00
12983	10948	2010-1-20	28.98	1900	5.50
204800	204800	2011-02-22	25.00	12000	30.00
19755	12244	2011-07-06	9.00	1900	1.71
44039	20584	2012-07-05	18.00	2723	4.90
		2014-01-22	28.09	增发947	2.66
		2014-04-23	25.28	增发526	1.33
21784	11044	2012-09-27	11.80	3436	4.05
56660	28101	2004-04-14	9.08	2500	2.27

24–3 续表 2

上市公司名称	Name of Listed Companies
总计	**Total**
内蒙古蒙电华能热电股份有限公司(内蒙华电)	Inner Mongolia Meng Dian Hua Neng Co.,Ltd
鄂尔多斯资源股份有限公司(鄂绒B股)	Inner Mongolia Erdos Resources Co.,Ltd
鄂尔多斯资源股份有限公司(鄂尔多斯)	Inner Mongolia Erdos Resources Co.,Ltd
内蒙古伊利实业股份有限公司(伊利股份)	Inner Mongolia YiLi Industrial Group Co.,Ltd
内蒙古兴业矿业股份有限公司(兴业矿业)	Inner Mongolia Xingye Mining Co.,Ltd
内蒙古远兴能源股份有限公司(远兴能源)	Inner Mongolia Yuan Xing Energy Co.,Ltd
内蒙古平庄能源股份有限公司(平庄能源)	Inner Mongolia PingZhuang Energy Co.,Ltd
包头明天科技股份有限公司(ST明科)	Baotou Tomorrow Technology Co.,Ltd
内蒙古伊泰煤炭股份有限公司(伊泰B股)	Inner Mongolia Yi Tai Coal Industry Co.,Ltd
中国北方稀土(集团)高科技股份有限公司(北方稀土)	China Northern Rare Earth (Group) High-Tech Co.,Ltd
包头华资实业股份有限公司(华资实业)	Baotou Hua Zi Industry Co.,Ltd
内蒙古金宇集团股份有限公司(金宇集团)	Inner Mongolia Jin Yu Group Co.,Ltd
北方重型汽车股份有限公司(北方股份)	North Heavy-duty Automobile Co.,Ltd
内蒙古亿利能源股份有限公司(亿利能源)	Inner Mongolia YiLi Energy Co.,Ltd
内蒙古西水创业股份有限公司(西水股份)	Xishui Strong Year Co.,Ltd Inner Mongolia
内蒙古兰太实业股份有限公司(兰太实业)	Inner Mongolia LanTai Industrial Co.,Ltd
内蒙古包钢钢联股份有限公司(包钢股份)	Inner Mongolia Baotou Steel Union Co.,Ltd
内蒙古敕勒川科技发展股份有限公司(内蒙发展)	The Inner Mongolia CHILECHUAN Technology& Development Co.,Ltd.
包头北方创业股份有限公司(北方创业)	Baotou Beifang Chuangye Co.Ltd
内蒙古霍林河露天煤业股份有限公司(露天煤业)	Inner Mongolia Huolinhe Opencut Coal Industry Co., Ltd
内蒙古福瑞医疗科技股份有限公司(福瑞股份)	Inner Mongolia Furui Medical Technology Co.,Ltd.
内蒙古君正能源化工股份有限公司(内蒙君正)	Inner Mongolia Junzheng Energy & Chemical Industry Co.,Ltd.
包头东宝生物技术股份有限公司(东宝生物)	Baotou Dongbao Bio-Tech Co.,Ltd.
内蒙古和信园蒙草抗旱绿化股份有限公司(蒙草抗旱)	Inner Mongolia Hotision & Monsod Drought Resistance Greening Co., Ltd.
金河生物科技股份有限公司(金河生物)	Jinhe Biotechnology Co ., Ltd
赤峰吉隆黄金矿业股份有限公司(赤峰黄金)	Chifeng Jilong Gold Mining Co.,Ltd.

continued

股票上市情况 Listed Summary for Stocks		股票配售情况 Distribution of Stocks				股票筹资总额(亿元) Total Raised Capital (100 million yuan)
上市日期 Listed Date	上市价格(元/股) Listed Price Per Share (yuan/share)	配股时间 Date of Distribution	配股价格(元/股) Price of Distribution Per Share (yuan/share)	配股比例 Proportion of Distribution	配股筹资额(亿元) Raised Capital Owing to Distribution (100 million yuan)	
1994-05-20	5.18	1996-11-25	4.00	10:3	0.60	24.53
		1998-12-17	5.00	10:8	3.74	
1995-10-20	USD0.52		6.88	10000股(share)	6.88	3.47
2001-04-26						13.01
1996-03-12	9.00	1997-04-12	6.80	10:3	2.04	25.15
		1998-11-08	15.00	10:3	2.86	
1996-08-29	10.32	1998-05-11	8.00	10:4	3.51	6.44
		2001-05-03	13.20	10:3	2.27	
1997-01-31	11.80	1998-08-07	8.60	10:3	3.35	12.83
1997-06-06	15.49	1999-08-31	8.00	10:3	2.50	22.37
		2003-10-01	6.43	10:7	7.84	
1997-07-04	8.18	1999-12-10	14.23	10:3	3.43	14.72
1997-08-08	USD0.41					4.87
1997-09-24	7.38	2000-03-08	7.60	10:3	2.98	6.31
1998-12-10	7.80	2000-09-28	15.00	10:3	3.50	6.26
1999-01-15	13.68	2000-12-29	17.00	10:3	2.00	4.31
2000-06-30	15.70					4.26
2000-07-25	18.18					52.85
2000-07-31	12.12					3.66
2000-12-22	17.78					4.53
2004-11-10						87.31
1996-10-08	10.68	1998-12-11	4.28	10:2.5	0.89	3.56
2004-05-18	10.00					6.45
2007-04-18	9.80					7.30
2010-01-20	28.98					5.50
2011-02-22	25.00					30.00
2011-07-06	9.00					1.71
2012-07-05	18.00					4.90
2012-09-27	11.80					4.05
2004-04-14	9.08					

24-3 续表 3

上市公司名称	Name of Listed Companies
总 计	**Total**
内蒙古蒙电华能热电股份有限公司(内蒙华电)	Inner Mongolia Meng Dian Hua Neng Co.,Ltd
鄂尔多斯资源股份有限公司(鄂绒B、A股)	Inner Mongolia Erdos Cashmere Products Co.,Ltd
内蒙古伊利实业股份有限公司(伊利股份)	Inner Mongolia YiLi Industrial Group Co.,Ltd
内蒙古兴业矿业股份有限公司(兴业矿业)	Inner Mongolia Xingye Mining Co.,Ltd
内蒙古远兴能源股份有限公司(远兴能源)	Inner Mongolia Yuan Xing Energy Co.,Ltd
内蒙古平庄能源股份有限公司(平庄能源)	Inner Mongolia PingZhuang Energy Co.,Ltd
包头明天科技股份有限公司(ST明科)	Baotou Tomorrow Technology Co.,Ltd
内蒙古伊泰煤炭股份有限公司(伊泰B股)	Inner Mongolia Yi Tai Coal Industry Co.,Ltd
中国北方稀土(集团)高科技股份有限公司(北方稀土)	China Northern Rare Earth (Group) High-Tech Co.,Ltd
包头华资实业股份有限公司(华资实业)	Baotou Hua Zi Industry Sale-Holding Co.,Ltd
内蒙古金宇集团股份有限公司(金宇集团)	Inner Mongolia Jin Yu Group Co.,Ltd
北方重型汽车股份有限公司(北方股份)	North Heavy-duty Automobile Co.,Ltd
内蒙古亿利能源股份有限公司(亿利能源)	Inner Mongolia YiLi Energy Co.,Ltd
内蒙古西水创业股份有限公司(西水股份)	Xishui Strong Year Co.,Ltd Inner Mongolia
内蒙古兰太实业股份有限公司(兰太实业)	Inner Mongolia LanTai Industrial Co.,Ltd
内蒙古包钢钢联股份有限公司(包钢股份)	Inner Mongolia Baotou Steel Union Co.,Ltd
内蒙古敕勒川科技发展股份有限公司(内蒙发展)	The Inner Mongolia CHILECHUAN Technology& Development Co.,Ltd.
包头北方创业股份有限公司(北方创业)	Baotou Beifang Chuangye Co.,Ltd
内蒙古霍林河露天煤业股份有限公司(露天煤业)	Inner Mongolia Huolinhe Opencut Coal Industry Co., Ltd
内蒙古福瑞医疗科技股份有限公司(福瑞股份)	Inner Mongolia Furui Medical Technology Co.,Ltd.
内蒙古君正能源化工股份有限公司(内蒙君正)	Inner Mongolia Junzheng Energy & Chemical Industry Co.,Ltd.
包头东宝生物技术股份有限公司(东宝生物)	Baotou Dongbao Bio-Tech Co.,Ltd.
内蒙古和信园蒙草抗旱绿化股份有限公司(蒙草抗旱)	Inner Mongolia Hotision & Monsod Drought Resistance Greening Co., Ltd.
金河生物科技股份有限公司(金河生物)	Jinhe Biotechnology Co ., Ltd
赤峰吉隆黄金矿业股份有限公司(赤峰黄金)	Chifeng Jilong Gold Mining Co.,Ltd.

continued

营业总收入(万元) Total Business Revenue(10 000 yuan)		利润总额(万元) Total Profit(10 000 yuan)		净利润(万元) Net Profit(10 000 yuan)	
2013	2014	2013	2014	2013	2014
19761613	**20127826**	**1710166**	**1677560**	**1459891**	**1381080**
1215300	1363393	247294	255282	197833	206903
1391020	1556840	140114	106939	112890	86748
4777887	5443643	306038	478589	320120	416654
82690	115939	8545	16509	4997	15869
339935	719973	10715	48561	4062	27670
299785	255449	8999	6731	3704	2738
2553	2134	-11034	-16146	-11034	-16146
2506355	2539360	463386	340007	392440	276132
847193	583783	120848	42702	95008	26346
22275	27698	345	1004	680	1287
67138	106293	29987	48297	24916	40212
218124	147974	12893	13487	10084	10737
1439268	1201002	37670	30355	28999	23173
872262	983208	29530	15947	34404	41189
201273	271688	2064	-10414	-819	-9334
3777042	2979189	42165	42225	24867	20131
115369	6718	1352	-5027	1140	-5224
320352	298364	30517	23477	26050	20319
622101	625388	106157	74973	91394	62216
52348	64552	1549	12183	183	8481
346157	478380	61806	86510	51448	75492
38211	25105	5122	649	4264	489
74706	162614	12038	22478	10391	18105
74107	83981	10816	9422	9063	8008
58162	85158	31250	32823	22807	22887

24-3 续表 4

上市公司名称	Name of Listed Companies
总计	**Total**
内蒙古蒙电华能热电股份有限公司(内蒙华电)	Inner Mongolia Meng Dian Hua Neng Co.,Ltd
鄂尔多斯资源股份有限公司(鄂绒B、A股)	Inner Mongolia Erdos Cashmere Products Co.,Ltd
内蒙古伊利实业股份有限公司(伊利股份)	Inner Mongolia YiLi Industrial Group Co.,Ltd
内蒙古兴业矿业股份有限公司(兴业矿业)	Inner Mongolia Xingye Mining Co.,Ltd
内蒙古远兴能源股份有限公司(远兴能源)	Inner Mongolia Yuan Xing Energy Co.,Ltd
内蒙古平庄能源股份有限公司(平庄能源)	Inner Mongolia PingZhuang Energy Co.,Ltd
包头明天科技股份有限公司(ST明科)	Baotou Tomorrow Technology Co.,Ltd
内蒙古伊泰煤炭股份有限公司(伊泰B股)	Inner Mongolia Yi Tai Coal Industry Co.,Ltd
中国北方稀土(集团)高科技股份有限公司(北方稀土)	China Northern Rare Earth (Group) High-Tech Co.,Ltd
包头华资实业股份有限公司(华资实业)	Baotou Hua Zi Industry Sale-Holding Co.,Ltd
内蒙古金宇集团股份有限公司(金宇集团)	Inner Mongolia Jin Yu Group Co.,Ltd
北方重型汽车股份有限公司(北方股份)	North Heavy-duty Automobile Co.,Ltd
内蒙古亿利能源股份有限公司(亿利能源)	Inner Mongolia YiLi Energy Co.,Ltd
内蒙古西水创业股份有限公司(西水股份)	Xishui Strong Year Co.,Ltd Inner Mongolia
内蒙古兰太实业股份有限公司(兰太实业)	Inner Mongolia LanTai Industrial Co.,Ltd
内蒙古包钢钢联股份有限公司(包钢股份)	Inner Mongolia Baotou Steel Union Co.,Ltd
内蒙古敕勒川科技发展股份有限公司(内蒙发展)	The Inner Mongolia CHILECHUAN Technology& Development Co.,Ltd.
包头北方创业股份有限公司(北方创业)	Baotou Beifang Chuangye Co.,Ltd
内蒙古霍林河露天煤业股份有限公司(露天煤业)	Inner Mongolia Huolinhe Opencut Coal Industry Co., Ltd
内蒙古福瑞医疗科技股份有限公司(福瑞股份)	Inner Mongolia Furui Medical Technology Co.,Ltd.
内蒙古君正能源化工股份有限公司(内蒙君正)	Inner Mongolia Junzheng Energy & Chemical Industry Co.,Ltd.
包头东宝生物技术股份有限公司(东宝生物)	Baotou Dongbao Bio-Tech Co.,Ltd.
内蒙古和信园蒙草抗旱绿化股份有限公司(蒙草抗旱)	Inner Mongolia Hotision & Monsod Drought Resistance Greening Co., Ltd.
金河生物科技股份有限公司(金河生物)	Jinhe Biotechnology Co ., Ltd
赤峰吉隆黄金矿业股份有限公司(赤峰黄金)	Chifeng Jilong Gold Mining Co.,Ltd.

continued

总资产(万元) Total Assets(10 000 yuan)		股东权益(万元) Shareholder's Eguity(10 000 yuan)		资产负债率(%) Assets-Liability Ratio(%)	
2013	2014	2013	2014	2013	2014
36682457	**45447742**	**14863816**	**16671418**		
3560479	3877320	1386163	1432204	61.1	63.1
3902041	4397158	1273479	1323022	67.4	69.9
3287739	3949430	1631278	1882155	50.4	52.3
425785	393294	273050	275521	35.9	29.9
1175553	1953003	418724	854946	64.4	56.2
560024	563134	464689	467178	17.0	17.0
130793	121529	44858	28711	65.7	76.4
4548451	5874408	2501441	2749665	45.0	53.2
1846293	1708620	1029024	1014910	44.3	40.6
229229	264923	167191	192378	27.1	27.4
171166	209799	128184	163049	25.1	22.3
337996	325491	109382	116834	67.6	64.1
2265042	2016164	987088	990985	56.4	50.8
1755029	4874954	507519	869609	71.1	82.2
718596	682271	153533	139469	78.6	79.6
8792414	10366616	1912011	1915685	78.3	81.5
73977	70780	59561	54337	19.5	23.2
354599	343102	240413	244517	32.2	28.7
987573	1393577	633591	843155	35.8	39.5
114177	133119	74853	91510	34.4	31.3
968792	1224403	589330	651142	39.2	46.8
51963	53057	35147	34056	32.4	35.8
177242	350539	93599	158478	47.2	54.8
101687	151863	90007	95613	11.5	37.0
145817	149189	59701	82288	59.1	44.8

24-3 续表 5

上市公司名称	Name of Listed Companies
总 计	**Total**
内蒙古蒙电华能热电股份有限公司(内蒙华电)	Inner Mongolia Meng Dian Hua Neng Co.,Ltd
鄂尔多斯资源股份有限公司(鄂绒B、A股)	Inner Mongolia Erdos Cashmere Products Co.,Ltd
内蒙古伊利实业股份有限公司(伊利股份)	Inner Mongolia YiLi Industrial Group Co.,Ltd
内蒙古兴业矿业股份有限公司(兴业矿业)	Inner Mongolia Xingye Mining Co.,Ltd
内蒙古远兴能源股份有限公司(远兴能源)	Inner Mongolia Yuan Xing Energy Co.,Ltd
内蒙古平庄能源股份有限公司(平庄能源)	Inner Mongolia PingZhuang Energy Co.,Ltd
包头明天科技股份有限公司(ST明科)	Baotou Tomorrow Technology Co.,Ltd
内蒙古伊泰煤炭股份有限公司(伊泰B股)	Inner Mongolia Yi Tai Coal Industry Co.,Ltd
中国北方稀土(集团)高科技股份有限公司(北方稀土)	China Northern Rare Earth (Group) High-Tech Co.,Ltd
包头华资实业股份有限公司(华资实业)	Baotou Hua Zi Industry Sale-Holding Co.,Ltd
内蒙古金宇集团股份有限公司(金宇集团)	Inner Mongolia Jin Yu Group Co.,Ltd
北方重型汽车股份有限公司(北方股份)	North Heavy-duty Automobile Co.,Ltd
内蒙古亿利能源股份有限公司(亿利能源)	Inner Mongolia YiLi Energy Co.,Ltd
内蒙古西水创业股份有限公司(西水股份)	Xishui Strong Year Co.,Ltd Inner Mongolia
内蒙古兰太实业股份有限公司(兰太实业)	Inner Mongolia LanTai Industrial Co.,Ltd
内蒙古包钢钢联股份有限公司(包钢股份)	Inner Mongolia Baotou Steel Union Co.,Ltd
内蒙古敕勒川科技发展股份有限公司(内蒙发展)	The Inner Mongolia CHILECHUAN Technology& Development Co.,Ltd.
包头北方创业股份有限公司(北方创业)	Baotou Beifang Chuangye Co.,Ltd
内蒙古霍林河露天煤业股份有限公司(露天煤业)	Inner Mongolia Huolinhe Opencut Coal Industry Co., Ltd
内蒙古福瑞医疗科技股份有限公司(福瑞股份)	Inner Mongolia Furui Medical Technology Co.,Ltd.
内蒙古君正能源化工股份有限公司(内蒙君正)	Inner Mongolia Junzheng Energy & Chemical Industry Co.,Ltd.
包头东宝生物技术股份有限公司(东宝生物)	Baotou Dongbao Bio-Tech Co.,Ltd.
内蒙古和信园蒙草抗旱绿化股份有限公司(蒙草抗旱)	Inner Mongolia Hotision & Monsod Drought Resistance Greening Co., Ltd.
金河生物科技股份有限公司(金河生物)	Jinhe Biotechnology Co ., Ltd
赤峰吉隆黄金矿业股份有限公司(赤峰黄金)	Chifeng Jilong Gold Mining Co.,Ltd.

continued

每股收益(元) Profit Per Share(yuan)		每股净资产(元) Net Assets Per Share(yuan)		净资产收益率(%) Ratio of Net Assets' Per Profit(%)	
2013	2014	2013	2014	2013	2014
0.36	0.23	2.81	1.83	13.16	12.68
0.71	0.41	6.43	6.73	11.66	6.21
1.65	1.35	7.89	6.08	27.17	23.85
0.14	0.27	4.57	4.61	3.14	5.90
0.04	0.15	3.12	3.74	1.13	4.93
0.04	0.03	4.58	4.61	0.80	0.59
-0.33	-0.48	1.33	0.85	-21.90	-43.89
1.06	0.69	6.50	7.05	16.87	10.22
0.65	0.27	3.23	3.43	21.65	7.98
0.01	0.03	3.43	3.95	0.41	0.72
0.89	1.44	4.56	5.71	21.28	27.75
0.70	0.73	6.50	7.03	11.07	10.84
0.15	0.12	4.21	4.32	3.49	2.89
0.19	0.22	5.80	8.17	3.14	3.18
0.10	0.04	3.51	3.50	2.85	1.15
0.03	0.01	2.36	1.18	1.57	1.06
0.04	-0.16	1.85	1.69	1.93	-9.17
0.57	0.24	4.80	2.84	12.45	8.88
0.69	0.38	4.74	5.13	15.34	8.53
0.04	0.70	5.71	6.43	0.69	11.26
0.40	0.37	4.58	3.17	9.12	12.40
0.22	0.02	1.78	1.72	12.63	1.41
0.51	0.38	4.37	3.27	12.14	14.25
0.83	0.35	8.27	4.36	10.25	8.34
0.81	0.54	2.11	1.45	47.23	32.24

中国统计出版社最新图书简目

（仅供参考，以实际出版为准）

统计资料

中国统计年鉴　中国统计摘要　中国发展报告
中国经济普查年鉴2013　国际统计年鉴　金砖国家联合统计手册
中国-东盟国家统计手册　中国区域经济统计年鉴　中国县域统计年鉴
中国城市统计年鉴　中国农村统计年鉴　中国地区经济监测报告
中国贸易外经统计年鉴　中国对外直接投资统计公报　中国商品交易市场统计年鉴
大中型批发零售和住宿餐饮企业统计年鉴　中国零售和餐饮连锁企业统计年鉴　中国住户调查年鉴
中国价格统计年鉴　中国农产品价格调查年鉴　全国农产品成本收益资料汇编
中国环境统计年鉴　中国能源统计年鉴　国外资源、能源和环境统计资料汇编
中国工业统计年鉴　中国建筑业统计年鉴　中国房地产统计年鉴
中国城市建设统计年鉴　中国城乡建设统计年鉴　中国第三产业统计年鉴
中国证券期货统计年鉴　中国科技统计年鉴　中国高技术产业统计年鉴
工业企业科技活动资料　中国劳动统计年鉴　中国人口和就业统计年鉴
中国人才资源统计报告　中国社会统计年鉴　中国文化及相关产业统计年鉴
文化及相关产业统计概览　中国教育经费统计年鉴　中国民政统计年鉴
中国民族统计年鉴　中国工会统计年鉴　中国残疾人事业统计年鉴
中国妇女儿童状况统计资料（英）　中国乡镇街道行政区域简册

省级综合统计年鉴系列

北京 天津 河北 山西 内蒙古 辽宁 吉林 黑龙江 上海 江苏 浙江 安徽 福建 江西 山东 河南 湖北 湖南 广东 广西 海南 重庆 四川 贵州 云南 西藏 陕西 甘肃 青海 宁夏 新疆 新疆生产建设兵团

市(县)级综合统计年鉴系列

天津滨海新区 石家庄 唐山 邯郸 保定 沧州 邢台 廊坊 承德 衡水 秦皇岛 张家口 太原 大同 阳泉 长治 晋城 朔州 晋中 运城 忻州 临汾 呼和浩特 呼和浩特新城区 鄂尔多斯 包头 沈阳 大连 长春 四平 哈尔滨 齐齐哈尔 黑龙江垦区 上海浦东新区 南京 无锡 徐州 常州 苏州 南通 连云港 淮安 盐城 扬州 镇江 泰州 宿迁 江阴 丹阳 杭州 宁波 温州 嘉兴 绍兴 金华 衢州 舟山 台州 丽水 合肥 安庆 马鞍山 福州 厦门 宁德 南昌 九江 上饶 新余 抚州 济南 青岛 枣庄 滕州 郑州 洛阳 平顶山 三门峡 南阳 商丘 济源 武汉 十堰 荆州 宜昌 荆门 咸宁 长沙 广州 深圳 惠州 东莞 南宁 柳州 桂林 来宾 海口 三亚 成都 贵阳 昆明 西安 兰州 庆阳 银川 乌鲁木齐 兵团一师 兵团十师

调查年鉴系列

天津 山西 内蒙古 辽宁 吉林 上海 福建 河南 湖北 湖南 广西 重庆 四川 云南 甘肃 宁夏 新疆

“十二五”规划教材

统计学（经济管理类专业本科适用，单薇 等）　抽样调查理论与方法（冯士雍 等）
贝叶斯统计（茆诗松 等）　统计学（黄良文 等）　试验设计（茆诗松 等）
统计学：从数据到结论（吴喜之）　医学统计学（于浩）　统计学（经济、管理类专业基础教材，张小斐）
概率论与数理统计三十三讲（魏振军）　概率论与数理统计三十三：学习指导与习题解答（魏振军）
非参数统计（吴喜之 等）　统计学：经济与管理中的数据分析（李慧云 等）
卫生管理统计学（新编医学院校基础课教材，尚磊）　医院统计学（新编医学院校基础课教材，徐天和 等）
社会统计学（蒋萍 等）　现代金融投资统计分析（李腊生 等）
国民经济核算初级教程（经济类、统计类、管理类专业适用，蒋萍 等）

重点图书

图解中国经济2015　新编英汉汉英统计大词典　中华医学统计百科全书
挑大学选专业2016—考研择校指南　挑大学选专业2015—高考志愿填报指南

中国统计出版社发行部电话：（010）63376907　63376908　同榀行书店电话：68783171　68783172
地址：北京市丰台区西三环南路甲6号　邮政编码：100073　网址：http://www.zgtjcbs.com